中国神话人物母题（W0）数据目录

A Motif Catalogue of China’s Mythical Character

王宪昭　著

中国社会科学出版社

图书在版编目(CIP)数据

中国神话人物母题（W0）数据目录／王宪昭著．—北京：中国社会科学出版社，2019.10

ISBN 978－7－5203－5134－8

Ⅰ.①中… Ⅱ.①王… Ⅲ.①神话—研究—中国—目录
Ⅳ.①B932.2

中国版本图书馆 CIP 数据核字（2019）第 209364 号

出 版 人　赵剑英
责任编辑　史慕鸿
责任校对　王　京
责任印制　戴　宽

出　　版　中国社会科学出版社
社　　址　北京鼓楼西大街甲 158 号
邮　　编　100720
网　　址　http://www.csspw.cn
发 行 部　010－84083685
门 市 部　010－84029450
经　　销　新华书店及其他书店

印刷装订　北京君升印刷有限公司
版　　次　2019 年 10 月第 1 版
印　　次　2019 年 10 月第 1 次印刷

开　　本　787×1092　1/16
印　　张　76
字　　数　1491 千字
定　　价　398.00 元

国家社科基金重大项目

中国少数民族神话数据库建设（17ZDA161）

项目出版编委会

总 目 录

0 神话人物
(神与神性人物)
(代码 W0000 ~ W0999)

说　明

为读者更全面了解《中国神话人物母题（W0）数据目录》有关问题，特作如下说明。

一　概说

1. 本书描述

《中国神话人物母题（W0）数据目录》是在王宪昭《中国神话母题 W 编目》（中国社会科学出版社 2013 年版）基础上形成的母题数据类型目录。该目录对应的是《中国神话母题 W 编目》中的“W0. 神与神话人物”，并由原来的 3 级母题细化为最小 6 级母题，数量由原来的 4687 个扩展为 27861 个。

2. 适用范围

本书适用于神话学研究、母题学研究、文学研究、宗教学研究、民族学研究、民俗学研究以及数据库建设中的有关创世问题。

3. 使用价值

神话是人类漫长的发展历程中积淀出的不可再生的文化遗产，也是人类历史文化信息的重要载体，其中神话人物在各民族神话类型中地位突出。通过中国神话人物母题（W0）数据目录可以对这一类型进行深入细致的研究。

（1）有利于神话比较研究。“母题”作为神话的分析元素，一方面有其自身所具有的典型含义，另一方面也具有结构功能的相对稳定性。在研究过程中把“母题”作为神话的基本分析单位，即从作品基本元素或叙事单元入手进行梳理识别，不仅具有较为成熟的理论基础，而且会使各民族神话的比较更为直接便利。

（2）有利于神话系统性研究。本目录对进一步梳理神话人物的内容与体系具有重要的作用。通过目录中预设的神话母题，可以从不同角度建构出神话叙事体系，进而寻找神话叙事的逻辑规则。

（3）有利于神话的类型学分析。针对类型学方面分析而言，母题的提取与表述表象上看带有随意性，但其本质却体现出神话包括叙事文学内在的类型结构。通过本目录的总体体例设计，阅读者可以进一步探讨该神话类型的组合规律，同时对进一步了解和批评 AT 民间故事分类、艾伯华中国民间故事类型、丁乃通中国民间故事类型乃至 ATU 民间故事分类都将起到重要的鉴别作用。

（4）有利于深入解析神话叙事结构。本目录表明，众多母题可以组合成不同的神话叙事类型，即具有普遍性分析意义的“神话叙事结构模型”，依据这些模型，理论上可以对任何一篇神话进行量化分析、定性分析或比较研究。如①链条式叙事结构；②发散式叙事结构；③嵌入式叙事结构；④平行式叙事结构；⑤复合式叙事结构；⑥其他形式叙事结构模型。等等。

（5）有利于神话数据库建设。目前，信息传媒与网络新技术的迅猛发展导致社会科学研究方法的根本性变革，在神话数据的梳理与神话数据的检索方面，系统的母题目录可以作为最直接的知识来源与学术方法支持。

4. 其他

与本目录对应的出版物是《中国神话人物母题实例与索引》。该出版物将呈现神话人物母题（W0）数据目录所列举的母题的原文本概述、流传地区、详细出处等信息。

二　母题的查找

为帮助读者迅速查找所需要的母题，需要说明如下两个方面。

1. 本书的主要构成

本书正文为“母题编目图表”，包括中国神话人物母题的“W 编码”、“母题描述”和“关联项”三个方面。

（1）“母题描述”的 6 个层级采用小数点标示的方法。

（2）“关联项”包括与“W 母题”相对应的“汤普森母题编码”、母题实例的民族归属、W 母题其他类型中与之相联系的母题编码及描述。

2. 查找母题的方法

本书为方便使用者检索母题，共设置了 5 种检索方式：

（1）通过本书的“总目”，可以了解全书基本母题类型及结构。

（2）通过“基本母题检索目录”，可以查阅到本书第一层级或相当于基本母题的所有以自然数为代码的母题。

（3）通过正文“关联项”中的“【汤普森】”项，可以将W母题与汤普森《世界民间故事母题索引》[①] 中的世界民间叙事母题进行关联。

（4）通过“正文［关联项］”中的“民族”与其他项，可以发现该母题的民族归属与相关性母题。

（5）通过“附录1　《中国神话母题W编目》10大类型简目”，可以引导读者《中国神话母题W编目》10大类型母题的跨类型检索。

使用者可以根据研究需要，选择使用相应的检索方式。

三　母题目录的特点

《中国神话人物母题（W0）数据目录》，基于作者对中国各民族30000余篇神话文本的分析，这些母题在中国神话人物叙事中具有较强的涵盖性，能够基本上满足分析任何一篇神话人物神话以及与神话人物有关的其他文类。

1. 母题目录具有包容性

本目录关注神话母题共性与个性的有机结合，无论是母题编码还是表述均讲求最大程度的包容性，以有益于神话研究者和爱好者各取所需。

2. 母题编目的开放性

本书中的母题目录是一个开放性的母题体系。虽然针对中国各民族神话人物母题进行了系统性编排，但这个体系不是封闭的，可以实现进一步的修补和完善。本书在母题编码过程中以开放式为前提，为今后母题的增加保留了空间。每一个神话研究者可以根据自己的经验或判断将新发现的母题增加到合适的位置，以便使中国神话母题变得更为丰富和合理。

3. 母题设定的个性化

由于母题分析和母题产生的背景在不同的研究者那里存在很大差异，在母题的

---

① Stith Thompson, *Motif-index of Folk-literature: A Classification of Narrative Elements in Folktales, Ballads, Myths, Fables, Mediaeval Romances, Exempla, Fabliaux, Jestbooks, and Local Legends* (V1 -6), Bloomington, Indiana Universty Press, 1989.

选择与使用方面会有很大的差别。本目录虽然在母题提取方法上带有个人经验或主观因素，而在表述与展示特定的母题时，却尽可能以神话文本的客观表述为依据。

四　母题目录资料来源

因为神话母题会发生在各种文类中，故神话母题析出的文本并不完全局限于它是不是一个真正的“神话文本”。本书涉及的资料主要来源如下。

（1）公开出版的民间文学类丛书。如中国民间文学集成全国编辑委员会编《中国民间故事集成》（中国 ISBN 中心出版，各省卷本）。

（2）神话作品结集或集成类出版物。如陶阳、钟秀编《中国神话》（商务印书馆 2008 年版）。

（3）与神话有关的工具书。如吕大吉、何耀华主编《中国各民族原始宗教资料集成》（中国社会科学出版社，分民族卷本）。

（4）与神话有关的学术著作。如马昌仪编《中国神话学文论选萃》（中国广播电视出版社 1994 年版）。

（5）中国少数民族文学史。如马学良、梁庭望、张公瑾主编《中国少数民族文学史》（中央民族大学出版社 2001 年版）。

（6）未公开出版地方性出版物。如各省（市、州、县、区）三套集成办公室或领导小组收集整理的《中国民间故事集成》（县、市、区卷本）。

（7）学术期刊、报纸。如《民族文学研究》、《山茶》。

（8）个人田野调研搜集的神话材料。包括本人 20 世纪 80 年代末开始在民族地区采集的各类神话故事。

（9）网络资料。如中国知网、中国少数民族文学网。

（10）其他介质中的神话母题素材。

五　目录形成方法

本书列举的中国神话人物母题（W0）的数据目录只是常见的典型母题，并非完全归纳。

1. 母题提取方法

在母题选择、提取与生成中，主要运用直观—演绎法。母题提取过程中的“直观”不是感性经验意义上的直观而是理性直观，是从神话文本的复杂的现象中通过知识经验抽取出具有符号性的叙事元素，同时还可以通过设定的母题进一步推论演绎出其他一系列母题。

2. 目录生成方法

先从复杂神话文本中先分析出最简单母题项，然后对若干母题进行类型归纳，进而确立各类型母题项间的逻辑关系。神话母题的演绎推论中涉及的母题顺序是先验的，这种“先验”会努力考虑到各类型母题特别是同一类型母题间的环环相扣和因果关系。

从母题文本研究到最终形成母题目录是一个复杂而艰辛的过程。一方面要准确记忆与反复论证，另一方面要积极应用现代技术手段。整个过程大致可以分解为以下几个相互交织的阶段。

（1）采集神话或相关文本。包括古代文献文本与田野调查采录整理的文本。

（2）文本数字化。借助计算机技术，将神话文本转化为便于检索与摘录的电子文本，在计算机上形成自己的神话文本数据库。

（3）提取核心母题或基础性母题。在神话文本阅读基础上，以文本的主题为导向首先选择一定数量的重点母题，作为母题类型的基础。

（4）利用数理方法建构母题体系。如利用微积分、拓扑学知识对母题排列进行预测，利用统计学方法对母题概率进行统计等。

（5）将中国神话母题与斯蒂·汤普森《世界民间故事母题索引》对照。通过对照，对已产生的母题查遗补缺，调整或修正母题类型与母题描述。

（6）母题顺序编排。使用“Microsoft Excel 工作表”对各类型已有的母题进行自然排序与编码，同时通过观察与分析进一步修正与调整。

（7）目录格式转化。将“Microsoft Excel 工作表”转化为便于操作的“word 文档”格式。在“word 文档”格式下，每一个大类下面的母题按照一定的逻辑关系进行 6 级划分，同时对一些关联项做出必要的标记，以免某些母题在不同的类型中反复出现或重复编码。

（8）母题目录呈现。通过设置计算机模块检索改进母题类型编排与表述，注重母题呈现的规范性、系统性、直观性和科学性。

（9）母题增补。根据神话文本的发现对原母题目录进行动态性增补。

六　母题目录的编排

本书作为中国神话研究带有通约性质的学术成果和工具书，在体例编排方面采用国际通行的数表形式，力求简便易行，适合广大读者和研究者快速检索。

1. 母题目录表述规则

为展现《中国神话人物母题（W0）数据目录》的逻辑性、直观性、检索便捷性以及便于对照，本目录在形式上采取了表格与注释相结合的表述方式。

2. 母题目录表述构成

（1）目录宏观编排结构。母题编目的主体由“类型说明”、“母题图表”和“注释”三个部分构成。

（2）具体母题表述。一个具体母题一般包括“W 编码”、“母题描述”、“关联项”与“注释”4 个部分。各部分均表达与该母题相关的信息。

3. 母题表述方法

神话母题由小到大可以划分为名称性母题、情景母题和情节母题三种情形，尽管许多母题很难使用同一种句式结构程式进行概括，本目录在尽可能避免因文害意的前提下，照顾到如下几个方面的通约性。

（1）母题一般为一个名词、名词性词组或名词性短语。

（2）同类母题表述为名词性词组时，采用相同的语法结构。

（3）同类母题表述为名词性短语时，尽量采用主谓语法结构，保持所有母题表述的一致性。

4. 本类神话母题的编排

在神话人物（神与神性人物）这个类型中，母题目录的排列注重叙事内在的逻辑关系。如，关于“神是创造产生的（造神）”类，其所包含的母题一般可以包括如下相关联的内容：

（1）造神的原因；

（2）造神者；

（3）造神材料；

（4）造神方法；

（5）造神结果；

（6）与造神有关的其他母题。

其中，“造神者”又可以分为“神或神性人物造神”、“人造神”、“动植物造神”和“其他特定人物造神”等。

上述表述程式对于形成母题目录的体系规范具有重要作用。

5. 母题编码编排中其他问题

（1）编码空号现象。在母题编码中，根据实际情况或因为母题调整，会出现极少数母题的空号。

（2）关联项与脚注。一些不便于在表格中呈现的其他内容，在本页采用了“关联项”与页码“脚注”的形式。其中，关于民族排序采用民族汉语名称的音序排序法。

（3）增补新母题编码的编排。本书对《中国神话母题 W 编目》（2013 年版）中的“神与神性人物”母题做了大量扩充，同时为未来的母题编码增补也预设了接口，新增母题代码置入的具体方法如下。

①使用原来的 W 编目中预留的编码。

②在原编目的并列母题的母题代码后加“a、b、c……”。

③在原编目的逻辑关系母题的母题代码之前加“.0”或之后加小数点。

七　本目录与汤普森母题索引

《中国神话人物母题（W0）数据目录》全部母题，与目前国际通行的汤普森“民间文学母题索引”中的民间文学母题索引中的神话母题和相关非神话母题做出一一对照，并在目录表中对应列出，使用者据此可以进行中外创世神话母题的比较。

1. 汤普森制定的母题类型

参见本书“附录 2　汤普森母题类型表”。

2. 本目录对汤普森母题索引的改进

W 编目并没有采用汤普森母题索引的母题类型代码与母题编码，并对汤普森索引中的母题做出如下几个方面的修正与改进。

（1）增加神话母题数量。根据中国各民族神话母题的实际情况，增加了大量的符合中国神话叙事的母题，并作出相对概括的母题描述和数字代码，本目录提取的神话人物母题的数量为汤普森该类母题总数的十多倍。

（2）合理界定神话母题范围。根据神话叙事与母题分析的需要，将汤普森索引中一些非神话母题调整为神话母题；将汤普森索引中神话母题中的一些非神话母题剔除。

（3）调整神话母题排序。通过对“母题”识别、类型结构的系统建构建立新的排序，进一步增强了中国神话母题间的时空逻辑性和形式逻辑性。

八　创新与局限

《中国神话人物母题（W0）数据目录》属于《中国神话母题 W 编目》范畴。在此一并介绍。

1. W 编目创新之处

（1）《中国神话母题 W 编目》是国内外第一部系统的中国神话母题的表述、编码与检索。

（2）本编目正文的表述采取了直观的图表形式。不同层次的母题序列能展示出各类母题的层级关系，增强了母题外在表现形式的逻辑性和系统性。

（3）本编目设置了与汤普森全部民间文学母题对照项，便于国际间叙事文学的关联性研究。

（4）本编目目录图表对一些母题附加了注释，丰富了母题的内涵与外延。

（5）《中国神话母题 W 编目》的所有母题均为王宪昭个人对中国各民族神话母题的提取和归纳。

2. W 编目的局限

（1）本母题体系在采集过程中，涉及的文本复杂。由于我国民族成分自身的多样性，一个民族之中可能流传一些截然不同的观念或母题，或者由于神话传说作品搜集时间、采录背景、翻译等方面的原因，有时对每种图书观点的可信度进行鉴定比较困难，对此，作者采取了客观辑录的方式。有些母题可能不会准确地反映一个民族的神话传说母题传承的主流，这类情况将根据信息反馈及时更正。

（2）中国各民族神话情形非常复杂。本编目建立在作者个人的神话资料积累基础上，在母题提取、表述及结构编排方面主要依赖于个人主观理解，难免有一些不完善之处。

（3）本编目尽管容纳了数以万计的母题，但有些层级母题的列举只能是有选择的例证，难以完全归纳。对此本编目设定了相应的开放式表述结构，读者可以据此进行必要的修订或增补。

九　其他说明

1. 著作版权

《中国神话母题 W 编目》及其 10 大类母题的分类型“数据目录”和“实例与

索引”系列的中的全部母题代码、母题描述、关联项设定、实例表述、图表设计、编排体例、出版版式等均为王宪昭研究成果，适用《中华人民共和国著作权法》保护。该成果所有内容未经作者本人授权，任何单位和个人不得擅自修改、翻译和应用于商业用途的变相传播。

2. 使用授权

《中国神话母题 W 编目》以及相关系列中的所有内容凡经正式出版发行，读者将获得正式出版物的所有权利，包括各种形式的引用、批评等。

3. 解释与修订

本书所有母题编码及其表述具有代码的唯一性和永久性，作者对本书具有最终解释权和补充修订权利。

作者

2018 年 12 月　北京

凡　　例

为读者更好使用《中国神话人物母题（W0）数据目录》，本书设计了“母题检索凡例”和“正文凡例”两部分内容。在此简单介绍。

本书以“中国创世神话母题（W1）数据目录”为凡例，各类型通用。

一　母题检索

本书母题检索设定了三种形式：（1）目录检索；（2）关联项检索；（3）页眉标注检索。

1. 目录检索

本目录主要适用于母题类型的检索，对于具体母题的检索需要与其他检索形式结合使用。

目录检索包括“（1）总目录”和“（2）基本母题检索目录”。

（1）总目录。标注了9大类创世神话母题和这些大类下的所有2级母题类型。

（2）基本母题检索目录。通过此目录可以查阅到本书第一层级或相当于基本母题的所有以自然数为代码的母题。具体表意如下。

例1“1.1　世界（宇宙）起源概说”

其中，“1.1”前面的“1”表示的是本目录属于《中国神话母题W编目》10大母题类型中的“W1. 世界与万物”，类型总代码为“1”。

“1.1”后面的“.1”表示“世界（宇宙）起源概说”属于“W1. 世界与万物”下面的第一级母题类型。

例2“1.1.1 世界的产生”

表示此项为“1.1　世界（宇宙）起源概说”下面的第一级母题类型。

例 3 “✻W1000 世界的产生（宇宙的产生）”、“W1001 世界自然产生”表示的是可以作为母题检索引导的基本母题。

2. **关联项检索**

通过“关联项”可以检索到与该母题相关的其他母题。据此可以建立母题的立体性关联。

例“W1103. 3　女神造天地”的关联项是：

① ［W0068. 1］创世女神；②［W1150. 8］女神吹气形成天

读者可以进入《中国神话母题 W 编目》中的“W0 神与神性人物”类型，通过查阅“［W068. 1］创世女神”项，进一步了解“女神”的产生、特征、职能等母题信息，全面分析“W1103. 3 女神造天地”扩大知识视野。

3. **页眉检索**

为方便读者查找具体母题，在每页页眉处设置了相应的母题提示。

例 66　‖W1110. 1. 1 ~ W1110. 6. 2‖　1. 2. 1 天地的产生与特征

表示第 66 页的母题目录属于“1. 2. 1 天地的产生与特征”母题类型，本页的母题代码范围从“W1110. 1. 1”到“W1110. 6. 2”。

二　正文

本“数据目录”的正文共划分为“W 编码”、“母题描述”、“关联项”3 个栏目。

1. W **编码**

“W 编码”具有界定母题类型和母题排序两方面作用。

（1）母题编码的表示

《中国神话母题 W 编目》各类型采取了统一的编码方式。

例 W1068. 1. 3. 2　最早的世界是白色混沌

W1086. 11. 3　动物是去阴间的领路者

W1103. 10. 3a　4 个仙子开天辟地

母题编码包含如下信息。

❶“W”为王宪昭中国神话母题编码标志。

❷数字代码为该母题唯一代码，小数点表示同类型母题的层级关系。数字中的“a”是新增加母题代码的一种方式。

（2）母题代码的编排

本目录共划分出 5 个层级的母题。每一个层级母题的上一级母题均可以视为该母题的类型。

例 W1023　动物是创世者

W1023.1　哺乳动物是创世者

W1023.1.1 猿猴是创世者

W1023.1.1.1 猴子是创世者

上述四个层级的母题中上一级母题对下一级母题具有包含关系。

2. **母题描述**

母题的汉字表述以判断句为主。同类母题会尽量使用相同名词、动词和相同语法结构。

例 参见“1. W 编码”中的“（1）母题编码的表示”。

3. **关联项**

“关联项”是与“W 编码”、“母题描述”具有实质关联的内容。包括汤普森母题、民族属性、关联母题 3 种情形。

（1）汤普森母题

例 “W1001 世界自然产生”关联项中：

【汤普森】A620

表示“W1001”与斯蒂·汤普森《世界民间故事母题索引》中的“A620”是对应母题。

（2）民族属性

例 “W1053 最早的世界是水”关联项中：

【汉族】【基诺族】【柯尔克孜族】【黎族】【珞巴族】【满族】【土族】【藏族】

表示“W1053”母题来源的文本涉及“汉族、基诺族、柯尔克孜族、黎族”等民族。

出现多个民族时，名称按汉语拼音音序排列。

（3）关联母题

例 “W1057.6.1 最早的世界是旋转的”关联项中：

①［W1036.10.1］天地是个旋转的三个蛋黄；②［W1041.1.1］世界最早

只有旋转的云雾

表示［W1036.10.1］［W1041.1.1］母题与“W1057.6.1”有叙事内容上的关联，读者可以据此考察神话创作规则，扩大神话研究视野。

出现多个关联性母题时，按母题代码大小顺序排列。

三　目录中常见符号示例

本书在表述过程中使用了一些特殊符号。示例如下表。

编码	符号	标记位置	举例	表意与特点
1	W	母题数字前	W1039 最早的世界是影子；W1002.1.2 世界是天神创造的	①王宪昭设计的中国神话母题编码的标志。②以示与汤普森分类和其他一些母题分类代码的区别。
2	◎	“W 编码”栏	◎［与创世者有关的其他事项］	①标志性符号。②表示其后的文字是提示性文字，不设母题代码。
3	✿	母题代码前	✿ W7760　婚前难题的形式	①母题层次标志。②表示该母题下面的其他编号母题均归属于此母题。
4	❇	母题代码前	❇ W1000 世界的产生（宇宙的产生）	①母题层次标志。②属于✿标记母题之后的层级母题。
5	【汤普森】	关联项	【汤普森】A620	①代指符号。②表示“A620”是与 W 母题代码相对应的汤普森母题代码。
6	≈	【汤普森】母题代码之前	【汤普森】≈A13.1	①标志性符号。②表述此项汤普森母题与 W 代码具有一定相似性。
7	*	关联项	A620；*［W1101.0］；A623；*【基诺族】*［W1041］	不同关联项之间的间隔符号。
8	【民族名】	正文、脚注	【汉族】【回族】【纳西族】【壮族】	①提示性符号。②正文“关联项”栏中民族数量超过 3 个时，采用脚注形式。③表述对应母题析出文本的民族归属。

续表

编码	符号	标记位置	举例	表意与特点
9	【关联项】	脚注	［W1022.1］父子是创世者；［W1022.2］一对夫妻是创世者；……	①提示性符号。按母题代码的顺序排序。②为节约排版空间，一个母题超过2个以上关联项时，采取脚注的方式。
10	【民族，关联】	关联项	【哈尼族】＊［W0125.1.2］白光中产生善神；［W0486.1.1］白光中生吉祥神	①提示性符号。②“民族”与“关联母题”之间用“＊”隔开。③参见本表8、9项。
11	［］	全文	［W0154］神的妻子；［W1020.5］众神是创世者	①标示性符号。②对W母题代码的提示性标注。
12	（）	全文	【高山族（雅美）】；［W2755.1］产生第一个母亲（人类之母）	①标示性符号。②用于对前面的内容的补充说明或同类项。
13	a，b，c……	母题代码	W1104.1.0a W1104.1.0b……	①标示性符号。②表示该母题是原母题编码基础上的新添加母题。

基本母题检索目录[①]

0 神话人物
（神与神性人物）
（代码 W0000 ~ W0999）

0.1 神的概述
（W0000 ~ W0179）

0.1.1 神的产生
【W0000 ~ W0059】

---

① 本书为方便使用者检索母题，共设置了4种不同类型的检索方式，即❶总目录；❷基本母题检索目录；❸正文［汤普森］项；❹正文［关联项］。(1) 通过“❶总目录”，可以了解全书母题类型的宏观结构。(2) 通过“❷基本母题检索目录”，可以查阅到本书第一层级或相当于基本母题的所有以自然数为代码的母题。(3) 通过“❸正文［汤普森］项”可以将带有标示的母题与汤普森《世界民间故事母题索引》中的世界性民间叙事母题进行关联。(4) 通过“❹正文［关联项］”可以实现标示母题与其他相关母题的迅速关联。使用者可以根据实际需要，选择使用相关检索方式。

0.1.2 神的特征

（W0060～W0089）

0.1.3 神的生活（W0090～W0119）

0.1.4 神的地位、性质与职能（W0120～W0129）

0.1.5 神的能力（W0130～W0134）

0.1.6 神的工具与武器（W0135～W0139）

0.1.7 神的关系（W0140～W0174）

0.2.2 地神
（W0230～W0239）

0.2.3 阴间神（冥神）
（W0240～W0249）

0.2.4 其他方位神
（W0250～W0269）

0.3 与自然现象（自然物）有关的神（W0270 ~ W0419）

0.3.1 日月星辰神（W0270 ~ W0289）

0.3.2 与天气有关的神（W0290 ~ W0389）

0.3.3 与自然物有关的神（W0390～W0419）

0.4 与职能、行业相关的神（W0420 ~ W0499）

0.4.1 创造神与破坏神（W0420 ~ W0429）

0.4.2 与管理或保护有关的神（W0430 ~ W0449）

0.4.3 与职能或行业有关的神（行业神）（W0450 ~ W0499）

0.5　与具体的物相关的神
（W0500～W0559）

0.5.1　动物神
（W0500～W0539）

0.5.2 植物神
（W0540～W0549）

0.5.3 无生命物神
（W0550～W0599）

0.6 神性人物
（W0560～W0769）

0.6.1 文化英雄
（W0560～W0629）

0.6.2 半神半人、合体神与分体神（W0630～W0639）

0.6.3 祖先（祖先神、始祖神）（W0640～W0659）

0.6.4 巨人
（W0660～W0669）

0.6.5 常见的典型神性人物
（W0670～W0769）

0.7 与民间信仰有关的神或神性人物 (W0770～W0829)

0.7.1 民间信仰中常见的神或神性人物 (W0770～W0784)

0.7.2 民间信仰中其他神或神性人物（W0785～W0799）

0.7.3 仙人（神仙）（W0800～W0829）

0.8 妖魔与怪物

（W0830～W0919）

0.8.1 妖魔

（W0830～W0854）

0.8.2　怪人、怪物（W0855～W0869）

0.8.3　灵魂（鬼）（W0870～W0919）

0.9 神或神性人物的其他母题 (W0920 ~ W0999)

0.9.1 神物 (W0920 ~ W0969)

0.9.2 与神或神性人物有关的其他母题（W0970～W0999）

0　神话人物
（神与神性人物）
（代码　W0000～W0999）

类型说明

一、神话人物母题的设定

神话人物包括“神”与“神性人物”，是神话叙事中最为基础的类型。该类母题的编排主体是按神的名称编排。鉴于表述和检索的需要，对神的分类采取立体多元的编目方法。神作为神话的主体在不同的神话叙事中很难找到一种线性的分类标准。有的神话侧重的是神的事迹，而有的神话则可能关注的是神的命运，还有的只是表达对神的畏惧或崇拜。因此，当具体提取母题时，也会有不同的划分标准。并因此产生一定数量的关联和交叉。该类母题设定的基本原则如下。

1. 神话人物名称的代表性与普遍适用性。在中国文献神话或一些口传神话中一些“神”与“神性人物”并不是一个明确的概念，如汉族文献中的“帝”，有时指“上帝”，是主宰宇宙的最高神；有时有可以是一般的神，诸如五方之帝；有时专指玉皇大帝，还有时指国家的帝王。在许多少数民族神话中“神”、“鬼”不分的情况也非常普遍。这类情况辨别起来不仅会受到叙事本身的影响，有时叙述人、叙述语境与翻译也会影响“神”或“神性人物”概念的明晰性，即不同的创作者和接受者都可能会产生同名不同质或同质不同名的“神”。并且不同地区、不同民族、不同宗教的神存在大量的混用、借用、杂糅等现象，非常普遍。对此，在“神”或“神性人物”母题编目中在尽可能尊重客观的基础上，存异求同，对常见的典型的母题予以有效的展示。

2. 神话人物母题的多维度定位。神话内容与形式的庞杂，特别是神话具有地域性、民族性和其他诸多时空不稳定性，使神话在表现对象方面产生了大量的交叉与混杂，这也是神话丰富性的必然反映，任何试图规范或简化众多民族神话中“神”或“神性人物”的名称是不现实的。本编目采用了多维定位的方法，从神话中

“神”或“神性人物”所处的空间、时间、性质、物类等不同维度加以区分，在力避重复的基础上形成不同的“神”或“神性人物”母题，以便于研究者在具体类型宏观审视中查找相对应的神话元素。

3. 民间信仰中的神话人物母题的提取采用了一些通约性原则。民间信仰与神话往往相辅相成，形影不离。尽管在民间信仰层面上许多信奉者并不把具有神话性质的宗教叙事作为神话，而是作为圣迹或真实，但从文化思维与神话研究现状而言，多数研究者也非常重视神话的民间信仰实践或宗教角度的神话解释，较为一致的看法是把一些民间信仰中的人物列为神话分析对象，体现出学科研究的互动。因此，把一些神话中的民间信仰中的“神”或“神性人物”列为一类母题。当然，目前人们对众多民间信仰或民间宗教的影响与杂糅情况一直处于探讨之中，许多民间信仰人物并没有严格的界限，特别是带有民间宗教性质的神话在民间流布中，人物形象已与多种民间信仰水乳相融，只能选取目前学术界较为认可的说法对相关母题加以区分。

二、神话人物母题的编排

除本书《说明》中提出的一般性编排原则外，本类型编排有以下几点提示。

1. 神话人物母题编排划分为 10 个类型

（1）概述的神（神话中没有明确性质的一般意义上的神）。

（2）与方位有关的神（天神、地神、阴间神）。

（3）与自然现象（自然物）有关的神（日月星辰、风雨雷电、山川河流等神）。

（4）与功能或职业有关的神（创世者、管理神、行业神等）。

（5）动物、植物与无生命物神。

（6）文化英雄、半神半人、祖先神等神或神性人物。

（7）与民间信仰神有关的神或神性人物。

（8）巨人与怪人。

（9）妖魔与怪物。

（10）其他。

2. 神话人物母题类型表述的基本要素

为保持母题检索的整体性和直接便捷，神话人物的产生、性质与特征在条目编排时，一般连续排列在“神”或“神性人物”的名称之下。典型的神话人物母题一般会涉及如下内容及排序。

（1）出生或来历。此项包括的母题一般顺序表示为：①自然产生；②创造；③出生；（包括孕生、感生、卵生等）；④变形；⑤化生；⑥其他。

（2）特征。包括①性别；②身高；③四肢五官；④身体各部位特征；⑤数量等。

（3）生活与成长。此项包括衣食住行、抚养等。

（4）性情。此项包括善恶、喜好、优点、弱点等。

（5）能力或事迹。此项包括力量、视听、速度、变形等一些具有特色的特殊能力。

（6）工具。此项包括工具的获得、工具的特点、工具的使用等。

（7）关系。此项包括①家庭；②从属；③朋友；④敌人，等。

（8）寿命与死亡。包括寿命的获得、长短、变更、死亡原因等。

（9）其他母题。包括身份、兼职以及一些不便于界定的母题。

本编目在编排过程中基本遵循上述顺序。但因为在神话母题的提取中不可能事无巨细地做出完全归纳，只能选取其中一些较为典型的部分，并根据具体母题的采录和应用情况做出必要的增减或改动。因各种神话人物的叙事差别较大，上述母题表述只按一类母题中的（1）（2）（3）……或二级母题中的①②③……大致顺序编排，具体母题编码为无序排列，不保留因目前未发现实证而产生的空缺。

3. 关于民间信仰与宗教性质神话人物类型中的神话人物名称的排列顺序

（1）民间信仰与宗教性质的神话人物排名不分先后。本编目只是根据神话资料搜集整理的情况随机做出编排。

（2）在民间信仰性质的神话人物母题编目中，只选取与该信仰中神话人物名称有关的母题。根据神话母题的编排原则，其他性质的神话中出现的情景、情节类母题编排于其他类型之中。

0.1　神的概述[①]

【W0001 ~ W0179】

0.1.1　神的产生

【W0000 ~ W0059】

W 编码	母题描述	关联项
✿ **W0000**	**神**	
✿ **W0001**	**神的产生**	【汤普森】A110；　＊【民族】②
W0002	**神自然存在**	【汉族】【裕固族】
W0003	**神自然产生**	【汤普森】A115；　＊【拉祜族】
W0003. 1	出现大地后就出现神	【藏族】
✻ **W0004**	**神来源于某个特定地方**	【汤普森】≈A119. 3
W0005	**神源于混沌**	【汤普森】A115. 1
W0006	**神从天降**	【民族，关联】③
W0006. 1	神是天上的人	
W0006. 1. 1	天上的人体大善良被称为“神”	【鄂温克族】
W0006. 2	特定的神从天降	
W0006. 2. 1	村寨的守护神是从天而降的	【汉族】
W0006. 2. 2	法力通天的帖愣神灵额赫妈妈从天而降	【蒙古族】

① 这类神，一般没有具体的形象。只是在神话叙事中出现的一般意义上的神，是凡指的“神”或“大神”、“小神”，有的虽然有一定的职能，但总体形象不明显。把这些神列为此类。

② 【白族】【鄂温克族】【鄂伦春族】【汉族】【拉祜族】【佤族】【彝族】【壮族】

③ 【普米族】【羌族】【彝族】【藏族】　＊［W0466. 1］火神从天而降

W 编码	母题描述	关联项
W0007	**神从地下来**	【汤普森】A115.2； *【朝鲜族】【哈尼族】
W0008	**神从冥界来**	
W0009	**神从黑暗中来**	
W0010	**神从水中来**	【哈尼族】【基诺族】
W0010.1	神从海中来	【汤普森】≈A114.1
W0011	**神从雾中来**	【汤普森】A115.3
W0012	**神从洞中来**	【汉族】
W0013	**与神源于特定地方有关的其他母题**	
W0013.1	神是创世主派来的	【哈萨克族】
＊**W0014**	**神是创造产生的（造神）**	【汤普森】A104
W0014.1	造神的原因	［W2040］造人的原因
W0014.1.1	为管理世界造神	
W0014.1.1.1	大神英叭为了管理天地造神	【傣族】
W0014.1.2	为照顾老神造神	
W0014.1.2.1	第二代神王玛哈捧为照顾自己的父神英叭造神	【傣族】
W0014.1.3	神因为孤独造神	［W2044］为消除孤独造人（因孤独造人）
W0014.1.3.1	大神英叭因孤单寂寞造神	【傣族】
W0015	**神造神**	
W0015.1	创世者造神	
W0015.1.1	创世者用太阳造女神	【蒙古族】
W0015.1.2	开创天地的英叭造1对男女神	【傣族】
W0015.2	天神造神	［W2053］天神造人
W0015.2.1	天神英叭造神	
W0015.2.1.1	天神英叭用身上污垢造1对男女神	【傣族】
W0015.2.1.2	天神英叭造天上的众神和第一代人	【傣族】

W 编码	母题描述	关联项
W0015. 2. 2	天神造天神，父亲捏儿子，儿子捏孙子	【傣族】
W0015. 2a	最高神造神	
W0015. 2a. 1	最高神乌尔根造女神麦德尔	【蒙古族】
W0015. 2b	众神造神	［W2069. 4. 3］女娲和众神造人
W0015. 2b. 1	众神用泥造神	【傣族（水傣）】
W0015. 2b. 2	2 个神造神	【傣族】
W0015. 3	祖先造神	［W0422. 0b. 3. 1］祖先神造出会造日月的神
W0015. 3. 1	男祖先造神	
W0015. 3. 1. 1	男始祖布洛陀造鬼神	【壮族】
W0015. 3. 2	女祖先造神	
W0015. 3. 3	男女祖先共同造神	
W0015. 3. 3. 1	雅桑嘎和布桑嘎用泥垢造出神	【傣族】
W0015. 4	神人造神	
W0015. 4. 1	男女神人造神	【苗族】
W0016	**特定的神或神性人物造神**	
W0016. 1	喇嘛造神	【蒙古族】
W0017	**人造神**	【汉族】 ＊［W2070］人造人
W0018	**动植物造神**	
W0018. 1	动物造神	
W0018. 1. 1	鱼造神	【哈尼族】
W0018. 2	植物造神	
W0019	**其他特定人物造神**	
W0019. 1	自然物造神	
W0019. 1. 1	天与地造神	【苗族】
W0020	**造神的材料**	［W2080］造人的材料
W0020. 1	用神的器官造神	
W0020. 1. 1	用神的心造神	
W0020. 1. 1. 1	玛支玛珂神树割天神之母的一半心造神	【彝族】

W 编码	母题描述	关联项
W0020.1.2	天神用身上的污垢造神	
W0020.1.2.1	天神英叭用污垢造神官捧麻远冉	【傣族】
W0020.1.2.2	四个守护神用神石上的污垢造天神帝娃达	【傣族】
W0020.1.2.3	神王英叭用他身上的污垢造2个神	【傣族】
W0020.1.2.4	天神阿布卡赫赫用自己身上的泥造无数个小神	【满族】
W0020.1.3	用不同的神的肢体造神	
W0020.1.3.1	天神阿布卡赫赫用自己身上的一块肉造敖钦女神，又用地神卧勒多赫赫脚上的一块肉做成敖钦女神的手臂	【满族】
W0020.2	用特定物造神	
W0020.2.1	神用岩石做骨头	
W0020.2.1.1	第一代神王老祖母阿匹梅烟用最硬最亮的岩石给子孙做骨头	【哈尼族】
W0021	**造神的方法**	［W2100］造人的方法
W0021.1	神自我造出来的	【汤普森】A118
W0021.2	用魔法造神	【汤普森】A119.1
W0021.3	摩擦产生神	
W0021.3.1	气体摩擦产生神	【傣族】
W0022	**与造神有关的其他母题**	
W0022.1	造神的成活	［W2110］造人成活
W0022.1.1	造的神自然成活	
W0022.1.1.1	造的神自然有了生命	【傣族】
W0022.1.2	造神者的语言使造的神成活	【傣族】
W0022.1.3	造神吹气成活	【傣族】 ＊［W2114］造人经吹气后成活
＊W0023	**神是生育产生的**	【汤普森】A112

W 编码	母题描述	关联项
W0024	**神生神**	【民族】①
W0024. 1	天神生神	
W0024. 1. 1	天神俄玛生神王阿匹梅烟	【哈尼族】
W0024. 1. 2	女天神生神	
W0024. 1. 2. 1	女天神生人和神	【哈尼族】
W0024. 2	地神生神	
W0024. 2. 1	神从地母腹中钻了出来	【珞巴族】
W0024. 3	女神生神	[W2137] 女神生人
W0024. 3. 1	女神生的儿子成为神	【瑶族】
W0024. 3. 2	女神裂生神	【满族】
W0024. 4	男神生神	[W2138] 男神生人
W0024. 4. 1	男神生 10 子	【哈尼族】
W0024. 5	神生双性神	【汤普森】 A111. 3. 0. 1； * [W069]双性神
W0024. 6	与神生神有关的其他母题	
W0024. 6. 1	众神的女始祖	【蒙古族】
W0024. 6. 2	神以特殊的方式生神	
W0024. 6. 2. 1	阿布卡恩都力额上生的红瘤变成神	【满族】 * [W0033. 5] 特定来历的卵生神
W0025	**神性人物生神**	[W2140] 神性人物生人
W0025. 1	神是巨人的儿子	【汤普森】 A112. 4
W0025. 2	祖先生神	
W0025. 2. 1	女祖先生神	
W0025. 2. 1. 1	天上的老祖母俄玛生神	【哈尼族】
W0026	**人生神**	
W0026. 1	凡人夫妇生神	【珞巴族】
W0026. 1. 1	兄妹婚生神	【高山族】
W0027	**动物生神**	[W2155] 动物生人
W0027. 1	鸟生神	【汤普森】 A111. 3. 3
W0027. 2	鱼生神	

① 【侗族】【哈尼族】【蒙古族】【彝族】

W 编码	母题描述	关联项
W0027.2.1	鱼从脊背生 7 对神	【哈尼族】
W0027.3	蜘蛛生神	
W0027.3.1	天外住着的一只金斑大蜘蛛生众神	【侗族】 * ［W0659.2.11.5］祖神婆是天外的一只金斑大蜘蛛
W0028	**植物生神**	
W0028.1	树生神	【汤普森】A114.4
W0028.1.1	竹生神	
W0028.1.1.0	大竹裂生 1 个男神	【高山族】【高山族（雅美）】
W0028.1.1.1	巨竹裂生男神尼莫达朱洛嘎瓦里	【高山族（雅美）】
W0028.1.1.2	竹生 2 女神	【高山族（雅美）】
W0028.1.1.3	女神插的竹子生 1 对男女神	【高山族（卑南）】
W0028.1.2	楠树生神	
W0028.1.2.1	仙鹤种的楠树生 2 个神	【土家族】
W0028.1.3	杉树生神	【彝族】
W0028.1.4	树叶做的窝窝中生 2 神	【羌族】
W0028.2	树洞生神	【汤普森】A115.7
W0028.3	葫芦生神	［W0422.0a.1］椭圆形的长葫芦生造天地的神俄沙扒莫
W0028.3.1	冰葫芦生神	【傈僳族】
W0028.4	榆树生神	【满族】
W0028.5	其他特定的植物生神	
W0029	**自然物生神**	
W0029.1	土生神（地生神）	
W0029.1.1	神土生神	
W0029.1.1.1	天神阿不凯恩都哩造人的神土生许多神	【满族】
W0029.1.2	地球孕育神	
W0029.1.2.1	地球孕育第一个大神	【傣族】
W0029.2	风生神	【苗族】 * ［W0147.9.1］风生支天的婆婆和撑地的公公

W 编码	母题描述	关联项
W0029. 3	气生神	【关联】①
W0029. 3. 1	浊气形成的神在清气中出生	【彝族】 * ［W0153. 1. 1］浊气中生最高神更资天神的母亲蒲依
W0029. 3. 2	天生水，水生雾，雾生气，气生神	【傣族】
W0029. 4	云生神	
W0029. 4. 1	神母最早是云的形状	【彝族】
W0029. 5	光生神	【哈尼族】【藏族】
W0029. 5. 1	白光生出神	【民族，关联】②
W0029. 5. 2	天吐出的光中生神	
W0029. 5. 2. 1	天吐出的光中生管理大地的神	【哈尼族】
W0029. 6	声音生神	
W0029. 6. 1	宇宙绿气生白光，白光化为声音，声音成真神	【纳西族】
W0030	**无生命物生神**	
W0030. 0	山生神	［W2209］山生人
W0030. 0. 1	拉玛湖湖周围的大山生神	【鄂温克族】
W0030. 1	石生神	【藏族】 * ［W2210］石生人
W0030. 1. 1	巨石生神	【高山族】
W0030. 1. 1. 1	巨石迸裂生男神尼莫达朱洛里多	【高山族（雅美）】
W0030. 1. 1. 2	巨石开裂的石粉烟尘中生一个男神	【高山族】
W0030. 2	特定的穴生神	
W0030. 2. 1	熊山的熊穴生神人	【汉族】
W0030. 3	水生神	［W2208］水生人
W0030. 3. 1	最早的世界水泡中生神	【满族】
W0030. 4	风与气孕生神	【瑶族（布努）】
W0031	**婚生神**	
W0031. 0	神婚生神	【关联】③

① ［W0202. 0. 1］天神的母亲是气；［W0721. 3. 8］气生盘古
② 【哈尼族】 * ［W0125. 1. 2］白光中产生善神；［W0486. 1. 1］白光中生吉祥神
③ ［W2400］神婚生人；［W7206］神与神之间的婚姻

W 编码	母题描述	关联项
W0031.0.1	兄妹神婚生神	
W0031.0.1.1	玛达比拉与里桑兄妹神婚生男神拉里厄多、达德阿果、阿玻多果、拉拉干，生女神拉兹乌、德雅玛藏等	【高山族（阿美）】
W0031.1	神生于婚姻乱伦	【汤普森】A112.1
W0031.2	父女婚生神	【汤普森】A112.1.1； ＊［W2442］父女婚生人
W0031.3	天与山婚配生神	【苗族】
W0031.4	卵生的人与王后婚生神	
W0031.4.1	五卵生的益门赞普与王后生的儿子经过数代人之后变成神	【藏族】
W0031.5	人与神女婚生神	［W2416］人与神女婚生人
W0031.5.1	木竹林位神女与人婚生清洁木神	【赫哲族】
W0031.6	人婚生神	
W0031.6.1	洪水后幸存的塔甫与睦耶兄妹成婚生地上的各种神灵	【哈尼族（豪尼）】
W0031.7	天和海水婚配生神	
W0031.7.1	天和大海水婚配繁衍术类（神）	【纳西族】
W0032	**感生神**	［W2230］感生人
W0033	**卵生神**①	【汤普森】A114.2； ＊【民族，关联】②
W0033.1	太阳卵生神	
W0033.1.1	百步蛇孵太阳生的红、白两卵生男女2神	【高山族】【高山族（排湾）】
W0033.1.2	百步蛇孵太阳生的黑、白两卵生男女2个贵族祖先神	【高山族（排湾）】
W0033.2	石球生神	【侗族】

① 卵生神，即“蛋生神”。在不同的神话叙事或神话研究中“卵生”又可以称为“蛋生”。以下所有与“卵生”相关的母题亦然。

② 【纳西族】 ＊［W0058.2.5］卵孵出成对的神；［W0185.4］卵生天神；［W1018.2］卵生创世者

W 编码	母题描述	关联项
W0033.3	卵形物生神	【汤普森】A114.2.1； ＊【纳西族】
W0033.4	特定颜色的卵生神	【纳西族】
W0033.4.1	白卵中生出世间神系	【藏族】
W0033.5	特定来历的卵生神	【傣族】【藏族】
W0033.5.1	神生的卵生神	【纳西族】
W0033.5.1.1	神蛋生神	【纳西族】
W0033.5.2	露凝结成的白蛋生多个神	【纳西族】
W0033.5.3	善神变的白母鸡下的白蛋生多个神	【纳西族】
W0033.5.4	神身上长的肉瘤生神	【满族】 ＊［W0024.6.2.1］阿布卡恩都力额上生的红瘤变成神
W0033.5.5	蛙生的卵生神	【纳西族】
W0033.6	一对蛋孵出了男神和女神	【纳西族】
W0033.7	卵碰撞发出的火花中产生神	
W0033.7.1	光轮击卵产生的火光中形成托塞神和箭神	【藏族】
W0033.8	宝石蛋生神	
W0033.8.1	混散造的 33 个宝石蛋孵出 8 个神	【傣族】
W0034	**其他特定物质生神**	【汤普森】A114
W0034.1	阴阳中生神	
W0034.1.1	阴阳相生诞生天公地母	【阿昌族】
W0034.2	黄色物生神	
W0034.2.1	阴阳结合生出的黄色物生天神索恒哲	【彝族】
＊ **W0035**	**神的特殊出生**	【汤普森】A112.7； ＊【关联】①
W0035.1	神从创世者身体各部位生出	【汤普森】A112.3
W0035.2	神从父母身体的特殊部位出生	【汤普森】A112.7； ＊［W2596］从人的其他特定部位出生

① ［W2594］特殊的出生；［W2598.1］特定人物的特殊出生

W 编码	母题描述	关联项
W0035.3	神从头（骨）中生出	【汤普森】A114.3； *【藏族】
W0035.4	神从口中生出	【汉族】
W0035.5	神从腋窝生出	【汤普森】A112.7.2； *【汉族】
W0035.6	神从眼睛中生出	【汤普森】A112.7.3
W0035.7	神从两肋生出	【汉族】
W0035.8	神从胸中生出	【汉族】
W0035.9	神从背部生出	【哈尼族】
W0035.10	神从膝盖生出	【彝族】
W0035.11	神从耳朵生出	【汤普森】A112.7.1
W0035.12	神从其他特定部位生出	
W0035.13	与神的特殊出生有关的其他母题	［W0774.1.4］东巴神的特殊出生
W0035.13.1	金鱼娘用尾巴扇出一块宽平的土地生出人神烟蝶蝶玛	【哈尼族】
W0036	**神出生前的怀孕时间**	
W0036.1	神出生于早产	【汤普森】A112.7.4
W0036.2	神出生经过了长时间怀孕	［W2584］长时间怀孕
W0037	**孪生的神**	【汤普森】A116； *［W2722］双胞胎（孪生）
W0037.1	德性相反的卵生神	【汤普森】A116.1
W0037.2	卵生姊妹神	【汤普森】A116.2
W0038	**与生育产生神有关的其他母题**	【阿昌族】
W0038.1	神出生时丧母	【藏族】
* **W0040**	**神是变化产生的**	［W2300］人是变化产生的（变人）
W0041	**神变成其他神**	
W0041.1	某神的肢体变成其他神	
W0041.1.1	神的耳舌变成其他神	【彝族】 *［W0057.5.2］黑埃波赛神舌头变成水王，耳朵变成神王
W0041.1.2	天神的肢体变成女神	

W 编码	母题描述	关联项
W0041. 1. 2. 1	女天神阿布卡赫赫身上的香肉变成有香味的依尔哈女神	【满族】
W0041. 1. 2. 2	德登女神是天神阿布卡赫赫的一只脚	【满族】
W0041. 2	神变成神力更大的的神	
W0041. 2. 1	敖钦女神一旦逃跑就会变成无敌于世的宇内大神	【满族】
W0041. 3	特定的神死后化生神	
W0041. 3. 1	黑埃罗波赛神死后变作世间诸神。	【彝族】
W0041. 4	神被刺激后变成其他神	
W0041. 4. 1	其其旦女神被神火后变成拖亚拉哈大神	【满族】
W0042	**神性人物变成神**	［W0048］神、神性人物、人或动物的肢体（体液）化生为神
W0042. 1	祖先变成神（祖先成为神）①	【民族，关联】②
W0042. 1. 1	祖先被奉为神	【苗族】
W0042. 1. 1. 1	为感恩祖先把祖先尊为神	【侗族】
W0042. 1. 2	祖先成为特定的神	
W0042. 1. 2. 1	男女祖先成为土地公、土地婆	【黎族】
W0042. 2	英雄成为神（英雄变成神）	【普米族】【羌族】
W0042. 2. 1	为民除害的英雄成为神	
W0042. 2. 1. 1	羿为民除害成为宗布神	【汉族】
W0042. 2. 2	英雄死后奉为神	
W0042. 2. 2. 1	英勇的岑逊王死后被当作神人来祀奉	【壮族】
W0042. 2. 2. 2	英雄扎纳死后成为神	【哈尼族】
W0042. 2. 2. 3	英雄战死后成为石神	【蒙古族（布里亚特）】

① 祖先变成神（祖先成为神），神话中的“祖先”多数情况下带有神的性质，在本母题编目中一般作为神性人物处理。

② 【鄂温克族】【苗族】【土家族】 ＊［W0648］祖先是神；［W0681. 1. 5. 1］人祖爷伏羲上天成神

W 编码	母题描述	关联项
W0042.3	妖精成为神（妖怪变成神，鬼变成神）	［W0236.1.6.4］地鬼变成土地神
W0042.3.1	妖精因作怪被封为神	
W0042.3.1.1	昆仑山狐狸精到北京皇宫作怪被皇室立为神	【鄂温克族】 * ［W0058.0.2.1.2］人害怕3个作祟的妖怪供他们为神
W0042.3.1a	妖被神收为徒弟后变成神	【满族】
W0042.3.2	南木是鬼变成的神	【独龙族】
W0042.3.3	善鬼成为神	【彝族】
W0042.3.4	鬼供在庙内成为神	
W0042.3.4.1	五谷鬼、山鬼、吴三桂鬼、马三保鬼等供奉在本主庙后成为陪神	【白族（那马）】
W0042.4	仙变成神	
W0042.4.1	仙女成为神	
W0042.4.1.1	三仙女以仙丹救人有功死后成为神	【鄂伦春族】
W0042.5	宗教人物变成神	
W0042.5.1	萨满化身为神	
W0042.5.1.1	布莱恩腾格里是秋雾、天雾的萨满的化身	【蒙古族（布里亚特）】
W0042.6	精灵升级为神	
W0042.6.1	草木翁衮、树翁衮、山翁衮、水翁衮等升级为草木神、树神、山神、水神	【蒙古族】
W0043	**人变成神**	【汤普森】①A104.1；②A117；*【汉族】【满族】
W0043.1	人偶然变成神	
W0043.2	人得道成神	［W0804.12.3.1］修道成仙
W0043.2.1	人求仙修炼后得道成神	【汉族】
W0044	**特定的人变成神**	

W 编码	母题描述	关联项
W0044.0	天上的人是神（天人是神）	【彝族】 * ［W2015.3.1］天上的人
W0044.0.1	天上的人心好、诚实、不做坏事、不伤别人，可称为神	【鄂温克族】
W0044.1	永生的第一个人成为神	【汤普森】A117.1
W0044.2	本事大的人成为神	【傣族】【汉族】【满族】
W0044.2a	有权力的人变成神	
W0044.2a.1	酋长成为神	【满族】
W0044.2a.1.1	吐蕃酋长成为神	【白族】
W0044.2a.2	氏族族长成为神	
W0044.2a.2.1	后代人尊称第一代穆昆达为恩都哩玛发	【满族】
W0044.2a.2.2	东海窝集部尼玛察地方的族长成为弓箭女神	【满族】
W0044.3	好心人变成神	【民族，关联】①
W0044.3.1	玉皇把好心肠的人收到天上做神	【汉族】 * ［W0058.1.3.1］玉帝封神
W0044.4	巫师成为神	【傈僳族】
W0044.4.1	萨满死后被奉为神	【鄂温克族】 * ［W0066.4.3.1］有本事的大萨满成为女神
W0044.5	男人成为神	【珞巴族】
W0044.5.1	兄弟俩分别成为山神和猎神	【普米族】
W0044.6	女人成为神	
W0044.6.1	特定的女人成为神	【汉族】
W0044.6.2	女子死后升天成神	
W0044.6.2.1	投河自尽的女子死后升天成神	【汉族】
W0044.6.3	特定人物的妻子变成神	
W0044.6.3.1	金太祖完颜阿骨打的夫人死后被女真人敬奉为渍菜女神	【满族】
W0044.7	特定来历的人变成神	【藏族】

① 【白族】【普米族】 * ［W045.5］人做善事变成神

W 编码	母题描述	关联项
W0044.7.1	私生子成为神	【达斡尔族】
W0044.7.1.1	被寡妇杀死的私生子的冤魂成为神	【达斡尔族】
W0044.7.2	兄妹婚生的一部分孩子变成神	
W0044.7.2.1	兄妹婚生的 38 对男女 12 对形成 12 种民族的祖先，剩下 26 对变成地上的各种神灵	【哈尼族（豪尼）】
W0044.7.3	国王的儿子成为神	
W0044.7.3.1	国王与妃子生的儿子成为神	【白族】
W0044.8	特殊身份的人变成神	
W0044.8.1	首领变成神	
W0044.8.1.1	酋长是山神	【藏族】
W0044.8.1.2	部落女首领成为神	【满族】 * ［W0416.3.1.1］部落首领西伦妈妈死后心是热的成了温泉女神
W0044.8.1.3	首领生前宣布自己死后为神	【傣族】 * ［W0057.2.2.2］首领死后灵魂变成神
W0044.8.1.4	勇猛的首领死后被尊为神	【藏族】
W0044.8.1.5	生前有势力的统治者死后变的神也威严	【彝族】
W0044.8.2	会念咒驱鬼祭神的人成为神	【苗族】
W0044.8.3	守山川之祀者为神	【汉族】
W0044.8.4	从事特定职业的人死后被奉为神	
W0044.8.4.1	喂牛和挤牛奶的奴仆卓力死后被养乳牛的人奉为卓力巴日肯	【鄂温克族】
W0044.8.5	古代将领成为神	［W0782.2.3］古代将领本主神
W0044.8.5.1	唐朝大将成为南诏国的神	【白族】
W0044.8.6	能人被认为是神	
W0044.8.6.1	会生火的阏伯被认为是神	【汉族】 * ［W0466.1］火神的产生
W0044.8.6.2	射箭能手在江边变成江边神	【纳西族】
W0044.9	特殊遭遇的人变成神	

W 编码	母题描述	关联项
W0044. 9. 1	遭雷击的人成为神	【民族，关联】①
W0044. 9. 1. 1	遭雷击的人的灵魂成为神	
W0044. 9. 1. 1. 1	遭雷击的老人霍卓热死后灵魂成为霍卓热神	【鄂温克族】
W0044. 9. 1. 2	遭雷击的母女成为神	【达斡尔族】
W0044. 10	做好事的人成为神	［W0782. 2. 7. 3］好人奉为本主
W0044. 10. 1	一个为百姓除水患的童养媳成为神	【汉族】
W0044. 11	老人变成神	［W0875. 1. 1. 6］百岁以上老人会变鬼
W0044. 11. 1	索南尔老人在迁徙路上化成神	【保安族】
W0045	**人变成神的方法（人变神的途径）**	
W0045. 1	人升天后变成神	【汤普森】A117. 2； ＊【民族，关联】②
W0045. 1. 1	3 个萨满和 9 对青年男女逃到上天成为神	【鄂温克族】
W0045. 2	人到神界成为神	【朝鲜族】
W0045. 3	人身体分离变成神	【鄂温克族】
W0045. 4	人到特定地点变成神	
W0045. 4. 1	人到山顶后变成神	【汤普森】A117. 4
W0045. 4. 1. 1	人登特定的山变成神	
W0045. 4. 1. 1. 1	人登昆仑山的悬圃之上乃神	【汉族】
W0045. 4. 2	人洞中变成神	
W0045. 4. 2. 1	一对恋人到洞中变成该洞的洞主和崖神	【怒族】
W0045. 4a	人过河后变成神	
W0045. 4a. 1	过了河的大汉全变成神	【彝族】

① 【达斡尔族】 ＊［W0646. 3. 2. 1］被雷击死者成为祖先；［W0476. 1. 1. 1］人被雷击死后成为家畜神；［W0047. 2. 2］遭雷击的动物成为神

② 【鄂伦春族】【汉族】 ＊［W0550. 1. 1］一个升到天上的妇女成为仓库神

W 编码	母题描述	关联项
W0045.5	人做善事变成神	【汉族】
W0045.5.1	救人的人变成神	【羌族】 * ［W0398.2.3.2.1］救人的人变成白石神
W0045.6	拜特定的人为神（尊特定的人为神）	【满族】【锡伯族】
W0045.6.1	拜有功者为神	【关联】①
W0045.6.1.1	族人认为曾降虎开河的射弄法是天上派来降虎的神，也是开田治水的神	【傣族】
W0045.6.1.2	玉仙三姐妹协助嫘祖织布做衣被奉为神	【汉族】
W0045.6.1.3	为民捕老虎的五个异姓结拜兄弟被祀为神	【汉族】
W0045.6.1.4	人们拜降龙降雨消除旱灾的人为神	【壮族】
W0045.6.1.5	德有功于民者死后被奉为民族英雄神	【壮族】
W0045.6.1.6	建寨有功的人被尊为地盘业主神	【羌族】
W0045.6.1.7	一位除妖的手艺人被奉为神灵	【纳西族】
W0045.7	通过节食变成神	
W0045.7.1	通过绝食变成神	
W0045.7.1.1	人不食不死者而神	【汉族】 * ［W0046.2］人不食而死变成神（人辟谷变成神仙）
W0045.8	人修炼成神	【关联】②
W0045.8.1	人学法成神灵	【畲族】
W0045.9	人经过特定的努力变成神	

① ［W0054.3］植物有功被奉为神；［W0058.1.2.1］因功封神（有功者被封神）；［W0204.5.1.1.1］人把有功的恩人被尊为天帝；［W0392.4.1.9］人们纪念依达搬山的功劳立他为山神；［W0713.0.1］女娲因造人、补天和杀恶龙平息洪水被敬为神

② ［W0043.2］人得道成神；［W0047.1］动物修炼变成神（动物修炼成精、动物修炼变成妖）；［W0401.3.1.2］人修炼成为水神；［W0408.2］人修炼成河神；［W0410.1.1.2］人修炼成河伯；［W0461.1.1.1］人修炼成猎神

W 编码	母题描述	关联项
W0045. 9. 1	人通过变形变成神	【彝族】
W0045. 10	人被度为神	［W0058. 1］封神
W0045. 10. 1	玉皇大帝度秃妮儿成神	【汉族】
W0045. 11	人吃特定物变成神	
W0045. 11. 1	人吃药变成神	
W0045. 11. 1. 1	后羿吃西王母的药能升天成神	【汉族】
W0045. 12	人杀神取而代之	
W0045. 12. 1	一个穷小子杀死原来的死神成为死神	【纳西族】
W0046	**人死后变成神**	【汤普森】A104. 2； ＊【彝族】 ＊［W0876. 3］人死变鬼
W0046. 0	正常死亡的人变成神	
W0046. 0. 1	正常死亡的人死后会马上变成神	【壮族】
W0046. 0. 2	因死者能给生者以益或害所以被看做是神	【蒙古族（布里亚特）】
W0046. 0a	非正常死亡的人变成神	【关联】①
W0046. 0a. 1	溺死者成为神	【汉族】 ＊［W0410. 1. 1. 1］溺死的人成为河伯
W0046. 1	英雄死后变成神	【普米族】
W0046. 1. 1	勇士高取高拔死后被奉为驱灾除难之神	【纳西族】
W0046. 1. 2	战死者被自己的下属推崇为保护神	【蒙古族（布里亚特）】
W0046. 2	人不食而死变成神（人辟谷变成神仙）	【汉族】 ＊［W0045］人变神的方法
W0046. 3	人死后的灵魂变成神（人的灵魂变成神）	【民族，关联】②

① ［W0875. 1. 1. 4b］非正常死亡的人变成鬼；［W0899. 3. 10. 2］非正常死亡的人的亡魂不能归家转世，变成到处游荡的鬼

② 【鄂温克族】【壮族】 ＊［W0541. 1. 3. 1］在森林里迷路的人的灵魂变成森林主神奥尔博利·查干·诺颜；［W0870］灵魂（鬼）；［W0875. 5. 2］人死后灵魂变成鬼或神；［W0888. 2. 1］人死灵魂不死

W 编码	母题描述	关联项
W0046.3.1	意外死亡者的亡灵变成神	【鄂温克族】
W0046.3.2	人死后的灵魂进入动物躯体成为神	
W0046.3.2.1	从天上掉下的2个孩子摔死后灵魂进入野牛身体成了腾格里	【蒙古族】
W0046.3.3	人死后部分灵魂变成神	
W0046.3.3.1	人死后的1个灵魂变成3个灵魂，其中2个会变成神	【壮族】
W0046.3.4	好人的灵魂到阴间后变成神	【彝族】
W0046.4	特定的人死后变成特定的神	【鄂伦春族】【蒙古族】【普米族】
W0046.4.1	楚国大夫屈原死后成为江神	【汉族】
W0046.4.2	李冰父子修建都江堰造福一方被奉为江神	【汉族】 *［W0410.5］特定名称的河神（特定名称的江神，河神的名称）
W0046.4.3	首领死后被尊为神	【傣族】
W0046.4.3.1	建功立业的首领死后成为勐神	【傣族】
W0046.5	人转世为神	【藏族】 *［W9350］转世（托生、转生）
W0046.6	生前有德有功人者死后被当作善神供奉	【壮族】
W0046.7	与人死后变成神有关的其他母题	
W0046.7.1	萨满可以判断死者是否成为神	【蒙古族】
W0046a	**与人变成神有关的其他母题**	［W0124.2.3.1］山神传位给人
W0046a.1	一个人变成多个神	［W0057.5］一神变成多神
W0046a.1.1	人的不同部位变成不同的神	
W0046a.1.1.1	人被雷击身亡后，上半身上了天变成“保勒·索浩勒·合鲁勒”神，中身留在地上变成“谢考·达热勒”神，下身变成九个“道尔保如”神	【鄂温克族】

W 编码	母题描述	关联项
W0046a. 1. 1. 2	祖先被雷击身亡后，上半身上天变成白发巡天神，中间的留在地上，成了普洒神水神，下身变成了九柱地神	【鄂温克族】
W0046a. 2	多个人同时变成神	
W0046a. 2. 1	痴情的妇女和她的孩子都变成崖神	【怒族】
W0047	**动物变成神**	
W0047. 1	动物修炼变成神（动物修炼成精、动物修炼变成妖）	【蒙古族】
W0047. 2	特定的动物变神	
W0047. 2. 1	公鸡成为神（公鸡变成神）	【鄂温克族】
W0047. 2. 2	遭雷击的动物成为神	【达斡尔族】 * ［W0328. 5］雷神住被雷击的物体中
W0047. 2. 3	特定的昆虫化身为特定的神	
W0047. 2. 3. 1	食作物的昆虫化身为干旱神	【蒙古族（布里亚特）】 * ［W0463］旱神（干旱神）
W0047. 3	特定情形下遇到的特定动物成为神	
W0047. 3. 1	迷路时杀死的刺猬被奉为神	【满族】
W0047. 4	与动物变成神有关的其他母题	
*** W0048**	**神、神性人物、人或动物的肢体（体液）化生为神**	【汤普森】A112. 3；* ［W2304. 2］神的肢体或排泄物变成人
W0049	**神的肢体（体液）化为神**	
W0049. 1	神的唾液（汗珠）变成神	【汤普森】A114. 1. 1. 1
W0049. 2	神的心变成神	
W0049. 2. 1	女神的心生出更资天神	
W0049. 2. 1. 1	蒲依割下的心生出更资天神	【彝族】
W0050	**神性人物的肢体化生神**	

W编码	母题描述	关联项
W0050.1	特定神性人物的肢体化生神	
W0050.1.1	盘古的肢体化为神	【汉族】【彝族】
W0050.1.1.1	盘古的心变成神	
W0050.1.1.1.1	盘古的心脏飞到天外变成神	【汉族】
W0050.1.2	女娲之肠化为神	【汉族】 * [W0710] 女娲
W0050.1.2.1	女娲之肠化神十人	【汉族】
W0050.2	神性人物的特定的肢体化生神的条件	
W0051	**人的肢体化为神**	[W2384] 人的肢体变成人
W0052	**动物的肢体化为神**	
W0053	**其他特定的肢体化生为神**	
W0054	**植物变成神**	
W0054.1	寿命长的植物变成神	[W0541.1] 树老后成为神
W0054.2	特定的果实变神	
W0054.2.1	金果银果变成神	【民族，关联】①
W0054.2.1.1	天神把金果变成儿子	【彝族】
W0054.3	植物有功被奉为神	
W0054.3.1	竹子因洪水中救祖先而被奉为神	【彝族】
W0054.4	树根变成神	
W0054.4.1	枫树根变成神	【苗族】
W0055	**自然物变成神**	【汤普森】A104.3；* [W2360] 自然物变化为人（自然物变成人）
W0055.1	天变成神	
W0055.1.1	天变成的神名叫米姑鲁	【彝族】
W0055.1.2	天是神	
W0055.1.2.1	9个天即9个腾格里（神）	【鄂温克族】
W0055.2	地变成神	【彝族】
W0055.2.1	地变成的神名叫米阿那	【彝族】
W0055.3	风变成神	

① 【彝族】 * [W0061.5.1] 金果变成男神；[W0066.4.5.1] 银果变成女神

W 编码	母题描述	关联项
W0055. 3. 1	风变成了大神黑作直	【彝族】
W0055. 4	光变成神	【藏族】 *［W0861. 2. 2］光变成怪物
W0055. 5	气变成神（气化生神）	【关联】①
W0055. 5. 1	最早的气体变成神	
W0055. 5. 1. 1	最早时宇宙只有气体，这些气体变成地球后，剩余的变成天神	【傣族】
W0055. 5. 2	真气化生神	
W0055. 5. 2. 1	真气为母母是神	【彝族】 *［W0186. 4］真气化生天神
W0055. 6	多种气变成神（多种物质化生神）	
W0055. 6. 1	气体、烟雾、大风变成神	【傣族】
W0055. 6. 1. 1	合成地球剩下的气体、烟雾、大风变成最早的天神英叭	【傣族】
W0055. 6. 2	气浪、大风和水化生神	［W0153. 0. 1］风是神的父亲，气浪是神的母亲
W0055. 6. 2. 1	气浪、大风和水孕育出最早的神鱼巴阿嫩和太空里的英叭 2 个大神	【傣族】
W0055. 6. 3	烟雾、大风和水气摩擦产生神	
W0055. 6. 3. 1	烟雾、大风和水气不断摩擦中诞生了大神披乍贺	【傣族】
W0055. 6. 4	气浪和光化生神	
W0055. 6. 4. 1	气浪和光波聚合形成最高天神英叭	【傣族】
W0055. 6. 5	光和热化生神	
W0055. 6. 5. 1	神是光和热的化身	【满族】
W0055. 7	气与其他物混合变成神	
W0055. 7. 1	水和气化生神	【傣族】

① ［W0029. 3］气生神；［W2367］气化生人

W 编码	母题描述	关联项
W0055.7.1.1	水和空气凝结变成创造天地的神	【傣族】
W0055.7.2	气和音变化生神	【纳西族】
W0056	**无生命物变成神**	【关联】①
W0056.1	器物变成神	
W0056.1.1	人造物变成神	
W0056.1.2	萨满的法器变成神	【鄂伦春族】 ＊［W0071.2.3.1］萨满身上的衣服条和腰铃变成许多小神
W0056.1.3	取胜的武器被奉为神	
W0056.1.3.1	白云石为武器战胜敌人遂奉白云石神	【羌族】 ＊［W0208.40.6］白云石为最高的天神
W0056.2	特定的物化为神	
W0056.2.1	石粉变成神	
W0056.2.1.1	炸雷撞碎的石头灰和石头粉相互裹合变成女神吉泽乍玛	【普米族】
W0056.2.2	影子幻化成神	【瑶族】 ＊［W0087.1.4.3.1］影子变成 9 个大神
W0056.2.3	泥变成神	
W0056.2.3.1	天神阿布卡赫赫身上搓下的泥变成始母神赫赫满尼	【满族】
W0056.2.4	面目奇特的物件变成神	
W0056.2.4.1	以奇石为神	【纳西族】
W0056.2.4.2	像鸡的白石奉为神	【羌族】
W0057	**与变神有关的其他母题**	
W0057.1	各种物质变成神	【汤普森】A104.3
W0057.1.1	气息和声音变化成神	
W0057.1.1.1	气息和声音变化生出叫依格窝格的神	【纳西族】
W0057.1.1.2	声气做变化生善神依古阿格	【纳西族】
W0057.1.2	声音化生神	

① ［W2369］无生命物变化为人；［W2760.4］无生命物变成男女；［W0550～W0599］无生命物神

W 编码	母题描述	关联项
W0057. 1. 2. 1	白光化成的美丽的声音逐渐变成神	【纳西族】 ＊［W0125. 1. 2. 1］白光化成的声音逐渐变成善神英格阿格
W0057. 2	灵魂变成神	【汤普森】A104. 4； ＊［W0870］灵魂
W0057. 2. 1	不死的灵魂变成神	【汤普森】A117. 3
W0057. 2. 2	死后的灵魂变成神	【汤普森】A117. 5； ＊【鄂温克族】 ＊［W046. 3］人死后的灵魂变神
W0057. 2. 2. 1	萨满死后的灵魂成为神	【蒙古族（布里亚特）】
W0057. 2. 2. 2	首领死后灵魂变成神	【傣族】
W0057. 2. 3	恶灵变成神	
W0057. 2. 3. 1	含冤而死者的灵魂变成神（冤魂变成神）	【鄂温克族】
W0057. 2. 3. 2	弃婴私生子而死的魂灵成为“乌西”神	【鄂温克族】
W0057. 2. 4	动物的灵魂变成神	
W0057. 2. 4. 1	猴子的灵魂变成神	【土族】
W0057. 2. 5	最高的灵魂变成神	【佤族】
W0057. 3	物的相互作用化生神	［W2297. 4］物体相互作用生人
W0057. 3. 1	气体与风、云不断摩擦产生神	
W0057. 3. 1. 1	气体与风、云不断摩擦产生女神雅桑该和男神布桑该	【傣族】
W0057. 4	多个神合为一个神	
W0057. 5	一神变成多神	［W0046a. 1］一个人变成多个神
W0057. 5. 1	龙神变成雷神和雨神	【民族，关联】①
W0057. 5. 2	黑埃波赛神舌头变成水王，耳朵变成神王	【彝族】
W0057. 6	卵变成神	

① 【毛南族】 ＊［W0301. 4. 0. 1］龙神变成雨神；［W0308. 1. 1］龙神变成雷神

W 编码	母题描述	关联项
W0057.6.1	球团变成依古阿格大神	【纳西族】
W0058	**与神的产生有关的其他母题**	【汤普森】A119
W0058.0	神产生的原因	[W0058.1.2.1] 因功封神（有功者被封神）
W0058.0.1	神产生是因为以前没有神	
W0058.0.1.1	以前没有神	
W0058.0.2	神产生于恐惧	
W0058.0.2.1	人把恐惧物作为神	
W0058.0.2.1.1	人把威胁人畜的蟒视为神	【锡伯族】 * [W0529] 蟒神
W0058.0.2.1.2	人害怕 3 个作祟的妖怪供他们为神	【达斡尔族】
W0058.0.2.2	人敬作祟的物为神	
W0058.0.2.2.1	人敬作祟的箱子为神	【达斡尔族】
W0058.0.2.2.2	人敬作祟的神偶为神	【达斡尔族】
W0058.0.3	因梦产生神	
W0058.0.3.1	梦中遇见的能禳解的物奉为神	【满族】
W0058.0.4	因感恩产生神	
W0058.0.4.1	因感激特定人物尊之为神	
W0058.0.4.1.1	人们感激带来温暖的希温·乌娜吉（太阳姑娘）尊她为太阳神	【鄂温克族】
W0058.0.4.1.2	人感激野茅竹和青㭎树洪水中救命之恩尊之为神	【彝族（撒尼人）】
W0058.0.5	为防御疾病造神	
W0058.0.5.1	北国人创造“德斯库”神专门对付瘟病	【赫哲族】
W0058.1	封神	
W0058.1.1	按到某地的先后封神	【汉族】
W0058.1.2	封神的原因（封神的依据，被封神者）	【关联】①

① [W0045] 人变成神的方法（人变神的途径）；[W0058.0] 神产生的原因

W 编码	母题描述	关联项
W0058. 1. 2. 1	因功封神（有功者被封神）	［W0044. 8. 6. 1］会生火的阏伯被认为是神
W0058. 1. 2. 1. 1	多龙格格灭妖被封为多龙妈妈恩都哩	【满族】
W0058. 1. 2. 1. 2	某人擒鳖治水有功被封神	【汉族】
W0058. 1. 2. 2	因战胜天神被封神	【蒙古族】
W0058. 1. 2. 3	因造物不同封不同行业神	【瑶族】
W0058. 1. 2. 4	因血缘关系封神	【瑶族】
W0058. 1. 2. 5	因闹事封神	
W0058. 1. 2. 5. 1	五兄弟因闹天宫被天王封神	【汉族】
W0058. 1. 2. 6	天上的人被封为神	【汉族】
W0058. 1. 3	封神者	
W0058. 1. 3. 0	天神封神（天帝封神）	【民族，关联】①
W0058. 1. 3. 0. 1	天神更资把树生的 4 个男的封为四神	【彝族】
W0058. 1. 3. 0. 2	天神木巴把死去的两个能干的兄弟封为地方神	【羌族】
W0058. 1. 3. 0. 3	第三代天神捧腊哈造出第四代神捧双拿后，封他为第 12 层天的神管	【傣族】
W0058. 1. 3. 0a	女神封神	
W0058. 1. 3. 0a. 1	第一代女神王阿匹梅烟封出 12 位尊神	【哈尼族】
W0058. 1. 3. 1	玉帝封神	【民族，关联】②
W0058. 1. 3. 2	女始祖封神	【瑶族】
W0058. 1. 3. 3	三公主封神	
W0058. 1. 3. 3. 1	三公主封人为神	【畲族】 *［W0203. 1. 4］三公主是宇宙之神

① 【汉族】 *［W0281. 7. 1］天帝封特定的神为月亮神；［W0804. 8. 2］天神封仙

② 【汉族】 *［W0044. 3. 1］玉皇把好心肠的人收到天上做神；［W0392. 5. 3. 1］玉帝把最先到泰山的仙封为泰山神

W 编码	母题描述	关联项
W0058.1.3.4	大禹封神	【汉族】 * [W0497.7.9.2.1] 大禹王尊封开河放水的大汉为“巨灵皇帝”即“巨灵神”
W0058.1.3.5	皇帝封神	【汉族】
W0058.1.3.6	黄帝封神	【民族，关联】①
W0058.1.4	与封神有关的其他母题	
W0058.1.4.1	不被封神	
W0058.1.4.1.1	因年龄小不被封神	【汉族】
W0058.1.4.2	封神地点	
W0058.1.4.2.1	封神台	【汉族】
W0058.1a	奉神（拜神）	
W0058.1a.1	拜人为神	
W0058.1a.1.1	拜会养殖的人为牲畜神	【锡伯族】
W0058.1a.2	文学作品中的人物奉为神	
W0058.1a.2.1	《封神演义》中三姊妹成为娘娘神	【达斡尔族】
W0058.1b	引进的神（外来神，外神）	
W0058.1b.1	从其他民族引进的神（传来外族神）	【纳西族】
W0058.1b.1.1	鄂温克人和达斡尔人使用鄂伦春人的动物神玛罗	【鄂温克族】
W0058.1b.1.2	鄂伦春财神吉雅其神是传来的蒙古族神	【鄂伦春族】
W0058.1b.1.2.1	蒙古人和达斡尔人所供奉的吉亚其神，被引为鄂伦春族萨满教神	【鄂伦春族】
W0058.1b.1.3	达斡尔的牲畜保护神吉雅其由蒙古传来	【达斡尔族】

① 【汉族】 * [W0204.5.5.1] 黄帝让侄孙少昊做西方的天帝，命曾孙颛顼做了北方的天帝；[W0703.2.2.3.1] 黄帝封嫘祖为祖神

W 编码	母题描述	关联项
W0058. 1b. 1. 4	太上老君、关帝、通天圣帝、城隍等是壮族从别的民族传进本地壮族的外来神	【壮族】
W0058. 1b. 1. 5	傈僳族从汉族传来门神、灶神	【傈僳族】
W0058. 1b. 1. 6	巴火鬼是白族勒墨人从傈僳族那里学来的	【白族（勒墨）】
W0058. 1b. 2	一个氏族供奉其他氏族的神	【鄂温克族】
W0058. 1b. 3	外神中神的地位不同	
W0058. 1b. 3. 1	外神中雷王神权力最大	【壮族】
W0058. 1b. 3. 2	外神中坟地神权力第二	【壮族】
W0058. 1b. 4	因婚姻带来新神	【傈僳族】
W0058. 1c	本族带来的神	
W0058. 1c. 1	迁徙时从祖源地带来的神	【藏族】
W0058. 1d	通过梦产生的神	［W2277. 4］梦感（感梦生人）
W0058. 1d. 1	托梦产生特定的神	
W0058. 1d. 1. 1	神托梦产生神	【羌族】
W0058. 2	同时产生的神或神性人物	
W0058. 2. 1	天神与地神同时产生	
W0058. 2. 2	恶神与善神同时产生	【景颇族】
W0058. 2. 3	神与灵同时产生	【高山族（排湾）】
W0058. 2. 4	神与佛同时产生	【纳西族】
W0058. 2. 5	卵孵出成对的神	【纳西族】
W0058. 3	最早产生的神（最早出现的神或神性人物）	【民族，关联】①
W0058. 3. 1	第一个神	【拉祜族】
W0058. 3. 1. 1	天神是第一个神	
W0058. 3. 1. 2	地神是地上最早的神	【汉族】
W0058. 3. 1. 3	第一个男神	
W0058. 3. 1. 3. 1	第一个男神是第二代神王	【哈尼族】

① 【纳西族】 * ［W0058. 3. 1. 2］地神是地上最早的神；［W0121. 2. 4］最早的大神；［W0187. 2］最早产生的天神

W 编码	母题描述	关联项
W0058.3.1.4	第一个女神	［W0654.2.3.1］第一个女祖先
W0058.3.1.4.1	第一个女神密洛陀	【瑶族】 ＊ ［W0058.3.3.1］女神出现最早
W0058.3.1.5	东巴教的第一位大神萨英威登	【纳西族】
W0058.3.2	最早只有 2 个神	［W0148.5］最早的一对夫妻神
W0058.3.2.1	最早只有天神和地神	【羌族】 ＊ ［W0102.0.1］最早的 2 个神一个住天上，一个住地上
W0058.3.2.2	世界最早只有树精夫妻（精灵）	【珞巴族】
W0058.3.2.3	最早只有拉旺布加钦和拉旺布拉钦两个天神兄弟	【门巴族】
W0058.3.3	女神比男神出现早	
W0058.3.3.1	女神出现最早	［W0058.3.1.4］第一个女神
W0058.3.3.1.1	女神伢俣出现最早	【水族】
W0058.3.3.2	女神产生一万年后才出现一个男神	【傣族】
W0058.3.3a	男神比女神出现早	【高山族（阿美）】
W0058.3.4	恶神比善神出现早	【民族，关联】①
W0058.3.5	无极老祖出现最早	［W0794.5.2.1］无极老祖是从天上降下一个神仙
W0058.3.6	精灵出现最早	［W0907.2］精灵
W0058.3.6.1	神明与精灵先降生	【高山族】
W0058.3.7	最早有 3 位宗教始祖	【汉族】
W0058.4	神产生的时间	［W2010］人产生的时间
W0058.4.1	神的产生比天早	【土家族】
W0058.4.1a	神产生于天地未分时	
W0058.4.1a.1	古老的女神产生于天地未分时	【满族】
W0058.4.2	神产生于天地产生时	
W0058.4.2.1	天地刚分开就出现了崇仁潘迪	【纳西族】
W0058.4.2.2	突姆妈女神与天地同时降生	【满族】

① 【蒙古族】 ＊ ［W0058.2.2］恶神与善神同时产生；［W0125］善神（慈悲之神）；［W0126］恶神

W 编码	母题描述	关联项
W0058. 4. 3	特定的朝代出现特定的神	
W0058. 4. 3. 1	唐朝出现翁贡（神名）	【蒙古族】
W0058. 4. 4	神产生的顺序	［W2741］人产生的顺序
W0058. 4. 4. 1	先生出依古阿格神，之后出现依古丁纳神	【纳西族】
W0058. 4. 5	同时产生的神	
W0058. 4. 5. 1	神成对产生	【纳西族】
W0058. 6	众神同祖（众神同源）	【民族，关联】①
W0058. 6. 1	同类的神同源	
W0058. 6. 1. 1	众女神有共同的始祖母萨天巴	【侗族】
W0058. 6. 2	不同类的神同源	
W0058. 6. 2. 1	天神与山神同源	【蒙古族（布里亚特）】 * ［W0658a. 1. 1. 1. 1］天神和众山神的女始祖曼扎恩·古勒海·图奥黛
W0058. 7	神与万物同祖	【哈尼族】
W0058. 8	神与佛同祖	【纳西族】
W0058. 9	神的发现	
W0058. 9. 1	神在特定时间被发现	
W0058. 9. 1. 1	山神敖雷·巴尔背在清朝末年被发现	【达斡尔族】
W0058. 10	通过神话造神	
W0058. 10. 1	人通过编神话把特定人物变成神	【壮族】

① 【哈尼族】 * ［W2731］人与神同源；［W2732. 2］人与鬼同源

0.1.2　神的特征[①]

【W0060～W0089】

W 编码	母题描述	关联项
✿ **W0060**	**神的性别**	
W0060.1	神以前不分性别	［W2754］原来的人不分男女
W0060.1.1	十二个神的名号都叫"乌摩"，不管是男是女，都叫"阿玛"	【哈尼族】
W0060.2	神的性别的产生	［W2753］人的性别的产生
W0060.2.1	神造出男神和女神	
W0060.2.1.1	英叭造神时造出男女神	【傣族】
W0060.2.2	神吃特定物分出性别	
W0060.2.2.1	神吃生殖器果分出性别	【傣族】
W0060.2.2.2	神吃神果园的芒果后分出男女	【傣族】
❊ **W0061**	**男神**	
W0062	**男神的产生**	［W2021.3.0］第一个男人的产生
W0062.1	自生自育的合体神变成男神	【满族】
W0062.2	女神生男神	
W0062.2.1	女神王生男神	
W0062.2.1.1	第一代女神王生第一个男神烟沙	【哈尼族】
W0062.2.2	女祖神生男神	
W0062.2.2.1	女祖神密洛陀感风生12位男神	【瑶族（布努）】
W0062.2a	特定物生男神	
W0062.2a.1	石生男神	【高山族（雅美）】
W0062.3	通过吃特定物变成男神	

① 神的特征，此处包括神或神性人物的体征。神与神性人物在神话叙事中有时很难做出明确的区别，为了避免下面各种神的体征母题的混杂与重复，在此进行统一的概括表述，其中神或神性人物包括了如下情形：(1) 神；(2) 文化英雄；(3) 半神半人；(4) 其他，如创世神、创世者、巨人、怪人等一些神性人物。关于带有明显特色的具体的神或神性人物的体征在每一类母题的细类中将有所涉及。

W 编码	母题描述	关联项
W0062. 3. 1	看守果园的贡曼兄弟吃下两个芒果变成一对美男神	【傣族】
W0062. 4	女神变成男神	
W0062. 4. 1	西斯林女神被夺去女性神牌后变成男性野神	【满族】
W0062. 4. 2	最高女神阿布卡赫赫已经幻化成男神阿布卡恩都里大神	【满族】
W0062. 5	特定的果实变成男神	
W0062. 5. 1	金果变成男神	【彝族】
W0062. 5. 1. 1	天神格兹把 9 个金果变成 9 个儿子	【彝族】
W0062. 6	女神造男神	
W0062. 6. 1	女天神、女地神和女星神造的女神变成男神	【满族】
W0063	**男神的特征**	［W0067］女神的特征
W0063. 1	男神原来有乳房	【民族，关联】①
W0063. 1. 1	天公遮帕麻扯下乳房做了山峰	【阿昌族】
W0063. 2	男神巨大的生殖器	【壮族】 *［W0654. 3. 4. 1］祖先的巨大生殖器
W0064	**与男神有关的其他母题**	【关联】②
W0064. 1	特定名称的男神	
W0064. 1. 1	男神格兹帕	
W0064. 1. 1. 1	男神格兹帕居九重天	【彝族】
W0064. 1. 1. 2	男神格兹帕是主宰万物的君主	【彝族】
* **W0065**	**女神**	
W0066	**女神的产生**	［W2021. 2. 1］第一个女人的产生
W0066. 1	女神源于某个地方	
W0066. 1. 1	天降女神	

① 【阿昌族】 *［W1545. 2a. 1］神或神性人物的乳房变日月；［W2777］男人没乳房的原因

② ［W0058. 3. 1. 3］第一个男神；［W0132. 2］神会变化性别

W 编码	母题描述	关联项
W0066.1.1.1	天降创世始祖女神木吉卓	【羌族】
W0066.2	女神是造出来的	
W0066.2.1	女天神造女神	【满族】
W0066.2.2	创造神造女神	［W0421b］创造神的创造
W0066.2.2.1	创造神用太阳创造善良的女神	【蒙古族（布里亚特）】
W0066.3	女神是生育产生的	
W0066.3.1	天与地创生女神	【苗族】
W0066.3.2	女神生女神	【瑶族（布努）】
W0066.3.2.1	众女神的始祖母	【侗族】
W0066.4	女神是变化产生的	
W0066.4.1	仙女变成女神	【鄂伦春族】
W0066.4.2	特定物化生女神	【满族】
W0066.4.2.1	柳叶化生女神	
W0066.4.2.1.1	柳叶演化出女神佛朵妈妈	【满族】
W0066.4.3	特定的人成为女神	
W0066.4.3.1	有本事的大萨满成为女神	【满族】
W0066.4.4	物质运动产生女神	
W0066.4.4.1	烟雾运动产生女神	【傣族】 *［W2208.4.2］雾化生的海生人
W0066.4.5	特定的果实变成女神	
W0066.4.5.1	银果变成女神	【彝族】 *［W0061.5.1］金果变成男神
W0066.4.6	卵变成女神	
W0066.4.6.1	肉瘤变成拖亚拉哈女神	【满族】
W0066.5	女神是婚生的	［W2759.9.2］婚生女人
W0066.6	与女神产生有关的其他母题	
W0066.6.1	女神产生之时是造女神者死亡之日	【瑶族】
W0067	**女神的特征（女神的生活）**	［W0063］男神的特征

W 编码	母题描述	关联项
W0067.0	女神的面貌（女神的体征）	
W0067.0.1	多头女神长有多个头）	
W0067.0.1.1	女神九个头	
W0067.0.1.1.1	9个头的敖钦女神很有智慧	【满族】
W0067.0.1.1.2	敖钦女神九头八臂，神力盖世	【满族】 ＊［W0041.1.1.1］敖钦女神一旦逃跑就会变成无敌于世的宇内大神
W0067.0.2	千面女神	
W0067.0.3	美丽的女神（女神貌美，美女神）	【汤普森】A125.4； ＊【纳西族（摩梭）】【维吾尔族】
W0067.0.3.1	美丽的桑戛赛女神一对大眼睛又黑又亮，头发油滑，身子光滑匀称	【傣族】
W0067.0.3.2	女神貌美动人像一朵初开的红杜鹃	【纳西族】
W0067.0.3.3	女神的眼睛如明月，肤色像阳光	【纳西族（摩梭）】
W0067.0.3.4	举世无双的美女神德雅玛	【高山族（阿美）】
W0067.0.4	女神雪白无肉	【藏族】
W0067.0.5	女神以前的体征与现在不同	
W0067.0.5.1	以前女神长胡须	【苗族】 ＊［W2786.2］原来女人有胡须
W0067.0.5.2	以前女神没有乳房	【阿昌族】【傣族】
W0067.0.5.3	以前地母有喉结	【阿昌族】
W0067.0.6	女神身体巨大	
W0067.0.6.1	大地女神身体巨大	【蒙古族（图瓦）】
W0067.0.6.2	女神的身体是大地	【蒙古族（图瓦）】
W0067.0.7	女神是白发老妈妈的样子	【满族】
W0067.1	女神有特殊肢体	
W0067.1.1	女神有多个手足	【侗族】
W0067.1.2	女神有男性生殖器	
W0067.1.2.1	女神有了男性生殖器后变成恶魔	【满族】

W 编码	母题描述	关联项
W0067.1.3	有翅膀的女神	【纳西族（摩梭）】 ＊［W0083.1］神长着翅膀
W0067.1a	女神的其他特征	
W0067.1a.1	散发着芳香的女神	【满族】
W0067.2	女神的居所	
W0067.2.1	女神住银河	【苗族】
W0067.2.2	女神住天上	【苗族】
W0067.2.2.1	女天神住第七重天	【维吾尔族】
W0067.2.2.2	女神住99层天上	【蒙古族】
W0067.2.3	女神住地上	
W0067.2.4	女神的住处环境的颜色与她们自身的颜色一致	【藏族】
W0067.2.5	与女神居所有关的其他母题	【达斡尔族】 ＊［W0103.7.1.1］女神住所有凤凰守护
W0067.3	女神的服饰	
W0067.3.1	女神有特殊服饰	
W0067.3.1.1	女神灵披白挂蓝	【哈萨克族】
W0067.3.2	女神身穿红色	【藏族】
W0067.3.3	特定女神的服饰	【纳西族（摩梭）】 ＊［W0393.2.3.4.1］刺踏寨干木女山神头戴星星帽，身穿彩霞衣，白云裙子系虹带，脚穿玛瑙鞋
W0067.4	女神的工具（女神的武器）	
W0067.4.1	女神右手持闪电，左手握冰雹	［W0122.5.1.1.2］天界女神的首领右手持闪电，左手握冰雹
W0067.4.2	女神的坐骑	
W0067.4.2.1	女神骑九头乌龟	【藏族】＊［W0068.10.7d.1］马却牙玛色女神骑九头乌龟
W0067.4.2.2	女神骑一头白色的狮子	【藏族】
W0067.5	女神的性格	
W0067.5.1	善良的女神	

W 编码	母题描述	关联项
W0067.5.1.1	女神竺妞好心肠	【苗族】
W0067.5.1.2	善良的女神曼津·固尔姆	【蒙古族（布里亚特）】
W0067.5.1a	温柔的女神	
W0067.5.1a.1	女神白拉姆有绸子一样温柔的性格	【藏族】
W0067.5.2	邪恶的女神（恶毒的女神）	【蒙古族】 *［W0126］恶神
W0067.5.2.1	姑奶奶神避强凌弱，危害妇女小孩	【白族】
W0067.5.2.1.1	姑奶奶神	
W0067.5.2.1.1.1	每个村庄有7个姑奶奶神	【白族】
W0067.5.3	嫉妒的女神	【民族，关联】①
W0067.5.4	爱美的女神	［W0470.1］美丽女神
W0067.5.5	开朗的女神	
W0067.5.6	含羞的女神	
W0067.5.7	心软的女神	
W0067.5.7.1	心慈手软的女神阿布卡赫赫放走恶魔	【满族】
W0067.5.8	性冷淡的女神	
W0067.5.8.1	闪电女神哈里亚不愿意与男子接近	【珞巴族】
W0067.5.9	寂寞的女神	【纳西族（摩梭）】
W0067.5.10	特定的女神专门作祟男人	【怒族】
W0067.6	与女神生活有关的其他母题	
W0067.6.1	不幸的女神	【藏族】
W0067a	**女神的职能（女神的能力）**	［W0068.12］具有特定职能的女神
W0067a.0	女神能力高强	
W0067a.0.1	女神能掐会算	
W0067a.0.1.1	女神伢俣是会想会算，又有志气	【水族】

① 【土家族】 *［W0847.7］嫉妒的妖魔；［W6817］嫉妒

W 编码	母题描述	关联项
W0067a. 1	女神掌管特定领域	
W0067a. 1. 1	管天下的女神	
W0067a. 1. 1. 2	管天下的女神竺妞	【苗族】
W0067a. 1. 2	女神管理天地	【苗族】
W0067a. 2	女神掌管特定物	
W0067a. 2. 2	掌管狮子的女神	【纳西族】
W0067a. 3	女神会变物（女神会变形，女神会变化）	［W0842. 1. 1. 1］女神变成恶魔
W0067a. 3. 1	女神阿布卡赫赫拔腋毛化为水龙	【满族】
W0067a. 3. 2	女神化身尼姑	【藏族】
W0067a. 3. 3	女神一天完成一生的变化	【傈僳族】
W0067a. 3. 4	女神化身为石	
W0067a. 3. 4. 1	巴丁喇木女神化身一尊酷肖女性的钟乳石	【纳西族（摩梭）】
W0067a. 4	女神会造人	【关联】①
W0067a. 4. 1	造人女神儿依得罗娃	【彝族】
W0067a. 5	女神主宰人类降生祸福	
W0067a. 5. 1	主宰人类降生祸福的女神有牙花散、牙花术、牙花隆、牙花离	【水族】
W0067a. 5. 2	女神赐人健康和幸福	
W0067a. 5. 2. 1	爱麦格勒吉·札雅嘎吉是赐给孩子们健康和幸福的女神	【蒙古族】
W0067a. 6	女神是人种	
W0067a. 6. 1	女神下凡到地上做人种	
W0067a. 6. 1. 1	女天神吉泽乍玛到大地上做人种	【普米族】
W0067a. 6. 2	女神感物而孕	
W0067a. 6. 2. 1	女神淋风神化作的雨怀孕	【水族】
W0067a. 7	女神是占卜师	【关联】②

① ［W2065］女娲造人；［W2073］女子造人（女人造人）

② ［W0490. 1］占卜神；［W0490. 1. 1］占卜女神；［W9190. 2］母亲教占卜

W 编码	母题描述	关联项
W0067a. 7. 1	女神手持占卜神箭	【藏族】
W0067a. 8	至高无上的女神	
W0067a. 8. 1	高无上的女神是女始祖	
W0067a. 8. 1. 1	大祖母萨玛（萨岁）是侗族至高无上的女神	【侗族】
W0067b	**女神的关系**	
W0067b. 1	女神是龙王的后代	【民族，关联】①
W0067b. 2	女神的兄弟姐妹	
W0067b. 2. 1	女神的兄弟	
W0067b. 2. 2	女神的姊妹	
W0067b. 2. 2. 1	女神三姊妹	
W0067b. 2. 2. 1. 1	女天神阿布卡赫赫、地母神巴那姆赫赫与光明神卧勒多赫赫是三姊妹	【满族】
W0067b. 3	女神的丈夫	
W0067b. 4	女神的子女	
W0067b. 4. 1	女神生特定数量的子女	
W0067b. 4. 1. 1	女神生 9 子	【瑶族（布努）】
W0067b. 5	女神的上司	
W0067b. 5. 1	女神的首领	
W0067b. 5. 1. 1	女神的首领扎西次仁玛	【藏族】
W0067c	**女神的寿命与死亡**	
W0067d	**女神的行为**	
W006d. 1	女神下凡	【高山族】
W0067 d. 1. 1	女神奴奴勒下凡	【高山族（卑南）】
W0068	**与女神有关的其他母题**	【关联】②
W0068. 1	创世女神	【民族，关联】③
W0068. 1. 0	创世女神的产生	

① 【彝族】 * ［W2167. 7. 1］人是龙的子孙；［W3581. 10］龙王的子孙

② ［W0067. 5. 3］嫉妒的女神；［W0282. 2］月亮女神

③ 【哈尼族】【基诺族】 * ［W1002. 1. 3］世界是女神创造的；［W1103. 3］女神造天地

W 编码	母题描述	关联项
W0068.1.0.1	世界大水中的大物裂生创世女神阿嫫腰白	【基诺族】
W0068.1.0.2	混沌的宇宙中诞生创世女神厄莎	【拉祜族】
W0068.1.1	造物母	【景颇族】 * [W0147.0.1] 创始祖和造物母是白昼神和黑夜神的儿女
W0068.1.2	最早的创世女神	
W0068.1.2.1	最早的创世女神阿嫫腰白	【基诺族】
W0068.2	大母神①	【侗族】
W0068.2.1	世界最早产生大母神	
W0068.2.2	大母神雌雄一体	
W0068.2.2.1	大母神马达尔迪雌雄一体	【赫哲族】
W0068.3	母亲神	
W0068.3.1	母亲神创世	【蒙古族】 * [W0424] 创世神
W0068.3.2	母亲神造人类	【民族，关联】②
W0068.3.3	白发苍苍的母亲神有吃不完的乳汁	【鄂温克族】
W0068.3.4	母亲之天额客腾格里	【蒙古族】
W0068.3.5	母亲神朗	
W0068.3.5.1	母亲神朗住在地下	【羌族】
W0068.4	姊妹神	【满族】 * [W0285.5.1.1] 星神三姊妹
W0068.5	神母	【独龙族】
W0068.6	万能的女神（万能女神）	【民族，关联】③
W0068.6.1	万能女神阿匹梅烟	【哈尼族】
W0068.6.1.1	最高最大的天神俄玛生万能女神阿匹梅烟	【哈尼族】

① 大母神，这是一个神话研究中出现的概念。“大母神”与一般“女神”的区别在于她往往产生较早，作用也相对较大。

② 【蒙古族】 * [W2056] 女神造人；[W2056.3] 老妈妈神造人

③ 【哈尼族】 * [W0140.1.1] 万能女神传神谱； [W0497.3] 万能神（无所不能的神）；[W0773.3.1] 泰山奶奶是万能女神

W 编码	母题描述	关联项
W0068.7	自生自育的女神	【满族】
W0068.8	女人神	【苗族】 * ［W0065］女神
W0068.8.1	女人神抵力古莫婆婆	【苗族】
W0068.9	负责计量的女神	【苗族】 * ［W6983］度量衡等的发明
W0068.9.1	极高大的女神妞香丈量天地	【苗族】
W0068.9a	渍菜女神	［W0044.6.3.1］金太祖完颜阿骨打的夫人死后被女真人敬奉为渍菜女神
W0068.9a.1	渍菜女神布苏妈妈	【满族】
W0068.9b	秋千女神	
W0068.9b.1	突姆火神变成后世的“秋千女神”	【满族】
W0068.10	特定名称的女神（女神名称）	【民族，关联】①
W0068.10.1	魂灵女神苏鲁玛玛	【锡伯族】
W0068.10.2	女神朴莫乃日（蒲么列日、蒲莫列衣）	【彝族】
W0068.10.3	专管山林的山崩女神	【侗族】
W0068.10.4	女神雷鲁	
W0068.10.4.1	女神雷鲁和男神朱幂米造山河	【苗族】
W0068.10.4a	女神务往葩	【苗族】
W0068.10.5	女神牙巫	【水族】
W0068.10.6	女天神阿布卡赫赫	【满族】
W0068.10.6a	敖钦女神	【民族，关联】②
W0068.10.6a.1	敖钦女神头上长着一只直插天穹的大角	【满族】
W0068.10.6a.2	敖钦女神是两性怪神	【满族】
W0068.10.6b	卧勒多赫赫女神	

① 【侗族】【汉族】【满族】【壮族】 * ［W0256.5.1］四方女神；［W0911.7.4.1］招魂的神召日姑姑罕

② 【满族】 * ［W0020.1.1.3.1］天神阿布卡赫赫用自己身上的一块肉造敖钦女神，又用地神卧勒多赫赫脚上的一块肉做成敖钦；［W0041.1.1.1］敖钦女神一旦逃跑就会变成无敌于世的宇内大神；［W0067.0.1.1.2］敖钦女神九头八臂，神力盖世

W 编码	母题描述	关联项
W0068.10.6b.1	女天神阿布卡赫赫身上裂变出卧勒多赫赫女神	【满族】
W0068.10.7	女神康嘎夏梅玛	
W0068.10.7.1	女神康嘎夏梅玛白雪无肉	【藏族】
W0068.10.7.2	女神康嘎夏梅玛居金刚红岩	【藏族】
W0068.10.7a	女神卜热鹰后	
W0068.10.7a.1	卜热鹰后女神骑一条白犊	【藏族】
W0068.10.7a.2	卜热鹰后女神居阿尼玛卿山	【藏族】
W0068.10.7b	多吉贡查玛女神	
W0068.10.7b.1	多吉贡查玛女神骑金色雌鹿	【藏族】
W0068.10.7b.2	多吉贡查玛女神居玛哈代旺	【藏族】
W0068.10.7c	多吉玉仲玛女神	
W0068.10.7c.1	多吉玉仲玛女神骑蓝色的水鸟	【藏族】
W0068.10.7c.2	多吉玉仲玛女神居卫藏	【藏族】
W0068.10.7d	马却牙玛色女神	
W0068.10.7d.1	马却牙玛色女神骑九头乌龟	【藏族】
W0068.10.7d.2	马却牙玛色女神居阿儿代仲	【藏族】
W0068.10.7e	一辫女神	
W0068.10.7e.1	一辫女神骑蓝色天龙	【藏族】
W0068.10.7e.2	一辫女神居泥婆罗	【藏族】
W0068.10.7f	赞神苛贝勉儿玛女神	
W0068.10.7f.1	赞神苛贝勉儿玛女神骑三腿骡	【藏族】
W0068.10.7f.2	赞神苛贝勉儿玛女神居那兰辛兰	【藏族】
W0068.10.7g	雪山大明妃玉朋玛女神	
W0068.10.7g.1	雪山大明妃玉朋玛女神骑花纹虎	【藏族】
W0068.10.7g.2	雪山大明妃玉朋玛女神居贡布	【藏族】
W0068.10.7h	赞姆突巴朵女神	
W0068.10.7h.1	赞姆突巴朵女神骑白斑熊	【藏族】
W0068.10.7h.2	赞姆突巴朵女神居珠域卡蔡	【藏族】
W0068.10.8	女神智桐瓦	【景颇族】

W 编码	母题描述	关联项
W0068. 10. 9	女神奴奴勒	
W0068. 10. 9. 1	女神奴奴勒下凡	【高山族（卑南）】
W0068. 10. 10	掌管狮子女神狮格干姆	
W0068. 10. 10. 1	狮格干姆骑着狮子出巡	【纳西族】
W0068. 10. 10a	女神巴丁喇木	
W0068. 10. 10a. 1	西蕃女神巴丁喇木性情顽野，游走无定	【纳西族（摩梭）】
W0068. 10. 11	女神又称天女	【藏族】
W0068. 11	多重身份的女神	【彝族】 * ［W0497. 8］身兼多职的神
W0068. 12	具有特定职能的女神（女神的类型）	
W0068. 12. 1	掌管狮子的女神	【纳西族】
W0068. 12. 2	旱地女神	【景颇族】
W0068. 12. 3	侍家女神	
W0068. 12. 3. 1	奥朵西是牧神和侍家女神	【满族】
W0068. 13	动植物女神	［W0536. 3. 2］凤凰女神
W0068. 14	女神的数量	
W0068. 14. 1	宇宙只有一个女神	【维吾尔族】
W0068. 14. 2	3 个女神	
W0068. 14. 2. 1	三姊妹神	【汉族】
W0068. 14. 3	9 个女神	
W0068. 14. 3. 1	9 个女神分居 9 层天	【怒族】
W0068. 15	神女	［W0657. 2. 1］祖先和神女是兄妹
W0068. 15. 1	神女的产生	
W0068. 15. 1. 0	神女源于特定地方	
W0068. 15. 1. 0. 1	天降神女	【汉族】
W0068. 15. 1. 1	女始祖造神女	【瑶族】
W0068. 15. 1. 2	有功的女子变成神女	
W0068. 15. 1. 2. 1	保护神童的少女被收为神女	【汉族】
W0068. 15. 2	神女的特征	

W 编码	母题描述	关联项
W0068.15.2.1	神女美丽	【汉族】 * ［W0067.0.3］美丽的女神（女神貌美，美女神）
W0068.15.2.2	神女贪心金银（爱慕荣华的神女）	【纳西族】
W0068.15.3	神女的能力	
W0068.15.3.1	神女会变化	
W0068.15.3.1.1	神女一日三变	【布朗族】 * ［W0714.1.2］女娲一日七十变（女娲七十化）
W0068.15.3.1.2	巫山神女会变化	【汉族】
W0068.15.3.2	神女会魔法	
W0068.15.3.2.1	神女把一颗粮食变成满山遍野的庄稼	【汉族】
W0068.15.4	神女的行为（神女的事迹）	
W0068.15.4.1	神女下凡	
W0068.15.4.1.1	神女下凡嫁董永	【汉族】
W0068.15.5	神女的生活	［W0067］女神的特征（女神的生活）
W0068.15.5.1	神女用青苔做衣裳	【彝族】
W0068.15.5.2	神女的居所	
W0068.15.5.3	神女有特定的玩伴	
W0068.15.5.3.1	神女以动物为伴	【汉族】
W0068.15.6	神女的关系	
W0068.15.6.1	神女是山神之女	【藏族】
W0068.15.6.2	神女七姊妹	【赫哲族】
W0068.15.7	特定名称的神女	
W0068.15.7.1	巫山神女	【汉族】 * ［W0068.15.3.1.2］巫山神女会变化
W0068.15.7.1.1	巫山神女是真人	【汉族】
W0068.15.7.2	神女瑶姬	【汉族】
W0068.15.7.2.1	瑶姬即巫山神女	【汉族】
W0068.15.7.2.2	瑶姬能旦为朝云，暮为行雨	【汉族】

W 编码	母题描述	关联项
W0068. 15. 7. 3	神女女岐	
W0068. 15. 7. 3. 1	女岐无夫而生九子	【汉族】
W0068. 15. 7. 4	骊山神女	
W0068. 15. 7. 4. 1	骊山神女戏始皇	【汉族】
W0068. 15. 7. 5	凤凰神女	
W0068. 15. 7. 5. 1	凤凰神女做本主	【白族】
W0068. 15. 8	与神女有关的其他母题	
W0068. 15. 8. 1	放牧神女	［W0497. 7. 41］放牧神
W0068. 15. 8. 1. 1	放牧神女奥朵西	【满族】
W0068. 15. 8. 1. 2	放牧神女奥朵西掌管七彩云兽	【满族】
W0068. 16	复仇女神	【关联】①
W0068. 17	神婆（神婆婆）	
W0068. 17. 1	神婆的产生	
W0068. 17. 2	神婆的特征	
W0068. 17. 3	特定名称的神婆	［W0466. 10. 1. 8. 1］火畲神婆
W0068. 17. 3. 1	神婆婆务罗务素	【苗族】
W0068. 17. 4	与神婆有关的其他母题	
W0068. 17. 4. 1	神婆的居所	
W0068. 17. 4. 1. 1	神婆住在银河岸边	【苗族】
W0068. 18	天女神	［W0215］天女
W0068. 18. 1	岷山西有天女神	【汉族】
W0068a	**娘娘神**	
W0068a. 1	娘娘神的产生	
W0068a. 1. 1	仙女变成娘娘神	
W0068a. 1. 1. 1	与一个男子结婚的三个仙女死后分别变成娘娘神	【鄂伦春族】
W0068a. 1. 1. 2	三位仙女死后灵魂变成治病的娘娘神	【鄂伦春族】
W0068a. 1. 2	普通人变成娘娘神	【汉族】 * ［W0068a. 5. 4. 1］捻线的常氏女逃婚后变成麻线娘娘

① ［W0067. 5. 3］嫉妒的女神；［W9466. 1］神仙复仇

W 编码	母题描述	关联项
W0068a. 1. 2. 1	9 个投河死的女人变成特定的娘娘神	【达斡尔族】
W0068a. 1. 3	西王母的弟子成为娘娘神	【达斡尔族】
W0068a. 2	娘娘神的特征	
W0068a. 3	娘娘神的职能	
W0068a. 3. 1	娘娘神主管天花、疹子、水痘等疾病	【赫哲族】
W0068a. 3. 2	娘娘神主管小孩疾病	【达斡尔族】
W0068a. 4	娘娘神的能力（娘娘神的事迹）	
W0068a. 4. 1	娘娘神能让人头痛闹病	【鄂温克族】
W0068a. 4. 2	娘娘神传播疾病	【赫哲族】
W0068a. 4. 3	娘娘神会治病	【赫哲族】
W0068a. 4. 3. 1	瘟病娘娘治瘟病	【赫哲族】
W0068a. 5	娘娘神的类型（特定名称的娘娘神）	［W0782. 1］水母娘娘
W0068a. 5. 1	天花娘娘	【赫哲族】 ＊［W0068a. 5. 7. 2］光明娘娘治天花
W0068a. 5. 1. 1	管天花的“娥搁读鸽娘娘”神	【鄂伦春族】
W0068a. 5. 2	麻疹娘娘（疹子娘娘）	【赫哲族】
W0068a. 5. 2. 1	仙女死后灵魂变成管麻疹的“呢沏坤娘娘”神	【鄂伦春族】
W0068a. 5. 3	水痘娘娘司水痘	【赫哲族】 ＊［W0068a. 5. 10. 2］四海娘娘治水痘
W0068a. 5. 4	麻线娘娘	
W0068a. 5. 4. 1	捻线的常氏女逃婚后变成麻线娘娘	【汉族】
W0068a. 5. 5	大、小父母娘娘神	【达斡尔族】
W0068a. 5. 6	伤寒热病娘娘	
W0068a. 5. 6. 1	管伤寒和热病的娥仙娘娘	【鄂伦春族】 ＊［W0068a. 5. 9. 2］黄娘娘治伤寒
W0068a. 5. 6. 2	伤寒娘娘	【赫哲族】

W 编码	母题描述	关联项
W0068a. 5. 7	光明娘娘	
W0068a. 5. 7. 1	光明娘娘根给娘娘管天上的事	【赫哲族】
W0068a. 5. 7. 2	光明娘娘治天花	【赫哲族】
W0068a. 5. 8	黄病娘娘	【赫哲族】
W0068a. 5. 9	黄娘娘	
W0068a. 5. 9. 1	黄娘娘管地上的事	【赫哲族】
W0068a. 5. 9. 2	黄娘娘治伤寒	【赫哲族】
W0068a. 5. 10	四海娘娘	［W0413. 1. 1］女海神
W0068a. 5. 10. 1	四海娘娘管水里的事	【赫哲族】
W0068a. 5. 10. 2	四海娘娘治水痘	【赫哲族】
W0068a. 5. 11	依罗娘娘	
W0068a. 5. 11. 1	玉帝让依罗娘娘造人	【土家族】
W0068a. 5. 12	温沁巫西娘娘神	
W0068a. 5. 12. 1	投河自尽的 9 个女子的冤魂成为温沁巫西娘娘神	［W0057. 2. 3. 1］含冤而死者的灵魂变成神（冤魂变成神）
W0068a. 5. 13	子孙娘娘（送子娘娘）	【关联】①
W0068a. 5. 13. 1	子孙娘娘的宫殿有惩罚恶人的各种刑具	【满族】
W0068a. 5. 13. 2	子孙娘娘为金花夫人	【汉族】
W0068a. 5. 13. 3	子孙娘娘是 8 个掌管生育的女神	
W0068a. 5. 13. 3. 1	子孙娘娘指天仙娘娘、眼光娘娘、送生娘娘、培姑娘娘、催生娘娘、乳母娘娘、斑疹娘娘、引蒙娘娘 8 位女神	【汉族】
W0068a. 5. 13. 4	注生娘娘是送子娘娘	【民族无考】
W0068a. 5. 13. 5	掌管妇女生育、子孙生养 12 位娘娘	

① ［W0398. 1. 2. 5］泰山娘娘被称为“送子娘娘”；［W0477. 8. 6. 1］送子女神鬼子母；［W0788. 3. 4］九天玄女司送子

W 编码	母题描述	关联项
W0068a.5.13.5.1	掌管妇女生育、子孙生养有注生婆姐、注胎婆姐、监生婆姐、抱送婆姐、守胎婆姐、转生婆姐、护产婆姐、注男女婆姐、送子婆姐、安胎婆姐、养生婆姐、抱子婆姐 12 位娘娘	【民族无考】
W0068a.5.13.6	送子娘娘即泰山娘娘	【汉族】 * ［W0398.1.2.5］泰山娘娘被称为“送子娘娘”
W0068a.5.13.7	送子娘娘女岐（九子母）	【民族无考】
W0068a.5.13.8	送子娘娘易木士	【羌族】
W0068a.5.14	娥仙娘娘神	
W0068a.5.14.1	掌伤寒及热病的三仙女称娥仙娘娘神	【鄂伦春族】
W0068a.5.15	眼光娘娘	
W0068a.5.15.1	眼光娘娘是主司眼目健康之神	【民族无考】
W0068a.5.16	圣母娘娘（圣母）	
W0068a.5.16.1	圣母娘娘能让海水结冰三尺	【汉族】
W0068a.5.16.2	晋祠圣母	
W0068a.5.16.2.1	晋祠圣母名春英	【汉族】
W0068a.5.16.2.2	晋祠圣母又称水母娘娘	【汉族】
W0068a.5.16.3	昊天圣母	
W0068a.5.16.3.1	昊天圣母助黄龙战胜黑龙	【汉族】
W0068a.6	娘娘神的关系	
W0068a.6.1	会治病的人是娘娘神的奴才	【赫哲族】
W0068a.6.2	娘娘神的师傅是西王母	［W0761.7.1］西王母的弟子云霄、琼霄、碧霄三姊妹娘娘神
W0068a.7	与娘娘神有关的其他母题	
W0068a.7.1	娘娘神有 3 种	
W0068a.7.1.1	娘娘神有四海娘娘、光明娘娘和黄娘娘 3 种	【赫哲族】
W0068a.7.2	圣母	

W 编码	母题描述	关联项
W0068a. 7. 2. 1	华山圣母	【汉族】 * ［W0398. 1. 2a. 3］华山神的第三个女儿华山圣母
W0069	**双性神（两性神）**	【珞巴族】
W0069. 1	神自生自育	【满族】
W0069. 1. 1	敖钦女神变成两性怪神后能自生自育	【满族】 * ［W0068. 10. 6a］敖钦女神
W0069. 2	神能变性	【傣族】
W0069a	**与神的性别有关的其他母题**	
W0069a. 1	以前男女神比例失调	【满族】 * ［W0087. 4. 1］女神多男神少
W0069a. 2	男神女神同时产生	
W0069a. 3	女神产生早于男神	［W0058. 4］神产生的时间
W0069a. 3. 1	女神雅桑该比男神布桑该早产生1万年	【傣族】
W0069a. 4	男神产生早于女神	【关联】①
W0069a. 5	神会变化的性别	
W0069a. 5. 1	祖先神穆昆达有时变成男的，有时变成女的	【满族】
◎	**〖神的体征〗**	
※W0070	**神的外貌特征（神的面貌）**	【汤普森】≈A120
W0070. 1	神没有固定的外形（神无定形）	【汤普森】A120. 4
W0070. 1. 1	神或如梦象或如诸物无形相可言	【羌族】
W0070. 2	神是无形的（神无形，人看不见神）	【汤普森】①A102. 9；②A120. 3
W0070. 2. 1	神有形又无形	【汉族】 * ［W0722. 2. 16. 3］盘古有形又无形

① ［W2769］男女性别产生的先后；［W2769. 2. 1］先产生女后产生男；［W2769. 2. 2］先产生男后产生女

W 编码	母题描述	关联项
W0070. 2. 2	神是气	【彝族】 * [W0202. 0. 1. 1] 最高神更资天神的母亲不是人、神、动植物，而是一股气
W0070. 2. 3	神在人周围，人却看不见摸不着	【壮族】
W0070. 2. 3. 1	人看不见神的影子，神却看得见人	【哈尼族】
W0070. 2. 4	神只闻其声不见其形	
W0070. 2. 4. 1	人听到山神说话却看不见山神	【怒族】
W0070. 3	神是人形（人兽合体神）	【汤普森】 A125
W0070. 3. 1	半人半兽的神	【汉族】 * [W0584. 1] 文化英雄是半人半兽
W0070. 3. 1. 1	半人半兽的巨神纳罗引勾	【苗族】
W0070. 3. 1. 2	人首蛇身神	【汉族】
W0070. 3. 1. 3	人首鱼身神	【满族】
W0070. 3. 1. 4	人身鱼首神	【满族】
W0070. 3. 2	鸭嘴蛇头人身神	【满族】
W0070. 3. 3	神的面貌与人相同	【壮族】
W0070. 4	神有动物外形（神的面貌是半人半兽）	【汤普森】 A131; * [W0635] 人兽合体的神
W0070. 4. 1	神外形是鸟	【汉族】
W0070. 4. 1. 1	神人面鸟身	【汉族】
W0070. 4. 1. 2	九首人面鸟身之神	
W0070. 4. 1. 2. 1	九凤是九首人面鸟身之神	【汉族】
W0070. 4. 1. 3	守护天火的昂神是只大公鸡	【纳西族（摩梭）】
W0070. 4. 2	神人面兽身	【壮族】 * [W0767. 2. 1] 祝融人面兽身（祝融兽身人面）
W0070. 4. 2. 1	神人面马身	【汉族】
W0070. 4. 2. 2	神人面牛身	【汉族】
W0070. 4. 2. 3	神人面豹身	
W0070. 4. 2. 3. 1	阿格达恩都哩人面豹子身	【满族】
W0070. 4. 3	神兽面人身	

W 编码	母题描述	关联项
W0070. 4. 3. 1	神人面羊身	【羌族】
W0070. 4. 4	神长有虎皮	【汤普森】 A131. 4
W0070. 5	神有无数个外形（神有不同面貌）	【汤普森】 A139. 10； ＊［W0132］神的变化（神的变形）
W0070. 6	连体神	【汤普森】 A123. 1. 2
W0070. 6. 1	男女双体连胎的神	【珞巴族】
W0070. 7	三位一体的神	【汤普森】 A109. 1
W0070. 7. 1	三个身体的神	【汤普森】 ≈A123. 1. 1； ＊［W2886. 1］有三个身体的人
W0070. 7. 1. 1	神一身三相	
W0070. 7. 1. 1. 1	念青唐古拉山神有三种身相	【藏族】
W0070. 7. 2	自然、神灵和祖先三位一体	【佤族】 ＊［W0127. 5. 1］自然、神灵和祖先三位一体，互相转化
W0070. 7. 3	火神与男女祖先神三位一体	【羌族】
W0070. 8	神以物体的样子出现	【汤普森】 A139. 8
W0070. 8. 1	神像树干	【汤普森】 A139. 8. 1
W0070. 8. 2	鸟是神的影子	【汤普森】 A195. 3
W0070. 8. 3	神像闪电	【汤普森】 A137. 16
W0070. 8. 4	神是星星	
W0070. 8. 4. 1	一颗星星就是一个神	【毛南族】
W0070. 9	与神的外貌有关的其他母题	
W0070. 9. 0	神的外貌的来历	
W0070. 9. 0. 1	神造神时设计神的模样	【傣族】
W0070. 9. 1	神是幻象	
W0070. 9. 2	面目美丽的神	
W0070. 9. 3	面目丑陋的神	【汤普森】 A123. 1
W0070. 9. 4	面目怪异的神	
W0070. 9. 5	体形像生殖器的神	【门巴族】 ＊［W6377. 4］生殖器崇拜（性崇拜）
W0070. 9. 6	通体透明的神	
W0070. 9. 7	身体有缺陷的神	【汤普森】 A128

W 编码	母题描述	关联项
W0070.9.8	神的身体是某一个地方	【门巴族】
W0070.9.9	只有一半身体的神	
W0070.9.9.1	只有一只眼、一条胳膊和一条腿的乌佑（神、精灵）	【珞巴族】
W0070.9.10	神是无限时空的化身	【蒙古族（布里亚特）】
W0070.9.11	相貌相同的神	
W0070.9.11.1	火神的七个儿子长得一模一样	【傣族】
W0070.9.12	神的面貌与供奉他的主人相似	
W0070.9.12.1	术神与供奉他的主人外貌相似	【纳西族】
W0071	**神的身高特征**	［W0314］雷神身材巨大
W0071.1	神有惊人的身高（神身体巨大）	【民族】①
W0071.1.1	巨人神（巨神）	【民族，关联】②
W0071.1.1.1	巨神老头身影长几百里	【朝鲜族】
W0071.1.1.2	巨人神来莫日根	【鄂温克族】
W0071.1.1.3	神是巨人	
W0071.1.1.3.1	神是肢体俱全的巨人	【傣族】
W0071.1.1.3.2	巨人男神桑戛西体重十亿斤	【傣族】
W0071.1.1.4	天上的巨神糯斯野	【彝族】
W0071.1.2	神像天一样高	
W0071.1.2.1	喜古多古是个头顶青天的神	【珞巴族】
W0071.1.2.2	神伸手触天	【哈尼族】
W0071.1.3	神如山高	
W0071.1.3.1	人神达能身躯有阿佤山的一半	【佤族】
W0071.1.4	神有特定数字的身高	
W0071.1.4.1	神身长有 10 亿约扎那③	【傣族】
W0071.1.5	神以山为凳	
W0071.1.5.1	神刚生下来就把山当小小的坐凳	【景颇族】

① 【朝鲜族】【傣族】【哈尼族】【佤族】

② 【鄂温克族】 *［W0497.7.9］巨灵神；［W0660］巨人

③ “扎那”，傣语长度单位，为“里”。

W 编码	母题描述	关联项
W0071.1.6	神的身体充斥天地间	
W0071.1.6.1	女天神站起来身体能把整个宇宙塞满，伸开翅膀就把整个宇宙盖住	【维吾尔族】
W0071.2	身体矮小的神	【汤普森】A134； *【民族，关联】①
W0071.2.1	神开始时很小	【拉祜族】 *［W0191.3a.1］天神开始时很小
W0071.2.2	矮神德布阿尔	【彝族】
W0071.2.3	小神	
W0071.2.3.1	萨满身上的衣服条和腰铃变成许多小神	【鄂伦春族】
W0071.2.3.2	小神 1 寸左右高	【白族】
W0071.2.3.2a	小神只有拇指大小	【纳西族】
W0071.2.3.3	小神虽小但神通广大	【白族】 *［W0132.1.1.2］天神阿布卡赫赫造的无数小神能伸能缩
W0071.2.3.4	养小神子可以为人服务	【白族】
W0072	**神的体重**	
W0072.1	神的身体很重	【哈尼族】
W0072.1.1	神的体重 10 亿斤	【傣族】
W0072.2	神的身体很轻	
W0072.2.1	最早的人神的身子很轻	【哈尼族】
W0073	**神的头部特征**	
W0073.1	神长着不寻常的头	【汤普森】A123.4
W0073.1.1	神长着岩石般的头	【汤普森】A123.4.2
W0073.2	神长着 2 个头	
W0073.2.1	两头神	【关联】②
W0073.3	神长着 3 个头	【汤普森】A123.4.1

① 【汉族】【拉祜族】【彝族】 *［W0232.2］矮小的地神

② ［W3534.2.3］两头蛇（双头蛇）；［W3563.1］2 个头的龙

W 编码	母题描述	关联项
W0073.3.1	神有三头六臂	【汉族】 * [W0722.2.1.3.1] 盘古三头六臂
W0073.3.2	少室、太室，其神皆神面而三首	【汉族】
W0073.3.1	三头神	
W0073.3a	神长着4个头	
W0073.3a.1	四头神	[W0238.4.4.2.3] 地母神的女儿四个头分管四方
W0073.3a.1.1	四头神卡冉	【纳西族】
W0073.3a.2	神四头八眼	
W0073.3a.2.1	考汝神四头八眼	【纳西族】
W0073.3a.3	神四头六臂	
W0073.3a.3.1	福特锦大力神四头、六臂、八足	【满族】
W0073.4	神长着7个头	【汤普森】A123.4.1.2
W0073.5	神长着8个头	【汤普森】A123.4.1.3
W0073.6	神长着9个头	【满族】 * [W0070.4.1.2] 九首人面鸟身之神
W0073.6.1	神长着9头18臂	【纳西族】
W0073.6.2	神九头八臂	【满族】 * [W0067.0.1.1.2] 敖钦女神九头八臂，神力盖世
W0073.6.3	九头神有九个头的智慧	【满族】
W0073.7	神有多个头	【汤普森】A123.4.1； * 【汉族】
W0073.7.1	多头多手之神	
W0073.7.1.1	神的多个头和手可以轮流作息	【满族】
W0073.8	神头上长角	【汤普森】A131.6； * 【民族，关联】①
W0073.8.1	神生下来头上有角	
W0073.8.2	特定物变成神头上的角	
W0073.8.2.1	山尖变成了敖钦女神头上的一只角	【满族】

① 【汉族】 * [W0485.8] 药神头上长角；[W0733.3] 神农头上长角；[W0838.4.11] 妖魔头上长角

W 编码	母题描述	关联项
W0073.9	与神的头部特征有关的其他母题	
W0073.9.1	神的头发	
W0073.9.1.1	神的头发很长	【傣族】
W0073.9.1.2	神的头发蓬乱乌黑像森林	【苗族】
W0073.9.2	无头神	
W0073.9.2.1	无头神以乳头作眼	【鄂伦春族】
W0074	**神的面部特征**	
W0074.1	神有数张脸	【汤普森】A123.2.1
W0074.2	神有2张脸（双面神）	【汤普森】A123.2.1.1
W0074.2.1	特定的双面神	
W0074.2.1.1	第四代神有2面脸	【傣族】
W0074.2.1.2	一个神有善相与怒容2张面孔	【藏族】
W0074.3	神有3张脸（三面神）	【汤普森】A123.2.1.2
W0074.3.1	三面神的三张脸相同	【傣族】
W0074.4	神有4张脸（四面神）	【汤普森】A123.2.1.3； ＊［W0692.1.1］黄帝四面
W0074.4.1	第六代神四个脸	
W0074.4.1.1	第五代神造的第六代神四个脸的神	【傣族】
W0074.4.2	四个脸的神名叫捧戏拿	【傣族】
W0074.5	神有5张脸	【汤普森】A123.2.1.4
W0074.6	神有6张脸	【汤普森】A123.2.1.5
W0074.7	与神的脸有关的其他母题	
W0074.8	神长着阴阳脸（神长着二皮脸）	
W0074.8.1	神长着半边黑脸半边白脸	【蒙古族（布里亚特）】
W0075	**神的眼睛（神的视力，神眼）**	
W0075.1	神有不寻常的眼睛	【汤普森】A123.3
W0075.1.1	神的眼睛发亮	
W0075.1.1.1	桑戛西神的2只神眼像2个太阳	【傣族】
W0075.1.2	神的具有穿透力的眼睛	

W 编码	母题描述	关联项
W0075.1.2.1	男神桑戛西有一双能看透天地的神眼	【傣族】
W0075.1.2.2	女神白拉姆能看穿透石头墙和牛毛帐篷	【藏族】
W0075.1.2.3	陆阿普有一双能看穿九层乌云障的眼睛	【纳西族】
W0075.1.3	神所见极远	
W0075.1.3.1	神能看到鸟也飞不到的地方	【满族】
W0075.2	神有许多眼睛	【汤普森】A123.3.1
W0075.3	神有3只眼睛	【汤普森】A123.3.1.1; *【关联】①
W0075.3.1	三眼神	
W0075.3.1.1	三眼神灵官马元帅	【汉族】
W0075.3.1.1.1	灵官马元帅又称三眼灵光	【汉族】
W0075.4	神有4只眼睛	
W0075.4.1	第四代神有2面脸，头上长2对眼睛	【傣族】
W0075.5	神有100只眼睛	【汤普森】A123.3.1.2
W0075.6	与神的眼睛特征有关的其他母题	[W0175.5.4.1] 神老后睁不开眼睛
W0075.6.1	独眼神	【汤普森】A128.2; *【民族，关联】②
W0075.6.1.1	独眼神松库德王腾格里	【蒙古族（布里亚特）】
W0075.6.2	瞎神	【汤普森】A128.1
W0075.6.3	电眼之神	【汤普森】①A123.3.2; ②A124.1
W0075.6.4	神眼视千里（神有千里眼，神的大眼睛）	
W0075.6.4.1	英叭神的两只神眼比太阳还大，能一眼看穿世界	【傣族】
W0075.6.5	神的眼光犀利	

① [W0498.12.1] 土伯九约三目虎首；[W0673.2.1] 二郎神3只眼

② 【独龙族】 * [W0668.1] 独眼巨人；[W0838.4.7] 独眼的妖魔

W 编码	母题描述	关联项
W0075. 6. 5. 1	神的眼光能消灭妖魔	【满族】
W0076	**神的嘴部特征**	
W0076. 1	神有不寻常的嘴	【汤普森】A123. 2. 2
W0076. 2	神的不寻常的胡须	【汤普森】≈A125. 2
W0076. 2. 1	神的胡须老长	
W0076. 2. 1. 1	桑戛西神的胡须 5 千约①	【傣族】
W0076. 2. 2	神长着美髯	
W0076. 2. 2. 1	神王英叭的大胡子随风飘荡，十分好看	【傣族】
W0076. 3	神长着白胡须	【汤普森】≈A137. 18； *【关联】②
W0076. 4	与神的嘴部特征有关的其他母题	
W0077	**神的牙齿特征**	
W0077. 1	神的不寻常的牙齿	【汤普森】≈A125. 3
W0077. 2	神长着很长的牙齿	
W0077. 2. 1	男神桑戛西嘴角长着一对几十里长的牙	【傣族】
W0077. 3	神长着獠牙	
W0078	**神的其他五官特征**	
W0078. 1	神的耳朵（神的听力）	
W0078. 1. 1	神的两耳垂肩	【汉族】 *［W0789. 2. 3. 2］老君耳长七尺
W0078. 1. 2	神耳听千里之外（神是顺风耳）	【傣族】
W0078. 1. 3	神长着大耳	
W0078. 1. 3. 1	英叭神的一对大神耳，耳瓣又宽又大，能把天遮住	【傣族】
W0079	**神的手臂**	

① “约”傣语长度单位，为“50 里”。

② ［W0299. 1. 3. 0. 2］风伯是白须老翁；［W0315. 1. 1］雷公是白胡子老头；［W0393. 4. 2. 1］山神有白胡须（山神白胡银须）；［W0931. 3. 1］白胡子老头显灵变的树成为神树；［W0970. 8. 2. 7. 2］神仙化身白胡子老人

W 编码	母题描述	关联项
W0079.1	神长着不寻常的手臂	【汤普森】A123.5； ＊【傣族】【羌族】
W0079.1.1	神手臂很长	
W0079.1.1.1	神的手臂长3万9千约扎那	【傣族】
W0079.1.1.2	神手臂长得能伸手触天	【哈尼族（僾尼）】
W0079.2	神长着多个胳膊	【汤普森】A123.5.1； ＊【关联】①
W0079.2.1	神长着六臂	
W0079.2.1.1	阿布凯巴图的6只手臂发出6道金光	【满族】
W0079.3	神从动物那里获得手臂	【汤普森】A132.0.1
W0079.4	与神的手臂有关的其他母题	［W1852.3.1.3］五指山是神的巨掌
W0079.4.1	神的手指	
W0079.4.1.1	神的小拇指像一座山	【傣族】
W0079.4.2	神没有手臂	［W0191.14.1.1］无头无臂的天神
W0079.4.2.1	无臂神	
W0079.4.2.1.1	嘘（噎）人面无臂，两足反属于头上	【汉族】
W0080	**神的腿部特征**	
W0080.1	神长着不寻常的腿	【汤普森】A123.6； ＊【佤族】
W0080.1.1	神的腿长达4万约扎那	【傣族】
W0080.2	独腿的神	【汤普森】A128.3.1
W0080.3	神长着多条腿	【汤普森】A123.6.1； ＊【关联】②
W0080.4	神长着不寻常的脚	
W0080.4.1	独脚神	【汉族】
W0080.4.2	神的脚大得可以踏平山川	【哈尼族（爱尼）】
W0080.5	与神的腿部特征有关的其他母题	
W0081	**神的尾巴**	【汤普森】A123.11
W0081.1	神长着动物尾巴	

① ［W0238.4.4.2.2］地母神的女儿四头六臂八足；［W0722.2.1.3.1］盘古三头六臂

② ［W0672.2.2］蚩尤有多个手足；［W0924.2］神鸟多足多翼

W 编码	母题描述	关联项
W0082	**神的肤色**	［W0134.1］神能发光
W0082.1	神的不寻常的肤色	【汤普森】A123.7
W0083	**与神的体征有关的其他母题**	【汤普森】A139；＊［W0029.4.1］神母最早是云的形状
W0083.1	神长着翅膀	【汤普森】A131.7；＊【关联】①
W0083.1.1	银翅膀的神	【哈尼族】
W0083.1.2	神王英叭造的大天神身上长出翅膀	【傣族】
W0083.2	神的气味	【汤普森】A139.7
W0083.2.1	有香味的神	
W0083.2.1.1	有香味的女神依尔哈女神	【满族】
W0083.3	神的内脏	
W0083.3.1	神的心	
W0083.3.1.1	神没有心	
W0083.3.1.1.1	无心神	【傣族（水傣）】
W0083.3.1.1.1.1	四面神造出无心神	【傣族】
W0083.3a	神的肚子	
W0083.3a.1	神肚大能容	
W0083.3a.1.1	神腹中容纳宇宙	【维吾尔族】
W0083.4	神有心无体	
W0083.4.1	无心神造出有心无体的神	【傣族】
W0083.5	神的形象与信仰群体的生产方式有关	
W0083.5.1	牧区的山神形象与牧业有关	【藏族】
W0083.6	神是金身（金身神）	
W0083.6.1	玛卿伯姆热山神穿护胸甲的金身	【藏族】
W0084	**神的声音**	【汤普森】A139.5
W0084.1	神的声音的产生	
W0084.2	神的声音的特征	［W0450.2.3］爱神声音甜美

① ［W0191.10.1］天神长有翅膀；［W0316.3］雷神长着翅膀

W 编码	母题描述	关联项
W0084.2.1	神的声音惊天动地	【汤普森】A139.5.1
W0084.2.1.1	射神的吼声能拨云见日	【傣族】
W0084.2.1.2	阿格达恩都哩喊一声能震动山谷	【满族】
W0084.2.2	神的声音如雷	【汤普森】A139.5.2； *【汉族】 *［W0722.4.1］盘古说话像打雷
W0084.3	与神的声音有关的其他母题	
W0084.3.1	神的语言	【汤普森】A139.6； *［W6727］特定的语言
W0084.3.1.1	神的语言有神力	
W0084.3.1.1.1	神能用语言杀死特定物	【哈尼族】
W0084.3.2	神的鼾声	
W0084.3.2.1	神的鼾声动静很大	
W0084.3.2.1.1	阿布卡恩都力天神的鼾声像九十九条瀑布巨响	【满族】
W0085	**神的性情（神的性格）**	
W0085.0	神的性格的产生	
W0085.0.1	神的性格与造神的材料有关	【傣族】 *［W0020］造神的材料
W0085.0.2	神的性格源于供奉者的性格	
W0085.0.2.1	术神灵的脾性源于供奉他的家族人的脾性	【纳西族】
W0085.0.3	神的性格源于遗传	
W0085.0.3.1	火神的儿子个个脾气火爆	【傣族】
W0085.1	神性情慈善	［W0125］善神（慈悲之神）
W0085.1.1	查克大神是善良的神	【满族】
W0085.1.2	神是善的化身	
W0085.1.2.1	神是善的代表和化身	【壮族】
W0085.2	神性情凶恶	［W0126］恶神
W0085.2.1	神有坏脾气	【鄂伦春族】
W0085.2.1.1	神性格暴烈	【傣族】
W0085.3	神勤劳（神不知疲倦）	［W0232.3.2］地神勤快

W 编码	母题描述	关联项
W0085. 3. 1	第二代天神捧麻加性情温顺而勤快	【傣族（水傣）】
W0085. 3. 2	敖钦女神巡行大地知疲累	【满族】
W0085. 3a	神懒惰	［W0192. 4. 11］懒惰的天神
W0085. 3a. 1	赖神	
W0085. 3a. 1. 1	天上有个大懒神	【汉族】
W0085. 4	神的性格有两面性（神有相反的性格）	
W0085. 4. 1	神既佑人也作祟	【赫哲族】
W0085. 4. 2	神聪明又愚蠢	
W0085. 4. 2. 1	山神阿亨阿独聪明又愚蠢，乖巧又笨蛋	【瑶族（布努）】
W0085. 4. 3	兼具善恶的神	
W0085. 4. 3. 1	善恶兼具的猎神	【纳西族】 *［W0461. 10. 1. 6a. 1］猎神丽慈既是善神，也是恶神
W0085. 5	神性格软弱（软弱的神）	【关联】①
W0085. 5a	神性格勇敢（勇敢的神）	
W0085. 5a. 1	特定的神勇猛剽悍	
W0085. 5a. 1. 1	吓吉里神山是一位勇猛剽悍的山神	【藏族】
W0085. 5b	神大胆	
W0085. 5b. 1	无所畏惧的神	【傣族（水傣）】
W0085. 6	神性格老实（老实的神）	【汉族】 *［W0208. 20. 2. 1］天神黎是个老实疙瘩
W0085. 6a	神不老实（多动症的神）	
W0085. 6a. 1	不守规矩的神	
W0085. 6a. 1. 1	不守规矩的天神帝娃达	【傣族（水傣）】
W0085. 7	神性格机灵（机智的神）	【关联】②
W0085. 7. 1	机智女神	

① ［W0358. 7］雷神的惧怕物；［W0398. 6］山神的惧怕物
② ［W0192. 4. 7］心眼多的天神；［W0496. 1. 1］机智女神

W 编码	母题描述	关联项
W0085.7.1.1	白昼神和黑夜神孕育了机智女神	【景颇族】
W0085.8	神敢于献身	
W0085.8.1	神为了百姓自杀	【白族】
W0085.9	神处事不公	
W0085.9.1	神偏心眼儿	【汉族】
W0085.10	神爱搬弄是非（神长着长舌头）	［W0879.3.2］长舌妇鬼（口舌鬼）
W0085.10.1	神私下说坏话蛊惑他人	【汉族】
W0085.11	神性格呆板	
W0085.11.1	黑灵真君不管百姓死活只管奉命行事	【汉族】
W0085.12	神有洁癖	
W0085.12.1	森林神不能忍受森林里的脏乱无序	【蒙古族（布里亚特）】
W0085.13	神有人性	
W0085.13.1	保护畜牧和财产的神札雅嘎吉具有纯洁的人性	【蒙古族】
W0085.14	神嗜睡（嗜睡的神，贪睡的神）	
W0085.14.1	天神阿布卡恩都里其性喜酣睡	【满族】
W0085.14.1a	创世三姐妹中的巴那姆酣睡不醒	【满族】
W0085.14.2	神睡特定的时间	
W0085.14.2.1	英叭神一睡就是10亿年	【傣族】
W0085.14.2.2	造地大神一觉睡了九年	【哈尼族】
W0085.14.3	天上的女天神平时总是不停地睡觉	【维吾尔族】
W0085.15	神调皮淘气	
W0085.15.1	调皮的丢瓦哆神经常惹天王生气	【傣族】
W0085.16	神生性自由	［W0192.2］自由的天神
W0085.16.1	神无拘无束	
W0085.16.1.1	太阳神、冷神、雨神到处乱跑，没人能管	【傣族】
W0085.17	神贪婪	［W0393.6.5］贪婪的山神

W 编码	母题描述	关联项
W0085. 17. 1	贪心的神	
W0085. 17. 1. 1	神比人贪心	【哈尼族】
W0085. 17. 1. 2	贪婪的神与人争利	【纳西族】
W0085. 17. 1. 3	贪心的河神想升天	【朝鲜族】
W0085. 18	神自负	
W0085. 18. 1	自以为是的神	
W0085. 18. 1. 1	超能力的帝娃达刚愎自用	【傣族】
W0085. 18. 1. 2	神官捧麻远冉不听劝告	【傣族】
W0085. 19	神不偏不倚	
W0085. 19. 1	中立的神（中庸之神）	
W0085. 19. 1. 1	赛盖恩·赛博代格·腾格里在东西方天神对抗之间占中立地位	【蒙古族（布里亚特）】
W0085. 20	神叛逆	［W0214. 4］叛逆的天使
W0085. 20. 1	造反的神	
W0085. 20. 1. 1	帝娃达是神佛的叛逆之神	【傣族（水傣）】
W0085. 20. 1. 2	超能力的帝娃达想夺神王英叭的宝座	【傣族（水傣）】
W0085. 21	神粗心	
W0085. 21. 1	神官捧麻远冉粗心大意	【傣族】
W0085. 22	神的其他性格	
W0085. 22. 1	神冷酷	
W0085. 22. 1. 1	无情的众神	【汉族】
W0085. 22. 2	神玩世不恭	
W0085. 22. 2. 1	混世之神	【彝族】
W0085. 22. 3	神圣洁高尚	【汤普森】A102. 7
W0085. 22. 4	神是完美的	【汤普森】A102. 12； *【汉族】
W0085. 22. 5	神是公正的	【汤普森】A102. 16； *【汉族】
W0085. 23	与神的性格有关的其他母题	
W0085. 23. 1	神的性情与人相同	
W0085. 23. 1. 1	崖神和人一样有男女之别，有喜怒哀乐和人间的情欲	【怒族】

W 编码	母题描述	关联项
W0085.23.2	神的性情的变化	
W0085.23.2.1	善神变成恶神	【满族】
W0085.23.2.2	神的性格变温顺	
W0085.23.2.2.1	布星女神卧勒多赫赫被夺去神光后性格变温顺	【满族】
W0086	**神的力量**	
W0086.1	神有无限的力量	【傣族】
W0086.2	神有力量巨大	
W0086.2.1	神能搬山	
W0086.2.1.1	天神木布帕能抬几架大山重的东西	【傈僳族】
W0086.2.2	神能负重（神能提起重物）	
W0086.2.2.1	人神达能一根指头能拎起一头大象	【佤族】
W0086.2.2.2	神能手提千斤硬石	【瑶族（布努）】
W0087	**神的数量或组合**	
W0087.1	神的数量①	【蒙古族】
W0087.1.1	1 个神	［W0058.3.1］第一个神
W0087.1.2	2 个神	［W0058.3.2］最早只有 2 个神
W0087.1.2a	3 个神	
W0087.1.2b	4 个神	
W0087.1.2b.1	东西南北四方各生出一个人神	【彝族】 ＊［W0256］四方神
W0087.1.2c	5 个神	［W0257］五方神
W0087.1.2d	6 个神	
W0087.1.2d.1	六神无主	【汉族】
W0087.1.3	7 个神	
W0087.1.3.1	金鱼娘扇出天地日月等 7 个大神	【哈尼族】
W0087.1.3.2	巨鱼密乌艾西艾玛生 7 个大神	【哈尼族】
W0087.1.3a	8 个神（八神）	

① 神的数量，有些神话对特定类型的神或神性人物会有相应的数量，可见具体类型中的母题。

W 编码	母题描述	关联项
W0087. 1. 3a. 1	古齐国祀八神，一曰天主，二曰地主，三曰兵主，四曰阴主，五曰阳主，六曰月主，七曰日主，八曰四时主	【汉族】
W0087. 1. 3a. 2	帝喾妃生八子，世称八神	【汉族】
W0087. 1. 3a. 3	八腊	
W0087. 1. 3a. 3. 1	八腊即八位神灵	【汉族】
W0087. 1. 4	9 个神	
W0087. 1. 4. 1	九圣神	【鄂伦春族】
W0087. 1. 4. 2	天地间有天神、地神、太阳神、月亮神、庄稼神、年神、水神、树神和人神 9 个大神	【哈尼族】
W0087. 1. 4. 3	9 个大神	
W0087. 1. 4. 3. 1	影子变成 9 个大神	【瑶族】
W0087. 1. 4. 3. 2	天神、地神、太阳神、月亮神等 9 位大神	【哈尼族】
W0087. 1. 4a	10 个神	
W0087. 1. 4a. 1	每家供奉和私祭的神有 10 尊	【羌族】
W0087. 1. 4b	24 个神	
W0087. 1. 4b. 1	12 对男神女神	【瑶族（布努）】
W0087. 1. 4b. 2	二十四神朝玉皇	【汉族】
W0087. 1. 4b. 3	24 神代表 24 个节气	【汉族】
W0087. 1. 4b. 4	24 神为首的是炎帝，其次有大禹王、天齐王、岱阳王、崔府君、唐王、大仙姑、二仙姑、三仙姑、河神、华阳君等	【汉族】
W0087. 1. 5	72 路神	［W0730b. 4. 1］女始祖萨天巴的身边有 72 路诸神
W0087. 1. 5. 1	七十二路神灵	【侗族】
W0087. 1. 6	99 个神	

W 编码	母题描述	关联项
W0087.1.6.1	天神阵营中西方善天神 55 尊，东方恶天神 44 尊	【蒙古族（布里亚特）】 * ［W0251.7.1］东方有 44 个天神
W0087.1.6.2	最高神只创造了 99 尊腾格里神	【蒙古族】
W0087.1.7	数百个神	
W0087.1.7a	360 位大神	【纳西族】
W0087.1.8	数千个神	
W0087.1.8.1	3 千个神	
W0087.1.8.1.1	大千世界三千神	【藏族】
W0087.1.9	数万个神	
W0087.1.10	数亿个神	［W0193.19.2］16 亿个天神
W0087.2	神的组合	
W0087.2.1	父子神	
W0087.2.2	兄弟神	
W0087.2.2.1	七兄弟神	
W0087.2.2.1.1	红面罗刹与“穆”主拉巴婚生的卵孵出赞神七兄弟	【藏族】
W0087.2.3	姊妹神	
W0087.3	神的种类	［W0972］神的分类（神的类型，神的层级）
W0087.3.1	神有 13 种	【彝族】
W0087.3.2	神有特定数量的族体	
W0087.3.2.1	天上的神有 99 族	【纳西族】
W0087.3.3	十方万灵真宰，四部行化王神	【白族】
W0087.4	与神的数量有关的其他母题	［W0090.1］神遍布世界
W0087.4.1	女神多男神少	［W0069a.1］以前男女神比例失调
W0087.4.1.1	恰喀拉的神大部分是老妈妈神	【满族】
W0088	**与神的特征有关的其他母题**	［W0995.5］神的代表（神的象征物，神的代言人，神偶）
W0088.1	神是影子	【瑶族】

W 编码	母题描述	关联项
W0088.2	神福寿双全	【民族，关联】①
W0088.3	怪神	
W0088.3.0	神生怪神	
W0088.3.0.1	敖钦女神生出无数怪神	【满族】
W0088.3.1	怪神自生自育	【满族】
W0088.3.1a	山水生怪神	【汉族】
W0088.3.2	怪神状如人而载蛇，左右手操蛇	【汉族】
W0088.3.3	怪神居洞庭之山	【汉族】
W0088.3.4	九头怪神	
W0088.3.4.1	九头怪神耶鲁里	【满族】
W0088.4	神的弱点（神的软肋，阿喀琉斯之踵）	
W0088.4.1	神的惧怕物	［W0192.6.1］天神的惧怕物
W0088.4.1.1	神怕特定的树	［W0912.2.6.4］鬼害怕特定的树
W0088.4.1.1.1	神怕梨树和棕树	【哈尼族】
W0088.4.1.2	神怕特定的声音	［W0535.2.3.1］龙神害怕打铁声
W0088.4.1.3	神惧怕人的工具	
W0088.4.1.3.1	猎神怕人的铜刀、铜箭和铜矛	【哈尼族】
W0088.4.1.4	神惧怕人的本领	【黎族】
W0088.4.2	神的命根（神的命门）	［W0843.4.4］魔王的命根（魔王的命门）
W0088.4.2.1	神的命门在头部	【傣族】
W0088.4.2.2	神的命门是眼睛	【柯尔克孜族】 *［W0926.6.4.1.1］黑神鱼的命门是眼睛

① 【蒙古族】 *［W0175.1］长寿的神（寿神）；［W0457］福神

0.1.3　神的生活[①]

【W0090～W0119】

W 编码	母题描述	关联项
✿ **W0090**	**神的生活**	【汤普森】A150
W0090.1	神遍布世界	【汉族】
W0090.2	神的成长	
W0090.2.1	神成长缓慢	
W0090.2.1.1	神很长时间才长大	【傣族】
W0090.2.1.1.1	天神经过一万零一千年才长大	【拉祜族】
W0090.2.1.1.2	神数万年长大	【傣族】
W0090.2.2	神迅速成长	【拉祜族】
W0090.2.2.1	神出生3天会走	【满族】
W0090.2.2.2	神翻个身就长高一大节	【拉祜族】
W0090.2.3	风和雾露滋润神的成长	【傣族】
W0090.2.4	神出生后历险	
W0090.2.4.1	神出生后遭遇妖魔多次迫害	【纳西族】
W0090.3	神的抚养	
W0090.3.1	神照料神	【满族】
W0090.3.2	自然物抚养神	
W0090.3.2.1	风抚养女始祖长大	【瑶族（布努）】
W0091	**神的服饰（神的衣服，神的衣裳）**	【汤普森】A158；＊【关联】[②]
W0091.1	神不穿衣服	［W6125.1］人最早是裸体的
W0091.1.1	天神不穿衣服	【阿昌族】＊［W0208.1.1.4］天公遮帕麻没有穿衣裳

① 神的生活，含神的成长，神的抚养。这类母题包括一般性的神的衣食住行，关于具体的神的具体生活情形，参见其他相关类型的母题实例。

② ［W0196］天神的服饰；［W0394.4］山神的服饰；［W6111］服饰

W 编码	母题描述	关联项
W0091.2	神的服饰的产生	
W0091.2.1	神的衣服源于特定地方	
W0091.2.2	神的衣服源于特定事件	
W0091.2.3	神造衣服	
W0091.2.3.1	神用特定物做衣服	
W0091.2.3.1.1	神用云彩做衣裳	【彝族】
W0091.2.3.1.2	神用青苔做衣裳	【彝族】
W0091.3	神的特定服饰	
W0091.3.1	神用云彩作衣服	
W0091.3.1.1	天神的儿子无衣穿就以彩云为衣	【彝族】
W0091.3.2	神穿火衣	
W0091.3.2.1	宇宙大神多阔霍女神身披光毛火发	【满族】
W0091.4	与神的服饰有关的其他母题	
W0091.4.1	神耳上戴蛇	【汉族】
W0091.4.2	特定的神的服饰	【关联】①
W0091.4.3	原神银幕穿	【彝族】
⁂ **W0092**	**神的饮食**	【关联】②
W0092.1	神不需要饮食	【汉族】 * [W0197.0.1] 天神不吃不喝
W0093	**神的食物**	【汤普森】 A153
W0093.1	神的食物的来历	
W0093.2	神的食物的特征	
W0093.2.1	神的食物不会减少	【汤普森】 ≈A153.2
W0093.2.2	神的食物会不断生长	【汤普森】 A153.2.1
W0093.3	神的具体食物	
W0093.3.1	神以泥巴为食	

① [W0068.15.5.1] 神女用青苔做衣裳；[W0494.4.1.1] 战神身穿铠甲

② [W0982.1] 神的饭量；[W0982.2] 神的酒量；[W6522.1] 忌食神的食物

W 编码	母题描述	关联项
W0093.3.1.1	天神的女儿泥巴当口粮	【彝族】
W0093.3.2	神以空气为食	【汤普森】A153.9
W0093.3.2.1	神以浊气为食	
W0093.3.2.1.1	最高神更资天神的母亲蒲依以浊气为食，清气是她的用水	【彝族】
W0093.3.2.2	神以特定的气为食物	
W0093.3.2.2.1	女神桑戛赛以水汽和云雾的香气为食	【傣族】
W0093.3.3	神以气体和风雾为食	【傣族】
W0093.3.3.1	神饮风吃雾	【傣族】 * ［W0090.2.3］风和雾露滋润神的成长
W0093.3.3.2	神吃云雾	【苗族】
W0093.3.4	神以人为食物	【汤普森】①A135；②A153.8；* ［W0478］食人神
W0093.3.5	神以露水为食物	
W0093.3.5.1	天神的儿子露水当口粮	【彝族】
W0093.3.6	神以石头为食	［W0672.5.2.1］蚩尤石头铁块当饭吃
W0093.3.6.1	天神阿布卡赫赫饥饿难忍时啃巨石充饥	【满族】
W0093.3.7	神杂食诸物	
W0093.3.7.1	修狃劈开树子吃蛀虫，劈破岩石吃石块	【苗族】
W0093.3.7.2	德登女神餐风啖星	【满族】
W0093.3.7.3	阿格达恩都哩吞吃烧红的铁块，喝下灼热的石水	【满族】
W0093.3.8	神吃香火	【苗族】 * ［W0236.3a.2.2］土地神吃香火
W0093.4	与神的食物有关的其他母题	
W0093.4.1	特定的神吃特定的食物	【纳西族】

W 编码	母题描述	关联项
W0093. 4. 1. 1	火神的儿子吃火长大	【傣族】 * ［W0466. 10. 6. 1］ 火神食烟火
W0093. 4. 2	神的倒霉食物	
W0093. 4. 2. 1	神吃土后失去飞行能力	【傣族】 * ［W0108. 4. 2］ 天神贪婪地上的水土香味失去飞行能力
W0094	**神的饮品**	【汤普森】 A154
W0094. 1	神的饮品的来历	
W0094. 2	神的饮品的特征	
W0094. 3	神喝特定的水	
W0094. 3. 1	神以露水为食	【彝族】
W0094. 3. 2	神喝神水	【彝族】
W0094. 3. 3	神以清气为水	【彝族】
W0094. 4	与神的饮品有关的其他母题	
＊**W0095**	**神的居所（神的住所）**	【汤普森】 A151
W0095. 1	神住神界（神居神界）	
W0095. 1. 1	神界	
W0095. 1. 1. 1	无世界的太空中 6 个金蛋飞上天形成上神界	【藏族】
W0095. 2	神住特定宇宙中	
W0095. 2. 1	众神住嘎巴达南宇宙（那格玛迪）	【高山族（排湾）】
W0096	**神无定所**	【民族，关联】①
W0096. 1	神无处不在	【关联】②
W0096. 1. 0	神无处不在是创世主的安排	【哈萨克族】
W0096. 1. 1	神可以住任何想住的地方	
W0096. 1. 2	头上三尺有神灵	【汉族】
W0096. 1. 2. 1	离地三尺有神灵	离地三尺有神灵
W0096. 1. 3	特定的神无处不在	
W0096. 1. 3. 1	龙神无处不在	【藏族】 * ［W0535］ 龙神

① 【哈尼族】【拉祜族】 * ［W0198. 5. 5］ 天神居无定所

② ［W0395. 6. 6］ 山神无处不在；［W0891. 1］ 灵魂无处不在；［W0891. 2］ 鬼无处不在

W 编码	母题描述	关联项
W0096.1.3.2	女天神阿布卡赫赫小无处不在，无处不有，无处不生。	【满族】
W0097	**神住神殿（神居神殿）**	
W0097.1	神的城池	【汤普森】A151.5
W0097.2	神的花园	【汤普森】A151.2
W0097.3	神的宫殿（神宫，神殿，神殿）	【汤普森】A151.4；*【哈尼族】*［W1790］天宫
W0097.3.1	神殿的产生	
W0097.3.2	神殿的位置	
W0097.3.2.1	神殿在 3 层高天	【哈尼族】*［W0098.4.1］神住 3 层天上
W0097.3.2.1.1	最高神殿在 3 层高天	【哈尼族】
W0097.3.2.1.2	烟罗神殿在 3 层高天	【哈尼族】
W0097.3.2.2	神宫在高石沼中	【汉族】
W0097.3.2.3	神的宫殿在光影之中	【裕固族】*［W0276.1.1.1］太阳神的宫殿在东海岸红光影中
W0097.3.3	神的金楼神堂	【满族】
W0097.3.3.1	宇宙上三层峭壁上的山洞是神祇幽居的金楼神堂	【满族】
W0097.3.4	神的宫殿富丽堂皇（神宫华丽壮观）	
W0097.3.4.1	神的宫殿中装饰着金银	【达斡尔族】
W0097.3.4.2	神的宫殿有金银柱子和 9 层高台	【达斡尔族】
W0097.3.4a	神的宫殿坚不可摧	
W0097.3.4a.1	宝木勒神的宫殿有黄金铸成的围墙，坚不可摧	【蒙古族】
W0097.3.4a.2	神的宫殿层层把守	【藏族】
W0097.3.5	特定名称的神殿	
W0097.3.5.1	雷神殿	［W0328.1.2］雷公住天上的雷神殿
W0097.3.5.2	烟罗神殿	【哈尼族】

W 编码	母题描述	关联项
W0097.3.6	与神殿有关的其他母题	【关联】①
W0097.3.6.1	神殿的倒塌	
W0097.4	日月是神宫	【汤普森】A151.6.2
W0098	**神住天上（神居天上）**	【民族】②
W0098.1	以前天神地神都住天上	【蒙古族】
W0098.1.1	众神住天上（众神居天上）	
W0098.1.1.1	以前因为天地很近，众神住天上	【汉族】
W0098.2	神住天堂（神居天堂）	【汤普森】A661； ＊［W0812.1］仙人住在天堂
W0098.2.1	神在天堂有隔开的住所	【汤普森】A661.1.1
W0098.2.2	神离开天堂（神失天堂）	【汤普森】A192.2.1； ＊【关联】③
W0098.2.3	神居九天神堂	【满族】
W0098.2.3.1	神住天庭的河边	【珞巴族】 ＊［W0208.30.2.1］慈悲的天神奥尼和桑达夫妇住在天庭的河边
W0098.3	神住天的上面（神居天的上面）	【哈萨克族】【畲族】【藏族】
W0098.3.1	神住天的最高层	【鄂伦春族】
W0098.4	神住特定层数的天上（神居特定层数的天上）	
W0098.4.1	神住3层天上	【满族】 ＊［W0097.3.2.1］神殿在3层高天
W0098.4.1.1	天神俄玛住在3层高天	【哈尼族】
W0098.4.2	神住9层天上	
W0098.4.2.1	善神阿布卡赫赫被住9层天上	【满族】
W0098.4.3	神住36层天上	【彝族】
W0098.5	神住云中（神居云中）	【汤普森】①A137.11；②A151.1.4
W0098.5.1	神住特定天层的云中	

① ［W0097.4］日月是神宫；［W0103.5］神的宝座；［W0976.1］神的金箱银箱放神殿中
② 【达斡尔族】【独龙族】【哈萨克族】【汉族】【满族】【蒙古族】【纳西族（摩梭）】
③ ［W0106.3］神失乐园；［W1793］天堂

W 编码	母题描述	关联项
W0098.5.1.1	女神阿布卡赫赫住九层云天	【满族】
W0098.5.2	神居云端	【汉族】
W0098.6	与神住天上有关的其他母题（与神居天上有关的其他母题）	【独龙族】 ＊［W0198］天神的居所
W0098.6.1	神战败的返回天上	【纳西族】
W0098.6.2	神不能回到天上	【苗族】 ＊［W0108.4.1］神穿上特定衣服不能回天
W0098.6.2.1	神因失去神力不能回天	【汉族】
W0098.6.3	神住空中	
W0098.6.3.1	阿颠大神悬吊在空中	【彝族】
W0098.6.4	神住上界	【满族】
W0098.6.4.1	神住三界中的上界	【满族】
W0098.6.5	天地浑沌时神住天上	
W0098.6.5.1	天地浑沌时天主和众神住天上	【裕固族】
W0098.6.6	神住星空中	【珞巴族】
W0098.6.7	神住天上的村寨	［W0103.9.1］神寨
W0098.6.7.1	马迪道神住在天上出雨水的班列比列村	【珞巴族】
W0098.6.8	神住天上国	【满族】
W0098.6.9	神住天上的山上	【独龙族】
W0098.6.10	神居星群中	【满族】
W0098.6.10.1	重要神祇住具有超凡神力的星群中	
W0099	**神住地上（神居人间）**	【汤普森】A151.9； ＊【羌族】 ＊［W6182］人神杂居（人鬼杂居）
W0099.0	以前神住地上	
W0099.0.1	远古，神和人共同居住在地上	【羌族】
W0099.1	神住地球一个特殊地方（神居地球某处，神住特定方位的东方）	【汤普森】A151.10
W0099.1.1	东神住北方，色神住南方	【纳西族】
W0099.2	神住大地的中央（神居地中央）	

W 编码	母题描述	关联项
W0099. 2. 1	天公遮帕麻和地母遮米麻婚后住在大地的中央	【阿昌族】 * ［W0142. 4. 2］天公遮帕麻和地母遮米麻
W0099. 3	神住庙宇中（神居庙宇）	【汤普森】≈A151. 10. 1
W0099. 4	神住山上（神居山上）	【汤普森】A151. 1； *【阿昌族】【苗族】
W0099. 4. 1	神住山顶	【达斡尔族】【佤族】
W0099. 4. 2	神住山边	【汤普森】A151. 1. 1
W0099. 4. 3	神住山洞（神住洞中）	【汤普森】A151. 1. 2； *【民族，关联】①
W0099. 4. 3. 1	神住石洞	【达斡尔族】 * ［W0236. 3a. 3. 1］土地神住石洞
W0099. 4. 4	神住山口	【汤普森】A151. 1. 3
W0099. 4. 4	神住山口	
W0099. 4. 4a	神住山峰	【达斡尔族】
W0099. 4. 4b	神住高山峻岭	【达斡尔族】
W0099. 4. 5	神住特定的山上	
W0099. 4. 5. 1	神住太阳山上	
W0099. 4. 5. 1. 1	造物主能贯娃住高高的太阳山	【景颇族】
W0099. 4. 5. 2	神住昆仑山	
W0099. 4. 5. 2. 1	百神居昆仑山（昆仑之墟为百神居所在）	【汉族】
W0099. 4. 6	特定的神住特定的山	
W0099. 4. 6. 1	太庭氏、庖羲、神农、祝融、五龙氏分别住五岳	【汉族】
W0099. 4. 7	神住石头中（神住岩石中）	
W0099. 4. 7. 1	石砬子是神所居之处	【鄂伦春族】
W0099. 4. 7. 2	多喀霍女神住雪山底下的石岩中	【满族】
W0099. 5	神住岛上（神居岛上）	【汤普森】A151. 3. 2
W0099. 5. 1	神王住河中央的孤岛上	【哈萨克族】

① 【怒族】 * ［W0296. 5］风神住洞中；［W0394. 2］山神住山洞

W 编码	母题描述	关联项
W0099.6	神住在森林（神居树林）	【汤普森】A151.7
W0099.6.1	神居神林	
W0099.6.1.1	山神、天神、树林神等都居神林中	【羌族】
W0099.7	神住在树上（神居树上）	【汤普森】①A139.8.5; ②A151.7.1 *【民族，关联】①
W0099.7.1	神住在雷劈或特异形状的树上	【赫哲族】
W0099.7.2	神住古树	【达斡尔族】
W0099.7.2.1	创世神布洛朵、始祖神者弘和太阳女神乜唐温居古树林木上	【壮族】
W0099.7.3	神住田野里的大树上	【哈萨克族】
W0099.7.4	神可以居所有树上	
W0099.7.4.1	千余大树皆山都所居	【汉族】 *［W0497.7.34］山都
W0099.8	神住洞中	
W0099.8.1	术神居美泉灵洞中	【纳西族】
W0100	**神住地下（神居地下）**	［W1079］下界（地狱、阴间的产生）
W0101	**神住水中（神居水中）**	【纳西族】 *［W0265.1］水中的神
W0101.1	神住海中	
W0101.1.1	神住在特殊的海里	【汤普森】≈A151.8; *【满族】
W0101.1.2	神住海底	【布朗族】
W0101.2	神住在湖中	【鄂温克族】
W0102	**神住在其他地方（神居其他地方）**	
W0102.0	神住天上和地上	
W0102.0.1	最早的2个神一个住天上，一个住地上	【羌族】

① 【达斡尔族】【哈萨克族】 *［W0198.4］天神住树上；［W0236.3a.3.3］土地神住树洞；［W0328.7］雷神住树洞；［W0394.6.3］山神住树上中；［W0461.5.1］猎神住树洞

W 编码	母题描述	关联项
W0102.1	神住黑暗中	【汤普森】≈A151.13； *【纳西族】
W0102.2	神住天地之间	【赫哲族】
W0102.2.1	神住半空	
W0102.2.1.1	大宁神格卓有时住在半空中的风刃世界里	【藏族】
W0102.3	神住真空中	【傣族】
W0102.4	神居人的体内	
W0102.4.1	神附到人的身体（神附体，下神）	
W0102.4.1.1	恶神附体	［W0910.8］灵魂附体
W0102.4.1.2	祖先神附体	【鄂伦春族】
W0102.4.1.3	敬神后神附体	【赫哲族】
W0102.4.1.4	神附体后双目不明	【鄂伦春族】
W0102.4.1.5	神附体后失去知觉	【鄂伦春族】
W0102.5	神住特定建筑物中	
W0102.5.1	神住石板房	【苗族】 *［W0236.3a.3.5］土地神住石板房
W0102.5.2	神住庙宇	【汉族】
W0102.6	神居神物中	
W0102.6.1	神居神杆中	【羌族】
W0103	**与神的居所有关的其他母题**	【汤普森】A151.14
W0103.1	独居的神	【汤普森】A151.0.1
W0103.2	不同的神住不同的地方	【布朗族】
W0103.2.1	神的居所有等级之分	
W0103.2.1.1	最高神居天的最高层，最下面是使者居所	【独龙族】
W0103.2.2	天上的排神住罗过排子坡上，禅神住论启禅子坡上	【纳西族】

W 编码	母题描述	关联项
W0103.3	神的居所有特定的颜色	[W0067.2.4] 女神的住处环境的颜色与她们自身的颜色一致
W0103.3.1	善神米利东主住白界，恶神米利术主住黑界	【纳西族】
W0103.3.2	神住黑的地方	
W0103.3.2.1	以前神住地方是黑的，鬼住地方是白的	【纳西族】
W0103.4	神的居所一派大好	
W0103.4.1	神的居所充满光明和生机	【藏族】
W0103.4.2	神的居所金碧辉煌	
W0103.4.2.1	术神的房子金柱子搭架，银瓦房顶，玉石门槛，金子做坑，翡翠镶床	【纳西族】
W0103.5	神的宝座	【汤普森】A152； * [W0109] 神的坐骑
W0103.5a	神的床	
W0103.5a.1	神的床是银的	【拉祜族】 * [W0198.5.1.1.1] 天神厄莎的房子是金的，床是银的
W0103.5a.2	神的冰床	
W0103.5a.2.1	智慧之神乌孔拔森睡在冰床上	【哈尼族】
W0103.5b	神的被子	
W0103.5b.1	神用云作被子	【纳西族】
W0103.6	神的居所无人不知	【汤普森】A151.0.2
W0103.7	神的居所的守护	
W0103.7.1	特定动物守护神的居所	
W0103.7.1.1	女神住所有凤凰守护	【达斡尔族】
W0103.8	神附在特定物上	
W0103.8.1	神附着在自然物上	【藏族】 * [W0497.1.4.7.2] 年神附着在山上
W0103.8.2	神附身于死物	
W0103.8.2.1	年神多附身于人世间的死物	【藏族】

W 编码	母题描述	关联项
W0103.9	神寨	
W0103.9.1	用旗子、神粮、铠甲等做神寨	【纳西族】
＊**W0105**	**神的出行**	【汤普森】A136
W0106	**神下凡**[①]	【汉族】 ＊［W1444.1］下凡
W0106.1	特定的神下凡	
W0106.2	神下凡的原因	［W0224.1］天女下凡的原因
W0106.2.0	神被惩罚下凡	
W0106.2.0.1	神的孩子因偷吃仙桃被惩罚下凡为人	【汉族】
W0106.2.1	神被贬下凡	
W0106.2.1.1	神因犯错被贬下凡	
W0106.2.1.1.1	天王免掉犯错的帕雅英的官职赶下凡	【傣族】
W0106.2.1.1.2	鹤神犯天条被贬下凡	【汉族】
W0106.2.2	神为找配偶下凡	
W0106.2.2.1	神因为在天上找不到妻子下凡	【珞巴族】
W0106.2.3	神因战败下凡	
W0106.2.3.1	争斗中北方神阿岱乌兰被摔至下界	【蒙古族】
W0106.2.4	神为巡视人间下凡（神下凡视察地球）	
W0106.2.4.1	人神王下凡考察人心	【彝族】
W0106.2.4.2	天神装成乞丐到下界察看民情	【汉族】
W0106.2.4.3	英叭大神下凡视察地球	【傣族】
W0106.2.5	神为帮助人类被下凡	【高山族】
W0106.2.5.1	神因帮助人类被贬下凡	
W0106.2.5.1.1	神为人类盗粮种被贬下凡	【哈尼族】
W0106.2.6	神为游玩下凡	【汉族】

① 神的下凡，该母题涉及的具体下凡情况因对象的不同而有诸多差异，具体情形参见具体的神或神性人物的下凡母题。神性人物的下凡与此相似。

W 编码	母题描述	关联项
W0106.2.6.1	神愿意下凡玩是因为天上规矩太多	【布依族】
W0106.2.7	神接受人的邀请下凡（神被邀请下凡）	
W0106.2.7.1	人用祭品请神下凡	【鄂伦春族】
W0106.2.8	神因好奇下凡	
W0106.2.8.1	大神英鹏和叭鹏出于好奇下凡	【傣族】
W0106.2.9	神奉命下凡	
W0106.2.9.1	1对男女神奉神王英叭之命下凡	【傣族】
W0106.3	神下凡的过程（神下凡的方法）	
W0106.3.1	神顺着绳索下凡	
W0106.3.1.1	造地之神顺着玉线下凡	【侗族】
W0106.3.2	神通过虹下凡	
W0106.3.2.1	上界的神灵通过彩虹降到人间	【鄂温克族】
W0106.3.3	神乘风雨云雾下凡	
W0106.3.3.1	人神之王驾着风雨乘着云下凡	【彝族】
W0106.3.4	神通过神树下凡	
W0106.3.4.1	神到人间赴宴通过托若树降落人间	【鄂伦春族】
W0106.3.5	神从烟中降临人间	
W0106.3.5.1	烟祭烧烟时，战神和保护神等在飘升的香烟中降临人间	【藏族】
W0106.4	神下凡的陪伴者或携带物	
W0106.5	神下凡的时间	
W0106.5.1	神八月十五下凡	
W0106.5.1.1	农历八月十五日敬仙奶时，仙奶下凡	【壮族】
W0106.5.2	栽秧和结束栽秧时神下凡	
W0106.5.2.1	栽秧和结束栽秧这天接天上的谷子娘娘下凡	【壮族】

W 编码	母题描述	关联项
W0106.6	神下凡的结果	
W0106.6.1	神失乐园	【哈萨克族】
W0106.6.1.1	神因失职被逐	【满族】
W0106.7	与神下凡有关的其他母题	
W0106.7.1	神乘五龙车下凡	【朝鲜族】
W0106.7.2	天门打开神下凡	【汉族】
W0106.7.3	神多次下凡	【彝族】
W0106.7.4	神下凡的路程遥远	
W0106.7.4.1	喇神走了7777天才到地上	【纳西族（摩梭）】
W0106.7.5	神被贬为凡人	【汉族】
W0107	**神造访人间**	【汤普森】F32；＊【彝族】＊［W0813.2］仙人造访人间
W0107.1	神掩饰身份观察人间	【汤普森】K1811；＊【汉族】
W0107.2	神扮乞丐造访人间	【汤普森】K1811.1
W0107.2.1	人神王下凡考察人心时扮成一个讨饭人	【彝族】
W0107.3	神扮老人造访人间	【汤普森】K1811.2
W0107.4	神扮特定的人物造访人间	【汤普森】K1811.4；＊［W0760a.6］王母私访］
W0107.5	神的孩子访人间	【汤普森】F31
W0107.6	动物神造访人间	【汤普森】F35
W0107.7	与神造访人间有关的其他母题	
W0107.7.1	众神巡视凡间	【汉族】
W0107.7.2	神多次巡视大地	
W0107.7.2.1	神3次巡视大地	【彝族】
W0107.7.3	神巡视大地的时间	
W0107.7.3.1	神正月十五、四月十五、七月十五三次巡视大地	【蒙古族】
W0108	**神的飞行（神的行走）**	
W0108.1	神空中飞行	【汤普森】≈A171
W0108.2	神行走神速	【傈僳族】

W 编码	母题描述	关联项
W0108.2.1	神一步千里	
W0108.2.1.1	人神达能一步千里	【佤族】
W0108.2.2	神比风还快	【满族】
W0108.3	神的飞行工具	［W0223.1］天女靠仙拂帚飞行
W0108.3.1	神腾云驾雾	【赫哲族】
W0108.3.1.1	神脚踏红云	【满族】
W0108.3.2	神驱着闪电飞行	
W0108.3.2.1	疯虎宝木勒驱着闪电翱翔	【蒙古族】
W0108.4	神的飞行能力的失去	［W0223.3］天女飞行能力的失去
W0108.4.1	神穿上特定衣服不能回天	【苗族】 ＊［W0134.5.1.1］女神穿上天神给的裙子后失去回天能力
W0108.4.2	天神贪婪地上的水土香味失去飞行能力	【傣族】
W0109	**神的坐骑**	
W0109.1	神的坐骑是风雨	【哈尼族】【基诺族】
W0109.1.1	神把风雨做马骑	【彝族】
W0109.1.2	神的坐骑是风	【高山族（阿美）】
W0109.1.2.1	创世女神阿嫫腰白乘风下凡	【基诺族】
W0109.1.2.2	风就是年神的马	【藏族】
W0109.2	神的坐骑是闪电	【藏族】
W0109.3	神的坐骑是彩云	【朝鲜族】【哈尼族】
W0109.3.1	萨满的守护神驾着云彩	【蒙古族】
W0109.3.2	七尊宝木勒天驾着蓝云巡游	【蒙古族】
W0109.4	神的坐骑是日月	【阿昌族】
W0109.5	神骑着奇异动物	【汤普森】A136.1
W0109.5.1	神骑龙驹	
W0109.5.1.1	祖先神撮哈占爷骑火龙驹	【满族】
W0109.5.2	神骑龙马	［W0199.1.3.1］天神骑龙马
W0109.5.2.1	尼依撒沙息神骑龙马飞上天	【彝族】
W0109.5.2.2	神王涅依倮佐颇的儿子捏依撒萨歇骑龙马下凡	【彝族】

W 编码	母题描述	关联项
W0109.6	神的坐骑是马	【蒙古族】【彝族】
W0109.6.1	神乘玉龙白马	【藏族】
W0109.6.2	神骑神马	
W0109.6.2.1	女神奥蔑·巴尔肯骑白色牝马	【达斡尔族】
W0109.6.2.2	神女麦德尔骑闪光的雪白色神马	【蒙古族】【蒙古族（卫拉特）】
W0109.6.3	神骑着白唇灰黄色马	
W0109.6.3.1	满初王腾格里骑着白唇灰黄色马	【蒙古族】
W0109.6.4	神骑绿松石鬃毛的马	［W6428.3］绿松石崇拜
W0109.6.4.1	俊卿唐烈山神骑绿松石鬃毛的快马	【藏族】
W0109.6.5	神骑魔马	［W0922］神马
W0109.6.5.1	山神骑一匹如同白云般急驰的魔马	【藏族】
W0109.7	神的坐骑是牛	［W0789.5.3.2］老子乘青牛（太上老君骑着青牛）
W0109.7.1	神的坐骑是公牛	【汤普森】A136.1.3
W0109.7.2	神骑着白牛	【藏族】
W0109.8	神的坐骑是鸟	【汤普森】A136.1.4； ＊【藏族】
W0109.9	神的坐骑是象	【汤普森】A155.5
W0109.10	神的坐骑是龙	【汉族】
W0109.10.1	神乘两龙	
W0109.10.1.1	南方祝融，西方蓐收，北方禺疆，东方句芒都乘两龙	【汉族】
W0109.11	神的坐骑是龟	【汤普森】A139.2； ＊【关联】①
W0109.12	神的坐骑是虎	【藏族】 ＊［W0394.7.1.2］山神骑一头老虎
W0109.13	神的坐骑是熊	【藏族】
W0109.14	神的坐骑是狮子	
W0109.14.1	神的坐骑是白色的狮子	【藏族】

① ［W0067.4.2.1］女神骑九头乌龟；［W0068.10.7d.1］马却牙玛色女神骑九头乌龟

W 编码	母题描述	关联项
W0109.14.2	神骑绿松石鬃毛的狮子	
W0109.14.2.1	玛卿伯姆热山神骑一头绿松石鬃毛的狮子	【藏族】 ＊［W0109.6.4.1］俊卿唐烈山神骑绿松石鬃毛的快马
W0109.15	神的坐骑是鹿	【藏族】
W0109.15.1	泸沽湖水寨岛上的女神骑牝鹿	【纳西族（摩梭）】
W0109.16	神的坐骑是骆驼	【藏族】
W0109.17	神的车子	［W0276.2.1］太阳神乘坐太阳车
W0109.17.1	神驾神车	
W0109.17.1.1	英叭大神驾神车光临人间	【傣族】
W0109.18	与神的坐骑有关的其他母题	
W0109.18.1	神的坐骑与自身的颜色相同	
W0109.18.1.1	玛桑亚邦咋杰山神有三个化身都骑着与该神颜色一致的马	【藏族】
W0109.18.2	神坐在莲花上	
W0109.18.2.1	神坐在莲花上源于莲生伏羲女娲	【汉族】 ＊［W0680.2.1.1］莲花生伏羲女娲
W0110	**神的车子**	
W0110.1	神出行时乘动物拉的车子	【汤普森】A136.2
W0110.2	神的车子在空中行走	【汤普森】A136.3
W0110.2.1	神坐特定的车子	【朝鲜族】 ＊［W0694.2］黄帝乘龙车
W0111	**神的其他交通工具**	
W0111.1	神的桥	【汤普森】A986
W0112	**与神的出行有关的其他母题**	
W0112.1	神永不休息	【汤普森】A102.8
W0112.1a	神的休息	［W0116.3］神的睡眠
W0112.1a.1	神有特定的休息地点	
W0112.1a.1.1	神在星星上歇脚	【满族】
W0112.1a.2	神的休息时间	

W 编码	母题描述	关联项
W0112. 1a. 2. 1	祖先神灵木偶一年要在特定时间睡觉四至五天	【纳西族（鲁鲁）】
W0112. 2	神的出行路径	
W0112. 2. 1	神的通道	【汉族】［W1415］绝地天通
W0112. 3	神的游玩	
W0112. 3. 1	神四处云游	【土家族】
W0112. 3. 2	神漫游太空	【傣族】 ＊［W0199. 7. 1］天神在天空四处遨游
W0112. 3. 3	神游中天	
W0112. 3. 3. 1	玉帝和王母娘娘云游中天	【汉族】
W0112. 3a	神的特定活动（神的特定行为）	
W0112. 3a. 1	神狩猎	【彝族】
W0112. 3a. 2	神受佛戒	
W0112. 3a. 2. 1	阿尼玛卿山神受佛教戒律，不复视人间俗事	【藏族】
W0112. 4	神离开故土	［W0984. 1. 2］神被驱逐
W0112. 4. 1	谷魂奶奶被佛祖和天神赶到遥远的地方	【傣族】
W0112. 5	神在阳世阴间来去自如	【壮族】
W0112. 6	神的出行时间	［W0899. 3. 11］鬼有特定的出行时间
W0112. 6. 1	神的出行时间随心所欲	【壮族】
W0115	**神的情感**	【汤普森】A194
W0115. 1	神的喜	【汤普森】A194. 4
W0115. 2	神的怒	【汤普森】A194. 3
W0115. 3	神的妒忌	【汤普森】A194. 1； ＊【关联】①
W0115. 3. 1	神因嫉妒朋友变成仇敌	
W0115. 3. 2	神嫉妒人的生活	【壮族】
W0115. 4	神的报复心	【汤普森】A194. 2

① ［W0067. 5. 3］嫉妒的女神；［W0204. 6. 3. 5］天帝小肚鸡肠（嫉妒的天帝）

W 编码	母题描述	关联项
W0115.5	神的烦恼	【汤普森】A102.17
W0115.6	与神的情感有关的其他母题	
W0115.6.1	性格相反的两个神	【蒙古族】
W0115.6.2	神的爱好（神的嗜好）	［W0327.4］雷神喜欢喝酒（雷神爱喝酒）
W0115.6.2.1	神喜欢特定味道	
W0115.6.2.1.1	疾病神喜欢香味	【鄂温克族】
W0115.6.2.2	特定的神喜欢特定的树	
W0115.6.2.2.1	河边的神喜欢杨树和柳树	【鄂温克族】
W0115.6.2.3	神嗜好烟酒	
W0115.6.2.3.1	大神卡亨喜烟爱酒	【瑶族】
W0115.6.2.4	神好赌（好赌之神）	【彝族】
W0115.6.3	神自私（自私的神）	【傣族】 *［W0192.4.5］自私又小气的天神
W0116	**与神的生活有关的其他母题**	【关联】①
W0116.1	神的监督者	【傈僳族】
W0116.2	神每天诵经作法	【蒙古族】
W0116.3	神的睡眠	
W0116.3.1	神的长时间睡眠	［W0723d.7］盘古经历了睡眠期（盘古长睡）
W0116.3.1.1	神沉睡万年	【汉族】
W0116.3.1.2	神一觉睡3年	【纳西族】
W0116.3.2	神躺在云层睡觉	【傣族】
W0116.4	神的记忆（神健忘，健忘的神）	
W0116.4.1	神撂爪就忘	【傣族】
W0116.5	神的护肤美容	
W0116.5.1	神靠特定物美容	
W0116.5.1.1	女神靠风翅美容	【满族】

① ［W0150］神的家庭；［W7200～W7239］神的婚姻

W 编码	母题描述	关联项
W0116.6	神有特定的生活习惯	
W0116.6.1	神按特定规则作息	
W0116.6.1.1	一对夫妻神每月依八卦方向转悠，逢初七、初九、十七、十九、二十七、二十九日则睡觉休息	【纳西族】

0.1.4 神的地位、性质与职能 【W0120 ~ W0129】

W 编码	母题描述	关联项
✿ **W0120**	**神的地位**	
✻ **W0121**	**神的地位高低（神的等级，神的大小）**	
W0121.0	神没有地位高低之分	
W0121.0.1	生活在人类天地间的神灵无长幼尊卑之分	【赫哲族】
W0121.0.2	诸神最初互不统摄，不分大小	【佤族】
W0121.1	神的地位高低的形成	
W0121.1.1	神通过争战地位升高	【藏族】 ＊［W8790］神之间的争战
W0121.1.2	神通过比赛定尊卑	
W0121.1.2.1	神比赛谁最先到目的地谁为尊	【汉族】
W0121.1.3	神的地位与其信仰者的地位有关	
W0121.1.3.1	神山的名声大小往往是与崇拜它的部落的强大程度有关	【藏族】
W0121.1.4	诸神随时间发展分出大小	【佤族】
W0121.2	主神（正神，大神）	【鄂温克族】【彝族】
W0121.2.1	兄弟神中的弟弟为主神	【羌族】

W 编码	母题描述	关联项
W0121.2.1.1	天神兄弟中年龄最小的天神权力最高	【景颇族】
W0121.2.2	大神手下有若干小神	
W0121.2.2.1	大神树神飞尤和有若干小神附属	【赫哲族】
W0121.2.3	人间正神	
W0121.2.3.1	奇树作为人间正神	【汉族】
W0121.2.4	最早的大神	［W058.3.1］第一个神
W0121.2.4.1	最早大神的儿子	
W0121.2.4.2	最早大神的两个儿子尼布和尼利两兄弟相貌古怪	【珞巴族】
W0121.2.5	特定名称的正神（特定名称的大神）	［W0748.2.2.1］瑶姬佐禹治水有功被立庙敬为正神
W0121.2.5.1	大神十遮和大神戈则	【哈尼族】
W0121.2.5.2	正神郁纳士（孔雀神）	【羌族】
W0121.2.5.2a	天和太阳是主神	【羌族】
W0121.2.5.2b	屋顶大的白石为主神	【羌族】
W0121.2.5.3	大神拖亚拉哈	【满族】
W0121.2.6	特定领域的主神	
W0121.2.6.1	家神中的主神	
W0121.2.6.1.1	家神中的主神那萨	【羌族】
W0121.2.7	与正神有关的其他母题	
W0121.2.7.1	正神皆有来历	【羌族】
W0121.2.7.2	正神是村寨保护神	【羌族】
W0121.3	副神（辅神，偏神）	［W0414.2］海神是龙王的从属
W0121.3.1	女神是男神的辅神	
W0121.3.1.1	女始祖姆六甲是男始祖布洛陀的辅神	【壮族】
W0121.3.2	侍神	
W0121.3.2.1	侍神性情温和	【傣族】
W0121.3.3	野神	【彝族】
W0121.4	地位卑微的神	

W 编码	母题描述	关联项
W0121. 4. 1	特定的神地位卑微	
W0121. 4. 1. 1	下安木多地区的所有山神土地要看雍中本教神和黑魔的脸色行事	【藏族】
W0122	**至高无上的神（最高神）**	【汤普森】A101； * 【鄂伦春族】【彝族】
W0122. 0	最高神的产生	
W0122. 0. 1	以前没有最高神	
W0122. 0. 1. 1	天神中不存在最高神	【赫哲族】
W0122. 0. 2	最高神是争战获取的	【汉族】
W0122. 0a	最高神的特征（最高神的职能）	
W0122. 0a. 1	最高神管理宇宙	【高山族（排湾）】
W0122. 0a. 2	最高神管理水患	【高山族（排湾）】
W0122. 0a. 3	最高神是众神的首领	【高山族（排湾）】
W0122. 1	天神是最高神	【民族，关联】①
W0122. 1. 1	地上众神请天神做判官	【彝族】
W0122. 1. 2	管天的神地位最高	【哈尼族】
W0122. 1. 3	天帝地位最高（天帝是最高神）	【汉族】 * ［W0204. 9. 3］天帝是最高审判
W0122. 1. 3. 1	众神中天帝地位最高，黄帝、赤帝、帝尧、帝喾等众帝次之，一般神如半神半人又次之	【汉族】
W0122. 1. 4	天神是慈祥慷慨的最高神	【柯尔克孜族】
W0122. 1. 5	天神是所有自然神中至高无上的神	【怒族】
W0122. 1. 6	与天神是最高神有关的其他母题	
W0122. 1. 6. 1	天是自然界最大的神灵	【白族】
W0122. 1. 6. 2	天主管一切	【白族】
W0122. 1a	天神地神是最高神	【羌族】
W0122. 1b	地神是最高神	

① 【白族（那马）】【赫哲族】【满族】【怒族】 * ［W0208. 19. 1. 1］天神迦萨甘则是众神之首

W 编码	母题描述	关联项
W0122.1b.1	世间地母最大	【彝族（撒尼）】
W0122.2	日月神是最高神	【民族，关联】①
W0122.2.1	所有的神都归祖神太阳和月亮管	【鄂温克族】
W0122.2.1.1	月亮是天上至尊神	【白族】
W0122.3	创世的最高神	【汤普森】A101.1
W0122.4	特定身份的神是最高神	
W0122.4.1	特定的神山是最高神	
W0122.4.1.1	雅拉香波神山是最高神	【藏族】
W0122.4.2	山神是最高神	【傈僳族】【羌族】
W0122.4.2.1	山神米司尼在众神中最大最有权威	【傈僳族】
W0122.5	在特定领域地位高的神	【关联】②
W0122.5.1	天神的首领（地位最高的天神）	【汉族】
W0122.5.1.1	天界女神的首领	
W0122.5.1.1.1	天界女神的首领勉托吉普玉	【藏族】
W0122.5.1.1.2	天界女神的首领右手持闪电，左手握冰雹	【藏族】
W0122.5.1.2	最高天神是天王玛哈捧	【傣族】
W0122.5.1.3	最高天神阿正梅烟	【哈尼族】
W0122.5.1.4	其他名称的最高天神	
W0122.5.1.5	与最高天神有关的其他母题	［W0324a.1.6.2］雷神是最大的天神
W0122.5.1.5.1	排第二位的天神	【傣族】
W0122.5.2	森林中地位最高的神	【鄂温克族】
W0122.5.3	民族中最大的神	
W0122.5.3.1	莫伟是佤族最大的神	【佤族】
W0122.5.3.2	鄂伦春族信奉的最大的神透伦玛路（透欧玛路）	【鄂伦春族】

① ［W0271］太阳神（日神）［W0274.6.1］天神太阳神是最高神；［W0280］月亮神（月神）

② ［W0466.9.1.2］火炭神在神中地位最高；［W0779.2］玉帝管天神

W 编码	母题描述	关联项
W0122. 5. 3. 2. 1	透伦玛路统御众神但神威有限	【鄂伦春族】
W0122. 5. 3. 3	最大的神干木	
W0122. 5. 3. 3. 1	干木女神居住在狮子山	【纳西族】
W0122. 5. 3. 4	彝族最大的神测鲠兹	【彝族】
W0122. 5. 3. 5	2 个最大的神	
W0122. 5. 3. 5. 1	佤族班洪部落敬奉的最大的神一个是鹿埃姆（公明山），一个是鹿埃松（焦山）	【佤族】
W0122. 5. 3a	部落中最高神	
W0122. 5. 3a. 1	珞巴族义都部落最高神恩尼达雅	【珞巴族】
W0122. 5. 3b	氏族中最高神	
W0122. 5. 3c	同类神中的老大	
W0122. 5. 3c. 1	同类神中的大姐大	【哈尼族】
W0122. 5. 3c. 2	家神中地位最高的神	【民族，关联】①
W0122. 5. 3c. 3	山神中的老大	【白族（那马）】 ＊［W0398. 1. 7. 7. 2］白山神是统管各路山神
W0122. 5. 3c. 4	保护神中的老大	【瑶族】 ＊［W0448. 4. 1］山神卡亨是九个守护大神中的老大
W0122. 5. 4	宗教中的最高神	
W0122. 5. 4. 1	萨满教最高的神阿布凯恩都哩	【满族】
W0122. 5. 4. 2	东巴教排在首位的至上神就是萨英威登、依古阿格、恒丁窝盘等三尊大神	【纳西族】
W0122. 5. 5	民间最高神	
W0122. 5. 5. 1	民间最高神玉皇大帝	【汉族】
W0122. 5. 6	最高祖神	
W0122. 5. 6. 1	最高祖神妹榜妹留	【苗族】
W0122. 5. 6. 2	祖先神位居众神之首	【彝族】

① 【壮族】 ＊［W0443. 1. 3. 2］家神中祖宗神地位最高；［W0493. 3. 11］灶神在家神中地位最高

W 编码	母题描述	关联项
W0122.5a	祖先是地位高的神	［W0122.2.1］所有的神都归祖神太阳和月亮管
W0122.5a.1	祖先神地位最高	【鄂伦春族】
W0122.5b	中央神是最高神	
W0122.5b.1	中央的天帝黄帝做了宇宙的最高统治者	【汉族】 ＊［W0697.6.4.1］黄帝在四帝中地位最高
W0122.6	与最高神有关的其他母题	【关联】①
W0122.6.1	特定名称的最高神	【民族，关联】②
W0122.6.1.1	最高神玉皇大帝	【民族，关联】③
W0122.6.1.2	天上的最高神是帖尔昆·察干	【蒙古族】
W0122.6.1.2a	最高神特凡昆察干	【蒙古族】
W0122.6.1.3	最高神乌尔根	【蒙古族】
W0122.6.1.4	“泛阿”是壮族神谱中最大、最权威的神	【壮族】
W0122.6.1.5	主宰万物的最高神巴拉洛扬	
W0122.6.1.5.1	巴拉洛扬是众神的兄长	【高山族（排湾）】
W0122.6.1.6	至上神格孟	
W0122.6.1.6.1	格孟是众鬼的总头目和人间最大的主人	【独龙族】
W0122.6.1.6a	最高神给母达	
W0122.6.1.6a.1	最高神给母达住在最高的山上	【独龙族】
W0122.6.1.7	最高神木比塔④	【羌族】
W0122.6.1a	最高神名称的产生	
W0122.6.1a.1	最高神产生在帝王产生之后	【蒙古族】
W0122.6.2	管特定神的神	【哈尼族】 ＊［W5966］神的管理

① ［W0015.2a］最高神造神；［W0067a.8］至高无上的女神；［W0448.4］最高保护神

② 【鄂伦春族】【傣族】【哈尼族】【蒙古族】【佤族】 ＊［W0204.11.6］天帝是万神之主；［W0208.8.2.1］最高的天神坤西迦；［W0208.31.1.3］天神阿布卡恩都里至高无上；［W0697.1.1.1］黄帝是神国至高无上的主宰；［W0697.1.9］黄帝是最高神；［W0697.6.4.1］黄帝在四帝中地位最高；［W0779a.1.1］玉皇大帝是最高神

③ 【汉族】【瑶族】 ＊［W0779a.1.1］玉皇大帝是最高神；［W0995.6.2.1］山神找玉帝告状

④ 最高神木比塔，“木比塔”在不同文本又有不同译文，如有的称“木比士”（MuBy Sei），有的称“木爸士”（MBy Sei），还有“木打白”（MTa Bei），“木爸士”（MBya sei），“马比子”（Ma Bye Chi）等。

W 编码	母题描述	关联项
W0122. 6. 2. 1	大神沙拉管天地间的天神、地神、太阳神、月亮神、庄稼神、年神、水神、树神和人神	【哈尼族】
W0122. 6. 3	最著名的神	【藏族】
W0122. 6. 4	最高神王	
W0122. 6. 4. 1	更资天神是掌握天地万物的最高神王	【彝族】
W0122. 6. 5	最高女神	
W0122. 6. 5. 1	最高的女神王阿匹梅烟	【哈尼族】
W0122. 6. 5. 2	天神阿布卡赫赫是最高母神	【满族】
W0122. 6. 6	最伟大的神	
W0122. 6. 6. 1	最伟大的神宗玛	【珞巴族】
W0122. 6. 7	无敌之神	
W0122. 6. 7. 1	女天神阿布卡赫赫得到护身战裙后成为无敌于寰宇的母神	【满族】
W0122. 6. 8	多个最高神	
W0122. 6. 8. 1	灶神、地方神、天神三神主宰其他神	【怒族】
W0123	**神的首领**	【汤普森】A161； ＊【关联】①
W0123. 1	神王（主神，众神之王）	【民族，关联】②
W0123. 1. 1	神王的产生	
W0123. 1. 1. 1	特定物变成神王	【彝族】 ＊［W0722. 2. 8. 1］盘古死后耳朵变成神王
W0123. 1. 1. 2	天神生神王	
W0123. 1. 1. 2. 1	天神俄玛生至高无上的神王阿匹梅烟	【哈尼族】
W0123. 1. 1. 2. 1. 1	天神俄玛生第一代至高无上的神王阿匹梅烟	【哈尼族】

① ［W1538. 1］万物的首领；［W5030］首领

② 【傣族】【哈尼族】 ＊［W0432］管神的神

W 编码	母题描述	关联项
W0123.1.1.2.2	神王阿匹梅烟生第二代神王烟沙	【哈尼族】
W0123.1.1.2.3	第二代神王烟沙生第三代神王沙拉	【哈尼族】
W0123.1.2	神王的特征（神王的职能，神往的能力）	
W0123.1.2.1	神王身体巨大	【傣族】
W0123.1.2.1.1	神王头大毛发粗	【傣族】
W0123.1.2.2	神王本领高强，智慧无边	【傣族】
W0123.1.2.3	神王权力无限	【傣族】
W0123.1.2.4	神王造天地	【彝族】
W0123.1.2.5	威武的神王	
W0123.1.2.5.1	男神桑戛西是威武的神王	【傣族】
W0123.1.3	特定名称的神王	［W0434.1.5.1.1］人神之王入黄炸当地
W0123.1.3.1	众神之王涅依倮佐颇	【彝族】
W0123.1.3.2	神王烟沙	【哈尼族】
W0123.1.3.3	神王阿匹梅烟	
W0123.1.3.3.1	神王阿匹梅烟有9个女儿	【哈尼族】
W0123.1.3.3.2	天母阿匹梅烟是万能的女王，也是众神的大王	【哈尼族】
W0123.1.4	神王的生活	
W0123.1.4.1	神王的饮食	
W0123.1.4.2	神王坐金椅	【哈尼族】
W0123.1.4.3	神王住第16层天	【傣族】 ＊［W0208.8.4.2］天神叭英居16层天
W0123.1.5	神王的关系	
W0123.1.5.1	神王的辈次	
W0123.1.5.1.1	第一代神王	
W0123.1.5.1.1.1	第一代神王是阿匹梅烟	【哈尼族】 ＊［W0020.1.2.1.1］第一代神王老祖母阿匹梅烟用最硬最亮的岩石给子孙做骨头

W 编码	母题描述	关联项
W0123. 1. 5. 1. 1. 2	第一代神王阿匹梅烟是万能的女神	【哈尼族】
W0123. 1. 5. 1. 2	第二代神王	【哈尼族】 * ［W0058. 3. 1. 3. 1］第一个男神是第二代神王
W0123. 1. 5. 1. 2. 1	第二代男神王烟沙生下第二代 10 位大神	【哈尼族】
W0123. 1. 5. 1. 2. 2	第二代神王掌管寿命	【哈尼族】
W0123. 1. 5. 1. 3	神王的其他辈次	
W0123. 1. 5. 1. 3. 1	第三代神王阿波沙	【哈尼族】
W0123. 1. 5. 2	神王臣服天神	【哈尼族】 * ［W0122. 1］天神是最高神
W0123. 1. 5. 3	神王的从属	
W0123. 1. 5. 3. 1	神王有众多侍从	【傣族】
W0123. 1. 6	神王的寿命与死亡	
W0123. 1. 6. 1	神王有无限寿命	【傣族】
W0123. 1. 6. 2	神王寿命有无限个亿年	【傣族】
W0123. 1. 7	与神王有关的其他母题	［W0122. 6. 4］最高神王
W0123. 1. 7. 1	神王的数量	
W0123. 1. 7. 1. 1	五百神王	
W0123. 1. 7. 1. 1. 1	五百神王跟随大圣	【白族】
W0123. 1. 7. 2	天地间的神王	【傣族】
W0123. 1. 7. 3	神皇	
W0123. 1. 7. 3. 1	天宫架犯（神皇）	【瑶族】
W0123. 2	神国国王	【汤普森】A161. 1
W0123. 3	神国王后	【汤普森】A161. 2
W0123. 4	与神的首领有关的其他母题	
W0123. 4. 1	神（仙）的管理者	【关联】①
W0123. 4. 2	日月管各种神	【鄂温克族】

① ［W0723. 4. 1］盘古管理鬼神；［W0913. 1］灵魂的管理者（鬼的管理者）；［W5966］神的管理

W 编码	母题描述	关联项
W0124	**与神的地位有关的其他母题**	[W0058.1b.3] 外神中神的地位不同
W0124.1	被统治的神	
W0124.1.1	地神从属于天神	【汉族】
W0124.1.2	下属神必须绝对服从	【鄂温克族】
W0124.2	神的地位的变化（神的地位调整，神格的变化）	
W0124.2.1	神的地位的升高	
W0124.2.1.1	氏族神上升为部落神	【藏族】
W0124.2.2	神的地位的降低	
W0124.2.2.1	神格的降低	【藏族】
W0124.2.2.2	最早敬奉的鱼神和螺神后来变成本主的配神	【白族】
W0124.2.2.3	神被贬降职	【汉族】
W0124.2.2.3.1	神因做好事被贬	【汉族】
W0124.2.3	神的让位（神的传位，神位禅让）	
W0124.2.3.1	山神传位给人	【羌族】
W0124.3	受尊重的神	
W0124.3.1	蟒神是天上很有威望的大神	【汉族】
W0124.4	神尊崇佛祖	【关联】①
W0124.4.1	天上的神仙，地下的地祇，水下的龙王见到佛祖纷纷合掌下跪	【傣族】
W0124.5	众神排座次	
W0124.5.1	上首就座的四十七位是先祖翁衮，下首坐的十八位是兄弟安达	【蒙古族】
W0124.5.2	萨满教神统诸神按职位、等级自上而下可分为腾格里、哈特、死去的萨满的魂灵等	【蒙古族（布里亚特）】 * [W0768.12] 萨满神

① [W0202.4a.1] 天神拜佛祖；[W0787] 佛（佛祖）

W 编码	母题描述	关联项
W0124. 5. 3	神有特定次序	
W0124. 5. 3. 1	13 阿萨兰吉天神，是 44 东方腾格里中的 13 位天神	【蒙古族（布里亚特）】
W0124. 6	神的从属关系	［W0172. 3］神的上司
W0124. 6. 1	部落的神和部落各支系的神有包含关系	【藏族】
W0124. 7	神相互牵制	
W0124. 7. 1	神之间螳螂捕蝉麻雀在后	【满族】
◎	**〚神的性质〛**	
W0125	**善神（慈悲之神，慈善之神）**	【汤普森】A102. 14； ＊【民族，关联】①
W0125. 1	善神的产生	［W0973a. 1. 1］神分化成善神与恶神
W0125. 1. 1	善神生于特殊的地方	
W0125. 1. 2	白光中产生善神	【藏族】 ＊［W0486. 1. 1］白光中生吉祥神
W0125. 1. 2. 1	白光化成的声音逐渐变成善神英格阿格	【纳西族】 ＊［W0057. 1. 2］声音化生神
W0125. 1. 3	卵生善神	
W0125. 1. 3. 1	1 对蛋孵出丰收神和善良神	【纳西族】
W0125. 1. 4	真和实变化成善神	【纳西族】
W0125. 2	善神的特征	
W0125. 2. 1	善神慈眉善眼，和蔼可亲	【苗族】
W0125. 2. 2	善神代表光明	【蒙古族（布里亚特）】
W0125. 3	善神的职能（善神的能力）	
W0125. 3. 1	慈善之神赐人好处和幸福	【哈萨克族】
W0125. 3. 2	善神总是保佑人	【壮族】
W0125. 4	与善神有关的其他母题	【关联】②
W0125. 4. 1	特定名称的善神	【哈尼族】

① 【哈萨克族】【汉族】【拉祜族】【纳西族】【羌族】 ＊［W0085. 1］神性情慈善

② ［W0398. 2a. 2. 7］崖神是善神；［W0760. 1］西王母是善神；［W0972. 4. 2. 2］白神是善神

W 编码	母题描述	关联项
W0125.4.1.1	天神扎帕是慈悲之神	【拉祜族】
W0125.4.1.2	善神依古阿格	【纳西族】 * ［W0057.1.1.2］声气做变化生善神依古阿格
W0125.4.1.3	善神米利东主	【纳西族】
W0125.4.2	善神的首领	
W0125.4.2.1	所有善神统一于英各阿格（依谷阿格）	【纳西族】
W0125.4.3	善神的居所	
W0125.4.3.1	善神居天上	【苗族】
W0125.4.3.1.1	善神坐天庭	【纳西族】
W0125.4.3.2	善神居家中的火塘（阿朵奔）	【彝族（撒尼）】
W0125.4.4	神体察民情	【满族】
W0126	**恶神（凶神）**	
W0126.1	恶神的产生	
W0126.1.1	恶神生于特殊的地方	
W0126.1.1.1	天上出了恶神	【白族】
W0126.1.1.2	恶魔派来恶神	【哈萨克族】
W0126.1.1.3	天帝派来恶神	【羌族】
W0126.1.2	黑光中产生恶神	【藏族】
W0126.1.2a	假和虚变化成恶神	【纳西族】
W0126.1.2b	特定人物变成恶神	
W0126.1.2b.1	恶人死后成为恶神	【蒙古族】
W0126.1.2b.2	恶人死后被奉为凶神	【壮族】
W0126.1.3	与恶神产生有关的其他母题	［W0973a.1.1］神分化成善神与恶神
W0126.1.3.1	恶神比善神产生早	【蒙古族】
W0126.1.3.2	丧门者是岁之凶神	【汉族】
W0126.2	恶神的特征（恶神的身份）	
W0126.2.1	恶神面目可憎	【汉族】
W0126.2.1.1	凶神一身绯红似鲜血	【羌族】
W0126.2.2	凶神祸害人	【壮族】

W 编码	母题描述	关联项
W0126. 2. 3	恶神长着 12 只眼睛	【阿昌族】
W0126. 2. 4	恶神有缺德嗜好	
W0126. 2. 4. 1	恶神以制造灾难为乐	【阿昌族】
W0126. 2. 5	恶神是特定人群的保护神	
W0126. 2. 5. 1	特定部落的保护神是恶神	【蒙古族（布里亚特）】
W0126. 2. 5. 2	恶神是魔鬼的保护神	【蒙古族（布里亚特）】
W0126. 2. 6	恶神很傻（傻子恶神）	［W0498. 11］傻神（傻子神）
W0126. 2. 6. 1	傻子恶神又傻又聋	【纳西族（阮可）】
W0126. 2. 7	恶神很狡猾	
W0126. 2. 7. 1	恶神耶鲁里很聪慧又很狡黠	【满族】 *［W0838. 4. 4. 5. 2］九头恶魔神耶鲁里
W0126. 2a	恶神的生活	
W0126. 2a. 1	恶神的饮食	
W0126. 2a. 1. 1	恶神食人	【蒙古族（布里亚特）】
W0126. 2a. 2	恶神的居所	
W0126. 2a. 2. 1	恶神居东方	【蒙古族】
W0126. 2a. 2. 2	恶神居空中	【藏族】 *［W0126. 3. 6］空界的厉神
W0126. 2a. 2. 3	恶神居黑暗处	【纳西族】
W0126. 3	与恶神有关的其他母题	【关联】①
W0126. 3. 1	特定名称的恶神	
W0126. 3. 1. 1	地震恶神	【哈尼族】
W0126. 3. 1. 2	特定的神是恶神	［W0393. 6. 2］恶的山神
W0126. 3. 1. 3	恶神厄合恩杜里	【锡伯族】
W0126. 3. 1. 4	煞神（恶煞，凶煞神）	
W0126. 3. 1. 4. 1	黑煞神	【汉族】
W0126. 3. 1. 4. 2	凶煞神和恶煞神兄弟俩	【汉族】
W0126. 3. 1. 5	恶神依古顶那	【纳西族】
W0126. 3. 1. 5a	恶神米利术主	【纳西族】
W0126. 3. 1. 6	恶神喝都	【羌族】

① ［W0375. 5. 1］风雨雷电神是恶神；［W1718. 4. 1］恶神变成星星

W 编码	母题描述	关联项
W0126.3.2	恶神的首领	
W0126.3.2.1	恶神之王英格鼎那（依古丁纳）	【纳西族】
W0126.3.2.2	恶神首领阿达·乌兰	【蒙古族（布里亚特）】
W0126.3.3	恶神的关系	
W0126.3.3.1	恶神的儿子是黑龙	【纳西族】
W0126.3.4	恶神代表黑暗	【蒙古族（布里亚特）】
W0126.3.5	邪神	
W0126.3.5.1	邪神不再家中设神位	【彝族】
W0126.3.5.2	邪神没有来历	【羌族】 *［W0121.2.7.1］正神皆有来历
W0126.3.5.3	禳解邪神	【羌族】 *［W0912］驱鬼（驱邪，捉鬼，捉灵魂）
W0126.3.5.4	邪神是妖魔鬼怪	【羌族】
W0126.3.6	空界的厉神	
W0126.3.6.1	空界厉神三兄弟	【藏族】
W0126.3.7	人对恶神的态度	
W0126.3.7.1	人对恶神敬而远之	【怒族】
W0126.3.7.2	祭恶神	
W0126.3.7.2.1	正月初四野外祭恶神（美若夺本）	【纳西族（阮可）】
W0126a	**善恶兼具的神**	【藏族】 *［W0395.3.4］山神既能赐福也能降灾
W0127	**与神的性质有关的其他母题**	［W9124］神是巫师
W0127.1	神是永恒的	【汤普森】①A102.3；②A102.6
W0127.2	神无所不在	【汤普森】A102.5； *【怒族】
W0127.3	神是预言者	【汤普森】A178； *［W9251］预言者
W0127.3.1	预兆之神（预言神）	［W0287.3.2］北斗神是预言神

W 编码	母题描述	关联项
W0127.3.1.1	预兆腾格里是东北方的天神	【蒙古族】
W0127.4	神是劳动者	【汤普森】A140
W0127.4.1	神是工匠	
W0127.4.1.1	神是石匠、铁匠、石匠或木匠	【羌族】
W0127.5	神的性质可以转化	
W0127.5.1	自然、神灵和祖先三位一体，互相转化	【佤族】 * ［W0070.7］三位一体的神
W0128	**神的职能**	
W0128.1	神保佑人	【壮族】
W0128.1.1	创世母神保佑人类繁衍	【基诺族】
W0128.2	神恩泽人间	
W0128.2.1	神给人间带来美好	
W0128.2.1.1	女神白拉姆给流泪的人带来欢乐，给悲观的人带来希望，给丑陋的人带来美貌	【藏族】

0.1.5 神的能力
【W0130 ~ W0134】

W 编码	母题描述	关联项
※W0130	**神的能力（神的行为，神的本领）**	【汤普森】A136； * 【关联】①
W0131	**神的力量**	［W0130］神的能力（神的行为，神的本领）
W0131.1	神的力量产生（神的能力的产生）	
W0131.1.1	众神造的神汇集了众神的能力	【傣族】

① ［W0130］神的能力；［W0420 ~ W0499］与职能、行业相关的神

W 编码	母题描述	关联项
W0131.2	神的力量巨大（神力量非凡）	【壮族】
W0131.2.1	神有无穷神力	【傣族】 * ［W0592.1］文化英雄有神力
W0131.2.2	神能提起重物	
W0131.2.2.1	动物神达能一个指头能拎起一只大象，十个人搬不动的木鼓能塞进耳垂当耳柱	【佤族】
W0131.2.3	神能用手指沟造河	【瑶族（布努）】
W0131.3	大力神（大力士神）	【哈尼族】【西族】
W0131.3.1	大力神的产生	
W0131.3.1.1	鱼生大力神	【哈尼族】
W0131.3.1.2	鱼生大力女神	
W0131.3.1.2.1	金鱼从尾巴里生大大力女神密嵯嵯玛	【哈尼族】
W0131.3.1.3	地母生大力神	
W0131.3.1.3.1	地母神巴那吉额姆生大力神	【满族】
W0131.3.2	大力神的特征	
W0131.3.2.0	大力神的性别	
W0131.3.2.0.1	男大力神	
W0131.3.2.0.2	女大力神	【满族】
W0131.3.2.0.2.1	神力最大的女神阿布卡赫赫	【满族】
W0131.3.2.0.2.2	女大力神福特锦	【满族】
W0131.3.2.1	大力神的身体能伸高万丈	【民族，关联】①
W0131.3.2.2	大力神力大无边	【苗族】
W0131.3.2.3	大力神力大无穷，不怕火烧雷劈	【汉族】
W0131.3.2.4	长 4 条腿 1 个尾巴的大力神	【珞巴族】
W0131.3.2.5	大力神四头六臂八只脚	【满族】
W0131.3.3	大力神的能力（大力神的事迹）	
W0131.3.3.1	大力神造山	【纳西族】 * ［W0422.2.1］造山河之神

① 【黎族】 * ［W1307.4］大力神把天升高；［W1845.1.11.7］大力神用脚踢出山谷

W 编码	母题描述	关联项
W0131.3.3.2	大力神把天拱高	【黎族】
W0131.3.3.3	大力神善于变化	【满族】
W0131.3.3.4	大力神能摇天撼地	【满族】
W0131.3.4	特定名称的大力神	
W0131.3.4.1	大力神九高那布	【纳西族】
W0131.3.4.2	大力神密嵯嵯玛	【哈尼族】
W0131.3.4.3	大力神夸娥氏二子	【汉族】
W0131.3.4.4	大力士神大楞神和二楞神两兄弟	【白族】
W0131.3.4.5	大力士熊町	【苗族】
W0131.3.5	与大力神有关的其他母题	
W0131.4	与神的力量有关的其他母题	
W0131.4.1	神力	
W0131.4.1.1	得到外来灵魂产生神力	【藏族】 * ［W0913d.1］寄魂（灵魂的寄托物，灵魂的附着物）
W0131.4.1.2	通过吞食特定物获得神力	
W0131.4.1.2.1	天神无意中吞下火神获得神力	【满族】
W0131.4.1.2a	通过气获得神力	【瑶族（布努）】
W0131.4.1.3	神力的传递	
W0131.4.1.3.1	通过皮肤传递神力	【羌族】
W0131.4.1.4	与神力有关的其他母题	［W0993］神或神性人物神力的消失
W0131.5	神的能力的变化	
W0131.5.1	神的能力的升级	
W0131.5.1.1	神通过修炼提升能力	
W0131.5.1.1.1	男神阿布凯巴图经修炼变成九头六臂的金甲大天神	【满族】
W0132	**神的变化（神的变形，神变形，神的演变，神的演化）**	［W9525］神的变形
W0132.1	神变化自己的外形	【汤普森】D698

W 编码	母题描述	关联项
W0132.1.1	神会变化身体大小	【汤普森】A120.2
W0132.1.1.1	神变形为巨人	【彝族】
W0132.1.1.2	天神阿布卡赫赫造的无数小神能伸能缩	【满族】
W0132.1.1.3	天神阿布卡赫赫可小得像水泡，大得似天穹	【满族】
W0132.1.2	神变化为动物	【门巴族】
W0132.1.2.1	雷王手下神契高变成树上的三角蛙	【壮族】
W0132.1.2.2	雷王手下神契高变成野蜘蛛	【壮族】
W0132.2	神会变化性别	【满族】 * ［W0132］神的变化（神的变形）
W0132.3	神能返老还童	【汤普森】≈A191
W0132.3.1	神年老后能变年轻	
W0132.3.1.1	天神之子侯波老后能变少年	【哈尼族】
W0132.3.2	创始祖和造物母能返老还童	
W0132.3.2.1	创始祖和造物母夫妻经历 4 次返老还童	【景颇族】
W0132.3.3	神在变化中获得新生	【彝族】
W0132.4	与神的变化有关的其他母题（与神变形有关的其他母题）	
W0132.4.1	神出生时变成火	【汤普森】A199.3
W0132.4.2	神一日多变	【关联】①
W0132.4.3	神的化身	【黎族】
W0132.4.3.1	保护神三多化身为白石	【纳西族】
W0132.4.3.2	神化身动物	【苗族】 * ［W0995.5.4.1.1］蝴蝶是祖神的化身
W0132.4.3.2.1	雅拉香波山神、冈底斯山神等都化身为白牦牛	【藏族】

① ［W0068.15.3.1.1］神女一日三变；［W0714.1.2］女娲一日七十变（女娲七十化）

W 编码	母题描述	关联项
W0132. 4. 3. 3	神有不同化身（神有多种化身）	【壮族】
W0132. 4. 3. 3. 1	神有 3 种化身	【藏族】
W0132. 4. 3. 3. 2	腾格里能化身为各种自然现象、疾病	【蒙古族（布里亚特）】
W0132. 4. 3. 4	神化身为自然物	
W0132. 4. 3. 4. 1	神化身雷电	【蒙古族】
W0132. 4. 3. 4. 2	神化身细雨	【蒙古族（布里亚特）】
W0132. 4. 3. 4. 3	神化为光	【满族】
W0132. 4. 3a	神会分身术	
W0132. 4. 3a. 1	四方大神能同时附体六十四位大萨满	【满族】
W0132. 4. 4	神在不同地点变化为不同身份	
W0132. 4. 4. 1	蚂蚁到天上是天神，在地上是禽兽	【藏族】 * ［W3471. 5］蚂蚁上天为神，在地上是禽兽
W0132. 4. 5	神随时间变化为其他身份	
W0132. 4. 5. 1	母系氏族的祖先神演变为父系氏族的祖先神	【民族，关联】①
W0132. 4. 6	神的职能的变化	
W0132. 4. 6. 1	男祖先神变成畜神	【锡伯族】
W0132. 4. 6. 2	农神变成家神	【锡伯族】
W0132. 4. 6. 3	生育神变为家族保护神	【锡伯族】
W0132. 4. 6. 4	海神变为风神	【汉族】
W0132. 4. 7	神由好变坏	【壮族】
W0133	**神全知全能**	【壮族】
W0133. 1	神无所不知	【汤普森】① A102. 1；② J1617；* ［W0496］智慧神（知识神）
W0133. 1. 1	神的智慧的获得	
W0133. 1. 1. 1	神的智慧源于智慧树	【满族】
W0133. 1. 2	神预知未来	

① 【鄂伦春族】 * ［W5298. 1］母系氏族；［W5298. 2］父系氏族

W 编码	母题描述	关联项
W0133.1.2.1	神料事如神	【苗族】
W0133.1.3	神能洞察一切	
W0133.1.3.1	神知道背着人做的好事坏事	【壮族】
W0133.1.4	神未卜先知	
W0133.1.4.1	神王英叭知道恶神要干坏事	【傣族】
W0133.1.4.2	太阳神知道寻找他的人的想法	【裕固族】
W0133.2	神是全视的	【汤普森】A102.2
W0133.3	神是全能的	【汤普森】A102.4； ＊【羌族】 ＊［W1504.9.2］全能者造万物
W0133.4	懂特定语言的神	
W0133.4.1	懂兽语的神	
W0133.4.1.1	大神竺妞懂兽语	【苗族】
W0134	**与神的能力有关的其他母题**	
W0134.1	神能发光	【汤普森】A124； ＊【鄂温克族】【蒙古族】
W0134.1.1	神发光的来历	
W0134.1.1.1	宝石蛋中孵出身体发光的神	【傣族】
W0134.1.1.2	发光的神耕父	
W0134.1.1.2.1	耕父出入有光	【汉族】
W0134.1.2	神的光的特征	
W0134.1.2.1	神全身闪光	【傣族】
W0134.1.3	神的光的消失	［W2803.2］人身上的光的消失
W0134.1.3.1	神吃五谷不再发光	【傣族】
W0134.1.4	与神发光有关的其他母题	
W0134.2	神能喷火	【关联】①
W0134.2.1	拖亚拉哈大神四爪蹚火云，巨口喷烈焰	【满族】

① ［W0334］雷神能喷出闪电；［W0395.6.3.1］山神白那查喷火

W 编码	母题描述	关联项
W0134.3	神能隐身或显形	
W0134.3.1	神能隐身	【汤普森】D1981.1； *【白族】 *［W070.2］神是无形的
W0134.3.2	神能显形（神的现形）	【关联】①
W0134.3.2.1	神在特定环境中显形	
W0134.3.2.2	神为惩罚不敬者显形	【鄂伦春族】
W0134.3.2.3	神现形预示遇难	【壮族】
W0134.3.3	神的幻影	
W0134.3.3.1	焚香的烟中呈现神的幻影	【赫哲族】
W0134.3.4	神会幻术（神会魔法）	【满族】 *［W0527.4.1］龟神会幻术
W0134.3.4.1	神王英叭使神法让16亿个天神消失	【傣族】
W0134.3.4.2	神能变化出需要的东西	【傣族】
W0134.3.5	只有特定的人能看见神	
W0134.3.5.1	巫师能看到神	【壮族】 *［W9143］巫师能通鬼神
W0134.3.5.2	福气大的人能看到神	【壮族】
W0134.4	神能做特定事情	
W0134.4.1	神开天	【苗族】 *［W1100］天地的产生
W0134.4.2	神辟地	【苗族】 *［W1100］天地的产生
W0134.4.3	神补天	【民族，关联】②
W0134.4.3a	神射日	【民族，关联】③
W0134.4.4	神慧眼识妖	【满族】
W0134.4.5	神会法术	【彝族】 *［W9000］魔法
W0134.4.5.1	神会定身术	【水族】 *［W9173.1］定身术
W0134.4.5.2	神会变物（神会变戏法）	

①［W0890］灵魂的居所与显形（鬼的居所与显形）；［W0898］灵魂现形（鬼魂显形、鬼现身，灵魂被看见）

②【苗族】 *［W0497.6］补天之神；［W1384］补天

③【苗族】 *［W0497.5］射日之神；［W9721］神射日

W 编码	母题描述	关联项
W0134.4.5.2.1	神吹气把羊毛变成毛布衣服	【藏族】
W0134.4.6	神能造化万物	
W0134.4.6.1	神化万物为生灵	【鄂伦春族】
W0134.4.7	神能惩罚不敬神者	
W0134.4.7.1	神惩罚拿了鄂温克人萨满神像的牧师让其眼睛瞎	【鄂温克族】
W0134.4.7.2	神显灵惩罚不敬神者	【鄂温克族】 *［W0981］神的圣迹（神迹，神的显形，神显灵）
W0134.4.8	神会飞	
W0134.4.8.1	神无翅能飞	【傣族】
W0134.4.9	神特立独行	
W0134.4.9.1	谷魂奶奶是自为自立之神	【傣族】
W0134.4.10	神会治病	
W0134.4.10.1	治病的神	
W0134.4.10.1.1	石贤士神会治病	【汉族】
W0134.4.11	神说话成真（神金口玉言）	［W8050］灾难预言成真
W0134.4.11.1	神让河中有桥就出现桥	【朝鲜族】
W0134.4.12	神会做手工	
W0134.4.12.1	神会木匠活	［W0459.4］木匠神
W0134.4.12.1.1	聪明能干米利东阿普做了许多女木偶	【纳西族】
W0134.5	神的能力的丧失	
W0134.5.1	神的飞行能力的失去	［W0225.5］天女飞行能力的失去
W0134.5.1.1	女神穿上天神给的裙子后失去回天能力	【苗族】
W0134.5.2	神失去回天能力	
W0134.5.2.1	天神嚼吃地上的香土后失去回天能力	【傣族】
W0134.6	神的旨意只能发一次	【门巴族】

0. 1. 6 神的工具与武器

【W0135 ~ W0139】

W 编码	母题描述	关联项
W0135	**神的工具**	【汤普森】①A157；②A137. 14
W0135. 1	神的生活用具	
W0135. 1. 1	神的篮子	【汤普森】A137. 4
W0135. 2	神的劳动工具	［W6097］其他特定劳动工具的产生
W0135. 3	神的交通工具	
W0135. 3. 1	神的车子	
W0135. 3. 1. 1	神的五龙车	［W0106. 7. 1］神乘五龙车下凡
W0136	**神的武器**	【汤普森】A157
W0136. 1	神的锤子	【汤普森】A137. 1
W0136. 2	神的刀	［W4432. 1］闪电是神的刀
W0136. 3	神的盾	【汤普森】A157. 4
W0136. 4	神的飞轮	【汤普森】≈A137. 3
W0136. 5	神的斧子	【汤普森】A137. 1. 1
W0136. 6	神的弓箭	
W0136. 6. 1	神的弓	【汤普森】A157. 6
W0136. 6. 2	神的箭	【汤普森】①A157. 2； ②A137. 14. 1. 1
W0136. 7	神的鼓	【汤普森】A159. 1； *［W6274］鼓的产生
W0136. 8	神的棍棒	【汤普森】A137. 2
W0136. 9	神的剑	【汤普森】A157. 5
W0136. 10		
W0136. 11	神的雷（石）	【汤普森】A157. 1
W0136. 12	神的矛	【汤普森】A157. 3
W0136. 13	神的其他武器	

W 编码	母题描述	关联项
W0136.13.1	神两手持不同的武器	［W0397.2］山神手中的武器
W0136.13.2	神的锁链	
W0136.13.2.1	宝木勒神有九色锁链	【蒙古族】
W0137	**与神的工具与武器有关的其他母题**	【汤普森】A159；＊［W0109］神的坐骑
W0137.1	神的宠物	
W0137.1.1	狼是神的宠物	【哈萨克族】 ＊［W0202.6.1.1］狼是腾格里的宠物
W0137.1.2	小动物是神的宠物	
W0137.1.2.1	祖先神喜欢小动物刻如那斯	【鄂温克族】
W0137.2	神的玩物	
W0137.2.1	神的战马	［W0164.1］神的马
W0137.3	神的器物	
W0137.3.1	神的宝物	
W0137.3.1.1	神的宝葫芦	【彝族】＊［W0952.1.1.3］神的宝葫芦中有长生不老药

0.1.7 神的关系
【W0140 ~ W0174】

W 编码	母题描述	关联项
W0140	**神的谱系（神谱，神的家谱）**	【哈尼族】【壮族】
W0140.1	神谱的缔造者	
W0140.1.1	万能女神传神谱	［W0068.6］万能的女神
W0140.1.1.1	万能的女神阿匹梅烟把神的家谱传出来	【哈尼族】
W0140.2	第一代神（第1代神）	【哈尼族】

W 编码	母题描述	关联项
W0140. 2. 1	混沌是第一代神	
W0140. 2. 1. 1	昆屯是开天辟地的第一代神	【毛南族】 * [W0422. 0] 开天辟地神
W0140. 2. 2	第一代神姆六甲	【壮族】
W0140. 3	第二代神（第 2 代神）	【哈尼族】
W0140. 3. 1	第二代布洛陀	【壮族】
W0140. 4	第三代神（第 3 代神）	【哈尼族】 * [W0204. 11. 2] 天皇是第三代神
W0140. 4. 1	第三代布伯	【壮族】
W0140. 4. 2	生育第三代神	
W0140. 4. 2. 1	天神俄玛生神王阿匹梅烟，阿匹梅烟生第二代神王烟沙，烟沙生第三代神王沙拉	【哈尼族】
W0140. 4. 3	造第三代神	
W0140. 4. 3. 1	第二代神王玛哈捧造第三代神	【傣族】
W0140. 5	第四代神（第 4 代神）	【哈尼族】
W0140. 5. 1	第四代伏羲兄妹	【壮族】
W0140. 6	第五代神（第 5 代神）	【哈尼族】
W0140. 6. 1	毛南族有五代神	【毛南族】
W0140. 7	第六代神（第 6 代神）	【哈尼族】
W0140. 8	第七代神（第 7 代神）	
W0140. 9	第八代神（第 8 代神）	
W0140. 10	其他各代神	
W0140. 11	与神的谱系有关的其他母题	[W1527. 1. 1. 1] 第 16 代祖先神时产生万物
W0140. 11. 1	最古老的神	【蒙古族】
W0140. 11. 2	壮族神谱依次排列为气体、神蛋、金甲天神、姆六甲、布洛陀、布伯、伏依兄妹、英雄神	【壮族】

W 编码	母题描述	关联项
* **W0141**	**对偶神（夫妻神）**①	
W0142	**天公地母**②	【汤普森】A625； *【民族，关联】③
W0142. 1	天公地母的产生	［W0034. 1. 1］阴阳相生诞生天公地母
W0142. 1. 1	卵生天公地母	【珞巴族】
W0142. 1. 2	男女祖先成为天公地母	【白族】
W0142. 1. 3	天神造天父地母	
W0142. 1. 3. 1	天神迦萨甘造造天父地母	【哈萨克族】
W0142. 2	天公地母的特征	
W0142. 2. 1	天公小，地母大	【珞巴族】
W0142. 3	天公地母的职能（天公地母的能力）	
W0142. 3. 1	天公地母护洲神	【汉族】
W0142. 3a	天公地母的生活	
W0142. 3a. 1	天公地母住天山上	【阿昌族】
W0142. 3b	天公地母的工具	
W0142. 3b. 1	天公的赶山鞭	【阿昌族】
W0142. 4	特定名称的天公地母	
W0142. 4. 1	天公地母即玉皇大帝和妻子后土	【汉族】
W0142. 4. 2	天公遮帕麻和地母遮米麻	【阿昌族】
W0142. 4. 2. 1	天公遮帕麻和地母遮米麻住在天山	【阿昌族】
W0142. 4. 3	天公地母即盘古和地母	【汉族】 *［W0723. 1. 1. 3］盘古是天公
W0142. 4. 4	天公地母即盘古和女娲	【汉族】
W0142. 4. 5	天父叫磨之帕，地母叫沾列满	【彝族】

① 对偶神（夫妻神），据神话叙事和母题编目的实际情况，“对偶神”包括少量的神性人物对偶神。

② 天公地母，“天公”在不同的神话中可以有不同的称呼，如“天爷”、“天王”等。

③ 【德昂族】【汉族】 *［W0181］天神；［W0206］天公；［W0230］地神；［W0238］地母；［W1126. 2. 1］天是公的叫天公，地是母的叫地母；［W1168. 13. 12. 1］天又叫天公

W 编码	母题描述	关联项
W0142.5	与天公地母有关的其他母题	［W0236.1.4.1.1］天公地母封他们的幼子为土皇
W0142.5.1	天母地父	【汤普森】A625.1
W0142.5.2	天父地母	【民族，关联】①
W0142.5.2.1	盘古和女娲是天父地母	【汉族】
W0142.5.2.2	混沌卵生天父地母	【汉族】
W0142.5.2.3	上天的男人称为“天父”，下地的女人称为“地母”	【汉族】
W0142.5.2.4	天父六君护祐祖神住在天空上方	【藏族】
W0142.5.2.5	天父地母的儿子	
W0142.5.2.5.1	天父地母的儿子德宁阳	【珞巴族】
W0142.5.2a	天王地母	
W0142.5.2a.1	最早出现的一对夫妻是天王地母	【德昂族】
W0142.5.3	天公天婆	【彝族】
W0142.5.4	天爷和天母	【羌族】【畲族】
W0142.5.5	天公地母的使者	
W0142.5.5.1	地母的使者小獭猫	【阿昌族】
W0142.5.6	天公地母即男性的天和女性的地	【怒族】
W0142.5.7	天是公的叫天公，地是母的叫地母	【汉族】
W0143	**始祖对偶神**	【民族，关联】②
W0143.1	人王公和人王婆	
W0143.1.1	人王公和人王婆是造万物的祖师	【白族】
W0143.2	人祖爷和人祖奶	【民族，关联】③
W0143.3	人祖布桑该和雅桑该	【傣族】
W0143.3.1	夫妻神布尚改、雅尚改是创造世界	【傣族】

① 【珞巴族】【蒙古族】 ＊［W1543.1.9.3］天父地母造日月星辰

② 【汉族】 ＊［W0648.8.2.2］洪水后繁衍人类的姐弟俩是罗神公公和罗神娘娘；［W1103.9.1］男女始祖开天辟地

③ 【汉族】 ＊［W0646.3.1.5.1］灾难后繁衍人类的姐弟奉为人祖爷和人祖奶奶；［W0657.2a.3］人祖爷和人祖奶不是两口子

W 编码	母题描述	关联项
W0144	**雷公雷婆**	[W0305] 雷神
W0144.1	雷公雷婆住天宫	【苗族】
W0144.2	雷公拿着铁凿，雷婆拿着舂臼槌	【畲族】 * [W0343] 雷神的凿子
W0144.3	雷公雷婆看守布雨的黑龙	【汉族】 * [W0333.1] 雷神掌管云雨
W0145	**雷神电婆**	【德昂族】
W0145.1	雷公电母	【关联】①
W0145.1.1	电母雷公凿朝天之路	【汉族】
W0146	**傩公傩母**	
W0146.1	繁衍人类的兄妹变成傩公傩母	
W0146.1.1	洪水后婚生人类的1对兄妹被奉祀为傩公傩母	【苗族】
W0146.1.2	傩公傩母即繁衍人类的伏羲女娲兄妹	【苗族】
W0146.2	繁衍人类的姐弟变成傩公傩母	【苗族】
W0146.2.1	洪水后婚生人类的1对姐弟成为傩公傩母	【苗族】 [W0659.2.35.4] 祖先傩公傩母
W0146.3	傩公傩母是鬼神状	【汉族】
W0147	**特定名称的对偶神**	[W0780.1.2] 玉皇大帝的妻子是王母娘娘
W0147.0	创始祖和造物母	【关联】②
W0147.0.1	创始祖和造物母是白昼神和黑夜神的儿女	【景颇族】
W0147.1	天神对偶神	【怒族】
W0147.1.1	皇天爷与皇天姆	【畲族】
W0147.1.2	天神地神是夫妻神	【哈尼族】
W0147.1.2.1	天神是阿父，地神是阿母	【彝族】
W0147.2	日月对偶神	【畲族】

① [W0350.5] 雷公的妻子电母；[W0673.7.3a.1] 二郎神的部将雷公电母

② [W0068.1.1] 造物母；[W0132.3.2.1] 创始祖和造物母夫妻经历4次返老还童

W 编码	母题描述	关联项
W0147.3	火神烟神对偶神	【畲族】
W0147.4	田公地母	【白族】
W0147.4.1	最早的宇宙间只有田公（天王）和地母	【德昂族】 *［W1996.5.1.4.2］世界最早出现田公和地母
W0147.4.2	田公地母是大禹手下大将	【汉族】
W0147.4.3	田公地母是五谷神	【白族】 *［W0546］五谷神
W0147.4.3a	田公地母能保粮食丰收	【傈僳族】
W0147.4.4	田公地母住平坝	【白族】
W0147.4.5	田公地母有 3 个儿子	【白族】
W0147.4.6	田公与地母生 1 女	【德昂族】
W0147.4.7	田公地母即土公土母	【白族】
W0147.4.8	田公地母夫妻住在白赕	【白族】
W0147.4.9	六月二十四祭田公地母	【彝族】
W0147.5	土地公和土地婆（土地公与土地母）	【民族，关联】①
W0147.5.0	男女始祖成为土地公和土地婆	【黎族】
W0147.5.1	洪水后幸存的一对兄妹成为土地公和土地婆	【黎族】
W0147.5.2	土地菩萨和土地婆婆	【土家族】
W0147.5.3	土神阿公和阿婆从天堂山来	【土家族】
W0147.5.4	土地神公婆妹娲、耇代	【苗族】
W0147.6	社婆婆和庙公公	【苗族】
W0147.6.1	祖先造的不成熟的人成为社婆婆和庙公公	【苗族】
W0147.7	东王公和西王母	【民族，关联】②
W0147.7.1	繁衍人类的兄妹被称为“东王公”“西王母”	【汉族】

① 【汉族】【毛南族】 *［W0042.1.2.1］男女祖先成为土地公、土地婆；［W0236.2.1］土地公和土地婆管人

② 【汉族】 *［W0735b.4.2］农神的妻子衣神；［W0755］西王母

W 编码	母题描述	关联项
W0147.7.2	盘古真人与太元圣母通气结精生东王公与西王母	【汉族】
W0147.8	罗神娘与罗神公	
W0147.8.1	罗神娘与罗神公是姐弟	【民族，关联】①
W0147.9	支天的婆婆和撑地的公公	
W0147.9.1	风生支天的婆婆和撑地的公公	【苗族】
W0147.10	其他特定名称的对偶神	［W0270.4.3］日神月神是夫妻
W0147.10.1	夫妻神索依迪朗	【羌族】
W0147.10.1a	天爷和天母	【羌族】
W0147.10.2	老爷神与娘娘神	【赫哲族】
W0147.10.3	皇天后土	［W0768.16］后土
W0147.10.3.1	造天地的阿公管自己叫皇天，让阿婆做后土	【畲族】
W0147.10.3.2	造天地的一对公婆叫皇天后土	【汉族】
W0147.11	动物对偶神	
W0147.11.1	动物神都有配偶	【鄂伦春族】
W0148	**与对偶神有关的其他母题（与夫妻神有关的其他母题）**	［W0916.7.3］鬼夫妻（夫妻鬼）
W0148.1	特定对偶神的来历	
W0148.1.1	1 对祖先成为对偶神	【黎族】
W0148.2	夫妻神住在不同地方	
W0148.2.1	夫妻神丈夫住天上，妻子住地上	【羌族】
W0148.3	夫妻神的孕育	
W0148.3.1	夫妻神各自吃不同的东西后妻子怀孕	【羌族】
W0148.4	神的伴偶	
W0148.4.1	男山神库拉卡日的伴偶是女山神夹姆西萨	【藏族】

① 【汉族】 *［W0970.1.4.1］天狗传圣旨命名姐弟为罗神娘和罗神公；［W7350］姐弟婚

W 编码	母题描述	关联项
W0148.5	最早的一对夫妻神	【珞巴族】 * ［W0058.3.2］最早只有2个神
W0148.5.1	第一对夫妻神布盼法、雅盼峥	【傣族】
W0148.6	无子女的夫妻神	
W0148.6.1	男神阿普肯永八和女神阿仔肯永麻是一对无子女的夫妻神	【纳西族】
W0148.7	父母神	
W0148.7.1	天地父母神	【彝族】
W0148.7.2	日月父母神，	【彝族】
W0148.7.3	云星父母神	【彝族】
W0148.7.4	天君父母神	【彝族】
W0148.7.5	十二父母神	【彝族】
※ **W0150**	**神的家庭**	【汤普森】A168
W0151	**神的亲属关系**	【汤普森】A169
W0151.1	神是太阳神的后代	【高山族（排湾）】
W0152	**神的近祖与远祖**	
W0152.1	神的远祖	
W0152.2	神的近祖	
W0153	**神的父母**	【汤普森】A111
W0153.0	神的父母是特定物	
W0153.0.1	风是神的父亲，气浪是神的母亲	【傣族】 * ［W0055.6.2］气浪、大风和水化生神
W0153.1	神的母亲（神母）	【汤普森】A111.1
W0153.1.1	浊气中生最高神更资天神的母亲蒲依	【彝族】
W0153.2	神的父亲	【汤普森】A111.2
W0153.3	神有多个父母	【纳西族】
W0153.4	神有特定名称的父母	
W0153.4.1	动神的父亲是腊补通格，母亲是老浙余松	【纳西族】
W0153a	**神的兄弟**	

W 编码	母题描述	关联项
W0153a.1	神的特殊兄弟	
W0153a.1.1	更资天神的矮弟弟	【彝族】
W0153a.2	特定的神与人是兄弟	
W0153a.2.1	术神灵与人是同父异母的兄弟	【纳西族】
W0153b	**神的姐妹**	
W0153b.1	姐妹神	
W0153b.1.1	姐妹神同生死	【满族】
W0153c	**神的兄妹（兄妹神）**	
W0153c.1	兄妹神的产生	
W0153c.1.1	卵生兄妹神	
W0153c.1.1.1	太阳神生的2个卵孵生那玛达乌与那玛依德兄妹神	【高山族（排湾）】
W0153c.2	特定名称的兄妹神	
W0153c.2.1	兄妹神玛达比拉与里桑	【高山族（阿美）】
W0154	**神的妻子**	
W0154.1	神娶很多妻子（神有众多妻妾）	【民族，关联】①
W0154.2	神有一定数量的妻子	【藏族】
W0154.3	神的母亲为神造妻子	
W0154.3.1	天神更资的母亲蒲依为儿子德布阿尔生下个妻子	【彝族】 * ［W0202.0.1.1］最高神更资天神的母亲不是人、神、动植物，而是一股气
W0154.4	霸道的神妻	
W0154.4.1	地神妻子踢走天神丈夫	【珞巴族】
W0155	**神的子女**	【哈尼族】
W0155.1	神婚生众子女	【高山族（阿美）】
W0155.2	特定的神的子女	【景颇族】【纳西族】
W0155.3	特定的神的儿子	【关联】②

① 【纳西族】【藏族】 * ［W0398.3.2.1.1］阿尼玛卿大山神有360位眷属，9位后妃；［W7960］一夫多妻

② ［W0202.2.1］天神的儿子；［W0275.3.1］太阳神的儿子；［W0466.7.4］火神的儿子

W 编码	母题描述	关联项
W0155.4	特定的神的女儿	【民族】①
W0155.4.1	神母的独眼女儿	【独龙族】 * ［W0202.2.4.2.1］天神的独眼女儿
W0155.4.2	神官捧麻远冉有 7 个女儿	【傣族】
W0155.4.3	神王阿匹梅烟生 9 女	【哈尼族】
W0155.5	与神的子女有关的其他母题	［W1816.7］神的孩子变成山
W0155.5.1	神孩	
W0155.5.1.1	神孩的产生	
W0155.5.1.1.1	东方杉林生神孩儿叫如惹古达	【彝族】
W0155.5.1.1.2	西方柏林生神孩儿叫苏惹赫达	【彝族】
W0155.5.1.1.3	南方的红云生神孩儿叫斯惹底尼	【彝族】
W0156	**与神的亲属有关的其他母题**	
W0156.1	神的外公	
W0156.2	神性人物的舅舅是神族	【纳西族】
W0156.3	神的多重亲属关系	
W0156.3.1	不同人讲述的神的亲属关系不同	
W0156.3.2	有的说女神碟线原规是密洛陀的姐妹，有的说是密洛陀丈夫的姐妹	【瑶族（布努）】
* **W0160**	**神的朋友**	
W0161	**神的伙伴**	【汤普森】A195
W0161.1	神创造世界时的伙伴	
W0162	**同类神是好朋友**	【藏族】
W0163	**人是神的盟友**	【汤普森】A189.1
W0163.1	智者是神的伙伴	【汤普森】A195.2
W0163.2	人与神是朋友	
W0163.2.1	人与猎神自古是朋友	【怒族】

① 【独龙族】【哈尼族】【羌族】【彝族】

W 编码	母题描述	关联项
W0164	**动物是神的伙伴**①	【汤普森】A155
W0164.1	神的马	【汤普森】A155.2； * 【彝族】
W0164.2	神的鸟	【汤普森】A155.3
W0164.3	神的鹰	【汤普森】A165.1.2
W0164.4	神的象	【汤普森】A155.5； * ［W0109.9］神的坐骑是象
W0164.5	神的蛇	【汤普森】A123.10
W0165	**与神的朋友有关的其他母题**	［W0671.4］嫦娥的玉兔
W0165.1	关系密切的神	
W0165.1.1	水神、火神和灶神关系密切	【羌族】
W0165.2	鬼神并存	【白族（那马）】
✻ **W0166**	**神的仇敌（神的敌人，神的对手）**	【汤普森】A189.14
W0167	**神的仇敌的产生**	
W0167.1	神因争斗结怨	【藏族】
W0167.2	神因抢妻成仇	
W0167.2.1	老山神前妻被年青山神抢去后，二神成为世仇	【藏族】
W0168	**神的特定的仇敌**	
W0168.1	天神与地神是仇敌	【关联】②
W0168.2	雨神与旱神是仇敌	【关联】③
W0168.3	神的敌人是魔鬼	【鄂温克族】
W0169	**与神的仇敌有关的其他母题**	
W0169.1	神与人结仇	【彝族】 * ［W0172.8］神与人的关系

① 动物作为神的伙伴，该母题包含许多情形，如动物是神的伙伴、坐骑、宠物等。具体差异情况可参见编目中的其他母题和《中国动植物起源神话母题实例与索引》。

② ［W0181］天神；［W0230］地神

③ ［W0300］雨神；［W0463］旱神

W 编码	母题描述	关联项
W0169.2	特定的神相克	
W0169.2.1	天神、星神与地神相克	【满族】
W0170	**神的侍从**	【汤普森】A165
W0170.1	神有多个侍从	【藏族】 * ［W0398.3.5.1］阿尼玛卿大山神有1500位神将和侍从
W0170.2	神的侍女	【门巴族】
W0170.3	动物是神的侍从	【汤普森】A165.1
W0170.3.1	老虎是山神豢养的“狗”	【白族】
W0170.4	人是神的奴仆	【壮族】
W0170.5	仙童是神的侍从	【汉族】
W0171	**神的使者**	【汤普森】A165.2; * ［W0916.8.11］鬼是神的兵马
W0171.1	动物是神的使者	【汤普森】A165.2.1
W0171.1.1	喜鹊是神的使者	【满族】
W0171.1.2	乌鸦是神的信使	【蒙古族】 * ［W0780.8.2.1］乌鸦是玉皇大帝的信使
W0171.1.3	鹰是神的信使	
W0171.1.3.1	腾格里天神的神鸟使者是鹰	【蒙古族】
W0171.1.4	蛤蟆是天的使者	【佤族】
W0171.1.5	蜜蜂是神的使者	
W0171.1.5.1	善神米利东主的使者是蜜蜂	【纳西族】
W0171.1.6	其他特定动物是神的使者	【民族，关联】①
W0171.2	其他特定人物是神的使者	【关联】②
W0172	**与神的关系有关的其他母题**	【汤普森】A189
W0172.0	独立的神	
W0172.0.1	最初的神没有关系	

① 【朝鲜族】 * ［W0211.6.1］马是天使；［W0780.8.1］龙是玉皇大帝的使者；［W3199.2］猫是神的使者；［W3377.4］鹰是天神的使者

② ［W1611.1］日月是天的使者（日月是天使）；［W1775a］星星是神的使者

W 编码	母题描述	关联项
W0172.0.1.1	最初的神灵彼此不相隶属，各自独立	【蒙古族】
W0172.1	神的守护者	【汤普森】A165.5； ＊【傈僳族】
W0172.1.1	神的看门者	
W0172.1.1.1	特定人物是神的看门者	
W0172.1.1.2	动物是神的看门者	[W0398.3.6.1] 山神的看门狗
W0172.1.1.2.1	蟒蛇是神的看门者	【傈僳族】
W0172.1.2	自然物是神的守护者	
W0172.1.2.1	太阳和月亮是神的守护者	【哈萨克族】
W0172.1.2.2	神或神性人物是特定神的守护者	
W0172.1.2.2.1	神女守护着太阳神的宫殿	【裕固族】
W0172.1.2.2.2	500万个天神专门护理第一代神英叭	【傣族】
W0172.1.2.3	动物是神的守护者	
W0172.1.2.3.1	龙是神的守护者	【蒙古族】
W0172.2	神的巫师	【汤普森】A165.8
W0172.2.1	神的使者是巫师	
W0172.2.1.1	巫婆是鬼神的使者	【壮族】
W0172.3	神的上司	
W0172.4	神的助手	
W0172.4.1	神造出自己的助手	【拉祜族】
W0172.4.2	人是神的助手	
W0172.4.3	动物是神的助手	【关联】①
W0172.4.4	植物是神的助手	
W0172.4.5	与神的助手有关的其他母题	
W0172.4.5.1	神的谋士	[W0791.4.3.1] 太白金星是玉帝的谋士
W0172.4.5.2	神差	
W0172.4.5.2.1	巡天神差	【壮族】

① [W0202.5.1] 动物是天神的助手；[W0202.5.1.1] 乌鸦是天神的助手；[W0354.1] 鸡是雷神的助手

W 编码	母题描述	关联项
W0172. 4. 5. 2. 2	傲慢的神差	【彝族】
W0172. 5	神的师父	
W0172. 5. 1	喇嘛是众神之师	【蒙古族】
W0172. 5a	神的徒弟（神的弟子）	［W0202. 4. 7］天神的门徒
W0172. 5a. 1	天母阿布凯赫赫共收了 10 个徒弟	【满族】
W0172. 6	神将	【藏族】 *［W8733］战士
W0172. 6. 1	明暗相间产生 30 名神将	【阿昌族】
W0172. 7	神兵	【藏族】
W0172. 7. 1	明暗相间产生 30 名神兵	【阿昌族】
W0172. 8	神与人的关系（人与神的关系）	
W0172. 8. 1	人威胁神	［W0169. 1］神与人结仇
W0172. 8. 1. 1	人威胁神以获得神的帮助	【鄂伦春族】
W0172. 8. 2	神礼敬人	
W0172. 8. 2. 1	神向造出的新人致礼	【回族】
W0172. 8. 3	人神合一	
W0172. 8. 3. 1	帕达然是最早的人，也是智慧的神	【德昂族】
W0172. 8. 3. 2	人与神的界限不严格	【汉族】
W0172. 8. 4	人是神的主人	
W0172. 8. 4. 1	神灵对其所代表的萨满称“小主人”	【鄂伦春族】
W0172. 8. 4. 2	安徒莫日根的专属神	【赫哲族】
W0172. 8. 5	把好人比作神	
W0172. 8. 5. 1	山神白那查是善神，人们有时把善良的人比喻为“白那查”	【达斡尔族】
W0172. 8. 6	不同的人对同一个的神的态度不同	
W0172. 8. 6. 1	布拉加特人认为东方诸神是恶的，而库丁布里亚特人则对他们态度不同	【蒙古族（布里亚特）】
W0172. 8. 7	人与神是亲戚	［W0163. 2］人与神是朋友

W 编码	母题描述	关联项
W0172.8.7.1	人与猎神自古是亲戚	【怒族】
W0172.8.7.2	作为人的姐夫的神	【苗族】
W0172.8.7a	人神一家	【羌族】
W0172.8.8	人与神没有关系	
W0172.8.8.1	人不拜神，神不管人	【羌族】
W0172.9	对立的神	【蒙古族】
W0172.9.1	东方神与西方神对立	
W0172.9.1.1	善良的西方诸神与凶恶的东方诸神对立	【蒙古族（布里亚特）】
W0172.10	同根之神	
W0172.10.1	天神、地神、星神同根之神	【满族】
W0172.11	同门之神	［W0172.5］神的师父
W0172.11.1	神与魔鬼出同门	
W0172.11.1.1	魔王耶路哩是天母阿布凯赫赫的师弟	【满族】

0.1.8 神的寿命与死亡 【W0175 ~ W0179】

W 编码	母题描述	关联项
W0175	**神的寿命**	
W0175.0	神的寿命的获得	
W0175.0.1	神通过娶妻获得寿命	
W0175.0.1.1	天神、地神等 9 个神讨得 9 个永生不死的姑娘遂得长生	【哈尼族】
W0175.0.2	神讨要寿命	
W0175.0.2.1	9 个神到第二代神王烟沙那里要长命	【哈尼族】

W 编码	母题描述	关联项
W0175.0.3	神王为神分发寿命	【哈尼族】
W0175.0.4	神的寿命与生俱来	
W0175.0.4.1	第一代神生出其他神的寿命	【哈尼族】
W0175.1	长寿的神（寿神，寿命神）	【汤普森】A191.1；＊【蒙古族】
W0175.1.1	万年不死之神	【苗族】
W0175.1.1.1	神活万年	
W0175.1.1.2	神活10万年	【傣族】
W0175.1.2	神的长寿秘诀	【关联】①
W0175.1.3	寿神榜香猷	
W0175.1.3.1	寿神榜香猷寿命9千8百岁	【苗族】
W0175.1.4	寿命神知道万物的寿命	【汉族】
W0175.1.5	与长寿神有关的其他母题	
W0175.1.5.1	老寿星	
W0175.1.5.1.1	老寿星即南极仙翁	【汉族】
W0175.1.5.1.1.1	寿星昆仑学道为元始天尊为师	【汉族】
W0175.1.5.1.2	老寿星头上的包	
W0175.1.5.1.2.1	老寿星头上原来没有包	【汉族】
W0175.1.5.1.2.2	老寿星头上的包是被王母娘娘打出来的	【汉族】
W0175.1.5.2	纳西之神梅生都狄都塔有千年万岁	【纳西族】
W0175.2	神不死	【汉族】
W0175.2.1	神不死的原因	【哈尼族】
W0175.2.1.1	神从永生不死的姑娘那里得到寿命永生	【哈尼族】
W0175.2.2	神不会死只会投生	【傣族】
W0175.2.3	永生不死的神	
W0175.2.3.1	永生不死的嘎姒年姑娘	【哈尼族】

① ［W0760.8.2］西王母主长寿；［W0940.2.1］神果使人长寿；［W0952.6.1］能使人长生的食物；［W2952.6］善者延寿

W 编码	母题描述	关联项
W0175.2.4	与神不会死有关的其他母题	[W0494.6.4b.1.2] 战神里萨敬久煮不死
W0175.3	短命的神	
W0175.4	神有特定的寿命	
W0175.4.1	神两三千岁	【蒙古族】
W0175.4.2	神9千8百岁	【苗族】
W0175.4.3	神800岁	
W0175.4.3.1	造天地的4个大神都800岁	【苗族】
W0175.4.4	神的寿命3万年	
W0175.4.4.1	神鸟的寿命3万年	【蒙古族】
W0175.4.5	神寿命数亿年	
W0175.4.5.1	神官捧麻远冉寿命千亿年	【傣族】
W0175.5	与神的寿命有关的其他母题	[W0132.3] 神能返老还童
W0175.5.1	神九生九死	【民族，关联】①
W0175.5.2	神500年为1岁	【蒙古族】
W0175.5.3	年轻的神（新神）	
W0175.5.4	年老的神（老神）	
W0175.5.4.1	神老后睁不开眼睛	【藏族】
W0176	**神的死亡**	【汤普森】①A192.1；②A1085
W0176.1	神死亡的原因	
W0176.2	神被杀死	【汤普森】A192.2
W0176.2.1	神老后被新神杀死	【汤普森】A192.1.1
W0176.2.2	神犯错被处死	【哈尼族】 * [W0985.2.4.1.1] 雨神玩忽职守被处死
W0176.3	与神的死亡有关的其他母题	
W0176.3.1	神劳累而死	【关联】②
W0176.3.2	神死后无尸体	【藏族】
W0176.3.3	神在特定时代死亡	

① 【哈尼族】 * [W0656.6.1] 人的祖先经历九生九死；[W0658.3.1] 祖先（神）有9条命

② [W0209.4.3.1.1] 天神砍山累死；[W0238.5.1] 地母劳累而死；[W0627.1] 文化英雄劳累而死

W 编码	母题描述	关联项
W0176. 3. 3. 1	山神到孔子时始有死亡	【汉族】
W0177	**神犯病**	［W8640］瘟疫的产生（疾病的产生）
W0177. 1	神犯病的原因	
W0177. 1. 1	神因接触秽物犯病	
W0177. 1. 1. 1	术神被狗腐尸熏得眼睛犯疼	【纳西族】
W0177. 2	神犯病的情形	
W0177. 1. 2	神犯病时满身疮痍	
W0177. 1. 2. 1	术神犯病后浑身疥疮，头发脱落	【纳西族】
W0177. 3	神犯病的解除	［W8657］瘟疫的消除（疾病的消除）

0.2 与方位相关的神[①]

（W0180～W0269）

0.2.1 天神[②]

【W0180～W0229】

W 编码	母题描述	关联项
✿ **W0180**	与方位有关的神	【汤普森】A417
✿ **W0181**	天神	【汤普森】A200
✻ **W0182**	天神的产生	
W0183	天神来于某个地方或自然存在	【裕固族】
W0183.1	天神来源于某个地方	
W0183.1.1	天神源于天外	
W0183.2	天神自然产生	
W0183.2.1	混沌中产生天神	【蒙古族】
W0184	天神是造出来的（造天神）	
W0184.1	造出男女天神	【傣族】

① 与方位有关的神，这里分为天神、地神、阴间神等，主要是从神话叙事的角度界定，神话中的这些神有明确的方位特点，一般为泛指或特指。如天上的神，有时被研究者成为上界的神，包括宇宙神、日月星辰神、气象神等。

② 天神，许多神话叙事中的“天神”并不是一个确指的概念，一般可泛指主要生活在天上的神，但在表述上又会出现多种情况，如“天神”、“天公”、“天帝”、“天王”等，有时一些民间信仰性质的天神如“玉帝”、“太白金星”等，在此只是以编目的便捷性为原则并实际需要选择其中的某些代表性母题，其他一些天神可参见相关类别。

W 编码	母题描述	关联项
W0184.2	第二代天神	［W0140.3］第二代神（第 2 代神）
W0184.2.1	第一代造天地的大神英叭造出一个无名神和一个侍神	【傣族】
W0184.2.2	第二代天神是捧麻加	【傣族（水傣）】
W0185	**天神是生育产生的（生天神）**	
W0185.0	神或神性人物生天神	
W0185.0a	天生天神	
W0185.0a.1	天空生天神	【藏族】
W0185.1	女子生天神	
W0185.1.1	特定来历的女子生天神	
W0185.1.1.1	网尼与沙相婚生的生门吾婆婆生天神	【苗族】
W0185.2	阴阳生天神	【阿昌族】
W0185.3	雾露生天神	
W0185.3.1	雾露生天神厄莎	【拉祜族】
W0185.4	卵生天神	【关联】①
W0185.4.1	宝蛋孵出天神	【傣族】
W0185.4.1.1	天神造的宝石蛋孵出天神	【傣族】
W0185.4.2	特定的卵生特定的天神	
W0185.4.2.1	绿蛋中孵出天神都支格孔	【纳西族】
W0185.4.2.2	神鸟生的三个白蛋孵出上界的天神	【藏族】
W0185.5	风生天神	【关联】②
W0185.5.1	条风生诸稽、摄提	【汉族】
W0185.6	特定的动物生天神	
W0185.6.1	鱼生天神	【哈尼族】
W0185.6.1.1	金鱼从背上的鱼鳞里生出天神俄玛和地神密玛	【哈尼族】

① ［W0033］卵生神；［W0058.2.5］卵孵出成对的神；［W1018.2］卵生创世者

② ［W0029.2］风生神；［W0645.6.8］风生祖先；［W2206］风生人

W 编码	母题描述	关联项
W0185.7	创始祖和造物母孕育天神	【景颇族】
W0185.7.1	始祖的生的孩子到天上定居成为天神	【普米族】
W0185.8	与生育天神有关的其他母题	
W0185.8.1	天神未出生前长牙齿	【景颇族】 * [W2598.4] 新生儿早熟（婴儿早熟）
W0186	**天神是变化产生的（变天神）**	
W0186.0	神或神性人物变成天神	
W0186.0.1	观音变称天神	【侗族】
W0186.0.2	造天者成为天神	【傣族】
W0186.1	人成为天神	
W0186.1.1	始祖的生的孩子到天上定居的成为天神	【普米族】
W0186.1.2	特定的人被当做天神	
W0186.1.2.1	地下的人把天上的人看做天神	【蒙古族（布里亚特）】
W0186.1.3	留在天上的人成为天神	【独龙族】
W0186.2	动物变成天神（动物成为天神）	
W0186.2.1	龙变成天神	【关联】①
W0186.2.2	蚂蚁变成天神	【藏族】 * [W0208.55.1.1] 最早出现的蚂蚁变成天神夏都
W0186.2.3	蟾成为天神	
W0186.2.3.1	蟾除掉9个太阳被奉为天神	【白族】
W0186.3	火焰变化成天神	
W0186.3.1	风吹火焰变的一团东西成为天神英叭	【傣族】
W0186.4	真气化生天神	【汉族】
W0186.5	气风雾混合化生天神	【傣族】
W0186.5.1	气体、烟雾和狂风凝结成天神	【傣族】 * [W0055.6.1] 气体、烟雾、大风变成神

① [W0191.10.2] 天神是龙；[W0778.5.3.1] 老龙变成老天爷

W 编码	母题描述	关联项
W0186.6	自然界变化生神	【纳西族】
W0186a	**天神是婚生的（婚生天神）**	
W0186a.1	特定的神婚生天神	
W0186a.1.1	创始祖和造物母婚生诸天神	【景颇族】
W0186a.1.2	大神十遮和大神戋则生下了天上的四个天神	【哈尼族】
W0186b	**天神是感婚生的（感生天神）**	
W0186b.1	女子感生天神	【汉族】
W0187	**与天神的产生有关的其他母题**	［W0058.3.2.1］最早只有天神和地神
W0187.1	天神产生的时间	【蒙古族】
W0187.1.1	混沌时出现天神	【彝族】
W0187.1.2	天地形成后产生天神	【蒙古族】
W0187.1.3	地球产生后产生天神	【傣族】
W0187.1a	天神的生日	
W0187.1a.1	正月初一是天神的生日	【纳西族（摩梭）】
W0187.1b	天神产生的地点	
W0187.1b.1	天神诞生在西方	【蒙古族】
W0187.2	最早产生的天神	【傣族】 *［W0208.8.1.1］英叭召是最早的天神
W0187.2.1	最早的天神索恒哲	【彝族】
W0187.3	与天神同时产生的神	
W0187.3.1	天神地神同时产生	
W0187.3.1.1	天神俄玛和地神密玛同时产生	【哈尼族】 *［W0185.6.1.1］金鱼从背上的鱼鳞里生出天神俄玛和地神密玛
※**W0190**	**天神的特征**	
W0191	**天神的体征（天神的外貌）**	

W 编码	母题描述	关联项
W0191.0	天神最早没有性别	【满族】 *［W0191.13.1］以前天神没有生殖器
W0191.1	男天神	【傣族】
W0191.2	女天神	【傣族】【普米族】【维吾尔族】
W0191.2.1	女天神的产生	
W0191.2.2	女天神的特征	
W0191.2.2.1	女天神貌美	【维吾尔族】
W0191.2.3	女天神的能力	
W0191.2.4	特定名称的女天神（女天神的名称）	
W0191.2.4.1	女天神俄玛（女天神奥玛）	【哈尼族】
W0191.2.4.2	女天神吉泽乍玛	【普米族】
W0191.2.4.2a	女天神干衣米	【普米族】
W0191.2.4.3	女天神帝蛙普	【傣族】
W0191.2.4.4	女天神爱瑟玛	【维吾尔族】
W0191.2.4.5	青女	［W0367.4.4］雪神青女
W0191.2.4.5.1	青女即天神青霄玉女	【汉族】
W0191.2.5	与女天神有关的其他母题	［W0067.2.3］女天神住第七重天
W0191.2.5.1	女天神被贬人间	【维吾尔族】
W0191.2.5.2	天界女神	【藏族】
W0191.3	天神巨大的身躯	
W0191.3.1	天神体重惊人	
W0191.3.1.1	天神体重1千亿斤	【傣族】
W0191.3.2	天神身高惊人	
W0191.3.2.1	天神的身长10万里	【傣族】
W0191.3.3	天神像山一个高大	
W0191.3.3.1	更资天神头像大山，四肢如杉树	【彝族】
W0191.3a	天神身体很小	
W0191.3a.1	天神开始时很小	
W0191.3a.1.1	天神厄莎出生时只有头发丝大，脚毛一样长	【拉祜族】

W 编码	母题描述	关联项
W0191.4	天神的身体放光	
W0191.4.1	天神都支格孔身体放光	【纳西族】
W0191.5	天神体征与人不同	
W0191.6	天神是人的样子	
W0191.6.1	天神是白胡子老头	
W0191.6.1.1	天神恩都力是白胡子老头	【鄂伦春族】
W0191.6.2	天神是最早的人	【傣族】 * ［W2010.1］最早产生的人（最早的人）
W0191.7	天神的头	
W0191.7.1	天神巨大的头	
W0191.7.2	天神有很多头	
W0191.7.2.1	天神9头18臂	【纳西族】
W0191.8	天神的脸	
W0191.8.0	天神面目多样	
W0191.8.0.1	天神模样各异，有圆脸，也有方脸，有尖脸，也有长脸，有一个脸的，也有两个脸、三个脸、四个脸等	【傣族】
W0191.8.1	天神是人的面目	
W0191.8.2	天神的眼睛	
W0191.8.2.1	天神的眼像太阳	【傣族】
W0191.8.2.2	天神火眼金睛（天神的神眼）	【汉族】
W0191.8.2.2.1	天神的神眼识妖魔	【满族】
W0191.8.3	天神的鼻子	
W0191.8.4	天神的耳朵	
W0191.8.5	天神的嘴巴	
W0191.8.6	天神的胡须	
W0191.8.6.1	天神满脸胡须	【傣族】
W0191.9	天神的四肢	
W0191.9.1	天神特异的四肢	【傣族】
W0191.9.2	天神的手臂	［W0191.14.1.1］无头无臂的天神

W 编码	母题描述	关联项
W0191.9.2.1	天神的手又粗又长	【傣族】
W0191.9.2.2	天神有万能的手	【彝族】
W0191.9.3	天神的手指	
W0191.9.3.1	天神巨大的手指	
W0191.9.3.1.1	天神的手指大如山	【傣族】
W0191.9.4	天神的腿	
W0191.9.4.1	天神长着大长腿	
W0191.9.4.1.1	天神腿长数万里	【傣族】
W0191.10	天神有动物的体征	
W0191.10.1	天神长有翅膀	
W0191.10.1.1	天神厄莎有翅膀会飞翔	【拉祜族】
W0191.10.2	天神是龙	
W0191.10.3	天神像蜘蛛	
W0191.10.3.1	天神厄莎像一只蜘蛛悬挂在如同蜘蛛网一般的大雾中	【拉祜族】
W0191.10.4	天神如牛	
W0191.10.4.1	天神如牛，八足二首马尾	【汉族】
W0191.12	天神的毛发	
W0191.12.1	天神的头发很长	
W0191.12.1.1	天神的头发长 7 年里	【傣族】
W0191.12.2	秃头的天神	
W0191.12.2.1	秃头天神埃赛盖·马兰·腾格里	【蒙古族（布里亚特）】
W0191.13	天神的生殖器	
W0191.13.1	以前天神没有生殖器	【傣族】
W0191.14	与天神的体征有关的其他母题	
W0191.14.1	天神身体怪异	
W0191.14.1.1	无头无臂的天神	【傣族】
W0191.14.1.2	九头十八臂的天神	【纳西族】
W0191.14.2	白的天神	【藏族】 * ［W0972.4.1］本教把神分成白的天神和黑的妖魔两类
W0191a	**天神的其他特征**	

W 编码	母题描述	关联项
W0191a. 1	天神无形	
W0191a. 1. 1	天神没有固定的形体	【傣族】
W0191a. 2	天神的灵魂	
W0191a. 2. 1	天神的魂是神水	【彝族】
W0191a. 2. 1	天神的魂是先天的清气精	【彝族】
W0191a. 3	天神的声音	［W0084］神的声音
W0191b	**天神特征的改变**	
W0191b. 1	天神性别的变化	
W0191b. 1. 1	会变性的天神	【满族】
W0192	**与天神的特征有关的其他母题**	
W0192. 1	独身天神	
W0192. 1. 1	独身天神莫明更	【独龙族】
W0192. 2	自由的天神	
W0192. 2. 1	自由的北极天神	【蒙古族】 ＊［W0254. 6. 3. 1］北极天神不受任何天神主宰
W0192. 3	合体天神	［W0634］合体神
W0192. 4	天神的性情（天神的性格）	
W0192. 4. 1	善的天神（天神性格慈善）	【民族，关联】①
W0192. 4. 1. 1	天神格兹慈悲	【彝族】
W0192. 4. 1. 2	保鲁根巴格西是仁慈的天神	【鄂温克族】
W0192. 4. 1. 3	生老天神慈眉善眼和蔼可亲	【苗族】
W0192. 4. 2	恶的天神（天神性格凶恶）	【蒙古族】【藏族】
W0192. 4. 2. 1	残暴的天神	【彝族】
W0192. 4. 3	易怒的天神	
W0192. 4. 3. 1	仙人的吹嘘引起腾格里发怒	【哈萨克族】
W0192. 4. 3. 2	人祭祀马鬃蛇大王激怒了天神	【佤族】
W0192. 4. 4	和蔼的天神	【苗族】

① 【珞巴族】【苗族】 ＊［W0125］善神（慈悲之神）

W 编码	母题描述	关联项
W0192.4.5	自私又小气的天神	【汉族】 ＊［W2911.5］人的嫉妒与自私的产生
W0192.4.5.1	自私的天神	【汉族】
W0192.4.5.2	小气的天神	【苗族】
W0192.4.5.2.1	小气鬼天神不愿把火种借给人间	【苗族】
W0192.4.6	老实的天神	【汉族】
W0192.4.7	心眼多的天神	【汉族】
W0192.4.8	天神妒贤嫉能	
W0192.4.8.1	妒贤嫉能的天神派天兵天将捉拿有本领的布洛陀	【壮族】
W0192.4.8.2	巡天的凶神看到人间生活很美好心里嫉妒恼火	【畲族】
W0192.4.9	冷酷呆板的天神	
W0192.4.9.1	天神摩咪不管人间温饱冻饿，只晓得服从天规天条	【哈尼族】
W0192.4.10	寂寞的天神	【维吾尔族】 ＊［W0014.1.3.1］大神英叭因孤单寂寞造神
W0192.4.11	懒惰的天神	
W0192.4.11.1	懒惰的天神把天造小	【汉族】
W0192.5	天神的年龄特征	
W0192.5.1	老天神	
W0192.5.1.1	老天神佛赫恩都哩（女性）	【满族】
W0192.6	天神的弱点	
W0192.6.1	天神的惧怕物	
W0192.6.1.1	天神怕冷	【布依族】
W0192.7	小天神	
W0192.7.1	小天神默达百且	【羌族】
W0193	**天神的数量**	
W0193.1	1 个天神	
W0193.2	2 个天神	

W 编码	母题描述	关联项
W0193. 2. 1	2 个天神混散和拉果里	【傣族】
W0193. 3	3 个天神	
W0193. 4	4 个天神	
W0193. 4. 1	四大天神	【藏族】 * ［W0204. 12. 0］四大天王
W0193. 5	5 个天神	
W0193. 6	6 个天神	
W0193. 7	7 个天神	
W0193. 8	8 个天神	【傣族】
W0193. 8. 1	八部天神	
W0193. 8. 1. 1	八部天神、天兵天将秋季巡视大地	【满族】
W0193. 9	9 个天神	
W0193. 9. 1	天神分为 9 个天	【鄂温克族】
W0193. 9. 2	天神分管 9 个天	【鄂温克族】
W0193. 10	10 个天神	
W0193. 10a	13 个天神	
W0193. 10a. 1	得到 13 尊天神保佑能战无不胜	【蒙古族】
W0193. 10b	33 个天神	
W0193. 10b. 1	岭国煨桑时出现 33 个天神	【藏族】
W0193. 11	44 个天神	
W0193. 12	55 个天神	
W0193. 13	72 个天神	【汉族】
W0193. 14	99 个天神	［W1162. 5］99 个天
W0193. 14. 1	99 个腾格里分别支配着自然和社会的各种现象	【蒙古族】
W0193. 14. 2	蒙客·腾格里是 99 尊腾格里天神之首	【蒙古族】
W0193. 15	100 个天神	
W0193. 16	108 个天神	
W0193. 17	众多天神	

W 编码	母题描述	关联项
W0193.17.1	天上的恩都力（天神或大神）是一群神	【赫哲族】
W0193.18	无数个天神	【珞巴族】
W0193.19	其他数量的天神	【傣族】
W0193.19.1	13 尊天神	【蒙古族】
W0193.19.2	16 亿个天神	【傣族】 ＊［W0134.3.4.1］神王英叭使神法让 16 个天神消失
W0193.19.3	16 亿 9 千个天神	【傣族】
＊W0195	天神的生活	［W6110］以前的人的生活
W0196	天神的服饰	
W0196.1	天神奇特的服饰	【满族】
W0196.1.2	天神用特定物做衣裳	
W0196.1.2.1	天神用云做衣裳	
W0196.1.2.1.1	天神的儿子造天时云彩做衣裳	【彝族】
W0196.1.2.2	天神用植物做衣裳	
W0196.1.2.2.1	天神的女儿造地时用青苔做衣裳	【彝族】
W0196.1.2.3	天神用自然物做衣裳	
W0196.1.2.3.1	天神阿布卡赫赫穿着用九座石山、九座柳林、九条溪流、九副兽骨编成的战裙	【满族】
W0197	天神的食物（天神的饮食）	
W0197.0	天神不需要饮食	
W0197.0.1	天神不吃不喝	
W0197.0.1.1	天神英叭不吃不喝	【傣族】
W0197.1	天神食物的产生	
W0197.2	天神食物的特征	
W0197.3	天神的具体食物	
W0197.3.1	天神以气体和风雾为食	【傣族】
W0197.3.2	天神把露水为食物	
W0197.3.2.1	天神的儿子造天时露水做口粮	【彝族】

W 编码	母题描述	关联项
W0197. 3. 3	天神把泥巴为食物	
W0197. 3. 3. 1	天神的女儿造地时，用泥巴当口粮	【彝族】
W0197. 4	与天神食物有关的其他母题	
W0198	**天神的居所（天神住处）**	
W0198. 1	天神住天堂（天神住天上）	【汤普森】A151. 6； ＊【门巴族】 ＊［W0098. 2］神住天堂
W0198. 1. 0	天神住天上的原因	
W0198. 1. 0. 1	造神者让天神住天上	【哈尼族】
W0198. 1. 0. 2	大神让天神住天上	【哈尼族】
W0198. 1. 1	天神住 3 重天	
W0198. 1. 1. 1	更资天神住石姆岩哈的三重天上	【彝族】 ＊［W0204. 11a. 3. 1］天帝居第 5 层天上
W0198. 1. 1. 2	天神住三层天的神殿	【哈尼族】
W0198. 1. 2	天神住 7 层天	【维吾尔族】
W0198. 1. 3	天神住 9 层天	【普米族】
W0198. 1. 3. 1	天神居九重天	【满族】
W0198. 1. 4	天神住 16 层天	
W0198. 1. 4. 1	天神英叭住在 16 层天	【傣族】
W0198. 1. 5	天神住 17 层天	
W0198. 1. 5. 1	天神住 17 层天的天宫中	【布朗族】
W0198. 1. 5. 2	天神阿不凯恩都哩住 17 层天	【满族】
W0198. 1. 5a	天神住 18 层天	【纳西族】
W0198. 1. 6	天神住其他层数的天	
W0198. 1. 6. 1	天神住天空上方的虚空	【藏族】
W0198. 1. 7	天神住南天门	【彝族（阿细）】
W0198. 1. 8	与天神住天堂有关的其他母题	
W0198. 1. 8. 1	天神住神界	【彝族】
W0198. 1. 8. 2	天神住宇宙上方	【彝族】
W0198. 1. 8. 3	天地刚分开时天神家族住天上	【纳西族（摩梭）】
W0198. 1. 8. 4	以前天上只住着天神	【拉祜族（苦聪）】

W 编码	母题描述	关联项
W0198.2	天神住宇宙中央	
W0198.2.1	宇宙像蜘蛛网，天神厄莎坐网中间	【拉祜族】
W0198.3	天神居住地中央	
W0198.3.1	天神厄莎住的北京在地中央	【拉祜族】
W0198.4	天神住树上	
W0198.4.1	天神常被供奉在神树之上	【赫哲族】
W0198.4.2	天神住特定树上	
W0198.4.2.1	最高无上的天神巴依尤勒干住大地的肚脐上枞树的树梢顶上	【满族】
W0198.4.2.2	宝木勒五尊天神居昂首挺立参天树上	【蒙古族】
W0198.5	与天神居所有关的其他母题	［W0204.11a.3.3.2］太一居紫宫
W0198.5.1	天神居所的特征	
W0198.5.1.1	天神居所很豪华	
W0198.5.1.1.1	天神厄莎的房子是金的，床是银的	【拉祜族】
W0198.5.1.2	天神的居所土地富饶	【独龙族】
W0198.5.2	天神住山上	【阿昌族】
W0198.5.2.1	天神住昆仑山	【壮族】
W0198.5.2.2	天神隐居在纳德山	【蒙古族】
W0198.5.3	天神住空气中	
W0198.5.3.1	天神住真空中	【傣族】
W0198.5.4	天神的花园	
W0198.5.4.1	咸池是天神的苑囿	【汉族】
W0198.5.5	天神居无定所	【拉祜族】
W0198.5.5.1	天神无庙宇无偶像，来无踪去无影	【白族（那马）】
W0198.5.6	天神供奉在神树上	【赫哲族】 * ［W0198.4］天神住树上
W0198.5.7	天神的世界	

W 编码	母题描述	关联项
W0198. 5. 7. 1	进南北天门就到天神的世界	【汉族】
W0199	**天神的出行**	
W0199. 1	天神的坐骑	
W0199. 1. 1	天神乘云霞	【蒙古族】
W0199. 1. 1. 1	天神乘五彩云霞	【哈尼族】
W0199. 1. 2	天神乘闪电	
W0199. 1. 2. 1	天界女神骑着闪电	【藏族】
W0199. 1. 3	天神骑特定动物	
W0199. 1. 3. 1	天神骑龙马	【彝族】
W0199. 1. 4	天神乘特定的车	
W0199. 1. 4. 1	天神乘五龙车	【朝鲜族】
W0199. 1. 4. 2	天帝之子乘五条龙拉的天车	【朝鲜族】
W0199. 2	天神下凡	【民族，关联】①
W0199. 2. 1	天神下凡的原因	
W0199. 2. 1. 1	天神下凡惩罚懒汉	【维吾尔族】
W0199. 2. 1. 2	天神下凡体察民情	
W0199. 2. 1. 2. 1	老天爷到人间体察民情	【汉族】
W0199. 2. 1. 2. 2	天神下凡私访人间	［W0760a. 6］王母私访
W0199. 2. 1. 2. 2. 1	天神乔装私访人间	【彝族】
W0199. 2. 1. 3	天神被贬人间	【土家族】【维吾尔族】
W0199. 2. 1. 4	神听了人间的事情后下凡	【汉族】
W0199. 2. 1. 5	天神因天上住房紧张下凡	【哈尼族】
W0199. 2. 1. 6	天神受命下凡完成特定任务	【藏族】
W0199. 2. 1. 7	天神不愿在天上下凡	【朝鲜族】
W0199. 2. 2	天神下凡的路	【民族，关联】②
W0199. 2. 2. 1	天神下凡时动物带路	【哈尼族】
W0199. 2. 3	天神下凡的方法	
W0199. 2. 3. 1	天神乘祥云下凡	【苗族】

① 【彝族】 ＊［W0106. 2. 4. 2］天神装成乞丐到下界察看民情；［W0107］神造访人间；［W0224］天女下凡

② 【哈尼族】 ＊［W0813. 4. 1］仙人下凡在光中从天而降；［W1413］天地之间有路相连（通天的路）

W 编码	母题描述	关联项
W0199.2.3.2	天神变形后下凡	
W0199.2.3.2.1	开地的天神怕被发现变成耕牛下凡	【汉族】
W0199.2.3.3	天幕和大地合拢后天公下凡人间	【阿昌族】
W0199.2.4	天神战败后到人间	【蒙古族】
W0199.2.4	天神下凡时间（天神下凡周期）	
W0199.2.4.1	天神晚上下凡	
W0199.2.4.2	天神5百年下凡一次	【汉族】
W0199.2.4.3	天神下凡朝出暮返（天神下凡昼出夜归）	【朝鲜族】
W0199.2.4.4	天神不能长期在人间	【高山族（阿美）】
W0199.2.5	天神下凡的伴随者	
W0199.2.5.1	天神和妹妹下凡	【高山族（阿美）】
W0199.3	天神重返天上	
W0199.3.1	天神完成任务后重返天上	
W0199.3.1.1	白虎星天神完成大业后重返天上	【土家族】
W0199.3.2	天神不能重返天上	
W0199.3.2.1	天神留恋地上土香不再回天	【傣族】
W0199.3.3	天神返回天上有特定的时间	
W0199.3.3.1	天神必须鸡叫前返回天上	【纳西族】 * ［W0840.4.1］妖魔在鸡叫时魔力消失
W0199.4	天神行动神速	
W0199.4.1	天神绕地速度飞快	
W0199.4.1.1	天神木布帕一天能绕天转一圈	【傈僳族】
W0199.5	天神云游四海	
W0199.5.1	天神出天宫云游四海	【彝族】
W0199.6	天神巡视宇宙（天神巡游）	【柯尔克孜族】【苗族】
W0199.6.1	四大天王巡查宇宙	【蒙古族】
W0199.6.2	大神英叭带着侍神走遍16层天	【傣族】
W0199.6.3	天神巡视凡间	
W0199.6.3.1	玉皇大帝派天神查访民间疾苦	【汉族】

W 编码	母题描述	关联项
W0199. 6. 3. 2	天神寻访人间好心人	【彝族】
W0199. 7	天神遨游天界	
W0199. 7. 1	天神在天空四处遨游	【傣族】 ＊［W0112. 3. 2］神漫游太空
W0200	**天神的工具（天神的武器，天神的用品）**	［W1545. 8. 5］日月是天帝的两件宝贝
W0200. 1	天神的神器	［W0920］神物
W0200. 1. 1	天神的神刀	
W0200. 1. 1. 1	天神阿不凯恩都哩有 2 把飞天神刀和 2 把镇天神弓	【满族】
W0200. 1. 2	天神的神弓	【满族】 ＊［W0963. 1］神弓
W0200. 2	天神的锤子	【民族，关联】①
W0200. 3	天神的剑	
W0200. 3. 1	天神身佩利剑	【鄂温克族】
W0200. 3a	天神的其他工具	
W0200. 3b	天神双手各有所操	
W0200. 3b. 1	格滋天神左手拿錾，右手拿锤	【彝族】
W0200. 4	天神的宝物	【关联】②
W0200. 4. 1	天神的智慧树	
W0200. 4. 1. 1	天神吸取智慧的智慧树叫做灵丹树	【满族】
W0200. 5	天神的宝椅	
W0200. 5. 1	天神的金椅	
W0200. 5. 1. 1	最高最大的天神俄玛坐在烟罗神殿金椅上	【哈尼族】 ＊［W0123. 1. 4. 2］神王坐金椅
W0200. 6	神的财物（神的财富，神的财产）	
W0200. 6. 1	神拥有大量财富	
W0200. 6. 1. 1	森林神拥有大量财富	【蒙古族（布里亚特）】

① 【鄂伦春族】 ＊［W0136. 1］神的锤子；［W0208. 14. 1. 1］天神恩都力手持只锤子

② ［W0977. 1］神的宝物；［W9650］宝物

W 编码	母题描述	关联项
W0200. 6. 1. 2	神王烟沙的宫殿的 9 个仓库里有 9 样财宝	【哈尼族】
W0200. 6. 2	神的财物匮乏	【汉族】 * ［W0236. 3. 1］ 土地神是穷神
W0200. 6. 3	神的财富的保管	
W0200. 6. 3. 1	神的财富放宝箱中	【民族，关联】①
W0200. 6. 4	神的领地	
W0200. 6. 4. 1	神的地盘为先到先得	【汉族】
W0200. 6. 4. 2	神各管各的地盘	
W0200. 6. 4. 2. 1	龙神各管各的地盘	【白族】
W0201	**天神的身份（天神的职能，天神的能力，天神的事迹）**	
W0201. 1	天神主宰世界	
W0201. 1. 1	天神管天上	【布依族】
W0201. 1. 2	天神统治天地一切	【彝族】
W0201. 1. 2. 1	恩体谷兹天神统治着天上和地下的一切	【彝族】
W0201. 1. 3	天神阿布卡恩都里主宰世界	【满族】
W0201. 1. 4	天神掌管天上和人间万物	【珞巴族】【藏族】
W0201. 2	最大的天神	【满族】 * ［W0122. 1］ 天神是最高的神
W0201. 2. 1	天神兄弟中年龄最小的天神权力最高	【景颇族】
W0201. 2. 2	最高最大的天神俄玛	【哈尼族】
W0201. 2. 3	天上最大的神格兹	【彝族】
W0201. 2. 4	最大的天神俚	【佤族】
W0201. 3	天神掌管特定的地方	
W0201. 3. 1	天上的皇帝掌管 9 个地方	【彝族】

① 【哈尼族】 * ［W0137. 3. 1］ 神的宝物；［W9682］ 宝箱（宝匣、宝盒）；［W9682. 2］ 盛天下财富的宝箱

W 编码	母题描述	关联项
W0201. 3. 2	天神掌管天宫	【哈尼族】
W0201. 3. 3	上帝管理自然界与下国	【汉族】
W0201. 3. 4	管理天空下层的天神	
W0201. 3. 4. 1	管理天空下层的天神叭英	【傣族（水傣）】
W0201. 4	天神管自然物（管特定领域的天神，天神的分工）	
W0201. 4. 1	天神管日月星	【民族，关联】①
W0201. 4. 2	天神管风雨雷电	【民族，关联】②
W0201. 4. 3	管五谷的天神	【汉族】
W0201. 4. 4	天神主管人畜安康，五谷丰登	【白族】
W0201. 5	天神的泽恩	
W0201. 5. 1	天神给人智慧	
W0201. 5. 2	天神给人语言	
W0201. 5. 3	天神赐物	
W0201. 5. 3. 1	天神赐给太阳一包针	【仡佬族】 * ［W4112］太阳为什么刺眼
W0201. 6	天神会变形	［W9525］神的变形
W0201. 6. 1	天神变凡人的样子	
W0201. 6. 1. 1	4 个天神变成 4 个女人	【傣族】
W0201. 6. 2	天神变动物	
W0201. 6. 2. 1	天神变鸟	【哈尼族】
W0201. 6. 2. 2	天神变青蛙暗中点化人	【汉族】
W0201. 6. 3	天神垂死化生	
W0201. 6. 3. 1	阿布卡赫赫天母神尸解时眼睛化生日月，头发化生森林	【满族】
W0201. 7	天神听力很好（天神的神耳）	
W0201. 7. 1	天神听及千里外	【傣族】
W0201. 8	天神有很强的洞察力	

① 【彝族】【彝族（白彝、黑彝、干彝、阿乌、撒尼等）】 * ［W0208. 53. 3. 1］天神米姑鲁管天上的日月星

② 【蒙古族】 * ［W4307］风的管理；［W4365］雨的管理

W 编码	母题描述	关联项
W0201.8.1	天神对于地下事，一切看得清	【彝族】
W0201.8.2	天神知道人间事	
W0201.8.2.1	天神阿普会知道人间发生的事	【纳西族】
W0201.8a	天神无所不知	
W0201.8a.1	天神阿布卡恩都里无所不知	【满族】
W0201.8b	天神是保护神	
W0201.8b.1	天神是每家的保护神	【羌族】
W0201.9	与天神的能力有关的其他母题	
W0201.9.1	天神行使权力的场所	
W0201.9.1.1	天神俄玛坐在烟罗神殿行使权力	【哈尼族】
W0201.9.2	无能的天神	
W0201.9.2.1	天神谁也不会补天	【汉族】
W0201a	**天神的行为**	
W0201a.1	天神犯错	［W0991］神或神性人物的犯错
W0201a.1.1	天神醉酒误事	
W0201a.1.1.1	天神醉酒误伤人	【京族】
W0201a.1.1.2	天神醉酒瞎发号施令	【京族】
W0201a.1.2	天神盗物	【关联】①
W0201a.1.3	有罪的天神	
W0201a.1.3.1	吴刚是有罪的天神	【汉族】
W0201a.2	天神发怒	
W0201a.2.1	天神发怒的原因	
W0201a.2.1.1	天神不满人间的祭祀发怒	【佤族】
W0201a.2.1.2	天神阿布卡恩都力看见地上出现奇怪的生灵大发雷霆	【满族】
W0201a.2.1.3	天神因人的乱伦发怒	【纳西族】
W0201a.2.1.4	天神木比塔看到凡人上天发怒	【羌族】
W0201a.3	天神嫁女	

① ［W0482］偷盗之神；［W9950］偷盗

W 编码	母题描述	关联项
W0201a. 3. 1	猛朋天神把侄女嫁给人间	【独龙族】
W0201a. 4	天神讲经	
W0201a. 4. 1	天神讲经时把猴子变成人	【门巴族】
W0202	**天神的关系**	［W1511. 1. 2］天神的母亲生万物
W0202. 0	天神的父母	［W0186a. 1］特定的神婚生天神
W0202. 0. 1	天神的母亲	［W0070. 2. 2］神是气
W0202. 0. 1. 1	天神的母亲是气	
W0202. 0. 1. 1. 1	最高神更资天神的母亲不是人、神、动植物，而是一股气	【彝族】
W0202. 0. 1. 2	天神之母是浊气和清气的精	【彝族】
W0202. 0. 2	天神的父亲	
W0202. 0. 2. 1	天神之父是浊气之精	【彝族】
W0202. 1	天神夫妻	［W0141］对偶神（夫妻神）
W0202. 1. 1	天神妻子的来历	
W0202. 1.	天神娶凡间妻子	
W0202. 1. 2	天神丈夫的来历	
W0202. 1. 3	特定名称的天神夫妻	
W0202. 1. 3. 1	天神阿库拉布和地神鲁阿嫫夫妻	【哈尼族】
W0202. 1. 3. 2	天神“美”和天后“达”	【纳西族】
W0202. 1. 4	慈悲的天神夫妻	
W0202. 1. 4. 1	慈悲的天神夫妻奥尼和桑达	【珞巴族】
W0202. 2	天神的子女	
W0202. 2. 0	天神没有子女	
W0202. 2. 0. 1	一对慈悲的天神老夫妻没有子女	【珞巴族】
W0202. 2. 1	天神有 1 儿 1 女	
W0202. 2. 2	天神有很多子女	
W0202. 2. 2. 1	天神有 9 子 7 女	【彝族】【彝族（俚颇）】
W0202. 2. 2. 2	天神有 11 个儿子和 1 个姑娘	【布依族】
W0202. 2. 2. 3	天神有 3 男 9 女	【蒙古族（布里亚特）】
W0202. 2. 2. 4	天神有 9 对儿女	

W 编码	母题描述	关联项
W0202.2.2.4.1	天神铁匠博任托依有9对儿女	【蒙古族（布里亚特）】
W0202.2.2.5	天神有3对儿女	【羌族】
W0202.2.2.5.1	汗·霍尔穆兹达天神有3位英俊的儿子和3位美丽的女儿	【蒙古族】
W0202.2.3	天神的儿子	【民族，关联】①
W0202.2.3.1	天神有1个儿子	
W0202.2.3.2	天神有2个儿子	
W0202.2.3.3	天神有3个儿子	【彝族】
W0202.2.3.3.1	天神的3个儿子是勇士	【蒙古族】
W0202.2.3.4	天神有4个儿子	
W0202.2.3.5	天神有5个儿子	【彝族】 * ［W0054.2.1.1］天神格兹把5个金果变成5个儿子
W0202.2.3.6	天神有6个儿子	【藏族】
W0202.2.3.7	天神有7个儿子	
W0202.2.3.8	天神有8个儿子	
W0202.2.3.9	天神有9个儿子	
W0202.2.3.9.1	天神的9个儿子是9个金果变的	【彝族】
W0202.2.3.10	天神有10个儿子	
W0202.2.3.11	天神有众多儿子	
W0202.2.3.12	天神的儿子是生殖器	【门巴族】
W0202.2.3.13	天神的儿子有所作为	［W0476.1.0.1］天神的儿子是家畜守护神
W0202.2.3.14	神的儿子在人间	【藏族】
W0202.2.4	天神的女儿（天女）	【民族，关联】②
W0202.2.4.1	天神的女儿的产生	
W0202.2.4.1.1	天神生女儿	
W0202.2.4.1.2	天神把银果变成女儿	【彝族】

① 【朝鲜族】【汉族】【蒙古族】【彝族】 * ［W1133.1.2］天神的儿子造天；［W1386.7.1.1］天神的儿子补天

② 【汉族】 * ［W0093.3.1.1］天神的女儿泥巴当口粮；［W0218.4］9个天女；［W0275.1.1］太阳神是天神的女儿；［W0545.1.1］稻谷神是天神的女儿

W 编码	母题描述	关联项
W0202. 2. 4. 2	天神的女儿的特征	
W0202. 2. 4. 2. 1	天神的独眼女儿	【民族，关联】①
W0202. 2. 4. 2. 1. 1	天神莫朋有一个独眼的女儿叫墨美更	【独龙族】
W0202. 2. 4. 3	天神的女儿的数量	
W0202. 2. 4. 3. 1	天神有 1 个女儿	
W0202. 2. 4. 3. 2	天神有 2 个女儿	
W0202. 2. 4. 3. 2. 1	俄玛天神生下玛白和烟姒 2 个女儿	【哈尼族】
W0202. 2. 4. 3. 3	天神有个 3 女儿	【满族】【彝族】
W0202. 2. 4. 3. 3. 1	天神阿梯古日有 3 个女儿	【彝族】
W0202. 2. 4. 3. 3. 2	天神阿布卡恩都力有太阳格格、月亮格格和白云格格 3 个女儿	【满族】
W0202. 2. 4. 3. 4	天神有个 4 女儿	
W0202. 2. 4. 3. 5	天神有个 5 女儿	
W0202. 2. 4. 3. 6	天神有个 6 女儿	
W0202. 2. 4. 3. 7	天神有个 7 女儿	【彝族】
W0202. 2. 4. 3. 7. 1	天神格兹苦把 7 个银果变成 7 个女儿	【彝族】
W0202. 2. 4. 3. 8	天神有 8 个女儿	
W0202. 2. 4. 3. 9	天神有 9 个女儿	
W0202. 2. 4. 3. 10	天神有 10 个女儿	
W0202. 2. 4. 3. 11	天神有其他数量的女儿	
W0202. 2. 4. 3. 11. 1	天神有 12 个女儿	【哈尼族】
W0202. 2. 4. 3. 12	天神有众多女儿	
W0202. 2. 4. 3. 13	特定名称的天神的女儿	［W0225. 1］特定名称的天女（天女的名称）
W0202. 2. 4. 3. 13. 1	天神的小女儿稻谷仙姑	【哈尼族】

① 【独龙族】 ＊［W0075. 6. 1］独眼神；［W0155. 4. 1］神母的独眼女儿

W 编码	母题描述	关联项
W0202.2.4.3.13.2	天父阿普的大姑娘叫波白命，小姑娘叫波吉命	【纳西族】
W0202.2.4.3.13.3	天神的女儿各有其名	【彝族】
W0202.2.5	与天神的子女有关的其他母题	
W0202.2.5.1	天神的儿女住地上	【纳西族】 * ［W0095］神的居所
W0202.3	天神的兄弟	［W0234.2.1］地神的哥哥是天神
W0202.3.1	天神是人的弟弟	【珞巴族】
W0202.3.2	天神的弟弟是神匠	【彝族】
W0202.3.3	天神与人的祖先是兄弟	［W1175.13.2］天神三兄弟造地
W0202.3.3.1	黄帝和蚩尤是天神的兄弟	【苗族】
W0202.4	天神的从属	
W0202.4.1	天神的侍从	［W0665.8.1］巨人是天神的侍从
W0202.4.1.1	天神的侍女	
W0202.4.1.1.1	天神的侍女扎深木	【珞巴族】【门巴族】
W0202.4.1.1.1.1	天神的侍女扎深木化身猴子	【珞巴族】【门巴族】
W0202.4.1.1.1.2	天神的侍女扎深木奉旨下凡	【珞巴族】
W0202.4.1.1.2	天神女侍从勒顿妈妈	【满族】
W0202.4.1.2	特定天神的侍女	
W0202.4.1.2.1	特定天神有许多侍女	【满族】
W0202.4.1.2.1.1	女天神阿布卡赫赫三个贴身侍女是大侍女喜鹊，二侍女刺猬，三侍女奥朵西	【满族】
W0202.4.1.3	天神的侍从神鹊	【满族】
W0202.4.1.4	天神的侍从大雁	【彝族】
W0202.4.1.5	天神随从众多	【朝鲜族】
W0202.4.3	天神的部下	
W0202.4.3.1	天神为降妖发展萨满	【满族】
W0202.4.3.2	神有众多部下	

W 编码	母题描述	关联项
W0202. 4. 3. 2. 1	汗·霍尔穆兹达天神有 33 位勇士，3 百位先锋，3 千位侍从	【蒙古族】
W0202. 4. 4	天神的使者	【拉祜族】
W0202. 4. 4. 1	天神的信使	
W0202. 4. 4. 1. 1	天神的信使乌鸦	【黎族】
W0202. 4. 4. 2	天神的使者有特定身份	
W0202. 4. 4. 2. 1	天神叭英的使者是掌管全动人灵魂的死神	【傣族】
W0202. 4. 5	天神的传令官	
W0202. 4. 5. 1	牛是天神传令官	【满族】
W0202. 4. 6	天神下面的佛	［W0787. 5. 3. 1］佛听从天神
W0202. 4. 6. 1	腾格里下面有着几千万尊布尔汗佛	【蒙古族】
W0202. 4. 7	天神的门徒	
W0202. 4. 7. 1	天神阿布卡恩都里的弟子长白圣母	【满族】
W0202. 4a	天神的上司（天神的求助者）	
W0202. 4a. 1	天神拜佛祖	【傣族】
W0202. 4a. 1. 1	帕雅英为首的天神为救百姓跪拜佛祖求助	【傣族】
W0202. 5	天神的助手	【彝族】
W0202. 5. 0	天神助手的产生	
W0202. 5. 0. 1	天神造助手	【拉祜族】
W0202. 5. 1	动物是天神的助手	
W0202. 5. 1. 1	乌鸦是天神的助手	【蒙古族】
W0202. 5. 1. 2	狗是天神的助手	
W0202. 5. 1. 2. 1	天神厄莎的助手是狗	【拉祜族】
W0202. 5. 2	神性人物是天神的助手	
W0202. 5. 3	人物是天神的助手	
W0202. 5. 4	特定名称的天神的助手	
W0202. 5. 4. 1	天王家的助手阿格叶库	【彝族】

W 编码	母题描述	关联项
W0202.6	天神的玩伴	
W0202.6.1	特定动物是天神的玩伴	
W0202.6.1.1	狼是腾格里的宠物	【哈萨克族】
W0202.7	天神的朋友	
W0202.8	天神的仇敌	
W0202.9	天神的监督者	
W0202.9.1	巫师监督着天神	【傈僳族】
W0202.10	与天神的关系有关的其他母题	
* **W0203**	**特定的天神**	
W0203.1	宇宙神	【民族，关联】①
W0203.1.1	宇宙神的产生	
W0203.1.2	宇宙神的特征（宇宙神的身份、宇宙神的职能）	
W0203.1.2.1	宇宙神是3位创世女神	【满族】
W0203.1.2.2	宇宙神偶守护宇宙安宁	【满族】
W0203.1.3	特定名称的宇宙神	
W0203.1.3.1	三公主是宇宙之神	【畲族】
W0203.1.4	与宇宙神有关的其他母题	［W0535.11.1.2.1］水龙神木克木都力恩都里是最古的宇宙大神之一
W0203.1.4.1	宇宙神的儿子	
W0203.1.4.1.1	宇宙大神的儿子帕雅英造太阳	【布朗族】
W0203.2	火星天神	
W0203.2.1	火星天神化作赤龙	【汉族】
W0203.3	不同方位的天神	【关联】②
W0203.3.1	蒙古族崇拜的13尊天神为：东方腾格里、西方腾格里、南方腾格里、北方的三尊腾格里，西南、西北、东南、东北各一尊腾格里，上、中、下各一尊腾格里	【蒙古族】

① 【柯尔克孜族】【畲族】 * ［W1504.9.1］宇宙神造万物

② ［W0251.6.1］东方的天神；［W0252.6.1］西方的天神；［W0253.6.1］南方天神；［W0254.6.1］北方天神

W 编码	母题描述	关联项
W0203.4	特定地方的天神	
W0203.4.1	槐江山天神	【汉族】
W0203.5	大力天神	【傈僳族】
W0203.6	大黑天神	
W0203.6.1	天神身脸全部变黑，因曰大黑天神	【白族】
W0203.6.2	春秋祭大黑天神	【白族】
W0203.7	脏天神	
W0203.7.1	脏腾格里	
W0203.7.1.1	脏腾格里能弄脏任何宗教崇拜的对象	【蒙古族（布里亚特）】
W0204	**天帝**[①] **（天王，天皇，天君）**	【汉族】【黎族】
W0204.1	生育天帝	
W0204.1.1	天帝是东方最高神的儿子	【蒙古族】
W0204.1.2	始祖生天王	【侗族】
W0204.1.3	莲蕊生天皇	【汉族】
W0204.2	卵生天帝	
W0204.2.1	石球生天帝	【侗族】
W0204.3	感生天帝	
W0204.3.1	紫光夫人洗浴时感生天皇大帝	【汉族】
W0204.3.2	处女感生天王	
W0204.3.2.1	处女感生 3 个天王	【苗族】
W0204.3.3	女子感气生天皇	
W0204.3.3.1	太元圣母感气生天皇	【汉族】
W0204.4	婚生天帝	［W0031］婚生神

① 天帝，关于“天帝”，无论是神话文本、民间叙事，还是带有宗教信仰性质的教义中，都是一个非常复杂容易混淆的概念，在不同的语境中有很大差异。因此，“天帝”与“天王”、“天皇”、“皇天”、“上帝”、“帝”、“老天爷”、“上天”等，有时在神话叙事中可以视为同质的概念。如在一些古典文献特别是儒教经典中，常与“天帝”相提并论的是“上帝”或称“帝”、“皇天上帝”，《尚书·召诰》有“皇天上帝改厥元子兹大国殷之命”的说法，《论语·尧曰》中说“敢诏告于皇皇后帝”，《尚书·尧典》曾云“肆类于上帝，禋于六宗”等。为保持该母题的原态，具体表述时保留了原文本的说法。具体情况参见《中国神话人物母题实例与索引》。

W 编码	母题描述	关联项
W0204.4.1	古老和盘古生天王	
W0204.4.1.1	古老和盘古生天王 12 兄弟	【侗族】
W0204.4.2	人与月亮婚生天王	［W7503］人与月亮婚
W0204.4.2.1	后生六六与月亮公主成婚生天王	【布依族】
W0204.5	与天帝的产生有关的其他母题	
W0204.5.1	特定人物变成天帝	
W0204.5.1.1	人成为天帝	
W0204.5.1.1.1	人把有功的恩人被尊为天帝	【鄂温克族】
W0204.5.2	动物化生天帝	
W0204.5.2.1	蛇的肢体化生天王	【汉族】
W0204.5.2.2	天上的龙成为老天爷	【汉族】
W0204.5.3	有德者被视为天帝	
W0204.5.3.1	猎人巴特尔桑救小人于水火被视为天帝	【鄂温克族】
W0204.5.4	为管理特定的神产生天帝	
W0204.5.4.1	三皇为掌管天上所有事情造出天帝	【汉族】
W0204.5.5	分封天帝	［W0058.1］封神
W0204.5.5.1	黄帝让侄孙少昊做西方的天帝，命曾孙颛顼做了北方的天帝	【汉族】
W0204.6	天帝的特征	
W0204.6.1	天帝的性别	
W0204.6.2	天帝的外貌	
W0204.6.2.1	天王是庞然大物	【维吾尔族】
W0204.6.2.2	天皇有 13 个头	【汉族】
W0204.6.2.3	天皇氏 12 个头	【汉族】
W0204.6.2.4	天皇龙身	【民族，关联】①
W0204.6.3	天帝的性格	
W0204.6.3.1	天帝性格慈善	

① 【汉族】 * ［W0237.2.4］地皇龙身； ［W0316.2］雷神人头龙身（雷神龙身人头）；［W0434.2.2.4］人皇龙身；［W0677.3a］伏羲人头龙身；［W0722.2.1.0a］盘古人首龙身

W 编码	母题描述	关联项
W0204. 6. 3. 2	天帝性格恶毒	【汉族】
W0204. 6. 3. 3	天帝胆子小（懦弱的天帝）	【蒙古族】
W0204. 6. 3. 4	天帝不善良（黑心的天帝）	【蒙古族】
W0204. 6. 3. 5	天帝小肚鸡肠（嫉妒的天帝）	【汉族】
W0204. 9	天帝的职能（天帝的能力）	【关联】①
W0204. 9. 1	天王管世上一切	【维吾尔族】
W0204. 9. 1. 1	天王管风雨雷电	【布朗族】 * ［W0201. 4. 2］天神管风雨雷电
W0204. 9. 2	天王管风雨雷电	【布朗族】
W0204. 9. 3	天帝是最高审判	【彝族】
W0204. 9. 4	不称职的天帝	【汉族】
W0204. 9. 4. 1	天帝天天吃喝玩乐不管凡间事	【布依族】
W0204. 9. 5	天帝会变化（天帝的变形）	
W0204. 9. 5. 1	天帝变牛	
W0204. 9. 5. 1. 1	天帝变巨大的青牛	【柯尔克孜族】
W0204. 9. 5. 2	老天爷幻化成一个白发老乞婆	【汉族】
W0204. 9. 6	天帝的化身	
W0204. 9. 6. 1	堡牧乐是天帝的化身	【蒙古族】
W0204. 9. 7	天帝感知民情	
W0204. 9. 7. 1	地上的人点燃檀香树天帝就知道地上有事	【汉族】 * ［W0984a. 1. 1. 2］在田间点燃香树、香草召唤管农业的神灵和大地的神祇
W0204. 9. 8	天帝能掐会算	【汉族】 * ［W0067a. 0. 1］女神能掐会算
W0204. 11	天帝的身份	
W0204. 11. 1	天皇是创世神	【毛南族】
W0204. 11. 2	天皇是第三代神	
W0204. 11. 2. 1	天皇是继“昆屯”、“汉王”后的第三代神	【毛南族】

① ［W1238. 2］天帝布四维；［W1782. 1］天王造天河

W 编码	母题描述	关联项
W0204.11.3	天帝是龙	【汉族】
W0204.11.3.1	天帝是黄龙	【汉族】
W0204.11.4	天皇是玉皇大帝的属神	
W0204.11.4.1	天皇是玉皇大帝的护法神	
W0204.11.4.1.1	护法神天皇分管日、月、星、辰	【汉族】
W0204.11.5	天皇氏三皇之首	【民族，关联】①
W0204.11.6	天帝是万神之主	【汉族】
W0204.11a	天帝的生活	
W0204.11a.1	天帝的服饰	
W0204.11a.1.1	天帝戴顶帽子嵌银花，帽上银花有九层	【苗族】
W0204.11a.2	天帝的食物	
W0204.11a.3	天帝的居所	［W0198］天神的居所
W0204.11a.3.1	天帝居第5层天上	【布依族】
W0204.11a.3.2	天皇居上界	【畲族】
W0204.11a.3.3	天皇居紫微	【汉族】
W0204.11a.3.3.1	天帝居清都紫微	【汉族】
W0204.11a.3.3.2	太一居紫宫	【汉族】
W0204.11a.3.4	天帝居下都	
W0204.11a.3.4.1	天帝的下都在昆仑之丘	【汉族】
W0204.11a.3.5	天帝居昆仑山	【汉族】
W0204.11a.3.5.1	天帝的行宫在昆仑山	【汉族】
W0204.11a.4	天帝的出行（天帝的坐骑）	
W0204.11a.4.1	天帝的坐骑	
W0204.11a.4.1.1	天帝骑马	【蒙古族】
W0204.11a.4.1.2	天帝骑牛	【蒙古族】
W0204.11a.4.1.3	天帝乘车	
W0204.11a.4.1.3.1	天帝太子乘坐着五龙车	【朝鲜族】

① 【汉族等】 * ［W0681.1.2.1］伏羲是三皇之首；［W0695.2.1.2］炎黄的先祖是三皇

W 编码	母题描述	关联项
W0204. 11a. 5	天帝的用品	
W0204. 11a. 5. 1	天帝的牛	【蒙古族】
W0204. 11b	天帝的关系	
W0204. 11b. 1	天帝的亲属（天王的亲属）	
W0204. 11b. 1. 1	天帝庶子桓雄	【朝鲜族】
W0204. 11b. 1. 2	天帝是东方最高神特日昆查干的长子	【蒙古族】
W0204. 11b. 1. 3	天帝的太子（天帝的儿子）	【朝鲜族】
W0204. 11b. 1. 3. 1	天帝派儿子解慕漱下界巡视	【朝鲜族】
W0204. 11b. 1. 4	天帝与七仙女是兄妹	【蒙古族】
W0204. 11b. 1. 5	天帝的孙子	
W0204. 11b. 1. 5. 1	天帝有 10 个顽皮的太阳孙子	【汉族】
W0204. 11b. 1. 6	天王有 3 个儿子	【哈尼族】
W0204. 11b. 1. 7	天帝的妻子	【德昂族】 ＊［W0142. 5. 2a. 1］天王地母
W0204. 11b. 1. 8	天皇兄弟 12 人	【汉族】
W0204. 11b. 1. 9	天皇兄弟 13 人	【汉族】
W0204. 11b. 1. 10	天帝的女儿	
W0204. 11b. 1. 10. 1	天帝有 9 个女儿	【汉族】
W0204. 11b. 1. 10. 2	老天爷有 9 个女儿	
W0204. 11b. 1. 10. 2. 1	老天爷的九个女儿，是九天仙女	【汉族】
W0204. 11b. 1. 10. 2	天帝的小女儿	
W0204. 11b. 1. 10. 2. 1	天帝的小女儿美丽聪明	【汉族】
W0204. 11b. 1. 11	天帝的子女	
W0204. 11b. 1. 11. 1	天帝的一对儿女	【汉族】
W0204. 11b. 2	天王的从属	
W0204. 11b. 2. 1	天王的谋士	
W0204. 11b. 2. 1. 1	太阳仙子是天王的谋士	【京族】
W0204. 11b. 2. 2	天帝的辅佐是五帝	【汉族】 ＊［W0730a. 3. 5. 1］五帝佐太一

W 编码	母题描述	关联项
W0204.11b.2.3	天帝的使者	
W0204.11b.2.3.1	动物是天帝的使者	
W0204.11b.2.3.1.1	天帝的使者白马、白鸡	【朝鲜族】
W0204.11b.2.4	天帝的侍从	
W0204.11b.2.4.1	天帝侍从宫娥彩女	【汉族】
W0204.12	天帝的数量（天王的数量）	［W0193］天神的数量
W0204.12.0	四大天王	【关联】①
W0204.12.0.1	四大天王俗称四大金刚	【民族，关联】②
W0204.12.0.2	四大天王又称护世四天王（四大天王又称四天王）	【汉族】【藏族】
W0204.12.0.3	四大天王又称“风调雨顺”	【民族无考】
W0204.12.0.4	四大天王为二十诸天中的四位天神	【汉族】【藏族】
W0204.12.1	12 个天王	
W0204.12.1.1	天王 12 个兄弟	【侗族】 ＊［W0204.4.1.1］古老和盘古生天王 12 兄弟
W0204.12.2	33 个天王	【汉族】
W0204.13	与天帝有关的其他母题（与天王有关的其他母题）	【关联】③
W0204.13.1	特定名称的天帝（天帝的名字）	【民族，关联】④
W0204.13.1.1	天帝又称泰一（天帝又称太一）	【汉族】 ＊［W0208.20.1］天神太一
W0204.13.1.1a	天皇大帝又称太一	【汉族】
W0204.13.1.2	天帝荷尔穆斯塔	【蒙古族】
W0204.13.1.3	天上的皇帝古火	【彝族】
W0204.13.1.4	白帝天王	【苗族】
W0204.13.1.4.1	白帝天王是远祖廪君死后化身的白虎神	【土家族】

① ［W0193.4.1］四大天神；［W0199.6.1］四大天王巡查宇宙

② 【汉族】【藏族】 ＊［W0193.4.1］四大天神；［W0794.1.1］四大金刚

③ ［W0681.1.2］伏羲是天皇；［W0693.2］轩辕是天帝后妃的居处

④ 【鄂温克族】【彝族】 ＊［W0206.3.2］天帝又称天公；［W0728.3.6］盘古号“元始天王”；［W0740.2.1］太皞是天帝；［W0744a.3］炎帝是天帝

W 编码	母题描述	关联项
W0204. 13. 1. 5	天上老帝王	【苗族】
W0204. 13. 1a	特定名称的天王	
W0204. 13. 1a. 1	托塔李天王	【汉族】
W0204. 13. 1a. 1. 1	托塔李天王率金吒、木吒、哪吒三太子	【满族】
W0204. 13. 1a. 2	元始天王	
W0204. 13. 1a. 2. 1	元始天王居天中心之上	【汉族】
W0204. 13. 1a. 2. 2	元始天王吸天气，饮地泉	【汉族】
W0204. 13. 1b	特定地域的天帝	
W0204. 13. 1b. 1	南海的天帝叫儵（倐）	【汉族】
W0204. 13. 1b. 2	北海的天帝叫忽	【汉族】
W0204. 13. 1b. 3	东方的天帝太昊伏羲	【汉族】
W0204. 13. 2	天皇号“扶桑大帝东王公”	【民族，关联】①
W0204. 13. 2. 1	元始天王与太元圣母婚生扶桑大帝东王公	【汉族】 * ［W0756. 3. 1］元始天王与太元玉女通气结精生天皇西王母
W0204. 13. 3	天君	［W0208. 53. 2］天君策举祖
W0204. 13. 3. 1	天君是最高审判者	【彝族】
W0204. 13. 4	太帝	
W0204. 13. 4. 1	太帝住上天	【汉族】
W0204. 13. 5	女天帝（女皇）	
W0204. 13. 5. 1	天皇封弟于汝水之阳为天子，称女皇	【汉族】
W0204. 13. 6	后帝	
W0204. 13. 6. 1	天帝又称后帝	【汉族】
W0204. 13. 7	皇天	［W0147. 1. 1］皇天爷与皇天姆
W0204. 13. 7. 1	粗心大意的皇天	【畲族】
W0204. 13. 8	老天爷	

① 【汉族】 * ［W0204］天帝（天王、天皇、天君）；［W0683. 2. 24］天皇氏太昊伏羲；［W0768. 15］东王公

W 编码	母题描述	关联项
W0204.13.8.1	不作为的老天爷	【汉族】
W0204.13.8.2	胆小的老天爷	【汉族】
W0204.13.9	二皇（泰古二皇）	
W0204.13.9.1	天皇地皇合称二皇	【汉族】
W0204.13.9.1a	天皇地皇合称二灵	【汉族】
W0204.13.9.2	泰古二皇立于中央	【汉族】
W0204.13.9.3	泰古二皇神与化游	【汉族】
W0204a	**太一**	【汉族】
W0204a.1	太一的产生	
W0204a.2	太一的特征	
W0204a.3	太一的身份	
W0204a.3.1	太一是天神	【汉族】
W0204a.3.1.1	太一是天神贵者	【汉族】
W0204a.3.1.1.1	东皇太一是天之尊神	【汉族】
W0204a.3.1.1.1.1	天之尊神太一为星名，因祠在楚东，以配东帝故云东皇	【汉族】
W0204a.3.1.2	太一星是辅神	
W0204a.3.1.2.1	太一当门户	【汉族】
W0204a.3.2	太一是天帝	【汉族】
W0204a.3.3	太一是星神	
W0204a.3.3.1	太一是北辰之神	【汉族】
W0204a.3.4	太一是星星	
W0204a.3.4.1	太一星是天帝神	【汉族】
W0204a.3.4.2	太一星在天一南	【汉族】
W0204a.3.5	太一是气	
W0204a.3.5.1	太一是元气	【汉族】 * [W0070.2.2] 神是气
W0204a.4	太一的关系	
W0204a.4.1	太一的辅佐	
W0204a.4.1.1	太一的辅佐是五帝	【汉族】

W 编码	母题描述	关联项
W0204a. 5	与太一有关的其他母题	
W0204a. 5. 1	太一的名称	【汉族】 * [W0791. 8. 1. 1] 太上老君又称太一
W0204a. 5. 1. 1	太一即泰一	
W0204a. 5. 1. 1. 1	天帝又称泰一	【汉族】
W0204a. 5. 2	太一的居所	
W0204a. 5. 2. 1	太一居紫微宫	【汉族】 * [W0791. 3. 1] 太上老君居紫微宫
W0204a. 5. 3	祭祀太一	
W0204a. 5. 3. 1	古天子以春秋祭太一于东南郊	【汉族】
W0205	**天空神**	【汤普森】 A210
W0205. 1	穹宇母神阿不卡赫赫	【满族】
W0206	**天公**	[W0142] 天公地母
W0206. 1	天公的产生	
W0206. 1. 1	卵生天公	
W0206. 2	天公的特征	
W0206. 2. 1	天公原来身体很小	
W0206. 2. 1. 1	以前天公很小，地母很大	【珞巴族】
W0206. 3	与天公有关的其他母题	
W0206. 3. 1	天公下凡	【阿昌族】
W0206. 3. 2	天帝又称天公	【汉族】
W0206. 3. 2. 1	天公，谓天帝	【汉族】
W0206a	**天父**	[W0142. 5. 2. 3] 上天的男人称为“天父”，下地的女人称为“地母”
W0206a. 1	天父的产生	[W0142. 5. 2. 2] 混沌卵生天父地母
W0206a. 1. 1	动物生天父	
W0206a. 1. 1. 1	天上的长脚雁是天父米咕鲁的父亲	【彝族】
W0206a. 2	天父的特征	
W0206a. 3	与天父有关的其他母题	

W 编码	母题描述	关联项
W0206a.3.1	天神被尊称天父	
W0206a.3.1.1	造万物和人类的天神厄莎尊称天父	【拉祜族】
W0207	**天母**	【关联】①
W0207.1	天母的产生	
W0207.1.1	女天神生天母	
W0207.1.1.1	最高最大的女天神俄玛生下天母阿匹梅烟	【哈尼族】
W0207.2	天母的特征	
W0207.2.1	凶狠的天母	【水族】 * ［W1790a.2］天母率徒造天宫
W0207.3	天母的职能	
W0207.3.1	天母孕生孩子	【汉族】
W0207.4	天母的关系	
W0207.4.1	天母的女儿	
W0207.4.1.1	天母的女儿是癞蛤蟆所变	【羌族】
W0207.5	特定名称的天母	
W0207.5.1	天母神阿布卡赫赫（天母神阿布凯赫赫）	【民族，关联】②
W0207.5.1.1	阿布卡赫赫管方位女神	【满族】
W0207.5.1.2	阿布卡赫赫有五百个妈妈神和一千多个女天兵	【满族】
W0207.5.1.3	天母阿布凯赫赫掌管现在天上地下一切神灵	【满族】
W0207.6	与天母有关的其他母题	

① ［W0142.4］天爷和天母；［W0238］地母

② 【满族】 * ［W0096.1.3.2］女天神阿布卡赫赫小无处不在，无处不有，无处不生；［W0098.5.1.1］女神阿布卡赫赫住九层云天；［W0122.6.5.2］天神阿布卡赫赫是最高母神；［W0122.6.7.1］女天神阿布卡赫赫得到护身战裙后成为无敌于寰宇的母神；［W0196.1.2.3.1］天神阿布卡赫赫穿着用九座石山、九座柳林、九条溪流、九副兽骨编成的战裙；［W0201.6.3.1］阿布卡赫赫天母神尸解时眼睛化生日月，头发化生森林［W0202.4.1.2.1.1］女天神阿布卡赫赫三个贴身侍女是大侍女喜鹊，二侍女刺猬，三侍女奥朵西

W 编码	母题描述	关联项
W0208	**特定名称的天神（天神的名称）**[①]	
W0208.1	阿昌族神话中的天神	
W0208.1.1	天神遮帕麻（天公神遮帕麻）	【阿昌族】 *［W0142.4.2］天公遮帕麻和地母遮米麻
W0208.1.1.1	天地混沌中生天公遮帕麻、地母遮米麻	【阿昌族】
W0208.1.1.2	阴阳中生天公遮帕麻、地母遮米麻	【阿昌族】
W0208.1.1.2.1	混沌生的阴阳中生天公遮帕麻、地母遮米麻	【阿昌族】
W0208.1.1.3	遮帕麻派东西南北四个天神住在天的四边	【阿昌族】
W0208.1.1.4	天公遮帕麻没有穿衣裳	【阿昌族】
W0208.2	白族神话中的天神	
W0208.2.1	天神阿白	【白族】
W0208.2.1.1	天神阿白预言洪水	【白族】
W0208.3	保安族神话中的天神	
W0208.4	布朗族神话中的天神	
W0208.4.1	天神帕雅英	【布朗族】
W0208.4.2	天神英叭	【布朗族】
W0208.5	布依族神话中的天神	
W0208.6	朝鲜族神话中的天神	
W0208.6.1	天王桓雄	
W0208.6.1.1	天帝的小儿子桓雄下凡太白山成为此地天王	【朝鲜族】
W0208.7	达斡尔族神话中的天神	
W0208.7.1	天神腾格里	【达斡尔族】
W0208.7.2	腾格日·巴尔肯	【达斡尔族】

① 特定名字的天神（天神名称），这里选录的一些名称，只是一些民族神话中出现的或较为典型的天神，尽可能照顾到各民族神话传说中出现的天神名称，属于不是完全归纳。有些名称的汉语表述与翻译者有关，在此不做具体概念的探究和翻译真伪方面的辨析。

W 编码	母题描述	关联项
W0208.8	傣族神话中的天神	［W0193.2.1］2 个天神混散和拉果里
W0208.8.1	天神英叭	［W0208.4.2］天神英叭
W0208.8.1.0	气体、烟雾和大风生神王英叭	【傣族】 ＊【W0055.6.1.1】合成地球剩下的气体、烟雾、大风变成最早的天神英叭
W0208.8.1.1	英叭召是最早的天神	【傣族】 ＊［W0658a.1.1.2］天神英叭是天地间一切神的始祖
W0208.8.1.2	最早的天神英叭是蒸汽人	【傣族】
W0208.8.1.3	神人英叭是创世主	【傣族】 ＊［W0426.1.2］创世神英叭
W0208.8.1.4	英叭是最高天神	【傣族】
W0208.8.1.5	英叭用咒语造地球	【傣族】
W0208.8.1.6	天神英叭被尊为“英叭召”	【傣族】
W0208.8.2	男天神称“坤琵”，女天神称“楠琵”	【傣族】
W0208.8.2.1	最高的天神坤西迦	【傣族】
W0208.8.3	最早天神英叭召	【傣族】
W0208.8.4	天神叭英	
W0208.8.4.1	天神叭英管理天空下层	【傣族（水傣）】
W0208.8.4.2	天神叭英居 16 层天	【傣族（水傣）】
W0208.8.5	天神混散	【傣族】
W0208.9	德昂族神话中的天神	
W0208.9.1	天神卜帕法	【德昂族】
W0208.10	东乡族神话中的天神	
W0208.11	侗族神话中的天神	
W0208.12	独龙族神话中的天神	［W0192.1.1］独身天神莫明更
W0208.12.1	天神姆朋①	【独龙族】
W0208.12.1.1	老祖目朋	【独龙族】
W0208.12.2	天神嘎木	【独龙族】

① 天神姆朋，“姆朋”在有的神话文本中又译作“猛朋”、“莫朋”等。

W 编码	母题描述	关联项
W0208. 12. 3	天神卡窝卡蒲	【独龙族】
W0208. 12. 4	天神格蒙	【独龙族】
W0208. 12. 5	天神嘎美和嘎莎	【独龙族】
W0208. 12. 6	天神木崩格	【独龙族】
W0208. 13	俄罗斯族神话中的天神	
W0208. 14	鄂伦春族神话中的天神	
W0208. 14. 1	天神恩都力	
W0208. 14. 1. 1	天神恩都力手持只锤子	【鄂伦春族】
W0208. 14. 1. 2	天神恩都力造人	【鄂伦春族】
W0208. 14. 2	天神恩都力玛发	【鄂伦春族】
W0208. 15	鄂温克族神话中的天神	
W0208. 15. 1	天神宝拉哈	
W0208. 15. 1. 1	上界天神宝拉哈	【鄂温克族】
W0208. 15. 2	天神保鲁痕巴格面	【鄂温克族】
W0208. 16	高山族神话中的天神	
W0208. 16. 1	天神依勒克	
W0208. 16. 1. 1	天神依勒克无忧无虑，每日闲逛	【高山族（阿美）】
W0208. 17	仡佬族神话中的天神	
W0208. 17. 1	天神彻格①	【仡佬族】
W0208. 17. 2	天神敖伟	【仡佬族】
W0208. 18	哈尼族神话中的天神	［W0202. 1. 3. 1］天神阿库拉布和地神鲁阿嫫夫妻
W0208. 18. 1	天神俄玛	【民族，关联】②
W0208. 18. 1. 1	天神奥玛的儿子侯波	【哈尼族】
W0208. 18. 1. 2	俄玛是最高最大的天神	【哈尼族】

① 天神彻格，“彻格”在有的神话文本中又译作“哲格”。

② 【哈尼族】 *［W0098. 4. 1. 1］天神俄玛住在3层高天；［W0659. 4. 1. 1］俄玛天神是人的第一代祖先

W 编码	母题描述	关联项
W0208.18.2	天神梅烟	【哈尼族】
W0208.18.3	天神阿波摩米（天神摩密）	【哈尼族】
W0208.18.3.1	天神摩咪化身为鸟	【哈尼族】
W0208.19	哈萨克族神话中的天神	
W0208.19.1	天神迦萨甘	［W0426.4.2］创世主迦萨甘（腾格里）
W0208.19.1.1	天神迦萨甘则是众神之首	【哈萨克族】
W0208.20	汉族神话中的天神	［W0228.4.1］昊天上帝
W0208.20.1	天神太一	【民族，关联】①
W0208.20.2	天神黎	［W0973.1.2］“重”管天，“黎”管地
W0208.20.2.1	天神黎是个老实疙瘩	【汉族】
W0208.20.3	天神重	
W0208.20.3.1	天神重鬼心眼儿多	【汉族】 * ［W0085.7］神性格机灵（机智的神）
W0208.20.4	天神咸池	【汉族】
W0208.20.5	天神穷奇	
W0208.20.5.1	天神穷奇在北方道，足乘两龙，其形如虎	【汉族】
W0208.20.6	天神皋稽	
W0208.20.6.1	阊阖风生皋稽	【汉族】
W0208.20.7	天神诸稽、摄提	
W0208.20.7.1	条风生诸稽、摄提（东北风生诸稽、摄提）	【汉族】
W0208.20.8	天神贰负	
W0208.20.8.1	天神贰负蛇身人脸	【汉族】
W0208.21	赫哲族神话中的天神	
W0208.21.1	天神伏尤亥玛法	【赫哲族】
W0208.22	回族神话中的天神	

① 【汉族】 * ［W0204a］太一；［W0204a.3.1］太一是天神

W 编码	母题描述	关联项
W0208.23	基诺族神话中的天神	
W0208.24	京族神话中的天神	
W0208.25	景颇族神话中的天神	
W0208.25.1	天神番瓦能桑	【景颇族】
W0208.25.2	天神木代	
W0208.25.2.1	老幺木代天神权力最大	【景颇族】 * ［W0122］至高无上的神（最高神）
W0208.26	柯尔克孜族神话中的天神	
W0208.27	拉祜族神话中的天神	
W0208.27.1	天神厄莎①	【拉祜族】
W0208.27.1.1	世界之初只有天神厄雅莎雅	【拉祜族】
W0208.27.2	天神叫鬼谷子	【拉祜族】
W0208.27.3	天神扎多、娜多	【拉祜族】
W0208.28	黎族神话中的天神	
W0208.29	傈僳族神话中的天神	
W0208.29.1	天神木布帕	
W0208.29.1.1	木布帕力气巨大	【傈僳族】 * ［W0086.2.1.1］天神木布帕能抬几架大山重的东西
W0208.29.1.2	木布帕勤劳能干	［W0208.29.1.1］木布帕力气巨大
W0208.29.3	天神 Makwa	
W0208.29.3.1	天神 Makwa 救苦救难	【傈僳族】
W0208.30	珞巴族神话中的天神	
W0208.30.1	天神亚西工姆	【珞巴族】
W0208.30.2	天神奥尼和桑达	
W0208.30.2.1	慈悲的天神奥尼和桑达夫妇住在天庭的河边	【珞巴族】
W0208.31	满族神话中的天神	

① 天神厄莎，“厄莎”在有的神话文本中又译作“厄霞”、“厄雅”、“厄霞”等，在不同的神话文本中有的说是“父母神”，有的说是“天神”。

W 编码	母题描述	关联项
W0208.31.1	天神阿布卡恩都里[①]	
W0208.31.1.1	天神阿布卡恩都里创造并主宰世界	【满族】
W0208.31.1.2	阿布卡恩都里的小女儿白云格格	【满族】
W0208.31.1.3	天神阿布卡恩都里至高无上	【满族】
W0208.31.1.4	天神阿布卡恩都力发洪水毁掉大地	【满族】
W0208.31.1.5	天神阿不凯恩都哩惧怕黑铁牛	【满族】
W0208.31.2	天神巴依尤勒干	
W0208.31.2.1	最高无上的天神巴依尤勒干	【满族】 * ［W0198.4.2.1］最高无上的天神巴依尤勒干住大地的肚脐上枞树的树梢顶上
W0208.31.3	天神尼桑萨满	
W0208.31.3.1	天神尼桑萨满乘白马负弓箭	【满族】
W0208.31.4	老天神佛赫恩都哩	【满族】
W0208.32	毛南族神话中的天神	
W0208.33	门巴族神话中的天神	
W0208.33.1	天神旺秋钦布	
W0208.33.1.1	天神旺秋钦布的儿子只有生殖器，没有身子	【门巴族】
W0208.34	蒙古族神话中的天神	
W0208.34.1	天神吉雅琦	【蒙古族】
W0208.34.2	汗·霍尔穆兹达天神	
W0208.34.2.1	汗·霍尔穆兹达天神有3个称王的弟弟	【蒙古族】
W0208.34.2.2	汗·霍尔穆兹达天神的父亲马拉干·巴拜，母亲余日垦	【蒙古族】
W0208.35	苗族神话中的天神	
W0208.35.1	天神列老列格米·爷觉朗努	
W0208.35.1.1	天神列老列格米·爷觉朗努造万物	【苗族】

① 天神阿布卡恩都里，“阿布卡恩都里”在有的神话文本中又译作“阿不凯恩都里”、“阿不卡恩都力”等。

W 编码	母题描述	关联项
W0208. 35. 2	天神“莎”	
W0208. 35. 2. 1	“莎”是万能的天神	【苗族】
W0208. 36	仫佬族神话中的天神	
W0208. 37	纳西族神话中的天神	
W0208. 37. 1	天神阿普	【纳西族】 ＊［W0659. 2. 37. 4］祖先是天神牟里注阿普
W0208. 38	怒族神话中的天神	
W0208. 38. 1	天神讷拉格波	
W0208. 38. 1. 1	讷拉格波天神造动物	【怒族】
W0208. 38. 2	天神腊普和亚妞	
W0208. 38. 2. 1	天神腊普和亚妞降人间	【怒族】
W0208. 39	普米族神话中的天神	
W0208. 40	羌族神话中的天神	
W0208. 40. 1	天神迪	【羌族】
W0208. 40. 2	天神木巴	【羌族】
W0208. 40. 3	天神木比塔	【羌族】
W0208. 40. 3. 1	天神阿巴木比塔	【羌族】
W0208. 40. 3. 2	天王木比达	【羌族】
W0208. 40. 4	天神又称碉碉神	【羌族】
W0208. 40. 5	天神称玉皇	【羌族】
W0208. 40. 6	白云石为最高的天神	【羌族】
W0208. 41	撒拉族神话中的天神	
W0208. 42	畲族神话中的天神	
W0208. 43	水族神话中的天神	
W0208. 43. 1	天神伢俣	【水族】
W0208. 44	塔吉克族神话中的天神	
W0208. 45	塔塔尔族神话中的天神	
W0208. 46	土家族神话中的天神	
W0208. 46. 1	天上的大神墨特巴	【土家族】
W0208. 47	土族神话中的天神	
W0208. 48	佤族神话中的天神	

W 编码	母题描述	关联项
W0208.48.1	天神努阿	【佤族】
W0208.48.2	天神木依吉①	【佤族】
W0208.49	维吾尔族神话中的天神	
W0208.50	乌孜别克族神话中的天神	
W0208.51	锡伯族神话中的天神	
W0208.51.1	天神阿布凯厄真	【锡伯族】
W0208.51.2	阿布卡·恩杜里	【锡伯族】
W0208.52	瑶族神话中的天神	【瑶族】
W0208.53	彝族神话中的天神	
W0208.53.1	更资天神②	
W0208.53.1.1	更资天神的母亲蒲依	【民族，关联】③
W0208.53.2	天君策举祖	【彝族】
W0208.53.3	天神米姑鲁	
W0208.53.3.1	天神米姑鲁管天上的日月星	【彝族】
W0208.53.4	天神阿格耶	【彝族】
W0208.53.5	天神阿俄署布	
W0208.53.5.1	天神阿俄署布造生物	【彝族】
W0208.53.6	天神阿罗德	
W0208.53.6.1	天神阿罗德的女儿阿录茵	【彝族】
W0208.53.7	天神吾安普	【彝族】
W0208.54	裕固族神话中的天神	
W0208.55	藏族神话中的天神	
W0208.55.1	天神夏都	
W0208.55.1.1	最早出现的蚂蚁变成天神夏都	【藏族】
W0208.55.2	天上的神仙木里纳普	
W0208.55.2.1	木里纳普有利庐科烦、从恩利恩两个儿子	【藏族】 * ［W0659.2.37.1］人祖利恩（人祖从忍利恩）

① 天神木依吉，“木依吉”在有的神话文本中又译作“梅吉”、“莫伟”等。

② 更资天神，“更资”在不同的彝族神话中又译作“策耿纪”、“恩梯古资”、“恩体谷兹”、“额梯古自”、“体古兹”、“陈根子”、“根兹”、“格兹”、“扯沟兹”等。在此不再单独母题编码。

③ 【彝族】 * ［W0192.4.1.1］格兹天神慈悲；［W0202.0.1.1］最高神更资天神的母亲不是人、神、动植物，而是一股气

W 编码	母题描述	关联项
W0208. 55. 3	天老爷罗拉甲伍	【藏族（白马）】
W0208. 56	壮族神话中的天神	
W0208. 56. 1	天神紫薇大帝	【壮族】
W0208. 57	与天神名称有关的其他母题	
W0208. 57. 1	天神老爷爷	【壮族】
W0208. 57. 2	天神统称为父亲	【彝族（白彝、黑彝、干彝、阿乌、撒尼等）】
W0208. 57. 3	无名天神	
W0208. 57. 3. 1	无名天神像牛、八只足、两个脑袋、马的尾巴	【汉族】
W0208. 57. 3. 2	无名天神出现在哪里，哪里就发生战争	【汉族】
W0208. 57. 4	宇宙之神（宇宙神）	【柯尔克孜族】 ＊［W0203. 1. 4］三公主是宇宙之神
W0209	**与天神有关的其他母题**	
W0209. 0	天神的成长（天神的经历）	
W0209. 0. 1	天神 10 万年发育成熟	【傣族】
W0209. 1	天神与祖先合一	【纳西族】
W0209. 2	天神与佛祖合一（神佛合一）	［W0787］佛祖
W0209. 2. 1	天神保如很把格西是佛师	【鄂温克族】
W0209. 2a	天神与多种意象合一	
W0209. 2a. 1	“神”、“天神”、“天空”合一	
W0209. 2a. 1. 1	“腾格里”含有“神”、“天神”、“天空”三重意思	【蒙古族】
W0209. 3	天神是世界毁灭者	【汉族】
W0209. 4	天神的寿命与死亡	
W0209. 4. 1	天神寿命很长	
W0209. 4. 1. 1	英叭召天神寿命 8 万 4 千“套”	【傣族】
W0209. 4. 2	衰老的天神（老天神）	
W0209. 4. 2. 1	老天神老得睁不开眼	【藏族】

W 编码	母题描述	关联项
W0209.4.3	天神之死（天神的死亡）	【鄂温克族】
W0209.4.3.1	天神劳累而死	
W0209.4.3.1.1	天神砍山累死	【鄂温克族】
W0209.4.3.2	天神中毒而死	【满族】
W0209.5	阳神	［W0235.2］阴神
W0209.5.1	阳神老公公	【纳西族】
W0209.5.2	阳神很悠闲	【纳西族】
W0209.5.3	阳神是男神	【纳西族】
W0209.5.4	与阳神有关的其他母题	
W0209.5.4.1	阴阳二神	【汉族】
W0209.6	天神的神位	
W0209.6.1	天神的神位用竹筒制作	【彝族】
W0209.7	天神的辈次	
W0209.7.1	第一代天神	
W0209.7.1.1	第一代天神阿布凯赫赫	【满族】
W0209.8	天神的象征物（天神的代表物）	
W0209.8.1	天代表天神	【哈萨克族】【蒙古族】
W0209.8.2	天神是日出月出之天，是养18颗明星之天	【纳西族】
W0209.8.2.1	天神祖老阿普是日出月出之天，是养18颗明星之天	【纳西族】
✻ **W0210**	**天使**[①]	【汤普森】V230； ＊［W0771］宗教神
W0211	**天使的产生**	【汤普森】A52
W0211.1	神的意志创造天使	【汤普森】A52.0.1
W0211.2	神造出天使	【汤普森】≈A52.1.1
W0211.3	天使从某种物质中产生	【汤普森】A52.3
W0211.3.1	北斗星中的老大是天使	【蒙古族】
W0211.3.2	光中产生天使	【回族】

① 天使，此处的“天使”母题包括两种情况，一是天神的使者，二是宗教经典中的专有名词。具体区别参见《中国神话人物母题实例与索引》。

W 编码	母题描述	关联项
W0211.4	神被降为天使	【汤普森】A52.0.2
W0211.5	人变为天使	【回族】
W0211.6	动物成为天使	【佤族】
W0211.6.1	马是天使	【朝鲜族】
W0211.6.2	鸡是天使	【朝鲜族】
W0211.6.3	蛤蟆是天使	【佤族】
W0211.7	婚生天使	
W0211.7.1	祖先生的孩子成为天使	
W0211.7.1.1	阿丹和好娃婚生的独生子到天上做了天使	【回族】
W0211.8	与天使产生有关的其他母题	
W0212	**天使的特征**	
W0212.1	天使的外貌	【汤普森】V231
W0212.1.1	天使是鸟形	【汤普森】V231.1
W0212.1.2	天使有翅膀	【汤普森】≈V231.3；＊【关联】①
W0212.1.3	断翅天使	【汤普森】V236
W0212.1.4	天使是老太太的模样	【汤普森】V231.6
W0212.2	与天使的特征有关的其他母题	
W0213	**天使的生活**	
W0213.1	天使的服饰	
W0213.2	天使的食物	
W0213.3	天使的居所	
W0213.3.1	天使住在天堂	【民族，关联】②
W0213.4	天使的出行	
W0213.4.1	天使下凡	
W0213.4.1.1	天使下界巡察	【汉族】
W0213.5	天使的用品	

① ［W0083.1］神长着翅膀；［W0217.3］天女长着翅膀；［W0826.2.1］仙女长着翅膀

② 【回族】＊［W0198.1］天神住天堂；［W0812.1］仙人住在天堂

W 编码	母题描述	关联项
W0213a	**天使的职能（天使的能力）**	
W0213a. 1	天使是真主的助手	
W0213a. 1. 1	天使为真主造人到人间取五样土	【回族】
W0213b	**天使的关系**	
W0213b. 1	天使的父母	
W0213c	**天使的类型**	
W0213c. 1	动物天使	
W0213c. 1. 1	老蛤蟆是天使	【佤族】
W0213d	**特定名称的天使（天使的名字）**	
W0213d. 1	天使屏翳	【关联】①
W0213d. 1. 1	屏翳是天神使	【汉族】
W0213d. 2	余霍泰山山阳侯天使	【汉族】
W0214	**与天使有关的其他母题**	［W1437.13］上天的使者
W0214. 1	天使帮助人类	【汤普森】V232； ＊［W8772.2］天使是争战中的帮助者
W0214. 1. 1	天使满足人的愿望	【汤普森】V243
W0214. 1. 2	天使劝告人类	【汤普森】V246
W0214. 2	和平天使	【汤普森】A467.1
W0214. 3	传令的天使	
W0214. 3. 1	天使是天帝到下界传递命令的使者	【汉族】
W0214. 4	叛逆的天使	【汤普森】A54
W0214. 5	天使与凡人婚	【汤普森】T111.6； ＊［W7242.2］天女与特定人物的婚姻
＊**W0215**	**天女**②	［W0068.18］天女神
W0216	**天女的产生**	

① ［W0299.1.4.3］风师屏翳；［W0304.3.3.5］雨师又称屏翳；［W0358.3.4.1a］雷神屏翳；［W0370g.1］云神屏翳

② 天女，在一些神话中“天女”与“仙女”没有严格区别。具体情况参见《中国神话人物母题实例与索引》。

W 编码	母题描述	关联项
W0216. 1	卵生天女	
W0216. 1. 1	天蛋生天女	【彝族】
W0216. 2	神生天女	
W0216. 2. 1	天神生天女	
W0216. 2. 1. 1	天女是天神的女儿	【关联】①
W0216. 2. 2	雷婆生天女	
W0216. 2. 2. 1	天女蚂拐是雷婆的女儿	【壮族】
W0216. 3	天女是变化产生的	
W0216. 3. 1	动物变成天女	
W0216. 3. 1. 1	癞蛤蟆变成天女	【羌族】
W0216. 3. 1. 2	燕子变成天女	【汉族】
W0216. 4	与天女的产生有关的其他母题	
W0217	**天女的特征**	
W0217. 0	天女很美丽	【汉族】
W0217. 1	长着特殊眼睛的天女	
W0217. 1. 1	直眼睛的天女（直眼天女）	
W0217. 1. 1. 1	天女亲红褒白是直眼	【纳西族】
W0217. 1. 2	独眼天女	【独龙族】 * ［W0075. 6. 1］ 独眼神
W0217. 1. 2. 1	独眼女儿墨美很聪明	【独龙族】
W0217. 1. 2. 2	独眼天女木美姬	【独龙族】
W0217. 1. 3	横眼天女	
W0217. 1. 3. 1	三天女中最小的老三是横眼女	【纳西族】
W0217. 2	天女的外形是特定动物	
W0217. 2. 1	白鸽是天女	【普米族】
W0217. 2. 2	青蛙是天女	［W0225. 0. 1. 1］ 天女青蛙
W0217. 3	天女长着翅膀	【关联】②
W0217. 3. 1	天女洗浴时摘下翅膀	【壮族】
W0217. 5	天女的性格	

① ［W0215］ 天女；［W0649. 2］ 祖先是天女

② ［W0067. 1. 3］ 有翅膀的女神；［W0212. 1. 2］ 天使有翅膀；［W0826. 2. 1］ 仙女长着翅膀

W 编码	母题描述	关联项
W0217.5.1	天女善良	【哈尼族】
W0217.5.1.1	善良的天女貌丑	【纳西族】
W0217.5.2	天女爱劳动	【彝族】
W0218	**天女的数量**	［W0202.2.2］天神的女儿
W0218.1	3 个天女	【鄂伦春族】
W0218.1.1	三个天女，大姐恩库伦，二姐正库伦，三妹佛库伦	【满族】
W0218.2	7 个天女（七天女）	【汉族】 * ［W0826.5.3］七仙女
W0218.3	8 个天女（八天女）	
W0218.3.1	8 个天女下凡	
W0218.3.1.1	8 个天女下凡游天池	【满族】
W0218.4	9 个天女	【民族，关联】①
＊**W0219**	**天女的生活**	
W0220	**天女的服饰**	
W0220.1	天女身穿彩云	【满族】
W0220.2	天女身穿白纱	【鄂伦春族】
W0220.3	天女的带翅膀的衣服	【蒙古族】
W0220.4	天女穿特定的衣衫	
W0220.4.1	天女白云格格身披 99 朵雪花云镶成的银光衫	【满族】
W0220.4.2	天女穿云衣	【满族】
W0221	**天女的食物**	
W0222	**天女的居所**	
W0222.1	天女住天河边	【汉族】 * ［W1789.5a.1］银河上有做生意的仙女
W0223	**天女的出行**	
W0223.1	天女靠仙拂帚飞行	【水族】
W0223.2	天女抖动羽衣飞行	【蒙古族】

① 【哈尼族】【满族】【水族】 * ［W0202.2.4.3.9］天神有 9 个女儿；［W0204.11b.1.10.1］天帝有 9 个女儿

W 编码	母题描述	关联项
W0223. 3	天女飞行能力的失去	
W0223. 3. 1	天女的仙拂帚失去后丧失飞行能力	【水族】
W0223. 3. 2	天女怀孕后丧失飞行能力	【满族】
W0224	**天女下凡**	［W0826. 4a. 1］仙女下凡
W0224. 1	天女下凡的原因	［W0106. 2］神下凡的原因
W0224. 1. 0	天女被贬下凡	
W0224. 1. 0. 1	天女为人类偷稻种被贬下凡	【哈尼族】
W0224. 1. 0. 2	天女被变成狗后贬下凡	【哈尼族】
W0224. 1. 1	天女为爱情下凡	
W0224. 1. 1. 1	天女因爱凡间男子下凡	【水族】
W0224. 1. 1. 2	天女为私奔下凡	【汉族】
W0224. 1. 1. 3	天女因躲婚下凡	【汉族】
W0224. 1. 1. 3. 1	天女册恒布白命为拒绝婚姻下凡另找配偶	【纳西族】
W0224. 1. 1. 4	天女嫁凡人后下凡	【纳西族】
W0224. 1. 2	天女下凡游玩	【满族】
W0224. 1. 3	天女下凡洗浴	【满族】
W0224. 1. 3. 1	天女下凡在菊潭里洗澡	【汉族】
W0224. 1. 3. 2	天女下凡在天湖里洗澡	【汉族】
W0224. 1. 4	天女因在天上活腻了下凡（天女因无聊下凡）	【汉族】【满族】
W0224. 1. 5	天女为完成特定任务下凡	
W0224. 1. 5. 1	天女下凡洗麻线	【羌族】
W0224. 2	天女下凡的方法	
W0224. 2. 1	天女靠羽衣飞行	【蒙古族】
W0224. 2. 2	天女通过天梯下凡	【满族】 ＊［W1445］天梯
W0224. 2. 3	天女踏云彩下凡	【水族】
W0224. 2. 3a	天女驾祥云下凡	【汉族】
W0224. 2. 4	天女变鸟后下凡	【纳西族】
W0224. 2. 5	天女通过云峰下凡	【满族】

W 编码	母题描述	关联项
W0224.3	天女下凡的时间	
W0224.3.1	天女七月七下凡	【布依族】【黎族】
W0224.3.2	天女七月十五下凡洗浴	【满族】
W0224.3.3	天女除夕半夜下凡	【纳西族】
W0224.3a	天女下凡的落脚点	
W0224.3a.1	天女下凡落脚云梦山	【汉族】
W0224.3a.2	天女下凡落脚山顶湖	
W0224.3a.2.1	天仙女木吉卓下凡到了海子（山顶湖）	【羌族】
W0224.4	天女下凡的阻扰者	
W0224.5	天女下凡的帮助者	
W0224.5.1	牙巫女神帮天女下凡	【水族】
W0224.6	天女下凡的结果	
W0224.6.1	天女下凡结婚生子	【汉族】
W0224.6.2	天女下凡被抓回	【汉族】
W0224.6.3	天女下凡生子后被召回	【蒙古族】
W0224.7	与天女下凡与关的其他母题	
W0224.7.1	天女回天	
W0224.7.1.1	天女得羽衣回天	【蒙古族】 * ［W0225.4］仙女得羽衣回天
W0224.7.1.2	下凡的天女看到凡人返回天上	【满族】
W0224.7.2	特定的天女下凡	
W0224.7.2.1	王母娘娘7个女儿中张四姐、张七妹都偷下过凡间	【汉族】
W0224a	**天女的其他行为**	
W0224a.1	天女散花	【汉族】
W0224a.1.1	天女散花使人间有了百花	【汉族】 * ［W3800］花的产生
W0224a.2	天女沐浴（天女洗浴）	［W0826.4a.2］仙女洗浴
W0224a.2.1	天女在特定时间沐浴	
W0224a.2.1.1	八月十五仙女下凡洗浴	【畲族】
W0224a.2.2	天女沐浴后熏香	【蒙古族】

W 编码	母题描述	关联项
W0224a. 2. 3	天女夜间洗浴	【壮族】
W0224a. 2. 4	天女在耙平的田中洗澡	【壮族】
W0224a. 3	天女助人	
W0224a. 4	天女牧羊	【羌族】
W0225	**与天女有关的其他母题**	【关联】①
W0225. 0	特定类型的天女	
W0225. 0. 1	动物天女	
W0225. 0. 1. 1	天女青蛙	
W0225. 0. 1. 1. 1	天女青蛙分管人福祸	【壮族】
W0225. 1	特定名称的天女（天女的名称）	【民族，关联】②
W0225. 1. 1	天女衬红褒白命	【纳西族】
W0225. 1. 2	天女阿晅	
W0225. 1. 2. 1	天女阿晅为人间送火种	【水族】
W0225. 1. 2a	天女牙线	
W0225. 1. 2a. 1	牙线为天神第九女	【水族】
W0225. 1. 3	天女魃	【汉族】
W0225. 1. 3. 1	天女魃腾云驾雾	【汉族】
W0225. 1. 4	天上的三公主	【畲族】
W0225. 1. 5	天上的七公主	【傣族】
W0225. 1. 6	天女木吉卓（木姐珠）	
W0225. 1. 6. 1	木吉卓是天王木比达的三公主	【羌族】
W0225. 1. 7	天女麦冬海依	
W0225. 1. 7. 1	麦冬海依成天在天河里洗澡游玩	【珞巴族】
W0225. 2	天女的本领（天女的能力）	
W0225. 2. 1	天女会飞	【汉族】
W0225. 2. 2	天女变形	
W0225. 2. 2. 1	天女变白鹤	【纳西族】
W0225. 2. 2. 2	天女通过羽衣变形	【达斡尔族】

① ［W0649. 2］祖先是天女；［W0727. 1］盘古与天女婚［W0826. 2a. 3］仙女是天女；［W1103. 10. 4］天女开天辟地；［W1175. 5. 1］天女造地

② 【珞巴族】【满族】 ＊［W0202. 2. 4. 3. 13］特定名称的天神的女儿

W 编码	母题描述	关联项
W0225.2.3	天女会武艺	
W0225.2.3.1	天女善射	【满族】
W0225.2.4	天女口吐莲花	【傣族】
W0225.3	天女的化身	
W0225.3.1	天女化身美人松	【满族】
W0225.4	天女的使者	［W0171］神的使者
W0225.4.1	特定的鸟是天女的使者	【珞巴族】 * ［W0171］神的使者
W0225.4.1.1	天女的使者蝙蝠	【纳西族】
W0225.4.1.2	鹤鹁是天女列德罗登的使者	【珞巴族（崩如部落）】
W0225.5	天女的亲属	
W0225.6	天女的排行	
W0225.6.1	天女的大姐	
W0225.6.2	天女的二姐	
W0225.6.3	三天女（最小的三天女）	
W0225.6.3.1	天神木比塔的三姑娘木姐	【羌族】
W0225.6.4	其他排行的天女	
W0225.6.5	不同代次的天女	
W0225.6.5.1	第1代天女	
W0225.6.5.2	第2代天女	
W0225.6.5.3	第3代天女	
W0225.6.5.4	第4代天女	
W0225.6.5.5	第5代天女	
W0225.6.5.6	第6代天女	
W0225.6.5.7	第7代天女	
W0225.6.5.7.1	第七代天女沙饶里字今姆	【纳西族】
W0225.6.6	最小的天女（幺天女）	
W0225.6.6.1	9个天女中最小的天女叫九女	【满族】
W0225.7	天的女儿	
W0225.7.1	天的女儿麦冬海依	【珞巴族】［W0225.1.7］天女麦冬海依

W 编码	母题描述	关联项
W0226	**天后**	
W0226.1	天后妈祖	【汉族】
W0227	**天官**	
W0227.1	天官赐福	【汉族】
W0228	**上帝**①	
W0228.1	上帝的产生	
	特定来历的人物升天成为上帝	
W0228.1.1	碧玉中的真气化生的凡胎升天成为上帝	【汉族】
W0228.2	上帝的特征（上帝的身份）	
W0228.2.1	上帝无形	
W0228.2.2	上帝慈善	
W0228.2.2.1	上帝向人间撒面粉	【汉族】
W0228.2.3	上帝即天帝	【汉族】
W0228.3	上帝的职能（上帝的事迹，上帝的生活）	
W0228.3.1	上帝助人	
W0228.3.1.1	上帝帮愚公移山	【汉族】
W0228.4	特定名称的上帝	
W0228.4.1	昊天上帝	【汉族】
W0228.5	与上帝有关的其他母题	
W0228.5.1	上帝劝善	【汉族】
W0229	**与天上的神有关的其他母题**	
W0229.1	天上的女巫	【汤普森】A205； ＊［W9120］巫师

① 上帝，在中国神话中是一个出现较早的名称，与基督教所信奉的“上帝”有所不同。如《通典·礼典》：“所谓昊天上帝者，盖元气广大则称昊天，远视苍苍即称苍天，人之所尊，莫过于帝，托之于天，故称上帝。”在《诗经》、《尚书》、《礼记》及二十四史中往往充当“至上神”的含义。从目前采集的神话资料看，有些地方的神话讲的“上帝”可能受到某些外来影响。

0.2.2 地神
【W0230～W0239】

W 编码	母题描述	关联项
✿ **W0230**	**地神**	【汤普森】A400； ＊【白族】
W0231	**地神的产生**	［W0238.1］地母的产生
W0231.1	地神源于特定地方	
W0231.1.1	天神到地上成为地神	【珞巴族】
W0231.1.2	创世主派来地神	【哈萨克族】
W0231.2	地神是造出来的（造地神）	
W0231.3	地神是生育产生的（生地神）	［W0185］天神是生育产生的（生天神）
W0231.3.1	神生地神	
W0231.3.1.1	第二代神王生地神	【哈尼族】
W0231.3.1.2	天神生地神	【满族】
W0231.3.2	人生地神	
W0231.3.3	动物生地神	
W0231.3.3.1	鱼生地神	
W0231.3.3.1.1	金鱼娘生地神密玛	【哈尼族】
W0231.3.3.1.2	金鱼的背中生地神	【哈尼族】
W0231.3.4	其他特定物生地神	
W0231.4	地神是变化产生的	
W0231.4.1	神性人物成为地神	
W0231.4.1.1	共工之子成为地神①	【汉族】 ＊［W0685］共工
W0231.4.2	人变成地神	
W0231.4.2.1	天上的人到地上成为地神	【珞巴族】
W0231.4.2.2	一个女子成为地神	
W0231.4.2.2.1	黄羽阳氏的妻子成为地神	【朝鲜族】

① 目前见到的文献中没有出现共工的妻子，故把这种母题放入一般性出生母题类型。

W 编码	母题描述	关联项
W0231.4.3	天星变成地神	【彝族】
W0231.5	与地神的产生有关的其他母题	[W0058.3.1.2] 地神是地上最早的神
W0231.5.1	地上最早产生一个地神	【傈僳族】 * [W0058.3.1.2] 地神是地上最早的神
W0232	**地神的特征**	
W0232.1	地神的性别	
W0232.1.1	男地神	
W0232.1.1.1	男地神阿奥	【哈尼族】
W0232.1.2	女地神	【汤普森】A401; * [W0238] 地母
W0232.1.2.1	12 个乌摩中二姐管地①	【哈尼族】
W0232.2	地神的外貌	
W0232.2.1	地神身材矮小	【彝族】
W0232.2.2	地神是鸡	[W0047.2.1] 公鸡成为神（公鸡变成神）
W0232.2.2.1	太阳神和月亮神的儿子鸡是地神	【白族】
W0232.3	地神的性格	
W0232.3.1	地神最慈善	【彝族】
W0232.3.2	地神勤快	
W0232.3.2.1	地神造地比天神造天勤快	【汉族】
W0232.4	与地神特征有关的其他母题	
W0232.4.1	地神是善神	【达斡尔族】
W0233	**地神的生活**	
W0233.1	地神的成长	
W0233.2	地神的居所	
W0233.2.1	地神住宇宙的下三层	【关联】②
W0233.2.1.1	地神与魔鬼住宇宙的下三层	【满族】

① 乌摩，哈尼语，指精灵、鬼神等。
② [W0198.2] 天神住宇宙中央；[W1067.2] 世界分 3 层（宇宙分 3 层）

W 编码	母题描述	关联项
W0233.2.2	地神住天宫	【彝族】 * ［W1792.0.4］天庭是神的世界
W0233.2.3	地神住地上	【哈尼族】 * ［W1244.11.1］地是地神居住的地方
W0233.2.4	地神住平坝	
W0233.2.4.1	东巴教教主规定地神之主住到平坝	【纳西族】
W0233.2.5	地神居屋中	
W0233.2.5.1	地神在屋角	【羌族】
W0233a	**地神的身份**	
W0233a.1	地神是人类祖先	【苗族】 * ［W0233b.1.1］地神造人类
W0233a.2	地神是工匠	【彝族】 * ［W1175.2a］地神造地
W0233a.3	地神是家庭保护神	【彝族】 * ［W0443.1］家神（家鬼，家庭保护神，家族保护神）
W0233a.4	地神有特定的地位	
W0233a.4.1	地神地位仅次于山神	【彝族】
W0233a.4.2	地神地位低于祖宗神	【彝族】
W0233a.5	地神是天的王子	【白族】
W0233a.6	地神即田公、地母	【彝族】 * ［W0147.4］田公地母
W0233b	**地神的职能（地神的能力）**	
W0233b.1	地神造物	
W0233b.1.1	地神造人类	【佤族】 * ［W2050］造人者
W0233b.2	地神会变化	
W0233b.2.1	地神化身为老人	【仡佬族】
W0233b.3	地神管地上万物	【民族，关联】①
W0233b.3.1	地神管理地上的庄稼	【白族】

① 【蒙古族】【彝族（白彝、黑彝、干彝、阿乌、撒尼等）】 * ［W5076.2］地神管理世界

W 编码	母题描述	关联项
W0233b. 3. 2	地神管动物	【苗族】
W0233b. 4	地神管地	【毛南族】
W0233b. 4. 1	地神主宰大地	【藏族】
W0233b. 4. 2	地神主管旱地	
W0233b. 4. 2. 1	地神是主管旱地之神	【壮族】
W0233b. 5	地神管风雨	【羌族】
W0234	**地神的关系**	
W0234. 1	地神的父母	
W0234. 2	地神的兄弟姐妹	
W0234. 2. 1	地神的哥哥是天神	［W0202. 3］天神的兄弟
W0234. 2. 1. 1	地神德布阿尔的哥哥是天神更资	【彝族】
W0234. 2. 2	地神九姐妹	
W0234. 2. 2. 1	地神九姐妹辟地	【纳西族】
W0234. 3	地神的子女	
W0234. 3. 1	地神的儿子	
W0234. 3. 2	地神的女儿	
W0234. 3. 2. 1	地神之女娜隆	【哈尼族】
W0234. 3. 2. 2	地神的姑娘开地门	【哈尼族】
W0234. 3. 2. 3	地神的女儿是大力神	【满族】
W0234. 4	地神的从属	
W0234. 4. 1	地神领着小鬼、小判等	【汉族】
※W0235	**与地神有关的其他母题**	【仡佬族】
W0235. 1	特定名称的地神（地神的名称）	
W0235. 1. 1	地神朗	【羌族】
W0235. 1. 2	地神布洛陀	【壮族】
W0235. 1. 3	地神嘎吉日·巴尔肯	【达斡尔族】
W0235. 1. 4	地神密玛（地神朱鲁）	【哈尼族】
W0235. 1. 4. 1	第二代男神王烟沙生地神朱鲁	【哈尼族】
W0235. 1. 5	地神又称土主神	【朝鲜族】
W0235. 1. 6	地神又名地示	【汉族】
W0235. 1. 6a	地神又名地祇	【汉族】

W 编码	母题描述	关联项
W0235.1.6a.1	正月辛未郊祀地祇	【汉族】
W0235.1.7	地神哈鲁弗戈索戈	【珞巴族】
W0235.1.8	地神尹安妣	【彝族】
W0235.1.9	地神巴那姆赫赫	
W0235.1.9.1	女天神阿布卡赫赫的下身又裂出女地神巴那姆赫赫	【满族】
W0235.1.9.1a	地神巴那吉额姆	【满族】
W0235.1.10	地神为“地母”	【白族】
W0235.1.10a	地的王子	
W0235.1.10a.1	地的王子是一个管理土地的神	【白族】
W0235.1.11	地神如比士	【羌族】
W0235.1.12	地奶奶（地老奶）	【藏族】
W0235.1.13	地神称五谷神	【白族（那马）】
W0235.2	阴神	［W0209.5］阳神
W0235.2.1	阴神老奶奶	【纳西族】
W0235.2.2	女神即阴神	
W0235.2.2.1	格玛金姆是女神、阴神	【纳西族】
W0235.3	巡地的神	
W0235.3.1	巡地之神米扎扎拉	【哈尼族】
W0235.4	地神王	
W0235.4.1	三个地神王	【哈尼族】
W0235.5	地神的象征物	［W0236.5.2］土地神的象征物（土地神的代表物）
W0235.5.1	石头象征地神	
W0235.5.1.1	白石象征地神	【羌族】【藏族（嘉绒）】
W0235.5.1.2	白石“扎给尔”意为“大地之神”	【藏族（嘉绒）】
W0235.5.1.3	白石“尕比”意为“地神”	【藏族（嘉绒）】
W0235.6	地神的数量	［W0193］天神的数量
W0235.6.1	3个地神	
W0235.6.1.1	造地的3个地神是密则、达拉和阿尼	【哈尼族】

W 编码	母题描述	关联项
W0235.6.2	4个地神	
W0235.6.2.1	4个角的地神（四角地神）	【白族】
W0235.7	地上的神	
W0235.7.1	河神、海神、湖神、山神、土地神、治病神不愿回天成了地上的神	【满族】
◎	**〖常见的地神〗**	
W0236	**土地神（土神，土地，土地公，土地公公，土地爷爷，土地奶奶）①**	［W0230］地神
W0236.1	土地神的产生	
W0236.1.0	土地神自然存在	
W0236.1.0a	土地神是造出来的	
W0236.1.0a.1	特定的神造土地神	
W0236.1.0a.1.1	神官捧腊哈纳罗用泥造了8个土地神	【傣族】
W0236.1.1	神生土地神	【白族】
W0236.1.1.1	第二代神王烟沙生土神达俄	【哈尼族】
W0236.1.1.2	女神娥婆生男女土地神	【苗族】
W0236.1.2	祖先成为土地神	【黎族】
W0236.1.3	土地神是指派来的	
W0236.1.3.1	创世主迦萨甘派来土地神	【哈萨克族】
W0236.1.4	特定的人成为土地神	［W0734.1］神农为主管作物的土神
W0236.1.4.1	土皇是天公地母的儿子	【白族】
W0236.1.4.1.1	天公地母封他们的幼子为土皇	【白族】

① 土地神（土神，土地，土地公，土地公公，土地爷爷，土地奶奶），在一些神话中“土地神”与“地神”存在混用的现象。土地神作为中国民间最为常见的神之一，有许多不同称谓，如“福德正神”、“土地公公”、“土地公”、“土地爷爷”、“土地爷”、“后土”、“土正”、“社神”、“土伯”等等。关于其产生也是众说不一，如“句龙”、“后土”、“共工”，周朝的“张福德”，三国时期的“蒋子文”，唐代的“韩愈”，南宋的“岳飞”等都能成为土地神的原型，其具体情况在各地神话传说中往往有不同的说法，如农历二月初二为土地公诞辰；八月十五日，为其成道升天日。本编目为表述的需要，另单设“地神”、“社神”项，以供使用者进行更具体的分析研究。

W 编码	母题描述	关联项
W0236.1.4.2	1个女子成为土地神	【朝鲜族】
W0236.1.4.3	板恩村侬敏为人正直死后立为土地神（峒主）	【壮族】
W0236.1.5	动物变成土地神	
W0236.1.5.1	乌龟成为土地神	【汉族】
W0236.1.6	与土地神产生有关的其他母题	
W0236.1.6.1	先有山冈后有土地公	【侗族】
W0236.1.6.2	特定的灵魂成为土地神	【壮族】
W0236.1.6.2.1	祖先的鬼魂成为土地神	【壮族】 * ［W0236.3.14.1］寿终正寝的祖先的鬼魂转化为土地神
W0236.1.6.3	女始祖密洛陀封她的负责造谷物的儿子为土地神	【瑶族（布努）】
W0236.1.6.4	地鬼变成土地神	
W0236.1.6.4.1	地鬼有了土地庙后变成土地神	【白族（那马）】
W0236.2	土地神的特征	
W0236.2.1	土地神的性别	
W0236.2.1.1	男土地神	
W0236.2.1.1.1		【汤普森】男土地神耇代；* 【苗族】
W0236.2.1.2	女土地神	［W0236.4.2.3］土地奶奶
W0236.2.1.2.1	女土地神妹娲	【苗族】
W0236.2.1.2.2	土地之王是女神	【蒙古族（布里亚特）】
W0236.2.1.2.3	土地婆	【汉族等】
W0236.2.2	土地神的外貌	
W0236.2.2.1	土地神是白发老人	【锡伯族】
W0236.2.2.2.2	土地神有动物特征	
W0236.2.2.2.2.1	兔形土地神	
W0236.2.2.2.2.1.1	兔形土地神鵜扶君	【汉族】
W0236.2.3	土地神的性格	
W0236.2.3.1	土地神性情善良	【汉族】

W 编码	母题描述	关联项
W0236. 2. 3. 1. 1	土地是善良的老公公	【毛南族】
W0236. 2. 3. 2	土地神胆小	
W0236. 2. 3. 2. 1	土地神怕恶人	【土家族】
W0236. 2. 3. 2. 2	土地被雷声吓跑	【汉族】
W0236. 2. 3. 3	土地神热心助人	【毛南族】
W0236. 2. 3. 4	土地爷好管闲事	【汉族】
W0236. 3	土地神的身份（土地神的职能）	［W1264. 1. 7］土地神造田
W0236. 3. 1	土地神是穷神	
W0236. 3. 1. 1	土地神是穷神的原因	
W0236. 3. 1. 1. 1	洪水中土地神丢了金银财宝变成穷神	【汉族】【毛南族】
W0236. 3. 1. 1. 2	洪水造成人走香火断，土地爷变成了穷神	【汉族】
W0236. 3. 2	土地公和土地婆管人间世事	【黎族】
W0236. 3. 3	土地神管大地	【毛南族】
W0236. 3. 3. 1	以前管理大地的神名叫土地	【毛南族】
W0236. 3. 3. 2	土地神主司四方土地	【汉族】
W0236. 3. 3. 3	土地神是大地之主	【藏族】
W0236. 3. 3a	土地神管阴、阳两界	
W0236. 3. 3a. 1	峒主依敏既管阴间，也管阳间	【壮族】
W0236. 3. 4	土地神是乡土保护神	【汉族】
W0236. 3. 4. 1	土地神看守村寨	【民族，关联】①
W0236. 3. 4a	土地神是土地保护神	【壮族】
W0236. 3. 4b	土地神是乡神	【汉族】
W0236. 3. 4c	土地神是社神	【汉族】
W0236. 3. 4c. 1	封土为社以报功	【汉族】
W0236. 3. 4c. 2	土主即社王	【壮族】
W0236. 3. 5	土地神是农神	【锡伯族】

① 【黎族】 * ［W0239. 1. 2. 4］土主是地域或村寨保护神；［W0440］村寨保护神（寨神，村神，村寨神）

W 编码	母题描述	关联项
W0236.3.5.1	土地神管五谷丰登	【达斡尔族】
W0236.3.5.2	土神主稼穑	【汉族】
W0236.3.6	土地神掌管天气	
W0236.3.6.1	土地神掌管天气顺调	【达斡尔族】
W0236.3.7	土地神能治病	【锡伯族】
W0236.3.8	土地神是地方神（土地神是地方保护神）	【汉族】
W0236.3.8.1	土地公和土地婆专管海南岛上的人间世事	【黎族】
W0236.3.8.2	土地公神是地方保护神	【壮族】 *［W0438］地方神（地方保护神）
W0236.3.9	土地神为人造田种庄稼	【瑶族】
W0236.3.9.1	土地神主宰庄稼	【藏族】
W0236.3.9a	土地神是作物神	
W0236.3.9a.1	土地神保佑庄稼	【傈僳族】
W0236.3.9a.2	青苗土地是保护庄稼丰收的神	【羌族】 *［W0236.4a.5］青苗土地
W0236.3.10	土地神是管庭院之神	
W0236.3.10.1	土地神由农神变成管庭院之神	【锡伯族】
W0236.3.11	土地神是媒神	【土家族】 *［W0467.4.1］媒神
W0236.3.11.1	土地神是劝婚者	【毛南族】
W0236.3.12	土地神掌管家畜兴旺	【达斡尔族】
W0236.3.13	土地神引领亡灵	
W0236.3.13.1	巫师病死，由土地神送诣太山	【汉族】
W0236.3.14	土地神是祖先神	［W0641］祖先神（祖神、始祖神）
W0236.3.14.1	寿终正寝的祖先的鬼魂转化为土地神	【壮族】
W0236.3.15	土地神是巫师的助手	［W0911］招魂（叫魂，追魂，招鬼，安魂）

W 编码	母题描述	关联项
W0236. 3. 15. 1	土地神是招魂的协助者	【壮族】
W0236. 3. 16	土地神是文神	
W0236. 3. 16. 1	文神的祭坛在房顶	【藏族】
W0236. 3. 17	土地神是家神	【壮族】 * ［W0443. 1］家神（家鬼，家庭保护神，家族保护神）
W0236. 3. 18	土地神管理家神	【壮族】
W0236. 3. 19	土地神管万物生长	【藏族】
W0236. 3. 20	土地神能原人之意	【汉族】
W0236. 3a	土地神的生活（土地神的行为）	
W0236. 3a. 1	土地神的服饰	
W0236. 3a. 1. 1	土地神戴草帽	【毛南族】
W0236. 3a. 1. 2	土地神穿麻纸衣	【苗族】
W0236. 3a. 2	土地神的食物	
W0236. 3a. 2. 1	土地神不吃狗肉	［W6537］动物禁忌
W0236. 3a. 2. 1. 1	社王忌狗肉	【壮族】
W0236. 3a. 2. 2	土地神吃香火	【苗族】
W0236. 3a. 3	土地神的居所	
W0236. 3a. 3. 1	土地神住石洞	【毛南族】 * ［W0099. 4. 3. 1］神住石洞
W0236. 3a. 3. 1. 1	土地神放在古树下的小石洞里	【毛南族】
W0236. 3a. 3. 2	土地神居村头石头下	【毛南族】
W0236. 3a. 3. 3	土地神住树洞	【民族，关联】①
W0236. 3a. 3. 4	土地神放置石室中	【汉族】
W0236. 3a. 3. 5	土地神住石板房	【苗族】
W0236. 3a. 4	土地神的出行	
W0236. 3a. 4. 1	土地神四处云游	
W0236. 3a. 4. 1. 1	土神阿公和阿婆四处云游	【土家族】
W0236. 3a. 5	土地神的用品	
W0236. 3a. 5. 1	土主坐在五宝莲花垫上	【藏族】

① 【汉族】 * ［W0328. 7］雷神住树洞；［W0394. 6. 3］山神住树上中；［W0461. 5. 1］猎神住树洞；［W0474. 6. 3. 2］社神居村边大树下

W编码	母题描述	关联项
W0236.3a.6	土地神经历	
W0236.3a.6.1	土地神捉雷公	【毛南族】
W0236.3a.6.2	土地神见天帝	【汉族】
W0236.3a.7	土地神不睡觉	【苗族】
W0236.4	土地神的关系	
W0236.4.1	土地神的父母或祖先	
W0236.4.1.1	中雷土神是地母的孙子	【彝族（撒尼）】
W0236.4.2	土地神的妻子	
W0236.4.2.1	土地神的妻子土地婆	【民族，关联】①
W0236.4.2.2	土地神斯拉的妻子石头神芙格洛赫	【高山族（阿美）】
W0236.4.2.3	土地奶奶	
W0236.4.2.3.1	聪明的土地奶奶	【汉族】
W0236.4.2.3.2	土地奶奶做错事，被土地爷打跑	【汉族】
W0236.4.3	土地神的子女	
W0236.4.3.1	云、雨、雷、台风都是土地神的子孙	【高山族（阿美）】
W0236.4.4	土地神的上司	［W0474.3.1］社是土地之神的神主
W0236.4.5	土地神的属神	
W0236.4.5.1	土地神的辅佐是社王、灶王	【民族，关联】②
W0236.4.5.2	土地神率六甲六丁	【汉族】
W0236.4a	土地神的类型	［W0474.9］社神的类型
W0236.4a.1	土地神有多种层次	
W0236.4a.2	四个方位的土地神	
W0236.4a.2.1	“四帝”是东西南北四方的土地神	【侗族】
W0236.4a.2.2	东方土地（东方土神，东方土地神）	【白族】【羌族】【彝族】

① 【汉族】【土家族】 ＊［W0147.5］土地公和土地婆（土地公与土地母）；［W0147.5.2］土地菩萨和土地婆婆

② 【毛南族】 ＊［W0474］社神；［W0493］灶神（灶王、灶王爷）

W 编码	母题描述	关联项
W0236. 4a. 2. 3	南方土地（南方土神，南方土地神）	【白族】【羌族】【彝族】
W0236. 4a. 2. 4	西方土地（西方土神，西方土地神）	【白族】【羌族】【彝族】
W0236. 4a. 2. 5	北方土地（北方土神，北方土地神）	【白族】【羌族】【彝族】
W0236. 4a. 3	特定地方的土地神（特定地点的土地）	
W0236. 4a. 3. 1	嵩山的土地神	【汉族】
W0236. 4a. 3. 2	桥梁土地	【羌族】
W0236. 4a. 3. 3	路旁土地	【羌族】
W0236. 4a. 4	花园土地	【汉族】
W0236. 4a. 5	青苗土地	【汉族】
W0236. 4a. 6	长生土地	【汉族】
W0236. 4a. 7	拦凹土地	【汉族】
W0236. 4a. 8	庙神土地	【汉族】 ＊［W0461a］庙神
W0236. 4a. 8. 1	庙门土地	【羌族】
W0236. 4a. 9	动物土地神	
W0236. 4a. 9. 1	鹿是土地神	【蒙古族（布里亚特）】
W0236. 4a. 10	名山土地（阴曹地府土地）	
W0236. 4a. 10. 1	阳间王大臣死后被阴天子封为名山土地	【汉族】
W0236. 4a. 11	白石土地神	【关联】①
W0236. 4a. 11. 1	白石迷阿纳·扎给尔	【藏族（嘉绒人）】
W0236. 4b	土地神的数量	［W0235. 6］地神的数量
W0236. 4b. 1	8 个土地神	【傣族】
W0236. 5	与土地神有关的其他母题	【关联】②
W0236. 5. 1	特定名称的土地神	【民族，关联】③

① ［W0236. 5. 2. 3. 1］白石象征土地神；［W0398. 2. 3. 2］白石神；［W6428. 6］白石崇拜

② ［W0332. 2］雷神管地；［W0396. 11. 2］山神是土地神；［W1168. 21. 1. 2. 5］地神把守南天门

③ 【汉族】【彝族】 ＊［W0147. 5. 3］土神阿公和阿婆从天堂山来；［W0768. 16. 3. 1］后土娘娘是土地神

W 编码	母题描述	关联项
W0236.5.1.1	土地神“四帝”	【侗族】
W0236.5.1.2	土地神嘎吉日·巴尔肯	【达斡尔族】
W0236.5.1.3	土地神沈土官	【壮族】
W0236.5.1.3a	土地神岑土官	【壮族】
W0236.5.1.3b	土地神李天保	【壮族】
W0236.5.1.3c	土地公（峒主、土地）	【汉族】
W0236.5.1.3c.1	各庙的土地公都有明确的姓名	【壮族】
W0236.5.1.3c.1.1	板恩村最早的峒主依敏	【壮族】
W0236.5.1.4	土地神后土	【汉族】
W0236.5.1.4a	土神称神农	【汉族】
W0236.5.1.5	土地爷	
W0236.5.1.5.1	土地爷受信任	【汉族】
W0236.5.1.5a	土地真君	
W0236.5.1.5a.1	土地神又称土地真君	【汉族】
W0236.5.1.6	土神达俄	
W0236.5.1.6.1	第二代男神沙拉生土神达俄	【哈尼族】
W0236.5.1.7	土地神斯拉	【高山族（阿美）】
W0236.5.1.8	土地神勒则勒郎	【瑶族】
W0236.5.1.9	土地神巴纳厄真	【锡伯族】
W0236.5.1.10	土地神登玛	【藏族】
W0236.5.1.11	土公	【白族】 * ［W0147.4.7］田公地母即土公土母
W0236.5.1.12	土神甲马	
W0236.5.1.12.1	土神甲马是一头水牛	【白族】
W0236.5.1.13	土地神又称土皇（土皇帝）	【傈僳族】
W0236.5.1.13.1	老厨师被误杀后封为土皇帝（土神）	【纳西族】
W0236.5.1.13.2	土皇分节令	【纳西族】 * ［W4810］二十四节气
W0236.5.2	土地神的象征物（土地神的代表物）	

W 编码	母题描述	关联项
W0236. 5. 2. 1	土地神神偶	
W0236. 5. 2. 1. 1	土地神的神偶放在家堂祖先神偶下方接地处	【汉族】
W0236. 5. 2. 2	大山代表土地神	【毛南族】
W0236. 5. 2. 3	石块代表土地神	【汉族】【壮族】
W0236. 5. 2. 3. 1	白石象征土地神	【藏族】
W0236. 5. 2. 4	树是土地神的化身	【壮族】
W0236. 5. 3	土地庙小的来历	【黎族】
W0236. 5. 4	田神	[W0549. 4] 水田天地老爷
W0236. 5. 4. 1	第二代神王烟沙生田神得威	【哈尼族】
W0236. 5. 4. 2	田神主管田峒	【壮族】
W0236. 5. 4. 3	田神与风神、雨神、雷神、土神、籽种神、水神地神、水沟神、金银铜铁锡神等是兄弟	【哈尼族】
W0236. 5. 4. 4	田神显灵能得好收成	【壮族】
W0236. 5. 4. 5	田祖	【汉族】
W0236. 5. 4a	田界神	
W0236. 5. 4a. 1	田界神若吉士	【羌族】
W0236. 5. 4b	地盘业神	
W0236. 5. 4b. 1	地盘业主神“蔑”	【羌族】
W0236. 5. 4b. 2	地盘业主神属祖先崇拜	【羌族】
W0236. 5. 5	土地神的生日	
W0236. 5. 5. 1	土地神生日是农历二月初二	【汉族】 * [W6613] 春龙节（二月二）
W0236. 5. 6	土地神与人关系最近	【锡伯族】
W0236. 5. 7	土地神被感动	【汉族】
W0236. 5. 7. 1	土地神被哭声感动	【汉族】
W0236. 5. 8	祭土地神	[W6486] 祭地神
W0236. 5. 8. 1	开地、栽秧、挖水塘时祭献土地神	【彝族】
W0236. 5. 8. 2	为祈祷牲畜顺利成长祭土地神	【白族】

W 编码	母题描述	关联项
W0236.5.8.3	祭土地神仪式，称“谢土”或“起土”	【白族】
W0236.5.9	接土地神	
W0236.5.9.1	迁入新居后要接土地神	【彝族】
W0237	**地王（地皇）**	［W0734.3］神农是地皇
W0237.1	地皇的产生	
W0237.1.1	天皇生地皇	【汉族】 *［W0204］天帝（天王、天皇、天君）
W0237.1.2	始祖生地王	
W0237.1.2.1	古老和盘古生地王	【侗族】
W0237.1.3	特定人物生地皇	
W0237.1.3.1	盘古真人与太元圣母生地皇	【汉族】 *［W0791a.3.1.1］太元圣母的丈夫盘古真人
W0237.1.3.2	太元圣母感气生地天皇	【汉族】
W0237.1.4	云化生地皇①	
W0237.1.4.1	地皇是五彩祥云落地变成的莲花王	【侗族】
W0237.1.5	地皇生于山中	【汉族】
W0237.2	地皇的特征	
W0237.2.1	地皇 11 个头	【汉族】
W0237.2.2	地皇面貌如女子	【汉族】 *［W0236.2.1.2］女土地神
W0237.2.3	地皇蛇身兽足	【汉族】
W0237.2.4	地皇龙身	【汉族】
W0237.3	地皇的职能（地皇的身份）	
W0237.3.1	地皇氏是圣人	【汉族】
W0237.3.2	土王管理土地	【土家族】
W0237.3.3	地王从地下挖出日月	【汉族】
W0237.3.4	地皇代人行职	
W0237.3.4.1	地皇是代人行职的星官	

① 地皇，在侗族也可以作为民间神。

W 编码	母题描述	关联项
W0237. 3. 4. 1. 1	地皇是替玉皇大帝掌管人间各种灵性生辰寿日、生老病死轮回的星官	【汉族】 * [W0780. 5] 玉皇大帝的从属
W0237. 3. 5	地皇是人类首领	
W0237. 3. 5. 1	地皇是龙耳山出现的第二个人类首领	【汉族】
W0237. 4	地皇的数量（地王的数量）	
W0237. 4. 1	12 个地王	
W0237. 4. 1. 1	古老和盘古生 12 地王	【侗族】
W0237. 4. 1. 2	地王 12 兄弟	【侗族】
W0237. 4. 2	9 个地皇兄弟	【汉族】
W0237. 4. 2a	地皇兄弟 11 人	【汉族等】
W0237. 5	与地皇有关的其他母题	【关联】①
W0237. 5. 1	特定名称的地皇	【关联】②
W0237. 5. 2	地老爷	
W0237. 5. 2. 1	地老爷杀拉甲伍	【藏族】
W0238	**地母（土母）**	【关联】③
W0238. 1	地母的产生	
W0238. 1. 1	地母的生日	
W0238. 1. 1. 1	地母生日十月十八	【彝族】
W0238. 1. 2	地母生于混沌时代	【彝族】
W0238. 1. 3	月亮的大女儿变成地母	【白族】
W0238. 2	地母的特征	
W0238. 2. 1	地母的外貌	
W0238. 2. 1. 1	地母是老太太（地母是老妇人的样子）	【彝族（撒尼）】【藏族】
W0238. 2. 1. 1. 1	地母是全身生满乳头的黑发老太太	

---

① [W0230] 地神；[W0236. 1. 4. 1] 土皇是天公地母的儿子；[W1902. 1. 4] 地王造五湖四海

② [W0734. 3] 神农是地皇；[W0744a. 4. 1] 地皇氏炎帝神农氏

③ [W0142] 天公地母；[W0207] 天母；[W0232. 1] 女地神

W 编码	母题描述	关联项
W0238.2.1.1.1.1	地母神巴那吉额姆是全身生满乳头的黑发老太太	【满族】
W0238.2.1.2	地母神巴那吉额姆长着人脚、兽腿、鸟爪、虫足	【满族】
W0238.2.1.3	地母身体巨大	【满族】
W0238.2.1.4	地母乳房巨大	【满族】
W0238.2.2	地母善良（善良的地母）	【阿昌族】
W0238.2.3	地母善跑	
W0238.2.3.1	地母神巴那吉额姆跑起来比风还快	【满族】
W0238.3	地母的职能	
W0238.3.1	地母赐丰收	【黎族】 *［W0455］丰收神（丰产神）
W0238.3.2	地母身兼多职	
W0238.3.2.1	地母决定土壤的肥瘠，管理平坝区的土地，保护妇女身体健康	【彝族（撒尼）】
W0238.3.3	地母管生产	【白族】
W0238.3.4	地母辟地	【汉族】
W0238.3a	地母的生活	
W0238.3a.1	地母的服饰	
W0238.3a.1.1	地母神身穿华服宫妆	【彝族（撒尼）】
W0238.3a.1.2	地母神头戴宝冠，冠上刻卦	【彝族（撒尼）】
W0238.3a.1.3	地母神身披霞帔，左手捧珠	【彝族（撒尼）】
W0238.3a.2	地母的饮食	
W0238.3a.3	地母的居所	
W0238.3a.3.1	地母居下界	【满族】
W0238.4	地母的关系	
W0238.4.1	地母的父母	
W0238.4.1.1	地母的母亲	

W 编码	母题描述	关联项
W0238. 4. 1. 1. 1	地母谜阿娜的母亲是地下的大鸣雁	【彝族】
W0238. 4. 2	地母的丈夫	
W0238. 4. 2. 1	地母的丈夫玉皇大帝	【汉族】 * ［W0780. 1］玉皇大帝的妻子
W0238. 4. 3	地母的兄弟姐妹	
W0238. 4. 4	地母的孩子	
W0238. 4. 4. 1	地母的儿子	
W0238. 4. 4. 2	地母的女儿	
W0238. 4. 4. 2. 1	地母的女儿是世上最早出现的女人密玛然咪密扎阿那那聋	【哈尼族】
W0238. 4. 4. 2. 2	地母神的女儿四头六臂八足	【满族】
W0238. 4. 4. 2. 3	地母神的女儿四个头分管四方	【满族】
W0238. 5	地母的寿命与死亡	
W0238. 5. 1	地母劳累而死	【白族】
W0238. 5. 2	地母寿命 12 万岁	【彝族】
W0238. 6	与地母有关的其他母题	【关联】①
W0238. 6. 1	特定名称的地母（地母的名称）	［W0235. 1. 10］地神为“地母”
W0238. 6. 1. 1	地母即后土	【汉族】
W0238. 6. 1. 1. 1	地母是玉皇大帝的妻子后土	【民族，关联】②
W0238. 6. 1. 1a	地母娘娘	【汉族】
W0238. 6. 1. 2	地母神巴那吉额姆	【满族】
W0238. 6. 1. 3	地母斯金	【珞巴族（博嘎尔、崩尼部落）】
W0238. 6. 1. 4	地母遮米麻	【阿昌族】
W0238. 6. 1. 5	地母谜阿娜	【彝族】
W0238. 6. 1. 5a	地母米斯	【彝族】 * ［W0461. 2. 3. 5. 1］女猎神米斯
W0238. 6. 1. 6	地母吾庚	【白族】

① ［W0122. 1b. 1］世间地母最大；［W0713. 4］女娲是地母［W1511. 3. 1］地母生万物；［W1725. 14. 2］地母流产流出的血水变星星；［W1544. 1. 5］地母生日月

② 【汉族】 * ［W0713. 4］女娲是地母；［W0768. 16］后土

W 编码	母题描述	关联项
W0238.6.1.6a	阿利地母元君	【白族】
W0238.6.1.7	地母神儒比威里士	【羌族】
W0238.6.2	土地母	
W0238.6.2.1	凹谷是土地母	【毛南族】
W0239	**与地上的神有关的其他母题**	【汤普森】A490； *［W8793.2］天神地神之争
W0239.1	土主神（土主）①	【彝族】
W0239.1.1	土主的产生	
W0239.1.1.1	特定的人被尊为土主	
W0239.1.1.1.1	会念经的老人死后被称为“福德正神西波土主”	【彝族（撒尼）】
W0239.1.2	土主的特征（土主的职能，土主的身份）	［W0396.11.2.2］山神是土主
W0239.1.2.1	土主蛇首人身	
W0239.1.2.1.1	土主五兄弟蛇首人身	【彝族（撒尼）】
W0239.1.2.2	土主神主管庄稼	【羌族】
W0239.1.2.3	土主是地方神	【彝族（撒尼）】
W0239.1.2.4	土主是地域或村寨保护神	【彝族】
W0239.1.3	特定名称的土主（土主的名称）	【民族，关联】②
W0239.1.3.1	土主登玛	【藏族】
W0239.1.3.2	特定地方命名的土主	
W0239.1.3.2.1	官渡土主	【彝族（撒尼）】
W0239.1.3.2.2	本吉土主	【彝族（撒尼）】
W0239.1.3.2.3	单方土主、	【彝族（撒尼）】
W0239.1.3.2.4	齐兰土主	【彝族（撒尼）】
W0239.1.3.3	土主姑奶奶	【白族】
W0239.1.4	土主的关系	
W0239.1.4.1	土主五兄弟	【彝族（撒尼）】

① 土主神，是一个不很确指的概念，有的神话中与土主、土神混用，有时又与土地神等其他神灵等同。如彝族等民族神话中的土主神往往包含地神、山神、水神、虫神等多种神。

② 【壮族】 *［W0235.1.5］地神又称土主神；［W0236.3.4c.2］土主即社王

W 编码	母题描述	关联项
W0239. 1. 5	与土主有关的其他母题	【关联】①
W0239. 1. 5. 1	土主神居洞中	【纳西族】

0. 2. 3 阴间神（冥神）
【W0240 ~ W0249】

W 编码	母题描述	关联项
※ **W0240**	**阴间神（冥神）**	【汤普森】①A300；②A310
W0241	**冥神之主**	【汤普森】≈A307
W0241. 1	冥神东岳大帝	【汉族】 ＊［W0480］死神（死亡之神）
W0241. 1. 1	东岳大帝是阴间天子	【汉族】
W0242	**阎王（阎王爷）**	［W0248. 1］泰山神是阎罗的上司
W0242. 1	阎王的产生	
W0242. 1. 1	人变为阎王	
W0242. 1. 2	特定的神婚生阎王	
W0242. 1. 2. 1	白昼神和黑夜神孕生阎王判官	【景颇族】
W0242. 1. 3	包拯变成阎王	【民族无考】
W0242. 2	阎王的特征	
W0242. 2. 1	阎王面貌可怕	【汉族】
W0242. 2. 2	阎罗王说话金口玉言	【汉族】
W0242. 2. 3	阎王身材巨大	【傈僳族】
W0242. 3	阎王的身份	
W0242. 3. 1	阎王是地狱之王	【民族无考】
W0242. 3. 2	阎王是昏王	【汉族】
W0242. 4	阎王的职能	

① ［W0236. 3a. 5. 1］土主坐在五宝莲花垫上；［W0396. 11. 2. 2］山神是土主

W 编码	母题描述	关联项
W0242.4.1	阎王处死凡人的方法	［W9921］处死作为惩罚
W0242.4.1.1	阎王把人送到太阳上烤死	【布依族】
W0242.4.2	阎王管地府鬼魂	【关联】①
W0242.4.2.1	玉帝授命阎王分管地府鬼魂	【汉族】
W0242.5	阎王的行为	
W0242.5.1	阎王做纸鬼	【蒙古族】
W0242.5.2	阎王贪腐	
W0242.5.2.1	阎王被冥币收买	【布依族】
W0242.5.3	阎王篡改生死簿	【汉族】
W0242.5.4	阎王爷上天	
W0242.5.4.1	阎王爷上天找老天爷诉事	【汉族】
W0242.6	阎王的生活	
W0242.6.1	阎王的服饰	
W0242.6.2	阎王的食物	
W0242.6.3	阎王的居所	
W0242.6.3.1	阎王居阴间	【达斡尔族】 ＊［W1080］下界的特征（阴间的特征）
W0242.6.3.2	阎王府戒备森严	【民族，关联】②
W0242.6.3.2.1	阎王殿有三道铁门	【鄂伦春族】
W0242.6.3.3	阎王爷住在布尼	【鄂伦春族】
W0242.6.3.4	阎王爷住丰都	【达斡尔族】
W0242.6.3.4.1	阎王爷住阴间丰都城	【鄂伦春族】【鄂温克族】【满族】
W0242.6.3.5	阎王的森罗殿	【汉族】
W0242.6.3.6	阎王在十八层地狱	【傈僳族】
W0242.6.4	阎王的出行	
W0242.6.5	阎王的工具	
W0242.6.5.1	阎王的生死簿	
W0242.6.5.1.1	阎王的生死簿记着人活着时的好坏	【鄂伦春族】

① ［W0872.3］阎王爷赠送灵魂；［W0913.1.1］阎王管灵魂

② 【鄂温克族】【满族】 ＊［W1082］下界的景象（阴间的景象）

W 编码	母题描述	关联项
W0242.7	阎王的关系	
W0242.7.1	阎王的父母	
W0242.7.2	阎王的兄弟姐妹	【汉族】 * ［0780.3.3］玉皇与阎王是兄弟
W0242.7.2.1	阎王有九兄弟	【门巴族】
W0242.7.3	阎王的子女	
W0242.7.4	阎王的舅舅	
W0242.7.4.1	阎王的舅舅管寿限	【满族】
W0242.7.5	阎王的从属	【汉族】 * ［W0779b.2.4］玉皇大帝向阎王传指令
W0242.7.5.1	阎王殿的判官	
W0242.7.5.1.1	忠厚的陆公子死后被封为阎王殿“绿判官	【汉族】
W0242.7.5.2	阎王的功曹（阎王的小鬼）	
W0242.7.5.2.1	功曹	
W0242.7.5.2.1.1	值日功曹	
W0242.7.5.2.1.1.1	值日功曹听人间道士、法师施法时差遣	【汉族】
W0242.7.5.3	阎王的阴差	
W0242.7.5.3.1	阎王的阴差背着刀，四山查访	【彝族（腊罗、摩察、纳苏、给尼、葛泼）】
W0242.7.5.4	阎王的部将	
W0242.7.5.4.1	阎王的部将牛头、马面	【汉族】
W0242.8	阎王的死亡	【畲族】
W0242.8.1	阎王被打死	【佤族】
W0242.9	阎王的类型（阎王的名称）	
W0242.9.1	五道阎罗	【汉族】
W0242.9.1a	阎王秦广	【汉族】
W0242.9.1b	阎君土江	【汉族】
W0242.9.1b.1	十八层地狱的二殿阎君叫土江	【汉族】
W0242.9.2	阎王爷阎门坎	【鄂伦春族】
W0242.9.3	阎王又称阎罗王	【民族无考】

W 编码	母题描述	关联项
W0242.9.4	阎王又称阎魔王	
W0242.9.5	埃尔莱恩汗主宰阴间	【蒙古族】
W0242.10	与阎王有关的其他母题	【民族，关联】①
W0242.10.1	阎王的数量	
W0242.10.1.1	18 个阎王	【汉族】
W0243	**阴间女神**	【汤普森】A300.1
W0243.1	冥神孟婆	
W0243.1.1	孟婆把守着冥界的最后关口	【汉族等】 *［W0907.1.5.10］人死后灵魂到孟婆庄报到
W0243.1.2	孟婆是冥界神仙	【汉族】
W0244	**地狱使者**	【汤普森】A302； *【关联】②
W0245	**冥神的住所**	
W0245.1	冥神住地狱	【汉族】
W0246	**冥神的身份或职能**	
W0246.1	冥神是下界的法官	【汤普森】A675； *【汉族】
W0246.2	冥神是死亡引导者	【汤普森】A311； *［W2970］人的死亡
W0247	**冥神的使者**	
W0247.1	冥神有鬼使神差	【汉族】【土家族】
W0248	**与冥神有关的其他母题**	
W0248.1	泰山神是阎罗的上司	【汉族】 *［W0398.1.2］泰山神
W0248.2	冥府的钱币	【汤普森】≈A318

① 【佤族】【彝族】 *［W1081.1］冥界之王

② ［W0247.1］冥神有鬼使神差；［W1081.5.3］冥界的鬼使神差

0.2.4 其他方位神
【W0250 ~ W0269】

W 编码	母题描述	关联项
W0250	**三界神**	［W1070.3］三界的形成（三界的产生）
W0250.1	神分上界、人间和地府三类	【赫哲族】
W0250.1.1	上界神	
W0250.1.1.1	上界天神恩都力	【赫哲族】
W0250.1.2	人间神	
W0250.1.2.1	人间鬼神色翁	【赫哲族】
W0250.1.3	地府神	
W0250.1.3.1	地府恶魔阴鬼布树库	【赫哲族】
W0250.1.4	三界公爷神	
W0250.1.4.1	三界公爷神是民族英雄神	【壮族】
W0250a	**五界神**	
W0250a.1	本教崇奉五界神	【藏族】
W0251	**东方神（东方之神）**	【民族，关联】①
W0251.1	东方神的产生	
W0251.1.1	神被分配到东方成为东方神	【汤普森】A562
W0251.2	东方神的特征	
W0251.3	东方神的身份	
W0251.3.1	东方神是日神	【汉族】
W0251.3.2	东方诸神是恶神	【蒙古族（布里亚特）】
W0251.3.2.1	东方众腾格里危害人类	【蒙古族（布里亚特）】
W0251.3.2.2	居住在日出方向的神灵凶恶	【蒙古族（布里亚特）】
W0251.4	东方神的职能	
W0251.5	东方神的关系	

① 【汉族】【纳西族】 ＊［W0681.1.4］伏羲氏是东方天帝；［W0740.4.1］东方神太暤

W 编码	母题描述	关联项
W0251.5.1	东方神之首	
W0251.5.1.1	阿塔腾格里是东方四十四天之首	【蒙古族】
W0251.5.2	东方 44 尊腾格里的长辈和首领是红色阿塔噶腾格里	【蒙古族】
W0251.6	东方神的类型	
W0251.6.1	东方的天神（东方天神）	【彝族】 * ［W0374.3.3.2］冰雹神东方天神塔德·哈拉·腾格里
W0251.6.1.1	邪恶的女神生东方的天神	【蒙古族（布里亚特）】
W0251.6.1.2	东方天神是瘟神	【蒙古族】
W0251.6.1.3	东方天神是牛神	【鄂温克族】
W0251.6.1.4	东边的天神胡罗阿叭	【哈尼族】
W0251.6.1.5	东方天神龙鹤早牻	【阿昌族】
W0251.6.2	东方火神	
W0251.6.2.1	东方火界王	【藏族】
W0251.6.3	东方人神	
W0251.6.3.1	东方生一个人神儒惹古达	【彝族】
W0251.6.4	动物东方神	
W0251.6.4.1	龙是东方神灵	
W0251.6.5	东方女神	
W0251.6.5.1	东方女神德立格	【满族】
W0251.7	东方神的数量	［W087.1］神的数量
W0251.7.1	东方有 44 个天神	【蒙古族】
W0251.7.2	东方 44 尊恶天神	【蒙古族】
W0251.8	特定名称的东方神	【普米族】
W0251.8.1	东方神句芒	【汉族】
W0251.8.1.0	句芒	
W0251.8.1.1	句芒马身人面	【汉族】 * ［W0285.6.6.2.1］句芒鸟身人面
W0251.8.1.1a	句芒鸟身人面	【汉族】

W 编码	母题描述	关联项
W0251.8.1.2	句芒辅佐东方神太皞	【汉族】 * ［W0740.2.2］太皞是东方神
W0251.8.1.2a	句芒是太皞伏羲氏的佐神	【汉族】 * ［W0740.2.2］太皞是东方神
W0251.8.1.3	句芒为少皞氏之后	【汉族】
W0251.8.1.4	句芒穿鸟衣	【汉族】
W0251.8.1.5	句芒居东方	【汉族】
W0251.8.1.6	句芒是农神	
W0251.8.1.6.1	春天之神句芒是农神	【汉族】 * ［W0380.2.1］春神是木神句芒
W0251.8.1.7	句芒是春天之神	【汉族】 * ［W0462.4.6.7.3］芒神又称春神
W0251.8.1.7.1	与句芒有关的其他母题	［W0285.6.6.1］岁星手下的小神句芒
W0251.8.1.7.1.1	勾芒	
W0251.8.1.7.1.1.1	勾芒驱土牛	【白族】
W0251.8.2	东方天神龙鹤早t	【阿昌族】
W0251.8.3	东方天神沽色尼	【彝族】
W0251.8.4	东方东巴格称称补神	
W0251.8.4.1	东方东巴格称称补神骑红虎	【纳西族】
W0251.8.4a	东方木大神	【纳西族】
W0251.8.4b	东方“仁”神和“趣”神	［W0252.8.5］西方“仁”神和“趣”神
W0251.8.4b.1	白“仁”神和白角之“趣”神住到方螺白高山悬岩	【纳西族】
W0251.8.5	东方大神呆米	［W0252.8.4］西方大神呆米
W0251.8.5.1	东方呆米把守着天宫的东方	【满族】
W0251.9	与东方神有关的其他母题	
W0251.9.1	东方天神生鹫	
W0251.9.1.1	东方天神生的鹫成为最初的萨满	【蒙古族（布里亚特）】 * ［W9146.1］萨满的产生

W 编码	母题描述	关联项
W0251.9.1.2	河湖江海之神主司东方	【满族】 *［W0405.0］江河湖海神（河湖江海之神）
W0251.9.1.3	东方天帝帝俊	【汉族】
W0252	**西方神（西方之神）**	【汉族】
W0252.1	西方神的产生	
W0252.1.1	神被分配到西方成为西方神	【汤普森】A561
W0252.2	西方神的特征	
W0252.2.1	西方神是善神	【蒙古族（布里亚特）】
W0252.3	西方神的身份	
W0252.3.1	西方神是月神	
W0252.4	西方神的职能	
W0252.4.1	西方神主富贵	【蒙古族】
W0252.5	西方神的关系	
W0252.5.1	西方神之首	
W0252.5.1.1	罕豁儿姆斯塔·腾格里是总管西方五十五个天的首脑	【蒙古族】
W0252.6	西方神的类型	
W0252.6.1	西方的天神	【彝族】
W0252.6.1.1	善良的女神生西方的天神	【蒙古族（布里亚特）】
W0252.6.1.2	西方天神是马神	【鄂温克族】
W0252.6.1.3	天公遮帕麻派孛劭早毙做西边的天神	【阿昌族】 *［W0659.2.1.1］人类始祖遮帕麻和遮米麻
W0252.6.1.4	西边的天神那奠阿叭	【哈尼族】
W0252.6.2	动物西方神	
W0252.6.2.1	麟是西方神灵	【普米族】
W0252.6.3	西方女神	
W0252.6.3.1	西方女神洼勒格	
W0252.6.3.1.1	西方女神洼勒格最早到人间	【满族】
W0252.6.3.1.2	西方女神洼勒给让人最早辨认出西方	【满族】
W0252.6.4	西方人神	

W 编码	母题描述	关联项
W0252. 6. 4. 1	西方人神署惹尔达	【彝族】
W0252. 7	西方神的数量	［W0087. 1］神的数量
W0252. 7. 1	西方有 55 个天神	【蒙古族】
W0252. 7. 2	西方 55 尊善天神	【蒙古族】
W0252. 8	特定名称的西方神	［W0760. 5. 2］西王母主西方
W0252. 8. 1	西方神少昊	【民族，关联】①
W0252. 8. 2	西方神蓐收	【汉族】
W0252. 8. 2. 1	蓐收左耳佩蛇	【汉族】
W0252. 8. 3	西方之神是太白星	【汉族】 ＊［W0776］太白金星
W0252. 8. 4	西方大神呆米	［W0251. 8. 5］东方大神呆米
W0252. 8. 4. 1	西方呆米把守天宫的西方	【满族】
W0252. 8. 4a	西方洼勒格女神	【满族】
W0252. 8. 5	西方“仁”神和“趣”神	［W0251. 8. 4b］东方“仁”神和“趣”神
W0252. 8. 5. 1	黑“仁”神和黑角之“趣”神住在西方珠黑高山悬岩中	【纳西族】
W0252. 8. 5a	西方那萨冲窝神	【纳西族】
W0252. 8. 5b	西方东巴那生崇鲁	
W0252. 8. 5b. 1	西方东巴那生崇鲁骑墨玉色刺猬	【纳西族】
W0252. 8. 5c	西方铁大神	【纳西族】
W0252. 9	与西方神有关的其他母题	
W0253	**南方神（南方之神）**	【汉族】
W0253. 1	南方神的产生	
W0253. 1. 1	卵生南方神	
W0253. 1. 1. 1	金黄巨蛙的卵孵出的神居南方	【纳西族】
W0253. 2	南方神的特征	【关联】②
W0253. 3	南方神的身份	
W0253. 4	南方神的职能	

① 【汉族】 ＊［W0204. 5. 5. 1］黄帝让侄孙少昊做西方的天帝，命曾孙颛顼做北方的天帝；［W0730］少昊

② ［W0744］炎帝的特征；［W0744a. 1. 7］炎帝是南方神

W 编码	母题描述	关联项
W0253.4.1	南方神是人畜保护神	
W0253.4.1.1	南方的奥顿札牙安腾格里祛除病魔，保护老少，守卫家禽	【蒙古族】
W0253.4.2	南方大神把守天宫的南方	【满族】
W0253.5	南方神的关系	
W0253.5.1	南方神是天神的下属	
W0253.5.1.1	南方神呆米听命于天神阿布凯赫赫	【满族】
W0253.6	南方神的类型	
W0253.6.1	南方天神	
W0253.6.1.1	南方的天神腊嵜早犹	【阿昌族】
W0253.6.1.2	南方天神洛色娄	【彝族】
W0253.6.1.3	南边的天神胡罗阿玛	【哈尼族】
W0253.6.2	南方女神	
W0253.6.2.1	南方女神朱勒格	【满族】
W0253.6.3	南方人神	
W0253.6.3.1	南方人神阿俄署布	【彝族】
W0253.7	南方神的数量	
W0253.8	特定名称的南方神	
W0253.8.1	南方神祝融	【民族，关联】①
W0253.8.1.1	南方神祝融兽身人面	【汉族】 * ［W0070.4.2］神人面兽之神
W0253.8.2	南方神炎帝	【民族，关联】②
W0253.8.3	南方的神鬼	
W0253.8.3.1	神鬼松昌和他的 9 个儿子住在南方	【景颇族】
W0253.8.4	南方赤帝	【汉族】
W0253.8.4.1	南方赤帝女学道得仙	【汉族】
W0253.8.5	南方东巴胜日明公神	

① 【汉族】 * ［W0767］祝融；［W0767.3.1.3］祝融是主管南方之神

② 【汉族】 * ［W0742］炎帝；［W0744a.1.7］炎帝是南方神

W 编码	母题描述	关联项
W0253. 8. 5. 1	南方东巴胜日明公神骑青龙	【纳西族】
W0253. 8. 5a	南方生如麦古神	【纳西族】
W0253. 8. 5b	南方火大神	【纳西族】
W0253. 8. 6	南方神松昌	【景颇族】 * ［W0253. 8. 3. 1］神鬼松昌和他的 9 个儿子住在南方
W0253. 8. 7	南方朱勒格女神	【满族】
W0253. 9	与南方神有关的其他母题	
W0253. 9. 1	南方的一家神	【景颇族】 * ［W0150］神的家庭
W0253. 9. 2	凤是南方神灵	【民族，关联】①
W0254	**北方神（北方之神）**	【汉族】
W0254. 1	北方神的产生	
W0254. 2	北方神的特征	【关联】②
W0254. 3	北方神的身份	
W0254. 4	北方神的职能	
W0254. 5	北方神的关系	
W0254. 6	北方神的类型	［W1736c. 1］辰星是北方神
W0254. 6. 1	北方天神	［W0204. 5. 5. 1］黄帝让侄孙少昊做西方的天帝，命曾孙颛顼做北方的天帝
W0254. 6. 1. 1	北方的天神髦祢早牻	【阿昌族】
W0254. 6. 1. 2	北方天神布色偷	【彝族】
W0254. 6. 1. 3	北边的天神那奠那玛	【哈尼族】
W0254. 6. 2	北方女神	
W0254. 6. 2. 1	北方女神阿玛勒格	【满族】
W0254. 6. 3	北极天神	
W0254. 6. 3. 1	北极天神不受任何天神主宰	【蒙古族】

① 【普米族】 * ［W0536］凤凰神；［W3585］凤（凤凰）

② ［W0763. 2］颛顼的特征（颛顼的身份，颛顼的职能，颛顼的能力，颛顼的事迹）；［W0763. 2. 2］颛项是北方神

W 编码	母题描述	关联项
W0254.7	北方神的数量	
W0254.8	特定名称的北方神（北方神名称）	
W0254.8.1	北方神颛顼	【汉族】 * ［W0763.2.2］颛顼是北方神
W0254.8.2	北方神玄武	【汉族】【普米族】
W0254.8.2.1	北方神玄武龟蛇合体	【汉族】
W0254.8.3	北方神禺疆	［W0695.3.4.1.1］禺强是海神、风神和瘟神
W0254.8.3.1	北方神禺疆人面鸟身	【汉族】 * ［W0632.3］人面鸟身之神
W0254.8.3.2	北方禺疆黑身手足	【汉族】
W0254.8.4	北方人神	
W0254.8.4.1	北方人神司惹低尼	【彝族】
W0254.8.5	北方神鬼	
W0254.8.5.1	神鬼诺强和他的妻子住在北方	【景颇族】
W0254.8.6	北方神阿岱乌兰	【蒙古族】
W0254.8.7	北方大神呆米	
W0254.8.7.1	呆米守天宫的北方	【满族】
W0254.8.7a	北方阿玛勒格女神	【满族】
W0254.8.8	北方神黄“仁”神和黄角“趣”神	
W0254.8.8.1	黄“仁”神和黄角“趣”神住北方金黄高山悬岩中	【纳西族】
W0254.8.8a	北方东巴古生克西神	
W0254.8.8a.1	北方东巴古生克西神骑金黄色大象	【纳西族】
W0254.8.8b	董神生活在北方	【纳西族】
W0254.8.8c	北方水大神	【纳西族】
W0254.8.9	大水之北方神窝生扣布神	
W0254.8.9.1	窝生扣布神能降服各方妖魔	【纳西族】

W 编码	母题描述	关联项
W0254. 8. 10	北方神诸强	
W0254. 8. 10. 1	北方诸强能制造寒冷、黑暗	【景颇族】
W0254. 9	与北方神有关的其他母题	
W0254. 9. 1	紫微大帝管北天	【汉族】
W0254. 9. 2	北极雄天大帝	【汉族】
W0254. 9. 3	北帝神	【壮族】
W0255	**中央神**	【汉族】
W0255. 1	中央神的产生	
W0255. 1. 1	卵生中央神	
W0255. 1. 1. 1	中央住的金黄巨蛙生的卵孵出住在中央的花“仁”神和花角之“趣”神	【纳西族】
W0255. 1. 2	得道者成为中央神	【汉族】
W0255. 2	中央神的特征	【关联】①
W0255. 3	中央神的身份	［W0122. 5b］中央神是最高神
W0255. 3. 1	中央神是风神	【彝族】 * ［W0292］风神
W0255. 3. 1. 1	地神之子史鲁米让风神黑作直居住在中央	【彝族】
W0255. 4	中央神的职能	
W0255. 4. 1	中央神监督各方各季各神所管的气候	【彝族】
W0255. 4. 2	中央神管理四方	【汉族】 * ［W0255. 8. 2］黄帝主中央（黄帝是中央神）
W0255. 4. 3	中央神管方位	【满族】
W0255. 5	中央神的关系	
W0255. 6	中央神的类型	
W0255. 7	中央神的数量	
W0255. 8	特定的中央神（特定名称的中央神）	
W0255. 8. 1	神农伏羲二帝在中央	【民族，关联】②

① ［W0255. 8. 2］黄帝主中央（黄帝是中央神）；［W0692］黄帝的特征

② 【汉族】 * ［W0675］伏羲；［W0731］神农

W 编码	母题描述	关联项
W0255.8.2	黄帝主中央（黄帝是中央神）	【汉族】 * ［W0690］黄帝
W0255.8.3	中央神女娲	［W0713.3a］女娲是中央神
W0255.8.3.1	黄帝居中央，其神是女娲	【毛南族】
W0255.8.4	虎是中央的神灵	【普米族】
W0255.8.5	中央紫微北极大帝	【汉族】
W0255.8.5.1	北辰紫微北极大帝位置是“大帝之座”	【汉族】
W0255.8.6	中央神叫混沌	【汉族】 * ［W1057.1］混沌（浑沌、昆屯、混沌卵）
W0255.8.6.1	混沌神神力无比	【毛南族】
W0255.8.7	中央的阿布动善神	【纳西族】
W0255.8.7a	中央东巴梭余敬古	
W0255.8.7a.1	中央东巴梭余敬古骑白海螺色大鹏	【纳西族】
W0255.8.7b	中央土大神	【纳西族】
W0255.8.8	中央都伦巴女神	【满族】
W0255.9	与中央神有关的其他母题	
W0256	**四方神**	
W0256.1	四方神的产生	
W0256.1.1	四根天柱成为四方神	【毛南族】
W0256.2	四方神的特征（四方神的身份）	
W0256.2.1	四方神是四只神鹰	【满族】
W0256.3	四方神的居所	
W0256.3.1	东西南北四个天神分住在天的四边	【阿昌族】
W0256.4	四方神的职能	
W0256.4.1	四方神守护天宇	【毛南族】
W0256.5	特定名称的四方神	
W0256.5.1	四方女神	

W 编码	母题描述	关联项
W0256.5.1.1	天母派四个方向的女神为人类指明方向	【满族】
W0256.5.2	四方神又叫四方面大神	【满族】
W0256.6	与四方神有关的其他母题	【关联】①
W0256.6.1	以四个方位为家的神	
W0256.6.1.1	四个天地守护神以天和地的四方为家	【傣族】
W0256.6.2	立秋祀四方神	【汉族】
W0257	**五方神**	【汉族】【普米族】
W0257.1	五方神的产生	［W4710］五方的确定
W0257.2	五方神的特征	
W0257.3	五方神的居所	
W0257.4	五方神的职能	
W0257.4.1	五方神分守东西南北中五个方位	【毛南族】
W0257.5	与五方神有关的其他母题	［W0087.1.2c］5 个神
W0257.5.1	五方神是青帝、赤帝、黄帝、白帝、黑帝	【民族，关联】②
W0257.5.1.1	青帝	【汉族】 *［W0681.5.4］伏羲是青帝
W0257.5.1.1.1	东方青帝居春宫	【汉族】
W0257.5.1.2	白帝	【关联】③
W0257.5.1.2.1	白帝之子	【民族，关联】④
W0257.5.1.2.1.1	白帝之子生于水边	【汉族】
W0257.5.1.2.1.2	白帝之子是神童	【汉族】
W0257.5.1.2.1.3	白帝之子即太白之精	【汉族】
W0257.5.1.2.2	西方白帝（白帝居西方）	【汉族】

① ［W0087.1.2b］4 个神；［W0451.6.5］四方财神

② 【毛南族】 *［W0690］黄帝；［W0742］炎帝；［W0746.1.5］炎帝又称赤帝

③ ［W0730.3b.1.2］白帝少昊居长留之山；［W0730.5.3.1］少昊氏白帝朱宣；［W0730.5.5］少昊又称白帝

④ 【汉族】 *［W0730.1.1.1］皇娥与白帝子生少昊；［W0776.1.1］太白金星是白帝之子；［W0776.5.1.1］太白是白帝之子

W 编码	母题描述	关联项
W0257.5.1.3	黑帝	【汉族】 * [W0763.5.1.3] 颛顼又称黑帝
W0257.5.1.3.1	北方黑帝	【汉族】
W0257.5.2	五方神灵	
W0257.5.2.1	万物的五个首领龙、凤、龟、麟、虎成为五方神灵	【普米族】
W0257.5.3	五个方位的女神	
W0257.5.3.1	东方女神德立格、西方女神洼勒格、南方女神朱勒格、北方女神阿玛勒格和中位女神都伦巴	【满族】
W0257.5.5	金木水火土命名的五方神	
W0257.5.5.1	东方木大神，南方火大神，西方铁大神，北方水大神，中央土大神	【纳西族】
W0258	**八方神**	[W4714] 八方的确定
W0259	**上、下方的神**	
W0259.1	上方神	
W0259.1.1	头上三尺有神灵	【汉族】
W0259.2	下方神	
W0260	**西北方的神（西北神）**	
W0260.1	西北方的神主财福	
W0260.1.1	居西北方的贺萨嘎腾格里主管发财之福和守护灵魂	【蒙古族】
W0260.2	西北神司消灾	
W0260.2.1	衮把阿秃儿腾格里是祛除灾害位居西北的天神	【蒙古族】
W0261	**西南方的神**	
W0261.1	西南方的天神主宰富贵	【蒙古族】
W0263	**东北方的神**	[W0127.3.1.1] 预兆腾格里是东北方的天神

W 编码	母题描述	关联项
W0263.1	要日少日之天是东北方的天	【蒙古族】
W0264	**东南方的神**	
W0264.1	东南方神昆都楞哈勒金腾格里	
W0264.1.1	昆都楞哈勒金腾格里是东南方的天	【蒙古族】
W0265	**与方位神有关的其他母题**	
W0265.1	水中的神	［W0400］水神
W0265.2	按方位划分神的不同阵营	
W0265.2.1	275个腾格里分99前方腾格里，77后方腾格里，55右方腾格里和44左方腾格里	【蒙古族（布里亚特）】
W0265.3	左右方位的神	
W0265.3.1	左方阳神“东”	【纳西族】
W0265.3.2	右方阴神“色”	【纳西族】

0.3 与自然现象（自然物）有关的神（W0270～W0419）

0.3.1 日月星辰神【W0270～W0289】

W 编码	母题描述	关联项
✿ **W0270**	**日月神**	
W0270.1	日月神的产生	［W1540］日月的产生
W0270.1.1	日月神源于特定地方	
W0270.1.2	造出日月神	
W0270.1.3	日月神是生育产生的（生日月神）	
W0270.1.4	日月神是变化产生的	
W0270.1.4.1	人变成日月神	
W0270.1.4.1.1	一对寻找水与火的夫妻变成日月神	【畲族】
W0270.1.4.1.2	找火的钟郎和找水的蓝娘分别变成日神和月神	【汉族】 ＊［W0270.4.4.2］日神钟郎和月神蓝娘
W0270.1.5	日月神是封派的	［W0058.1］封神
W0270.1.6	与日月神产生有关的其他母题	
W0270.2	日月神的特征	
W0270.2.1	日月神1男1女	
W0270.2.2	太阳月亮都是女神	【蒙古族（布里亚特）】 ＊［W0270.4.1］日月是神
W0270.2.3	太阳神和月亮神是最公正的神	【彝族】
W0270.3	日月神的职能	

W 编码	母题描述	关联项
W0270. 3. 1	日月神管猎物	【鄂温克族】 * ［W0437. 1. 1］日月神管山岭
W0270. 4	与日月神有关的其他母题	
W0270. 4. 1	日月是神	【瑶族】
W0270. 4. 2	太阳神妹妹和月亮神哥哥	【汉族】
W0270. 4. 3	日神月神是夫妻	【汉族】
W0270. 4. 4	日月神的名字	
W0270. 4. 4. 1	日神叫荷波，月神叫鲁波	【彝族】
W0270. 4. 4. 2	日神钟郎和月神蓝娘	【汉族】
* **W0271**	**太阳神（日神）**[①]	【汤普森】①A121. 2；②A220
W0272	**太阳神的产生**	
W0272. 1	太阳神源于特定的地方	
W0272. 1. 1	天降太阳神	【高山族】
W0272. 2	太阳神是生育产生的	
W0272. 2. 1	天地婚生太阳神	【珞巴族】 * ［W0281. 6. 1］天地婚生月亮神
W0272. 2. 2	神或神性人物生太阳神	
W0272. 2. 2. 1	太阳神是最高天神英叭的后代	【傣族（水傣）】
W0272. 2. 3	鱼生太阳神	
W0272. 2. 3. 1	金鱼抖鳞生出太阳神	【哈尼族】
W0272. 2. 3. 1. 1	地下最大的金鱼娘密乌艾西艾玛抖鳞从脖子处生太阳神约罗	【哈尼族】
W0272. 3	人成为太阳神	【民族】[②]
W0272. 3. 1	人成为太阳神的原因	【哈尼族】
W0272. 3. 1. 1	为人类找到火的男子被封为太阳神	【畲族】
W0272. 3. 1. 2	柬君为百姓除去云雾被尊为太阳神	【白族】
W0272. 3. 1. 3	人吃特定物后成为太阳神	

① 太阳神，不同神话中的“太阳神”特指有所不同，有的偏重于“太阳”的神性，有的偏重于“太阳”本身。此处仅列出部分有代表性的母题，具体区分可参见“世界与自然物”母题类型中的“［W1678～W1684］太阳的关系”。

② 【白族】【哈尼族】【汉族】【畲族】

W 编码	母题描述	关联项
W0272.3.1.3.1	人吃一朵红花后飞进太阳成为太阳神	【哈尼族】
W0272.3.2	特定的人成为太阳神	
W0272.3.2.1	姐弟俩中的弟弟成为太阳神	【哈尼族】
W0272.3.2.2	三姐妹中的老大貌丑抢着做了太阳神	【汉族】
W0272.4	太阳神是封的	
W0272.4.1	神女被封为太阳神	
W0272.4.1.1	天帝把神界有三姐妹中的大姐封为太阳神	【汉族】
W0272.4.2	特定的神被封为太阳神	
W0272.4.2.1	天帝封特定的神为太阳神	
W0272.4.3	天上的人被封为太阳神	［W0006.1］神是天上的人
W0272.4.3.1	玉帝把天上两兄妹站的妹妹封为太阳神	【汉族】
W0272.5	与太阳神产生有关的其他母题	【关联】①
W0272.5.1	太阳月亮姊妹被奉为神	【汉族】
W0273	**太阳神的特征**	
W0273.1	男太阳神	【蒙古族】 *［W1603］太阳是男的
W0273.1.1	太阳是神男	【蒙古族（卫拉特）】
W0273.1.2	太阳男神辟木西一	【羌族】
W0273.1.3	太阳是男神，月亮是女神	【达斡尔族】
W0273.2	女太阳神（太阳女神）	【汤普森】A220.1； *【民族】②
W0273.2.0	太阳女神是天地的女儿	
W0273.2.0.1	大地和天空婚生太阳神女儿东尼	【珞巴族】
W0273.2.1	太阳神足姑娘	【鄂温克族】

① ［W0466.7］火神变太阳；［W0906.2a.1］鬼生太阳鬼

② 【鄂伦春族】【鄂温克族】【傈僳族】【珞巴族】【蒙古族】【羌族】

W 编码	母题描述	关联项
W0273. 2. 1. 1	洪水后繁衍后代的女子成为太阳神	【景颇族】
W0273. 2. 2	太阳神是老奶奶	【景颇族】 ＊［W0274a. 1. 1］太阳神变老奶奶
W0273. 2. 3	太阳神是金发老人	【蒙古族】
W0273. 3	白太阳神	
W0273. 3. 1	白太阳神米利东主	
W0273. 3. 1. 1	白太阳神米利东主象征光明美善	【纳西族】
W0273. 4	黑太阳神	
W0273. 4. 1	黑太阳神米利术主是恶神	
W0273. 4. 1. 1	黑太阳神米利术主象征黑暗邪恶	【纳西族】
W0273. 5	太阳神浑身发金光	［W1617. 2］太阳是金色的
W0273. 5. 1	太阳神穿着红袍，戴着金冠，摇着金扇，浑身上下金光闪闪	【裕固族】
W0273. 6	太阳神的性格	
W0273. 6. 1	太阳神脾气火爆	【汉族】
W0273. 6. 2	太阳神凶恶（凶恶的太阳神）	
W0273. 6. 2. 1	天上的 10 个太阳神一个比一个凶	【白族】
W0273. 7	与太阳神的特征有关的其他母题	
W0274	**太阳神的职能（太阳神的身份）**	【关联】①
W0274. 1	太阳神为太阳驾车	【汤普森】A724. 1；＊［W0752. 4. 3］羲和为太阳驾车
W0274. 2	太阳神发出火（太阳神发出光和热）	【哈尼族】【汉族】
W0274. 2. 1	太阳神给人光明和温暖，生长庄稼	【羌族】
W0274. 3	太阳神惩罚恶人	【景颇族】 ＊［W0335. 3］雷神惩罚恶人

① ［W0442. 4. 1. 1］日月是人类养育神；［W5079. 1］太阳神管理人间

W 编码	母题描述	关联项
W0274.4	太阳神帮助人类耕种	
W0274.4.1	太阳神带领人们种地	【哈尼族】
W0274.5	太阳神是管理者	
W0274.5.1	太阳神管特定的地方	
W0274.5.1.1	太阳管九山	【彝族】
W0274.5.2	太阳神成为人间的首领	【羌族】
W0274.6	日神被尊为天神（太阳神是天神）	【汉族等】【羌族】
W0274.6.1	天神太阳神是最高神	【羌族】 * ［W0122.2］日月神是最高神
W0274.7	与太阳神职能或身份有关的其他母题	［W0782.2.0.7］日神作为本主
W0274.7.1	太阳神下凡巡视	【高山族（阿美）】
W0274a	**太阳神的能力（太阳神的事迹）**	
W0274a.1	太阳神会变形	
W0274a.1.1	太阳神变老奶奶	【景颇族】
W0274a.2	太阳神能力非凡	
W0274a.2.1	太阳神能上天下海	
W0274a.2.1.1	太阳神上天能拔金牛角，下海能取鳌鱼胆	【羌族】
W0274a.2.2	太阳神善射	
W0274a.2.2.1	太阳神百发百中	【羌族】
W0274a.2.3	太阳神救助人类	【汉族】
W0274a.2.3.1	太阳神帮大禹治水	
W0274a.2.3.1.1	太阳神用目光照晒洪水	【汉族】
W0275	**太阳神的亲属（太阳神的家庭）**	【汤普森】A220.2
W0275.1	太阳神的父母	
W0275.1.1	太阳神是天神的女儿	［W0202.2.4］天神的女儿（天女）

W 编码	母题描述	关联项
W0275. 1. 1. 1	太阳神木餐哥是天神的女儿	【傈僳族】
W0275. 1. 2	太阳神的父亲	
W0275. 1. 2. 1	太阳神是老天爷的大儿子	【汉族】
W0275. 1. 3	太阳神的母亲	【关联】①
W0275. 2	太阳神的兄弟姐妹	
W0275. 2. 1	太阳神姐姐，月亮神弟弟	【汉族】
W0275. 2. 1. 1	约罗、约白姐弟俩变成太阳神和月亮神	【哈尼族】
W0275. 2. 1a	太阳神是月亮神的姐姐	【汉族】
W0275. 2. 2	太阳神与月亮神、鸡神是三姐妹	【汉族】
W0275. 2. 3	太阳神与月亮神、天狗神是三姐妹	【汉族】
W0275. 2. 4	太阳神妹妹，月亮神是哥哥	【汉族】
W0275. 3	太阳神的子女	[W1682] 太阳的儿女
W0275. 3. 0	太阳神子女众多	
W0275. 3. 0. 1	太阳神有 99999 个娃	【白族】
W0275. 3. 0a	太阳神特定名称的子女	
W0275. 3. 0a. 1	太阳神的儿子宁冠知恁，女儿玛璋维舜	【景颇族】
W0275. 3. 1	太阳神的儿子	[W1680. 2. 2] 太阳是太阳神的儿子
W0275. 3. 1. 1	太阳神的儿子雷公	【汉族】 * [W0349. 2. 1] 雷公是太阳神的儿子
W0275. 3. 2	太阳神有多个儿子	
W0275. 3. 2. 1	太阳神有 8 个儿子	
W0275. 3. 2. 1. 1	太阳神的 8 个儿子个个顽劣成性	【汉族】
W0275. 3. 3	太阳神的女儿	【汉族】
W0275. 3. 4	太阳神有 1 对子女	【景颇族】
W0275. 3. 4. 1	太阳神的 1 对儿女结为夫妻	【景颇族】
W0275. 4	太阳神的妻子	[W1683. 1] 太阳的妻子

① [W0752. 1] 羲和是太阳的母亲；[W1680. 3] 太阳的母亲

W 编码	母题描述	关联项
W0275.4.1	太阳神的妻子月亮神	【畲族】
W0275.5	太阳神的从属	
W0275.5.1	太阳神的上司	
W0275.5.1.1	管太阳的神搓鲁约策	【哈尼族】
W0275.5.2	太阳神的下属	
W0275.5.2.1	太阳神的侍女	
W0275.5.2.1.1	太阳侍女蟒神玛玛	【满族】
W0275.5.2.2	太阳神的手下的小鬼	【汉族】
W0275.6	与太阳神的关系有关的其他母题	［W1561.2］太阳神生太阳
W0275.6.1	太阳神的弟子	
W0275.6.1.1	太阳神的 12 个弟子	【汉族】
W0275.6.2	太阳与火神是亲属	【傣族】
W0276	**太阳神的生活**	
W0276.0	太阳神的服饰	
W0276.0.1	太阳神穿着红袍，戴着金冠	【裕固族】
W0276.0.2	太阳神身穿青色的上衣，白色的长裙	【白族】
W0276.0a	太阳神的饮食	
W0276.1	太阳神的居所	
W0276.1.1	太阳神的宫殿（太阳宫）	【关联】①
W0276.1.1.1	太阳神的宫殿在东海岸红光影中	【裕固族】
W0276.1.1.2	太阳神的宫殿有神女守护	【裕固族】
W0276.1.1.3	太阳神住火宫	【汉族】
W0276.1.1.4	太阳神住遥远东方一座高山上的金殿里	【白族】
W0276.1.2	太阳神住太阳山	【蒙古族】
W0276.1.3	太阳神为什么住在天上	
W0276.1.3.1	天空把太阳神和月亮神两个孩子带到天上	【珞巴族】

① ［W1693］太阳宫；［W1790］天宫

W 编码	母题描述	关联项
W0276. 1. 4	太阳神住太阳中	【哈尼族】
W0276. 1. 5	太阳神住东海	【裕固族】
W0276. 2	太阳神的出行	
W0276. 2. 1	太阳神乘坐太阳车	［W0110］ 神的车子
W0276. 2. 1. 1	太阳车	
W0276. 2. 2	太阳神乘坐金车	
W0276. 2. 2. 1	太阳神乘用六条无角龙拉的金车	【白族】
W0276. 3	太阳神的工具（太阳神的用品）	
W0276. 3. 1	太阳神的金扇	【裕固族】 * ［W9681］ 宝扇
W0276. 3. 2	太阳神的神箭	
W0276. 3. 2. 1	太阳神用金竹根做神箭	【羌族】
W0276. 3. 3	太阳神左手拿着一条放光的神枝，右手挽着一张巨大的弯弓，弓弦上插着一支锐利无比的神箭	【白族】
W0276. 3. 3. 1	太阳神用神枝驱散乌云	【白族】
W0277	**太阳神的数量**	［W1640］ 太阳的数量
W0277. 1	1 个太阳神	【汉族】
W0277. 2	2 个太阳神	【汤普森】 A227； * ［W4057. 1］ 一个太阳神管白天，一个太阳神管夜晚
W0277. 3	10 个太阳神	【汉族】
W0277. 4	12 个太阳神	【汉族】
W0277. 5	多个太阳神	
W0278	**与太阳神有关的其他母题（与日神有关的其他母题）**	【关联】①
W0278. 1	特定名称的太阳神（太阳神的名称）	【哈尼族】【纳西族】
W0278. 1. 1	太阳神羲和	【汉族】
W0278. 1. 1. 1	日神羲和生 10 日	【汉族】

① ［W0906. 2a］ 太阳鬼；［W0924. 2］ 太阳神鸟；［W1695. 16］ 日精

W 编码	母题描述	关联项
W0278.1.2	太阳神约罗	【哈尼族】
W0278.1.3	太阳神钟郎	【畲族】
W0278.1.4	太阳神希温·乌娜吉	【鄂温克族】 ＊［W0058.0.4.1.1］人们感激带来温暖的希温·乌娜吉（太阳姑娘）尊她为太阳神
W0278.1.5	太阳神牟尼委西	【羌族】
W0278.1.6	太阳神东君	【汉族】
W0278.1.6.1	东君谓日神	【汉族】
W0278.1.6.1.1	东君又称东王公	【汉族】
W0278.1.6.2	太阳神柬君	【白族】
W0278.1.6a	太阳神东皇太一	［W0204a.3.1.1.1］东皇太一是天之尊神
W0278.1.6a.1	东皇太一即太阳星君	【汉族】
W0278.1.6a.1.1	太阳星君	
W0278.1.6a.1.1.1	男童女在祭天山顶献祭太阳星君	【彝族（撒尼）】
W0278.1.7	太阳女神木餐哥	【傈僳族】
W0278.1.8	东海太阳神	
W0278.1.8.1	东海太阳神有降妖之术	【裕固族】
W0278.1.9	太阳神披乍贺	【傣族（水傣）】
W0278.1.10	太阳神叫“俚”	［W0497.7.12.1］磨天之神叫“俚”
W0278.1.10.1	“俚”磨好天后化身到太阳中成为太阳神	【佤族】
W0278.1.11	太阳神尼伍布	
W0278.1.11.1	日神尼伍布是赤柯家祖先	【彝族】
W0278.1.12	太阳神英娃	【白族】
W0278.1.12a	太阳天子大成神	【白族】
W0278.1.13	太阳神阿不确克	【羌族】
W0278.2	四月初八祭太阳神	【彝族】 ＊［W6498.3］祭太阳

W 编码	母题描述	关联项
W0278.3	太阳神的象征物（太阳神的代表物）	
W0278.3.1	白石代表太阳神	
W0278.3.1.1	屋顶小石塔顶的白石代表太阳神	【羌族】
W0278.4	太阳神象征天	【羌族】
W0278.5	太阳主宰神	【彝族】
W0278a	**太阴神**	
W0278a.1	太阴神的产生	
W0278a.2	太阴神的特征	
W0278a.3	与太阴神有关的其他母题	
W0278a.3.1	太阴神与仙女相爱	
W0278a.3.1.1	太阴神与仙女私生 81 个儿子	【汉族】
＊**W0280**	**月亮神（月神）**	【汤普森】①A121.1；②A240
W0281	**月亮神的产生**	［W1580］月亮的产生
W0281.1	月亮神自然存在	
W0281.2	月亮神源于特定地方	
W0281.2.1	月亮神是神派出的神女	
W0281.2.1.1	月亮神是麦德尔神女派的发白光的神女	【蒙古族（卫拉特）】
W0281.3	月亮神的造出来的（造月亮神）	
W0281.4	月亮神是生育产生的	
W0281.4.1	神生月亮神	
W0281.4.2	人生月亮神	
W0281.4.3	动物生月亮神	
W0281.4.3.1	鱼生月亮神	【哈尼族】
W0281.4.3.1.1	鱼从脖子生出月亮神约白	【哈尼族】
W0281.5	月亮神是变化产生的	
W0281.5.1	神成为月亮神	
W0281.5.2	人成为月亮神	
W0281.5.2.1	为人类找到水的女子被封为月神	【畲族】
W0281.5.2.2	帝喾的一个妻子成为月亮女神	【汉族】

W 编码	母题描述	关联项
W0281.5.2.3	姐弟俩中的姐姐约白飞进月亮成为月亮神	【哈尼族】
W0281.5.2.4	一户人家三姐妹中的老二做了月亮神	【汉族】
W0281.5.2.5	女孩亨美到月宫成了月神	【纳西族】
W0281.6	月亮神是婚生的（婚生月亮神）	
W0281.6.1	天地婚生月亮神	【珞巴族】
W0281.7	封月亮神	
W0281.7.1	天帝封特定的神为月亮神	［W0058.1.3.0］天神封神（天帝封神）
W0281.7.1.1	天帝把神界有三姐妹中的二姐封为月亮神	【汉族】
W0281.7.2	玉帝封特定的人为月亮神	
W0281.7.2.1	玉帝封天上的兄妹俩中的哥哥为月亮神	【汉族】
W0281.8	与月亮神产生有关的其他母题	
W0281.8.0	特定人物被奉为月亮神	【白族】
W0281.8.1	月亮神与太阳神同时产生	
W0281.8.1.1	金鱼娘从脖子那里抖出太阳神约罗和月亮神约白	【哈尼族】
W0281.8.2	月亮神的生日	
W0281.8.2.1	太阴生日三月十三	【白族】
W0282	**月亮神的特征**	
W0282.1	月亮男神（男月亮神）	【民族，关联】①
W0282.1.1	月亮神是个小伙	【鄂伦春族】
W0282.2	月亮女神	【汤普森】A240.1； ＊【蒙古族】 ＊［W0065］女神
W0282.2.1	月亮女神的特征	
W0282.2.1.1	月亮女神慈善	【鄂伦春族】
W0282.2.2	特定名称的月亮女神	
W0282.2.2.1	月亮女神常羲	【汉族】

① 【汉族】【珞巴族】 ＊［W0437.4.2.1］12 个乌摩中第 7 个男神乌摩俄多麦节管月亮

W 编码	母题描述	关联项
W0282. 2. 2. 2	月亮女神西木免一	【羌族】
W0282. 2. 3	与月亮女神有关的其他母题	［W0437. 4. 2. 2］月姑是管理月亮的女神
W0282. 2. 3. 1	月亮女神赐给人类善良和情爱	【布朗族】
W0282. 3	月亮神脸白	
W0282. 3. 1	月亮神脸白光亮有限	【哈尼族】
W0282. 4	善良的月亮神	
W0282. 4. 1	月亮神有同情心	
W0282. 4. 1. 1	月亮神同情倒霉者	【水族】
W0282. 5	月神调皮	【汉族】
W0282. 6	月神很漂亮	【白族】
W0283	**月神的身份（月亮神的生活，月神的生活，月神的职能）**	
W0283. 0	月神是特定的神	
W0283. 0. 1	月神是妇女保护神	【民族无考】
W0283. 1	月亮神的服饰	［W1698. 4］月亮的服饰
W0283. 2	月亮神的饮食	
W0283. 2. 1	月亮神喝鬼的血	
W0283. 2. 1. 1	月亮神每月喝一次鬼的血	【珞巴族】
W0283. 3	月亮神的居所	
W0283. 3. 1	月亮神为什么住在天上	［W0276. 1. 3］太阳神为什么住在天上
W0283. 3. 1. 1	天空把月亮神两个孩子带到天上	【珞巴族】
W0283. 3. 2	月亮神住月宫（月亮神住冷宫）	【汉族】
W0283. 4	月亮神的出行	
W0283. 4. 1	月亮神下凡	
W0283. 4. 1. 1	月姑娘下凡会附于一个妇女身上	【壮族】
W0283. 5	月亮神的用具	

W 编码	母题描述	关联项
W0283a	**月亮神的关系（月神的关系）**	
W0283a.1	月亮神的父母	
W0283a.1.0	月亮神的父母是天和地	
W0283a.1.0.1	月亮神波罗是培多·多杜（天空）和妻子石金·克丁（大地）的儿子	【珞巴族】
W0283a.1.1	月亮神的父亲	
W0283a.1.2	月亮神的母亲（月母）	
W0283a.1.2.1	月母常羲	【汉族】 *［W0768.1.6.2.1］帝喾的一个妻子是月亮女神常羲
W0283a.1.2.2	月亮神是王母娘娘的女儿	【汉族】
W0283a.2	月亮神夫妻	
W0283a.2.1	月亮神是太阳神的妻子	【白族】
W0283a.3	月亮神的子女	
W0283a.4	月亮神的兄弟姐妹	
W0283a.5	月亮神的朋友	
W0283a.5.1	月神与小星神是朋友	【汉族】
W0283b	**月亮神的数量（月神的数量）**	
W0283b.1	10个月亮神	【汉族】 *［W1665］10个月亮
W0283b.1.1	10个月亮女神	【汉族】
W0283b.1.1.1	10个月亮女神拜寿	【汉族】
W0283b.1.1.2	10个月亮女神中的老五老六下凡	【汉族】
W0283b.2	12个月亮神	
W0284	**与月亮神有关的其他母题**	【关联】①
W0284.1	特定名称的月神（月亮神的名称）	［W0282.2.2］特定名称的月亮女神
W0284.1.1	月神望舒	【汉族】

①［W0122.2.1.1］月亮是天上至尊神；［W0275.2.1］太阳神是月亮神的姐姐；［W1386.9.1］月亮婆婆帮助补天

W 编码	母题描述	关联项
W0284. 1. 1a	月亮神常羲	
W0284. 1. 1a. 1	月亮女神常羲是帝喾的妻子	【汉族】
W0284. 1. 2	月神别亚	【鄂伦春族】
W0284. 1. 3	月亮神约白	【哈尼族】
W0284. 1. 4	月亮神波罗	
W0284. 1. 4. 1	大地和天空婚生儿子波罗（月亮神）	【珞巴族】
W0284. 1. 5	月神能买物	
W0284. 1. 5. 1	月神能买物是诸神父母	【彝族】
W0284. 1. 6	月亮神叫“伦”	［W0497. 7. 13. 1］堆地之神叫“伦”
W0284. 1. 6. 1	伦居月亮中	【佤族】
W0284. 1. 7	月神英比	【白族】
W0284. 1a	月神的其他名称	
W0284. 1a. 1	月神又称太阴星主	【汉族】
W0284. 1a. 2	月神又称月宫娘娘	【汉族】
W0284. 1a. 3	月神又称月娘	【汉族】
W0284. 1a. 4	月神又称月姑	【汉族】
W0284. 1a. 5	月神又称月光菩萨	【汉族】
W0284. 2	月精①	
W0284. 2. 1	人变成月精	【汉族】
W0284. 2. 2	嫦娥变成月精	【汉族】 *［W0671. 3. 0. 1］嫦娥是月精
W0284. 2. 3	月精是蟾蜍	【汉族】 *［W3540. 4］月精变成蟾蜍
W0284. 2. 4	蟾蜍变月精	
W0284. 2. 4. 1	月精是嫦娥变成的蟾蜍	【汉族】
W0284. 3	月仙子	【汉族】 *［W0827. 1. 6］桂月仙子
W0284. 4	月光神	

① 月精，可以理解为月亮神的别称。

W 编码	母题描述	关联项
W0284.4.1	混沌时就存在月光神	【彝族（撒尼）】
W0284.5	祭月神	
W0284.5.1	月初祭月神	【彝族（阿哲、阿细）】
W0284.6	月亮主宰神	【彝族】 ＊［W0278.5］太阳主宰神
＊W0285	星神	【汤普森】①A121；②A250
W0285.1	星神的产生	
W0285.1.1	人变成星神	［W1719］人变成星星
W0285.1.1.1	女子飞到天上变星神	【鄂伦春族】 ＊［W1543.1.9.1］星神造日月星
W0285.2	星神的特征	
W0285.2.1	男星神	
W0285.2.2	女星神	
W0285.2.2.1	布星女神	
W0285.2.2.1.1	布星女神卧勒多赫赫	【满族】
W0285.2.2.2	布星妈妈	
W0285.2.2.2.1	布星妈妈是天神阿布凯恩都哩的手下	【满族】
W0285.2.3	星神的体征	［W0924.4.3.2.2］神鹰是星神
W0285.2.3.1	星神人身鸟翅膀	【满族】
W0285.2.4	星神的性格	
W0285.3	星神的职能（星神的身份，星神的能力）	［W0924.4.3.2.2］神鹰是星神
W0285.3.1	星神变美女	【彝族（黑彝）】
W0285.3.1.1	星女	
W0285.3.1.1.1	星女游人间	【彝族（黑彝）】
W0285.4	星神的生活	
W0285.4.1	星神的服饰	
W0285.4.1.1	女星神身穿白色鸟羽皮袍	【满族】
W0285.4.2	星神的饮食	
W0285.4.3	星神的居所	

W 编码	母题描述	关联项
W0285.4.3.1	星神居天顶	【蒙古族】
W0285.4.4	星神的出行	
W0285.4.5	星神的用品（星神的工具）	
W0285.4.5.1	星神背着个装满星星的小皮口袋	【满族】
W0285.5	星神的关系	
W0285.5.1	星神的亲属	
W0285.5.1.1	星神三姊妹	【满族】 *［W0068.4］姊妹神
W0285.5.2	星神的上司	
W0285.5.2.1	天神手下有几千万个“布日汗”（星神）	【蒙古族】
W0285.5.3	星神的朋友	
W0285.6	特定名称的星神（星神的名字）	
W0285.6.1	星神队拉多妈妈	
W0285.6.1.1	星神队拉多妈妈也叫“穹宇妈妈”	【满族】
W0285.6.2	长庚星神	
W0285.6.2.1	西天长庚星神	【汉族】
W0285.6.2.2	长庚星神手拿镇妖塔	【汉族】
W0285.6.3	火星真君	
W0285.6.3.1	火星天神	【汉族】
W0285.6.3.2	火星真君又称太阳神	【汉族】
W0285.6.4	黑虎星神	
W0285.6.4.1	黑虎星把守东天门	【汉族】
W0285.6.5	紫微星神	［W0379.2］紫微北极大帝是四季神
W0285.6.5.1	紫微星神黄帝面前显形	【汉族】
W0285.6.5.2	紫微大帝	
W0285.6.5.2.1	紫微大帝与天皇大帝是兄弟	【汉族】
W0285.6.5.2.2	紫微大帝是紫光夫人的二儿子	【汉族】

W 编码	母题描述	关联项
W0285.6.5.2.2a	陈子梼与龙王的三个女儿婚生的大儿子被元始天尊封为上元一品九气天官紫微大帝	【汉族】
W0285.6.5.2.3	紫微北极大帝掌管自然诸神	【汉族】 * ［W0254.9.1］紫微大帝管北天
W0285.6.5.2.4	紫微北极大帝	
W0285.6.5.2.4.1	紫微北极大帝又称真武玄天大帝	【汉族】 * ［W0768.17.1.3］玄武大帝又称真武大帝
W0285.6.5.2.4.2	紫微北极大帝生日四月十八日	【汉族】
W0285.6.5.2.5	紫微大帝总领诸天之神	【汉族】
W0285.6.6	岁星（岁星神）	
W0285.6.6.1	岁星手下的小神句芒	【汉族】
W0285.6.7	北极星神	【汉族】
W0285.6.8	南斗神	
W0285.6.8.1	南斗六星的神职是第一天府宫司命星君，第二天相宫司禄星君，第三天梁宫延益星君，第四天同宫益算星君，第五天枢宫度厄星君，第六天机宫上生星君	【汉族】
W0285.6.9	鼠星神	
W0285.6.9.1	鼠星神最早迎接太阳	【满族】
W0285.6.9a	牛星神	【汉族】 * ［W0672.1.1.1］蚩尤是天上黑牛星下凡
W0285.6.10	星神布日汗	【蒙古族】
W0285.7	星神的数量	
W0285.7.1	星神数量众多	【蒙古族】
W0286	**启明星神**	【汤普森】A252；* ［W1740］启明星
W0287	**北斗星神（北斗七星神）**	【汤普森】A253；* ［W1731］北斗星（北斗七星）
W0287.1	北斗星神的产生	
W0287.1.1	斗姆生北斗七星（神）	【汉族】 * ［W0768.18］斗姆

W 编码	母题描述	关联项
W0287.2	北斗星神的特征	
W0287.2.1	北斗神有雌雄	【汉族】
W0287.2.1.1	北斗女神	【汤普森】A253.1
W0287.2.2	北斗星神是人的模样	【汉族】
W0287.3	北斗星神的职能	
W0287.3.1	北斗星神是主宰仓房的女神	
W0287.3.1.1	北斗星神奥伦是主宰仓房的女神	【鄂伦春族】
W0287.3.2	北斗神是预言神	
W0287.3.2.1	凡有战争杀伐之事，北斗神梦以告太公	【汉族】
W0287.3.3	北斗星神注死	【汉族】
W0287.3.4	北斗神是司命之神	【汉族】
W0287.3.5	北斗神身兼数职	
W0287.3.5.1	北斗神司农业丰歉，又司人之爵禄、夭寿	【汉族】 * ［W0546.0b.1］五谷神主宰粮食的丰歉
W0287.3.6	北斗神是神的管理者	
W0287.3.6.1	北斗神管1万2千个神	【汉族】
W0287.4	与北斗星神有关的其他母题	
W0287.4.1	阴历腊月二十七日祭北斗星神	【锡伯族】
W0287.4.2	七星神	
W0287.4.2.1	从前朝鲜族信奉七星神	【朝鲜族】
W0287.4.3	北斗神君	
W0287.4.3.1	北斗神君录人罪恶	【汉族】
W0288	**吉星神**	【赫哲族】
W0288.1	吉星神的产生	［W0486］喜神（吉祥神）
W0288.2	吉星神的特征	
W0288.2.1	吉星神有红、黑两张脸	【赫哲族】
W0288.3	吉星神的职能	
W0288.3.1	吉星神是清洁之神	【赫哲族】
W0288.3.2	吉星神的地位仅次于天神	【赫哲族】
W0288.4	与吉星神有关的其他母题	

W 编码	母题描述	关联项
W0288.4.1	吉星神的名称	
W0288.4.1.1	吉星神乌什卡	【赫哲族】
W0289	**与星神有关的其他母题**	
W0289.1	其他特定名称的星神	
W0289.1.1	星神那丹那拉浑	
W0289.1.1.1	天上的七星是星神那丹那拉浑的使者	【满族】
W0289.1.2	三星神	
W0289.1.2.1	三星神在众神中最重要	【赫哲族】
W0289.1.3	造三星的神	
W0289.1.3.1	祖先神造出会造三星的神	【怒族】
W0289.2	星神下凡	
W0289.2.1	女星下凡变土王的女儿	【仡佬族】

0.3.2 与天气有关的神[①]

【W0290 ~ W0389】

W 编码	母题描述	关联项
✿ **W0290**	**气象神**	【汤普森】 A280
W0291	**风暴神**	【汤普森】 A281
✻ **W0292**	**风神**[②]	【汤普森】 A282
W0293	**风神的产生**	
W0293.1	风神源于特定地方	
W0293.2	风神是造出来的	
W0293.3	生育产生风神	
W0293.3.1	神生风神	
W0293.3.1.1	第二代神王生风神	【哈尼族】

① 与天气有关的神，有的研究者又称之为“与气象有关的神”或“气象神”。

② 风神，又称“风师”、“风伯”、“箕伯”等。

W 编码	母题描述	关联项
W0293. 3. 1. 2	天神生风神	【傣族（水傣）】
W0293. 3. 2	天地孕育风神	
W0293. 3. 2. 1	天地生的儿子成为风神	【侗族】
W0293. 4	变化产生风神	
W0293. 4. 1	特定的人物变风神	
W0293. 4. 2	神的脚化生风神	【满族】
W0293. 5	婚生风神	
W0293. 5. 1	特屈和天公地母生风神	【壮族】
W0293. 6	指派产生风神	
W0293. 6. 1	创世主指派出风神	【哈萨克族】
W0293. 7	与风神产生有关的其他母题	
W0294	**风神的性别**	
W0294. 1	女风神（风婆，风婆婆）	【汤普森】A282. 0. 1； ＊［W0298. 2］旋风女神
W0294. 1. 1	风婆	【汉族】
W0294. 1. 1. 1	风婆是披头散发的老太太	【鄂温克族】
W0294. 1. 1. 2	风婆神住人界尽头	【鄂温克族】
W0294. 1. 1. 3	老天爷令风婆顺河走	【汉族】
W0294. 1. 1. 4	龙能指使风婆	【汉族】
W0294. 1. 1. 5	风婆是王母的手下	【汉族】
W0294. 1. 2	风姑娘	【汉族】
W0294. 1. 2. 1	风姑娘喜怒无常	【哈尼族】
W0294. 1. 2. 2	风神姑娘是游荡鬼	【纳西族】
W0294. 1. 3	宇宙女风神	【满族】
W0294. 1. 4	风婆婆	
W0294. 1. 4. 1	风婆婆是豫南的桐柏山区这一带的风神	【汉族】
W0294. 1. 4. 2	念风婆婆咒语就会刮风	【汉族】
W0294. 1. 4. 3	风婆婆是善神	【汉族】
W0294. 1. 4. 4	风婆婆的助手是小鬼	【汉族】
W0294. 1. 5	风神妈妈	【满族】

W 编码	母题描述	关联项
W0295	**风神的外形（风神的外貌）**	
W0295.1	风神雀头鹿身	【汉族】
W0295.2	风神是黑旋风	【黎族】 * [W0298.1] 旋风神
W0295.3	风神是老太太	【鄂温克族】
W0295.4	与风神外形有关的其他母题	
W0295.4.1	风神化虎	【壮族】
W0295.4.2	风神化雨	【水族】
W0295a	**风神的性情**	
W0295a.1	风神冷酷无情	【普米族】
W0296	**风神的居所**	
W0296.1	风神住天上	
W0296.1.1	风神米门加木住在天上	【珞巴族】
W0296.2	风神住地上	【怒族】
W0296.2.1	风神住大地的边缘	【鄂温克族】
W0296.2.2	风神住人间的尽头	【鄂温克族】
W0296.3	风神居南极	
W0296.3.1	风神因乎处南极	【汉族】
W0296.4	风神住地缝	
W0296.4.1	风神住东方大地的裂缝里	【赫哲族】
W0296.4.2	风神住在峡谷	【鄂温克族】
W0296.5	风神住洞中	
W0296.5.1	风神住无底洞	【怒族】
W0296.5.1.1	风神住远方的无底黑洞	【柯尔克孜族】
W0296.5.2	风神住东方的地洞	【赫哲族】
W0296.5.3	风神住风洞	
W0296.5.3.1	风神住天生桥下的风洞中	【白族】
W0296.6	风神住地宫中	【哈尼族】 * [W0299.6.1] 风王住地宫中
W0296.7	风神住山中	
W0296.7.1	风神居青山里	【彝族】

W 编码	母题描述	关联项
W0296. 7. 2	风神住山顶	【满族】
W0297	**风神的工具**	
W0297. 1	风神拿着风袋	［W4285］风袋中生风
W0297. 2	风神左手持轮，右手执扇	【汉族】
W0297. 2. 1	风伯左手持轮，右手执箑	【汉族】
W0297. 2. 2	风神扇着扇子把万物扇得睁不开眼	【白族】
W0297. 3	风神的簸箕	【鄂温克族】
W0297. 4	风神的鼓	
W0297. 4. 1	风王的羊皮风箱鼓	【哈尼族】
W0298	**特定的风神（风神的类型）**	
W0298. 1	旋风神	【汤普森】A182. 1； ＊［W0295. 2］风神是黑旋风
W0298. 1. 1	旋风女神	
W0298. 1. 1. 1	东海旋风女神是福勒岛九女神	【满族】
W0298. 1. 2	特定名称的旋风神	
W0298. 1. 2. 1	旋风神毛鲁开依达力	【鄂伦春族】
W0298. 1. 2. 2	旋风神恩古包尔	【鄂温克族】
W0298. 2	春风神	
W0298. 2. 1	春风神吹风撒种	【哈尼族】
W0298. 2. 2	春风神俄虽玛	【哈尼族】
W0299	**与风神有关的其他母题**	【关联】①
W0299. 1	特定名称的风神（风神的名字）	【民族】②
W0299. 1. 1	风神飞廉	【汉族】 ＊［W0299. 1. 3. 2］风伯飞廉
W0299. 1. 1. 1	飞廉雀头鹿身	【汉族】
W0299. 1. 2	风神因乎	【汉族】

① ［W0867. 1］风怪；［W1294. 5. 1］风神吹开天地

② 【鄂伦春族】【汉族】【彝族】【壮族】

W 编码	母题描述	关联项
W0299.1.2a	风神孟婆	【汉族】
W0299.1.2a.1	孟婆发怒就会刮大风	【汉族】
W0299.1.2b	风神禺彊	
W0299.1.2b.1	风神禺彊也是传播疫厉的瘟神	【汉族】
W0299.1.2c	风神巽二	【汉族】
W0299.1.2d	风神封十八姨	【汉族】
W0299.1.3	风伯（风神又称风伯）	
W0299.1.3.0	风伯的特征	
W0299.1.3.0.1	风伯雀头人身蛇尾	【汉族】
W0299.1.3.0.2	风伯是白须老翁	【汉族】 * ［W0315.1.1］雷公是白胡子老头
W0299.1.3.1	箕星是风伯	【汉族】 * ［W0299.1.4.1］箕星是风师
W0299.1.3.1a	风神又称箕伯	【汉族】
W0299.1.3.1b	风伯又称大风（风伯大风）	【汉族】
W0299.1.3.1c	风伯名姨	【汉族】
W0299.1.3.2	风伯飞廉	【汉族】
W0299.1.3.2.1	风伯飞廉鹿身有角	【汉族】
W0299.1.3.3	风伯是龙的部下	【汉族】 * ［W0672.6.5.3］蚩尤的部下风伯雨师
W0299.1.3.3a	风伯是黄帝的部下	【汉族】 * ［W0695.4］黄帝的辅佐（黄帝的从属）
W0299.1.3.4	风伯变虎	【壮族】
W0299.1.3.5	风伯住东泰山	【汉族】
W0299.1.3.6	风伯练成妖术	【汉族】
W0299.1.4	风师（风神又称风师）	
W0299.1.4.1	箕星是风师	【汉族】
W0299.1.4.2	风师能带来风和气流	【汉族】
W0299.1.4.3	风师屏翳	【民族，关联】①

① 【汉族】 * ［W0213d.1］天使屏翳；［W0304.3.3.5］雨师又称屏翳；［W0358.3.4.1a］雷神屏翳；［W0370g.1］云神屏翳

W 编码	母题描述	关联项
W0299. 1. 4a	风姨（风神又称风姨）	［W0299. 1. 3. 1c］风伯名姨
W0299. 1. 4a. 1	天上的风姨不受任何管辖	【汉族】
W0299. 1. 4b	方天君（风神又称方天君）	【民族无考】
W0299. 1. 5	风神根球鲁阿狄尔	【鄂伦春族】
W0299. 1. 5a	风神阿丁博尔	【鄂伦春族】
W0299. 1. 6	风神萨勒腾格里	
W0299. 1. 6. 1	3 个萨勒腾格里是司风之天	【蒙古族】
W0299. 1. 7	风神米沙	【哈尼族】
W0299. 1. 7. 1	第二代神王生风神米沙	【哈尼族】
W0299. 1. 8	风神赫史阿俄	【彝族】
W0299. 1. 8a	风神黑作直	【彝族】
W0299. 1. 8b	风神米恒哲	【彝族】 ＊［W0299. 2. 5. 1］风神米恒哲每天下地巡察
W0299. 1. 9	风神风满	【壮族】
W0299. 1. 10	风神卧杜玛玛	【赫哲族】
W0299. 1. 11	风神风曼	
W0299. 1. 11. 1	管理风的神取名“风曼”	【侗族】
W0299. 1. 12	风神叭纹纳	
W0299. 1. 12. 1	叭纹纳是最高天神英叭的后代	【傣族（水傣）】
W0299. 1. 13	风神西斯林	【满族】
W0299. 2	风神的职能（风神的能力）	
W0299. 2. 1	风神管风雨雷电	【彝族】
W0299. 2. 1. 1	风神管风	【鄂温克族】
W0299. 2. 1. 2	风伯呼风	【汉族】
W0299. 2. 2	风神是神灵主宰	【鄂伦春族】
W0299. 2. 3	风神会变形	
W0299. 2. 3. 1	风神变成降雨	【水族】
W0299. 2. 4	风神降妖	
W0299. 2. 4. 1	风神制服螃蟹精	【黎族】 ＊［W0844. 6］螃蟹精
W0299. 2. 5	风神巡视大地	

W 编码	母题描述	关联项
W0299.2.5.1	风神米恒哲每天下地巡察	【彝族】
W0299.2.6	特定职能的风神	
W0299.2.6.1	掌管东风的神	
W0299.2.6.1.1	掌管东风的天神古尔班·埃门尔申·腾格里	【蒙古族（布里亚特）】
W0299.2.6.2	掌管西风的神	
W0299.2.6.2.1	掌管西风的天神古尔班·哈尔欣·腾格里	【蒙古族（布里亚特）】
W0299.2.6.3	司微风之神	
W0299.2.6.3.1	三个吉巴润腾格里是司微风之天	【蒙古族】
W0299.2.7	风神跑得快	
W0299.2.7.1	风神是神的脚化生的所以跑得快	【满族】 * ［W0293.4.2］神的脚化生风神
W0299.3	风神的关系	
W0299.3.1	风神的亲属	
W0299.3.1.1	风神是特屈和天公地母之子	【壮族】
W0299.3.1.2	风神是雷神的哥哥	【满族】
W0299.3.2	风神的朋友	
W0299.3.3	风神的上司	
W0299.3.4	风神的敌人	
W0299.4	风神的身份	［W0255.1］中央神是风神
W0299.4.1	风神是大力士	【柯尔克孜族】
W0299.4.2	风神是星宿	
W0299.4.3	风神是恶鬼	【黎族】
W0299.5	风神的数量	
W0299.5.1	9 个风神	【怒族】
W0299.5.2	6 个风神	
W0299.5.2.1	6 个女风神	【满族】
W0299.6	风王	
W0299.6.1	风王住地宫中	【哈尼族】
W0299.7	风后［1］	［W0674］风后

W 编码	母题描述	关联项
W0299. 7. 1	风后即风国之后	【汉族】
✻ **W0300**	**雨神**	【汤普森】 A287
W0301	**雨神的产生**	
W0301. 1	雨神源于特定的地方	
W0301. 2	雨神是造出来的	
W0301. 3	雨神是生育产生的	
W0301. 3. 1	神生雨神	
W0301. 3. 1. 1	第二代神王烟沙生雨神	【哈尼族】
W0301. 3. 2	雨神是土地神的孩子	【高山族】
W0301. 4	雨神是变化产生的	
W0301. 4. 0	特定的神变成雨神	
W0301. 4. 0. 1	龙神变成雨神	【毛南族】
W0301. 4. 1	人变化为雨神	【汉族】
W0301. 4. 2	动物变化为雨神	
W0301. 4. 2. 1	母鸡成为雨神	【畲族】
W0301. 5	雨神是婚生的	
W0301. 5. 1	雨神是特定的神婚生的	
W0301. 5. 1. 1	雨神是土地神与石头神的孩子	【高山族】
W0301. 5. 2	人婚生雨神	【珞巴族】 * ［W0304. 1. 7. 1］ 男子阿桑嘎与丑陋的老太婆婚生的第四个儿子恰茅成为雨神
W0301. 6	与雨神的产生有关的其他母题	
W0301. 6. 1	封特定物为雨神 玉皇大帝把到天上闹事的母鸡封为管雨的天神	
W0301. 6. 1. 1	玉皇大帝把到天上闹事的母鸡封为管雨的天神	【畲族】
W0302	**雨神的特征**	
W0302. 1	雨神的性别	
W0302. 1. 1	女雨神	【汤普森】 A287. 1
W0302. 1. 1. 1	雨母	［W1852. 6. 165］ 雨母山
W0302. 1. 2	男雨神	

W 编码	母题描述	关联项
W0302.2	雨神的体征	
W0302.2.1	雨神是乌髯壮汉	【汉族】
W0302.3	雨神的性情	
W0303	**雨神的身份**	
W0303.1	雨神是特定的神	
W0303.2	雨神是星宿	
W0303.2.1	雨神毕星	【民族无考】
W0303.3	雨神是动物	
W0303.3.1	雨神是龙	[W4341] 龙造雨
W0303.3.1.1	雨神变作小龙	【哈尼族】
W0303.3.2	雨神是鸟	【汉族】
W0303.3.2.1	雨神是一足神鸟	【汉族】
W0303.3.2.1.1	雨神是能大能小的一足神鸟	【汉族】
W0303.3.3	雨神是鸡	
W0303.3.3.1	雨神是一只上天的母鸡	【畲族】
W0303a	**雨神的职能**	
W0303a.1	雨神主宰下雨（雨神管雨）	【达斡尔族】【彝族】
W0303a.1.1	雨神奉旨降雨	【汉族】
W0303a.1.1.1	玉皇大帝让雨神降雨	【汉族】
W0303a.1.2	雨母是司雨之神	【汉族】
W0303b	**雨神的能力**	
W0303c	**雨神的生活**	
W0303c.1	雨神的服饰	
W0303c.2	雨神的饮食	
W0303c.3	雨神的居所	
W0303c.3.1	雨神居天上	[W0304.1.5.1] 下雨王居天上
W0303c.3.1.1	雨公大神住天上	【保安族】
W0303c.3.1.2	雨神居天宫中	【普米族】
W0303c.3.2	雨神住海中	【满族】
W0303c.4	雨神的出行	[W0304.1.4.1] 雨祖爷踏云出行
W0303c.5	雨神的工具	

W 编码	母题描述	关联项
W0303c. 5. 1	雨神的宝斧	
W0303c. 5. 1. 1	雨神的宝斧能开山镇水	【汉族】
W0303c. 5. 2	雨神左手执盂，右手若洒水状	【民族无考】
W0303c. 6	与雨神的生活有关的其他母题	
W0303d	**雨神的关系**	
W0303d. 1	雨神的父母	
W0303d. 1. 1	雨神的父母是天神	
W0303d. 1. 2	雨神的父母是龙	
W0303d. 1. 2. 1	雨神的父亲是龙王欧罗	【哈尼族】
W0303d. 2	雨神的兄弟	
W0303d. 3	雨神的子女	
W0303d. 4	雨神的上司	
W0303d. 4. 1	雨神是玉皇大帝的属臣	【汉族】
W0303d. 5	雨神的从属	
W0303d. 6	雨神的朋友	
W0303e	**雨神的类型**	
W0303e. 1	特定职能的雨神	
W0303e. 1. 1	雨雾神	
W0303e. 1. 1. 1	“努”是雨雾之神	【佤族】
W0303e. 1. 1. 2	雨雾神喷烟吐雾	【傣族】
W0303e. 1. 1. 3	雨雾神披乍贺	【傣族】
W0303e. 1. 1. 4	雨雾神是黑暗之神	【傣族】
W0303e. 2	特定时段的雨神	
W0303e. 2. 1	五月份的雨神	
W0303e. 2. 1. 1	龙王欧罗的小儿子做五月间的雨神	【哈尼族】
W0303e. 2. 2	每个月都有特定的雨神	【哈尼族】
W0304	**与雨神有关的其他母题**	
W0304. 1	特定名称的雨神（雨神的名字）	［W0695. 4. 3. 2］应龙是天上管雨水之神
W0304. 1. 1	雨神赵神爷	

W 编码	母题描述	关联项
W0304.1.1.1	赵神爷天上管雨	【壮族】
W0304.1.2	雨神莫都尔	【鄂伦春族】
W0304.1.3	雨神即比	【哈尼族】
W0304.1.4	雨神商汤	
W0304.1.4.1	商汤原来在天上掌管雨簿	【汉族】
W0304.1.5	雨祖爷	
W0304.1.5.1	雨祖爷踏云出行	【汉族】
W0304.1.6	雨王（下雨王）	
W0304.1.6.1	下雨王居天上	【汉族】
W0304.1.7	雨神恰茅	
W0304.1.7.1	男子阿桑嘎与丑陋的老太婆婚生的第四个儿子恰茅成为雨神	【珞巴族】
W0304.1.8	司雨天	
W0304.1.8.1	豁儿泰三个腾格里是司雨天	【蒙古族】
W0304.1.9	无为君	
W0304.1.9.1	无为之君分云布雨	【汉族】
W0304.1.10	雨神吉西尼	【普米族】
W0304.1.11	雨神阿波阿难	
W0304.1.11.1	阿波阿难是造雨之神	【瑶族（布努）】
W0304.2	雨神即雨师	【民族无考】
W0304.3	雨师	【朝鲜族】
W0304.3.1	雨师的产生	
W0304.3.1.1	毕星是雨师	【汉族】
W0304.3.2	雨师的特征（雨师的能力，雨师的职能）	
W0304.3.2.1	雨师能化龙	【汉族】
W0304.3.2.1.1	雨师入海变龙王	【壮族】
W0304.3.2.2	雨师是蚕头人身大虫	【汉族】
W0304.3.2.3	雨师练成妖术	【汉族】
W0304.3.2.4	雨师能唤雨	【汉族】
W0304.3.3	特定名称的雨师	

W 编码	母题描述	关联项
W0304.3.3.1	雨师赤松子	[W0827.1.7] 仙人赤松子
W0304.3.3.1.1	赤松子是神农时雨师	【汉族】
W0304.3.3.1.2	神农时，能化飞龙野人的赤松子是雨师	【汉族】
W0304.3.3.2	雨师玄冥	【民族，关联】①
W0304.3.3.2.1	玄冥即禺强	【汉族】
W0304.3.3.3	雨师神商羊神鸟	
W0304.3.3.3.1	商羊神鸟一足	【汉族】
W0304.3.3.4	雨师名叫萍号	【汉族】
W0304.3.3.5	雨师又称屏翳	【民族，关联】②
W0304.3.3.5a	雨师又称蓱翳	【汉族】
W0304.3.4	与雨师有关的其他母题	
W0304.3.4.1	雨师的生活	
W0304.3.4.1.1	雨师住东泰山	【汉族】
W0304.3.4.2	雨师的工具	
W0304.3.4.2.1	雨师的金斧	【汉族】
W0304.3.4.3	雨师的关系	
W0304.4	雨姑娘	
W0304.4.1	雨姑娘拉赫兹	
W0304.4.1.1	雨姑娘拉赫兹骑龙尾巴造雨	【彝族（阿细）】
W0304.4a	夏雨之神	
W0304.4a.1	夏雨之神	
W0304.4a.1.1	夏雨魂灵古尔班·玛纳恩·腾格里	【蒙古族（布里亚特）】
W0304.5	雨神的遗迹（与雨神有关的风物）	
W0304.5.1	雨母山	
W0304.5.1.1	湘东有雨母山	【汉族】

① 【汉族】 * [W0383.2.1] 水神玄冥是冬神；[W0406.1.1h] 水神玄冥

② 【汉族】 * [W0358.3.4.1a] 雷神屏翳；[W0370g.1] 云神屏翳

W 编码	母题描述	关联项
W0304.6	止雨神	
W0304.6.1	扫晴娘	【关联】①
W0304.6.1.1	扫晴娘是主止雨天晴之神	【汉族】
W0304.6.1.2	扫晴娘又称扫天婆	【汉族】
W0304.7	暴雨神	
W0304.7.1	暴雨神弥神	
W0304.7.1.1	暴雨神弥神住天上	【彝族】
W0304.8	雨鬼	
W0304.8.1	雨鬼黄色	【基诺族】
W0304.8.2	雨鬼会变为马鹿	【基诺族】
W0304.8.3	雨鬼住坝上	【基诺族】
W0304.9	露神	【彝族】
✿ **W0305**	**雷神**②	【汤普森】A284； ＊【汉族】【赫哲族】
✻ **W0306**	**雷神的产生（雷公的产生）**	
W0306a	**雷神源于特定的地方**	
W0306a.1	玉皇大帝让雷公下凡	【土家族】
W0306a.2	创世主迦萨甘派来雷神	【哈萨克族】
W0306b	**雷神是造出来的（造雷神）**	
W0306b.1	天神造雷公	【苗族】
W0307	**雷神是生育产生的（生雷神）**	
W0307.1	神生雷神	【侗族】【汉族】
W0307.1.1	女神的儿子做雷神	【苗族】

① ［W0695.3.3.1.2.1a］女魃是扫晴娘（止雨神）；［W0700.3.4］精卫是扫晴娘（止雨神）；［W0713.3d］女娲是扫晴娘（止雨神）

② 雷神，在中国神话中雷神的名称和情形相当繁杂，如名称方面，有“雷”、“雷神”、“雷公（婆）”、“雷王”、“雷郎”、“雷公老爷”等说法，此处不再分类处理，除个别极为典型的情况外，在此一律表述为“雷神”。具体情况可参见《中国神话人物母题实例与索引》。

W 编码	母题描述	关联项
W0307. 1. 2	松土神的第一个儿子叫雷郎公公	【侗族】
W0307. 2	卵生雷神	【汉族】【苗族】
W0307. 2. 1	大肉球生雷神	
W0307. 2. 1. 1	雷雨中炸开大肉球生出的男孩成为雷神	【汉族】
W0307. 2. 2	蝴蝶妈妈的 12 个蛋生雷公	【苗族】
W0307. 2. 3	1 对夫妻生的 12 个蛋孵出的最厉害的小弟变成雷公	【苗族】
W0307. 2. 4	父女婚生的 12 蛋变成 12 个兄弟，老大是雷公	【苗族】
W0307. 2. 5	石卵生雷公	【畲族】
W0307. 3	婚生雷神	
W0307. 3. 1	一对男女婚生雷公	【苗族】
W0307. 4	感生雷神	
W0307. 4. 1	女子吃特定的动物生雷神	
W0307. 4. 2	女子婚后吃牛头和虎爪生雷公	【苗族】
W0307. 5	与生育雷神有关的其他母题	
W0308	**雷神是变化产生的（变雷神）**	【关联】①
W0308. 1	特定的神变成雷神	
W0308. 1. 1	龙神变成雷神	【毛南族】
W0308. 2	特定的神性人物变成雷神	
W0308. 2. 1	雷神是盘古变的	【关联】②
W0308. 2. 1. 1	盘古的魂变成雷公	【汉族】 * ［W0723a. 1. 1. 1］盘古死后灵魂变成雷公
W0308. 2. 2	巨人做了雷神	【布依族】 * ［W0664. 1. 1］巨人成为雷神
W0308. 3	人变成雷神	【佤族】【瑶族】
W0308. 3. 1	人间兄弟俩成为雷神	

① ［W0312. 2］雷神娶的凡间妻子变雷婆；［W0697. 2］黄帝是雷神
② ［W0720］盘古；［W0723a. 1. 1］盘古的灵魂变成雷神

W 编码	母题描述	关联项
W0308.3.1.1	玉帝让2个孝顺的小孩升天成为雷神	【瑶族】
W0308.3.2	人死后变成雷神	【壮族】
W0308.3.3	1个男子变成雷神	
W0308.3.3.1	与妹妹通奸的哥哥含羞到天上后变成雷神达嚜	【佤族】
W0308.3.3.2	一家三口中狂怒的父亲升上天变雷神	【高山族】【高山族（阿美）】
W0308.3.4	赵、邓、马、关4个将军死后变成天上的雷公	【壮族】
W0308.3.5	人升天变成雷神	【高山族】
W0308.4	特定物变成雷神	
W0308.4.1	雷神是太阳的化身	【壮族】
W0308.4.2	声音化为雷神	
W0308.4.2.1	神的鼾声化为雷神	【满族】
W0309	**与雷神的产生有关的其他母题**	
W0309.1	雷神指派的	【哈萨克族】
W0309.2	雷神的生日	
W0309.2.1	雷神生日六月二十四日	【汉族】
W0309.3	雷神的出生地	
✿ **W0310**	**雷神的特征（雷公的特征）**	
⁕ **W0311**	**雷神的性别**	
W0311a	**男雷神（雷公）**	
W0312	**女雷神（雷婆）**	【汤普森】A284.1；＊【民族，关联】①
W0312.1	雷婆的产生	
W0312.1.1	雷神娶的凡间妻子变成雷婆	【汉族】
W0312.1.2	雷婆是玉帝的大公主	【畲族】

①【苗族】＊［W0350.2.1］雷婆是玉皇大帝的女儿；［W0477.6］雷婆是生育神

W 编码	母题描述	关联项
W0312. 1. 3	被误劈死的女子封为雷婆	【畲族】
W0312. 2	雷婆的特征	
W0312. 2. 1	雷婆身躯巨大	【壮族】
W0312. 2. 2	雷婆为红色	【汉族】
W0312. 2. 3	雷婆性情暴躁而善良	【侗族】
W0312. 2. 4	雷婆心地险恶	【侗族】
W0312. 3	雷婆的职能（雷婆的事迹、雷婆的能力）	
W0312. 3. 1	雷婆是生殖神	【侗族】
W0312. 3. 2	雷婆喝水添神力逃脱	【侗族】
W0312. 4	雷婆的工具	
W0312. 4. 1	雷婆手拿铁凿	【畲族】
W0312. 5	特定名称的女雷神（特定名称的雷婆）	
W0312. 5. 1	雷婆萨岜	【侗族】
W0312. 5. 2	女雷神玛由梭	【苗族】
W0312. 5. 3	雷神妈妈	
W0312. 5. 3. 1	雷神妈妈听命于天神	【满族】
W0312. 6	与雷婆有关的其他母题	【关联】①
✻ **W0313**	**雷神的外貌（雷公的体征）**	
W0314	**雷神身材巨大**	
W0314. 1	雷神身体巨大（雷公身体巨大）	【侗族】
W0314. 2	女雷神身躯巨大	【壮族】
W0314. 3	以前天下只有雷公最大	【苗族】
W0314. 4	雷神的身体很长	【侗族】
W0314. 4. 1	雷神的身体像江河样长	【侗族】
W0315	**雷神人形**	【达斡尔族】
W0315. 1	雷公是一个老头	【赫哲族】
W0315. 1. 1	雷公是白胡子老头	

① ［W0358. 3. 4. 3］雷郎公公；［W1152. 5. 1］天是雷婆的肚皮；［W1168. 21. 3. 1］雷母娘娘看守天门

W 编码	母题描述	关联项
W0315.1.1.1	白胡子老头雷公站云端	【汉族】
W0315.2	雷公是毛脸老公公	【布依族】
W0315.3	雷公是小伙子	【畲族】
W0316	**雷神有动物外形**	
W0316.1	雷神是龙	【蒙古族】【藏族】
W0316.1.1	雷公是龙	【毛南族】 * ［W0353.2］雷神是龙的部下
W0316.1.2	雷公是龙神	【藏族】
W0316.1.3	雷神龙形	【达斡尔族】
W0316.2	雷神人头龙身（雷神龙身人头）	【汉族】
W0316.2a	雷公鸡头人身	【关联】①
W0316.2a.1	雷公鸡头人身源于前身盘古是鸡头	【汉族】 * ［W0722.2.2.4］盘古鸡头
W0316.2b	雷公鸡头龙身	［W0317.1.0］雷神长着鸡头
W0316.2b.1	雷公鸡头龙身是因为他是盘古的魂变成的	【汉族】
W0316.2c	雷公龙头人身虎爪	【畲族】
W0316.3	雷神是兽	
W0316.3.1	雷神状类熊猪	
W0316.3.1.1	雷神似熊猪有毛角	【汉族】
W0316.4	雷神有鸟的特征	［W0317.7.1］雷公身上长毛，尖鸡嘴，背生一对翅膀
W0316.4.1	雷神长着翅膀	【汉族】【苗族】
W0316.4.1.1	雷公背上生有一对翅膀	【民族，关联】②
W0316.4.1.2	雷公长有肉翅膀	【汉族】
W0316.5	雷神是鸡	【关联】③
W0316.5.1	雷神是公鸡（雷公是公鸡）	
W0316.5.1.1	雷公是尖嘴公鸡	【布依族】

① ［W0317.1.0］雷神长着鸡头；［W0515.3.2］雷公鸡

② 【土家族】【壮族】 * ［W0317.7.1］雷公身上长毛，尖鸡嘴，背生一对翅膀；［W0340.6.1］雷公翅膀无水飞不起

③ ［W0317.2.5］雷公的脸像公鸡；［W0327.5.1］雷公忌吃鸡

W 编码	母题描述	关联项
W0316.5.1.2	雷公是只大公鸡	【汉族】
W0316.5.1.2.1	雷公是头顶大红冠五色六毛的大红公鸡	【布依族】
W0316.5.1a	雷神是母鸡	【畲族】
W0316.5.2	雷神像鸡	【布依族】
W0316.5.2.1	雷公外形像公鸡	【瑶族】
W0316.5.2.2	雷公老爷落地像一只鸡公	【土家族】
W0316.6	雷神是狗	
W0316.6.1	雷王是天狗	【毛南族】
W0316.9	与雷神有动物外形有关的其他母题	
W0316.9.1	雷神的外貌像昆虫	【鄂温克族】
W0316.9.2	雷神脸赤如猴	【汉族】
W0317	**与雷神的外形有关的其他母题**	
W0317.1	雷神的头（雷公头）	
W0317.1.0	雷神长着鸡头	【汉族】 *［W0316.5］雷神是鸡
W0317.1.1	雷公有巨大的头	
W0317.1.1.1	雷公头像山岗大	【侗族】
W0317.1.2	雷公有9个头（九头雷公）	【汉族】
W0317.1.3	雷公头上有疙瘩的来历	
W0317.1.3.1	雷公头上的疙瘩是蜂蛰的	【苗族】
W0317.2	雷神的脸（雷公脸）	
W0317.2.1	雷神红脸	【毛南族】 *［W0466.2.1.1］火神红脸
W0317.2.1a	雷神的脸是蓝靛色	【壮族】
W0317.2.2	雷神脸色多变	【藏族】
W0317.2.3	雷神青面尖嘴	【壮族】
W0317.2.4	雷公的脸有蓝、绿、黑三色变化	【藏族】
W0317.2.5	雷公的脸像公鸡	【壮族】

W 编码	母题描述	关联项
W0317.3	雷神的眼（雷公眼）	
W0317.3.1	雷公奇特的眼睛	
W0317.3.1.1	雷公长着吓人的大眼睛	【畲族】
W0317.3.2	雷公长着灯笼眼	【壮族】
W0317.3.2.1	雷王的一对灯笼眼闪绿光	【壮族】
W0317.3.3	雷神3只眼（雷公3只眼）	【汉族】【藏族】
W0317.3.4	雷公的眼为什么是鼓的	
W0317.3.4.1	雷公的眼鼓是被坐压造成的	【侗族】
W0317.3.4.2	雷公眼珠外露是被打出来的	【畲族】
W0317.3.5	雷公的眼会发光	【畲族】
W0317.3.5.1	雷公的眼睛像月亮和太阳一样闪光	【侗族】
W0317.4	雷神的嘴	［W0316.5.1.1］雷公是尖嘴公鸡
W0317.4.1	雷神长着长嘴	【汤普森】A284.3.1
W0317.4.2	雷公长着鸡嘴	【土家族】
W0317.5	雷神的四肢	
W0317.5.1	雷神长着鸡脚（雷公的鸡腿）	【布依族】【壮族】
W0317.5.2	雷神足如鹰鹯	【汉族】
W0317.6	雷公有12个身躯	【壮族】
W0317.6.1	雷神十二躯以应十二方位	【汉族】
W0317.7	雷公身上长毛	［W0722.2.15.1］盘古浑身长毛
W0317.7.1	雷公身上长毛，尖鸡嘴，背生一对翅膀	【土家族】
W0317.8	雷公的胡须	
W0317.8.1	雷公的胡须像树木一样粗	【侗族】
W0317.9	雷神面目奇特（雷神面目可怕）	
W0317.9.1	雷神青面獠牙	
W0317.9.1.1	雷王青面獠牙鼓眼珠	【壮族】
W0317.9.2	雷神青面尖嘴	【壮族】
＊**W0318**	**雷神的性格（雷公的性情）**	［W0340.10］雷神救人

W 编码	母题描述	关联项
W0319	**善的雷神**	【汉族】 * ［W0340. 7］ 雷公是人类产生的帮助者
W0319. 1	善的雷公	［W0339. 1］ 雷公杀螃蟹精救人类
W0319. 1. 1	洪水时雷公做善事	【苗族】
W0319. 1. 2	雷公心地善良	
W0319. 1. 2. 1	雷公貌丑但心地善良	【畲族】
W0319. 2	善的雷婆	
W0320	**恶的雷神**	【关联】①
W0320. 1	恶的雷公	【民族】②
W0320. 1. 1	雷公鬼是恶鬼	【黎族】
W0320. 1. 2	雷公要毁灭人类	【苗族】
W0320. 1. 3	雷公心肠狠毒害亲娘	【苗族】
W0320. 1. 4	雷公赶走亲娘	【侗族】 * ［W5102. 2］ 孩子不识母
W0320. 2	恶的雷婆	
W0320. 3	雷公是凶神	【水族】
W0320. 3. 1	凶恶的雷公图把	【壮族】
W0320. 3. 2	雷不让人生火	【彝族】
W0321	**雷神脾气暴躁**	【鄂伦春族】
W0321. 1	雷婆性情暴躁	【侗族】
W0321. 2	雷公脾气暴躁	【毛南族】
W0321. 2. 1	雷公爷脾气暴躁	【汉族】
W0321. 2. 2	雷王发脾气拿着板斧和凿子这里凿，那里劈	【壮族】
W0322	**雷公秉性刚直**	【汉族】
W0322. 1	雷公秉公惩罚天下糟蹋粮食的人	【汉族】
W0322. 2	雷神两兄弟不贪心处事公正	【瑶族】
W0323	**雷神的其他性格**	
W0323. 1	雷神的嗜好	［W0327. 4］ 雷神喜欢喝酒（雷神爱喝酒）

① ［W0126］ 恶神；［W0340. 12］ 雷公制造大旱和大涝；［W0902. 4. 1. 2］ 雷公是恶鬼

② 【黎族】【汉族】【水族】【壮族】

W 编码	母题描述	关联项
W0323.1.1	雷神爱敲鼓	【哈尼族】
W0323.2	雷公又刁又诈	【苗族】
W0323.3	雷公仇恨人类	【壮族】
W0323.3.1	雷神仇视人类过上好日子	【仫佬族】
W0324	**与雷神的特征有关的其他母题**	
W0324.1	雷神的心（雷公心）	【汉族】
W0324.1.1	雷神没有心	
W0324.1.1.1	雷公没有心，所以会冤枉好人	【汉族】
W0324.1.2	雷公心可治病	【苗族】 * ［W6247.3］特定的药物
W0324.1.3	雷公心能辨别善恶	【汉族】
W0324.1.4	雷公的心是闪电	【汉族】 * ［W4431.1］闪电是雷公的心
W0324.2	雷神的肉（雷公肉）	
W0324.2.1	雷神的肉能治病	【壮族】
W0324.2.2	雷公肉能长生不老	【仫佬族】
W0324.3	雷神的胆（雷公胆）	
W0324.3.1	雷神的胆能治病	【侗族】
W0324.4	雷神的声音	
W0324.4.1	雷神声音巨大	
W0324.4.1.1	雷神声音裂地劈天	【满族】
W0324a	**雷神的身份（雷公的身份）**	
W0324a.1	雷神是特定的神	
W0324a.1.1	雷神是守护神	【关联】①
W0324a.1.1.1	雷神是狩猎和畜牧的守护神	【柯尔克孜族】
W0324a.1.2	雷神是天帝的部将	【蒙古族】
W0324a.1.3	龙神雷公	【民族，关联】②

① ［W0430］世界的保护神；［W0497.8］身兼多职的神

② 【藏族】 * ［W0324a.5.1］雷公是龙；［W0535］龙神

W 编码	母题描述	关联项
W0324a. 1. 4	雷公是管理天上的神	【毛南族】
W0324a. 1. 5	雷神是雷泽的主神	【汉族】
W0324a. 1. 6	雷神是天神	
W0324a. 1. 6. 1	雷神是一个龙身人头、半人半兽的天神	【汉族】
W0324a. 1. 6. 2	雷神是最大的天神	【苗族】
W0324a. 2	雷公是王	
W0324a. 2. 1	雷公是为上界之王	【布依族】
W0324a. 3	雷公是人	［W0315］雷神人形
W0324a. 4	雷神是特定职业者	［W0658a. 8. 1d. 1］雷公是石匠的祖师
W0324a. 4. 1	雷神是铁匠	【彝族】 ＊［W0459. 3］铁匠神
W0324a. 4. 2	雷神是判官	
W0324a. 4. 2. 1	雷神是善恶的审判者	［W0335. 6］雷神管人间的善恶
W0324a. 4. 2. 2	雷神是最公正的判官	【苗族】 ＊［W0322. 2］雷神两兄弟不贪心处事公正
W0324a. 4. 2. 3	天帝派雷公下凡察看是否有兄妹通奸	【黎族】
W0324a. 5	雷公是动物	
W0324a. 5. 1	雷公是龙	【毛南族】 ＊［W0402. 5. 3］水神就是龙王
W0324a. 5. 1. 1	雷公是龙，所以得水会生力	【毛南族】
W0324a. 6	雷公是自然物	
W0324a. 6. 1	雷公是太阳	
W0324a. 6. 1. 1	雷公是一个太阳	【苗族】
＊ **W0325**	**雷神的生活（雷公的生活）**	
W0326	**雷神的衣服（雷公的服饰）**	
W0326. 1	雷公的战袍	

W 编码	母题描述	关联项
W0326.1.1	雷公穿千张人皮做成的战袍	【藏族】
W0326.2	雷公穿白衣白裤	【毛南族】
W0327	**雷神的饮食**	
W0327.1	雷神吃人	
W0327.1.1	雷王是吃小孩的凶神	【毛南族】
W0327.2	雷神吃素	
W0327.2.1	雷王由吃小孩改为吃素	【毛南族】
W0327.2.2	玉帝不让雷王再吃肉	【毛南族】
W0327.3	雷公爱吃蔬菜	
W0327.3.1	雷公爱吃青菜和葱	【苗族】
W0327.4	雷神喜欢喝酒（雷神爱喝酒）	【汉族】
W0327.5	雷公的饮食禁忌	
W0327.5.1	雷公忌吃鸡	
W0327.5.1.1	雷公连鸡屎壅的菜都不吃	【苗族】
W0327.6	雷公只喝干净的水	【布依族】
W0328	**雷神的居所（雷公的居所）**	
W0328.1	雷神住天上	【关联】①
W0328.1.1	雷住在天宫的北方	【汉族】
W0328.1.2	雷公住天上的雷神殿	【布依族】
W0328.1.3	雷公住天上	【汉族】【苗族】【壮族】
W0328.1.3.1	雷公住在10层天上	【布依族】 *［W1163.10.1.1］第10层天是雷公的住所
W0328.1.4	雷王住天上	【壮族】
W0328.2	雷神为什么住天上	
W0328.2.1	雷神怕弟弟抢财产住到天上	【苗族】
W0328.2.2	雷公住天上是被顶天柱顶上去的	【壮族】
W0328.2.3	雷神厌倦地上生活回到天上	
W0328.2.4	雷神被赶到天上	【苗族】
W0328.2.4.1	雷被地上的人用火赶到天上	【侗族】【水族】

①［W0328.8.1］雷神住在太阳寨；［W1163.10.1.1］第10层天是雷公的住所

W 编码	母题描述	关联项
W0328.2.4.2	雷公被人王用火赶到天上	【汉族】
W0328.2.4.3	雷公住天上是王的安排	【苗族】
W0328.2.4.4	四兄弟比本领时，雷神被弟弟用火赶到天上	【苗族】【壮族】
W0328.2.4.5	雷神因犯错被赶到天上	【佤族】
W0328.2.5	雷公与弟弟分家时被分到天上	【苗族】
W0328.3	雷神居云中	【水族】
W0328.4	雷神住云端	
W0328.5	雷神住被雷击的物体中	
W0328.5.1	雷神住被雷击的树木中	【鄂温克族】
W0328.5.2	雷神住被雷击的房屋中	【鄂温克族】
W0328.6	雷神的灵魂住在地下	【汤普森】 A284.3.2
W0328.7	雷神住树洞中	
W0328.7.1	雷神藏在畲山坡的树洞	【畲族】
W0328.8	雷神的特定的村子	
W0328.8.1	雷神住在太阳寨	【佤族】
W0328.9	雷公居水中	［W1977.4.3.4］雷公潭
W0328.9.1	雷神住湖中	【汉族】
W0328.9.1.1	雷神住横湖上	【汉族】
W0328.10	雷神居雷泽	【汉族】
W0328.10.1	雷神住昆仑山的雷泽	【汉族】
W0328.10.2	雷泽在吴西（今太湖一带）	【汉族】
W0328.11	雷神的宫殿（雷公殿）	
W0328.11.1	雷神的宫殿雷泽湖底	【汉族】
W0328.11.2	雷王殿	
W0328.11.2.1	天河通往雷王殿	【壮族】
W0328.12	与雷神居所有关的其他母题	
W0328.12.1	雷神不断变化居住地点	
W0328.12.1.1	雷王晚上在北边，早晨在东面，中午坐正殿	【壮族】
W0329	**雷神的坐骑**	

W 编码	母题描述	关联项
W0329.1	雷神骑天狗	【壮族】
W0329.2	雷公骑着苍龙	【藏族】
W0329.3	雷神腾风驾火	【壮族】
W0329.4	雷王驾雨行走	【壮族】
W0330	**与雷神的生活有关的其他母题**	
W0330.1	雷神在天上飞	【土家族】
W0330.2	雷神与电母为伴	【赫哲族】 * ［W0350］雷神的妻子
W0330.3	雷公的成长	
W0330.3.1	日月星辰抚育雷公	【苗族】
✻ **W0331**	**雷神的职能（雷公的职能，雷神的能力，雷神的事迹，雷神的行为）**	［W0973.1.1］土地管地，雷公管天
W0332	**雷神管天管地**	【侗族】 * ［W4860］天地的管理
W0332.1	雷神管天	【民族，关联】①
W0332.1.1	雷公爷是管天的神仙	【汉族】 * ［W0433.1.2］管天的神雷公爷
W0332.1.2	雷管天上	【苗族】【水族】
W0332.1.3	雷公管理天上（雷公管天）	【汉族】【毛南族】【壮族】
W0332.1.4	雷王管天界（雷公管上界）	【壮族】
W0332.2	雷神管地	
W0332.2.1	雷神管田地	【布依族】
W0332.3	雷公主宰天地的一切	【黎族】
W0332.4	雷公管人间善恶	
W0332.4.1	雷公专管人间的不平和惩办有罪恶者，制裁五逆不孝者，糟蹋粮食者，谋财害命者，欺负孤、老、幼、弱及妇女者等	【白族】
W0333	**雷神管布雷下雨**	【布依族】

① 【汉族】 * ［W0779a.2.2.1］玉皇大帝管天上；［W0973.1.1］土地管地，雷公管天

W 编码	母题描述	关联项
W0333.1	雷神掌管云雨	【壮族】 * ［W0144.3］雷公雷婆看守布雨的黑龙
W0333.1.1	雷王总管天上的雨池	【壮族】
W0333.1.2	玉皇大帝派雷公管下雨	【瑶族】
W0333.2	雷神右手招风左手招雨	【瑶族】 * ［W0337.1.1］雷王左手招来风，右手招来火，腾风驾火回天
W0333.3	雷公在天上管雨管雷电	【苗族】
W0333.3.1	雷王住在天上专门管雨	【瑶族】
W0333.4	雷神造雷	
W0333.4.1	雷神撞击手拿的凿和锤形成雷	【鄂伦春族】
W0333.5	雷公管雨很敬业	【壮族】
W0333.6	雷神造雨	【关联】①
W0333.6.1	密洛陀封造雨的五子阿坡阿难为雷神	【瑶族（布努）】
W0333a	**雷神管风雨雷电**	
W0333a.1	雷王管雨水电	【壮族】
W0333a.2	雷神管打雷和闪电	【汉族】
W0333a.2.1	雷公打雷扯闪	【汉族】
W0333a.2.2	雷公挥棒制造闪电	【苗族】
W0333a.3	雷神能喷出闪电	［W0134.2］神能喷火
W0333a.3.1	雷公喷出道道闪电撕破天	【藏族】
W0333a.4	雷公会吐火	［W0340.15］雷神放火
W0333a.4.1	雷王喷出蓝色的绿色的火焰	【壮族】
W0333a.5	雷神造风	
W0333a.5.1	雷王抖动背上的一对翅膀就刮风暴	【壮族】 * ［W0316.4.1.1］雷公背上生有一对翅膀
W0334	**雷神有神通**	
W0334.1	雷神无所不知	
W0334.1.1	雷神预知未来	【蒙古族】 * ［W9251］预言者
W0335	**雷神监督人间（雷神惩恶扬善）**	【瑶族】

① ［W4339.1］雨神造雨；［W4339.4］风雨云雾神造雨

W 编码	母题描述	关联项
W0335.1	雷神惩罚不爱惜粮食的人	【汉族】 ＊ ［W9913.1］ 雷公用雷劈浪费粮食的人
W0335.1.1	天上的雷公专门惩罚不爱惜粮食的人	【汉族】 ＊ ［W9913］ 浪费遭惩罚
W0335.2	雷神惩罚不孝的人	【汉族】
W0335.3	雷神惩罚恶人	【瑶族】【壮族】
W0335.3.1	雷公乘闪电惩罚人间不良人	【汉族】
W0335.3.2	雷公是惩罚人间恶人的大神	【汉族】
W0335.3.3	雷公用雷劈坏人	【汉族】 ＊ ［W9913.1］ 雷公用雷劈浪费粮食的人
W0335.4	雷神惩罚血亲结婚的人	
W0335.5	雷神下凡巡察（雷神视察人间）	［W0340.9.6］ 雷公下凡
W0335.5.1	玉皇大帝派雷公下凡巡察	【瑶族】
W0335.5.1a	天帝派雷公下凡视察	【黎族】
W0335.5.2	雷神下雨时巡视天地	【汉族】
W0335.6	雷神管人间的善恶	【侗族】
W0335.7	管辖特定地方的雷神	【苗族】
W0336	**雷神善斗**	
W0336.1	雷公出战时炸雷震山	【藏族】
W0337	**雷神会飞（雷公会飞）**	【土家族】
W0337.1	雷王腾风驾火飞行	［W0346.1］ 雷公踩电光飞行
W0337.1.1	雷王左手招来风，右手招来火，腾风驾火回天	【壮族】 ＊ ［W0333.2］ 雷神右手招风左手招雨
W0338	**雷神会变化（雷公变形）**	
W0338.1	雷神的脸会变色	【藏族】 ＊ ［W0317.2.4］ 雷公的花脸有蓝、绿、黑三色变化
W0338.2	雷神能变 12 个身体	【壮族】
W0338.3	雷神变鸡	【畲族】 ＊ ［W0316.5］ 雷神是鸡
W0338.3.1	雷神变鸡蛋	【景颇族】
W0338.3.2	雷公变成公鸡	【布依族】
W0338.3.3	雷公变大花鸡	

W 编码	母题描述	关联项
W0338.3.3.1	雷神变成一只红冠长翅的大花鸡	【畲族】
W0338.4	雷公喝水后由大红公鸡变成毛脸老公公	【布依族】
W0338.5	与雷神会变化有关的其他母题	
W0338.5.1	雷神的女儿变鸡蛋	【景颇族】
W0339	**雷公降妖（雷神除魔）**	
W0339.1	雷公杀螃蟹精救人类	【黎族】
W0340	**与雷神的能力或事迹有关的其他母题**	【关联】①
W0340.0	雷神力气很大	【壮族】
W0340.0.1	雷公是力士	【汉族】
W0340.1	雷公胡作非为	
W0340.1.1	雷公在天上撒尿，舞刀弄斧	【壮族】
W0340.1.2	雷把沃土变为荒地	【壮族（沙人）】
W0340.1.3	雷公抢劫	
W0340.1.3.1	雷公把地上的仙草、仙果、仙树，抢到天上	【毛南族】
W0340.2	雷神知错则改	
W0340.3	雷神劈物	[W4472.2] 雷神劈出霞
W0340.3.1	雷公劈地	
W0340.3.1.1	雷公把地下劈成6块。	【苗族】
W0340.3.2	雷神劈树	
W0340.3.2.1	雷神击不碎朽木	【鄂伦春族】
W0340.3.2.2	雷公发酒疯劈树	【苗族】
W0340.3.3	雷神劈人	
W0340.3.3.1	雷公雷劈恶人	【仫佬族】 * [W9953.4.2] 雷公误劈孝妇
W0340.4	雷神学本领（雷公学艺）	[W0357.1] 雷神的师傅（雷神的老师）
W0340.4.1	雷公向茅山法主学本领	【畲族】

① [W1255.6.7.1] 雷公劈出平地；[W1416.5.3] 雷公劈掉上天的山绝地天通

W 编码	母题描述	关联项
W0340.4.2	雷公拜师学成后战败天兵天将	【畲族】
W0340.5	雷公神力的恢复	【壮族】 * ［W8877］雷公的逃脱
W0340.5.1	雷公喝水长力气	【民族，关联】①
W0340.5.2	雷公只要有水，就会力大无穷	【汉族】
W0340.6	雷公特定能力的丧失	
W0340.6.1	雷公翅膀无水飞不起	【瑶族】
W0340.6.2	雷公翅膀断了，上不得天	【苗族】
W0340.7	雷公是人类产生的帮助者	【黎族】
W0340.7.1	雷神给人送火种	【汉族】 * ［W0319］善的雷神
W0340.8	雷公除掉多余的太阳	【黎族】 * ［W9763.2］人和动物一起除掉多余的太阳
W0340.9	雷公出行（雷神的出行）	
W0340.9.1	雷公行千里	【汉族】
W0340.9.2	雷公出行打着锣鼓拿着板斧	【苗族】
W0340.9.3	雷神出现时伴霹雳火闪	【侗族】
W0340.9.4	雷神腾风驾火	【壮族】
W0340.9.5	雷王展翅生风	【壮族】
W0340.9.6	雷公下凡	［W0335.5］雷神下凡巡察
W0340.9.6.1	雷公从天降的时间	
W0340.9.6.1.1	第一次春雷时雷公天降	【壮族】
W0340.9a	雷重回天上	［W0328.1］雷神住天上
W0340.9a.1	伏羲王的妹妹答应嫁给雷后，雷回到了天宫	【汉族】
W0340.9a.2	九月初九雷公回天	【壮族】
W0340.10	雷神救人	【景颇族】
W0340.10a	雷神治病	
W0340.10a.1	雷公用草药为仓颉治病	【汉族】
W0340.11	雷公申冤（雷公告状）	

① 【侗族】 * ［W0338.4］雷公喝水后由大红公鸡变成毛脸老公公；［W8877］雷公的逃脱

W 编码	母题描述	关联项
W0340. 11. 1	雷公的灵魂到玉帝那里诉冤	【汉族】 * ［W0466. 10. 4. 2］火神上天告状
W0340. 12	雷公制造大旱和大涝	【汉族】
W0340. 12. 1	雷神制造洪水（雷公制造洪水）	【关联】①
W0340. 13	雷公打败天兵	【畲族】
W0340. 14	雷公捉魂	
W0340. 14. 1	雷公捉走金牛星的灵魂	【汉族】
W0340. 15	雷神放火	
W0340. 15. 1	雷王能放天火	【壮族】
W0340. 16	雷神造雷	［W4375］雷的产生
W0340. 16. 1	雷神鼓其腹则雷	【汉族】
W0340. 17	雷神被贬人间	
W0340. 17. 1	雷神因做错事被贬人间	【汉族】
W0340. 17. 2	雷神得罪玉皇大帝被贬人间	【汉族】
W0340. 18	雷神主死亡	【彝族】 * ［W0480］死神（死亡之神，生死神）
W0340. 19	雷神开辟道路	
W0340. 19. 1	达劳明古雷神轰开一条到毒海边的路	【纳西族】
* **W0341**	**雷神的工具（雷公的工具）**	【关联】 * ［W0135］神的工具
W0342	**雷神的斧子（雷公的斧子，雷公斧）**	【民族，关联】②
W0342. 1	雷神手持电斧	【壮族】
W0342. 2	雷神手持青铜斧	【壮族】
W0342. 2a	雷神的紫铜斧	【壮族】
W0342. 3	雷公手持斧和锯	
W0342. 3. 1	雷公左手提红端斧，右手拿青端锯	【瑶族】

① ［W8270～W8289］洪水制造者；［W8274］雷神制造洪水

② 【土家族】 * ［W0962］神斧；［W6089. 2. 2］雷公斧

W 编码	母题描述	关联项
W0342.4	雷公拿着斧子和铜鼓	【壮族】
W0342.5	雷神的天斧	【苗族】 * ［W6089.2.3］开天斧
W0342.6	雷王手握两把大斧	【壮族】
W0342.7	雷公的石斧	
W0342.7.1	雷公手执短柄金刚石斧	【汉族】
W0342.8	与雷神的斧子有关的其他母题	
W0342.8.1	雷公的斧子只能使用斧背	【畲族】
W0342.8.2	天雷赐雷公斧	【壮族】
W0343	**雷神的凿子**	【畲族】 * ［W0144.2］雷公拿着铁凿，雷婆拿着舂臼槌
W0343.1	雷神手持凿子和锤子	【鄂伦春族】【苗族】
W0343.2	雷公手持凿子和板斧	【壮族】
W0343.3	雷公的天凿	
W0343.3.1	雷公左手拿天凿，右手拿天鼓	【畲族】
W0344	**雷神的锤子**	
W0344.1	雷公手持铁锤和钢钻	【苗族】
W0344.2	雷神手持铁锤和火铲	【侗族】
W0344.2.1	雷一手拿铁锤，一手拿火铲	【侗族】
W0344.3	雷公的铜锤钢鞭	【苗族】
W0344.4	雷公的铜锤板斧	【苗族】
W0344.5	雷公的雷锤电凿	
W0344.5.1	雷公左手握雷锤，右手拿电凿	【苗族】
W0344.6	雷神的铁锤和砧子	【赫哲族】
W0344.6.1	雷公公手挥锤钻	【白族】
W0344.7	雷神的闪锤和雷钻	【高山族】
W0344.8	雷神的轰天锤	【满族】
W0345	**雷神的鞭**	
W0345.1	雷神的钢鞭	
W0345.1.1	雷公挥钢鞭满天打火闪	【苗族】
W0345.2	雷神的火鞭	

W 编码	母题描述	关联项
W0345. 2. 1	雷公翻着筋斗，打着火鞭	【苗族】
W0346	**雷神的雷和电**	
W0346. 1	雷公踩电光飞行	【汉族】
W0346. 1. 1	雷王踏电光行走	【壮族】
W0346. 2	雷公手持雷和电刺	【汉族】
W0347	**与雷神的工具有关的其他母题**	
W0347. 1	雷公的三把秤	
W0347. 1. 1	雷公身挂三把秤，断解天下事	【苗族】
W0347. 2	雷公的槌子	
W0347. 2. 1	祖先送给雷公一个大槌子	
W0347. 2. 1. 1	雷公用人祖给他的大槌子管是非	【苗族】
W0347. 2. 2	雷公的舂臼槌	
W0347. 2. 2. 1	闾山法主送雷公一把舂臼槌	【畲族】
W0347. 3	雷公的盘子	
W0347. 3. 1	雷神端着盛满铁水和铁丸的盘子	【藏族】
W0347. 4	雷公的镜子	
W0347. 4. 1	玉皇赐给雷公一面镜子，让他打雷时先照一照	【汉族】
W0347. 4. 2	下雨时，雷公借闪娘娘的照妖镜照鬼怪	【赫哲族】
W0347. 4. 3	雷神的天镜	【苗族】
W0347. 5	雷车	【汉族】 * ［W6216. 1］车的发明
W0347. 6	雷公的铜铃	
W0347. 6. 1	雷公的铜铃能呼风唤雨	【苗族】
W0347. 7	雷神的锣鼓	
W0347. 7. 1	雷神的神鼓神锣	【瑶族】
W0347. 7. 2	雷公的鼓和槌	
W0347. 7. 2. 1	土地神给雷公鼓槌	【壮族】
W0347. 7. 3	雷公的天鼓	【汉族】
W0347. 7. 3. 1	雷神脚踏铜鼓	【壮族】

W 编码	母题描述	关联项
W0347.7.3.2	雷神的天鼓和鼓槌是他使天下不安的祸根	【汉族】
W0347.7.4	雷公的锣	
W0347.7.4.1	雷公有宝锣	【苗族】
W0347.8	雷公的枪	
W0347.8.1	雷公有大铜锤和长火枪	【苗族】
W0347.9	雷公的铁锅、铜锤和铜网	
W0347.9.1	雷正在天上打制铁锅、铜锤和铜网	【彝族】
W0347.10	雷神的楔和槌	
W0347.10.1	雷神左手执楔，右手执槌	【汉族】 * ［W0344.5.1］雷公左手握雷锤，右手拿电凿
W0347.11	雷神的鼓和椎	
W0347.11.1	雷神左手拿鼓，右手拿椎	【民族，关联】①
W0347.12	雷神的牛角	
W0347.12.1	天上雷神用牛角做工具	【哈尼族】
W0347.13	雷神的棒	【苗族】 * ［W0333a.2.2］雷公挥棒制造闪电
✻ **W0348**	**雷神的关系（雷公的关系）**	
W0349	**雷神的父母（雷公的父母）**	
W0349.1	雷神是天帝的儿子	【汉族】
W0349.1.1	老天爷有 9 个儿子是 9 个雷公	【汉族】
W0349.2	雷神是特定的神的儿子	【侗族】
W0349.2.1	雷公是太阳神的儿子	【汉族】 * ［W0324a.6.1.1］雷公是一个太阳
W0349.2.2	雷是仙婆牙线的儿子	【水族】
W0349.3	雷公的父母引雄和妮仰	【苗族】
W0349.4	雷公的母亲	
W0349.4.1	雷公母亲从天来	【苗族】

① 【汉族】 * ［W0342.3.1］雷公左手提红端斧，右手拿青端锯；［W0347.10.1］雷神左手执楔，右手执槌

W 编码	母题描述	关联项
W0350	**雷神的妻子（雷公的妻子）**	【民族，关联】①
W0350.1	雷神的妻子是神	
W0350.1.1	雷神的妻子是太阳神和月亮神	【毛南族】
W0350.2	雷神的妻子是天女	
W0350.2.1	雷公的妻子雷婆是玉皇大帝的女儿	【民族，关联】②
W0350.3	雷神的妻子是美女	
W0350.3.1	雷神娶神幻化的美女	【满族】
W0350.3.1.1	雷神西恩林的妻子美女其其旦	【满族】
W0350.4	雷神的妻子是凡女	
W0350.4.1	雷神娶凡女为妻	【汉族】
W0350.4.2	雷师的村女妻子	【汉族】
W0350.5	雷公的妻子电母	【民族，关联】③
W0350.5.1	雷神的妻子电婆	【德昂族】
W0350.5.2	雷公雷母夫妻	【汉族】
W0350.5.3	雷神的妻子电神	【彝族】
W0350.5a	雷公闪母	
W0350.5a.1	雷公闪母是一对受难的老夫妻	【汉族】
W0350.5a.2	雷公闪母是两条金龙	【汉族】
W0350.6	雷的妻子是伏羲王的妹妹	【汉族】
W0350.7	雷神的妻子是太阳公主	【傣族】 * ［W1682.2］太阳的女儿
W0351	**雷神的子女（雷公的子女）**	
W0351.1	雷神的女儿	【景颇族】【壮族】
W0351.1.1	雷神的女儿是天女	【壮族】
W0351.2	雷神的儿子（雷公的儿子）	［W0680.1.1.1］伏羲是雷神之子

① 【汉族】 * ［W0144］雷公雷婆；［W0312］女雷神（雷婆）；［W0358.5.1］雷神与凡女婚；［W7059.1］风神抢雷神的妻子；［W7216］雷神与电母是夫妻

② 【畲族】 * ［W0312］女雷神（雷婆）；［W0780.2.4］玉皇大帝的女儿

③ 【汉族】 * ［W0145.1］雷公电母；［W0362a.1］电母的丈夫雷公

W 编码	母题描述	关联项
W0351.2.1	雷公的儿子盘果王	【布依族】 * ［W0728.3.7.1］盘果王
W0352	**雷神的兄弟姊妹（雷公的兄弟姊妹）**	【苗族】 * ［W0352.5］雷神九兄弟
W0352.1	龙王是雷王的兄弟	【壮族】
W0352.2	雷公与人类祖先是兄弟（雷公与人结拜兄弟）	【民族，关联】①
W0352.2.1	人祖与雷公是一母所生	【苗族】
W0352.2.1.1	人祖姜炎和雷公是两哥弟	【苗族】
W0352.2.2	姜炎和雷公是两兄弟	【苗族】
W0352.2.3	天上的雷公与人间的阿陪果本结拜兄弟	【苗族】
W0352.3	雷神与龙、虎、人等是兄弟	【苗族】
W0352.4	雷神两兄弟	【瑶族】
W0352.4a	雷公五兄弟	
W0352.4a.1	雷公五兄弟分别负责天、地、水、火、神五种事情	【畲族】
W0352.4a.2	雷公五兄弟也叫五雷	【畲族】
W0352.4a.3	雷公五兄弟也叫午雷	【畲族】
W0352.5	雷神九兄弟	【汉族】
W0352.5.1	雷公9个兄弟	【汉族】
W0352.6	雷公的妹妹	［W0705.7.1］姆洛甲是雷公的妹妹
W0352.6.1	雷公的妹妹姆六甲	
W0352.6.1.1	雷公与妹妹姆洛甲关系很僵	【壮族】
W0352.7	与雷神的兄弟姊妹有关的其他母题	
W0352.7.1	雷公兄弟姊妹6人	
W0352.7.1.1	恩、雷、虎、龙、蛇和媚6兄妹	【苗族】

① 【苗族】 * ［W0355.1.1］雷公与人的祖先交朋友；［W0640］祖先；［W0641］祖先神

W 编码	母题描述	关联项
W0352. 7. 1. 2	老大雷公有弟弟龙、虎、亨英和妹妹配咧	【苗族】
W0352. 7. 2	雷神和虹神是兄妹	【佤族】
W0352. 7. 3	雷公在兄弟中排行老大	【汉族】
W0352. 7. 4	雷公的哥哥高比	
W0352. 7. 4. 1	雷公的哥哥高比管地下	【汉族】
W0352. 7. 5	雷神的兄弟扬叉和法耶凝	【黎族】
W0353	**雷神的从属（雷神的上司，雷公的从属，雷王的手下）**	【关联】①
W0353. 1	雷神受命于天神（雷神受命于天帝）	【汉族】
W0353. 2	雷神是龙的部下	［W0316. 1. 1］雷公是龙
W0353. 2. 1	雷公听命于东海龙王敖广的儿子小金龙	【汉族】
W0353. 3	雷公受人监管	
W0353. 3. 1	伏、羲兄妹的爹住在天上当雷公的首领	【布依族】
W0353. 3. 2	一位老人到天上监督雷公	【布依族】
W0353. 4	雷神是玉皇大帝的手下	【土家族】
W0353. 4. 1	雷公听令于玉帝	【畲族】
W0353. 5	雷王手下神契高	【民族，关联】②
W0353. 6	雷神是黄帝的手下	
W0353. 6. 1	黄帝命雷公取草药	【汉族】
W0353. 7	雷部首领	
W0353. 7. 1	姜子牙封封闻仲为雷部首领，号九天应元雷神普化天尊	【汉族】
W0353. 7. 2	雷部有催云助雨护法天君 24 名	【汉族】
W0353. 7. 3	雷部有元帅 36 名	【汉族】 * ［W0353. 4. 3. 2］36 个雷部

① ［W0361b. 2］闪电神是雷神的助手；［W8739. 1. 2］雷兵

② 【壮族】 * ［W0132. 1. 2. 1］雷王手下神契高变成树上的三角蛙；［W0354. 4. 2］雷兵契高

W 编码	母题描述	关联项
W0353.8	雷神隶属于雷部	【彝族（撒尼）】
W0354	**雷神的使者**	【汤普森】A284.0.1
W0354.1	雷神的助手是鸡	【羌族】 * ［W0515.2］雷公鸡
W0354.2	雷王的使者青蛙	【壮族】
W0354.3	雷神的魔兵	
W0354.3.1	雷公率十万魔兵	【藏族】
W0354.4	雷兵雷将	【壮族】
W0354.4.1	雷将陆盟	
W0354.4.1.1	雷将陆盟负责给人间送雨水	【壮族】
W0354.4.2	雷兵契高	【壮族】
W0354.5	雷神的护卫	
W0354.5.1	虾龟二将是雷神的护卫	【汉族】
W0354a	**雷神的助手**	【壮族】 * ［W4438.1.1］闪电是雷公的助手
W0354b	**雷神的伴侣**	
W0354b.1	闪娘娘常与雷公偕行	【赫哲族】
W0354b.2	雷公风婆	
W0354b.2.1	雷公风婆管下雨	【汉族】
W0355	**雷神的朋友（雷公的朋友）**	
W0355.1	雷神与人是朋友	【民族，关联】①
W0355.1.1	雷公与人的祖先交朋友	【布依族】
W0355.1.2	雷公与人曾经是朋友	【苗族】
W0355.1.3	雷与人是朋友	
W0355.1	雷公与动物是朋友	
W0356	**雷神的仇敌**	
W0356.1	雷神最恨鸡	【民族，关联】②
W0356.2	雷神的仇敌是鱼摩	【鄂伦春族】
W0356.3	雷神的仇敌是飞鼠	【鄂伦春族】

① 【布依族】【黎族】【苗族】 * ［W0352.2］雷公与人类始祖是兄弟

② 【苗族】 * ［W0316.5］雷神是鸡；［W0338.3］雷神变鸡；［W0354.1］鸡是雷神的助手

W 编码	母题描述	关联项
W0357	**与雷神的关系有关的其他母题**	
W0357.1	雷神的师傅（雷神的老师）	
W0357.1.1	人是雷公的师傅	【布依族】
W0357.1.2	雷公的师傅茅山法主	【畲族】
W0357.2	雷女①	
W0357.2.1	雷神的怪蚕生雷女	【黎族】
W0357.3	雷神与人的关系	
W0357.3.1	人对天上雷王供香火	【壮族】
W0358	**与雷神有关的其他母题（与雷公有关的其他母题）**	【关联】②
W0358.1.	雷鸟	【汤普森】A284.2
W0358.2	雷精	【汤普森】F434； ＊［W0907.2］精灵
W0358.3	雷神的名字（雷公名称）	
W0358.3.1	雷公是人的名字	
W0358.3.1.1	雷公是一个男孩的名字	【畲族】
W0358.3.2	黄帝是主雷雨之神	【汉族】 ＊［W0690］黄帝
W0358.3.3	玉帝命名九天都雷公	
W0358.3.3.1	玉帝让赖孵鸡娘称九天都雷公	【畲族】
W0358.3.4	特定名称的雷神	
W0358.3.4.1	雷公叫丰隆	【汉族】
W0358.3.4.1a	雷神屏翳	【民族，关联】③
W0358.3.4.2	雷神谢如·达来勒	【达斡尔族】
W0358.3.4.3	雷郎公公	【侗族】 ＊［W0312.5.1］雷婆萨邑
W0358.3.4.4	雷公喝	【苗族】

① 雷女，神话中的“雷女”不一定是雷神的女儿。

② ［W0697.1.2］黄帝是雷雨神；［W8872］捉雷公；［W9953.4.2］雷神误劈孝妇

③ 【汉族】 ＊［W0213d.1］天使屏翳；［W0304.3.3.5］雨师又称屏翳；［W0370g.1］云神屏翳

W 编码	母题描述	关联项
W0358.3.4.4a	雷公爷梭	【苗族】
W0358.3.4.4b	雷果索	【苗族】
W0358.3.4.5	雷神阿路狄达力	【鄂伦春族】
W0358.3.4.5a	雷神阿克的恩都力	【鄂伦春族】
W0358.3.4.6	雷神查和尔干腾格里即	【鄂温克族】
W0358.3.4.7	雷神阿惹	【哈尼族】
W0358.3.4.8	雷神阿霹刹	【彝族】
W0358.3.4.8a	雷神普化	
W0358.3.4.8a.1	九天应彦雷神普化鸡首人身	【彝族（撒尼）】
W0358.3.4.8b	雷神母兹	【彝族】
W0358.3.4.9	雷神达劳明古	[W0340.18.1] 达劳明古雷神轰开一条到毒海边的路
W0358.3.4.10	雷神阿坡阿难	【瑶族（布努）】
W0358.3.4.11	雷神西恩林	【满族】
W0358.3.5	与雷神的名字有关的其他母题	
W0358.3.5.1	雷公老爷	【土家族】
W0358.3.5.2	雷公爷	【汉族】
W0358.3.5.2.1	雷神曰雷公	【汉族】
W0358.3.5.3	雷神爷	【汉族】
W0358.3.5.4	雷神称雷师	【民族无考】
W0358.3.5.5	天雷	
W0358.3.5.5.1	大雷管天叫天雷	【畲族】
W0358.3.5.6	地雷	
W0358.3.5.6.1	二雷管地叫地雷	【畲族】
W0358.3.5.7	水雷	
W0358.3.5.7.1	三雷管水叫水雷	【畲族】
W0358.3.5.8	火雷	
W0358.3.5.8.1	四雷管火叫火雷	【畲族】
W0358.3.5.9	神雷	
W0358.3.5.9.1	五雷管神叫神雷	【畲族】

W 编码	母题描述	关联项
W0358.4	雷神的数量	
W0358.4.0	4 个雷神	
W0358.4.0.1	四道雷神	
W0358.4.0.1.1	四道雷神即东南西北四方之雷神	【彝族（撒尼）】
W0358.4.1	5 个雷神（5 个雷公）	【汉族】
W0358.4.1.1	五个雷神是东方青雷、南方赤雷、中央黄雷、西方白雷、北方黑雷	【毛南族】
W0358.4.1.2	雷神 5 兄弟	
W0358.4.1.2.1	巨石生的雷公五兄弟	【畲族】
W0358.4.1.2.2	雷大、雷二、雷三、雷四和雷五 5 兄弟	【汉族】
W0358.4.2	9 个雷神（9 个雷公）	【汉族】
W0358.4.2a	12 个雷神	
W0358.4.2a.1	12 个雷神即一年 12 月轮流值日之神	【彝族（撒尼）】
W0358.4.3	36 个雷神	【汉族】
W0358.4.3.1	36 个雷王	【壮族】
W0358.4.3.2	36 个雷部	
W0358.4.3.2.1	36 个雷部管施云布雨	【彝族（撒尼）】
W0358.4.4	24 个雷神	
W0358.4.4.1	九天应元雷神普化天尊属下有 24 员雷公	【汉族】
W0358.4.5	13 个雷神	
W0358.4.5.1	13 个可怕的雷公腾格里	【蒙古族（布里亚特）】
W0358.5	雷神的婚姻	【关联】①
W0358.5.1	雷神与凡女婚	【汉族】 *［W7263.4］凡女与雷神婚
W0358.6	雷神的死亡	
W0358.6.1	雷神被人吃掉	
W0358.6.1.1	雷龙和雷虎捉雷公给母亲吃	【汉族】

① ［W0330.2］雷神与电母为伴；［W7059.1］风神抢雷神的妻子；［W7216］雷神与电母是夫妻

W 编码	母题描述	关联项
W0358.6.2	雷神被处死	【汉族】 * ［W8870］斗雷公
W0358.6.2.1	玉皇杀死恶的雷公	【壮族】
W0358.7	雷神的惧怕物	
W0358.7.1	雷神怕盐	【苗族】
W0358.7.2	雷神怕铜器	【彝族】
W0358.7.3	雷神怕老婆	
W0358.7.3.1	通过娶妻可以治雷	【汉族】
W0358.7.4	雷公怕青苔	【壮族（沙人）】
W0358.8	特定地方的雷神	
W0358.8.1	天国的雷神	
W0358.8.1.1	大浜天国的雷公果索	【苗族】
W0358.9	雷公石	
W0358.9.1	雷击毙之处可挖出雷公石	【白族】
*** W0360**	**闪电神①（闪神，电神，电母）**	【汤普森】A285； * ［W4438.1.1］闪电是雷公的助手
W0361	**闪电神的产生（电母的产生）**	
W0361.1	人成为闪电神	【汉族】
W0361.1.1	救雷神的女子封为闪神	【畲族】
W0361.1.2	被雷神误劈死的姑娘的冤魂召到天上封为闪电女神	【毛南族】 * ［W0312.1］被误劈死的女子封为雷婆
W0361.1.3	被冤死的姑娘变为电母	
W0361.1.3.1	雷公错杀的一个善良姑娘死后被封为电母	【汉族】
W0361a	**闪电神的特征（电母的特征）**	
W0361a.1	闪电神的性别	
W0361a.1.1	闪电女神	【珞巴族】
W0361a.1.1.0	男子与丑妻婚生闪电女神	

① 闪电神，又称“闪电娘娘”、“金光电母”等，有的神话说她是雷公的妻子。

W 编码	母题描述	关联项
W0361a. 1. 1. 1	闪电女神很漂亮	【珞巴族】
W0361a. 1. 1. 2	闪电女神是善良的女神	【毛南族】
W0361a. 1. 1. 3	闪电女神性冷淡（闪电女神不愿意与男子接近）	【珞巴族】
W0361a. 1. 1. 4	闪电神女哈里亚	【珞巴族】
W0361a. 1. 1. 4. 1	闪电神女哈里亚很漂亮	【珞巴族】
W0361a. 2	闪电神的外貌	
W0361a. 2. 1	电母相貌端雅	【汉族】
W0361a. 3	闪电神的性格	
W0361b	**闪电神的职能**	
W0361b. 1	闪电神管雷电	
W0361b. 2	闪电神是雷神的助手	［W0781. 4］玉皇大帝出行有雷公电母开道
W0361b. 2. 1	闪电女神为雷神照明	【毛南族】
W0361b. 3	闪电神管降雨	
W0361b. 3. 1	闪电腾格里和雷鸣腾格里是降雨之神	【蒙古族】
W0361c	**闪电神的能力**	
W0362	**闪电神的工具**	
W0362. 1	闪电神的镜子	［W0347. 4］雷公的镜子
W0362. 1. 1	电母两手执镜	【汉族】
W0362. 1. 2	闪电娘娘的镜子	
W0362. 1. 2. 1	闪娘娘的镜子是照妖镜	【赫哲族】
W0362. 1. 2. 2	闪电神用镜子把大地变成白昼	【满族】
W0362. 2	闪电神把闪电做武器	【汤普森】A285. 1
W0362a	**闪电神的关系**	
W0362a. 1	电母的丈夫雷公	【汉族】 *［W0350. 5］雷公的妻子电母
W0362a. 2	电母的伴侣雷公	［W0330. 2］雷神与电母为伴
W0362b	**闪电神的类型**	

W 编码	母题描述	关联项
W0362b. 1	闪神	
W0362b. 1. 1	闪娘娘（闪电娘娘）	［W0361a. 1. 1］闪电女神
W0362b. 1. 1. 1	闪娘娘司闪电	【赫哲族】
W0362b. 1. 1. 2	闪电娘娘是雷公的妻子	【汉族】
W0362b. 2	电神	
W0362b. 2. 1	电母	
W0362b. 2. 1. 1	冤死的寡妇赐封为电母	【民族无考】
W0362b. 2. 1. 2	电母朱佩娘	【汉族】
W0362b. 2. 1. 2a	电母称秀天君	【民族无考】
W0362b. 2. 1. 3	电母两手各执镜	【民族无考】
W0362b. 2. 1. 4	电神听命于玉帝	【畲族】
W0362b. 2. 2	电婆（电婆婆）	［W0350. 5. 1］雷神的妻子电婆
W0362b. 2. 2. 1	三口之家中的父亲变成雷神后，母亲手执发亮的松明升天化成电婆	【高山族】
W0362b. 2. 2. 2	电婆婆舞大刀	【白族】
W0363	**与闪电神有关的其他母题**	
W0363. 1	特定名称的闪电神	
W0363. 1. 1	金光圣母	【汉族】
W0363. 1. 1. 1	金光圣母是主司闪电的女神	【汉族】
W0363. 2	闪电天使	【汤普森】A285. 0. 1
◎	**〖其他常见的气象神〗**	
✻ **W0364**	**雪神**	【汉族】
W0365	**雪神的产生**	
W0365. 1	神生雪神	
W0365. 1. 1	第二代神王烟沙生雪神	【哈尼族】
W0366	**雪神的特征**	
W0366. 1	女雪神	
W0366. 1. 1	女雪神骑白色母鹿	【满族】
W0367	**与雪神有关的其他母题**	

W 编码	母题描述	关联项
W0367.1	雪神的生活	
W0367.1.1	雪神的服饰	
W0367.1.2	雪神的居所	
W0367.1.2.1	雪神住在天上	【柯尔克孜族】
W0367.1.2.2	雪神居寒星	【满族】
W0367.1.2.3	雪神住冰山	【满族】
W0367.2	雪神的职能	
W0367.3	雪神的关系	
W0367.4	特定名称的雪神（雪神的名称）	
W0367.4.1	雪神滕六	【汉族】
W0367.4.1.1	雪花六出，故滕六谓雪神	【汉族】
W0367.4.1.2	滕六降雪	【汉族】
W0367.4.2	姑射真人	【汉族】
W0367.4.3	雪神阿克阿坦	【柯尔克孜族】
W0367.4.4	雪神青女	
W0367.5	霜雪神	
W0367.5.1	青女管霜雪	【汉族】
W0367.5.2	天神青霄玉女主霜雪	【汉族】
* **W0368**	**云神**	【汤普森】A283
W0369	**云神的产生**	
W0369.1	云神自然存在	【汉族】
W0369.2	云神是造出来的	
W0369.3	云神是生育产生的	
W0369.4	云神是变化产生的	【汉族】
W0369.5	云神是婚生的	
W0369.5.1	土地神和石头神婚生云神	
W0369.5.1.1	云神是土地神和石头神的长女	
W0369.6	与云神的产生有关的其他母题	
W0370	**云神的特征**	
W0370a	**云神的身份**	
W0370b	**云神的职能**	

W 编码	母题描述	关联项
W0370b.1	云神造雨	【汉族】
W0370c	**云神的能力**	
W0370d	**云神的生活**	
W0370d.1	云神的五彩衣	【普米族】
W0370e	**云神的关系**	
W0370f	**云神的类型**	
W0370f.1	乌云神	【彝族】
W0370g	**特定名称的云神（云神的名称）**	
W0370g.1	云神屏翳	【民族，关联】①
W0370g.1a	云神丰隆	【汉族】
W0370g.2	云神斯惹底尼	【彝族】
W0371	**与云神有关的其他母题**	【关联】②
W0371.1	云天使	【汤普森】A283.2
W0371.2	云师	【民族，关联】③
W0371.2.1	云师如蚕	【汉族】
W0371.2.2	云师丰隆	【汉族】
W0371.3	管织云的神	【普米族】
W0371.4	云彩主宰神	
W0371.4.1	白云主宰神	【彝族】
W0371.4.2	黑云主宰神	【彝族】
W0372	**雾神**	【汤普森】A289.1；＊【民族，关联】④
W0372.1	三个玛南腾格里是司雾天	【蒙古族】
W0372.2	雾气腾格里主宰云雾	【蒙古族】
W0373	**虹神（彩虹神）**	【汤普森】A288；＊【景颇族】＊［W4485～W4509］虹

① 【汉族】＊［W0213d.1］天使屏翳；［W0299.1.4.3］风师屏翳；［W0304.3.3.5］雨师又称屏翳；［W0358.3.4.1a］雷神屏翳

② ［W0375.2］云雾神；［W0827.1.2］云仙子

③ 【朝鲜族】＊［W0475.4.2］风伯、雨师、云师主管人的生老病死；［W0549.3］风伯、雨师、云师主管人间谷物的生长

④ 【彝族】＊［W0303e.1.1］雨雾神；［W1133.6.1］雾神造天

W 编码	母题描述	关联项
W0373. 1	彩虹神的产生	［W4485］虹的产生
W0373. 1. 1	创始祖和造物母孕育为彩虹神	【景颇族】
W0373. 2	彩虹神的特征（虹神的职能，虹神的能力）	［W4507. 1］虹有特定的职能
W0373. 2. 1	虹神司雨水	【民族无考】
W0373. 2. 2	虹神缠身使人病痛	【傈僳族】
W0373. 3	虹神的关系	［W4507. 1. 1］虹是雨神的马
W0373. 3. 1	彩虹神是天神的幺妹	【景颇族】
W0373. 4	特定名称的虹神	
W0373. 4. 1	虹神阿来西尼	【傈僳族】
W0373. 5	与彩虹神有关的其他母题	
W0374	**冰雹神（雹神，雹子神）**	【白族】【蒙古族】【藏族】
W0374. 1	冰雹神的产生	
W0374. 1. 1	特定的山神是雹神	
W0374. 1. 1. 1	念青唐古拉山神最初是雹神	【藏族】
W0374. 2	冰雹神的特征	
W0374. 2. 1	冰雹将军冷酷无情	【汉族】
W0374. 2. 2	女雹神	
W0374. 2. 2. 1	雹神妈妈制造冰雹	【满族】
W0374. 3	与冰雹神有关的其他母题	
W0374. 3. 1	冰雹神的能力	［W0782. 2. 8a. 4］本主能制服冰雹神
W0374. 3. 2	冰雹神的居所	
W0374. 3. 2. 1	冰雹神居东方	【蒙古族】
W0374. 3. 3	特定名称的雹神	
W0374. 3. 3. 1	雹神秃尾巴老李	【汉族】 * ［W3583. 5］秃尾巴龙（秃尾巴老李）
W0374. 3. 3. 2	冰雹神东方天神塔德·哈拉·腾格里	【蒙古族（布里亚特）】
W0374. 3. 3. 3	雹神李左车	【汉族】

W 编码	母题描述	关联项
W0375	**风雨云雾神（综合性气象神）**	［W0433.3.1］管风雨云雾之神
W0375.1	风雨之神（风雨神）	
W0375.1.1	暴风雨神	【汤普森】A181
W0375.1.1.1	暴风雨神威力巨大	【傣族】
W0375.1.2	风雨之神风曼	【侗族】
W0375.1.3	风雨女神	
W0375.1.3.1	司风雨之女神天婆（风雨婆）	【壮族】
W0375.1.3.2	司风雨之女神人权婆	【壮族】
W0375.1.3.3	风雨女神管人类环境	【壮族】
W0375.1.4	风雨节候大神	【白族】
W0375.2	云雾神	【关联】①
W0375.2.1	云雾神的产生	
W0375.2.1.1	巨人达能创造了云雾神努	【佤族】
W0375.2.2	云雾神的特征	
W0375.2.3	与云雾神有关的其他母题	
W0375.2.3.1	3个云雾神	【蒙古族（布里亚特）】
W0375.3	风雨云雾之王	
W0375.3.1	风雨云雾之王皮扎祸	【傣族】
W0375.4	风雨雷雹之神	
W0375.4.1	风雨雷雹之神掌管风雨雷雹	【纳西族】
W0375.4.2	风雨雪雹之神可罗可喜	
W0375.4.2.1	可罗可喜是天上的凶神	【纳西族】
W0375.5	风雨雷电神	
W0375.5.1	风雨雷电神是恶神	【纳西族】
W0376	**其他气象神**	【汤普森】A289； ＊［W0463］旱神
W0376.1	天气之祖巫	
W0376.1.1	奢比尸为天气之祖巫	【汉族】

① ［W0368］云神；［W0372］雾神

W 编码	母题描述	关联项
W0376.2	地震之神（地震神）	【赫哲族】 *［W0126.3.1.1］地震恶神
W0377	**特定名称的气象神**	
※ **W0378**	**季节神**	【汤普森】A496；*［W4770］季节
W0378.1	季节神曼君乌延女神	
W0378.1.1	曼君乌延女神是季节神，又是北方雪神	【满族】
W0378.2	造季节的神	［W4772］季节的来历
W0378.2.1	造季节的神披亚莫地拉	【傣族（水傣）】
W0379	**四季神**	［W4784］神或神性人物划分四季
W0379.1	人生的四个儿子成为四季神	
W0379.2	紫微北极大帝是四季神	【汉族】 *［W0255.8.5］中央紫微北极大帝
W0380	**春神**	【汤普森】A496.1
W0380.1	春神是太阳神	
W0380.2	春神是木神	［W0251.8.1］东方神句芒
W0380.2.1	春神是木神句芒	【民族，关联】①
W0380.3	太皞为司春之神	【汉族】 *［W0740.2］太皞的身份
W0381	**夏神**	
W0381.1	夏神是火神	【汉族】
W0381.1.1	火神祝融是夏神	【汉族】 *［W0466.10.1.1a］火神祝融
W0382	**秋神**	
W0382.1	秋神是月神	
W0282.2	秋神是金神	
W0282.2.1	金神蓐收是秋神	【汉族】
W0383	**冬神**	

① 【汉族】 *［W0251.8.1.7］句芒是春天之神；［W0462.4.6］芒神

W 编码	母题描述	关联项
W0383.1	好斗的冬神	
W0383.1.1	冬神每年与地神交战9次	【柯尔克孜族】
W0383.2	冬神是水神	
W0383.2.1	水神玄冥是冬神	【汉族】
W0384	**暖神**	【汉族】
W0384.1	暖神老人	【蒙古族】
W0384.1.1	暖神老人把冰川大地化成汪洋大海	【蒙古族】
W0385	**寒神（冷神）**	【汉族】
W0385.1	寒神是个老人	【蒙古族】
W0385.1.1	寒神老人把宇宙变成了冰天雪地	【蒙古族】
W0385.2	天帝派冷神升天变成月亮	【柯尔克孜族】
W0385.3	霜魂灵休鲁腾格里	
W0385.3.1	天降霜魂灵休鲁腾格里	【蒙古族（布里亚特）】
W0385.3.2	霜魂灵休鲁腾格里是春寒和秋寒的化身	【蒙古族（布里亚特）】
W0385.4	冷冻之神	
W0385.4.1	冷冻之神把被火神烧烫的大地变冷	【柯尔克孜族】
W0386	**与气象神有关的其他母题（与天气神有关的其他母题）**	
W0386.1	4个气象神	
W0386.1.1	祖老、苏托、布勒、久阿是4位掌管天象的神	【纳西族】
W0386.2	天气之祖巫	
W0386.2.1	天气之祖巫奢比尸	【汉族】

0. 3. 3 与自然物有关的神

【W0390 ~ W0419】

W 编码	母题描述	关联项
✿ **W0390**	**自然物之神**	【汤普森】A405； *【达斡尔族】
※ **W0391**	**山神**	【汤普森】①A418；②A495
W0392	**山神的产生**	
W0392. 1	山神来于某个地方或自然存在	
W0392. 1. 1	山神来于天上	[W0392. 4. 1. 1] 天上的人到山里成为山神
W0392. 1. 1. 1	天上的神到山上成为山神	【珞巴族】
W0392. 1. 1. 2	土地神派生山神	【锡伯族】
W0392. 1. 2	山神是指派来的	
W0392. 1. 2. 1	创世主迦萨甘派了山神	【哈萨克族】
W0392. 1. 3	有山就有山神	【怒族】
W0392. 2	山神是创造产生的	
W0392. 3	山神是生育产生的	
W0392. 3. 1	山神是天神与动物婚生的儿子。	
W0392. 3. 2	山神是特定的王子	【藏族】
W0392. 3. 3	山神是天神与熊的儿子	【朝鲜族】
W0392. 3. 4	山神生山神	
W0392. 3. 4. 1	山神与仙女婚生的子孙都成为山神	【哈尼族】
W0392. 4	山神是变化产生的	
W0392. 4. 0	特定的神成为山神	
W0392. 4. 0. 1	马迪道神的二儿子胡夫里迪到山上成为山神	【珞巴族】
W0392. 4. 1	人变成山神	【傈僳族】

W 编码	母题描述	关联项
W0392.4.1.1	天上的人到山里成为山神	【珞巴族】
W0392.4.1.2	灭妖者成为山神	【羌族】
W0392.4.1.3	猎人成为山神	
W0392.4.1.4	强盗转生为山神	【藏族】
W0392.4.1.5	人死后封为山神	
W0392.4.1.5.1	十三位酋长死后封为山神	【藏族】
W0392.4.1.6	小伙爬天顶时掉下来变成山神	【鄂伦春族】
W0392.4.1.7	管动物的人成为山神	
W0392.4.1.7.1	管理野生动物的哥哥阿底变成山神	【傈僳族】
W0392.4.1.8	巫师成为山神	
W0392.4.1.8.1	巫师死后仍为儿孙做好事被尊为山神	【傈僳族】
W0392.4.1.9	人们纪念侬达搬山的功劳立他为山神	【仫佬族】
W0392.4.1.10	天神让好人做山神	
W0392.4.1.10.1	天神让好人资车做了阿波雷山的山神	【哈尼族】
W0392.4.1a	帝王变成山神	
W0392.4.1a.1	坛君在阿斯达化为山神	【朝鲜族】
W0392.4.1b	祖先变成山神	
W0392.4.1b.1	祖先死在深山中变成高山神	【纳西族】
W0392.4.2	动物变成山神	
W0392.4.2.1	特定动物变成山神	
W0392.4.2.1.1	虎被当做山神	【赫哲族】
W0392.4.2.1.2	猴被当做山神	【汉族】
W0392.4.2.2	动物的肢体变成山神	
W0392.4.2.2.1	动物的骨骼化为山神	【藏族】
W0392.4.2.3	狐狸和鼬鼠修炼成精变成山神	【达斡尔族】
W0392.4.3	神性人物变成山神	【朝鲜族】 ＊［W0768.11.3.2］檀君化为山神（坛君化为山神）

W 编码	母题描述	关联项
W0392. 4. 3. 1	心好的达祖变成山神	【普米族】
W0392. 4. 3. 2	仙变成山神	
W0392. 4. 3. 2. 1	赶山的仙人九兄弟死后被天封为山神	【仡佬族】
W0392. 4. 4	与变化产生山神有关的其他母题	
W0392. 4. 4. 1	头人死后灵魂变成山神	【藏族】
W0392. 5	与山神的产生有关的其他母题	
W0392. 5. 1	虎作为山神	【鄂伦春族】【鄂温克族】【赫哲族】
W0392. 5. 2	山当做山神	【藏族】
W0392. 5. 3	通过比赛封特定山的山神	
W0392. 5. 3. 1	玉帝把最先到泰山的仙封为泰山神	【汉族】
W0392. 5. 4	造山者被封为山神	
W0392. 5. 4. 1	密洛陀封造山的儿子阿亨阿独为山神	【瑶族】
W0392. 5. 5	凡山皆有神	【彝族】
W0393	**山神的特征**	
W0393. 1	男山神	
W0393. 1. 1	山神爷	
W0393. 1. 1. 1	山神爷是最崇高的神	【彝族】
W0393. 2	女山神	【纳西族】【羌族】【藏族】
W0393. 2. 1	女山神的产生	
W0393. 2. 1. 1	峰崖中生女山神	【纳西族（摩梭）】
W0393. 2. 2	女山神的特征	
W0393. 2. 2. 1	多情的女山神	
W0393. 2. 2. 1. 1	多情的女山神巴丹拉姆	【藏族】
W0393. 2. 2. 2	善良的女山神	【民族，关联】①
W0393. 2. 2. 2. 1	善良的女山神欧吾太密雪山	【羌族】

① 【藏族】 *［W0065］女神；［W0125］善神（慈悲之神）

W 编码	母题描述	关联项
W0393.2.3	特定名称的女山神（女山神的名称）	［W0398.1.2.1］泰山奶奶
W0393.2.3.1	世间最好出名的女山神巴丹麦拉姆	【藏族】
W0393.2.3.2	女山神约沙厄	
W0393.2.3.2.1	女山神约沙厄是美丽的神射手	【藏族】
W0393.2.3.3	山神娘	
W0393.2.3.3.1	山神娘是最慈祥的神	【彝族】
W0393.2.3.4	刺踏寨干木女山神	
W0393.2.3.4.1	刺踏寨干木女山神头戴星星帽，身穿彩霞衣，白云裙子系虹带，脚穿玛瑙鞋	【纳西族（摩梭））】
W0393.2.4	与女山神有关的其他母题	［W0396.11.4.1］山神是女司药神
W0393.2.4.1	山神娘娘是妇幼保护神	【羌族】
W0393.3	山神身体高大	
W0393.3.1	西士比亚山神高耸入云	【高山族】
W0393.3.2	山神是巨人	［W0664.1］巨人是神（神巨人）
W0393.3.2.1	山神日乌达是个巨大的老人	【藏族】
W0393.4	山神是人的外形	
W0393.4.1	山神是老头	【达斡尔族】
W0393.4.1.1	山神是身材高大魁梧、白发苍苍、皱纹满面的老人	【鄂温克族】
W0393.4.2	山神是老人的样子	【藏族】
W0393.4.2.1	山神有白胡须（山神白胡银须）	【傈僳族】
W0393.4.2.2	山神的银须数丈	【达斡尔族】 * ［W0398.1.4.2］山神白那查白胡子数丈
W0393.4.2.3	山神的白胡子长万丈	【藏族】 * ［W0398.1.6.12.1］山神日乌达雪白的胡子从山顶拖到河中
W0393.4.3	山神是老太太	【哈尼族】
W0393.4.4	山神是猎人骑马的样子	【藏族】

W 编码	母题描述	关联项
W0393.5	山神是动物外形	
W0393.5.1	山神是一只老虎	【藏族】
W0393.5.1.1	山神爷是一只善良的老虎	【鄂伦春族】
W0393.6	山神的性格	
W0393.6.1	善的山神（山神是善神）	【哈尼族】
W0393.6.1.1	山神不会无端害人	【达斡尔族】
W0393.6.1.2	山神助人为乐	【达斡尔族】
W0393.6.1.3	山神慈眉善目（山神容貌慈祥）	【白族】【藏族】
W0393.6.1.4	和善的山神治同鬼	【景颇族】
W0393.6.2	恶的山神	【仡佬族】
W0393.6.2.1	阿米年青山神是一个黑道神	【藏族】
W0393.6.2.2	山神是凶煞神	【汉族】 ＊［W0126.3.1.4］煞神（恶煞，凶煞神）
W0393.6.2.3	黑雪山的山神是恶神	【纳西族】
W0393.6.3	山神爱搞怪	
W0393.6.3.1	山神故意捉弄人	【鄂伦春族】
W0393.6.4	凶猛的山神	【藏族】
W0393.6.5	贪婪的山神	［W0085.17.1］贪心的神
W0393.6.5.1	山神向人索要血供和牺牲	【藏族】
W0393.6.6	山神易怒	
W0393.6.6.1	山神发怒会召来狂风怒卷、雷电交加、大雨倾盆	【藏族】
W0393.7	与山神的特征有关其他母题	
W0393.7.1	山神金身龙驾	【毛南族】
W0393.7.2	山神力气大	
W0393.7.2.1	山神挑山	【仡佬族】
W0393.7.3	山神的大小	
W0393.7.3.1	大山有大山神，小山有小山神	【藏族】
W0393.7.3.2	山大则神大	【汉族等】
W0393.7.4	特定颜色的山神	
W0393.7.4.1	红色山神	

W 编码	母题描述	关联项
W0393.7.4.1.1	红色山神古杰喜乃	【藏族】
W0393.7.5	山神光芒照人	【藏族】
W0394	**山神的生活**	
W0394.1	山神的成长	
W0394.2	山神的抚养	
W0394.2.1	山神在姨母抚养下长大	【藏族】
W0394.3	山神的经历	
W0394.4	山神的服饰	
W0394.4.1	阿尼玛卿山神头戴红缨帽，身披银甲	【藏族】
W0394.4.2	山神金冠玉带	【藏族】
W0394.4.3	山神一身洁白	【藏族】
W0394.4.4	山神穿黑衣	
W0394.4.4.1	夏达岭的山神色米青日素保穿黑斗篷	【藏族】
W0394.5	山神的食物	
W0394.6	山神的居所	
W0394.6.0	山神有多个居所	
W0394.6.0.1	岩石砬子、大山之巅，密林深处、怪洞石穴、高山古泉都是山神居所	【满族】
W0394.6.0.2	山神居奇峰、怪石、古树、岩洞等	【鄂伦春族】
W0394.6.1	山神住山中（山神居山上）	
W0394.6.1.1	山神居森林的高山上	【鄂温克族】
W0394.6.1.2	山神住奇峰	【鄂伦春族】
W0394.6.1.2a	山神居山峰	【壮族】
W0394.6.1.3	山神居特定的山上	
W0394.6.1.3.1	雅拉香波山神居雅砻河谷的雅拉香波山上	【藏族】
W0394.6.1.4	山神居山顶	【羌族】【壮族】

W 编码	母题描述	关联项
W0394. 6. 2	山神住林中	
W0394. 6. 2. 1	山神隐居深山密林	【达斡尔族】
W0394. 6. 2. 2	山神居神林	【羌族】
W0394. 6. 2. 3	女神阿戈玛把树林分给山神	【傈僳族】
W0394. 6. 3	山神住树上	
W0394. 6. 3. 1	山神居怪树中	【鄂温克族】
W0394. 6. 3. 2	山神居古树中	【达斡尔族】
W0394. 6. 4	山神有特定的宫殿	
W0394. 6. 4. 1	阿尼玛卿大山神的 360 位眷属分别居住在上、中、下三重由金、玉、宝石建成的宫殿中	【藏族】
W0394. 6. 4. 2	阿尼玛卿山神居富丽堂皇的白玉琼楼宝殿中	【藏族】
W0394. 6. 5	山神住绝壁	【达斡尔族】
W0394. 6. 5. 1	山神居崖壁	【壮族】
W0394. 6. 6	山神住山洞	［W0099. 4. 3］ 神住山洞
W0394. 6. 6. 1	山神居奇异的山洞	【达斡尔族】
W0394. 6. 7	居住西方的山神	
W0394. 6. 7. 1	诺杰康洼桑布是住在西方的山神	【藏族】
W0394. 6. 8	山神无庙宇	【藏族】
W0394. 6. 9	山神居小庙（山神小庙）	
W0394. 6. 9. 1	山神小庙在山垭、路口或村头	【白族】
W0394. 7	山神的出行	
W0394. 7. 1	山神的坐骑	
W0394. 7. 1. 1	阿尼玛卿山神乘玉龙白马	【藏族】
W0394. 7. 1. 2	山神骑一头老虎	【白族】 * ［W0109. 12］ 神的坐骑是虎
W0394. 8	与山神的生活有关的其他母题	
W0394. 8. 1	有山无林的地方只有山神	【鄂温克族】
W0395	**山神的职能（山神的能力）**	［W1980. 5. 2. 3］ 山神造金银

W 编码	母题描述	关联项
W0395.0	山神管山林（山神管山）	【民族，关联】①
W0395.0.1	山神是山的统治者	
W0395.0.1.1	念青唐古拉山神是藏北念青唐古拉山脉的统治神	【藏族】
W0395.0.2	山神米司尼主宰山林	【傈僳族】
W0395.0.3	山神管山上的一切	
W0395.0.3.1	山神管山、管石、管树、管野兽	【白族】
W0395.1	山神管动植物	【鄂伦春族】
W0395.1.1	山神管野兽	【黎族】【壮族】
W0395.1.1.1	山神爷管野兽	【汉族】
W0395.1.1.2	山神放养着山中野物	【白族】
W0395.1.2	山神管飞禽走兽	【黎族】
W0395.1.2.1	斯汝山神主管飞禽走兽	【纳西族】 * ［W0398.1.1.1］雪山神斯汝
W0395.1a	管辖一山的林木和野兽	【彝族（撒尼）】
W0395.1a.1	山神掌管禽兽草木	【怒族】
W0395.1a.2	山王神主管青山和野兽	【羌族】
W0395.2	山神保护人畜山川	【藏族】
W0395.2.1	山神保护英雄	
W0395.2.1.1	山神暗中保护寻找太阳的女子化险为夷	【哈尼族】
W0395.2a	山神管山河浮沉	
W0395.2a.1	阿尼玛卿雪山神掌握安多地区的山河浮沉和沧桑之变	【藏族】
W0395.3	山神主司人的生死福祸	［W0398.1.1.5.1］雪山神阿尼玛卿主司人的生死福祸
W0395.3.1	年保叶什则山神主司所辖境内福祸	【藏族】
W0395.3.2	阿尼玛卿大山神主司青藏高原东北部人们的生死福祸	【藏族】

① 【达斡尔族】【壮族】 * ［W0398.1.2d.1］中岳神主山林树木；［W0437.1］管山的神

W 编码	母题描述	关联项
W0395. 3. 3	山神白那查的意志决定伐木是否安全	【达斡尔族】
W0395. 3. 4	山神既能赐福也能降灾	【藏族】
W0395. 3. 4. 1	山神能保佑人的平安健康，牲畜兴旺，也能降灾降难	【藏族】
W0395. 3. 5	山神主宰官吏仕途、人间生老病死等	【汉族】
W0395. 4	山神行云布雨	［W0299. 2］风神管风雨雷电
W0395. 4. 1	阿尼玛卿山神行云布雨，施放雷电	【藏族】
W0395. 4. 2	山神能呼风唤雨	［W0404. 3］水神能呼风唤雨
W0395. 4. 2. 1	广福山的山神能呼风唤雨	【壮族】
W0395. 4. 3	山神能呼风唤雨，下雪和冰雹	【藏族】
W0395. 4a	山神管风雨雷电、狩猎和采集的丰歉	【藏族】
W0395. 4a. 1	山神管风雨雷电	
W0395. 4a. 2	山神管丰歉	【藏族】 * ［W0455］丰收神（丰产神）
W0395. 4b	山神管冰霜雹雪	【羌族】
W0395. 5	山神主狩猎	［W0461］猎神
W0395. 5. 1	山神能预言狩猎情况	【鄂温克族】
W0395. 5. 2	山神规定猎人的猎物数量	【鄂伦春族】【鄂温克族】
W0395. 5. 3	山神帮助猎人	【达斡尔族】
W0395. 6	与山神的职能或能力有关的其他母题	【关联】①
W0395. 6. 1	山神的喜怒事关野游者的安全	【达斡尔族】
W0395. 6. 2	山神会变化（山神有变幻能力）	
W0395. 6. 2. 1	山神形体的变化	
W0395. 6. 2. 1. 1	山神能变成山一样大的巨魔，也能变猴子	【藏族】

① ［W0393. 6. 6. 1］山神发怒会召来狂风怒卷、雷电交加、大雨倾盆；［W0848. 4. 1. 1］山神统辖妖魔

W 编码	母题描述	关联项
W0395.6.2.2	山神化为山	【汉族】
W0395.6.3	山神会喷火	
W0395.6.3.1	山神白那查喷火	【达斡尔族】
W0395.6.4	山神的化身	
W0395.6.4.1	虎是山神的化身	【鄂伦春族】
W0395.6.4.2	白牦牛是山神的化身	【藏族】
W0395.6.4.3	山神化身平常人	【苗族】
W0395.6.4.3.1	山神变成一个白胡子老倌	【纳西族】
W0395.6.4.4	山神的化身是独立的大石头或老树	【壮族】
W0395.6.4.4.1	山神是神树的化身	【白族】
W0395.6.4.5	山是山神的化身	【彝族】
W0395.6.4.6	山神公公化身长胡子老爷爷或白眉毛老婆婆	【畲族】
W0395.6.5	地位最高的山神（山神之长，山神的首领）	
W0395.6.5.1	地区最大的山神阿尼玛卿大山神	【藏族】
W0395.6.5.2	欧吾太基山是山神的首领	【羌族】
W0395.6.6	山神无处不在	［W0096.1］神无处不在
W0395.6.6.1	山神白那查任何地方都能听到人的说话	【鄂温克族】
W0395.6.7	山神知道人间事	
W0395.6.7.1	山神知道当地水妖的根底	【汉族】
W0395.6.8	山神职能分两类	［W0956.2.6］神山职能分 3 类
W0395.6.8.1	两类山神中一类山神管生命物与无生命物，一类只管牲畜	【藏族】
W0395.6.9	山神能防山崩塌	
W0395.6.9.1	山神泽士是山体不崩不溃之保证者	【羌族】

W 编码	母题描述	关联项
W0395. 6. 10	山神无所不管	【关联】①
W0395. 6. 10. 1	山神管人丁牲畜、林木野兽、云雨风雪和山中物产	【羌族】
W0395. 6. 10. 2	风调雨顺、五谷丰登、六畜兴旺都离不开山神	【傈僳族】
W0395. 6. 10. 3	山神所在的山、水、树、虎豹豺狼及人畜吉凶都属它管辖	【白族】
W0395. 6. 10. 4	山神管六畜兴旺，五谷丰登，老幼健康	【白族】
W0395. 6. 10. 5	山神能兴风雨，主水旱，管人的生老疾病	【彝族（撒尼）】
W0396	**山神的身份**	
W0396. 1	山神是酋长	
W0396. 1. 1	大通十三位山神是护持福善的十三位酋长	【藏族】
W0396. 2	山神是天神的弟子	【满族】
W0396. 3	多重身份的山神	【民族，关联】②
W0396. 3. 1	山神是创世神、始祖神、各种神灵化身的综合神	【傈僳族】
W0396. 3. 2	山神是一种集天、地多种神灵为一统的大神	【彝族】
W0396. 4	山神是放牧者	
W0396. 4. 1	山神放牧动物	
W0396. 4. 1. 1	山神在密林里放牧老虎、豹子、獐、鹿等野物	【白族】
W0396. 5	山神是保护神	【羌族】
W0396. 5. 1	山神护佑岭地四族	【藏族】
W0396. 5. 1. 1	山神巡游村村寨寨，除恶扶弱	【藏族】

① ［W0493. 3. 10］灶君无所不能；［W0497. 3］万能神（无所不能的神）

② 【藏族】 *［W0497. 8］身兼多职的神；［W0497. 8. 5］山神兼战神；［W0497. 8. 6］山神管收成；［W0497. 8. 7］山神是冰雹神；［W0497. 8. 8］山神是祖神、战神和保护神；［W1282. 6. 2］山神分开天地；［W1501a. 1］山神带来万物

W 编码	母题描述	关联项
W0396.5.2	山神是掠夺者的保护神	
W0396.5.2.1	掠劫者把阿米年青山神作为保护战神	【藏族】
W0396.5.3	特定山神是特定部落的保护神	
W0396.5.3.1	年保叶什则山神是大渡河上游智氏诸藏族部落的保护神	【藏族】
W0396.5.3a	山神是特定地方的保护神	【彝族】
W0396.5.4	山神保护人不受魔鬼伤害	【鄂伦春族】
W0396.5.5	山神是生灵保护神	【藏族】
W0396.5.6	山神是人畜保护神	
W0396.5.6.1	山神保护人不受野物和冰雹之害，人畜不遭瘟疫	【羌族】
W0396.6	山神是祖先	［W0648.6］祖先是山神
W0396.6.1	特定的山神是祖先	
W0396.6.1.1	阿尼玛卿大山神是藏人的祖神	【藏族】
W0396.6a	山神兼祖先神、保护神	
W0396.6a.1	牧区的山神是部落保护神和部落的祖先	【藏族】 * ［W0497.8.8.1］山神兼部落保护神和战神
W0396.6a.2	山神是祖神、战神和保护神	
W0396.6a.2.1	山神玛嘉是藏人的祖神、战神和保护神	【藏族】
W0396.6b	山神兼农神	
W0396.6b.1	山上各种精灵的总管也管农业丰歉	【傈僳族】
W0396.7	山神是冰雹神之一	【关联】①
W0396.7.1	念青唐古拉山神是掌管冰雹的十八雹神之一	【藏族】
W0396.7a	山神是雹神和财神	
W0396.7a.1	念青唐古拉山神是雹神和财宝的保护神	【藏族】

① ［W0395.4b］山神管冰霜雹雪；［W0497.8.7］山神是冰雹神

W 编码	母题描述	关联项
W0396. 8	山神是看守者	
W0396. 8. 1	山神看管银子	【汉族】
W0396. 8. 1. 1	看银子的山神赐牛郎银子	【汉族】
W0396. 9	山神是特定的灵魂	
W0396. 9. 1	念青唐古拉山神是金刚手恰那多吉的精魂	【藏族】
W0396. 9. 2	山神是格萨尔的灵魂	【藏族】 * ［W0684］格萨尔（格斯尔）
W0396. 10	山神是山	
W0396. 10. 1	神山即山神	【藏族】
W0396. 10. 2	山神是山的化身	【藏族】
W0396. 11	与山神的身份与关的其他母题	【关联】①
W0396. 11. 1	地位最高的山神	
W0396. 11. 1. 1	山神雅拉香波是最高之神	【藏族】
W0396. 11. 1. 2	山神是特定地方最大的自然神	【彝族】
W0396. 11. 1a	山神之主	
W0396. 11. 1a. 1	山神之主住岩上	【纳西族】
W0396. 11. 1b	山神是山主	
W0396. 11. 1b. 1	山神是山中一切物产之主	【彝族（撒尼）】
W0396. 11. 2	山神是土地神	
W0396. 11. 2. 1	山神属于土地神的一种	【汉族等】
W0396. 11. 2. 2	山神是土主	【藏族】
W0396. 11. 2a	山神是树林神	
W0396. 11. 2a. 1	山王神又称树林神	【羌族】
W0396. 11. 2b	山神是农神	［W0906. 3. 2. 5. 1］山鬼米枯于主宰农耕
W0396. 11. 2b. 1	山王保佑五谷丰登	【羌族】
W0396. 11. 2b. 2	山神保护庄稼	【白族】
W0396. 11. 2b. 3	山神管农业丰收	【白族】

① ［W0122. 4. 2］山神是最高神；［W0497. 1. 4. 7. 0. 3］山神成为年神

W 编码	母题描述	关联项
W0396.11.3	山神是武神	
W0396.11.3.1	土地神是文神，山神是武神	【藏族】
W0396.11.4	山神是药神	
W0396.11.4.1	山神是女司药神	【藏族】
W0396.11.5	山神是猎神	
W0396.11.5.1	山神、虎神等被奉为猎神	【民族无考】
W0396.11.6	山神是特定动物	
W0396.11.6.1	山神是会变化的特定动物	
W0396.11.6.1.1	雅拉香波山神是一头会变化的白牦牛	【藏族】
W0396.11.7	山神比天神要大	【藏族（白马）】
W0396.11.8	山神位居祖宗神之下	【彝族】
W0396.11.8a	山神比土地的地位高	
W0396.11.8a.1	山神比土地的地位高，土地比山神的年纪大	【白族】
W0396.11.9	山神是山、石、树等神灵	【傈僳族】
W0396.11.10	山神亦指崖神	【怒族】 * ［W0398.2a］崖神
W0397	**山神的工具（山神的武器）**	
W0397.1	雷电是山神的法宝	【景颇族】 * ［W4408.1］神奇的雷
W0397.2	山神手中的武器	
W0397.2.1	山神手拿矛和旗	
W0397.2.1.1	阿尼玛卿山神右手持矛，左手掌旗，腰悬宝剑，佩弓挂箭	【藏族】
W0397.2.2	山神手持矛和剑	
W0397.2.2.1	雅拉香波山神双手各持一把带有五彩丝旗的短矛和一把水晶剑	【藏族】
W0397.2.3	山神手持长矛和短斧	

W 编码	母题描述	关联项
W0397. 2. 3. 1	伊杰玛本山神手持缚旗长矛和短斧	【藏族】
W0397. 2. 4	山神手拿石斧	【藏族（白马）】
W0397. 2. 5	山神手持长鞭	【壮族】
W0397. 2. 6	山神的武器是箭	
W0397. 2. 6. 1	山神爷的武器是缠着羊毛和哈达的箭杆	【藏族】
W0398	**与山神有关的其他母题**	【关联】①
W0398. 1	特定名称的山神（山神的名称）	【汤普森】 A418
W0398. 1. 1	雪山神（雪山之神）	
W0398. 1. 1. 1	雪山神斯汝	【纳西族】
W0398. 1. 1. 2	雪山之神卡窝卡蒲	【独龙族】
W0398. 1. 1. 2a	雪山之神格哇卡尔普	【独龙族】
W0398. 1. 1. 3	雪山之神化雪为水洗涤万物	【独龙族】
W0398. 1. 1. 4	雪龙包神	
W0398. 1. 1. 4. 1	雪龙包神倮倮士	【羌族】
W0398. 1. 1. 5	雪山神阿尼玛卿	
W0398. 1. 1. 5. 1	雪山神阿尼玛卿主司人的生死福祸	【藏族】
W0398. 1. 1. 5. 2	阿尼玛卿雪山神称“玛卿本拉”	【藏族】
W0398. 1. 2	泰山神（东岳神，东岳大帝，太山神）	【关联】②
W0398. 1. 2. 1	泰山奶奶	【民族，关联】③
W0398. 1. 2. 1. 1	泰山奶奶即碧霞元君	【汉族】
W0398. 1. 2. 1. 2	泰山奶奶保佑神州	【汉族】
W0398. 1. 2. 2	泰山神是阎罗的上司	【汉族】

① ［W0437. 1］管山的神；［W0906. 3］山灵（山鬼、山妖，山精，石灵）

② ［W0241. 1］冥神东岳大帝；［W0392. 5. 3. 1］玉帝把最先到泰山的仙封为泰山神；［W0480. 2］泰山神管生死；［W0498. 5. 4. 1. 1］五显神是东岳泰山神之五子；［W0725. 5. 4. 1］盘古的五世孙是东岳之神；［W0773. 4］碧霞元君是泰山君主；［W1851. 1］泰山（东岳）

③ 【汉族】 ＊［W0477. 9. 4］生育神泰山奶奶；［W0773. 3. 1］泰山奶奶是万能女神

W 编码	母题描述	关联项
W0398.1.2.3	泰山神东岳大帝	【汉族】 * [W0773.1] 碧霞元君是东岳大帝之女
W0398.1.2.3.1	东岳泰山天齐仁圣大帝黄飞虎	【汉族】
W0398.1.2.3.2	东岳大帝两边是牛头马面、判官和众小鬼	【汉族】
W0398.1.2.4	东岳神是盘古五世孙金虹氏	【汉族】 * [W0725.5.4.1] 盘古的五世孙是东岳神
W0398.1.2.4a	太山神是外孙天帝	【汉族】
W0398.1.2.5	泰山娘娘被称为“送子娘娘”	[W0477.9.5] 生育神泰山娘娘
W0398.1.2.6	泰山老奶奶变身成一个老嬷嬷	【汉族】
W0398.1.2.7	泰山主神碧霞元君	【汉族】
W0398.1.2.8	泰山主司人间生死贵贱之神	【汉族】
W0398.1.2.9	昔脱解王被奉为东岳神	【朝鲜族】
W0398.1.2.10	东岳大帝明察阳事，办事公道	【汉族】
W0398.1.2a	西岳神（华山神）	
W0398.1.2a.1	西岳神姓恽名善	【汉族】
W0398.1.2a.2	西岳神主世界金银铜铁五金之属、陶铸坑冶兼羽毛飞鸟之事	【汉族】
W0398.1.2a.3	华山神的第三个女儿华山圣母	【汉族】 * [W0068a.7.2.1] 华山圣母
W0398.1.2b	南岳神（衡山神）	
W0398.1.2c	北岳神（恒山神）	
W0398.1.2c.1	北岳神主走兽	【汉族】
W0398.1.2c.2	北岳神三朵神	【纳西族】 * [W0443.5.3.2] 民族保护神三朵神
W0398.1.2d	中岳神（嵩山神）	
W0398.1.2d.1	中岳神主山林树木	【汉族】
W0398.1.2d.2	中岳神乘黄龙	【汉族】
W0398.1.2d.3	中岳神名春选群	【汉族】
W0398.1.2e	五岳神	

W 编码	母题描述	关联项
W0398. 1. 2e. 1	五岳神主生老病死	【汉族】
W0398. 1. 3	山神白纳查	【鄂温克族】
W0398. 1. 4	山神白那查	【达斡尔族】
W0398. 1. 4. 1	山神白那查乐于助人	【鄂温克族】
W0398. 1. 4. 2	山神白那查白胡子数丈	【达斡尔族】
W0398. 1. 5	山神宁封	
W0398. 1. 5. 1	山神宁封管理三山五岳	【汉族】
W0398. 1. 6	其他特定名称的山神	
W0398. 1. 6. 1	山神老奶奶	【景颇族】
W0398. 1. 6. 2	山神张大帝	
W0398. 1. 6. 2. 1	二月八日祠山张大帝诞	【汉族】
W0398. 1. 6. 3	山神张食豨	【汉族】
W0398. 1. 6. 4	山神张渤	【汉族】
W0398. 1. 6. 5	山神广福王	
W0398. 1. 6. 5. 1	山神广福王又称威武广福大王	【壮族】
W0398. 1. 6. 6	畾然山神	【汉族】
W0398. 1. 6. 7	日渥兹鄂山神	
W0398. 1. 6. 7. 1	日渥兹鄂山神在汉地山西五台山	【汉族】
W0398. 1. 6. 8	山神鲁	
W0398. 1. 6. 8. 1	鲁生于高天	【彝族】
W0398. 1. 6. 8a	山神莫而莫谢	【彝族】
W0398. 1. 6. 8b	山神涅罗摩	
W0398. 1. 6. 8b. 1	涅罗摩即母虎神	【彝族】
W0398. 1. 6. 9	山神仙岩	
W0398. 1. 6. 9. 1	仙岩是最大、最有本事、最凶的神	【白族】
W0398. 1. 6. 9. 2	仙岩管山、管石、管树、管野兽	【白族】
W0398. 1. 6. 10	山神公公	【畲族】
W0398. 1. 6. 11	山神白那查	【达斡尔族】
W0398. 1. 6. 12	山神日乌达	

W 编码	母题描述	关联项
W0398.1.6.12.1	山神日乌达雪白的胡子从山顶拖到河中	【藏族】
W0398.1.6.12a	山神阿尼玛卿	【民族，关联】①
W0398.1.6.12a.1	阿尼玛卿山神尊称为“玛嘉”	【藏族】
W0398.1.6.12a.2	阿尼玛卿山神即玛氏王	【藏族】
W0398.1.6.13	斯汝山神	［W0395.1.2.1］斯汝山神主管飞禽走兽
W0398.1.6.13.1	斯汝山神的独生女儿斯汝命	【纳西族】
W0398.1.6.14	山神阿比西格克	【羌族】
W0398.1.6.15	山神称“木里”	【基诺族】
W0398.1.6.16	灵应山神	【白族】
W0398.1.7	其他特定的山的山神	［W0768.11.3.3］檀君成为阿斯达的山神
W0398.1.7.1	念青唐古拉山山神	【藏族】
W0398.1.7.2	长白山主（长白山神，白山老祖）	
W0398.1.7.2.1	长白山主是天神阿不凯恩都哩的弟子	【满族】
W0398.1.7.2.2	长白山主的儿子三音贝子	【满族】
W0398.1.7.2.3	长白山主教人治世	【满族】
W0398.1.7.2.4	彻根彻布德黑腾格里是长白山之主神天	【蒙古族】
W0398.1.7.2.5	长白山主超哈斋爷	【满族】

① 【藏族】 *［W0394.4.1］阿尼玛卿山神头戴红缨帽，身披银甲；［W0394.6.4.1］阿尼玛卿大山神的360位眷属分别居住在上、中、下三重由金、玉、宝石建成的宫殿中［W0394.6.4.2］阿尼玛卿山神居富丽堂皇的白玉琼楼宝殿中；［W0394.7.1.1］阿尼玛卿山神乘玉龙白马；［W0395.2a.1］阿尼玛卿雪山神掌握安多地区的山河浮沉和沧桑之变；［W0395.3.2］阿尼玛卿大山神主司青藏高原东北部人们的生死福祸；［W0395.4.1］阿尼玛卿山神行云布雨，施放雷电；［W0395.6.5.1］地区最大的山神阿尼玛卿大山神；［W0396.6.1.1］阿尼玛卿大山神是藏人的祖神；［W0397.2.1.1］阿尼玛卿山神右手持矛，左手掌旗，腰悬宝剑，佩弓挂箭；［W0398.1.1.5.1］雪山神阿尼玛卿主司人的生死福祸；［W0398.3.1.2.1］阿尼玛卿大山神原是吐春王国布岱贡嘉八个儿子之一；［W0398.3.2.1.1］阿尼玛卿大山神有360位眷属，9位后妃；［W0398.3.3.2］阿尼玛卿大山神有9子9女；［W0398.3.5.1］阿尼玛卿大山神有1500位神将和侍从；［W0398.4.1.1］野牛、岩羊、鹿麝是阿尼玛卿大山神的家畜；［W0398.5.2.1］阿尼玛卿雪山视作大山神玛卿本拉

W 编码	母题描述	关联项
W0398.1.7.2.6	长白山神果勒敏珊廷阿林奄厄真	【满族】
W0398.1.7.3	箕山公神许由	【汉族】
W0398.1.7.3.1	唐尧皇帝封许由为箕山公神	【汉族】
W0398.1.7.3.2	许由不愿当官	【汉族】
W0398.1.7.4	山坳孟公神	【壮族】
W0398.1.7.5	钟山神	
W0398.1.7.5.1	钟山之神烛阴	【汉族】 ＊［W0768.19.4.1.1］烛阴
W0398.1.7.5.2	烛阴人面蛇身，赤色	【汉族】
W0398.1.7.6	点苍山的南支之神	【白族】
W0398.1.7.7	白山神	
W0398.1.7.7.1	白山神无影无踪，无固定祭祀地点	【白族（那马）】
W0398.1.7.7.2	白山神是统管各路山神	【白族（那马）】
W0398.1.7.8	凤凰山神公公	
W0398.1.7.8.1	凤凰山神公公的女儿妮囡	【畲族】
W0398.1.8	某个特定地方的山神	
W0398.1.8.1	迪庆州中甸县柄格拉乡的山神叫巴丹麦拉姆	【藏族】
W0398.1.9	大山之王（山王）	
W0398.1.9.1	大山之王热俎梅俄	【藏族】
W0398.1.10	与特定名称的山神有关的其他母题	
W0398.1.10.1	黎山老母	
W0398.1.10.1.1	黎山老母居天宫	【汉族】
W0398.1.10.2	骊山老母	【汉族】
W0398.1.10.2.1	骊山老母发髻当顶，弊衣扶杖	【汉族】
W0398.1.10.3	山神龙王（苏龙）	【纳西族】
W0398.1.10.3.1	自然生态的神灵“苏”人形蛇尾	【纳西族】
W0398.1.10.3.2	自然生态的神灵“龙”为一条龙形	【纳西族】

W 编码	母题描述	关联项
W0398.2	岩石神（石神、岩神、石头神）	【汤普森】① A498；② A499.3；＊【朝鲜族】【黎族】【羌族】
W0398.2.1	石神的产生	
W0398.2.1.1	特定的石头成为石神	
W0398.2.1.1.1	白石成为神是因为白石护佑过祖先	【羌族】
W0398.2.1.1.2	始祖居住的岩石被供奉为神	【白族】
W0398.2.1.2	石神源于托梦	【羌族】
W0398.2.2	石神的特征（石神的职能）	
W0398.2.2.1	立石为神保平安	【壮族】
W0398.2.2.2	石神主孩子不受病魔侵犯	【彝族（撒尼）】
W0398.2.2.3	石神主玉米、瓜菜不被偷盗	【彝族】
W0398.2.2.4	石神主宰生育儿女	【彝族】
W0398.2.2.5	石头神有大小	【彝族】
W0398.2.3	特定名称的石神	
W0398.2.3.1	石敢当	【民族，关联】①
W0398.2.3.2	白石神	
W0398.2.3.2.1	救人的人变成白石神	【羌族】
W0398.2.3.3	石神卓禄玛玛，卓禄玛法	【满族】
W0398.2.3.4	怪石神	【壮族】
W0398.2.3.5	果树石神	
W0398.2.3.5.1	果树石神是保护果树的果实	【壮族】
W0398.2.3.6	山坳石神	【壮族】
W0398.2.3.7	田地石神	
W0398.2.3.7.1	田地石神是土地神	【壮族】 ＊［W0236］土地神（土神、土地、土地公、土地公公、土地爷爷、土地奶奶）
W0398.2.3.8	寨石神	【壮族】
W0398.2.3.9	岩神乌雅翅	【彝族】
W0398.2.3.10	石神黄焦焦	【彝族】

① 【侗族】【汉族】 ＊［W0773.2］碧霞元君是泰山石敢当之女

W 编码	母题描述	关联项
W0398. 2. 3. 11	玄岩神	
W0398. 2. 3. 11. 1	玄岩神斯勒	【彝族】
W0398. 2. 4	与石神有关的其他母题	［W0648. 6. 1］岩神是女祖先
W0398. 2. 4. 1	石神作为生育神	【黎族】
W0398. 2. 4. 2	石神能防御庄稼受害	【黎族】
W0398. 2. 4. 3	石头神供奉在大门旁的方洞	【藏族（尔苏）】
W0398. 2. 4. 4	石肌娘娘	［W0717. 4. 4. 1］女娲娘娘是石矶娘娘
W0398. 2. 4. 4. 1	石肌娘娘是成精的石头	【汉族】
W0398. 2a	崖神	
W0398. 2a. 1	崖神的产生	
W0398. 2a. 1. 1	人变成崖神	【怒族】
W0398. 2a. 1. 2	女子死后变成女崖神	【怒族】
W0398. 2a. 2	崖神的特征（崖神的身份，崖神的职能）	［W0396. 11. 10］山神亦指崖神
W0398. 2a. 2. 0	崖神是一头母猪	【怒族】
W0398. 2a. 2. 1	崖神专司降雨	【怒族】
W0398. 2a. 2. 2	崖神司植物生长	【怒族】
W0398. 2a. 2. 3	崖神是婚姻神	【怒族】
W0398. 2a. 2. 4	崖神主宰山林野兽	【怒族】
W0398. 2a. 2. 5	崖神身兼数职	
W0398. 2a. 2. 5. 1	崖神集山神、猎神、谷神、雨神、生育神、婚配神、保护神等诸神职能于一身	【怒族】
W0398. 2a. 2. 6	崖神是生育神	【怒族】
W0398. 2a. 2. 7	崖神是善神	【怒族】
W0398. 2a. 2. 8	恶的崖神	【怒族】
W0398. 2a. 3	崖神的名字	
W0398. 2a. 3. 1	崖神吉米达（崖神吉姆达）	【怒族】

W 编码	母题描述	关联项
W0398.2a.3.1.1	崖神吉姆达集山神、猎神、谷神、雨神、婚配神、生育神、保护神等神职于一身	【怒族】
W0398.2a.3.2	崖神吉娜木忍	
W0398.2a.3.2.1	崖神吉娜木忍司降雨	【怒族】
W0398.2a.4	与崖神有关的其他母题	
W0398.2a.4.1	寡妇崖神	
W0398.2a.4.1.1	寡妇崖神蓄拉迷玛	【怒族】
W0398.2a.4.1.2	仙女洞女崖神	【怒族】
W0398.3	山神的关系	
W0398.3.0	山神的祖先	
W0398.3.0.1	山神的女始祖	
W0398.3.0.1.1	山神的女始祖曼扎恩·古勒梅·图奥黛	【蒙古族（布里亚特）】
W0398.3.1	山神的父母	
W0398.3.1.1	念青唐古拉山神的父亲是沃德巩甲，母亲是章翅玉鸟	【藏族】
W0398.3.1.2	山神是人王之子	
W0398.3.1.2.1	阿尼玛卿大山神原是吐春王国布岱贡嘉八个儿子之一	【藏族】
W0398.3.1a	山神的兄弟	
W0398.3.1a.1	山神和猎神是兄弟	【普米族】
W0398.3.1b	山神的姐妹	
W0398.3.1b.1	山神两姊妹	【傈僳族】
W0398.3.2	山神的妻子（山神夫妻）	【苗族】
W0398.3.2.1	山神有多个妻子	
W0398.3.2.1.1	阿尼玛卿大山神有360位眷属，9位后妃	【藏族】
W0398.3.2.2	山神的妻子地位显赫	
W0398.3.2.2.1	雅拉香波山神的妻子朗勉托吉普玉，是天界女神的首领	【藏族】

W 编码	母题描述	关联项
W0398. 3. 2. 2. 2	雅拉香波山神的妻子朗勉托吉普玉本领高强	【藏族】
W0398. 3. 2. 3	山神的妻子是神女	
W0398. 3. 2. 3. 1	念青唐古拉山神的妻子是纳木错里的神女	【藏族】
W0398. 3. 3	山神的子女	
W0398. 3. 3. 1	山神之女纳木湖神女	【藏族】 * ［W 0415. 4. 1. 1. 1］纳木湖神女是山神之女
W0398. 3. 3. 2	阿尼玛卿大山神有 9 子 9 女	【藏族】
W0398. 3. 3. 3	山神有众多子女和卫士	【藏族】
W0398. 3. 3. 4	山神的 3 个女儿	【普米族】
W0398. 3. 3. 5	山神的独子	【藏族】
W0398. 3. 3a	山神的外甥	
W0398. 3. 3a. 1	年保叶什则山神是玛卿雪山神之外甥	【藏族】
W0398. 3. 4	山神的上司	
W0398. 3. 4. 1	山神之长	【羌族】
W0398. 3. 4. 2	管山神树神的神	
W0398. 3. 4. 2. 1	管山神树神的神松玛阿策	【哈尼族】
W0398. 3. 5	山神的下属（山神的侍者）	［W0541. 5. 1］树神是山神的下属
W0398. 3. 5. 1	阿尼玛卿大山神有 1500 位神将和侍从	【藏族】
W0398. 3. 5. 1a	念青唐古扎山神有 360 个随从	
W0398. 3. 5. 1a. 1	念青唐古拉山神的 360 个随从是念青唐古拉山脉 360 个山峰的山神	【藏族】
W0398. 3. 5. 2	小鬼是山神的侍者	【鄂伦春族】
W0398. 3. 5. 3	山神的喽啰	
W0398. 3. 5. 3. 1	山神领着山鬼、虎精、罴怪	【汉族】
W0398. 3. 5. 4	山神的下属是山上的动物鬼、植物鬼	【基诺族】

W 编码	母题描述	关联项
W0398.3.5.5	山神的下属山鬼	【景颇族】 * ［W0906.3］山灵（山鬼、山妖，山精，石灵）
W0398.3.6	山神的护卫	
W0398.3.6.1	山神的看门狗	
W0398.3.6.1.1	虎狼豺熊是山神的看门狗	【藏族】
W0398.3.7	山神的朋友	
W0398.3.7.1	欧吾太基和峨眉山、董乌里山、安米日马寝山山神是朋友	【羌族】
W0398.3.7.2	岗拉山神和翁水山神是朋友	【藏族】
W0398.3.7.3	达赞念保次旺载山神的伴神有众多的赞、魔、龙	【藏族】
W0398.3.7.4	玛卿伯姆热山神有 360 个兄弟神相伴	【藏族】
W0398.4	山神的财产	［W0953.1.1.4］山神的草药是起死回生药
W0398.4.1	山神的家畜	
W0398.4.1.1	野牛、岩羊、鹿麝是阿尼玛卿大山神的家畜	【藏族】
W0398.4.2	山神的宝库	
W0398.4.2.1	冰川、冰洞和泉池是山神的宝库	【藏族】
W0398.4.2.2	山神的水晶宫装满金银财宝	【藏族】
W0398.4.3	山中动植物是山神的财产	【达斡尔族】
W0398.4.4	山神的监狱	【藏族】
W0398.5	山神的象征物	【关联】①
W0398.5.1	石崖、石笋代表山神	【仡佬族】
W0398.5.2	山作为山神	
W0398.5.2.1	阿尼玛卿雪山视作大山神玛卿本拉	【藏族】
W0398.5.2.2	满族先人视山为神灵	【满族】
W0398.5.2.3	高山代表山神	【彝族】

① ［W0393.5.1］山神是一只老虎；［W0395.6.4.1］虎是山神的化身；［W9240］象征物

W 编码	母题描述	关联项
W0398. 5. 3	石头或木枝丫代表山神	【藏族】
W0398. 5. 3. 1	白石象征山神	【藏族】
W0398. 5. 4	大树代表山神	
W0398. 5. 4. 1	藏历正月初九土司在山寨杀羊祭“麻石古”（大树，代表各寨的总山神）	【藏族】
W0398. 5. 4. 2	普米族每家都认定一棵松树或麻栗树作为本家的山神	【普米族】
W0398. 5. 5	人造物象征山神	
W0398. 5. 5. 1	用熟荞面捏一尖顶圆柱体的象征山神	【独龙族】
W0398. 6	山神的惧怕物	
W0398. 6. 1	山神怕野人	【汉族】
W0398. 7	特定方位的山神	
W0398. 7. 1	阿米年青山神是最东面的大山神	【藏族】
W0398. 8	山神的数量	
W0398. 8. 1	一座山只有 1 个山神	
W0398. 8. 2	一座山有多个山神	【藏族】 * ［W0396. 1. 1］大通十三位山神是护持福善的十三位酋长
W0398. 8. 3	一村只有 1 个山神	【傈僳族】
W0398. 8. 4	四大山神	【汉族】
W0398. 8. 5	四方的山神	【汉族】
W0398. 8. 6	5 个山神	
W0398. 8. 6. 1	最崇拜史里吉山神、赞别亚吉山神、舍拉特吉山神、拉枯速促吉山神、乍科乍阿吉山神 5 个山神	【纳西族】
W0398. 8. 7	成千上万的山神	
W0398. 8. 7. 1	99999 个山神	【藏族（嘉绒）】
W0398. 8a	山神的类型	
W0398. 8a. 1	山神分全族山神和家庭山神	【彝族】

W 编码	母题描述	关联项
W0398.8a.2	山神有山王庙的山神，青沟的山神，后山的山神，龙头山的山神等	【彝族】
W0398.8.3	7 种山神	
W0398.8.3.1	山神有米司、米司然卡、米斯几塔、米司宗撮、米司各、克尼干花、古尼干花 7 种	【傈僳族】
W0398.8a.4	山神有 20 多种	【白族（那马）】
W0398.8a.5	山神分野山神和家山神 2 类	【白族（那马）】
W0398.8a.5.1	野山神有白山神、黑山神、干山神、雪山神、东山神、西山神、大山神、小山神、高山神、矮山神、山岗上的山神、梁子上的山神、岩子上的山神、河边上的山神、行路山神、大路山神等等	【白族（那马）】
W0398.8a.6	多种不同职能的山神	
W0398.8a.6.1	山神有管人健康的山神，管五谷丰收的山神，管六畜兴败的山神，管撵山的山神，管雀儿、虫儿的山神，管耕田种地的山神，管山林的山神，管放牧的山神，管架桥的山神，管修路的山神，管挖沟的山神等	【白族（那马）】
W0398.9	岸神	
W0398.9.1	岸神主管山岸	【壮族】
* **W0400**	**水神**	【汤普森】A420； *【关联】①
W0401	**水神的产生**	
W0401.0	水神源于特定地方	
W0401.1	神造水神	【佤族】
W0401.1.1	创世神造水神	
W0401.1.1.1	创世神用泥垢造水神	【布朗族】
W0401.1.2	人神造水神	

① ［W0410.1］河伯；［W0906.4］水灵（水鬼）

W 编码	母题描述	关联项
W0401. 1. 2. 1	人神达能造水神	【佤族】
W0401. 2	特定的神变成水神	
W0401. 2. 1	天神变成水神	
W0401. 2. 2	天上的神到水里成为水神	【珞巴族】
W0401. 2. 3	治水的神成为水神	【瑶族（布努）】
W0401. 2a	特定的神的肢体变水神	【彝族】 * ［W0405. 7. 1］盘古死后舌头变成水王
W0401. 2a. 1	盘古死后舌头变成水王	【彝族】
W0401. 3	特定人或物变成水神	【汉族】
W0401. 3. 1	人变成水神	
W0401. 3. 1. 1	天上的人到水中成为水神	【珞巴族】
W0401. 3. 1. 2	人修炼成为水神	［W0408. 2］人修炼成河神
W0401. 3. 2	动物变成水神	
W0401. 3. 2. 1	龙王是水神	【民族，关联】①
W0401. 3. 2. 2	龙是水神	【布朗族】【苗族】【纳西族】
W0401. 3. 3	灵魂变成水神	
W0401. 3. 3. 1	水的灵魂化成水神	【壮族】
W0401. 3. 3. 2	淹死的人或动物的灵魂变成水神	【壮族】
W0401. 4	生育水神（婚生水神）	
W0401. 4. 1	特定的人婚生水神	
W0401. 4. 1. 1	男子阿桑嘎与丑陋的老太婆婚生第 3 个儿子柯怀成为水神	【珞巴族】
W0401. 4. 2	神生水神	
W0401. 4. 2. 1	天神英叭生后代水神巴阿嫩	【傣族（水傣）】
W0401. 5	赐封水神	
W0401. 5. 1	水神指派产生的	
W0401. 5. 1. 1	创世主迦萨甘派了水神	【哈萨克族】
W0401. 5. 1. 2	密洛陀封开辟江河、凿通河道的波防密龙为水神	【瑶族】

① 【苗族】 * ［W0406. 3］龙王管众水神；［W3581］龙王

W 编码	母题描述	关联项
W0401.6	与水神产生有关的其他母题	
W0402	**水神的特征**	
W0402.1	男水神	【汉族】
W0402.2	女水神	【汤普森】A420.1； ＊【土家族】
W0402.2.1	水神布牙图牙妈妈	【鄂伦春族】
W0402.3	水神的外貌	
W0402.3.1	水神有人的面貌（水神人形）	【壮族】
W0402.3.1.1	河伯人面	【汉族】
W0402.3.1.2	水神蛇身	【壮族】 ＊［W0846.2.2.7］水妖形如长蛇
W0402.3.2	水神有动物的面貌	
W0402.3.2.1	水神是犀牛	【壮族】
W0402.3.2.2	水神虎头鸡喙	【白族】
W0402.3.3	水神是人与动物的组合体	【汉族】
W0402.3.3.1	水神牛首人身	【白族】
W0402.3.4	水神不可见	【汉族】
W0402.3.5	水神身材巨大	
W0402.3.5.1	水神挥动两扇大耳两脚如船踏水走	【瑶族】
W0402.4	水神的性情（水神的性格）	
W0402.4.1	水神是善神	【达斡尔族】
W0402.4.2	水神是恶神	
W0402.4.3	水神有贪欲	
W0402.4.3.1	水神贪色、贪玩、贪吃	【壮族】
W0402.4.3.1.1	水神捉女人的灵魂同床共睡	【壮族】
W0402.5	与水神的特征有关的其他母题	
W0402.5.1	水神与水同在	【壮族】
W0402.5.2	水神有大中小3种	【彝族（白彝、黑彝、干彝、阿乌、撒尼等）】

W 编码	母题描述	关联项
W0402.5.3	水神就是龙王	【白族】
W0403	**水神的生活**	
W0403.1	水神的服饰	
W0403.2	水神的饮食	
W0403.3	水神的居所	［W0846.2.4］水妖的居所
W0403.3.0	水神居所有水中	［W0402.5.1］水神与水同在
W0403.3.0.1	有水的地方皆有水神	【白族】
W0403.3.1	水神住深水中	【哈萨克族】
W0403.3.1.1	水神住江河湖泊的急流深潭处	【达斡尔族】
W0403.3.2	水神居河流、山泉、池塘	【壮族】
W0403.3.3	水神居河湖中	【藏族（白马）】
W0403.3.4	水神的宫殿	
W0403.3.4.1	水神的宫殿再河的急流滩头	【壮族】
W0403.4	水神的出行	【汉族】
W0403.4.1	水神乘龙鱼	【汉族】
W0403.5	水神的工具（水神的用品）	
W0403.5.1	水神的宝物	
W0403.5.1.1	水神的定海神珠	【布朗族】
W0404	**水神的能力（水神的职能）**	
W0404.1	水神会变化	
W0404.1.1	水神变人	
W0404.1.1.1	美女水神变成姑娘与人对歌	【壮族】
W0404.1.2	水神变龙	
W0404.1.2.1	河伯化为白龙	【汉族】
W0404.1.3	水神变形为蛇	【壮族】
W0404.2	水神为人解难	【汉族】
W0404.3	水神能呼风唤雨	【壮族】
W0404.3.1	水神降雨	【汉族】
W0404.4	水神管龙	【彝族】
W0404.5	水神管水	

W 编码	母题描述	关联项
W0404.5.1	水神管水的方法	【彝族】
W0404.5.1.1	水神龙王在下界给人供水	【壮族】
W0404.5.2	水神管理世间所用之水	【壮族】
W0404.5.3	水神管水界（水神主管水域）	【壮族】
W0404.6	与水神的能力有关的其他母题	［W1915.1.8］水神开辟江河
W0404.6.1	水神管安全生产	【达斡尔族】
W0404.6.2	水神能灭火	【景颇族】
W0404.6.3	水神主宰水灾	【藏族】 ＊［W8130］神的指令造成洪水
W0404.6.4	水神管捕鱼多少	【白族】
W0404.6.5	水神主宰田地不受水旱之灾	【彝族】
W0404a	**水神的关系**	
W0404a.1	水神的父母	
W0404a.2	水神的子女	
W0404a.2.1	水神的女儿	
W0404a.2.1.1	水神的女儿会魔法	【藏族】
W0404a.3	水神的从属	
W0404a.3.1	水神的上司（水神的管理者）	【纳西族】 ＊［W0535.5.1］龙王管水神
W0404a.4	水神的上司	
W0404a.4.1	水神是龙神的从属	【壮族】
W0404a.5	水神的朋友	
W0404a.6	水神的兄弟	
W0404a.6.1	水神和火神是兄弟	
W0404a.6.1.1	水神共工和火神祝融弟兄俩	【民族，关联】①
W0405	**特定的水神**	［W0418.1］池塘神（池塘水神）
W0405.0	江河湖海神（河湖江海之神）	
W0405.0.1	河湖江海之神应阳光而生	【满族】
W0405.0.2	河湖江海之神常罩七彩光衫	【满族】
W0405.0.3	河湖江海之神尊称德立给女神	【满族】

① 【汉族】 ＊［W0685］共工；［W0767］祝融

W 编码	母题描述	关联项
W0405. 0. 4	河湖江海之神给人类光明和成长环境	【满族】
W0405. 0. 5	与江河湖海神有关的其他母题	［W0251. 9. 1. 2］河湖江海之神主司东方
W0405. 1	盐水女神	
W0405. 1. 1	盐水女神即德济娘娘	【土家族】
W0405. 1. 2	盐水女神是廪君的妻子	【土家族】
W0405. 1. 3	盐水女神又称巫姑	【土家族】
W0405. 2	洪水神（洪水之神）	【满族】
W0405. 2. 1	洪水之神共工	【汉族】
W0405. 2. 2	白鸟神司管洪水	【满族】
W0405. 3	水沟神	
W0405. 3. 1	水沟神阿扎	
W0405. 3. 1. 1	第二代神王烟沙生水沟神阿扎	【哈尼族】
W0405. 3. 1. 2	水沟神阿扎与风神米沙、雨神即比、雷神阿惹、土神达俄、籽种神姐玛、水神阿波、田神得威、地神朱鲁是兄弟	【哈尼族】
W0405. 4	淮水神	［W0782. 1. 2. 1］水母娘娘是淮水神
W0405. 4. 1	淮水神是一个作恶的蛟龙	【汉族】
W0405. 4a	淮涡水神	
W0405. 4a. 1	淮涡水神无支祁	【汉族】＊［W0846. 2. 5. 5］水妖叫无支祁
W0405. 4a. 1. 1	无支祁是卵生的恶龙	【汉族】
W0405. 4a. 1. 1. 1	孽龙无支祁	【汉族】
W0405. 4a. 1. 2	无支祁形若猿猴，缩鼻高额，青躯白首	【汉族】
W0405. 4b	淮渎神	
W0405. 4b. 1	淮渎神庚辰	
W0405. 4b. 1. 1	淮渎神庚辰是大禹的外甥	【汉族】

W 编码	母题描述	关联项
W0405. 5	黄河神	【汉族】
W0405. 5. 1	黄河神的产生	
W0405. 5. 2	黄河神的特征	
W0405. 5. 2. 1	黄河神是凶龙	【汉族】
W0405. 5. 3	与黄河神有关的其他母题	
W0405. 5. 3. 1	黄河水神冯夷	【汉族】
W0405. 5. 3. 1. 1	一个叫冯夷的人渡河淹死，天帝封他为黄河水神	【汉族】
W0405. 5. 3. 1. 2	冯夷乘云车（雷车）	【汉族】 * ［W0717. 3. 2］女娲乘雷车
W0405. 5. 3. 1. 3	黄河神又称河伯	【汉族】
W0405. 5. 3. 1. 3. 1	黄河之神河伯吓死宓妃	【汉族】
W0405. 5. 3. 1. 4	黄河大王	
W0405. 5. 3. 1. 4. 1	黄河大王管黄河水族	【汉族】
W0405. 5. 3. 1. 4. 2	黄河大王在众神中官职最小	【汉族】
W0405. 5. 3. 1. 5	黄河神发洪水	【保安族】
W0405. 5a	洛水神（洛神）	
W0405. 5a. 1	洛水神宓妃	【汉族】 * ［W0827. 13. 3. 2］水仙洛川宓妃
W0405. 5a. 2	河洛之神宓妃	【汉族】
W0405. 5b	长江水神	【汉族】 * ［W0410. 5. 6. 1］伍子胥是主管长江水域的江神
W0405. 5c	珠江水神	
W0405. 5d	其他特定名称江河的水神	
W0405. 5d. 1	乌苏里江老河神	
W0405. 5d. 1. 1	乌苏里江老河神的儿子朱拉贝子	【满族】
W0405. 6	储水祖母	
W0405. 6. 1	储水祖母专管江河湖海	【侗族】
W0405. 7	水王	
W0405. 7. 1	盘古死后舌头变成水王	【彝族】
W0405. 7. 2	水王管地上的粮棉	【彝族】

W 编码	母题描述	关联项
W0405. 8	司水底之神	
W0405. 8. 1	司水底之神都金恩都力	
W0405. 8. 1. 1	生命之母神都金恩都力变成司水底之神	【满族】
W0405. 8. 1. 2	司水底之神都金恩都力住东海	【满族】
W0405. 9	特定方位的水神	
W0405. 9. 1	东方水神	［W0251］东方神（东方之神）
W0405. 9. 2	西方水神	［W0252］西方神（西方之神）
W0405. 9. 3	南方水神	［W0253］南方神（南方之神）
W0405. 9. 4	北方水神	［W0254］北方神（北方之神）
W0405. 9. 4. 1	玄嚣得道为北方水神	【汉族】
W0405. 10	水德星君	
W0405. 10. 1	神仙水德星君主管天下水情	【汉族】
W0405. 10. 2	神仙水德星君主骑水灵兽	【汉族】
W0405. 11	黑灵真君	
W0405. 11. 1	黑灵真君是管水的主神	【汉族】
W0405. 12	大济之神	【汉族】
W0405. 13	管河水泛滥的神	
W0405. 13. 1	管河水泛滥的神麦期麦所	【哈尼族】
W0406	**与水神有关的其他母题**	【关联】①
W0406. 1	特定名称的水神（水神的名字）	【关联】②
W0406. 1. 1	水神共工	
W0406. 1. 1. 1	共工因会喷水被称水神	【汉族】
W0406. 1. 1. 2	共工的儿子成为水神	【汉族】
W0406. 1. 1. 3	共工是水师	【汉族】
W0406. 1. 1a	水神应龙	【汉族】
W0406. 1. 1b	水神夔	【汉族】
W0406. 1. 1c	水神无支祁	【汉族】

① ［W0437. 2］管水的神；［W0461. 3. 2］猎神是水神

② ［W0383. 2］冬神是水神；［W0406. 5］共工之子是水神；［W0685. 3. 1］共工是水神；［W0685. 3. 2］共工是洪水神

W 编码	母题描述	关联项
W0406.1.1c.1	水神无支祁形若猿猴	【汉族】
W0406.1.1c.2	无支祈即水母	【汉族】
W0406.1.1d	水神螺女	【汉族】
W0406.1.1e	水神雒嫔（水神雒宾）	
W0406.1.1e.1	水神雒嫔谓宓妃	【汉族】
W0406.1.1f	水神宓妃	【民族，关联】①
W0406.1.1f.1	女娲的女儿宓妃淹死洛水里成了水神	【汉族】
W0406.1.1g	水神洛子渊	【汉族】
W0406.1.1h	水神玄冥	［W0383.2.1］水神玄冥是冬神
W0406.1.1h.1	水神玄冥变作一汪黄水	【汉族】
W0406.1.1h.1.1	水神玄冥的助手白辩	【汉族】
W0406.1.1j	水神罔两（水神魍魉）	【汉族】 *［W0907.14.4］魍魉鬼（罔两、蛧蜽）
W0406.1.1k	水神玄武	
W0406.1.1k.1	玄武变巨龟	【汉族】
W0406.1.1k.2	玄武是龟蛇合体	【汉族】
W0406.1.1m	水神杨泗将军	
W0406.1.1m.1	杨泗将军船民渔户供奉的水神	【汉族】
W0406.1.1m.2	杨泗将军生日农历六月初六	【汉族】
W0406.1.1n	水神萧公	
W0406.1.1n.1	萧公名伯轩，又称萧公爷爷	【汉族等】
W0406.1.1n.2	萧公保船救民，有祷必应	【汉族等】
W0406.1.2	水神罗塔纪	【汉族】
W0406.1.2.1	水王罗塔纪是水中神仙	【彝族】
W0406.1.2a	水神母介	【彝族】
W0406.1.3	水神阿彦·巴尔肯	【达斡尔族】
W0406.1.4	水神阿波	
W0406.1.4.1	第二代神王烟沙生水神阿波	【哈尼族】

① 【汉族】 *［W0405.5a.1］洛水神宓妃；［W0827.13.3.2］水仙洛川宓妃

W 编码	母题描述	关联项
W0406. 1. 5	水神吹	【佤族】
W0406. 1. 6	水神波防密龙	【瑶族】
W0406. 1. 6a	水神罗班	【瑶族】
W0406. 1. 7	水神巴阿嫩	【傣族】 * ［W0401. 4. 2. 1］天神英叭生后代水神巴阿嫩
W0406. 1. 8	水神召	【壮族】
W0406. 1. 8. 1	司管河流的水神称“召大”	【壮族】
W0406. 1. 8. 2	司管泉水的水神称“召布”	【壮族】
W0406. 1. 9	水神沙尼	【傈僳族】
W0406. 1a	水神又称河神或海神	【白族】
W0406. 2	祭水神	
W0406. 2. 1	春季祭龙王水神	【纳西族（摩梭人）】 * ［W0401. 3. 2. 1］龙王是水神
W0406. 2. 2	行船前祭水神	【壮族】
W0406. 2. 3	溺水而死者要祭水神	【傈僳族】
W0406. 3	龙王管众水神	【纳西族】 * ［W0404. 4］水神管龙
W0406. 4	水神的定海神珠	【布朗族】
W0406. 5	共工之子是水神	【民族，关联】①
W0406. 5. 1	共工之子为玄冥师（雨师，水神）	【汉族】
W0406. 6	水仙	
W0406. 6. 1	水仙的来历	
W0406. 6. 2	水仙的特征	
W0406. 6. 3	与水仙有关的其他母题	
W0406. 6. 3. 1	特定名称的水仙	
W0406. 6. 3. 1. 1	水仙姑	【瑶族】
W0406. 6. 3. 1. 1. 1	水仙姑管天水	【瑶族】
W0406. 6. 3. 2	水仙的居所	

① 【汉族】 * ［W0231. 2. 1］共工之子成为地神；［W0474. 1. 1. 1］社神是共工之子；［W0685. 3. 1］共工是水神

W 编码	母题描述	关联项
W0406.6.3.2.1	水仙住在水底	【哈萨克族】
W0406.7	水姑娘	[W1895.5.1] 姑娘穿玉衣形成水的绿色
W0406.8	水伯	
W0406.8.1	水伯天吴	【汉族】
W0406.8.1.1	天吴八首人面，虎身十尾	【汉族】
W0406.8.1.2	天吴居朝阳之谷	【汉族】
W0406.9	水君	【汉族】
W0406.9.1	水君状如人，乘马，众鱼从之	【汉族】
W0406.10	鱼伯	【汉族】
W0406.10.1	鱼伯有鳞甲	
*W0407	**河神（江神）**	【汤普森】A425
W0408	**河神的产生**	
W0408.1	人溺死变为河神	【汉族】
W0408.1.1	投河而死老人成为河神（罗刹汗）	【锡伯族】
W0408.2	人修炼成河神	【汉族】 * [W0410.1.1.2] 人修炼成河伯
W0408.3	龙是河神	【蒙古族】
W0409	**河神的特征（河神的职能）**	
W0409.1	女河神	【汤普森】A425.1
W0409.2	河神人面鱼身	【汉族】
W0409.3	河神像人	【珞巴族】
W0409.4	江神是动物外形	
W0409.4.1	江神其状初为牛形，后为龙身	【汉族】
W0409.4.2	河神像金螺、金鱼	【白族】
W0409.5	河神是保护神	
W0409.5.1	河神保护两岸居民	【满族】
W0410	**与河神有关的其他母题**	【汉族】 * [W0973.1.3] 江神分段管理
W0410.1	河伯（水神河伯）	【汉族】

W 编码	母题描述	关联项
W0410. 1. 1	河伯的产生	
W0410. 1. 1. 1	溺死的人成为河伯	【汉族】
W0410. 1. 1. 1. 1	冯夷八月上庚日渡河溺死被天帝署为河伯	【汉族】
W0410. 1. 1. 2	人修炼成河伯	【汉族】
W0410. 1. 2	河伯的特征	
W0410. 1. 2. 1	河伯人面鱼身	【汉族】
W0410. 1. 2. 1a	河伯白面长人鱼身	【汉族】
W0410. 1. 2. 1b	河伯长人鱼身	【汉族】
W0410. 1. 2. 2	河伯性情放荡，喜怒无常	【汉族】
W0410. 1. 3	河伯的能力	
W0410. 1. 3. 1	河伯化鲤鱼	【朝鲜族】
W0410. 1. 3. 2	河伯化为白龙	【汉族】
W0410. 1. 4	河伯的生活	
W0410. 1. 4. 1	河伯娶妻	【汉族】
W0410. 1. 4. 2	河伯居阳盱	【汉族】
W0410. 1. 5	河伯的关系	
W0410. 1. 5. 1	河伯领着鱼鳖虾蟹、蛤蟆、长虫	【汉族】
W0410. 1. 5. 2	河伯使者	
W0410. 1. 5. 2. 1	河伯使者十二童子	【汉族】
W0410. 1. 6	与河伯有关的其他母题	［W0405. 5. 3. 1. 3］黄河神又称河伯
W0410. 1. 6. 1	河伯冰夷	【汉族】 ＊［W0410. 1. 1. 1. 1］冯夷八月上庚日渡河溺死被天帝署为河伯
W0410. 1. 6. 1. 1	冰夷乘两龙	【汉族】
W0410. 1. 6. 2	河伯冯夷	【汉族】
W0410. 1. 6. 3	河伯无夷	【汉族】
W0410. 1. 6. 3. 1	河伯无夷居阳纡之山	【汉族】
W0410. 1. 6. 4	河伯女	【汉族】
W0410. 1. 6. 5	鸭绿江的河伯神	【朝鲜族】

W 编码	母题描述	关联项
W0410.2	河神的居所	
W0410.2.1	河神住水中	
W0410.2.1.1	河神能像鱼在水里生活	【珞巴族】
W0410.2.2	河神住水宫	【朝鲜族】【汉族】
W0410.2.3	河神住龙宫	【汉族】
W0410.3	河神的生活	
W0410.3.1	河神的服饰	
W0410.3.2	河神的饮食	
W0410.3.3	河神的出行	【汉族】
W0410.3.4	河神的用品	
W0410.4	河神的关系	
W0410.4.1	河神的父母	
W0410.4.2	河神的妻子	
W0410.4.2.1	河神娶妻	【汉族】
W0410.4.3	河神的子女	
W0410.4.3.1	河神有3个女儿	【朝鲜族】
W0410.5	特定名称的河神（特定名称的江神，河神的名称）	
W0410.5.1	开河创潭之神	
W0410.5.1.1	蟹王是开河创潭之神	【苗族】
W0410.5.2	巡江女神	
W0410.5.2.1	巡江女神尼如沙克沙哈（水喜鹊）	【满族】
W0410.5.3	巡河大王	
W0410.5.3.1	大禹封乌龟为“巡河大王”	【汉族】
W0410.5.4	江神屈原	【汉族】 * ［W0046.4.1］楚国大夫屈原死后成为江神
W0410.5.5	江神李冰父子	【汉族】
W0410.5.6	江神伍子胥	
W0410.5.6.1	伍子胥是主管长江水域的江神	【汉族】
W0410.5.7	江神奇相	【汉族】

W 编码	母题描述	关联项
W0410.5.7.1	帝女死后成为江神奇相	【汉族】
W0410.5.7.2	震蒙氏之女溺死成为江神奇相	【汉族】
W0410.5.8	河精	
W0410.5.8.1	河精白面长人鱼身	【汉族】
W0410.5.8.2	河精即河伯	【汉族】
W0410.5.9	江妃二女	【汉族】
W0410.5.10	河神巨灵	【汉族】
W0410.5.11	总管河神	
W0410.5.11.1	总管河神主司河流之水神，水运业、渔业	【民族无考】
W0410.5.11.2	总管河神是渔民船工的保护神	【民族无考】
W0410.5.12	四渎神	
W0410.5.12.1	四渎神指长江神、黄河神、淮河神、济水神	【汉族】
W0410.5.13	老河神乌苏里恩都哩	【满族】
W0410.5.14	河神“恣”	【纳西族】
W0410.6	江水神	
W0410.6.1	江中江水神	【彝族】
W0410.7	江河神	
W0410.7.1	江河神觉神	【彝族】
W0410.7.2	江河神木吉	【彝族】
◎	**〖其他常见的自然神〗**	
＊**W0411**	**海神**	【汤普森】A421；＊【汉族】
W0412	**海神的产生**	
W0412.1	人成为海神	
W0412.1.1	小阿哥突忽烈玛发成为海神	【满族】
W0412.2	龙成为海神	
W0413	**海神的特征**	
W0413.1	海神的性别	

W 编码	母题描述	关联项
W0413.1.1	女海神	【汤普森】A421.1； ＊［W0068a.5.10.1］四海娘娘管水里的事
W0413.1.1.1	东海女神	【满族】 ＊［W065］女神
W0413.1.1.1.1	东海女神是故乡神	【满族】
W0413.1.1.1.2	东海女神是生命女神	【满族】
W0413.1.1.1.3	东海生命之母神都金恩都力	【满族】
W0413.1.1.1.4	东海女神鱼首人身	【满族】
W0413.1.1.1.4.1	东海女神德里给奥木妈妈鱼首人身	【满族】
W0413.2	海神的外貌	
W0413.2.1	海神身长鳞片	【满族】
W0413.2.2	海神身披盔甲	【汉族】
W0413.2.3	海神貌丑	【汉族】
W0414	**与海神有关的其他母题**	［W0464］航海神（海上保护神、行船保护神）
W0414.1	特定名称的海神	
W0414.1.1	东海神	［W1964.4.2.1］东海有东海龙王
W0414.1.1.1	东海女神德里刻奥姆玛玛	【满族】 ＊［W0413.1.1.1］东海女神
W0414.1.1.2	东海之神句芒	【汉族】
W0414.1.1.3	东海之神禺猇	
W0414.1.1.3.1	禺猇是黄帝之子	【汉族】
W0414.1.1.3.2	禺猇人面鸟身	【汉族】
W0414.1.2	南海神	【汉族】
W0414.1.2.1	南海之神祝融	【汉族】
W0414.1.2.2	南海之神不廷胡余	【汉族】 ＊［W0498.10］不廷胡余
W0414.1.3	西海神	
W0414.1.3.1	西海之神蓐收	【汉族】
W0414.1.3.2	西海之神弇兹	【汉族】

W 编码	母题描述	关联项
W0414. 1. 4	北海神	
W0414. 1. 4. 1	北海之神玄冥	【汉族】
W0414. 1. 4. 2	北海之神海若	【汉族】
W0414. 1. 4. 2. 1	海若舞冯夷	【汉族】
W0414. 1. 4. 3	北海海神禺强	【汉族】 * ［W0695. 3. 4. 1］ 黄帝之孙禺强（玄冥、禺疆、禺京）
W0414. 1. 4. 3. 1	黄帝的孙子禺强是海神兼风神	【汉族】
W0414. 1. 4. 4	北海海神禺京	【汉族】
W0414. 1. 4. 4. 1	北海神主土伦布	【满族】
W0414. 1. 5	海底女神	【满族】
W0414. 1. 6	镇海大王	
W0414. 1. 6. 1	镇海大王能降蜈蚣精	【京族】
W0414. 1. 7	海神突忽烈玛发	【满族】
W0414. 1. 8	海神玄天上帝	【汉族】
W0414. 1. 8. 1	玄天上帝脚踏一龟一蛇	【汉族】
W0414. 1. 9	四海神君（四海海神）	
W0414. 1. 9. 1	祝融、勾芒、玄冥、蓐收为四海神君	【汉族】
W0414. 1. 10	海神冯修青	【汉族】
W0414. 1. 11	海神阿明	【汉族】
W0414. 1. 12	特定名称的地方性海神	
W0414. 1. 12. 1	泉州海神	【汉族】
W0414. 1. 12. 2	洱海中的水神也叫海神	【白族】
W0414. 2	海神的职能（海神的能力）	
W0414. 2. 1	海神保护航海捕鱼者人身安全、多捕海物	【满族】
W0414. 2. 2	海神指引探海者的方向	【满族】
W0414. 2. 3	海神兼风神	【汉族】
W0414. 3	海神的生活	
W0414. 3. 1	海神的居所	
W0414. 3. 1. 1	海神住海中	【满族】

W 编码	母题描述	关联项
W0414.4	海神的关系	
W0414.4.1	海神的亲属	
W0414.4.1.1	波浪是海神的孩子	【汤普森】≈A423
W0414.4.2	海神的上司	
W0414.4.2.1	海神是龙王的从属	【汉族】
W0414.4.3	海神的从属	
W0414.4.3.1	海神的随从海女人鱼	【汉族】
W0414.5	海神的象征物（海神的神偶）	
W0414.5.1	鱼骨、鱼牙象征海神	【满族】
W0414.6	浪神（波浪神）	
W0414.6.1	平浪侯晏公	【汉族等】
W0414.6.2	3个波浪神	
W0414.6.2.1	3个波浪神吼声像水牛	【哈尼族】
W0414.7	海童	【汉族】
W0414.7.1	神童乘白马，出则天下大水	【汉族】
W0414.7.2	神童即海神童	【汉族】
W0415	**湖神**	
W0415.1	湖神的产生	
W0415.1.1	神生湖神	［W0415.3.1］湖神是山神的女儿
W0415.2	湖神的特征	
W0415.3	湖神的关系	
W0415.3.1	湖神是山神的女儿	【藏族】
W0415.4	与湖神有关的其他母题	
W0415.4.1	特定名称的湖神	
W0415.4.1.1	纳木湖湖神	
W0415.4.1.1.1	纳木湖神女是山神之女	【藏族】
W0415.4.1.2	洞庭神君	【汉族】
W0416	**泉神**	【汤普森】A427
W0416.1	泉（井）女神	【汤普森】A427.1
W0416.2	泉神住在泉中	【汤普森】A151.3.1

W 编码	母题描述	关联项
W0416. 3	温泉女神	[W0512. 7. 2] 猞猁神演变成白温泉女神
W0416. 3. 1	长白温泉女神西伦玛玛	【满族】
W0416. 3. 1. 1	部落首领西伦妈妈死后心是热的成了温泉女神	【满族】
W0416. 3. 2	祝融之女丁竽是温泉之神	【汉族】
W0417	**潮神（涛神，波涛之神）**	
W0417. 1	潮神伍子胥	【汉族】
W0417. 1. 1	潮神伍子胥主司江上之波涛	【汉族】
W0417. 1. 2	钱塘潮神伍子胥	【汉族】
W0417. 1. 3	潮神伍子胥乘素车	【汉族】
W0417. 2	涛神伍子胥	
W0417. 2. 1	吴相子胥为涛神号曰灵胥	【汉族】
W0417. 3	波涛之神阳侯	
W0417. 3. 1	阳侯投江成为波涛之神	【汉族】
W0417. 3. 2	阳侯是伏羲的佐臣	【汉族】
W0418	**与自然物有关的其他神**	
W0418. 1	池塘神（池塘水神）	
W0418. 1. 1	池塘水神司管山塘水池起落，防兽抓捕鱼类	【壮族】
W0418. 2	岛神	
W0418. 2. 1	岛礁神	
W0418. 2. 1. 1	岛礁神是专司岛屿陆地安宁的善神	【满族】
W0418. 3	井神（水井神）	
W0418. 3. 1	井神的产生	
W0418. 3. 1. 1	溺井而死的童子成为井神	
W0418. 3. 1. 2	溺井而死的童养媳成为井神	【汉族】
W0418. 3. 2	井神的特征（井神的职能）	
W0418. 3. 2. 1	水井的神可使母鸭多生蛋	【侗族】
W0418. 3. 2. 2	井神主管水井	【壮族】

W 编码	母题描述	关联项
W0418.3.2.3	水井神是善神	【白族】
W0418.3.3	与井神有关的其他母题	
W0418.4	坑神	
W0418.5	龙潭神	［W1977.3］龙潭的来历
W0418.6	沙漠神	【汤普森】A419.2
W0419	**与自然物神有关的其他母题**	
W0419.1	自然物神的名称	
W0419.1.1	自然诸神统称博迪格（外界神）	【达斡尔族】
W0419.2	五行神	［W4713.1］金木水火土代表5个方位
W0419.2.1	金、木、水、火、土五大神	
W0419.2.1.1	长脚拐、铁铮脑、千里眼、顺风耳和不怕冷不怕热五兄弟被封为金、木、水、火、土五大神	【汉族】 ＊［W0192.4.11.1.1］天神怕冷

0.4 与职能、行业相关的神[①]
(W0420 ~ W0499)

0.4.1 创造神与破坏神
【W0420 ~ W0429】

W 编码	母题描述	关联项
*W0420	创造神[②]	【独龙族】 * [W1015] 创世者(造物主)
W0421	创造神的产生	
W0421.1	创造神自然存在	[W0002] 神自然存在
W0421.2	创造神是造出来的	
W0421.2.1	祖先造出造物神	【怒族】
W0421.3	创造神是孕育产生的	
W0421.3.1	雾露和云团夫妻孕育创造神	【景颇族】
W0421.4	特定的人成为创造神	
W0421.4.1	兄妹被天帝封为凡间造物主	【汉族】
W0421.5	与创造神产生有关的其他母题	【哈萨克族】
W0421a	创造神的特征	
W0421b	创造神的创造	
W0421b.1	创造神造神	

① 与职能、行业相关的神，这类神与其他分类方法得出的神会有一些交叉，但从母题检索的角度考虑，列出这一类型，会成为对神全面分析的重要根据。

② 创造神，有些研究者又称“制造之神”、“造物神”，基督教等宗教神话又称之为“造物主”。在大多神话语境中“创造神”与“创世神”并没有严格区别，这里只是根据不同神话的表述的需要，将二者分别列为不同母题代码。

W 编码	母题描述	关联项
W0421b.1.1	创造神造特定的神	
W0421b.1.1.1	创造神用月亮创造出邪恶女神玛亚斯·哈喇	【蒙古族（布里亚特）】 ＊［W0066.2.2］创造神造女神
W0422	**特定的创造神**	
W0422.0	开天辟地神	［W0140.2.1.1］昆屯是开天辟地的第一代神
W0422.0.1	开天辟地之神棍炭	【苗族】
W0422.0.1a	开天辟地神纳罗引勾	【苗族】
W0422.0.1b	开天辟地神阿爸木比达	【羌族】
W0422.0.2	开天神	【关联】①
W0422.0.2.1	开天神达路安	【佤族】 ＊［W0725.1.2.2］盘古的母亲是开天圣母（盘古的母亲是目母安）
W0422.0.2.2	开天神皮武妥	【彝族（白彝、黑彝、干彝、阿乌、撒尼等）】
W0422.0.2.3	开天神"盘"	【纳西族】
W0422.0.3	辟地神	
W0422.0.3.1	辟地神达利吉	【佤族】
W0422.0.3.2	辟地神阿剖南火	【苗族】
W0422.0.3.3	善神生的白蛋变成辟地七姊妹	【纳西族】
W0422.0.3.3a	辟地神"禅"	【纳西族】
W0422.0.3.4	辟地神列哲社	【彝族（白彝、黑彝、干彝、阿乌、撒尼等）】
W0422.0a	造天地的神	【关联】②
W0422.0a.1	椭圆形的长葫芦生造天地的神俄沙扒莫	【傈僳族】
W0422.0a.2	造天地的神加波俄郎	【哈尼族（僾尼）】
W0422.0b	创造万物的神	

① ［W0723.1.1.1］盘古是开天神；［W0729g.4.5.5.1.1.1］开天圣母生上古盘王、中古盘王、下古盘王

② ［W0055.7.1.1］水和空气凝结变成创造天地的神；［W0123.1.4.1］神王造天地

W 编码	母题描述	关联项
W0422.0b.1	创造万物的神伟代	【黎族】
W0422.0b.2	创造万物的神格蒙	【独龙族】
W0422.0b.3	造万物的召立自（男）和告妮自（女）	【苗族】 ＊［W0208.35.1.1］天神列老列格米·爷觉朗努造万物
W0422.0b.4	祖先神创造出造万物的神	【怒族】
W0422.0b.5	造万物的一对夫妻神布桑该和雅桑该	【傣族】
W0422.0b.6	造物神什巴老人	【藏族】
W0422.0c	造日月星辰的神	
W0422.0c.1	祖先神造出会造日月的神	【怒族】
W0422.0c.2	造星星的神	【怒族】
W0422.2	造自然物之神	
W0422.2.1	造山河之神	［W0131.3.3.1］大力神造山
W0422.2.1.1	造山河之神涅滨矮姑娘	【彝族】
W0422.2.1.1	造河之神	【苗族】 ＊［W1910］江河的产生
W0422.3	造特定物之神	［W0448.2.3.3］造船之神
W0422.4	造人之神	
W0422.4.1	造人之神儿依得罗娃	【彝族】
W0422.5	造动物之神	
W0422.5.1	造蚂蚁的神	
W0422.5.1.1	祖先神创造出造蚂蚁的神	【怒族】
W0422.5.2	造蚂蚱的神	
W0422.5.2.1	祖先神创造出造蚂蚱的神	【怒族】
W0422.5.3	造飞禽走兽的神	
W0422.5.3.1	祖先神创造出造飞禽走兽的神	【怒族】
W0422.6	其他特定的创造神	
W0422.6.1	建造之神（建筑神）	
W0422.6.1.1	建筑房屋的柱柱神	【羌族】
W0422.6.1.2	建筑房屋神不瓦士	【羌族】
W0423	**与创造神有关的其他母题**	
W0423.1	特定名称的创造神	【民族】①

① 【布依族】【黎族】【景颇族】【藏族】

W 编码	母题描述	关联项
W0423.1.1	创造神潘宁桑	【景颇族】
W0423.1.2	创造神日月夫妻	【蒙古族（布里亚特）】
W0423.1.3	创造神莫伟	
W0423.1.3.1	莫伟是天、地、人的创造神	【佤族】
W0423.2	创造神造万物后死亡	［W0176］神的死亡
W0423.3	发明神	
W0423.3.1	发明神叭桑木底	
W0423.3.1.1	叭桑木底发明农耕、定居、竹楼等	【傣族（水傣）】
✻ **W0424**	**创世神**[①]	［W1015］创世者
W0424a	**创世神的产生**	
W0424a.1	创世神自然存在	
W0424a.2	造创世神	
W0424a.3	特定人物变成创世神	
W0424a.4	生创世神	
W0424a.4.1	洪水后兄妹婚生创世神	【汉族】
W0424a.5	与创世神产生有关的其他母题	
W0424a.5.1	创世神产生的时间	
W0424a.5.1.1	混沌初分时产生创世神	【满族】
W0424a.5.1.2	创世神与恶魔同时产生	【景颇族】
W0424b	**创世神的特征**	
W0424b.1	创世神的外貌	
W0424b.1.1	创世主相貌与人差不多	【哈萨克族】
W0424b.2	创世神无性别	
W0424b.2.1	有的创世神既不是创世男神，也不是创世女神	【瑶族】
W0424b.3	男创世神	

① 创世神，在许多神话中又称为“创世者”，主要包括创世的神或神性人物、人、动物等主体，又可称为“世界的创造者”、“世界万物的创造者”，有的神话研究者又称之为“造物主”等，包括一些具有神性的人物。有的神话中还有“起源神”的说法。这些神在神话中难以确定他们是生活在天上还是地上，为此从他们的开天辟地、创造物的职能上作为“造物的神”，为避免重复，具体母题编排在“［W1010～W1034］世界的创造与创世者”母题类型中。

W 编码	母题描述	关联项
W0424b. 4	女创世神	【蒙古族】 ＊［W0068. 3. 1］母亲神创世
W0424c	**创世神的职能（创世神的身份）**	
W0424c. 1	生世界万物之神	
W0424c. 1. 1	生育世界万物之神创物始祖东神和色神	【纳西族】
W0424c. 1. 1. 1	东神和色神的祖父美令大固，祖母勒启冉固	【纳西族】
W0424c. 2	创世主是天	
W0424c. 2. 1	创世主是天	【哈萨克族】
W0425	**创世神的类型**	
W0425. 1	开天辟地之神	【苗族】 ＊［W1100］天地的产生地
W0425. 1. 1	开天辟地的女神	【苗族】 ＊［W0065］女神
W0425. 1. 2	开天之神	【苗族】 ＊［W1133］神或神性人物造天
W0425. 1. 3	辟地之神	【苗族】
W0425. 2	男性创世神（创世男神）	
W0425. 2. 1	生育创世男神	
W0425. 2. 1. 1	女始祖密洛陀生 12 个创世男神	【瑶族】
W0425. 3	女性创世神	【关联】①
W0425. 3. 1	创世女神萨天巴	【侗族】
W0425. 3. 2	创世始祖女神木吉卓	【羌族】
W0425. 3. 3	女始祖密洛陀生 12 个创世女神	【瑶族】
W0425. 4	祖先神是创世神	
W0425. 5	巨人是创世神	
W0425. 6	特定的人是创世神	
W0425. 6. 1	巫师是创世神	【傈僳族】

① ［W0068. 1］创世女神；［W0068. 2. 1］母亲神创世

W 编码	母题描述	关联项
W0425.7	动物创世神	
W0425a	**创世神的关系**	
W0425b	**创世神的寿命与死亡**	
W0426	**与创世神有关的其他母题**	[W1504.2] 创世神造万物（创世主造万物）
W0426.1	特定名称的创世神	
W0426.1.1	创世神姆六甲	【壮族】
W0426.1.2	创世神英叭	【布朗族】
W0426.1.3	创世神感路王	【壮族】
W0426.1.4	创世神老三星	【满族】
W0426.1.5	创世神利吉神和路安神	【佤族】
W0426.1.6	创世神汉王	【毛南族】
W0426.1.7	创造神潘宁桑	【景颇族】
W0426.2	创世神的居所	
W0426.2.1	创世神居黑暗的空中	【蒙古族】
W0426.2.2	创世神居九层彩云中	【侗族】
W0426.2.3	创世主住天的最上层	【哈萨克族】
W0426.3	造物主（造物神）	[W0422.0b] 创造万物的神
W0426.3.1	造物主的产生	
W0426.3.1.1	人因功被封为凡间造物主	【汉族】 * [W1015] 创世者（造物主）
W0426.3.1.1.1	1对兄妹因救天神被封为凡间造物主	【汉族】
W0426.3.1.2	盘古的3个儿子成为造物神	【汉族】
W0426.3.2	造物主的特征（造物神的能力）	
W0426.3.2.1	造物神造物	
W0426.3.2.2	造物神能使草木生长	【汉族】
W0426.3.3	特定名称的造物主（特定名称的造物神）	

W 编码	母题描述	关联项
W0426. 3. 3. 1	造物主能贯娃	【景颇族】 * ［W0099. 4. 5. 1. 1］造物主能贯娃住高高的太阳山
W0426. 3. 3. 2	造物主腾格里	【哈萨克族】
W0426. 3. 3. 2a	造物主萨迦甘	【哈萨克族】
W0426. 3. 3. 3	造物主翁戛	【布依族】
W0426. 3. 3. 4	造物之神“帕”与“匹”	【佤族】
W0426. 3. 4	造物主的生活	
W0426. 3. 4. 1	造物主住最高天	
W0426. 3. 4. 1. 1	造物主住最高天第 7 层天	【赫哲族】
W0426. 3. 4. 2	造物神坐麒麟车	【汉族】
W0426. 3. 5	与造物神有关的其他母题	
W0426. 3. 5. 1	造化之神	
W0426. 3. 5. 1. 1	造化之神黔嬴	【汉族】
W0426. 4	创世主	
W0426. 4. 1	胡大是创造宇宙万物的主	【撒拉族】
W0426. 4. 2	创世主迦萨甘（腾格里?）	【哈萨克族】
W0426. 4. 3	万能的创世主	【哈萨克族】 * ［W0497. 3］万能神
W0426. 5	起源神	
W0426. 5. 1	起源神土伦布住在北海	【满族】
W0427	**破坏神**	【汤普森】A488； * ［W8673. 2. 1］神毁灭世界
W0427. 1	破坏天地的神	
W0427. 2	破坏神是创造神的兄弟	
W0428	**与创造神或破坏神有关的其他母题**	
W0428. 1	创造神与破坏神的争斗	［W8790］神之间的争战

0.4.2 与管理或保护有关的神[①]

【W0430 ~ W0449】

W 编码	母题描述	关联项
W0430	**世界的保护神**	
W0430.1	四方守护神为龙虎乌龟	【毛南族】
W0431	**管三界的神**	[W1070] 三界
W0431.1	女娲的三个儿子管三界	【汉族】
W0432	**管神的神**	【关联】②
W0432.1	管众天神的神	【羌族】
W0432.2	管特定神的神	
W0432.2.1	管山神树神的神	
W0432.2.1.1	专管山神、树神的神松玛阿策	【哈尼族】
W0432.2.2	管灶火神的神	
W0432.2.2.1	管灶火神的神蝶里艾斯	【哈尼族】
W0432.3	12 位乌摩是管神的神	【哈尼族】
W0432.3.1	大神阿匹梅烟封 12 位乌摩做管神的神	【哈尼族】
W0432.4	管理神的大神	【关联】③
W0432.4.1	天神英叭造 22 个神后，又造 2 个管这些神的大神	【傣族】
W0432.4.2	管理神的大神英鹏和叭鹏	
W0432.4.2.1	英鹏管理 6 个神，叭鹏管 16 个神	【傣族】
W0432.5	与管神的神有关的其他母题	
W0432.5.1	神的保护神	

① 与管理或保护有关的神，在其他母题编目中已列有相应的日月星辰神、风雨雷电神和山川河流神等，但考虑到神话叙事的特殊性，有的自然现象的管理并不一定由相应名称的神来承担，特设此编目中的若干母题以突出神话文本叙事中对相应神的职能。

② [W0122.6.2] 管特定神的神；[W0123.1] 神王（主神，众神之王）；[W0779b.2.2.2] 玉皇大帝管雷公电母；[W5961] 特定领域众神的秩序

③ [W0432.5.3] 看守神的神；[W0723.4.1] 盘古管理鬼神

W 编码	母题描述	关联项
W0432. 5. 2	特定的神的保护神	
W0432. 5. 2. 1	云神的保护神是昆仑山女神纳可穆玛和玉龙雪山神吉西尼	【普米族】
W0432. 5. 3	看守神的神	【满族】
W0433	**管天地万物的神**	
W0433. 1	管天的神	【民族，关联】①
W0433. 1. 1	管天的神母资莫	【彝族】
W0433. 1. 2	管天的神雷公爷	【汉族】
W0433. 1. 3	管天界的神佛赫	
W0433. 1. 3. 1	柳树变成管天的佛赫	【满族】
	特定名称的管天的神	［W0332. 1. 1］雷公爷是管天的神仙
W0433. 2	管地的神	【民族，关联】②
W0433. 2. 1	后土主宰大地	【汉族】
W0433. 2. 2	管地的神是女神	【哈尼族】
W0433. 2. 3	管地的神米资莫	【彝族】
W0433. 3	管天气的神	［W0290］气象神
W0433. 3. 1	管风雨云雾之神	【傣族】 * ［W0292］风神
W0433. 3. 2	管霜雪的神	［W0364］雪神
W0433. 3. 2. 1	天神主霜雪	【汉族】
W0433. 4	管理万物的神	
W0433. 4. 1	特定名称的管天地万物的神	［W0067a. 1. 1］管天下的女神竺妞
W0433. 4. 1. 1	主宰万物的神帕雅天	【布朗族】
W0433. 4. 1. 2	管天地万物神更资	【彝族】
W0433. 4. 1. 3	管天地万物的天神重和黎	【汉族】
W0433. 4. 1. 4	主管天上天下万物的神昭树贡	【布朗族】
W0433. 4. 1. 5	主宰天地人三界十方万灵之神乌松博、乌松咬	【白族】
W0433. 4. 1. 5. 1	乌松博、乌松咬是一对夫妻神	【白族】

① 【哈尼族】 * ［W0122. 1. 2］管天的神地位最高；［W4860］天地的管理
② 【哈尼族】 * ［W0230］地神；［W0236. 3. 3］土地神管大地；［W4860］天地的管理

W 编码	母题描述	关联项
W0433.5	管边界的神	
W0433.6	与管天地万物的神有关的其他母题	
W0433.6.1	看守天地的神	
W0433.6.1.1	4个看守天地的神	【傣族】
W0433.6.2	特定名称的管天地万物的神	
W0433.6.2.1	管世界自然万事万物的术神灵	
W0433.6.2.1.1	蛙蛇变成术神灵（术神）	【纳西族】
W0433.6.2.2	天地人三界十方万灵主宰神乌松博、乌松咬	【白族】
W0434	**管人的神**	【哈尼族】 * ［W0442］人类保护神
W0434.1	人神	【白族】【汉族】
W0434.1.1	人神的产生	
W0434.1.1.1	混沌中生人神	【彝族】
W0434.1.1.1.1	天地混沌时每个方向都生出1个人神	
W0434.1.1.2	天神生人神	
W0434.1.1.2.1	最高最大的天神俄玛生人神玛窝	【哈尼族】
W0434.1.1.3	特定的动物生人神	
W0434.1.1.3.1	金鱼娘抖鱼鳞从细腰处生2个人神	【哈尼族】
W0434.1.1.4	卵演化出人神	【土家族】
W0434.1.1.5	神人夫妻造人神	【苗族】
W0434.1.1.6	聪明人成为人神	【羌族】
W0434.1.2	人神的特征（人神的能力）	
W0434.1.2.1	人神分男女	【哈尼族】
W0434.1.2.2	人神轻如雾露	【哈尼族】 * ［W0072.2.1］最早的人神的身子很轻
W0434.1.2.3	人神能回到天上	【哈尼族】 * ［W1426.1］以前人能上天

W 编码	母题描述	关联项
W0434. 1. 3	特定名称的人神	［W0786. 1］孔子（孔子神）
W0434. 1. 3. 1	人神玛窝	【哈尼族】
W0434. 1. 3. 2	管人的神阿匹梅烟	【哈尼族】
W0434. 1. 3. 3	人神烟蝶、蝶玛	【哈尼族】
W0434. 1. 3. 4	人神俄惹结志	【彝族】
W0434. 1. 3. 5	周公神	【彝族】
W0434. 1. 4	人神的谱系	
W0434. 1. 4. 1	第三代人神窝觉	【哈尼族】
W0434. 1. 5	与人神有关的其他母题	
W0434. 1. 5. 1	人神之王	
W0434. 1. 5. 1. 1	人神之王入黄炸当地	【彝族】 ＊［W0106. 6. 1］人神王下凡考察人心
W0434. 1. 5. 2	人神长寿	
W0434. 1. 5. 2. 1	人神顶洛 5 万年不死	【苗族】
W0434. 2	人王（人皇）	【民族，关联】①
W0434. 2. 1	人王的产生（人皇的产生）	
W0434. 2. 1. 1	祖先生人王	
W0434. 2. 1. 1. 1	古老和盘古生人王	【侗族】
W0434. 2. 1. 2	地气化为人王	【侗族】
W0434. 2. 1. 3	感生人皇	
W0434. 2. 1. 3. 1	太元圣母感气生地人皇	【汉族】
W0434. 2. 1. 4	地皇生人皇	【汉族】
W0434. 2. 1. 5	与人王产生有关的其他母题	
W0434. 2. 1. 5. 1	人皇兄弟九人生于刑马山	【汉族】
W0434. 2. 2	人王的特征（人皇的特征，人皇的身份）	
W0434. 2. 2. 1	人王有动物特征	
W0434. 2. 2. 1. 1	人王艾洛卜我是蛤蟆	【布朗族】
W0434. 2. 2. 2	人皇九头	【汉族】
W0434. 2. 2. 3	人皇身体有 9 色	【汉族】

① 【白族】 ＊［W0730a. 2］三皇；［W5860］国王（人皇）

W 编码	母题描述	关联项
W0434.2.2.4	人皇龙身	【汉族】
W0434.2.2.5	人皇是人类首领	【汉族】
W0434.2.3	与人王有关的其他母题	【关联】①
W0434.2.3.1	特定名称的人王（人皇的名称）	
W0434.2.3.1.1	人王艾洛卜我	【布朗族】
W0434.2.3.1.2	人皇奶奶女娲	【汉族】
W0434.2.3.1.3	人皇又称九皇	【汉族】
W0434.2.3.1.4	黄帝轩辕氏为人皇氏	【汉族】
W0434.2.3.1.4.1	人皇氏	【彝族】
W0434.2.3.2	人王的数量	
W0434.2.3.2.1	人王九兄弟（人皇兄弟九人）	【侗族】
W0434.2.3.2.1.1	人皇兄弟九人分管九州	【汉族】
W0434.2.3.2.2	人皇生九子	【汉族】
W0434.2.3.3	人王的关系	
W0434.2.3.3.1	人王和雷公、金龙、老虎是兄弟	【汉族】
W0434.2.3.3.2	人王夫妻	【白族】
W0434.2.3.4	人皇的寿命	
W0434.2.3.4.1	人皇一百五十世	【汉族】
W0434.2.3.4.2	人皇万岁	【汉族】
W0434.2.3.4.2.1	第三代人皇1万5千岁	
W0434.2.3.4.2.2	人皇治世3万6千岁	【汉族】
W0434.2.3.5	人皇的生活	
W0434.2.3.5.1	人皇居住九州中央	【汉族】
W0434.2.3.5.2	人皇乘云车	【汉族】
W0434.3	管理人间的神	
W0434.3.1	管理人间的神腾尼莫蹲特	
W0434.3.1.1	腾尼莫蹲特形如不倒翁，没有手脚	【赫哲族】

① ［W0649.7a］祖先是人王；［W0681.5.1］伏羲是人皇；［W0697.3.6a］黄帝是人皇；［W0713.6］女娲是人皇

W 编码	母题描述	关联项
W0434. 3. 2	专门管人的神	
W0434. 3. 2. 1	专门管人的女神	【哈尼族】
W0435	**管动物的神**	【汤普森】A440； ＊【关联】①
W0435. 1	管野生动物的神	【汤普森】A443
W0435. 2	管野兽的神	【汤普森】A443. 1
	掌管狮子的女神	【纳西族】
W0435. 3	管家畜的神	【汤普森】A441. 1； ＊【哈尼族】 ＊［W0460］家畜神
W0435. 3. 1	牧羊神	【汤普森】①A441. 1. 2；②A453
W0435. 3. 1. 1	司山羊之神	
W0435. 3. 1. 1. 1	帖格腾格里是专管山羊之神	【蒙古族】
W0435. 3. 2	管牛的神	【民族，关联】②
W0435. 3. 3	管马的神	【哈萨克族】
W0435. 3. 3. 1	管马的神昭路博如坎	【鄂伦春族】
W0435. 3. 4	管骆驼的神（骆驼神）	
W0435. 3. 4. 1	管骆驼的神奥依斯尔哈拉	【哈萨克族】
W0435. 3. 5	管其他家畜的神	
W0435. 4	管动物某一方面的神	
W0435. 4. 1	管动物下奶的神	
W0435. 4. 1. 1	管牛下奶的神卓力·巴尔肯	【达斡尔族】
W0436	**管植物的神**	【佤族】
W0436. 1	管植物结果的神	【汤普森】A431
W0436. 2	管作物神	【民族，关联】③
W0436. 2. 1	管理庄稼的神	
W0436. 2. 1. 1	玉皇大帝让管理庄稼的神惩罚浪费粮食者	【汉族】

① ［W0500］动物神；［W5971］动物的管理

② 【哈萨克族】 ＊［W0444. 3. 3. 1. 1］司牛生长的神；［W0444. 3. 3. 2. 1］司牛生殖的神

③ 【哈尼族】 ＊［W0493. 13］灶王爷管五谷杂粮；［W0549. 2］管庄稼的神仙；［W0734. 1］神农为主管作物的土神

W 编码	母题描述	关联项
W0436.2.2	管庄稼的神仙察看民情	【汉族】
W0437	**管自然物的神**	
W0437.1	管山的神	【关联】①
W0437.1.1	日月神管山岭	【彝族】
W0437.1.2	专管山林的女神	【侗族】 * ［W065］女神
W0437.1.3	天上的老君管山	【汉族】
W0437.2	管水的神	【民族，关联】②
W0437.2.1	镇海大王	【京族】
W0437.2.2	管江河湖海的神	【侗族】
W0437.2.2.1	龙王掌管江河湖泊	【布朗族】
W0437.2.3	管泉和水潭的神	
W0437.2.3.1	管万道泉千个潭的神厄戚戚奴	【哈尼族】
W0437.3	管道路之神	【汤普森】A413； * 【民族，关联】③
W0437.3.1	十字路口的神	【汤普森】A413.1； * 【侗族】
W0437.3.2	街道神	
W0437.3.2.1	巷神	
W0437.3.2.1.1	巷神主管巷口安危	【壮族】
W0437.4	管其他特定自然物的神	
W0437.4.1	管太阳的神	【哈尼族】 * ［W0271］太阳神（日神）
W0437.4.2	管月亮的神	【哈尼族】 * ［W0280］月亮神（月神）
W0437.4.2.1	12 个乌摩中第 7 个男神乌摩俄多麦节管月亮	【哈尼族】
W0437.4.2.2	月姑是管理月亮的女神	【侗族】

① ［W0391］山神；［W4973］山的管理

② 【侗族】【哈尼族】【汉族】 * ［W0400］水神；［W4975］水的管理

③ 【侗族】【汉族】 * ［W0448.2］保出行安全的神；［W0448.2.1］路神

W 编码	母题描述	关联项
W0438	**地方神（地方保护神）**	【汤普森】A410；＊【关联】①
W0438. 1	特定地方的保护神	
W0438. 1. 1	塔牙格玛尼腾格里是专管鄂尔多斯地区的普通天	【蒙古族】
W0438. 1. 2	东布达杰天神是特定地方保护神	【珞巴族】
W0438. 1. 3	南京王神	
W0438. 1. 3. 1	南京王神是人神	【彝族】
W0438. 1. 4	北京王神	【彝族】
W0438. 1. 5	东京王神	【彝族】
W0438. 1. 6	西京王神	【彝族】
W0438. 2	地方保护神保一方平安	
W0438. 2. 1	东布地方的保护神保护该地方方平安	【珞巴族】
W0438. 3	地方神可分为阳神与阴神	【民族，关联】②
W0438. 4	与地方神有关的其他母题	
W0438. 4. 1	地面上的神叫地方神	【怒族】
W0439	**城池保护神**	【汤普森】A412
W0439. 1	城隍是城市守护神	【汉族】
W0439. 1. 1	城隍	【汉族】【壮族】
W0439. 1. 1. 1	城隍的产生	
W0439. 1. 1. 1. 1	城隍是江里出来的一个老头	【汉族】
W0439. 1. 1. 2	城隍的特征（城隍的职能，城隍的能力）	
W0439. 1. 1. 2. 1	城隍主求雨、祈晴、禳灾	【汉族】
W0439. 1. 1. 2. 2	城隍主冥籍	【汉族】
W0439. 1. 1. 2. 3	城隍神管人的灵魂	【羌族】
W0439. 1. 1. 3	城隍的生活	

① ［W0058. 1. 3. 0. 2］天神木巴把死去的两个能干的兄弟封为地方神；［W0236. 3. 8］土地神是地方神（土地神是地方保护神）；［W0483. 3. 3］瘟神是地方保护神；［W0493. 3. 6. 2］灶王神是地方保护神；［W0782. 2］本主神

② 【羌族】＊［W0209. 5］阳神；［W0235. 2］阴神

W 编码	母题描述	关联项
W0439.1.1.4	城隍的名称（城隍的名号）	
W0439.1.1.4.1	不同地方城隍有名号	
W0439.1.1.4.1.1	燕都城隍为文丞相	【汉族】
W0439.1.1.4.1.2	苏州城隍姓白	【汉族】
W0439.1.1.4.1.3	杭州城隍胡总制（周御史）	【汉族】
W0439.1.1.4.2	郡邑城隍主	【白族】
W0439.1.1.5	城隍的关系	
W0439.1.1.5.1	城隍的鬼使	
W0439.1.1.5.1.1	城隍的鬼使丁郢手执符牒	【汉族】
W0440	**村寨保护神（寨神，村神，村寨神）**	
W0440.1	寨神的产生	
W0440.1.1	首领死后成为村寨保护神	【傣族】
W0440.1.2	建寨的人成为寨神	【傣族】
W0440.1.2.1	会种植蔬菜、槟榔、绿叶的波孙藤建立一个新寨子，死后立为寨神	
W0440.1.3	第一个建立村寨的祖先成为村寨神	【壮族】
W0440.1.4	特定的树为村寨保护神	［W0930］神树（神木）
W0440.1.4.1	古高大的大榕树和龙眼树作为村寨保护神	【壮族】
W0440.1.5	石作为村寨保护神	
W0440.1.5.1	白石作为村寨保护神	【藏族】
W0440.1.5a	特定人物分派寨神	
W0440.1.5b.1	天公遮帕麻30员神将管理村寨	【阿昌族】
W0440.1.6	与寨神产生有关的其他母题	
W0440.1.6.1	建寨那天寨神勐神诞生	【傣族】
W0440.2	寨神的特征	
W0440.2.1	护寨女神（女寨神）	【哈尼族】 ＊［W0065］女神

W 编码	母题描述	关联项
W0440. 2. 1. 1	护寨女神萨岁	【侗族】 * ［W0729b］萨天巴（萨岁）
W0440. 2. 1. 2	寡妇艾玛杀死魔王被人们奉为寨神	【哈尼族】
W0440. 2. 2	村寨神没有具体神像	
W0440. 2. 2. 1	村寨神的形象是某些自然物	【纳西族】
W0440. 3	寨神的身份	［W0121. 2. 7. 2］正神是村寨保护神
W0440. 3. 1	村寨的保护神是动物	【哈尼族】 * ［W0271］太阳神（日神）
W0440. 3. 1. 1	牛是村寨的保护神	【傣族】［W0509］牛神
W0440. 3. 1. 2	象是村寨的保护神	【傣族】
W0440. 3. 2	寨神兼地方神	
W0440. 3. 2. 1	蛇曼蛇勐是保护寨子和地方的神	【傣族（水傣）】
W0440. 4	寨神的职能（寨神的能力，寨神的事迹）	
W0440. 4. 1	寨神（村神）主管村寨安危	【壮族】
W0440. 4. 2	寨神负责保佑全寨安宁	【纳西族】
W0440. 5	寨神的生活	
W0440. 5. 1	寨神的居所	
W0440. 5. 1. 1	寨神居寨子中央（寨神居寨心）	【傣族】
W0440. 6	寨神的关系	
W0440. 7	寨神的名称（寨神的类型）	
W0440. 7. 1	中心寨神	【佤族】
W0440. 7. 2	故土神（故里神灵）	
W0440. 7. 2. 1	故里神灵里神	【藏族】
W0440. 7. 3	寨神的辈次（寨神的排序）	
W0440. 7. 3. 1	始寨神	
W0440. 7. 3. 1. 1	始寨神祖巨彻	【纳西族】
W0440. 7. 3. 2	二寨神	
W0440. 7. 3. 2. 1	二寨神祖律彻	【纳西族】

W 编码	母题描述	关联项
W0440.7.3.3	三寨神（三代寨神）	【纳西族】
W0440.7.3.4	其他次序寨神	
W0440.7.3.5	末代寨神	
W0440.7.3.5.1	末代寨神祖命彻	【纳西族】
W0440.8	与寨神有关的其他母题	【关联】①
W0440.8.1	请寨神（祭寨鬼）	
W0440.8.1.1	建寨时请寨神	【哈尼族】
W0440.8.1.2	秋收后还愿请神时先请本寨诸神	【羌族】
W0440.8.1.3	砍地前用3年3个月的3块肉干巴祭寨鬼（寨神）	【基诺族】
W0440.8.2	寨鬼	
W0440.8.2.1	每个山寨都有一个寨鬼	【基诺族】
W0440.8.2.2	寨鬼是最早建寨的卓巴（寨父，长老）	【基诺族】
W0440.8.2.3	寨鬼是山寨的主宰	【基诺族】
W0441	**法事保护神（护法神）**	
W0441.1	护法神的类型	
W0441.1.1	佛教护法神（佛门保护神）	
W0441.1.2	巫师的护法神	
W0441.1.2.1	特定动物是巫师的护法神	
W0441.1.2.1.1	金丝猴救了端公成为端公的护法神	【羌族】
W0441.1.3	萨满的保护神	【鄂伦春族】
W0441.1.3	东巴教的护法神	
W0441.1.3.1	东巴教主丁巴什罗有生翅的护法神360个	【纳西族】
W0441.2	护法神的产生	【汉族】
W0441.2.1	人因有功被封为护法神	
W0441.2.1.1	消灭妖魔猛兽的小伙被天神封为护法神	【藏族】

① ［W0474.4.5］社神是村寨保护神；［W0583.2.1］女文化英雄保护村内人畜平安

W 编码	母题描述	关联项
W0441.2.2	特定的神成为护法神	
W0441.2.2.1	雅拉香波、念青唐古拉、拉库日达、活德巩甲四大山神和十二丹玛女神成为护法神	【藏族】
W0441.2.2.2	被降服的妖魔神祇成为护法神	【藏族】
W0441.3	护法神的特征	
W0441.3.1	护法神长着翅膀	【纳西族】
W0441.3.2	护法神长着爪子	【纳西族】
W0441.3.3	护法神头上有角	【纳西族】
W0441.4	护法神的职能	
W0441.4.1	护法神掌管特定地方的兴衰	【藏族】
W0441.5	特定名称的护法神	
W0441.5.1	佛教护法神比亚司东神	【藏族】
W0441.5.1.1	比亚司东神千手千眼十一头	【藏族】
W0441.5.2	护法神优麻（东格尤麻）	【纳西族】
W0441.5.2.1	360 个东格尤麻护法神	【纳西族】
W0441.6	与护法神有关的其他母题	
W0441.6.1	护身神	
W0441.6.1.1	雌雄葡萄秧为护身神	【毛南族】
W0442	**人类保护神（人的保护神）**	【侗族】【满族】【蒙古族】
W0442.1	人类保护神的产生	
W0442.1.1	与神有血缘关系的人成为人的保护神	【藏族】
W0442.2	人类保护神的特征（人类保护神的职能，人的保护神的生活）	
W0442.2.1	人的保护神的居所	
W0442.2.1.1	人的保护神的人的头上面（人的头上守护神）	
W0442.2.1.1.1	头上守护神是人类食物之赐予者	【蒙古族（布里亚特）】

W 编码	母题描述	关联项
W0442.2.1.2	人的五尊守卫神中索拉（生命神）在头上，颇拉米孜（父神）在右肩，玛拉布孜（母神）在左肩，格拉达玛（家神）在头前，尚拉郑钦（舅神）在头后	［W0448.1.3.2］5 尊守卫神
W0442.3.1	特定名称的人类保护神	
W0442.3.1.1	人类保护神恩都里增图	
W0442.3.1.1.1	恩都里增图是天神阿布卡恩都里创造人类时的大弟子	【满族】
W0442.3.1.2	人类保护神德立克女神	
W0442.3.1.2.1	德立克女神人身鱼首	【满族】
W0442.3.1.2.2	德立克女神使人类健康繁衍	【满族】
W0442.4	与人类保护神有关的其他母题	
W0442.4.1	人类养育神	［W2690］人的抚养
W0442.4.1.1	日月是人类养育神	【鄂温克族】
W0443	**特定人群的保护神**	［W0995.3.2］一个特定群体共同的神
W0443.1	家神（家鬼，家庭保护神，家族保护神）	【关联】①
W0443.1.1	家神的产生	
W0443.1.1.1	特定的物变家鬼	【苗族】
W0443.1.1.2	家神是天神之子	【朝鲜族】
W0443.1.1.3	祖先的灵魂是家族保护神	【鄂伦春族】 ＊［W0593.1.2］英雄的灵魂成为保护神
W0443.1.1.4	祖先崇拜产生家神	【藏族】
W0443.1.1.5	与家神的产生有关的其他母题	［W0132.4.6.3］生育神变为家族保护神
W0443.1.1.5.1	家神由多神构成	
W0443.1.1.5.1.1	家神包括地基鬼、火塘鬼、祖先柱和楼梯鬼	【傣族（水傣）】

① ［W0443.3］宅神；［W5085］家庭（家族）

W 编码	母题描述	关联项
W0443. 1. 1. 5. 1. 2	家神包括祖宗神、土地公神、灶王神、花婆王、火神等	【壮族】 * ［W0443. 8. 3. 6］花婆王是幼儿守护神
W0443. 1. 1. 5. 1. 3	天地神和山神是家神	【羌族】
W0443. 1. 2	家神的特征（家庭保护神的身份）	
W0443. 1. 2. 0	家神的性别	
W0443. 1. 2. 0. 1	男家神	
W0443. 1. 2. 0. 2	女家神	
W0443. 1. 2. 0. 2. 1	家神有女神、石匠的妻子和娶来的媳妇等	【羌族】
W0443. 1. 2. 1	家庭保护神的神偶是老奶奶	【蒙古族】
W0443. 1. 2. 2	火是家庭保护神	【蒙古族（布里亚特）】
W0443. 1. 2. 2a	家神即火神	【藏族】 * ［W0466］火神
W0443. 1. 2. 3	家神是财神	
W0443. 1. 2. 3. 1	家神为住家招来财富	【藏族】
W0443. 1. 2. 4	家神兼战神和财神	【藏族】
W0443. 1. 2. 5	家神即灶神	【藏族】 * ［W0493］灶神（灶王，灶王爷）
W0443. 1. 2. 5. 1	灶旁的一个木桩象征家神	【藏族】
W0443. 1. 2. 6	祖先神为家神	【壮族】 * ［W0443. 1. 1. 4］祖先崇拜产生家神
W0443. 1. 2. 6. 1	三代以内祖宗死后成为家神	【壮族】 * ［W0646. 3. 2. 4］死去的长辈为家族祖先神
W0443. 1. 2. 6. 2	家神视为祖先	【羌族】
W0443. 1. 3	家神的职能	
W0443. 1. 3. 1	家庭保护神保家中清吉平安	【羌族】
W0443. 1. 3. 1. 1	保护家中平安之神亦吉	【羌族】
W0443. 1. 3. 2	家神中祖宗神地位最高	【壮族】
W0443. 1. 3. 3	家神保佑家人平安	【藏族】

W 编码	母题描述	关联项
W0443.1.3.4	家神分为家庭保护神、男性女性保护神、媳妇神、管孩子之神、管活人死人灵魂之神等	【羌族】
W0443.1.4	特定名称的家神	
W0443.1.4.1	家庭保护神日耶	【佤族】
W0443.1.4.2	家庭保护神珠连	【赫哲族】
W0443.1.4.3	家庭保护神恰达黑吉马必吉	【羌族】
W0443.1.4.4	家神格拉达玛	【藏族】
W0443.1.4.5	家神勿底勿沙	【彝族（腊罗、摩察、纳苏、给尼、葛泼）】
W0443.1.4.6	当家人神	
W0443.1.4.6.1	当家人神奉祀在房顶	【羌族】
W0443.1.4.7	家神基兮士	【羌族】
W0443.1.4.8	家神“主德”	【白族】
W0443.1.4.9	火塘和三脚架合称家神	【白族】
W0443.1.5	与家神有关的其他母题	【关联】①
W0443.1.5.0	家灵	
W0443.1.5.0.1	家灵主宰一家幸福	【傈僳族】
W0443.1.5.1	宅神	
W0443.1.5.1.1	成造神（家宅神）是天神之子	【朝鲜族】
W0443.1.5.2	本族萨满的神灵被视作阖族守护神	【满族】 * [W0768.12] 萨满神
W0443.1.5.3	护考祖的神	【彝族】
W0443.1.5.4	护妣祖的神	【彝族】
W0443.1.5.5	房中保护神	【彝族】
W0443.1.5.6	家神的居所	
W0443.1.5.6.1	家神居家堂神龛	【壮族】
W0443.1.5.6.2	家神居火塘	【彝族（撒尼）】
W0443.1.5.6a	家神的用品	

① [W0121.2.6.1] 家神中的主神；[W0914.3.4.1] 家堂鬼

W 编码	母题描述	关联项
W0443. 1. 5. 6a. 1	家神需要桥、塔、梯子、箭等物品	【纳西族（鲁鲁）】
W0443. 1. 5. 7	家神的象征物	
W0443. 1. 5. 7. 1	羊角代表家神	【纳西族（摩梭）】
W0443. 1. 5. 7. 1. 1	因神羊对人有恩遂把羊角当家神供奉	【纳西族（摩梭）】
W0443. 1. 5. 7. 2	火塘对面的主柱象征家神	【傣族（水傣）】 * ［W0443. 1. 2. 5. 1］灶旁的一个木桩象征家神
W0443. 1. 5. 7. 3	火塘为家庭保护神	【白族（那马）】
W0443. 1. 5. 8	祭祀家神	
W0443. 1. 5. 8. 1	饭前祭家神	【藏族】
W0443. 1. 5. 8. 2	家中男的当家就供男家神	【羌族】
W0443. 1. 5. 8a	家神禁忌	
W0443. 1. 5. 8a. 1	小孩不能在家神面前玩弓弩	【白族】
W0443. 1. 5. 9	父亲神	
W0443. 1. 5. 9. 1	阿爸腾格里即父亲之天	【蒙古族】
W0443. 1. 5. 10	庭院神	［W0236. 3. 10］土地神是管庭院之神
W0443. 1. 5. 10. 1	院心神	
W0443. 1. 5. 10. 1. 1	院心神来格勿地	【彝族（腊罗、摩察、纳苏、给尼、葛泼）】
W0443. 1. 5. 11	毕摩的家神	
W0443. 1. 5. 11. 1	笔母的家神是笔母祖先中第一个做笔母的人	【彝族】
W0443. 1. 5. 12	家鬼与家神不分	【白族（那马）】
W0443. 2	特定地区人的保护神	【关联】①
W0443. 2. 1	布哈诺颜的 9 个儿子到了地上成为各个地区的保护神	【蒙古族（布里亚特）】

① ［W0439］城池保护神；［W0440］村寨保护神（寨神，村神）

W 编码	母题描述	关联项
W0443.2.2	牧区的保护神	【藏族】 * ［W0396.6a.1］牧区的山神是部落保护神和部落的祖先
W0443.3	特定性别的保护神	
W0443.3.1	男人的保护神	
W0443.3.1.1	男保护神马维士专门保护男人和男孩	【羌族】
W0443.3.1.2	保佑男子工作之神密帕露	【羌族】
W0443.3.2	女人的保护神（妇女保护神，妇女保佑神）	［W0283.0.1］月神是妇女保护神
W0443.3.2.1	产妇的保护神	【蒙古族】
W0443.3.2.1.1	死于难产的女子成为产妇保护神	【蒙古族（布里亚特）】
W0443.3.2.1.2	产妇的灵魂保护神埃尔亥·苏依贝恩	【蒙古族（布里亚特）】
W0443.3.2.2	女性保护神使女子漂亮	
W0443.3.2.2.1	女性保护神白拉姆女神使拉萨女子聪明伶俐，婀娜苗条	【藏族】
W0443.3.2.3	女人保护神石第贝士	
W0443.3.2.3.1	女保护神石第贝士负责保护妇女与女孩，但不管妇女生育孩子	【羌族】
W0443.3.2.3.2	保佑妇女工作之神西帕露	【羌族】
W0443.3.2.4	妇女保佑神顺天圣母	
W0443.3.2.4.1	顺天圣母是保佑妇女顺利分娩的助产、催生女神	【汉族】
W0443.3.2.4.2	顺天圣母原名陈靖姑	【汉族】
W0443.3.2.4.3	顺天圣母原名陈进姑	【汉族】
W0443.3.2.4.4	顺天圣母又称临水夫人	【汉族】
W0443.3.2.4.5	顺天圣母又称顺懿夫人	【汉族】
W0443.3.2.4.6	顺天圣母又称大奶夫人	【汉族】
W0443.3.2.5	妇女保护神祖姆吐可汗王	【蒙古族（布里亚特）】
W0443.3.2.6	司管妇女的最高神女神巴丁喇木	【纳西族（摩梭）】

W 编码	母题描述	关联项
W0443. 4	英雄的保护神	【汉族】
W0443. 5	族神（民族神）①	【汤普森】A415； *【傈僳族】【藏族】
W0443. 5. 1	氏族神（氏族保护神）	【关联】②
W0443. 5. 1. 1	每个氏族都有自己的氏族神舍卧刻	【鄂温克族】
W0443. 5. 1. 2	不同氏族的氏族神舍不同	【鄂温克族】
W0443. 5. 1. 3	氏族神给本族治病	【鄂伦春族】
W0443. 5. 2	部落神（部落保护神）	【民族，关联】③
W0443. 5. 2. 1	特定的神是部落保护神	【关联】④
W0443. 5. 2. 2	特定动物是部落保护神	
W0443. 5. 2. 2. 1	一只神奇的扁角鹿是部落的祖先和保护神	【蒙古族】
W0443. 5. 2. 3	特定名称的部落神	
W0443. 5. 2. 3. 1	勐神（色勐）	【傣族】
W0443. 5. 2. 3. 2	家族守护神兼部落守护神梁玛千与嘎基雅瓦安	【高山族（排湾）】
W0443. 5. 3	民族保护神（民族神，民族的守护神）	
W0443. 5. 3. 1	羌人的保护神是山神	【羌族】

① 族神（民族神），关于氏族神、民族神是一个极其复杂的问题，既可以不同的氏族或民族信奉同一个类型的神，如天神、地神、山神、水神等，也可以在一个族体内的不同区域或支系信奉不同的神。以民族神为例，往往与这个民族的构成中所处的自然环境不同，生产方式或社会发展阶段的不同有关，如鄂温克族在不同地区或不同生产方式的群落所供祭的神也不尽相同，其中游猎的敖鲁古雅地区鄂温克人所供祭的神有被视为人类祖先神的“舍卧刻”神，管各种疾病的“舍利”神，保护驯鹿的“奥荣”神和熊神、保护婴儿的“奥蔑”神等为数不多的几种神，总称为“玛鲁”神，可视为一种集体的神；而在牧区和农区鄂温克人中则有天神、“敖教尔”神（祖先神）、“吉雅奇”神、“敖雷”神、“雅鲁”神、“娘娘”神、“乌西”神、“德力格丁”神、“毛木铁”神、“哈音”神、“卓力”神以及作为萨满神灵的蛇神、鹰神等众多的神。这些神各有不同的来历和祭祀的内容。参见吕大吉、何耀华总主编《中国各民族原始宗教资料集成》（鄂伦春族、鄂温克族、赫哲族、达斡尔族、锡伯族、满族、蒙古族、藏族）第二章《信奉的各种神》注释，北京：中国社会科学出版社 1999 年版，第 110 页。

② ［W0124. 2. 1. 1］氏族神上升为部落神；［W0655. 4. 2］祖先神是氏族保护神

③ 【佤族】【藏族】 *［W5300］部落；［W5304］神或神性人物生育部落始祖；［W5326］部落首领是神

④ ［W0396. 6a. 1］牧区的山神是部落保护神和部落的祖先；［W0497. 8. 8. 1］山神兼部落保护神和战神

W 编码	母题描述	关联项
W0443.5.3.1a	羌族守护神格沙又称八大将军	【羌族】
W0443.5.3.2	民族保护神三朵神	［W0398.1.2c.2］北岳神三朵神
W0443.5.3.2.1	三朵神生肖属羊	【纳西族】
W0443.5.3.2.2	二月八日羊日祭三朵神	【纳西族】
W0443.5.3.2a	三朵神保佑做官、从商、求学、当兵	【纳西族】
W0443.5.4	民族英雄神	［W0442.4.2］英雄神
W0443.5.4.1	民族英雄神有三界公爷神、莫一大王、白马姑娘、甘王、蓝陆等	【壮族】
W0443.5.5	与族神有关的其他母题	
W0443.5.5.0	特定名称的族神	
W0443.5.5.0.1	族神碾木曾	【彝族】
W0443.5.5.1	阴族首领邪魔氏	【汉族】
W0443.5.5.2	不同民族的神同源	
W0443.5.5.2.1	藏族神与白族神同源	【纳西族】
W0443.5.5.3	不同族体对同一个神态度不同	【蒙古族（布里亚特）】
W0443.5.5.4	特定族群专属的神	【傈僳族】
W0443.6	姓氏神（姓氏保护神）	
W0443.6.1	特定姓氏供奉的神	
W0443.6.1.1	郭姓满族的断事神他拉伊罕妈妈	【满族】
W0443.6.1.2	石姓满族奉鹰、虎、蟒、蛇等为保护神	【满族】
W0443.6.1.3	伊尔根觉罗（赵姓）满族供奉女神阿达匹汗奇	【满族】
W0443.7	老人保护神	
W0443.7.1	根源之孛斡栾腾格里是守护老人的天	【蒙古族】
W0443.7.2	额布根孛斡栾腾格里是守护老人的天	【蒙古族】

W 编码	母题描述	关联项
W0443.8	幼儿保护神（儿童保护神、小孩保护神、婴儿保护神）	【民族，关联】①
W0443.8.1	幼儿保护神的产生	
W0443.8.1.1	大人为幼儿做3个布娃娃作为幼儿保护神	【鄂伦春族】
W0443.8.1.2	牧马人吉雅其的妻子因喜爱小孩成为孩子们的保护神	【蒙古族】
W0443.8.1.3	小孩拜的父母树成为保护神	【壮族】
W0443.8.1.4	挂生育女神房子的一棵果树被视为婴儿的保护神	【纳西族】
W0443.8.2	幼儿保护神的特征	
W0443.8.2.1	幼儿保护神鸟形	
W0443.8.2.1.1	幼儿保护神奥蔑是小雀形状	【鄂温克族】
W0443.8.3	特定名称的幼儿保护神	
W0443.8.3.1	幼儿保护神奥蔑神	【鄂温克族】
W0443.8.3.1a	婴儿保护神乌麦	【鄂温克族】
W0443.8.3.2	幼儿保护神乌木西妈妈	
W0443.8.3.2.1	保婴、育婴女神乌木西妈妈	【满族】
W0443.8.3.3	牧马人吉雅其的妻子是幼儿保护神	【蒙古族】
W0443.8.3.3a	婴儿保护神胡乌姆加沙诺颜	【蒙古族】
W0443.8.3.4	守护小孩的神阿密玛玛	【土家族】
W0443.8.3.5	保婴之神佛陀玛玛	【满族】
W0443.8.3.6	花婆王是幼儿守护神	【壮族】
W0443.8.3.7	儿童保护神张仙	【汉族】
W0443.8.3.7a	小儿神项橐（小儿神项托）	
W0443.8.3.7a.1	小儿神项橐保儿童口齿伶俐、聪明智慧	【汉族】
W0443.8.4	与幼儿保护神有关的其他母题	［W0654.2.3.6］女祖神是幼儿看护神

① 【鄂温克族】【蒙古族】 ＊［W1735.6.1］北斗星是婴儿的吉祥星

W 编码	母题描述	关联项
W0443.8.4.1	妇女儿童保护神	【羌族】 * [W0393.2.4.1] 山神娘娘是妇幼保护神
W0443.8.4.2	子孙保护神	
W0443.8.4.2.1	子孙保护神阿楚尔腾格里	【蒙古族】
W0443.8.4.3	小儿神	
W0443.8.4.3.1	小儿神项橐	【汉族】
W0443.8.4.3.2	项橐是孔子师	【汉族】
W0443.8.4.4	婴儿护理神	
W0443.8.4.4.1	婴儿护理神阿普肯永八和阿仔肯永麻	【纳西族】
W0443.9	行业保护神	[W0058.1.2.3] 因造物不同封不同行业神
W0443.9.1	制造类行业保护神	
W0443.9.1.1	铁匠保护神（炼铁的保护神）	【关联】①
W0443.9.1.1.1	铁匠保护神达尔罕·查干·腾格里	【蒙古族（布里亚特）】
W0443.9.1.1.2	达尔罕·查干·腾格里是白铁匠部落的保护神	【蒙古族（布里亚特）】 * [W6076.6] 铁匠
W0443.9.1.1.2	铁匠保护神汗·霍尔穆斯·腾格里	
W0443.9.1.1.2.1	铁匠保护神是西方天神之首	【蒙古族（布里亚特）】
W0443.9.1.1.3	9个铁匠保护神	【蒙古族（布里亚特）】
W0443.9.1.2	伞匠保护神	
W0443.9.1.2.1	制伞业祖师鲁班妻云氏	【汉族】 * [W0768.20.2.3] 鲁班是木匠始祖
W0443.9.1.3	描金业保护神玄天上帝	【汉族】
W0443.9.1.4	织渔网业的保护神	
W0443.9.1.4.1	古利梅希诺颇和古利梅希哈坦是用马毛编织渔网捕鱼者的魂灵保护神	【蒙古族（布里亚特）】

① [W0459.3] 铁匠神；[W0658a.8.25.2] 老君是铁匠行业的主神；[W6076.6.2] 铁匠具有强大的力量

W 编码	母题描述	关联项
W0443. 9. 1. 5	与火相关的行业的保护神	
W0443. 9. 1. 5. 1	与火相关的行业的保护神祝融	【汉族】 * ［W0767. 3. 1. 1］祝融是火神
W0443. 9. 2	经营类行业保护神	
W0443. 9. 2. 1	生意人的保护神	
W0443. 9. 2. 1. 1	商贾保护神关公	【汉族】
W0443. 9. 2. 1. 2	贩牛业行业保护神牛王	【民族无考】
W0443. 9. 2. 2	狐是娼妓业的保护神	【汉族等】 * ［W0658a. 8. 45］娼妓业祖神
W0443. 9. 2. 3	狐是赌博业的保护神	【汉族等】
W0443. 9. 3	服务类行业保护神	
W0443. 9. 3	医生的保护神	
W0443. 9. 3. 1	治病业保护神保生大帝	【民族无考】
W0443. 9. 4	宗教从业者保护神	
W0443. 9. 4. 1	巫师的保护神	【纳西族】
W0443. 9. 4. 1. 1	苏尼（巫师）的护神称阿萨	
W0443. 9. 4. 1. 1. 1	阿萨	
W0443. 9. 4. 1. 1. 1. 1	阿萨有“木色阿萨”（山神、兽神、鸟神）和“尼勒阿萨”（有名的苏尼、毕摩及亲属死后变的神）2 类	【彝族】
W0443. 9. 4. 2	宗教从业者保护神有等级之分	
W0443. 9. 4. 2. 1	师娘（巫师）的护法神地位低于笔母（毕摩）的护法神	【彝族】
W0443. 9. 4. 2. 2	毕摩的祖师阿塞拉子位列所有护法神之首	【彝族】
W0443. 9. 4. 3	有的巫师把邪神作为保护神	【彝族】 * ［W0126. 3. 5］邪神
W0443. 9. 4. 4	和尚神	
W0443. 9. 4. 4. 1	和尚神是人神	【彝族】
W0443. 9. 4. 5	尼姑神	【彝族】
W0443. 9. 4. 6	呗耄神	

W 编码	母题描述	关联项
W0443.9.4.6.1	天上的呗耄神骑母牛下凡	【彝族（撒尼）】
W0443.9.5	饲养业保护神	
W0443.9.5.1	蚕业神	
W0443.9.5.1.1	蚕业神马头娘	【汉族】 * [W0534.3.3] 蚕神马头娘
W0443.9.5.1.2	蚕业神嫘祖	【汉族】 * [W0703.2.2.1] 嫘祖是蚕神
W0443a	**特定的个人的保护神(个人保护神)**	[W0782.2.8.1] 本主是村寨和人的保护神
W0443a.1	个人保护神从小选定	
W0443a.1.1	小孩选定保护神后要举行仪式确认	【羌族】
W0443a.2	两兄弟的保护神	
W0443a.2.1	阿哈的腾格里是保护哥哥的天，都的腾格里是保护弟弟的天	【蒙古族】
W0443a.3	奴隶的神	
W0443a.3.1	奴隶兹哈的主人和马死后都成为他的神	【彝族】
W0443a.4	每一个人都有自己的护法神	【彝族】
W0443b	**保护人的特定部位的神(人的特定肢体的保护神)**	
W0443b.1	保护人头的神	
W0443b.1.1	乌魔阿匹梅烟是管理和保护人头的神	【哈尼族】
W0443b.2	齿神	
W0443b.2.1	齿神名丹朱	【汉族】
W0443b.3	护眼神	
W0443b.3.1	护眼女神	[W0512.0.3] 看守日月的刺猬神是护眼女神
W0443b.3.1.1	护眼女神的神火能穿透大地	【满族】

W 编码	母题描述	关联项
W0443b. 3. 1. 2	护眼女神集众神之能	【满族】
W0443c	**特定嗜好者的保护神**	
W0443c. 1	造谣中伤者的保护神	
W0443c. 1. 1	造谣中伤者的保护神天神古日尔·腾格里	【蒙古族（布里亚特）】
W0444	**动物保护神**	［W0435］管动物的神
W0444. 1	动物保护神的产生	
W0444. 1. 1	发明使用铜刀铜矛铜箭的英雄成为动物保护神	【哈尼族】
W0444. 2	动物保护神的特征	
W0444. 3	特定动物的保护神	
W0444. 3. 1	鹿的保护神	
W0444. 3. 1. 1	保护驯鹿的神奥荣	【鄂温克族】
W0444. 3. 1. 2	鹿保护神可防止鹿的瘟疫	【鄂温克族】
W0444. 3. 2	马的保护神	
W0444. 3. 2. 1	马的保护神葛姆	【藏族】
W0444. 3. 3	牛的保护神	
W0444. 3. 3. 1	司牛生长的神	
W0444. 3. 3. 1. 1	巴力玛腾格里是使牛生长的神	【蒙古族】
W0444. 3. 3. 2	司牛生殖的神	
W0444. 3. 3. 2. 1	宁布达牙腾格里是使牛群繁殖的神	【蒙古族】
W0444. 4	与动物保护神有关的其他母题	
W0445	**植物保护神**	［W0436］管植物的神
W0445. 1	庄稼保护神（作物保护神）	
W0445. 1. 1	庄稼保护神的产生	
W0445. 1. 1. 1	特定女子是庄稼保护神	
W0445. 1. 1. 1. 1	始祖密洛陀的七女成为庄稼保护神	【瑶族】
W0445. 1. 2	庄稼保护神的特征	
W0445. 1. 3	与庄稼保护神有关的其他母题	

W 编码	母题描述	关联项
W0445.1.3.1	驱蝗神	
W0445.1.3.1.1	驱蝗神刘猛将军	【锡伯族】
W0445a	**动植物保护神**	
W0445a.1	女始祖生动植物保护神	
W0445a.1.1	女始祖生的残疾女儿成为动植物保护神	
W0445a.1.1.1	女始祖生的残疾女儿看守家畜和庄稼	【瑶族（布努）】
W0446	**自然物保护神或无生命物保护神**	[W0462.4.4] 守护粮田的神（田地守护神）
W0446.0	天地的保护神	
W0446.0.1	地门的守护神	
W0446.0.1.1	守护大地两方位大门的腾格里叫柯布	【蒙古族（布里亚特）】
W0446.1	山川河流等的保护神	
W0446.1.1	山的保护神	
W0446.1.1.1	特定的山的保护神	[W0723.1.3.5.1] 盘古是盘古山的保护神
W0446.1.2	水的保护神	
W0446.2	劳动工具保护神	
W0446.2.1	冶炼工具保护神	【关联】①
W0446.2.1.1	达尔罕·查干·腾格里的9个儿子是铁匠工具保护神	【蒙古族（布里亚特）】
W0446.2.1.2	铁匠工具的保护神包括风箱保护神，锻炉保护神，砧子保护神等	【蒙古族（布里亚特）】
W0446.2.1.2.1	风箱保护神	【蒙古族（布里亚特）】
W0446.2.1.2.2	锻炉保护神	【蒙古族（布里亚特）】
W0446.2.1.2.3	砧子保护神	【蒙古族（布里亚特）】
W0446.2.1.2.4	锤子保护神	【蒙古族（布里亚特）】
W0446.2.1.2.5	夹具保护神	【蒙古族（布里亚特）】

① [W0443.9.1.1] 铁匠保护神（炼铁的保护神）；[W0497.7.5] 冶炼神

W 编码	母题描述	关联项
W0446. 2. 1. 2. 6	大钳子保护神	【蒙古族（布里亚特）】
W0446. 2. 1. 2. 7	小钳子保护神	【蒙古族（布里亚特）】
W0446. 3	生活用品的保护神	
W0446. 3. 1	锅灶的保护神	
W0446. 3. 1. 1	火是锅灶的保护神	【汉族】
W0446. 3. 2	锅碗瓢盆的保护神	
W0446. 3. 2. 1	管甑子的神	【哈尼族】
W0446. 4	其他特定物的保护神	
W0446. 4. 1	旗帜的守护神	
W0446. 4. 1. 1	苏立德腾格里是旗帜的守护天	【蒙古族】
W0446. 4. 2	宗庙的保护神	［W0461a］庙神
W0446. 4. 2. 1	祖先牌位、山神、地神是宗庙家庙的保护神	【彝族（阿细人）】
W0446. 4. 3	铠甲保护神	
W0446. 4. 3. 1	铠甲保护神蛇头人身	【藏族】
W0447	**保护神的生活**	
W0447. 1	保护神的服饰	
W0447. 2	保护神的食物	
W0447. 3	保护神的居所	
W0447. 3. 1	住在头盔上的保护神	【藏族】
W0447. 4	保护神的出行	
W0448	**与保护神有关的其他母题**	【关联】①
W0448. 1	护卫神（守卫神）	
W0448. 1. 1	护卫神的产生	
W0448. 1. 1. 1	卵生护卫神	
W0448. 1. 1. 2	蝴蝶蛋中孵出护卫神尕哈	【苗族】
W0448. 1. 2	护卫神的特征	
W0448. 1. 3	与护卫神有关的其他母题	【民族，关联】②

① ［W0142. 3. 1］天公地母护洲神；［W0973］神的分工

② 【苗族】 * ［W0336］雷神是守护神；［W0439. 1］城隍为城市守护神

W 编码	母题描述	关联项
W0448. 1. 3. 1	护佑文明发达的神	
W0448. 1. 3. 1. 1	巨龟是护佑文明发达的神	【藏族】
W0448. 1. 3. 2	5 尊守卫神	
W0448. 1. 3. 2. 1	5 尊生命守卫神是父神、母神、舅神、家神、生命神	【藏族】
W0448. 1. 3. 2. 1. 1	父神颇拉米孜	【藏族】
W0448. 1. 3. 2. 1. 2	母神玛拉布孜	【藏族】
W0448. 1. 3. 2. 1. 3	舅神尚拉郑钦	【藏族】
W0448. 2	保出行安全的神（出行安全神、交通神）	【满族】
W04488. 2. 1	路神	【侗族】【汉族】
W0448. 2. 1. 1	领路神（指路神）	［W0480. 6］阴间的领路神
W0448. 2. 1. 1. 1	领路神阔力	【赫哲族】
W0448. 2. 1. 1. 2	上天指路神（启示之神）	
W0448. 2. 1. 1. 2. 1	上天指路神赫托	【羌族】
W0448. 2. 1. 2	五路神	［W0658a. 8. 1. 23. 1］赌博行业祖师五路神
W0448. 2. 1. 2. 1	五路神是出行神	【汉族】
W0448. 2. 1. 3	五路神即户神，灶神、土神、门神和路神	【汉族】
W0448. 2. 1. 4	五路神指土地爷、牛（马）王爷、仙姑、财神爷和灶王爷	【汉族】
W0448. 2. 1. 5	黄帝之子累祖成为路神	【汉族】 *［W0695. 3. 2］黄帝的儿子
W0448. 2. 1. 5. 1	累祖死于道后人奉为行神	【汉族】
W0448. 2. 1. 5a	黄帝子累祖是道神	【汉族】
W0448. 2. 1. 6	黄帝之子累祖因死于途中被奉为“行神”	【汉族】
W0448. 2. 1. 7	黄帝之妻嫘祖成为路神	【汉族】

W 编码	母题描述	关联项
W0448. 2. 1. 7. 1	黄帝之妻嫘祖因死于途中黄帝为封其为路神	【汉族】
W0448. 2. 1. 8	路神是共工之子修	【汉族】
W0448. 2. 1. 9	路神司出入平安	【汉族】
W0448. 2. 1. 9a	路神阻挡邪魔野鬼	【白族】
W0448. 2. 1. 10	开路神	
W0448. 2. 1. 10. 0	黄帝的随身护卫成为开路神	【汉族】
W0448. 2. 1. 10. 1	开路神君方相氏	【汉族】
W0448. 2. 1. 10. 2	开路神又称险道神	【汉族】
W0448. 2. 1. 10. 3	行殡葬之仪的开路神（丧车之神）	【汉族】
W0448. 2. 1. 10. 4	开路神君身长丈余，头广三尺	【汉族】
W0448. 2. 1. 10. 5	开路神驱魔开路	【汉族】
W0448. 2. 1. 10. 6	开路神左手执玉印，右手执方天画戟	【汉族】
W0448. 2. 1. 10. 7	还愿开路神杂若比	【羌族】
W0448. 2. 1. 11	特定名称的路神	
W0448. 2. 1. 11. 1	路神结林尼（路鬼）	【傈僳族】
W0448. 2. 1. 11. 1a	路神呷咕尼	【傈僳族】
W0448. 2. 1. 12	祭路神	
W0448. 2. 1. 12. 1	入山采药时祭路神	【彝族（撒尼）】
W0448. 2. 2	车神（车辆神，车马神）	
W0448. 2. 2. 1	车马神司出行安全	【汉族】
W0448. 2. 2. 2	车马神是车马业保护神	【汉族】
W0448. 2. 2. 3	车马神是头戴纱帽身穿官衣的男神	【汉族】
W0448. 2. 2. 4	车辆神五方五帝	【汉族】
W0448. 2. 3	船神	
W0448. 2. 3. 1	女船神	【满族】
W0448. 2. 3. 2	女船神虎力力恩都力	【满族（胡姓）】

W 编码	母题描述	关联项
W0448.2.3.3	造船之神	【汤普森】A451.2.1；＊［W6217.1］船的发明
W0448.2.3.3.1	造船之神者老	【苗族】
W0448.2.5	特定名称的出行安全神	
W0448.2.5.1	保护行人安全的神查克大神	【满族】
W0448.2.5.2	管道路交通的祖母萨格昆	【侗族】
W0448.2.6	与出行安全神有关的其他母题	
W0448.2.6.1	水运业神仙	
W0448.2.6.1.1	水运业神仙人叔婆、船头伯公	【汉族】
W0448.2.6.2	漕运业神	
W0448.2.6.2.1	漕运业神金龙四大王	【汉族】
W0448.2.6.3	人力车业神	
W0448.2.6.3.1	人力车业神周文王	【汉族】
W0448.3	综合性保护神（无所不包的保护神）	
W0448.3.1	天、地、人的保护神	
W0448.3.1.1	天、地、人的保护神莫伟	【佤族】
W0448.4	最高保护神	［W0122］至高无上的神（最高神）
W0448.4.1	山神卡亨是九个守护大神中的老大	【瑶族】

0.4.3 与职能或行业有关的神（行业神）[①]
【W0450～W0499】

W 编码	母题描述	关联项
W0450	**爱神**	【汤普森】A475

① 与职能或行业有关的神，此项包括生产中出现的某些“行业神”。

W 编码	母题描述	关联项
W0450.1	爱神的产生	
W0450.1.1	一对恩爱夫妻被封为爱神	【畲族】
W0450.1.2	女祖先成为爱神	【彝族（俚颇）】
W0450.1.3	爱神从花中走来	【纳西族】
W0450.2	爱神的特征	
W0450.2.1	爱神貌美	
W0450.2.1.1	爱神容貌比月亮还美	【纳西族】
W0450.2.2	爱神心地善良	
W0450.2.2.1	爱神慈眉善目心比蜜甜	【纳西族】
W0450.2.3	爱神声音甜美	【纳西族】
W0450.3	爱神的能力	
W0450.3.1	爱神会魔法	
W0450.3.1.1	爱神有会幻化万千美景的魔法	【纳西族】
W0450.4	爱神的事迹	
W0450.4.1	爱神种下一棵情死树	【纳西族】 ＊［W7980］殉情
W0450.5	爱神的生活	
W0450.5.1	爱神的服饰	
W0450.5.2	爱神的饮食	
W0450.5.3	爱神的居所	
W0450.5.3.1	爱神住天上	
W0450.5.3.1.1	爱神尤祖阿主住在天国	【纳西族】
W0450.5.4	爱神的出行	
W0450.5.5	爱神的用品	
W0450.6	特定名称的爱神	
W0450.6.1	爱神王素	【壮族】
W0450.6.2	爱情祖母	
W0450.6.2.1	爱情祖母萨花淋	【侗族】
W0450.6.3	爱神尤祖阿主	
W0450.6.3.1	爱神尤祖阿主永远年轻	【纳西族】
W0450.6.4	爱神海剌哈剌腾格里	
W0450.6.4.1	海剌哈剌腾格里是司爱的黑天	【蒙古族】

W 编码	母题描述	关联项
W0450.6.5	恋爱之神泗州大圣	
W0450.6.5.1	泗州大圣又称泗州佛	【汉族】
W0450.7	与爱神有关的其他母题	
W0450a	**报信之神（信神，传令神）**	［W0466.3.6］火神是通报神
W0450a.1	报信之神怀波松	【瑶族】
W0450a.2	报信神鸠神	
W0450a.2.1	鸠神能传报福祸信息	【满族】
W0450a.3	报信使者喜鹊	【满族】
W0450a.4	传令神额其和	
W0450a.4.1	2个传令神额其和	【赫哲族】
W0450b	**避邪神**	
W0450b.1	男女避邪神	【赫哲族】
W0450c	**爱美之神（美神）**	
W0450c.1	天神混散是爱美之神	【傣族（水傣）】
W0451	**财神（财神爷，财富神，司财富之神）**	【汤普森】A473
W0451.1	财神的产生	
W0451.1.1	人变成财神	
W0451.1.1.1	清廉爱民的官员被奉为财神	【汉族】
W0451.1.2	创始祖和造物母孕育财富神	【景颇族】
W0451.1.2a	其他神转化为财神	
W0451.1.2a.1	仓神转化为财神	【羌族】
W0451.1.3	与财神的产生有关的其他母题	
W0451.1.3.1	财神的生日正月初五	【汉族等】
W0451.1.3.2	父母的部分遗体和遗物被称为“财神”	
W0451.1.3.2.1	父母的部分遗体和遗物因可为子孙带来财宝和福气被称为“财神”或“福禄寿神”	【彝族】
W0451.2	财神的特征	

W 编码	母题描述	关联项
W0451. 2. 1	财神的性别	
W0451. 2. 1. 1	男财神	
W0451. 2. 1. 2	女财神	［W0451. 7. 3］司财宝女神
W0451. 2. 1. 2. 1	女财神昼确士	【羌族】
W0451. 2. 2	财神的外貌	
W0451. 2. 2. 1	财神黑面	【汉族】
W0451. 2. 2. 2	财神黑面浓须	【彝族（撒尼）】
W0451. 2. 3	财神的性格	
W0451. 3	财神的职能	
W0451. 3. 1	财神管人间财富	
W0451. 3. 1. 1	财神能招财进宝	【汉族】
W0451. 3. 1. 2	财神使人发财	【汉族】
W0451. 3. 1. 3	财神掌握和控制家中金、银、钱、物等财产	【羌族】
W0451. 3. 2	财神司人畜疾病	
W0451. 3. 2. 1	财神吉雅其专司人畜疾病	【鄂伦春族】
W0451. 3. 3	财神招财利市	【汉族】
W0451. 3. 4	财神解释公平	【彝族（撒尼）】
W0451. 4	财神的能力	
W0451. 4. 1	财神能保命解灾	【汉族】 *［W0451. 6. 2. 2. 4］赵公明能驱雷役电，唤雨呼风，降瘟剪疟，保命解灾
W0451. 4a	财神的生活	
W0451. 4a. 1	财神的服饰	
W0451. 4a. 1. 1	财神头戴金，身穿银	【汉族】
W0451. 4a. 1. 2	财神头戴铁冠，全身戎装	【彝族（撒尼）】
W0451. 4a. 2	财神的食物	
W0451. 4a. 3	财神的居所	
W0451. 4a. 3. 1	财富神住天上	【景颇族】
W0451. 4a. 3. 2	财神在西南方	【蒙古族】
W0451. 4a. 4	财神的出行	

W 编码	母题描述	关联项
W0451.4a.4.1	财神骑黑虎	【彝族（撒尼）】
W0451.4a.5	财神的工具	
W0451.4a.5.1	财神怀里抱着聚宝盆	【汉族】
W0451.4a.5.2	财神右手执铁鞭，左手持翅宝	【彝族（撒尼）】
W0451.5	财神的关系	
W0451.6	财神的类型	
W0451.6.1	文财神	
W0451.6.1.1	文财神比干	【汉族】
W0451.6.1.1.1	比干掌管 30 岁人以后的财运	【汉族】
W0451.6.1.2	文财神范蠡（文财神陶朱公）	【汉族】
W0451.6.1.2.1	范蠡掌管 30 岁人以后的财运	【汉族】
W0451.6.1.3	文财神刘海	【汉族】
W0451.6.1.4	文财神李诡祖（财帛星君）	
W0451.6.1.4.1	李诡祖生日九月十七	【汉族】
W0451.6.2	武财神	
W0451.6.2.1	武财神关公（武财神关羽，财神关公）	【民族，关联】①
W0451.6.2.1.1	关公掌管三十岁人以后的财运	【汉族】
W0451.6.2.1.2	关公讲信重义	【汉族】
W0451.6.2.2	武财神赵公明（财神赵公明）	【汉族】
W0451.6.2.2.1	赵公明掌管 30 岁人以后的财运	【汉族】
W0451.6.2.2.2	月财神赵公明	【汉族】
W0451.6.2.2.2.1	月财神赵公明是正财神	【汉族】
W0451.6.2.2.3	寒单爷赵公明	【汉族】
W0451.6.2.2.4	赵公明能驱雷役电，唤雨呼风，降瘟剪疟，保命解灾	【汉族】
W0451.6.2.2.5	赵公明被封为金龙如意正一龙虎玄坛真君之神	【汉族】
W0451.6.2.2.6	赵公明又称赵玄坛	

① 【汉族】 * [W0451.6.4.3] 西路武财神关公；[W0782.4] 关公（关帝，关羽）；[W0782.4.3] 关公的身份

W 编码	母题描述	关联项
W0451. 6. 2. 2. 6. 1	赵公明因曾封正一玄坛元帅故称赵玄坛	【汉族】
W0451. 6. 2. 2. 6a	赵公明圣号为总管上清正一玄坛飞虎金轮执法赵元帅	【汉族】
W0451. 6. 2. 2. 7	赵公明受封神霄副元帅	【汉族】
W0451. 6. 2. 2. 8	赵公明的特征与装备	
W0451. 6. 2. 2. 8. 1	赵公明黑面浓须，武装置鞭，身跨黑虎	【汉族】
W0451. 6. 2. 2. 8. 2	赵公明头戴铁冠，手执铁鞭，面黑色而胡须，跨虎	【汉族】
W0451. 6. 2. 2. 9	赵公明的身份（赵公明的职能）	
W0451. 6. 2. 2. 9. 1	赵公明是仙人	
W0451. 6. 2. 2. 9. 1. 1	赵公明修道成仙	【汉族】
W0451. 6. 2. 2. 9. 2	赵公明是张天师徒弟	【汉族】
W0451. 6. 2. 2. 9. 3	赵公明驱雷役电，唤雨呼风，除瘟剪疟，保病禳灾	【汉族】
W0451. 6. 2. 2. 9. 4	赵公明唤雨呼风，法力无边	【汉族】
W0451. 6. 2. 3	武财神钟馗	【汉族】 ＊［W0554. 6. 2］门神钟馗
W0451. 6. 3	文武财神	
W0451. 6. 3. 1	王亥	
W0451. 6. 3. 1. 1	王亥掌管六十岁人以后的财运	【汉族】
W0451. 6. 3. 1. 2	中斌财神王亥是大财神	【汉族】
W0451. 6. 4	五大财神（五路财神）	
W0451. 6. 4. 1	中央文武财神王亥，南方范蠡、西方财神关公、北方财神赵公明	【汉族】
W0451. 6. 4. 1a	五路财神本指赵公元帅、招宝天尊萧升、纳珍天尊曹宝、招财使者陈九公和利市仙官姚少司。	【汉族】
W0451. 6. 4. 2	东路文财神比干	【汉族】

W 编码	母题描述	关联项
W0451.6.4.3	西路武财神关公	【汉族】
W0451.6.4.4	南路文财神范蠡	【汉族】
W0451.6.4.5	北路武财神赵公明	【汉族】
W0451.6.5	四方财神	［W0256］四方神
W0451.6.5.1	西南财神端木赐	
W0451.6.5.1.1	西南财神端木赐端木赐掌管30岁人以前的财运	【汉族】
W0451.6.5.2	东北财神李诡祖	【汉族】
W0451.6.5.2.1	东北财神李诡祖掌管30岁人以前的财运	【汉族】
W0451.6.5.3	东南财神管仲	【汉族】
W0451.6.5.3.1	东南财神管仲掌管三十岁人以前的财运	【汉族】
W0451.6.5.4	西北财神白圭	【汉族】
W0451.6.5.4.1	西北财神白圭掌管三十岁人以前的财运	【汉族】
W0451.6.5.5	西方金甲财神。	【白族】
W0451.6.6	三尊财神	
W0451.6.6.1	三尊财神正中为文财神比干，左首为武财神赵公明元帅，右首为武财神关圣帝君	【汉族】
W0451.7	与财神有关的其他母题	【关联】①
W0451.7.1	特定名称的财神（财神的名称）	【藏族】
W0451.7.1.1	财神吉雅其	【鄂伦春族】 ＊［W0058.1b.1.2］鄂伦春财神吉雅其神是传来的蒙古族神
W0451.7.1.2	财神邯郸爷赵玄坛	【汉族】
W0451.7.1.3	南海财神刘海蟾	【汉族】
W0451.7.1.4	财神蔡京	【汉族】
W0451.7.1.5	致富之神额勒孛格只胡腾格里	【蒙古族】
W0451.7.1.5a	毕斯曼·腾格里是司财富之天	【蒙古族】

① ［W0452a.2.2］厕神使人发财；［W0466.3.4.3］火神是财神；［W0768.3］善财童子（送财童子）

W 编码	母题描述	关联项
W0451. 7. 1. 5b	喇哈木腾格里是致富的天	【蒙古族】
W0451. 7. 1. 6	财神北方多闻毗沙门天王	【民族无考】
W0451. 7. 1. 7	财神力久士	【羌族】
W0451. 7. 2	发财龟	
W0451. 7. 2. 1	斑纹犀龟把世间一切财富尽收腹中	【藏族】
W0451. 7. 3	司财宝女神	
W0451. 7. 3. 1	主宰财宝的女神决班震桑玛	【藏族】
W0451. 7. 4	财神爷	【汉族】
W0451. 7. 5	财神奶奶	
W0451. 7. 5. 1	财神奶奶端庄	【汉族】
W0451. 7. 5. 2	财神奶奶不上神台	【汉族】
W0451. 7. 6	小财神	
W0451. 7. 6. 1	利市仙官是一位小财神	【汉族】
W0451. 7. 7	招财童子	【汉族】 ＊ ［0768. 3］ 财童子（送财童子）
W0451. 7. 8	抓钱娃娃	【汉族】
W0451. 7. 9	聚财童子	【汉族】
W0451. 7. 10	散财童子	【汉族】
W0451. 7. 11	运财童子	【汉族】
W0451a	**穷神（败家神）**	
W0451a. 1	穷神的产生	
W0451a. 1. 1	灾难使神变成穷神	［W0236. 3. 1. 1. 1］ 洪水中土地神丢了金银财宝变成穷神
W0451a. 1. 2	特定人物成为穷神	
W0451a. 1. 2. 1	颛顼的儿子成为穷神	【汉族】 ＊ ［W0763. 4. 4. 5］ 颛顼的儿子穷蝉
W0451a. 2	穷神的特征	
W0451a. 2. 1	穷神身材矮小	【汉族】
W0451a. 2. 2	穷神破衣烂衫	【汉族】

W 编码	母题描述	关联项
W0451a. 3	特定名称的穷神（穷神的名称）	【关联】①
W0451a. 3. 1	穷神又称穷鬼	【汉族】
W0451a. 3. 2	穷神又称送穷子（穷神又称穷子）	【汉族】
W0451a. 4	与穷神有关的其他母题	
W0451a. 4. 1	穷神是穷人的保护神	【汉族】
W0452	**测量之神**	［W6983］度量衡等的发明
W0452. 1	测量大地的女神	【苗族】
W0452a	**厕神（厕所神）**	【汉族】
W0452a. 1	厕神的产生	
W0452a. 1. 1	生育厕神	
W0452a. 1. 1. 1	帝喾与常仪生厕神紫姑（厕神紫姑是帝喾的女儿）	【汉族】 ＊［W0768. 1. 6. 3. 2］高辛的女儿（帝喾的女儿）
W0452a. 1. 2	特定的女子成为厕神	
W0452a. 1. 2. 1	被秽事相辱而死的家妾成为厕神	【汉族】
W0452a. 2	厕神的特征（厕神的能力，厕神的行为）	
W0452a. 2. 1	厕神能预知祸福	【汉族】
W0452a. 2. 2	厕神使人发财	【汉族】
W0452a. 2. 3	厕神夜于厕间或猪栏边	【汉族】
W0452a. 2. 4	坑神臭气熏天	【彝族】
W0452a. 3	厕神的名称	
W0452a. 3. 1	厕神紫姑	
W0452a. 3. 1. 1	紫姑又称戚姑、七姑	【汉族】
W0452a. 3. 2	厕神坑三姑娘	【汉族】
W0452a. 3. 2. 1	坑三姑娘即云霄、琼霄、碧霄三姐妹	【汉族】
W0452a. 3. 3	厕神何紫姑（厕神何三姑）	
W0452a. 3. 3. 1	何紫姑名媚，字丽卿	【汉族】
W0452a. 3. 4	厕神又称坑神	【彝族】

① ［W0236. 3. 1］土地神是穷神；［W0459a. 2］歌神是穷神

W 编码	母题描述	关联项
W0452a. 4	与厕神有关的其他母题	
W0452a. 4. 1	正月望夜迎厕神紫姑	【汉族】
W0452b	**厨神**	【汉族】 ＊［W0493］灶神
W0452b. 1	橱神的产生	
W0452b. 2	厨神的特征	
W0452b. 3	与厨神有关的其他母题	
W0453	**赌神**	【汤普森】A482
W0454	**房屋神（屋神，房神）**	【汤普森】A411；＊［W0454. 1］屋灵
W0454. 1	屋神的产生	
W0454. 1. 1	特定的物作为房屋神	
W0454. 1. 1. 1	蛇是房屋神	【汉族】
W0454. 1. 2	盖房时刻的木人被奉为屋神	【白族】
W0454. 2	屋神的特征	
W0454. 2. 1	屋神的性别	
W0454. 2. 1. 1	男女屋神	【赫哲族】
W0454. 2. 1. 2	房神分男女	【傣族】
W0454. 3	屋神的职能（屋神的能力）	
W0454. 3. 0	房屋神主司保护家庭和家中的人	【羌族】
W0454. 3. 1	屋神能保母子平安	【满族】
W0454. 3. 2	屋神司住宅平安	【赫哲族】
W0454. 3. 3	屋神兼人的保护神	【满族】
W0454. 3. 4	屋神主管房屋	【壮族】
W0454. 4	与屋神有关的其他母题	［W0906. 10. 1］屋灵
W0454. 4. 0	房屋神的名字	
W0454. 4. 0. 1	房屋神几贵士	【羌族】
W0454. 4. 1	屋内主柱是房神的象征	【傣族】
W0454. 4. 1. 1	房中柱子神	【彝族】
W0454. 4. 1. 2	房屋中柱神	
W0454. 4. 1. 2. 1	房屋中柱神又称中央皇帝	【羌族】
W0454. 4. 1. 2. 2	中柱神里勿	【羌族】

W 编码	母题描述	关联项
W0454.4.2	上梁神	
W0454.4.2.1	上梁神主管房屋	【壮族】
W0454.4.3	中梁神	
W0454.4.3.1	中梁神启萨祖格	【羌族】
W0454.4.3.2	中梁神又称中央皇帝	【羌族】
W0454a	**洞神（山洞神）**	
W0454a.1	把门的洞神	
W0454a.1.1	2个把门的洞神	
W0454a.1.1.1	2个把门的洞神，一个红脸手拿斧头，一个黑脸手拿大刀	【布依族】
W0455	**丰收神（丰产神）**	【纳西族】 *［W0497.8.6］山神管收成
W0455.1	丰收神的产生	
W0455.1.1	卵生丰收神	
W0455.1.1.1	1对蛋孵出丰收神和善良神	【纳西族】
W0455.2	丰收神的特征	
W0455.3	特定名称的丰收神	
W0455.3.1	土地神是丰收神	【汉族】 *［W0236］土地神（土神、土地、土地公、土地公公、土地爷爷、土地奶奶）
W0455.3.2	丰收之神布翁多吉	【珞巴族】
W0455.3.3	丰收神塔冉尼阿尔比惕哈胡腾格里	
W0455.3.3.1	塔冉尼阿尔比惕哈胡腾格里是赐丰收之天	【蒙古族】
W0455.3.4	丰收神米司尼	
W0455.3.4.1	山上各种精灵的总管米司尼主宰农业丰歉	【民族，关联】①

① 【傈僳族】 *［W0395.0.2］山神米司尼主宰山林；［W0395.4a.2］山神管丰歉

W 编码	母题描述	关联项
W0455. 3. 5	保丰收之神经日不朗	【独龙族】 ＊［W0906. 2. 3. 2a］地鬼经日不朗
W0455. 4	与丰收神有关的其他母题	【关联】①
W0455. 4. 1	歉收神	
W0455. 4. 1. 1	五谷不丰收的“寸”鬼	【纳西族】
W0455. 4. 2	鼠王主人间五谷丰收	【白族】
W0456	**纺织神**	【民族，关联】②
W0456. 1	纺织女神	【汤普森】A451. 3. 1；＊［W6122. 2］女猎神教人纺织
W0456. 1. 1	白昼神和黑夜神生纺织女神	【景颇族】
W0456. 2	男女纺织神	
W0456. 2. 1	姐弟俩纺织神	
W0456. 2. 1. 1	姐姐圭忽（桂花）和弟弟毕什（风）成为纺织神	【白族】
W0457	**福神**	【汉族】【水族】
W0457. 1	福神的产生	
W0457. 1. 1	天官视为福神	【汉族】
W0457. 2	福神的特征（福神的职能）	
W0457. 2. 1	福神主宰人间福运	【汉族】
W0457. 2. 2	福神专为世人作福	【蒙古族】
W0457. 3	与福神有关的其他母题	
W0457. 3. 0	特定名称的福神（福神的名字）	［W0768. 15. 2. 2］东王公是福神
W0457. 3. 0. 1	福神杨成	【汉族】
W0457. 3. 0. 2	造福女神华岳三娘	【汉族】 ＊［W0467. 3. 7. 1］华岳三娘又称华山三圣母（华岳三娘又称华山三公主）
W0457. 3. 0. 3	福神和合二仙	【汉族】 ＊［W0827b. 1. 3］和合二仙是民间喜神

① ［W0147. 4. 3a］田公地母能保粮食丰收；［W0287. 3. 5. 1］北斗神司农业丰歉，又司人之爵禄、夭寿；［W0395. 4a. 2］山神管丰歉；［W0546. 0b. 1］五谷神主宰粮食的丰歉；［W0655. 4. 4. 3］祖先神保丰收

② 【汉族】 ＊［W0459. 5. 1］织女是衣神；［W6120 ~ W6123］纺织

W 编码	母题描述	关联项
W0457.3.0.4	福神姑娘腾格里（喇哈木腾格里）	【蒙古族】
W0457.3.0.5	福神暖图察罕腾格里	
W0457.3.0.5.1	赐予百姓安乐的33个暖图察罕·腾格里	【蒙古族】
W0457.3.0.6	福神喜利妈妈	
W0457.3.0.6.1	福神喜利妈妈是神也是人	【锡伯族】
W0457.3.0.6.2	喜利妈妈救苦救难	【锡伯族】
W0457.3.0a	福神的生活	
W0457.3.0a.1	福神居九层天上	【彝族】
W0457.3.1	禄神	【汉族】
W0457.3.1.1	正一福禄财神真君比干	【汉族】 * ［W0451.6.1.1.1］比干掌管30岁人以后的财运
W0457.3.1.2	禄神张仙神	
W0457.3.1.2.1	禄神张仙神送子	【汉族】
W0457.3.1.3	禄神张远霄	
W0457.3.1.3.1	禄神张远霄专除民间灾事祸患	【汉族】
W0457.3.1.4	禄神又名禄星	【汉族】
W0457.3.1.5	禄神主司加官进禄	【汉族】
W0457.3.1.6	蜀中神梓潼帝君专掌注禄籍	【汉族】 * ［W0497.7.26.4］文昌神又称梓潼神
W0457.3.2	请福神	【汉族】
W0457.3.3	迎福神	【汉族】
W0457.3.4	福禄神	
W0457.3.4.1	龙被视为福禄神	【彝族（撒尼）】
W0457a	**复仇之神**	
W0457a.1	复仇之神爱报复	【蒙古族（布里亚特）】
W0457a.2	复仇之神休鲁·腾格里	【蒙古族（布里亚特）】
W0457a.3	复仇女神	
W0457a.3.1	复仇女神专门惩罚负心汉	【怒族】

W 编码	母题描述	关联项
W0457a. 3. 2	复仇女神班旦拉姆	
W0457a. 3. 2. 1	复仇女神班旦拉姆性情暴烈	【藏族】
W0458	**光明之神（光明神，光神）**	【汤普森】A260
W0458. 1	光明神的产生	
W0458. 2	光明神的特征	
W0458. 2. 1	光明神的性别	
W0458. 2. 1. 1	光明女神	【汤普森】A260. 1
W0458. 2. 2	光明神的体征	
W0458. 2. 2. 1	光神光明明	【彝族】
W0458. 2. 3	光明神的性格	
W0458. 2. 3. 1	光明之神是善神	【汤普森】≈A107； ＊［W0125］善神（慈悲之神）
W0458. 3	光明神的职能	
W0458. 3. 1		
W0458. 4	光明神的类型	
W0458. 4. 1	曙光之神	【汤普森】A270
W0458. 4. 2	驱赶黑暗之神	
W0458. 4. 2. 1	启明星是驱赶黑暗之神	【鄂温克族】
W0458. 4. 3	开启明亮之神	
W0458. 4. 3. 1	开启明亮的神仙莫西一	【羌族】
W0458. 4. 4	造光明之神	【民族，关联】①
W0458. 4. 4. 1	造明之神果楼生冷猎	【民族】
W0458. 5	与光明神有关的其他母题	
W0458. 5. 1	日月是光明之神	
W0458. 5. 1. 1	日月是善良的光明神	【瑶族】
W0459	**工匠神**	【汤普森】①A141；②A451； ＊【彝族】
W0459. 1	纺车神	【汉族】
W0459. 2	弓箭神	［W6970～W6979］弓箭

① 【苗族】 ＊［W0458］光明之神；［W4600］光的产生

W 编码	母题描述	关联项
W0459.2.1	弓箭女神	[W0044.2a.2.2] 东海窝集部尼玛察地方的族长成为弓箭女神
W0459.2.1.1	弓箭女神多龙格格	【满族】
W0459.2.1.1.1	女酋长多龙用箭除掉恶鹏被族人供为弓箭神	【满族】
W0459.2.1.2	弓箭女神长着双翅，人面鸟身	【满族】
W0459.2.2	箭神	【满族】
W0459.3	铁匠神	【汤普森】A142； ＊【关联】①
W0459.3.1	铁匠神阿尔师傅	
W0459.3.1.1	铁匠神阿尔师傅造开天地的铜铁叉	【彝族】
W0459.3.2	铁匠女神	
W0459.3.2.1	铁匠鬼女能保佑打制的铁器锋利耐用	【基诺族】
W0459.4	木匠神	【汤普森】①A143；②A451.2；＊【汉族】 ＊[W0134.4.12.1] 神会木匠活
W0459.4a	石匠神	【羌族】
W0459.5	衣神	[W6127] 神教人制衣
W0459.5.1	衣神的产生	[W6125] 人穿衣服的来历
W0459.5.2	衣神的特征	
W0459.5.3	特定名称的衣神	
W0459.5.3.1	衣神织女	【民族，关联】②
W0459.5.3.1.1	织女下凡教人织布被称“衣神”	【汉族】
W0459.5.4	与衣神有关的其他母题	
W0459.6	陶神（制陶神、制陶业之神）	【汤普森】A451.4； ＊【汉族】
W0459.6.1	陶神的产生	
W0459.6.2	陶神的特征	

① [W0443.9.1.1] 铁匠保护神（炼铁的保护神）；[W0658a.8.1.25.1] 铁匠祖师老君；[W1103.4.2] 创世神和铁匠神分别造天地；[W6076.6] 铁匠

② 【汉族】 ＊[W0766] 织女；[W0766.4] 织女的职能（织女的能力，织女的事迹）

W 编码	母题描述	关联项
W0459. 6. 3	与陶神有关的其他母题	
W0459. 6. 3. 1	陶业祖师和保护神是舜	【汉族】
W0459. 7	特定名称的工匠神	［W0768. 20. 1］鲁班是匠神
W0459. 7. 1	工艺神达拉布	【珞巴族】
W0459. 7. 2	工匠神罗德、挨依	
W0459. 7. 2. 1	罗德、挨依二神带领大神造天架	【哈尼族】
W0459. 7. 3	匠神吐莫炭	【彝族】
W0459. 8	与工匠神有关的其他母题	
W0459. 8. 1	神匠	
W0459. 8. 1. 1	神匠掌管浊气层	【彝族】
W0459a	**歌神**	［W0489. 2］音乐之神
W0459a. 0	姐弟俩成为歌神	
W0459a. 0. 1	天公、地母生的女儿几米然（闪电）和儿子细肝飘（心肝宝贝）成为歌神	【白族】
W0459a. 0. 1. 1	男女歌神几米然和细肝飘	【白族】
W0459a. 1	歌神戕云	【苗族】
W0459a. 2	歌神是穷神	
W0459a. 2. 1	贫穷的打鱼人戕云成为歌神	【苗族】
W0460	**家畜神（畜神）**	【汤普森】A441
W0460. 0	家畜神的产生	
W0460. 0. 1	特定的动物神成为家畜神	
W0460. 0. 1. 1	羊神成为家畜神	【羌族】
W0460. 0. 1. 2	马死变畜神	【纳西族】
W0460. 1	特定名称的家畜守护神	【哈萨克族】【珞巴族】【蒙古族】
W0460. 1. 1	保牧乐神	【蒙古族】
W0460. 1. 2	然里	
W0460. 1. 2. 1	始祖德摩诗匹封天神摩米的小儿子然里为家畜守护神	【哈尼族】
W0460. 1. 3	畜神石斗加士	

W 编码	母题描述	关联项
W0460.1.3.1	畜神石斗加士负责管理和保护猪、牛、绵羊、山羊、鸡、鸭等家畜	【羌族】
W0460.1.4	畜神称"糯"	【纳西族】
W0460.1.4	家畜保护神牛王	
W0460.1.4.1	牛王保护耕牛不染瘟疫	【彝族（撒尼）】
W0460.2	家畜神的特征（家畜神的职能）	
W0460.2.1	畜神管放牧与牲畜兴旺繁殖	
W0460.2.1.1	管放牧与牲畜兴旺繁殖之神鲁美亨赶	【纳西族】
W0460.3	家畜神的类型（家畜神的数量）	
W0460.3.1	畜神共18位	
W0460.3.1.1	18位畜神是天之畜神、地之畜神、桑神之畜神、盘神之畜神、胜利神之畜神、吾神之畜神、沃神之畜神、亨神之畜神、"鲁美亨赶"之畜神、"怒子阿八汝"之畜神、风与猎神之畜神、家神之畜神、村寨神之畜神等	【纳西族】
W0460.4	与家畜神有关的其他母题	［W0435.3］管家畜的神
W0460.4.1	祭畜神	
W0460.4.1.1	家畜瘟疫流行或生崽时祭畜神	【怒族】
W0461	**猎神（狩猎神）**	【汤普森】A452
W0461.1	猎神的产生	
W0461.1.0	神生猎神	
W0461.1.0.1	天公、地母生的姐弟俩成为猎神	【白族】
W0461.1.1	人变成猎神	【纳西族】 *［W043］人变成神
W0461.1.1.1	人修炼成猎神	
W0461.1.1.1.1	蓝大伯学法后成猎神	【畲族】
W0461.1.1.2	人死后成为猎神	【独龙族】
W0461.1.1.2.1	猎人死后成为猎神	【白族】【纳西族】
W0461.1.1.3	特定的人被拜为猎神	【白族】【鄂伦春族】
W0461.1.1.3.1	白发老人被称为猎神	【鄂伦春族】

W 编码	母题描述	关联项
W0461. 1. 1. 4	册封猎神	
W0461. 1. 1. 4. 1	始祖密洛陀封善猎的儿子为猎神	【瑶族】
W0461. 1. 1. 5	发明狩猎的人被奉为猎神	【傣族】
W0461. 1. 1. 6	一个女子到深山中成为猎神	【怒族】
W0461. 1. 2	英雄变成猎神	
W0461. 1. 2. 1	神射手朗布松杀猛兽献身成了箐口猎神	【普米族】
W0461. 1. 2. 2	为民除害的英雄杜朝选被尊为猎神	【白族】
W0461. 1. 3	其他神成为猎神	
W0461. 1. 3. 1	山神奉为猎神	【民族无考】
W0461. 1. 3. 2	虎神奉为猎神	【民族无考】
W0461. 1. 3. 3	猎犬死后变成猎神	【纳西族】
W0461. 2	猎神的特征	
W0461. 2. 1	猎神的外貌	
W0461. 2. 1. 1	猎神是白发老人	【鄂伦春族】
W0461. 2. 1. 2	猎神像动物	
W0461. 2. 1. 2. 1	猎神外貌似狗	【锡伯族】
W0461. 2. 1. 2. 2	猎神夜晚像金狗和野物	【纳西族】
W0461. 2. 1. 3	猎神身躯魁梧高大	【怒族】
W0461. 2. 1. 4	猎神双眼圆又亮，辫子粗又长，虎牙大又白，手脚粗又壮	【怒族】
W0461. 2. 2	男猎神	
W0461. 2. 3	女猎神	【汤普森】A452. 1；＊【布朗族】
W0461. 2. 3. 1	女猎神的产生	
W0461. 2. 3. 2	女猎神的特征	
W0461. 2. 3. 2. 1	女猎神很美	
W0461. 2. 3. 2. 1. 1	女猎神身材匀称结实，脸庞端正，肤红齿白，发辫黑长	【白族】
W0461. 2. 3. 3	女猎神的关系	

W 编码	母题描述	关联项
W0461.2.3.3.1	女猎神是山神的妻子	【白族】
W0461.2.3.4	女猎神的数量	
W0461.2.3.4.1	3 个女猎神	【白族】
W0461.2.3.4.1.1	3 个女猎神是上洞梅神、中洞梅神、下洞梅神	【白族】
W0461.2.3.5	与女猎神有关的其他母题	
W0461.2.3.5.1	女猎神米斯	【傈僳族】
W0461.2.3.5.2	猎神姑娘	【彝族】
W0461.2.3.5.3	女猎神丽慈	【纳西族】
W0461.2.4	猎神善良	
W0461.2.5	猎神是恶鬼	【黎族】
W0461.2.5.1	猎神可以变鬼害猎人	【哈尼族】
W0461.2.6	猎神男女双体连胎	【珞巴族】
W0461.2.7	猎神有不同颜色	【纳西族】
W0461.3	猎神的身份	
W0461.3.1	猎神是祖先	【锡伯族】
W0461.3.2	猎神是水神	【怒族】
W0461.3.3	猎神是神祇，也是鬼魅	【纳西族】
W0461.4	猎神的职能（猎神的能力，猎神的事迹）	
W0461.4.1	猎神决定人能打到的猎物	【白族】【鄂伦春族】【傈僳族】
W0461.4.1.1	猎神帮助人获取猎物	【彝族】
W0461.4.1.2	猎神帮助人狩猎	【怒族】
W0461.4.1a	猎神管理猎物	【怒族】
W0461.4.2	猎神保护动物	【汤普森】≈A189.12； *【白族】
W0461.4.3	猎神专管野兽	【白族】【怒族】
W0461.4.4	猎神管理动物神	
W0461.4.4.1	猎神统管龙神、鱼神、蛇神、獐神、麂神等诸动物神	【彝族（白彝、黑彝、干彝、阿乌、撒尼等）】
W0461.4.5	猎神具有高超狩猎本领	【怒族】

W 编码	母题描述	关联项
W0461.4.5.1	猎神善于张弩射箭收拣野物	【纳西族】
W0461.4.6	猎神主宰人全家食禄、牲畜繁殖，出猎得否	【傈僳族】
W0461.5	猎神的生活	
W0461.5.1	猎神的服饰	
W0461.5.2	猎神的饮食	
W0461.5.2.1	猎神不饮家畜血，只饮兽血	【纳西族】
W0461.5.2.2	猎神不吃食物只饮烧酒	【独龙族】
W0461.5.3	猎神的居所	
W0461.5.3.1	猎神住树洞	【怒族】
W0461.5.3.2	猎神住森林	【纳西族】
W0461.5.3.3	猎神住高山	【怒族】
W0461.6	猎神的用品（猎神的工具）	
W0461.6.1	猎神出行工具	
W0461.6.1.1	猎神以动物为坐骑	
W0461.6.1.1.1	猎神坐骑是岩羊、马鹿、麂子	【哈尼族】
W0461.6.1.2	猎神的坐骑与自身颜色相同	
W0461.6.1.2.1	白色猎神骑白马，青色猎神骑青马	【纳西族】
W0461.6.2	猎神的武器	
W0461.6.3	猎神的财产	
W0461.6.3.1	野兽是猎神的财产	【哈尼族】
W0461.7	猎神的关系	
W0461.7.1	猎神的父母	
W0461.7.1.1	猎神的母亲是女始祖	【瑶族】
W0461.7.1.2	猎神的父亲是特定的神	
W0461.7.1.2.1	猎神姑娘的父亲诗姆岩哈是天祖	【彝族】
W0461.7.2	猎神的配偶	
W0461.7.2.1	女猎神的丈夫是山神	【白族】
W0461.7.3	猎神的助手	
W0461.7.3.1	猎神领着猎犬和黄鹰青鹫	【纳西族】

W 编码	母题描述	关联项
W0461.7.4	猎神兄妹	
W0461.7.4.1	猎神是两兄妹	【纳西族】
W0461.8	猎神的寿命与死亡	
W0461.9	猎神的数量（猎神的类型）	
W0461.9.1	2 个猎神	
W0461.9.1.1	男女 2 个猎神	【白族】
W0461.9.2	3 个猎神	【哈尼族】 ＊［W0461.2.3.4.1］3 个女猎神
W0461.9.2.1	西山 3 个女猎神	【白族】
W0461.9.3	五方猎神	
W0461.9.3.1	东方白色猎神	【纳西族】
W0461.9.3.2	南方青色猎神	【纳西族】
W0461.9.3.3	西方黑色猎神	【纳西族】
W0461.9.3.4	北方黄色猎神	【纳西族】
W0461.9.3.5	中央五色猎神	【纳西族】
W0461.10	与猎神有关的其他母题	［W0088.4.1.3.1］猎神怕人的铜刀、铜箭和铜矛
W0461.10.1	特定名称的猎神	［W0681.1.1.1］伏羲被奉为猎神
W0461.10.1.1	狩猎神木克蹲特	【赫哲族】
W0461.10.1.2	管狩猎的神玛路毛木台	【鄂伦春族】
W0461.10.1.3	猎神桑勒山	【瑶族】
W0461.10.1.4	猎神能嬷	【白族】
W0461.10.1.4a	猎神能库	【白族】
W0461.10.1.4b	猎神雌吾（红云）和岛锁（大山）	【白族】
W0461.10.1.5	猎神阿卡提	【独龙族】
W0461.10.1.5a	猎神阿朋	【独龙族】
W0461.10.1.6	猎神峨高楞	【纳西族】
W0461.10.1.6a	猎神丽慈	
W0461.10.1.6a.1	猎神丽慈既是善神，也是恶神	【纳西族】
W0461.10.1.6b	猎神肯陕厘玛乌增	

W 编码	母题描述	关联项
W0461. 10. 1. 6b. 1	猎神肯陕厘玛乌增主宰着五方猎神	【纳西族】 * ［W0461. 9. 3］五方猎神
W0461. 10. 1. 6c	猎神肯陕厘玛享迪	
W0461. 10. 1. 6c. 1	猎神肯陕厘玛享迪是猎神之魁	【纳西族】
W0461. 10. 1. 7	猎神崩布—岗布	【珞巴族】
W0461. 10. 1. 8	猎神班达玛法	【锡伯族】
W0461. 10. 1. 9	猎神米斯	【傈僳族】
W0461. 10. 1. 10	吴扎拉氏族（吴姓）满族供奉狩猎神鄂多哩玛发	【满族】
W0461. 10. 1. 11	猎神梅山氏	【民族无考】
W0461. 10. 1. 12	猎神称梢斯	【基诺族】
W0461. 10. 1. 13	猎神称射猎师爷	【畲族】
W0461. 10. 1. 14	猎神称优	【彝族】
W0461. 10. 1. 15	猎神称舍卧刻	【鄂温克族】
W0461. 10. 1. 16	司猎物之天玛纳罕·腾格里	【蒙古族】
W0461. 10. 1. 16a	司猎物之天称昂之天	【蒙古族】
W0461. 10. 2	狩猎者的保护神	
W0461. 10. 2. 1	狩猎者的女保护神	【蒙古族（布里亚特）】
W0461. 10. 3	五方猎神	【纳西族】
W0461. 10. 3. 1	东方乘骑白驹的白面猎神	【纳西族】
W0461. 10. 3. 2	南方乘骑青驹的青面猎神	【纳西族】
W0461. 10. 3. 3	西方乘骑黄驹的黄面猎神	【纳西族】
W0461. 10. 3. 4	北方乘骑黑驹的黑面猎神	【纳西族】
W0461. 10. 3. 5	天地中央乘骑五色花驹的花面猎神	【纳西族】
W0461a	**庙神**	
W0461a. 1	庙神的产生	
W0461a. 1. 1	老狐狸精变成庙神	【达斡尔族】
W0461a. 2	庙神的特征	
W0461a. 3	与庙神有关的其他母题	［W0446. 4. 2］宗庙的保护神
W0461a. 3. 1	每一个大的寨子都有一个庙神。	【傈僳族】

W 编码	母题描述	关联项
W0462	**农神（农业神）**	【汤普森】A432； *【民族，关联】①
W0462.1	农神的产生	
W0462.1.1	特定的人物成为农神	［W0734.2］神农是农神
W0462.1.1.1	炎帝发明农业成为农神	【汉族】
W0462.1.1.2	牛郎下凡成为农神	【汉族】 *［W0734.5］神农是牛郎
W0462.1.1.3	一对姐弟成为农神	
W0462.1.1.3.1	天公地母的七姑娘吉介（金鸡）和七儿子舞努（黄龙）成为农神	【白族】
W0462.2	农神的特征（农神的身份）	
W0462.2.0	男女农神	
W0462.2.0.1	男女农神舞努和吉介	【白族】
W0462.2.1	农神是主管农作生产之神	【壮族】
W0462.2.2	农神是掌管农业的神	【汉族】
W0462.2.3	农业神包括多神	
W0462.2.3.1	农业神有田公地母神、五谷神、雷神、磨神和碓神等	【彝族】
W0462.2.3.1.1	磨神	【彝族（撒尼）】
W0462.3	农神的职能（农神的能力，农神的事迹）	
W0462.3.1	农神降雨	【满族】
W0462.3.2	农神决定庄稼长势	【怒族】
W0462.4	与农神有关的其他母题	【关联】②
W0462.4.1	特定名称的农神	［W0688.3.1］后稷是农神
W0462.4.1.0	农神后稷	【汉族】 *［W0688.3.1］后稷是农神
W0462.4.1.0.1	农业神后稷名弃	【汉族】
W0462.4.1.0.2	农神名弃	【汉族】

① 【汉族】【满族】 *［W0731］神农
② ［W0455］丰收神（丰产神）；［W0548］其他作物神

W 编码	母题描述	关联项
W0462. 4. 1. 0a	稷神	
W0462. 4. 1. 0a. 1	弃是开始种稷和麦的第一人被尊为稷神	【汉族】
W0462. 4. 1. 1	农神牛郎	［W0766. 5. 2. 1. 1］农神（牛郎）与衣神（织女）是夫妻
W0462. 4. 1. 1. 1	被贬下天的牛郎称“农神”	【汉族】
W0462. 4. 1. 1. 2	农神牛郎的妻子是织女	【汉族】
W0462. 4. 1. 2	农神布洛陀	【壮族】
W0462. 4. 1. 3	农业神兄养、兄廷	【苗族】
W0462. 4. 2	主管开垦田地的神	
W0462. 4. 2. 1	主管开垦田地的神恩戈达嘎	【珞巴族】
W0462. 4. 3	农神卫士	
W0462. 4. 3. 1	射日有功的皇蜂被封为农神卫士	【侗族】
W0462. 4. 4	守护粮田的神（田地守护神）	
W0462. 4. 4. 1	高能大神扎纳阿玛守护粮田	【哈尼族】
W0462. 4. 5	青苗神	
W0462. 4. 5. 1	农业神青苗神	【汉族】
W0462. 4. 5. 2	青苗神又称禾神	【汉族】
W0462. 4. 5. 3	青苗神又称苗王	【汉族】
W0462. 4. 5. 4	青苗神又称谷神	【汉族】 *［W0546］五谷神（谷神）
W0462. 4. 5. 5	青苗神主司青壮苗稼	【汉族】
W0462. 4. 5. 6	青苗太子	
W0462. 4. 5. 6. 1	青苗太子佑秧苗茁壮成长	【彝族（白彝）】
W0462. 4. 5. 6. 2	六月初六祭青苗太子	【彝族（白彝）】
W0462. 4. 6	芒神	
W0462. 4. 6. 1	农业神芒神	
W0462. 4. 6. 2	芒神是牧童	【汉族】
W0462. 4. 6. 3	芒神吹之笛声则表示春天将至	【汉族】
W0462. 4. 6. 4	芒神身高 3 尺 6 寸 5 分	

W 编码	母题描述	关联项
W0462.4.6.4.1	芒神身高 3 尺 6 寸 5 分象征一年 365 天	【汉族】
W0462.4.6.5	芒神主宰春天草木复荣	【汉族】
W0462.4.6.6	芒神主司农事生产	【汉族】
W0462.4.6.7	芒神的名称	
W0462.4.6.7.1	芒神又称春天之神	【汉族】 * ［W0380.2.1］春神是木神句芒
W0462.4.6.7.2	芒神又称句芒	【汉族】
W0462.4.6.7.3	芒神又称春神	【汉族】
W0462.4.6.7.4	芒神又称木神	【汉族】
W0462.4.6.7.5	春牛芒神	【汉族】
W0462.4.7	八蜡	
W0462.4.7.1	八蜡即八种农事神	【汉族】
W0462.4.7.2	八蜡指先啬，即先农神农；司啬，即后稷；对田种有功的民间小官；田间房舍小道；能吃野鼠野兽、保护田苗的猫虎；堤坊；水沟和昆虫	【汉族】
W0462.4.8	农务神	
W0462.4.8.1	农务之总神	【彝族】
W0463	**旱神（干旱神）**	【蒙古族】
W0463.1	旱神的产生	［W0047.2.3.1］食作物的昆虫化身为干旱神
W0463.1.1	狂风闪电孕育旱神	【阿昌族】
W0463.1.2	特定的昆虫成为旱神	
W0463.1.2.1	食作物的昆虫化身为干旱神	【蒙古族（布里亚特）】
W0463.2	旱神的特征	
W0463.2.1	女旱神	【汤普森】A431.1.4
W0463.3	与旱神有关的其他母题	
W0463.3.1	特定名称的旱神（旱神名称）	［W0695.3.3.1.2.1］女魃是旱神

W 编码	母题描述	关联项
W0463. 3. 1. 1	旱神是东方天神嘎日达·乌兰·腾格里	【蒙古族（布里亚特）】
W0463. 3. 1. 2	火神旱神腊訇	【阿昌族】
W0463. 3. 1. 3	旱魃	
W0463. 3. 1. 3. 1	旱魃是女神	【汉族】
W0463. 3. 1. 3. 2	干旱时驱赶旱魃	【白族】
W0463. 3. 1. 3. 3	祭水神求雨时驱赶旱魃	【白族】
W0463. 3. 2	旱涝神	
W0463. 3. 2. 1	旱涝饥馑大神	【白族】
W0464	**航海神（海上保护神，行船保护神）**	【汤普森】A456； ＊【关联】①
W0464. 1	航海女神	【汤普森】A556. 1
W0464. 1. 1	航海保护神即迷额哈女神	
W0464. 1. 1. 1	迷额哈女神即“眼神”	【满族】
W0464. 2	海上男神	
W0464. 2. 1	遇害的小伙成为海上保护神	
W0464. 2. 1. 1	遇害的突忽烈成为女真人的海上保护神	【满族】
W0464. 3	行船保护神	
W0464. 3. 1	行船保护神朱拉贝子	【满族】
W0464. 4	船业、船运业保护神	
W0464. 4. 1	船业、船运业保护神水母娘娘	【汉族】
W0465	**黑暗之神（黑暗神）**	【汤普森】A270
W0465. 1	黑暗神的产生	
W0465. 2	黑暗神的特征	
W0465. 2. 1	黑暗之神憎恨光明	【傣族】
W0465. 3	与黑暗神有关的其他母题	【关联】②
W0465. 3. 1	黑暗之神是恶魔	【汤普森】≈A107； ＊［W0842］恶魔

① ［W0411］海神；［W0775. 4］妈祖是航海神

② ［W0303e. 1. 1. 4］雨雾神是黑暗之神；［W0458］光明之神

W 编码	母题描述	关联项
W0465.3.2	黑暗之神毁灭光明	【傣族】
W0465.3.2.1	黑暗之神皮扎祸毁灭光明	【傣族】
W0466	**火神**	【汤普森】A493
W0466.1	火神的产生	
W0466.1.1	火神源于特定地方	
W0466.1.1.1	火神从天而降	【蒙古族】
W0466.1.1.1.1	火神萨吉阿代遵照西方腾格里的意志从天上降到地下	【蒙古族（布里亚特）】
W0466.1.1.1.2	火神是指派产生的	【哈萨克族】
W0466.1.2	火神是造出来的	
W0466.1.3	火神是生育产生的	
W0466.1.3.1	狂风和闪电孕生火神	【阿昌族】
W0466.1.3.2	天公地母婚生火神	【白族】
W0466.1.4	火神是变化产生的	[W0466.9.1.1] 煮饭人被天神命名为火炭神
W0466.1.4.1	特定的人成为火神	
W0466.1.4.1.1	造火者被奉为火神	【壮族】
W0466.1.4.1.2	造火者被烧死后变成火神	【壮族】
W0466.1.4.2	特定物变成火神	
W0466.1.4.2.1	铁质东西埋入炭灰会变成火神	【白族】
W0466.1.5	火神是婚配产生的	
W0466.1.5.1	狂风和闪电孕育火神	【阿昌族】
W0466.1.6	火神是感生的	
W0466.1.7	与火神产生有关的其他母题	
W0466.1.7.1	火神的生日	
W0466.2	火神的特征	
W0466.2.1	火神的面貌	
W0466.2.1.1	火神红脸	【汉族】 * [W0317.2.1] 雷神红脸
W0466.2.1.2	火神黑脸红唇灰眉白须	【壮族】

W 编码	母题描述	关联项
W0466. 2. 1. 3	火神是公鸡模样	【纳西族（摩梭）】
W0466. 2. 1. 4	火神是看不见的神灵（火神无形）	【白族】
W0466. 2. 1. 5	火神没有偶像	【白族】
W0466. 2. 1. 6	火神有光毛火发	【满族】
W0466. 2. 1. 7	火神金身火体	【汉族】
W0466. 2. 1. 8	火神是鸟	
W0466. 2. 1. 8. 1	火神是长尾巴火鸟	【白族（那马）】
W0466. 2. 2	火神的性别	
W0466. 2. 2. 0	火神是女神也是男神	【蒙古族（布里亚特）】 * ［W0069］双性神（两性神）
W0466. 2. 2. 1	男火神	【傣族】
W0466. 2. 2. 2	女火神	【汤普森】A493. 1； *【民族，关联】①
W0466. 2. 2. 2. 1	火神是老太太（火神是老太婆）	【鄂伦春族】
W0466. 2. 2. 2. 1. 1	火神博如坎是一个长头发的红脸老太婆	【鄂伦春族】
W0466. 2. 2. 2. 2	火母女神	【鄂伦春族】【鄂温克族】
W0466. 2. 2. 2. 3	火娘娘	【哈萨克族】
W0466. 2. 2. 2. 4	保管火种的女神	【鄂伦春族】
W0466. 2. 3	火神的性格	
W0466. 2. 3. 1	火神性格暴躁	【傣族】
W0466. 2. 3. 1. 1	火神一言不合就发火	【傣族】
W0466. 2. 3. 2	傲慢的火神	
W0466. 2. 3. 2. 1	火神和他的9个儿子蔑视诸神	【汉族】
W0466. 3	火神的身份	
W0466. 3. 1	火神是猎人的保护神	【民族，关联】②
W0466. 3. 2	火神即旱神	【阿昌族】
W0466. 3. 2. 1	火神与旱神是同一个神	【阿昌族】

① 【鄂温克族】【哈萨克族】【土家族】 * ［W0065］女神

② 【鄂伦春族】【鄂温克族】 * ［W0497. 8］身兼多职的神

W 编码	母题描述	关联项
W0466.3.3	火神是魔王	【阿昌族】
W0466.3.4	火神兼具多种神格	
W0466.3.4.1	火神又指“灶神”、“火塘神”、“锅庄神”	【藏族】
W0466.3.4.1.1	锅庄神	
W0466.3.4.1.1.1	每当春季三月间在播种或吃青时祭锅庄神	【傈僳族】
W0466.3.4.1.1.2	锅庄神与祖先神合一	【傈僳族】
W0466.3.4.2	火神是家庭保护神	【蒙古族（布里亚特）】 * [W0443.1.2.2a] 家神即火神
W0466.3.4.3	火神是财神	【藏族】
W0466.3.5	火神是太阳	[W1620.3] 太阳是火神
W0466.3.5.1	9 个太阳是天帝的 9 个火神	【畲族】
W0466.3.6	火神是通报神	[W0450a] 报信之神（信神，传令神）
W0466.3.6.1	火神是端公的通报神	【羌族】 * [W0493.7.1a.4.1] 火塘神是端公的信使
W0466.3.6.2	火神是天神的信使	【羌族】
W0466.3.7	火神是特定身份的人	
W0466.3.7.1	铁匠是火神	【羌族】
W0466.3.8	火神是坏蛋	
W0466.3.8.1	火神是创世的破坏者	【柯尔克孜族】
W0466.4	火神的能力（火神的职能，火神的事迹）	
W0466.4.1	火神管理火	【鄂伦春族】
W0466.4.1.1	火神掌管人间烟火	【畲族】
W0466.4.1.2	火神管世间所用之火	【壮族】
W0466.4.1.3	火神管控家中的火	【羌族】
W0466.4.1.4	火神防火灾	【羌族】
W0466.4.2	火神的变形	

W 编码	母题描述	关联项
W0466. 4. 2. 1	火神变太阳	【民族，关联】①
W0466. 4. 2. 1. 1	火神的 7 个儿子变 7 个太阳	【傣族】
W0466. 4. 3	火神喷火（火神吐火）	【汉族】
W0466. 4. 4	火神显形	
W0466. 4. 4. 1	火神在火中显形	【鄂伦春族】
W0466. 4. 5	火神保佑家中所有事情	【藏族（白马）】
W0466. 4. 5. 1	火神主管人财两旺	【壮族】
W0466. 4. 6	火神炼铁	
W0466. 4. 6. 1	火神终年在石山底下炼铁熔石	【傣族】
W0466. 4. 7	火神能化身烈火	【傣族】
W0466. 4. 7. 1	火神可以加旺火势帮焚化尸体	【傈僳族】
W0466. 5	火神的居所	
W0466. 5. 1	火神在天上	【汉族】【水族】
W0466. 5. 1. 1	火神住天河边	【珞巴族】
W0466. 5. 2	火神住湖底	
W0466. 5. 2. 1	火神住镜泊湖湖底	【满族】
W0466. 5. 3	火神居灶中	【汉族】
W0466. 5. 3. 1	火神居火塘之中	【侗族】
W0466. 5. 3. 2	火神居火塘的锅庄石中	【藏族】
W0466. 5. 3. 3	火神居锅庄	【彝族】
W0466. 5. 4	火神居屋顶	【土家族】
W0466. 5. 5	火神居石中	【满族】 *［W6962］火石
W0466. 5. 6	火神居树中	
W0466. 5. 6. 1	火神躲在枫木中	【壮族】
W0466. 5. 7	火神住昆仑山	
W0466. 5. 7. 1	火神居昆仑山光明宫	【汉族】
W0466. 5. 8	与火神的居所有关的其他母题	
W0466. 5. 8. 1	火神不能居家中	【壮族】 *［W0912. 1. 5. 2］发生火灾时撵火鬼
W0466. 6	火神的生活	

① 【傣族】 *［W1545. 8. 6］日月是天上的火神；［W1569. 3］火神变成太阳；［W1620. 3］太阳是火神

W 编码	母题描述	关联项
W0466.6.0	火神的服饰	
W0466.6.0.1	火神穿龙蛇图案的衣裳	【彝族】
W0466.6.0.2	火神穿红衣	【满族】
W0466.6.1	火神的饮食	
W0466.6.1.1	火神以火为食	【傣族】
W0466.6.2	火神的工具	
W0466.6.3	火神洗浴	
W0466.6.3.1	火神在天河洗浴	【珞巴族】
W0466.6.4	火神的出行	
W0466.6.4.1	火神行走如炸雷	【土家族】
W0466.6.4.2	火神乘一团赤红云彩	【汉族】
W0466.6.4.3	火神驾火龙	【汉族】
W0466.7	火神的关系	
W0466.7.1	火神的父母	
W0466.7.1.1	火神是神王英叭的儿子	【傣族】
W0466.7.2	火神的兄弟姐妹	
W0466.7.2.1	火神七兄弟	
W0466.7.2.1.1	火神王七胞胎	【傣族】
W0466.7.2.2	火神姐弟	【白族】
W0466.7.3	火神的妻子	
W0466.7.3.1	火神与烟神夫妻	【畲族】
W0466.7.4	火神的儿子	［W0093.4.1.1］火神的儿子吃火长大
W0466.7.4.1	火神有 7 个儿子	【傣族】
W0466.7.4.1.1	火神的七胞胎儿子	【傣族】
W0466.7.4.2	火神有 9 个儿子	【汉族】
W0466.7.5	火神的其他亲属	
W0466.7.6	火神的上司	
W0466.7.6.1	火神是玉皇的下属	【汉族】

W 编码	母题描述	关联项
W0466. 8	火神的寿命与死亡	
W0466. 9	火神的类型	
W0466. 9. 1	火炭神	
W0466. 9. 1. 1	煮饭人被天神命名为火炭神	【彝族】
W0466. 9. 1. 2	火炭神在神中地位最高	【彝族】
W0466. 9. 2	天庭火神	
W0466. 9. 2. 1	天庭火神蒙格西	【羌族】
W0466. 9. 3	火神具有善恶两种	【彝族（撒尼）】
W0466. 9. 4	管柴火神	
W0466. 9. 4. 1	管柴火神里士	【羌族】
W0466. 10	与火神有关的其他母题	【关联】①
W0466. 10. 1	特定名称的火神（火神的名称）	【关联】②
W0466. 10. 1. 1	火神商伯	［W0044. 8. 6. 1］会生火的阏伯被认为是神
W0466. 10. 1. 1. 1	商伯是天上管火的火神	【汉族】
W0466. 10. 1. 1. 2	商伯为看守火种	【汉族】
W0466. 10. 1. 1. 3	火神商伯给人间送火	【汉族】
W0466. 10. 1. 1a	火神祝融	【汉族】 ＊［W0381. 1. 1］火神祝融是夏神
W0466. 10. 1. 1b	火神爷阏伯	【汉族】
W0466. 10. 1. 1b. 1	阏伯	
W0466. 10. 1. 1b. 1. 0	阏伯死后变成火神	【汉族】
W0466. 10. 1. 1b. 1. 1	阏伯是老天爷的儿子	【汉族】
W0466. 10. 1. 1b. 1. 1a	阏伯是帝喾的儿子	【汉族】 ＊［W0768. 1. 6. 3. 1. 1. 1］高辛氏有阏伯、实沈 2 个儿子
W0466. 10. 1. 1b. 1. 1b	阏伯是天上神仙下凡	【汉族】
W0466. 10. 1. 1b. 1. 2	阏伯有同情心	【汉族】

① ［W0907. 7］火灵（火鬼）；［W0995. 6b. 1］送火神；［W1386. 4］火神补天

② ［W0381］夏神是火神；［W0738. 2. 4］燧人氏是火神（火神燧人氏）；［W0744a. 1. 1］炎帝是火神（火神炎帝）；［W0767. 3］祝融是火神；［W0907. 7. 3. 2］火神也叫火鬼

W 编码	母题描述	关联项
W0466.10.1.1b.1.3	阏伯在天上就是管火	【汉族】
W0466.10.1.1b.1.3a	阏伯是管理火的官	【汉族】
W0466.10.1.1b.1.3b	阏伯是火正	【汉族】
W0466.10.1.1b.1.3c	阏伯管理火种不熄	【汉族】
W0466.10.1.1b.1.4	阏伯到天上取火	
W0466.10.1.1b.1.4.1	阏伯骑公鸡到天上取火	【汉族】
W0466.10.1.1b.1.5	阏伯的封号叫“商”	［W0466.10.1.1］火神商伯
W0466.10.1.1b.1.5.1	帝王给阏伯的封地封号叫“商”	【汉族】
W0466.10.1.1b.1.6	阏伯庙	【汉族】
W0466.10.1.1b.1.6.1	阏伯庙又称“火神庙”	【汉族】
W0466.10.1.1c	火正夫黎	【汉族】
W0466.10.1.1d	火神爷黎妞	【汉族】
W0466.10.1.1e	火神宋无忌	【汉族】
W0466.10.1.1f	火神游光	【汉族】
W0466.10.1.1g	火神吴回	【汉族】 *［W0767.7.1.2a］祝融即吴回
W0466.10.1.1h	火神回禄	【汉族】 *［W0767.7.1.2a.1］吴回即回禄
W0466.10.1.1k	凌霄女	
W0466.10.1.1k.1	沅州火神凌霄女	【汉族】
W0466.10.1.2	火神恩尼·阿拉	【珞巴族】
W0466.10.1.3	火神南火	【苗族】
W0466.10.1.4	火神燧神	【朝鲜族】
W0466.10.1.5	火神透欧博如坎	【鄂伦春族】
W0466.10.1.5.1	火神托布堪	【鄂伦春族】
W0466.10.1.5a	火神喜清洁	【鄂伦春族】
W0466.10.1.6	火神爷爷佛架玛法	【赫哲族】
W0466.10.1.7	火神腊訇	

W 编码	母题描述	关联项
W0466. 10. 1. 7. 1	火神腊訇也是旱神	【阿昌族】 * ［W0463. 3. 1. 2］火神旱神腊訇
W0466. 10. 1. 8	火畲神	
W0466. 10. 1. 8. 1	火畲神婆	【土家族】
W0466. 10. 1. 9	火神萨吉阿代	【蒙古族】
W0466. 10. 1. 10	火阳	【土家族】
W0466. 10. 1. 11	火神嘎日·扎扬希	【蒙古族（布里亚特）】
W0466. 10. 1. 12	火神王	
W0466. 10. 1. 12. 1	火神王丸勒哇摩甘	【景颇族】
W0466. 10. 1. 13	火神姐姐舍忽朵（鲜花）和弟弟巨鲁王（雄鹰）	【白族】
W0466. 10. 1. 14	火神锅庄菩萨	【藏族】
W0466. 10. 1. 15	火神丹磊（火神打洛）	【佤族】
W0466. 10. 1. 15a	火神孤迫	【佤族】
W0466. 10. 1. 16	火神莫古依稀	【羌族】
W0466. 10. 1. 16a	火神莫波士（茂波士）	【羌族】
W0466. 10. 1. 16b	火神翁不士	【羌族】
W0466. 10. 1. 16c	火神莫枯一且	【羌族】
W0466. 10. 1. 17	突姆火神	【满族】
W0466. 10. 1. 18	火神阿多尼	【傈僳族】
W0466. 10. 2	火神腊月二十三日送上天	【鄂伦春族】 * ［W0493. 3. 4. 4］腊月二十三日灶王爷上天
W0466. 10. 3	祭火神	
W0466. 10. 3. 1	敬火神时间腊月二十三日	【鄂伦春族】
W0466. 10. 3. 2	逢年过节祭火神	【藏族】
W0466. 10. 3. 3	六月祭火神	【彝族（阿哲、阿细）】
W0466. 10. 4	火神的遭遇	
W0466. 10. 4. 1	火神被人误伤	【鄂伦春族】
W0466. 10. 5	火神复仇	
W0466. 10. 5. 1	火神上天告状	【鄂温克族】 * ［W0493. 11］灶神上天告状

W 编码	母题描述	关联项
W0466.10.5.2	火神报复不敬火者	【鄂温克族】
W0466.10.6	火神的象征物	
W0466.10.6.1	火塘代表火神	【藏族（白马）】
W0466.10.6.2	锅庄代表火神	【羌族】
W0466.10.7	火神的遗迹	
W0466.10.7.1	火神庙	【汉族】
W0466.10.7.2	火神台	
W0466.10.7.2.1	火神台在商丘	【汉族】
W0467	**婚姻神**	【汤普森】A475.0.2； ＊［W7000］婚姻
W0467.1	婚姻神的产生	
W0467.2	婚姻神的特征	
W0467.2.1	婚姻女神	
W0467.2.1.1	婚姻女神白拉姆	【藏族】
W0467.3	特定名称的婚姻神	
W0467.3.1	婚姻神月老	
W0467.3.2	婚姻神花婆	【壮族】
W0467.3.3	婚姻女神鹅巴立西	【羌族】
W0467.3.4	主宰男女婚姻的鬼崩吉—崩达	
W0467.3.4.1	崩吉—崩达是男女双体连胎	【珞巴族】
W0467.3.5	婚姻神答背女神	【鄂温克族】
W0467.3.6	婚姻神女娲	【汉族】
W0467.3.7	婚姻神华岳三娘	【汉族】 ＊［W0457.3.0.2］造福女神华岳三娘
W0467.3.7.1	华岳三娘又称华山三圣母（华岳三娘又称华山三公主）	【汉族】
W0467.3.7.2	华岳三娘是玉皇大帝的外甥女	【汉族】
W0467.3.7.3	华岳三娘的儿子沉香	【汉族】
W0467.4	与婚姻神有关的其他母题	【关联】①

①［W0713.3］女娲是婚姻之神；［W0723.4.3］盘古管理婚姻

W 编码	母题描述	关联项
W0467. 4. 1	媒神	【土家族】 * ［W0236. 3. 11］土地神是媒神
W0467. 4. 1. 1	媒神塔纪神	【彝族】
W0467. 4. 1. 2	媒神月下老人（月老）	【汉族等】
W0468	**金属神**	
W0468. 1	金银铜铁锡神	
W0468. 1. 1	神生金银铜铁锡神	
W0468. 1. 1. 1	第二代神王烟沙生金银铜铁锡神	【哈尼族】
W0468. 2	金神（金子神）	［W0282. 2］秋神是金神
W0468. 2. 1	第二代神王生金子神	【哈尼族】
W0468. 2. 2	祖神封子孙为金子神	【哈尼族】
W0468. 3	铁神	［W0324a. 4. 1］雷神是铁匠
W0468. 3. 1	铁神的产生	
W0468. 3. 1. 1	第二代神王生黑铁神	【哈尼族】
W0468. 3. 2	铁神的特征	
W0468. 3. 2. 1	铁神是蛇的样子	【鄂温克族】
W0468. 3. 2. 2	黑铁神	【哈尼族】
W0468. 3. 3	与铁神有关的其他母题	
W0468. 3. 3. 1	铁神有炼铁石	【哈尼族】
W0468. 3. 3. 2	铁神与风神、雨神、雷神等是 9 兄弟	【哈尼族】
W0468. 4	铜神	【汉族】
W0468. 4. 1	铜神的产生	
W0468. 4. 1. 1	世上第一个男神烟沙生铜神	【哈尼族】
W0468. 4. 1. 2	第二代男神王烟沙大神生铜神	【哈尼族】
W0468. 4. 2	铜神的特征	
W0468. 4. 3	与铜神有关的其他母题	
W0468. 4. 3. 1	铜神居塘中	【汉族】
W0468. 4. 3. 2	荆山铜神	
W0468. 4. 3. 2. 1	荆山铜神向黄帝献铜	【汉族】

W 编码	母题描述	关联项
W0468.5	锡神	
W0468.5.1	第一个男神大神烟沙生锡神	【哈尼族】
W0468.5.2	第一代神王老祖母阿匹梅烟给第五个孙子戴上锡盔封为锡神	【哈尼族】
W0468.6	银神（银子神）	
W0468.6.1	大神烟沙生银子神	【哈尼族】 * ［W1980.1.2.1］有了金属神后产生金属
W0468.6.2	祖神封子孙为银子神	【哈尼族】
W0469	**酒神**	［W6155］酒
W0469.1	酒神的产生	
W0469.2	酒神的特征	
W0469.2.1	男酒神	
W0469.2.2	女酒神	
W0469.2.2.1	老年女酒神务右	【苗族】
W0469.3	与酒神有关的其他母题	
W0470	**美丽之神**	【汤普森】A462
W0470.1	美丽女神	【汤普森】A462.1； * ［W0067.5.4］爱美的女神
W0471	**命运之神（命运神）**	【汤普森】A463； * ［W9480］命运
W0471.1	命运神的产生	［W9481］命运的产生
W0471.1.1	特定的人成为命运之神	
W0471.1.1.1	喇嘛庙被雷死的一个伙夫成为命运神	【达斡尔族】
W0471.2	命运神的特征	
W0471.2.1	命运女神	【汤普森】N111； * 【汉族】
W0471.2.2	白色命运之神	
W0471.2.2.1	白色命运腾格里是保护牲畜的腾格里	【蒙古族】
W0471.3	命运神的职能	
W0471.3.1	命运神也是财神	【鄂伦春族】

W 编码	母题描述	关联项
W0471.4	特定名称的命运之神	
W0471.4.1	命运神吉雅其	【鄂伦春族】
W0471.4.2	命运神吉雅其·巴尔肯	【达斡尔族】
W0471.4.3	命运神贺什格腾格里	
W0471.4.3.1	贺什格腾格里是定夺命运之天	【蒙古族】
W0471.4.4	命运神那仁都兰腾格里	
W0471.4.4.1	那仁都兰腾格里是西方五十五尊腾格里之苏勒德命运之神	【蒙古族】
W0471.4.5	命运之神天通土地未卜仙官	
W0471.4.5.1	天通土地未卜仙官管普天下上、中、下人的命运	【彝族（撒尼）】
W0471.5	与命运之神有关的其他母题	
W0471.5.1	主司文运之神	
W0471.5.1.1	奎星是主司文运之神	【汉族】
W0472	**怒神**	【汤普森】①A139.13；②A486
W0472a	**器物神**	
W0472a.1	器物神的产生	
W0472a.2	器物神的特征	
W0472a.3	与器物神有关的其他母题	［W0965］神鼓（鼓神）
W0472a.3.1	器物制造神	
W0472a.3.1.1	造石器神	
W0472a.3.1.1.1	造石器之神甘歌	【壮族】
W0473	**杀戮之神**	【汤普森】A310.2
W0473.1	司杀伐的黑方之腾格里	【蒙古族】
W0474	**社神（社王）**[①]	
W0474.1	社神的产生	
W0474.1.1	社神源于特定地方	
W0474.1.2	社神是造出来的（造社神）	
W0474.1.2.1	祖先用泥造社神（社婆婆）	【苗族】

① 社神（社王），关于社神的说法较为复杂，所指人物也不甚一致。一般认为社神即土地神。神话传说中有的说社神即“后土”，有的说是共工氏的儿子句龙，等。

W 编码	母题描述	关联项
W0474.1.3	社神是生育产生的（生社神）	
W0474.1.3.1	神生社神	
W0474.1.3.2	社神是共工之子	【民族，关联】①
W0474.1.4	感生社神（人感生社神）	
W0474.1.4.1	女子感生社神	
W0474.1.4.2	寡妇感生社王	【毛南族】
W0474.1.5	册封社神	
W0474.1.5.1	黄帝封社王	【毛南族】
W0474.1.5.2	玉帝分封出社王爷	【壮族】
W0474.1.6	特定人物变成社神	
W0474.1.7	与社神产生有关的其他母题	
W0474.1.7.1	社神生有异象	
W0474.1.7.1.1	社王出生有三撇胡子	【毛南族】
W0474.2	社神的特征	
W0474.2.1	社神面黑而多须	【汉族】
W0474.3	社神的身份	
W0474.3.1	社是土地之神的神主	【汉族】
W0474.3.1.1	社即土地神	【汉族】
W0474.3.2	社神是地主	【汉族】
W0474.3.3	社神是保护神	【壮族】
W0474.3.3.1	社神是村寨保护神	【毛南族】
W0474.3.3.2	社公神是村寨人畜禾苗的保护神	【壮族】
W0474.3.4	与社神身份有关的其他母题	
W0474.3.4.1	社神比土地神地位高	【壮族】
W0474.4	社神的职能	
W0474.4.1	京师社神黄崇主天下名山	【汉族】
W0474.4.2	社神司财	【汉族】

① 【汉族】 * ［W0231.2.1］ 共工之子成为地神；［W0406.5］ 共工之子是水神

W 编码	母题描述	关联项
W0474.4.3	社神管粮食	
W0474.4.3.1	社王爷管田野中的五谷杂粮	【壮族】
W0474.4.4	社神是人与神的中介	【毛南族】
W0474.4.5	社神管生产	【壮族】
W0474.4.6	社王斩妖除邪	【毛南族】
W0474.4.7	社王管土地和庄稼	【壮族】
W0474.5	社神的能力（社神的事迹）	
W0474.5.1	社神能治理水土	【汉族】
W0474.5.2	社神能除病消灾	【汉族】
W0474.6	社神的生活	
W0474.6.1	社神的服饰	
W0474.6.1.1	社神头戴铁冠	【汉族】
W0474.6.2	社神的食物	
W0474.6.3	社神的居所	
W0474.6.3.1	社神无居所	
W0474.6.3.1.1	社神无庙	【壮族】
W0474.6.3.2	社神居村边大树下	【壮族】 *［W0236.3a.3.3］土地神住树洞
W0474.6.3.3	社神居社树中	【壮族】
W0474.6.4	社神的出行	
W0474.6.4.1	社神骑虎	【汉族】
W0474.6.5	社神的工具	
W0474.6.5.1	社神手执铁鞭	【汉族】
W0474.7	社神的关系	
W0474.7.1	社神的父母	
W0474.7.1.1	社神勾龙的父亲共工氏	【汉族】
W0474.7.2	社神的子女	
W0474.7.3	社神的上司	
W0474.7.4	社神的下属	

W 编码	母题描述	关联项
W0474.7.4.1	社神有八员猛将，六毒大神，五方雷神、五方猖兵、二十八将	【汉族】
W0474.8	特定名称的社神（社神的名称）	
W0474.8.1	社神勾龙	【汉族】
W0474.8.1.1	共工之子句龙为后土，后土为社	【汉族】
W0474.8.1.2	社神勾龙能平水土	【汉族】
W0474.8.1a	社神后土	【汉族】
W0474.8.2	社神黄崇	
W0474.8.2.1	京师社神，姓黄名崇	【汉族】
W0474.8.3	社婆婆	【苗族】 ＊［W0147.6］社婆婆和庙公公
W0474.8.4	社王	【毛南族】
W0474.8.4.1	社王爷	【壮族】
W0474.8.5	社公神	【壮族】
W0474.8.5.1	社神又称社公	【汉族】
W0474.8.6	社灵	
W0474.8.6.1	社灵主宰全村幸福	【傈僳族】
W0474.9	社神的类型	
W0474.9.1	大社	【汉族】
W0474.9.2	王社	
W0474.9.3	国社	
W0474.9.4	州社	
W0474.9.5	县社	
W0474.10	与社神有关的其他母题	【壮族】 ＊［W0768.16.3.3］后土是社神
W0474.10.1	社神的象征物（社神神偶）	
W0474.10.1.1	社神神偶是长条形石块	【壮族】
W0474.10.2	25 家为一社	【汉族】
W0475	**生命之神（生命神，寿神）**	【汤普森】①≈A108；②A474；＊【苗族】
W0475.1	生命之神的产生	
W0475.1.1	水生生命之神	

W 编码	母题描述	关联项
W0475. 1. 1. 1	生命之神生于水底	【满族】
W0475. 2	生命之神的特征	
W0475. 3	特定名称的生命之神	
W0475. 3. 1	生命之母神都金恩都力	【满族】
W0475. 3. 2	寿神麻姑	［W0806. 0. 2. 3. 5］麻姑献寿
W0475. 3. 2. 1	麻姑是赐福添寿的长寿女神	【汉族】
W0475. 3. 3	寿神西王母	【汉族】 * ［W0760. 8. 2］西王母主长寿
W0475. 3. 4	寿神彭祖	【汉族】 * ［W0768. 9. 2. 1］彭祖长寿
W0475. 3. 5	寿星南极仙翁（老寿星）	【汉族】 * ［W0768. 9. 1. 1. 1］老寿星雷姆比彭祖还老
W0475. 3. 5. 1	寿星南极仙翁又称南极老人	【汉族】 * ［W0761. 3. 5］西王母的女儿南极王夫人
W0475. 3. 5. 2	寿星南极仙翁又称寿星	【汉族】
W0475. 3. 5. 3	寿星南极仙翁保佑人的性命，使人延年益寿	【汉族】
W0475. 3. 5. 4	老寿星的龙头杖	【高山族】
W0475. 3. 5. 4. 1	阿里山的神木是老寿星的龙头杖	【高山族】
W0475. 3. 6	生命神索拉年钦	【藏族】
W0475. 3. 7	生命的胎胞神“团”	【佤族】
W0475. 3. 8	生命神“祀”	
W0475. 3. 8. 1	生命神“祀”又译“家神”	【纳西族】
W0475. 4	与生命之神有关的其他母题	
W0475. 4. 1	特定的人物是寿神	【苗族】
W0475. 4. 2	风伯、雨师、云师主管人的生老病死	【朝鲜族】 * ［W0549. 3］风伯、雨师、云师主管人间谷物的生长
W0475. 4. 3	命神	
W0475. 4. 3. 1	体神又称命神	【藏族】
W0475. 4. 3. 2	命神分男神和女神	【藏族】
W0475. 4. 3. 3	命神像灯故曰命灯	【藏族】
W0475. 4. 3. 4	老人的命神是一棵树	【藏族】

W 编码	母题描述	关联项
W0475.4.4	不死之神	【汉族】
W0475.4.5	负责转世的神	
W0475.4.5.1	负责转世的神札牙俺腾格里（札牙安察罕腾格里，札牙安塔本腾格里）	【蒙古族】
W0475.4.6	主宰自然界万类物种荣衰之神	
W0475.4.6.1	主宰自然界万类物种荣衰之神术神	【纳西族】
W0476	**牲畜神（牲畜保护神，家畜保护神）**	【哈萨克族】 * ［W0460］家畜神
W0476.1	牲畜神的产生	
W0476.1.0	神或神性人物成为牲畜神	
W0476.1.0.1	天神的儿子是家畜守护神	
W0476.1.0.1.1	天神的小儿子摩米然里是家畜守护神	【哈尼族】
W0476.1.1	人成为牲畜神	
W0476.1.1.1	人被雷击死后成为家畜神	【达斡尔族】 * ［W0047.2.2］遭雷击的动物成为神
W0476.1.1.2	会养殖的人为牲畜神	［W0058.1a.1.1］拜会养殖的人为牲畜神
W0476.1.1.2.1	牧使牲畜的达尔洪爷爷成为保佑牲畜繁衍的男神灵	【锡伯族】
W0476.1.1.3	独身的牧羊老人保如乐岱成为牲畜保护神	【蒙古族】
W0476.1.1.4	勤劳的牧马人吉雅其被人们当成牲畜保护神	【蒙古族】
W0476.1.2	人的亡灵成为牲畜神	
W0476.1.2.1	被雷击身亡的蒙古喇嘛庙伙夫的亡灵成为牲畜神	【达斡尔族】
W0476.1.2.2	祖宗的灵魂是牲畜保护神	【哈萨克族】
W0476.1.3	生育牲畜神	

W 编码	母题描述	关联项
W0476.1.3.1	创始祖和造物母孕育三牲六畜之祖	【景颇族】
W0476.2	牲畜神的特征	
W0476.2.1	牲畜神的性别	
W0476.2.1.1	牲畜女神	
W0476.2.1.1.1	掌管牲畜的女神达嘎卓桑玛	【藏族】
W0476.2.2	牲畜神人形	
W0476.2.2.1	牲畜神吉雅奇是用偷来的不同姓氏人家的种马的鬃尾绣成的2个人形	【鄂温克族】
W0476.3	牲畜神的职能	［W0497.8.9.1］牲畜之神吉雅奇也是赐运气之神
W0476.3.0	牲畜神主管牲畜	【壮族】
W0476.3.1	牲畜神管牲畜安全	【鄂伦春族】
W0476.3.2	牲畜神保五畜兴旺	
W0476.3.2.1	保牧乐神保五畜兴旺	【蒙古族】
W0476.3.3	牲畜神给予人类牲畜	
W0476.3.3.1	牲畜之神吉雅奇给予人类牲畜，也赐给人运气	【鄂温克族】
W0476.3.3.2	牲畜保护神是牲畜的主人	【蒙古族】
W0476.3.4	牲畜保护神是财富的主人	【蒙古族】
W0476.4	牲畜神的关系	
W0476.4.1	牲畜神的亲属	
W0476.4.1.1	牲畜保护神吉雅其阿爸有9个孩子	【蒙古族】
W0476.5	牲畜神的类型	
W0476.5.1	六畜神	
W0476.5.1.1	牛魔王是六畜神	【壮族】
W0476.5.2	主宰特定牲畜的神	
W0476.5.2.1	主宰骆驼的神	【哈萨克族】 *［W0435.3.4］管骆驼的神（骆驼神）

W 编码	母题描述	关联项
W0476.5.2.2	主宰马的神	【哈萨克族】
W0476.5.2.3	主宰牛的神	
W0476.5.2.3.1	主宰牛的神臻恩格巴巴	【哈萨克族】
W0476.5.2.4	主宰羊的神	
W0476.5.2.4.1	主宰羊的神巧潘阿塔	【哈萨克族】
W0476.5.2.5	猪的保护神	
W0476.5.2.5.1	猪栏神是猪畜保护神	【民族无考】
W0476.5.3	牲畜神是多个动物神的集合	
W0476.5.3.1	牲畜神主要包括牛、马、猪、狗、鸡、鸭等神	【壮族】
W0476.5.4	六畜五圣	
W0476.5.4.1	六畜五圣是主司六畜之神	【民族无考】
W0476.5.5	特定毛色的家畜的保护神	
W0476.5.5.1	古日尔·腾格里，被视为暗（黑）毛色的有角家畜的保护神	【蒙古族（布里亚特）】
W0476.6	特定名称的牲畜神	［W0471.2.2.1］白色命运腾格里是保护牲畜的腾格里
W0476.6.1	牲畜神保牧乐	【蒙古族】 ＊［W0476.1.1.3］独身的牧羊老人保如乐岱成为牲畜保护神
W0476.6.1.1	天庭偷牛的郝布拉特成为保牧乐神	【蒙古族】
W0476.6.1a	牲畜神吉雅其	【蒙古族】
W0476.6.1a.1	吉雅其住羚羊角内的宫殿中	【蒙古族】
W0476.6.2	牲畜神昭路和查路博如坎	【鄂伦春族】
W0476.6.2.1	管牲畜安全神昭路和查路博如坎	【鄂伦春族】
W0476.6.3	牲畜神吉雅其（吉雅奇）	【民族，关联】①

① 【鄂温克族】 ＊［W0208.34.1］天神吉雅琦；［W0451.7.1.1］财神吉雅其；［W0471.4.1］命运神吉雅其；［W0476.1.1.4］勤劳的牧马人吉雅其被人们当成牲畜保护神；［W0497.8.9.1］牲畜之神吉雅奇也是赐运气之神；［W0639.2.1.1.1］牲畜神吉雅奇是一男一女两个人形

W 编码	母题描述	关联项
W0476. 6. 3a	牲畜保护神米阔勒神	【鄂温克族】
W0476. 6. 3b	家畜神依希克伊	【鄂温克族】
W0476. 6. 4	家畜神海尔堪爷爷	【锡伯族】
W0476. 6. 5	畜神东欠永布	【珞巴族（博嘎尔部落）】
W0476. 6. 6	牲畜保护神吉雅其·带拉勒	
W0476. 6. 6. 1	“吉雅其·带拉勒”也叫做“专”，有男女 1 对	【达斡尔族】
W0476. 6. 7	牲畜保护神奥依斯勒喀剌	
W0476. 6. 7. 1	奥依斯勒喀剌是牲畜的守护神之一	【哈萨克族】
W0476. 6. 8	牲畜神摩米扎里	
W0476. 6. 8. 1	12 个乌摩中第 5 个乌摩是管理万匹牲口的摩米扎里	【哈尼族】
W0476. 7	与牲畜神有关的其他母题	
W0476. 7. 1	牲畜神每家必供	
W0476. 7. 1. 1	每家必供牲畜神吉雅奇	【鄂温克族】
W0476. 7. 2	人畜保护神	
W0476. 7. 2. 1	瘟司海会王神是保佑人畜摆脱疾疫苦海之神灵	【汉族】
W0476. 7. 2. 2	女始祖密洛陀造的小铜人和小锌人成为保佑人畜性命安康的贤思师恩（神皇）	【瑶族】
W0476. 7. 3	牲畜保护神的数量	
W0476. 7. 3. 1	牲畜保护神有 106 位	【蒙古族】
W0476a	**厩神**	
W0476a. 1	厩神的产生	
W0476a. 2	厩神的特征	
W0476a. 3	与厩神有关的其他母题	
W0476a. 3. 1	祭厩神	

W 编码	母题描述	关联项
W0476a.3.1.1	每年农历三月初三、六月二十四或七月八日在自家畜厩门口祭厩神	【傈僳族】
W0477	**生育神（生殖神，人种神）**	【汤普森】A477
W0477.1	生育神的产生	
W0477.1.1	神成为生育神	
W0477.1.1.1	雷婆是生育神	【侗族】 *［W0312］女雷神（雷婆）
W0477.1.2	神性人物成为生育神	
W0477.1.2.1	祖先是生育神	【苗族】 *［W0648］祖先是神
W0477.1.2.2	女祖先是生育神	【关联】①
W0477.1.2.2.1	女祖先在阴间管生育	【壮族】
W0477.1.3	特定的人成为生育神	【土家族】
W0477.2	生育神的特征	
W0477.2.1	生育神双体连胎	【珞巴族】
W0477.2.2	生育神有巨大的乳房	
W0477.2.2.1	掌管后嗣子孙的老妈妈乳房很长	【达斡尔族】
W0477.2.2.2	生育神奶头由肩上往后夯拉着	【达斡尔族】
W0477.3	生育神的身份	
W0477.4	生育神的居所	
W0477.4.1	生育神住在特定的山上	【瑶族】
W0477.4.2	生育神住山顶	
W0477.4.2.1	生育神住龙芒山顶上	【瑶族】
W0477.5	生育神的职能	
W0477.5.1	生育神兼管妇女儿童健康	
W0477.5.1.1	大神佛陀妈妈兼管生育和妇女儿童健康	【满族】
W0477.5.2	生育神管理幼儿成长	【壮族】

① ［W0654.2.2.6］女始祖有很大的乳房；［W0654.2.2.7］女始祖有很多乳房；［W0654.2.2.8］女始祖高产

W 编码	母题描述	关联项
W0477.6	生育神的能力	
W0477.7	生育神的关系	
W0477.8	生育神的类型	
W0477.8.1	主管生育的男神	【羌族】
W0477.8.1.1	司子嗣生育的男性大神张仙	【汉族】
W0477.8.1.2	送子张仙	【汉族】
W0477.8.2	主管生育的女神（生育女神）	
W0477.8.2.1	白昼神和黑夜神孕育生育女神	【景颇族】
W0477.8.3	管投生的神（司投胎之神）	
W0477.8.3.1	管凡人投生的神	【羌族】 *［W9375］投胎
W0477.8.3.2	专管凡人投生的天神智比娃西	【羌族】
W0477.8.4	胎神	
W0477.8.4.1	白昼神和黑夜神孕生胎神	【景颇族】
W0477.8.5	子孙保生之君	
W0477.8.5.1	主管生育送子之女神又称子孙保生之君	【汉族】
W0477.8.6	送子之神（送子神）	【民族，关联】①
W0477.8.6.1	送子女神鬼子母	【民族无考】 *［W0068a.5.13.7］送子娘娘女岐（九子母）
W0477.8.6.2	送子神禄神	【汉族】
W0477.8.6.3	送子弥勒	【民族，关联】②
W0477.9	特定名称的生育神	
W0477.9.1	生育神花仙婆	【布依族】
W0477.9.2	生育神加奇神	【鄂温克族】
W0477.9.3	生育神女娲	【汉族】
W0477.9.4	生育神泰山奶奶	【汉族】
W0477.9.5	生育神泰山娘娘	【汉族】
W0477.9.5a	生育神少司命	【汉族】

① 【高山族】 *［W0068a.5.13］子孙娘娘（送子娘娘）；［W0713.3a.1］女娲是送子娘娘
② 【汉族】 *［W0787.7.2］弥勒佛（弥勒）；［W0787.7.2.3］弥勒送子

W 编码	母题描述	关联项
W0477.9.5a.1	少司命是司人子嗣有无之神	【汉族】
W0477.9.5b	生育神花蕊夫人	
W0477.9.5b.1	花蕊夫人是掌管妇女孕育生子的送子神	【汉族】
W0477.9.6	生育神佛陀妈妈	
W0477.9.6.1	下方管平安生育子女的神佛陀妈妈遇事上天启奏天神	【满族】
W0477.9.6a	生育神嘎哈山玛玛	
W0477.9.6a.1	嘎哈山玛玛主司孳育人间生灵万物	【满族】
W0477.9.7	生育神春巴妈帕	【土家族】
W0477.9.8	生育神旺丁大仙	【瑶族】
W0477.9.8a	生育神雷都仙念	【瑶族】
W0477.9.9	生育神花婆	【壮族】
W0477.9.9.1	生育神花婆圣母	【壮族】
W0477.9.9.2	花婆王是生育神	【壮族】
W0477.9.9.3	花婆	
W0477.9.9.3.1	花婆住阴间	【壮族】
W0477.9.9.3.2	花婆专管阴间 36 个花园	【壮族】
W0477.9.9.3.3	花婆常春不老	【壮族】
W0477.9.9a	生育神姆六甲	【壮族】 ＊［W0705.3.2］姆六甲是女始祖
W0477.9.9a.1	娅杠是天上管地上人间的生育的神	【壮族】
W0477.9.9a.2	女始祖姆洛甲在阴间司管人间生男育女	【壮族】
W0477.9.9b	生育神花王	【壮族】
W0477.9.10	生育神宁一一宁德	
W0477.9.10.1	宁一一宁德是男女双体连胎的鬼	【珞巴族】
W0477.9.11	生育女神奥蔑·巴尔肯	【达斡尔族】

W 编码	母题描述	关联项
W0477.9.11a	生育女神奥蔑·额倭	
W0477.9.11a.1	奥蔑·额倭是掌管后嗣子孙的老妈妈	【达斡尔族】
W0477.9.12	司生育之神夜鬼	【怒族】
W0477.9.13	生育神“华”	【纳西族】
W0477.9.13a	生育神那蹄	
W0477.9.13a.1	生育神那蹄为女人形象	【纳西族】
W0477.9.13a.2	生育神那蹄乳房大，肚子鼓，阴部明显	【纳西族】
W0477.9.13a.3	生育神那蹄主宰妇女生育，保佑婴儿健康	【纳西族】
W0477.9.13b	生育神“仁”	
W0477.9.13b.1	“仁”是会飞会跳、发展繁衍快的生育神	【纳西族】
W0477.9.14	生育神娃英卡	
W0477.9.14.1	生育神娃英卡形象是一具石头女阴中冒出的2个葫芦	【白族】
W0477.10	与生育神有关的其他母题	【关联】①
W0477.10.1	难产神	［W0907.14.13b］难产鬼
W0477.10.1.1	白昼神和黑夜神孕生难产神	【景颇族】
W0477.10.2	生殖神的象征物	
W0477.10.2.1	生殖器状的石头尊作人种神	【白族】
W0477.10.3	祭祀生育神	
W0477.10.3.1	春节时祭生育神	【锡伯族】
W0477.10.4	催生娘娘	
W0477.10.4.1	催生娘娘丙尼士	【羌族】
W0478	**食人神**	【汤普森】A153.8； ＊［W094.5］神以人为食物
W0478a	**世界之神**	

① ［W0068.7］自生自育的女神；［W0312.3.1］雷婆是生殖神；［W0398.2a.2.6］崖神是生育神；［W0497.8.11.6］蛇是生殖神、农业神、财帛神兼医药、护卫之神

W 编码	母题描述	关联项
W0478a.1	世界之神果苏果干	【苗族】
W0479	**受难之神（苦难神）**	【汤普森】A139.12
W0480	**死神（死亡之神，生死神）**	【汤普森】①A108.1；②A310；③A487；＊［W2970］人的死亡
W0480.1	死神的产生	
W0480.1.1	特定的人物婚生死神	
W0480.1.1.1	一对夫妻婚生死神	
W0480.1.1.1.1	男子阿桑嘎与丑陋的老太婆婚生的第二个儿子沙克通成为死神	【珞巴族】
W0480.2	死神的特征	
W0480.2.1	死亡女神（死亡之母）	【汤普森】A487.1
W0480.2.2	死神全身黑得像煤	【傣族】
W0480.3	死神的职能（死神的能力）	
W0480.3.1	死神掌管全动人灵魂	【傣族】＊［W0202.4.4.2.1］天神叭英的使者是掌管全动人灵魂的死神
W0480.3.2	死神的白叶帽下任何生命无法躲避死亡	【基诺族】
W0480.4	死神的生活	
W0480.4.1	死神的服饰	
W0480.4.1.1	死神穿黑色衣裳	【傣族】＊［W0480.2.2］死神全身黑得像煤
W0480.4.2	死神的饮食	
W0480.4.3	死神的居所	
W0480.4.3.1	死神居地下	
W0480.4.3.2	死神居山上	
W0480.4.3.2.1	掌管生死的神住在泰山	【汉族】
W0480.4.3.3	死神居树上	
W0480.4.3.4	死神在天上	【傣族】
W0480.4.4	死神的出行	
W0480.5	特定名称的死神（死神的名字）	
W0480.5.1	死神泰山神	

W 编码	母题描述	关联项
W0480. 5. 1. 1	泰山神管生死	【汉族】 * ［W0398. 1. 2］ 泰山神
W0480. 5. 2	死神刘翁	
W0480. 5. 3	死神沙克通	【珞巴族】
W0480. 5. 4	死神爱勺夺	【彝族】
W0480. 5. 5	死亡之神沙勒玛迪	
W0480. 5. 5. 1	沙勒玛迪男神管粟、芋、豆和人类的死亡。	【高山族（排湾）】
W0480. 5. 6	死神尤鲁瓦	【纳西族】
W0480. 6	与死神有关的其他母题	［W0340. 18］ 雷神主死亡
W0480. 6. 1	死神的预兆	【汉族】 * ［W9200］ 征兆
W0480. 6. 2	阴间的领路神	【赫哲族】 * ［W0448. 2. 1］ 路神
W0480. 6. 3	生死神	
W0480. 6. 3. 1	阴阳神	
W0480. 6. 3. 1. 1	阴阳神主管人间生死	【苗族】
W0480. 6. 3. 1. 2	阴阳神自格老	【苗族】
W0480a	**活神**	
W0480a. 1	普天下的神只有黄飞虎是个活神	【汉族】
W0481	**贪婪之神**	【汤普森】 A139. 15
W0481. 1	贪婪的山神	【藏族】 * ［W0391］ 山神
W0482	**偷盗之神（偷盗神，盗神，搬运神）**	【汤普森】 A457; * ［W0658a. 8. 32. 1］ 窃贼祖师时迁
W0482. 1	毛鬼神	
W0482. 1. 1	毛鬼神是拿着小红口袋专门倒腾人家粮食的神	【汉族】
W0483	**瘟神（疾病神，病魔，瘟疫鬼）**	【汤普森】 ① A478; ② A478. 1; * 【鄂温克族】【蒙古族】
W0483. 1	瘟神的产生	
W0483. 1. 1	瘟神天降	【藏族】
W0483. 1. 2	瘟神四生育产生的生育	

W 编码	母题描述	关联项
W0483.1.2.1	瘟神是古帝颛顼的三个儿子	【汉族】
W0483.1.3	瘟神是变化产生的	
W0483.1.3.1	颛顼的儿子死后变瘟神	【汉族】 * ［W0907.8.2.1］ 颛项氏有三子，死而为疫鬼
W0483.1.3.2	瘟死的老人成为瘟神	【汉族】
W0483.2	瘟神的特征	
W0483.2.1	瘟神的性别	
W0483.2.1.1	女瘟神	【汤普森】 A478.1
W0483.2.2	瘟神的外貌	
W0483.2.2.1	疾病神蛇形	【鄂温克族】
W0483.2.3	瘟神的性格	
W0483.3	瘟神的职能（瘟神的能力）	
W0483.3.1	瘟神主宰各种疾病	【鄂伦春族】
W0483.3.2	瘟神司传染病	【汉族】
W0483.3.3	瘟神是地方保护神	【壮族】
W0483.4	瘟神的关系	
W0483.4.1	瘟神的父母	
W0483.4.1.1	瘟神的父亲颛顼	【汉族】
W0483.4.2	瘟神是虫王爷的“一担挑”	【汉族】
W0483.5	瘟神的类型	
W0483.5.1	天花神	【侗族】
W0483.5.1.1	天花娘娘	【鄂伦春族】
W0483.5.1.2	司天花的神额古都娘娘	【鄂伦春族】
W0483.5.2	痘神	
W0483.5.2.0	痘神的产生	
W0483.5.2.0.1	农家挑水壮汉奉为痘神	【汉族】
W0483.5.2.1	男痘神是男祖先顾兴阿玛法	【锡伯族】
W0483.5.2.2	女痘神是女祖先吉朗阿玛玛	【锡伯族】
W0483.5.2.3	痘神广泽尊王	【汉族】
W0483.5.2.4	痘神郭圣王	【汉族】
W0483.5.2.5	痘神圣王公	【汉族】

W 编码	母题描述	关联项
W0483. 5. 2. 6	痘儿哥哥和痘儿姐姐	
W0483. 5. 2. 6. 1	掌管男性出痘之神为“痘儿哥哥”，掌管女性出痘之神为“痘儿姐姐”、“痘神娘娘”	【汉族】
W0483. 5. 2. 7	痘神奶奶	
W0483. 5. 2. 7. 1	姜子牙封其正房金氏为卫房圣母元君，俗称痘神奶奶	【汉族】
W0483. 5. 3	司麻疹的神	
W0483. 5. 3. 1	司麻疹的神尼其昆娘娘	【鄂伦春族】
W0483. 5. 3. 2	麻痧之神	
W0483. 5. 3. 2. 1	麻痧神又称麻神	【民族无考】
W0483. 5. 3. 2. 2	麻痧神又称痧神	【民族无考】
W0483. 5. 3. 2. 3	麻痧神又称斑神	【民族无考】
W0483. 5. 3. 2. 4	小儿出天花时供奉麻痧之神	【民族无考】
W0483. 5. 4	司人畜抽风病的神	
W0483. 5. 4. 1	司人畜抽风病之神德勒库达日依乐	【鄂伦春族】
W0483. 5. 4. 2	风生司人畜抽风病的神恩古包尔	【鄂伦春族】
W0483. 5. 4. 2. 1	恩古包尔的脉搏通过旋风与虹相连	【鄂伦春族】
W0483. 5. 5	司斑疮的神	
W0483. 5. 5. 1	司斑疮的神额胡娘娘	【鄂伦春族】
W0483. 5. 5. 2	疮病之神	
W0483. 5. 5. 2. 1	疮病之神达兰·图尔盖德	【蒙古族（布里亚特）】
W0483. 5. 6	人畜疾病神	
W0483. 5. 6. 1	管人畜疾病的神恩古包尔	【鄂伦春族】
W0483. 5. 6. 2	家畜的瘟神	
W0483. 5. 6. 2. 1	包莫·腾格里能给家畜降下各种疾病	【蒙古族（布里亚特）】
W0483. 5. 7	肚痛神	
W0483. 5. 7. 1	肚痛神人形	【赫哲族】

W 编码	母题描述	关联项
W0483.5.8	痨病神	
W0483.5.8.1	痨病神瘦弱	【赫哲族】
W0483.5.9	五种疫疠之神	【汉族】
W0483.5.10	伤寒病瘟神	
W0483.5.10.1	伤寒病和瘰疬病化身为危害人类的无名魂灵	【蒙古族（布里亚特）】
W0483.5.11	治结核病之神	
W0483.5.11.1	孛绰玛腾格里是祛除结核病的天	【蒙古族】
W0483.6	与瘟神有关的其他母题	【关联】①
W0483.6.1	特定名称的瘟神（疾病神）	
W0483.6.1.1	瘟神翁库鲁博如坎	【鄂伦春族】
W0483.6.1.2	娘娘神能让人闹病	【鄂温克族】
W0483.6.1.3	东方天神包莫·腾格里是家畜的瘟神	【蒙古族（布里亚特）】
W0483.6.1.4	瘟疫神冯伯	
W0483.6.1.4.1	冯伯是天上个仙家仨兄弟中的老大	【壮族】
W0483.6.1.5	瘟神又称五瘟神	【汉族】
W0483.6.1.6	瘟神又称五瘟使者	【汉族】
W0483.6.1.6.1	五方力士在天为五鬼，在地为五瘟使者	【汉族】
W0483.6.1.7	瘟神颛顼（疫神帝颛顼）	【汉族】 * ［W0483.1.2.1］颛顼的儿子死后变瘟神
W0483.6.1.8	感灵瘟元帅	
W0483.6.1.8.1	玉帝封为救人而死的老人为感灵瘟元帅	【汉族】
W0483.6.1.9	大厉疫鬼	
W0483.6.1.9.1	大厉疫鬼伯强	【汉族】
W0483.6.1.10	瘟神“增”鬼	【纳西族】

① ［W0251.6.1.2］东方天神是瘟神；［W0907.8］瘟疫鬼；［W0995.8.2］驱瘟神；［W8646］瘟疫的制造者（疾病的制造者）

W 编码	母题描述	关联项
W0483. 6. 1. 11	瘟神米处干	
W0483. 6. 1. 11. 1	崖神米处干是司昏迷、癫痫等急病重症的瘟神	【怒族】
W0483. 6. 2	瘟神的生活	
W0483. 6. 2. 1	瘟疫鬼住天上	【黎族】
W0483. 6. 3	瘟神的工具（瘟神的用品）	
W0483. 6. 3. 1	瘟神的瘟疫葫芦	【保安族】
W0483. 6. 4	瘟神的死亡	
W0483. 6. 4. 1	送瘟神	【汉族】 * ［W0995. 8. 2］驱瘟神
W0483. 6. 4. 2	烧死瘟神	【汉族】
W0483. 6. 5	管疾病的神（治特定病的神）	［W0654. 2. 3. 5］女祖先是掌管特定疾病的神
W0483. 6. 5. 1	管各种疾病的神舍利神	【鄂温克族】
W0483. 6. 5. 2	治腿疼的神	
W0483. 6. 5. 2. 1	阔勒吉勒蹲特专治腿疼、臂疼	【赫哲族】
W0483. 6. 6	神经疾病的神	
W0483. 6. 6. 1	嘎日祖申主管各种神经和心理疾病	【蒙古族（布里亚特）】
W0483. 6. 7	病鬼	［W0912. 2b. 1. 1］驱病鬼要晚间举行
W0483. 6. 7. 0	病鬼的产生	
W0483. 6. 7. 0. 1	患特定的病死后变成相对应的病鬼	
W0483. 6. 7. 0. 1. 1	疟疾鬼、头痛鬼、痢疾鬼，腹痛鬼、出血鬼等都是因患该种疾病死的人所变	【彝族】
W0483. 6. 7. 1	病鬼茄姑尼	【傈僳族】
W0483. 6. 7. 2	风湿病鬼	
W0483. 6. 7. 2. 0	天地是风湿病鬼的父母	【彝族】

W 编码	母题描述	关联项
W0483.6.7.2.1	小孩或少年死后被狗踩、闻或舔过变成风湿病鬼	【彝族】
W0483.6.7.2.1a	难产而死母子变成风湿病鬼	【彝族】
W0483.6.7.2.1b	暴死的女子变成风湿病鬼	【彝族】
W0483.6.7.2.2	风湿病鬼爱臭美	【彝族】
W0483.6.7.2.3	风湿病鬼住杉林中	【彝族】
W0483.6.7.2.4	风湿病鬼爱住好景区	【彝族】
W0483.6.7.2.5	风湿病鬼种类繁多	【彝族】
W0483.6.8	蛊神	
W0483.6.8.1	甲马子中有各种蛊神	【白族】
W0484	**盐神**	
W0484.1	盐神的产生	
W0484.1.1	发现盐的人成为为盐神	【白族】
W0484.2	盐神的特征	
W0484.3	盐神的生活	
W0484.4	特定名称的盐神（盐神的名称）	
W0484.4.1	盐神桑姑尼	【阿昌族】
W0484.5	与盐神有关的其他母题	［W0658a.8.1.15］盐业祖师
W0485	**药神（医神，医病之神）**	【汤普森】A454； *【关联】①
W0485.1	药神的产生	
W0485.1.1	会治病的人被奉为药神	【白族】
W0485.1.2	姐弟俩成为药神	【白族】
W0485.1.3	始祖密洛陀封自己的九女为医祖当药神	【瑶族（布努）】
W0485.2	药神的特征	
W0485.2.1	男医神	［W0731］神农
W0485.2.2	女医神	【汤普森】A454.1
W0485.2.2.1	12 个创世女神中的九姐被封为药神	【瑶族】
W0485.2.3	药神头上长角	【汉族】

① ［W0907.8］瘟疫鬼（疫鬼）；［W6238.1］药神造药；［W8657］瘟疫（疾病）的消除

W 编码	母题描述	关联项
W0485. 2. 4	药神有神眼	
W0485. 2. 4. 1	药王菩萨用铜铃眼看自己的血脉	【汉族】
W0485. 2. 5	医病之神浑身通透	
W0485. 2. 5. 1	医病之神纳丹威虎里从外面能看到五脏六腑	【满族】 ＊［W0744. 1. 1. 1］炎帝的肚子像透明水晶能看到五脏六腑
W0485. 4	药神的职能（药神的能力、药神的事迹）	
W0485. 4. 1	药神能透视自身	【汉族】 ＊［W0733. 1］神农身体通透（神农身体透明）
W0485. 4. 2	药神主管中草药植物	【壮族】
W0485. 5	药神的生活	
W0485. 6	药神的关系	
W0485. 7	药神的死亡	
W0485. 7. 1	药神中毒而死	【汉族】
W0485. 7. 1. 1	药王菩萨尝蜈蚣被毒死	【汉族】
W0485. 8	药神的类型	
W0485. 8. 1	医生身份的神	【汤普森】A144
W0485. 8. 2	药兽神	【汉族】
W0485. 9	药神的名称（特定名称的名称）	
W0485. 9. 1	药神神农	
W0485. 9. 1. 1	神农是医药的祖师爷（药神、药仙）	【汉族】 ＊［W0734. 6. 1］神农氏是中药的祖师
W0485. 9. 1. 2	神农当作药王菩萨	【彝族（撒尼）】 ＊［W0485. 9. 3. 2］药王菩萨神农
W0485. 9. 2	药王炎帝	［W0742］炎帝
W0485. 9. 2. 1	炎帝找到药材被后人称“药王”	【汉族】
W0485. 9. 3	药王菩萨	
W0485. 9. 3. 1	三皇五帝时产生药王菩萨	【汉族】

W 编码	母题描述	关联项
W0485.9.3.2	药王菩萨神农	【汉族】 * [W0485.9.1] 药神神农
W0485.9.4	药王邳彤	
W0485.9.4.1	邳彤是东汉光武帝刘秀二十八将之一	【汉族】
W0485.9.5	药王韦古道	
W0485.9.5.1	药王韦古道号归藏，西域天竺人	【汉族】
W0485.9.6	药王孙思邈	
W0485.9.6.1	孙思邈药王庙在陕西省耀县	【汉族】
W0485.9.7	药王扁鹊	
W0485.9.7.1	扁鹊药王庙在郑州城	【汉族】
W0485.9.8	彝族药王呐取日麻	【彝族】
W0485.9.9	主管医药的天神喀喇·腾格里	【蒙古族】
W0485.10	与药神有关的其他母题	
W0485a	**衙门神**	
W0485a.1	衙门神有 12 种	【鄂伦春族】
W0485a.2	衙门博如坎供奉在军衙门、总管衙门、协领公署或公差家中	【鄂伦春族】
W0486	**喜神（吉祥神）**	【满族】
W0486.1	喜神的产生	
W0486.1.1	白光中生吉祥神	【藏族】
W0486.2	喜神的特征（喜神的身份，喜神的职能，喜神的行为）	
W0486.2.1	喜神是专司人间幸福美满、喜乐之事的吉祥神	【汉族】
W0486.2.2	喜神是笑面青年	【白族】
W0486.3	特定名称的喜神（喜神的名称）	【关联】①
W0486.3.1	喜神沙克沙恩都哩	【满族】
W0486.3.2	喜神刘海	【汉族】
W0486.3.3	喜神爷爷	【汉族】

① [W0518a.1.1] 喜鹊神是喜神；[W0542.1.3.1] 花神是喜神；[W0827b.1.3] 和合二仙是民间喜神

W 编码	母题描述	关联项
W0486. 3. 4	喜神奶奶	【汉族】
W0486. 3. 5	喜庆之神	【汉族】
W0486. 3. 5. 1	团圆与喜庆之神万回哥哥	【汉族】 * ［W0827b. 1. 5］万回哥哥像蓬头笑面，身著绿衣，左手擎鼓，右手执棒，云是和合之神
W0486. 3. 6	吉神泰逢	
W0486. 3. 6. 1	吉神泰逢其状如人而虎尾	【汉族】
W0486. 3. 6. 2	泰逢神能动天地气	【汉族】
W0486. 3. 7	吉勒腾格里是保全年平安顺利之天	【蒙古族】
W0486. 3. 8	喜神希登	【白族】
W0486. 4	与喜神有关的其他母题	［W0981. 2. 1. 1］大年初一早晨顺着公鸡打鸣的方向走会碰到喜神
W0486. 4. 1	喜鹊是喜神的使者	【民族，关联】①
W0486. 4. 2	正月元日鸡初鸣时祀喜神	【汉族】
W0486. 4. 3	接新娘时要迎送喜神	【白族】
W0486. 4. 4	喜神树	
W0486. 4. 4. 1	结婚的前一天要立喜神树	【傈僳族】
W0486a	**哭神**	
W0486a. 1	哭神司小儿哭闹	【汉族】
W0487	**幸福之神**	【汤普森】A467
W0487a	**幸运之神（幸运神，运气之神）**	［W9490］运气
W0487a. 1	幸运之神的产生	［W9491］运气的产生
W0487a. 2	幸运之神的特征	
W0487a. 3	幸运之神的生活	
W0487a. 4	与幸运之神有关的其他母题	
W0487a. 4. 1	特定名称的幸运之神	
W0487a. 4. 1. 1	天神吉雅奇主宰好运气	【鄂温克族】

① 【满族】 * ［W0171］神的使者；［W0518a. 1. 1］喜鹊神是喜神

W 编码	母题描述	关联项
W0487a.4.1.2	振兴运气之神塔林·齐诺恩·察罕·苏勒德（苏勒德腾格里）	【蒙古族】
W0488	**刑罚神**	【汤普森】A464； ＊［W0658a.8.1.19］刑狱业祖师
W0488.1	刑罚神的产生	
W0488.1.1	分封出刑罚神	
W0488.1.1.1	第一代女神王阿匹梅烟封出十二位尊神是专管不守规矩的天神	【哈尼族】
W0488.2	刑罚神的特征	
W0488.2.1	刑罚神公平	
W0488.2.1.1	刑罚神公平是因为心是用湖水做的	【哈尼族】
W0488.3	与刑罚神有关的其他母题	
W0488.3.1	主刑罚之神蓐收	【汉族】
W0488.3.2	司过之神	
W0488.3.2.1	天地有司过之神依人之所犯轻重以夺人算	【汉族】
W0488.3.3	审判神（判神）	
W0488.3.3.1	天上的判神	
W0488.3.3.1.1	天上的判神劳柳普	
W0488.3.3.1.1.1	天上的判神劳柳普比雷早生7天	【苗族】
W0489	**艺术之神**	【汤普森】①A450.1；②A465； ＊［W6700］艺术的产生
W0489.1	诗神	【汤普森】A465.1
W0489.2	音乐之神	【汤普森】A465.2；＊【关联】①
W0489.2.1	音乐神伶伦	【汉族】
W0489.3	表演之神	【汤普森】≈A465.3
W0489.4	舞蹈之神	【汤普森】A465.4； ＊［W6907～W6908］舞蹈

① ［W0459a］歌神；［W6900］音乐

W 编码	母题描述	关联项
W0489.5	绘画之神	【汤普森】A465.5； ＊［W0497.7.33］画神
W0489.6	歌舞之神	
W0489.6.1	9个都那兀尔巴拜是司歌舞之神	【蒙古族】
W0490	**预言之神**	【汤普森】A471； ＊［W9251］预言者
W0490.1	占卜神	【藏族】＊［W9191］占卜者（占卜师）
W0490.1.1	占卜女神	【关联】①
W0490.1.1.1	占卜女神停吉希桑玛	
W0490.1.1.1.1	女神停吉希桑玛是绿色女神	【藏族】
W0490.1.1.1.2	女神停吉希桑玛给人明空圆光占卜的智慧	【藏族】
W0491	**渔神（渔猎神，渔猎之神）**	【汤普森】①A147；②A455； ＊［W6022］捕鱼的产生
W0491.1	捕捞保护神（渔业保护神）	
W0491.1.1	器械捕鱼者的魂灵保护神	
W0491.1.1.1	器械捕鱼者的魂灵保护神古鲁奥希诺颜和古勒希哈坦	【蒙古族（布里亚特）】
W0491.1.1.1.1	古鲁奥希诺颜和古勒希哈坦是萨满的化身	【蒙古族（布里亚特）】
W0491.1.1.1.2	古鲁奥希诺颜和古勒希哈坦是某捕鱼能手的化身	【蒙古族（布里亚特）】
W0491.1.2	东海海底女神吉姆吉玛玛助人捕捞	【满族】
W0491.2	专司捕鱼的神木克蹲特	
W0491.2.1	木克蹲特形如龙	【赫哲族】
W0491.2.2	木克蹲特住水中	【赫哲族】
W0491a	**御禀神**	
W0491a.1	御禀神是天帝的属臣	

① ［W0065］女神；［W0067a.7］女神是占卜师；［W9190.2］母亲教占卜

W 编码	母题描述	关联项
W0491a. 1. 1	天帝派御稟神私访人间	【汉族】
W0492	**灾难神（灾难保护神）**	【汤普森】A478
W0492. 1	避险保护神	
W0492. 1. 1	保护人们脱离死亡危险的大头幼狐西瑟瑞王	【蒙古族（布里亚特）】
W0492. 1. 1. 1	西瑟瑞王居住在奥昆山黑色光滑岩石上	【蒙古族（布里亚特）】
W0492a	**消灾之神**	
W0492a. 1	特定的神是消灾之神	【汉族】 ＊［W0474. 5. 2］社神能除病消灾
W0492a. 1. 1	二尊拉拜腾格里是祛除坏事之神	【蒙古族】
W0493	**灶神（灶王，灶王爷，灶君）**	【汤普森】A411. 2； ＊【汉族】
W0493. 1	灶神的产生	
W0493. 1. 1	灶神自然产生	
W0493. 1. 2	灶神源于特定的地方	
W0493. 1. 3	灶神是造出来的	
W0493. 1. 4	灶神的生育产生的（婚生灶神）	
W0493. 1. 4. 1	灶神是特定人物的儿子	
W0493. 1. 4. 1. 1	灶神是颛顼的儿子	【汉族】 ＊［W0483. 4. 1］颛顼的儿子死后变瘟神
W0493. 1. 5	灶神是变化产生的	［W0493. 6. 1e. 1］姓张的书生变成灶王爷
W0493. 1. 5. 1	特定的神变成灶神	
W0493. 1. 5. 1. 1	邋遢神踢到人间后封为灶王爷	【汉族】
W0493. 1. 5. 1. 2	火神成为灶神	
W0493. 1. 5. 1. 2. 1	火神翁不士转化为汉式灶神	【羌族】
W0493. 1. 5. 2	人成为灶神	【壮族】 ＊［W0493. 1. 6. 1. 1］玉皇大帝封1对饿死的老夫妻为灶神

W 编码	母题描述	关联项
W0493. 1. 5. 2. 1	人死后成为灶神	【汉族】
W0493. 1. 5. 2. 1. 1	战死的士兵封为灶神	【汉族】
W0493. 1. 6	封灶神	
W0493. 1. 6. 1	玉皇大帝封灶神	
W0493. 1. 6. 1. 1	玉皇大帝封 1 对饿死的老夫妻为灶神	【汉族】
W0493. 1. 6. 1. 2	人间 12 个兄弟死后被玉帝封为灶王	【壮族】
W0493. 1. 7	与灶神的产生有关的其他母题	［W0058. 1b. 1. 5］傈僳族从汉族传来门神、灶神
W0493. 1. 7. 1	有火德者成为灶神	
W0493. 1. 7. 1. 1	炎帝神农以火德王天下死托祀于灶神	【汉族】
W0493. 1. 7. 2	灶神的生日	
W0493. 1. 7. 2. 1	灶神生日腊月二十三日	【汉族】
W0493. 1. 7. 2. 2	灶君生日农历八月三日	【白族】
W0493. 2	灶神的特征	
W0493. 2. 1	灶神的性别	
W0493. 2. 1. 1	灶神是男神	
W0493. 2. 1. 2	灶神是女神	【汉族】
W0493. 2. 2	灶神的面貌（灶神的身份）	
W0493. 2. 2. 1	灶神状如美女	【汉族】
W0493. 2. 2. 2	灶神状如老妇	【汉族】
W0493. 2. 2. 3	灶神是一对老夫妻	【锡伯族】
W0493. 2. 2. 4	灶神无形	
W0493. 2. 2. 4. 1	灶神没有具体形象	【藏族】
W0493. 2. 3	灶神的性情（灶神的性格）	
W0493. 2. 3. 1	灶神胆小	
W0493. 2. 3. 2	灶神邋遢	
W0493. 2. 3. 2. 1	灶神是邋遢神	【汉族】
W0493. 2. 3. 3	灶神爱打小报告	【侗族】

W 编码	母题描述	关联项
W0493.2.4	与灶神的特征有关的其他母题	
W0493.2.4.1	灶神耳聋	【汉族】
W0493.2.4.2	灶神难侍候	
W0493.2.4.2.1	灶神很容易冒犯	【藏族】
W0493.3	灶神的职能（灶神的身份，灶神的能力、灶神的事迹、灶神的行为）	
W0493.3.1	灶神保六畜兴旺	【汉族】
W0493.3.2	灶神管与火有关的事务	
W0493.3.2.1	灶王为人看家管火	【仡佬族】
W0493.3.2.2	灶神是专管炊事的神灵	【锡伯族】
W0493.3.2.3	灶神是火王	【汉族】
W0493.3.3	灶神管五谷杂粮	【壮族】 ＊［W3952.1］灶神向玉皇大帝为人类讨五谷
W0493.3.3a	灶王主管人的饮食	【壮族】 ＊［W0493.3.6.6］灶神是主管饮食之神
W0493.3.4	灶神上天（送灶神）	【汉族】 ＊［W1428.1.2］灶王神上天
W0493.3.4.1	灶神上天汇报人间事	
W0493.3.4.1.1	灶君腊月返回天堂诉说人间悲情	【汉族】
W0493.3.4.2	灶神上天报告人的罪行	【汉族】
W0493.3.4.3	灶神晦日归天	【汉族】
W0493.3.4.4	腊月二十三日灶王爷上天	【民族，关联】①
W0493.3.4.4a	灶神腊月二十四上天	【白族】【汉族】
W0493.3.4.5	灶神是天王老子的耳报神	【侗族】
W0493.3.4.6	灶神上天7次	【汉族】
W0493.3.4.7	灶神每月都上天	
W0493.3.4.7.1	灶神每月最后一日上天	【汉族】
W0493.3.4.8	灶神上天需要7日	【汉族】
W0493.3.5	灶神的化身是动物	

① 【汉族】【蒙古族】 ＊［W0466.10.2］火神腊月二十三日送上天

W 编码	母题描述	关联项
W0493. 3. 5. 1	灶神的化身是猎狗	【门巴族】
W0493. 3. 6	灶神是特定的神	
W0493. 3. 6. 1	灶王神属于家神	【壮族】
W0493. 3. 6. 2	灶王神是地方保护神	【壮族】
W0493. 3. 6. 3	灶神是女神	【汉族】
W0493. 3. 6. 4	灶神是财神	【藏族】
W0493. 3. 6. 5	灶神即火神	【藏族】 ＊［W0466］火神
W0493. 3. 6. 6	灶神是主管饮食之神	【汉族】
W0493. 3. 6. 7	灶神是厨房之神	【汉族】
W0493. 3. 6. 8	灶神是本家司命神	【白族】
W0493. 3. 7	灶神奉职天臺	【汉族】
W0493. 3. 8	灶神是天神的通讯员	【羌族】
W0493. 3. 9	灶神是玉皇的使者	
W0493. 3. 9. 1	灶神是玉皇派到人间督察人们的善恶言行的使者	【白族】
W0493. 3. 10	灶君无所不能	【白族（那马）】 ＊［W0911. 2. 8. 3. 1］祭灶君招魂
W0493. 3. 11	灶神在家神中地位最高	【怒族】
W0493. 4	灶神的生活	
W0493. 4. 1	灶神的服饰	
W0493. 4. 2	灶神的饮食	
W0493. 4. 2. 1	灶神吃素	【傈僳族】
W0493. 4. 3	灶神的居所	
W0493. 4. 3. 1	灶神“种火老母元君”居昆仑山	【汉族】
W0493. 4. 3. 2	灶神居锅台上边的墙	【藏族】
W0493. 4. 3. 3	灶神居厨房里的某一根柱子	【藏族】
W0493. 4. 3. 4	灶神置锅灶后面的右上角	【藏族】
W0493. 4. 3. 5	灶神在灶旁	【怒族】
W0493. 4. 4	灶神的出行	［W0493. 3. 4］灶神上天

W 编码	母题描述	关联项
W0493.4.4.1	灶王大年初一从天上返回	【汉族】
W0493.4.5	灶神的用品	
W0493.4.5.1	灶王爷的灶马	
W0493.4.5.1.1	灶王爷的灶马是神马	【汉族】
W0493.4.5.1.1.1	灶王爷的神马日行一万八千里	
W0493.4.6	与灶神生活有关的其他母题	
W0493.5	灶神的关系	［W0236.4.5.1］土地神的辅佐是社王、灶王
W0493.5.1	灶神夫妻	
W0493.5.1.1	灶王爷灶王奶奶	
W0493.5.2	灶王的兄弟	
W0493.5.2.1	灶神三兄弟	【门巴族】
W0493.5.3	灶神的上司	
W0493.5.3.1	灶神是玉皇大帝的使者	【汉族】
W0493.5.4	灶神的子女	
W0493.5.4.1	灶神有5对儿女	【纳西族】
W0493.6	特定名称的灶神（灶神的名称，灶神的姓氏名号）	
W0493.6.1	灶神祝融	【民族，关联】①
W0493.6.1.1	灶神祝融为老妇	【汉族】
W0493.6.1a	灶神种火老母元君	【汉族】
W0493.6.1b	灶神炎帝神农	【民族，关联】②
W0493.6.1c	灶神名隗	【汉族】
W0493.6.1d	灶神穷蝉（灶神名蝉）	
W0493.6.1d.1	灶神穷蝉是颛顼的儿子	【汉族】 * ［W0763.4.4.5］颛顼的儿子穷蝉
W0493.6.1d.2	灶神名蝉，字子郭，衣黄衣	【汉族】
W0493.6.1e	灶神吴回回禄	
W0493.6.1e.1	吴回回禄之神托于灶，是月火王	【汉族】

① 【汉族】 * ［W0767.3］祝融是火神；［W0767.5.2.3］祝融是颛顼的儿子

② 【汉族】 * ［W0744a.1］炎帝是神；［W0746.2］炎帝被称为“神农”；［W0746.8］炎帝是火神

W 编码	母题描述	关联项
W0493. 6. 1f	灶神叫张单	
W0493. 6. 1f. 1	灶神姓张，名单，字子郭	【汉族】
W0493. 6. 1g	灶神宋无忌	【民族，关联】①
W0493. 6. 1g. 1	王基家贱妇生宋无忌	【汉族】
W0493. 6. 1h	灶神叫苏吉利	【汉族】
W0493. 6. 2	灶神居拉西其	【鄂伦春族】
W0493. 6. 3	灶神卜冬寒	【壮族】
W0493. 6. 3. 1	始祖布碌陀封为人们找来火种的卜冬寒为灶神	【壮族】
W0493. 6. 3a	灶神亨老和弗整	【白族】
W0493. 6. 3a. 1	始祖生的八姑娘亨老（黑虎）和八儿子弗整（栗树）成为灶神	【白族】
W0493. 6. 4	灶王	【汉族】
W0493. 6. 4. 1	张灶王	
W0493. 6. 4. 1. 1	会盘锅台的姓张的泥工被奉为张灶王	【汉族】
W0493. 6. 4. 1. 2	做坏事而知羞的张奎死在锅台旁，玉皇封他为灶王	【汉族】
W0493. 6. 4. 2	唐代有灶神为灶王之说	【汉族】
W0493. 6. 5	灶王爷	
W0493. 6. 5. 1	灶王爷姓张	
W0493. 6. 5. 1. 1	姓张的书生变成灶王爷	【汉族】
W0493. 6. 5. 2	北方称“灶神”为“灶王爷”	【汉族】
W0493. 6. 5a	老灶爷	
W0493. 6. 5a. 1	老灶爷腊月二十三日上天禀告民情	【汉族】
W0493. 6. 6	灶君	【汉族】【彝族（撒尼）】
W0493. 6. 6. 1	张灶君	【汉族】
W0493. 6. 6. 2	灶神又称“灶君公”	【汉族】

① 【汉族】 * ［W0827. 1. 19］仙人宋无忌（宋毋忌）；［W0867. 5. 1］火之怪宋毋忌

W 编码	母题描述	关联项
W0493.6.6.3	灶神尊称“南方火帝君”	【彝族（撒尼）】
W0493.6.7	灶君菩萨	【汉族】
W0493.6.8	灶鬼	
W0493.6.8.1	灶鬼是恶鬼	【黎族】
W0493.6.9	灶神又称“九司命真君”	【汉族】
W0493.6.10	灶神又称“九天东厨烟主”	【汉族】
W0493.6.11	灶神又称“护宅天尊”	【汉族】
W0493.6.12	灶神全称东厨司命九灵元王定福神君	【汉族】
W0493.6.13	灶君娘娘	
W0493.6.13.1	灶君娘娘上天奏玉皇大帝	【汉族】
W0493.7	与灶神有关的其他母题	
W0493.7.1	火炉神（炉神）	【汤普森】A493.2； *【民族，关联】①
W0493.7.1.1	炉神是金银铜铁锡业保护神	【汉族】
W0493.7.1a	火塘神	【关联】②
W0493.7.1a.1	火塘神的产生	
W0493.7.1a.1.1	5个男火塘神灵和5个女火塘神灵	【纳西族】
W0493.7.1a.1.1.1	5对孤儿兄妹被术王封赐火塘神灵	【纳西族】
W0493.7.1a.2	火塘神的特征（火塘神的职能）	
W0493.7.1a.2.1	火塘神是慈祥的白发老人	【白族】
W0493.7.1a.2.2	火塘神专司人间火塘	【纳西族】
W0493.7.1a.3	火塘神的生活	
W0493.7.1a.3.1	火塘神每月初一下凡	【纳西族】
W0493.7.1a.4	火塘神的关系	
W0493.7.1a.4.1	火塘神是端公的信使	【羌族】

① 【汉族】 *［W0466］火神；［W0791.4.2.2］炉神太上老君

② ［W0443.1.5.7.3］火塘为家庭保护神；［W0466.3.4.1］火神又指“灶神”、“火塘神”、“锅庄神”

W 编码	母题描述	关联项
W0493. 7. 1a. 5	火塘神的名称	
W0493. 7. 1a. 5. 1	火塘神“佐”	【纳西族】
W0493. 7. 1a. 5. 2	火塘神花勒布	【纳西族】
W0493. 7. 1a. 6	祭火塘神	
W0493. 7. 1a. 6. 1	火塘建好后“升火”祭火塘神	【纳西族】
W0493. 7. 1a. 6. 2	用酒、肉和米祭火塘神	【白族】
W0493. 7. 2	灶火神（管灶火的神）	
W0493. 7. 2. 1	灶火神蝶里艾斯	【哈尼族】
W0493. 7. 3	五方灶神	
W0493. 7. 3. 1	五方灶神分立东、南、西、北、中	【汉族】
W0493. 7. 4	灶神的数量	
W0493. 7. 4. 1	12 个灶王	【壮族】
W0493. 7. 5	灶王像（灶君像）	
W0493. 7. 5. 1	灶王像的来历	【汉族】
W0493. 7. 5. 2	灶君像供奉于灶头	【汉族】
W0493. 7. 6	灶神的象征（灶神的代表物）	
W0493. 7. 6. 1	灶神即灶火本身	【藏族】
W0493. 7. 7	祭灶神	
W0493. 7. 7. 1	除夕祭灶神	【傈僳族】
W0494	**战神**	【汤普森】①A145；②A485；＊［W8733］战士
W0494. 1	战神的产生	
W0494. 1. 1	白昼和黑夜婚生战神	【景颇族】
W0494. 1. 2	特定人物成为战神	
W0494. 1. 2. 1	死去的祖先是战神	【纳西族（阮可）】
W0494. 1. 3	一对男女婚生战胜	
W0494. 1. 3. 1	老布通苟与苏绕婚生战神里萨敬久	【纳西族】

W 编码	母题描述	关联项
W0494.2	战神的特征	
W0494.2.1	战神的性别	
W0494.2.1.1	男战神	
W0494.2.1.2	女战神	【汤普森】①A125.1.1；②A485.1
W0494.2.1.2.1	女天神的侍女奥朵西是牧兽女神是战神	【满族】
W0494.2.1.2.2	女战神奥都妈妈	【满族】
W0494.2.1.2.2.1	女战神奥都玛玛骑双乘神骥	【满族】
W0494.2.2	战神的面貌	
W0494.2.2.1	战神红脸	
W0494.2.2.1.1	灵虎战神面色火红，长发尽染鲜血	【藏族】
W0494.2.2.2	战神相貌怪异	
W0494.2.2.2.1	战神长着瞅鬼眼，吃鬼嘴，杀鬼手，镇鬼脚	【纳西族】
W0494.3	战神的职能（战神的能力）	
W0494.3.1	战神能降妖服怪	
W0494.3.1.1	本当战神制伏妖魔鬼怪	【纳西族】
W0494.4	战神的生活	
W0494.4.1	战神的服饰	
W0494.4.1.1	战神身穿铠甲	［W0091.4.2］特定的神的服饰
W0494.4.1.1.1	灵虎战神穿着犀牛皮铠甲	【藏族】
W0494.4.2	战神的饮食	【关联】①
W0494.4.3	战神的居所	
W0494.4.4	战神的出行	
W0494.4.4.1	战神骑特定动物	
W0494.4.4.1.1	灵虎战神骑雷电火炭马，或骑疯狂母老虎	【藏族】
W0494.4.4.1.2	战神丁巴什罗骑海螺白的神鹏鸟	【纳西族】
W0494.4.5	战神的工具（战神的武器）	

① ［W0672.3.1.1］蚩尤是战神；［W0672.10］蚩尤的饮食

W 编码	母题描述	关联项
W0494. 4. 5. 1	灵虎战神持铜剑提人头或持长矛挎硬弓	【藏族】
W0494. 5	战神的关系	
W0494. 5. 1	战神的亲属	
W0494. 5. 2	战神的上司	
W0494. 5. 3	战神的从属	
W0494. 5. 3. 1	战神火焰虎神统率 10 万空行赞神大军	【藏族】
W0494. 5. 4	战神的朋友	
W0494. 6	特定名称的战神（战神的名字）	【关联】①
W0494. 6. 1	战神刑天	【汉族】 ＊［W0765］刑天
W0494. 6. 1a	战神蚩尤	【汉族】
W0494. 6. 2	狼是战神	
W0494. 6. 2. 1	苍狼是战神	【西北地区古代民族】
W0494. 6. 3	虎神是战神	
W0494. 6. 3. 1	战神火焰虎神	【藏族】
W0494. 6. 4	常胜将军	
W0494. 6. 4. 1	高神是常胜之将帅	【纳西族】
W0494. 6. 4a	战神尤麻、罗久、本当、多构等	【纳西族】
W0494. 6. 4b	战神郎久敬玖、优麻、多格	【纳西族】
W0494. 6. 4b. 1	战神里萨敬久	
W0494. 6. 4b. 1. 1	战神里萨敬久到天国 18 层顶上念经学法	【纳西族】
W0494. 6. 4b. 1. 2	战神里萨敬久煮不死	【纳西族】
W0494. 6. 5	战神布伯②	【壮族】
W0494. 6. 5a	战神梭王	【壮族】
W0494. 6. 5b	战神道白	
W0494. 6. 5b. 1	战神道白斗雷公	【壮族】
W0494. 6. 6	战神扎略阿则	

① ［W0494. 2. 3］虎神是战神；［W0672. 3］战神蚩尤；［W0774. 1. 2］天界战神丁巴什罗

② 战神布伯，“布伯”在有的神话中译为“道白”，疑为音异。

W 编码	母题描述	关联项
W0494.6.6.1	战神扎略阿则用牛角号召集众神	【哈尼族】
W0494.6.7	战神木朵省郎和吉卡恩旁	
W0494.6.7.1	白昼瓦囊宁推和黑夜宁星依锐婚生战神木朵省郎和吉卡恩旁	【景颇族】
W0494.6.8	主战之神	
W0494.6.8.1	客德尔多黑绅腾格里是征战之总头目	【蒙古族】
W0494.6.8.2	白色战斗腾格里是七十尊云神之主	【蒙古族】
W0494.6.8.3	专司征战的大阿萨尔腾格里	【蒙古族】
W0494.6.8.4	岱钦阔日勒腾格里主管征战	【蒙古族】
W0494.6.9	战神里萨敬久	【纳西族】
W0494.6.10	战神塔腊	【羌族】
W0494.7	与战神有关的其他母题	
W0494.7.1	主征战胜负的鬼	
W0494.7.1.1	主军征战胜负的鬼崩德——岗达男女双体连胎	【珞巴族】
W0494.7.2	武神	
W0494.7.2.1	武神关羽	【达斡尔族】 * ［W0782.4.3.1］关羽是武神
W0494.7.2.2	武神护宝神赤尊赞	【藏族】
W0494.7.3	胜利神（战胜神）	
W0494.7.3.1	胜利神主司打胜仗	【纳西族】
W0494.7.3.2	战胜神“高”	【纳西族】
W0494.7.4	战神的数量	
W0494.7.4.1	18 个战神	【纳西族】
W0494.7.5	战鬼	
W0494.7.5.1	战鬼埋尼	【怒族】
W0494.7.6	祭战神	
W0494.7.6.1	战前祭战神	【汉族】

W 编码	母题描述	关联项
W0494. 7. 6. 2	战后祭战神	【汉族】
W0494. 7. 6. 3	正月初四早上祭战神	【纳西族（阮可）】
W0495	**贞洁女神**	【汤普森】A476
W0496	**智慧之神（智慧神，知识神）**	【汤普森】A461； ＊【民族，关联】①
W0496. 1	智慧神的产生	
W0496. 1. 1	混沌中生智慧神	【德昂族】
W0496. 1. 2	云雾生智慧神	
W0496. 1. 2. 1	雾露和云团相配孕生智慧神捷宁章	【景颇族】
W0496. 1. 3	卵生智慧神	
W0496. 1. 3. 1	1 对蛋孵出灵巧神和智慧神	【纳西族】
W0496. 1. 4	男女天鬼婚生智慧神	【景颇族】
W0496. 2	智慧神的特征	
W0496. 2. 1	智慧女神	【汤普森】A461. 1； ＊［W0065］女神
W0496. 2. 1. 1	智慧女神务罗务素	
W0496. 2. 1. 2	智慧女神务罗务素住银河中	【苗族】
W0496. 2. 1. 3	智慧女神盘祖萨美	
W0496. 2. 1. 3. 1	智慧女神盘祖萨美是住十八层天上的女巫	【纳西族】
W0496. 2. 2	机智女神	【景颇族】
W0496. 3	智慧神的职能（智慧神的能力）	［W1535. 2. 3］智慧神给万物取名
W0496. 3. 1	知识神开知识锁	【彝族】
W0496. 3a	智慧神的生活	
W0496. 3a. 1	智慧神住北方	【哈尼族】
W0496. 3b	智慧神的关系	
W0496. 4	与智慧神有关的其他母题	［W6784］与智慧有关的其他母题
W0496. 4. 1	特定名称的智慧神	
W0496. 4. 1. 1	智慧神帕达然	【德昂族】

① 【景颇族】【苗族】【纳西族】【彝族】 ＊［W0085. 7］机智的神

W 编码	母题描述	关联项
W0496.4.1.2	智慧神捷宁章	【景颇族】
W0496.4.1.2a	代表智慧的天鬼潘瓦能桑	【景颇族】
W0496.4.1.3	智慧之神粟东、粟波	【苗族】
W0496.4.1.4	智慧之神乌孔拔森	【哈尼族】 * ［W0103.5a.2.1］智慧之神乌孔拔森睡在冰床上
W0496.4.2	智慧天	［W1168.13.2］智慧之天
W0496.4.2.1	苏腾格里是智慧之天（天神）	【蒙古族】
W0496.4.2.2	乌哈安朝络蒙腾格里是智慧的启明天	【蒙古族】
W0496.4.3	智慧星	【满族】
W0496.4.4	智慧水	
W0496.4.4.1	青蛙舅舅给人喝智慧水	【普米族】
W0496.4.5	书神	
W0496.4.5.1	密洛陀封为儿子郎友郁夺为书神	
W0496.4.5.1.1	书神郎友郁夺给1万2千种物体取名	【瑶族】
W0496.4.6	广见博闻神	【彝族（白彝、黑彝、干彝、阿乌、撒尼等）】
W0496.4.7	先知神	【彝族（白彝、黑彝、干彝、阿乌、撒尼等）】
W0496.4.8	谋略神	
W0496.4.8.1	谋略神吾	【纳西族】
W0497	**与职能或行业有关的其他神**	
W0497.1	时间神	【羌族】 * ［W4635 ~ W4647］时间
W0497.1.1	时间神的产生	
W0497.1.2	时间神的特征	
W0497.1.3	时间神的职能	
W0497.1.3.1	管昼夜的神	【哈尼族】 * ［W4010］昼夜
W0497.1.3.1.1	司昼夜神偶是1对夫妻神	【满族】

W 编码	母题描述	关联项
W0497.1.3.1.2	司白天神	【满族】
W0497.1.3.1.3	司黑天神	【满族】
W0497.1.3.2	时间神管年辰	【羌族】
W0497.1.4	特定的时间神（特定时间的神）	
W0497.1.4.1	白昼神和黑夜神	
W0497.1.4.1.1	白昼神和黑夜神夫妻	【景颇族】
W0497.1.4.1.2	白昼神	【景颇族】
W0497.1.4.1.3	黑夜神（夜神、背灯神）	【景颇族】
W0497.1.4.1.3.1	夜神人身鸟翅	【满族】
W0497.1.4.1.3.2	女夜神穹宇玛玛	【满族】
W0497.1.4.2	正月神	【汉族】
W0497.1.4.3	二月神	【汉族】
W0497.1.4.4	三月神	【汉族】
W0497.1.4.5	司日月之长短之神	【汉族】
W0497.1.4.6	四值功曹	
W0497.1.4.6.1	四值功曹是天上值年、值月、值日、值时的四位天神	【汉族】
W0497.1.4.7	年神	［W0122.6.2.1］大神沙拉管天地间的天神、地神、太阳神、月亮神、庄稼神、年神、水神、树神和人神
W0497.1.4.7.0	年神是特定的神	
W0497.1.4.7.0.1	年神是土地神	【藏族】
W0497.1.4.7.0.2	年神是本主神	【藏族】
W0497.1.4.7.0.3	山神成为年神	
W0497.1.4.7.0.3.1	山神成为年神，是因为山是年神附着之地	【藏族】
W0497.1.4.7.1	年神的根基在空中和光明之处	【藏族】
W0497.1.4.7.2	年神附着在山上	【藏族】 *［W0103.8.2.1］年神多附身于人世间的死物
W0497.1.4.7.3	年神居岩石中	【藏族】
W0497.1.4.7.4	年神居高山峡谷中	【藏族】

W 编码	母题描述	关联项
W0497.1.4.7.5	年神有多个居所	【藏族】
W0497.1.4.7.5.1	年神居石缝、森林	【藏族】
W0497.1.4.7.6	年神分为黑年神和白年神两大类	【藏族】
W0497.1.4.7.6.1	白年神	
W0497.1.4.7.6.1.1	年神居于天者称为白年神	【藏族】
W0497.1.4.7.6.1.2	日、月、星、云、虹等是白年神	【藏族】
W0497.1.4.7.6.2	黑年神	
W0497.1.4.7.6.2.1	年神居于地者称为黑年神	【藏族】
W0497.1.4.7.7	年神以白云为帐幕	【藏族】
W0497.1.4.7.8	年神以风为马	【藏族】
W0497.1.4.7.9	恐怖的年神	【藏族】
W0497.1.4.8	其他特定的时间神	
W0497.1.4.8.1	历法神	
W0497.1.4.8.1.1	历法神捧麻远冉	【傣族】
W0497.1.4.8.1.1.1	神官捧麻远冉在天上专管历法	【傣族】
W0497.1.4.8.2	节气神	
W0497.1.4.8.2.1	呼呼格西本·腾格里是报春的天	【蒙古族】
W0497.1.4.8.3	冬藏神（岁序完成神）	
W0497.1.4.8.3.1	冬藏神哈哈比	【羌族】
W0497.1.5	特定名称的时间神	
W0497.1.5.1	时间神阿麦木比	【羌族】
W0497.1.5.2	时间神噎鸣	
W0497.1.5.2.1	共工生后土，后土生噎鸣	【汉族】
W0497.1.5.2.2	噎鸣12岁	【汉族】
W0497.1.5.2a	时间神噎	
W0497.1.5.2a.1	下地是生噎	【汉族】
W0497.1.5.2a.2	噎处于西极	【汉族】
W0497.1.5.2a.3	噎行日月星辰之行次	【汉族】
W0497.1.5.3	时间神石夷	
W0497.1.5.3.1	石夷处西北隅	【汉族】

W 编码	母题描述	关联项
W0497. 1. 5. 4	时间神玄冥	【关联】①
W0497. 1. 5. 4. 1	孟冬之月，其神玄冥	【汉族】
W0497. 1. 6	与时间神有关的其他母题	
W0497. 2	通天地的神	【汉族】 ＊［W1400 ~ W1424］天地通
W0497. 2. 1	鸟神通天地	［W0514］鸟神
W0497. 3	万能神（无所不能的神）	【关联】②
W0497. 3. 1	万能神格莱格桑	【景颇族】
W0497. 3. 2	万能的大神神王阿匹梅烟女神	【哈尼族】
W0497. 3. 3	万能的神创造人	【高山族】 ＊［W2052］神造人
W0497. 3. 4	万能神多格天将	
W0497. 3. 4. 1	多格天将什么都知道，什么都会做	【纳西族】
W0497. 4	掌管生死的神	【关联】③
W0497. 4. 1	管生死簿之神	
W0497. 4. 1. 1	管生死簿之神嘎两	【苗族】
W0497. 5	射日之神（射神）	【关联】④
W0497. 5. 1	射神的产生	
W0497. 5. 1. 1	神生射日神	
W0497. 5. 1. 1. 1	射日之神是太阳神的后代	【傣族（水傣）】
W0497. 5. 2	射神的特征	
W0497. 5. 3	特定名称的射神	
W0497. 5. 3. 1	射日之神阿剖果酥	【苗族】
W0497. 5. 3. 2	射神惟鲁塔	
W0497. 5. 3. 2. 1	射神惟鲁塔拉弓射日	【傣族】

① ［W0304. 3. 3. 2］雨师玄冥；［W0406. 1. 1h］水神玄冥；［W0406. 5. 1］共工之子为玄冥师（雨师，水神）

② ［W0068. 6］万能的女神；［W0140. 1. 1］万能女神传神谱；［W0426. 4. 3］万能的创世主；［W0497. 3］万能神（无所不能的神）；［W0773. 3. 1］泰山奶奶是万能女神；［W1133. 6. 3］万能之神开天；［W1168. 13. 13. 1］万能之神分出四方天

③ ［W0480］死神（死亡之神）；［W0480. 3］泰山神管生死

④ ［W0084. 2. 1. 1］射神的吼声能拨云见日；［W9715 ~ W9764］射日者；［W9721］神射日

W 编码	母题描述	关联项
W0497.5.4	与射神有关的其他母题	
W0497.6	补天之神	【民族，关联】①
W0497.6.1	补天大神谷夫	【苗族】
W0497.6.2	补天之神布桑戛西、雅桑戛赛雅桑戛赛	【傣族（水傣）】
W0497.7	其他特定职能的神	
W0497.7.1	茶神	【汉族】
W0497.7.1.1	陆羽成为茶神（茶神陆羽）	【汉族】 *［W0658a.8.46.1］茶业祖师神陆羽
W0497.7.2	断事神	
W0497.7.2.1	有本领的女子成为断事神满	【满族】
W0497.7.2.2	女断事神他拉伊罕是大萨满	【满族】
W0497.7.2.3	管人间纠纷的天神谩神	【彝族（阿哲、阿细）】
W0497.7.2a	司法神	
W0497.7.2a.1	管天规天法的神	
W0497.7.2a.1.1	专管天规天法的神官捧腊哈纳罗	【傣族】
W0497.7.2b	查事神	
W0497.7.2b.1	玉皇大帝让查事神下凡查事	【汉族】
W0497.7.3	狱神	【汉族】
W0497.7.3.1	狱神皋陶	
W0497.7.3.1.1	皋陶因制五刑之律被称为狱神	【汉族】
W0497.7.4	成功之神	
W0497.7.4.1	弘古尔巴尼腾格里是赐事业成功之天	【蒙古族】
W0497.7.5	冶炼神	【蒙古族】 *［W6108.2］冶炼
W0497.7.5.1	匠神洛班造锯造斧封为冶炼神	【瑶族】
W0497.7.5.2	冶炼神不在十二男神之列	【瑶族】
W0497.7.5.3	昆吾之神	【汉族】
W0497.7.6	食物神（粮食神）	【汉族】
W0497.7.6.1	给人食物的女神米玉洛桑玛	

①【苗族】 *［W1384］补天；［W1386.7］神补天

W 编码	母题描述	关联项
W0497.7.6.1.1	给人食物的米玉洛桑玛是黄色的女神	【藏族】
W0497.7.6.2	赐人畜食物的神	
W0497.7.6.2.1	赐人畜食物的神罕古吉尔腾格里	【蒙古族】
W0497.7.7	掌管天干地支的神	【锡伯族】
W0497.7.8	掌织云的神	【普米族】
W0497.7.9	巨灵神	【民族，关联】①
W0497.7.9.1	巨灵鄂尔德穆	【鄂伦春族】
W0497.7.9.2	巨灵皇帝	
W0497.7.9.2.1	大禹王尊封开河放水的大汉为“巨灵皇帝”即“巨灵神”	【汉族】
W0497.7.9.3	巨灵神金盘金甲手执开山大斧	【汉族】
W0497.7.10	人伦神（礼仪神）	
W0497.7.10.1	人伦神伏羲兄妹	【仫佬族】
W0497.7.10.2	天神的女儿玛白管规矩，姻姒管礼节	【哈尼族】
W0497.7.10a	规矩礼貌神	
W0497.7.10a.1	规矩礼貌神陆和色	【纳西族】
W0497.7.11	文化神（科考神）	【汉族】
W0497.7.12	磨天之神	
W0497.7.12.1	磨天之神叫“俚”	【佤族】
W0497.7.13	堆地之神	
W0497.7.13.1	堆地之神叫“伦”	【佤族】
W0497.7.14	招魂之神（招魂神）	
W0497.7.14.1	意外死亡的召日姑姑罕被当做招魂神	【鄂伦春族】
W0497.7.15	睡眠神	［W0116.3］神的睡眠
W0497.7.15.1	看守睡眠的女神敖钦	【满族】
W0497.7.16	祖师神	

① 【汉族】 * ［W0071.1.1］巨人神（巨神）；［W1504.7.2］神巨人和他的孩子造万物

W 编码	母题描述	关联项
W0497.7.16.1	祖师神有三元祖师唐道扬、葛定应、周护王、妹毛法度、阴阳师父、真武大将军等	【壮族】
W0497.7.17	主祝咒之神	［W9175］咒语
W0497.7.17.1	主祝咒之神哈达尔嘎宝门腾格里	【蒙古族】
W0497.7.18	定天地的神	
W0497.7.18.1	定天地大神掌月朗宛	
W0497.7.18.1.1	定天地大神掌月朗宛是最高天神英叭的后代	【傣族】
W0497.7.19	守坟神	
W0497.7.19.1	人死后的灵魂变成守坟神	【壮族】
W0497.7.20	主万物生长之神	［W0426.3.2.2］造物神能使草木生长
W0497.7.20.1	主万物生长之神女夷	
W0497.7.20.1.1	女夷是主春夏长养之神	【汉族】
W0497.7.20.1.2	女夷鼓歌使百谷禽兽草木生长	【汉族】
W0497.7.21	游戏神	
W0497.7.21.1	宁神喜掷骰子，故称游戏神	【藏族】
W0497.7.22	窑神	［W0658a.8.28］陶瓷业窑祖师（制陶业祖师，烧窑业所奉祖师）
W0497.7.22.1	窑神生日农历二月十五日	【汉族】
W0497.7.22.2	窑神主管窑炉	【壮族】
W0497.7.22.3	窑神主管窑炉	【壮族】
W0497.7.22.4	窑神太上老君	【汉族】
W0497.7.22.5	窑神红脸掌柜	【汉族】
W0497.7.22.6	窑神红脸大汉	【汉族】
W0497.7.22.7	窑神童宾	【汉族】
W0497.7.22.8	窑神赵慨	【汉族】
W0497.7.22.9	窑神蒋知四	【汉族】
W0497.7.22.10	窑神华光	【汉族】

W 编码	母题描述	关联项
W0497. 7. 22a	煤窑之神（煤窑神，窑神爷，窑王爷）	
W0497. 7. 22a. 1	煤窑神又是煤业的行业保护神	【汉族】
W0497. 7. 23	烟神	［W0466. 7. 3. 1］火神与烟神夫妻
W0497. 7. 23. 1	三个斡您腾格里是司烟之神	【蒙古族】
W0497. 7. 24	巡天之神（巡天大神）	
W0497. 7. 24. 1	巡天之神加都罗是最高天神英叭的后代	【傣族（水傣）】
W0497. 7. 24. 2	48 个巡天大神	
W0497. 7. 24. 2. 1	48 个巡天大神，东西南北每个方向各 12 位	【满族】
W0497. 7. 25	巫神	［W9120］巫师
W0497. 7. 25. 1	“巴”是巫神的代称	【壮族】
W0497. 7. 25. 2	人被巫神附体后成为巫师	【壮族】 *［W9121］巫师的产生
W0497. 7. 26	文昌神	
W0497. 7. 26. 0	文昌神主科举	【汉族】
W0497. 7. 26. 1	文昌神即官神	【壮族】
W0497. 7. 26. 2	壮族文昌神是外来神	【壮族】
W0497. 7. 26. 3	文昌帝君	
W0497. 7. 26. 3. 0	文昌帝君是功名利禄神	【汉族】
W0497. 7. 26. 3. 1	文昌帝君是教育业神	【汉族】 *［W0658a. 8. 1. 9b. 1］书坊、雕版等行业祖师文昌帝君
W0497. 7. 26. 3. 2	文昌帝君救人之难	【汉族】
W0497. 7. 26. 3. 3	文昌帝君贤达孝顺	【汉族】
W0497. 7. 26. 3. 3. 1	文昌帝君割肉食母	【汉族】
W0497. 7. 26. 3. 4	文昌帝君姓张名亚子	【汉族】
W0497. 7. 26. 4	文昌神又称梓潼神	【汉族】
W0497. 7. 27	使者神	
W0497. 7. 27. 1	天人间的使者神	【蒙古族】
W0497. 7. 28	传话神	

W 编码	母题描述	关联项
W0497.7.28.1	传话神多地	
W0497.7.28.1.1	传话神多地帮助麽公招魂	【壮族】
W0497.7.29	大司命	
W0497.7.29.1	大司命司人之生死	【汉族】
W0497.7.30	掠刷神	［W0451a］穷神（败家神）
W0497.7.30.1	掠刷使	
W0497.7.30.1.1	掠刷使司人剩财而掠之	【汉族】
W0497.7.30.1.2	掠刷神又称掠剩大夫	【汉族】
W0497.7.31	家具神	
W0497.7.31.1	成型的家具有家具神	【壮族】
W0497.7.31.2	家具神主管日常生活和生产用具	【壮族】
W0497.7.31.3	家具神包括桌、凳、床、橱柜、箱、缸、罐、坛、勺、刀、锄、铲、犁、耙等神	【壮族】
W0497.7.31.3.1	床神	
W0497.7.31.3.1.1	床神又称床公	【汉族】
W0497.7.31.3.1.2	床神是保佑睡眠安稳、多子多福之神	【汉族】
W0497.7.31.3.1.3	床公床母	
W0497.7.31.3.1.3.1	床公床母是周文王夫妇	【汉族】
W0497.7.31a	坛神	
W0497.7.31a.1	3个坛神	【傈僳族】
W0497.7.31a.2	坛神是最早的祖先	【傈僳族】
W0497.7.32	信郎神	
W0497.7.32.1	东海信郎神	【汉族】
W0497.7.33	画神	［W0489.5］绘画之神
W0497.7.33.1	画神多兰嘎	【傣族】
W0497.7.33.1.1	画匠多兰嘎被死神带到天上后成为画神	【傣族】
W0497.7.33a	碑帖拓表业神	
W0497.7.33a.1	碑帖拓表业神孔子	【汉族】 * ［W0786.1］孔子（孔子神）

W 编码	母题描述	关联项
W0497. 7. 34	戏神（戏剧界行业神）	
W0497. 7. 34. 1	戏神西川灌口神	【汉族】
W0497. 7. 34. 2	戏剧界行业神二郎神	【汉族】
W0497. 7. 35	三弦书艺人行业神	
W0497. 7. 35. 1	三弦书艺人行业神天皇、地皇、人皇	【汉族】
W0497. 7. 36	搬运业神	
W0497. 7. 36. 1	搬运业神王二车神	【民族无考】
W0497. 7. 37	三官（三官神）	
W0497. 7. 37. 1	三官神天官、地官、水官	【汉族】
W0497. 7. 37. 1. 1	天官生日正月十五日、地官生日七月十五日，水管生日十月十五日	【汉族】
W0497. 7. 37. 1. 2	地官清虚大帝	【汉族】
W0497. 7. 37. 1. 3	水官洞阴大帝	【汉族】
W0497. 7. 37. 2	三官是尧、舜、禹	【汉族】
W0497. 7. 37. 3	三官是唐宏、葛雍、实仓	【汉族】
W0497. 7. 37. 4	三官是金、土、水三官	【汉族】
W0497. 7. 37. 5	三官是陈子梼与龙王的三个女儿婚生的 3 个法力无边的儿子	【汉族】
W0497. 7. 37. 6	三官的其他名称	【汉族】
W0497. 7. 37. 6. 1	三官又称三官大帝	【汉族】
W0497. 7. 37. 6. 2	三官又称三元大帝	【汉族】
W0497. 7. 37. 6. 3	三官又称三官帝君	【汉族】
W0497. 7. 37. 6. 4	三官又称三元	【汉族】
W0497. 7. 37. 6. 5	三官又称三界公	【汉族】
W0497. 7. 37. 7	三官的职能	
W0497. 7. 37. 7. 1	拜三官求吉祈福	【汉族】
W0497. 7. 38	桥神	
W0497. 7. 38. 1	桥神主管桥梁	【汉族】
W0497. 7. 38. 2	桥神是护河佑桥	【民族无考】

W 编码	母题描述	关联项
W0497.7.38.3	桥神主病	【彝族】
W0497.7.39	墓神	
W0497.7.39.1	墓神主司墓地安宁	【汉族】
W0497.7.39.2	墓神又称墓地之神	【汉族】
W0497.7.39.3	墓神又称守墓神	【汉族】
W0497.7.40	畜牧神（牧神）	
W0497.7.40.1	牧神管辖羊、牛、猪、马、鸡、狗六神	【彝族】
W0497.7.40.2	畜牧神海尔堪	【锡伯族】
W0497.7.41	放牧神	［W0068.15.8.1］放牧神女
W0497.7.41.1	放牛神	
W0497.7.41.1.1	放牛神哈戛迷土	【彝族（腊罗、摩察、纳苏、给尼、葛泼）】
W0497.8	身兼多职的神	
W0497.8.1	人、神合一	【德昂族】
W0497.8.2	神与魔王合一	【门巴族】
W0497.8.3	天地神合一	［W0209.2］天神与佛合一
W0497.8.3.1	天地神王	【傣族】
W0497.8.3.2	天地神	
W0497.8.3.2.1	一个人的两个灵魂分别变成天地神	【景颇族】
W0497.8.4	火神和旱神合一	【阿昌族】
W0497.8.5	山神兼战神	【民族，关联】①
W0497.8.6	山神管收成	【白族】 *［W0391］山神
W0497.8.7	山神是冰雹神	【藏族】 *［W0391］山神
W0497.8.8	山神是祖神、战神和保护神	【藏族】 *［W0391］山神
W0497.8.8.1	山神兼部落保护神和战神	【藏族】
W0497.8.8.2	最大的山神阿尼玛卿大山神是藏人的祖神、战神和保护神	【藏族】
W0497.8.9	家畜神兼运气之神	［W0460］家畜神

① 【藏族】 *［W0391］山神；［W0673.8.1.2.1］二郎神阿米夏琼是山神，也是战神

W 编码	母题描述	关联项
W0497.8.9.1	牲畜之神吉雅奇也是赐运气之神	【鄂温克族】
W0497.8.9a	海神兼风神	
W0497.8.9a.1	海神兼风神禺疆	【汉族】
W0497.8.9b	风神兼水神	
W0497.8.9b.1	风、水之神吹	
W0497.8.9b.1.1	吹负责管风、水	【佤族】
W0497.8.10	三光神	
W0497.8.10.1	三光神是日神、月神和星神	【毛南族】
W0497.8.10.2	三光神是给人光亮的女神	【毛南族】
W0497.8.11	其他身兼多职的神	［W0398.2a.3.1.1］崖神吉姆达集山神、猎神、谷神、雨神、婚配神、生育神、保护神等神职于一身
W0497.8.11.1	身兼天神、地神、人神的神	
W0497.8.11.1.1	莫伟是天、地、人神	【佤族】
W0497.8.11.1.2	天神与祖先神合一	【羌族】
W0497.8.11.2	苏木妈妈是萨满神、护宅神、药神、烹饪神	【满族】
W0497.8.11.3	奥朵西身兼牧神、战神和女宅侍护神	【满族】
W0497.8.11.4	透欧玛路神保护人马平安、多打野兽，还统率别的神	【鄂伦春族】
W0497.8.11.5	麻哈戛栽是管林、管水、管地之神	【傣族（水傣）】
W0497.8.11.6	蛇是生殖神、农业神、财帛神兼医药、护卫之神	【白族】
W0497.8.11.7	吉米达集山神、猎神、谷神、生育神等庇护神于一身	【怒族】
W0498	**其他特定名称的神**	
W0498.1	敖包神	

W 编码	母题描述	关联项
W0498.1.1	敖包神是一切神灵中占居第一位的神	【蒙古族】
W0498.2	长乘	
W0498.2.1	长乘如人而豹尾	【汉族】
W0498.2.2	长乘司嬴母之山	【汉族】
W0498.3	马当神	【汉族】
W0498.3.1	马当神能生神风	【汉族】
W0498.4	夜游神	【汉族】
W0498.4.1	夜游神乔坤	【汉族】
W0498.4.2	夜行游女	
W0498.4.2.1	夜行游女又称鬼车	【汉族】
W0498.4.2.2	夜行游女又称天帝女	【汉族】
W0498.4.2.3	产死者化为夜行游女	【汉族】
W0498.4.3	夜游神为帝司夜	【汉族】
W0498.4.4	夜游神负责治保	【彝族（撒尼）】
W0498.4a	日游神	
W0498.4a.1	日游神温良	【汉族】
W0498.5	五通神	【汉族】
W0498.5.1	五位射日者被奉为五通神	【畲族】
W0498.5.2	五通神是群妖鬼怪	【汉族】
W0498.5.3	五通神常幻化人形为祟世间	【汉族】
W0498.5.4	五通神又称五显神	【汉族】
W0498.5.4.1	五显神（五显公之神）	
W0498.5.4.1.1	五显神是东岳泰山神之五子	【汉族】 * ［W0398.1.2］泰山神（东岳神）
W0498.5.4.1.2	五显神是火神	【汉族】
W0498.5.4.1.3	第一位显聪，第二位显明，第三位显正，第四位显直，第五位显德	【汉族】
W0498.5.5	五通神又称木下三郎（五通神又称木客）	

W 编码	母题描述	关联项
W0498. 5. 5. 1	江西闽中称五通神为木下三郎（五通神又称木客）	【汉族】
W0498. 5. 6	独足五通	【汉族】
W0498. 6	山都	
W0498. 6. 1	山都形如人，长二尺余，黑色，赤目，发黄被身	【汉族】
W0498. 7	三师	
W0498. 7. 1	三师能降龙降雨消除旱灾	【壮族】
W0498. 8	萧公神	
W0498. 8. 1	萧公无疾坐亡成神	【汉族】
W0498. 8. 2	萧公神清江人	【汉族】
W0498. 8. 3	萧公神江西人	【汉族】
W0498. 8a	乡傩神	
W0498. 8a. 1	高阳氏第三子死后成为乡傩神	【汉族】
W0498. 8b	桑林	【汉族】
W0498. 8c	六宗	
W0498. 8c. 1	六宗神指星、辰、风伯、雨师、司中、司命	【汉族】
W0498. 8c. 2	六宗指埋少牢于太昭，祭时；主迎于坎坛，祭寒暑；主于郊官，祭日；夜明，祭月；幽萗，祭星；雩萗，祭水旱	【汉族】
W0498. 8c. 3	六宗之神又称六神	【汉族】
W0498. 8d	江郎神	【汉族】
W0498. 8d. 1	三兄弟化为江郎神	【汉族】
W0498. 9	计蒙	
W0498. 9. 1	计蒙人身而龙首	
W0498. 9. 2	计蒙居光山	【汉族】
W0498. 9. 3	计蒙出行造成风雨	【汉族】
W0498. 10	不廷胡余	［W0414. 1. 2. 2］南海之神不廷胡余

W 编码	母题描述	关联项
W0498.10.1	不廷胡余人面，珥两青蛇，践两赤蛇	【汉族】
W0498.10.2	不廷胡余居南海渚中	【汉族】
W0498.11	傻神（傻子神）	［W0126.2.6］恶神很傻（傻子恶神）
W0498.11.1	神王造傻神	
W0498.11.1.1	神王英叭担心神不听话就造了一对傻神兄弟	【傣族】
W0498.12	土伯九约	
W0498.12.1	土伯九约三目虎首	【汉族】
W0498.13	陆吾	
W0498.13.1	陆吾人面虎身	【汉族】
W0498.14	五藏神	
W0498.14.1	五藏神即心、肝、脾、肺、肾五脏腑之神	【汉族】
W0498.14.2	五脏神穿五方色衣	【汉族】
W0498.15	彊良	
W0498.15.1	彊良是虎首人身之神	【汉族】
W0498.16	蛊神	［W8655.1］放蛊
W0498.16.1	蛊神主司施蛊	【民族无考】
W0498.16a	驱毒之神	
W0498.16a.1	水缸驱毒神曲促比其	【羌族】
W0498.16a.2	咒诅六毒五道大神	【白族】
W0498.17	妒妇神（妒妇之神）	【汉族】
W0498.18	媳妇神	
W0498.18.1	媳妇神又称角角神	
W0498.18.1.1	媳妇死后祭媳妇神 3 年	【羌族】
W0498.19	三尸神	
W0498.19.1	三尸神居人的身上	【汉族】
W0498.19.2	三尸神在庚早日上诣天曹言人罪过	【汉族】

0.5　与具体的物相关的神[①]
（W0500～W0559）

0.5.1　动物神[②]
【W0500～W0539】

W 编码	母题描述	关联项
✿ **W0500**	**动物神**	【汤普森】①A132；②A440
W0500.1	动物神的产生	
W0500.1.1	人生动物神	［W2615］人生动物
W0500.1.1.1	妇女生一只神蛙	【壮族】
W0500.1.2	特定动物被封为神	
W0500.1.2.1	玉帝封头上有角的动物为神	【汉族】
W0500.2	动物神的特征	
W0500.2.1	动物神的性别	
W0500.2.1.1	动物女神	【汤普森】A440.1； *［W065］女神

① 与具体的物相关的神，包括动物神、植物神与无生命物神等，该类神数量众多，有时常与图腾崇拜母题结合，情况复杂。此处所列举母题中包含了一定数量的具有神性的动物、植物或无生命物，表述中不再单独标出。母题编目中只选取其中一些常见或有代表性的母题

② 动物神，在神话叙事中的动物神并没有严格的界定，有时会包含一些带有神性的动物，如“牛神”，有时可以特指“牛”作为神来崇拜，有时也可以指“神牛”，有的神话中则表示为“牛大王”、“牛王”等，在此均表述为“牛神”。关于动物的分类在生物学情况非常详尽，但如“蚯蚓”属于“环节动物”、“蜈蚣”属于“节肢动物”，等等，若神话叙事母题采用这种分类方法，无疑会削足适履，从神话的创作角度，人们更关注的是动物的外在特征，故神话母题编目中的动物类型与生物学中的动物分类会有某些不一致之处，具体情况可参见本书的“动物和植物”母题类型表述和《中国动植物起源神话母题实例与索引》。

W 编码	母题描述	关联项
W0500.2.2	动物神的体征	
W0500.2.2.1	合体的动物神	
W0500.2.2.1.1	龙马神	【汉族】 * [W0537.1.1] 龙马
W0500.2.3	动物神的性格	
※ **W0501**	**哺乳动物类的神（兽神）**	【达斡尔族】【珞巴族】
W0501.1	兽神的产生	
W0501.1.1	特定人物变成兽神	
W0501.1.1.1	女始祖会造飞禽走兽的成为兽神	【瑶族（布努）】
W0501.2	兽神的特征	
W0501.2.1	怪异的兽神	[W0921a] 神兽
W0501.2.1.1	飞兽之神	
W0501.2.1.1.1	飞兽之神人面马身	【汉族】
W0501.2.1.1.2	飞兽之神人面牛身，四足一臂	【汉族】
W0501.3	兽神的生活	
W0501.3.1	兽神的居所	
W0501.3.1.1	兽神住雪山	【怒族】
W0501.4	与兽神有关的其他母题	
W0502	**虎神**	【汤普森】A132.10； * 【民族，关联】①
W0502.1	虎神的产生	
W0502.1.1	虎为虎神	【赫哲族】
W0502.2	虎神的特征	[W0255.8.4] 虎是中央的神灵
W0502.2.1	虎神性格忠厚	【纳西族（摩梭）】
W0502.3	虎神的身份	[W0494.6.3] 虎神是战神
W0502.3.1	虎神是使者	[W0761.5.5] 白虎神是西王母使者
W0502.3.2	虎神是虎的管理者	【赫哲族】
W0502.4	特定名称的虎神（虎神名称）	[W0285.6.4] 黑虎星神

① 【土家族】【彝族】【藏族】 * [W0494.2.3] 虎神是战神；[W1266.1.1.1] 虎神刨土形成盆地；[W1846.1.3] 神刨出山洞

W 编码	母题描述	关联项
W0502.4.1	白虎神	【民族，关联】①
W0502.4.1.1	白虎神是凶神	【汉族】
W0502.4.1.2	白虎神好饮人血	【汉族】
W0502.4.1.3	白虎神化身为老人	【汉族】
W0502.4.2	虎神塔斯和	【赫哲族】
W0502.4.3	猛虎神	
W0502.4.3.1	宝木勒猛虎之神	【蒙古族】
W0502.4.4	金方白虎之神	【汉族】
W0502.5	与虎神有关的其他母题	［W0494.6.3］虎神是战神
W0502.5.1	掌管兽类的神	
W0502.5.1.1	天上仙人三兄弟中老二冯雨掌管兽类	【壮族】
W0503	**猴神**	【汤普森】A132.2； ＊【藏族】
W0504	**狐神（狐仙，狐仙神）**	【满族】
W0504.1	狐神的产生	
W0504.1.1	狐精变成狐仙神	【鄂伦春族】
W0504.2	狐神的特征	
W0504.2.1	狐仙神是恶神	
W0504.2.1.1	狐仙神经常害人	【鄂伦春族】
W0504.3	与狐神有关的其他母题	
W0504.3.1	特定名称的狐神	
W0504.3.1.1	狐仙神敖律博如坎	【鄂伦春族】
W0505	**狼神**	【汤普森】A132.8
W0505.1	狼神的产生	
W0505.1.1	狼神从天而降	【维吾尔族】
W0505.2	狼神的特征	
W0505.3	与狼神有关的其他母题	
W0505.3.1	天狼大王	［W1796.2］天狼

① 【土家族】 ＊［W0761.5.5］白虎神是西王母使者；［W0768.7.3.1.1］向王廪君是白虎神

W 编码	母题描述	关联项
W0505.3.1.1	天狼大王是日月的儿子	【普米族】
W0505.3.2	狼神管理狼	【赫哲族】
W0506	**鹿神**	【汤普森】A132.4
W0506.1	鹿神坚得勒玛	【鄂温克族】
W0506.2	鹿神抓罗妈妈（鹿奶奶）	【满族】
W0507	**马神**	【汤普森】A132.3
W0507.1	马神的产生	
W0507.1.1	天上的马神下凡成为马	【汉族】 *［W3175］马的产生
W0507.2	马神的特征（马神的身份）	
W0507.2.1	女马神	【汤普森】A132.3.2
W0507.2.2	马神是民间磨坊、骡马商、养马房、旅店等行业供奉的神	【汉族等】
W0507.3	马神的职能	
W0507.3.1	马神主管马	【赫哲族】
W0507.4	马神的生活	
W0507.4.1	马神住水中	【黎族】 *［W3189.1.2］有魔力的马
W0507.5	特定名称的马神	
W0507.5.1	马神昭路博如坎	【鄂伦春族】
W0507.5.2	马神又称马祖	【汉族】
W0507.5.3	马神又称马王	【汉族】
W0507.5.3.1	马王3只眼	【民族无考】
W0507.5.4	马神又称马明王	【汉族】
W0507.5.5	马神又称马王爷	【汉族】
W0507.5.6	马神又称白马将军	【汉族】
W0507.5.7	马神又称马元帅	【汉族】
W0507.6	与马神有关的其他母题	［W0904.1］马灵（马鬼）
W0507.6.1	马神的生日	
W0507.6.1.1	马王的生日六月二十三日	【民族无考】

W 编码	母题描述	关联项
W0507. 6. 2	主宰马的神	
W0507. 6. 2. 1	主宰马的神坎巴尔	
W0507. 6. 2. 1. 1	主宰马的神坎巴尔保护着马的生长	【哈萨克族】
W0508	**猫神**	【汤普森】A1811. 3； *【汉族】
W0509	**牛神**	【汤普森】A132. 9； *【傣族】【苗族】
W0509. 1	牛神的产生	
W0509. 1. 1	牛成为牛神	【汉族】
W0509. 1. 2	牛神天降	【民族无考】
W0509. 1. 2. 1	灰牛大仙从天上下凡到地上变成牛神爷爷	【汉族】
W0509. 1. 3	牛王的生日是七月二十五日	【彝族（撒尼）】
W0509. 2	牛神的特征	
W0509. 2. 1	女牛神	［W0065］女神
W0509. 2. 1. 1	女性牛神榜依	【苗族】
W0509. 3	牛神的身份（牛神的职能）	［W0251. 6. 1. 3］东方天神是牛神
W0509. 3. 1	牛神管理耕牛	
W0509. 3. 1. 1	牛王即是管理耕牛的神灵	【汉族】
W0509. 3. 1. 2	牛神是天上管草籽的神	【汉族】
W0509. 4	特定名称的牛神	
W0509. 4. 1	牛神乌和仁腾格里	【鄂温克族】
W0509. 4. 2	牛神耇英	【苗族】
W0509. 4. 3	天牛神	
W0509. 4. 3. 1	天牛神下凡传玉帝圣旨	【汉族】
W0509. 4. 4	黄牛神	
W0509. 4. 4. 1	沼川庙祀黄牛之神	【汉族】
W0509. 4. 4. 2	山顶黄牛神。	【彝族】
W0509. 5	与牛神有关的其他母题	
W0509. 5. 1	天上的牛神下凡成为耕牛	【民族，关联】①

① 【满族】【汉族】【畲族】 *［W3200］牛的产生

W 编码	母题描述	关联项
W0509.5.2	祭牛神	
W0509.5.2.1	十月初一祭祀牛王	
W0509.5.2.1.1	牛王的生日是七月二十五日，因正值农忙季节，改为十月初一祭祀牛王	【民族无考】
W0509.5.2.2	主宰牛的神	
W0509.5.2.2.1	主宰牛的神臻恩格巴巴	
W0509.5.2.2.1.1	主宰牛的神臻恩格巴巴会保护着牛的生长	【哈萨克族】
W0510	**犬神（狗神）**	【汤普森】A132.8； *【赫哲族】
W0510.1	犬神的产生	
W0510.1.1	犬有战功变成神	【汉族】
W0510.1.2	犬神是鹫鹰的后代	【柯尔克孜族】
W0510.2	犬神的特征	
W0510.3	与犬神有关的其他母题	
W0510.3.1	狗神管理狗	【赫哲族】
W0511	**熊神**	【汤普森】A132.5； *【鄂温克族】【满族】
W0511.1	熊神的产生	
W0511.2	熊神的特征	
W0511.3	熊神的生活	
W0511.3.1	熊神的居所	
W0511.3.1.1	熊神住深山密林的洞穴	【满族（杨姓）】
W0511.4	熊神的职能	
W0511.4.1	熊神保人畜平安	
W0511.4.1.1	熊神在狼不来	【鄂温克族】
W0511.4.2	熊神是动物保护神	【鄂温克族】
W0511.5	熊神的类型（熊神的名称）	
W0511.5.1	北方的熊神	

W 编码	母题描述	关联项
W0511. 5. 1. 1	北方的熊神生神孩儿叫阿俄苏补	【彝族】
W0511. 6	与熊神有关的其他母题	【关联】①
W0512	**其他哺乳动物神**	
W0512. 0	刺猬神	
W0512. 0. 1	刺猬神管理刺猬	【赫哲族】
W0512. 0. 2	特定神原型是刺猬神	
W0512. 0. 2. 1	守护日月的者固鲁女神原是天上的刺猬神	【满族】
W0512. 0. 2. 1. 1	守护日月的者固鲁女神身披光衫	【满族】
W0512. 0. 2. 1. 2	守护日月的者固鲁女神内藏万物的魂魄	【满族】
W0512. 0. 3	看守日月的刺猬神是护眼女神	【满族】 * ［W0443b. 3. 1］护眼女神
W0512. 0. 4	刺猬神集万神的能力和品德于一身	【满族】
W0512. 0. 5	刺猬神僧格恩都哩	
W0512. 0. 5. 1	刺猬神僧格恩都哩不怕火，不怕魔冰	【满族】
W0512. 1	象神	【傣族】【彝族】
W0512. 1. 1	象神的产生	
W0512. 1. 2	象神的特征	
W0512. 1. 3	与象神有关的其他母题	
W0512. 1. 3. 1	白象神	【傣族】
W0512. 2	羊神	【汤普森】A132. 14
W0512. 2. 1	羊神的产生	
W0512. 2. 1. 1	农历六月二十三日为羊神生日	【白族】
W0512. 2. 2	羊神的特征（羊神的身份，羊神的职能，羊神的能力）	
W0512. 2. 2. 1	羊神是畜牧之神	【羌族】
W0512. 2. 2. 1. 1	羊神是六畜神	【羌族】

① ［W0865. 2］熊怪（熊妖，熊精）；［W0904. 4］熊灵（熊鬼）

W 编码	母题描述	关联项
W0512.2.2.2	羊神能降山妖野鬼	【白族】
W0512.2.2.3	羊神主瘟疫	【彝族】
W0512.2.2.4	羊神能保佑羊子兴旺，防豺狼豹熊之害	【羌族】
W0512.2.3	特定名称的羊神（羊神的名称）	
W0512.2.3.1	羱羝大神	【藏族】
W0512.2.3.2	绵羊神	
W0512.2.3.2.1	山腰绵羊神	【彝族】
W0512.2.3.3	羊神菩萨	【羌族】
W0512.2.4	与羊神有关的其他母题	［W0854.7.4.3］羊精
W0512.2.4.1	主宰羊的神	
W0512.2.4.1.1	主宰羊的神巧潘阿塔	【哈萨克族】
W0512.2.4.2	祭羊神	
W0512.2.4.2.1	每年正月初五敬羊神	【羌族】
W0512.3	猪神	【汤普森】A123.6.7； ＊【满族】
W0512.3.1	养猪者被奉为猪神	【汉族】
W0512.3.1.1	创世女神八姐喂刹东养猪被封为猪神	【瑶族】【瑶族（布努）】
W0512.3.2	野猪神	
W0512.3.2.1	野猪神是久居山巅的大神	【满族】
W0512.3.2.2	野猪神的神力庇佑八方安宁	【满族】
W0512.3.2.3	野猪神管理野猪	【赫哲族】
W0512.3.2.4	野猪神牛的白斯	【彝族】
W0512.3.3	猪神的特征	［W0633.13］猪头人身之神
W0512.3.3.1	猪神是大力士	【纳西族（摩梭）】
W0512.3.4	与猪神有关的其他母题	
W0512.3.4.1	祭猪神	
W0512.3.4.1.1	每逢三、六、九日到神庙祭猪神	【白族】
W0512.3.4.1.2	家中猪病时祭猪神	【白族】
W0512.4	驴神	【汤普森】A132.3.3

W 编码	母题描述	关联项
W0512.5	骡神	【汤普森】A132.3.1.1
W0512.6	豹神	
W0512.6.1	金钱豹神	【赫哲族】
W0512.7	猞猁神	
W0512.7.1	猞猁神西伦玛玛	
W0512.7.1.1	猞猁神西伦玛玛拯救百姓	【满族】
W0512.7.2	猞猁神演变成白温泉女神	【满族】 * ［W0416.3］温泉女神
W0512.8	骆驼神	
W0512.8.1	主宰骆驼的神	
W0512.8.1.1	主宰骆驼的神奥依斯尔哈拉	
W0512.8.1.1.1	主宰骆驼的神奥依斯尔哈拉护着骆驼的生长	【哈萨克族】
W0512.9	穿山甲神	
W0512.9.1	穿山甲神五克倍恩都哩	
W0512.9.1.1	穿山甲神五克倍恩都哩一身铠甲	【满族】
* **W0513**	**鸟类动物神**	
W0514	**鸟神**	【汤普森】A132.6
W0514.1	鸟神的产生	
W0514.1.1	姑娘变鸟神	【满族】
W0514.2	鸟神的特征	［W0497.2.1］鸟神通天地
W0514.2.1	鸟神有巨大的翅膀	【柯尔克孜族】
W0514.3	特定名称的鸟神	
W0514.3.1	百鸟之神库达依克	【柯尔克孜族】
W0514.3.2	白羽鸟神	
W0514.3.2.1	白姑娘变的白水鸟死后化为白羽鸟神	【满族】
W0514.3.3	布谷鸟神	
W0514.3.3.1	九个伊格墩（布谷鸟神）	【赫哲族】
W0514.3.4	白鸟神（白水鸟神）	【满族】 * ［W0405.2.2］白鸟神司管洪水

W 编码	母题描述	关联项
W0514.3.5	天鹅神	[W0924.4.4] 神鸟天鹅
W0514.3.5.1	天鹅神是吉祥守护神	【满族】
W0514.3.5.2	天鹅神嘎喽玛玛	【满族】
W0514.3.6	鸽神	【汤普森】A123.6.5
W0514.3.7	鸟神毕方	【汉族】
W0514.3.8	鹤神	
W0514.3.8.1	人成为鹤神	
W0514.3.8.1.1	仲舒被玉帝封为鹤神	【汉族】
W0514.3.8.2	鹤神食仙米	【汉族】
W0514.3.8.3	鹤神饭量巨大	【汉族】
W0514.3.8.4	鹤神是天上的星宿	【汉族】
W0514.4	与鸟神有关的其他母题	【关联】①
W0515	**鸡神**	【汤普森】≈A132.6.3
W0515.1	鸡神的产生	[W0047.2.1] 公鸡成为神（公鸡变成神）
W0515.1.1	天女成为鸡神	
W0515.1.1.1	天帝把神界的三妹封为鸡神	【汉族】
W0515.1.2	特定的鸡成为鸡神	[W0835.5.2] 公鸡变成妖精
W0515.1.2.1	一只3岁的公鸡变成刻安其神	【鄂温克族】
W0515.2	鸡神的特征	
W0515.3	与鸡神有关的其他母题	[W0844.10.9] 鸡精
W0515.3.1	金鸡神	【羌族】
W0515.3.2	雷公鸡	【羌族】 * [W0316.5.5] 雷公鸡头人身的来历
W0515.3.2.1	雷公鸡是雷神爷养的鸡	【羌族】
W0515.3.2.2	雷公鸡帮雷公下雨	【羌族】
W0515.3.2.3	雷公鸡住天边的一朵黑云上	【羌族】
W0515.3.3	宝鸡神	
W0515.3.3.1	宝鸡神居岐州陈仓	【汉族】

① [W0497.2.1] 鸟神通天地；[W0924] 神鸟

W 编码	母题描述	关联项
W0516	**燕神**	
W0517	**鹰神**	【彝族】
W0517. 1	鹰神的产生	
W0517. 2	鹰神的特征（鹰神的身份鹰神的能力）	
W0517. 2. 1	鹰神是人类始祖母和母亲	【满族】
W0517. 2. 2	神鹰是天宫守卫	【满族】
W0517. 2. 2. 1	四只神鹰看守着天宫四方	【满族】
W0517. 3	与鹰神有关的其他母题	［W0924. 4. 3］神鹰
W0517. 3. 1	特定名称的鹰神（鹰神的名字）	
W0517. 3. 1. 1	宝木勒·海青之神	【蒙古族】
W0517. 3. 1. 2	老鹰神党格白诺	【彝族】
W0517. 3. 2	鹰神住高山山峰	【满族（杨姓）】
W0517. 3. 3	鹰神下凡吃血	【鄂伦春族】
W0517. 3. 4	鹰神是光与热的象征	【满族】
W0518	**乌鸦神**	
W0518. 1	乌鸦神的产生	［W3366. 2］乌鸦是神的后代
W0518. 2	乌鸦神的特征	
W0518. 3	与乌鸦神有关的其他母题	【关联】①
W0518. 3. 1	乌鸦的祖宗是神	【布依族】
W0518. 3. 2	特定名称的乌鸦神	
W0518. 3. 2. 1	乌鸦神哈恩都里	
W0518. 3. 2. 1. 1	乌鸦神哈恩都里食毒草而死	【满族】
W0518a	**其他鸟神**	
W0518a. 1	喜鹊神	［W0486. 4. 1］喜鹊是喜神的使者
W0518a. 1. 1	喜鹊神是喜神	【满族】
W0518a. 1. 2	喜鹊神是天神阿布卡赫赫的侍女神	【满族】
W0518a. 2	孔雀神	［W3353. 1］孔雀是鸟王

① ［W0171. 1. 2］乌鸦是神的信使；［W0780. 8. 2. 1］乌鸦是玉皇大帝的信使；［W0995. 5. 7. 1］神的幻象是乌鸦

W 编码	母题描述	关联项
W0518a. 2. 1	孔雀神郁纳士	【羌族】 * ［W0121. 2. 5. 2］正神郁纳士（孔雀神）
*W0520	水中动物神	
W0521	鱼神	【汤普森】①A132. 13；②A445；*【锡伯族】
W0521. 1	鱼神的产生	
W0521. 1. 1	鱼神自然产生	
W0521. 1. 2	造鱼神	
W0521. 1. 3	生育鱼神	
W0521. 1. 4	变化产生鱼神	
W0521. 1. 4. 1	姐弟俩成为鱼神	【白族】 * ［W0044］特定的人成为神
W0521. 1. 4. 2	渔人变成洱海弓鱼的鱼神	【白族】
W0521. 2	鱼神的特征（鱼神的生活）	
W0521. 2. 1	鱼神居树上	【纳西族】
W0521. 3	特定名称的鱼神	
W0521. 3. 1	金鱼神	【哈尼族】 * ［W0087. 1. 3. 1］金鱼娘扇出天地日月等7个大神
W0521. 3. 1. 1	关中有金鱼神	【汉族】
W0521. 3. 2	鱼花五圣	
W0521. 3. 2. 1	鱼花五圣是主管江、湖、河、渎、海五水域的鱼苗之神	【民族无考】
W0521. 3. 3	鱼母神	
W0521. 3. 3. 1	鱼母神居三九天上	【满族】
W0521. 4	与鱼神有关的其他母题	［W0926. 6］神鱼
W0521. 4. 1	鱼精	
W0521. 4. 1. 1	鲤鱼精	
W0521. 4. 1. 1. 1	东海鲤鱼精化牛助人	【苗族】
W0522	虾神	［W8739. 2］虾兵蟹将
W0523	其他水中动物神	
W0523. 1	海豹神	【汤普森】A132. 11

W 编码	母题描述	关联项
W0523. 2	鳗鱼神	【汤普森】A132. 12
W0523. 3	螺神（田螺神）	
W0523. 3. 1	田螺姑娘	
W0523. 3. 1. 1	田螺姑娘是龙王的三公主	【汉族】
W0523. 3. 2	螺神形为玉螺	【白族】
* **W0525**	**昆虫与其他动物神**	
W0526	**爬行动物神**	【汤普森】A446
W0527	**龟神**	【汤普森】A132. 15； *【汉族】
W0527. 1	龟神的产生	
W0527. 1. 1	龟升天成神	【汉族】
W0527. 2	龟神的特征	
W0527. 2. 1	女龟神	
W0527. 2. 1. 1	女龟神乌鲁胡玛众神	【满族】
W0527. 3	龟神的职能	
W0527. 3. 1	龟神管龟	【赫哲族】
W0527. 3. 2	龟神帮人暗礁脱险	【满族】
W0527. 4	龟神的能力（龟神的事迹）	
W0527. 4. 1	龟神会幻术	【满族】
W0527. 5	与龟神有关的其他母题	［W0970. 8. 6a. 1. 3］玄武号执明神君
W0527. 5. 1	特定名称的龟神	
W0527. 5. 1. 1	白龟神	【汉族】
W0528	**蚂蚁神**	［W0844. 7］蚂蚁精
W0528. 1	蚂蚁神的产生	
W0528. 2	蚂蚁神的特征	
W0528. 2. 1	蚂蚁神不怕摔	【汉族】
W0528. 3	与蚂蚁神有关的其他母题	
W0528. 3. 1	蚂蚁神居长白山	

W 编码	母题描述	关联项
W0528.3.1.1	黄帝到长白山请蚂蚁神助战	【汉族】 * ［W0537.7.1.1］黄帝到百花山请来蜜蜂神帮助战蚩尤
W0529	**蟒神（神蟒）**	【民族，关联】①
W0529.1	蟒神的产生	
W0529.1.1	蟒神从东海来	【满族】
W0529.2	蟒神的特征	
W0529.2.1	金色的蟒神	【满族】
W0529.2.2	银色的蟒神	【满族】
W0529.2.2.1	银色的蟒神带领众蛇神	【满族】
W0529.3	蟒神的身份（蟒神的职能）	【关联】②
W0529.3.1	蟒神是送阳光的神	
W0529.3.2	神蟒管天	
W0529.3.2.1	神蟒统辖着九层天中的三层天	【满族】
W0529.3.3	蟒神是百虫之首	
W0529.3.3.1	神蟒是百虫中最高的神主	【满族】
W0529.4	蟒神的生活	
W0529.4.1	蟒神住白山第九层山峰	【满族（杨姓）】
W0529.4.2	蟒神住天上	
W0529.4.2.1	天上的蟒神神通广大	【汉族】
W0529.5	与蟒神有关的其他母题	【关联】③
W0529.5.1	白蟒神	【彝族】 * ［W0793.4.3.2］白蟒是真主的差役
W0530	**蛇神**	【汤普森】A132.1
W0530.1	蛇神的产生	
W0530.1.1	蛇神源于特定地方	【汉族】
W0530.1.1.1	蛇神天降	【鄂温克族】

① 【满族】【锡伯族】 * ［W0058.0.2.1.1］人把威胁人畜的蟒视为神

② ［W0124.3.1］蟒神是天上很有威望的大神； ［W0275.5.2.1.1］太阳侍女蟒神玛玛；［W0912.3.1.4.1］大蟒神捉麻风鬼

③ ［W0844.5］蟒精（蟒妖）；［W0900.4.3.1］外祖父的保护神大蟒神传给外孙

W 编码	母题描述	关联项
W0530. 1. 2	特定物变成蛇神	
W0530. 1. 2. 1	坏心眼的人的骨渣变蛇神	【赫哲族】
W0530. 1. 3	怪蛇被尊为神	【鄂温克族】
W0530. 1. 3. 1	为人治病的人脸有牛犄角的蛇被尊为神	【鄂温克族】
W0530. 1. 4	与蛇神的产生有关的其他母题	
W0530. 1. 4. 1	蛇神的生日农历四月二十日	【汉族】
W0530. 2	蛇神的特征	
W0530. 2. 1	蛇神的性别	
W0530. 2. 1. 1	蛇神雄有三个角，雌有两个角	【鄂温克族】
W0530. 2. 2	蛇神的体征	
W0530. 2. 2. 1	蛇神头上有两只大犄角	【鄂温克族】
W0530. 2. 2. 2	蛇神冠冕南面	【汉族】
W0530. 2. 3	蛇神的性格	
W0530. 3	蛇神的职能（蛇神的身份，蛇神的能力）	
W0530. 3. 1	蛇神是最厉害的一种神灵	【鄂温克族】
W0530. 3. 2	蛇神常做善事	
W0530. 3. 2. 1	舍活克神给人类做了无数好事	【鄂温克族】
W0530. 3. 3	蛇神管各种疾病	【鄂温克族】
W0530. 3. 4	蛇神统率众蛇	【哈尼族】
W0530. 4	蛇神的生活	
W0530. 4. 1	蛇神的坐骑是 乌鸦	【鄂温克族】
W0530. 5	蛇神的名称	
W0530. 5. 1	蛇神舍卧舍活克刻（舍活克）	【鄂温克族】
W0530. 5. 2	蛇神尊称游天大帝	【汉族】
W0530. 5. 3	蛇神普伯	【哈尼族】
W0530. 6	与蛇神有关的其他母题	【关联】①
W0530. 6. 1	蛇神只与萨满通话	【鄂温克族】

① ［W0838. 3. 6］蛇形妖魔（怪物）；［W0844. 4］蛇妖（蛇精，蛇精灵）

W 编码	母题描述	关联项
W0530.6.2	操蛇之神	【汉族】 * ［W0252.8.2.1］蓐收左耳佩蛇
W0531	**蚯蚓神**	［W0723.2.7.2］盘古是蚯蚓精
W0532	**蛙神（青蛙神）**	
W0532.1	蛙神的产生	
W0532.1.1	人生神蛙	【壮族】
W0532.2	蛙神的特征（蛙神的职能，蛙神的能力）	
W0532.2.1	青蛙神主旱涝	【汉族】【壮族】
W0532.2.2	蛙神能大能小	【彝族（撒尼）】
W0532.3	与蛙神有关的其他母题	
W0532.3.1	蛙神的名称	
W0532.3.1.1	青蛙神名葛长庚	【汉族】
W0533	**蜈蚣神（蜈蚣精）**	【民族，关联】①
W0533.1	蜈蚣精名叫五挡	【汉族】
W0533.2	蜈蚣精跃入海中掀巨浪如山	【汉族】
W0534	**蚕神**	【满族】
W0534.1	蚕神的产生	
W0534.1.1	特定女子变成蚕神	
W0534.1.1.1	马皮卷走的德卉姑娘变成蚕神	【汉族】
W0534.1.1.2	桑姑娘送金黄色的丝献给黄帝成为蚕神	【汉族】
W0534.1.2	天降蚕神	【汉族】
W0534.1.2.1	正月半有神降陈氏之宅	
W0534.2	蚕神的特征（蚕神的职能）	
W0534.2.1	蚕神马头	【汉族】
W0534.2.2	马头娘披马皮	【汉族】
W0534.2.3	蚕神献丝	
W0534.2.3.1	黄帝斩蚩尤时蚕神献丝	【汉族】

① 【京族】【蒙古族】 * ［W0414.1.6.1］镇海大王能降蜈蚣精；［W0854.7.4.4.1］吃人的蜈蚣精；［W1852.5.1］蜈蚣精化为九华山

W 编码	母题描述	关联项
W0534.3	与蚕神有关的其他母题	[W0703.6.1.4] 嫘祖称先蚕（先蚕嫘祖）
W0534.3.1	先蚕之神黄帝	【汉族】 * [W0697.1.4] 黄帝是先蚕之神
W0534.3.2	先蚕为蚕神	【汉族】
W0534.3.3	蚕神马头娘	[W0443.9.5.1.1] 蚕业神马头娘
W0534.3.3.1	马头娘又称蚕女	【汉族】
W0534.3.3.2	马头娘又称蚕花娘娘	【汉族】
W0534.3.3.3	马头娘又称马明王	【汉族】
W0534.3.3.3.1	马明王女身马头	【汉族】
W0534.3.3.3.2	马明王庙	
W0534.3.3.3.2.1	马明王庙在西湖北高峰	【汉族】
W0534.3.3.4	马头娘又称马明菩萨	【汉族】
W0534.3.3.5	马头娘又称蚕女	【汉族】
W0534.3.3.6	马头娘冢在什邡、绵竹、德阳三县界	【汉族】
W0534.3.3a	蚕神菀窳	【汉族】
W0534.3.3a.1	蚕神菀窳妇人	【汉族】
W0534.3.3b	蚕神青衣神	
W0534.3.3b.1	青衣神即蚕丛氏	【汉族】
W0534.3.3b.1.1	蚕丛氏教民蚕事	【汉族】
W0534.3.4	祭先蚕	
W0534.3.4.1	以少牢祀先蚕	【汉族】
W0534.3.5	蚕神蚕女	
W0534.3.5.1	高辛时蜀有蚕女，不知姓氏	【汉族】
W0534a	**蜂神**	
W0534a.1	蜂神名骄虫	【汉族】
W0535	**龙神**①	【汤普森】A139.3；* [W3581] 龙王

① 龙神，神话叙事中的“龙神”有时又称作“龙王”，有时与“龙”混为一谈，详细区别需参见《中国动植物起源神话母题实例与索引》。

W 编码	母题描述	关联项
W0535.1	龙神的产生	
W0535.1.1	龙神源于特定的地方	
W0535.1.2	龙神的造出来的	
W0535.1.3	龙神是生育产生的（生龙神）	
W0535.1.3.1	鸟卵生龙神	【壮族】
W0535.1.4	龙神是婚生的	
W0535.1.4.1	女始祖兄妹婚生龙神	【哈尼族】
W0535.1.5	与龙神的产生有关的其他母题	
W0535.1.5.1	龙神、鹰神和虎神一母所生	【哈尼族】
W0535.2	龙神的特征	
W0535.2.1	龙神的外貌	
W0535.2.1.1	龙神有多种动物外貌	
W0535.2.1.1.1	龙神类动物有鱼、蛇、螃蟹、青蛙、蝌蚪等	【藏族】
W0535.2.2	龙神的性格	
W0535.2.2.1	龙神善恶兼具	【藏族】
W0535.2.2.2	善的龙神	【藏族】
W0535.2.2.2.1	好龙神甲仁善心善德	【藏族】
W0535.2.2.3	恶的龙神	［W3569.1.2］恶龙
W0535.2.2.3.1	坏龙神芒仁	【藏族】
W0535.2.2.3.1.1	恶龙神莽让制造瘟疫、疾病、干旱	【藏族】
W0535.2.3	龙神的惧怕物	
W0535.2.3.1	龙神害怕打铁声	【哈尼族】
W0535.3	龙神的身份	
W0535.3.1	龙神是天狗	【毛南族】
W0535.3.2	龙神是护法神	
W0535.3.2.1	龙神被收伏后成为护法神是护法神	【藏族】
W0535.3.3	龙神是财神	
W0535.3.3.1	龙神是一切财富之源	【藏族】

W 编码	母题描述	关联项
W0535. 3. 4	龙神是动物精灵	
W0535. 3. 4. 1	龙神是一种可以随时附身或者变为蛇、蛙、螃蟹的精灵	【藏族】
W0535. 3. 5	龙神是恶神	
W0535. 3. 5. 1	龙神毁灭人间火种	【独龙族】
W0535. 4	龙神的居所	［W0096. 1. 3. 1］龙神无处不在
W0535. 4. 1	龙神住水中	【傈僳族】
W0535. 4. 1. 1	龙王居海中（龙神居海中）	【汉族】【黎族】
W0535. 4. 1. 2	龙神居河中	【黎族】
W0535. 4. 1. 3	龙神居潭中	【汉族】
W0535. 4. 1. 3. 1	龙神居深潭	【壮族】
W0535. 4. 1. 3. 2	龙神居龙潭	【白族】【汉族】【彝族】
W0535. 4. 1. 4	龙神居水底	【藏族】
W0535. 4. 2	龙神无处不在	【藏族】
W0535. 4. 3	龙神居多个地方	
W0535. 4. 3. 1	龙神可居于水中、平地、山上	【壮族】
W0535. 4. 4	龙神住地下	【藏族】
W0535. 5	龙神的职能	
W0535. 5. 1	龙王管水神	
W0535. 5. 1. 1	龙王管地上所有的水神	【纳西族】
W0535. 5. 2	龙王管下界	【壮族】
W0535. 5. 2. 1	龙神管所有人间事	【藏族】
W0535. 5. 3	龙神司雨	【壮族】
W0535. 5. 3. 1	龙神管雨水	【藏族】
W0535. 5. 3a	龙神管旱涝	【羌族】
W0535. 5. 4	主宰争战的龙神	
W0535. 5. 4. 1	主宰争战的龙神却热	【藏族】
W0535. 5. 5	主宰疾病的龙神	
W0535. 5. 5. 1	主宰疾病的龙神僧隆	【藏族】
W0535. 5. 6	主管人的精神的龙神	
W0535. 5. 6. 1	主管人的精神的龙神嘎彼、宁嘎	【藏族】

W 编码	母题描述	关联项
W0535.6	龙神的能力	
W0535.7	龙神的工具	
W0535.8	龙神的关系	
W0535.8.1	龙神的父亲（龙王）	
W0535.8.2	龙神的母亲（龙母）	【哈尼族】 * ［W3582］龙母（龙的母亲）
W0535.8.3	龙神的儿子	
W0535.8.4	龙神的女儿（龙女）	【关联】①
W0535.8.4.1	龙女变形为蛇	【怒族】 * ［W9562］动物变其他动物
W0535.8.4.2	龙女外形是小白母鸡	【藏族】
W0535.8.4.3	龙女外形是小花狗	【藏族】
W0535.8.4.4	龙女立为勐神	【傣族】
W0535.8.5	龙神的亲族（龙神的亲戚）	
W0535.8.5.1	龙神是太阳神的弟弟	【傣族】
W0535.8.6	龙神的上司	
W0535.8.6.1	龙神听命于雷神	【壮族】
W0535.8.7	龙神的从属	
W0535.9	龙神的寿命与死亡	
W0535.10	龙神的婚姻	【关联】②
W0535.11	龙神的类型（龙神的数量）	
W0535.11.1	水龙神	
W0535.11.1.1	神的腋毛化水龙神	【满族】 * ［W0067a.1.3.1］女神阿布卡赫赫拔腋毛化为水龙
W0535.11.1.2	水龙神木克木都力恩都里	
W0535.11.1.2.1	水龙神木克木都力恩都里是最古的宇宙大神之一	【满族】
W0535.11.2	火龙神	［W3583.1］火龙（喷火的龙）
W0535.11.3	旺龙神	

① ［W7537.1］太阳与龙女婚；［W0727.2］盘古与龙女婚；［W7478］人与龙女婚

② ［W3584.9］龙的婚姻；［W7478］人与龙婚；［W7528.1.2］龙与太阳婚

W 编码	母题描述	关联项
W0535. 11. 3. 1	五大旺龙神	【毛南族】
W0535. 11. 4	天干龙神	
W0535. 11. 4. 1	农历的二月初八祭天干龙神	【彝族（葛泼）】
W0535. 11. 5	金龙神	
W0535. 11. 5. 1	金龙男神和金龙女神洗太阳	【彝族（阿细）】
W0535. 11. 5. 2	金龙老神	
W0535. 11. 5. 2. 1	金龙老神回天宫交旨	【汉族】
W0535. 11. 6	银龙神	
W0535. 11. 6. 1	银龙男神和银龙女神洗月亮	【彝族（阿细）】
W0535. 11. 7	铜龙神	
W0535. 11. 7. 1	铜龙男神和铜龙女神洗星星	【彝族（阿细）】
W0535. 11. 8	锡龙神	
W0535. 11. 8. 1	锡龙男神和锡龙女神洗云彩	【彝族（阿细）】
W0535. 11. 9	龙神分 5 类	
W0535. 11. 9. 1	五类龙神分管 5 个方位	
W0535. 11. 9. 1. 1	龙神分甲仁、吉尔仁、芒仁、壮色仁、毒巴仁 5 类，分居于世界的东、南、西、北、中五个方位	【藏族】
W0535. 11. 9. 1. 2	龙神按方位分嘉让、解让、莽让、章赛让、得巴让 5 类	【藏族】
W0535. 11. 10	四海龙神	［W3581. 4. 1］四海龙王
W0535. 11. 10. 1	南海龙神	【汉族】
W0535. 11. 11	地脉龙神	［W1238］地脉（地维、地筋、地线、地理）
W0535. 11. 11. 1	地脉龙神走阴间的黄路	【彝族】
W0535. 11. 11. 2	阴龙是地脉龙神	【土家族】
W0535. 11. 11. 3	祭地脉龙神（安龙）	【白族】
W0535. 11. 11. 3. 1	修房动土时要安龙奠土	【白族】
W0535. 11. 12	川泽龙王大神	【白族】
W0535. 11. 13	百个龙神	【傈僳族】

W 编码	母题描述	关联项
W0535.12	与龙神有关的其他母题	
W0535.12.1	龙神的名称	
W0535.12.1.1	龙神也叫蛟龙神	【壮族】
W0535.12.2	火龙真君	
W0535.12.2.1	火龙真君会日月交拜之法	【汉族】
W0536	**凤凰神（凤神）**	［W3585］凤（凤凰）
W0536.1	凤凰神的产生	
W0536.2	凤凰神的特征	
W0536.3	与凤凰神有关的其他母题	【关联】①
W0536.3.1	凤凰神女	
W0536.3.1.1	凤凰神女教人植树栽花	【白族】
W0536.3.2	凤凰女神	【白族】
W0537	**与动物神有关的其他母题**	【关联】②
W0537.1	特定名称的动物神（动物神名称）	
W0537.1.1	动物神博果勒·巴尔肯	【达斡尔族】
W0537.1.1.1	动物神博果勒·巴尔肯有17个神位	【达斡尔族】
W0537.1.2	动物神霍列力·巴尔肯	
W0537.1.2.1	动物神霍列力·巴尔肯有24个神位	【达斡尔族】
W0537.1.3	兽神贡波茶布	【珞巴族（博嘎尔部落）】
W0537.1.4	动物神达能	【佤族】
W0537.1.4.1	动物神达能陷入地下	【佤族】
W0537.2	动物神的职能（动物神的能力）	
W0537.2.1	专司特定动物之神	
W0537.2.1.1	司雌性动物之神	
W0537.2.1.1.1	母畜之神弥里颜腾格里	【蒙古族】

① ［W3588.7］凤凰是吉祥象征；［W6391］凤凰崇拜

② ［W0435.3］管家畜的神；［W0921］神性动物

W 编码	母题描述	关联项
W0537. 2. 2	特定动物神是巫师的神	
W0537. 2. 2. 1	巫师神有鹰神、猴神、熊神等动物神	【彝族】
W0537. 3	动物神的生活	
W0537. 3. 1	不同的动物神住在山的不同地方	
W0537. 3. 1. 1	山顶黄牛神，山腰绵羊神，山脚黑猪神	【彝族】
W0537. 4	动物神的数量	
W0537. 4. 1	某种动物神的数量	［W0537. 1. 1. 1］动物神博果勒·巴尔肯有 17 个神位
W0537. 5	野生动物神	［W0435. 1］管野生动物的神
W0537. 5. 1	野生动物神是恶神	
W0537. 5. 2	野牲禽兽神何日格	【达斡尔族】
W0537. 5. 2. 1	野外神何日格是恶神	【达斡尔族】
W0537. 6	巨兽神	
W0537. 6. 1	最早时巨兽神管天下	【苗族】
W0537. 7	昆虫神（虫神）	
W0537. 7. 0	虫神的产生	
W0537. 7. 0a	虫神的特征（虫神的身份）	
W0537. 7. 0a. 1	虫神是天神	【白族】
W0537. 7. 0b	虫神的职能	
W0537. 7. 0b. 1	虫神管理虫害	【白族】
W0537. 7. 1	蜜蜂神	
W0537. 7. 1. 1	黄帝到百花山请来蜜蜂神帮助战蚩尤	【汉族】
W0537. 7. 2	虫王	
W0537. 7. 2. 1	虫王掌管百虫，能驱虫御灾	【汉族等】
W0537. 7. 2. 2	虫王刘宰	【汉族等】
W0537. 7. 2. 3	虫王姚崇	【汉族等】
W0537. 7. 2. 4	虫王葛子坚	【汉族等】
W0537. 7. 2. 5	虫王金姑娘	【汉族等】

W 编码	母题描述	关联项
W0537.7.2.6	虫王稽山大王	【汉族等】
W0537.7.2.7	虫王蝗蝻大尉	【汉族等】
W0537.7.2.8	其他名称的虫王	
W0537.7.3	虫灾之年祭祀虫神	
W0537.7.3.1	杀猪宰鸡祭祀虫神（虫王会）	【傈僳族】
W0537.7.3.2	人们驱虫无术时乞灵于虫王	【彝族（撒尼）】
W0537.8	生肖神	
W0537.8.1	十二生肖神	［W6987］十二生肖的来历
W0537.8.1.1	十二生肖神将是东方琉璃世界的护法神	【汉族】
W0537.9	动植物神	
W0537.9.1	好日王腾格里是汉皇帝崇奉的司庄稼畜群之天（神）	【蒙古族】
W0537.10	相伴动物神	
W0537.10.1	金马碧鸡神	【汉族】

0.5.2 植物神
【W0540 ~ W0549】

W 编码	母题描述	关联项
✿ **W0540**	**植物神**	
W0540.1	植物神的产生	
W0540.1.1	天神任命植物神	
W0540.1.1.1	天神俚和伦派普冷当植物神	【佤族】
W0540.2	植物神的特征	
W0540.2.1	奇异植物是神	【壮族】
W0540.3	特定名称的植物神	【汉族】
W0540.3.1	植物神喷	【佤族】

W 编码	母题描述	关联项
W0540. 3. 1a	植物神普冷	【佤族】
W0540. 3. 1a. 1	天神地神派普冷管植物	【佤族】
W0540. 3. 2	植物神榜香够	【苗族】
W0541	**树神（森林神，林神，树林神）**	【汤普森】A435； ＊【民族，关联】①
W0541. 1	树神的产生	
W0541. 1. 1	树老后成为神	【达斡尔族】
W0541. 1. 1. 1	古树或粗大的树木视为树神	【汉族】
W0541. 1. 1a	茂盛的树成为神树	【白族】
W0541. 1. 2	造林者被奉为林神	
W0541. 1. 2. 1	女始祖密洛陀封造林的儿子为林神	【瑶族】
W0541. 1. 3	人的灵魂变成森林神	
W0541. 1. 3. 1	在森林里迷路的人的灵魂变成森林主神奥尔博利·查干·诺颜	【蒙古族（布里亚特）】
W0541. 1. 3. 2	森林中失路而死者之幽魂成为森林神奥因·爱钦	【蒙古族（布里亚特）】
W0541. 1. 3. 3	萨满的灵魂变成森林神	【蒙古族（布里亚特）】
W0541. 2	树神的特征	
W0541. 2. 1	树神的外貌	
W0541. 2. 1. 1	林神貌似老人	【鄂温克族】
W0541. 2. 1. 2	树神是一个像大猩猩的老人	【基诺族】
W0541. 2. 1. 3	树神白皎皎	【彝族】
W0541. 2. 2	森林神声音奇特	
W0541. 2. 2. 1	森林神时哭时笑声音怪异	【鄂温克族】
W0541. 2. 3	森林神善良	
W0541. 2. 3. 1	森林主神奥尔博利·查干·诺颜是善神	【蒙古族（布里亚特）】
W0541. 3	树神的职能（树神的能力）	
W0541. 3. 1	树神是主管树木之神	【壮族】

① 【达斡尔族】【汉族】【维吾尔族】 ＊［W0854. 2. 2］树精（木精）；［W4275. 2］树神造风

W 编码	母题描述	关联项
W0541.3.1.1	树神主宰山中所有的树木	【傈僳族】
W0541.3.2	树林神主宰天气	
W0541.3.2.1	树神能兴云雨	【汉族】
W0541.3.2.2	树林神主宰冰霜雹雪	【羌族】
W0541.3.3	森林神施舍猎物	
W0541.3.3.1	慷慨大方的森林主神随便地把猎物分给人	【蒙古族（布里亚特）】
W0541.3.3.2	树林神主宰森林野兽	【羌族】
W0541.3.4	森林神是兽类的主人	【蒙古族（布里亚特）】
W0541.3.5	树林神能令禾草不生，人有灾病	【羌族】
W0541.3.6	树神保佑全家清吉平安	【傈僳族】
W0541.4	树神的居所	
W0541.4.1	林神住有山有林的地方	【鄂温克族】
W0541.4.2	树神在各寨前、后山上	【藏族（白马）】
W0541.4.3	树神居树上	
W0541.4.3.1	树神居村头、坳口等高大古老的树上	【壮族】
W0541.4.3.2	树神依附在各种神树上	【白族】
W0541.4.4	箐中森林神	【彝族】
W0541.5	树神的关系	
W0541.5.1	树神是山神的下属	【羌族】
W0541.6	特定名称的树神（树神名称）	
W0541.6.1	特定的森林神（特定名称的林神，特定名称的树神）	【汤普森】A419.1； ＊【汉族】【佤族】
W0541.6.1.1	乌鸦是森林女神	【满族】 ＊［W3366.2］乌鸦是神的后代
W0541.6.1.2	林神乌里阿玛卡	【鄂温克族】
W0541.6.1.3	天上树林神塔比甲蒲	【羌族】
W0541.6.1.4	树神黄祖	
W0541.6.1.4.1	树神黄祖能兴云雨	【汉族】
W0541.6.1.5	森林神乐夺	【彝族】

W 编码	母题描述	关联项
W0541.6.2	杉树神	【彝族】
W0541.6.3	松树神（柏树神）	【彝族】
W0541.6.3.1	树神中柏树神地位最高	【彝族】
W0541.6.3.2	树神名树包树爬	【彝族】
W0541.6.4	竹神	
W0541.6.4.1	洪水中救祖先的竹子被奉为神	【彝族】
W0541.6.4.2	竹神监督蛇	【汉族】
W0541.6.5	柳树神	
W0541.6.5.1	柳树神保佑降生	【锡伯族】
W0541.6.6	林海女神	
W0541.6.6.1	乌鸦是林海女神	【满族】
W0541.6.7	枫神	［W6333］枫树图腾
W0541.6.7.1	枫神蚩尤	【苗族】
W0541.6.8	其他树木神	【汉族】 *［W3798.1］生命树
W0541.6.9	树神司尼	【傈僳族】
W0541.7	与树神有关的其他母题	【关联】①
W0541.7.1	树萨满	
W0541.7.1.1	树萨满毛都耶德根	【达斡尔族】
W0541.7.2	木神	［W0854.2.2］树精（木精）
W0541.7.2.1	姐弟俩成为木神	【白族】
W0541.7.3	森林神的化身	
W0541.7.3.1	森林神的化身是白胡子老头	【蒙古族（布里亚特）】
W0541.7.4	树神以特定的树为象征	
W0541.7.4.1	除夕选长年不落叶的栎类树作为树神	【傈僳族】
W0542	**花草神**	
W0542.1	花神	【汤普森】A434； *【汉族】【壮族】
W0542.1.1	花神的产生	
W0542.1.1.1	女子修行成为花神	【汉族】

①［W0396.11.2a］山神是树林神；［W0854.2.2］树精（木精）

W 编码	母题描述	关联项
W0542.1.2	花神的特征	
W0542.1.2.1	花神青春不老	【汉族】
W0542.1.3	花神的身份	
W0542.1.3.1	花神是喜神	【毛南族】
W0542.1.4	花神的职能	
W0542.1.4.1	花神管花草树木	【畲族】
W0542.1.4.2	花神管百花	【汉族】
W0542.1.4.3	花神主春夏长养	【汉族】
W0542.1.5	花神的类型（特定名称的花神）	
W0542.1.5.1	牡丹花神	
W0542.1.5.2	花神女夷	
W0542.1.5.2.1	花神女夷主春夏长养	【汉族】
W0542.1.6	花神的关系	
W0542.1.6.1	花神是盘古的女儿	【汉族】 * ［W0725.5.1a.1］盘古的女儿花神
W0542.1.6.1.1	盘古让小女儿司管百花，人称“花神”	【汉族】
W0542.1.6.2	花神是玉帝的妹妹	【汉族】
W0542.1.7	花神的数量	
W0542.1.7.1	5 个花神	【毛南族】
W0542.1.8	与花神有关的其他母题	［W0827.1.3］百花仙子（花仙）
W0542.1.8.1	花神的生日	
W0542.1.8.1.1	花神生日是二月十二日	【汉族】
W0542.1.8.2	特定名称的花神（花神的名字）	
W0542.1.8.2.1	花神女夷	【汉族】
W0542.1.8.2.2	花神名叫花姑	【汉族】
W0542.2	草神（茅草神）	【汤普森】A433.5； * 【汉族】
W0542.2.1	灵芝神	［W3820］灵芝
W0542.2.2	茅草神能避邪驱鬼	【壮族】
W0542.2.3	茅草神又称茅郎	【壮族】

W 编码	母题描述	关联项
W0542. 2. 3. 1	大门口插上“茅郎”时外人不得入门	【壮族】
W0542. 2. 4	割草时拜草神	【壮族】
W0542. 2. 5	野草神	
W0542. 2. 5. 1	野草之神次平	【彝族】
W0542. 3	人参神	【关联】①
W0542. 3. 1	人参神鄂尔霍达	【锡伯族】
W0542. 4	与花草神有关的其他母题	
W0542. 4. 1	水草大王	
W0542. 4. 1. 1	世上最早出现的肉核小伙和肉核姑娘称为水草大王和五谷娘娘	【白族】 * ［W0546. 2］五谷娘娘
W0542. 4. 2	草木之神	
W0542. 4. 2. 1	草木之神司草木生长的高矮	【苗族】
W0542. 4. 3	叶神	
W0542. 4. 3. 1	八月祭叶神	【彝族（阿哲、阿细）】
◎	**〖其他植物神〗**	
W0543	**蔬菜水果神**	【汤普森】A430
W0543. 1	水果神	【汤普森】A433. 4
W0543. 2	果神	
W0543. 2. 1	果神主管果树	【壮族】
✻ W0544	**作物神（庄稼神）**	【汤普森】A433； * 【侗族】
W0544. 1	作物神的产生	
W0544. 2	作物神的特征	
W0544. 2. 1	女作物神	
W0544. 2. 1. 1	女作物神使庄稼生长	【哈尼族】
W0544. 3	作物神的生活	
W0544. 3. 1	作物神的苏醒	
W0544. 3. 1. 1	春风神一吹气，庄稼神就醒	【哈尼族】
W0544. 4	特定名称的作物神	
W0544. 4. 1	庄稼神稷神	

① ［W0804. 3. 1］人吃人参精成为神仙；［W0828. 2. 2. 1. 1］人参姑娘

W 编码	母题描述	关联项
W0544.4.1.1	稷神是厉山氏之子柱	【汉族】
W0544.5	与作物神有关的其他母题	
W0545	**稻神（稻谷神）**	【汤普森】A433.1.1
W0545.1	稻神的产生	
W0545.1.1	稻谷神是天神的女儿	
W0545.1.1.1	稻谷仙姑是天神的女儿	【哈尼族】
W0545.2	稻神的特征	
W0545.2.1	稻谷神善饮	
W0545.2.1.1	稻谷仙姑在天神12个姑娘中酒量最大	【哈尼族】
W0545.3	与稻神有关的其他母题	［W0547］谷神
W0546	**五谷神**	【汤普森】A433.1
W0546.0	五谷神的产生	
W0546.0.1	取五谷种的人被封为五谷神	
W0546.0.1.1	观音把求得五谷种子的跛达封为五谷之神（五谷神跛达）	【白族】
W0546.0.2	封特定的人为五谷神	
W0546.0.2.1	女始祖密洛陀封儿子勒则勒郎为造五谷之神	【瑶族（布努）】
W0546.0a	五谷神的体征	
W0546.0b	五谷神的职能	
W0546.0b.1	五谷神主宰粮食的丰歉	【白族】
W0546.0c	五谷神的生活	
W0546.0c.1	五谷神穿青衣服	【白族（那马）】
W0546.2	五谷娘娘	
W0546.2.1	世上最早出现的肉核姑娘成为五谷娘娘	【白族】＊［W0542.4.1.1］世上最早出现的肉核小伙和肉核姑娘称为水草大王和五谷娘娘
W0546.2.2	五谷娘娘嫁鼠王	【白族】＊［W0455.4.2］鼠王主人间五谷丰收
W0546.3	五谷长老	

W 编码	母题描述	关联项
W0546. 3. 1	五谷长老住天上	【汉族】
W0546. 4	五谷祖母	
W0546. 4. 1	五谷祖母萨问	【侗族】
W0546. 5	五谷神婆	
W0546. 5. 1	每逢农历二月二十日祭管五谷的神婆	【侗族】
W0546. 6	五谷灵娘	【壮族】
W0546. 6. 1	五谷灵娘美丽善良	【壮族】
W0546. 6. 2	五谷灵娘专管人间五各丰歉	【壮族】
W0546. 7	谷神奶奶	
W0546. 7. 1	五谷神是谷神奶奶	【傣族（水傣）】
W0546. 7a	仙奶	
W0546. 7a. 1	仙奶是五谷管理神	【壮族】
W0546. 8	其他名称的五谷神（五谷神的名号）	［W0462. 4. 5. 4］青苗神又称谷神
W0546. 8. 1	谷力五仙	
W0546. 8. 1. 1	五仙城（广州）的五仙是五谷之神	【汉族】
W0546. 8. 2	五谷保护神	
W0546. 8. 2. 1	奶王是五谷保护神	【壮族】
W0546. 8. 3	五谷神蜡八	【白族】
W0546. 8. 4	五土五谷之神	【白族】
W0546. 8. 4a	五方五谷之神	【白族】
W0546. 8. 5	五谷神又称管白米饭的王	
W0546. 8. 5. 1	管白米饭的王是庄稼的保护神	【白族（那马）】
W0546. 8. 6	五谷神即五谷太子和天光五谷神	
W0546. 8. 6. 1	五谷太子和天光五谷神是父子俩	【彝族（撒尼）】
W0546. 8. 6. 2	五谷太子是民间 12 神之一	【彝族（撒尼）】
W0546. 9	与五谷神有关的其他母题	【关联】①

① ［W0235. 1. 13］地神称五谷神；［W0547］谷神；［W0688. 2］稷是五谷之长；［W0905. 4］谷魂（谷鬼）

W 编码	母题描述	关联项
W0547	**谷神**	［W0905.4］谷魂（谷鬼）
W0547.1	谷神的产生	
W0547.1.1	谷神从天而降	【傣族】
W0547.1.2	特定的人被奉为谷神	
W0547.1.2.1	为取谷种而死的人成为谷神	【水族】
W0547.1.3	土地神派生谷神	【锡伯族】
W0547.2	谷神的特征	
W0547.2.1	谷神外形是老妇人	【傣族】
W0547.2.2	谷神是瞎眼婆婆	【阿昌族】
W0547.2.3	谷神善良而崇高	【傣族】
W0547.3	谷神的身份（谷神的职能）	
W0547.3.1	谷神是女首领	【佤族】
W0547.3.2	谷神管谷物	【独龙族】 * ［W0905.4.2.2］谷魂掌管人间和神的粮食
W0547.3.3	谷神是主管稻谷生长及农事丰收的农事神	【民族无考】
W0547.3.4	谷神是作物保护神	
W0547.3.4.1	谷神护卫旱地，看守水田	【傣族】
W0547.3.5	谷神是丰收神	【傣族】
W0547.3.6	谷神的地位高	【傣族】
W0547.3.6.1	谷神不用拜佛	【傣族】
W0547.3.6.2	谷魂奶奶不求任何神仙	【傣族】
W0547.4	谷神的名称	
W0547.4.1	谷神又称五谷神	【锡伯族】
W0547.4.2	谷神蒿欧其	【水族】
W0547.4.3	谷神哲库恩杜里（哲库厄真）	【锡伯族】
W0547.4.4	谷子娘娘	【壮族】
W0547.4.5	谷神布岑塔	【傣族】
W0547.4.5a	谷魂奶奶	
W0547.4.5a.1	谷魂奶奶雅欢毫	【傣族】

W 编码	母题描述	关联项
W0547. 4. 5a. 2	谷魂奶奶自为自立	【傣族】
W0547. 5	谷神的生活	
W0547. 5. 1	谷神居树上	【傣族】
W0547. 6	与谷神有关的其他母题	【关联】①
W0547. 6. 1	青稞神代表谷神	【羌族】
W0548	**其他作物神**	［W0436. 2］管作物神
W0548. 1	米神	【汉族】
W0548. 2	麦神	【汉族】
W0548. 2. 1	麦神是五谷神的女儿	【畲族】
W0548. 2. 2	麦神主小麦丰歉	【彝族】
W0548. 3	青稞神	
W0548. 3. 1	青稞神日克启	【羌族】
W0548. 4	籽种神（种子神）	
W0548. 4. 1	籽种神姐玛	【哈尼族】
W0548. 5	玉米神（玉麦神）	
W0548. 5. 1	玉麦神主玉麦的丰歉	【彝族】
W0548. 6	荞神	【彝族】
W0548. 6. 1	荞神能保佑人畜平安	【傈僳族】
W0548. 6. 2	荞王天地爷	
W0548. 6. 2. 1	六月六祭祀荞王天地爷	【彝族（密且）】
W0549	**与作物神有关的其他母题**	［W0405. 7. 1］水王管地上的粮棉
W0549. 1	种子神	
W0549. 1. 1	第二代神王烟沙生籽种神姐玛	【哈尼族】
W0549. 2	管庄稼的神仙	【汉族】
W0549. 3	风伯、雨师、云师主管人间谷物的生长	【朝鲜族】
W0549. 4	水田天地老爷	［W0236. 5. 4］田神
W0549. 4. 1	水田天地老爷能驱虫保丰收	【彝族（密且）】
W0549. 5	柴禾神（柴神）	

① ［W0546］五谷神；［W0905. 4］谷魂（谷鬼）

W 编码	母题描述	关联项
W0549.5.1	柴禾神为人送柴草	【纳西族】

0.5.3 无生命物神
【W0550 ~ W0559】

W 编码	母题描述	关联项
W0550	**仓库神**	［W1735.4］北斗星是仓库神
W0550.1	仓库神的产生	
W0550.1.1	一个升到天上的妇女成为仓库神	【鄂伦春族】
W0550.1.1.1	与仓库一起升到天上的妇女成为保护仓库的女神	【鄂伦春族】
W0550.2	仓库神的特征（仓神的身份）	
W0550.2.1	女仓神	
W0550.2.1.1	司掌仓库的“奥伦”神都是女性神	【鄂伦春族】
W0550.2.1.2	女神奥轮是保护仓库的神	【鄂伦春族】
W0550.2.1.3	家庭主妇主祭女仓神	【羌族】
W0550.2.2	仓神是仓储业祖师神	【汉族】
W0550.3	与仓库神有关的其他母题	
W0550.3.1	粮仓神	【鄂伦春族】
W0550.3.2	仓王神	【汉族】
W0550.3.3	特定名称的仓神	
W0550.3.3.1	仓神萧何	【汉族】
W0550.3.3.2	仓神韩信	【汉族】
W0550.3.3.2.1	仓神韩信俗称韩王爷	【汉族】
W0550.3.3.3	库房神欧伦	【鄂伦春族】 ＊［W0550.2.1.2］女神奥轮是保护仓库的神
W0550.3.4	祭仓神	

W 编码	母题描述	关联项
W0550. 3. 4. 1	还天愿或打太平保护时敬仓神五谷神	【羌族】
W0551	**缸神**	【哈尼族】
W0552	**火塘神**	【民族，关联】①
W0553	**木炭神**	
W0553. 1	人变木炭神	【彝族】
W0554	**门神**	【汤普森】A411. 1； * 【汉族】
W0554. 1	门神的产生（门神的来历）	【汉族】
W0554. 1. 1	特定的人成为门神	【汉族】
W0554. 1. 1. 1	一对兄妹成为门神	
W0554. 1. 1. 1. 1	洪水后，天神让乱伦的一对兄妹去人间做了门神	【纳西族】
W0554. 1. 1. 2	历史人物成为门神	【汉族】
W0554. 1. 2	特定的动物成为门神	
W0554. 1. 2. 1	门神青龙白虎	【汉族】
W0554. 2	门神的特征	
W0554. 2. 1	门神的性别	
W0554. 2. 1. 1	男门神	【汉族】
W0554. 2. 1. 2	女门神	【汉族】
W0554. 2. 1. 3	男女一对门神	【纳西族】
W0554. 2. 2	门神的外貌	
W0554. 2. 2. 1	红脸门神	【布依族】
W0554. 2. 2. 2	黑脸门神	【布依族】
W0554. 2. 3	门神的性格	
W0554. 3	门神的职能（门神的能力）	［W0912. 3. 1］门神驱鬼
W0554. 3. 0	门神守护房屋大门	【壮族】
W0554. 3. 0a	门神主出入，护门庭	【彝族（撒尼）】
W0554. 3. 1	门神拒鬼于门外（门神拒妖魔于门外，门神能驱魔）	【达斡尔族】【锡伯族】

① 【佤族】【哈尼族】 * ［W0493］灶神

W 编码	母题描述	关联项
W0554.3.1.1	门神把善的都放进屋里，把鬼、妖和恶的拒在门外	【纳西族】
W0554.3.2	门神帮人分辨事情	
W0554.3.2.1	门神帮助人们分清黑白、阴阳、人鬼、神妖、善恶	【纳西族】
W0554.3.3	门神保家卫乡	【锡伯族】
W0554.3.3.1	门神守卫庭院	【蒙古族】
W0554.3.4	守神门的神	
W0554.3.4.1	守神门的神涅约西一	【羌族】
W0554.3.5	守山的门神	
W0554.3.5.1	神山果洛山有六位山的门神	【藏族】
W0554.4	门神的工具（门神的家伙，门神的武器）	
W0554.4.1	门神拿斧	
W0554.4.1.1	红脸门神手拿两把大斧头	【布依族】
W0554.4.2	门神拿刀	
W0554.4.2.1	黑脸门神拿大刀	【布依族】
W0554.4.3	门神拿枪	【汉族】
W0554.4.4	门神拿锤	【汉族】
W0554.4.5	门神拿棍	【汉族】
W0554.4.6	门神拿其他武器	
W0554.4.7	门神的搭配物	
W0554.4.7.1	门神的陪伴物有爵、鹿、蝠、喜、马、宝、瓶、鞍等吉祥物	【汉族】
W0554.4.8	门神手拿尺子	
W0554.4.8.1	门神拿着两把大角尺	【苗族】
W0554.5	门神的类型	
W0554.5.1	文门神	
W0554.5.1.1	门神·文门神状元、仙童	【汉族】

W 编码	母题描述	关联项
W0554. 5. 1. 2	文门神刘海、喜神、和合二仙、招财童子、五子门神	【汉族】
W0554. 5. 1. 3	文门神加官进禄门神等	【汉族】
W0554. 5. 2	武门神	
W0554. 5. 3	守神门的神	【羌族】
W0554. 5. 3. 1	守庙门的神	
W0554. 5. 3. 2	守家门的神	
W0554. 5. 4	左右门神	
W0554. 5. 4. 1	左门神陆加士	【羌族】
W0554. 5. 4. 2	右门神独迪士	【羌族】
W0554. 5. 4. 3	左门神陆神，右门神色神	【纳西族】
W0554. 5. 5	天地门神	
W0554. 5. 5. 1	天门神细儿	
W0554. 5. 5. 1. 1	天门神细儿可抵挡万事	【羌族】
W0554. 6	特定名称的门神	［W0554. 3. 4. 1］守神门的神涅约西一
W0554. 6. 1	门神神荼、郁垒	【汉族】 *［W0912. 3. 2］神荼和郁垒捉鬼
W0554. 6. 1. 1	神荼、郁垒的关系	
W0554. 6. 1. 1. 1	门神神荼、郁垒是两兄弟	【汉族】
W0554. 6. 1. 1. 1. 1	哥哥神荼，弟弟郁垒	【汉族】
W0554. 6. 1. 2	神荼、郁垒的特征	
W0554. 6. 1. 2. 1	神荼、郁垒面目狰狞	【汉族】
W0554. 6. 1. 2. 2	神荼的特征	
W0554. 6. 1. 2. 2. 1	神荼体形高大，头如柳斗，鬓发倒竖，怒目圆睁，口若血盆，手持一把木剑	【汉族】
W0554. 6. 1. 2. 3	郁垒的特征	
W0554. 6. 1. 2. 3. 1	郁垒个子粗矮，头如柳斗，鬓毛倒竖，怒目圆睁，口若血盆，手牵一只猛虎	【汉族】

W 编码	母题描述	关联项
W0554.6.1.3	神荼、郁垒的职能	
W0554.6.1.3.1	门神神荼、郁垒能御凶鬼	【汉族】
W0554.6.1.3.2	黄帝封神荼、郁垒为神鬼大吏，监视和统领所有神仙、鬼怪	【汉族】
W0554.6.1.3.2.1	黄帝让神荼、郁垒管鬼怪	【汉族】
W0554.6.1.3.3	神荼、郁垒主阅领万鬼	【汉族】
W0554.6.1.4	与神荼、郁垒有关的其他母题	
W0554.6.1.4.1	门神左神荼，右郁垒	【汉族】
W0554.6.2	门神钟馗	【汉族】
W0554.6.2.1	钟馗	［W0451.6.2.3］武财神钟馗
W0554.6.2.1.1	钟馗是鬼王	【汉族】
W0554.6.2.1.2	乔钟馗	【汉族】
W0554.6.2.1.3	李钟馗	【汉族】
W0554.6.2.1.4	钟馗除妖	【汉族】
W0554.6.2.1.5	钟馗吃鬼	【汉族】
W0554.6.3	门神秦琼、尉迟恭	【汉族】
W0554.6.3.1	门神姓秦，家住上方柳家村	【汉族】
W0554.6.3.2	秦琼和尉迟恭是唐朝开国功臣	【汉族】
W0554.6.3.3	秦琼和尉迟恭曾为唐太宗守夜而奉为门神	【汉族】
W0554.6.3a	门神秦叔宝胡敬德	
W0554.6.3a.1	唐太宗寝门卫士秦叔宝胡敬德成为门神	【汉族】
W0554.6.4	门神赵云、马超	
W0554.6.4.1	河南一带门神多为赵云、马超神	【汉族】
W0554.6.5	门神孙膑、庞涓	
W0554.6.5.1	陕西一带门神孙膑、庞涓	【汉族】
W0554.6.6	门神黄三太、杨香武	
W0554.6.6.1	陕西一带门神黄三太、杨香武	【汉族】
W0554.6.7	门神孟良、焦赞	
W0554.6.7.1	汉中一带门神孟良、焦赞	【汉族】

W 编码	母题描述	关联项
W0554. 6. 8	门神马超、马岱	
W0554. 6. 8. 1	河北一带门神马超、马岱	【汉族】
W0554. 6. 9	门神薛仁贵、盖苏文	
W0554. 6. 9. 1	河北一带门神薛仁贵、盖苏文	【汉族】
W0554. 6. 10	门神赵公明、杨延昭	
W0554. 6. 11	汉族地区其他门神	
W0554. 6. 11. 1	门神李克用、赵匡胤、李元霸、裴元庆、钟馗、燃灯道人、哼哈二将、太岁神、姜太公等	【汉族】
W0554. 6. 12	门神陆和色兄妹	【纳西族】
W0554. 6. 13	门神杜卡依恩杜里	【锡伯族】
W0554. 6. 14	门神紫微布罗	【彝族（腊罗、摩察、纳苏、给尼、葛泼）】
W0554. 6. 15	大门神吉哈厄西且	
W0554. 6. 15. 1	大门神吉哈厄西且又称野神	【羌族】
W0554. 6. 15a	门神勒额都都	【羌族】
W0554. 7	与门神有关的其他母题	
W0554. 7. 1	门神兄妹	
W0554. 7. 2	门神的象征物	
W0554. 7. 2. 1	门前石头象征门神	
W0554. 7. 2. 1. 1	门神兄妹离开人间时把灵魂托付给石头，门前的石头就代表门神	【纳西族】
W0554. 7. 3	供奉门神	
W0554. 7. 3. 1	通过门垛内供奉一尊神像供门神	【藏族】
W0554. 7. 4	门栏神	
W0554. 7. 4. 1	房中门栏神	【彝族】
W0554. 7. 5	门角神	
W0554. 7. 5. 1	门角神南厄阿底昔古迫	【羌族】
W0555	**磨神**	
W0555. 1	磨神帮助穷人	【汉族】
W0555a	**碾子神**	【达斡尔族】

W 编码	母题描述	关联项
W0556	**其他无生命物神**	[W0398.2] 岩石神（石神）
W0556.1	农具神	[W6436.1] 农具崇拜
W0556.1.1	犁神	【汉族】【拉祜族】
W0556.2	生活用具神	
W0556.2.1	板凳神	
W0556.2.1.1	特定的人因用板凳施法术被称为板凳神	【侗族】
W0556.2.1.2	板凳老神能炼灵丹妙药	【侗族】
W0556.2.1.3	大小板凳老神是张天师的徒弟	【侗族】
W0556.2.2	笊篱神	
W0556.2.2.1	笊篱姑姑神	【鄂伦春族】
W0556.3	仪式用具神	
W0556.3.1	面具神	【鄂温克族】
W0557	**与无生命物神有关的其他母题**	
W0557.1	无生命物神帮助弱者	[W8771] 神作为争战中帮助者

0.6 神性人物
(W0560 ~ W0769)

0.6.1 文化英雄
【W0560 ~ W0629】

W 编码	母题描述	关联项
✿ W0560	文化英雄①	【汤普森】①A500；②A510.1；③≈Z200
✿ W0561	文化英雄的产生	【汤普森】A511

① 文化英雄，“文化英雄”是多数神话学研究者经常使用的一个概念。文化英雄（culture hero）在人类学上的解释为：“指在民俗学上具有光荣的人物，他们被认为对古代特殊生活方式具有教化之功。”（《云五社会科学大辞典》第10册人类学分册，台湾商务印书馆1975年版，第32页）神话学中认为：文化英雄是“古代文明创建过程中有杰出贡献者，即神话传说中的发明创造者。他们集中体现了上古人民的智慧和才能，推动了人类文化的进程，代表了人类文明的曙光，因此被大家纪念和歌颂。”（潜明滋：《中国古代神话与传说》，商务印书馆1996年版，第114页）美国出版的《韦氏大辞典》解释说：“文化英雄，系传说人物，常以兽、鸟、人、半神等各种形象出现。一民族常把一些对于他们的生活方式、文化来源最基本的因素（诸如各类重大发明、各种主要障碍的克服、神圣活动，以及民族自身、人类、自然现象和世界的起源），加诸文化英雄之上。”“文化英雄”在有些神话语境中也可以表述为“英雄”。神话中某些特性的人物介乎于神与精灵、神与人、神与物之间的人物，这些形象可以称为“文化英雄”。神话中的“英雄”与我们今天所说的“英雄”具有本质的不同。神话中的“英雄”，与“神”既有联系，又有区别。在许多少数民族神话中，文化英雄与神有时会同时出现，相提并论，甚至难以有一个统一的区分标准。从某些角度观察，仍可以找出一些区别。如文化英雄一般产生较晚，他们往往有自己的生身父母，有奇特的身世，甚至会有一定的身体特征，如身材伟岸，力大无穷等。文化英雄在文化创造或与自然界进行抗争时一般要靠超常的体力，特别是经常需要神灵或动物的帮助，能使用某种工具或武器，最后在与邪恶势力的斗争中取得胜利，或者在为人类造福中取得业绩。对于“文化英雄”的定义，不同的研究者可能出现一些不同的理解，如苏联的百科全书解释为：“文化英雄，神话人物。他为人类获得或首次制作各种文化器物（火、植物栽培、劳动工具），教人狩猎、手工和技艺，制定社会组织、婚丧典章、礼仪节令。文化英雄也可以参与创世，诸如填海造地，开辟宇宙，确立昼夜四季，掌管潮汐水旱，造最初的人，并给以意识，施以教化等等。”

W 编码	母题描述	关联项
W0562	**文化英雄源于某个地方或自然存在**	【汤普森】A513
W0562.1	文化英雄从天上来	【汤普森】A513.1； * ［W0006］神从天降
W0562.1.1	特定的文化英雄从天而降	
W0562.1.1.1	蚩尤81个兄弟从天而降	【汉族】
* **W0563**	**文化英雄是生育产生的**	【汤普森】A511.1
W0564	**神生文化英雄**	
W0564.1	文化英雄是神的儿子	【汤普森】A512.3； * ［W0566］神或神性人物生育文化英雄
W0564.1.1	文化英雄是造物者的儿子	【汤普森】A512.2
W0564.2	女神生育文化英雄	【土家族】
W0565	**神性人物生文化英雄**	
W0565.1	文化英雄是神性人物的儿子	
W0565.1.1	英雄生英雄	
W0565.1.1.1	英雄交奥达尔是英雄艾尔托斯托克的儿子	【柯尔克孜族】
W0566	**神与神性人物生育文化英雄**	［W7220］神与神性人物婚
W0567	**人孕生文化英雄**	【汉族】 * ［W0572.1.1］处女感动物生文化英雄
W0567.1	处女圣洁孕生文化英雄	【汤普森】A511.1.3.3
W0567.2	特定来历的人生文化英雄	【苗族】
W0567.3	人孕生的文化英雄是特定人物投胎	【关联】①
W0567.3.1	女子孕生的文化英雄是神投胎	
W0567.3.1.1	格萨尔王是天神投胎为部落小酋长所弃妇之子	【藏族】
W0568	**动物生文化英雄**	【关联】②
W0568.1	文化英雄的母亲是鹿	【汤普森】A511.1.8.1

① ［W9375］投胎；［W9376］神与神性人物投胎

② ［W0027］动物生神；［W2155］动物生人

W 编码	母题描述	关联项
W0568.2	文化英雄的母亲是熊	
W0568.3	牛生文化英雄	【壮族】 ＊［W0704a.1.1］莫一大王是神牛的儿子
W0568.4	鹰生文化英雄	
W0568.4.1	支格阿龙是鹰的后代	【彝族】
W0569	**植物生文化英雄**	
W0569.1	植物的果实生文化英雄	
W0570	**特定物质生文化英雄**	
W0570.1	文化英雄是太阳的儿子	【汤普森】A512.4
W0570.2	炸开的石头生文化英雄	【汤普森】A511.1.4.1
W0570.3	男子的骨骼中生文化英雄	【汤普森】A511.1.4.3
W0571	**婚生文化英雄（婚生英雄）**	
W0571.0	神或神性人物婚生文化英雄	
W0571.0.1	神婚生文化英雄	
W0571.0.2	神性人物婚生文化英雄	
W0571.0.3	神与神性人物婚生文化英雄	
W0571.1	人与动物婚生文化英雄	【汤普森】A511.1.8； ＊【哈萨克族】 ＊［W2450］人与动物婚生人
W0571.1.1	人龙交生文化英雄	【汉族】
W0571.1.2	人熊婚生英雄	【鄂伦春族】
W0571.1.2.1	猎手与母熊生的孩子成为英雄	【鄂温克族】
W0571.1.2.2	女子与白熊婚生英雄艾里·库尔班	【维吾尔族】
W0571.2	特定来历的人婚生文化英雄	
W0571.2.1	桃核生的1对男女婚生射日英雄	【苗族】
W0572	**感生文化英雄**	［W0567.1］处女圣洁孕生文化英雄
W0572.1	文化英雄产生于神圣怀孕	【汤普森】A511.1.3； ＊【土家族】
W0572.2	神感生文化英雄	［W2279.1］神感生人

W 编码	母题描述	关联项
W0572.2.1	女神吃特定物生文化英雄	
W0572.2.1.1	女神阿妮喝了白虎娘娘送来的喜药生文化英雄	【土家族】
W0572.3	神性人物感生文化英雄	
W0572.4	人感生文化英雄	［W0834.1.2］人感生妖
W0572.4.1	处女感生文化英雄	
W0572.4.1.1	处女感动物生文化英雄	【彝族】
W0572.4.1.1.1	幺女蒲莫列衣未出嫁时感神鹰生支格阿龙	【彝族】
W0572.4.2	已婚女子感生文化英雄	
W0572.4.2.1	木古搓日出门寻找丈夫时，感风生儿子搓日阿补（英雄名）	【彝族】
W0572.4.3	女子见到特定现象生文化英雄	
W0572.4.3.1	女子于晨曦中临渊祝祷时见神龟天蟒性交，浓雾漫天，口吸精自孕而生果（英雄名）	【满族】
W0572.5	动物感生文化英雄	［W2279.2］动物感生人
W0572.6	与感生文化英雄有关的其他母题	
W0573	**卵生文化英雄**	【汤普森】①A511.1.9；②A515.1.1； ＊【藏族】
W0573.1	特殊来历的卵生文化英雄	【藏族】
W0574	**文化英雄特殊的出生**	【汤普森】A511.1.4； ＊【关联】①
W0574.1	文化英雄从母亲的特殊部位生出	
W0574.1.1	文化英雄从母亲的肋中生出	【汤普森】A511.1.1
W0574.1.2	文化英雄从母亲的头上出生	
W0574.1.2.1	嘎达米是从母亲的头上的大血泡里生出	【普米族】
W0574.2	文化英雄出生前会讲话	【汤普森】A511.1.2

① ［W0035］神的特殊出生；［W2594］特殊的出生

W 编码	母题描述	关联项
W0574.3	文化英雄出生时的特异现象	【汤普森】F960.1.2； *【汉族】*［W2598.1.1］圣人不一般的出生
W0574.3.1	文化英雄出生时现祥瑞	【土族】
W0574.3.1.1	文化英雄出生时群雀聚集，满屋红光	【侗族】
W0574.3.2	英雄出生时惊雷相伴	【苗族】
W0574.3.3	英雄诞生时出现彩虹	
W0574.3.3.1	治水英雄出生时天上同时出现7条彩虹	【汉族】
W0574.4	英雄回到母胎再生	【汤普森】T539.1； *［W2581］神奇的怀孕
W0574.5	与文化英雄特殊出生有关的其他母题	
W0575	**与生育文化英雄有关的其他母题**	
W0575.1	英雄生于灾难之际	【汤普森】T583.2； *［W8000］世界灾难（灾难）
W0575.2	文化英雄在娘胎中长牙	
W0575.2.1	文化英雄宁冠娃在娘胎里就长出了牙齿，会大喊大叫	【景颇族】
***W0576**	**特定的人物成为文化英雄**	
W0577	**特定的人变成文化英雄**	
W0577.1	弃儿成为英雄	【汤普森】≈S371； *［W2670］弃婴
W0577.2	野孩长成英雄	
W0577.2.1	收养的野孩长成英雄	
W0577.2.1.1	猎人收养的野猪洞中的野孩长成英雄	【珞巴族】

W 编码	母题描述	关联项
W0577.3	人经过锻炼成为英雄	
W0577.3.1	争战中杀死敌手者成为英雄	【珞巴族（德根等部落）】
W0578	**动物成为文化英雄**	【汤普森】A522
W0578.1	狗成为文化英雄	【汤普森】A522.1.1；＊【哈尼族】＊［W3967］狗盗粮种
W0578.2	兔子成为文化英雄	【汤普森】A522.1.2
W0578.3	鸟成为文化英雄	【汤普森】A522.2
W0578.3.1	燕子是文化英雄	【蒙古族】
W0578.3.2	鹰成为文化英雄	【汤普森】A522.2.3
W0578.4	癞蛤蟆成为英雄	【关联】①
W0578.4.1	孤寡老两口捡的癞蛤蟆变成英雄	【满族】
W0578.5	其他动物成为文化英雄	【汤普森】A522.3
W0578.5.1	猴子变成文化英雄	
W0578.5.1.1	白猴变成小英雄玛麦	【白族】
W0579	**植物成为文化英雄**	
W0580	**与文化英雄产生有关的其他母题**	
W0580.1	神投胎为英雄	【藏族】＊［W9376］神与神性人物投胎
W0580.2	文化英雄的再生	
W0580.2.1	文化英雄的转世	［W9350］转世（托生、转生）
	文化英雄死后变成童孩	【汤普森】A511.1.6
W0580.3	文化英雄出生在危难之际	
W0580.3.1	英雄为射日而生	［W9715］射日者（射月者）
W0580.3.1.1	天上多日并出时，英雄支格阿龙降生	【彝族】
W0580.3.2	火灾不断时英雄应时而生	【傣族】
W0580.4	文化英雄生不逢时	
W0580.5	英雄代有才人出	【壮族】
W0580.6	通过比赛产生英雄	

① ［W3543.3］蛤蟆能呼风唤雨；［W3543.7］蛤蟆做人王

W 编码	母题描述	关联项
W0580. 6. 1	通过抢肉确定谁是英雄	【佤族】
W0580. 7	造文化英雄	
W0580. 7. 1	祖先造出文化英雄	［W0015. 3］祖先造神
W0580. 7. 1. 1	熊公用木棒搅水塘扭拧岩石生出英雄火亚立	【苗族】
＊W0581	**文化英雄的特征**	【汤普森】A526
W0582	**男文化英雄**	
W0583	**女文化英雄**	【满族】
W0583. 1	女文化英雄的产生	
W0583. 2	女文化英雄的特征（女文化英雄的职能，女文化英雄的身份）	
W0583. 2. 1	女文化英雄保护村内人畜平安	［W0440］村寨保护神（寨神，村神，村寨神）
W0583. 2. 1. 1	女英雄米德摩能保护村内人畜平安	【彝族（阿细）】
W0583. 3	女文化英雄的事迹	
W0583. 3. 1	女文化英雄斗雷公	【水族】 ＊ ［W0603. 2. 1］女英雄斩蟒蛇
W0583. 3. 2	女文化英雄斗恶神	【彝族（阿细）】
W0583. 4	与女文化英雄有关的其他母题	
W0584	**文化英雄的体征**	
W0584. 1	文化英雄是半人半兽	［W070. 3. 1］半人半兽的神
W0584. 1. 1	文化英雄人头鸟身	
W0584. 1. 1. 1	人头鸟身的文化英雄沙克沙	【满族】
W0584. 1. 2	文化英雄人首蛇身（文化英雄蛇身人面）	［W0722. 2. 1. 5］盘古人头蛇身（盘古人首蛇身）
W0584. 1. 2. 1	窫窳蛇身人面	【汉族】
W0584. 2	文化英雄的身体	
W0584. 2. 0	文化英雄身材魁梧	【傣族】
W0584. 2. 1	文化英雄有惊人的身高	【傣族】【景颇族】
W0584. 2. 2	文化英雄身体很小	【汤普森】L112. 2

W 编码	母题描述	关联项
W0584.2.3	文化英雄通体透明	【汉族】 ＊［W0733.1］神农身体通透（透明）
W0584.2.4	文化英雄外表像怪物	【汤普森】≈L112.1
W0584.2.5	文化英雄有动物外形	［W070.3.1］半人半兽的神
W0584.2.5.1	突忽烈出生时浑身长着鳞片，两脚像鸭子爪	【满族】
W0584.2.6	文化英雄长有翅膀	【汉族】
W0584.2.6.1	女子与岩鹰婚生的英雄吉智高卢身上生有翅膀	【彝族】
W0584.3	文化英雄的头	
W0584.3.1	文化英雄有多个头	【汤普森】≈A526.4
W0584.3.2	文化英雄长着丑陋的脑袋	【汤普森】L112.3.1
W0584.4	文化英雄的脸	
W0584.4.1	文化英雄长着几张脸	【汉族】 ＊［W0692.1］黄帝四面
W0584.4.1.1	千面英雄	【汉族】
W0584.5	文化英雄的眼睛	
W0584.5.1	文化英雄有多个眼睛	【汤普森】≈A526.5； ＊【壮族】
W0584.5.2	文化英雄长着3个眸子	
W0584.5.2.1	尧舜叁牟子	【汉族】
W0584.5.3	文化英雄长着特定颜色的眼睛	
W0584.5.3.1	英雄长着绿色的眼睛	【壮族】
W0584.6	文化英雄的鼻子	
W0584.7	文化英雄的嘴巴	
W0584.8	文化英雄的四肢	
W0584.8.1	英雄的手臂很长	
W0584.8.1.1	英雄的手臂壮实得像椰子树干	【傣族】
W0584.8.2	英雄长着三节手	
W0584.8.2.1	力大无比的三节手后生郎正能打落太阳	【壮族】

W 编码	母题描述	关联项
W0584. 8. 3	英雄的两手过膝	
W0584. 8. 3. 1	英雄岑逊的两手垂下来冒过膝盖头	【壮族】
W0584. 8. 4	文化英雄 9 臂 9 腿	【民族，关联】①
W0584. 9	文化英雄的毛发	
W0584. 10	文化英雄力量巨大	【傣族】【壮族】
W0584. 10. 1	文化英雄力能搬山	【汉族】
W0584. 10. 2	文化英雄力能拔树	
W0584. 10. 2. 1	英雄把水桶粗的大树连根拔起	【傈僳族】
W0584. 10. 2. 2	英雄把大树连根拔起	【朝鲜族】
W0584. 10. 3	文化英雄好臂力（英雄臂力惊人）	
W0584. 10. 3. 1	小英雄两手能拉十石弓	【满族】
W0584. 10. 3. 2	英雄拉起硬弓射得穿 33 座山岩	【景颇族】
W0584. 10. 3. 3	英雄莫一大王能拉动 320 斤的弓，射 40 斤重的箭	【壮族】
W0584. 10. 4	文化英雄能踩碎大山	【傣族】
W0584. 11	与文化英雄体征有关的其他母题	【满族】
W0584. 11. 1	英雄有与一般人不同的体征	
W0584. 11. 1. 1	英雄的舌头能舔到鼻尖	【壮族】
W0585	**文化英雄的性情（英雄的性格）**	【汤普森】 A520
W0585. 1	文化英雄是骗子	【汤普森】 A521
W0585. 2	有不良习性的英雄	【汤普森】 L114
W0585. 3	性情癫狂的英雄	【汤普森】 L116
W0585. 4	傻里傻气的英雄	【汤普森】 L121
W0585. 5	居功自傲的英雄	【蒙古族】
W0585. 5. 1	英雄射日后自我膨胀	【汉族】

① 【苗族】 *［W0662. 4. 5］巨人有八双手臂；［W0722. 2. 1. 3. 1］盘古三头六臂

W 编码	母题描述	关联项
W0585.6	英雄聪明勇敢	
W0585.6.1	谁也赛不过英雄岑逊的聪明勇敢	【壮族】
W0585.6.2	英雄大胆	
W0585.6.2.1	孤胆英雄	
W0585.6.2.1.1	英雄一个人去除魔	【柯尔克孜族】
W0585.7	文化英雄潇洒	
W0585.7.1	文化英雄支格阿龙遨游天地间	【彝族】
W0585.8	文化英雄不恋母	
W0585.8.1	文化英雄出生后主动脱离母亲	
W0585.8.1.1	英雄支格阿龙生后第一夜不肯吃母乳，第二夜不肯同母睡，第三夜不肯穿母衣	【彝族】
W0585.9	英雄有勇无谋（草莽英雄）	
W0585.9.1	英雄错怪他的助手	【柯尔克孜族】
W0585.10	英雄一诺千金	
W0585.10.1	英雄说到做到	【柯尔克孜族】
W0585.11	英雄不近女色（英雄大男子主义）	
W0585.11.1	英雄不关心女人	【赫哲族】
* **W0586**	**文化英雄的生活与经历**	
W0587	**英雄出生后被抛弃**	【汤普森】①A511.2.1；②L111.2； *［W2670］弃婴
W0587.0	英雄成为弃婴的原因	
W0587.0.1	英雄因为出生无父被抛弃	
W0587.0.2	英雄因为形体怪异被抛弃	
W0587.0.3	英雄因为性格怪异被抛弃	
W0587.0.3.1	英雄支格阿龙出生后因为不吃妈妈的奶被抛弃	【彝族】
W0587.1	在海边发现英雄（在海边发现文化英雄）	【汤普森】L111.2.2

W 编码	母题描述	关联项
W0587.2	在树上发现英雄（在树上发现文化英雄）	【汤普森】L111.2.3
W0587.3	在动物居所发现英雄（在动物居所发现文化英雄）	
W0587.3.1	在狼穴发现英雄（在狼穴发现文化英雄）	【汤普森】L111.2.4
W0587.3.2	英雄被抛弃后与动物为伴	
W0587.3.2.1	英雄支格阿龙被抛弃后，在山沟里与蛇同住3年	【彝族】
W0587.4	文化英雄生活在山上	【汤普森】A571； *【壮族】
W0587.5	与英雄被抛弃有关的其他母题	
W0587.5.1	英雄回家	
W0587.5.1.1	英雄少年离家老大回	【傣族】
W0588	**文化英雄的抚养**	【汤普森】A511
W0588.1	神或神性人物抚养文化英雄	
W0588.1.1	萨满抚育文化英雄	【满族】
W0588.2	特定的人抚养文化英雄	【汤普森】A511.3.2
W0588.3	动物抚养文化英雄	【汤普森】L111.7； *【汉族】 *［W2693］动物抚养人
W0588.3.1	狼抚养文化英雄	【汤普森】A511.2.1.1； *［W2693.6.2］狼抚养人
W0588.3.2	虎抚养文化英雄	【汤普森】A511.2.1.2； *【汉族】
W0588.4	与英雄的抚养有关的其他母题	
W0588.4.1	英雄被冷落	【珞巴族】
W0589	**文化英雄的成长（文化英雄的经历）**	【汤普森】A511.4
W0589.1	文化英雄出生后迅速成长	【汤普森】A511.4.1； *【民族，关联】①
W0589.1.1	文化英雄出生后短时间长大	

① 【汉族】【回族】 *［W0090.2.2］神迅速成长

W 编码	母题描述	关联项
W0589.1.1.1	文化英雄生下来 3 天会走	【满族】
W0589.1.1.1a	文化英雄生下来 10 天会跑	【满族】
W0589.1.1.2	文化英雄 2 个月会走，3 个月会说话	【回族】 * ［W2598.4.4］孩子出生就会说话
W0589.1.1.3	英雄出生后第 1 天吃一碗饭，第 2 天会说话，第 3 天会走路，第 4 天会跑，地 5 天成为大人	【独龙族】
W0589.2	文化英雄早熟	【汤普森】A527.1
W0589.2.1	文化英雄在母胎中说话	【汤普森】A511.1.2; * ［W2587.6］孩子在母腹中说话
W0589.2.2	文化英雄生下 3 天说话	【羌族】 * ［W0751.4.2.1］大禹生下 3 天会说话
W0589.2.3	文化英雄生下 6 天会笑	【哈萨克族】
W0589.2.4	文化英雄年幼时本领非凡	【壮族】
W0589.2.4.1	英雄小时候就善射	【朝鲜族】
W0589.3	文化英雄的成长经历多次磨难	【民族，关联】①
W0589.3.1	英雄大难不死	
W0589.3.1.1	英雄几次遇害都转危为安	【藏族】
W0589.4	文化英雄的饮食	
W0589.4.1	文化英雄的食物	
W0589.4.1.1	文化英雄以铁为食	【彝族】 * ［W0672.5.2.1］蚩尤石头铁块当饭吃
W0589.4.1.2	文化英雄食露水	【侗族】
W0589.5	文化英雄饮食惊人	
W0589.5.1	文化英雄的巨大饭量	【汉族】
W0589.5.1.1	文化英雄一次吃掉很多动物	【鄂伦春族】
W0589.5.1.2	英雄汉一顿吃 9 槽粑 9 桶鱼	【苗族】
W0589.5.2	英雄喝干河水	【民族，关联】②
W0589.6	文化英雄分配食宿	【汤普森】A547

① 【珞巴族】【苗族】【藏族】 * ［W0899.5］灵魂的磨难
② 【鄂伦春族】【土家族】 * ［W0663.2.1］巨人饮干江河

W 编码	母题描述	关联项
W0589a	**文化英雄的服饰（文化英雄的装备）**	
W0589a.1	文化英雄的头饰	
W0589a.1.1	文化英雄头戴铜盔	【彝族】
W0589a.2	文化英雄的衣服	
W0589b	**文化英雄的居所**	
W0589b.1	文化英雄住天上	
W0589b.1.1	文化英雄回归天界	【汤普森】A566
W0589b.1.1.1	文化英雄回天国	【藏族】
W0589b.1.2	英雄魂归天国	【藏族】
W0589c	**文化英雄的出行**	
※**W0590**	**文化英雄的能力（文化英雄的本领，文化英雄的事迹）**	【汤普森】A527； *【关联】①
W0591	**文化英雄本领的获得**	
W0591.1	英雄从天上获得本领	【蒙古族】
W0591.2	英雄从老人那里获得本领	
W0591.2.1	射日英雄乌恩的本领是跟天降的老人学的	【蒙古族】
W0591.3	英雄从小练就本领	【彝族】
W0592	**文化英雄能力非凡**	【汤普森】A526.7； *【景颇族】
W0592.1	文化英雄有神力	【傈僳族】
W0592.2	文化英雄出生就会跑	【汤普森】F583
W0592.3	英雄能搬山（英雄能移山）	
W0592.3.1	英雄能担山	【壮族】 *［W9867.2］二郎担山追杀太阳
W0592.3.2	英雄莫一大王把山背到背上搬走	【壮族】
W0592.4	英雄善射	【侗族】

① ［W3959］文化英雄取粮种；［W4976.1.1］文化英雄治水；［W6955.2］文化英雄盗火；［W9660.7.1］宝物只献给特定的英雄；［W9729］文化英雄射日

W 编码	母题描述	关联项
W0592.5	英雄知晓古今	【苗族】
W0592.5.1	英雄会讲故事	【汉族】
W0592.6	文化英雄能看到别人看不到的东西	
W0592.6.1	文化英雄能透视身体	【汉族】
W0592.7	文化英雄能拨云开雾	
W0592.7.1	宁贯娃一举手就能拨开云雾	【景颇族】
W0592.7a	文化英雄能腾云驾雾	【彝族】
W0592.8	英雄能干常人干不成的事	
W0592.8.1	只有英雄能盗取蟒魔王头上的宝帽	【蒙古族】
W0592.8.2	英雄虎口拔牙	
W0592.8.2.1	英雄拔下蛇的毒牙	【彝族】 * ［W8952］人与动物之争
W0592.8.3	英雄说话成真	
W0592.8.3.1	英雄的言语使水上产生桥	【朝鲜族】
W0592.9	文化英雄睁着眼睡觉	【基诺族】
W0592.10	英雄综合素质高	
W0592.10.1	英雄拉得起硬弓，挥得动长刀，会唱姑娘合得上的山歌，跳起舞大地都会震动	【景颇族】
W0593	**文化英雄是保护神**	
W0593.1	文化英雄荫泽后人	
W0593.1.1	文化英雄的灵魂保护部落	【哈萨克族】
W0593.1.2	英雄的灵魂成为保护神	【藏族】 * ［W0443.1.1.3］祖先的灵魂是家族保护神
W0594	**文化英雄善跑**	
W0594.1	文化英雄逐日	［W9865］追杀太阳
W0594.1.1	文化英雄担山逐日	［W9867.2］二郎担山追杀太阳
W0595	**文化英雄助人**	【汤普森】≈A581.1
W0595.1	文化英雄灾难中拯救人类	

W 编码	母题描述	关联项
W0595. 2	文化英雄为人解决衣食住行	
W0595. 2. 1	文化英雄为人类盗水	【汤普森】A1111
W0596	**文化英雄除暴安良**	［W0442］人类保护神（人的保护神）
W0596. 1	半人半神的英雄专门除暴安良	【怒族】
W0597	**文化英雄追梦**	
W0597. 1	文化英雄寻找天边（光明）	【汤普森】H1260；＊［W1166］天边（天的边际）
W0597. 2	文化英雄寻找亲人	
W0597. 2. 1	文化英雄寻父	【关联】①
W0597. 2. 2	文化英雄寻母	［W9936］寻找母亲
W0597. 2. 2. 1	英雄被动物养到 16 岁时寻找母亲	【彝族】
W0597. 2. 3	文化英雄寻妻	［W9937］寻找妻子
W0597. 2. 4	文化英雄寻子	
W0597. 3	文化英雄寻找朋友	
W0597. 4	文化英雄寻宝	［W9932］寻找特定的物
W0597. 5	文化英雄离家创业（争战等）	【汤普森】≈F612
W0598	**文化英雄学艺收徒**	
W0598. 1	文化英雄学艺	【民族，关联】②
W0598. 1. 1	文化英雄学艺原因	
W0598. 1. 2	文化英雄学艺内容	【汉族】＊［W0692. 2. 1. 1］黄帝专程访仙问道
W0598. 1. 3	文化英雄学艺结果	【汉族】＊［W0745b. 4. 2. 4. 1］南方赤帝女学道得仙
W0598. 2	文化英雄收徒	［W0749. 4. 2］羿的徒弟
W0598. 2. 1	文化英雄收徒类型	
W0598. 2. 1. 1	英雄降服者收为徒弟	【维吾尔族】

① ［W9935］寻找父亲；［W9935. 1］儿子寻父

② 【瑶族】＊［W0672. 8. 1］蚩尤学艺；［W0723d. 9］盘古上学

W 编码	母题描述	关联项
W0599	**文化英雄的发明**	【关联】①
W0599.1	文化英雄发明生产工具	【关联】②
W0599.2	文化英雄发明生活用品	
W0599.3	文化英雄发明武器	［W8743］神或神性人物发明武器
W0599.4	文化英雄发明其他无形文化产品	
W0599.5	文化英雄传授技术	【汤普森】A541； ＊［W6043］发明或传授耕种
W0600	**文化英雄称王（英雄成王）**	
W0600.1	文化英雄称王的原因（文化英雄称王的方式）	
W0600.1.1	英雄借助神力称王	
W0600.1.1.1	格萨尔借神力称王	【藏族】
W0600.1.2	文化英雄立功称王	
W0600.1.3	文化英雄通过竞技称王	［W0684.3.3.1］格萨尔赛马称王
W0601	**文化英雄建立秩序**	【汤普森】A530；＊【壮族】 ＊［W5003］社会秩序的建立
W0602	**文化英雄的变形（英雄会变形）**	【汤普森】A527.3.1；＊【彝族】
W0602.1	文化英雄变成动物	【汉族】
W0602.2	英雄变巨人	
W0602.2.1	英雄争战时就变成巨人	【柯尔克孜族】
W0603	**文化英雄立功**	
W0603.1	文化英雄降妖捉怪	【汤普森】A531； ＊［W8836］英雄降妖
W0603.1.1	文化英雄降龙	【壮族】［W8880］斗龙
W0603.1.2	文化英雄斩蛇	

① ［W0697b.1］黄帝是发明者；［W0741.3.1］太昊是发明者；［W0767.3.3］祝融发明火；［W6042］神或神性人物发明耕种；［W6080.2］神性人物造工具；［W6102］文化英雄教手工制作；［W6128］神性人物教人制衣；［W6145.2］文化英雄创造食物；［W6205］神或神性人物创造房屋

② ［W6080.2.2］祖先发明农具；［W6080.4.2］农具的产生

W 编码	母题描述	关联项
W0603. 1. 2. 1	女英雄斩蟒蛇	【东乡族】
W0603. 2	文化英雄救亲人	
W0603. 2. 1	文化英雄救出落入魔掌的母亲	【藏族】 * ［W8982. 11］儿子救母亲
W0603. 2. 1. 1	英雄阿鲁举热从妖洞中救出母亲回到祖宗的故乡	【彝族】
W0603. 2. 2	文化英雄救出落入魔掌的妻子	［W8981. 2. 1］营救失去的妻子
W0603. 2. 3	英雄救美	
W0603. 2. 3. 1	后羿关键时刻救了嫦娥	【汉族】 * ［W0749. 3］后羿的能力（羿的职能，后羿的事迹）
W0604	**与文化英雄的能力有关的其他母题**	
W0604. 1	英雄的弱点（阿喀琉斯之踵）	
W0604. 1. 1	特定物是英雄的命根	
W0604. 1. 1. 1	宝剑是英雄的命根子	【哈萨克族】
* **W0605**	**文化英雄的工具（文化英雄的武器，英雄的用品）**①	【汤普森】A524. 2；* ［W8748 ~ W8753］常见的武器
W0606	**文化英雄的奇特之物**	【汤普森】A524
W0606. 1	文化英雄的坐骑	［W0109］神的坐骑
W0606. 1. 1	文化英雄的马	
W0606. 1. 1. 1	文化英雄的九层翅膀的神马	【彝族】
W0606. 1. 1. 2	英雄偶得瘦弱的马成为健壮的天马	【普米族】
W0606. 1. 1. 3	英雄骑仙马	【彝族】 * ［W4953. 1. 3］月亮骑仙马行走
W0606. 1. 1	文化英雄的狗	【汤普森】A524. 1. 1
W0606. 2	文化英雄的神力武器	
W0606. 2. 1	文化英雄的神箭	【彝族】

① 文化英雄的工具（文化英雄的武器，英雄的用品），这类母题在不同民族的神话叙事中数量众多，此处只选择一些代表性的母题作为示例。具体母题可参见“武器”、“弓箭”、“宝物”等相关类型母题实例。

W 编码	母题描述	关联项
W0606.2.1.1	英雄阿朵有三支神箭	【彝族】
W0606.2.2	文化英雄的神斧	【壮族】
W0606.2.3	文化英雄的宝剑	
W0606.2.3.1	英雄伦吉善有一把祖父留下来的宝剑	【鄂伦春族】
W0606.2.4	文化英雄的神刀	
W0606.2.4.1	吐鲁汝的神刀能一刀砍倒9座山	【彝族】
W0606.3	文化英雄的刀枪弓箭	
W0606.3.1	手持铜矛、铜箭	
W0606.3.1.1	射日英雄支格阿鲁手持铜矛、铜箭、铜网	【彝族】
W0606.3.2	英雄的神刀	【基诺族】
W0607	**文化英雄的宝物**	【关联】①
W0607.1	文化英雄宝物的获得	
W0607.2	文化英雄的争战类宝物	
W0607.2.1	文化英雄的宝马	【汤普森】A524.1.2； ＊【民族，关联】②
W0607.2.2	文化英雄的宝刀	【彝族】 ＊［W9672］宝刀
W0607.2.3	文化英雄的神箭和神线	
W0607.2.3.1	阿鲁举热的神箭和神线能使山垮、海干、人死	【彝族】
W0607.3	文化英雄的生活类宝物	
W0607.4	文化英雄的其他宝物	
W0608	**文化英雄武器的获得（文化英雄工具的获得）**	
W0608.1	英雄从特定的地方得到武器	【关联】③
W0608.1.1	英雄从天上得到武器	
W0608.1.2	英雄从地下得到武器	

① ［W0977.1］神的宝物；［W9650］宝物

② 【普米族】【彝族】 ＊［W9690.2］宝马

③ ［W8741］武器的产生（获得）；［W8746.1］武器是出生时带来的

W 编码	母题描述	关联项
W0608.1.3	英雄从水中得到武器	
W0608.1.4	英雄从火中得到武器	
W0608.1.5	英雄从洞中得到武器	
W0608.1.6	英雄从其他特定地方得到武器	
W0608.2	英雄从特定人物那里得到武器	
W0608.2.1	英雄从神那里得到武器	
W0608.2.1.1	吐鲁汝从地神那里得到一把神刀	【彝族】
W0608.2.2	英雄从长辈那里获得武器	
W0608.2.2.1	艾里·库尔班从外婆那里获得武器	【维吾尔族】
W0608.3	文化英雄制造武器	[W8744] 武器是造出来的
W0608.4	文化英雄夺得武器	[W8746.2] 武器是从敌方夺取的
W0608.5	文化英雄盗来武器	
W0608.6	与文化英雄武器的获得有关的其他母题	
W0609	**与文化英雄的工具有关的其他母题**	[W8753.2.2] 只有特定的人能拿得动的武器
W0609.1	文化英雄武器使用方法	
W0609.2	文化英雄武器的保存	
W0609.3	文化英雄武器失去	
*** W0610**	**文化英雄的关系**	
W0611	**文化英雄的祖先**	
W0612	**文化英雄的父母**	【关联】①
W0612.1	文化英雄的父亲	
W0612.1.1	文化英雄无父	【汤普森】≈L111.5； *【彝族】 * [W0628.2.2.1] 文化英雄是无父的神仙
W0612.1.2	文化英雄父子	【汤普森】A515.2

① [W0566] 神或神性人物生育文化英雄；[W0567] 人孕生文化英雄

W 编码	母题描述	关联项
W0612.2	文化英雄的母亲	【关联】①
W0612.2.1	英雄的母亲是神	
W0613	**文化英雄的父系亲属**	
W0613.1	文化英雄的祖父	
W0613.2	文化英雄的祖母	
W0613.3	文化英雄的叔父	
W0613.3.1	英雄的叔父心肠歹毒	
W0613.3.1.1	英雄的叔父总想害死英雄	【藏族】
W0613.4	文化英雄的姑母	
W0614	**文化英雄的母系亲属**	
W0614.1	文化英雄的外祖父	
W0614.1.1	英雄是天神的外甥	【汉族】 * [W0673.7.2.1] 杨二郎是老天爷的外甥
W0614.2	文化英雄的外祖母	
W0614.2	文化英雄的舅舅	【汉族】 * [W0730a.3.2.1] 少典是神农的舅舅的儿子
W0615	**文化英雄的妻子**	
W0615.1	一对文化英雄夫妻	【汤普森】A515
W0615.2	英雄娶很多妻子	【民族，关联】②
W0615.2.1	英雄把抓来的女子全作为妻子	【赫哲族】
W0616	**文化英雄的兄弟姐妹**	
W0616.1	文化英雄的兄弟	
W0616.1.1	一对文化英雄兄弟	【汤普森】A515.1；* [W0622.1] 一对文化英雄兄弟是仇敌
W0616.2	文化英雄兄妹	
W0616.2.1	一对文化英雄兄妹	

① [W0568.1] 文化英雄的母亲是鹿；[W0568.2] 文化英雄的母亲是熊

② 【汉族】 * [W0695.1.5] 黄帝有4个妻子；[W7960] 一夫多妻

W 编码	母题描述	关联项
W0617	**文化英雄的后代**	【汤普森】A592；＊［W0628a.30.1.1］英雄阿巴达尼的后代阿宾肯日
W0617.1	文化英雄的女儿	【汤普森】A592.2
W0618	**文化英雄的上司**	
W0619	**文化英雄的同僚**	
W0620	**文化英雄的朋友**	【民族，关联】①
W0621	**文化英雄的帮助者**	［W9987］帮助者
W0621.1	神或神性人物作为英雄的帮助者	
W0621.1.1	神作为英雄的帮助者	
W0621.1.1.1	星神帮助英雄反天庭	【彝族】
W0621.1.2	神性人物作为英雄的帮助者	
W0621.2	特定的人作为英雄的帮助者	
W0621.2.1	父母作为英雄的帮助者	［W9989.4］父母作为帮助者
W0621.2.2	妻子作为英雄的帮助者	【藏族】＊［W9989.6］妻子作为帮助者
W0621.2.3	兄弟作为英雄的帮助者	【蒙古族】
W0621.2.4	子女作为英雄的帮助者	
W0621.2.5	朋友作为英雄的帮助者	【赫哲族】【蒙古族】
W0621.2.6	对手中的叛逆者作为英雄的帮助者	【蒙古族】
W0621.3	动物作为英雄的帮助者	【独龙族】＊［W9990］动物作为帮助者
W0621.3.1	鸟是英雄的助手	
W0621.3.1.1	巨鸟阿勒普·卡拉库斯帮助英雄回到人间	【柯尔克孜族】
W0621.3.2	马是英雄的助手	
W0621.3.2.1	天马帮英雄战独角怪兽	【普米族】
W0621.4	植物作为英雄的帮助者	［W9991］物作为帮助者

① 【汉族】＊［W0160］神的朋友；［W0725.6.3.1.1］盘古兄妹与怪牛是朋友

W 编码	母题描述	关联项
W0621.5	无生命物作为英雄的帮助者	[W9992] 自然物作为帮助者
W0621.6	文化英雄的神奇助手	【汤普森】A528； ＊【彝族】
W0621.7	与文化英雄的帮助者有关的其他母题	
W0622	**文化英雄的敌人**	[W0166] 神的仇敌
W0622.1	一对文化英雄兄弟是仇敌	【汤普森】A515.1.2
W0623	**文化英雄的其他关系**	
W0623.1	文化英雄的救助者	
W0623.1.1	特定动物是英雄的救助者	[W3365.4] 喜鹊是英雄的救助者
W0623.1.1.1	喜鹊是英雄的救助者	【满族】
＊**W0624**	**文化英雄的寿命与死亡**	
W0625	**文化英雄长寿**	【汤普森】A564
W0625.1	特定的文化英雄有特定的寿命	[W0726.1.2] 盘古活了1万8千岁
W0625.1.1	天管师1200岁	【傈僳族】
W0626	**文化英雄不会死**	【汤普森】A570
W0627	**文化英雄的死亡**	【汤普森】A565； ＊[W9358.1] 文化英雄死后转生为人
W0627.1	文化英雄劳累而死	【布依族】 ＊[W0701.5.3] 夸父累死
W0627.1.1	文化英雄造福人类劳累而死	
W0627.1.1.1	力嘎钉天81天没有吃喝，劳累而死	【布依族】
W0627.2	文化英雄争战身亡	
W0627.3	文化英雄被害死	【汉族】
W0627.3.1	文化英雄被妻子害死	【彝族】
W0627.3.1.1	英雄阿鲁举热被小老婆害死	【彝族】
W0627.3.2	英雄因没有完成任务被杀	
W0627.3.2.1	鲧治水无功被杀	【汉族】
W0627.4	英雄因坐骑而死	
W0627.4.1	英雄因坐骑的受伤而死	

W 编码	母题描述	关联项
W0627. 4. 1. 1	支格阿鲁从随受伤的飞马跌落摔死	【彝族】
W0627. 5	文化英雄死后化身特定物	
W0627. 5. 1	文化英雄化星星	
W0627. 5. 1. 1	布伯死后化为启明星	【壮族】
W0627. 6	与文化英雄的死亡有关的其他母题	［W2941. 5］特定的人不死
W0627. 6. 0	英雄特定部位不死	［W0765. 4. 3］刑天舞干戚
W0627. 6. 0. 1	英雄的头不死	【壮族】 ＊［W0888］灵魂不死
W0627. 6. 0. 2	英雄的心不死	【汉族】
W0627. 6. 1	文化英雄死而复生	【柯尔克孜族】
W0627. 6. 2	文化英雄死后遗迹	
W0627. 6. 2. 1	英雄死后血迹变成金达莱	【朝鲜族】
W0628	**文化英雄的类型（特定的文化英雄）**	
W0628. 1	神类文化英雄	【哈尼族】
W0628. 1. 1	文化英雄是农神	【汤普森】A541. 2； ＊【民族，关联】①
W0628. 2	神性人物类文化英雄	
W0628. 2. 1	文化英雄是巨人和神	【彝族】
W0628. 2. 2	文化英雄是神仙	
W0628. 2. 2. 1	文化英雄是无父的神仙	【彝族】
W0628. 4	人作为文化英雄	
W0628. 4. 1	特定行业的人是文化英雄	
W0628. 4. 1. 1	文化英雄是铁匠	【汤普森】L113. 6
W0628. 5	动物文化英雄	
W0628. 5. 1	燕子作为文化英雄	
W0628. 5. 1. 1	燕子是为人取谷种的文化英雄	【蒙古族】
W0628. 6	按行为划分的文化英雄	
W0628. 6. 1	救世文化英雄	

① 【汉族】 ＊［W0462］农神；［W0462. 1. 1］炎帝发明农业成为农神

W 编码	母题描述	关联项
W0628.6.2	发明者文化英雄	
W0628.6.3	斗妖文化英雄	
W0628.6.4	射日文化英雄	【关联】①
W0628.6.5	取粮种文化英雄	【民族，关联】②
W0628.6.5.1	取粮种文化英雄累死在返回途中	【布依族】
W0628.6.6	盗火文化英雄	
W0628.7	与文化英雄身份有关的其他母题	
W0628.7.1	文化英雄是孤儿	【汤普森】L111.4
W0628.7.2	少年英雄	
W0628.7.2.1	英雄少年老成	【鄂伦春族】
W0628.7.3	暮年英雄	
W0208a	**特定名称的文化英雄（文化英雄的名字）③**	
W0628a.1	阿昌族神话中的文化英雄	【阿昌族】
W0628a.2	白族神话中的文化英雄	【白族】
W0628a.3	保安族神话中的文化英雄	
W0628a.4	布朗族神话中的文化英雄	【布朗族】
W0628a.5	布依族神话中的文化英雄	
W0628a.6	朝鲜族神话中的文化英雄	
W0628a.6.1	金达莱	【朝鲜族】
W0628a.7	达斡尔族神话中的文化英雄	【达斡尔族】
W0628a.8	傣族神话中的文化英雄	【傣族】
W0628a.9	德昂族神话中的文化英雄	【德昂族】
W0628a.10	东乡族神话中的文化英雄	

① ［W0628a.14.3.1］达公射日；［W0628a.34.1］射日英雄乌恩

② 【汉族】 *［W0739.3.2.1］舜取谷种；［W3959］文化英雄取粮种；［W3959.1］舜取粮种

③ 特定名称的文化英雄（文化英雄的名字），各民族神话中的文化英雄非常丰富而复杂。从各民族文化英雄的构成看，也不尽一致。有的民族具有文化英雄谱系，有的民族则在不同地区不同支系中都可能会塑造出不同类型不同名称的文化英雄。这里选录的一些名称，只是一些民族神话中出现的或较为典型的文化英雄，尽可能照顾到各民族神话传说中出现的某些文化英雄名称，属于不是完全归纳。此处的母题编目，仅为使用者提供一个进一步系统研究的切入点接口。有些名称的汉语表述与翻译者有关，在此不做具体概念的探究和翻译真伪方面的辨析。

W 编码	母题描述	关联项
W0628a. 11	侗族神话中的文化英雄	
W0628a. 11. 1	茫耶	
W0628a. 11. 1. 1	茫耶西天取粮种	【侗族】
W0628a. 11. 2	叟	
W0628a. 11. 2. 1	叟的箭能穿云	【侗族】
W0628a. 12	独龙族神话中的文化英雄	
W0628a. 12. 1	马葛捧	
W0628a. 12. 1. 1	马葛捧是感象而生的儿子	【独龙族】
W0628a. 13	俄罗斯族神话中的文化英雄	
W0628a. 14	鄂伦春族神话中的文化英雄	
W0628a. 14. 1	吴达内	
W0628a. 14. 1. 1	吴达内少年斩妖魔	【鄂伦春族】
W0628a. 14. 1. 2	吴达内在大蟒腹中顽强生存	【鄂伦春族】
W0628a. 14. 2	伦吉善	
W0628a. 14. 2. 1	伦吉善寻找魔王抢走的恋人	【鄂伦春族】
W0628a. 14. 3	达公	
W0628a. 14. 3. 1	达公射日	【鄂伦春族】
W0628a. 15	鄂温克族神话中的文化英雄	【鄂温克族】
W0628a. 16	高山族神话中的文化英雄	
W0628a. 17	仡佬族神话中的文化英雄	【仡佬族】
W0628a. 18	哈尼族神话中的文化英雄	【哈尼族】
W0628a. 19	哈萨克族神话中的文化英雄	
W0628a. 19. 1	英雄江德巴特尔	【哈萨克族】
W0628a. 20	汉族神话中的文化英雄	【汉族】
W0628a. 21	赫哲族神话中的文化英雄	
W0628a. 21. 1	英雄青年莫日根	【赫哲族】

W 编码	母题描述	关联项
W0628a. 21. 2	英雄安徒莫日根	【赫哲族】
W0628a. 22	回族神话中的文化英雄	
W0628a. 23	基诺族神话中的文化英雄	
W0628a. 24	京族神话中的文化英雄	
W0628a. 25	景颇族神话中的文化英雄	
W0628a. 25. 1	英雄麻锐	
W0628a. 25. 1. 1	麻锐生得聪明魁梧	【景颇族】
W0628a. 26	柯尔克孜族神话中的文化英雄	
W0628a. 26. 0	英雄玛纳斯	【柯尔克孜族】
W0628a. 26. 1	英雄交奥达尔	【柯尔克孜族】
W0628a. 26. 2	英雄德坎巴依	【柯尔克孜族】
W0628a. 27	拉祜族神话中的文化英雄	
W0628a. 28	黎族神话中的文化英雄	
W0628a. 29	傈僳族神话中的文化英雄	
W0628a. 30	珞巴族神话中的文化英雄	
W0628a. 30. 1	英雄阿巴达尼	
W0628a. 30. 1. 1	英雄阿巴达尼的后代阿宾肯日	【珞巴族】
W0628a. 31	满族神话中的文化英雄	
W0628a. 31. 1	白云格格	【满族】
W0628a. 32	毛南族神话中的文化英雄	
W0628a. 33	门巴族神话中的文化英雄	
W0628a. 34	蒙古族神话中的文化英雄	
W0628a. 34. 1	射日英雄乌恩	【蒙古族】
W0628a. 34. 2	能干的山的儿子	
W0628a. 34. 2. 1	能干的山的英雄儿子斗蟒魔王	【蒙古族】
W0628a. 35	苗族神话中的文化英雄	

W 编码	母题描述	关联项
W0628a. 35. 1	英雄汉榜养朋荣	
W0628a. 35. 1. 1	英雄汉榜养朋荣是半人半神)	【苗族】
W0628a. 35. 2	英雄汉修狃	
W0628a. 35. 2. 1	修狃半神半鸟	
W0628a. 35. 2. 1. 1	修狃喙像碓杆，头上有 2 只角，脚杆粗如仓柱，鞋子撮箕大	【苗族】
W0628a. 35. 3	好汉金松昂	
W0628a. 35. 3. 1	半人半兽的金松昂能上天入地	【苗族】
W0628a. 35. 4	坩埚婆婆	
W0628a. 35. 4. 1	青石妈妈生养坩埚婆婆	【苗族】
W0628a. 36	仫佬族神话中的文化英雄	
W0628a. 37	纳西族神话中的文化英雄	【纳西族】
W0628a. 38	怒族神话中的文化英雄	
W0628a. 38. 1	半人半神的英雄卢让让	
W0628a. 38. 1. 1	女子感石生英雄卢让让（石头的儿子）	【怒族】
W0628a. 39	普米族神话中的文化英雄	
W0628a. 39. 1	英雄甲布	
W0628a. 39. 1. 1	甲布战独角怪兽	【普米族】
W0628a. 40	羌族神话中的文化英雄	【羌族】
W0628a. 41	撒拉族神话中的文化英雄	
W0628a. 42	畲族神话中的文化英雄	【畲族】［W0729］盘瓠（盘皇）
W0628a. 43	水族神话中的文化英雄	
W0628a. 44	塔吉克族神话中的文化英雄	
W0628a. 45	塔塔尔族神话中的文化英雄	
W0628a. 46	土家族神话中的文化英雄	【土家族】
W0628a. 47	土族神话中的文化英雄	
W0628a. 48	佤族神话中的文化英雄	【佤族】
W0628a. 49	维吾尔族神话中的文化英雄	
W0628a. 49. 1	英雄艾里・库尔班	

W 编码	母题描述	关联项
W0628a.49.1.1	艾里·库尔班斩恶龙	【维吾尔族】
W0628a.50	乌孜别克族神话中的文化英雄	
W0628a.51	锡伯族神话中的文化英雄	【锡伯族】
W0628a.52	瑶族神话中的文化英雄	【民族，关联】①
W0628a.53	彝族神话中的文化英雄	
W0628a.53.1	彝族英雄支格阿龙	【彝族】
W0628a.53.1.1	支格阿龙上天捉雷公	【彝族】
W0628a.53.2	人间英雄吐鲁汝	
W0628a.53.2.1	英雄吐鲁汝反天庭	【彝族】
W0628a.53.3	英雄阿鲁举热	
W0628a.53.3.1	阿鲁举热是个大神人	【彝族】
W0628a.54	裕固族神话中的文化英雄	
W0628a.55	藏族神话中的文化英雄	
W0628a.55.1	英雄格萨尔	【藏族】 * [W0684] 格萨尔（格斯尔）
W0628a.56	壮族神话中的文化英雄	【关联】②
W0628a.56.1	岑孙	
W0628a.56.1.1	岑孙力大无比能万斤担挑大山	【壮族】
W0628a.56.1a	岑顺	
W0628a.56.1a.1	英雄岑顺的筷子变成树	【壮族】
W0628a.56.2	射日英雄特康	
W0628a.56.2.1	特康出生3个月会射箭	【壮族】
W0628a.56.3	白马姑娘	【壮族】
W0628a.56.4	甘王	【壮族】
W0628a.56.5	蓝陆	【壮族】
W0628a.57	与文化英雄名称有关的其他母题	
W0628a.57.1	英雄扬名	
W0628a.57.1.1	英雄被授予特定称号（英雄封号）	

① 【瑶族】 * [W0729] 盘瓠（盘皇）；[W0729g.4.5.5] 盘瓠称盘王（盘王即盘瓠王）

② [W0704a] 莫一大王；[W0768.10] 布伯

W 编码	母题描述	关联项
W0628a. 57. 2	英雄隐名埋姓	
W0628a. 57. 2. 1	英雄成事后告诫众人保护姓名隐私权	【蒙古族】
W0629	**与文化英雄有关的其他母题**	【关联】①
W0629. 1	文化英雄的离去	【汤普森】 A560
W0629. 2	英雄的失误（英雄马失前蹄）	［W9953］ 失误
W0629. 3	文化英雄的归宿	
W0629. 3. 1	英雄载誉归来	【赫哲族】
W0629. 3. 1. 1	英雄漫长的回乡路	
W0629. 3. 1. 1. 1	英雄多年后才回乡	【裕固族】
W0629. 3. 2	英雄团圆	
W0629. 3. 2. 1	英雄与所有妻子和姊妹团聚	【赫哲族】
W0629. 3. 3	英雄成神	
W0629. 3. 4	英雄升天	

0. 6. 2 半神半人、合体神与分体神②
【W0630 ~ W0639】

W 编码	母题描述	关联项
※ **W0630**	**半神半人**	【汤普森】 ①A122； * ②A506； * 【景颇族】
W0630a	**半神半人的产生**	
W0630a. 1	自然产生半神半人	

① ［W0667. 3］ 巨人是文化英雄；［W6896. 3. 1］ 英雄第一次奇遇知道了自己的名字；［W8801］ 文化英雄的争斗；［W8993］ 末路英雄；［W9125. 1］ 文化英雄是巫师；［W9944］ 英雄巧遇

② 半神半人、合体神与分体神，该类母题与“神的体征”类母题有直接联系，鉴于神话研究中经常把“半神半人”作为一种特殊的分析类型，故在此单独列出。

W 编码	母题描述	关联项
W0630a. 1. 1	天地间自然产生半神半人	
W0630a. 1. 1. 1	最古时，天地间只出一批老公公，第三个公叫甫方（半神半人）	【苗族】
W0630a. 1. 1. 2	最古时，天地间只出一批老公公，第四个公叫修狃（半神半人）	【苗族】
W0630b	**半神半人的特征**	
W0630b. 1	半神半泥的人	
W0630b. 1. 1	女娲生的男孩与灾难后幸存的男孩婚生半神半泥的人	【汉族】
W0631	**人与一种动物合成的半神半人**	【苗族】
W0631. 1	半人半牛之神	［W0722. 2. 1. 2］盘古牛头马面龙身
W0631. 2	半人半狗之神	
W0631. 3	半人半鸟之神	
W0631. 4	半人半鱼之神	【汤普森】A131. 1；＊［W0409. 2］河神人面鱼身
W0631. 5	半人半蛇之神	【关联】①
W0631. 6	人与其他动物合成的半神半人	
W0631. 6. 1	半人半狼之神	【西北地区古代民族】
W0632	**人头动物身体的神（人面动物身体的神）**	
W0632. 1	神是人头动物身体	
W0632. 1. 1	人头马身之神	【汤普森】B21
W0632. 1. 2	人头狗身之神	【汤普森】B25. 2；＊【汉族】
W0632. 1. 3	人头蛇身之神	【汤普森】B29. 2. 1；＊［W0722. 2. 1. 5］盘古人头蛇身（盘古人首蛇身）
W0632. 1. 4	人头鸟身之神	【傣族】【汉族】

① ［W0632. 4］人头蛇身之神；［W0712. 2］女娲人头蛇身

W 编码	母题描述	关联项
W0632. 1. 5	人头龙身之神（龙身人头之神）	【汉族】 ＊［W0316. 2］雷神龙身人头
W0632. 2	神是人面动物身体	
W0632. 2. 1	人面兽身之神	【汉族】 ＊［W0253. 8. 1. 1］南方神祝融兽身人面
W0632. 2. 1. 1	人面虎身之神	【汉族】
W0632. 2. 2	人面鸟身之神	【汉族】 ＊［W0254. 8. 3. 1］北方神禺疆人面鸟身
W0632. 2. 3	人面鱼身之神	【汤普森】B83
W0633	**人的身体动物头的神（神长着动物的头）**	【汤普森】A131. 3
W0633. 1	狗头人身之神	【汤普森】B25. 1
W0633. 2	鸡头人身之神	【汉族】 ＊［W0722. 2. 2. 4］盘古鸡头人身
W0633. 3	狼头人身之神	【西北地区古代民族】
W0633. 4	龙头人身之神	【汤普森】A18. 1； ＊【汉族】 ＊［W0722. 2. 2. 2］盘古龙头人身
W0633. 5	驴头人身之神	【汤普森】B22. 1
W0633. 6	猫头人身	【汤普森】①A131. 3. 1；②B29. 4. 1； ＊【汉族】
W0633. 7	鸟头人身之神	【汤普森】B55
W0633. 8	牛头人身之神	【汤普森】B23. 1； ＊【汉族】
W0633. 9	蛇头人身之神	
W0633. 10	狮头人身之神	【汉族】 ＊［W0722. 2. 2. 1］盘古是狮头人身
W0633. 11	象头人身之神	【汤普森】①A131. 2；②B28
W0633. 12	羊头人身之神	【汤普森】①A131. 3. 3；②B24. 2
W0633. 13	猪头人身之神	
W0633. 14	与动物头部特征有关的其他母题	
W0633. 14. 1	猪嘴人身之神	【汤普森】A131. 3. 2； ＊【藏族】

W 编码	母题描述	关联项
W0633.14.2	马嘴人身之神	【汤普森】B21.3
W0633.14.3	鱼头人身之神	【满族】 * ［W0413.1.1.1.4］东海女神德里给奥木妈妈鱼首人身
*** W0634**	**合体神**	［W0070.6］连体神
W0634.1	由多只动物成的神	
W0634.1.1	由黑、白、草三色 3 只狐狸合成的神“胡里斤”神	【鄂伦春族】
W0634.1.2	神的形状是多种动物形状的组合	
W0634.1.2.1	更资天神的母亲蒲依长着螃蟹的脚、鱼的鳞、牛头马面、穿山甲的尾和猪身子	【彝族】
W0634.1.3	合体神自生自育	【满族】
W0635	**人兽合体的神**	
W0635.1	虎神身而九尾，人面虎爪	【汉族】
W0636	**动物头动物身体的神**	
W0636.1	牛头龙身之神	【汉族】
W0636.2	龙头蛇身之神	【汉族】
W0637	**多种体征的合体神**	
W0637.1	九首人面鸟身之神	【汉族】 * ［W1572.2.8.3a］人面鸟身的鸟左眼变成太阳
W0638	**与合体神有关的其他母题**	［W0061.1］自生自育的合体神变成男神
W0639	**分体神**	
W0639.1	分体神的产生	
W0639.1.1	神能裂生神	【满族】
W0639.1.2	一神化身为多神	
W0639.2	分体神的特征（分体神的类型）	
W0639.2.1	一神两体	
W0639.2.1.1	一神分男女两种体征	
W0639.2.1.1.1	牲畜神吉雅奇是一男一女两个人形	【鄂温克族】

W 编码	母题描述	关联项
W0639. 2. 2	一神多体	
W0639. 3	与分体神有关的其他母题	

0. 6. 3 祖先（祖先神、始祖神）[①]
【W0640 ~ W0659】

W 编码	母题描述	关联项
✿ **W0640**	**祖先（先祖，始祖，文化始祖）**	【各民族】
✿ **W0641**	**祖先神（祖神，始祖神）**[②]	
W0641. 1	人死后成为祖先神	【达斡尔族】
W0641. 2	不同家族分别供奉不同颜色的祖神	【黎族】 ＊［W6440］颜色崇拜
✻ **W0642**	**祖先的产生（祖先神的产生）**	
W0643	**祖先来源于特定的地方**	
W0643. 1	祖先天降	【民族，关联】[③]
W0643. 1. 1	王朝之先祖从天堂降到凡间	【藏族】
W0643. 1. 2	上帝给人从天上派来祖先	

① 祖先（祖先神、始祖神），在神话叙事中虽然以“祖先”的概念出现，但实际文化含义却具有“神”或“神性人物”的特征，表达的是“祖先神”或“始祖神”之意。据此，也将神话中的“祖先”列为“神或神性人物”的一种类型。

② 祖先神（祖神、始祖神），有的神话有称为“始祖神”、“父母神”、“祖神”等。在不同民族中，关于“祖先神”的名称又有很大差别。如壮族的祖先神，又称“祖宗神”、“家先”，可以分为“三祖家先”、“历代家先”、“家堂神”等［参见吕大吉、何耀华总主编《中国各民族原始宗教资料集成》（土家族卷、瑶族卷、壮族卷、黎族卷），北京：中国社会科学出版社 1998 年版，第 534 页］。

③ 【哈萨克族】【怒族】 ＊［W0006］神从天降

W 编码	母题描述	关联项
W0643.1.2.1	布洛陀与母勒甲是上帝派到凡间的始祖	【壮族】
W0643.1.3	天神用吊篮把人的始祖放到地上	
W0643.1.3.1	女天神阿波米淹用吊篮将女始祖塔婆从天上放到大地上	【哈尼族】
W0643.1.4	六部之祖都是从天而降的神人	【朝鲜族】
W0643.2	祖先来于树中	【苗族】
W0643.3	祖先从山中来	
W0643.3.1	爷娘岩中来，祖先山中来	【布依族】
W0643.4	祖先从雾气中来	
W0643.4.1	神风吹雾气散，出现祖先密洛陀	【瑶族】
W0643.5	始祖从海外来	
W0643.5.1	始祖在神的护佑下飘洋渡海而来	【壮族】
W0643.6	祖先从洞中来	［W2205］洞生人
W0643.6.1	祖先源于司岗里	【佤族】
W0643a	**祖先自然产生**	
W0643a.1	大地出现后就有了祖先	
W0643a.1.1	出现陆地有了山和神，就有了人类的祖先猕猴和岩妖	【藏族】
W0644	**祖先是造出来的（造祖先神）**	
W0644.1	神造祖先	【民族，关联】①
W0644.1.1	神造的完整的人成为祖先	
W0644.1.1.1	夫妻神索依迪朗造的第一个完整的人雅呷确呷·丹巴协惹是羌族人的祖先	【羌族】
W0644.1.2	山神造祖先	
W0644.1.2.1	洪水后西士比亚山神用一个幸存男人的皮肉造出赛夏人的祖先	【高山族】

① 【高山族】【藏族】 * ［W0014］神是创造产生的（造神）

W 编码	母题描述	关联项
W0644. 1. 3	夫妻神造人的祖先	
W0644. 1. 3. 1	男神布桑戛西和女神雅桑戛赛夫妻造人的男女祖先	【傣族】
W0644. 1. 4	天神造祖先	
W0644. 1. 4. 1	女天神创造祖先亚当	【维吾尔族】
W0644. 2	神性人物造祖先	
W0644. 2. 1	真主造人的祖先	
W0644. 2. 1. 1	真主安拉用金木水火土造阿丹圣人	【回族】
W0644. 2. 1. 2	真主人祖阿达姆与阿瓦	【柯尔克孜族】
W0644. 2. 2	创世主造人的祖先	
W0644. 2. 2. 1	创世主迦萨甘造人类的始祖	【哈萨克族】
W0644. 2. 3	天女造祖先	【蒙古族】【藏族】
W0644. 3	人造祖先	
W0644. 3. 1	灾难幸存者造祖先	
W0644. 3. 1. 1	洪水幸存者鲁俄俄造的男女灰娃成为人类祖先	【蒙古族】
W0645	**祖先是生育产生的（生祖先神）**	
W0645. 1	神生祖先	【纳西族】
W0645. 1. 1	天神生祖先	
W0645. 1. 2	雷神生祖先	【布依族】 * ［W0657. 0. 1. 1］祖先是雷公的儿子
W0645. 1. 3	地神生祖先	
W0645. 1. 4	地母生祖先	【珞巴族】 * ［W0659. 2. 30. 2］大地和天空婚生人的祖先阿巴达尼
W0645. 1. 5	始祖神生祖先	
W0645. 1. 5. 1	始祖神梅烟恰阿妈生人的先祖恰乞形阿玛	【哈尼族】
W0645. 1. 6	男神生祖先	

W 编码	母题描述	关联项
W0645.1.6.1	两个男神分别生的1对男女成为远祖	【高山族】
W0645.2	神性人物生祖先	
W0645.2.1	鬼生祖先	【珞巴族】
W0645.2.1.1	天鬼生祖先	【景颇族】
W0645.2.2	巫师生祖先	［W9120］巫师
W0645.2.2.1	祖先生于巫师之家	【土家族】
W0645.2.3	天女生祖先	
W0645.2.3.1	天女与猎人媾和生的男婴成为祖先	【蒙古族】
W0645.2.4	神灵生祖先	
W0645.2.4.1	神灵“禅图”生祖先阿巴达尼	【珞巴族】
W0645.2a	人生祖先	
W0645.2a.1	一对夫妻婚生祖先	
W0645.2a.1.1	一对夫妻生珞巴族的始祖仓巴神	【珞巴族】
W0645.2a.1.2	三姐米堪玛尔和丈夫孜巴东虚才生的后代成为祖先	【藏族】
W0645.3	卵生祖先（卵生始祖）	【侗族】【高山族（排弯）】【苗族】
W0645.3.1	蛇卵生始祖	
W0645.3.1.1	蛇卵孵出女始祖黎母	【黎族】 ＊［W0659.2.28.1］黎族的始祖黎母
W0645.3.2	女始祖的卵生人类祖先	
W0645.3.2.1	女祖神萨天巴的卵孵出人类始祖松恩	【侗族】
W0645.3.3	蝴蝶卵生祖先	【苗族】 ＊［W0659.2.35.2.1］枫树生的蝴蝶生的卵孵出始祖姜央
W0645.3.4	大石蛋生始祖	
W0645.3.4.1	大石蛋孵出男始祖布洛陀	【壮族】
W0645.3.5	婚生的卵生祖先	［W2610.3］婚生卵
W0645.3.5.1	动物婚生的卵孵出的葫芦生祖先	【傣族】

W 编码	母题描述	关联项
W0645. 3. 6	太阳卵生始祖	
W0645. 3. 6. 1	太阳的核生男女始祖	【白族】
W0645. 3. 7	彩蛋生祖先	
W0645. 3. 7. 1	风变化出的彩蛋中的白蛋变化出第一代祖先	【纳西族】
W0645. 4	动物生祖先	［W0027］动物生神
W0645. 4. 1	特定的动物生祖先	
W0645. 4. 1. 1	母狼生祖先	【西北地区古代民族】
W0645. 4. 2	动物婚生祖先	
W0645. 4. 2	蛇与蜂婚生祖先	【怒族】
W0645. 5	植物生祖先	［W0028］植物生神
W0645. 5. 1	树生祖先	【苗族】
W0645. 5. 1. 1	树瘿感天光孕育祖先	【维吾尔族】
W0645. 5. 2	竹生祖先	【仡佬族】 ＊［W2172］竹生人
W0645. 5. 2. 1	一个女神手中的竹子生男女始祖神	【高山族（雅美）】
W0645. 5. 3	花生祖先	【壮族】
W0645. 5. 4	葫芦生祖先	【哈尼族】
W0645. 5. 4. 1	天降的葫芦生祖先	【哈尼族（僾尼）】
W0645. 6	自然物（无生命物）生祖先	［W0030］无生命物生神
W0645. 6. 1	天地生祖先	【珞巴族】
W0645. 6. 2	天生祖先	【哈尼族】
W0645. 6. 2. 1	苏龙人的始祖母是天的女儿	【珞巴族】
W0645. 6. 3	地生祖先	【珞巴族】
W0645. 6. 4	泥巴生祖先	【佤族】
W0645. 6. 5	水生祖先	［W2208］水生人
W0645. 6. 5. 1	水生人祖	【彝族】
W0645. 6. 6	星星生祖先	
W0645. 6. 6. 1	北斗星生祖先盘果王	【布依族】 ＊［W0728. 3. 7. 1］盘果王
W0645. 6. 7	石生祖先	［W2210］石生人

W 编码	母题描述	关联项
W0645. 6. 7. 1	圆石碰撞生祖先	【布依族】
W0645. 6. 8	风生祖先	【布依族】
W0645. 6. 8. 1	风生祖先盘果王	【布依族】 * ［W0659. 2. 5. 1］祖先盘果王
W0645. 7	与生育祖先有关的其他母题	
W0645. 7. 1	祖先生在特定的地方	
W0645. 7. 1. 1	祖先阿巴达尼生在特定的村子	【珞巴族】
W0645. 7. 2	两物相撞生祖先	
W0645. 7. 2. 1	宇宙间一个绿扁块和一个红圆砣相碰起火花后生祖先	【布依族】
W0645. 7. 3	祖先的特殊身世	
W0645. 7. 3. 1	祖先生于巫师之家	
W0645. 7. 3. 1. 1	始祖廪君出生在长阳武落钟离山的一个巫师之家	【土家族】
W0645a	**祖先是婚生的（婚生始祖）**	
W0645a. 1	神婚生祖先	［W7200］神的婚姻
W0645a. 1. 1	天神婚生祖先	
W0645a. 1. 1	天神夫妇生人类创世祖	【景颇族】
W0645a. 2	人与神婚生祖先	【藏族】 * ［W7263］人与特定的神婚
W0645a. 2. 1	人祖是开天男神和辟地女神的后代	【纳西族】
W0645a. 3	人与人婚生祖先	
W0645a. 4	人与动物婚生祖先	【民族，关联】①
W0645a. 5	人与植物婚生祖先	［W7490］人与植物婚
W0645a. 6	动物婚生祖先	［W2485］动物与动物婚生人
W0645a. 6. 1	苍狼与白鹿生祖先	【蒙古族】 * ［W5650. 2］苍狼与母鹿婚生蒙古族

① 【鄂伦春族】【鄂温克族】 * ［W7401］人与动物婚

W 编码	母题描述	关联项
W0645a. 7	无生命物婚生祖先	
W0645a. 7. 1	天地婚生祖先	【珞巴族】
W0645a. 7. 2	阴阳交合生始祖	【阿昌族】
W0646	**祖先是变化产生的（变成祖先神）**	
W0646. 1	神成为祖先	［W0648］祖先是神
W0646. 1. 1	神下凡成为人的祖先	【满族】
W0646. 1. 2	特定出生的神成为祖先	
W0646. 1. 2. 1	竹子生的神成为祖先	【高山族】
W0646. 2	神性人物成为祖先	
W0646. 2. 1	英雄成为祖先	
W0646. 2. 1. 1	英雄不拉子立功被称为“阿普”（祖父）	【基诺族】
W0646. 2. 2	巫师端公是羌民始祖	【羌族】
W0646. 2. 2. 1	端公又称释比	
W0646. 2. 3	神男神女成为祖先	
W0646. 2. 3. 1	万物之母密洛陀生的 12 对神男神女成为最早的祖先	【瑶族（布努）】
W0646. 3	人成为祖先	
W0646. 3. 1	特定的人成为祖先	［W0644. 1. 1］神造的完整的人成为祖先
W0646. 3. 1. 1	一个妇人成为始祖	【白族】
W0646. 3. 1. 2	牧羊人被尊为祖先	
W0646. 3. 1. 2. 1	生众多子孙的牧羊人蔡嘉宝成为始祖	【羌族】
W0646. 3. 1. 3	造人的人成为祖先	
W0646. 3. 1. 3. 1	造人的姐弟俩成为祖先	【汉族】
W0646. 3. 1. 4	一对兄妹成为祖先	【汉族】
W0646. 3. 1. 4. 1	洪水后繁衍人类的王姜和妹妹被尊为祖先	【布依族】

W 编码	母题描述	关联项
W0646.3.1.4.2	天女与地上的弟弟兄妹婚成为人类之祖。	【独龙族】
W0646.3.1.5	一对姐弟成为人类祖先	
W0646.3.1.5.1	灾难后繁衍人类的姐弟奉为人祖爷和人祖奶奶	【汉族】 * ［W0143.2］人祖爷和人祖奶
W0646.3.1.5.2	天塌地陷后婚生人的姐弟成为始祖	【汉族】
W0646.3.1.5.3	天地混沌后婚生人的姐弟成为始祖	【汉族】
W0646.3.1.6	最早造的一对男女成为人祖	
W0646.3.1.6.1	最早造的一对男女婚配生育子女成为人祖	【佤族】
W0646.3.2	人死后成为祖先	［W0654.3.7.1］人死后变成的祖先神形体同人生前一样
W0646.3.2.1	被雷击死者成为祖先	【达斡尔族】 * ［W0044.9.1］遭雷击的人成为神
W0646.3.2.2	助战的人死后成为祖先神	【达斡尔族】
W0646.3.2.3	黄帝元妃嫘祖死后，帝祭之以为祖神	【汉族】
W0646.3.2.4	死去的长辈为家族祖先神	【汉族】 * ［W0443.1.2.6.1］三代以内祖宗死后成为家神
W0646.3.2.4.1	人死后三年列入祖神	【壮族】
W0646.3.2.5	非正常死亡的人或36岁以前死的人举行送伤亡鬼仪式后列入历代祖宗神位	【壮族】
W0646.3.3	与神结婚的人成为祖先	
W0646.3.3.1	与女猎神结婚的猎人被奉为祖先	【怒族】
W0646.3.4	特定来历的人成为祖先	
W0646.3.4.1	竹生的男孩成为祖先	【仡佬族】 * ［W0645.5.2］竹生祖先
W0646.3.5	其他特定的人成为祖先	
W0646.3.5.1	泥人变成祖先	［W2087］用土（泥）造人

W 编码	母题描述	关联项
W0646. 3. 5. 1. 1	神喂养的泥巴灰造的娃娃成为人的祖先	【藏族】 ＊［W0644. 3. 1. 1］洪水幸存者鲁俄俄造的男女灰娃成为人类祖先
W0646. 4	人的灵魂变成祖先	
W0646. 4. 1	特定死亡者的灵魂变成祖先	［W0916. 16. 1］灵简是象征宗支的神物
W0646. 4. 1. 1	被雷击身亡者的灵魂成为祖先神“敖教勒”神	【鄂温克族】
W0646. 4. 1. 2	被雷击死的两兄弟的灵魂成为祖先神霍卓尔·巴尔肯	【达斡尔族】
W0646. 4. 2	死者亡灵被奉为祖神	
W0646. 4. 2. 1	男子从军死在半路，灵魂变粟雀飞回布家乡被奉为祖神	【达斡尔族】
W0646. 4. 3	冤死的灵魂成为祖神	【达斡尔族】
W0646. 4. 4	作祟的灵魂成为祖神	［W0058. 0. 2. 2］人敬作祟的物为神
W0646. 4. 4. 1	祖母死后作祟被奉为祖神	【达斡尔族】
W0646. 4. 4. 2	1 个女子死后灵魂作祟被奉为祖神	【达斡尔族】
W0646. 4. 5	人死后的灵魂成为家神	
W0646. 4. 5. 1	人死后 3 个灵魂中的一个留在家里的中堂神龛上当家先神	【壮族】
W0646. 5	动物变成祖先	【关联】①
W0646. 5. 1	蜂变成祖先	【怒族】
W0646. 5. 2	鸟变成祖先	【黎族】
W0646. 5. 3	蛇变成祖先	
W0646. 5. 3. 1	蛇成为祖先神（蛇是祖先神）	【鄂温克族】 ＊［W0650. 3］祖先是蛇
W0646. 5. 3. 1. 1	天降的一个长着人脸和牛犄角的蛇被奉为祖先神	【鄂温克族】

① ［W0650］祖先是动物（动物祖先，动物作为祖先）；［W0650. 7. 1］特定的动物是祖先的化身

W 编码	母题描述	关联项
W0646.5.4	特定的动物成为祖先神	
W0646.5.4.1	有恩的动物成为祖先	
W0646.5.4.1.1	有恩于人的獐子被奉为祖先	【彝族】
W0646.6	植物变成祖先（植物成为祖先）	［W0651］祖先是植物
W0646.6.1	花变成女始祖	【壮族】 * ［W0705.1.3.2］鲜花变成姆六甲
W0646.6.2	树成为祖先	
W0646.6.2.1	羊角树成为祖先（麦祖）	【傈僳族】
W0646.7	其他特定物变祖先	【纳西族】
W0646.7.1	祖先的偶像变成祖先神	【鄂伦春族】
W0646.7.2	太阳变成的肉核炸开后变成始祖	【白族】
W0646.8	与变化产生祖先有关的其他母题	
W0646.8.1	祖先是反复演化产生的	
W0646.8.1.1	声音中产生气息，声音与气息生白露，白露变成大海，大海生恨仍，恨仍生每仍，每仍以后七代，是人类的祖先	【纳西族】
W0646.8.1.2	水经多次演化变成始祖	【瑶族（布努）】
※ W0647	**祖先是特定的人物（特定人物成为祖先，祖先的身份）**	［W1687.1.3］人类始祖是月亮的父亲
W0648	**祖先是神**	
W0648.1	女祖先神（女祖神）	【民族，关联】①
W0648.1.1	祖先是女神	［W065］女神
W0648.1.2	女祖先神的产生	
W0648.1.2.1	卵生女祖先	
W0648.1.2.1.1	石洞中大蛋的核变成女祖先	【纳西族（摩梭人）】
W0648.1.2.2	女祖神达摩天子是李王婆	【侗族】
W0648.1.2.3	未婚或未育女子死后被奉为祖先神	【达斡尔族】

① 【侗族】【藏族】 * ［W0654.2］女祖先

W 编码	母题描述	关联项
W0648. 1. 3	女祖先神的特征	
W0648. 1. 4	女祖先神的生活	
W0648. 1. 4. 1	神鹰抚养女始祖	【满族】【满族（东海女真后裔扈伦七姓）】
W0648. 1. 5	与女祖先神有关的其他母题	［W0646. 3. 1. 1］一个妇人成为始祖
W0648. 1. 5. 1	人类的始母神	【满族（东海女真后裔扈伦七姓）】 *［W0056. 2. 3. 1］天神阿布卡赫赫身上搓下的泥变成始母神赫赫满尼
W0648. 1. 5. 2	女祖先神是萨满	【满族（东海女真后裔扈伦七姓）】
W0648. 1. 5. 2. 1	洪水后的女人萨满成为人类始母神	【满族】
W0648. 1. 5. 3	众多女祖先神	【锡伯族】
W0648. 1. 5. 4	女祖神称圣母	【侗族】
W0648. 1. 5. 5	女祖神称祖婆神	【侗族】
W0648. 1. 5. 6	宇宙的始母神阿布凯赫赫	【满族】
W0648. 2	男祖先神	
W0648. 3	祖先是天神（天神成为祖先）	【民族，关联】①
W0648. 3. 1	天神成为祖先神	【满族】
W0648. 3. 2	天神是人类的祖先	【纳西族】
W0648. 3. 2. 1	天神莫朋是人类的祖先	【独龙族】
W0648. 3. 3	一对天神是人的祖先	【景颇族】
W0648. 3. 4	祖先神是天神	【羌族】 *［W0497. 8. 11. 1. 2］天神与祖先神合一
W0648. 4	祖先是地神	【苗族】 *［W0230］地神
W0648. 5	祖先是夫妻神（一对夫妻神成为祖先）	

① 【傣族】【独龙族】【哈尼族】【满族】 *［W0648. 8. 4. 1］男女始祖也是1对天神夫妇；［W0659. 2. 37. 4］祖先是天神牟里注阿普

W 编码	母题描述	关联项
W0648.5.1	布桑该和雅桑该夫妇二神是人类的始祖	【傣族】
W0648.5.2	祖先神是兼管生育的夫妻神	【满族】
W0648.6	祖先是山神（祖先是神山）	
W0648.6.1	岩神是女祖先	【藏族】
W0648.6.2	神山是特定群体的祖先	
W0648.6.2.1	阿喜色达部落自称是珠日神山的后裔	【藏族】
W0648.7	祖先是其他特定的神	［W0655.4］祖先是保护神
W0648.7.1	祖先是海神	
W0648.7.1.1	突厥之先曰射摩舍利海神	【西北地区古代民族】
W0648.7.2	祖先是人神	
W0648.7.2.1	男始祖板古是天降的人神	【白族】
W0648.7.3	祖先是家神	【藏族（白马）】
W0648.7.4	祖神是英雄神	【白族】
W0648.8	与祖先是神有关的其他母题	【关联】①
W0648.8.1	始祖成为神	【苗族】
W0648.8.2	兄妹祖先神（姐弟祖先神）	【彝族】
W0648.8.2.1	兄妹死后被地神招进地府当土地公和土地婆	【苗族】
W0648.8.2.2	洪水后繁衍人类的姐弟俩是罗神公公和罗神娘娘	【土家族】
W0648.8.3	贵族的祖先是神	【高山族】 * ［W5028.2.1］王族贵族的产生
W0648.8.4	祖先与神合一	
W0648.8.4.1	男女始祖也是1对天神夫妇	【傣族】
W0648.8.5	祖先是善神	
W0648.8.6	祖先是恶神	
W0648.8.6.1	祖先神贻害后代	【鄂伦春族】

① ［W0477.1.2.1］祖先是生育神；［W0730b.3.1］萨天巴是女性祖先神祖母神

W 编码	母题描述	关联项
W0648. 8. 7	祖宗神是家神	【壮族】
W0648. 8. 8	历代祖先都是神	【羌族】
W0649	**祖先是神性人物**	
W0649. 1	祖先是半人半神	
W0649. 1. 1	祖先盘古半人半神	【汉族】
W0649. 1. 2	祖先宁贯娃是半人半神	【景颇族】
W0649. 2	祖先是天女	[W0202. 2. 4] 天神的女儿（天女）
W0649. 2. 1	女始祖木姐珠是天神的女儿	【羌族】
W0649. 2. 2	天女繁衍人类成为始祖	
W0649. 2. 2. 1	一个天女降到北方地区繁衍蒙古人	【蒙古族】
W0649. 3	祖先是仙（仙人是祖先）	
W0649. 3. 1	祖先是仙女	【达斡尔族】
W0649. 3. 2	仙辈是祖先	【彝族】
W0649. 3. 3	祖先是神仙	
W0649. 3. 3. 1	女祖先安木拐成了天上的神仙	【佤族】
W0649. 4	祖先是巨人	[W0660] 巨人
W0649. 4. 1	浊气混合生成的葫芦生老祖巨人翁戛	【布依族】
W0649. 4. 2	祖先布杰脚杆如树手摩天	【布依族】
W0649. 5	祖先是神职人员	
W0649. 5. 1	人祖德摩诗匹是第一代大贝玛	【哈尼族】
W0649. 6	祖先是鬼（鬼是祖先，祖先是妖魔）	【哈尼族】 * [W0899. 3. 10. 1] 祖先鬼飘荡不定
W0649. 6. 1	人类的祖先母是岩精	【藏族】
W0649. 6. 2	第三代、第四代人祖都是鬼	【哈尼族】
W0649. 6. 2. 1	第三代先祖窝觉生直鬼	【哈尼族】
W0649. 7	祖先是英雄（英雄成为祖先）	[W0649. 9. 1] 造人的文化英雄成为祖先

W 编码	母题描述	关联项
W0649.7.1	祖先多林蛮尼善跳跃的英雄神	【满族】
W0649.7.2	特定的英雄被尊为祖先	
W0649.7.2.1	降妖除害的英雄被尊为祖先	【藏族】
W0649.7.3	始祖是能镇妖驱邪的英雄	【彝族】
W0649.7a	祖先是人王	［W0434.2］人王（人皇）
W0649.7a.1	祖先是天降的人王	【白族】
W0649.8	特定名称的神性人物祖先	【关联】①
W0649.8.1	高祖公和高祖婆	
W0649.8.1.1	姓高的姐弟俩繁衍人类成为高祖公、高祖婆	【汉族】
W0649.8.1.2	造人的兄妹被尊为高祖公、高祖婆	【汉族】
W0649.8.2	始祖神卵玉娘娘	【土家族】
W0649.9	造人者成为祖先	
W0649.9.1	造人的文化英雄成为祖先	
W0649.9.1.1	造人的半人半兽的巨人被尊为祖先	【苗族】 *［W0649.4］祖先是巨人
W0649a	**祖先是人**	
W0649a.1	祖先想成仙没有成功	
W0649a.1.1	繁衍人类的姜郎姜妹没有成仙	
W0649a.1.1.1	繁衍人类的姜郎姜妹向佛祖要全身金像，佛祖说他们没修炼过算不了仙	【侗族】
W0649a.2	祖先是特殊体征的人	
W0649a.2.1	祖先是猴人	【羌族】
W0649a.2.1.1	天神木巴造猴人	【羌族】
W0649a.3	祖先变成人	
W0649a.3.1	特定人物把祖先变成的特定的人	
W0649a.3.1.1	喇嘛把蒙古人的祖先苍狼变成蒙古人的敌人	【蒙古族】

① ［W0670.4.5］布洛陀是始祖；［W0687.3］洪钧老祖是人的祖宗的祖宗

W 编码	母题描述	关联项
W0649a. 4	祖先是怪人（祖先是怪物）	
W0649a. 4. 1	怪物变成人的祖先	
W0649a. 4. 1. 1	天上的老母牛与鹞鹰婚生蛋孵出的怪物成为人的祖先	【傣族】
W0649a. 5	祖先是特定身份的人（祖先是特定经历的人，特定的人被尊为祖先）	【怒族】 ＊［W0659. 1. 6. 1］生果洛人第三代祖先的女人成为果洛人的祖神
W0650	**祖先是动物（动物祖先，动物作为祖先）**	［W6290］动物图腾
W0650. 1	祖先是龙	
W0650. 1. 1	高皇的出身先变龙后变人	【畲族】
W0650. 2	祖先是狼（狼成为祖先）	［W0645. 4. 1. 1］母狼生祖先
W0650. 2. 1	狼是女祖先	【蒙古族】
W0650. 2. 2	成吉思合罕的祖先是苍色狼	【蒙古族】
W0650. 2. 3	苍狼与白鹿是祖先	【蒙古族】
W0650. 2. 3. 1	苍色的狼与惨白色的鹿相配生巴塔赤罕	【蒙古族】
W0650. 3	祖先是蛇	【高山族（卑南）】 ＊［W0646. 5. 3. 1］蛇成为祖先神（蛇是祖先神）
W0650. 4	祖先是鸟	【汉族】 ＊［W2163］鸟生人
W0650. 4. 1	乌鸦是祖先	
W0650. 4. 1. 1	乌鸦被某姓氏作为祖先	【满族】
W0650. 4. 2	祖先天鹅	【蒙古族】
W0650. 4. 3	祖先冶鸟	
W0650. 4. 3. 1	冶鸟为越祝之祖	【汉族】
W0650. 4. 4	白水鸟是传宗的母神 ＊	【满族】
W0650. 5	祖先是猴子	【羌族】 ＊［W2158］猴生人
W0650. 5. 1	猕猴是男祖先	
W0650. 5. 1. 1	人类祖先是神变的猕猴	【藏族】

W 编码	母题描述	关联项
W0650.5.1.2	猕猴是人类始祖和神灵	【藏族】
W0650.5.2	变成了人的猴子成为雪域上的先民	【藏族】
W0650.5.3	猿猴成为祖先	
W0650.5.3.1	白石感白鹏孕生的猿猴成为祖先	【藏族】
W0650.5.4	公猴母猴是祖先	【纳西族】
W0650.6	祖先是鱼（祖先鱼）	【哈尼族】 *［W2166］鱼生人
W0650.7	与动物是祖先有关的其他母题	
W0650.7.1	特定的动物是祖先的化身	【普米族】
W0650.7.1.1	维加西拉鸟是祖先的化身	【黎族】
W0650.7.1.2	百步蛇和西稀利鸟是祖先的化身	【高山族】
W0650.7.2	特定的动物是祖母神	
W0650.7.2.1	白水鸟是传宗的母神	【满族】
W0650.7.3	狗是人的祖先（祖先是犬）	【民族，关联】①
W0650.7.3.1	吐番有以犬为先人者	【汉族】
W0650.7.4	熊与罴是祖先	【汉族】
W0650.7.4.1	熊是祖先	【鄂温克族】【鄂伦春族】
W0650.7.4.2	称老熊为“熊奶奶”	【佤族】
W0650.7.5	猪是祖先	
W0650.7.5.1	野猪为祖先	【珞巴族】
W0650.7.6	牛是祖先	［W2161.3］牛生人
W0650.7.6.1	母牛是祖先	【佤族】
W0650.7.7	虎是祖先	【民族，关联】②
W0650.7.7.1	母虎是祖先	【彝族】
W0651	**祖先是植物**	
W0651.1	祖先是特定的树	
W0651.1.1	田姓土家人把紫荆树奉为“祖宗树”	【土家族】
W0651.2	祖先是竹子	【彝族】

① 【黎族】【苗族】【畲族】【彝族】【裕固族】【藏族】 *［W2157］狗生人；［W2458］人与犬婚生人
② 【纳西族（摩梭）】【彝族】 *［W2159］虎生人；［W2452］人与虎婚生人

W 编码	母题描述	关联项
W0652	**祖先是无生命物（自然物成为祖先，无生命物是祖先）**	
W0652. 0	祖先是天	［W2203. 1］天生人
W0652. 1	祖先是地	［W2203. 2］地生人
W0652. 1. 1	大地是人类的祖公	【黎族】
W0652. 2	祖先是日月（日月成为祖先）	【蒙古族（布里亚特）】
W0652. 2. 1	太阳是女祖先，月亮是男祖先	
W0652. 2. 1. 1	太阳是母亲，月亮是父亲	【鄂温克族】
W0652. 2. 2	太阳是男祖先，月亮是女祖先	
W0652. 2. 2. 1	太阳是始祖父神，月亮是始祖母神	【鄂温克族】
W0652. 2. 3	祖先是太阳（太阳是祖先）	［W2204. 1］太阳生人
W0652. 2. 3. 1	太阳是人类的婆祖	【黎族】
W0652. 2. 4	祖先是月亮	
W0652. 3	祖先是星星（星星是祖先）	
W0652. 3. 1	祖先是特定的星星下凡	【土家族】
W0652. 4	特定的石头是祖先	【藏族】 ＊［W2210］石生人
W0652. 4. 1	象征男性生殖器的石头（石且）是人类的祖先	【黎族】
W0652. 4. 2	白石头是最古老的祖先	【藏族】 ＊［W2210. 1］白石生人
W0652. 5	祖先是山	
W0652. 5. 1	人的祖先是阿尼玛卿山的“阿尼”	【藏族】 ＊［W2209］山生人
W0653	**与祖先的产生有关的其他母题**	
W0653. 0	祖先产生的时间	［W2010］人产生的时间
W0653. 0. 1	天地产生后产生祖先	
W0653. 0. 2	先有神后有祖先	【藏族】
W0653. 0. 3	大灾难后产生祖先	［W8000］世界灾难（灾难）

W 编码	母题描述	关联项
W0653.0.3.1	大洪水后的幸存者成为祖先	
W0653.0.3.2	火灾后的幸存者成为祖先	【傣族】
W0653.0.3.3	天塌地陷后的幸存者成为祖先	
W0653.0.3.3.1	天塌地陷后幸存的姐弟俩成为人头爷和人头姑奶奶	【汉族】
W0653.0.4	先有女始祖后有男始祖	
W0653.0.4.1	先出现女始祖劳泰后出现男始祖劳谷	【白族】
W0653.0.5	男女祖先同时产生	【苗族】 * ［W2769.1］男女同时产生
W0653.0.5.1	混沌中生祖先盘古和女娲	【汉族】
W0653.1	作祟的祖先成为祖先神	【达斡尔族】
W0653.2	祖先产生的地点	
W0653.2.1	人祖生于淮阳	【汉族】
W0653.2.1.1	牧羊人蔡嘉宝选择居住地繁衍子孙被尊为人类始祖	【羌族】
W0653.4	祖先与天地同时产生	
W0653.4.1	始祖岩该冈木与天地共生	【佤族（永不列部落）】
W0653.5	人神同祖（人与神性人物同祖，人与神同源共祖）	
W0653.5.1	天神俄玛是所有天神的祖宗，也是人的祖宗	【哈尼族】
W0653.5.2	人与魔鬼同祖先	【哈尼族】
W0653.5a	人与动物同祖（人与动物同源共祖）	
W0653.5b	人与植物同祖（人与植物同源共祖）	
W0653.5c	人与无生命物同祖（人与无生命物同源共祖）	
W0653.6	始祖的产生比神晚	
W0653.6.1	人祖姜央比众神和巨人产生晚	【苗族】
W0653.7	男女祖先产生的先后	

W 编码	母题描述	关联项
W0653. 7. 1	先产生女祖先后产生男祖先	
W0653. 7. 2	先产生男祖先后产生女祖先	
W0653. 7. 2. 1	先孵出男始祖松恩，后孵出女始祖松桑	【侗族】
W0654	**祖先的特征（祖先神的特征，祖神的特征）**	
W0654. 0	祖先是两性人（祖先兼具男女两性）	
W0654. 0. 1	人祖德摩诗匹可以做男人可以做女人的人	【哈尼族】
W0654. 0. 2	人类始祖东神是阳性神	【纳西族
W0654. 1	男祖先	
W0654. 1. 1	男祖先的产生	
W0654. 1. 1. 1	女祖先生男祖先	【苗族】
W0654. 1. 2	男祖先的特征	［W1282. 5. 1］男祖先分开天地
W0654. 1. 2. 1	男始祖原来有大乳房	【阿昌族】
W0654. 1. 3	与男祖先有关的其他母题	
W0654. 2	女祖先（女始祖）	【民族，关联】①
W0654. 2. 1	女祖先的产生	
W0654. 2. 1. 1	女祖先从天而降	【怒族】
W0654. 2. 1. 2	动物婚生女始祖	
W0654. 2. 1. 2. 1	蛇与蜂交配生女始祖	【怒族】
W0654. 2. 1. 2. 2	蜂与虎交配生女始祖	【怒族】
W0654. 2. 1. 3	特定身份的人成为女始祖	
W0654. 2. 1. 3. 1	女始祖是萨满	【满族】 *［W9146］萨满
W0654. 2. 1. 4	死亡的女子成为女祖先神	【达斡尔族】
W0654. 2. 1. 5	水生女始祖	【基诺族】
W0654. 2. 1. 6	特定动物是女始祖	
W0654. 2. 1. 6. 1	女始祖是梅花鹿豁阿·马阑勒	【蒙古族】
W0654. 2. 1. 7	花生女始祖	【汉族】

① 【汉族】【满族】【瑶族】 *［W0648. 1］女祖先神；［W0705］姆六甲

W 编码	母题描述	关联项
W0654.2.2	女祖先的特征	
W0654.2.2.1	女始祖的饭量巨大	
W0654.2.2.1.1	女始祖姆洛甲一餐要吃五十头野猪	【壮族】
W0654.2.2.2	女始祖贤明善良	【侗族】
W0654.2.2.2a	女始祖很聪明	【壮族】
W0654.2.2.3	祖婆高大强壮	【壮族】
W0654.2.2.4	祖先神是地位不高的女性	【达斡尔族】
W0654.2.2.5	孤单的女始祖	【哈尼族】
W0654.2.2.6	女始祖有很大的乳房	［W0477.1.2.2］女祖先是生育神
W0654.2.2.7	女始祖有很多乳房	
W0654.2.2.7.1	女始祖有 14 个乳房	
W0654.2.2.7.1.1	女始祖前后各有 7 个乳房	【哈尼族】
W0654.2.2.8	女始祖高产	
W0654.2.2.8.1	女始祖全身怀孕	【哈尼族】
W0654.2.2.9	女始祖原来有胡须	【阿昌族】
W0654.2.3	与女祖先有关的其他母题	［W1282.5.2］女祖先分开天地
W0654.2.3.1	第一个女祖先	【苗族】
W0654.2.3.2	女始祖住天上	【白族】
W0654.2.3.3	特定的动物是女始祖	
W0654.2.3.3.1	母狼是布里亚特人的女始祖	【蒙古族（布里亚特）】
W0654.2.3.3.2	天鹅是女始祖	【蒙古族（布里亚特）】
W0654.2.3.4	女始祖的居所	
W0654.2.3.4.1	女始祖生活在天外上界	【侗族】
W0654.2.3.5	女祖先是掌管特定疾病的神	【锡伯族】
W0654.2.3.6	女祖神是幼儿看护神	【侗族】
W0654.2.3.7	女始祖是族谱起源	【怒族】
W0654.3	祖先的体征	
W0654.3.1	祖先的头	
W0654.3.1.1	祖先有多个头	

W 编码	母题描述	关联项
W0654. 3. 1. 1. 1	先祖有 10 个头	【哈尼族】
W0654. 3. 1. 2	人祖头上有角	【汉族】
W0654. 3. 2	祖先的五官	
W0654. 3. 2. 1	祖先的眼睛	
W0654. 3. 2. 1. 1	独眼祖先	［W2828］独眼人
W0654. 3. 2. 1. 2	直眼祖先	【彝族】 ＊［W2831］直眼人
W0654. 3. 2. 1. 3	竖眼祖先	［W2830］竖眼人
W0654. 3. 2. 1. 4	祖先有多只眼	【珞巴族】 ＊［W2832. 2］祖先有 4 只眼睛
W0654. 3. 2. 1. 4. 1	祖先有 3 只眼睛	【珞巴族】
W0654. 3. 2. 1. 4. 2	祖先有 4 只眼睛	【珞巴族】
W0654. 3. 2. 1. 5	祖先的眼长在特殊地方	
W0654. 3. 2. 1. 6	祖先的 4 只眼睛，一双长在前额，一双长在脑后	【珞巴族】
W0654. 3. 2. 1. 7	祖先两眼发光	
W0654. 3. 2. 1. 8	祖先长有顺风耳和千里眼	【布依族】 ＊［W0419. 2. 1. 1］长脚拐、铁铮脑、千里眼、顺风耳和不怕冷不怕热五兄弟被封为金、木、水、火、土五大神
W0654. 3. 3	祖先的四肢	
W0654. 3. 3. 1	祖先手能摸天	【布依族】
W0654. 3. 3. 2	祖先脚杆比木棉树高，手杆象大榕树	【布依族】
W0654. 3. 4	祖先的生殖器	
W0654. 3. 4. 1	祖先的巨大生殖器	【民族，关联】①
W0654. 3. 4. 1. 1	始祖布洛陀的生殖器粗过大柱，长过三根刺竹	【壮族】
W0654. 3. 4. 1. 2	始祖布洛陀的生殖器又大又长，能伸过河上变成“天桥”，也称“屌桥”	【壮族】

① 【壮族】 ＊［W0662. 5］巨人有巨大的生殖器；［W1846. 2. 2］女祖先的阴道变成山洞

W 编码	母题描述	关联项
W0654.3.4.2	祖先的阳具是巨石	【壮族】
W0654.3.4.3	祖先的生殖器会变化	
W0654.3.4.3.1	祖先布洛陀的阳具化鞭	【壮族】
W0654.3.5	祖先的音容笑貌	
W0654.3.5.1	祖先声音如雷	【布依族】
W0654.3.6	祖先无形	
W0654.3.6.1	祖先神无形	
W0654.3.6.1.1	最早的家庭祖先无偶像	【民族无考】
W0654.3.7	祖先的形体与人一样	
W0654.3.7.1	人死后变成的祖先神形体同人生前一样	【壮族】
W0654.3a	祖先的性情（祖先的性格）	
W0654.3a.1	慈祥的祖先	
W0654.3a.2	不讲理的祖先	【苗族】
W0654.4	与祖先的特征有关的其他母题	
W0654.4.1	祖神武士模样	【蒙古族】
W0654.4.2	祖先具有神性	【纳西族】
W0654.4.3	祖先不得病	【傈僳族】
W0655	**祖先的能力（祖先的本领，祖先神的职能，祖先的事迹，祖先的行为）**	［W1511.8］始祖神生万物
W0655.1	始祖先知先觉（祖先无所不知）	【民族，关联】①
W0655.1.1	祖先知道天上的事情	【布依族】
W0655.2	祖先有智慧	
W0655.2.1	祖先能通阴阳	
W0655.2.1.1	神许给人祖通阴通阳的本领	【哈尼族】
W0655.2.2	祖先很聪明	
W0655.2.2.1	人祖姜央在未出生前就会思想	【苗族】

① 【佤族（永不列部落）】【壮族】 * ［W0654.3.2.1.8］祖先长有顺风耳和千里眼

W 编码	母题描述	关联项
W0655.3	祖先力大无比（祖先是大力士）	【瑶族】 ＊［W0131.2］大力神
W0655.3.1	祖先能把地跺塌	【布依族】
W0655.3.2	祖先有神力	
W0655.3.2.1	祖先能把能把天和地分开	【布依族】
W0655.3.2.2	祖先挥掌赶山	【民族，关联】①
W0655.3.2.2.1	男始祖布洛陀一巴掌赶跑山峰	【壮族】
W0655.3.2.3	祖先能把天当大锅盖一样提起来	【瑶族】
W0655.3.2.4	祖先拉天缩地	【彝族（俚颇）】
W0655.4	祖先是保护神	
W0655.4.1	祖先是家族守护神	【民族，关联】②
W0655.4.1.1	祖先为家族消灾	
W0655.4.1.1.1	祖神乌兰巴日肯帮本族人灭灾怯病	【达斡尔族】
W0655.4.2	祖先神是氏族保护神（祖先是氏族守护神）	【民族，关联】③
W0655.4.2.1	祖先神敖教勒神是氏族保护神	【鄂温克族】
W0655.4.3	祖先护佑后代	［W0648.8.6.1］祖先神贻害后代
W0655.4.3.1	祖先帮助后代打胜仗	【羌族】
W0655.4.3.2	祖先神保佑儿孙幸福富足	【满族】
W0655.4.3.3	祖先保护幼儿	【高山族（卑南）】
W0655.4.4	祖先神是保护神	
W0655.4.4.1	祖宗神是地方保护神	【壮族】
W0655.4.4.2	祖先神保佑人畜平安	【壮族】
W0655.4.4.3	祖先神保丰收	【壮族】 ＊［W0455］丰收神（丰产神）
W0655.4.5	始祖能除灾灭祸	
W0655.4.5.1	始祖布洛陀有通天本领，能除灾灭祸	【壮族】

① 【壮族】 ＊［W6051.1］赶山造田；［W9007.2］赶山填海
② 【哈萨克族】【佤族】 ＊［W0443.5］族神（民族神）
③ 【达斡尔族】【佤族】 ＊［W0443.5.1］氏族神

W 编码	母题描述	关联项
W0655.5	祖先能力非凡	
W0655.5.1	祖先能上天入地	【布依族】
W0655.5.1.1	祖先能上天	【民族，关联】①
W0655.5.1.1.1	祖先布杰经常到天上去玩耍	【布依族】
W0655.5.1a	祖神能通天神与鬼神	【彝族】
W0655.5.2	祖先耳聪目明	【布依族】
W0655.5.3	祖先无所不能	
W0655.5.3.1	先祖直塔婆是一个是无所不能的女子	【哈尼族】
W0655.5.4	祖先飞翔	
W0655.5.4.1	祖先翱翔云端	【蒙古族】
W0655.6	与祖先的能力有关的其他母题	【关联】②
W0655.6.1	祖先降魔除妖（祖先驱鬼）	［W0912］驱鬼
W0655.6.1.1	祖先驱邪撵鬼	【侗族】
W0655.6.2	祖先出生后很快具有非凡能力	【壮族】
W0655.6.3	祖先会招魂	
W0655.6.3.1	请祖先召回病牛的牛魂	【壮族】
W0655.6.3a	祖先会法术	【苗族】
W0655.6.4	祖先眼观六路耳听八方	［W0592.6］文化英雄能看到别人看不到的东西
W0655.6.4.1	女始祖萨天巴能看到四面八方	【侗族】
W0655.6.5	祖先是能人	
W0655.6.5.1	祖先带领人们奔小康	【苗族】
W0655.6.6	祖先会变形	［W9500］变形
W0655.6.6.1	祖先死后变成山	【哈尼族】＊［W1852.6］其他特定的山的来历
W0655.6.6.2	祖先阿倮能十二变	【彝族】
W0655.6.7	特定一代祖先变聪明	
W0655.6.7.1	第十一代先祖变聪明	【哈尼族】

① 【仫佬族】【瑶族】＊［W1425］上天（登天）

② ［W1103.9］祖先造天地；［W1504.8］祖先造万物；［W9733］祖先射日

W 编码	母题描述	关联项
W0655.7	与祖先的职能有关的其他母题	
W0655.7.1	祖先神掌管家中事	
W0655.7.1.1	祖先神阻止家中夜哭	【赫哲族】
W0655.7.2	祖先管人世和鬼世	
W0655.7.2.1	祖先德摩诗匹白天在人世做事，夜晚在鬼世做事	【哈尼族】
W0655.7.3	祖先神是家族管理者	【达斡尔族】
W0655.7.4	祖先神是族体标志	【鄂温克族】
W0655.7.5	祖先神管婚姻	
W0655.7.5.1	人祖爷管婚姻	【汉族】
W0655.7.6	祖先神主宰家庭兴衰	【壮族】
W0655.8	与祖先的事迹有关的其他母题	
W0655.8.1	祖先造福后代（祖先的功德）	
W0655.8.1.1	祖先消除多余太阳	【普米族】 ＊［W9715］射日者（射月者）
W0655.8.2	祖先治理天地旋转	【普米族】
W0655.8.3	祖先开天辟地	
W0655.8.3.1	始祖发枚开天辟地	【瑶族】 ＊［W0422.0］开天辟地神
W0655.8.4	祖先神建村寨	
W0655.8.4.1	祖先神是第一个建立村寨的祖先	【壮族】
W0655.9	与祖先的行为有关的其他母题	
W0655.9.1	祖先行为像动物	
W0655.9.1.1	祖先走路像猩猩	【哈尼族】 ＊［W2317］猴变成人
W0655.9.2	祖先神不能回家	
W0655.9.2.1	住在野外的祖宗回家会危害活人安全	【壮族】
W0655.9.3	祖先的灵魂回家	【民族，关联】①

① 【白族】 ＊［W0903］祖灵（祖先的灵魂）；［W0903.6.2］祖灵返乡（祖灵回家）；［W0910.2］人死后魂归祖神居所（灵魂还乡）

W 编码	母题描述	关联项
W0655.9.3.1	祖先的灵魂以梦的形式回故乡	【汉族】
W0656	**祖先的生活**	
W0656.0	祖先的生活状况	
W0656.0.1	祖先贫穷	
W0656.0.1.1	珞巴族的祖先达尼是穷人	【珞巴族】
W0656.0.2	祖先有特定的生产形态	
W0656.0.2.1	女始祖过着渔猎采集生活	【怒族】
W0656.1	祖先的服饰	
W0656.1.1	祖先穿植物叶	
W0656.1.1.1	人祖爷腰围莲花，人祖奶身裹草叶	【汉族】
W0656.1.1.2	人祖爷身披葫叶	【汉族】
W0656.1.1.3	人祖爷身披藕莲叶	【汉族】
W0656.1.2	祖先穿兽皮	
W0656.1.2.1	人祖冬天披兽皮	【汉族】
W0656.1.3	人祖爷赤脚	【汉族】
W0656.2	祖先的饮食	
W0656.2.1	祖先以特定物为食	
W0656.2.1.1	祖先靠吸雾露长大	【侗族】
W0656.2.1.2	祖先不爱江河水和山泉水，只爱咸水	【哈尼族】
W0656.2.1.3	祖先吃铁饼，喝铁水	【彝族】
W0656.2.2	祖先饭量巨大	【民族，关联】①
W0656.3	祖先的居所	
W0656.3.1	祖先住天上	【民族，关联】②
W0656.3.1.1	祖先住天堂	
W0656.3.1.1.1	远古祖先英雄神居于九天金楼神堂	【满族】

① 【纳西族】【壮族】 * ［W0717.1.1］女娲饭量巨大

② 【珞巴族】 【苗族】 【壮族】 * ［W0654.2.3.2］女始祖住天上；［W1426.7］祖先上天；［W1696.2.3］祖先居月宫

W 编码	母题描述	关联项
W0656. 3. 1. 2	前 6 代祖先住在天上	【纳西族】
W0656. 3. 1. 3	祖先造了天地和人后到天上安家	【纳西族】
W0656. 3. 1. 4	男女始祖分别居太阳宫和月寒宫中	【白族】
W0656. 3. 2	祖先住特定的天上	
W0656. 3. 2. 1	人类始祖“板古”和“板梅”兄妹住在 500 层天上	【白族】
W0656. 3. 3	祖先住地上（祖先居人间）	
W0656. 3. 3. 1	祖先居地的中央	【阿昌族】
W0656. 3. 3a	祖先住地下	
W0656. 3. 3b	祖神居神圣之地	
W0656. 3. 3b. 1	祖神居神林神山	【彝族（撒尼）】
W0656. 3. 4	祖先住山上	
W0656. 3. 4. 1	祖先住特定的山上	
W0656. 3. 4. 1. 1	祖公布洛陀和祖婆姆六甲住敢壮山	【壮族】
W0656. 3. 5	祖先住水中	
W0656. 3. 5. 1	祖先住特定的水中	
W0656. 3. 6	祖先住特定动植物里	
W0656. 3. 6. 1	祖先住在枫树心里	【苗族】
W0656. 3. 7	祖先住家中	
W0656. 3. 7. 1	祖先住家堂	
W0656. 3. 7. 1. 1	三代以内祖先神居家堂	【壮族】
W0656. 3. 7. 2	祖先神住屋外	
W0656. 3. 7. 2. 1	五代以后的祖先神转至屋檐下居住	【壮族】
W0656. 3. 8	祖先住特定物中	
W0656. 3. 8. 1	祖先住庙中	
W0656. 3. 8. 1. 1	祖先住家庙	
W0656. 3. 8. 1. 2	祖先住公庙	

W 编码	母题描述	关联项
W0656.3.8.1.2.1	九代以后的祖先神移入村旁的社公庙与社公同住	【壮族】
W0656.3.8.2	祖先住坟墓	
W0656.3.8.3	祖先住神龛	
W0656.3.8.4	祖先住祠堂（祖先住家祠）	【汉族】
W0656.3.8.5	祖先居灶台	
W0656.3.8.5.1	锅庄石是女始祖灵魂的住所	【纳西族（摩梭）】
W0656.3.9	与祖先居所有关的其他母题	
W0656.3.9.1	祖先有的前几代住天上，后几代住人间	【纳西族】
W0656.3.9.2	祖先居所众多	
W0656.3.9.2.1	祖先有49处寓所	【蒙古族】
W0656.3.9.3	祖先鬼寨	
W0656.3.9.3.1	祖先鬼寨类似人间	【基诺族】
W0656.3.9.4	祖先居所很美好	【基诺族】
W0656.3.9.4a	祖先的故地是美好的地方	【怒族】
W0656.4	祖先的用品（祖先的工具）	
W0656.4.1	祖先的神器	
W0656.4.1.1	煮饭的三脚石是祖先的神器	【基诺族】
W0656.5	祖先的生活境况	
W0656.5.1	贫穷的祖先（穷酸的祖神）	【珞巴族】
W0656.5.1.1	女祖神达摩天子家境贫寒	【侗族】
W0656.6	祖先的经历	
W0656.6.1	人的祖先经历九生九死	【哈尼族】 *［W0658.4.4.1］祖先死亡9次
W0657	**祖先的关系**	［W7244］祖先的婚姻
W0657.0	祖先的父母（祖先的祖先，祖先神的先祖）	
W0657.0.1	祖先的父亲	
W0657.0.1.1	祖先是雷公的儿子	【布依族】 *［W0645.1.2］雷神生祖先

W 编码	母题描述	关联项
W0657. 0. 2	祖先的母亲	
W0657. 0. 3	祖先是神的后代	
W0657. 0. 3. 1	祖先崇仁丽恩是开天九弟兄、辟地七姐妹的后代	【纳西族】
W0657. 1	祖先的兄弟（祖先神的兄弟）	
W0657. 1. 1	祖先与神是兄弟	
W0657. 1. 1. 1	祖先与太阳神、月亮神是兄弟	【珞巴族】
W0657. 1. 2	祖先有兄弟数人	
W0657. 1. 2. 1	祖先两兄弟	
W0657. 1. 2. 2	祖先三兄弟	
W0657. 1. 2. 2. 1	祖先三兄弟造天梯	【哈尼族】
W0657. 1. 2. 3	祖先四兄弟	【藏族】
W0657. 1. 3	祖先与动物是兄弟	【侗族】
W0657. 1. 4	祖先的哥哥	
W0657. 1. 4. 1	祖先的哥哥是天仙	
W0657. 1. 4. 1. 1	仡佬祖先的大哥天仙老祖是老天的儿子	【仡佬族】
W0657. 1. 4. 2	祖先神是日月神的弟弟	【珞巴族】
W0657. 1. 5	祖先神三兄弟	［W0659. 2. 29. 1. 2］虎氏族最早的祖先色腊坐和搭腊坐两兄弟
W0657. 1. 5. 1	祖先神三兄弟老大不会当家生产，老二挖药，老三打井	【羌族】
W0657. 2	祖先的兄妹（祖先的兄弟姐妹）	
W0657. 2. 1	祖先和神女是兄妹	［W0068. 15］神女
W0657. 2. 1. 1	洪水后祖先和神女兄妹结婚	【汉族】
W0657. 2. 2	祖先有多个兄弟姐妹	
W0657. 2. 2. 1	祖先利恩若有五兄弟和五姐妹	【纳西族】 ＊［W0659. 2. 37. 1］人祖利恩（人祖从忍利恩）
W0657. 2. 3	祖先是一对同胞兄妹	【怒族】
W0657. 2a	祖先夫妻（夫妻祖先）	【普米族】【瑶族】
W0657. 2a. 1	祖先是一对夫妻	

W 编码	母题描述	关联项
W0657.2a.1.1	男始祖布洛陀与女始祖姆洛甲夫妻各有神通	【壮族】
W0657.2a.1.2	天塌地陷后幸存的祖先人祖、人奶	【汉族】
W0657.2a.2	兄妹成婚成为祖先	【白族】
W0657.2a.3	人祖爷和人祖奶不是两口子	【汉族】
W0657.3	祖先的朋友	［W0352.2］雷公与人类始祖是兄弟
W0657.3.1	祖先与动物是朋友	【苗族】
W0657.3.2	祖先与神是朋友	【苗族】
W0657.3.3	祖先友交多类	
W0657.3.3.1	人的祖先阿各林与雷神、龙王和老虎是朋友	【苗族】
W0657.3a	祖先的仇敌	【珞巴族】
W0657.4	祖先的子女	【纳西族】
W0657.4.1	创造人类的老祖有个独眼姑娘	【独龙族】
W0657.5	与祖先的关系有关的其他母题	［W0659.4］特定时期的祖先（祖先的辈次，祖先的谱系）
W0657.5.1	祖先的情人	
W0657.5.1.1	始祖情人的死去	
W0657.5.1.1.1	人祖姜央的宁三娘、皮方觉等情人洪水中丧生	【苗族】
W0657.5.2	祖先神的管理者	
W0657.5.2.1	日月管理着祖神神灵	【鄂温克族】
W0658	**祖先的寿命与死亡**	
W0658.1	祖先不死	【侗族】
W0658.1.1	始祖波丽萍和男始祖岳利华不死	
W0658.1.1.1	天神赐始祖波丽萍和男始祖岳利华不死	【苗族】
W0658.2	祖先寿命很长	【苗族】
W0658.2.1	祖先千百岁时仍是鹤发童颜	【白族】

W 编码	母题描述	关联项
W0658.3	祖先有多条命	
W0658.3.1	祖先有 9 条命（祖神先有 9 条命）	
W0658.3.1.1	天神地神给祖先有 9 条命	【哈尼族】
W0658.4	祖先的死亡	【布依族】
W0658.4.0	祖先不死	
W0658.4.0.1	人的祖先猿猴不病不死	【傈僳族】
W0658.4.1	祖先死亡的原因	
W0658.4.1.1	祖先自然死亡	
W0658.4.1.2	祖先因治水而死	
W0658.4.1.3	祖先争战而死	
W0658.4.1.4	祖先被杀死	
W0658.4.1.4.1	特定的方法才能杀死祖先	
W0658.4.1.4.1.1	杀死祖先必须用藤篾绞	【基诺族】
W0658.4.1.5	祖先病死	
W0658.4.1.5.1	女始祖密洛陀染上霍乱病死去	【瑶族（布努）】
W0658.4.1.6	祖先在偶然事件中死亡	
W0658.4.1.6.1	男始祖布洛陀被落石砸死	【壮族】
W0658.4.2	祖先死亡的时间	
W0658.4.3	祖先死亡的地点	
W0658.4.3.1	祖先死在东边天脚	【布依族】
W0658.4.4	祖先死亡的次数	
W0658.4.4.1	祖先死亡 9 次	［W0175.5.1］神九生九死
W0658.4.4.1.1	祖先经过 9 次生死轮回	【哈尼族】
W0658.4.5	祖先死亡的结果	
W0658.4.5.1	祖先垂死化生	
W0658.4.5.1.1	祖先死后变泥土	【景颇族】
W0658.4.5.2	祖先死后回天上	【哈尼族】
W0658.4.5.3	祖先死后变成龙	
W0658.4.5.3.1	女祖先密洛陀死后入地成龙	【瑶族（布努）】
W0658.4.6	与祖先死亡有关的	
W0658a	**祖先的类型**	

W 编码	母题描述	关联项
W0658a.1	神的祖先（神的始祖）	【汤普森】A111.3
W0658a.1.1	众神的祖先	
W0658a.1.1.1	神的女始祖	
W0658a.1.1.1.1	天神和众山神的女始祖曼扎恩·古勒海·图奥黛	【蒙古族（布里亚特）】
W0658a.1.1.2	天神英叭是天地间一切神的始祖	【傣族】
W0658a.1.2	特定的神的祖先	
W0658a.1.2.1	天神的祖先	
W0658a.1.2.1.1	天帝的祖坟在九层天上的最北面	【蒙古族】
W0658a.1.3	神的祖先神	【傣族】
W0658a.1.4	神的始祖是宇宙的众神之王	【傣族】
W0658a.2	神性人物的祖先	
W0658a.2.1	文化英雄的祖先	
W0658a.2.2	鬼的祖先	
W0658a.2.2.1	彭干支伦和木占威纯生各种鬼的祖先	【景颇族】
W0658a.3	社会群体的祖先	
W0658a.3.1	国家的文化始祖	
W0658a.3.2	民族的祖先	
W0658a.3.3	氏族的祖先神（部落的祖先）	【民族，关联】①
W0658a.3.3.1	众多氏族的祖先	
W0658a.3.3.1.1	一个死亡的女子成为九个支族的女祖神	【达斡尔族】
W0658a.3.3.2	天宫男女诸神受伤降到地上成为各氏族、各部落的祖先神	【满族】
W0658a.3.3.3	莫昆②都有各自的祖神	【达斡尔族】
W0658a.3.3.4	各氏族女始祖茂英充	【怒族】

① 【藏族】 * [W0648.6.2.1] 阿喜色达部落自称是珠日神山的后裔；[W5250] 氏族

② 莫昆，同一个父系祖先的后代为一个“哈拉”，即父系氏族，“哈拉”又分化出若干个“莫昆”，“莫昆”是血缘关系更为亲近的血缘集团。

W 编码	母题描述	关联项
W0658a. 3. 4	村寨的祖先	［W0440］村寨保护神（寨神，村神，村寨神）
W0658a. 3. 5	特定地域的祖先	
W0658a. 3. 6	特定姓氏的祖先	［W6820］姓氏的产生
W0658a. 4	人的祖先	
W0658a. 4. 1	人类创世祖宁贯娃	【景颇族】
W0658a. 5	动物的祖先	
W0658a. 5. 1	六畜之祖	【景颇族】
W0658a. 6	植物的祖先	
W0658a. 7	无生命物的祖先	
W0658a. 8	特定职业者的祖先（行业祖师）	【民族，关联】①
W0658a. 8. 1	工匠的始祖（工匠的祖师神）	
W0658a. 8. 1. 1	工匠的始祖格莫阿赫	【彝族】
W0658a. 8. 1. 2	工匠始祖炯公洛班	【瑶族（布努）】
W0658a. 8. 1a	补锅匠行业祖师神	
W0658a. 8. 1a. 1	补锅匠行业祖师神弘忍	【汉族】
W0658a. 8. 1b	表行业祖师	
W0658a. 8. 1b. 1	表行业祖师利玛窦	【民族无考】
W0658a. 8. 1c	编织业祖师	【关联】②
W0658a. 8. 1c. 1	编织业祖师神刘备	【汉族】
W0658a. 8. 1d	石匠的祖师	
W0658a. 8. 1d. 1	雷公是石匠的祖师	【白族】
W0658a. 8. 2	特定宗教的祖神	
W0658a. 8. 2. 1	毕摩的始祖	［W9147］毕摩
W0658a. 8. 2. 1. 1	毕摩的始祖水中出生	【彝族】
W0658a. 8. 2. 2	麽教的祖师	

① 【彝族】【藏族】 * ［W0497. 7. 16］祖师神

② ［W6082. 3］受山雀做窝的启示学会用竹藤编织簸箕；［W6097. 7. 1］受山雀做窝的启示学会用竹藤编织筛子

W 编码	母题描述	关联项
W0658a.8.2.2.1	三元祖师唐道扬、葛定应、周护王、妹毛法度、阴阳师父、真武大将军等是祖师神	【壮族】
W0658a.8.2.3	佛教中观派的祖师鲁珠大师（龙树法师）	【藏族】
W0658a.8.3	鞭炮业的祖师	
W0658a.8.3.1	鞭炮业祖师祝融	【汉族】 *［W0767］祝融
W0658a.8.3.2	鞭炮业祖师神李畋（花炮业祖师神李畋）	【汉族】
W0658a.8.4	巫师的祖先神	［W9121］巫师的产生
W0658a.8.4.1	“巴”神是巫师的祖先神	【壮族】
W0658a.8.4.2	摩梭人巫师祖师英什东巴商来	【纳西族（摩梭）】
W0658a.8.4.3	原始女巫的祖师东神、色神	【纳西族】
W0658a.8.4.4	端公（巫师）的祖师神阿爸木拉	【羌族】
W0658a.8.5	猎人的祖先	
W0658a.8.5.1	与女猎神结婚的猎人成为猎人的祖先	【怒族】
W0658a.8.6	制墨业和烟铺祖师宾	［W6262］墨的产生
W0658a.8.6.1	制墨业和烟铺祖师吕洞宾	【汉族】
W0658a.8.7	制笔业的祖师	［W6261］笔的产生
W0658a.8.7.1	制笔业的祖师蒙恬	【汉族】
W0658a.8.8	占卜业的祖师	［W9190］占卜的产生
W0658a.8.8.1	占卜业祖师伏羲、周文王	【汉族】 *［W0681.6.1］伏羲是占卜业祖师神
W0658a.8.8.2	阴阳占卜业者祖师地藏王菩萨	【民族无考】
W0658a.8.9	造纸业祖师	［W6263］纸的产生
W0658a.8.9.1	蔡伦为“蔡伦圣人”或“龙亭侯蔡伦祖师”	【汉族】
W0658a.8.9.1.1	农历三月十七日其生日以及十月初十蔡伦忌日	【汉族】

W 编码	母题描述	关联项
W0658a. 8. 9a	印刷行业祖师	
W0658a. 8. 9a. 1	印刷行业祖师神毕昇	【汉族】
W0658a. 8. 9b	书坊、雕版等行业祖师	
W0658a. 8. 9b. 1	书坊、雕版等行业祖师文昌帝君	【汉族】 ＊［W0497. 7. 26. 3. 1］文昌帝君为教育业神
W0658a. 8. 10	扎彩业祖师五道之神	【汉族】
W0658a. 8. 11	造酒业祖师	［W6155. 2］酒的制造
W0658a. 8. 11. 1	造酒业祖师仪狄	【汉族】
W0658a. 8. 11. 2	造酒业祖师杜康	【汉族】
W0658a. 8. 11. 3	造酒的祖师爷水酉（人名）	【汉族】
W0658a. 8. 11a	卖酒业祖师	
W0658a. 8. 11a. 1	卖酒业祖师神李白	【汉族】
W0658a. 8. 12	洗浴业祖师	
W0658a. 8. 12. 1	澡堂业祖师僧人志公	【汉族】
W0658a. 8. 13	景泰蓝制造业祖师	
W0658a. 8. 13. 1	景泰蓝制造业祖师神大禹	【汉族等】
W0658a. 8. 14	医药业祖师	【关联】①
W0658a. 8. 14. 1	医药业祖师神伏羲、神农、黄帝三皇	【汉族】
W0658a. 8. 14a	兽医业祖师	
W0658a. 8. 14a. 1	兽医业祖师马师皇	【汉族】
W0658a. 8. 15	盐业祖师	
W0658a. 8. 15. 1	盐业祖师神张道陵	【汉族】
W0658a. 8. 15. 2	盐业祖师神管仲	【汉族】
W0658a. 8. 15. 2	盐业祖师神葛洪	【汉族】
W0658a. 8. 16	阉割业祖师	
W0658a. 8. 16. 1	阉割业祖师华佗	【汉族】 ＊［W0827. 1. 21］仙人华佗
W0658a. 8. 17	衙役业祖师	
W0658a. 8. 17. 1	衙役业祖师秦琼	【汉族】

① ［W6230］医术的产生；［W6235］药的产生（药的获得）

W 编码	母题描述	关联项
W0658a.8.18	靴鞋业祖师	［W6136］鞋的产生
W0658a.8.18.1	靴鞋业祖师孙膑	【汉族】
W0658a.8.19	刑狱业祖师	［W0488］刑罚神
W0658a.8.19.1	刑狱业的祖师皋陶	【汉族】
W0658a.8.20	相声界祖师	
W0658a.8.20.1	相声界祖师东方朔	【汉族】
W0658a.8.21	戏剧界祖师	［W6909.1］戏的产生
W0658a.8.21.1	戏剧之祖唐明皇	【汉族】
W0658a.8.21.2	京西影戏业尊观音为祖师	【民族无考】
W0658a.8.22	武师业与保镖业祖师	
W0658a.8.22.1	武师业与保镖业祖师达摩	【汉族】
W0658a.8.23	赌博行业祖师	【关联】①
W0658a.8.23.1	赌博行业祖师五路神	【汉族】
W0658a.8.24	屠宰业祖师	
W0658a.8.24.1	屠宰业祖师张飞	【汉族】
W0658a.8.24.2	屠宰业祖师樊哙	【汉族】
W0658a.8.25	铁匠祖师	【关联】②
W0658a.8.25.1	铁匠祖师老君	
W0658a.8.25.2	老君是铁匠行业的主神	【汉族】
W0658a.8.26	水业祖师	
W0658a.8.26.1	水业祖师神水母娘娘	【民族无考】
W0658a.8.27	说书业行业祖师	
W0658a.8.27.1	说书业行业祖师孔子	【汉族】
W0658a.8.27.2	说书业行业祖师周庄王	【汉族】
W0658a.8.27.3	说书业行业祖师文昌帝君	【汉族】
W0658a.8.27.3.1	文昌祠	

① ［W0443.9.2.3］狐是赌博业的保护神；［W0453］赌神

② ［W0459.3］铁匠神；［W6076.6］铁匠

W 编码	母题描述	关联项
W0658a. 8. 27. 3. 1. 1	梓潼帝君庙俗称文昌祠	【汉族】
W0658a. 8. 27. 3. 1. 2	文昌祠傍立天聋、地哑二童	【汉族】
W0658a. 8. 28	陶瓷业窑祖师（制陶业祖师，烧窑业所奉祖师）	【关联】①
W0658a. 8. 28. 1	陶瓷业窑祖师神范蠡	【汉族】
W0658a. 8. 28. 2	陶瓷业窑祖师神陶正宁封子	【汉族】
W0658a. 8. 29	碾磨、面粉业等行业祖师	
W0658a. 8. 29. 1	碾磨、面粉业等行业将神农奉为祖师	【汉族】
W0658a. 8. 30	命相业祖师	【关联】②
W0658a. 8. 30. 1	命相业祖师鬼谷子	【汉族】
W0658a. 8. 30. 2	命相业祖师陈抟	【汉族】
W0658a. 8. 30a	风水业者奉地藏王菩萨为祖师。	
W0658a. 8. 30a. 1	风水业者祖师藏王菩萨	【关联】③
W0658a. 8. 31	染坊业祖师	
W0658a. 8. 31. 1	染坊业祖师神奉梅、葛二圣	
W0658a. 8. 31. 1. 1	梅、葛二圣俗称染缸坊神或缸神	【汉族】
W0658a. 8. 32	窃贼祖师	【关联】④
W0658a. 8. 32. 1	窃贼祖师时迁	【汉族】
W0658a. 8. 33	乞丐业祖师	
W0658a. 8. 33. 1	乞丐业祖师范丹	【汉族】
W0658a. 8. 34	漆器业祖师	
W0658a. 8. 34. 1	漆器业祖师漆宝真人	【汉族】
W0658a. 8. 35	皮革业祖师	
W0658a. 8. 35. 1	皮革业祖师黄飞虎	【汉族】
W0658a. 8. 35. 2	皮革业祖师比干	【汉族】
W0658a. 8. 36	酱菜业祖师	

① ［W0459. 6］制陶神；［W0497. 7. 22］窑神；［W6251］陶器的产生
② ［W0490. 1］占卜神；［W9190］占卜的产生
③ ［W0658a. 8. 8. 2］阴阳占卜业者祖师地藏王菩萨；［W0790d. 3］地藏菩萨（地藏王菩萨，地藏王）
④ ［W0482］偷盗之神；［W9950］偷盗

W 编码	母题描述	关联项
W0658a.8.36.1	酱菜业祖师神颜真卿	【汉族】
W0658a.8.36.2	酱菜业祖师神蔡邕	【汉族】
W0658a.8.37	绘画业祖师	【关联】①
W0658a.8.37.1	绘画业祖师神吴道子	【汉族】
W0658a.8.38	玉器业祖师	
W0658a.8.38.1	玉器业祖师神丘处机	【汉族】
W0658a.8.38.2	玉器行工匠及商人祖师白衣观音	【民族无考】
W0658a.8.39	锡箔业祖师	
W0658a.8.39.1	锡箔业祖师神朱元璋	【汉族】
W0658a.8.40	针匠祖师	
W0658a.8.40.1	针匠祖师神刘海	【汉族】
W0658a.8.41	工匠业祖师	
W0658a.8.41.1	工匠行业祖师神鲁班	【汉族】
W0658a.8.42	糕点业祖师	
W0658a.8.42.1	糕点业祖师神闻仲	【汉族】
W0658a.8.42.1.1	闻仲尊为雷祖	【汉族】
W0658a.8.42.2	糕点业祖师神燧人氏	【汉族】 * ［W0738.2.4］燧人氏是火神（火神燧人氏）
W0658a.8.42a	豆腐业祖师	
W0658a.8.42a.1	豆腐业祖师神淮南先师刘安	【汉族】
W0658a.8.42b	厨业祖师	
W0658a.8.42b.1	厨业祖师灶君	【汉族】
W0658a.8.42b.2	厨业祖师易牙	【汉族】
W0658a.8.42b.3	厨业祖师汉宣帝	【汉族】
W0658a.8.43	土匪行祖师	
W0658a.8.43.1	十八罗汉为土匪行祖师	【民族无考】

① ［W0489.5］绘画之神；［W0497.7.33］画神；［W6755］图画的产生

W 编码	母题描述	关联项
W0658a. 8. 44	纺织业祖师	【关联】①
W0658a. 8. 44. 1	纺织业祖师神织女	【汉族】
W0658a. 8. 44. 2	纺织业祖师神黄道婆	【汉族】
W0658a. 8. 44. 3	纺织行业之祖螺祖	【汉族】
W0658a. 8. 45	娼妓业祖神	
W0658a. 8. 45. 1	娼妓业祖神烟花使者	【汉族】
W0658a. 8. 45. 2	娼妓业祖神管仲	【汉族】
W0658a. 8. 46	茶业祖师	【关联】②
W0658a. 8. 46. 1	茶业祖师神陆羽	【汉族】 * ［W0497. 7. 1. 1］陆羽成为茶神（茶神陆羽）
W0658a. 8. 47	造秤的祖师爷	【关联】③
W0658a. 8. 47. 1	造秤的祖师爷“千人平”	【汉族】 * ［W0828. 1. 3. 1］造秤的祖师爷“千人平”半人半仙
W0658a. 9	特定时代的祖先	
W0658a. 9. 1	七次洪水滔天和七次野火烧山以前的人类祖先榜香猷	【苗族】
W0658b	**祖先的数量**	
W0658b. 1	特定数量的祖先	
W0658b. 1. 1	1 位祖先（1 位祖先神）	
W0658b. 1. 2	2 位祖先（2 位祖先神）	
W0658b. 1. 3	3 位祖先（3 位祖先神）	
W0658b. 1. 4	4 位祖先（4 位祖先神）	
W0658b. 1. 4. 1	最早的四个兄弟是祖先	【藏族】
W0658b. 1. 5	5 位祖先（5 位祖先神）	
W0658b. 1. 6	6 位祖先（6 位祖先神）	
W0658b. 1. 6. 1	3 对祖先	

① ［W0456］纺织神；［W6120］纺织的产生

② ［W3753］茶树的产生（茶的产生）；［W6158. 1］饮茶的来历

③ ［W6983］度量衡等的发明；［W6984. 7］秤的来历

W 编码	母题描述	关联项
W0658b.1.6.1.1	男女始祖布洛陀与姆六甲生的3对男女成为人类的祖先	【壮族】
W0658b.1.7	7位祖先（7位祖先神）	
W0658b.1.8	8位祖先（8位祖先神）	
W0658b.1.8.1	厉姓以红黄蓝绿各色布帛作八个人形神偶	【满族】
W0658b.1.9	9位祖先（9位祖先神）	
W0658b.1.10	其他特定数量的祖先	
W0658b.1.10.1	十三位祖先神	【羌族】
W0658b.2	无特定数量的祖先	
W0658b.2.1	祖神霍卓尔·巴尔肯有1个或2个偶像	【达斡尔族】
W0658b.2.2	多位祖先神	
W0658b.2.2.1	祖先神有伊散珠玛玛、布尔堪巴克西玛法、三位神姐妹、吉朗阿玛玛、顾兴阿玛法、六个巴克西、萨满玛法、玛玛默尔根、爷爷默尔根、阿琪神、善琦神、库鲁鲁神、色类撒音神、额依嫩德德神、佛多霍玛法、苏鲁玛玛、玛法玛玛、罗刹汗等	【锡伯族】
W0658b.3	祖神由3个部分组成	
W0658b.3.1	遭雷击者身体的上中下上个部分形成3个不同的祖神	【达斡尔族】
W0659	**与祖先有关的其他母题（与祖先神有关的其他母题）**	【关联】①
W0659.1	祖先的名称（特定名称的祖先神）	

① ［W0122.5.6.2］祖先神位居众神之首；［W0122.5a］祖先是地位高的神；［W0132.4.5.1］母系氏族的祖先神演变为父系氏族的祖先神；［W0903］祖灵（祖先的灵魂）；［W6376.1］祖先崇拜；［W9933.1］寻找冥界的祖先

W 编码	母题描述	关联项
W0659. 1. 1	祖先的封号	
W0659. 1. 2	祖先的尊称	
W0659. 1. 2. 1	祖先尊称为王	【畲族】
W0659. 1. 2. 2	男女始祖被称为“五百天”神爷、神奶	【白族】
W0659. 1. 3	始祖的名称不固定	
W0659. 1. 3. 1	始祖姜央有多种叫法	【苗族】
W0659. 1. 4	祖先命名方式	
W0659. 1. 4. 1	根据祖先居所命名祖先	
W0659. 1. 4. 1. 1	把住在 500 层天上男女始祖称为“五百天”神爷、神奶	【白族】
W0659. 1. 5	父母神	
W0659. 1. 5. 1	父母神厄莎	【拉祜族】
W0659. 1. 6	祖神	
W0659. 1. 6. 1	生果洛人第三代祖先的女人成为果洛人的祖神	【藏族】
W0659. 1. 7	远祖	
W0659. 1. 7. 1	神生的 1 对男女成为远祖	【高山族】 * ［W0645. 1］神生祖先
W0659. 1. 8	近祖	【汉族】
W0659. 1. 9	送人爷、送人奶奶	
W0659. 1. 9. 1	最早繁衍人类的 1 对男女称为送人爷、送人奶奶	【汉族】
W0659. 1. 10	开山老祖	
W0659. 1. 10. 1	最早婚生人类的 1 对男女称为开山老祖	【汉族】
W0659. 1. 11	宗神	
W0659. 1. 11. 1	宗神又名大小鬼	【藏族（白马）】 * ［W0659. 8］祖先鬼
W0659. 1. 12	老祖公和老祖婆	【壮族】

W 编码	母题描述	关联项
W0659.1.13	人头爷和人头姑奶奶	【汉族】
W0659.1.14	祖宗鬼	
W0659.1.14.1	祖宗鬼管管家务事	【傈僳族】
W0659.2	各民族神话名称的祖先（祖先神、始祖、人祖、先人）①	［W0658a.3.2］民族的祖先
W0659.2.1	阿昌族神话中的祖先（始祖、人祖、先人）	
W0659.2.1.1	人类始祖遮帕麻和遮米麻	【阿昌族】
W0659.2.2	白族神话中的祖先（始祖、人祖、先人）	
W0659.2.2.1	人祖哥哥“板古”和妹妹“板梅”	【白族】 ＊［W0656.3.2.1］类始祖哥哥“板古”和妹妹“板梅”住在500层天上
W0659.2.2.2	女始祖劳泰和男始祖劳谷	【白族】 ＊［W0653.0.4.1］先出现女始祖劳泰后出现男始祖劳谷
W0659.2.2.3	开山老祖是一妇人	【白族】
W0659.2.3	保安族神话中的祖先（始祖、人祖、先人）	
W0659.2.4	布朗族神话中的祖先（始祖、人祖、先人）	
W0659.2.5	布依族神话中的祖先（始祖、人祖、先人）	
W0659.2.5.1	祖先盘果王	【布依族】
W0659.2.5.2	人类祖先王姜兄妹	【布依族】
W0659.2.5.3	祖先布灵（人猿）	【布依族】

① 各民族特定名称的祖先（祖先神），在各民族涉及族源或有关历史的宏大叙事的神话传说中，往往会塑造一个或数个文化祖先。关于各民族祖先的神话母题具有非常丰富而复杂的特点，有时文化祖先与文化始祖、祖先神、各代祖先神、人祖、不同时期的祖先、祖宗、文化英雄、先人、人类祖先等概念混杂在一起。有些民族支系众多、特定神话传说在不同地区流传过程中会发生很大变化以及讲述人或采集者本身表述和理解的原因，往往会使祖先的名称、事迹等相关叙事具有很多差异性。在此只是示例性的母题采集，具体情况应以各民族认可的规范表述为准。

W 编码	母题描述	关联项
W0659. 2. 5. 4	人类祖先翁戛	【布依族】
W0659. 2. 5. 5	人祖布杰	【布依族】
W0659. 2. 6	朝鲜族神话中的祖先（始祖、人祖、先人）	
W0659. 2. 6. 1	祖神檀君	【朝鲜族】 * ［W0768. 11. 2. 2］檀君是朝鲜族的祖上神
W0659. 2. 6. 2	朝鲜族祖上神高登神（高句丽始祖朱蒙神）	【朝鲜族】
W0659. 2. 6. 3	朝鲜族祖上神扶余神（朱蒙母柳花神）	【朝鲜族】
W0659. 2. 7	达斡尔族神话中的祖先（始祖、人祖、先人）	
W0659. 2. 7. 1	祖神乌兰巴日肯	【达斡尔族】 * ［W0655. 4. 1. 1］祖神乌兰巴日肯帮本族人灭灾祛病
W0659. 2. 7. 2	祖神霍卓尔·巴尔肯	【达斡尔族】
W0659. 2. 8	傣族神话中的祖先（始祖、人祖、先人）	
W0659. 2. 8. 1	人类始祖布桑该和雅桑该	【傣族】 * ［W0648. 5. 1］布桑该和雅桑该夫妇二神是人类的始祖
W0659. 2. 9	德昂族神话中的祖先（始祖、人祖、先人）	
W0659. 2. 9. 1	茶树是祖先	【德昂族】
W0659. 2. 10	东乡族神话中的祖先（始祖、人祖、先人）	
W0659. 2. 11	侗族神话中的祖先（始祖、人祖、先人）	［W0067a. 8. 1. 1］大祖母萨玛（萨岁）是侗族至高无上的女神
W0659. 2. 11. 1	祖先松桑和松恩	【侗族】 * ［W0653. 7. 2. 1］先孵出男始祖松恩，后孵出女始祖松桑

W 编码	母题描述	关联项
W0659.2.11.2	女始祖萨天巴（始祖母萨天巴）	【侗族】
W0659.2.11.3	天花祖母萨多	【侗族】
W0659.2.11.4	祖婆达摩天子	【侗族】
W0659.2.11.5	祖神婆是天外的一只金斑大蜘蛛	【侗族】
W0659.2.11.6	女祖神莎玛	【侗族】
W0659.2.12	独龙族神话中的祖先（始祖、人祖、先人）	
W0659.2.12.1	人祖莫朋	【独龙族】 * ［W0648.3.2.1］天神莫朋是人类的祖先
W0659.2.13	俄罗斯族神话中的祖先（始祖、人祖、先人）	
W0659.2.14	鄂伦春族神话中的祖先（始祖、人祖、先人）	
W0659.2.14.1	女祖先神阿娇儒博如坎	【鄂伦春族】
W0659.2.14.2	祖先神阿娇鲁博如坎	【鄂伦春族】
W0659.2.15	鄂温克族神话中的祖先（始祖、人祖、先人）	
W0659.2.15.1	祖先神舍卧刻	【鄂温克族】 * ［W0443.5.1.1］每个氏族都有自己的氏族神舍卧刻
W0659.2.15.2	祖先神敖教勒神	【鄂温克族】 * ［W0655.4.2.1］祖先神敖教勒神是氏族保护神
W0659.2.15.3	祖先神霍卓热	【鄂温克族】
W0659.2.16	高山族神话中的祖先（始祖、人祖、先人）	
W0659.2.16.1	蛇是老祖宗	【高山族（卑南）】
W0659.2.17	仡佬族神话中的祖先（始祖、人祖、先人）	
W0659.2.17.1	仫佬族中有个祖先叫达伙	
W0659.2.17.2	祖先达伙既与天宫有联系，又同人间的百姓很要好	【仫佬族】

W 编码	母题描述	关联项
W0659. 2. 18	哈尼族神话中的祖先（始祖、人祖、先人）	
W0659. 2. 18. 1	天上的老祖母俄玛	【哈尼族】
W0659. 2. 18. 2	人类始祖母塔婆	【哈尼族】
W0659. 2. 18. 3	女始祖阿戛拉优	【哈尼族（僾尼）】
W0659. 2. 18. 4	人祖恰乞形阿玛	【哈尼族】 *［W0655. 2. 1. 1］神许给人祖通阴通阳的本领
W0659. 2. 18. 5	人的先祖德摩诗匹	【哈尼族】
W0659. 2. 19	哈萨克族神话中的祖先（始祖、人祖、先人）	
W0659. 2. 19. 1	人类的男始祖阿达姆阿塔（人类之父），女始祖阿达姆阿娜（人类之母）	【哈萨克族】
W0659. 2. 19. 1. 1	阿达姆阿塔和哈瓦娜是夫妻	【哈萨克族】
W0659. 2. 19. 1. 2	人类始祖阿达姆阿塔寿命 1 千岁	【哈萨克族】
W0659. 2. 20	汉族神话中的祖先（始祖、人祖、先人）	
W0659. 2. 20. 1	始祖盘古	【汉族】
W0659. 2. 20. 2	始祖伏羲	【汉族】 *［W0675］伏羲
W0659. 2. 20. 3	始祖女娲	【汉族】
W0659. 2. 20. 4	始祖伏羲女娲（伏羲女娲是人祖）	【汉族】
W0659. 2. 20. 4. 1	天下人都是伏羲女娲的子孙	【汉族】
W0659. 2. 20. 4. 2	伏羲女娲是人的老祖先	【汉族】
W0659. 2. 20. 5	始祖黄帝	【汉族】
W0659. 2. 20. 6	始祖炎帝	【汉族】
W0659. 2. 20. 7	始祖颛顼	【汉族】
W0659. 2. 20. 8	始祖帝喾	【汉族】
W0659. 2. 20. 9	始祖尧	【汉族】
W0659. 2. 20. 10	始祖舜	【汉族】
W0659. 2. 20. 11	始祖禹	【汉族】

W 编码	母题描述	关联项
W0659.2.20.12	人类始祖肢	【汉族】
W0659.2.20.13	祖先洪钧老祖	
W0659.2.20.13.1	洪钧老祖是人的祖宗的祖宗	【汉族】
W0659.2.21	赫哲族神话中的祖先（始祖、人祖、先人）	
W0659.2.22	回族神话中的祖先（始祖、人祖、先人）	
W0659.2.23	基诺族神话中的祖先（始祖、人祖、先人）	
W0659.2.23.1	女祖先尧白	【基诺族】
W0659.2.23.1a	女始祖丕嫫	
W0659.2.23.1a.1	女始祖丕嫫是主管人生的最高神	【基诺族】
W0659.2.23.2	祖先雪	【基诺族】
W0659.2.23.2.1	老祖父雪不知父亲	【基诺族】
W0659.2.23.2.2	老祖父雪是建寨的始祖	【基诺族】
W0659.2.23.2.3	老祖父雪魁伟英武，力大无穷	【基诺族】
W0659.2.23.3	祖父不拉子	【基诺族】 ＊［W0646.2.1.1］英雄不拉子立功被称为“阿普”（祖父）
W0659.2.24	京族神话中的祖先（始祖、人祖、先人）	
W0659.2.25	景颇族神话中的祖先（始祖、人祖、先人）	
W0659.2.25.1	人祖彭干支伦和木占外顺	【景颇族】
W0659.2.26	柯尔克孜族神话中的祖先（始祖、人祖、先人）	
W0659.2.26.1	人类最早祖先阿达姆与阿瓦	【柯尔克孜族】 ＊［W0644.2.1.2］真主人祖阿达姆与阿瓦
W0659.2.27	拉祜族神话中的祖先（始祖、人祖、先人）	

W 编码	母题描述	关联项
W0659. 2. 27. 1	祖先厄莎	【拉祜族】 * ［W0659. 1. 5. 1］父母神厄莎
W0659. 2. 28	黎族神话中的祖先（始祖、人祖、先人）	
W0659. 2. 28. 1	黎族的始祖黎母	【黎族】 * ［W0645. 3. 1. 1］蛇卵孵出女始祖黎母
W0659. 2. 29	傈僳族神话中的祖先（始祖、人祖、先人）	
W0659. 2. 29. 1	祖先神佘祖与麦祖	
W0659. 2. 29. 1. 1	问卜或祭祀必请佘祖与麦祖	【傈僳族】
W0659. 2. 29. 1. 2	虎氏族最早的祖先色腊坐和搭腊坐两兄弟	【傈僳族】
W0659. 2. 30	珞巴族神话中的祖先（始祖、人祖、先人）	
W0659. 2. 30. 1	珞巴族始祖阿巴达尼	【珞巴族】 * ［W0645. 2. 4. 1］神灵“禅图”生祖先阿巴达尼
W0659. 2. 30. 2	大地和天空婚生人的祖先阿巴达尼	【珞巴族】
W0659. 2. 31	满族神话中的祖先（始祖、人祖、先人）	
W0659. 2. 31. 1	祖先神穆昆达	【满族】
W0659. 2. 31. 2	祖先神撮哈占爷（长白山神）	【满族】 * ［W0109. 5. 1. 1］祖先神撮哈占爷骑火龙驹
W0659. 2. 31. 3	郭合乐哈拉第一代祖先神鄂多玛发（穆昆神）	【满族】
W0659. 2. 31. 4	女大萨满成为人类始母	【满族】 * ［W0648. 1. 5. 2. 1］洪水后的女大萨满成为人类始母神
W0659. 2. 31. 5	鹰首女神是第一代萨满和人类的始母神	【满族】
W0659. 2. 31. 5. 1	鹰首女神代敏格格	【满族】

W 编码	母题描述	关联项
W0659.2.32	毛南族神话中的祖先（始祖、人祖、先人）	
W0659.2.33	门巴族神话中的祖先（始祖、人祖、先人）	
W0659.2.34	蒙古族神话中的祖先（始祖、人祖、先人）	
W0659.2.34.1	蒙古族祖先是天女	【蒙古族】 * ［W0649.2.2.1］一个天女降到北方地区繁衍蒙古人
W0659.2.35	苗族神话中的祖先（始祖、人祖、先人）	
W0659.2.35.1	始祖伏羲女娲	【苗族】
W0659.2.35.2	始祖姜央	【苗族】 * ［W0659.1.3.1］始祖姜央有多种叫法
W0659.2.35.2.1	枫树生的蝴蝶生的卵孵出始祖姜央	【苗族】
W0659.2.35.2.2	姜央从东方来	【苗族】
W0659.2.35.2.3	姜央的二姐夫“黎”	【苗族】
W0659.2.35.3	女始祖波丽萍和男始祖岳利华	【苗族】 * ［W0658.1.1.1］天神赐始祖波丽萍和男始祖岳利华不死
W0659.2.35.4	祖先傩公傩母	【苗族】 * ［W0146］傩公傩母
W0659.2.35.5	人类祖先榜香猷	【苗族】
W0659.2.35.6	苗族始祖蝴蝶妈妈	
W0659.2.35.6.1	枫木树心生蝴蝶妈妈	【苗族】
W0659.2.35.6.2	祖神蝴蝶妈妈妹榜妹留	【苗族】 * ［W0122.5.6.1］最高祖神妹榜妹留
W0659.2.35.7	人类的老祖宗纳罗引勾	【苗族】
W0659.2.35.8	祖先东山老人和西山娘娘	【苗族】
W0659.2.35.9	人的祖先阿各林	【苗族】
W0659.2.35.10	祖先爸龙、德龙兄妹	【苗族】

W 编码	母题描述	关联项
W0659. 2. 35. 11	古时候祖先有 12 个	【苗族】
W0659. 2. 36	仫佬族神话中的祖先（始祖、人祖、先人）	
W0659. 2. 36. 1	人类的祖先伏羲兄妹	【仫佬族】
W0659. 2. 37	纳西族神话中的祖先（始祖、人祖、先人）	
W0659. 2. 37. 0	人类的祖先从陆神、色神一代起始	【纳西族】
W0659. 2. 37. 0a	第一代祖先美令东主	【纳西族】
W0659. 2. 37. 0a. 1	祖先美利东阿普是九层天上下凡人间的神人	【纳西族】
W0659. 2. 37. 0a. 2	祖先美利东阿普死后要回到天上	【纳西族】
W0659. 2. 37. 1	人祖利恩（人祖从忍利恩）	【纳西族】
W0659. 2. 37. 1. 1	崇仁利恩是第三代祖先	【纳西族】 ＊［W0657. 2. 2. 1］祖先利恩若有五兄弟和五姐妹
W0659. 2. 37. 1. 2	父亲色圣周盘和母亲巴抓普母交合生崇仁利恩	【纳西族】
W0659. 2. 37. 1a	祖先崇仁丽恩	【纳西族】
W0659. 2. 37. 1a. 1	海生人类祖先海史海古、海古美古、美古初初、初初慈禹、慈禹初居、初居具仁、具仁迹仁、迹仁崇仁、崇仁丽恩	【纳西族】
W0659. 2. 37. 1a. 2	丽恩以下的祖先有丽恩糯、糯本培、本培窝、窝高来、高来秋	【纳西族】
W0659. 2. 37. 2	女祖先昂姑咪阿斯	【纳西族（摩梭）】
W0659. 2. 37. 3	摩梭人祖先曹直鲁耶	【纳西族（摩梭）】
W0659. 2. 37. 4	祖先是天神牟里注阿普	【纳西族】
W0659. 2. 37. 5	祖先美利东	
W0659. 2. 37. 5. 1	美利东是第二代祖先	【纳西族】
W0659. 2. 37. 6	祖先高楞趣	【纳西族】
W0659. 2. 37. 7	纳西族有 14 代祖先	【纳西族】

W 编码	母题描述	关联项
W0659.2.37.7.1	纳西族14代祖先前六代祖先住在天上，后八代才住在人间	【纳西族】
W0659.2.37.8	7代人类祖先	
W0659.2.37.8.1	每仍初初、初初雌玉、雌玉初居、初居九仁、九仁姐生、姐生从忍、从忍利恩	【纳西族】
W0659.2.38	怒族神话中的祖先（始祖、人祖、先人）	
W0659.2.38.1	女祖先茂英充	【怒族】
W0659.2.38.1.1	蜂变成斗霍人的女始祖茂英充	【怒族】 *［W0654.2.1.2.1］蛇与蜂交配生女始祖
W0659.2.38.2	男祖先勒阐，女祖先齿阐	【怒族】
W0659.2.39	普米族神话中的祖先（始祖、人祖、先人）	
W0659.2.39.1	老祖先阿普和阿斯	【普米族】
W0659.2.39.2	始祖公牦牛和白母狼	【普米族】
W0659.2.40	羌族神话中的祖先（始祖、人祖、先人）	
W0659.2.40.1	始祖木姐珠和玉比娃	【羌族】
W0659.2.40.1.1	女始祖木姐珠	【羌族】 *［W0649.2.1］女始祖木姐珠是天神的女儿
W0659.2.40.2	创世始祖女神木吉卓	【羌族】
W0659.2.40.3	人类始祖蔡嘉宝	【羌族】 *［W0653.2.1.1］牧羊人蔡嘉宝选择居住地繁衍子孙被尊为人类始祖
W0659.2.40.4	羌族人祖先雅呷确呷·丹巴协惹	【羌族】 *［W0644.1.1.1］夫妻神索依迪朗造的第一个完整的人雅呷确呷·丹巴协惹是羌族人的祖先
W0659.2.40.5	男祖瓦奚比，女祖瓦奚米雅	【羌族】
W0659.2.40.6	祖先神莫初（历代祖先神莫初）	【羌族】

W 编码	母题描述	关联项
W0659. 2. 40. 7	男祖先神活叶依稀	【羌族】
W0659. 2. 40. 8	女祖先神迟依稀	【羌族】
W0659. 2. 41	撒拉族神话中的祖先（始祖、人祖、先人）	
W0659. 2. 42	畲族神话中的祖先（始祖、人祖、先人）	
W0659. 2. 42. 1	祖先高皇	【畲族】
W0659. 2. 43	水族神话中的祖先（始祖、人祖、先人）	
W0659. 2. 44	塔吉克族神话中的祖先（始祖、人祖、先人）	
W0659. 2. 45	塔塔尔族神话中的祖先（始祖、人祖、先人）	
W0659. 2. 46	土家族神话中的祖先（始祖、人祖、先人）	
W0659. 2. 46. 1	人类始神卵玉娘娘	【土家族】
W0659. 2. 46. 2	始祖神春巴妈帕	【土家族】 * ［W0477. 9. 7］生育神春巴妈帕
W0659. 2. 46. 3	人类始祖神咿罗娘娘	【土家族】
W0659. 2. 47	土族神话中的祖先（始祖、人祖、先人）	
W0659. 2. 48	佤族神话中的祖先（始祖、人祖、先人）	
W0659. 2. 48. 1	祖先阿依俄或格来旦	【佤族】
W0659. 2. 48. 2	始祖岩该冈木	【佤族（永不列部落）】 * ［W0653. 4. 1］始祖岩该冈木与天地共生
W0659. 2. 48. 3	女祖先安木拐（圣祖母拐）	【佤族】
W0659. 2. 48. 3. 1	安木拐是妈侬的三姑娘	【佤族】
W0659. 2. 48. 3. 2	安木拐是人类的第二位圣祖母	【佤族】
W0659. 2. 48. 4	圣祖母侬（圣祖母妈侬）	【佤族】

W 编码	母题描述	关联项
W0659.2.49	维吾尔族神话中的祖先（始祖、人祖、先人）	
W0659.2.49.1	祖先亚当	【维吾尔族】 ＊［W0644.1.4.1］女天神创造祖先亚当
W0659.2.49.2	人类始祖库马尔斯	【维吾尔族】
W0659.2.50	乌孜别克族神话中的祖先（始祖、人祖、先人）	
W0659.2.51	锡伯族神话中的祖先（始祖、人祖、先人）	
W0659.2.52	瑶族神话中的祖先（始祖、人祖、先人）	
W0659.2.52.1	始祖盘王（盘瓠王）	【瑶族】 ＊［W0729］盘瓠（盘皇）
W0659.2.52.2	女始祖密洛陀	【瑶族】
W0659.2.52.3	祖神果阿	【瑶族】
W0659.2.52.4	开天辟地的始祖发枚	【瑶族】
W0659.2.52.5	女祖先务告	【瑶族】
W0659.2.53	彝族神话中的祖先（始祖、人祖、先人）	
W0659.2.53.1	始祖伏羲女娲	【彝族】
W0659.2.53.2	祖宗阿文	【彝族（俚颇）】
W0659.2.53.3	祖神哲撒勒	【彝族】
W0659.2.53.4	祖先阿倮	
W0659.2.53.4.1	阿倮是天上生、地上长的神人	【彝族（聂苏）】
W0659.2.53.5	祖先普丕	【彝族】
W0659.2.53.6	先祖阿把佬	
W0659.2.53.6.1	阿把佬头大身细，会念咒语	【彝族】
W0659.2.53.7	母虎祖先涅罗摩	【彝族】
W0659.2.54	裕固族神话中的祖先（始祖、人祖、先人）	

W 编码	母题描述	关联项
W0659. 2. 55	藏族神话中的祖先（始祖、人祖、先人）	
W0659. 2. 55. 1	王朝先祖俄带贡甲	【藏族】
W0659. 2. 55. 2	祖先丈夫孜巴东虚才和三姐米堪玛尔	【藏族】 * [W0645. 2a. 1. 2] 三姐米堪玛尔和丈夫孜巴东虚才生的后代成为祖先
W0659. 2. 55. 3	人类最早的祖先阿加尼	【藏族】
W0659. 2. 56	壮族神话中的祖先（始祖、人祖、先人）	
W0659. 2. 56. 1	始祖伏羲女娲	【壮族】
W0659. 2. 56. 1a	伏依兄妹是始祖神	【壮族】 * [W0768. 10. 4. 1] 伏依兄妹是布伯的儿女
W0659. 2. 56. 2	女始祖姆洛甲（女始祖姆六甲）	【壮族】 * [W0705] 姆六甲
W0659. 2. 56. 3	男始祖布洛陀	【壮族】
W0659. 2. 56. 3. 1	始祖布洛陀和姆六甲	【民族，关联】①
W0659. 2. 56. 4	始祖神者弘	【壮族（侬人）】
W0659. 2. 56. 5	花婆王是始祖神	【壮族】
W0659. 2. 57	其他一些古代民族神话中的祖先（始祖、人祖、先人）	
W0659. 2. 57. 1	月亮仙女生的 8 个男孩和北斗七星生的 8 个女孩婚生鲜卑人的祖先	【锡伯族】
W0659. 2. 57. 2	古代鲜卑人的祖先天神源于太阳	【锡伯族】
W0659. 3	祖先的象征物（祖先的代表物，祖先神的象征）	
W0659. 3. 1	特定用品作为祖先的象征	
W0659. 3. 1. 1	火塘上的碗柜代表祖先神	【藏族（白马）】

① 【壮族】 * [W0643. 1. 2. 1] 布洛陀与母勒甲是上帝派到凡间的始祖；[W0657. 2a. 1. 1] 男始祖布洛陀与女始祖姆洛甲夫妻各有神通

W 编码	母题描述	关联项
W0659.3.2	自然物作为祖先的象征	
W0659.3.2.1	石头象征祖先	【藏族（尔苏）】
W0659.3.3	人造物作为祖先的象征	
W0659.3.3.1	神像代表祖先	【汉族】
W0659.3.3.2	羊毛线代表始祖神	【羌族】
W0659.3.4	祖先树	
W0659.3.4.1	每家有多棵祖先树	【彝族（摩察）】
W0659.3.5	石祖	【关联】①
W0659.3.5.1	每年三、五、七月祭石祖	【普米族】
W0659.3.6	祖先牌位	【羌族】
W0659.3a	祖先的替代物	
W0659.3a.1	寻找不到祖先青蛙时，取蟋蟀、野蛙代替	【壮族】
W0659.4	特定时期的祖先（祖先的辈次，祖先的谱系）	【关联】②
W0659.4.1	第一代祖先神（第1代祖先）	
W0659.4.1.1	俄玛天神是人的第一代祖先	【哈尼族】
W0659.4.1.2	特定姓氏的第一代祖先神	【满族】
W0659.4.2	第二代祖先神（第2代祖先）	【哈尼族】
W0659.4.2.1	敖鲁古雅鄂温克萨满的第二代祖神为1女1男，女的名为都尔库楞，男的叫阿尔卡兰	【鄂温克族】
W0659.4.3	第三代祖先神（第3代祖先）	
W0659.4.3.1	第三代先祖窝觉喜欢生育	【哈尼族】
W0659.4.4	第四代祖先神（第4代祖先）	
W0659.4.5	第五代祖先神（第5代祖先）	
W0659.4.6	第六代祖先神（第6代祖先）	
W0659.4.6.1	第六代先祖叫直乌	【哈尼族】
W0659.4.7	第七代祖先神（第7代祖先）	

① ［W0652.4］特定的石头是祖先；［W0903.6.3.1］坟墓上的石头代表祖灵

② ［W0657］祖先的关系；［W0974.2］神的辈次

W 编码	母题描述	关联项
W0659. 4. 7. 1	人的 7 代祖先	【纳西族】
W0659. 4. 8	第八代祖先神（第 8 代祖先）	
W0659. 4. 8. 1	第八代先祖阿培突玛	【哈尼族】
W0659. 4. 9	第九代祖先神（第 9 代祖先）	
W0659. 4. 10	其他各代祖先神	
W0659. 8. 10. 1	第 10 代祖先	
W0659. 5	祖先成仙	
W0659. 5. 1	祖先没有成仙	【侗族】 * ［W0801］仙的产生
W0659. 6	祖先出生的地方也是回归的地方	【佤族】
W0659. 7	祖先神偶	
W0659. 7. 1	祖先神偶的制作	
W0659. 7. 1. 1	用竹根做祖先神偶	【彝族】
W0659. 7. 2	祖先神偶的放置	
W0659. 7. 2. 1	祖先的神偶放神堂	【满族】
W0659. 8	祖先鬼	【关联】①
W0659. 8. 1	始祖鬼要杀水牛祭祀	【黎族】
W0659. 9	祭祀祖先（祭祀祖先神，祭祖，祖先的祭祀）	［W0659. 3. 5. 1］每年三、五、七月祭石祖
W0659. 9. 1	祖宗神是各家各户主要供祀的神	【壮族】
W0659. 9. 2	迎祖先（接祖先，接祖神）	【关联】②
W0659. 9. 2. 1	除夕接祖先回家	【汉族】
W0659. 9. 3	送祖先	
W0659. 9. 3. 1	七月十四日送祖	【彝族】
W0659. 9. 3. 2	把祖先送到澜沧江西岸老家	【傈僳族】 * ［W0903. 6. 2. 3］祖灵回故土
W0659. 9a	忘却祖先（忘记祖先）	
W0659. 9a. 1	人不知道祖辈三代的名字	【独龙族】
W0659. 9a. 2	人因忘记了祖先盘古而产生利害冲突	【汉族】

① ［W0835. 4a］祖先变成妖；［W0903. 2. 2］祖先鬼是恶鬼

② ［W0903. 6. 2］祖灵返乡（祖灵回家）；［W0911. 7. 7. ］接父魂

W 编码	母题描述	关联项
W0659.10	祖先的待遇	
W0659.10.1	不同辈次的祖先神待遇不同	
W0659.10.1.1	只有五代以后的祖先神受祭祀	【壮族】

0.6.4 巨人
【W0660 ~ W0669】

W 编码	母题描述	关联项
※W0660	巨人①	【汤普森】A133； ＊［W2810］身体高大的人
W0661	巨人的产生	【汤普森】①A1659.1；②F531.6.1
W0661.1	巨人来于某个地方或自然存在	
W0661.2	巨人是造出来的	
W0661.2.1	女娲造巨人	［W2065］女娲造人
W0661.2.1.1	女娲用泥造了2个巨人	【汉族】
W0661.2.2	神造巨人	
W0661.2.2.1	天神造巨人简剑祖	【普米族】
W0661.3	巨人是生育产生的	
W0661.3.1	神生巨人	
W0661.3.1.1	夫妻神生的第一个孩子是巨人	【羌族】
W0661.3.1.2	天上的神索依迪和地上的神索依朗婚生巨人	【羌族】
W0661.3.2	巨人生巨人	
W0661.3.2.1	男巨人生女巨人	【哈尼族】
W0661.3.3	石生巨人	

① 巨人，此处的巨人与人的体征母题类型的“身体很高大的人”侧重点稍有不同，这里更注重“神性”。具体情况参见《中国神话人物母题实例与索引》。

W 编码	母题描述	关联项
W0661. 3. 3. 1	青石裂开生巨人	【普米族】
W0661. 3. 4	混沌中生巨人	【民族，关联】①
W0661. 3. 5	树生巨人	［W2171］树生人
W0661. 3. 5. 1	树桠巴中爆出巨人坛嘎朋	【独龙族】
W0661. 3. 6	巨兽生巨人	【苗族】
W0661. 3. 6. 1	巨兽婚生巨人	【苗族】
W0661. 3. 7	卵生巨人	［W0725. 6. 7. 1. 1. 1］混沌卵生巨人远古
W0661. 3. 8	水生巨人	
W0661. 3. 8. 1	女天神让水生的水球中生巨人	【满族】
W0661. 3. 8. 2	水泡生 6 个巨人	【满族】
W0661. 3. 9	青蛙生巨人	
W0661. 3. 9. 1	造天地的青蛙生巨人	【哈尼族】
W0661. 3. 10	地生巨人	【拉祜族】
W0661. 3a	巨人是婚生的	
W0661. 3a. 1	神和人婚生巨人	【汤普森】F531. 6. 1. 1
W0661. 3a. 2	阳光与风姑娘婚生巨人	【傣族】
W0661. 4	巨人是变化产生的	［W0132. 1. 1. 1］神变形为巨人
W0661. 4. 1	石头变成巨人	
W0661. 4. 1. 1	洪水后一个石研变成巨人	【满族】
W0661. 4. 2	人变成巨人	
W0661. 4. 2. 1	人吃特定物变成巨人	
W0661. 4. 2. 1. 1	人吃龙珠变成巨人	【壮族】
W0661. 5	巨人产生的其他方式	
W0661. 5. 1	动物转世为巨人	【汤普森】F531. 6. 1. 8
W0661. 6	与巨人产生有关的其他母题	
W0661. 6. 1	巨人比祖先产生早	【苗族】
W0661. 6. 2	特定国家的人是巨人	［W5926］巨人国
W0661. 6. 2. 1	大秦国人长 10 丈	【汉族】
W0662	**巨人的体征**	【汤普森】F531. 1

① 【苗族】 * ［W0721. 3. 1］混沌生盘古；［W1057. 1］混沌（混沌卵）

W 编码	母题描述	关联项
W0662.1	男巨人	
W0662.1.1	男巨人叫布	【汉族】
W0662.2	女巨人	【汤普森】F531.0.4
W0662.2.1	女巨人叫都	【汉族】
W0662.2.2	女巨人姝六甲	
W0662.2.2.1	女巨人姝六甲叉开两腿蹬两座大山	【汉族】
W0662.2.3	女巨人阿嫫	
W0662.2.3.1	世界最早只有巨人阿嫫	【基诺族】
W0662.3	巨人的身高（巨人的身材，巨人身高惊人）	【汉族】
W0662.3.0	巨人身高万丈	［W0669.1.1.1］夸父身高万丈
W0662.3.1	巨人的身高 9 万尺	【彝族】
W0662.3.1a	巨人身高几十丈	
W0662.3.1a.1	龙伯国的巨人身高好几十丈	【汉族】
W0662.3.1a.2	巨人身长 10 丈	【汉族】
W0662.3.1b	巨人身长 2 千里	【汉族】
W0662.3.2	巨人天一样高	【汉族】
W0662.3.2.1	巨人身体天一样高，大地一半大	【拉祜族】
W0662.3.3	巨人身高像山	【哈萨克族】【拉祜族】
W0662.3.4	巨人伸手触天	
W0662.3.4.1	巨人能伸手抓云	【苗族】
W0662.3.4.2	巨人伸手能摸到天宫	【汉族】
W0662.3.4a	巨人跨步巨大	
W0662.3.4a.1	巨人一步跨山	【汉族】
W0662.3.4a.2	巨人一步跨七八里	【拉祜族】
W0662.3.5	与巨人身高有关的其他母题	
W0662.3.5.1	两千张蓑衣缝不成巨人的一个裤兜兜	【苗族】

W 编码	母题描述	关联项
W0662. 3. 5. 2	巨人的身影长 9 百里	【朝鲜族】
W0662. 4	巨人的四肢	
W0662. 4. 1	巨人的四肢像丘陵	【拉祜族】
W0662. 4. 2	巨人的大脚	【汉族】 * ［W0669. 1. 2. 3］防风氏的脚骨一根有七尺长
W0662. 4. 2. 1	巨人长着 8 节大柱脚	【苗族】
W0662. 4. 2. 2	巨人脚板两里多	【苗族】
W0662. 4. 2a	巨人的长腿	
W0662. 4. 2a. 1	巨人的九节腿是九座高山岭	【苗族】
W0662. 4. 3	巨人有巨大的拳头	
W0662. 4. 3. 1	巨人保根多挥拳像大山	【布依族】
W0662. 4. 4	巨人有八只手	【满族】
W0662. 4. 5	巨人有八双手臂	【苗族】
W0662. 4. 6	巨人的手脚上都长两只眼睛	【满族】
W0662. 5	巨人的生殖器	
W0662. 5. 1	巨人的阴茎很长	
W0662. 5. 1. 1	巨人唐达福人没到家阳具先进门	【高山族（布农）】
W0662. 5. 2	巨人的阴茎可做桥	【鄂温克族】
W0662. 5. 3	巨人的睾丸巨大	【高山族（布农）】
W0662. 5. 4	巨人的女阴可做网	【鄂温克族】
W0662. 6	巨人的其他特殊体征	
W0662. 6. 1	巨人半人半兽	【苗族】 * ［W0070. 3. 1］半人半兽的神
W0662. 6. 2	巨人的腰杆像钢一样硬	【苗族】
W0663	**巨人的其他特征**	
W0663. 0	巨人不吃不喝	【哈尼族】
W0663. 1	巨人饭量巨大	
W0663. 1. 1	巨人一餐吃掉很多动物	
W0663. 1. 1. 1	巨人一顿饭千头牛	
W0663. 1. 2	巨人一口吃下九篓鱼	【苗族】
W0663. 1. 3	巨人一餐饭要吃几石米	【拉祜族】

W 编码	母题描述	关联项
W0663.1.4	巨人一餐吃千担粮	【苗族】
W0663.2	巨人饮水海量	
W0663.2.1	巨人饮干江河	【汤普森】①A133.1；②F531.3.4.2；＊【民族，关联】①
W0663.2.1.1	巨人一口喝干半条河	【蒙古族】
W0663.2.1.2	巨人一口喝干整条河	【珞巴族】
W0663.2.2	巨人喝干海水	【汤普森】A928
W0663.3	吃人的巨人	【汤普森】G11.2；＊［W0839.5.1］吃人的妖魔
W0663.3.1	巨人是吃人恶魔	【汤普森】G304；＊［W0842］恶魔
W0663.4	巨人很大的步伐	【汤普森】①≈A133.2；②F531.3.5
W0663.4.1	巨人能跨二山	【高山族（布农）】
W0663.5	会飞的巨人	
W0663.5.1	巨人飞天汉是灵巧的水鸭	【苗族】
W0663.6	巨人力气巨大（巨人力大无穷）	
W0663.6.1	巨人力大能托天	【侗族】
W0663.6.2	巨人推到山	【汤普森】F626
W0663.6.2a	巨人能提起山	【蒙古族】
W0663.6.3	巨人搬运重物	【汤普森】≈F631
W0663.6.4	巨人拔树如葱	【拉祜族】
W0663.7	巨人的声音似雷	【民族，关联】②
W0663.7.1	巨人说话震得地动	【汉族】
W0663.7.2	巨人打鼻像老虎吼叫	【苗族】
W0663.7.3	巨人咳嗽像雷公劈山头	【苗族】
W0663.8	与巨人特征有关的其他母题	
W0663.8.1	巨人特征的变化	

① 【哈尼族】【汉族】 ＊［W0589.5.2］英雄喝干河水

② 【侗族】 ＊［W0084.2.2］神的声音如雷；［W0663.3.1］巨人是吃人恶魔；［W0722.4.1］盘古说话像打雷

W 编码	母题描述	关联项
W0663. 8. 1. 1	巨人身体的缩小	【汉族】
W0664	**巨人的身份**	
W0664. 1	巨人是神（神巨人）	［W0393. 3. 2］山神是巨人
W0664. 1. 1	巨人成为雷神	【布依族】
W0664. 1. 2	神巨人顾来亚	
W0664. 1. 2. 1	神巨人顾来亚造人	【布朗族】
W0664. 2	巨人是祖先	
W0664. 3. 1	巨人是诸神之祖	【满族】
W0664a	**巨人的职能**	
W0664b	**巨人的能力（巨人的行为，巨人的事迹）**	
W0664b. 1	巨人善战	
W0664b. 1. 1	巨人杀死巨兽	【怒族】
W0664b. 2	巨人的变化	
W0664b. 2. 1	巨人变矮	
W0664b. 2. 1. 1	天帝让巨人变矮	【汉族】
W0664b. 3	巨人能预知世事	
W0664b. 3. 1	巨人能从书上看出人类的生死	【哈萨克族】
W0664b. 4	巨人撒尿成河	
W0664b. 4. 1	布洛陀撒尿像山洪暴发，水涨千丈高	【壮族】
W0665	**巨人的关系**	【汤普森】F531. 6. 8
W0665. 1	巨人的父母	
W0665. 2	巨人兄弟	【汉族】 * ［W0669. 1. 2. 4］防风有九九八十一个弟兄
W0665. 2. 1	巨人兄弟俩哥哥善良，弟弟做恶	【布依族】
W0665. 2. 2	无忧无虑的巨人兄弟	【藏族】
W0665. 2. 3	巨人三兄弟	
W0665. 2. 3. 1	长狄兄弟三人身长百尺	【汉族】 * ［W0669. 1. 1］巨人长狄

W 编码	母题描述	关联项
W0665.2a	巨人兄妹	
W0665.2a.1	巨人纳得、阿依兄妹	【哈尼族】
W0665.3	巨人的子女	
W0665.3.1	巨人的儿子	【民族，关联】①
W0665.4	巨人夫妻	
W0665.4.1	女娲让造的 2 个巨人男女结为夫妻	【汉族】
W0665.5	巨人的朋友	
W0665.5.1	巨人是人的朋友	【汤普森】F531.5.1
W0665.6	巨人的对手	
W0665.7	巨人的谱系	
W0665.7.1	每个巨人前面都有一个巨人祖先	【苗族】
W0665.8	巨人的从属	
W0665.8.1	巨人是天神的侍从	【汤普森】A133.3
W0666	**巨人的寿命与死亡**	【汤普森】F531.6.4
W0666.1	长寿的巨人	【汤普森】F531.6.4.1
W0666.1.1	巨人 1 万 8 千岁	
W0666.2	不死的巨人	【汤普森】F531.6.4.3
W0666.3	巨人的死亡	
W0666.3.1	巨人中毒而死	
W0666.3.1.1	巨人中牛屎虫的角毒而死	【拉祜族】
W0666.3.2	巨人中箭而死	
W0666.3.3	巨人被害死	
W0666.3.3.1	巨人被天神害死	【怒族】
W0667	**巨人的生活**	
W0667.1	巨人的居所	【汤普森】F531.6.2
W0667.1.1	巨人住山上	【汤普森】F531.6.2.1
W0667.1a	巨人的服饰	
W0667.1b	巨人的食物	
W0667.2	巨人的工具	

① 【达斡尔族】【鄂伦春族】 * ［W0025.1］神是巨人的儿子

W 编码	母题描述	关联项
W0667. 2. 1	巨人的武器巨大无比	【汉族】
W0667. 2. 2	巨人的武器与生俱来	
W0667. 2. 3	巨人用大树做拐棍	【羌族】
W0667. 2. 4	巨人的弓箭	［W6976. 1］重量巨大的弓
W0667. 2. 4. 1	巨人的大弓 12 丈长	【壮族】
W0668	**巨人的类型**	
W0668. 1	独眼巨人	【汤普森】F531. 1. 1. 1； ＊【哈萨克族】
W0668. 1. 1	独眼巨人的用具	
W0668. 1. 1. 1	独眼巨人的高头大马	【鄂温克族】
W0668. 1. 2	独眼巨人的居所	
W0668. 1. 2. 1	独眼巨人住洞穴	【哈萨克族】
W0668. 1. 2. 2	独眼巨人在绝壁巅顶	【鄂温克族】
W0668. 1a	多眼巨人（多目巨人）	
W0668. 1a. 1	六眼巨人	【满族】
W0668. 2	长毛巨人	【毛南族】
W0668. 3	赤脚巨人	
W0668. 3. 1	赤脚巨人夭乌麦勒根身高如山	【蒙古族】
W0669	**与巨人有关的其他母题**	【汤普森】F531. 6； ＊【关联】①
W0669. 1	特定名称的巨人（巨人的名字）	【民族，关联】②
W0669. 1. 1	巨人长狄	
W0669. 1. 1. 1	长狄身横九亩	【汉族】 ＊［W0665. 2. 3. 1］长狄兄弟三人身长百尺
W0669. 1. 2	防风（防风氏）	
W0669. 1. 2. 0	洪水生防风	【汉族】
W0669. 1. 2. 1	巨人防风氏骨节专车	【汉族】
W0669. 1. 2. 1a	防风氏身长 3 丈	【汉族】

① ［W1103. 8］巨人开辟天地（巨人造天地）；［W1378. 3］巨人修补天地；［W1545. 2. 6a］巨人的眼睛变成日月；［W3047. 7. 2］巨兽；［W8738. 3］巨人战士；［W9125. 2］巨人是巫师

② 【布朗族】【彝族】 ＊［W0670. 4. 4］布洛陀是巨人；［W0701. 3. 1］夸父是巨人（巨人夸父）；［W0723. 2. 5］盘古是巨人；［W0725. 6. 7. 1. 1］远古是巨人；［W0768. 1. 1］高辛是巨人

W 编码	母题描述	关联项
W0669.1.2.1b	防风身高如山	【汉族】
W0669.1.2.2	防风太大难以杀死	【汉族】
W0669.1.2.3	防风氏的脚骨一根有七尺长	【汉族】
W0669.1.2.4	防风有九九八十一个弟兄	【汉族】
W0669.1.2.5	防风氏龙首牛耳，连眉一目	【汉族】
W0669.1.2.6	防风是汪芒氏之君	【汉族】
W0669.1.2.7	防风与玄龟是朋友	【汉族】
W0669.1.2a	巨人长脚拐	【汉族】
W0669.1.2b	赣巨人	
W0669.1.2b.1	南方赣巨人人面长唇，黑身有毛	【汉族】
W0669.1.3	巨人札努札别	【拉祜族】
W0669.1.3.1	扎努扎别身子有天一样高，地一般大	【拉祜族】
W0669.1.4	巨人阿黑西尼摩	【彝族】
W0669.1.5	巨人纳罗引勾	【苗族】
W0669.1.5a	巨人府方	【苗族】
W0669.1.5b	巨人黄虎	【苗族】
W0669.1.6	巨人简锦祖（巨人简剑祖）	【普米族】
W0669.1.6.1	巨人简剑祖有六种狗做助手	【普米族】
W0669.1.7	巨人张古和盘古	【侗族】
W0669.1.7.1	巨人保根多和保根本	【布依族】
W0669.1.7.1.1	巨人保根多和保根本兄弟性格迥异	【布依族】
W0669.1.8	宁姑（巨人）	【满族】
W0669.1.9	其他特定名称的巨人	
W0669.1.9.1	巨人德宁阳	【珞巴族】
W0669.1.9.2	巨人搓海玩海	【怒族】
W0669.1.10	与巨人的名称有关的其他母题	
W0669.1.10.1	大人	【汉族】
W0669.1a	无名巨人	【汉族】
W0669.2	巨人的特定身份	

W 编码	母题描述	关联项
W0669.2.1	巨人是文化英雄	【汤普森】A523
W0669.2.2	巨人是建造师	【汤普森】F531.6.6
W0669.3	巨人王国	[W5926] 巨人国
W0669.3.2	巨人之王	【汤普森】G156; * [W5030] 首领
W0669.4	巨人的致命弱点	

0.6.5 常见的典型神性人物[①]
【W0670～W0769】

W 编码	母题描述	关联项
W0670	**布洛陀**[②]	【壮族】
W0670.1	布洛陀的产生	
W0670.1.1	天降布洛陀	【壮族】
W0670.1.1.1	布洛陀与妻子姆六甲一起从天而降	
W0670.1.1.1.1	布洛陀与妻子姆六甲从天上降到敢壮山	【壮族】
W0670.1.1.2	布洛陀携妻子母洛甲下凡	【壮族】
W0670.1.2	感生布洛陀	
W0670.1.2.1	母亲感风生布洛陀	【壮族】
W0670.1.2.2	祖宜婆洗浴时感混沌的汗水生布洛陀	【壮族】
W0670.1.3	洞生布洛陀	

① 常见的典型神性人物，该类母题是一个集合概念，为便于查找和比较，此处包括了文化英雄、半神半人、文化祖先和部分宗教人物神等类型。由于神话表述的不规范性，在不同的神话中同一个名称可能表述着不同的文化含义，在此不做细分，所列举的母题也只是部分民族神话文本中一些常见的或具有代表性的个例。具体神性人物的事迹参见文化发明、射日等神话母题中的相应神性人物及《中国文化起源神话母题实例与索引》、《中国其他类型神话母题实例与索引》。

② 布洛陀，在不同的神话版本中常被译成不同文字，如“布洛朵”、“布碌陀”、“抱洛朵”等。

W 编码	母题描述	关联项
W0670.1.3.1	姆洛甲造的河流冲击岩石形成的山洞生布洛陀	【壮族】
W0670.1.4	卵生布洛陀	
W0670.1.4.1	布洛陀从大石蛋孵出	【壮族】 * [W0645.3.4.1] 大石蛋孵出男始祖布洛陀
W0670.1.4.2	布洛陀从石头蛋中爆出	【壮族】
W0670.1.5	特定的女子生布洛陀	
W0670.1.5.1	祖宜婆感生布洛陀	
W0670.1.5.1.1	布洛陀是祖宜婆7个儿子中的老五	【壮族】
W0670.1.5.2	姆洛甲生布洛陀	【壮族】
W0670.1.6	布洛陀神奇的出生	
W0670.1.6.1	布洛陀出生时亮光照亮天空	【壮族】
W0670.1.7	与布洛陀出生有关的其他母题	
W0670.1.7.1	布洛陀的生日	
W0670.1.7.1.1	布洛陀生日是农历二月十九	【壮族】
W0670.1.7.2	布洛陀出生时天有异象	
W0670.1.7.2.1	布洛陀出生时一道亮光照亮天空	【壮族】
W0670.1a	布洛陀的特征	
W0670.1a.1	布洛陀的体征	
W0670.1a.1.1	布洛陀的身材高大（布洛陀身材魁梧）	【壮族】
W0670.1a.1.1a	布洛陀鬓发斑白，满面红光	【壮族】
W0670.1a.1.2	布洛陀的阳具	
W0670.1a.1.2.1	布洛陀的阳具是巨石	【壮族】
W0670.1a.1.2.2	布洛陀的阳具横跨右江	【壮族】
W0670.1a.1.2.3	布洛陀生殖器巨大	【壮族】
W0670.1a.1.2.4	布洛陀的生殖器化成巨大的赶山鞭	【壮族】
W0670.2	布洛陀的本领（布洛陀的能力）	【壮族】 * [W1331.2.1] 布洛陀造天柱

W 编码	母题描述	关联项
W0670. 2. 1	布洛陀造万物	【壮族】
W0670. 2. 1. 1	布洛陀造天地人	【壮族】
W0670. 2. 2	布洛陀制定万物秩序	【壮族】
W0670. 2. 3	布洛陀有神力	【壮族】
W0670. 2. 3. 1	布洛陀能扛起顶天柱	【壮族】
W0670. 2. 3. 2	布洛陀的力量比雷公还大	【壮族】
W0670. 2. 3. 3	布洛陀显神力（布洛陀力大无穷）	
W0670. 2. 3. 3. 1	布洛陀能让搁浅的船通过沙滩	【壮族】
W0670. 2. 4	布洛陀懂兽语	
W0670. 2. 4. 1	布洛陀能与百兽对话	【壮族】
W0670. 2. 5	布洛陀能预言	
W0670. 2. 5. 1	布洛陀能预知未来	【壮族】
W0670. 2. 6	布洛陀能显灵	
W0670. 2. 7	布洛陀无所不晓（布洛陀无所不知，布洛陀无所不通）	【壮族】
W0670. 2. 7. 1	布洛陀知晓三界的事情	【壮族】
W0670. 2. 8	布洛陀会腾云驾雾	【壮族】
W0670. 2. 9	布洛陀会变化	［W0654. 3. 4. 3. 1］祖先布洛陀的阳具化鞭
W0670. 3	布洛陀的行为（布洛陀的事迹）	
W0670. 3. 1	布洛陀下凡	
W0670. 3. 1. 1	布洛陀打开天门下凡	【壮族】
W0670. 3. 2	布洛陀撒尿成河	【壮族】
W0670. 4	布洛陀的身份（布洛陀的职能）	
W0670. 4. 1	布洛陀是造物主	【壮族】
W0670. 4. 2	布洛陀是老人	
W0670. 4. 2. 1	布洛陀是智慧老人	【壮族】
W0670. 4. 2. 2	布洛陀是不死的老人	【壮族】
W0670. 4. 3	布洛陀是神	【壮族】
W0670. 4. 3. 1	布洛陀是创世神	

W 编码	母题描述	关联项
W0670.4.3.2	布洛陀是地神	【壮族】
W0670.4.3.3	布洛陀是神主	【壮族】
W0670.4.3.3.1	布洛陀因生人之功被尊为神主	【壮族】
W0670.4.3.4	布洛陀是圣神	【壮族】
W0670.4.4	布洛陀是巨人	
W0670.4.4.1	布洛陀是男性巨人	【壮族】
W0670.4.5	布洛陀是始祖	【壮族】
W0670.4.5.1	布洛陀与姆六甲是凡人世界的始祖	【壮族】
W0670.4.5.2	布洛陀是始祖神	【壮族】
W0670.4.6	布洛陀是神人	
W0670.4.6.1	布洛陀是地上的神人	【壮族】
W0670.4.7	布洛陀是王	
W0670.4.7.1	布洛陀是人王	【壮族】
W0670.4.7.2	布洛陀管中界之王	【壮族】
W0670.4.7.3	布洛陀是壮族三王之一	【壮族】
W0670.4.8	布洛陀是圣人	【壮族】
W0670.4.9	布洛陀是万物生死的主宰者	【壮族】
W0670.4.9.1	布洛陀掌管万物生死大权	【壮族】
W0670.4.10	布洛陀是制造者	［W1704.4.1］男始祖布洛陀造星星
W0670.4.10.1	布洛陀是鬼神制造者	【壮族】
W0670.4.11	布洛陀是管理者	
W0670.4.11.1	布洛陀管人间	【壮族】
W0670.4.11.2	布洛陀管中界	【壮族】
W0670.4.12	布洛陀是智者	【壮族】 *［0670.4.2.1］洛陀是智慧老人
W0670.5	布洛陀的关系	
W0670.5.1	布洛陀的母亲	【壮族】
W0670.5.1.1	布洛陀的母亲姆六甲	【壮族】 *［W0705］姆六甲
W0670.5.2	布洛陀的妻子	

W 编码	母题描述	关联项
W0670. 5. 2. 1	布洛陀与姆六甲是夫妻	【壮族】
W0670. 5. 2. 2	布洛陀的老婆母勒甲	【壮族】
W0670. 5. 2. 3	布洛陀的妻子花婆王	【壮族】 * [W0659. 2. 56. 5] 婆王是始祖神
W0670. 5. 3	布洛陀的子女	
W0670. 5. 3. 1	布洛陀有 5 个孩子	【壮族】
W0670. 5. 3. 2	布碌陀的儿子	
W0670. 5. 3. 2. 1	布碌陀的儿子甘歌	【壮族】
W0670. 5. 4	布洛陀的兄弟	
W0670. 5. 4. 1	布洛陀兄弟 7 人	【壮族】
W0670. 5. 4. 2	布洛陀四兄弟	
W0670. 5. 4. 2. 1	布洛陀与雷王、蛟龙和老虎是四兄弟	【壮族】
W0670. 5. 5	布洛陀的亲戚	
W0670. 5. 5. 1	野猪称布洛陀为姐夫	【壮族】
W0670. 5. 6	布洛陀的朋友	
W0670. 5. 7	布洛陀的随从	
W0670. 5. 7. 1	布洛陀有老虎结伴随行	【壮族】
W0670. 5. 8	布洛陀的其他关系	
W0670. 5. 8. 1	布洛陀的岳母	
W0670. 5. 8. 1. 1	布洛陀的岳母在天界	【壮族】
W0670. 6	与布洛陀有关的其他母题	
W0670. 6. 1	布洛陀的名称①	【壮族】
W0670. 6. 1. 1	布洛朵	【壮族】
W0670. 6. 1. 2	黼洛陀	【壮族】
W0670. 6. 1. 3	布碌陀	【壮族】
W0670. 6. 1. 4	抱洛朵	【壮族】

① 布洛陀的名称，由于神话文本与异文的丰富性，造成“布洛陀”汉语记音有多种写法。在此作为母题列举出来，以便于对不同文本的检索。

W 编码	母题描述	关联项
W0670.6.1.5	保洛陀	【壮族】
W0670.6.1.6	布罗托	【壮族】
W0670.6.1.7	陆陀公公（陆驮公公）	【壮族】
W0670.6.1.8	波落多	【壮族】
W0670.6.2	布洛陀的工具	
W0670.6.2.1	布洛陀的神斧	【壮族】
W0670.6.2.1.1	布洛陀的大板斧是为人类造福的神斧	【壮族】
W0670.6.3	布洛陀的性格	
W0670.6.3.1	布洛陀善听民意	【壮族】
W0670.6.4	布洛陀的居所	
W0670.6.4.1	布洛陀住水中	【壮族】
W0670.6.4.1.1	布洛陀住红水河深处	【壮族】
W0670.6.4.2	布洛陀住岩洞（布洛陀住坎拉）	【壮族】
W0670.6.4.3	布洛陀住天上	【壮族】
W0670.6.4.3.1	布洛陀造人后回到天上	【壮族】
W0670.6.4.3.2	布洛陀造天地和人以后在天上安家	【壮族】
W0670.6.4.4	布洛陀居山上	
W0670.6.4.4.1	布洛陀居洛陀山（布洛陀住碌陀山）	【壮族】
W0670.6.4.4.2	布洛陀居敢壮山	【壮族】
W0670.6.5	布洛陀的寿命	
W0670.6.5.1	布洛陀不死	【壮族】
W0670.6.6	布洛陀的死亡	
W0670.6.6.1	布洛陀劳累而死	
W0670.6.6.2	布洛陀被石头砸死	【壮族】 ＊［W0658.4.1.6.1］男始祖布洛陀被落石砸死
W0670.6.6.3	布洛陀与年轻人比本领时死亡	【壮族】
W0670.6.7	祭祀布洛陀	

W 编码	母题描述	关联项
W0670. 6. 7. 1	长青树下祭祀布洛陀	【壮族】
W0671	**嫦娥**	
W0671. 1	嫦娥的产生	
W0671. 1. 1	一个女子变成嫦娥	
W0671. 1. 1. 1	一个媳妇吃了灵芝草飞到月亮中成为嫦娥	【蒙古族】
W0671. 2	嫦娥的特征	
W0671. 2. 1	嫦娥很美	
W0671. 2. 1. 1	嫦娥是天下最美的姑娘	【汉族】
W0671. 2. 1. 2	嫦娥是人间最漂亮的女人	【汉族】
W0671. 2. 1a	嫦娥才貌超群	【汉族】
W0671. 2. 2	嫦娥心灵美	【汉族】
W0671. 2. 3	嫦娥心胸狭隘	【汉族】
W0671. 2. 3. 1	抱怨和责怪丈夫羿无能	【汉族】
W0671. 2. 3a	嫦娥自私自利	
W0671. 2. 3a. 1	嫦娥只考虑自己不顾丈夫	【汉族】
W0671. 2. 3a. 2	嫦娥不顾丈夫独吞仙药升天	【汉族】
W0671. 2. 4	嫦娥多情	
W0671. 2. 4. 1	嫦娥爱慕英俊魁梧的吴刚	【汉族】
W0671. 2. 5	嫦娥嘴馋	【汉族】
W0671. 2. 5. 1	嫦娥向丈夫羿闹着要吃金乌肉	【汉族】
W0671. 2. 6	嫦娥聪明伶俐	【汉族】
W0671. 2. 7	嫦娥贪图享乐	
W0671. 2. 7. 1	嫦娥总是幻想能过上天堂生活	【汉族】
W0671. 2. 8	嫦娥勤劳	【汉族】
W0671. 3	嫦娥的身份	
W0671. 3. 0	嫦娥是神（嫦娥是神性人物）	
W0671. 3. 0. 1	嫦娥是月精	
W0671. 3. 0. 1. 1	嫦娥入月中成为月精	【汉族】
W0671. 3. 0. 2	嫦娥代表月神	【汉族】
W0671. 3. 0. 3	嫦娥以前是天上的女神	【汉族】

W 编码	母题描述	关联项
W0671.3.1	嫦娥是侍从	
W0671.3.1.1	嫦娥是王母娘娘的侍从	【汉族】 * ［W0703.3］嫘祖是王母娘娘的侍女
W0671.3.2	嫦娥是王妃	
W0671.3.2.1	嫦娥是帝王侯吉的妃子	【汉族】
W0671.3.3	嫦娥是动物	
W0671.3.3.1	嫦娥托胎为蟾蜍	【汉族】
W0671.3.3.2	嫦娥托身于月成为蟾蜍月精	【汉族】
W0671.3.3.3	嫦娥化身蟾蜍	【汉族】
W0671.3.4	嫦娥是凡女	
W0671.3.4.1	嫦娥原来是人间一个俊俏闺女	【汉族】
W0671.3.5	嫦娥是神仙（嫦娥是仙）	【汉族】
W0671.3.5.1	嫦娥偷吃不死药成仙	【汉族】
W0671.3.5.2	嫦娥偷吃王母娘娘的灵芝草成仙	【汉族】
W0671.3.5.3	嫦娥是月中仙子	【汉族】
W0671.3.5.4	嫦娥是天仙	【汉族】
W0671.4	嫦娥的能力	
W0671.4.1	嫦娥会飞	
W0671.4.1.1	嫦娥展翅飞翔	【汉族】
W0671.4.2	嫦娥会变化	
W0671.4.2.1	嫦娥变成蟾蜍	【汉族】
W0671.4.2.1.1	嫦娥到月亮后变成蟾蜍	【汉族】
W0671.4.2.1.2	嫦娥偷吃仙药变成癞蛤蟆	【汉族】
W0671.4.2.2	嫦娥化身老太婆	
W0671.4.2.2.1	月中嫦娥变成老太太到人间考察人心	【满族】
W0671.5	嫦娥的事迹（嫦娥的生活，嫦娥的经历）	
W0671.5.1	嫦娥奔月	【汉族】 * ［W1437.5.1.2］嫦娥吃不死药后升天

W 编码	母题描述	关联项
W0671. 5. 1. 1	嫦娥怕落到恶人之手吃仙药后奔月	【汉族】
W0671. 5. 1. 1a	嫦娥为了替丈夫解难吃神药后奔月	【汉族】
W0671. 5. 1. 2	嫦娥因私心偷吃药后奔月	【汉族】
W0671. 5. 1. 2a	嫦娥因馋嘴吃了仙药后奔月	【汉族】 ＊［W0671. 2. 5］嫦娥嘴馋
W0671. 5. 1. 2b	嫦娥偷吃不死药后奔月	【汉族】
W0671. 5. 1. 3	嫦娥处于好奇吃药奔月	【汉族】
W0671. 5. 1. 4	嫦娥为了与丈夫决裂吃药奔月	【汉族】
W0671. 5. 1. 5	嫦娥为了不让丈夫作恶吃药奔月	【汉族】
W0671. 5. 1. 5. 1	嫦娥为了不让丈夫篡位吃药奔月	【汉族】
W0671. 5. 1. 6	嫦娥吃了特定的植物飞到月宫	【汉族】
W0671. 5. 1. 6. 1	嫦娥吃了家里的草药飞到月宫	【汉族】
W0671. 5. 1. 6. 2	嫦娥吃了白兔送来的花朵飞到月宫	【汉族】
W0671. 5. 1. 6. 3	嫦娥吃仙桃飞到月宫	【汉族】
W0671. 5. 1. 7	嫦娥奔月不能返回	【汉族】
W0671. 5. 1. 8	嫦娥奔月后伤心不已	【汉族】
W0671. 5. 1. 9	嫦娥奔月害苦丈夫	【汉族】
W0671. 5. 1. 10	嫦娥八月十五日升天到月宫	【汉族】
W0671. 5. 1. 11	嫦娥生出翅膀后奔向月宫	【汉族】
W0671. 5. 2	嫦娥下凡	【汉族】
W0671. 5. 2. 1	嫦娥随丈夫下凡	
W0671. 5. 2. 1. 1	嫦娥随丈夫舜下凡	【汉族】
W0671. 5. 2. 1. 2	嫦娥随丈夫羿下凡	【汉族】
W0671. 5. 2. 2	嫦娥随被贬的丈夫后羿下凡	【汉族】
W0671. 5. 2. 3	嫦娥下凡不归	
W0671. 5. 2. 3. 1	嫦娥仙子迷恋人间美景下凡不归	【汉族】
W0671. 5. 3	嫦娥被冤枉	【汉族】
W0671. 5. 3. 1	嫦娥为救人偷吃仙药被误解	【汉族】

W 编码	母题描述	关联项
W0671.5.4	嫦娥偷灵药	【汉族】
W0671.5.4.1	嫦娥因贪玩偷吃仙药	【汉族】
W0671.5.4.2	嫦娥嘴馋偷吃丈夫后羿的灵药	【汉族】 *［W0671.5.1.2a］嫦娥因馋嘴吃了仙药后奔月
W0671.5.5	嫦娥捣药	
W0671.5.5.1	月中嫦娥不停捣药	【汉族】
W0671.5.6	嫦娥的服饰	
W0671.5.7	嫦娥的饮食	
W0671.5.8	嫦娥的居所	
W0671.5.8.1	嫦娥居月亮中	【白族（那马）】
W0671.5.8.1.1	太白金星把嫦娥安排到月亮上	【汉族】
W0671.5.8.2	嫦娥居月宫（嫦娥住广寒宫）	【汉族】 *［W1696］月宫（广寒宫）
W0671.5.8.2.1	嫦娥打赌输了留在月宫上看树	【汉族】
W0671.5.8.2.2	嫦娥为救人类留在月宫	【汉族】
W0671.5.8.2.3	嫦娥因羞见天神去了月宫	【汉族】
W0671.5.8.3	嫦娥住洛水	【汉族】
W0671.6	嫦娥的用具（嫦娥的玩伴）	
W0671.6.1	嫦娥的玉兔	【关联】①
W0671.6.1.1	嫦娥带到天上的兔子成为玉兔	【蒙古族】
W0671.6.1.2	玉皇大帝派玉兔与嫦娥做伴	【汉族】
W0671.6.1a	嫦娥的白兔	
W0671.6.1a.1	月宫中白兔陪伴嫦娥	【汉族】
W0671.6.1a.1.1	嫦娥奔月时带了只小白兔	【汉族】
W0671.6.2	嫦娥的蟾蜍	
W0671.6.2.1	嫦娥的丈夫羿被变成又脏又丑的癞蛤	【汉族】 *［W0671.3.3.3］嫦娥化身蟾蜍
W0671.7	嫦娥的关系	
W0671.7.1	嫦娥的祖辈	
W0671.7.1.1	嫦娥是王母娘娘的外孙女	【汉族】

①［W1696.2.2］玉兔住月宫；［W4194.1］月亮中的玉兔

W 编码	母题描述	关联项
W0671.7.2	嫦娥的父母	
W0671.7.2.1	嫦娥的父母是老百姓	【汉族】
W0671.7.3	嫦娥的丈夫	
W0671.7.3.0	嫦娥的丈夫羿	【汉族】
W0671.7.3.1	嫦娥的丈夫后羿	【汉族】 * [W0749.4.1.1] 后羿的妻子嫦娥
W0671.7.3.1.1	嫦娥与后羿是恩爱夫妻	【汉族】
W0671.7.3.1.2	嫦娥下凡嫁后羿	【汉族】
W0671.7.3.2	嫦娥的丈夫孙经武	
W0671.7.3.2.1	嫦娥的丈夫孙经武手拿太阳	【白族】
W0671.7.3.3	嫦娥的丈夫舜	【汉族】
W0671.7.3.4	嫦娥的丈夫吴刚	【汉族】
W0671.7.4	嫦娥的恋人	
W0671.7.4.1	嫦娥与吴刚相好	【汉族】
W0671.7.4.2	嫦娥与吴刚是情人	【汉族】
W0671.7.4.3	嫦娥与月生是恋人	【汉族】
W0671.8	与嫦娥有关的其他母题	【民族，关联】①
W0671.8.1	嫦娥的名称	
W0671.8.1.1	嫦娥即姮娥	【汉族】
W0671.8.1.2	嫦娥又称药奶奶	【汉族】
W0671.8.1.3	嫦娥即宓妃	【关联】②
W0671.8.1.3.1	后羿为妻子宓妃改名嫦娥	【汉族】
W0671.8.1.4	嫦娥又称常仪	【民族，关联】③
W0671.8.1.5	嫦娥又作常羲	【汉族】
W0671.8.1.6	嫦娥又称虚上夫人	【汉族】
W0671.8.1.7	嫦娥又称素娥	【汉族】

① 【白族】 * [W0284.2.2] 嫦娥是月精；[W0739.4.4.3] 舜的妻子嫦娥；[W0749.4.1.1] 后羿的妻子嫦娥；[W4165] 月亮中的影子

② [W0405.5a.1] 洛水神宓妃；[W0680.5.3.2] 伏羲的女儿宓妃（伏羲氏的女儿宓妃）；[W0715.9.2] 女娲的女儿宓妃；[W0749.4.1.3] 后羿的妻子宓妃

③ 【汉族】 * [W0768.1.6.2a.1] 帝喾有元妃姜嫄、次妃简狄、庆都和常仪；[W0768.1.6.2a.1.3] 常仪

W 编码	母题描述	关联项
W0671.8.1.8	嫦娥又作常娥	【汉族】
W0671.8.1.9	嫦娥仙子	【汉族】
W0671.8.2	吴刚	
W0671.8.2.1	吴刚的妻子嫦娥	【汉族】
W0671.8.2.1a	嫦娥把后羿带到天上婚后后羿改名叫吴刚	【汉族】
W0671.8.2.1b	吴刚是嫦娥的佣人	【汉族】
W0671.8.2.2	吴刚月中受罚	【汉族】 * [W0201a.1.3.1] 吴刚是有罪的天神
W0671.8.2.2.1	吴刚贬到月宫	【汉族】
W0671.8.2.3	吴刚的妻子丽娥	【汉族】
W0671.8.2.4	吴刚司管月宫	【汉族】
W0671.8.2.5	吴刚列入仙班（仙人吴刚）	【汉族】
W0671.8.2.6	吴刚是玉皇大帝女儿的仙师	【汉族】
W0671.8.2.7	吴刚是西河人	【汉族】
W0671.8.2.8	吴刚是牧龙人	【汉族】
W0671.8.2.9	吴刚是月宫的守护者	【汉族】
W0671.8.2.9.0	吴刚月中伐桂	【民族，关联】①
W0671.8.2.9.1	吴刚在月亮上砍发财树	【汉族】
W0671.8.2.9.2	吴刚因贪心留在月亮上	【汉族】
W0671.8.2.9.3	吴刚因偷情被贬月宫	【汉族】
W0671.8.2.10	吴刚是天将	【汉族】
W0671.8.2.11	吴刚刁钻	【汉族】
W0671.8.2.12	吴刚是个懒汉	【汉族】
W0671a	**常羲**	
W0671a.1	常羲的产生	
W0671a.2	常羲的特征	
W0671a.3	常羲的身份（常羲的职能）	
W0671a.3.1	常羲是月神	

① 【汉族】 * [W4167.2] 月亮中的影子是吴刚和桂树；[W4182.1] 吴刚伐桂

W 编码	母题描述	关联项
W0671a. 3. 2	常羲是生月亮的女神	【汉族】
W0671a. 4	常羲的生活	
W0671a. 5	常羲的关系	
W0671a. 5. 1	常羲的父母	
W0671a. 5. 2	常羲的丈夫	
W0671a. 5. 2. 1	常羲是帝俊的妻子	
W0671a. 5. 2. 2	常羲是与羲和同为帝俊之妻	【汉族】 * ［W0752. 3. 2］羲和是帝俊的妻子
W0671a. 5. 3	常羲的子女	
W0671a. 5. 3. 1	常羲的月亮女儿	
W0671a. 6	与常羲的有关的其他母题	
W0671a. 6. 1	常羲的名称	［W0671. 8. 1. 5］嫦娥又作常羲
W0672	**蚩尤**	
W0672. 1	蚩尤的产生	
W0672. 1. 1	蚩尤天降	【汉族】
W0672. 1. 1. 1	蚩尤是天上黑牛星下凡	【汉族】 * ［W0285. 6. 5］牛星神
W0672. 1. 1. 2	蚩尤是东方岁星下凡	【汉族】
W0672. 1. 2	蚩尤是炎帝的后代	【汉族】
W0672. 1. 2a	蚩尤是神农的后裔	【苗族】
W0672. 1. 3	特定人物婚生蚩尤	【汉族】
W0672. 1. 3. 1	天上太阴神与玉皇大帝的宫女婚生蚩尤	【汉族】 * ［W0278a］太阴神
W0672. 1. 4	与蚩尤的产生有关的其他母题	
W0672. 1. 4. 1	蚩尤出自羊水	【汉族】
W0672. 1. 4. 2	蚩尤和黄帝同时代	【汉族】
W0672. 2	蚩尤的特征	
W0672. 2. 0	蚩尤的身材	
W0672. 2. 0. 1	蚩尤身长 9 尺有余	【汉族】
W0672. 2. 0. 2	蚩尤虎背熊腰	【汉族】
W0672. 2. 0. 3	蚩尤身高 1 丈、脸色黝黑	【汉族】

W 编码	母题描述	关联项
W0672.2.1	蚩尤铜头铁臂	【汉族】
W0672.2.1a	蚩尤铜头铁额	【汉族】
W0672.2.1b	蚩尤铜头	【汉族】
W0672.2.2	蚩尤有多个手足	【民族，关联】①
W0672.2.3	蚩尤四目六手	【汉族】
W0672.2.4	蚩尤半人半兽	【汉族】
W0672.2.4.1	蚩尤人身牛蹄	【汉族】
W0672.2.4.1.1	蚩尤族人身牛蹄	【蚩尤族】
W0672.2.4.2	蚩尤兽身人语	【汉族】
W0672.2.4.3	蚩尤兽身人面	【汉族】
W0672.2.5	蚩尤头上长角	【民族，关联】②
W0672.2.5.1	蚩尤长着犄角	【汉族】
W0672.2.5.2	蚩尤生有锋利的触角	【汉族】
W0672.2.6	蚩尤八肱八趾疏首	【汉族】
W0672.2.7	蚩尤像条虫	【汉族】
W0672.2.8	蚩尤狰狞丑陋	
W0672.2.8.1	蚩尤是人，但脸似黑炭团，脸上长肉瘤，左腿短，没脚，右腿长，脚往上翘，狰狞丑陋	【汉族】
W0672.2.9	蚩尤生性暴戾	【汉族】
W0672.2.10	蚩尤十分凶野	【汉族】
W0672.2.11	蚩尤明乎天道	【汉族】
W0672.3	蚩尤的身份	
W0672.3.1	蚩尤是神	【苗族】 * [W0541.6.7.1] 枫神蚩尤
W0672.3.1.1	蚩尤是战神	【汉族】 * [W0494.6.4] 战神蚩尤
W0672.3.1.1.1	蚩尤是兵主	【汉族】
W0672.3.1.2	蚩尤是南方的恶神	【汉族】

① 【汉族】 * [W0080.3] 神长着多条腿；[W0924.2] 神鸟多足多翼

② 【汉族】 * [W0073.8] 神头上长角；[W0485.8] 药神头上长角；[W0733.3] 神农头上长角；[W0838.4.11] 妖魔头上长角

W 编码	母题描述	关联项
W0672.3.1.3	蚩尤是天符之神	【汉族】
W0672.3.1.4	蚩尤是天神	【汉族】
W0672.3.2	蚩尤是祖先	【苗族】【景颇族】
W0672.3.3	蚩尤是首领	
W0672.3.3.1	蚩尤是九黎的首领	【汉族】【苗族】
W0672.3.3.2	蚩尤是姜氏部落的首领	【汉族】
W0672.3.3.3	蚩尤是济水部落首领	【汉族】
W0672.4	蚩尤的能力	
W0672.4.1	蚩尤发明兵器	【汉族】 * ［W8741］武器的产生（获得）
W0672.4.1.1	蚩尤造立兵、杖、刀、戟、大弩	【汉族】
W0672.4.1.2	蚩尤作五兵	
W0672.4.1.2.1	蚩尤作戈、矛，戟、酋矛、夷矛	【汉族】
W0672.4.2	蚩尤会飞	【汉族】
W0672.4.3	蚩尤除病驱魔	
W0672.4.3.1	祭枫神蚩尤可除病驱魔	【苗族】
W0672.4.4	蚩尤会妖术（蚩尤会法术，蚩尤会魔法）	
W0672.4.4.1	蚩尤用妖术刮起阴风，飞沙走石	【汉族】
W0672.4.4.2	蚩尤会兴妖作怪	【汉族】
W0672.4.4.3	蚩尤念咒作法后变形	【汉族】
W0672.4.4.4	蚩尤会喷云吐雾	【汉族】
W0672.4.5	蚩尤变幻多端	【汉族】
W0672.5	蚩尤的生活	
W0672.5.1	蚩尤的服饰	
W0672.5.2	蚩尤的饮食	
W0672.5.2.1	蚩尤石头铁块当饭吃	【民族，关联】①
W0672.5.3	蚩尤的武器	
W0672.5.3.1	蚩尤的武器是石斧、棍棒	【汉族】

① 【汉族】 * ［W0093.3.6］神以石头为食；［W0589.4.1.1］文化英雄以铁为食

W 编码	母题描述	关联项
W0672.5.3.2	蚩尤的“雾母”（蚩尤的“雾幕”）	
W0672.5.3.2.1	蚩尤的“雾母”是能发出雾的袋子	【汉族】
W0672.5.4	蚩尤的用品	
W0672.5.4.1	蚩尤的手杖	
W0672.5.4.1.1	蚩尤的手杖化为枫木	【汉族】 *［W0701.4a.2.2.1］夸父的杖化为邓林
W0672.6	蚩尤的关系	
W0672.6.0	蚩尤的祖先	
W0672.6.0.1	蚩尤是炎帝的后裔	【民族，关联】①
W0672.6.0.2	蚩尤是炎帝的孙子	【汉族】
W0672.6.1	蚩尤的父母	
W0672.6.1.1	蚩尤的父母是太阴神和玉帝的宫女	
W0672.6.1.1.1	蚩尤是太阴神和玉帝的宫女婚生的81个儿子中的长子	【汉族】
W0672.6.1.2	蚩尤是炎帝的儿子	【汉族】
W0672.6.1.2.1	蚩尤是炎帝的大儿子	【汉族】
W0672.6.2	蚩尤的兄弟	
W0672.6.2.0	蚩尤有72个兄弟	【汉族】
W0672.6.2.0.1	蚩尤有78个兄弟	【汉族】
W0672.6.2.1	蚩尤有81个兄弟	【汉族】
W0672.6.2.1.1	蚩尤有81个兄弟长得凶神恶煞一般	【汉族】
W0672.6.2.1.2	蚩尤有81个兄弟人面兽身，头上两只角，脚腿像牛蹄，耳鬓如剑戟，吃沙石	【汉族】
W0672.6.2.1.3	蚩尤有81个兄弟兽身人面，铜头铁额	【汉族】

① 【汉族】 *［W0672.1.2a］蚩尤是神农的后裔；［W0701.6.0.1］夸父为炎帝的后代

W 编码	母题描述	关联项
W0672. 6. 2. 1. 4	蚩尤有 81 个兄弟长得高大魁梧，铜头铁额，头上长角，能抵死人	【汉族】
W0672. 6. 2. 2	蚩尤的兄弟铜头铁臂	【汉族】
W0672. 6. 3	蚩尤的子孙	
W0672. 6. 3. 1	景颇人是蚩尤的子孙	【景颇族】
W0672. 6. 4	蚩尤的上司	
W0672. 6. 4. 1	蚩尤是黄帝的臣下	【汉族】
W0672. 6. 4. 2	蚩尤是黄帝的属神	【汉族】
W0672. 6. 5	蚩尤的从属	
W0672. 6. 5. 1	蚩尤率魑魅魍魉	【汉族】
W0672. 6. 5. 1. 1	蚩尤氏帅魑魅	［W0907. 14. 4a］魑魅
W0672. 6. 5. 2	蚩尤的军师魑魅魍魉	【汉族】
W0672. 6. 5. 3	蚩尤的部下风伯雨师	【汉族】
W0672. 6. 5. 4	蚩尤的士兵	
W0672. 6. 5. 4. 1	蚩尤的士兵全是水性很好的南方人	【汉族】
W0672. 6. 6	蚩尤的朋友	
W0672. 6. 6. 1	蚩尤的朋友野人	【汉族】
W0672. 6. 7	蚩尤的老师	
W0672. 6. 7. 1	蚩尤拜六玄龙为师	【汉族】
W0672. 6. 8	蚩尤的帮助者（蚩尤作战时的帮助者）	
W0672. 6. 8. 1	岁星帮助蚩尤	【汉族】 *［W0672. 1. 1. 2］蚩尤是东方岁星下凡
W0672. 7	蚩尤的寿命与死亡	
W0672. 7. 1	蚩尤的死亡	【汉族】
W0672. 7. 1. 1	蚩尤被杀死	
W0672. 7. 1. 1. 1	黄帝杀死蚩尤	【汉族】
W0672. 7. 1. 1. 1. 1	黄帝杀死蚩尤于黎山之丘	【汉族】
W0672. 7. 1. 1. 2	陶正宁封杖杀蚩尤	【汉族】

W 编码	母题描述	关联项
W0672.8	蚩尤的经历	
W0672.8.1	蚩尤学艺	［W0598.1］文化英雄学艺
W0672.8.1.1	蚩尤学艺时神鸟相助	【苗族】
W0672.8.2	蚩尤南迁	【汉族】
W0672.8.3	蚩尤受封	
W0672.8.3.1	炎帝封蚩尤为姜氏部落的接替头人	【汉族】
W0672.9	蚩尤的居所	
W0672.9.1	蚩尤住黄河一带	
W0672.9.2	蚩尤住晋南	【汉族】
W0672.10	蚩尤的饮食	
W0672.10.1	蚩尤以石头为食	
W0672.10.1.1	蚩尤兄弟 78 人石头当食物	【汉族】
W0672.10.1.2	蚩尤兄弟 81 人瞰砂吞石	【汉族】
W0672.10.2	蚩尤以铁石为食（蚩尤食铁石）	【汉族】
W0672.10.2.1	蚩尤族以铁石为食	【苗族】
W0672.10.3	蚩尤吃人	【汉族】
W0672.11	与蚩尤有关的其他母题	【关联】①
W0672.11.1	蚩尤的名字（蚩尤名称，蚩尤名号）	
W0672.11.1.1	蚩尤姜姓	【汉族】
W0672.11.1.2	仓颉造出“蚩尤”二字	【汉族】
W0672.11.2	祭蚩尤	
W0672.11.2.1	十月祭祀蚩尤	【苗族】
W0672.11.3	蚩尤的遗迹（与蚩尤有关的风物）	
W0672.11.3.1	蚩尤血	
W0672.11.3.1.1	解州盐池红色是蚩尤血所染	【苗族】
W0672.11.3.2	蚩尤旗	

① ［W1250.2.3］蚩尤的身体化生土；［W6373.2］蚩尤崇拜；［W8806.3］黄帝战蚩尤

W 编码	母题描述	关联项
W0672.11.3.2.1	祭蚩尤时天上出现的赤气称蚩尤旗	【苗族】
W0672.11.3.2.2	蚩尤的青色蚩旗	【汉族】
W0672.11.3.2.3	蚩尤旗状若众植华以长，黄上白下	【汉族】
W0672.11.3.2.4	蚩尤旗预兆王者征伐	【汉族】
W0672.11.3.3	蚩尤冢	
W0672.11.3.3.1	蚩尤尸首冢	【汉族】
W0672.11.3.3.2	蚩尤衣冠冢	
W0672.11.3.3.3	蚩尤冢在寿张	【汉族】
W0672.11.3.4	蚩尤像	
W0672.11.3.4.1	黄帝画蚩尤象以威天下	【汉族】
W0672.11.3.5	蚩尤村	【汉族】
W0673	**二郎神**①	
W0673.1	二郎神的产生	
W0673.1.1	生育二郎神	
W0673.1.2	特定的人成为二郎神	
W0673.1.2.1	能干的两兄弟死后被天神封为二郎神	【羌族】
W0673.2	二郎神的特征	
W0673.2.1	二郎神3只眼	【汉族】 * [W0075.3.1] 三眼神
W0673.2.1.1	杨戳是三只眼的大汉	【汉族】
W0673.2.1.2	三眼神杨二郎	【汉族】
W0673.2.1a	二郎神面白微须三只眼	【汉族】
W0673.2.2	杨二郎力气大	
W0673.2.2.1	杨戳用一根荆条能把两个小山担起来	【汉族】 * [W0673.6.5.2] 杨二郎的扁担
W0673.2.3	二郎神是彪形大汉	【汉族】

① 二郎神，在一些神话传说或故事中又常称作“杨二郎”或其他姓氏的“二郎”，在道教或其他宗教神话中也很常见。

W 编码	母题描述	关联项
W0673.2.3.1	二郎神身材高得能摘星星	【汉族】
W0673.2.4	二郎神心善（好心的二郎神）	【汉族】
W0673.2.4.1	二郎神关心人间疾苦	【汉族】
W0673.2.5	二郎神是死心眼儿货	【汉族】
W0673.2.6	二郎神有动物体征	【汉族】 *［W0673.8.1.3.1］二郎神杨戬原形是虾蟆
W0673.3	二郎神的身份	
W0673.3.1	二郎神是天神	【汉族】
W0673.3.2	二郎神是大力神	【汉族】
W0673.3.3	二郎神是巨人	
W0673.3.3.1	二郎站起身体像座高山	【汉族】
W0673.3.4	二郎神是神仙	
W0673.3.4.1	玉皇大帝封杨二郎为神仙	【汉族】
W0673.3.4.2	杨二郎是天上的神仙	【汉族】
W0673.3.5	二郎神是法师	
W0673.3.5.1	二郎神是大法师的高徒	【汉族】
W0673.4	二郎神的能力（二郎神的职能）	【民族，关联】①
W0673.4.1	二郎神会变化	
W0673.4.1.1	二郎神能 72 变	【汉族】
W0673.4.1.2	二郎神变石人山	【汉族】
W0673.4.2	二郎神能治水妖水怪	【羌族】
W0673.4.3	二郎神填海移山	【汉族】
W0673.4.4	二郎杨戬司门天	【蒙古族】
W0673.4.5	二郎神力大无穷	
W0673.4.5.1	二郎神拔巨树作扁担	【汉族】
W0673.4.6	二郎神专管冰雹	【白族】
W0673.5	二郎神的事迹	
W0673.5.1	二郎担山逐日	【民族，关联】②

① ［W1835.4.3］二郎担山；［W1978.1.2.4］二郎神抠地成井

② 【汉族】 *［W9866.1］上帝与二郎神撵太阳；［W9867.2］二郎神担山追杀太阳

W 编码	母题描述	关联项
W0673.5.2	二郎担山填海	【汉族】 *［W9007.2］赶山填海
W0673.5.3	杨二郎下凡	
W0673.5.3.1	杨戬驾云到下界	【汉族】
W0673.5.3.2	杨二郎背着玉皇大帝和王母娘娘偷偷下凡	【汉族】
W0673.5.4	二郎神降妖	
W0673.5.4.1	尧派杨戬制服作孽的沃焦	【汉族】
W0673.5.4.2	二郎斩蛟	【汉族】
W0673.5.5	二郎神助人	
W0673.5.5.1	二郎神为愚公把山担走	【汉族】
W0673.6	二郎神的生活	
W0673.6.1	二郎神的服饰	
W0673.6.1.1	二郎神身披锁子甲黄金	【汉族】
W0673.6.1.2	二郎神头戴一顶三山帽	【汉族】
W0673.6.2	二郎神的食物	
W0673.6.3	二郎神的居所	
W0673.6.3.1	杨二郎住在灌口	【汉族】
W0673.6.3.2	二郎神居天上	【汉族】
W0673.6.4	二郎神的出行	
W0673.6.4.1	杨二郎驾云彩出行	【汉族】
W0673.6.5	二郎神的工具	
W0673.6.5.1	二郎手使金弓银弹子	【汉族】
W0673.6.5.2	杨二郎的扁担	【汉族】
W0673.6.5.2.1	杨二郎的宝贝扁担	【汉族】
W0673.6.5.3	杨二郎的青龙宝剑	【汉族】
W0673.6.5.4	杨二郎的三棱刀	【汉族】
W0673.6.5.4.1	杨二郎手使三尖二刃锋	【汉族】
W0673.6.5.4.2	杨二郎的三尖二刃刀	【汉族】
W0673.6.5.5	杨二郎的捆仙绳	【汉族】

W 编码	母题描述	关联项
W0673.6.5.6	二郎神的神鞭	［W0966.15］神鞭
W0673.6.5.6.1	二郎神手执五台鞭	【汉族】
W0673.6.5.6.2	二郎神的赶山鞭	【汉族】
W0673.6.6	二郎神的宠物	
W0673.6.6.1	二郎神的哮天犬	【汉族】
W0673.6.6.2	二郎神的黑猎犬	【蒙古族】
W0673.7	二郎神的关系	
W0673.7.0	二郎神的祖辈	
W0673.7.0.1	杨二郎是玉帝的外孙	【汉族】
W0673.7.1	二郎神的父母	
W0673.7.1.1	杨二郎的母亲是神仙	【汉族】 ＊［W0817a.4.1.1］杨二郎的仙体母亲被太阳晒化
W0673.7.1.2	杨二郎的父母是开山老祖	【汉族】
W0673.7.1.3	杨二郎的父母是一对穷夫妻	【汉族】
W0673.7.1.4	二郎是李冰之子	【汉族】 ＊［W0673.8.1.4a］二郎神李二郎
W0673.7.2	二郎神的外祖父（二郎神的舅父）	
W0673.7.2.1	杨二郎是老天爷的外甥	【汉族】
W0673.7.2.2	杨二郎是天帝的外甥	【汉族】
W0673.7.2.3	杨二郎是张天师的外甥	【汉族】
W0673.7.2a	二郎神的其他亲属	
W0673.7.2a.1	二郎神的妹妹华岳三圣母	【汉族】
W0673.7.2a.2	杨二郎的哥哥杨大郎	【汉族】
W0673.7.3	二郎神的上司	
W0673.7.3.1	二郎神是玉皇大帝的部下	【汉族】
W0673.7.3a	二郎神的下属	
W0673.7.3a.1	二郎神的部将雷公电母	【白族】
W0673.7.4	与二郎神的关系有关的其他母题	【汉族】
W0673.7.4.1	二郎神是华岳三圣母的亲哥哥	【汉族】
W0673.8	与二郎神有关的其他母题	

W 编码	母题描述	关联项
W0673. 8. 1	二郎神名称的来历（二郎神名称）	
W0673. 8. 1. 1	二郎神即罗和二王	【羌族】
W0673. 8. 1. 2	二郎神阿米夏琼	
W0673. 8. 1. 2. 1	二郎神阿米夏琼是山神，也是战神	【藏族】
W0673. 8. 1. 3	二郎神杨戬	【汉族】
W0673. 8. 1. 3. 1	二郎神杨戬原形是虾蟆	【汉族】
W0673. 8. 1. 4	二郎神杨二郎	【汉族】
W0673. 8. 1. 4a	二郎神李二郎	【汉族】
W0673. 8. 1. 5	二郎圣君	【汉族】
W0673. 8. 1. 6	大力二郎	【汉族】
W0673. 8. 1. 7	杨小圣	【汉族】
W0673. 8. 1. 8	二郎神赵昱	【汉族】
W0673. 8. 1. 9	二郎神邓遐	【汉族】
W0673. 8. 1. 10	二郎神额勒勒大腾格里	【蒙古族】
W0673. 8. 2	二郎神遗迹	
W0673. 8. 2. 1	二郎井	【汉族】
W0673. 8. 2. 2	二郎石	【汉族】
W0673. 8. 2. 3	二郎坑	【汉族】
W0673. 8. 2. 4	二郎船	【汉族】
W0674	**风后**	［W0695. 3. 1］风后辅佐黄帝
W0674. 1	风后的产生	
W0674. 1. 1	风后与女娲同时代	【汉族】
W0674. 2	风后的特征	
W0674. 2. 1	风后的体征	【汉族】
W0674. 2. 2	风后有勇有谋	【汉族】
W0674. 3	风后的身份（风后的职能，风后的能力）	
W0674. 3. 1	风后是天上的金川星	【汉族】
W0674. 3. 2	风后是黄帝的属臣	【汉族】

W 编码	母题描述	关联项
W0674.3.2.1	风后是黄帝的谋士	【汉族】
W0674.3.2.2	风后是黄帝的军师	【汉族】
W0674.3.2.3	风后是黄帝的大将军	【汉族】
W0674.3.2.4	风后是黄帝的大臣	【汉族】
W0674.3.3	风后是个发明者	
W0674.3.3.1	风后造指南车	【汉族】
W0674.3.3.1.1	风后法斗机作指南车	【汉族】
W0674.3.3.2	风后发明八卦阵	【汉族】 * ［W9198.1］八卦
W0674.3.3.2.1	风后在涿鹿布八卦阵	【汉族】
W0674.3.3.3	风后造兵器	【汉族】
W0674.3.4	风后善伏羲之道	【汉族】
W0674.3.5	风后立功	
W0674.3.5.1	风后杀蚩尤	【汉族】
W0674.3.6	风后被封为天老	【汉族】
W0674.3.6.1	黄帝封风后为仅次于自己的天老	【汉族】
W0674.3.7	风后是管家	
W0674.3.7.1	风后掌管部落中的内外事务	【汉族】
W0674.4	风后的关系	
W0674.4.1	风后的亲属	
W0674.4.1.1	风后是伏羲之裔	【汉族】
W0674.4.2	风后的师傅	
W0674.4.2.1	风后的老师道人华盖童子	【汉族】
W0674.4.3	风后的上司	
W0674.4.3.1	王母娘娘派金川星风后下凡做黄帝的助手	【汉族】
W0674.4.3.2	轩辕氏拜风后为领兵大将	【汉族】
W0674.4.3.3	黄帝封风后为宰相	【汉族】
W0674.4	与风后有关的其他母题	［W6216.3.2］指南车
W0674.4.1	风后的名称	【汉族】 * ［W0717.4.5.4］女娲氏即风后
W0674.4.2	风后的遗迹	

W 编码	母题描述	关联项
W0674. 4. 2. 1	风后岭	
W0674. 4. 2. 1. 1	具茨山称“风后岭”	【汉族】
W0674. 4. 2. 1. 2	风后岭是风后封地	【汉族】
＊**W0675**	**伏羲**①	
W0676	**伏羲的产生**	
W0676. 1	伏羲源于特定地方	
W0676. 1. 1	伏羲从天上来到人间（伏羲天降）	【汉族】
W0676. 1. 1. 1	天上的伏羲兄妹下凡	【汉族】
W0676. 1. 1. 2	天帝派伏羲到人间	【汉族】
W0676. 2	伏羲是造出来的	
W0676. 2. 1	女娲造伏羲	【汉族】
W0676. 2. 2	女娲造伏羲兄妹②	【汉族】
W0676. 2. 3	女娲造伏羲女娲	【汉族】 ＊［W0680. 2］伏羲兄妹
W0676. 3	伏羲是生育产生的	【关联】③
W0676. 3. 1	地生伏羲	
W0676. 3. 1. 1	伏羲从地下拱出来	【汉族】
W0676. 3. 2	花生伏羲	【汉族】【壮族】
W0676. 3. 3	特定的人物生伏羲	【汉族】
W0676. 3. 3. 1	盘古生伏羲女娲	【汉族】
W0676. 3. 4	卵生伏羲	
W0676. 3. 4. 1	天地卵生伏羲	【汉族】
W0676. 3. 5	感生伏羲	
W0676. 3. 5. 1	华胥感雷迹生伏羲	【汉族】

① 伏羲，在不同的叙事又写作或称作“宓羲”、“庖牺”、“包牺”、“牺皇”、“皇羲”、“太昊”、“太皞”、“虙系”、“伏义”等。如《史记》中写作“伏牺”。该母题在不同的神话叙事中存在较多歧义，不同的民族神话中所说的“伏羲”由于词源情况非常复杂，有些并不一定是确指的“伏羲”。如“伏羲兄妹”有时可能表述为“伏羲女娲兄妹”、“伏羲与妹妹”、“伏哥和羲妹”、“羲哥和羲妹”等等，因此这里只是从母题的基本属性考虑，列出带有普适性的样例，对于是不是原生意义上的“伏羲”此处不做相应的索隐。

② 伏羲兄妹，有的神话又译为“伏义兄妹”等。

③ ［W0711. 3. 3. 2］华胥生男子为伏羲，女子为女娲；［W0768. 2. 4. 1. 2］张天师是伏羲兄妹的父亲

W 编码	母题描述	关联项
W0676.3.6	与生育伏羲有关的其他母题	
W0676.4	伏羲是变化产生的	
W0676.4.1	猴子变为伏羲	[W0680.2.4.1.1] 伏羲兄妹是盘古开天地时的1对聪明的猴子
W0676.4.2	伏羲是黄狗变的	【汉族】
W0676.5	伏羲是婚生的（婚生伏羲）	
W0676.5.1	盘古婚生伏羲	【汉族】 * [W0680.2.2.1] 盘古婚生伏羲和女娲
W0676.5.2	盘古兄妹婚生伏羲氏	【关联】①
W0676.5.3	雷神与人女婚生伏羲	
W0676.5.3.1	华胥部落的一位姑娘与雷神婚生伏羲氏	【汉族】
W0676.5.3.2	雷神与华胥婚生伏羲	【汉族】 * [W0676.3.5.1] 华胥感雷迹生伏羲
W0676.5.4	华胥和狗婚生伏羲	【汉族】
W0676.5.5	地王婚生伏羲	【汉族】
W0676.6	伏羲是感生的（感生伏羲）	【关联】②
W0676.6.1	女子履足印生伏羲	
W0676.6.1.1	老婆子踏大脚印孕生伏羲和女娲	【汉族】
W0676.6.1.2	华胥女感巨人防风的脚印生伏羲	【汉族】
W0676.6.1.3	无名女子在水边履大脚印生伏羲	【汉族】
W0676.6.2	女子感虹生伏羲	【汉族】
W0676.6.3	女子感虹和脚印生伏羲	
W0676.6.3.1	华胥女子感虹和脚印生伏羲	【汉族】 * [W06899.4.2] 华胥是伏羲女娲的母亲
W0676.6.4	神母感生伏羲	
W0676.6.4.1	神母游华胥之洲感青虹生庖牺	【汉族】

① [W0725.5.0.1.1] 盘古兄妹婚生伏羲氏、神农氏、祝融氏等10人；[W0725.5.1.2] 盘古的儿子伏羲氏；[W0727.3] 盘古兄妹婚

② [W0676.6.3.1] 华胥女子感虹和脚印生伏羲；[W0689.4.2] 华胥是伏羲女娲的母亲；[W2230] 感生人

W 编码	母题描述	关联项
W0676.7	与伏羲的产生有关的其他母题	
W0676.7.1	伏羲的出生地点	
W0676.7.1.1	伏羲生于成纪	【汉族】
W0676.7.1.1.1	太皞庖牺生于成纪县	【汉族】
W0676.7.1.2	伏羲生于天水	【汉族】
W0676.7.1.3	伏羲生于仇夷山	【汉族】
W0676.7.2	伏羲女娲同时产生	【民族，关联】①
W0677	**伏羲的特征**	
W0677.1	伏羲是女的	【汉族】 * ［W0680.6.1］伏羲天神的妃子
W0677.2	伏羲蛇身九首	【汉族】
W0677.3	伏羲人头蛇身	【汉族】
W0677.3.1	伏羲人面蛇身	【汉族】
W0677.3.1.1	羲皇是蛇身人面之神	【汉族】
W0677.3.1.2	伏羲蛇身人首	【汉族】
W0677.3a	伏羲人头龙身	【汉族】
W0677.4	伏羲鳞身	【汉族】
W0677.5	伏羲龟齿龙唇	【汉族】
W0677.5.1	伏羲蛇身人首，龙唇龟齿	【彝族（撒尼）】
W0677.6	伏羲人头狗身	【汉族】
W0677.6.1	伏羲狗身人首	【汉族】
W0677.7	与伏羲的特征有关的其他母题	
W0677.7.1	伏羲是猴子	【民族，关联】②
W0677.7.2	伏羲长角	【汉族】 * ［W0722.2.1］盘古头上生角
W0677.7.2.1	人祖爷伏羲头上长着两只角	【汉族】
W0677.7.2.2	伏羲有两个犄角	【汉族】
W0677.7.3	庖牺长头修目	【汉族】
W0678	**伏羲的生活**	

① 【汉族】 * ［W0680.2.2］伏羲女娲是兄妹（伏羲女娲兄妹）；［W0680.2.2.10］伏羲女娲同母

② 【汉族】 * ［W0676.4.1］猴子变为伏羲；［W0680.2.4.1］伏羲兄妹是猴子

W 编码	母题描述	关联项
W0678.1	伏羲的居所	[W0255.8.1] 神农伏羲二帝在中央
W0678.1.1	伏羲原来在天上	
W0678.1.1.1	伏羲原来住天堂	【汉族】
W0678.1.1a	伏羲居住人间	
W0678.1.1a.1	老天爷让伏羲他永远住在人间	【汉族】
W0678.1.2	伏羲在中央	【汉族】
W0678.1.3	伏羲住山中	【仫佬族】
W0678.1.3.1	伏羲居住昆仑山	【汉族】
W0678.1.3.1.1	伏羲住昆仑山山洞	【汉族】 * [W0723c.1.1.1] 盘古在昆仑山山洞中发现伏羲氏
W0678.1.3.2	伏羲居住卦台山	
W0678.1.3.2.1	人祖爷爷伏羲住卦台山	【汉族】
W0678.1.3.3	伏羲兄妹和老母亲住山上	【仫佬族】
W0678.1.4	伏羲居特定地点	
W0678.1.4.1	伏羲居宛丘	【汉族】
W0678.2	伏羲的服饰	[W0680.2.2.14.1] 伏羲女娲穿龙衣
W0678.2.1	伏羲身披树叶腰围兽皮	【汉族】
W0678.2.2	伏羲身披葫叶	【汉族】
W0678.3	伏羲的饮食	
W0678.4	伏羲的工具（伏羲的用品）	
W0678.4.1	伏羲的鞭	
W0678.4.1.1	伏羲的鞭能大能小	【汉族】
W0678.4.2	伏羲的青龙拐棍	
W0678.4.2.1	伏羲的青龙拐棍能降妖	【汉族】
W0678.5	伏羲的出行（伏羲的坐骑）	
W0678.5.1	伏羲乘龙	
W0678.5.1.1	伏羲乘大龙	【汉族】
W0678.5.1.2	伏羲乘六龙	【汉族】

W 编码	母题描述	关联项
W0678. 5. 2	伏羲乘虎	
W0678. 5. 2. 1	伏羲的坐骑是 3 只虎	【彝族】
W0678. 6	伏羲会客	
W0678. 6. 1	伏羲请仙女饮龙酒琼浆	【汉族】
W0679	**伏羲的职能（伏羲的能力，伏羲的事迹，伏羲的行为）**	
W0679. 1	伏羲预测凶吉	【民族，关联】①
W0679. 1. 1	伏羲作八卦	【汉族】 * ［W9198. 1］ 八卦
W0679. 1. 2	伏羲占卜	【汉族】
W0679. 1. 2. 1	伏羲氏看形势报凶吉	【汉族】
W0679. 1. 3	伏羲能掐会算	【汉族】
W0679. 2	伏羲定婚制	［W7001］ 婚姻的产生
W0679. 3	伏羲造物	【关联】②
W0679. 3. 1	伏羲造琴	［W6277］ 琴瑟的来历
W0679. 3. 2	伏羲兄妹造用具	
W0679. 3. 2. 1	伏羲兄妹造用具	【瑶族】
W0679. 3. 3	伏羲造卦（伏羲画卦）	［W9198. 1］ 八卦
W0679. 3. 3. 1	神农重六十四卦之义	【汉族】
W0679. 3. 3. 2	伏羲听八风之气画八卦	【汉族】
W0679. 4	伏羲能上天	【关联】③
W0679. 4. 1	地上的人只有人祖伏羲能上天	【汉族】
W0679. 5	伏羲建都	
W0679. 5. 1	伏羲建都宛丘	【汉族】 * ［W0678. 1. 4. 1］ 伏羲居宛丘
W0679. 6	伏羲管理大地	
W0679. 6. 1	天帝管天，伏羲管地	【汉族】

① 【汉族】 * ［W9191］ 占卜者（占卜师）；［W9251］ 预言者

② ［W2064］ 伏羲造人；［W3369. 2. 3］ 伏羲造鸭

③ ［W0680. 2. 2. 15］ 伏羲女娲兄妹乘龙上天；［W1426］ 人上天

W 编码	母题描述	关联项
W0679.7	伏羲打鱼	【汉族】
W0679.8	伏羲发明五谷	
W0679.8.1	伏羲始尝草木发现五谷	【汉族】 * [W0735.2a] 神农尝百谷
W0680	**伏羲的关系**	
W0680.1	伏羲的父母	
W0680.1.1	伏羲是神的儿子	
W0680.1.1.1	伏羲是雷神之子	【汉族】 * [W0351.2] 雷神的儿子（雷公的儿子）
W0680.1.2	伏羲是天师的儿子	
W0680.1.3	伏羲是巫师的儿子	
W0680.1.3.1	伏羲女娲的父亲是会法术的张宝卜	【汉族】
W0680.1.4	伏羲是玉帝儿子	
W0680.1.4.1	伏羲是老天爷的儿子	【汉族】
W0680.1.5	伏羲是大圣的儿子	[W0680.2.0.3] 伏羲兄妹是大圣的儿女
W0680.1.6	伏羲是盘古儿子	【关联】①
W0680.1.6.1	伏羲氏是盘古的儿子	【汉族】
W0680.1.7	伏羲是特定的人的儿子	
W0680.1.7.1	伏羲是叫昆仑的种田人的儿子	【壮族】 * [W0680.2.0.5] 伏羲兄妹是一个叫昆仑的种田老汉的儿女
W0680.1.7.2	伏羲是首领的儿子	
W0680.1.7.2.1	伏羲女娲兄妹是首领高比的儿女	【汉族】 * [W0680.2.2.5] 伏羲女娲兄妹是雷公的哥哥高比的1对儿女
W0680.1.7.3	伏羲是一个高人的干儿子	【彝族】
W0680.1.8	伏羲的母亲	
W0680.1.8.1	羲皇的母亲华胥	【汉族】

① [W0676.5.1] 盘古婚生伏羲；[W0680.2.0.1] 伏羲兄妹是盘古的儿女；[W0725] 盘古的关系

W 编码	母题描述	关联项
W0680. 1. 8. 2	伏羲是华胥氏的儿子	【汉族】 ＊［W0689. 4. 3］华胥是伏羲的母亲
W0680. 1. 9	与伏羲的父母有关的其他母题	［W0676. 5. 5］地王婚生伏羲
W0680. 1. 9. 1	伏羲是雷公的哥哥高比的儿子（伏羲是雷公的侄子）	【汉族】
W0680. 1. 9. 1. 1	伏羲女娲的叔父是雷公	【汉族】
W0680. 1. 9. 2	伏羲是黄龙的养子	【汉族】 ＊［W0680. 2. 2. 13. 1］伏羲女娲是黄龙的养子
W0680. 2	伏羲兄妹	
W0680. 2. 0	伏羲兄妹的产生	［W0676. 2. 2］女娲造伏羲兄妹
W0680. 2. 0. 1	伏羲兄妹是盘古的儿女	【关联】①
W0680. 2. 0. 1. 1	伏羲兄妹是盘古夫妻生的最后1对双胞胎	【汉族】
W0680. 2. 0. 2	华胥生伏羲兄妹	【汉族】 ＊［W0711. 3. 3. 2］华胥生男子为伏羲，女子为女娲
W0680. 2. 0. 3	伏羲兄妹是大圣的儿女	【瑶族】 ＊［W0723. 2. 8. 1］天降大圣盘古
W0680. 2. 0. 4	伏羲兄妹的父亲是张天师	【瑶族】［W0768. 2. 3］张天师
W0680. 2. 0. 5	伏羲兄妹是一个叫昆仑的种田老汉的儿女	【壮族】
W0680. 2. 0. 6	女娲用泥捏出伏羲兄妹	【汉族】
W0680. 2. 1	伏羲女娲是双胞胎	［W0710］女娲
W0680. 2. 1. 1	莲花生伏羲女娲	【汉族】 ＊［W0109. 18. 2. 1］神坐在莲花上源于莲生伏羲女娲
W0680. 2. 1. 2	伏羲女娲是盘古妻子生的最后1对双胞胎	【汉族】

① ［W0680. 2. 0. 3］伏羲兄妹是大圣的儿女；［W0723. 2. 8. 1］天降大圣盘古

W 编码	母题描述	关联项
W0680.2.2	伏羲女娲是兄妹（伏羲女娲兄妹）	【关联】①
W0680.2.2.0	伏羲女娲是亲兄妹	【汉族】
W0680.2.2.1	盘古婚生伏羲和女娲	【民族，关联】②
W0680.2.2.2	伏羲女娲兄妹是孤儿	【汉族】
W0680.2.2.2.1	没爹没娘的伏羲女娲兄妹住在宛丘山的宛丘洞里	【汉族】
W0680.2.2.2.2	伏羲女娲是穷人家的兄妹孤儿	【汉族】
W0680.2.2.3	伏羲女娲是玉帝的儿女	【汉族】
W0680.2.2.4	华胥姑娘生伏羲女娲兄妹（华胥生伏羲女娲兄妹）	【汉族】 * ［W0711.3.3.2］华胥生男子为伏羲，女子为女娲
W0680.2.2.5	伏羲女娲兄妹是雷公的哥哥高比的1对儿女	【汉族】 * ［W0680.1.8.1］伏羲是雷公的哥哥高比的儿子（伏羲是雷公的侄子）
W0680.2.2.6	伏羲女娲兄妹的居所	
W0680.2.2.6.1	伏羲女娲兄妹居山中	【汉族】
W0680.2.2.6.1.1	伏羲女娲兄妹居浮山岭	【汉族】
W0680.2.2.6.2	伏羲女娲兄妹居美丽的湖畔	【汉族】
W0680.2.2.6.3	伏羲女娲兄妹居嵩山洪荒沟	【汉族】
W0680.2.2.7	伏羲女娲是人间最早出现的2个人	【汉族】
W0680.2.2.7.1	伏羲女娲是开天辟地后最早出现的2个人	【汉族】
W0680.2.2.8	伏羲女娲是灾难后幸存的1对兄妹	
W0680.2.2.8.1	伏羲女娲是天地混沌后幸存的1对兄妹	【汉族】

① ［W0659.2.20.4］始祖伏羲女娲（伏羲女娲是人祖）； ［W0682.2.1］伏羲女娲兄妹婚；［W0715.4.3.2］女娲是伏羲的妹妹；［W1386.3.3］伏羲女娲兄妹补天

② 【汉族】 * ［W0676.5.1］盘古婚生伏羲； ［W0725.2.5.1.4］盘兄即伏羲，古妹即女娲；［W0725.5.0.2］盘古的儿女伏羲女娲

W 编码	母题描述	关联项
W0680. 2. 2. 8. 2	伏羲女娲是天塌后幸存的 1 对兄妹	【汉族】
W0680. 2. 2. 9	伏羲女娲兄妹同族	【汉族】
W0680. 2. 2. 10	伏羲女娲同母	【汉族】
W0680. 2. 2. 11	伏羲女娲兄妹男主外女主内	【汉族】
W0680. 2. 2. 11a	哥哥伏羲开荒种地，驯兽养禽；妹妹女娲织网捕鱼，采果充饥	【汉族】
W0680. 2. 2. 12	伏羲女娲是人祖爷人祖奶奶	【民族，关联】①
W0680. 2. 2. 12. 1	伏羲女娲是人祖爷人祖姑娘	【汉族】
W0680. 2. 2. 12a	伏羲女娲是人皇玄母	【汉族】
W0680. 2. 2. 12b	伏羲女娲是成活泥人的爸爸妈妈	【汉族】
W0680. 2. 2. 12c	伏羲女娲的孩子有熊	【汉族】
W0680. 2. 2. 13	伏羲女娲是龙的传人	【汉族】
W0680. 2. 2. 13. 1	伏羲女娲是黄龙的养子	【汉族】
W0680. 2. 2. 14	伏羲女娲是龙	【汉族】
W0680. 2. 2. 14. 1	伏羲女娲穿龙衣	【汉族】
W0680. 2. 2. 14a	伏羲鳞身，女娲蛇躯	【汉族】
W0680. 2. 2. 15	伏羲女娲兄妹乘龙上天	【汉族】
W0680. 2. 2. 16	张伏羲和李女娲	【汉族】
W0680. 2. 3	伏羲兄妹是孤儿	【民族，关联】②
W0680. 2. 4	与伏羲兄妹有关的其他母题	【民族，关联】③
W0680. 2. 4. 1	伏羲兄妹是猴子	［W0650. 5］祖先是猴子
W0680. 2. 4. 1. 1	伏羲兄妹是盘古开天地时的 1 对聪明的猴子	【汉族】
W0680. 2. 4. 2	伏羲的妹妹性格刁钻	【布依族】
W0680. 2. 4. 3	伏羲四兄妹	

① 【汉族】 * ［W0143. 2］人祖爷和人祖奶；［W0659. 2. 20. 4］始祖伏羲女娲（伏羲女娲是人祖）；［W0681. 3. 2］洪水后因伏羲和女娲繁衍后代被称为人祖爷

② 【汉族】【瑶族】 * ［W0587. 5］文化英雄是孤儿；［W0680. 2. 2. 2］伏羲女娲兄妹是孤儿

③ 【瑶族】【壮族】 * ［W0497. 7. 10. 1］人伦神伏羲兄妹；［W0659. 2. 36. 1］人类的祖先伏羲兄妹；［W0715. 4. 3. 2］女娲是伏羲的妹妹；［W0761. 2. 1］王母娘娘是伏羲的妹妹；［W0768. 6. 1］骊山老母是伏羲的妹妹

W 编码	母题描述	关联项
W0680.2.4.3.1	伏羲、女娲、祝融与共工四兄妹	【汉族】
W0680.2.4.3.4	伏羲四兄妹与老母亲山中生活	【仫佬族】
W0680.2.4.4	伏羲的妹妹骊山老母和王母娘娘	【汉族】
W0680.3	伏羲的姐弟	
W0680.3.1	伏羲女娲是姐弟	【汉族】
W0680.4	伏羲的兄弟	
W0680.4.1	伏羲的残疾哥哥	
W0680.4.1.1	伏羲兄妹有一个独眼哥哥和一个跛脚哥哥	【仫佬族】
W0680.4.1.2	伏羲的二哥是瘸子	【仫佬族】
W0680.4.2	伏羲的独眼哥哥	【仫佬族】
W0680.4.3	与伏羲的哥哥有关的其他母题	
W0680.4.3.1	伏羲的哥哥捉雷公	【仫佬族】 * ［W8872］捉雷公
W0680.4.4	伏羲的弟弟	
W0680.4.4.1	伏羲氏的弟弟神农氏、祝融氏	【汉族】
W0680.4a	伏羲的妻子	
W0680.4a.1	伏羲的妻子女娲（伏羲女娲是夫妻）	【汉族】 * ［W0682.1.1］伏羲女娲婚
W0680.4a.2	伏羲氏的妻子女娲	【汉族】
W0680.4a.2.1	淮夷部落首领伏羲氏的妻子叫女娲	【汉族】
W0680.4b	伏羲的姬妾	
W0680.4b.1	伏羲姬仙女	【汉族】
W0680.5	伏羲的后代	［W0715.3.4］女娲是伏羲的女儿
W0680.5.1	伏羲的后代廪君	【关联】①
W0680.5.1.1	伏羲氏的后裔“务相”被尊称为“廪君”	【土家族】
W0680.5.2	伏羲的儿子	
W0680.5.2.1	伏羲有9个儿子	【汉族】

① ［W0768.7］廪君；［W0768.7.4.2］廪君是伏羲的后代

W 编码	母题描述	关联项
W0680. 5. 2. 2	伏羲有 9 个儿子都是龙	【汉族】
W0680. 5. 2. 3	伏羲长子青龙氏	
W0680. 5. 2. 3. 1	伏羲长子青龙氏居东	【汉族】
W0680. 5. 2. 4	伏羲二子白龙氏	
W0680. 5. 2. 4. 1	伏羲二子白龙氏居西	【汉族】
W0680. 5. 2. 5	伏羲三子赤龙氏	
W0680. 5. 2. 5. 1	伏羲三子赤龙氏居南	【汉族】
W0680. 5. 2. 6	伏羲四子黑龙氏	
W0680. 5. 2. 6. 1	伏羲四子黑龙氏居北	【汉族】
W0680. 5. 2. 7	伏羲九子黄龙氏	
W0680. 5. 2. 7. 1	伏羲九子黄龙氏居中	【汉族】
W0680. 5. 3	伏羲的女儿	
W0680. 5. 3. 1	伏羲的女儿女娲	【民族，关联】①
W0680. 5. 3. 2	伏羲的女儿宓妃（伏羲氏的女儿宓妃）	【汉族】
W0680. 5. 3. 2. 1	宓妃宓牺氏之女	【汉族】
W0680. 5. 3. 2. 2	伏羲的女儿宓妃又称洛河娘娘	【汉族】 ＊［W0405. 5a. 1］洛水神宓妃
W0680. 6	与伏羲的关系有关的其他母题	
W0680. 6. 1	伏羲天神的妃子	【汉族】
W0680. 6. 2	伏羲的辅佐者	［W0713. 9. 1］女娲是伏羲的辅佐者
W0680. 6. 2. 1	伏羲的辅佐女娲	【汉族】 ＊［W0715. 10. 1. 1］女娲辅佐伏羲治理天下
W0680. 6. 2. 2	伏羲六佐	
W0680. 6. 2. 2. 1	伏羲六佐，金提主化俗，鸟明主建福，视默主灾恶，纪通为中职，仲起为海陆，阳侯为江海	【汉族】

① 【汉族】 ＊［W0713. 9. 1］女娲是伏羲的辅佐者；［W0715. 3. 4］女娲是伏羲的女儿

W 编码	母题描述	关联项
W0680.6.3	伏羲的朋友	
W0680.6.3.1	伏羲与天女是朋友	【汉族】
W0681	**伏羲的身份**	［W6909.1.1］伏羲为戏皇
W0681.1	伏羲是神	
W0681.1.0	伏羲一位大神	【汉族】
W0681.1.0.1	伏羲是发明记事的大神	【汉族】
W0681.1.1	伏羲是渔猎之神	【汉族】 ＊［W0485a.3.1］渔民奉伏羲为渔猎神
W0681.1.1.1	伏羲被奉为猎神	【民族无考】
W0681.1.2	伏羲是天皇	【汉族】
W0681.1.2.1	伏羲是三皇之首	【汉族】 ＊［W0204.11.5］天皇氏三皇之首
W0681.1.2.2	玉皇大帝封伏羲为天皇	【汉族】
W0681.1.3	伏羲兄妹是第四代神	【壮族】
W0681.1.4	伏羲氏是东方天帝	【民族，关联】①
W0681.1.5	与伏羲是神有关的其他母题	
W0681.1.5.1	人祖爷伏羲上天成神	【汉族】
W0681.1.5.2	伏羲是蛇身之神	【汉族】
W0681.2	伏羲是神性人物	
W0681.2.1	伏羲是神人	
W0681.2.1.1	伏羲是黄狗变成的人头狗身的神人	【汉族】 ＊［W0677.7.3］伏羲人头狗身
W0681.3	伏羲是人祖	
W0681.3.1	伏羲是人祖爷	【汉族】 ＊［W0713.7.3］女娲尊称为人祖奶
W0681.3.2	洪水后因伏羲和女娲繁衍后代被称为人祖爷	【汉族】 ＊［W0143.2］人祖爷和人祖奶
W0681.3.3	伏羲是人根之祖	【汉族】
W0681.3.4	伏羲被特定地方称为人祖	

① 【土家族】 ＊［W0204.13.1b.3］东方的天帝太昊伏羲；［W0681.5.2］伏羲是东方大帝

W 编码	母题描述	关联项
W0681.3.4.1	伏羲从天上来到淮阳后成为人祖	【汉族】
W0681.4	伏羲是人	
W0681.4.1	伏羲是狗身人首的人	【汉族】
W0681.4.1.1	伏羲是穷人家的孩子	【汉族】
W0681.5	伏羲是皇帝（伏羲是帝王）	【汉族】 ＊［W5860］国王
W0681.5.1	伏羲是人皇	【汉族】 ＊［W0713.6］女娲是人皇
W0681.5.2	伏羲是东方大帝	【汉族】
W0681.5.3	伏羲继天而帝	【汉族】
W0681.5.4	伏羲是青帝	
W0681.5.4.1	青帝即太昊伏羲	【汉族】
W0681.5.5	伏羲是最早的皇帝	
W0681.5.5.1	一个皇帝是张伏羲	【汉族】
W0681.6	与伏羲身份有关的其他母题	
W0681.6.1	伏羲是占卜业祖师神	【汉族】
W0681.6.2	伏羲是龙	【汉族】
W0681.6.2.1	伏羲是一条青龙	【汉族】
W0681.6.2.2	伏羲返真化成一条青龙	【汉族】
W0681.6.3	伏羲是部落首领	
W0681.6.3.1	伏羲是中原一带淮夷部落的首领	【汉族】
W0681.6.3.2	伏羲是彝族部落首领	【彝族】
W0682	**伏羲的婚姻**	
W0682.1	伏羲与女娲婚（伏羲女娲结婚，伏羲女娲是夫妻）	【汉族】
W0682.1.0	伏羲和女娲不是夫妻（伏羲和女娲原来不是两口子）	【汉族】
W0682.1.1	伏羲女娲婚	【汉族】
W0682.1.1.1	伏羲女娲兄妹为传人类结为夫妻	【汉族】
W0682.1.1.2	最早产生1对男女伏羲和女娲成婚	【汉族】

W 编码	母题描述	关联项
W0682.1.1.3	龙头蛇身的伏羲女娲一雌一雄绳索般相交在一起	【畲族】
W0682.1.2	伏义女娲婚	【汉族】
W0682.2	伏羲兄妹婚	【民族】①
W0682.2.1	伏羲女娲兄妹婚	【民族，关联】②
W0682.2.1.1	洪水后伏羲女娲兄妹结婚	【汉族】
W0682.2.1.2	玉帝让儿女伏羲女娲兄妹成婚	【汉族】
W0682.2.1.3	盘古劝说伏羲女娲兄妹成婚	【汉族】
W0682.2.2	伏义兄妹成婚	【汉族】
W0682.2.2.1	洪水后女娲造的伏义兄妹成婚	【汉族】 * [W0716.4.1] 女娲伏义成婚
W0682.2.3	伏哥和羲妹婚	【布依族】
W0682.3	伏羲姐弟婚	
W0682.3.1	伏羲女娲姐弟婚	【汉族】 * [W7350] 姐弟婚
W0682.3.1.1	洪水后伏羲女娲姐弟结婚	【汉族】
W0682.4	与伏羲的婚姻有关的其他母题	
W0683	**与伏羲有关的其他母题**	
W0683.1	伏羲的姓氏	
W0683.1.1	伏羲风姓	【汉族】
W0683.2	伏羲的名字（伏羲的名称，伏羲的名号，伏羲的别称）	
W0683.2.1	伏羲别号春皇	【汉族】 * [W0683.2.13] 庖牺
W0683.2.1.1	庖牺别号春皇，以木德称王	【汉族】
W0683.2.2	伏羲氏	
W0683.2.2.1	伏羲氏太皞	【汉族】
W0683.2.2.2	伏羲氏太昊	
W0683.2.3	伏羲即盘兄	【毛南族】 * [W0728.3.7.10.1] 盘古氏夫妻即伏羲氏夫妻

① 【布依族】【汉族】【仫佬族】【羌族】【壮族】
② 【汉族】【毛南族】【壮族】 * [W7300] 兄妹婚

W 编码	母题描述	关联项
W0683. 2. 4	伏羲即槃瓠	【汉族】
W0683. 2. 5	伏羲即神农	【汉族】
W0683. 2. 6	伏羲即炎帝	【汉族】
W0683. 2. 7	羲皇	【汉族】 * ［W0681. 1. 2］伏羲是天皇
W0683. 2. 7. 1	皇羲	【汉族】
W0683. 2. 8	牺皇	【汉族】
W0683. 2. 9	瓠系	【汉族】
W0683. 2. 10	牺	【汉族】
W0683. 2. 11	必羲	【汉族】
W0683. 2. 12	宓羲	【汉族】
W0683. 2. 13	庖牺	【汉族】
W0683. 2. 13. 1	庖牺别号春皇	【汉族】
W0683. 2. 14	包牺	【汉族】
W0683. 2. 15	炮牺	【汉族】
W0683. 2. 16	虑戏	【汉族】
W0683. 2. 17	虑羲	【汉族】
W0683. 2. 18	伏依	【汉族】
W0683. 2. 19	伏义	【汉族】
W0683. 2. 20	伏希	【汉族】
W0683. 2. 21	伏戏	【汉族】
W0683. 2. 22	伏牛羲	【汉族】
W0683. 2. 23	大熊包戏	【汉族】
W0683. 2. 24	天皇氏太昊伏羲	【汉族】
W0683. 3	伏羲的寿命与死亡	
W0683. 3. 1	伏羲寿命 190 多岁	【汉族】
W0683. 3. 1. 1	伏羲寿命 194 岁	【汉族】
W0683. 3. 2	伏羲七月九日死亡	【汉族】
W0683. 4	伏羲的遗迹	
W0683. 4. 1	伏羲庙	

W 编码	母题描述	关联项
W0683.4.2	伏羲墓	
W0683.4.2.1	陈州伏羲墓	【汉族】
W0683.4.3	伏羲山	
W0683.4.3.1	伏羲山即浮戏山（船山）	【汉族】
W0683.5	伏羲的灵魂	
W0683.5.1	伏羲女娲之灵	【汉族】
W0683.6	伏羲头	
W0683.6.1	蔡河上漂来的伏羲头	【汉族】
W0684	**格萨尔（格斯尔）**①	
W0684.1	格萨尔的产生	
W0684.1.1	格萨尔源于特定地方	
W0684.1.1.1	格萨尔是神投胎人间	【民族，关联】②
W0684.1.2	格萨尔是卵生的	【藏族】
W0684.1.2.1	英雄格萨尔出生时是一枚肉蛋	
W0684.1.2.1.1	英雄格萨尔出生时是太阳神赐孕给龙女诞生的肉蛋	【藏族】
W0684.1.2.2	格萨尔的母亲生的动物丢失，最后生的蛋中生格萨尔	
W0684.1.2.2.1	格萨尔的母亲生许多动物均失去，最后生一个圆圆的肉蛋中生格萨尔	【藏族】
W0684.1.2.3	白色海螺蛋生格萨尔	
W0684.1.2.3.1	5只雌鸟生的5个不同颜色的蛋中，白色海螺蛋生智慧的格萨尔	【藏族】
W0684.1.3	格萨尔是感生的	
W0684.1.3.1	格萨尔的母亲无夫孕格萨尔	【裕固族】

① 格萨尔，关于格萨尔的英雄史诗，流传于藏族、土族、裕固族等许多民族地区，在蒙古族地区翻译为“格斯尔”。格萨尔是一个被神化的形象，从神话母题的母题的角度，一些英雄史诗中的人物是带有神性，包括出生、成长、争战、爱情等都有明显的神话元素。考虑到许多民族都有长篇史诗，英雄史诗，如许多民族都有流传的《格萨尔》、蒙古族的《江格尔》、柯尔克孜族的《玛纳斯》、彝族的《梅葛》、苗族的《亚鲁王》等，叙述的神话性质的英雄较多，不再一一列出，使用编目时可参照相关母题。

② 【土族】【藏族】 * ［W0567.3.1.1］格萨尔王是天神投胎为部落小酋长所弃妇之子

W 编码	母题描述	关联项
W0684. 1. 3. 2	女子梦感日月生格萨尔	【裕固族】
W0684. 1. 3. 3	龙女葛姆梦感白光生格萨尔	【藏族】
W0684. 1. 4	与格萨尔的产生有关的其他母题	
W0684. 1. 4. 1	羌族部落的一个女子生格萨尔	【羌族】
W0684. 1. 4. 2	格萨尔出生时手持白色绸结	【藏族】
W0684. 1. 4. 3	格萨尔出生时手作拉弓状，会说话	【藏族】
W0684. 1. 4. 4	格萨尔出生下后第一天会走	【土族】
W0684. 2	格萨尔的特征	
W0684. 2. 1	格萨尔生而不凡	
W0684. 2. 1. 1	格萨尔出生后不同凡人	【土族】
W0684. 2. 1. 2	格萨尔出生后饭量与力气非凡出生后饭量力气非凡	【羌族】
W0684. 2. 2	格萨尔鸟首	
W0684. 2. 2. 1	格萨尔出生时长着大鹏鸟首	【藏族】
W0684. 3	格萨尔的身份	
W0684. 3. 1	格萨尔是神子	【藏族】
W0684. 3. 1. 1	格萨尔王是上界白梵天王三子中的幼子	【藏族】
W0684. 3. 2	格萨尔是统治者	
W0684. 3. 2. 1	格萨尔统治藏地	【藏族】
W0684. 3. 3	格萨尔是王	
W0684. 3. 3. 1	格萨尔赛马称王	【藏族】 * ［W0600. 1. 3］文化英雄通过竞技称王
W0684. 3. 4	格萨尔是神	
W0684. 3. 4. 1	格萨尔的灵魂是山神	【藏族】 * ［W0396. 9. 2］山神是格萨尔的灵魂
W0684. 4	格萨尔的能力（格萨尔的事迹）	
W0684. 4. 1	格萨尔会变形（格萨尔显神通）	
W0684. 4. 1. 1	格萨尔能变成巨人	【土族】

W 编码	母题描述	关联项
W0684.4.1.2	格萨尔能变得很小	【土族】
W0684.4.1.3	格萨尔化作一块石头	【藏族】
W0684.4.2	格萨尔降妖除魔	【藏族】
W0684.4.2.1	格萨尔降服九头妖魔	【裕固族】
W0684.4.3	格萨尔王架桥修路	
W0684.4.3.1	格萨尔架设了巴桑（膝网桥），修了萨拉朗（猢狲路）	【珞巴族】
W0684.4.4	格萨尔护佑百姓幸福安康	【藏族】
W0684.4a	格萨尔的生活（格萨尔的经历）	
W0684.4a.1	格萨尔年少时历经磨难	
W0684.4a.1.1	少年格萨尔在荒野掘地鼠猎野兽为食	【藏族】
W0684.5	格萨尔的关系	
W0684.5.0	格萨尔的祖先	
W0684.5.0.1	格萨尔是神的后裔	【藏族】
W0684.5.1	格萨尔的父母	
W0684.5.1.1	格萨尔的母亲尕察拉姆	【藏族】
W0684.5.2	格萨尔的妻子	
W0684.5.2.1	格萨尔王王后卓玛	【珞巴族】
W0684.6	与格萨尔有关的其他母题	【关联】①
W0684.6.1	格萨尔的名称	
W0684.6.1.1	格斯尔	
W0684.6.1.2	嘎莎	【羌族】
W0684.6.2	格萨尔与龙女婚	【藏族】
W0684a	**葛天氏**	
W0684a.1	葛天氏的产生	
W0684a.1.1	盘古兄妹婚生葛天氏	【汉族】 * [W0725.5.1.5] 盘古的儿子葛天氏
W0684a.2	葛天氏的特征	
W0684a.3	与葛天氏有关的奇特母题	

① [W0396.9.2] 山神是格萨尔的灵魂；[W0628a.55.1] 英雄格萨尔

W 编码	母题描述	关联项
W0684a. 3. 1	葛天氏姬李女	【汉族】
W0685	**共工**	
W0685. 1	共工的产生	
W0685. 1. 1	华胥与狗婚配生共工	【汉族】
W0685. 1. 2	共工是神蛇投胎	【汉族】
W0685. 2	共工的特征	
W0685. 2. 1	共工有多个头	
W0685. 2. 1. 1	共工有 9 个脑壳	【汉族】
W0685. 2. 2	共工一头红头发，嘴里会喷水	【汉族】
W0685. 2. 3	共工铜头铁臂	【汉族】
W0685. 2. 4	共工人面蛇身朱发	【汉族】
W0685. 2. 5	共工青面獠牙	【汉族】
W0685. 2. 6	共工喜怒无常	【汉族】
W0685. 2. 6. 1	共工脾气暴躁	【汉族】
W0685. 3	共工的身份	
W0685. 3. 0	共工氏是神	【汉族】
W0685. 3. 1	共工是水神	【汉族】 * ［W0400］水神
W0685. 3. 1. 1	共工是洪水神	【汉族】 * ［W0405. 2. 1］洪水之神共工
W0685. 3. 1. 2	共工是管水的水神	【汉族】
W0685. 3. 1. 3	共工是北方的水神	【汉族】
W0685. 3. 2	共工是天神	【汉族】
W0685. 3. 3	共工是恶神	【汉族】
W0685. 3. 4	共工是首领	
W0685. 3. 4. 1	共工下凡成为人间首领	【汉族】
W0685. 3. 4. 2	共工氏是黄河以北一个部落的首领	【汉族】
W0685. 3. 5	共工是水师	【汉族】
W0685. 4	共工的职能（共工的能力，共工的经历）	

W 编码	母题描述	关联项
W0685.4.1	共工与颛顼之争	[W8800] 神性人物间的争斗
W0685.4.1.1	共工撞倒不周山	【汉族】
W0685.4.1a	共工与祝融之争	
W0685.4.1a.1	共工被祝融打败	【汉族】
W0685.4.2	共工变形	
W0685.4.2.1	共工变鼠	
W0685.4.2.1.1	老天爷惩罚让共工变鼠	【汉族】
W0685.5	共工的关系	
W0685.5.1	共工的父母与祖先	
W0685.5.1.0	共工是炎帝后代	【汉族】
W0685.5.1.0a	共工是炎帝神农氏的后裔	【汉族】
W0685.5.1.0b	共工是神农的子孙	【汉族】
W0685.5.1.1	共工是祝融的儿子	【汉族】 * [W0767] 祝融
W0685.5.1.2	共工是人的儿子	
W0685.5.1.2.1	共工是中天镇镇首的长子	【汉族】
W0685.5.1.3	共工、女娲是人的子女	【汉族】
W0685.5.2	共工的兄弟姐妹	
W0685.5.2.1	共工与祝融是亲兄弟	【汉族】 * [W0404a.6.1.1] 水神共工和火神祝融弟兄俩
W0685.5.3	共工的妻子	
W0685.5.3.1	共工的妻子风氏	【汉族】
W0685.5.4	共工的子女	
W0685.5.4.1	共工的儿子	
W0685.5.4.1.1	共工的儿子成为地神	【汉族】
W0685.5.4.1.2	共工的儿子修	[W0448.2.1.8] 路神是共工之子修
W0685.5.4.1.2.1	共工的儿子修是祖神	【汉族】
W0685.5.4.1.3	共工的儿子句龙	【汉族】
W0685.5.4.1.4	共工的儿子术器	【汉族】
W0685.5.4.1.4.1	术器兑首方颠	【汉族】
W0685.5.4.1.5	共工氏的儿子是不才子	【汉族】

W 编码	母题描述	关联项
W0685. 5. 4. 2	共工氏的女儿	
W0685. 5. 4. 2. 1	共工氏有个女儿叫农奇	【汉族】
W0685. 5. 5	共工的上司	
W0685. 5. 6	共工的从属	
W0685. 5. 6. 1	共工的部下相柳	【汉族】
W0685. 5. 6. 1. 1	相柳 9 个头，人面蛇身，青灰色	【汉族】
W0685. 5. 6. 2	共工的臣下相繇	
W0685. 5. 6. 2. 1	相繇九首蛇身	【汉族】
W0685. 5. 7	共工的朋友	
W0685. 5. 7. 1	共工与龙王是朋友	【汉族】
W0685. 5. 7. 1. 1	共工与海龙王是朋友	【汉族】
W0685. 6	共工的名字（共工的姓氏名号）	［W0763. 5. 1. 5］颛项号共工
W0685. 6. 1	共工氏	【汉族】
W0685. 6. 2	共工姓姜	【汉族】
W0685. 6. 3	共工名康回	【汉族】
W0685. 7	与共工有关的其他母题	
W0685. 7. 1	共工的居所	
W0685. 7. 1. 1	共工住在东海	【汉族】
W0685. 7. 2	共工的遗迹	
W0685. 7. 2. 1	共工之台	【汉族】
W0686	**鲧**	
W0686. 1	鲧的产生	
W0686. 1. 1	颛项生鲧	【汉族】
W0686. 1. 2	鲧是白龙神马下凡转世	【汉族】
W0686. 2	鲧的特征	
W0686. 2. 1	鲧身材矮小	【汉族】
W0686. 2. 1. 1	王鲧长 3 寸，重 6 两	【汉族】
W0686. 2. 2	鲧的原形是龙	
W0686. 2. 2. 1	鲧被杀后现出原身是大黄龙	【汉族】 * ［W0686. 5. 1. 1］鲧化为黄龙

W 编码	母题描述	关联项
W0686.2.2.2	崇伯鲧原神是天上壬癸宫中的白龙神马	【汉族】
W0686.2.3	鲧的原形是龟	【汉族】
W0686.2.4	鲧性格坦荡	
W0686.2.4.1	鲧不计前嫌	【汉族】
W0686.2.5	鲧刚愎自用	
W0686.2.5.1	崇伯鲧听不进任何不同意见	【汉族】
W0686.3	鲧的身份（鲧的职能）	
W0686.3.1	鲧是一个部落的首领	［W5325］部落首领
W0686.3.2	鲧是玄武大帝	［W0254.3］玄武是北方神
W0686.3.3	鲧是天神	【汉族】
W0686.3.3.1	鲧是天上显赫的大神	【汉族】
W0686.3.4	鲧是官员	
W0686.3.4.1	尧王爷封鲧为大司空	【汉族】
W0686.3.4.2	尧王封鲧为崇伯	【汉族】
W0686.3.4.3	鲧在玉皇大帝驾下当天官	【汉族】
W0686.3.5	鲧是酋长	
W0686.3.5.1	崇伯鲧是唐尧时崇地的酋长	【汉族】
W0686.3.6	鲧是王	
W0686.3.6.1	鲧治水有功被尊为王	【汉族】
W0686.3.7	鲧是诸侯	
W0686.3.7.1	鲧是舜时的诸侯	【汉族】
W0686.3.8	鲧是动物	
W0686.3.8.1	鲧原是天上一匹白马	【汉族】
W0686.4	鲧的生活（鲧的行为，鲧的事迹）	
W0686.4.1	鲧的服饰	
W0686.4.2	鲧的居所	
W0686.4.2.1	鲧是石纽村人	【汉族】
W0686.4.2.2	崇伯鲧居汶山石纽村	【汉族】
W0686.4.2.3	鲧死后化黄能居羽渊	【汉族】

W 编码	母题描述	关联项
W0686.4.2.4	鲧死后化黄龙居深渊	【汉族】
W0686.4.3	鲧的工具	
W0686.4.4	鲧治水	
W0686.4.4.1	鲧在尧时治水	【汉族】
W0686.4.4.1.1	鲧受尧王之命到中原治水	【汉族】
W0686.4.4.2	崇伯鲧治水只堵不疏	【汉族】
W0686.4.4.3	鲧盗息壤堵洪水	【汉族】
W0686.4.4.3a	鲧盗青泥堵洪水	【汉族】
W0686.4.4.4	鲧治水失败	
W0686.4.4.4.1	鲧盲目泄洪治水失败	【汉族】
W0686.4.4.4.2	鲧治水 9 年失败	
W0686.4.5	鲧斗龙	
W0686.4.5.1	鲧率众斗恶龙	【汉族】
W0686.4.6	鲧能生育	
W0686.4.6.1	鲧腹生黄龙	
W0686.4.6.1.1	鲧死后三年死尸不腐腹生黄龙	【汉族】
W0686.4.7	鲧造城	【汉族】
W0686.5	鲧的变化	
W0686.5.1	鲧化为龙	【汉族】
W0686.5.1.1	鲧化为黄龙	【汉族】
W0686.5.1.1.1	鲧的尸体化为黄龙	【汉族】
W0686.5.2	鲧化为鱼	【汉族】
W0686.5.2.1	鲧化为玄鱼	【汉族】
W0686.5.2.2	鲧化为金鱼	
W0686.5.2.2.1	鲧治水无绩自沉羽渊化为金鱼	【汉族】
W0686.5.3	鲧化为熊	【汉族】
W0686.5.3.1	鲧化黄熊	
W0686.5.3.1.1	鲧违帝命死于羽山化为黄熊	【汉族】
W0686.5.3.2	鲧的神化为黄能（黄熊）	【汉族】
W0686.5.4	鲧化为玄鱼	
W0686.5.4.1	鲧治水失败后自沉羽渊化为玄鱼	【汉族】

W 编码	母题描述	关联项
W0686.5.5	鲧化为鳖	
W0686.5.5.1	鲧死化为三足鳖	【汉族】
W0686.6	鲧的关系	
W0686.6.0	鲧的父母与祖先	
W0686.6.0.1	鲧的父亲颛顼	【汉族】 * ［W0686.1.1］颛项生鲧
W0686.6.0.2	鲧的父亲是天帝	
W0686.6.0.2.1	鲧是天帝长子	【汉族】
W0686.6.0.3	鲧的父亲骆明	【汉族】
W0686.6.0.4	鲧是黄帝的曾孙	【汉族】 * ［W0695.3.4.2］黄帝之孙鲧
W0686.6.1	鲧的妻子	
W0686.6.1.1	鲧的妻子辛嬉女	【汉族】
W0686.6.1.2	鲧的妻子辛嬉氏	【汉族】
W0686.6.1.3	鲧的妻子有莘氏之女女嬉	【汉族】
W0686.6.1.3.1	鲧娶于有莘氏之子女志氏	【汉族】
W0686.6.1.4	鲧的妻子女狄	【汉族】
W0686.6.1.5	鲧的妻子脩己娘娘	【汉族】
W0686.6.2	鲧的儿子	
W0686.6.2.1	鲧的儿子禹	
W0686.6.2.2	鲧剖腹生子	【民族，关联】①
W0686.6.2.3	鲧的儿子文命	【汉族】
W0686.6.2.3.1	下雨王借尸转世为文命	【汉族】
W0686.6.2.3.2	下雨王奉玉皇大帝之命投胎为鲧的儿子文命	【汉族】
W0686.6.3	鲧的朋友	
W0686.6.3.1	矮小的王鲧和巨人防风是好朋友	【汉族】
W0686.6.4	鲧的从属	
W0686.6.4.1	崇伯鲧部下有玉溪、叠溪文武二将	【汉族】

① 【汉族】 * ［W0686.4.6.1］鲧腹生黄龙；［W0751.1.1.1］鲧复生禹；［W2153.5］男人生孩子

W 编码	母题描述	关联项
W0686. 7	鲧的寿命与死亡	
W0686. 7. 1	鲧的寿命	
W0686. 7. 2	鲧的死亡	
W0686. 7. 2. 1	鲧被杀死	
W0686. 7. 2. 1. 1	尧杀鲧	
W0686. 7. 2. 1. 1. 1	鲧因治水不力被尧杀死	【汉族】
W0686. 7. 2. 1. 2	地皇杀鲧	
W0686. 7. 2. 1. 2. 1	王鲧治水失败被地皇处死	【汉族】
W0686. 7. 2. 2	鲧被天兵天将杀死	【汉族】
W0686. 7. 2. 3	鲧被火神祝融杀死	【汉族】
W0686. 7. 2. 4	鲧被舜杀死	【汉族】
W0686. 7. 2. 4. 1	舜王判鲧死罪	【汉族】
W0686. 7. 2. 4. 2	鲧因作乱犯上被舜杀死	【汉族】
W0686. 7. 2. 4. 3	舜杀鲧在东海边的羽山顶上	【汉族】
W0686. 7. 3	鲧的死亡地点	
W0686. 7. 3. 1	鲧死在羽山之下	【汉族】
W0686. 7. 3. 2	鲧死在羽山的冰天雪地中	【汉族】
W0686. 7. 4	鲧死后的结果	［W0888. 1. 2. 1］鲧含冤而死后魂灵不散
W0686. 7. 4. 1	鲧死后变成三脚鳖	【汉族】
W0686. 7. 4. 2	鲧死后变成黄熊	【汉族】
W0686. 7. 4. 3	鲧死后变成黄龙	【汉族】
W0686. 8	鲧的名称（鲧的名号）	
W0686. 8. 1	鲧称崇伯鲧	
W0686. 8. 1. 1	因夏后所居嵩山，故鲧称崇伯鲧	【汉族】
W0686. 8. 2	鲧姓姒名鲧	【汉族】
W0686. 8. 3	鲧读“滚”的来历	
W0686. 8. 3. 1	认识“鲧”字的人少，就念成了“滚”	【汉族】
W0686. 8. 4	鲧又称白马	【汉族】

W 编码	母题描述	关联项
W0686.9	与鲧有关的其他母题	[W1252.3.3.2] 鲧窃息壤
W0686.9.1	鲧的遗迹	
W0686.9.1.1	鲧土	【汉族】
W0687	**洪钧老祖**[①]	
W0687.1	洪钧老祖的产生	
W0687.1.1	洪钧老祖是生育产生的	
W0687.1.1.1	骨中生洪钧	【汉族】
W0687.1.2	洪钧老祖是变化产生的	
W0687.1.2.1	蛇修炼成洪钧老祖	【汉族】 * [W0687.4.2] 洪钧老祖是蛇
W0687.1.2.2	山上一株红藤受天地灵气成精成为洪钧老祖	【汉族】
W0687.1.3	与洪钧老祖的产生有关的其他母题	
W0687.1.3.1	洪钧老祖在世界上出现最早	【汉族】
W0687.1.3.2	洪钧老祖比盘古产生早	【土家族】
W0687.2	洪钧老祖的特征	
W0687.2.1	洪钧老祖身体长	
W0687.2.1.1	洪钧老祖身体绕昆仑山 3 圈	【汉族】
W0687.2.2	洪钧老祖有翅膀	
W0687.2.3	洪钧老祖寿命长	
W0687.2.3.1	洪钧老祖经历过七世混沌	【汉族】
W0687.2.4	洪君老祖胆小	【汉族】
W0687.3	洪钧老祖的身份	
W0687.3.1	洪钧老祖是人的祖宗的祖宗	【汉族】
W0687.3.2	洪钧老祖是动物	
W0687.3.2.1	洪钧老祖是蚯蚓	【汉族】 * [W1996.2.7.3] 世界最早产生的是蚯蚓
W0687.3.2.2	洪钧老祖是蛇	【汉族】

① 洪钧老祖，有的神话又译作“洪君老主”、“洪君老祖”、“鸿均老祖”、“红君老祖”等，本编目一律表述为“洪钧老祖”。

W 编码	母题描述	关联项
W0687. 3. 2. 2. 1	洪钧老祖是火赤练蛇	【汉族】
W0687. 3. 2. 3	洪钧老祖是虫子	【汉族】
W0687. 3. 2. 3. 1	开天辟地时，洪钧老祖是小红虫子	【汉族】
W0687. 3. 2. 4	洪钧老祖是鹅	【汉族】
W0687. 4	洪钧老祖的能力	
W0687. 4. 1	洪钧老祖会飞翔	
W0687. 4. 1. 1	洪钧老祖有翅膀不会飞	【汉族】
W0687. 5	洪钧老祖的事迹	【关联】①
W0687. 5. 1	洪钧老祖传三教	【土家族】 * ［W6450］宗教的产生
W0687. 5. 1. 1	洪钧老祖创道教	［W6462］教派的数量
W0687. 5. 2	洪钧老祖专门降妖捉怪	【汉族】 * ［W8838］宗教人物斗妖魔
W0687. 6	洪钧老祖的关系	
W0687. 7	洪钧老祖的生活	
W0687. 7. 1	洪钧老祖的居所	
W0687. 7. 1. 1	洪钧老祖居伏牛山	【汉族】 * ［W0723c. 1. 2. 1］盘古在伏牛山遇洪钧老祖
W0687. 7. 2	洪钧老祖的坐骑	
W0687. 7. 2. 1	鸿钧老祖乘骑金龙	【汉族】
W0687. 8	与洪钧老祖有关的其他母题	
W0687. 8. 1	洪钧老祖的名称	
W0687. 8. 1. 1	洪君老祖	【汉族】
W0687. 8. 1. 2	洪君老主	
W0687. 8. 1. 3	洪钧老祖即洪兴祖	【汉族】
W0688	**后稷（稷）**	
W0688. 1	后稷的产生	
W0688. 1. 1	稷神是炎帝的儿子	【汉族】
W0688. 1. 2	周弃祀以为稷	【汉族】

① ［W1283. 5］洪钧老祖分开天地；［W1385. 5. 2. 2］红君道人造的天缺一只角

W 编码	母题描述	关联项
W0688.1.3	感生后稷	
W0688.1.3.1	姜原踏巨人迹生后稷	【汉族】
W0688.1.4	婚生后稷	
W0688.1.4.1	帝喾与姜嫄婚生后稷	【汉族】
W0688.1.4.1.1	后稷是帝喾的元子	【汉族】
W0688.1.5	帝俊生后稷	【汉族】 * [W0739.6.6] 舜即帝俊
W0688.1.6	后稷是下方人帝之子	【汉族】
W0688.2	后稷的特征	
W0688.3	后稷的身份（后稷的能力，后稷的事迹）	
W0688.3.1	后稷是农神	
W0688.3.1.1	后稷是主管农业的神	【汉族】
W0688.3.1a	后稷是稼穑大神	【汉族】
W0688.3.2	稷是五谷之长	【汉族】
W0688.3.2.1	稷始降百谷	【汉族】
W0688.3.3	后稷是古代周族之始祖	【汉族】
W0688.3.4	后稷教民稼穑	【汉族】
W0688.3.4a	稷为人类找食物	【汉族】
W0688.3.5	后稷是“三公”之一	
W0688.3.5.1	大禹、皋陶、后稷为“三公”	【汉族】
W0688.3.6	后稷尝百草	【汉族】
W0688.4	后稷的关系	
W0688.4.1	后稷的父母	
W0688.4.1.1	后稷的父亲帝喾，母亲姜原	【汉族】
W0688.4.1.2	后稷的母亲姜原（后稷的母亲姜嫄）	【汉族】
W0688.4.2	后稷的子女	
W0688.4.3	后稷的从属	
W0688.4.3.1	稷是尧的下属	【汉族】 * [W0747.5.7.2] 稷为尧使

W 编码	母题描述	关联项
W0688.5	与后稷有关的其他母题	
W0688.5.1	后稷的名称	[W0544.4.1.1] 稷神是厉山氏之子柱
W0688.5.1.1	稷被称为神农氏	【汉族】
W0688.5.1.2	稷神被称为后稷	【汉族】
W0688.5.1.3	后稷名弃	【汉族】
W0688.5.1.3.1	后稷因出生后被抛弃故名弃	【汉族】
W0688.5.1.4	周弃名稷	【汉族】
W0688.5.2	稷的死亡	
W0688.5.2.1	稷葬氐国西	【汉族】
W0688.5.2.2	稷葬都广之野	【汉族】
W0688.5.2.3	后稷葬于大泽	【汉族】
W0689	**华胥**	
W0689.1	华胥的产生	
W0689.1.1	盘古造华胥	
W0689.1.1.1	盘古用泥和水造出华胥	【汉族】
W0689.2	华胥的特征	
W0689.3	华胥的身份	
W0689.3.1	华胥是神女	
W0689.3.1.1	华胥是九河神女	【汉族】
W0689.3.1.2	华胥氏是九河神女	【汉族】
W0689.3.2	华胥是宛丘一个美丽的姑娘	【汉族】
W0689.4	华胥的关系	
W0689.4.1	华胥的丈夫是狗	
W0689.4.1.1	华胥与狗婚	【汉族】 * [W7422] 人与犬婚
W0689.4.2	华胥是伏羲女娲的母亲	【汉族】 * [W0680.2] 伏羲兄妹
W0689.4.3	华胥是伏羲的母亲	【汉族】
W0689.5	华胥的生活	
W0689.5.1	华胥的居所	
W0689.5.1.1	华胥住窑洞中	【汉族】 * [W6178] 人穴居

W 编码	母题描述	关联项
W0689.6	与华胥有关的其他母题	
⁂ **W0690**	**黄帝**①	
W0691	**黄帝的产生**	
W0691.0	黄帝源于天	
W0691.0.1	黄帝是天神下凡（黄帝是天上的神仙下凡）	［W0691.4.1a.1］天神轩辕星降在有熊国
W0691.0.1.1	黄帝为普救众生下凡	【汉族】 ＊［W0697b.1.2］黄帝下凡制衣裳
W0691.0.2	黄帝是天帝下凡	
W0691.0.2.1	天帝下凡后黄帝降生	【汉族】
W0691.0.3	黄帝是上天真龙降生	【汉族】
W0691.1	神性人物造出黄帝	
W0691.1.1	伏羲女娲造黄帝	［W0680.2.2］伏羲女娲是兄妹（伏羲女娲兄妹）
W0691.1.1.1	伏羲女娲用黄土造黄帝	【汉族】
W0691.2	黄帝是婚生的（婚生黄帝）	
W0691.2.1	一对兄妹婚生黄帝	
W0691.2.1.1	洪水后，花和姓结婚生黄帝	【壮族】
W0691.3	黄帝是感生的（感生黄帝）	
W0691.3.1	女子看到闪电与北斗星生轩辕	【汉族】
W0691.3.2	女子感雷生轩辕	
W0691.3.2.1	少典的妻子附宝感雷发的白光生轩辕黄帝	【汉族】
W0691.3.2.2	附宝见大电绕北斗枢星生黄帝轩辕	【汉族】
W0691.3.2.3	少典的妻子附宝见像蛇一样绕着北斗七星旋转的电光孕生轩辕	【汉族】
W0691.3.2.4	少典的妻子附宝听到雷声吓得蹲在地上遂孕生黄帝	【汉族】

① 黄帝，又称“轩辕”。据《史记·五帝本纪》中记载，黄帝是一个被神话化的历史人物，如黄帝名下还统领着12姓（胞族）和25宗（氏族），并他曾率熊、罴、貔、貅、貙、虎等六类兽与敌手作战。若还原为现实真实，实际是率领以熊、罴、貔、貅、貙、虎等六类兽为图腾的军队。

W 编码	母题描述	关联项
W0691. 3. 3	黄帝投胎在附宝腹中	【汉族】
W0691. 4	与黄帝的产生有关的其他母题	［W0693. 5. 1］黄帝生活在五六千年前
W0691. 4. 1	轩辕生于青邱（黄帝生于青邱）	【汉族】
W0691. 4. 1a	轩辕生于有熊	【汉族】
W0691. 4. 1a. 1	天神轩辕星降在有熊国	【汉族】
W0691. 4. 1b	轩辕生于新郑	【汉族】
W0691. 4. 1b. 1	轩辕黄帝生于新郑城北门外一座庙宇	【汉族】
W0691. 4. 2	黄帝是仙胎	【汉族】
W0691. 4. 3	长时间孕生黄帝	【汉族】
W0691. 4. 3. 0	附宝怀孕黄帝 24 个月	【汉族】
W0691. 4. 3. 1	附宝怀孕黄帝 25 个月	【汉族】
W0691. 4. 3. 2	附宝怀孕黄帝 3 年	【汉族】
W0691. 4. 4	黄帝生下时已 10 岁	
W0691. 4. 4. 1	附宝生黄帝时黄帝已 10 岁	【汉族】
W0691. 4. 5	黄帝神奇的出生	
W0691. 4. 5. 1	黄帝出生现异兆	［W0751. 1. 5. 7］大禹出生有异兆
W0691. 4. 5. 1. 1	黄帝出生时满屋子弥漫着紫气	【汉族】
W0691. 4. 5. 1. 2	黄帝出生时满屋红光，有四龙护驾	【汉族】
W0691. 4. 5. 1. 3	轩辕刚生下来就会说话	【汉族】
W0691. 4. 5. 2	黄帝生而神灵	【汉族】
W0691. 4. 6	黄帝产生在神农之后	【汉族】
W0691. 4. 7	黄帝出生比炎帝晚	【汉族】 * ［W0695. 2. 1］黄帝炎帝是兄弟
W0692	**黄帝的特征**	
W0692. 1	黄帝的体征	
W0692. 1. 1	黄帝四面	【汉族】 * ［W0238. 4. 4. 2. 3］地母神的女儿四个头分管四方

W 编码	母题描述	关联项
W0692.1.1.1	黄帝的四张脸上有 8 只眼睛，8 个耳朵	【汉族】
W0692.1.1.2	黄帝四张脸正对着东西南北四方	【汉族】
W0692.1.2	黄帝身高九尺	【汉族】
W0692.1.3	黄帝龙体	【汉族】
W0692.2	黄帝的性格	
W0692.2.1	黄帝虚心好学	
W0692.2.1.1	黄帝专程访仙问道	【汉族】
W0692.2.2	黄帝居安思危	
W0692.2.2.1	黄帝从不坐享其成	【汉族】
W0692.2.3	黄帝善用人	
W0692.2.3.1	黄帝体贴手下	【汉族】
W0692.2.4	黄帝慈善	
W0692.2.4.1	黄帝养性爱民，不好战伐	【汉族】
W0692.3	与黄帝的特征有关的其他母题	
W0692.3.1	黄帝头顶偶五色祥云	【汉族】
W0693	**黄帝的生活**	
W0693.1	黄帝的服饰	
W0693.1.1	黄帝身着黄袍，头戴黄冠，脚登黄靴	【汉族】
W0693.1.2	皇帝的头饰	
W0693.1.2.1	轩辕氏头戴一顶斑鹿皮套，周围插满天鹅和鹰鸾的翎羽	
W0693.1.3	黄帝的服装	
W0693.1.3.1	黄帝身穿一件牛皮武服，从左肩斜披下来	【汉族】
W0693.1.4	黄帝的腰饰	
W0693.1.4.1	黄帝腰间束着一条宽宽的虎皮腰带	
W0693.2	黄帝的食物	
W0693.2.1	黄帝食玉膏	【汉族】

W 编码	母题描述	关联项
W0693. 2. 1. 1	黄帝在峚山食玉膏	【汉族】
W0693. 3	黄帝的居所	［W0255. 8. 2］黄帝主中央
W0693. 3. 1	黄帝居昆仑山	【民族，关联】①
W0693. 3. 1. 1	黄帝的宫殿在昆仑山	【汉族】
W0693. 3. 2		
W0693. 3. 3	黄帝有天宫和地宫	【汉族】
W0693. 3. 3. 1	黄帝下界的宫殿建在昆仑山上	【汉族】
W0693. 3. 4	黄帝居黄帝城	【汉族】 * ［W0698. 2. 6］黄帝城
W0693. 3. 5	黄帝的避暑宫	
W0693. 3. 5. 1	黄帝避暑宫在风后岭西北坡半山腰	【汉族】
W0693. 3. 6	黄帝居浮戏山	
W0693. 3. 6. 1	黄帝在浮戏山与神仙下棋	【汉族】
W0693. 3. 7	黄帝居黄河上游	【汉族】 * ［W0697b. 5. 2. 1］轩辕黄帝在黄河上游率领子孙开荒造田
W0693. 3. 8	黄帝居新郑一带	【汉族】
W0693. 3. 9	与黄帝居所有关的其他母题	
W0693. 3. 9. 1	云岩宫是黄帝活动最集中之处	【汉族】
W0693. 3. 9. 2	轩辕氏作于空桑之北	【汉族】
W0693. 4	黄帝的出行	
W0693. 4. 1	黄帝的游历	［W1792. 5. 1］黄帝到天宫
W0693. 4. 1. 1	黄帝巡游四海	
W0693. 4. 1. 1. 1	黄帝做了天子后带大臣巡游四海	【汉族】
W0693. 4. 1. 1. 2	轩辕黄帝率领一班大臣到中原游幸	【汉族】
W0693. 4. 2	黄帝出访	

① 【汉族】 * ［W0678. 3. 1］伏羲居住昆仑山；［W0697b. 2. 2. 0］黄帝在昆仑山炼丹；［W0717. 2. 2］女娲居住昆仑山；［W0758. 4］西王母居住昆仑山；［W0812. 5］群仙居住昆仑山；［W1850］昆仑山

W 编码	母题描述	关联项
W0693.4.2.1	黄帝到具茨山寻访圣仙大隗真人	【汉族】
W0693.4.2.1.1	大隗真人有智有谋，神通广大	【汉族】
W0693.4.3	黄帝出行巧遇	［W9942］巧遇
W0693.4.3.1	黄帝遇仙姑	【汉族】
W0693.5	黄帝的祭扫	
W0693.5.1	黄帝祭祀玉皇大帝	
W0693.5.1.1	黄帝在祭天台祭祀玉皇大帝	【汉族】
W0693.6	黄帝的工具（黄帝的用品）	
W0693.6.1	黄帝的弓箭	
W0693.6.1.1	黄帝的千年藤弓和竹杆鱼骨箭	【汉族】
W0693.6.2	黄帝的降龙杵	
W0693.6.2.1	黄帝用降龙杵战使用石斧的炎帝	【汉族】
W0693.6.3	黄帝的宝剑	
W0693.6.3.1	黄帝用宝剑挖出泉水	【汉族】
W0693.6.4	黄帝的玄珠	
W0693.6.4.1	黄帝遗其玄珠于昆仑山	【汉族】
W0693.7	与黄帝生活有关的其他母题	
W0693.7.1	黄帝生活的时间	
W0693.7.1.1	黄帝生活在五六千年前	【汉族】
W0693.7.1.2	黄帝生活在原始社会末期	【汉族】
W0693.7.2	黄帝得馈赠	
W0693.7.2.1	黄帝得天书	【汉族】
W0693.7.2.2	黄帝得宝书	
W0693.7.2.2.1	王母娘娘送黄帝治世宝书	【汉族】
W0693.7.2.2.2	黄帝在翠妫河边得鱼送的宝书	【汉族】
W0693.7.2.2.3	黄盖（华盖）童子授黄帝《神芝图》七十二卷	【汉族】
W0693.7.2.2.4	天皇给黄帝天书三卷、《八阵图》一张	【汉族】
W0693.7.2.3	黄帝得符	

W 编码	母题描述	关联项
W0693. 7. 2. 3. 1	黄帝得天帝赐符	【汉族】
W0694	**黄帝的坐骑**	
W0694. 1	黄帝乘龙	【民族，关联】①
W0694. 1. 1	黄帝乘黄龙	【汉族】
W0694. 1. 1. 1	黄帝乘的黄龙有黄云围绕	【汉族】
W0694. 1. 1. 2	玉皇大帝赐黄帝黄龙	【汉族】
W0694. 1. 2	黄帝乘云龙	【汉族】
W0694. 1. 3	黄帝乘青龙	【汉族】 * ［W3583. 12］青龙
W0694. 1. 4	黄帝骑黑龙	［W3583. 16］黑龙
W0694. 1. 4. 1	黄帝骑黑龙升天去王屋山访西王母	【汉族】
W0694. 1. 4. 2	黄帝与嫘祖骑上黑龙潭腾起的黑龙升天	【汉族】
W0694. 1. 5	黄帝骑屠龙	
W0694. 1. 5. 1	黄帝骑的屠龙四蹄踩着一片红云	【汉族】
W0694. 1. 6	黄帝的龙驹	【汉族】
W0694. 2	黄帝乘龙车	［W0110. 2. 1］神坐特定的车子
W0694. 3	黄帝乘神马	【汉族】
W0694. 3. 1	黄帝乘神马飞黄	【汉族】
W0694. 4	黄帝坐华盖车	
W0694. 4. 1	黄帝坐华盖车中央	【汉族】
W0694. 4. 2	华盖车四轮，中立黄伞，四周有黄色丝绸围屏	【汉族】
W0694. 5	黄帝乘象车	
W0694. 5. 1	黄帝乘象车，六蛟龙为驾	【汉族】
W0695	**黄帝的关系**	
W0695. 0	黄帝的父母与祖先	
W0695. 0. 0	黄帝是伏羲女娲的后代	【汉族】

① 【汉族】 * ［W0680. 2. 2. 15］伏羲女娲兄妹乘龙上天；［W0763. 3. 4. 1］颛顼乘龙至四海；［W0768. 1. 5. 3. 1］帝喾春夏乘龙，秋冬乘马

W 编码	母题描述	关联项
W0695.0.0.1	黄帝是伏羲女娲的儿子	【汉族】 *［W0680.2.2.12c］伏羲女娲的孩子有熊
W0695.0.0.2	伏羲女娲婚生黄帝和炎帝	【汉族】
W0695.0.1	黄帝是盘古的儿子	
W0695.0.1.1	黄帝是盘古的二儿子	【民族，关联】①
W0695.0.2	黄帝的父亲是公孙少典，母亲是附宝	【汉族】
W0695.0.3	黄帝的父亲少典，母亲有蟜氏	【汉族】
W0695.1	黄帝的妻子	［W0695.1.2］黄帝娶螺祖为妻
W0695.1.1	黄帝的妻子雷祖	【汉族】
W0695.1.1.1	黄帝妃方雷氏	【汉族】
W0695.1.2	黄帝的妻子螺祖	【汉族】 *［W0448.2.1.7］黄帝之妻嫘祖成为路神
W0695.1.2.1	黄帝的正妃螺祖	【汉族】
W0695.1.2.2	黄帝的妻子西陵氏螺祖	【汉族】
W0695.1.2.3	黄帝元妃西陵氏曰嫘祖	【汉族】
W0695.1.3	黄帝娶丑女为妻	【汉族】
W0695.1.3.1	黄帝为避免抢婚娶丑女为妻	【汉族】
W0695.1.4	黄帝的妻子嫫母娘娘	
W0695.1.4.1	黄帝的妻子嫫母娘娘很丑却年轻	【汉族】
W0695.1.4.2	嫫母（嫫母娘娘）	【汉族】
W0695.1.4.2.1	嫫母娘娘很丑很温柔	【汉族】
W0695.1.4.2a	嫫女	
W0695.1.4.2a.1	嫫女丑得让人讨厌	【汉族】
W0695.1.4.2b	黄帝的西宫娘娘嫫母	【汉族】
W0695.1.4.2c	黄帝的妃子嫫母	【汉族】
W0695.1.5	黄帝有 4 个妻子	
W0695.1.5.1	黄帝有嫘祖、嫫母、方雷氏、大彤鱼氏 4 个妻子	【汉族】

① 【汉族】 *［W0725.5.0.1b］盘古有 4 儿 1 女；［W0725.5.1.3.1a］盘古的次子黄帝

W 编码	母题描述	关联项
W0695. 1. 6	黄帝四妃	【关联】①
W0695. 1. 6. 1	黄帝的四妃方雷氏、嫘祖、彤鱼氏、嫫母	【汉族】
W0695. 1. 6. 2	黄帝元妃嫘祖，次妃女节，三妃彤鱼氏，四妃嫫母	【汉族】
W0695. 1. 7	黄帝次妃好如	【汉族】
W0695. 1. 8	黄帝夫人费修	【汉族】
W0695. 1. 9	黄帝的妻子西荫氏	【汉族】
W0695. 1. 10	黄帝的妻子魃	【汉族】 * ［W0695. 3. 3. 1］黄帝的女儿魃（女魃，旱魃）
W0695. 2	黄帝的兄弟	
W0695. 2. 1	黄帝炎帝是兄弟	【汉族】
W0695. 2. 1. 1	黄帝炎帝是同父母兄弟	【汉族】 * ［W0695. 0. 0. 2］伏羲女娲婚生黄帝和炎帝
W0695. 2. 1. 1. 1	黄帝炎帝亲如手足，和睦相亲	【汉族】
W0695. 2. 1. 1. 2	黄帝与炎帝是同父异母兄弟	【汉族】
W0695. 2. 1. 2	炎黄的先祖是三皇	【汉族】
W0695. 2. 2	黄帝和玉皇大帝是兄弟	【汉族】
W0695. 2. 2. 1	黄帝的前世轩辕星和玉皇大帝是兄弟	【汉族】
W0695. 2. 2. 2	黄帝是玉帝的弟弟	【汉族】
W0695. 3	黄帝的后代	
W0695. 3. 1	黄帝的子女（黄帝的儿女）	
W0695. 3. 2	黄帝的儿子	［W0414. 1. 1. 3. 1］禺猇是黄帝之子
W0695. 3. 2. 1	轩辕帝的大儿子真武	【汉族】
W0695. 3. 2. 1. 1	轩辕帝的大儿子真武不想当官	【汉族】
W0695. 3. 2. 2	黄帝的大儿子轩武	【汉族】
W0695. 3. 2. 2. 1	黄帝的大太子轩武封地风后岭	【汉族】
W0695. 3. 2. 3	黄帝的儿子玄嚣、昌意	【汉族】

① ［W0747. 5. 2. 2］尧有四妃；［W0768. 1. 6. 2a］帝喾有四妃

W 编码	母题描述	关联项
W0695.3.2.3.0	黄帝与嫘祖婚生二子玄嚣、昌意	【汉族】 ＊［W0703.4.3.1］黄帝娶正妃西陵氏于大梁
W0695.3.2.3.1	昌意	【关联】①
W0695.3.2.3.1.1	黄帝和雷祖生昌意	【汉族】
W0695.3.2.3.1.2	昌意在天庭犯错被贬若水	【汉族】
W0695.3.2.4	黄帝有 25 个儿子	【汉族】
W0695.3.2.4.1	黄帝 25 子中得姓者 14 人	【汉族】
W0695.3.2.5	黄帝的儿子累祖（嫘祖）	【汉族】 ＊［W0448.2.1.5］黄帝之子累祖成为路神
W0695.3.2.6	黄帝的儿子骆明	【汉族】
W0695.3.3	黄帝的女儿	
W0695.3.3.1	黄帝的女儿魃（女魃，旱魃）	【汉族】 ＊［W0463.3.1.3］旱魃
W0695.3.3.1.1	女魃的特征	
W0695.3.3.1.1.1	女魃青衣	【汉族】
W0695.3.3.1.1.2	女魃头似金鸡，面如月盘，身似青蛇	【汉族】
W0695.3.3.1.1.3	魃长二三尺	【汉族】
W0695.3.3.1.1.4	魃目在头顶上	【汉族】
W0695.3.3.1.1.5	魃走行如风	【汉族】
W0695.3.3.1.2	女魃的身份	
W0695.3.3.1.2.1	女魃是旱神	【汉族】
W0695.3.3.1.2.1a	女魃是扫晴娘（止雨神）	【民族无考】
W0695.3.3.1.2.2	女魃是天上一位灶神	【汉族】
W0695.3.3.1.2.3	魃是神女	【汉族】
W0695.3.3.1.3	与女魃有关的其他母题	
W0695.3.3.1.3.1	女魃会法术	【汉族】
W0695.3.3.1.3.2	黄帝的女儿女魃耗尽功力留在人间	【汉族】

① ［W0763.1.2.1］昌意与嫘仆婚生颛顼；［W0763.4.1.2］颛顼的祖父昌意；［W0763.4.2.2.1］颛顼的父亲昌意

W 编码	母题描述	关联项
W0695. 3. 3. 1. 3. 3	黄帝的女儿旱芭	
W0695. 3. 3. 1. 3. 3. 1	黄帝的女儿旱芭浑身是火	【汉族】
W0695. 3. 3. 1. 3. 3. 2	黄帝的女儿旱芭与太阳神结拜兄妹	【汉族】
W0695. 3. 3. 1. 3. 4	旱魃住北方	【汉族】
W0695. 3. 3. 1. 3. 4a	旱神女魃没有固定的住处	【汉族】
W0695. 3. 3. 1. 3. 4b	女魃住在昆仑山	【汉族】
W0695. 3. 3. 1. 3. 5	旱魃喝干河水	【白族】
W0695. 3. 3. 2	黄帝有 3 个女儿	
W0695. 3. 3. 2. 1	黄帝的 3 个女儿为嫘祖一胎所生	【汉族】
W0695. 3. 3. 2. 1. 1	轩辕黄帝正妻嫘祖第一胎生下彩英、彩娥、彩虹 3 个女儿	【汉族】
W0695. 3. 3. 2. 2	黄帝有天仙、地仙、人仙 3 个女儿	【民族，关联】①
W0695. 3. 3. 2. 3	黄帝的 3 个女儿性格不同	【汉族】
W0695. 3. 3. 2. 3. 1	黄帝的大女儿性格温顺	【汉族】
W0695. 3. 3. 2. 4	黄帝的 3 个女儿修炼成仙	【汉族】
W0695. 3. 3. 2. 5	黄帝 3 女儿修身学道黄姑仙岛	【汉族】
W0695. 3. 3. 2. 6	黄帝的三女儿叫灵秀	【汉族】
W0695. 3. 3. 2. 6. 1	三女儿灵秀是轩辕氏和妻子嫘祖的掌上明珠	【汉族】
W0695. 3. 4	黄帝的孙子	
W0695. 3. 4. 1	黄帝之孙禺强（玄冥、禺疆、禺京）	[W0254. 8. 3. 1] 北方神禺疆人面鸟身
W0695. 3. 4. 1. 1	禺强是海神、风神和瘟神	【汉族】 * [W0414. 1. 4. 3. 1] 黄帝的孙子禺强是海神兼风神
W0695. 3. 4. 2	黄帝之孙鲧	【汉族】
W0695. 3. 4. 3	黄帝之孙韩流	【汉族】
W0695. 3. 4. 3. 1	韩流	

① 【汉族】 * [W0800] 仙人（神仙）；[W0825] 天仙；[W0827. 2] 地仙

W 编码	母题描述	关联项
W0695.3.4.3.1.1	韩流麒麟身，长颈子，小耳朵，人脸猪嘴猪脚	【汉族】
W0695.4	黄帝的辅佐（黄帝的从属）	
W0695.4.1	黄帝的辅佐风后	【汉族】
W0695.4.1.1	黄帝因梦得风后	【汉族】
W0695.4.1.2	黄帝的大臣风后	【汉族】
W0695.4.1.3	风氏姓即伏羲氏之姓，是黄帝三臣之一	【汉族】
W0695.4.2	黄帝的辅佐后土	【汉族】
W0695.4.3	黄帝的大将应龙	【汉族】 *［W0717.3.2.1］女娲雷车驾应龙
W0695.4.3.1	应龙与素女是夫妻	【汉族】
W0695.4.3.2	应龙是天上管雨水之神	【汉族】
W0695.4.3.2.1	应龙会喷水	【汉族】
W0695.4.3.3	应龙化作黑龙吸水	【汉族】
W0695.4.3.4	应龙战蚩尤	【汉族】
W0695.4.3.5	应龙的金斧	【汉族】
W0695.4.4	黄帝的大将力牧	【汉族】
W0695.4.4.1	黄帝因梦得大将力牧	【汉族】
W0695.4.4.2	黄帝的臣下力牧居东海大泽	【汉族】
W0695.4.4.3	黄帝的大将力牧部下的储粮官仓王	【汉族】
W0695.4.5	黄帝的大将常伯	
W0695.4.5.1	常伯公而忘私	【汉族】
W0695.4.6	黄帝有多名大将	
W0695.4.6.1	黄帝访得大鸿、大隗、具茨、武定四员大将	【汉族】
W0695.4.6.2	黄帝令力牧、大隗、常先请风婆、雷公迎战蚩尤	【汉族】
W0695.4.6.3	黄帝召集风后、常先、大鸿、力牧、祝融、刑天等商事	【汉族】

W 编码	母题描述	关联项
W0695. 4. 6. 4	黄帝逐鹿战蚩尤时，左有风后，右有常伯，后有力牧	【民族，关联】①
W0695. 4. 6. 5	轩辕黄帝得大鸿氏、武定和常先三人	【汉族】
W0695. 4. 6. 6	黄帝左有风后，右有常伯，后有力牧	【汉族】
W0695. 4. 7	黄帝的大臣	
W0695. 4. 7. 1	黄帝的属臣风伯雨师	［W0299. 1. 3. 3a］风伯是黄帝的部下
W0695. 4. 7. 1. 1	黄帝让风伯雨师止雨	【汉族】
W0695. 4. 7. 2	黄帝大臣常先	【汉族】
W0695. 4. 7. 3	黄帝有 3 个大臣	【汉族】
W0695. 4. 7. 4	黄帝有 6 个佐臣	
W0695. 4. 7. 4. 1	黄帝有蚩尤、大常、奢龙、祝融、大封、后土六相	【汉族】
W0695. 4. 7. 5	黄帝的佐臣伯夷	［W0763. 4. 9. 1］颛顼的老师伯夷父
W0695. 4. 7. 5. 1	伯夷制造五刑	【汉族】
W0695. 4. 7. 5. 2	伯夷夷能礼于神	【汉族】
W0695. 4. 7. 6	黄帝的辅佐榆冈	【汉族】 *［W0735b. 6. 1］神农之孙榆冈
W0695. 4. 7. 7	黄帝的臣下共鼓、货狄	【汉族】
W0695. 4. 7. 8	黄帝的臣下仓颉	【汉族】
W0695. 4. 7. 9	黄帝臣歧伯	
W0695. 4. 7. 9. 1	歧伯尝百草制药方	【汉族】 *［W0735. 2］神农尝百草
W0695. 4. 7. 9. 2	歧伯乘绛云之车，驾十二白鹿	【汉族】
W0695. 5	黄帝的师傅（黄帝的老师）	
W0695. 5. 1	黄帝拜师广成子	【汉族】
W0695. 5. 1. 1	黄帝到崆峒山拜师广成子	【汉族】

① 【汉族】 *［W8806. 2］炎黄战蚩尤；［W8806. 3］黄帝战蚩尤

W 编码	母题描述	关联项
W0695.5.1.2	广成子在神仙洞向黄帝授道	【汉族】
W0695.5.1.2.1	黄帝在具茨山神仙洞跟广成子修道 3 年	【汉族】
W0695.5.2	黄帝拜师华盖	
W0695.5.2.1	黄帝拜师华盖后制订历法	【汉族】
W0695.5.3	黄帝拜神仙为师	
W0695.5.3.1	神仙收黄帝为门徒	【汉族】
W0695.5.4	西王母是黄帝的导师	
W0695.5.4.1	西王母授黄帝无为正真之道	【汉族】
W0695.5.5	黄帝之师九天玄女	【汉族】
W0695.5.6	黄帝的老师天老	
W0695.5.6.1	黄帝为征蚩尤拜天老为师	【汉族】
W0695.5.7	黄帝的老师容成公	【民族，关联】①
W0695.5.7.1	容成公者自称黄帝师	【汉族】
W0695.5.7.2	容成公是黄帝的大臣，也是引导黄帝学习养生术的老师	【汉族】
W0695.5a	黄帝的点化者	
W0695.5a.1	黄帝得到鹤发老人的点拨	【汉族】
W0695.5a.1.1	黄帝在鹤发老人的点拨下得治国宝书	【汉族】
W0695.5a.1.2	西王母为黄帝授兵符	【汉族】
W0695.5b	黄帝的恩人（黄帝的贵人）	
W0695.5b.1	黄帝被九天玄女所救	
W0695.5b.1.1	黄帝跌落悬崖后被九天玄女所救	【汉族】
W0695.6	黄帝的朋友	
W0695.7	黄帝的对手	
W0695.8	与黄帝的关系有关的其他母题	
W0695.8.1	炎黄为亲族	【汉族】

① 【汉族】 * ［W0789.6.2.2］老子的老师容成公；［W0827a.2.0.2］八仙是容成公、李耳、董仲舒、张道陵、庄君平、李八百、范长生、尔朱先生

W 编码	母题描述	关联项
W0696	**黄帝的名称（黄帝的姓氏，黄帝的名字）**	【汉族】
W0696. 0	黄帝名称的来历	
W0696. 0. 1	因黄帝出生的轩辕丘北边有黄水河，取名黄帝	【汉族】
W0696. 0. 2	轩辕氏有土德之瑞故称黄帝	【汉族】
W0696. 0. 3	因为轩辕身上沾满黄泥被称为“黄帝”	【汉族】
W0696. 1	黄帝轩辕氏	【汉族】 * ［W1852. 6. 156］轩辕山
W0696. 1. 1	黄帝号轩辕	
W0696. 1. 1. 1	黄帝生在轩辕丘，老人为他取名“轩辕”	【汉族】
W0696. 1. 1. 2	因黄帝发明轩辕被称为“轩辕黄帝”	【汉族】
W0696. 1. 1. 3	轩辕星自来到人间后，人称“轩辕氏”	【汉族】
W0696. 1. 1. 4	人们为表达对黄帝的敬意，把有熊氏黄帝改称作轩辕黄帝	【汉族】
W0696. 1. 1. 5	黄帝造车故号轩辕氏。	【汉族】
W0696. 1. 2	轩辕	
W0696. 1. 2. 1	轩辕是夏部落的首领	【汉族】
W0696. 1. 2. 2	轩辕是天帝后妃的居处	【汉族】
W0696. 1. 2. 2a	轩辕是帝妃之舍	【汉族】
W0696. 1. 2. 3	轩辕的号是黄帝	【汉族】
W0696. 1. 2. 4	轩辕是主公天子（黄帝）的名字	【汉族】
W0696. 1. 2. 5	轩辕是人们心目中至高无上的尊号	【汉族】
W0696. 1. 2. 6	轩辕是黄帝之前古帝名	【汉族】
W0696. 1. 2. 7	轩辕是玄元的音变	【汉族】

W 编码	母题描述	关联项
W0696.2	黄帝有熊氏	【汉族】
W0696.2.1	黄帝建国号“熊”	【汉族】 ＊［W5905.1］国号的来历
W0696.3	黄帝姓姬	【汉族】
W0696.3.1	有熊氏部落首领姓姬	【汉族】 ＊［W0697.3.1.3］黄帝是有熊氏部落的首领
W0696.3.1.1	有熊国的君主姓姬，号轩辕	【汉族】
W0696.3.2	黄帝出生的轩辕丘前有条姬水河，故姓“姬”	【汉族】
W0696.3.3	黄帝长于姬水故姓“姬”	【汉族】
W0696.4	黄帝姓公孙	【汉族】
W0696.5	黄帝又称“黄星”	
W0696.5.1	因轩辕星称“黄星”，故黄帝又称“黄星”	【汉族】
W0696.6	黄帝以龙为代称	［W0698.1.1］黄帝的代表动物是黄龙
W0696.6.1	黄帝以龙为代称，是因为黄帝是轩辕星下凡，轩辕星像长龙	【汉族】
W0696.7	黄帝又称始祖爷	【汉族】
W0696.8	黄帝称太帝	
W0696.8.1	太帝	
W0696.8.1.1	太帝使素女鼓五十弦瑟	【汉族】
W0696.8.1.2	太帝居昆仑	【汉族】
W0696.8.1.3	太帝即天帝	【汉族】
W0696.9	黄帝名号帝鸿	【汉族】
W0696.10	黄帝又作皇帝	【汉族】
W0697	**黄帝的身份**	
W0697.1	黄帝是神	［W0255.8.2］黄帝主中央（黄帝是中央神）
W0697.1.0	黄帝是天神	【汉族】
W0697.1.0.1	黄帝是化生阴阳的天神	【汉族】

W 编码	母题描述	关联项
W0697. 1. 0. 2	黄帝是天帝	【汉族】 * ［W0691. 0. 2］黄帝是天帝下凡
W0697. 1. 1	黄帝是神国之神	
W0697. 1. 1. 1	黄帝是神国至高无上的主宰	【汉族】
W0697. 1. 2	黄帝是雷雨神	【汉族】
W0697. 1. 2. 1	黄帝是雷神	【汉族】 * ［W0305］雷神
W0697. 1. 2. 2	轩辕主雷雨之神	【汉族】
W0697. 1. 2. 3	黄帝是主雷电之神	【汉族】
W0697. 1. 3	黄帝是太阳神	【汉族】 * ［W0271］太阳神（日神）
W0697. 1. 4	黄帝是先蚕之神	【汉族】 * ［W0534. 3. 1］先蚕之神黄帝
W0697. 1. 5	轩辕是山神	
W0697. 1. 5. 1	轩辕是五岳神之一	【汉族】
W0697. 1. 6	黄帝是造车之神	【汉族】
W0697. 1. 7	黄帝是灶神	【汉族】
W0697. 1. 7. 1	黄帝作灶，死为灶神	【汉族】
W0697. 1. 8	黄帝是弹花业神	【汉族】
W0697. 1. 9	黄帝是最高神	【汉族】
W0697. 2	黄帝是神仙（黄帝是仙）	
W0697. 2. 1	黄帝活到 111 岁那年九月成仙	【汉族】 * ［W0697c. 2］黄帝活到 111 岁
W0697. 2. 2	黄帝修炼成仙	【汉族】 * ［W0804. 5. 3. 2. 1］黄帝吃仙丹成仙
W0697. 2. 3	黄帝登仙	【汉族】
W0697. 3	黄帝是首领（黄帝是帝王，黄帝是国君）	
W0697. 3. 1	黄帝是部落首领（黄帝是部落酋长）	【汉族】
W0697. 3. 1. 1	黄帝是夏部落的首领	【汉族】
W0697. 3. 1. 2	轩辕是夏部落的首领	【汉族】

W 编码	母题描述	关联项
W0697.3.1.3	黄帝是有熊氏部落的首领	【汉族】
W0697.3.1.4	黄帝是华夏族的首领	【汉族】
W0697.3.1.5	伏羲女娲死后黄帝做黄土部落首领	【汉族】
W0697.3.2	黄帝是部落联盟首领	
W0697.3.2.1	黄帝战败蚩尤后成为部落联盟首领	【汉族】
W0697.3.3	轩辕黄帝被尊为天子	【汉族】
W0697.3.4	黄帝是中央大帝	［W0697a.4］黄帝管理中央
W0697.3.4.1	黄帝在有熊国做中央大帝	【汉族】
W0697.3.4.2	黄帝战败蚩尤后做了中央大帝	【汉族】
W0697.3.5	黄帝是明主	【汉族】
W0697.3.6	黄帝是人王	
W0697.3.6.1	玉皇大帝派天神轩辕星君治理人间	【汉族】
W0697.3.6a	黄帝是人皇	【汉族】 *［W0434.2.3.1.4］黄帝轩辕氏为人皇氏
W0697.3.6b	黄帝是国君	
W0697.3.6b.1	黄帝是有熊国国君	【汉族】 *［W0697.3.1.3］黄帝是有熊氏部落的首领
W0697.3.7	黄帝在位时间（黄帝执政年限）	
W0697.3.7.1	黄帝在位100年	【汉族】
W0697.4	黄帝是祖先	
W0697.4.1	黄帝是人祖	【汉族】
W0697.4.1.1	黄帝是人间之祖	【汉族】
W0697.4.2	黄帝是中华民族的祖先	【汉族】
W0697.4.3	黄帝是成衣、弓箭、弹花等行业祖师	【汉族】
W0697.5	黄帝是人	
W0697.6	与黄帝的身份有关的其他母题	［W0255.8.2］黄帝主中央
W0697.6.1	黄帝是媒人	

W 编码	母题描述	关联项
W0697. 6. 1. 1	轩辕黄帝做月老	【汉族】
W0697. 6. 2	黄帝是天上的星辰	
W0697. 6. 2. 1	黄帝是轩辕星	
W0697. 6. 2. 1. 1	黄帝是天上主管雷雨的轩辕星下凡	【汉族】 * [W0697a. 2a] 黄帝主管雷电
W0697. 6. 3	黄帝是真龙天子	【汉族】
W0697. 6. 4	黄帝地位高	
W0697. 6. 4. 1	黄帝在四帝中地位最高	【汉族】 * [W0122. 5b. 1] 中央的天帝黄帝做了宇宙的最高统治者
W0697a	**黄帝的职能**	
W0697a. 1	黄帝主土	【汉族】
W0697a. 1. 1	黄帝以土德称王	【汉族】
W0697a. 2	黄帝主管下雨	【汉族】 * [W0358. 3. 2] 黄帝是主雷雨之神
W0697a. 2. 1	黄帝主管雷雨	【汉族】
W0697a. 3	黄帝管人间	[W0670. 4. 11. 1] 布洛陀管人间
W0697a. 3. 1	黄帝管地上的事	【汉族】
W0697a. 3. 2	黄帝管九州事	
W0697a. 3. 2. 1	盘古让儿子黄帝管九州	【汉族】
W0697a. 4	黄帝管理中央	【汉族】
W0697a. 4. 1	玉皇大帝派轩辕黄帝到黄河两岸管理中原	【汉族】
W0697a. 5	与黄帝的职能有关的其他母题	
W0697a. 5. 1	黄帝辞职	
W0697a. 5. 1. 1	黄帝辞去帝位带着爱妃去修仙	【汉族】 * [W0697b. 2] 黄帝修炼
W0697a. 5. 1. 2	黄帝与嫘祖到神仙洞求道成正果	【汉族】
W0697b	**黄帝的能力（黄帝的事迹，黄帝的行为）**	

W 编码	母题描述	关联项
W0697b. 1	黄帝是发明者	【民族，关联】①
W0697b. 1. 1	轩辕创元女秘术	【汉族】
W0697b. 1. 2	黄帝下凡制衣裳	【汉族】
W0697b. 1. 3	黄帝发明建筑	【汉族】
W0697b. 1. 3. 1	黄帝筑城造五邑	【汉族】
W0697b. 1. 3. 2	黄帝造房屋	【汉族】
W0697b. 1. 4	黄帝研究历法	
W0697b. 1. 4. 1	黄帝在力牧、风后等人帮助下制定了历法（黄历）	【汉族】
W0697b. 1. 5	黄帝发明饮食	
W0697b. 1. 5. 1	黄帝教人如何吃粮食	【汉族】
W0697b. 1. 6	黄帝发现磁石	
W0697b. 1. 6. 1	黄帝发明磁石定位方向	【汉族】
W0697b. 1. 6. 1. 1	黄帝用磁石造“轩辕方”	【汉族】
W0697b. 1. 7	黄帝发明制陶	【汉族】
W0697b. 1. 7. 1	黄帝在陶寺发明制陶	【汉族】
W0697b. 1. 8	黄帝发明名称	
W0697b. 1. 8. 1	黄帝为山川河流定名	【汉族】
W0697b. 2	黄帝修炼	
W0697b. 2. 1	黄帝修炼地点	
W0697b. 2. 1. 1	黄帝在昆仑山上修炼	【汉族】
W0697b. 2. 1. 2	黄帝在神仙洞修炼	【汉族】
W0697b. 2. 1. 3	黄帝在有熊国观寨村的修道观修炼	【汉族】
W0697b. 2. 2	黄帝炼丹	【关联】②
W0697b. 2. 2. 0	黄帝在昆仑山炼丹	【汉族】
W0697b. 2. 2. 1	黄帝在黄山炼丹	【汉族】
W0697b. 2. 2. 2	黄帝在荆山炼丹	

① 【汉族】 * ［W1461. 4. 3］ 黄帝造天梯；［W6132. 2］ 黄帝做衣裳；［W6788. 1］ 黄帝发明历法
② ［W0791. 3. 4］ 太上老君炼丹；［W6238. 3］ 炼丹治病

W 编码	母题描述	关联项
W0697b. 2. 2. 2. 1	黄帝在荆山铸鼎炼仙丹为民治病	【汉族】
W0697b. 2. 2. 3	黄帝炼仙丹	
W0697b. 2. 2. 3. 1	黄帝九九八十一天炼成炼仙丹	【汉族】
W0697b. 2. 2. 3. 2	黄帝用铜 79 天造成炼丹炉，360 天炼出仙丹	【汉族】
W0697b. 2. 2. 3. 3	黄帝 360 天为百姓炼成仙丹	【汉族】
W0697b. 2. 3	黄帝练武	［W0697b. 7］ 黄帝本领高强
W0697b. 2. 3. 1	黄帝在具茨山北石崖宫练武	【汉族】
W0697b. 2. 4	黄帝问道	
W0697b. 2. 4. 1	黄帝向宁封问道	【汉族】 ＊［W0658a. 8. 28. 2］ 陶瓷业窑祖师神陶正宁封子
W0697b. 2. 4. 2	黄帝访道玉犬峰	【汉族】
W0697b. 3	黄帝组织会议	
W0697b. 3. 1	黄帝会诸侯	
W0697b. 3. 1. 1	黄帝三月三日赴西泰山会诸侯	【汉族】
W0697b. 3. 2	黄帝聚会前斋戒	【汉族】
W0697b. 4	黄帝治国理政	
W0697b. 4. 1	黄帝重农	
W0697b. 4. 1. 1	黄帝提倡垦荒耕耘，发展桑麻	【汉族】
W0697b. 4. 1. 2	黄帝鼓励农桑	【汉族】 ＊［W0697b. 5. 2］ 黄帝亲事农桑
W0697b. 4. 2	黄帝重文	
W0697b. 4. 2. 1	黄帝制文字定法律	【汉族】
W0697b. 4. 2. 2	黄帝推广文字	【汉族】
W0697b. 4. 3	黄帝勤政爱民	
W0697b. 4. 3. 1	黄帝起早贪黑走遍天下	【汉族】
W0697b. 4. 3. 2	黄帝爱民如子	【汉族】
W0697b. 4. 3. 3	黄帝心里装着老百姓	【汉族】
W0697b. 4. 4	黄帝封官	
W0697b. 4. 4. 1	黄帝建国后设职封官	【汉族】

W 编码	母题描述	关联项
W0697b.4.4.2	黄帝封陶正、木正等官职	【汉族】
W0697b.4.4.3	黄帝封相、太监、将、司农、史官、天官、乐官等官职	【汉族】
W0697b.4.5	黄帝分九州	【关联】①
W0697b.4.5.1	黄帝分九州，下设师、都、邑、里、朋、邻、井等	【汉族】
W0697b.4.6	黄帝从书中习得治国理政	
W0697b.4.6.1	黄帝得宝书《神芝图》始得治国之道	【民族，关联】②
W0697b.4.7	黄帝视察民情	
W0697b.4.7.1	黄帝昆仑山察看灾情	【汉族】
W0697b.4.8	黄帝治世 1520 年	【汉族】
W0697b.5	黄帝干实事	
W0697b.5.1	黄帝凿出黄河	
W0697b.5.1.1	黄帝为消除旱灾凿出黄河	【汉族】
W0697b.5.2	黄帝亲事农桑	【汉族】
W0697b.5.2.1	轩辕黄帝在黄河上游率领子孙开荒造田	【汉族】
W0697b.6	黄帝的争战	
W0697b.6.0	黄帝练兵	
W0697b.6.0.1	黄帝为父亲送终后开始练兵	【汉族】
W0697b.6.0.2	黄帝具茨山云崖宫讲武练兵	【汉族】
W0697b.6.1	黄帝讨伐炎帝	【汉族】 * ［W8806.1］炎黄之争
W0697b.6.2	黄帝讨伐蚩尤	【汉族】 * ［W8806.2］炎黄战蚩尤
W0697b.6.3	黄帝统一中原	【汉族】
W0697b.6.4	黄帝斗妖	
W0697b.6.4.1	黄帝制服黑风怪	【汉族】
W0697b.6.5	黄帝降龙	

① ［W0751.4.6］禹定九州；［W0763.2c.6］颛顼划分九州；［W5914］划分九州

② 【汉族】 * ［W0693.7.2.1］黄帝得天书；［W0693.7.2.2.1］王母娘娘送黄帝治世宝书

W 编码	母题描述	关联项
W0697b. 6. 5. 1	黄帝降九龙	【汉族】
W0697b. 6a	黄帝的迁徙	
W0697b. 6a. 1	黄帝从新郑轩辕丘迁居云岩宫	【汉族】
W0697b. 7	黄帝本领高强	
W0697b. 7. 1	黄帝阵前威猛	
W0697b. 7. 1. 1	黄帝杀得蚩尤士兵尸横遍地	【汉族】
W0697b. 7. 2	黄帝会变化	
W0697b. 7. 2. 1	轩辕化黄龙	【汉族】
W0697b. 7. 3	黄帝眼观四路，耳听八方	【汉族】
W0697b. 7a	黄帝立功（黄帝救人）	
W0697b. 7a. 1	黄帝救过玉皇大帝的性命	【汉族】
W0697b. 7a. 2	黄帝救玄女	【关联】①
W0697b. 7a. 2. 1	黄帝斩恶豹救玄女	【汉族】
W0697b. 7b	黄帝建国	
W0697b. 7b. 1	黄帝建有熊国	
W0697b. 7b. 1. 1	黄帝建都新郑，国号为有熊	【汉族】
W0697b. 7b. 1. 2	黄帝战败蚩尤后建都有熊	【汉族】
W0697b. 7b. 2	黄帝建第一个王朝	
W0697b. 7b. 2. 1	黄帝打败炎帝、蚩尤后，在有熊国都西北的西泰山建中国第一个王朝	【汉族】
W0697b. 7b. 3	黄帝建国于中原，定都于有熊	【汉族】
W0697b. 7b. 4	黄帝建立神国秩序	【汉族】
W0697b. 8	黄帝升天	【汉族】
W0697b. 8. 1	天帝让黄帝升天	
W0697b. 8. 1. 1	天帝知道黄帝炼丹为民治病，派黄龙把黄帝接到天上	【汉族】

① ［W0788］九天玄女（玄女）；［W0788. 4. 5］玄女报恩助黄帝

W 编码	母题描述	关联项
W0697b.8.1.2	用蚩尤肉祭祀玉皇大帝，玉皇大帝派大青龙把黄帝接到天上	【汉族】
W0697b.8.2	黄帝升天为太一君	
W0697b.8.2.1	黄帝成仙后升天为太一君	【汉族】
W0697b.8.3	黄帝吃仙丹升天	
W0697b.8.3.1	黄帝吃了炼的丹药飞升上天	【汉族】
W0697b.9	黄帝让位	
W0697b.9.1	黄帝让位孙子颛顼	【汉族】 *［W0763.2.4］颛顼让位
W0697b.10	与黄帝的能力或事迹有关的其他母题	
W0697b.10.1	黄帝兴于神农之后	【汉族】
W0697b.10.2	黄帝生阴阳	【汉族】
W0697c	**黄帝的寿命与死亡**	
W0697c.1	黄帝寿超百岁	
W0697c.1.1	黄帝老而不衰（黄帝越活越年轻）	
W0697c.1.1.1	黄帝一百岁生日后面无皱纹，白里透红，像个儿童	【汉族】
W0697c.2	黄帝寿命 111 岁	【汉族】 *［W0697.2.1］黄帝活到 111 岁那年九月成仙
W0697c.2.1	黄帝 111 岁时回天	【汉族】
W0697c.3	黄帝寿命 110 岁	
W0697c.3.1	黄帝 110 岁那年 9 月 9 日归天	【汉族】
W0697c.4	黄帝死于某年 8 月	
W0697c.4.1	黄帝铸鼎，八月既望，鼎成死焉	【汉族】
W0697c.5	与黄帝的寿命与死亡有关的其他母题	
W0697c.5.1	黄帝葬桥山	【汉族】
W0697c.5.1.1	黄帝死后葬上郡阳周之桥山	【汉族】
W0697c.5.2	黄帝犯病	【汉族】

W 编码	母题描述	关联项
W0698	**与黄帝有关的其他母题**	［W8908. 1］黄帝炎帝之争
W0698. 1	黄帝的标记	
W0698. 1. 1	黄帝的代表动物是黄龙	【汉族】 ＊［W6290］动物图腾
W0698. 1. 2	黄帝的代表星宿	
W0698. 1. 2. 1	黄帝对应的星宿是轩辕星	【汉族】
W0698. 1. 2. 1. 1	轩辕星君位于中宫	【汉族】
W0698. 1. 2. 1. 2	轩辕星君在天上掌管雷雨	【汉族】
W0698. 1. 2. 1. 3	轩辕星君有生化阴阳的本领	【汉族】
W0698. 2	黄帝的遗迹（与黄帝有关的风物）	
W0698. 2. 1	黄帝庙	
W0698. 2. 1. 1	祖师庙	
W0698. 2. 1. 1. 1	为纪念黄帝建祖师庙	【汉族】
W0698. 2. 1. 2	轩辕庙	【汉族】
W0698. 2. 2	黄帝陵	
W0698. 2. 2. 1	黄帝陵在河北平谷	【汉族】
W0698. 2. 2. 2	黄帝陵在陕北桥国	【汉族】
W0698. 2. 2. 2. 1	黄帝陵在陕西黄陵县北桥山顶	【汉族】
W0698. 2. 2. 3	黄帝陵在河南灵宝	【汉族】
W0698. 2. 2. 4	黄帝陵即荆山铸鼎塬	【汉族】
W0698. 2. 2a	黄帝坟	
W0698. 2. 2a. 1	黄帝坟叫圆坟	【汉族】
W0698. 2. 3	黄帝岭	【汉族】
W0698. 2. 3. 1	黄帝岭在灵宝县阳平乡北	【汉族】
W0698. 2. 4	轩辕丘（寿丘）	【汉族】
W0698. 2. 5	黄帝石像	【汉族】
W0698. 2. 6	黄帝城	
W0698. 2. 6. 1	黄帝城即新郑的郑韩故城	【汉族】
W0698. 2. 6. 2	黄帝城在轩辕丘的东段	【汉族】
W0698. 2. 6. 3	轩辕城	
W0698. 2. 6. 3. 1	轩辕城即涿鹿城	【汉族】

W 编码	母题描述	关联项
W0698.2.7	黄帝岗	
W0698.2.7.1	黄帝挖土形成的黄帝岗又称“黄台儿”	【汉族】
W0699	**简狄**	
W0699.1	简狄是神女	【汉族】
W0699.2	简狄是有娀氏之女	【汉族】
W0699.3	简狄是帝喾次妃	【汉族】
W0700	**精卫**	
W0700.1	精卫的产生	
W0700.1.1	人死化为精卫	【汉族】
W0700.1.2	炎帝之女化为精卫	【民族，关联】①
W0700.1.2.1	炎帝的少女女娃溺于东海化为精卫	【汉族】
W0700.1.2a	皇帝之女化为精卫	
W0700.1.2a.1	皇帝的女儿女娃溺于大海化为精卫	【汉族】
W0700.1.3	女子感生精卫	
W0700.1.3.1	渔妇梦鸟感生的女儿叫精卫	【汉族】
W0700.2	精卫的特征（精卫的行为，精卫事迹）	
W0700.2.1	精卫的体征	
W0700.2.1.1	精卫状如乌，文首白喙赤足	【汉族】
W0700.2.2	精卫矢志不移	【汉族】
W0700.2.2.1	精卫填海矢志不移	【汉族】
W0700.2.3	精卫填海	
W0700.2.3.1	精卫衔西山之木石填于东海	【汉族】
W0700.2.3.2	精卫用嘴衔石块填海	【汉族】
W0700.2.3.3	精卫在晋东南一带填海	【汉族】
W0700.3	与精卫有关的其他母题	
W0700.3.1	精卫与海燕婚	

① 【汉族】 * ［W0746.4］炎帝的女儿；［W9594.5］人死后化鸟

W 编码	母题描述	关联项
W0700. 3. 1. 1	精卫与海燕婚，生雌状如精卫，生雄如海燕	【汉族】
W0700. 3. 2	精卫传说	
W0700. 3. 2. 1	发鸠山精卫传说为附会	【汉族】
W0700. 3. 3	精卫的名字	
W0700. 3. 3. 1	精卫一名鸟誓	【汉族】
W0700. 3. 3. 2	精卫一名冤禽	【汉族】
W0700. 3. 3. 3	精卫又名志鸟	【汉族】
W0700. 3. 3. 4	精卫俗呼帝女雀	【汉族】
W0700. 3. 3. 5	精卫自呼其名	【汉族】
W0700. 3. 3. 6	精卫曰云阳	【汉族】
W0700. 3. 4	精卫是扫晴娘（止雨神）	【民族，关联】①
W0701	**夸父**	
W0701. 1	夸父的产生	
W0701. 2	夸父的特征	
W0701. 2. 1	夸父身高万丈	【汉族】
W0701. 2. 2	夸父胃口大	
W0701. 2. 2. 1	夸父喝干河水	［W1897. 15. 2］水被喝干
W0701. 2. 3	夸父力大无穷	【汉族】
W0701. 2. 4	夸父有奇特外貌	
W0701. 2. 4. 1	有鸟状如夸父	【汉族】
W0701. 2. 4. 2	有兽状如夸父	【汉族】
W0701. 3	夸父的身份	
W0701. 3. 1	夸父是巨人（巨人夸父）	【汉族】
W0701. 3. 2	夸父是夸父族的首领	【汉族】 * ［W5325］部落首领
W0701. 3. 2. 1	炎帝族中的一个部落头领叫夸父	【汉族】
W0701. 3. 3	炎帝族里有个部落头领叫夸父	【汉族】
W0701. 4	夸父的行为（夸父的事迹）	
W0701. 4. 1	夸父逐日（夸父追日）	【汉族】

① 【汉族】 * ［W0304. 6. 1］扫晴娘；［W0695. 3. 3. 1. 2. 1a］女魃是扫晴娘（止雨神）；［W0713. 3d］女娲是扫晴娘（止雨神）

W 编码	母题描述	关联项
W0701.4.1.1	夸父追日的原因	
W0701.4.1.1.1	夸父因太阳晒焦大地逐日	【汉族】
W0701.4.1.1.2	夸父为消除旱灾逐日	【汉族】 * ［W8616］旱灾的消除
W0701.4.1.1.3	夸父因没见过日入追日	【汉族】
W0701.4.1.2	夸父追日的起点	
W0701.4.1.2.1	夸父从东海边开始追日	【汉族】
W0701.4.2	夸父的身体变大山	【汉族】
W0701.4.2.1	夸父死后变成夸父山	【汉族】
W0701.4.3	夸父斗蛇	
W0701.4.3.1	夸父为本部族利益每天与毒蛇猛兽搏斗	【汉族】
W0701.4a	夸父的生活	
W0701.4a.1	夸父的居所	
W0701.4a.1.1	夸父族住山上	【汉族】
W0701.4a.1.2	夸父居成都载天山	【汉族】
W0701.4a.2	夸父的物品	
W0701.4a.2.1	夸父操蛇	
W0701.4a.2.1.1	夸父耳挂黄蛇	【汉族】
W0701.4a.2.2	夸父的手杖（夸父的杖）	
W0701.4a.2.2.1	夸父的杖化为邓林	【汉族】
W0701.5	夸父的死亡	
W0701.5.1	夸父渴死	
W0701.5.1.1	年老的夸父渴死在阕乡	【汉族】
W0701.5.1.2	夸父喝干河、渭的水不足渴死	【汉族】
W0701.5.2	夸父气死	
W0701.5.2.1	夸父因追不上太阳气死	【汉族】
W0701.5.3	夸父累死	【民族，关联】①
W0701.5.4	夸父被杀死	

① 【汉族】 * ［W0717.7.1.2］娲儿公主补天累死；［W0726.2.2］盘古累死；［W0729g.3.4］盘瓠累死

W 编码	母题描述	关联项
W0701. 5. 4. 1	夸父被应龙所杀	【汉族】
W0701. 6	夸父的关系	
W0701. 6. 0	夸父的祖先	
W0701. 6. 0. 1	夸父为炎帝的后代	【汉族】
W0701. 6. 0. 2	夸父为后土之孙	【汉族】
W0701. 6. 1	夸父的从属	
W0701. 6. 1. 1	夸父是蚩尤的部将	【汉族】
W0701. 6. 1. 2	夸父的手下人身牛首	【汉族】
W0701. 7	与夸父有关的其他母题	
W0701. 7. 1	夸父的名字	
W0701. 7. 1. 1	夸父又称邓夸父	【汉族】
W0701. 7. 2	夸父的遗迹	
W0701. 7. 2. 1	夸父山	【汉族】 ＊［W0701. 4. 2. 1］夸父死后变成夸父山
W0701. 7. 2. 1. 1	夸父山在桃林县	【汉族】
W0701. 7. 2. 1. 1. 1	夸父山北有桃林	【汉族】
W0701. 7. 2. 1. 2	夸父山在阌乡县	【汉族】
W0701. 7. 2. 1. 3	夸父山在特定的方位	【汉族】
W0701. 7. 2. 2	夸父营	
W0701. 7. 2. 2. 1	夸父营在夸父山下	【汉族】
W0701. 7. 2. 3	夸父峪	
W0701. 7. 2. 3. 1	埋葬的地方叫夸父峪	【汉族】
W0701. 7. 2. 4	零陵县石上有夸父迹	【汉族】
W0701. 7. 2. 5	夸父振履堆	【汉族】
W0701. 7. 2. 6	夸父覆釜山	
W0701. 7. 2. 6. 1	台州覆釜山	【汉族】
W0701a	**夔**	
W0701a. 1	夔的产生	
W0701a. 2	夔的特征（夔的身份，夔的能力）	

W 编码	母题描述	关联项
W0701a.2.1	夔一足	【汉族】 * ［W0080.4.1］独脚神
W0701a.2.2	夔的皮能做鼓	【汉族】
W0701a.2.3	夔人面猴身能言	【汉族】
W0701a.2.4	夔是怪兽	
W0701a.2.4.1	怪兽夔像苍灰色的牛，一只蹄子，头上无角	【汉族】
W0701a.3	与夔有关的其他母题	［W0854.7.4.5.1］木石之怪曰夔
W0701a.3.1	夔能使音乐和谐	【汉族】
W0701a.3.2	夔兽居东海	【汉族】
W0701a.3.2.1	怪兽夔居东海的流波山	【汉族】
W0702	**螺女（白水素女，素女）**	
W0702.1	螺女的产生	
W0702.1.1	螺女生于大螺中	【汉族】
W0702.1.1.1	白水素女生于大螺中	【汉族】
W0702.2	螺女的特征（螺女的身份）	
W0702.2.1	螺女是水神	【汉族】 * ［W0406.1.1d］水神螺女
W0702.2.2	素女是神女	【汉族】
W0702.3	与螺女有关的其他母题	
W0702.3.0	螺女的生活	
W0702.3.0.1	白水素女居天汉	【汉族】
W0702.3.1	螺女的行为	
W0702.3.1.1	白水素女下凡	【汉族】
W0702.3.1.1.1	白水素女受天帝之命下凡	【汉族】
W0702.3.1.2	白水素女助人	【汉族】
W0702.3.1.2.1	螺女下凡为独身男子做饭	【汉族】
W0702.3.1.3	白水素女回天	
W0702.3.1.3.1	白水素女因别人看到真形回天	【汉族】
W0702.3.2	素女	

W 编码	母题描述	关联项
W0702. 3. 2. 1	素女是白龙	【汉族】
W0702. 3. 2. 2	素女是王母娘娘的一个宫女	【汉族】
W0702. 3. 2. 3	素女嫁给黄帝的大臣大鸿	【汉族】 * ［W0695. 4. 3. 1］应龙与素女是夫妻
W0702. 3. 2. 4	素女是轩辕黄帝的一个妹子	【汉族】
W0702. 3. 2. 5	素女是黄帝时期的舞者	【汉族】
W0702. 3. 2. 6	素女化身仙鹤	【汉族】
W0702. 3. 2. 7	素女弹琴	
W0702. 3. 2. 7. 1	素女播都广之琴	【汉族】
W0702. 3. 2. 8	素女鼓瑟	
W0702. 3. 2. 8. 1	黄帝使素女鼓瑟	【汉族】
W0702. 3. 2. 9	素女的居所	
W0702. 3. 2. 9. 1	素女居西南黑水之间都广之野	【汉族】
W0702. 3. 2. 9. 2	素女居青城天谷山（玉女洞）	【汉族】
W0702. 3. 3	洞庭螺女	
W0702. 3. 3. 1	洞庭湖有 72 仙螺修炼为少女	【汉族】
W0703	**嫘祖（螺祖）**	［W0695. 1. 2］黄帝娶螺祖为妻
W0703. 1	嫘祖的产生	
W0703. 1. 1	树生嫘祖	
W0703. 1. 1. 1	老夫妇从桑树上得嫘祖	【汉族】
W0703. 1. 2	黄帝娶桑树生嫘祖	【汉族】 * ［W0703. 4. 3］嫘祖是黄帝的正妃
W0703. 2	嫘祖的特征（嫘祖的身份）	
W0703. 2. 1	嫘祖的体征	
W0703. 2. 1. 1	嫘祖很丑	［W0695. 1. 4］黄帝的妻子嫫母娘娘
W0703. 2. 1. 1. 1	嫘祖体短，脸黑，嘴厚	【汉族】
W0703. 2. 2	嫘祖是神	
W0703. 2. 2. 1	嫘祖是蚕神	【汉族】 * ［W0443. 9. 5. 1. 2］蚕业神嫘祖

W 编码	母题描述	关联项
W0703.2.2.2	嫘祖是织布者的祖神	【汉族】 * ［W0658a.8.44.3］纺织行业之祖螺祖
W0703.2.2.3	嫘祖是祖神	【汉族】
W0703.2.2.3.1	黄帝封嫘祖为祖神	［W0646.3.2.3］黄帝元妃嫘祖死后，帝祭之以为祖神
W0703.2.3	嫘祖聪明能干	【汉族】
W0703.3	嫘祖的能力（嫘祖的事迹）	
W0703.3.1	嫘祖养蚕	
W0703.3.1.1	嫘祖养的蚕大如瓮	【汉族】
W0703.3.1.2	螺祖发明养蚕	【汉族】
W0703.3.2	嫘祖制衣	【汉族】 * ［W0826.6.3.1］玉仙告诉嫘祖纺织方法
W0703.3.3	嫘祖娘娘教人养蚕织布	【汉族】 * ［W6125］人穿衣服的来历
W0703.3.4	嫘祖会染色	
W0703.3.4.1	嫘祖染出红、黄、蓝、黑、白、紫、绿七种颜色	【汉族】
W0703.3.5	嫘祖会请蚕神	【汉族】
W0703.4	嫘祖的关系	
W0703.4.1	嫘祖的父亲	
W0703.4.1.1	嫘祖的父亲是黄帝手下的一员大将	【汉族】
W0703.4.1.2	嫘祖是具茨山西陵氏之女	【汉族】
W0703.4.1a	嫘祖的母亲	
W0703.4.1a.1	嫘祖拜西陵氏为母	【汉族】
W0703.4.2	嫘祖是王母娘娘的侍女	【汉族】 * ［W0761.5］西王母的侍从
W0703.4.3	嫘祖是黄帝的正妃	【汉族】 * ［W0695.1.2］黄帝的妻子螺祖
W0703.4.3.1	黄帝娶正妃西陵氏于大梁	【汉族】
W0703.5	嫘祖的生活	

W 编码	母题描述	关联项
W0703. 5. 1	嫘祖的服饰	
W0703. 5. 2	嫘祖的饮食	
W0703. 5. 3	嫘祖的居所	
W0703. 5. 3. 1	嫘祖故乡具茨山	【汉族】
W0703. 5. 3. 2	嫘祖居有熊国	【汉族】
W0703. 5. 4	嫘祖的出行	
W0703. 5. 4. 1	嫘祖骑赤豹	【汉族】
W0703. 5. 4. 2	黄帝带妻子嫘祖到浮戏山神仙洞向广成子求道	【汉族】
W0703. 5. 5	嫘祖的用品	
W0703. 6	与嫘祖有关的其他母题	
W0703. 6. 1	嫘祖的名字	
W0703. 6. 1. 1	嫘祖西陵氏	【汉族】
W0703. 6. 1. 2	嫘祖娘娘	【汉族】
W0703. 6. 1. 3	嫘祖称蚕娘	【汉族】
W0703. 6. 1. 4	嫘祖称先蚕（先蚕嫘祖）	
W0703. 6. 1. 4. 1	嫘祖始蚕故祀为先蚕	【汉族】
W0703. 6. 2	嫘祖的寿命与死亡	
W0703. 6. 2. 1	嫘祖死后变成山	
W0703. 6. 2. 1. 1	嫘祖死后变成奶头山	【汉族】
W0704	**密洛陀**	
W0704. 1	密洛陀的产生	
W0704. 1. 1	风孕生密洛陀	
W0704. 1. 1. 1	巨龙吹气形成的风生密洛陀	【瑶族】
W0704. 1. 1. 2	混沌的气流风团中生密洛陀	【瑶族（布努）】
W0704. 1. 2	雾中生密洛陀	【瑶族】 * ［W0643. 4. 1］神风吹雾气散，出现祖先密洛陀
W0704. 1. 3	密洛陀是铜鼓的女儿	【瑶族】
W0704. 1. 4	天地间的铜鼓生密洛陀	【瑶族】
W0704. 1. 5	化生密洛陀	
W0704. 1. 5. 1	密洛陀是水经过多次变化形成的	【瑶族（布努）】

W 编码	母题描述	关联项
W0704.1.6	与密洛陀的产生有关的其他母题	
W0704.1.6.1	密洛陀的生日五月二十九	【瑶族】
W0704.2	密洛陀的特征	
W0704.3	密洛陀的身份	
W0704.3.1	密洛陀是万物之母	【瑶族】
W0704.3.2	密洛陀是多民族的母亲	[W5745] 多民族同源
W0704.3.2.1	密洛陀繁衍汉、壮、苗胞各族兄弟民族	【瑶族】
W0704.4	密洛陀的事迹	
W0704.4.1	密洛陀造神	【瑶族】 * [W0014] 神是创造产生的（造神）
W0704.5	密洛陀的关系	
W0704.6	与密洛陀有关的其他母题	【关联】①
W0704a	**莫一大王**	【壮族】
W0704a.1	莫一大王的产生	
W0704a.1.1	莫一大王是神牛的儿子	【壮族】
W0704a.1.2	莫一大王出生在特定地方	
W0704a.1.2.1	莫一大王是公华村人	【壮族】
W0704a.1.2.1.1	莫一大王出生于广西河池市今河池镇公华村	【壮族】
W0704a.1.2.2	莫一大王是柳城县北乡洞独山村人	【壮族】
W0704a.1.2.3	莫一是红水河东岸九圩人	【壮族】
W0704a.2	莫一大王的特征	
W0704a.2.1	莫一大王身材高大	【壮族】
W0704a.2.2	莫一大王有 12 个眼睛	【壮族】
W0704a.3	莫一大王的职能（莫一大王的能力，莫一大王的事迹）	[W0592.3.2] 英雄莫一大王把山背到背上搬走

① [W0445.1.1.1] 始祖密洛陀的七女成为庄稼保护神；[W0658.4.1.5.1] 女始祖密洛陀染上霍乱病死去；[W0658.4.5.3.1] 女祖先密洛陀死后入地成龙 [W1103.9.6.2] 女始祖密洛陀造天地；[W1538.1a.1] 始祖密洛陀是万物之母

W 编码	母题描述	关联项
W0704a. 3. 1	莫一大王降服 12 条大龙	【壮族】
W0704a. 3. 2	莫一大王每月的初一、十五要上天人间情况	【壮族】
W0704a. 3. 3	莫一大王主宰一切	
W0704a. 3. 3. 1	主宰一切的大神莫一大王能消灾降福	【壮族】
W0704a. 3. 4	莫一大王主宰生产生活人畜安康	【壮族】
W0704a. 3. 5	莫一大王神通广大有求必应	【壮族】
W0704a. 3. 6	莫一大王会法术	【壮族】
W0704a. 4	莫一大王的身份	
W0704a. 4. 1	莫一大王是祖先	【壮族】
W0704a. 4. 2	莫一大王是英雄神	【壮族】
W0704a. 4. 3	莫一大王是猎神	【壮族】
W0704a. 4. 3. 1	莫一死后立猎神庙	【壮族】
W0704a. 4. 4	莫一大王是村寨保护神	【壮族】
W0704a. 5	与莫一大王有关的其他母题	
W0704a. 5. 1	莫一大王的名字	
W0704a. 5. 1. 1	莫一大王叫莫龙恭	【壮族】
W0705	**姆六甲**①	【壮族】 * ［W5713 ~ W5715］壮族
W0705. 1	姆六甲的产生	
W0705. 1. 1	姆六甲源于某个地方	
W0705. 1. 1. 1	姆六甲从天上来	【壮族】
W0705. 1. 2	姆六甲是生育产生的	
W0705. 1. 2. 1	神生姆六甲	
W0705. 1. 2. 1. 1	天上神仙婚生姆六甲	【壮族】
W0705. 1. 2. 2	花生姆洛甲	【壮族】 * ［W0654. 2. 1. 7］花生女始祖
W0705. 1. 2. 2. 1	中界的大地上长出的一朵花中生始祖姆六甲	【壮族】

① 姆六甲，在不同的神话版本中常被译成不同文字，如“姆洛甲”、“母勒甲”等。

W 编码	母题描述	关联项
W0705.1.2.3	渔夫和龙女鲤鱼姑娘婚生姆洛甲	【壮族】
W0705.1.3	姆六甲是变化产生的	
W0705.1.3.1	花中变出姆洛甲	【壮族】
W0705.1.3.2	鲜花变成姆六甲	【壮族】 * ［W0646.6.1］花变成女始祖
W0705.1.4	姆六甲是婚生的	
W0705.1.4.1	人与龙女婚生姆六甲	【壮族】
W0705.1.4.2	一对神仙夫妻生姆洛甲	【壮族】
W0705.1.5	姆六甲是感生的	【壮族】
W0705.1.5.1	祖宜婆洗浴时感混沌洗身的汗水生 7 子，老六是姆洛甲	【壮族】
W0705.1.6	与姆六甲的产生有关的其他母题	
W0705.1.6.0	姆六甲生日是二月初二	【壮族】
W0705.1.6.1	姆洛甲出生后 3 天会说话，7 天会走路	【壮族】
W0705.2	姆六甲的特征	
W0705.2.1	姆洛甲是又高又壮的女神	【壮族】
W0705.2.2	姆六甲有巨大的生殖器	
W0705.2.2.1	姆六甲阴器大如岩洞	【壮族】
W0705.3	姆六甲的身份	
W0705.3.1	姆六甲是创世大神	【民族，关联】①
W0705.3.1.1	姆六甲是造天地万物的女神。	【壮族】
W0705.3.2	姆六甲是女始祖	【壮族】 * ［W0659.2.56.2］女始祖姆洛甲（女始祖姆六甲）
W0705.3.2.1	姆洛甲是壮族祖婆	【壮族】
W0705.3.3	姆六甲是生育神	【壮族】 * ［W0477.9.9a］生育神姆六甲
W0705.3.4	姆六甲是生育神兼幼儿保护神	【壮族】
W0705.3.5	姆六甲是智慧之母	【壮族】

① 【壮族】 * ［W1396.3.3.2.1］姆六甲修整天地；［W1992.1.1］姆六甲造生命

W 编码	母题描述	关联项
W0705. 3. 6	姆六甲是鸟	
W0705. 3. 6. 1	姆六甲意思是聪明不过六甲鸟	【壮族】
W0705. 3. 7	姆六甲是地上的神人	【壮族】
W0705. 4	姆六甲的职能（姆六甲的能力，姆六甲的事迹）	
W0705. 4. 1	姆洛甲管花山	【壮族】
W0705. 4. 2	姆洛甲在地上管人	【壮族】
W0705. 4a	姆六甲的生活	
W0705. 4a. 1	姆六甲的居所	
W0705. 4a. 1. 1	姆六甲住天上	【壮族】
W0705. 5	姆六甲的关系	
W0705. 5. 1	姆六甲的父母	【壮族】
W0705. 5. 1. 1	姆洛甲的父母是天界神仙	［W0705. 1. 2. 1. 1］天上神仙婚生姆六甲
W0705. 5. 2	姆六甲的丈夫	
W0705. 5. 2. 0	姆六甲没有丈夫	【壮族】
W0705. 5. 2. 1	姆洛甲的丈夫是布洛陀	【壮族】
W0705. 5. 3	姆六甲的兄妹	
W0705. 5. 3. 1	姆洛甲的哥哥雷公	【壮族】 *［W0352］雷公的兄弟姊妹
W0705. 5. 4	姆六甲的朋友	
W0705. 6	与姆六甲有关的其他母题	【关联】①
W0705. 6. 1	姆六甲的名字	
W0705. 6. 1. 1	母勒甲	【壮族】
W0705. 6. 1. 2	姆洛甲	【壮族】
W0705. 6. 1. 3	姆六甲又称花婆	【壮族】
W0705. 6. 1. 4	姆六甲又称花王圣母	【壮族】
W0705. 6. 1. 4. 1	姆六甲又称花婆王	【壮族】
W0705. 6. 1. 4. 2	姆六甲又称花王	【壮族】

① ［W0670. 3. 1］布洛陀与姆六甲是母子；［W0670. 3. 2］布洛陀与姆六甲是夫妻；［W1103. 9. 6. 3］女始祖姆六甲造天地

W 编码	母题描述	关联项
W0705.6.1.4.3	姆六甲又称帝母	【壮族】
W0705.6.1.5	姆六甲又称床头婆	【壮族】
W0705.6.1.6	姆六甲又称姆洛西	【壮族】
W0705.6.1.7	姆六甲又称姆洛师	【壮族】
W0705.6.1.8	姆六甲又作姆绿甲	【壮族】
W0705.6.1.9	姆六甲又作妹六甲	【壮族】
W0705.6.1.10	姆六甲壮话叫“姆甫”“姆号早”	姆六甲
* **W0710**	**女娲**[①]	
W0711	**女娲的产生**	
W0711.1	女娲自然存在或来源于某个地方	
W0711.1.1	女娲从天降	【汉族】 *［W0713.2.2.1］女娲是天上飞来的女神
W0711.1.1.1	女娲从天洞中来到人间	【汉族】
W0711.1.1.2	女娲是从天上掉下来的	【汉族】
W0711.1.2	女娲下凡	【汉族】 *［W0721.1.1.1.1］玉皇大帝派盘古女娲下凡
W0711.1.2.1	女娲补天伤了元气下凡	【汉族】
W0711.1.2.2	天上的女娲娘娘跑到地上玩耍	【汉族】
W0711.1.2.3	娲儿公主被派到凡间	【汉族】
W0711.1.3	女娲从地中生（地生女娲）	【汉族】
W0711.1.4	女娲自然存在（女娲自然产生）	【汉族】
W0711.1.4.1	女娲天地开辟后自然出现	【汉族】
W0711.1.4.2	大神女娲不知从哪里掉下来的	【汉族】
W0711.2	女娲是造出来的	［W0676.2.3］女娲造伏羲女娲
W0711.2.1	一对兄妹造女娲	

① 女娲，在中国各民族神话中“女娲”并不是一个固定的神话人物，有的是文化英雄，有的文本中女娲是神，有的是半神半人，有的是人类祖先，有时是一般的人。女娲在少数民族神话中可能会有很多变异，如在毛南族神话中，繁衍人类的“古妹”与“女娲”被同化为一个人物，有时还称作生殖神“婆王”、“三尊圣母”、“圣母”、“万岁娘娘”等。总体而言，女娲叙事中表现出的“文化英雄”元素居多。鉴于综合比较的需要，将其列入“文化英雄”类母题。具体情形参见《中国神话人物母题实例与索引》。

W 编码	母题描述	关联项
W0711. 2. 1. 1	一对兄妹用泥造女娲	【汉族】
W0711. 2. 1. 2	灾难后幸存的玉人、玉姐兄妹造女娲	【汉族】
W0711. 2. 1. 2. 1	玉人和玉姐兄妹俩捏泥人"女娲氏"	【汉族】
W0711. 2. 1. 3	灾难后幸存的胡玉人、胡玉姐兄妹造女娲	【汉族】
W0711. 3	女娲是生育产生的	
W0711. 3. 1	神性人物生女娲	［W0715. 3. 4］女娲是伏羲的女儿
W0711. 3. 2	首领生女娲	【汉族】 * ［W0715. 3. 5］女娲是首领的女儿
W0711. 3. 3	华胥生女娲	【汉族】 * ［W0689］华胥
W0711. 3. 3. 1	华胥在窖洞外踏大脚印孕生伏羲和女娲	【汉族】
W0711. 3. 3. 2	华胥生男子为伏羲，女子为女娲	【汉族】
W0711. 3. 3. 3	华胥和狗婚生女娲	【汉族】 * ［W0676. 5. 4］华胥和狗婚生伏羲
W0711. 3. 4	王母娘娘生女娲	【汉族】 * ［W1543. 1. 3. 2］王母娘娘的九女造日月
W0711. 3. 5	人生女娲	
W0711. 3. 6	天地婚生女娲	【民族，关联】①
W0711. 3. 6. 1	天地结婚后地母生女娲	【汉族】
W0711. 3. 6. 2	地生女娲	【汉族】
W0711. 3. 7	混沌生女娲	【汉族】 * ［W0721. 3. 1］混沌生盘古
W0711. 3. 8	花生女娲	【汉族】 * ［W0680. 2. 1. 1］莲花生伏羲女娲
W0711. 3. 8a	洞生女娲	
W0711. 3. 8a. 1	天洞生女娲	【汉族】
W0711. 3. 9	与生育女娲有关的其他母题	

① 【汉族】 * ［W2487. 1］天地婚生人；［W5426. 1］天地婚生民族祖先；［W7532］天地婚

W 编码	母题描述	关联项
W0711.3.9.1	女娲娘娘降生	【汉族】
W0711.3.9.2	女娲的出生地	［W0717.8.5］女娲故里
W0711.3.9.2.1	女娲生于承筐山	【汉族】
W0711.4	女娲是变化产生的	
W0711.4.1	蛇修炼为女娲	
W0711.4.1.1	海上的蛇族兄妹修炼，妹妹修炼成女娲	【汉族】
W0711.4.2	蛙变成女娲	
W0711.4.2.1	水池中出现的一只大蛙变成女娲	【汉族】
W0711.4.2.2	女娲的原形是蛙	【汉族】
W0711.5	与女娲的产生有关的其他母题	
W0711.5.1	女娲的生日	
W0711.5.1.1	女娲生日是正月初七	【汉族】 ＊［W2013.5］正月初七产生人
W0711.5.1.2	女娲生日是三月十五日	【汉族】
W0711.5.2	女娲产生在远古	
W0711.5.2.1	女娲娘娘出现在盘古开天时代	【汉族】
W0711.5.3	女娲与伏羲的先后	【关联】①
W0711.5.4	女娲与盘古的先后	【关联】②
W0711.5.4.1	女娲比盘古早	【毛南族】
W0711.5.4.2	女娲比盘古晚	
W0711.5.4.3	盘古开天地后才有女娲	【汉族】
W0711.5.5	女娲与大禹同时代	【汉族】
W0712	**女娲的特征**	
W0712.1	女娲人头人身	【汉族】
W0712.2	女娲人头蛇身	【民族，关联】③

① ［W0715.3.4］女娲是伏羲的女儿；［W0680.2.1］伏羲女娲是双胞胎；［W0680.2.2］伏羲女娲是兄妹（伏羲女娲兄妹）；［W0680.3.1］伏羲女娲是姐弟；［W0714.1.1］女娲变成伏羲的样子

② ［W0715.2.1］女娲是盘古的后代；［W0725.2.1］盘古女娲是兄妹；［W0725.2.3］盘古女娲是双胞胎；［W0725.4.1］盘古的妻子女娲（盘古女娲是夫妻）

③ 【汉族】 ＊［W0632.1］人头蛇身之神；［W0677.3］伏羲人头蛇身；［W0722.2.1.5］盘古人头蛇身（盘古人首蛇身）

W 编码	母题描述	关联项
W0712.2.1	女娲蛇身	【汉族】
W0712.2.2	女娲是人头蛇身的天神	【汉族】
W0712.3	女娲人面蛇身	【汉族】
W0712.3a	女娲牛首蛇身	
W0712.3a.1	女娲蛇身牛首	【汉族】
W0712.4	女娲是动物外形	[W0713.10.6.1] 女娲娘娘是人头蛇身的大爬虫
W0712.4.1	女娲是蛙	【汉族】 * [W0711.4.2] 蛙变成女娲
W0712.4.2	古时动物唯女娲能言能行	【藏族】
W0712.5	女娲的其他体征	
W0712.5.1	女娲长得苗条标致	【汉族】
W0712.5.2	女娲眉清目秀	【汉族】
W0712.5.3	女娲残疾	
W0712.5.3.1	女娲是瞎子	
W0712.5.3.1.1	女娲 99 岁时双目失明	【汉族】
W0712.5.3.2	女娲是跛脚	【汉族】
W0712.5.4	女娲长着 4 条长腿	【汉族】
W0712.6	女娲的性格特征	
W0712.6.1	女娲心地善良	【汉族】
W0712.6.1.1	女娲娘娘慈心肠	【汉族】
W0712.6.2	女娲胆大心细	【汉族】
W0712.6.3	女娲有心计（女娲聪明）	【汉族】
W0712.6.4	女娲心灵手巧	【汉族】
W0713	**女娲的身份**	
W0713.0	女娲是神	【汉族】
W0713.0.1	女娲因造人、补天和杀恶龙平息洪水被敬为神	【汉族】
W0713.0.2	女娲随金光上天成神	【汉族】

W 编码	母题描述	关联项
W0713.1	女娲是天神	【汉族】 * ［W0712.2.2］女娲是人头蛇身的天神
W0713.1.1	女娲是女天帝	【汉族】
W0713.1.2	女娲是孤独的女天神	【汉族】
W0713.1.3	女娲是唯一能补天的天神	【汉族】
W0713.2	女娲是女神	【汉族】
W0713.2.1	女娲是开天辟地的女神	【汉族】 * ［W1015］创世者（造物主）
W0713.2.2	女娲是天上的女神	【汉族】
W0713.2.2.1	女娲是天上飞来的女神	【汉族】
W0713.2.2.2	女娲是天上下凡的女神	【汉族】
W0713.2.3	女娲修炼成女神	【汉族】
W0713.2.4	女娲是神通广大的女神	【汉族】
W0713.2.5	女娲是创世女神	【汉族】
W0713.2a	女娲是神女	
W0713.2a.1	女娲是古神女	【汉族】
W0713.2b	女娲是神人	
W0713.2b.1	神人女娲补天	【汉族】
W0713.3	女娲是婚姻神	［W0467］婚姻神
W0713.3.1	女娲氏定婚姻	【汉族】【藏族】
W0713.3.1.1	女娲创造嫁娶之礼	【民族无考】
W0713.3.2	女娲做媒人（女娲是媒神）	【民族，关联】①
W0713.3.2.1	女娲娘娘是“神媒”	
W0713.3.2.1.1	女娲娘娘因让男女婚配生人被称为“神媒”	【汉族】
W0713.3.3	女娲是劝婚者	【汉族】 * ［W7581］劝婚者
W0713.3a	女娲是生育神	
W0713.3a.1	女娲是送子娘娘	【关联】②
W0713.3a.1.1	女娲因造人被奉为送子娘娘	【汉族】

① 【汉族】 * ［W0717.4.5.8］女娲氏又称皇姆天媒；［W7560］媒人

② ［W0477.8.6］送子之神（送子神）；［W0714.4.10］女娲送子

W 编码	母题描述	关联项
W0713. 3a. 1. 2	女娲是送子娘娘老奶奶	【汉族】
W0713. 3a. 1. 3	女娲是送子老奶奶	【汉族】
W0713. 3b	女娲是中央神	【汉族】 * ［W0255. 8. 3. 1］黄帝居中央，其神是女娲
W0713. 3c	女娲是保护神	
W0713. 3c. 1	女娲是福国庇民的正神	【汉族】
W0713. 3c. 2	女娲是地方保护神	
W0713. 3c. 2. 1	女娲护佑一方水土	【汉族】
W0713. 3d	女娲是扫晴娘（止雨神）	【汉族】 * ［W0695. 3. 3. 1. 2. 1a］女魃是扫晴娘（止雨神）
W0713. 3e	女娲是开天辟地神	【汉族】 * ［W0713. 2. 1］女娲是开天辟地的女神
W0713. 4	女娲是地母	【汉族】 * ［W0717. 4. 5. 10］天母女娲
W0713. 5	女娲是仙	【汉族】
W0713. 5. 1	女娲是地上的神仙	【汉族】
W0713. 5. 2	女娲成仙	
W0713. 5. 2. 1	女娲在人间成仙	【汉族】
W0713. 6	女娲是人皇	【关联】①
W0713. 6. 1	娲皇女娲	【汉族】 * ［W0717. 4. 3］女娲被称为“娲皇”
W0713. 6. 2	女娲被封为人皇	
W0713. 6. 2. 1	玉皇大帝把女娲封为人皇	【汉族】 * ［W0715. 3. 3］女娲是老天爷的女儿（女娲是玉皇大帝的女儿）
W0713. 6. 3	女娲是三皇之一	【汉族】 * ［W0730a. 2. 3. 2］三皇是伏羲、女娲、神农（三皇伏羲、神农、女娲）

① ［W0434. 2. 3. 1. 2］人皇奶奶女娲；［W0681. 5. 1］伏羲是人皇；［W5860］国王（人皇）

W 编码	母题描述	关联项
W0713.7	女娲是人祖（女娲是女始祖）	【汉族】
W0713.7.1	女娲被尊称为人祖奶	【汉族】 * ［W0717.4.5.5］女娲又称人祖奶奶
W0713.7.2	女娲是人祖婆婆	【汉族】
W0713.7.3	女娲是人根之祖	【汉族】
W0713.7.4	女娲是人的妈妈	【汉族】
W0713.7.5	女娲氏是人类始祖	【汉族】
W0713.7a	女娲是特定行业的祖先（女娲是特定行业的祖师）	［W0658a.8］特定职业者的祖先（行业祖师）
W0713.7a.1	女娲是手工艺者的祖师	
W0713.7a.1.1	捏面人、吹糖人等行业敬女娲为祖师	【汉族】
W0713.7a.2	女娲是雕刻业的祖师	【汉族】
W0713.8	女娲是制造者	【关联】①
W0713.8.1	女娲造生灵	【汉族】 * ［W2065］女娲造人
W0713.8.1.1	女娲造动物	【汉族】
W0713.8.2	女娲造箭	［W6970］弓箭的发明
W0713.8.3	女娲造乐器	
W0713.8.3.1	女娲始作笙簧	【汉族】
W0713.8.4	女娲采桑织布	【汉族】
W0713.9	女娲是特定人物的辅佐者	
W0713.9.1	女娲是伏羲的辅佐者	【汉族】 * ［W0680.6］与伏羲的关系有关的其他母题
W0713.10	与女娲身份有关的其他母题	
W0713.10.1	女娲是祷祠神	【汉族】
W0713.10.2	女娲是菩萨	【汉族】
W0713.10.2.1	女娲是观音	
W0713.10.2.1.1	女娲是南海观音	【汉族】
W0713.10.3	女娲是首领	
W0713.10.3.1	女娲是女仙头头	【汉族】

① ［W1545.2a.1.2］女娲的双乳变成日月；［W2065］女娲造人

W 编码	母题描述	关联项
W0713. 10. 3. 2	女娲是氏族首领	
W0713. 10. 3. 2. 1	女娲圣母是狩猎时期的氏族首领	【汉族】
W0713. 10. 3. 3	女娲圣母是人类群居时的首领	【汉族】
W0713. 10. 4	女娲是古帝王	
W0713. 10. 4. 1	女娲是古神女而帝者	【汉族】
W0713. 10. 4. 2	女娲氏是女皇	【汉族】
W0713. 10. 5	女娲是裁决者	
W0713. 10. 5. 1	女娲是理老	【汉族】
W0713. 10. 6	女娲是爬虫	
W0713. 10. 6. 1	女娲娘娘是人头蛇身的大爬虫	【汉族】
W0714	**女娲的能力（女娲的职能，女娲的事迹）**	
W0714. 1	女娲会变化（女娲变形）	
W0714. 1. 1	女娲变成伏羲	
W0714. 1. 1. 1	女娲看到伏羲后变成伏羲的样子	【汉族】
W0714. 1. 2	女娲一日七十变（女娲七十化）	【汉族】
W0714. 1. 2. 1	女娲一天中能变化七十几次	
W0714. 1. 3	女娲之肠化为神	
W0714. 1. 3. 1	女娲之肠化为 10 个神	【汉族】
W0714. 1. 3. 2	女娲之肠	
W0714. 1. 3. 2. 1	女娲之肠即女娲之腹	【汉族】
W0714. 1. 4	女娲化身美女	
W0714. 1. 4. 1	女娲娘娘补天后变成漂亮的石矶娘娘	【汉族】
W0714. 2	女娲助人	［W1386. 2］女娲补天
W0714. 2. 1	女娲救助人类	
W0714. 2. 1. 1	女娲偷偷给人送粮米	【汉族】
W0714. 2. 2	女娲助战	
W0714. 2. 2. 1	女娲向颛顼传授剑法	【汉族】

W 编码	母题描述	关联项
W0714.3	女娲降妖除怪	
W0714.3.1	女娲斗龙	【藏族】 ＊［W8880］斗龙
W0714.3.1.1	女娲战怪龙	【藏族】
W0714.3.2	女娲斗妖	【汉族】
W0714.4	与女娲事迹有关的其他母题	【民族，关联】①
W0714.4.1	女娲力气惊人	【毛南族】
W0714.4.2	女娲开天辟地	【汉族】
W0714.4.3	女娲上天（女娲回天）	［W0711.1.2］女娲下凡
W0714.4.3.1	女娲人日上天交差	【汉族】
W0714.4.3.2	女娲补好天后回到天上	【汉族】
W0714.4.4	女娲造箭	
W0714.4.4.1	女娲炼出一支神箭	【汉族】
W0714.4.5	女娲福荫子孙	
W0714.4.5.1	女娲补天福荫子孙	【汉族】 ＊［W1386.2］女娲补天
W0714.4.6	女娲拯救人类	【汉族】
W0714.4.6.1	女娲为补天献身	【汉族】
W0714.4.7	女娲移山	
W0714.4.7.1	娲皇奶奶移山疏河	【汉族】
W0714.4.8	女娲显灵	
W0714.4.8.1	女娲显灵退匪类	【汉族】
W0714.4.8.2	女娲显灵退河水	【汉族】
W0714.4.9	女娲无所不知	
W0714.4.9.1	女娲明白天下事	【汉族】
W0714.4.10	女娲送子	
W0714.4.10.1	女娲为摸子孙窑的人送子	【汉族】
W0714.4.11	女娲发明姓氏	［W6820］姓氏的产生
W0714.4.11.1	女娲正姓氏	【汉族】
W0714.4.12	女娲治世	

① 【仡佬族】 ＊［W0680.2.0.6］女娲用泥捏出伏羲兄妹；［W1104.2］女娲造天地；［W1545.2a.1.2］女娲的双乳变成日月

W 编码	母题描述	关联项
W0714. 4. 12. 1	女娲氏承庖羲制度	【汉族】
W0714. 4. 13	女娲制定婚育制度	【汉族】 * ［W7001］婚姻的产生
W0715	**女娲的关系**	
W0715. 1	女娲的族属	
W0715. 1. 1	女娲属于蛇族	［W5272. 10］蛇氏族
W0715. 1. 1. 1	女娲原来属于海上的蛇族	【汉族】
W0715. 2	女娲的祖先	
W0715. 2. 1	女娲是盘古的后代	【民族，关联】①
W0715. 3	女娲的父母②	［W0711. 3. 4］女娲是王母娘娘的女儿
W0715. 3. 0	女娲没有父母	【汉族】
W0715. 3. 1	女娲的父母是一对老夫妻	
W0715. 3. 1. 1	女娲的父母是杞国的一对老夫老妻	【汉族】
W0715. 3. 2	女娲的母亲是西王母	
W0715. 3. 2. 1	女娲是王母娘娘最小的女儿	【汉族】 * ［W0711. 3. 4］王母娘娘生女娲
W0715. 3. 3	女娲是老天爷的女儿（女娲是玉皇大帝的女儿）	【汉族】
W0715. 3. 3. 1	老天爷的 2 儿 1 女是神农、伏羲和女娲	【汉族】
W0715. 3. 4	女娲是伏羲的女儿	【民族，关联】③
W0715. 3. 4. 1	女娲氏是伏羲帝的女儿	【汉族】
W0715. 3. 4. 2	女娲是伏羲帝的女儿	【汉族】
W0715. 3. 5	女娲是首领的女儿	

① 【汉族】 * ［W0725］盘古的关系；［W0725. 5. 3. 1］盘古的后代女娲

② 女娲的父母，该母题是一个难以简单界定整齐划一的问题。在不同的神话叙事中所出现的“女娲”身份差异很大，有的是创世女神形象，有的是文化英雄，比较常见的则是洪水、天灾等人类大灾难之后的幸存者和人类再生的繁衍着，因此，“女娲的父母”母题中的“父母”会表现出一些几乎找不出直接联系的多元性。具体情况参见《中国神话人物母题实例与索引》。

③ 【汉族】 * ［W0675］伏羲；［W0713. 9. 1］女娲是伏羲的辅佐者

W 编码	母题描述	关联项
W0715.3.5.1	女娲是中天镇首领的女儿	【汉族】
W0715.3.6	女娲是管地者的女儿	【汉族】
W0715.3.7	与女娲的父母有关的其他母题	
W0715.3.7.1	女娲的母亲华胥	［W0711.3.3］华胥生女娲
W0715.4	女娲的哥哥（女娲兄妹）	【关联】①
W0715.4.1	女娲盘古是兄妹	【汉族】
W0715.4.1.1	女娲是盘古的妹妹（女娲的哥哥盘古）	【汉族】 ＊［W0725.2.1.1］盘古的妹妹女娲
W0715.4.2	女娲的哥哥是海龟	
W0715.4.2.1	女娲支天砍断哥哥的手足后哥哥变成海龟	【汉族】
W0715.4.3	神农、伏羲与女娲是兄妹	【汉族】
W0715.4.3.1	女娲的两个哥哥神农、伏羲	【汉族】
W0715.4.3.2	女娲是伏羲的妹妹	【汉族】 ＊［W0680.2.2］伏羲女娲是兄妹（伏羲女娲兄妹）
W0715.4.4	与女娲兄妹有关的其他母题	
W0715.4.4.1	伏羲、女娲、祝融与共工是四兄妹	【汉族】
W0715.4.4.2	女娲与共工、祝融、气人是四兄妹	【汉族】
W0715.4.4.2.1	女娲的大哥共工，二哥祝融，三哥气人	【汉族】
W0715.4.4.2a	女娲与共工、祝融、杞人四兄妹	【汉族】
W0715.4.4.3	宇宙初开时，女娲兄妹成婚	【汉族】
W0715.4.4.4	女娲的哥哥叫“气人”	【汉族】
W0715.4.4.5	女娲氏与天皇氏、地皇氏是三兄妹	【汉族】
W0715.5	女娲的弟弟	
W0715.5.1	洪水后只剩下女娲和弟弟	【汉族】

① ［W0680.2.1］伏羲女娲是双胞胎；［W0680.2.2］伏羲女娲是兄妹（伏羲女娲兄妹）

W 编码	母题描述	关联项
W0715. 5. 2	女娲的弟弟伏羲	【汉族】
W0715. 5. 3	女娲的弟弟太昊	
W0715. 5. 3. 1	太昊是女娲氏的同母弟	【汉族】
W0715. 6	女娲的姐妹	
W0715. 7	女娲的多个同胞	
W0715. 8	女娲的丈夫	【关联】①
W0715. 8. 1	女娲的丈夫盘古	【汉族】
W0715. 8. 2	女娲的丈夫伏羲	【汉族】
W0715. 8. 3	女娲的丈夫香山老祖	【汉族】
W0715. 8. 4	女娲的丈夫后羿	
W0715. 8. 4. 1	女娲与后羿是夫妻	【汉族】
W0715. 9	女娲的子女（女娲的后代，女娲的子孙）	【关联】②
W0715. 9. 1	女娲有稻、黍、麦、菽、麻 5 个儿子	【汉族】
W0715. 9. 1. 1	女娲圣母的稻、黍、麦、菽、麻 5 个儿子是稷的侍从	【汉族】
W0715. 9. 2	女娲有稻、黍、麦、豆、麻 5 个儿子	【汉族】
W0715. 9. 2a	女娲的女儿宓妃	【汉族】 * ［W0680. 5. 3. 2］伏羲氏的女儿宓妃
W0715. 9. 3	地上的人都是女娲的孩子	【藏族】
W0715. 10	女娲的上司	
W0715. 10. 1	女娲听命伏羲	
W0715. 10. 1. 1	女娲辅佐伏羲治理天下	【汉族】 * ［W0680. 6. 2. 1］伏羲的辅佐女娲
W0715. 10. 2	女娲少佐太昊	【汉族】
W0715. 11	女娲的师傅	

① ［W0682. 1. 1］伏羲女娲婚；［W0716］女娲的婚姻；［W0725. 4. 1］盘古的妻子女娲（盘古女娲是夫妻）

② ［W0743. 2］炎帝是女娲之女；［W0791. 1］太上老君是女娲的儿子

W 编码	母题描述	关联项
W0715.11.1	女娲是太昊氏之女弟	【汉族】
W0715.12	女娲的从属	
W0715.12.1	女娲的助手	
W0715.12.2	女娲的手下	
W0715.12.2.1	神女是女娲的手下	【汉族】
W0715.12.3	女娲的臣下	
W0715.12.3.1	女娲臣娥陵氏	【汉族】
W0715.13	与女娲的关系有关的其他母题	
W0715.13.1	女娲的继位者	
W0715.13.1.1	大庭氏继位女娲氏	【汉族】
W0716	**女娲的婚姻**	
W0716.1	女娲和哥哥婚	［W0682.2.1］伏羲女娲兄妹婚
W0716.1.1	女娲与香山老祖兄妹婚	【汉族】
W0716.2	女娲和弟弟成婚	【汉族】
W0716.3	女娲与盘古婚	【汉族】 ＊［W0715.11.2］女娲与盘古的关系
W0716.3.1	女娲补好天与盘古婚	【汉族】 ＊［W0725.4.1］盘古的妻子女娲（盘古女娲是夫妻）
W0716.4	与女娲的婚姻有关的其他母题	［W0682.1.1］伏羲女娲婚
W0716.4.1	女娲伏义成婚	【汉族】
W0717	**与女娲有关的其他母题**	
W0717.1	女娲的饮食	
W0717.1.1	女娲饭量巨大	［W0656.4］祖先饭量巨大
W0717.1.1.1	女娲吃十只老虎，百只小兔，三千条大活鱼	【汉族】
W0717.2	女娲的居所	
W0717.2.1	女娲住天上	【汉族】
W0717.2.1.1	女娲娘娘住天上	【汉族】

W 编码	母题描述	关联项
W0717.2.2	女娲住昆仑山	【民族，关联】①
W0717.2.3	女娲住洞中	【汉族】
W0717.2.3.1	女娲住余家峡龙马洞	【汉族】
W0717.2.3.2	女娲未补天前住洞中	【汉族】
W0717.2.3.3	女娲居天地之间的山洞中	【汉族】
W0717.2.4	女娲氏都于中皇之陂	【汉族】
W0717.2.5	女娲居中原	
W0717.2.5.1	女娲住中州平原上	【汉族】
W0717.2.6	与女娲居所有关的其他母题	［W0717.8.5］女娲故里
W0717.3	女娲的坐骑	
W0717.3.1	女娲骑凤凰	
W0717.3.1.1	女娲骑着一只凤凰从天空东边飞来	【汉族】
W0717.3.2	女娲乘雷车	【汉族】 ＊［W0347.5］雷车
W0717.3.2.1	女娲雷车驾应龙	【汉族】
W0717.3a	女娲的出行	
W0717.3a.1	女娲脚踏彩云	【汉族】
W0717.4	女娲的名字（女娲的名号，女娲名称）	［W6870］神或神性人物的命名
W0717.4.1	盘古为女娲取名	
W0717.4.1.1	盘古给天降的女子取名女娲	【汉族】
W0717.4.1.2	盘古给涡涡洞里出现的女子取名女娲	【汉族】
W0717.4.2	根据女娲的孕育情形取名	【汉族】
W0717.4.3	女娲被称为娲皇（女娲被称为皇娲）	【汉族】
W0717.4.3.1	女娲因补天有功被尊为皇娲	【汉族】
W0717.4.3a	娲皇圣母	［W0717.4.5.9］女娲圣母

① 【汉族】 ＊［W0678.3.1］伏羲居住昆仑山；［W0693.3.1］黄帝居昆仑山；［W0758.4］西王母居住昆仑山；［W0812.5］群仙居住昆仑山

W 编码	母题描述	关联项
W0717.4.3a.1	玉皇大帝因女娲造人补天有功封她为娲皇圣母	【汉族】
W0717.4.4	女娲娘娘	【汉族】
W0717.4.4.1	女娲娘娘是石矶娘娘	【汉族】
W0717.4.4.2	女娲用泥造人成活后被称为女娲娘娘	【汉族】
W0717.4.4.3	人为记住女娲造人的功劳称她为女娲娘娘	【汉族】
W0717.4.4.4	女娲补天穿有功，玉帝封她为娘娘	【汉族】
W0717.4.5	与女娲的名字有关的其他母题	
W0717.4.5.1	因语音变化出现“女娲”的名字	
W0717.4.5.1.1	混沌漩涡中生的女子“涡”后来叫“女涡”，渐渐传成“女娲”	【汉族】
W0717.4.5.1.2	一对兄妹造的女孩取名“女货”，后来音转变成“女娲”	【汉族】
W0717.4.5.1.3	女娲名字是“女洼”变来的	【汉族】
W0717.4.5.2	女娲原名叫天女	【汉族】
W0717.4.5.3	娲皇奶奶	【汉族】
W0717.4.5.4	女娲氏即风后	【汉族】
W0717.4.5.5	女娲又称人祖奶奶	【汉族】 * ［W0713.7.1］女娲被尊称为人祖奶
W0717.4.5.5a	女娲又称人祖娘娘	【汉族】
W0717.4.5.5b	女娲被称为老奶奶	【汉族】
W0717.4.5.6	女皇氏媲蜗，云姓	【汉族】
W0717.4.5.6a	女娲氏风姓	【汉族】
W0717.4.5.7	女娲氏又称女希	【汉族】
W0717.4.5.7a	女娲又称女布	【汉族】
W0717.4.5.8	女娲氏又称皇姆天媒	【汉族】 * ［W0713.3.2］女娲做媒人（女娲是媒神）

W 编码	母题描述	关联项
W0717. 4. 5. 9	女娲圣母	【汉族】
W0717. 4. 5. 9. 1	女娲被玉皇大帝封为圣母	【汉族】
W0717. 4. 5. 10	天母女娲	【汉族】
W0717. 4. 5. 11	女娲娘	【汉族】
W0717. 4. 5. 12	女娲老母	【汉族】
W0717. 4. 5. 13	娲儿公主	
W0717. 4. 5. 13. 1	女娲原来叫“娲儿公主”	【汉族】
W0717. 5	女娲的用品（女娲的手持物）	
W0717. 5. 1	女娲手捧月亮	【汉族】
W0717. 6	女娲的寿命	
W0717. 6. 1	女娲寿命 130 岁	【汉族】
W0717. 7	女娲的死亡	
W0717. 7. 1	女娲因补天死亡	【汉族】
W0717. 7. 1. 1	女娲补天时冻死	
W0717. 7. 1. 1. 1	女娲补天冻死在登封县清凉山太子沟	【汉族】
W0717. 7. 1. 2	娲儿公主补天累死	【汉族】
W0717. 7. 2	女娲死后托生	
W0717. 7. 2. 1	女娲死后变成狗	【汉族】
W0717. 8	女娲的遗迹（与女娲有关的风物）	
W0717. 8. 1	女娲庙	【汉族】
W0717. 8. 1. 1	女娲庙在承筐山	
W0717. 8. 2	娲皇宫	【汉族】
W0717. 8. 3	女娲陵	
W0717. 8. 3. 1	女娲陵在任城县（山东省济宁市任城区）	【汉族】
W0717. 8. 4	女娲墓（女娲坟）	【汉族】
W0717. 8. 4. 1	女娲墓在黄河中	【汉族】
W0717. 8. 4. 2	女娲坟在华、陕界黄河中的小洲岛上	【汉族】

W 编码	母题描述	关联项
W0717.8.4.3	陈州翁婆墓（陈州伏羲女娲墓）	【汉族】 *［W0683.4.2.1］陈州伏羲墓
W0717.8.5	女娲故里	【关联】①
W0717.8.5.1	陕西平利县女娲故里	【汉族】
W0717.8.5.2	河北涉县女娲故里	【汉族】
W0717.8.5.3	甘肃天水秦安女娲故里	【汉族】
W0717.8.5.4	山西晋城泽州女娲故里	【汉族】
W0717.8.5.5	河南周口西华女娲故里	【汉族】
W0717.8.5.6	山东济宁任城女娲故里	【汉族】
W0717.8.6	女娲祠	【汉族】
W0717.8.7	女娲山	【汉族】
*** W0720**	**盘古**	
W0721	**盘古的产生**	
W0721.1	盘古来于某个地方或自然存在	
W0721.1.1	盘古从天上下凡（盘古源于天，天降盘古）	【民族，关联】②
W0721.1.1.1	玉帝让盘古下凡	【汉族】
W0721.1.1.1.1	玉皇大帝派盘古女娲下凡	【汉族】
W0721.1.1.2	盘古被贬到人间	【壮族】
W0721.1.2	盘古自然存在	【汉族】
W0721.2	盘古是造出来的	
W0721.2.1	如来造盘古	【侗族】
W0721.3	盘古是生育产生的	【汉族】 *［W2130 ~ W2299］生育产生人
W0721.3.1	混沌生盘古	【民族，关联】③
W0721.3.1.1	盘古在混沌中经历1万8千年产生	【汉族】

① ［W0711.3.9.2］女娲的出生地；［W0717.2］女娲的居所

② 【汉族】 *［W0723.2.5.2.1］盘古下凡后变成巨人；［W0723.2.8.1］天降大圣盘古；［W0723.3.7.2］盘古是天上到地上最早的人；［W0728.1.0.1］盘古原来住天上

③ 【汉族】 *［W0711.3.7］混沌生女娲；［W0721.3.9.0］混沌卵生盘古

W 编码	母题描述	关联项
W0721. 3. 2	天地生盘古	【汉族】
W0721. 3. 2. 1	像鸡蛋的天地中生盘古	【汉族】
W0721. 3. 2. 1a	像大西瓜的天地中生盘古	【汉族】
W0721. 3. 2. 2	混沌的天地生盘古	【汉族】 * ［W0721. 3. 9. 0. 4］混沌的天地卵生盘古
W0721. 3. 2. 2a	像鸡蛋的混沌天地生盘古	【汉族】
W0721. 3. 2. 3	天生盘古	
W0721. 3. 2. 4	地生盘古（地孕育盘古）	
W0721. 3. 2. 4. 1	地中央孕育盘古	【汉族】
W0721. 3. 2. 4. 2	地心中生盘古	【汉族】
W0721. 3. 3	世界生盘古	［W0721. 3. 9. 4a］世界卵生盘古
W0721. 3. 3. 1	像鸡蛋和西瓜的世界生盘古	【汉族】
W0721. 3. 4	宇宙生盘古	
W0721. 3. 4. 1	像蛋的混沌宇宙生盘古	【汉族】
W0721. 3. 4. 2	鸡蛋一样的宇宙中孕育出盘古	【汉族】
W0721. 3. 5	土生盘古	【汉族】
W0721. 3. 5. 1	泥团中生盘古	
W0721. 3. 5. 1. 1	鸭子潜水取泥形成的泥团生盘古氏	【汉族】 * ［W1179. 4］潜水取土造地
W0721. 3. 5a	山生盘古	［W0723b. 4. 5. 1］盘古死后化山
W0721. 3. 5a. 1	昆仑山生盘古	
W0721. 3. 5a. 1. 1	昆仑山吐血水生盘古	【汉族】
W0721. 3. 6	神或神性人物生盘古	
W0721. 3. 6. 1	地母生盘古	［W0721. 4b. 1. 2］天地婚后地母生盘古
W0721. 3. 6. 2	盘古是土地神的子孙	【毛南族】
W0721. 3. 6a	人生盘古	
W0721. 3. 6a. 1	云变成的女子感青草生盘古王	【瑶族（八排）】
W0721. 3. 6a. 2	1 对兄妹婚生盘古	
W0721. 3. 6a. 2. 1	洪水后幸存的 1 对兄妹婚生盘古	【汉族】

W 编码	母题描述	关联项
W0721.3.7	云生盘古	
W0721.3.7.1	五彩云生盘古	【瑶族】
W0721.3.8	气生盘古	【汉族】 * ［W0029.3］气生神
W0721.3.8.1	气球中生盘古	【汉族】 * ［W0725.4.2.0.1］大气球生盘古爷盘古奶
W0721.3.8.1.1	宇宙气团的中心生育盘古	【汉族】
W0721.3.8.2	元气生盘古	
W0721.3.8.2.1	混沌卵元气结成的精华生盘古	【汉族】
W0721.3.8.2.2	元气孕育的中和之气生盘古	【汉族】
W0721.3.8.3	雾气生盘古	
W0721.3.8.3.1	混沌的一团雾气生盘古	【汉族】
W0721.3.8.3.2	像鸡蛋的一团雾气生盘古	【汉族】
W0721.3.8.4	气团生盘古	
W0721.3.8.4.1	世界最早产生的大气团生盘古	【汉族】
W0721.3.9	卵生盘古	【民族，关联】①
W0721.3.9.0	混沌卵生盘古	【民族，关联】②
W0721.3.9.0.1	混沌的圆东西中炸出盘古	【汉族】
W0721.3.9.0.2	混沌聚成的卵生盘古	【汉族】
W0721.3.9.0.3	混沌卵有灵气后生盘古	【汉族】
W0721.3.9.0.4	混沌的天地卵生盘古	【汉族】
W0721.3.9.0.5	混沌卵的胚胎变成盘古	【汉族】
W0721.3.9.0.6	混沌卵生盘古真人	【汉族】
W0721.3.9.0.7	混沌卵在阳气的作用下生盘古	【汉族】
W0721.3.9.1	龙蛋生盘古	【汉族】 * ［W0728.3.7.5.1］龙蛋生的1对兄妹俩都叫盘古
W0721.3.9.1.1	9条龙孵龙蛋孵出盘古	【汉族】
W0721.3.9.1.2	大龙蛋孵9千年孵出盘古	【汉族】
W0721.3.9.2	鸟卵生盘古	【汉族】

① 【汉族】【侗族】 * ［W0728.1.4］盘古住卵中

② 【汉族】 * ［W0721.3.1］混沌生盘古；［W0725.6.7.1.1.1］混沌卵生巨人远古

W 编码	母题描述	关联项
W0721. 3. 9. 2. 1	大鸟在天和地合缝处下的蛋生盘古	【汉族】
W0721. 3. 9. 3	石卵生盘古	
W0721. 3. 9. 3. 1	混沌孕育的石卵生盘古	【土族】
W0721. 3. 9. 3. 2	混合无极生的石卵生盘古	【土族】
W0721. 3. 9. 4	巨卵生盘古	【汉族】
W0721. 3. 9. 4a	世界卵生盘古	【汉族】 * ［W0728. 3. 3. 5］盘古像盘龙鸡在世界卵中盘着，故名“盘古”
W0721. 3. 9. 4a. 1	世界卵蛋黄中生盘古	【汉族】
W0721. 3. 9. 5	天地生的卵生盘古	【苗族】
W0721. 3. 9. 6	与卵生盘古有关的其他母题	
W0721. 3. 9. 6. 1	盘古啄破蛋壳而生	【汉族】
W0721. 3. 9. 6. 1a	盘古用脚蹬破蛋壳出生	【汉族】
W0721. 3. 9. 6. 2	开天的远古生的卵孵出盘古	【汉族】
W0721. 3. 9. 6. 2a	世界最早的巨人远古生的卵孵出盘古	【汉族】
W0721. 3. 9. 6. 3	鸡蛋生盘古	【汉族】 * ［W0721. 4. 6. 1］盘古在大鸡蛋中变成人
W0721. 3. 9. 6. 3. 1	鸡蛋黄里头孵出盘古	【汉族】
W0721. 3. 9. 6. 3. 2	混沌的鸡蛋中生盘古	【汉族】
W0721. 3. 9. 6. 3. 3	黑暗混沌的鸡蛋中孵出盘古	【汉族】
W0721. 3. 9. 6. 3. 4	混沌的大鸡蛋生盘古	【汉族】
W0721. 3. 9. 6. 3. 5	像鸡蛋的宇宙卵生盘古	【汉族】
W0721. 3. 9. 6. 4	见风就长的蛋生盘古	【苗族】
W0721. 3. 9. 6. 5	石鼓中孕生盘古	【汉族】
W0721. 3. 9. 6. 6	黑色的卵生盘古	【汉族】
W0721. 3. 10	特定人物生的卵生盘古	
W0721. 3. 10. 1	修狃老公公生的修狃蛋生盘古	【苗族】

W 编码	母题描述	关联项
W0721.3.11	光生盘古	【关联】①
W0721.3.12	与生育盘古有关的其他母题	【汉族】
W0721.3.12.1	孕生盘古用了1万8千年	【侗族】【汉族】
W0721.3.12.2	盘古是灵胎	【汉族】
W0721.3.12.3	盘古出生用了49天	【汉族】
W0721.3.12.4	盘古再度转世	【汉族】
W0721.3.12.5	母亲怀孕盘古用了2个13年	【汉族】
W0721.3.12.6	盘古从特殊的地方出生	
W0721.3.12.6.1	盘古从母亲的腋窝方出生	【汉族】
W0721.3.12.7	盘古出生时有异常现象	
W0721.3.12.7.1	盘古出生时天崩地裂	【白族】
W0721.4	盘古是变化产生的	
W0721.4.1	特定的人物化为盘古	
W0721.4.1.1	女性神性人物变成盘古	
W0721.4.1.1.1	江沽化为盘古	[W0725.6.6.1] 张古和盘古
W0721.4.1.1.1.1	江沽出世后吸气喝水变成为盘古	【汉族】
W0721.4.2	动物变成盘古	
W0721.4.2.1	猿变成盘古	【汉族】 * [W0725.2.0.1] 2只猿变成盘古兄妹
W0721.4.3	植物变成盘古	
W0721.4.3.1	蟠桃变成盘古	【侗族】 * [W0722.5.5.1] 盘古的原形是蟠桃
W0721.4.4	自然物变成盘古	
W0721.4.4.1	云变成盘古	【瑶族】
W0721.4.5	其他特定物变成盘古	
W0721.4.6	与变化产生盘古有关的其他母题	
W0721.4.6.1	盘古在大鸡蛋中变成人	【汉族】
W0721.4.6.2	盘古慢慢变成人形	
W0721.4.6.2.1	盘古经1万2千年变成人形	【汉族】

① [W0029.5] 光生神；[W2215] 光生人

W 编码	母题描述	关联项
W0721. 4a	盘古是化生的（化生盘古）	
W0721. 4a. 1	气的精华化为盘古	【汉族】
W0721. 4a. 2	龙血与天精与地灵化生盘古	
W0721. 4a. 2. 1	昆仑山五龙的血与天精与地灵化生盘古	【汉族】 * ［W0721. 3. 5a. 1］昆仑山生盘古
W0721. 4a. 3	龙的血化生盘古	【汉族】 * ［W2388. 2］血化生人
W0721. 4a. 3. 1	龙吐的鲜血孕出盘古	【汉族】
W0721. 4a. 4	龙血和海水化生盘古	
W0721. 4a. 4. 1	昆仑山五龙的血水和东海水孕出盘古	【汉族】
W0721. 4a. 5	与变化产生盘古有关的其他母题	［W0721. 3. 9. 0. 5］混沌卵的胚胎变成盘古
W0721. 4b	盘古是婚生的（婚生盘古）	
W0721. 4b. 1	天地婚生盘古	【汉族】
W0721. 4b. 1. 1	天地交合孕育盘古	【汉族】
W0721. 4b. 1. 2	天地婚后地母生盘古	【汉族】 * ［W0721. 3. 6. 1］地母生盘古
W0721. 4c	盘古是感生的（感生盘古）	
W0721. 4c. 1	特定的人感生盘古	【瑶族】
W0721. 5	与盘古产生有关的其他母题	
W0721. 5. 1	盘古产生的原因	
W0721. 5. 2	盘古产生的时间	
W0721. 5. 2. 0	盘古产生在天地未分时	【汉族】
W0721. 5. 2. 1	盘古产生在混沌初开时	
W0721. 5. 2. 1a	盘古产生在混沌之初	【汉族】
W0721. 5. 2. 2	盘古产生在天地分开之后	【侗族】
W0721. 5. 2. 3	盘古产生在远古	【苗族】
W0721. 5. 2. 4	盘古产生在万年前	【汉族】
W0721. 5. 2. 5	盘古产生在洪水后	【瑶族】

W 编码	母题描述	关联项
W0721.5.2.6	盘古产生在鸿君老祖之后	【土家族】
W0721.5.2.7	盘古产生在三皇之前	【汉族】
W0721.5.2.8	盘古产生在扁鼓王开天之后	【民族，关联】①
W0721.5.2.9	盘古之前有个远古	【汉族】 ＊［W0725.6.7.1.2］远古又称扁古
W0721.5.2.10	盘古产生最早	［W0723.3.7］盘古是世上第一人
W0721.5.2.10.1	世界上盘古氏最早产生	【汉族】
W0721.5.3	盘古的生日	［W1401.1］盘古出世时天地相连
W0721.5.3.1	盘古生日是农历三月初三	【汉族】
W0721.5.3.2	盘古生日是农历十月十六日	【南方民族】【瑶族】
W0721.5.3.2.1	盘古氏生日是农历十月十六日	【南方民族】
W0721.5.4	盘古产生的地点	
W0721.5.4.1	盘古来源于东方	【苗族】
W0721.5.4.2	盘古出生在王屋山东面的山上	【汉族】
W0721.5.4.3	盘古出生在王屋山东边山腰的盘古寺上	【汉族】
W0721.5.5	盘古产生的同源人物	
W0721.5.5.1	盘古与玉皇同时生出	【瑶族】
W0721.5.5.2	盘古与九天女同时产生	【瑶族】
W0721.5.5.3	盘古与地母同时产生	【汉族】
W0722	**盘古的特征**	
W0722.1	盘古的身高	
W0722.1.0	盘古身高8尺（盘古身高八尺）	【汉族】
W0722.1.1	盘古身高1丈2尺5寸（盘古身高一丈二尺五）	【土家族】 ＊［W1332.8.5.1］盘古用头上长出的4个枝杈的长角支天不成功
W0722.1.2	盘古身高1丈8尺（盘古身高一丈八）	【白族】
W0722.1.3	盘古身高3丈6尺（盘古身高三丈六）	

① 【汉族】 ＊［W0725.1.1.1］盘古王的父亲扁古王；［W0728.3.7.2］盘古是扁古

W 编码	母题描述	关联项
W0722. 1. 3. 1	盘古身高三丈六，腰围九抱粗，肚子赛蒸笼	【侗族】
W0722. 1. 4	盘古身高 9 万里	【汉族】
W0722. 1. 4. 1	盘古身长 9 万里，身宽 9 万里	【汉族】
W0722. 1. 4. 2	盘古经 1 万 8 千年身高长到 9 万里	【汉族】
W0722. 1. 4. 2. 1	盘古撑天经 1 万 8 千年身高长到 9 万里	【汉族】
W0722. 1. 4a	盘古身高几万里	【汉族】
W0722. 1. 5	盘古如天高	【汉族】
W0722. 1. 5. 1	盘古站着齐天高，躺下与地长	【汉族】
W0722. 1. 6	盘古极长	【汉族】
W0722. 2	盘古的外形（盘古的外貌，盘古的体征）	
W0722. 2. 1	盘古的奇特外形	
W0722. 2. 1. 0	盘古龙首人身	【汉族】
W0722. 2. 1. 0a	盘古人首龙身	【汉族】
W0722. 2. 1. 1	盘古龙头蛇身（盘古龙首蛇身）	【汉族】
W0722. 2. 1. 1. 1	盘古王龙头蛇身	【汉族】
W0722. 2. 1. 1. 2	盘古为顶天变成龙头蛇身	【汉族】
W0722. 2. 1. 2	盘古牛头马面龙身	【汉族】
W0722. 2. 1. 3	盘古三头六臂两角	【汉族】
W0722. 2. 1. 3. 1	盘古三头六臂	【汉族】 * ［W0073. 3. 1］神有三头六臂
W0722. 2. 1. 4	盘古龙头蛇尾	
W0722. 2. 1. 4. 1	盘古是龙头蛇尾的男子	【汉族】
W0722. 2. 1. 5	盘古人头蛇身（盘古人首蛇身）	［W0632. 1］人头蛇身之神
W0722. 2. 1. 6	盘古鸡头龙身	【汉族】
W0722. 2. 1. 6. 1	盘古鸡头龙身如盘龙鸡	【汉族】
W0722. 2. 1. 7	盘古奇形怪状	【汉族】
W0722. 2. 2	盘古动物的头人的身体	

W 编码	母题描述	关联项
W0722.2.2.1	盘古是狮头人身	【汉族】 *［W0633.10］狮头人身之神
W0722.2.2.1.1	盘古王是狮头人身的巨人	【汉族】
W0722.2.2.2	盘古龙头人身	【汉族】 *［W0633.4］龙头人身之神
W0722.2.2.3	盘古虎头人身	【仡佬族】
W0722.2.2.4	盘古鸡头人身	【汉族】 *［W0633.2］鸡头人身之神
W0722.2.3	盘古动物的头动物的身体	
W0722.2.3.1	盘古龙头蛇身	【汉族】
W0722.2.3.2	盘古牛头龙身	【汉族】
W0722.2.4	盘古的头	［W1545.2a.2.1］盘古的头变成日月
W0722.2.4.1	盘古有多个头	
W0722.2.4.1.1	盘古 3 个头	【汉族】 *［W0722.2.1.3］盘古三头六臂两角
W0722.2.4.2	盘古头上生角	【汉族】
W0722.2.4.2.1	盘古头生双角（盘古头上长着两只角）	【汉族】
W0722.2.4.2.1.1	盘古头上长着 2 个肉犄角	【汉族】
W0722.2.4.2.1.2	盘古头上长着 2 个长角能发光	【汉族】
W0722.2.4.2.2	盘古头生龙角	【汉族】
W0722.2.4.2.2.1	盘古的头是两角八杈的“龙头”	【汉族】
W0722.2.4.3	盘古头上的角的作用	
W0722.2.4.3.1	盘古头上的角是与兽搏斗的武器	【汉族】
W0722.2.4.3.2	盘古头上的角可以作为死亡的信号	【汉族】
W0722.2.4.4	盘古头上的角的消失	
W0722.2.4.4.1	老天爷让天将截去盘古爷头上的长角	【汉族】
W0722.2.5	盘古的脸	

W 编码	母题描述	关联项
W0722.2.5.1	盘古的脸是方的（盘古方脸）	【汉族】
W0722.2.6	盘古的眼睛	
W0722.2.6.1	盘古的左眼和右眼	
W0722.2.6.2	盘古的眼睛是日月	【汉族】 * ［W1545.2.8］盘古的眼睛变成日月
W0722.2.6.3	盘古的眼泪	
W0722.2.7	盘古的嘴巴	
W0722.2.8	盘古的耳朵	
W0722.2.8.1	盘古死后耳朵变成神王	【彝族】 * ［W0723b.4.4］盘古的耳朵变神王
W0722.2.9	盘古的鼻子	
W0722.2.10	盘古的须发	
W0722.2.11	盘古的心脏	［W0050.1.1］盘古的心脏变成神
W0722.2.11.1	盘古的心飞升天外	【汉族】
W0722.2.12	盘古的四肢	
W0722.2.12.1	盘古四肢坚硬巨大	【汉族】
W0722.2.12.2	盘古的手	
W0722.2.12.3	盘古的脚	
W0722.2.13	盘古的尾巴	
W0722.2.13.1	盘古蛇尾	【汉族】 * ［W0722.2.1.4.1］盘古是龙头蛇尾的男子
W0722.2.14	盘古的肚子	
W0722.2.15	盘古的毛发	
W0722.2.15.1	盘古浑身长毛	【土族】
W0722.2.15.2	盘古的汗毛	
W0722.2.16	与盘古的外形有关的其他母题	
W0722.2.16.1	盘古的身体像柱子	【汉族】
W0722.2.16.2	盘古无形	【民族，关联】①

① 【汉族】 * ［W0070.2］神是无形的（神无形，人看不见神）；［W0723.1.3.4］有形的开天辟地的盘古变化成无形的盘古神

W 编码	母题描述	关联项
W0722.2.16.3	盘古有形又无形	【汉族】 ＊［W0070.2.1］神有形又无形
W0722.2.16.4	盘古很丑陋	【汉族】
W0722.3	盘古的力量	
W0722.3.1	盘古力气巨大	【汉族】
W0722.3.1.1	盘古力能托天	【侗族】
W0722.4	盘古的声音	
W0722.4.1	盘古说话像打雷	【侗族】 ＊［W0084.2.2］神的声音如雷
W0722.4.2	盘古的声音成为雷	【汉族】
W0722.5	与盘古的特征有关的其他母题	
W0722.5.0	盘古的性格	
W0722.5.0.1	盘古是个急性子	【汉族】
W0722.5.0.2	盘古心眼好（盘古心地善良）	【汉族】
W0722.5.0.3	盘古性格实在	【汉族】
W0722.5.1	盘古是云	【瑶族】
W0722.5.2	盘古最大	【彝族】
W0722.5.3	盘古的呼吸	
W0722.5.3.1	盘古的呼吸形成风云	【汉族】
W0722.5.3.2	盘古的呼吸形成风雨雷电	【汉族】
W0722.5.4	盘古身上的虫子	
W0722.5.4.1	盘古身上诸虫化为人类	【汉族】
W0722.5.5	盘古的原形	
W0722.5.5.1	盘古的原形是蟠桃	【侗族】
W0722.5.6	盘古的灵魂	
W0722.5.6.1	盘古的神魂统摄万物	【民族，关联】①
W0722.5.6.2	盘古的灵魂借助石狮子照管子孙	【汉族】
W0723	**盘古的身份**	
W0723.1	盘古是神	【汉族】

① 【汉族】 ＊［W0723.4.1.1］盘古的神魂管辖一切神鬼；［W0723.4.2］盘古是万物管理者

W 编码	母题描述	关联项
W0723. 1. 0	盘古是开辟神	
W0723. 1. 0. 1	盘古氏是开辟首君	【畲族】
W0723. 1. 1	盘古是天父（天神）	【汉族】 * ［W0142. 5. 2. 1］盘古和女娲是天父地母
W0723. 1. 1. 1	盘古是开天神	【苗族】
W0723. 1. 1. 2	盘古是天神	
W0723. 1. 1. 2. 1	盘古造人后升天成为天神	【汉族】
W0723. 1. 1. 3	盘古是天公	【汉族】 * ［W0142. 4. 3］天公地母即盘古和地母
W0723. 1. 1a	盘古是地神	
W0723. 1. 1a. 1	盘古是地神老地爷	【汉族】
W0723. 1. 2	盘古是神灵	【汉族】
W0723. 1. 2. 1	盘古氏是每日变化的神灵	【汉族】
W0723. 1. 3	与盘古是神有关的其他母题	【汉族】 * ［W0728. 7］盘古神圣不可侵犯
W0723. 1. 3. 1	盘兄古妹是两个神	【毛南族】
W0723. 1. 3. 2	盘古王是开天辟地的玉书（神名）	【仡佬族】
W0723. 1. 3. 3	盘古是天地间睡着的一个神	【汉族】
W0723. 1. 3. 4	有形的开天辟地的盘古变化成无形的盘古神	【汉族】
W0723. 1. 3. 5	盘古是保护神	
W0723. 1. 3. 5. 1	盘古是盘古山的保护神	【汉族】
W0723. 1. 3. 6	盘古是始祖神（盘古是祖先神）	【壮族】
W0723. 2	盘古是神性人物	
W0723. 2. 1	盘古是祖先	［W0723. 1. 3. 6］盘古是始祖神（盘古是祖先神）
W0723. 2. 1. 0	盘古是天地万物之祖	
W0723. 2. 1. 0. 1	盘古氏是天地万物之祖	【汉族】
W0723. 2. 1. 1	盘古是万物之祖	【汉族】

W 编码	母题描述	关联项
W0723.2.1.2	盘古是人的始祖（盘古是人祖）	【布依族】【侗族】【汉族】
W0723.2.1.2.1	盘古是人类的老祖宗	【汉族】
W0723.2.1.2.2	盘古氏是人祖	【汉族】
W0723.2.1.2.3	盘古兄妹是人祖	【汉族】
W0723.2.1.2.4	盘古爷是人根之祖	【汉族】 * ［W0725.4.2.7］盘古爷、盘古奶是人类的老祖先
W0723.2.2	盘古是神仙	【民族】①
W0723.2.2.1	盘古死后成为神仙	【侗族】
W0723.2.2.2	盘古是仙人	【土家族】
W0723.2.2.3	盘古 1 万 8 千岁时成仙	【侗族】
W0723.2.2.4	盘古盘生兄弟造天地后成仙	【白族】
W0723.2.2.5	盘古白日升仙	【汉族】
W0723.2.3	盘古是宗教神	【汉族】
W0723.2.3.1	盘古修炼成佛	【侗族】 * ［W0723c.1.2］盘古修炼功劳深
W0723.2.3.2	盘古是菩萨	
W0723.2.3.2.1	盘古和女娲成为菩萨	【汉族】
W0723.2.4	盘古是天地之精	
W0723.2.4.1	盘古老人是天地之精	【汉族】
W0723.2.4.2	盘古真人是天地之精	【汉族】
W0723.2.5	盘古是巨人	【侗族】【汉族】【苗族】
W0723.2.5.1	巨人盘古顶天立地	【鄂伦春族】【汉族】
W0723.2.5.2	盘古变成巨人	
W0723.2.5.2.1	盘古下凡后变成巨人	【汉族】 * ［W0721.1.1］盘古从天上下凡
W0723.2.5.2.2	盘古在天地间长成巨人	【汉族】
W0723.2.5.3	巨人盘古枕山卧海	【汉族】
W0723.2.5.4	盘古是高九万里的巨 人	【汉族】 * ［W0722.1.4］盘古身高 9 万里
W0723.2.6	盘古是神人	【汉族】

① 【白族】【侗族】【汉族】【土家族】

W 编码	母题描述	关联项
W0723. 2. 7	盘古是精怪	
W0723. 2. 7. 1	盘古是怪物	【汉族】
W0723. 2. 7. 2	盘古是蚯蚓精	【民族，关联】①
W0723. 2. 8	盘古是圣人	
W0723. 2. 8. 1	天降大圣盘古	【汉族】 * ［W0721. 1. 1］ 盘古从天上下凡
W0723. 2. 9	与盘古是神性人物有关的其他母题	
W0723. 3	盘古是人	［W2021. 3. 1］ 第一个男人是盘古
W0723. 3. 1	盘古是华夏人氏	【侗族】
W0723. 3. 2	盘古是最早的人	【关联】②
W0723. 3. 2. 1	盘古是世上第一人	【汉族】
W0723. 3. 2. 2	盘古是地上最早出现的人	【汉族】
W0723. 3. 2. 3	盘古是天上到地上最早的人	【汉族】
W0723. 3. 2. 4	盘古兄妹是最早的人	【汉族】
W0723. 3. 3	盘古是劳动者	
W0723. 3. 3. 1	盘古是砍柴人	【白族】
W0723. 3. 3. 2	盘古是种地者（盘古是庄稼汉）	
W0723. 3. 3. 2. 1	盘古种地没有牲口	【汉族】
W0723. 3. 4	盘古是超人	【侗族】
W0723. 3. 5	盘古是佣人	
W0723. 3. 5. 1	盘古是帝王的佣人	【苗族】 * ［W0725. 6. 1. 1］ 盘古是三皇五帝的下人
W0723. 3. 6	盘古是大力士	
W0723. 3. 6. 1	盘古是五大三粗的大力士	【汉族】
W0723. 3. 7	盘古是读书郎	【汉族】
W0723. 3. 8	盘古是平常人	
W0723. 3. 8. 1	盘古是凡间玩耍的小男孩	【汉族】
W0723. 3. 9	盘古由神变成人	

① 【汉族】 * ［W0687. 4. 1］ 洪钧老祖是蚯蚓；［W1996. 2. 7. 3］ 世界最早产生的是蚯蚓

② ［W2021］ 世上出现的第一个人；［W2021. 3］ 世上最早只有 1 个男人

W 编码	母题描述	关联项
W0723.3.9.1	盘古的仙气被风吹掉后由神变成人	【汉族】
W0723.3a	盘古是动物	[W0723.2.7.2] 盘古是蚯蚓精
W0723.3a.1	盘古是龙	【汉族】 * [W0722.2.1.4.1] 盘古是龙头蛇尾的男子
W0723.4	盘古是管理者	[W0723a] 盘古的职能
W0723.4.1	盘古管理鬼神	【汉族】 * [W0432.4] 管理神的大神
W0723.4.1.1	盘古的神魂管辖一切神鬼	【汉族】
W0723.4.2	盘古是天地万物管理者	【汉族】
W0723.4.2.1	盘古管理天地	【汉族】
W0723.4.2.2	盘古管理万物	【关联】①
W0723.4.3	盘古管理婚姻	【汉族】 * [W0467] 婚姻神
W0723.4.4	盘古管理天仙、人和龙	【布依族】
W0723.4.5	与盘古是管理者有关的其他母题	
W0723.4.5.1	盘古治世 19999 年	【汉族】
W0723.5	与盘古的身份有关的其他母题	
W0723.5.1	盘古是造物者	【汉族】 * [W1015] 创世者（造物主）
W0723.5.2	盘古化身昆多崩婆	【侗族】
W0723.5.3	盘古是帝王	【汉族】 * [W0723.3.5.1] 盘古是帝王的佣人
W0723.5.3.1	盘古皇	【瑶族】
W0723.5.3.2	盘古王	[W0729g.4.5.4] 盘瓠称盘古大王
W0723.5.3.2.1	盘古氏被推举为盘古王	【汉族】
W0723.5.3.2.2	盘古为中州之主	【汉族】
W0723.5.3.3	盘古君	【汉族】
W0723.5.3.4	盘古大帝	【壮族】
W0723.5.3a	盘古是首领	

① [W0722.5.6.1] 盘古的神魂统摄万物；[W4626] 自然秩序的建立

W 编码	母题描述	关联项
W0723. 5. 3a. 1	盘古是阳族首领	【汉族】
W0723. 5. 4	盘古是劝婚者	
W0723. 5. 4. 1	盘古劝伏羲女娲成婚	【汉族】
W0723. 5. 5	盘古是命名者	【汉族】 * ［W0717. 4. 1］ 盘古为女娲取名
W0723. 5. 6	盘古是发明者	
W0723. 5. 6. 1	盘古氏发明卦画	【汉族】
W0723. 5. 6. 2	盘古氏发明结绳记事	【汉族】
W0723. 5. 6. 3	盘古氏发明结网	【汉族】
W0723. 5. 6. 4	盘古发明音乐	【汉族】 * ［W6901］ 音乐的产生
W0723. 5. 6. 5	盘古发明制衣	【民族，关联】①
W0723. 5. 6. 6	盘古发明文字	【汉族】
W0723. 5. 7	盘古的地位显赫	
W0723. 5. 7. 1	玉帝也要让盘古三分	【汉族】
W0723. 5. 8	盘古是天地之主	
W0723. 5. 9	盘古是地上的主人	
W0723. 5. 9. 1	盘古兄妹与怪牛成为地上的三个主人	【汉族】 * ［W0725. 6. 3. 1. 1］ 盘古兄妹与怪牛是朋友
W0723a	**盘古的职能**	
W0723a. 1	盘古化育神灵	［W0237. 4. 1. 1］ 古老和盘古生 12 地王
W0723a. 1. 1	盘古的灵魂变成雷神	［W0308. 1. 1］ 龙神变成雷神
W0723a. 1. 1. 1	盘古死后灵魂变成雷公	【汉族】 * ［W0316. 5. 5. 1］ 雷公鸡头人身源于前身盘古是鸡头
W0723a. 1. 1. 2	盘古的灵魂飞到天上变成雷公	【汉族】
W0723a. 2	盘古化育万物	
W0723a. 3	盘古管风雨	
W0723a. 3. 1	盘古管着龙降雨	【民族，关联】②
W0723a. 3. 2	盘古能降三场私雨	【汉族】

① 【汉族】 * ［W6127］ 神教人制衣；［W6128. 2］ 祖先教人制衣
② 【汉族】 * ［W0723. 3a. 1］ 盘古是龙；［W3579. 2］ 龙能降雨；［W4341. 2］ 龙王降雨

W 编码	母题描述	关联项
W0723a. 3. 2. 1	老天爷许给盘古能降三场私雨	【汉族】
W0723a. 3. 2. 2	玉帝许给盘古爷三场私雨	【汉族】
W0723a. 3. 2. 3	老天爷许给盘古爷和盘古奶三场私雨	【汉族】
W0723b	**盘古的能力**	
W0723b. 1	盘古善创造	
W0723b. 1. 1	盘古王开辟三界	【布依族】 * ［W0723. 5. 1 盘古是造物者
W0723b. 2	盘古能辟土	
W0723b. 2. 1	盘古劈开东南西北中央戊己土	【土家族】
W0723b. 3	盘古心灵手巧（盘古会制造）	
W0723b. 3. 1	盘古手脚灵巧	
W0723b. 3. 1. 1	盘古手脚灵巧会补天地	【彝族】
W0723b. 3. 2	盘古手巧	【汉族】
W0723b. 3. 2. 1	盘古兄妹雕刻石狮子	【汉族】
W0723b. 4	盘古会变化（盘瓠会化生，盘古会变形）	【关联】①
W0723b. 4. 1	盘古见风就长	
W0723b. 4. 1. 1	盘古吃掉孕育自己的蛋壳后见风就长	【汉族】
W0723b. 4. 2	盘古一日九变	
W0723b. 4. 2. 1	盘古在混沌卵中一日 9 变	【汉族】
W0723b. 4. 2. 2	盘古氏一日 9 变	【汉族】
W0723b. 4. 2a	盘古一日七十变	【汉族】
W0723b. 4. 3	盘古日长 1 丈（盘古每天长一丈）	【汉族】 * ［W0729d. 1. 2. 1］盘皇每日长高 1 丈
W0723b. 4. 3. 1	盘古撑 1 次天就长 1 丈	【汉族】
W0723b. 4. 3. 1. 1	盘古撑天 1 天长 1 丈	【汉族】
W0723b. 4. 3. 2	盘古随天地日长 1 丈	【汉族】

① ［W0308. 1］盘古变为雷神；［W0723. 1. 2. 1］盘古氏是每日变化的神灵

W 编码	母题描述	关联项
W0723b. 4. 3. 2a	盘古随天地不断长高	【汉族】
W0723b. 4. 4	盘古的耳朵变神王	【彝族】
W0723b. 4. 5	与盘古的化生或变形有关的其他母题	【彝族】
W0723b. 4. 5. 1	盘古死后化山	【汉族】 * ［W1850］昆仑山
W0723b. 5	盘古力气大（盘古力大无穷）	【汉族】
W0723b. 5. 1	盘古担山	【布依族】
W0723b. 6	盘古善行走	
W0723b. 6. 1	盘古日行万里	【布依族】
W0723b. 7	盘古能来往天人之间	【汉族】
W0723b. 8	盘古智勇双全	
W0723b. 8. 1	盘古靠智勇打败猛虎	【汉族】
W0723b. 9	盘古战无不胜	
W0723b. 9. 1	盘古兄妹战胜怪兽	【汉族】
W0723b. 9. 2	盘古靠头上的长角战无不胜	【汉族】 * ［W0722. 2. 4. 2］盘古头上生角
W0723b. 10	盘古会巫术	
W0723b. 10. 1	盘古会招魂	【汉族】
W0723c	**盘古的事迹**	
W0723c. 0	盘古开天地	【朝鲜族】【汉族】
W0723c. 0. 1	盘古开天地耗尽精力	【汉族】
W0723c. 0. 1. 1	盘古开天辟地劳累过度伤了元气	【汉族】
W0723c. 0. 2	盘古斩蟒开天地	【汉族】
W0723c. 0a	盘古补天	【汉族】
W0723c. 0a. 1	盘古兄妹补天	【汉族】
W0723c. 0b	盘古造物	【关联】①
W0723c. 0b. 1	盘古氏造万物	【汉族】
W0723c. 1	盘古见特定人物（盘古发现特定人物）	

① ［W06899. 1. 1］盘古造华胥；［W2063］盘古造人；［W1505. 1］盘古造万物；［W1543. 2. 1］盘古造日月；［W1705. 1］盘古造星星；［W1805. 1］盘古造山；［W6738. 1］盘古造字

W 编码	母题描述	关联项
W0723c.1.1	盘古发现伏羲	
W0723c.1.1.1	盘古在昆仑山山洞中发现伏羲氏	【汉族】 * [W0678.3.1.1] 伏羲住昆仑山山洞
W0723c.1.2	盘古遇洪钧老祖	
W0723c.1.2.1	盘古在伏牛山遇洪钧老祖	【汉族】 * [W0687.7.1.1] 洪钧老祖居伏牛山
W0723c.1.3	盘古发现有巢氏	
W0723c.1.3.1	盘古在太乙山山洞找到有巢氏	【汉族】 * [W0750.3.1] 有巢氏居太乙山
W0723c.1.4	盘古拜见王母娘娘	
W0723c.1.4.1	盘古向王母娘娘求水	【汉族】
W0723c.1.5	盘古造访玉帝	【汉族】
W0723c.2	盘古修炼功劳深	【侗族】
W0723c.2.1	盘古与天女一起修炼	【汉族】
W0723c.3	盘古拜佛祖	
W0723c.3.1	观音度化盘古拜佛祖	【侗族】
W0723c.4	盘古为后代操劳奔波	
W0723c.4.1	盘古为后代走遍四面八方	【汉族】
W0723c.5	盘古斗妖	
W0723d	**盘古的经历**	
W0723d.1	盘古在混沌中经历1万8千年	【民族，关联】①
W0723d.1.1	盘古在混沌中孕育1万8千年	【民族，关联】②
W0723d.1.2	盘古在混沌的鸡蛋中孕育1万8千年	【汉族】
W0723d.2	盘古经历磨难	
W0723d.2.1	盘古受威胁	
W0723d.2.1.1	盘古兄妹受到妖魔威胁	【汉族】
W0723d.2.2	盘古获救	

① 【汉族】 * [W0726.1.2] 盘古活了1万8千岁； [W0728.0.2.2] 盘古1万8千年长大；[W0723d.7.1] 盘古在卵中睡了1万8千年

② 【汉族】 * [W0036.2] 神出生经过了长时间怀孕；[W0721.3.12.1] 孕生盘古用了1万8千年

W 编码	母题描述	关联项
W0723d. 2. 2. 1	菩萨救盘古	【白族】
W0723d. 3	盘古称王	
W0723d. 3. 1	盘古击败对手称王	【汉族】 * [W0728. 3. 7. 0] 盘古又称盘古王
W0723d. 4	盘古巡视人间	
W0723d. 4. 1	盘古巡察人间善恶	【傈僳族】
W0723d. 4a	盘古天上遨游	【汉族】
W0723d. 5	盘古端坐地上不吃不喝不动经过几百几千几万年	【汉族】
W0723d. 6	盘古在特定地方不知经历了多少年	
W0723d. 6. 1	盘古在石鼓中不知经历了多少年	【汉族】 * [W4636. 1] 天地混沌时没有时间
W0723d. 7	盘古经历了睡眠期（盘古长睡）	【关联】①
W0723d. 7. 1	盘古在卵中睡了1万8千年	【汉族】
W0723d. 7. 2	盘古在混沌的世界卵中睡了1万8千年	【汉族】
W0723d. 7. 3	盘古在大鸡蛋中睡了几万年	【汉族】
W0723d. 8	盘古获特定物	
W0723d. 8. 1	盘古获得经书	【汉族】 * [W6464] 宗教教义（经书）
W0723d. 8. 2	盘古获得太极图	[W9198. 1. 2] 仿特定的图案造八卦
W0723d. 8. 2. 1	老天爷赐盘古太极图	【汉族】 * [W0751. 5. 5. 9. 2] 大禹右手举太极图，左手托紫微正照方印
W0723d. 9	盘古上学	[W0723. 3. 7] 盘古是读书郎
W0723d. 9. 1	盘古上学时姐姐在家做饭	【汉族】
W0723d. 9. 2	盘古年幼时上学	【汉族】

① [W0723. 1. 3. 3] 盘古是天地间睡着的一个神；[W0728. 1. 4. 1] 盘古睡在鸡蛋中

W 编码	母题描述	关联项
W0723d.9.3	盘古兄妹俩上学	【汉族】
W0723d.9.4	盘古爷和盘古奶上学姊妹俩上学	【汉族】
W0723d.9.4.1	盘古爷和盘古奶上学姊妹俩到盘古山西的响水坡上学	【汉族】
W0723d.10	盘古受封	【汉族】 * [W0728.3.6.6.2] 盘古真人立功德被封元始虚皇道君
W0724	**盘古的工具**	
W0724.1	盘古的斧头和凿子	【汉族】
W0724.1.1	盘古获得1把斧头和1只凿子	【汉族】
W0724.1.2	盘古造斧头和凿子	
W0724.1.2.1	盘古在混沌中造长凿和大斧	【汉族】
W0724.1.3	盘古左手执凿，右手持斧	【汉族】
W0724.2	盘古的斧子	【汉族】
W0724.2.0	盘古的斧子的产生	[W6089.1] 斧子的产生
W0724.2.0.1	盘古出生时身边有把斧子	
W0724.2.0.1.1	盘古出生时手持神斧	【汉族】
W0724.2.0.2	盘古用土末儿捏成斧子	【汉族】
W0724.2.0.3	盘古偶然获得斧子	【汉族】
W0724.2.0.4	盘古从世界卵的外面拿了把斧子	【汉族】
W0724.2.0.5	盘古造出一把斧子	【汉族】
W0724.2.1	盘古的神斧	【民族，关联】①
W0724.2.1.1	盘古手持神斧	【汉族】
W0724.2.1.1.1	盘古出生时手执神斧	【汉族】
W0724.2.1.2	盘古兄妹有神斧	【汉族】
W0724.2.2	盘古的开天辟地斧	【土家族】
W0724.2.2.1	盘古的开天斧	【民族，关联】②
W0724.2.3	盘古的开山斧	【汉族】

① 【汉族】 * [W0670.4.2.1] 布洛陀的神斧；[W0724.2.0.1.1] 盘古出生时手持神斧；[W0962] 神斧

② 【汉族】【土家族】 * [W6089.2.3] 开天斧

W 编码	母题描述	关联项
W0724. 2. 4	与盘古的斧子有关的其他母题	［W6089. 1］ 斧子的产生
W0724. 2. 4. 1	盘古的板斧	【布依族】
W0724. 2. 4. 2	盘古的石斧	
W0724. 2. 4. 2. 1	盘古的斧头是几万斤的大石块	【汉族】
W0724. 2. 4. 3	盘古的大斧	【汉族】
W0724. 2. 4. 3. 1	盘古在宇宙卵中脚下有一把大斧	【汉族】
W0724. 2. 4. 3. 2	盘古的大阔斧	【汉族】
W0724. 2. 4. 4	盘古的利斧	
W0724. 2. 4. 4. 1	盘古在混沌中摸到一把利斧	【汉族】
W0724. 3	盘古的斧子和钻	
W0724. 3. 1	盘古的开天钻和辟地斧	
W0724. 3. 1. 1	盘古左手拿开天钻，右手拿辟地斧	【土族】
W0724. 4	盘古的锤子和钻	
W0724. 4. 1	盘古一手拿铁锤，一手拿钻子	【彝族】
W0724. 5	盘古的斧子和锤子	
W0724. 5. 1	盘古的斧和锤是父亲的四肢变成的	【汉族】
W0724. 6	与盘古的工具有关的其他母题	【关联】①
W0724. 6. 1	盘古的坐骑	
W0724. 6. 1. 1	盘古骑神马	【汉族】
W0725	**盘古的关系**	
W0725. 1	盘古的父母	
W0725. 0	盘古没有父母	【汉族】
W0725. 0. 1	盘古没爹没娘	【汉族】
W0725. 1. 1	盘古的父亲	【汉族】 * ［W1291. 2. 1］ 盘古的父亲扁鼓王背天踩地分开天地
W0725. 1. 1. 1	盘古王的父亲扁古王	【汉族】
W0725. 1. 1. 2	盘古王的父亲扁鼓	【汉族】 * ［W0721. 5. 2. 8］ 盘古产生在扁鼓王开天之后

① ［W1259. 3. 10］ 盘古王用板斧劈出平坝；［W1295. 4. 1］ 盘古王用锤、凿开天地

W 编码	母题描述	关联项
W0725.1.2	盘古的母亲	【土家族】
W0725.1.2.1	盘古的母亲是瘪古	【土家族】
W0725.1.2.2	盘古的母亲是开天圣母（盘古的母亲是目母安）	【民族，关联】①
W0725.2	盘古的兄妹（盘古兄妹）	【关联】②
W0725.2.0	盘古兄妹的产生	
W0725.2.0.1	2只猿变成盘古兄妹	【汉族】
W0725.2.1	盘古女娲是兄妹	【民族，关联】③
W0725.2.1.1	盘古的妹妹女娲	【苗族】 ＊［W0715.4.1.1］女娲是盘古的妹妹
W0725.2.2	盘兄古妹即伏羲女娲	【毛南族】
W0725.2.3	盘古女娲是双胞胎	
W0725.2.4	盘古与天女是兄妹	【汉族】
W0725.2.4.1	盘古的妹妹是天女	
W0725.2.4.1.1	盘古的妹妹三天女	
W0725.2.4.1.1.1	盘古与老天爷的三妮结拜兄妹	【汉族】
W0725.2.4.1.1.2	玉皇大帝的三闺女奉命与盘古结拜兄妹	【汉族】
W0725.2.4.1.1.2a	老天爷的三闺女奉命与盘古结拜兄妹	【汉族】
W0725.2.4.1.1.2b	玉皇大帝的三女儿见盘古孤单下凡与盘古结拜兄妹	【汉族】
W0725.2.4.1.1.3	盘古的妹妹是玉皇大帝的三女儿	【汉族】
W0725.2.5	与盘古兄妹有关的其他母题	【关联】④
W0725.2.5.1	盘和古是兄妹	【毛南族】
W0725.2.5.1.1	盘是兄，古是妹	【毛南族】
W0725.2.5.1.2	古是兄，盘是妹	【毛南族】

① 【瑶族】 ＊［W0729g.4.5.5.1.1.1］开天圣母生上古盘王、中古盘王、下古盘王；［W1725.20.2］盘古的母亲目母婆甩裙上天形成星星

② ［W1104.1.4］盘古兄妹开天辟地；［W1386.3.1］盘古兄妹补天

③ 【汉族】 ＊［W0142.5.2.1］盘古和女娲是天父地母；［W0715］女娲的关系

④ ［W1386.6.1］盘古的妹妹补天；［W1725.18.1］盘古兄妹补天的针眼变成星星

W 编码	母题描述	关联项
W0725. 2. 5. 1. 3	盘和古两兄妹不离分	【毛南族】
W0725. 2. 5. 1. 4	盘兄即伏羲，古妹即女娲	【毛南族】
W0725. 2. 5. 1. 5	盘和古是太白的儿女	【壮族】
W0725. 2. 5. 2	盘古与盘古女结为兄妹	【汉族】
W0725. 2. 5. 3?	盘古和盘古妹即盘安和盘玉	【汉族】
W0725. 3	盘古的兄弟姐妹	
W0725. 3. 1	盘古的兄弟	
W0725. 3. 1. 1	盘古和盘生两兄弟	【民族，关联】①
W0725. 3. 1. 1. 1	盘古的弟弟盘生	【白族】 * ［W0725. 5. 1］盘古的儿子盘生
W0725. 3. 2	盘古的姐妹	
W0725. 3. 2. 1	盘和古是兄妹俩	【毛南族】
W0725. 3. 2. 2	盘古的姐姐	
W0725. 3. 2. 2. 1	盘古的姐姐古凤	【汉族】
W0725. 3. 2. 3	盘古的妹妹	【关联】②
W0725. 3. 2. 3. 1	盘古的妹妹有智谋	【汉族】
W0725. 4	盘古的妻子（盘古夫妻）	【关联】③
W0725. 4. 1	盘古的妻子女娲（盘古女娲是夫妻）	【汉族】 * ［W0790. 1. 5］菩萨是盘古女娲的后代
W0725. 4. 1. 1	盘古与女娲生儿育女	【汉族】
W0725. 4. 2	盘古爷的妻子盘古奶（盘古爷和盘古奶）	【民族，关联】④
W0725. 4. 2. 0	盘古爷盘古奶的来历	
W0725. 4. 2. 0. 1	大气球生盘古爷盘古奶	【汉族】
W0725. 4. 2. 1	盘古奶与盘古爷分开	［W6188. 2］男女分居

① 【白族】 * ［W1505. 5. 1］盘古的弟弟盘生造万物；［W1809. 2. 4］盘古的弟弟盘生缩地时的褶皱形成山

② ［W0725. 2. 1. 1］盘古的妹妹女娲；［W0725. 2. 4. 1］盘古的妹妹是天女

③ ［W0727］盘古的婚姻；［W1115. 1. 1］盘古的妻子的卵生天地；［W1137. 2. 1］盘古夫妻和牛共同顶出天

④ 【汉族】 * ［W0727. 4. 1］盘古与姐姐婚后被奉为盘古爷和盘古奶；［W0728. 3. 7. 7］盘古爷

W 编码	母题描述	关联项
W0725.4.2.1.1	盘古奶离开盘古山到西南居住	【汉族】
W0725.4.2.1.2	盘古爷、盘古奶成亲后盘古奶往西南，盘古爷往西北	【汉族】
W0725.4.2.2	以前只有盘古爷，没有盘古奶	【汉族】
W0725.4.2.3	天塌地陷后造人的一对姊妹被称为盘古爷、盘古奶	【汉族】
W0725.4.2.4	盘古爷、盘古奶造人	【汉族】
W0725.4.2.4.1	盘古爷、盘古奶成亲后用泥造人	【汉族】
W0725.4.2.5	盘古爷、盘古奶是姐弟	【汉族】
W0725.4.2.5.1	盘古爷比盘古奶的年龄小	【汉族】 * ［W7102.2］结婚年龄男小女大
W0725.4.2.6	盘古爷、盘古奶是同窗	【汉族】 * ［W0723d.9.4］盘古爷和盘古奶上学姊妹俩上学
W0725.4.2.7	盘古爷、盘古奶是人类的老祖先	【汉族】
W0725.4.3	盘古的妻子天女	【汉族】
W0725.4.3.1	盘古的妻子是玉帝的三女儿	【汉族】
W0725.4.4	盘古的姐姐妻子	【民族，关联】①
W0725.4.5	盘古的妻子太元圣母	
W0725.4.5.1	盘古真人与太元圣母通气结精	【汉族】
W0725.4.5.2	元始君盘古与太元玉女通气结精	【汉族】
W0725.4.6	盘古的动物妻子	
W0725.4.6.1	盘古与猿是夫妻	【民族，关联】②
W0725.4.6.2	盘果王与鲶鱼结为夫妻	【布依族】
W0725.4.7	与盘古夫妻有关的其他母题	
W0725.4.7.1	盘古氏夫妇始创阴阳	【汉族】 * ［W4755］阴阳的产生
W0725.5	盘古的后代（盘古的子女）	【关联】③
W0725.5.0	盘古的子女（盘古的儿女）	

① 【汉族】 * ［W0725.4.2.5］盘古爷、盘古奶是姐弟；［W7350］姐弟婚

② 【汉族】 * ［W0721.4.2.1］猿变成盘古；［W0725.2.0.1］2只猿变成盘古兄妹

③ ［W0715.2.1］女娲是盘古的后代；［W0725.5.3］伏羲兄妹是盘古的儿女；［W1561.7］太阳是盘古的孩子

W 编码	母题描述	关联项
W0725. 5. 0. 1	盘古有子女 10 人	
W0725. 5. 0. 1. 1	盘古兄妹婚生伏羲氏、神农氏、祝融氏等 10 人	【汉族】
W0725. 5. 0. 1a	盘古有 2 儿 1 女	【汉族】
W0725. 5. 0. 1b	盘古有 4 儿 1 女	【汉族】
W0725. 5. 0. 2	盘古的儿女伏羲女娲	【汉族】 * ［W0676. 3. 3. 1］盘古生伏羲女娲
W0725. 5. 0. 3	盘古的子女东王公、西王母、地皇	［W0147. 7. 2］盘古真人与太元圣母通气结精生东王公与西王母
W0725. 5. 0. 4	盘古生众多子女	
W0725. 5. 0. 4. 1	盘古生 9999 胎孩子	【汉族】
W0725. 5. 0. 4. 2	盘古爷姐弟生百对儿女	【汉族】
W0725. 5. 1	盘古的儿子	
W0725. 5. 1. 1	盘古的儿子盘生	【汉族】
W0725. 5. 1. 2	盘古的儿子伏羲	【关联】①
W0725. 5. 1. 2. 1	盘古的长子伏羲氏	【汉族】
W0725. 5. 1. 3	盘古的儿子神农	［W0735b. 2. 1］神农的父母盘古兄妹
W0725. 5. 1. 3. 1	盘古的次子神农氏	【汉族】
W0725. 5. 1. 3a	盘古的儿子黄帝	【汉族】
W0725. 5. 1. 3a. 1	盘古的次子黄帝	【汉族】
W0725. 5. 1. 4	盘古的儿子祝融	
W0725. 5. 1. 4. 1	盘古的四子祝融氏	【汉族】 * ［W0767. 5. 2. 1］祝融氏的父母盘古兄妹
W0725. 5. 1. 5	盘古的儿子葛天氏	
W0725. 5. 1. 5. 1	盘古的五子葛天氏	【汉族】
W0725. 5. 1. 6	盘古的儿子太上老君	【汉族】 * ［W0791. 7. 1. 1］太上老君的父亲盘古

① ［W0676. 5. 2］盘古兄妹婚生伏羲氏；［W0680. 1. 5］伏羲是大圣的儿子；［W0680. 1. 6］伏羲是盘古儿子；［W0723. 2. 8］盘古是圣人

W 编码	母题描述	关联项
W0725.5.1.7	盘古的儿子地皇	【汉族】 * [W0237.1.3] 盘古真人与太元圣母生地皇
W0725.5.1.7a	盘古的儿子儿子	
W0725.5.1.7a.1	盘古的长子玉帝	【汉族】
W0725.5.1.8	盘古儿子的数量	
W0725.5.1.8.1	盘古有 8 个儿子	【汉族】
W0725.5.1.8.1.1	盘古的 8 个儿子为八方之主	【汉族】
W0725.5.1.8.1.2	盘古兄妹婚生 8 个儿子	
W0725.5.1.8.1.2.1	盘古兄妹婚生 8 个儿子命名为八个方向	【汉族】
W0725.5.1.9	盘古儿子的三皇	【汉族】 * [W0730a.2.1.1] 三皇是盘古的儿子
W0725.5.1a	盘古的女儿	
W0725.5.1a.1	盘古的女儿花神	【汉族】
W0725.5.2	盘古的后裔有太庭氏、庖羲、神农、祝融、五龙氏	【汉族】
W0725.5.2.1	盘古的后裔神农、祝融	【民族，关联】①
W0725.5.3	盘古的儿女伏羲兄妹	【汉族】 * [W0680.2] 伏羲兄妹
W0725.5.3.1	盘古的后代女娲	【汉族】 * [W0715.2.1] 女娲是盘古的后代
W0725.5.4	盘古的孙子	
W0725.5.4.1	盘古的五世孙是东岳神	【汉族】 * [W0398.1.2.4] 东岳神是盘古五世孙金虹氏
W0725.5.4.2	盘古的五世孙金蝉氏	【汉族】
W0725.5.4.3	盘古的孙子五帝	【汉族】
W0725.5.5	与盘古的后代有关的其他母题	

① 【汉族】 * [W0735b.1.1] 神农是盘古的后裔；[W0767.5.1.1] 祝融是盘古的后代

W 编码	母题描述	关联项
W0725.5.5.1	盘古的后代居五岳	【汉族】 * ［W0099.4.6.1］太庭氏、庖羲、神农、祝融、五龙氏分别住五岳
W0725.5.5.2	盘古的后代人王	【侗族】
W0725.5.5.3	今天的人类都是盘古后代	【汉族】
W0725.5.5.4	盘古的后代遍及世界各地	【汉族】
W0725.5.5.5	盘古爷和盘古奶婚生很多后代	【汉族】
W0725.6	与盘古的关系有关的其他母题	
W0725.6.1	盘古的上司	
W0725.6.1.1	盘古是三皇五帝的下人	【民族，关联】①
W0725.6.2	盘古的从属	
W0725.6.3	盘古的朋友	
W0725.6.3.1	盘古与牛是朋友	
W0725.6.3.1.1	盘古兄妹与怪牛是朋友	【汉族】
W0725.6.3.2	盘古和老天爷结为朋友	【汉族】
W0725.6.4	盘古的对手	
W0725.6.4.1	盘古的对手阴族	【汉族】
W0725.6.5	盘古的师傅	
W0725.6.5.1	盘古拜师释迦牟尼	【侗族】
W0725.6.6	与盘古同时出现的人物	
W0725.6.6.1	张古和盘古	【侗族】
W0725.6.7	早于盘古出现的人物	
W0725.6.7.1	远古	［W0721.3.9.6.2］开天的远古生的卵孵出盘古
W0725.6.7.1.1	巨人远古	［W0667.1］特定名称的巨人
W0725.6.7.1.1.1	混沌卵生巨人远古	【汉族】
W0725.6.7.1.2	远古又称扁古	【汉族】
W0726	**盘古的寿命与死亡**	
W0726.0	盘古不死	

① 【苗族】 * ［W0123.4.2］三皇；［W0723.3.5］盘古是佣人

W 编码	母题描述	关联项
W0726.0.1	盘古王是不死的祖先	【侗族】 *［W0723.2.1］盘古是祖先
W0726.1	盘古寿命很长	
W0726.1.1	盘古活了10万8千岁（盘古寿命十万八千岁）	【汉族】 *［W0721.3.10］孕生盘古用了1万8千年
W0726.1.1a	盘古活了8万岁（盘古寿命八万岁）	【汉族】
W0726.1.2	盘古活了1万8千岁（盘古寿命一万八千岁）	【汉族】 *［W0723d.1］盘古在混沌中经历1万8千年
W0726.1.2.1	盘古兄妹的寿命最多1万8千岁	【汉族】
W0726.1.3	盘古活了1万2千岁（盘古寿命一万二千岁）	【汉族】
W0726.1.4	盘古氏寿命108岁	【畲族】
W0726.2	盘古的死亡	
W0726.2.1	盘古被太阳晒死	
W0726.2.1.1	盘古被10个太阳晒死	【汉族】
W0726.2.2	盘古累死	
W0726.2.2.1	盘古开天辟地累死	【汉族】 *［W0723c.0.1］盘古开天地耗尽精力
W0726.2.2.1.1	盘古开天辟地后累死	【汉族】
W0726.2.2.2	盘古顶天累死	【汉族】
W0726.2.2.2.1	盘古支天1万8千年累死	【汉族】
W0726.2.2.3	盘古补天累死	【汉族】
W0726.2.3	盘古被天压死	
W0726.2.3.1	盘古被自己砍塌的天压成肉饼	【汉族】
W0726.2.4	盘古死亡的其他原因	
W0726.2.4.1	盘古为改造世界而死	【汉族】
W0726.2.5	盘古死亡的时间	
W0726.2.5.1	盘古修成天地后死去	【白族】
W0726.2.5.2	盘古六月初六死去	【布依族】
W0726.2.6	盘古死亡的地点	

W 编码	母题描述	关联项
W0726. 2. 6. 1	盘古死于大梁山	【汉族】
W0726. 2. 7	与盘古死亡有关的其他母题	
W0726. 2. 7. 1	盘古死而再生	【汉族】 * ［W0721. 3. 12. 4］ 盘古再度转世
W0727	**盘古的婚姻**	
W0727. 1	盘古与天女婚	【汉族】
W0727. 2	盘古与地母婚	【汉族】
W0727. 3	盘古兄妹婚	【汉族】
W0727. 3. 1	盘和古兄妹婚	【壮族】
W0727. 4	盘古和姐姐婚	【汉族】 * ［W7350］ 姐弟婚
W0727. 4. 1	盘古与姐姐婚后被奉为盘古爷和盘古奶	【汉族】 * ［W7360］ 男女对偶婚
W0727. 5	盘古与美女婚	【布依族】 * ［W7266］ 人与神性人物婚
W0727. 6	盘古和龙女婚	【布依族】
W0727. 7	盘古与女娲婚	【关联】①
W0727. 7. 1	盘古氏和女娲婚	【汉族】
W0727. 7. 2	开天辟地的盘古与炼石补天的女娲结婚	【汉族】
W0727. 7. 2. 1	开天的盘古与补天的女娲婚	【汉族】
W0727. 8	与盘古的婚姻有关的其他母题	【关联】②
W0727. 8. 1	盘古与玉帝的女儿婚	【汉族】
W0727. 8. 2	盘古的疑似配偶	
W0727. 8. 2. 1	古老和盘古生人王	【侗族】
W0727. 8. 2. 2	古老和盘古生天王 12 兄弟	【侗族】
W0727. 8. 3	盘古拒婚	
W0727. 8. 3. 1	盘古认为与胡秋的妹妹年龄悬殊拒婚	【苗族】

① ［W0716. 3. 1］ 女娲补好天与盘古婚；［W0725. 4. 1］ 盘古的妻子女娲

② ［W7240 ~ W7254］ 神性人物的婚姻； ［W0725. 4. 1］ 盘古的妻子女娲（盘古女娲是夫妻）；［W2412. 1］ 盘古兄妹结婚生人；［W2412. 3］ 盘古女娲婚生人

W 编码	母题描述	关联项
W0728	**与盘古有关的其他母题**	［W1104.1］盘古造天地（盘古开天辟地）
W0728.0	盘古的成长	
W0728.0.1	天地养育盘古	【汉族】
W0728.0.1.1	盘古在混沌的天地中生长	【汉族】 * ［W0721.3.2.2］混沌的天地生盘古
W0728.0.2	盘古长大	
W0728.0.2.1	盘古吸收金银铜铁锡的元气后长大	【汉族】
W0728.0.2.2	盘古1万8千年长大	【汉族】
W0728.0.2.3	盘古在天地间越长越高	【汉族】
W0728.0.3	盘古成长受到动物保护	
W0728.0.3.1	鸟和野兽保护着盘古兄妹	【汉族】
W0728.0.3.2	鸟和野兽保护着盘古爷和盘古奶	【汉族】
W0728.1	盘古的居所	
W0728.1.0	盘古居天上（盘古住天上）	
W0728.1.0.1	盘古原来住天上	【民族，关联】①
W0728.1.0.2	盘古居太清	【汉族】
W0728.1.0.3	盘古居大罗天	【汉族】
W0728.1.0.4	盘古为了后代守在天上	【汉族】
W0728.1.1	盘古居山上（盘古住山上）	【汉族】 * ［W1852.6.106］盘古山
W0728.1.1.1	盘古住东方扶桑山	
W0728.1.1.1.1	盘古老住东方扶桑山岩洞中	【白族】
W0728.1.1.2	盘古住混沌山	【汉族】 * ［W0721.3.1］混沌生盘古
W0728.1.1.3	盘古居七宝山	
W0728.1.1.3.1	盘古居大罗天玄都玉京七宝山	【汉族】 * ［W0728.1.0.3］盘古居大罗天

① 【汉族】【壮族】 * ［W0721.1.1］盘古从天上下凡

W 编码	母题描述	关联项
W0728. 1. 1. 4	盘古兄妹住在盘古山顶	【汉族】
W0728. 1. 1. 5	盘古爷、盘古奶住在山上，没有房子	【汉族】
W0728. 1. 1. 6	盘古住玉京山	
W0728. 1. 1. 6. 1	盘古住天中心的玉京山	【汉族】
W0728. 1. 2	盘古居地下	
W0728. 1. 3	盘古居水中	
W0728. 1. 4	盘古住卵中	
W0728. 1. 4. 1	盘古睡在鸡蛋中	【汉族】 * ［W0721. 3. 9. 6. 3］鸡蛋中生盘古
W0728. 1. 4. 2	盘古爷睡在像鸡蛋的天地中	【汉族】
W0728. 1. 4. 3	盘古氏睡在蛋窠瓢里	【汉族】
W0728. 1. 5	盘古居云中	【汉族】
W0728. 1. 6	盘古其他特定的居所	
W0728. 1. 6. 1	盘古居玄都	【汉族】 * ［W0728. 1. 1. 3. 1］盘古居大罗天玄都玉京七宝山
W0728. 1. 6. 2	盘古居西北	【汉族】
W0728. 1. 7	与盘古的居所有关的其他母题	［W0725. 5. 5. 1］盘古的后代居五岳
W0728. 2	盘古的服饰	
W0728. 2. 0	盘古不穿衣服	
W0728. 2. 0. 1	盘古兄妹不穿衣服	【汉族】
W0728. 2. 1	盘古的头戴	
W0728. 2. 2	盘古的衣服	
W0728. 2. 2. 1	盘古身披驾云衣	【汉族】
W0728. 2. 2. 2	盘古身披树叶	［W6133. 1. 1］树叶蔽体的来历
W0728. 2. 2. 2. 1	盘古身上是葛条缠树叶	【汉族】
W0728. 2. 2. 3	盘古兽皮为衣	【汉族】 * ［W6133. 4. 1］兽皮为衣
W0728. 2. 3	盘古的鞋子	
W0728. 2. 3. 1	盘古脚穿登云鞋	【汉族】

W 编码	母题描述	关联项
W0728.2.3.2	盘古脚穿云鞋	【汉族】
W0728.2.3.3	盘古无鞋（盘古赤足）	【汉族】
W0728.2.4	盘古腰束葛条	【汉族】 * ［W0728.2.2.2.1］盘古身上是葛条缠树叶
W0728.2a	盘古的饮食（盘古的食物）	
W0728.2a.1	盘古不需饮食	【汉族】
W0728.2a.2	盘古吸天气，饮地泉	【汉族】
W0728.3	盘古的名字的来历（盘古名称）	
W0728.3.1	盘古原来叫“祖先”	【汉族】
W0728.3.1.1	盘古名叫“祖先”是金童的名字	【汉族】
W0728.3.2	盘古叫“盘古”是因为出现最古	【汉族】
W0728.3.2.1	盘古名称源于他出生时是盘着的最古的人	【汉族】
W0728.3.2.2	巨人出现最古，故名“盘古”	【汉族】
W0728.3.2.3	因盘古年代久远取名盘古	【汉族】
W0728.3.3	盘古孕生与“盘”或“古”有关，故名“盘古”	【汉族】
W0728.3.3.1	盘古最早时像蛇盘在蛋黄里，故名“盘古”	【汉族】
W0728.3.3.1a	盘古最早时像蛇盘在混沌卵里，故名“盘古”	【汉族】
W0728.3.3.2	盘古在鸟蛋里盘着孕生，故名“盘古”	【汉族】 * ［W0721.3.9.2］鸟卵生盘古
W0728.3.3.3	最早盘着产生的人叫“盘”，因其很古，故名“盘古”	【汉族】
W0728.3.3.4	盘古最早盘在鼓里，故名“盘古”	【汉族】
W0728.3.3.5	盘古像盘龙鸡在世界卵中盘着，故名“盘古”	【汉族】
W0728.3.3.6	盘古孕育时头盘着脚跕着，故名“盘古”	【汉族】
W0728.3.4	盘古的名称源于音变	
W0728.3.4.1	盘古是“彭呼”音变形成的	【汉族】

W 编码	母题描述	关联项
W0728. 3. 4. 2	盘瓠音变成盘古	【汉族】【瑶族】
W0728. 3. 5	盘古出生与盘子有关，故名“盘古”	
W0728. 3. 5. 1	“盘古王”名称源于生他的世界像盘子	【汉族】
W0728. 3. 5a	因盘古像“鼓”，叫做“盘鼓”	
W0728. 3. 5a. 1	盘扁被天地压的像鼓，故名“盘古”	【汉族】 * ［W0728. 3. 7. 2］盘古是扁古
W0728. 3. 6	盘古的称号（盘古的名号，盘古的宗教称谓，盘古的姓氏）	［W0723. 5. 2］盘古化身昆多崩婆
W0728. 3. 6. 1	盘古号“元始天王”	【汉族】 * ［W0768. 17. 1. 1］玄武大帝是元始的化身
W0728. 3. 6. 1. 1	盘古自号“元始天王”	【汉族】 * ［W0728. 3. 6. 6. 3］盘古真人自号元始天王
W0728. 3. 6. 1a	盘古称“元始君”	【汉族】
W0728. 3. 6. 2	盘古被称为“鸿教主”	【汉族】
W0728. 3. 6. 3	盘古又称“盘古氏”	【汉族】
W0728. 3. 6. 3. 1	盘古浑沌氏	【民族，关联】①
W0728. 3. 6. 3. 2	盘古氏即浑敦氏	【汉族】
W0728. 3. 6. 4	盘古氏即天皇氏	【汉族】
W0728. 3. 6. 5	盘古爷姓古，叫古瑞	【汉族】
W0728. 3. 6. 6	盘古真人	【关联】②
W0728. 3. 6. 6. 1	盘古真人号盘古	【汉族】
W0728. 3. 6. 6. 2	盘古真人立功德被封元始虚皇道君	【汉族】
W0728. 3. 6. 6. 3	盘古真人自号元始天王	【汉族】
W0728. 3. 7	与盘古名字有关的其他母题	【民族，关联】③
W0728. 3. 7. 0	盘古又称盘古王	【侗族】 * ［W0723d. 3. 1］盘古击败对手称王

① 【汉族】 * ［W0005］神源于混沌；［W1057. 1］混沌（混沌卵）

② ［W0147. 7. 2］盘古真人与太元圣母通气结精生东王公与西王母；［W0237. 1. 3］盘古真人与太元圣母生地皇；［W0721. 3. 9. 0. 6］混沌卵生盘古真人；［W0723. 2. 4. 2］盘古真人是天地之精

③ 【仡佬族】【汉族】 * ［W0723. 1. 3. 2］盘古是开天辟地的玉书（神名）；［W0728. 5. 1］金童盘坐修炼自称“盘古人”；［W0728. 5. 1. 1］盘古即“盘人”

W 编码	母题描述	关联项
W0728.3.7.0.1	盘古大王	
W0728.3.7.0.1.1	盘古大王是盘瓠的尊称	【畲族】 *［W0729g.4.5.4］盘瓠称盘古大王
W0728.3.7.1	盘果王	【民族，关联】①
W0728.3.7.1.1	盘果王的儿子安王和祖王	【布依族】
W0728.3.7.2	盘古是扁古	【民族，关联】②
W0728.3.7.3	盘古阿剖	【苗族】
W0728.3.7.4	盘古彭呼	
W0728.3.7.4.1	盘古自己命名“彭呼”	【汉族】
W0728.3.7.5	盘古是一对兄妹的名字	【汉族】
W0728.3.7.5.1	龙蛋生的1对兄妹俩都叫盘古	【汉族】 *［W0721.3.9.1］龙蛋生盘古
W0728.3.7.6	盘神	【毛南族】
W0728.3.7.6.1	善神生的白蛋孵出盘神	【纳西族】
W0728.3.7.6.2	盘神是藏族之神	【纳西族】
W0728.3.7.7	盘古爷	【汉族】
W0728.3.7.8	盘古公公	
W0728.3.7.8.1	盘古老公公	【苗族】
W0728.3.7.9	盘古以前叫盘扁	【汉族】 *［W0728.3.7.2］盘古是扁古
W0728.3.7.10	盘古即伏羲	
W0728.3.7.10.1	盘古氏夫妻即伏羲氏夫妻	【汉族】 *［W0683.2.3］伏羲即盘兄
W0728.3.7.11	盘古三郎	【汉族】
W0728.3.7.12	盘古作为姓氏	【汉族】
W0728.3.7.13	盘古作为地名	
W0728.3.7.13.1	取盘古做地名纪念盘古	【汉族】
W0728.3.7.14	盘老大	

① 【布依族】 *［W0351.2.1］雷公的儿子盘果王；［W0645.6.6.1］北斗星生祖先盘果王；［W0645.6.8.1］风生祖先盘果王；［W1104.1.1］盘果王开天辟地；［W1541.3.1.1］盘果王分开天地后出现日月星辰

② 【汉族】 *［W0721.5.2.8］盘古产生在扁鼓王开天之后；［W0725.1.1.1］盘古王的父亲扁古王

W 编码	母题描述	关联项
W0728. 3. 7. 14. 1	盘老大取火种	【苗族】
W0728. 3. 7. 15	盘颇	
W0728. 3. 7. 15. 1	天神盘颇有 7 对儿女	【彝族（俚颇）】
W0728. 3. 7. 16	盘儿和古儿	【汉族】
W0728. 4	盘古的升天日	
W0728. 4. 1	盘古升天日是农历九月初九	【汉族】 * ［W0726. 2. 5］盘古六月初六死去
W0728. 4. 1. 1	盘古爷农历九月初九升天	【汉族】
W0728. 5	盘古人	
W0728. 5. 1	金童盘坐修炼自称“盘古人”	【汉族】
W0728. 5. 1. 1	盘古即“盘人”	【汉族】
W0728. 6	盘古作为时间标志	［W0730a. 2. 7. 1］三皇在盘古后产生
W0728. 6. 1	盘古是时间起始的标志	【汉族】
W0728. 6. 1. 1	自从盘古开天地，三皇五帝到如今	【汉族】
W0728. 7	盘古神圣不可侵犯	【汉族】
W0728. 8	与盘古有关的风物	
W0728. 8. 1	与盘古有关的印记	
W0728. 8. 1. 1	盘古的脚印	【汉族】
W0728. 8. 1. 1. 1	西洋锡兰山有盘古的足迹	【汉族】
W0728. 8. 2	与盘古有关的山	
W0728. 8. 2. 1	盘古山	
W0728. 8. 2. 1. 1	盘古山即大复山	【汉族】
W0728. 8. 3	与盘古有关的河	
W0728. 8. 4	与盘古有关的庙	
W0728. 8. 4. 1	盘古庙	【汉族】【壮族】
W0728. 8. 4. 2	盘王庙	【瑶族】
W0728. 8. 5	与盘古有关的	
W0728. 8. 5. 1	盘古墓	【汉族】

W 编码	母题描述	关联项
W0728.8.5.2	盘古村	【汉族】【壮族】
W0728.8.5.3	盘古田	【壮族】
W0728.8.5.4	盘古洞	【壮族】
W0728.8.5.5	盘古泉	【壮族】
W0728.9	与盘古有关的习俗	
W0728.10	盘古的画像	【汉族】
W0729	**盘瓠（盘皇）**[①]	
W0729a	**盘瓠的产生**	
W0729a.1	盘瓠产生的原因	
W0729a.1.1	天神派盘瓠下凡	【苗族】
W0729a.2	盘瓠产生的方式	
W0729a.2.1	盘瓠源于特定的地方	
W0729a.2.1.1	盘瓠从天而降	【苗族】
W0729a.2.2	盘瓠是生育产生的（生盘瓠）	
W0729a.2.2.1	卵生盘瓠	【苗族】
W0729a.2.2.2	泥巴卵生盘瓠	
W0729a.2.2.2.1	泥巴先变成盘子后变成像鸡蛋的东西生盘瓠王	【苗族】
W0729a.2.2.3	圣母生盘王	【瑶族】
W0729a.2.3	盘瓠是变化产生的（变成盘瓠）	
W0729a.2.3.1	虫子变成盘瓠	
W0729a.2.3.1.1	一个妇人耳朵里生的虫变成盘瓠	【瑶族】
W0729a.2.3.1.1.1	高辛氏王室中一个妇人耳朵里生的虫变成犬名盘瓠	【古民族（不详）】

① 盘瓠，也可以归为“祖先”，主要流传于南方一些民族神话中。该母题在神话叙事中是一个复杂的情况，一般在开始时以带有神性的犬出现，后来变为神性的人。在汉语译文上也有多种写法，如盘葫、槃瓠、盘皇、盘王等。这里需要说明的是，关于上述名称在特定的神话文本或语境中是不是一定指的是“盘瓠”，是一个非常复杂的问。由于讲述者、采集者或翻译者具体情况的不同，有些地区或民族讲述的“盘皇”、“盘王”可能指的是“盘古”或其他神性人物。在这种情况下，把这类名称列为“盘瓠”母题类型，只是为研究者提供一个关联性，具体所指或内涵，可通过更深入的研究断定结论。

W 编码	母题描述	关联项
W0729a. 2. 3. 1. 2	大耳婆左耳长的肉蛋生龙犬盘瓠	【瑶族】
W0729a. 2. 3. 1. 3	老妇耳中大茧化成的犬名槃瓠	【瑶族】
W0729a. 2. 3. 1. 4	高辛王元后耳中的虫子变成龙犬盘瓠	【汉族】【古代南方民族】
W0729a. 2. 3. 1. 5	高辛氏侍女右鬓角上的小肉瘤化生盘葫	【汉族】
W0729a. 2. 4	盘瓠是生育产生的（生盘瓠）	
W0729a. 2. 4. 1	有人家生一犬名盘瓠	【古代南方民族】
W0729a. 2. 5	盘瓠是感生的（感生盘瓠）	
W0729a. 2. 6	盘瓠是卵生的（卵生盘瓠）	［W0729a. 2. 3. 1. 2］大耳婆左耳长的肉蛋生龙犬盘瓠
W0729a. 2. 6. 1	两个泥团经亿万年变成的鸡卵状物生盘瓠王	【苗族】
W0729a. 2. 7	盘瓠产生的其他方式	
W0729a. 2. 7. 1	龙犬变成人以后封为盘瓠王	【瑶族】
W0729a. 3	与盘瓠产生有关的其他母题	
W0729a. 3. 1	盘瓠产生的时间	
W0729a. 3. 1. 1	盘瓠产生在高辛时期	【瑶族】
W0729a. 3. 1. 1. 1	高辛时生的一只犬叫盘瓠	【古代南方民族】
W0729a. 3. 1. 1. 2	盘瓠生生于帝喾高辛氏时代	【汉族】【苗族】
W0729a. 3. 1. 2	槃瓠产生于上古时代	【畲族】
W0729a. 3. 1. 3	盘瓠生于 4 千年前	【苗族】
W0729a. 3. 2	盘瓠产生的地点	
W0729b	**盘瓠的特征**	
W0729b. 1	盘瓠的体征	
W0729b. 1. 1	盘瓠身材高大	【苗族】
W0729b. 1. 2	盘瓠龙犬毫光显现，遍身锦绣	【汉族】【古代南方民族】
W0729b. 1. 3	槃瓠长着五彩毛	【古民族·南蛮西南夷】
W0729b. 1. 4	槃瓠有五色花纹	【汉族】
W0729c	**盘瓠的身份**	

W 编码	母题描述	关联项
W0729c. 1	盘瓠是神	
W0729c. 1. 1	盘瓠是神犬	【苗族】
W0729c. 2	盘瓠是祖先	
W0729c. 2. 1	盘皇是祖先	
W0729c. 2. 1. 1	盘瓠王是盘、蓝、雷、钟四姓的祖先	【畲族】
W0729c. 2. 1. 2	逢年过节祭祀盘皇盘皇	【苗族】
W0729c. 3	盘瓠是人	
W0729c. 4	盘瓠是动物	［W6290］动物图腾
W0729c. 4. 1	盘瓠前身是特定动物	
W0729c. 4. 1. 1	盘瓠是犬（盘瓠是狗）	【南方古民族】 *［W6299.1］狗图腾
W0729c. 4. 1. 2	盘瓠是像小牛一样的犬	【南方古民族】
W0729c. 4. 1. 3	帝辛有犬字曰盘瓠	【苗族】
W0729c. 4. 1. 4	盘瓠是五色花纹的犬	【古民族（不详）】
W0729c. 4. 2	盘瓠是神性动物	
W0729c. 4. 2. 0	盘瓠是龙犬	
W0729c. 4. 2. 0. 1	盘瓠是平王皇帝养的龙犬	【瑶族】
W0729c. 4. 2. 1	盘瓠是神犬（盘葫是神性的狗）	【民族，关联】①
W0729c. 4. 2. 1. 1	盘瓠是人不像人，狗不像狗的神犬	【苗族】
W0729c. 4. 2. 1. 2	盘瓠是帝喾高辛氏的神犬	【汉族】【苗族】【瑶族】
W0729c. 4. 2. 1a	盘瓠是仙狗	【苗族】
W0729c. 4. 2. 2	盘瓠是龙	
W0729c. 4. 2. 3	盘瓠是东海苍龙	【畲族】
W0729c. 4. 2. 4	盘瓠是麒麟	
W0729c. 4. 2. 5	盘瓠是龙麟	
W0729c. 5	盘皇是人类救星	【瑶族】
W0729c. 6	盘瓠有双重身份	
W0729c. 6. 1	盘王是祖先与人类救星	【瑶族（八排）】
W0729c. 7	盘瓠是驸马	

① 【汉族】【苗族】【瑶族】 *［W0923.1］神狗盘瓠

W 编码	母题描述	关联项
W0729c. 7. 1	盘瓠是高辛的女婿	【苗族】
W0729c. 8	盘瓠是臣子	
W0729c. 8. 1	盘瓠是高辛的侍臣	【苗族】
W0729d	**盘瓠的能力**	
W0729d. 1	盘瓠会变化（盘瓠变形）	
W0729d. 1. 1	盘瓠变龙	
W0729d. 1. 2	盘瓠长高	
W0729d. 1. 2. 1	盘皇每日长高 1 丈	【苗族】 * ［W0723b. 4. 3］ 盘古日长 1 丈
W0729d. 2	盘瓠变形的原因	
W0729d. 2. 1	盘瓠变形是因为高辛嫁女嫌他不是人	【畲族】
W0729d. 3	盘瓠变形的时间	
W0729d. 3. 1	盘瓠出生时变形	
W0729d. 3. 1. 1	虫在槃内变为槃瓠（犬）	【南方古民族】
W0729d. 3. 2	盘瓠征战时变形	
W0729d. 3. 3	盘瓠婚前变形	
W0729d. 3. 3. 1	盘瓠为了与公主成婚婚前变人	【畲族】
W0729d. 3. 4	盘瓠婚后变形	
W0729d. 3. 4. 1	盘瓠与公主成婚婚后变人	【畲族】
W0729d. 4	盘瓠变形的地点	
W0729d. 4. 1	盘瓠罩在金钟内变形	【畲族】
W0729d. 5	盘瓠变形需要的时间	
W0729d. 5. 1	盘瓠变形需要七天七夜	【畲族】
W0729d. 6	盘瓠变形的结果	
W0729d. 6. 1	盘瓠犬变人时不彻底	
W0729d. 6. 1. 1	盘瓠变人时犬头没变	【畲族】
W0729d. 6. 2	盘瓠变形不彻底的原因	

W 编码	母题描述	关联项
W0729d. 6. 2. 1	公主担心盘瓠饿死提前观看造成全身人形，只留一头未变	【畲族】
W0729d. 7	盘瓠能变成不同形象	【畲族】 * ［W9526. 4］ 神性人物变动物
W0729d. 7. 1	盘瓠王上天变为凤凰，下地能变为麒麟，下水能变成龙王	【畲族】
W0729d. 7. 2	龙犬盘瓠白天为狗，晚上变美男子	【瑶族（勉）】
W0729e	**盘瓠的事迹（盘瓠的经历）**	
W0729e. 0	盘瓠的成长	
W0729e. 0. 1	盘瓠出生后被抛弃	
W0729e. 0. 1. 1	盘瓠出生被抛弃后七日不死，禽兽乳之	【古代南方民族】
W0729e. 0. 2	如蚕之虫育于盘中变成龙犬槃瓠	【汉族】【古代南方民族】
W0729e. 1	盘瓠揭皇榜	
W0729e. 1. 1	张皇榜原因	
W0729e. 1. 1. 1	犬戎来侵狗封氏高辛氏	
W0729e. 1. 1. 2	房王来犯高辛氏	【古民族】
W0729e. 1. 1. 3	外邦吴将军来犯高辛	【苗族】
W0729e. 1. 1. 4	犬戎吴将军来犯高辛氏	【古民族・南蛮西南夷】
W0729e. 1. 1. 5	犬戎入侵高辛国	【畲族】
W0729e. 1. 2	张皇榜者	
W0729e. 1. 2. 1	高辛张皇榜	【汉族】【苗族】
W0729e. 1. 3	皇榜内容	
W0729e. 1. 3. 1	皇榜承诺能讨犬戎者妻以美女，封三百户	【汉族】
W0729e. 1. 3. 2	皇榜承诺斩敌首者娶小公主	【苗族】
W0729e. 1. 3. 3	皇榜承诺取犬戎将吴将军头者赏黄金千镒，邑万家，妻以少女	【南方古民族】
W0729e. 1. 4	盘瓠揭榜情形	

W 编码	母题描述	关联项
W0729e. 2	盘瓠立功	【瑶族】 * ［W3133. 6. 3］龙犬立功
W0729e. 2. 0	盘瓠出征	
W0729e. 2. 0. 1	盘瓠出征前准备	【苗族】
W0729e. 2. 0. 2	盘瓠出征前送行	【瑶族】
W0729e. 2. 1	盘瓠攻击的对象（盘瓠的敌手）	
W0729e. 2. 1. 1	盘瓠征战高王	【瑶族】
W0729e. 2. 1. 2	盘瓠征战犬戎	【汉族】
W0729e. 2. 1. 3	盘瓠杀戎王	【古民族】
W0729e. 2. 1. 4	盘瓠征战房王	【古民族】
W0729e. 2. 1. 5	盘葫战胜犯高辛氏的小部落首领吴强	【汉族】
W0729e. 2. 2	盘瓠立功的方法（盘瓠的计谋）	
W0729e. 2. 2. 1	盘瓠咬下敌王的头颅	
W0729e. 2. 2. 1. 1	盘瓠咬下房王的头立功	【汉族】【苗族】
W0729e. 2. 2. 1. 2	盘瓠咬下戎寇吴将军头	【古代南方民族】
W0729e. 2. 2. 2	盘瓠咬下敌王的睾丸	
W0729e. 2. 2. 3	盘瓠衔回犬戎的头	【汉族】
W0729e. 2. 2. 4	盘瓠杀死恶龙	【苗族】
W0729e. 2. 3	盘瓠征战时间	
W0729e. 2. 3. 1	盘瓠征战 3 个月获胜	
W0729e. 2. 3. 2	盘瓠征战 3 天 3 夜	【苗族】
W0729e. 3	盘瓠得胜回朝	
W0729e. 4	盘瓠受封	
W0729e. 4. 1	盘瓠受封特定官职	
W0729e. 4. 1. 1	高辛氏封盘瓠为会稽侯	【古民族】【汉族】
W0729e. 4. 1. 1. 1	高辛帝封盘瓠会稽郡一千户	【古民族】
W0729e. 4. 1. 2	高辛帝封盘瓠为定边侯	【古代南方民族】
W0729e. 4. 2	盘瓠受封特定地方	
W0729e. 4. 2. 1	盘瓠的封地是会稽东南海中三百里	【古民族】

W 编码	母题描述	关联项
W0729e. 4. 2. 2	盘瓠与辛女婚后封地泸溪	【苗族】
W0729e. 5	盘瓠被免赋税	
W0729e. 6	盘瓠婚后外迁	
W0729e. 6. 1	盘瓠婚后携妻迁往封地	【畲族】
W0729e. 6. 2	槃瓠婚后携妻迁往山中居住	【畲族】
W0729e. 7	与盘瓠事迹有关的其他母题	
W0729e. 7. 1	盘瓠开天辟地	【苗族】
W0729f	**盘瓠的关系**	
W0729f. 1	盘瓠的父母	
W0729f. 1. 1	三个盘王的母亲是目母婆	
W0729f. 1. 1. 1	上古、中古、下古三盘王的母亲是目母婆	【瑶族】
W0729f. 1. 2	盘王的母亲是开天圣母	【瑶族】
W0729f. 2	盘瓠的兄弟姐妹	
W0729f. 3	盘瓠的后代	
W0729f. 3. 1	盘瓠有 3 男 1 女	
W0729f. 3. 1. 1	盘瓠王有 3 男 1 女	【畲族】
W0729f. 3. 1. 2	槃瓠与公主婚生 3 男 1 女	
W0729f. 3. 1. 2. 1	槃瓠与高辛王的公主婚生长男槃自能，次男蓝光辉，三男雷巨佑；女儿嫁钟智深	【畲族】
W0729f. 3. 2	盘瓠有 3 男 3 女	
W0729f. 3. 2. 1	盘瓠与美女婚生 3 男 3 女	【南方民族】【汉族】
W0729f. 3. 2. 2	盘瓠与美女婚生 3 男 6 女	【古民族】
W0729f. 3. 2a	盘瓠有 3 个儿子	【苗族】
W0729f. 3. 2b	盘瓠的 4 个儿子	
W0729f. 3. 2b. 1	盘瓠与高辛小公主婚生大儿子托天，二儿子按地，三儿子擒龙，四儿子伏虎	【苗族】
W0729f. 3. 2c	盘瓠有 6 男 6 女	
W0729f. 3. 2c. 1	盘瓠与高辛氏的小女儿婚生 6 男 6 女	【古民族】

W 编码	母题描述	关联项
W0729f. 3. 2d	盘瓠有 8 个女	
W0729f. 3. 2d. 1	盘葫和高辛氏的女儿婚生 8 个子女	【汉族】
W0729f. 3. 3	盘瓠繁衍 7 姓	
W0729f. 3. 3. 1	盘瓠与公主婚生 7 姓	【南方古民族】
W0729f. 3. 3. 1. 1	盘瓠与公主婚生田、雷、再（冉）、向、蒙、旻、叔孙氏 7 姓	【南方古民族】
W0729f. 3. 4	盘瓠繁衍犬戎国	
W0729f. 3. 4. 1	盘瓠与美女 5 人婚生 3 男 3 女繁衍犬戎之国	【汉族】
W0729f. 3. 4. 2	盘瓠与美女 5 人婚生 3 男 6 女繁衍犬戎之国	【古民族】
W0729f. 3. 4. 2. 1	盘瓠与美女 5 人婚生 3 男 6 女繁衍的犬戎之国衍生土蕃	【古民族】
W0729f. 3. 4. 3	盘瓠娶高辛美女受封会稽东南海中三百里繁衍狗封国	【古民族】 * ［W0729e. 4. 2. 1］盘瓠的封地是会稽东南海中三百里
W0729f. 3. 5	盘瓠的后代有犬形	
W0729f. 3. 5. 1	盘瓠与美女婚生的男孩有犬尾	【汉族】
W0729f. 3. 5. 2	盘瓠与美女婚生男为狗，女为美人	【古民族】
W0729f. 3. 6	赤髀横裙盘瓠子孙	【古民族】
W0729f. 3. 7	盘瓠的后代号蛮夷	
W0729f. 3. 7. 1	盘瓠的后代蛮夷发展梁汉巴蜀武陵长沙庐江郡夷	【古民族】
W0729f. 3. 7. 2	盘瓠的后代武陵郡夷	【汉族】
W0729f. 3. 8	朗州、楚黔中郡是盘瓠的后代	【古民族】
W0729f. 4	盘瓠的上司	【苗族】 * ［W0729c. 8. 1］盘瓠是高辛的侍臣
W0729f. 4. 1	盘瓠是帝辛的犬	【民族，关联】①
W0729f. 4. 1. 1	盘瓠是高辛帝的五色犬	【古民族】

① 【古民族】【苗族】 * ［W0729c. 4. 2. 1. 2］盘瓠是帝喾高辛氏的神犬

W 编码	母题描述	关联项
W0729f.5	盘瓠的从属	
W0729f.6	盘瓠的朋友	
W0729g	**与盘瓠有关的其他母题**	【关联】①
W0729g.1	盘瓠的工具	
W0729g.2	盘瓠的婚姻	
W0729g.2.1	盘瓠与公主婚	
W0729g.2.1.1	盘瓠与高辛帝的公主婚	【南方古民族】
W0729g.2.1.2	盘瓠与三公主婚	【瑶族】
W0729g.2.1.3	盘瓠与高辛帝氏的少女婚	【古民族】
W0729g.2.1.4	盘葫和高辛氏的女儿婚	【汉族】
W0729g.2.2	盘瓠与美女婚	【汉族】 * ［W0729f.3.2.1］盘瓠与美女婚生 3 男 3 女
W0729g.2.2.1	盘瓠与 5 个美女婚	【古民族】
W0729g.2.3	叫盘葫的狗与高辛氏女结婚	【汉族】
W0729g.2.4	盘瓠的妻子是辛女	【苗族】 * ［W0768.1.6.3.2.2］辛女
W0729g.2.5	盘瓠的妻子婆王	【瑶族】
W0729g.3	盘瓠的寿命与死亡	
W0729g.3.1	盘皇的寿命	
W0729g.3.1.1	盘皇活了 560 岁	【苗族】
W0729g.3.2	盘瓠被羊抵死	【畲族】
W0729g.3.3	盘瓠战死	
W0729g.3.3.1	盘瓠战恶龙时命丧沅江	【苗族】
W0729g.3.4	盘瓠累死	
W0729g.3.4.1	盘瓠王双手撑天累死	【苗族】
W0729g.3.5	盘瓠被猎杀	
W0729g.3.5.1	盘瓠打猎时被儿子猎杀（误杀）	
W0729g.4	盘瓠名称（盘瓠名字的来历）	
W0729g.4.1	盘瓠名称源于出生时的器物	

① ［W1322.4］盘瓠双手撑天；［W1572.2.5.2］盘瓠的左眼变太阳

W 编码	母题描述	关联项
W0729g. 4. 1. 1	因盘瓠的出生与盘子有关故称盘瓠	【瑶族】
W0729g. 4. 1. 1. 1	老妇人耳中的虫置瓠中和盘中后化为犬，因名盘瓠	【南方民族】【瑶族】
W0729g. 4. 1. 1. 2	因放在槃中故名槃瓠	【汉族】
W0729g. 4. 1. 1. 3	犬出生后被弃道上，以盘盛叶覆之，遂以盘瓠为名	【古代南方民族】
W0729g. 4. 2	盘瓠名称源于出生时的形状	
W0729g. 4. 3	盘瓠名称源于赐名	
W0729g. 4. 3. 1	高辛氏为龙犬赐名龙期，号称槃瓠	【古代南方民族】【汉族】【畲族】
W0729g. 4. 4	盘瓠名称来源的其他原因	
W0729g. 4. 5	盘瓠的不同称呼	
W0729g. 4. 5. 1	盘瓠称龙犬	［W0729c. 4］盘瓠是龙犬
W0729g. 4. 5. 1. 1	盘瓠是东海苍龙出世”故尊称“龙狗”	【畲族】
W0729g. 4. 5. 2	盘瓠称龙期	
W0729g. 4. 5. 2. 1	高辛氏为龙犬赐名龙期，号称槃瓠	【汉族】
W0729g. 4. 5. 3	盘瓠称龙麒	
W0729g. 4. 5. 4	盘瓠称盘古大王	［W0723. 5. 3. 2］盘古王
W0729g. 4. 5. 4. 1	盘瓠尊称盘古大王	【畲族】 ＊［W0728. 3. 7. 0. 1. 1］盘古大王是盘瓠的尊称
W0729g. 4. 5. 5	盘瓠称盘王（盘王即盘瓠王）	【瑶族】
W0729g. 4. 5. 5. 1	3 个盘王	
W0729g. 4. 5. 5. 1. 1	上古盘王、中古盘王、下古盘王三兄弟	
W0729g. 4. 5. 5. 1. 1. 1	开天圣母生上古盘王、中古盘王、下古盘王	【瑶族】 ＊［W0725. 1. 2. 2］盘古的母亲是开天圣母（盘古的母亲是目母安）

W 编码	母题描述	关联项
W0729g.4.5.6	盘瓠称盘皇	
W0729g.4.5.6.1	混沌卵生盘皇	【苗族】
W0729g.4.5.6.2	天地卵生盘皇	【苗族】
W0729g.4.5.7	盘瓠称忠勇王	【畲族】
W0729g.4.5.8	盘瓠王	【畲族】
W0729g.4.5.8.1	盘瓠王俗称狗王	【瑶族】
W0729g.4.5.9	槃瓠即伏羲	【汉族】 * ［W0683.2.4］伏羲即槃瓠
W0729g.4.5.10	盘瓠公公	
W0729g.4.5.10.1	盘瓠和妻子辛女被称为盘瓠公公、辛女娘娘	【苗族】
W0729g.4.6	盘瓠的不同写法	
W0729g.4.6.1	盘护	
W0729g.4.6.1.1	龙犬盘护	【瑶族（过山瑶）】
W0729g.4.6.1.2	盘大护	【畲族】
W0729g.4.6.1.3	盘大附	【畲族】
W0729g.4.6.2	槃瓠	【瑶族】
W0729g.4.7	祭盘瓠	
W0729g.4.7.1	祭盘瓠用糁杂鱼肉叩槽而号	【古民族】
W0729g.4.8	盘瓠像	
W0729g.4.8.1	盘瓠石像似狗形	【汉族】
W0729g.4.9	盘瓠之迹	
W0729g.4.9.1	武溪有盘瓠遗迹	【汉族?】
W0729g.4.9.2	盘瓠石室	
W0729g.4.9.2.1	武山有盘瓠石室	【汉族?】
W0729g.4.9.3	盘瓠庙	【瑶族】 * ［W0728.8.4.2］盘王庙
W0729g.4.9.4	盘王殿	
W0730	**少昊（少皞）**	
W0730.1	少昊的产生	
W0730.1.1	婚生少昊	

W 编码	母题描述	关联项
W0730. 1. 1. 1	皇娥与白帝子生少昊	【汉族】 * ［W0257. 5. 2］白帝
W0730. 1. 1. 1. 1	皇娥与白帝之子神童生少昊	【汉族】
W0730. 1. 1. 2	太白之精与皇娥生子少昊氏	【汉族】
W0730. 1. 2	感生少昊	
W0730. 1. 2. 1	女节梦感如虹大星生少昊	【汉族】 * ［W0730. 4. 1. 4］少昊是金星的儿子
W0730. 1. 3	与少昊的产生有关的其他母题	
W0730. 1. 3. 1	少昊生于穷桑（山东曲阜）	【汉族】
W0730. 1. 3. 2	少昊生于稚华渚	【汉族】
W0730. 2	少昊的特征	
W0730. 3	少昊的职能（少昊的身份）	［W0252. 2］少昊主西方
W0730. 3. 1	少昊管理西方	【汉族】
W0730. 3. 1. 1	少昊是西方天帝	【汉族】
W0730. 3. 2	少昊是帝王	
W0730. 3. 2. 1	少皞代黄帝而有天下	【汉族】
W0730. 3. 2. 2	少昊建都曲阜	【汉族】
W0730. 3. 2. 3	帝少皞西皇	【汉族】
W0730. 3. 2. 4	少昊以金德王	【汉族】
W0730. 3. 3	少昊是首领	
W0730. 3. 3. 1	少昊是东夷部落的首领	【汉族等】
W0730. 3. 4	少皞为鸟师	【汉族】
W0730. 3. 5	少昊是燕子	
W0730. 3. 5. 1	少昊是燕子的化身	【汉族】
W0730. 3a	少昊的能力（少昊的事迹）	
W0730. 3a. 1	少昊设工正、农正	【汉族】
W0730. 3a. 2	少昊做渔网	【汉族】 * ［W6024］用网捕鱼的产生
W0730. 3a. 3	少皞以鸟纪事	【汉族】
W0730. 3a. 3. 1	少嗥用鸟命名官职	【汉族】
W0730. 3a. 4	少昊主司反景	【汉族】

W 编码	母题描述	关联项
W0730.3a.5	少昊懂鸟兽语	【汉族】 * [W2921.1] 懂鸟语龙音的人
W0730.3b	少昊的生活	
W0730.3b.1	少昊的居所	
W0730.3b.1.1	少昊邑于穷桑	【汉族】
W0730.3b.1.2	白帝少昊居长留之山	【汉族】
W0730.4	少昊的关系	
W0730.4.1	少昊的父母	
W0730.4.1.1	少昊的父亲神童，母亲皇娥	【汉族】
W0730.4.1.2	少皞的父亲黄帝（少昊是黄帝之子）	【汉族】
W0730.4.1.2a	少昊的父亲是太白金星	【汉族】
W0730.4.1.3	少昊的母亲女节	【汉族】
W0730.4.1.4	少昊的母亲皇娥	【汉族】
W0730.4.1.5	少昊是金星的儿子	【汉族】
W0730.4.1a	少昊的叔父	
W0730.4.1a.1	少皞有四叔	
W0730.4.1a.1.1	少皞有四叔，曰重，曰该，曰脩，曰熙	【汉族】
W0730.4.2	少昊的子女	
W0730.4.2.1	少昊的儿子	
W0730.4.2.1.1	少皞氏的儿子蓐收	【汉族】 * [W0730.4.4.2] 少昊的佐臣蓐收
W0730.4.2.1.2	少皞氏的儿子该	【汉族】
W0730.4.2.1.2.1	少皞氏的儿子该为金官	【汉族】
W0730.4.2.1.3	少昊的儿子倍伐	【汉族】
W0730.4.2.1.4	少昊的儿子般	【汉族】
W0730.4.2.1.4.1	少皞的儿子般始为弓矢	【汉族】 * [W6971] 弓箭发明者
W0730.4.2.2	少昊的女儿	
W0730.4.2.2.1	少昊的女儿丽瑶	【汉族】

W 编码	母题描述	关联项
W0730. 4. 3	少昊抚养颛顼	
W0730. 4. 3. 1	少昊孺帝颛顼	【汉族】
W0730. 4. 4	少昊的从属	
W0730. 4. 4. 1	少昊的佐臣混沌氏	【汉族】
W0730. 4. 4. 2	少昊的佐臣蓐收	【汉族】
W0730. 5	少昊的姓氏名号（少昊的名称）	
W0730. 5. 0	少昊名挚，字青阳，姬姓	【汉族】
W0730. 5. 0. 1	少昊姓己名挚（少昊名质）	【汉族】
W0730. 5. 0. 2	少昊名契（少昊名挚）	【汉族】
W0730. 5. 0. 2. 1	少昊和契是一个人	【汉族】
W0730. 5. 1	少昊号曰穷桑氏（少昊又称穷桑）	【汉族】
W0730. 5. 1. 1	皇娥在穷桑会白帝之子生少昊，故号曰穷桑氏	【汉族】
W0730. 5. 1. 2	少昊谓穷桑帝	【汉族】 * ［W0730. 3b. 1. 1］ 少昊邑于穷桑
W0730. 5. 2	少昊凤凰氏	
W0730. 5. 2. 1	少昊有五凤集于庭，因曰凤凰氏	【汉族】
W0730. 5. 3	少昊氏	
W0730. 5. 3. 1	少昊氏白帝朱宣	【汉族】
W0730. 5. 4	少昊即玄嚣	【汉族】
W0730. 5. 4. 1	玄嚣	
W0730. 5. 4. 1. 1	黄帝与方雷氏生玄嚣	【汉族】 * ［W0695. 3. 2. 3］ 黄帝与嫘祖婚生二子玄嚣、昌意
W0730. 5. 4. 1. 2	玄嚣即青阳	【汉族】 * ［W0730. 5. 9］ 少昊称青阳氏
W0730. 5. 4. 1. 3	玄嚣继黄帝父位后号青阳氏称少昊	
W0730. 5. 5	少昊又称白帝	【汉族】
W0730. 5. 6	少昊又作少皞	【汉族】
W0730. 5. 7	少昊又作少皓	【汉族】
W0730. 5. 8	少昊又称少颢	【汉族】

W 编码	母题描述	关联项
W0730.5.9	少昊称青阳氏	【汉族】
W0730.5.10	少昊又称金天氏	【汉族】
W0730.5.10.1	金天氏少皞	【汉族】
W0730.5.10.2	少昊号金天氏	【汉族】
W0730.5.10.2.1	少昊王以金德，号曰金天氏	【汉族】
W0730.5.11	少昊又称云阳氏	【汉族】
W0730.5.12	少昊又称朱宣	【汉族】
W0730.5.12.1	朱宣少昊氏	【汉族】
W0730.5.13	少昊又称员神	
W0730.5.13.1	员神魄氏	【汉族】
W0730.5.14	少昊又称小昊	【汉族】
W0730.6	与少昊有关的其他母题	
W0730.6.1	少昊属秋季	【汉族】
W0730.6.2	少昊国	
W0730.6.2.1	东海之外大壑有少昊之国	【汉族】
W0730.6.3	少昊在世时间	
W0730.6.3.1	少昊传 8 世	【汉族】
W0730.6.3.2	少昊历 500 年	【汉族】
W0730.6.3.3	少昊治世 400 年	【汉族】
W0730a	**三皇五帝**	
W0730a.1	三皇五帝的产生	
W0730a.2	三皇	【关联】①
W0730a.2.1	三皇的产生	
W0730a.2.1.1	三皇是盘古的儿子	【汉族】
W0730a.2.1.2	玉皇大帝封三皇	【汉族】 * [W0730a.2.3.2.1] 玉皇大帝把伏羲、神农和女娲封为天皇、地皇和人皇
W0730a.2.1.2a	最早时只有三皇，没有玉皇大帝	【汉族】
W0730a.2.1.3	天皇生地皇，地皇生人皇	【汉族】

① [W0204] 天帝（天王、天皇、天君）；[W0237] 地王（地皇）；[W0681.1.2] 伏羲是天皇；[W0713.6] 女娲是人皇；[W0734.3] 神农是地皇；[W1401.3] 三皇治世时天地相连；[W5860] 国王（人皇）

W 编码	母题描述	关联项
W0730a. 2. 2	三皇的特征	
W0730a. 2. 2. 1	三皇身披葫叶	【汉族】
W0730a. 2. 3	三皇的身份	
W0730a. 2. 3. 1	三皇是天皇、地皇和人皇	【汉族】
W0730a. 2. 3. 1a	三皇是天皇氏、地皇氏和人皇氏	【汉族】
W0730a. 2. 3. 1b	三皇是天皇、地皇、泰皇	【汉族】
W0730a. 2. 3. 2	三皇是伏羲、女娲、神农（三皇伏羲、神农、女娲）	【汉族】 * ［W0730a. 2. 7. 6. 1］后三皇伏羲、女娲、神农
W0730a. 2. 3. 2. 1	玉皇大帝把伏羲、神农和女娲封为天皇、地皇和人皇	【汉族】
W0730a. 2. 3. 3	三皇是燧人、伏羲、神农（三皇伏羲、神农、燧人）	【汉族】
W0730a. 2. 3. 4	三皇伏羲、神农、祝融	【汉族】
W0730a. 2. 3. 5	三皇伏羲、神农、黄帝	【汉族】
W0730a. 2. 3. 6	三皇是圣祖	【汉族】
W0730a. 2. 3. 7	三皇是人祖（三皇是人的始祖）	【汉族】
W0730a. 2. 4	三皇的职能（三皇的行为）	
W0730a. 2. 4. 1	三皇各治 3 万 6 千年	【汉族】
W0730a. 2. 4. 2	人皇继地皇之位	【汉族】
W0730a. 2. 4. 3	地皇继天皇之位	【汉族】
W0730a. 2. 4. 4	三皇微服私访	【汉族】
W0730a. 2. 5	三皇的生活	
W0730a. 2. 6	三皇的关系	
W0730a. 2. 6. 1	三皇的亲族	
W0730a. 2. 6. 1. 1	三皇是炎黄二帝的先祖	【汉族】
W0730a. 2. 6. 2	三皇的上司	
W0730a. 2. 6. 3	三皇的从属	［W0725. 6. 1. 1］盘古是三皇五帝的下人
W0730a. 2. 6. 4	三皇中泰皇地位最高	【汉族】
W0730a. 2. 6. 5	伏羲居三皇之首	【汉族】

W 编码	母题描述	关联项
W0730a.2.7	与三皇有关的其他母题	［W0434.2］人王（人皇）
W0730a.2.7.1	三皇在盘古后产生	【汉族】 ＊［W0728.6］盘古作为时间标志
W0730a.2.7.2	盘古1万8千岁时乃有三皇	【汉族】
W0730a.2.7.3	祭祀三皇	【纳西族】
W0730a.2.7.3.1	农历三月三、六月六、九月九祭“三皇”	
W0730a.2.7.3.1.1	黄帝下令每年农历三月三、六月六、九月九朝拜“三皇祖”	【汉族】
W0730a.2.7.4	初三皇君	【汉族】
W0730a.2.7.5	中三皇君	【汉族】
W0730a.2.7.6	后三皇	
W0730a.2.7.6.1	后三皇伏羲、女娲、神农	【汉族】 ＊［W0730a.2.3.2］三皇是伏羲、女娲、神农（三皇伏羲、神农、女娲）
W0730a.2.7.7	三皇遗迹	
W0730a.2.7.7.1	三皇庙	
W0730a.2.7.7.1.1	三皇庙又称神农轩辕三皇殿	【彝族（撒尼）】
W0730a.3	五帝	
W0730a.3.1	五帝的产生	
W0730a.3.1.1	五帝是三皇的儿子	【汉族】
W0730a.3.1.2	五帝是盘古的孙子	【民族，关联】①
W0730a.3.1.3	五帝产生在三皇之后	【汉族】
W0730a.3.2	五帝的特征	
W0730a.3.3	五帝的身份	
W0730a.3.3.1	五帝即五方之天帝	【汉族】
W0730a.3.4	五帝的职能	
W0730a.3.5	五帝的关系	
W0730a.3.5.1	五帝佐太一	【汉族】 ＊［W0204.11b.2.2］天帝的辅佐是五帝

① 【汉族】 ＊［W0725.5.4.3］盘古的孙子五帝；［W0730a.2.1.1］三皇是盘古的儿子

W 编码	母题描述	关联项
W0730a. 3. 6	五帝的名称	
W0730a. 3. 6. 1	青红白黑黄五帝	【汉族】
W0730a. 3. 6. 2	五帝又称五方神	【汉族】
W0730a. 3. 6. 2. 1	五帝是东方青帝、南方赤帝、中央黄帝、西方白帝、北方黑帝	【汉族】
W0730a. 3. 6. 2. 1. 1	赤帝	
W0730a. 3. 6. 2. 1. 1. 1	赤帝是神农之后	【汉族】
W0730a. 3. 6. 2. 2	五帝中东方为太皞，南方为炎帝，西方为少昊，北方为颛顼，中央为黄帝	【汉族】
W0730a. 3. 6. 3	五帝指轩辕与四帝四佐	【汉族】
W0730a. 3. 7	与五帝有关的其他母题	
W0730a. 4	与三皇五帝有关的其他母题	
W0730b	**萨天巴（萨岁）**	
W0730b. 1	萨天巴的产生	
W0730b. 1. 1	凡女死后化为萨岁	
W0730b. 1. 1. 1	一个叫婢奔的女子死后化作神女萨岁	【侗族】
W0730b. 2	萨天巴的特征	
W0730b. 2. 1	萨天巴四手四脚，两个眼睛中有千个眼珠	【侗族】
W0730b. 3	萨天巴的身份（萨岁的职能）	【关联】①
W0730b. 3. 1	萨天巴是女性祖先神祖母神	【侗族】 * ［W0645. 3. 2. 1］女祖神萨天巴的卵孵出人类始祖松恩
W0730b. 3. 1. 1	萨天巴是众女神的始祖母	【侗族】 * ［W0058. 6. 1. 1］众女神有共同的始祖母萨天巴
W0730b. 3. 1. 2	萨天巴是祖神王	【侗族】
W0730b. 3. 2	萨天巴是女神	【侗族】

① ［W0425. 3. 1］创世女神萨天巴；［W0440. 1. 1］护寨女神萨岁

W 编码	母题描述	关联项
W0730b.3.3	萨岁是英雄神	【侗族】
W0730b.4	萨天巴的关系	
W0730b.4.1	女始祖萨天巴的身边有 72 路诸神	【侗族】
W0730b.5	与萨天巴有关的其他母题	
＊**W0731**	**神农**	
W0732	**神农的产生**	
W0732.1	神农源于特定的地方	［W0735.6.7］神农下凡
W0732.2	神农是造出来的	
W0732.3	神农是生育产生的（生神农）	
W0732.3.1	神农是投胎到人间的神	【汉族】 ＊［W9376］神与神性人物投胎
W0732.3.2	洞生神农	
W0732.3.2.1	隋郡北界厉乡村的重山洞穴中生神农	【汉族】
W0732.4	神农是变化产生的	
W0732.4.1	龙成变神农	【汉族】
W0732.4.1.1	白龙变成神农	【汉族】
W0732.5	神农是婚生的（婚生神农）	
W0732.5.1	盘古兄妹生神农氏	【汉族】
W0732.6	神农是感生的（感生神农）	
W0732.6.1	女子感龙生神农	【汉族】
W0732.6.1.1	感神龙首生神农	
W0732.6.1.1.1	少典妃感神龙首生炎帝神农	【汉族】
W0732.6.1.1.2	少典妃安登游华阳时，有神龙首感之于常羊，生神农	【汉族】 ＊［W0765.6.1］刑天葬常羊山
W0732.6.2	女子感龙的神光生神农	
W0732.6.2.1	一位功能的目光相接应龙的神光孕生炎帝神农	【汉族】
W0732.7	与神农的产生有关的其他母题	
W0732.7.1	神农的生日（神农氏的生日）	

W 编码	母题描述	关联项
W0732. 7. 1. 1	神农生日是三月初三	【民族，关联】①
W0732. 7. 1. 2	神农生日是四月廿八	【汉族】
W0732. 7. 2	神农生活于太古	【汉族】
W0732. 7. 2. 1	炎帝神农氏诞生在 5200 年前	【汉族】
W0732. 7. 3	神农的出生地	
W0732. 7. 3. 1	神农生于厉乡山	【汉族】
W0732. 7. 3. 2	神农生于九圣泉边	【汉族】
W0732. 7. 3. 3	神农生于九井	【汉族】
W0732. 7. 3. 4	神农生于陕西宝鸡礓峪	【汉族】
W0733	**神农的特征**	
W0733. 1	神农身体通透（神农身体透明）	【汉族】 *［W0744. 1］炎帝身体透明
W0733. 1. 1	神农能看清自己的心肝肠肺	【汉族】
W0733. 1. 2	神农氏肚皮是透明的	【汉族】
W0733. 1. 3	神农是水晶肚	【汉族】
W0733. 1. 3. 1	神农的水晶肚子光亮透明，肝脏肠肺都能够看得一清二楚	【汉族】
W0733. 1. 4	神农玲珑玉体	【汉族】
W0733. 2	神农牛头	
W0733. 2. 1	神农氏牛头无角	【汉族】
W0733. 2. 2	神农人身牛首	【汉族】
W0733. 2. 3	神农牛头人身，龙颜大唇，手持一株药草	【彝族（撒尼）】
W0733. 3	神农头上长角	【民族，关联】②
W0733. 3. 1	神农头上长肉角	
W0733. 3. 1. 1	神农中间凹的头上长着两只大肉角	【汉族】
W0733. 3. 2	神农氏头顶长带眼的犄角	

① 【汉族】 *［W0721. 5. 3. 1］盘古生日是农历三月初三；［W0756. 6. 1. 2］王母娘娘生日三月初三
② 【汉族】 *［W0073. 8］神头上长角；［W0485. 8］药神头上长角；［W0838. 4. 11］妖魔头上长角

W 编码	母题描述	关联项
W0733.3.2.1	神农氏头顶上带眼的犄角一直通到肚子里	【汉族】
W0733.4	神农身体像龙	【汉族】 * [W0732.3] 龙变神农
W0733.5	神农身材高大	【汉族】
W0733.5.1	神农氏个子比一般人高	【汉族】
W0733.6	神农红脸	
W0733.6.1	神农是红脸老人	【布依族】
W0733.7	神农氏力大无穷	
W0733.7.1	神农氏能手拔大树	【汉族】
W0733.8	神农的性情	
W0733.8.1	神农爱人	【汉族】
W0733.8.2	神农大公无私	
W0734	**神农的身份**	[W0485.9.1.1] 神农是医药的祖师爷（药神、药仙）
W0734.1	神农是神	[W0485.9.1] 药神神农
W0734.1.1	神农是土地神	
W0734.1.1.1	神农是主管作物的土神	【汉族】
W0734.1.2	神农是农神	【民族，关联】①
W0734.1.2.1	神农是农业的始祖神	【汉族】
W0734.1.3	神农是灶神	【民族，关联】②
W0734.2	神农是神性人物	
W0734.2.1	神农不是凡人	【汉族】
W0734.2.1.1	神农能见到神	【汉族】
W0734.2.2	神农是药王菩萨	【汉族】
W0734.2.2.1	神农因采药救人而死被称为药王菩萨	【汉族】
W0734.2.3	神农是始祖	【汉族】
W0734.3	神农是地皇	

① 【汉族】 * [W0462] 农神；[W0734.6.2] 神农氏是农业的老祖宗
② 【汉族】 * [W0744a.1.2] 炎帝神农氏是灶神；[W0767.3.1.4] 祝融是灶神

W 编码	母题描述	关联项
W0734. 3. 1	玉皇大帝封神农为地皇	【汉族】
W0734. 4	神农是帝王（神农是首领）	［W0255. 8. 1］神农伏羲二帝在中央
W0734. 4. 1	神农皇帝	【土家族】
W0734. 4. 1. 1	神农皇帝和老百姓也差不多	【土家族】
W0734. 4. 2	神农到人间为王	【汉族】
W0734. 4. 3	神农是远古苗众的帝王	【苗族】
W0734. 4. 4	神农是众神仙的统帅	【汉族】
W0734. 4. 5	神农号田主大帝	
W0734. 5	神农是牛郎	【汉族】
W0734. 6	神农是祖师	［W0658a. 8. 29. 1］碾磨、面粉业等行业将神农奉为祖师
W0734. 6. 1	神农氏是中药的祖师	【民族，关联】①
W0734. 6. 1. 1	神农氏是中医的祖师爷	【汉族】
W0734. 6. 1. 2	神农是药王爷	【汉族】
W0734. 6. 2	神农氏是农业的老祖宗	【汉族】
W0734. 6. 3	神农是种田人的祖师爷	【汉族】
W0734. 7	神农是仙	
W0734. 7. 1	神农是药仙	
W0734. 7. 1. 1	神农尝百草治百病被称为药仙	【汉族】
W0734. 7. 2	神农是农业方面的神仙	［W0734. 2］神农是农神
W0734. 7. 2. 1	神农因教农桑被尊为农业方面的神仙	【汉族】
W0734. 7. 3	神农是草仙	
W0734. 7. 3. 1	天帝派草仙神农氏下凡为人治病	【汉族】
W0734. 8	神农是人	
W0734. 8. 1	神农是会做谷、粟的人	【苗族】
W0735	**神农的能力（神农的职能，神农的事迹）**	【关联】②

① 【汉族】 * ［W0485. 9. 1］药神神农；［W0735. 5. 1］神农传给人间药

② ［W3611. 1］神农造花草树木；［W3753. 3］神农找到茶

W 编码	母题描述	关联项
W0735.1	神农是会做庄稼的人	【苗族】
W0735.1.1	神农教稼穑（神农教人种庄稼）	【汉族】 * ［W0734.6.3］神农是种田人的祖师爷
W0735.1.2	先穑神农	【白族】
W0735.1.3	神农氏发明九井相通的灌溉法	【汉族】
W0735.1.4	神农氏发明放火烧山开田火种法	【汉族】
W0735.2	神农尝百草	【民族，关联】①
W0735.2.1	神农受天神指点尝百草找到治病的药	【羌族】
W0735.2.2	神农听信民间智慧尝百草	【汉族】
W0735.2.3	神农尝百草前举行仪式	
W0735.2.3.1	神农尝百草前拜告天地	【汉族】
W0735.2.4	神农尝百草辨药性	［W0735.6.4.2］神农辨经脉
W0735.2.4.1	神农通过小鸟辨草药	【汉族】
W0735.2.5	神农在特定地方尝百草	
W0735.2.5.1	神农在神农架尝百草	【汉族】
W0735.2.5.2	神农炎帝在羊台山尝百草	【汉族】
W0735.2.5.3	神农山西长治县城额羊头岭尝百草	【汉族】
W0735.2.6	神农尝百草的方法	
W0735.2.6.1	神农氏以赭鞭鞭草木尝百草，始有医药	【汉族】
W0735.2a	神农尝百谷	
W0735.2a.1	神农尝百谷于百谷山	【汉族】
W0735.3	神农善射	【汉族】 * ［W2924.10］善射的人
W0735.3.1	神农箭法很好	【汉族】
W0735.4	神农斩龙	［W8893.1］屠龙
W0735.4.1	神农氏斗龙王	【汉族】

① 【汉族】 * ［W0733.8.1］神农舍己为人；［W0735.6.1.2］神农为给人消灾祛病尝百草；［W0745.1］炎帝尝百草

W 编码	母题描述	关联项
W0735.5	神农安置药材和作物	【土家族】
W0735.5.1	神农传给人间药	【汉族】
W0735.5.2	神农分五谷	【汉族】
W0735.6	与神农事迹有关的其他母题（与神农能力有关的其他母题）	
W0735.6.1	神农舍己为人	
W0735.6.1.1	神农为找药一日而遇七十毒	【汉族】
W0735.6.1.2	神农为给人消灾祛病尝百草	【汉族】 * ［W0735.2］神农尝百草
W0735.6.1.3	神农放弃安逸生活为人找药材	
W0735.6.2	神农氏会法术	
W0735.6.2.1	神农能将珍珠化为乌有	【汉族】
W0735.6.2.2	神农以杖画地成涧	【汉族】
W0735.6.2.3	神农用法术把荒地变良田	【汉族】
W0735.6.3	神农会命名	
W0735.6.3.1	神农为山命名	
W0735.6.3.1.1	神农命名桐柏山	【汉族】
W0735.6.4	神农会看病	
W0735.6.4.1	神农会看病是因为观音给力他宝瓶和神鞭	【汉族】
W0735.6.4.2	神农辨经脉	
W0735.6.4.2.1	神农通过透明小鸟发现人的12经脉	【汉族】
W0735.6.5	神农访民情	
W0735.6.5.1	神农查看民间疫情	【汉族】
W0735.6.6	神农会变形	
W0735.6.6.1	神农化作一股白气	【汉族】 * ［W0735.6.2］神农氏会法术
W0735.6.7	神农下凡	
W0735.6.7.1	神农氏下凡	【畲族】

W 编码	母题描述	关联项
W0735.6.8	神农建都	
W0735.6.8.1	炎帝神农在山西长治建黎都耆国	【汉族】
W0735.6.9	神农建房	
W0735.6.9.1	神农教化人在平原上见建房屋	【汉族】
W0735a	**神农的工具**	
W0735a.1	神农的坐骑	
W0735a.1.1	神农乘红云	【布依族】
W0735a.1.2	皇神农驾六龙	【汉族】
W0735a.2	神农的鞭子	
W0735a.2.1	神农的赭鞭	［W0735.2.6.1］神农氏以赭鞭鞭草木尝百草，始有医药
W0735a.2.1.1	神农的赭鞭是神鞭	【汉族】
W0735a.2.2	神农的神鞭	
W0735a.2.2.1	神农的神鞭能戳地出水	【汉族】
W0735a.2.3	神农的鞭子是观音给的	【汉族】 * ［W0735.6.4.1］神农会看病是因为观音给力他宝瓶和神鞭
W0735a.3	神农的宝剑	
W0735a.3.1	神农的宝剑能划出深涧	【汉族】
W0735b	**神农的关系**	［W0746.2］炎帝被称为“神农”
W0735b.1	神农的祖辈（神农是特定人物的后代）	
W0735b.1.1	神农是盘古的后裔	［W0725.5.2.1］盘古的后裔神农、祝融
W0735b.1.2	神农是人火的后裔	【苗族】
W0735b.1.3	神农是伏羲的第三代孙儿	【汉族】
W0735b.2	神农的父母	
W0735b.2.1	神农的父母盘古兄妹	【汉族】
W0735b.2.1.1	神农是盘古的儿子	【汉族】
W0735b.2.2	神农的父亲是老天爷	
W0735b.2.2.1	神农、伏羲是老天爷的儿子	【汉族】

W 编码	母题描述	关联项
W0735b. 2. 3	神农的母亲	
W0735b. 2. 3. 1	神农 60 多岁的老娘洒奶浆润五谷	【土家族】
W0735b. 2. 3. 2	神农的母亲安登（神农的母亲女登）	
W0735b. 2. 3. 2. 1	神农的母亲安登是少典妃	【汉族】
W0735b. 3	神农的兄弟	
W0735b. 3. 1	神农、伏羲是兄弟	【汉族】
W0735b. 3. 2	神农与太庭氏、庖羲、祝融、五龙氏是兄弟	【汉族】
W0735b. 4	神农的妻子	
W0735b. 4. 1	神农氏姬赵女	【汉族】
W0735b. 4. 2	农神的妻子衣神	【汉族】
W0735b. 4. 3	农神的妻子长毛姑娘	【汉族】
W0735b. 5	神农的子女	
W0735b. 5. 1	神农有很多子女	
W0735b. 5. 2	神农的儿子	
W0735b. 5. 2. 1	神农有 9 个儿子	【汉族】
W0735b. 5. 3	神农的女儿	
W0735b. 5. 3. 1	神农的女儿黄花	【汉族】
W0735b. 5. 3. 2	神农的女儿花蕊	【汉族】
W0735b. 5. 3. 2. 1	神农的女儿花蕊公主	【汉族】
W0735b. 5. 3. 3	神农的女儿伽价公主	
W0735b. 5. 3. 3. 1	伽价公主是神农 7 个女儿中最美的一个	【苗族】
W0735b. 5. 4	农神的长红毛的孩子	【汉族】
W0735b. 5. 4. 1	农神与长毛姑娘婚生长红毛的孩子	【汉族】
W0735b. 6	神农的后代	［W0730a. 3. 6. 2. 1. 1. 1］赤帝是神农之后
W0735b. 6. 1	神农之孙榆冈	【汉族】
W0735b. 7	神农的朋友	

W 编码	母题描述	关联项
W0735b.8	神农的对手	
W0735b.9	神农的上司	
W0735b.9.1	在神农玉皇大帝那里听差	【汉族】
W0735b.9.1.1	神农就职于玉帝灵霄殿	【汉族】
W0735b.10	神农的从属	
W0735b.11	神农的同乡	
W0735b.11.1	神农与老子同乡	【汉族】
W0735b.12	神农的老师	
W0735b.12.1	雨师赤松子服水玉以教神农	【汉族】 * ［W0768.1.6.7］帝喾的老师赤松子
W0735c	**神农的生活**	
W0735c.1	神农的饮食	［W0735b.1.1］神农是盘古的后裔
W0735c.2	神农的服饰	
W0735c.2.1	皇神农戴玉理	【汉族】
W0735c.3	神农的出行	
W0735c.3.1	神农爷见老天爷	【汉族】
W0735c.3.2	神农见南海观音	【汉族】
W0735c.4	神农的成长地	
W0735c.4.1	神农氏在屯留度过童年	【汉族】
W0736	**神农的寿命与死亡**	
W0736.1	神农的死亡	
W0736.1.1	神农中毒而死	
W0736.1.1.1	神农尝断肠草后中毒而死	【汉族】
W0736.1.1.2	神农氏吞试信石（砒霜）中毒而死	【汉族】
W0736.1.2	神农被虫咬而死	
W0736.1.2.1	神农氏被百步虫咬死	【汉族】
W0737	**与神农有关的其他母题**	［W1246.4.16.2］神农窟（神农穴）
W0737.1	神农的居所	

W 编码	母题描述	关联项
W0737. 1. 1	神农住天上	
W0737. 1. 1. 1	神农大帝居天上	【布依族】
W0737. 1. 2	神农住山上	
W0737. 1. 2. 1	神农居天马山	【汉族】
W0737. 1. 2. 2	神农爷住在桐柏山南麓	【汉族】
W0737. 1. 3	神农住洞中	
W0737. 1. 3. 1	神农住岩洞	【土家族】
W0737. 1. 3. 2	神农在发鸠山筑洞而居	【汉族】
W0737. 1. 4	神农氏是张茅黎山人	【汉族】
W0737. 1. 5	神农居淮阳	【汉族】
W0737. 2	神农名字的来历（神农的名称）	
W0737. 2. 0	神农号神农氏	
W0737. 2. 0. 1	神农因播百谷故号神农氏	【汉族】
W0737. 2. 0. 2	神农又称神农氏	【汉族】
W0737. 2. 1	“神龙”流传中说成“神农”	【汉族】
W0737. 2. 1. 1	神农是白龙变的，故称神龙，传久了就叫成“神农”	【汉族】
W0737. 2. 2	神农氏姓姜	［W0746. 1. 1. 1］炎帝神农氏姜姓
W0737. 2. 2. 1	神农氏因降生在绛河源故姓姜	【汉族】
W0737. 2. 3	神农即炎帝（神农称炎帝）	
W0737. 2. 3. 1	因为神农身体变红被称为炎帝	【汉族】
W0737. 2. 4	稷被称为神农氏（女青年人稷称为神农氏）	【汉族】
W0737. 2. 4. 1	稷后带领稻、黍、麦、菽、麻五位随从寻找到粮种，被称为神农氏	【汉族】
W0737. 2. 4. 2	稷因发现五谷被称为神农氏	【汉族】
W0737. 2. 5	神农原名石年	
W0737. 2. 5. 1	人们尊称教人种五谷的石年为“神农”	［W0735. 1. 1］神农教稼穑（神农教人种庄稼）
W0737. 2. 6	神农爷	【汉族】

W 编码	母题描述	关联项
W0737.2.7	神农烈山氏	【汉族】 * ［W0746.1.4.1］炎帝神农氏起烈山，故称烈山氏
W0737.2.8	皇神农	
W0737.2.8.1	皇神农名石耳	【汉族】
W0737.2.9	神农氏又称伊耆氏	
W0737.2.9.1	炎帝神农氏又称伊耆氏	【汉族】
W0737.2a	神农婆	
W0737.2a.1	神农婆为人间降白面	【满族】
W0737.3	神农的遗迹（与神农有关的风物）	
W0737.3.1	神农庙	【汉族】
W0737.3.1.1	药王庙	
W0737.3.1.1.1	药王庙祭药王菩萨神农	【汉族】 * ［W0734.2.2］神农是药王菩萨
W0737.3.1.2	山西百谷山有3座神农庙（柏谷山有3座神农庙）	【汉族】
W0737.3.1.3	山西长子县北郭漏斗台神农庙	【汉族】
W0737.3.2	神农像	
W0737.3.2.1	神农像左手托鸟的来历	【汉族】
W0737.3.3	神农台（神农五谷台）	【汉族】
W0737.3.3.1	后人把神农种五谷的土岗叫神农台	【汉族】
W0737.3.4	神农涧	
W0737.3.4.1	神农涧在温县	【汉族】
W0737.3.5	神农洞	
W0737.3.5.1	神农洞在历山	【汉族】
W0737.3.6	神农泉	【汉族】
W0737.3.7	神农故居	
W0737.3.7.1	神农城	
W0737.3.7.1.1	神农城在羊头山	【汉族】
W0737.3.7.2	神农乡	

W 编码	母题描述	关联项
W0737. 3. 7. 2. 1	山西高平市团池乡原名神农乡	【汉族】
W0737. 3. 8	神农本草经	
W0737. 3. 8. 1	《神农本草经》记载 365 种中药	【汉族】
W0737. 3. 9	祭神农	【汉族】
W0737a	**少典**	
W0737a. 1	少典的产生	
W0737a. 2	少典的特征（少典的身份）	
W0737a. 2. 1	少典是国君	
W0737a. 2. 1. 1	少典是有熊部落国君	【汉族】
W0737a. 3	少典的关系	
W0737a. 3. 1	少典的祖辈	
W0737a. 3. 2	少典的父母	
W0737a. 3. 2. 1	少典是神农的舅舅的儿子	【汉族】
W0737a. 3. 3	少典的妻子	
W0737a. 3. 3. 1	少典的妻子附宝	【汉族】
W0737a. 3. 3. 2	少典的妻子有娇氏女登	【汉族】
W0737a. 3. 4	少典的子女	
W0737a. 3. 4. 1	少典的儿子黄帝	【汉族】 *［W0695. 0. 3］黄帝的父亲少典，母亲有蟜氏
W0737a. 3. 4. 2	少典的儿子榆罔	【汉族】
W0737a. 4	与少典有关的其他母题	
W0737a. 4. 1	少典姓公孙	【汉族】
W0738	**燧人氏**	
W0738. 1	燧人氏的产生	
W0738. 1. 1	山洞生燧人氏	【汉族】
W0738. 2	燧人氏的特征（燧人氏的身份）	［W0658a. 8. 42. 2］糕点业祖师神遂人氏
W0738. 2. 1	燧人氏属阳	【汉族】
W0738. 2. 1. 1	遂皇以火纪	【汉族】
W0738. 2. 2	燧人氏是皇帝	【汉族】
W0738. 2. 2. 1	燧人氏是人间的帝王	【汉族】

W 编码	母题描述	关联项
W0738.2.2.2	燧人氏曾是商丘一带的皇帝	【汉族】
W0738.2.3	燧人氏是圣人	【汉族】
W0738.2.3.1	燧人氏是上古圣人	【汉族】
W0738.2.4	燧人氏是火神（火神燧人氏）	
W0738.2.4.1	燧人氏发明钻木取火被奉为火神	【汉族】
W0738.3	燧人氏的能力（燧人氏的职能）	
W0738.3.1	燧人氏发明火	
W0738.3.1.1	燧人氏钻燧取火	【汉族】
W0738.3.1.2	燧人初作燧火	【汉族】
W0738.3.1.3	燧人察五木以为火	【汉族】
W0738.3.2	燧人氏观天象	
W0738.3.2.1	燧人上观辰星	【汉族】
W0738.4	燧人氏的生活	
W0738.4.1	燧人氏的服饰	
W0738.4.2	燧人氏的饮食	
W0738.4.3	燧人氏的居所	
W0738.4.3.1	燧人氏居泰山	【汉族】
W0738.4.3.2	燧人氏居商丘	【汉族】
W0738.4.3.3	燧人氏居遂明国	【汉族】
W0738.4.4	燧人氏的出行	
W0738.5	燧人氏的关系	
W0738.6	燧人氏的名称	
W0738.6.1	燧人又称遂皇	【汉族】
W0738.6.2	燧人因遂天之意，故为燧人	【汉族】
W0738.6.3	因取小枝以钻火号燧人氏	【汉族】
W0738.7	与燧人氏有关的其他母题	【关联】①
W0738.7.1	燧人氏的寿命	
W0738.7.1.1	燧人氏的寿命100多岁	【汉族】
W0738.7.2	燧人氏的遗迹	
W0738.7.2.1	燧人氏的坟墓在商丘	【汉族】

① ［W6933.2］燧人氏发明火；［W6942.5］燧人氏取火

W 编码	母题描述	关联项
W0739	**舜**	
W0739. 1	舜的产生	
W0739. 1. 1	舜从天降	
W0739. 1. 1. 1	舜是天神下凡	【汉族】
W0739. 1. 1. 2	舜被贬下凡	
W0739. 1. 1. 2. 1	舜因射死天帝 9 个太阳儿子被贬下凡	【汉族】
W0739. 1. 2	感生舜	【汉族】
W0739. 1. 2. 1	女子见大虹生舜	【汉族】
W0739. 1. 2. 1. 1	握登见大虹生舜	【汉族】
W0739. 1. 2. 1. 2	五英感彩虹生舜	【汉族】
W0739. 1. 2. 2	女子吃苹果生舜	【汉族】
W0739. 1. 3	舜是特定动物的化身	
W0739. 1. 3. 1	舜是凤凰的化身	【汉族】
W0739. 1. 4	与舜产生有关的其他母题	
W0739. 1. 4. 1	舜的母亲怀胎 9 年	【汉族】
W0739. 1. 4. 2	舜从母亲的背中出生	【汉族】
W0739. 1. 4. 3	舜的出生地是牛岭	【汉族】
W0739. 1. 4. 4	舜生于姚墟	【汉族】
W0739. 1. 4. 5	舜生于诸冯	【汉族】
W0739. 1. 4. 5. 1	诸冯在曹县西北五十里	【汉族】
W0739. 2	舜的特征	［W0459. 6. 3. 1］陶业祖师和保护神是舜
W0739. 2. 1	舜的体征	
W0739. 2. 1. 1	舜两只眼里都有 2 个瞳仁（舜重瞳，舜两眸子）	【汉族】
W0739. 2. 1. 2	舜外表端庄	【汉族】
W0739. 2. 1. 3	舜面颔无毛	【汉族】
W0739. 2. 1. 4	舜皮肤黑	【汉族】
W0739. 2. 2	舜的性情	

W 编码	母题描述	关联项
W0739.2.2.1	舜性情宽厚	【汉族】
W0739.2.2.1.1	舜忠厚老实，宽宏大量	【汉族】
W0739.2.2.1.2	舜仁者善心（舜仁慈）	【汉族】
W0739.2.2.2	舜很孝顺	【汉族】
W0739.2.2.2.1	舜严遵母命	【汉族】
W0739.2.2.2.2	舜 20 岁始以孝闻	【汉族】
W0739.2.2.2.3	舜下井为母捞金簪	【汉族】
W0739.2.2.3	舜处事公道	【汉族】
W0739.2.2.3a	舜公正圣明	【汉族】
W0739.2.2.4	大舜勤快憨厚	【汉族】
W0739.2.2.5	舜有贤德	【汉族】
W0739.2.2.6	舜偏心小老婆	
W0739.2.2.6.1	舜尤爱次妃女英，欲立以为后而无由	【汉族】 * ［W0739.4.4.1.2］舜喜欢女英
W0739.2.3	帝舜短	
W0739.2.3.1	帝尧长，帝舜短	【汉族】
W0739.3	舜的职能（舜的身份，舜的能力、舜的事迹）	【关联】①
W0739.3.1	舜是帝王	
W0739.3.1.1	尧举舜为天子	【汉族】
W0739.3.1.2	舜在位六十年	【汉族】
W0739.3.1.3	舜让位给禹	【汉族】
W0739.3.1.4	虞舜是人主	【汉族】
W0739.3.1.5	虞舜是天帝	
W0739.3.1.5.1	尧去世后舜做了天帝	【汉族】
W0739.3.1.6	舜是五帝之一	【汉族】 * ［W0730a.3］五帝
W0739.3.1.7	舜是皇帝	
W0739.3.1.7.1	大舜是古时候一个好皇帝	【汉族】
W0739.3.1a	舜是酋长	
W0739.3.1a.1	虞舜是妫水氏族的酋长	【汉族】

① ［W1978.1.2.3］舜掘地成井；［W8989.1.1］舜临死逃脱

W 编码	母题描述	关联项
W0739. 3. 2	舜对农业有贡献	
W0739. 3. 2. 1	舜取谷种	［W3959. 1］舜取粮种
W0739. 3. 2. 1. 1	舜从天上盗谷种	【汉族】
W0739. 3. 2. 2	舜王教老百姓种庄稼	【汉族】
W0739. 3. 3	舜能显灵	
W0739. 3. 3. 1	舜王爷显灵	【汉族】
W0739. 3. 4	舜善弹琴	
W0739. 3. 4. 1	尧令女儿娥皇、女英跟舜学弹琴	【汉族】
W0739. 3. 5	舜耕田	［W0739. 3. 2］舜对农业有贡献
W0739. 3. 5. 1	舜耕潼关	【汉族】
W0739. 3. 5. 2	舜耕泰山脚下	【汉族】
W0739. 3. 5. 3	舜耕历山	【汉族】
W0739. 3. 5. 3. 1	舜耕历山之阳	【汉族】
W0739. 3. 5. 3. 2	舜使象耕于历山	【汉族】
W0739. 3. 5. 3. 3	舜耕余姚历山	【汉族】
W0739. 3. 5. 3. 4	舜耕晋东南历山	【汉族】
W0739. 3. 5. 3. 5	舜耕济南历山	【汉族】
W0739. 3. 5a	舜种茶	
W0739. 3. 5a. 1	舜骊山种茶	【汉族】
W0739. 3. 6	舜访贤	［W0747. 4. 2］尧招贤（尧访贤）
W0739. 3. 6. 1	舜为治水访贤	【汉族】
W0739. 3. 7	舜得道多助	【汉族】
W0739. 3. 8	舜作事成法，出言成章	【汉族】
W0739. 3. 9	舜大难不死	
W0739. 3. 9. 1	舜经历后母多次谋害不死	【汉族】
W0739. 4	舜的关系	
W0739. 4. 0	舜的父母（舜的祖先）	
W0739. 4. 0. 1	舜的父母虞成和五英	【汉族】
W0739. 4. 0. 2	舜是伏羲女娲的后代	【汉族】

W 编码	母题描述	关联项
W0739.4.1	舜的父亲	
W0739.4.1.1	舜的父亲是瞎子	【汉族】
W0739.4.1.2	舜的父亲偏听偏信	【汉族】
W0739.4.1.3	舜的父亲叫瞽叟	【汉族】
W0739.4.1a	舜的岳父	
W0739.4.1a.1	尧招舜为女婿	【汉族】
W0739.4.2	舜的母亲	
W0739.4.2.1	舜的生母	
W0739.4.2.1.0	舜的生母握登	【汉族】
W0739.4.2.1.0.1	握登圣母庙	【汉族】
W0739.4.2.1.1	舜的乞丐母亲	【汉族】
W0739.4.2.1.2	舜出生不久生母死去	【汉族】
W0739.4.2.1.3	舜 20 岁时生母死去	【汉族】
W0739.4.2.2	舜的后母	【汉族】
W0739.4.2.2.1	舜被后娘逐出家门	【汉族】
W0739.4.3	舜的弟弟	
W0739.4.3.1	舜的弟弟叫象	
W0739.4.3.1.1	象是舜的同父异母弟弟	【汉族】
W0739.4.3.1.2	舜的弟弟象奉为鼻亭神	【汉族】
W0739.4.3.1.3	舜的弟弟象名有鼻	
W0739.4.3.1.3.1	有鼻封在零陵	【汉族】
W0739.4.3.1.3.2	有鼻封泉陵县鼻墟	【汉族】
W0739.4.3.1.3.3	鼻天子城	【汉族】
W0739.4.3.1.3.4	鼻天子冢（象冢）	【汉族】
W0739.4.3.2	舜的弟弟敖	【汉族】
W0739.4.4	舜的妻子（舜的妃子）	[W1972.9.21.1] 舜的妻子的泪珠化为珍珠泉
W0739.4.4.1	舜有娥皇和女英两个妃子	【汉族】 * [W0747.5.4.1] 尧王的 2 个女儿娥皇、女英
W0739.4.4.1.1	舜当皇帝后娶娥皇和女英二妃	【汉族】
W0739.4.4.1.1.1	娥皇为后，女英为妃	【汉族】

W 编码	母题描述	关联项
W0739. 4. 4. 1. 1. 1a	舜的正妃娥皇，夫人女英	【汉族】
W0739. 4. 4. 1. 1. 2	舜的二妃中娥皇为长，女英为次	【汉族】
W0739. 4. 4. 1. 1. 3	舜妃娥皇和女英二妃死后为湘君	【汉族】
W0739. 4. 4. 1. 1. 4	娥皇和女英二妃溺于湘江，神游洞庭之渊	【汉族】
W0739. 4. 4. 1. 2	舜喜欢女英	【汉族】
W0739. 4. 4. 2	尧嫁女娥皇和女英与舜	【汉族】
W0739. 4. 4. 2. 1	尧因舜贤，嫁女娥皇和女英与舜	【汉族】
W0739. 4. 4. 3	舜的妻子嫦娥	【汉族】 * ［W0671］嫦娥
W0739. 4. 4. 4	舜王与舜王奶	【汉族】
W0739. 4. 4. 5	舜的妻子登比氏	【汉族】
W0739. 4. 4. 6	舜的妻子登北氏	【汉族】
W0739. 4. 4. 7	舜的妻子女匽氏	
W0739. 4. 4. 7. 1	帝舜娶帝尧之子女匽氏	【汉族】
W0739. 4. 5	舜的子女	
W0739. 4. 5. 1	舜的儿子	
W0739. 4. 5. 1. 1	舜的儿子商均	【汉族】
W0739. 4. 5. 1. 1. 1	舜与女英生子商均	【汉族】
W0739. 4. 5. 1. 1. 2	女英生义钧	【汉族】
W0739. 4. 5. 1. 1. 2. 1	义钧封于商称商均	【汉族】
W0739. 4. 5. 2	舜的女儿	
W0739. 4. 5. 2. 1	舜有 6 个女儿	【汉族】
W0739. 4. 5. 2. 2	舜的女儿宵明、烛光	
W0739. 4. 5. 2. 2. 1	舜妻登比氏生宵明、烛光	【汉族】
W0739. 4. 5. 2. 2. 2	宵明是女神	【汉族】
W0739. 4. 5a	舜的后代	
W0739. 4. 5a. 1	舜的后代摇民	【汉族】 * ［W5701］瑶族的产生
W0739. 4. 6	舜的从属	
W0739. 4. 6. 1	舜王的四岳大臣	【汉族】
W0739. 4. 6. 2	舜王的大司理皋陶	【汉族】

W 编码	母题描述	关联项
W0739.4.6.3	舜王的大司农周弁	【汉族】
W0739.4.6.4	契是舜的辅佐	【汉族】 ＊［W0768.1.6.3.1.2.1］帝喾有后稷、契、帝尧、帝挚4个儿子
W0739.4.6.4.1	舜王的大司徒殷契	【汉族】
W0739.4.6.5	舜的大臣鲧	【汉族】
W0739.4.6.6	舜臣伯翳（舜臣伯益）	【汉族】
W0739.4.7	舜的上司	
W0739.4.7.1	舜听差尧王（舜辅佐尧）	【汉族】
W0739.5	舜的生活	
W0739.5.1	舜的成长	
W0739.5.1.1	舜的成长历经磨难	【汉族】
W0739.5.2	舜的服饰	
W0739.5.2.1	舜衣着简朴	【汉族】
W0739.5.3	舜的饮食	
W0739.5.3.1	舜忍饥挨饿	【汉族】
W0739.5.4	舜的居所	
W0739.5.4.1	舜居蒲山	【汉族】
W0739.5.4.2	舜居住历山脚下	【汉族】 ＊［W0739.3.5.3］舜耕历山
W0739.5.4.3	舜骊山脚下人氏	【汉族】
W0739.5.4.4	舜居诸城	
W0739.5.4.4.1	诸城以舜为冠	【汉族】
W0739.5.4.5	舜是东夷人	【汉族】
W0739.5.4.6	舜是余姚县人	【汉族】 ＊［W0739.1.4.4］舜生于姚墟
W0739.5.5	舜的出行	
W0739.5.5.1	舜驾五龙	【汉族】
W0739.5.6	舜的工具（舜的用品）	
W0739.5.6.1	舜为斗妖造伞	【汉族】

W 编码	母题描述	关联项
W0739.6	舜的名称（舜的名号）	
W0739.6.1	舜王爷（舜王）	【汉族】
W0739.6.1.1	“虞舜”成为舜王	【汉族】
W0739.6.2	舜名字的来历	
W0739.6.2.1	舜出生时父母看到舜草遂取名“舜”	【汉族】
W0739.6.3	舜又称“仲华”	
W0739.6.3.1	舜因排行老二，手掌中有个“华”字，遂得名“仲华”	【汉族】
W0739.6.4	舜称“息壤先人”	【汉族】
W0739.6.5	大舜	【汉族】
W0739.6.5.1	特舜	【壮族】
W0739.6.6	舜即帝俊	【汉族】
W0739.6.7	舜名重华（舜名重明）	【汉族】
W0739.7	与舜有关的其他母题	
W0739.7.1	舜的生日	
W0739.7.2	舜的寿命与死亡	
W0739.7.2.1	舜死于苍梧（舜葬苍梧）	【汉族】
W0739.7.2.1.1	舜与叔均葬赤水之东苍梧之野	【汉族】
W0739.7.2.1.2	舜葬苍梧之阳	【汉族】
W0739.7.2.2	舜葬在九疑山	
W0739.7.2.2.1	舜葬在九疑山女英峰	【汉族】
W0739.7.2.2.2	舜葬在长沙零陵界九疑山	【汉族】
W0739.7.2.3	舜葬于岳山	
W0739.7.2.3.1	帝尧、帝喾、帝舜葬于岳山	【汉族】
W0739.7.3	舜的遗迹（与舜有关的风物）	【关联】①
W0739.7.3.1	舜王庙	【汉族】
W0739.7.3.1.1	舜王庙在邙山岭上	【汉族】
W0739.7.3.2	舜祠	【汉族】
W0739.7.3.3	舜泉坊	【汉族】

① ［W1852.6.125］舜哥山（舜王山）；［W1978.5.1.8］舜井（舜泉）

W 编码	母题描述	关联项
W0739.7.3.4	舜江	
W0739.7.3.4.1	舜江即姚江	【汉族】
W0739.7.4	祭祀舜	
W0739.7.4.1	腊月三十祭舜	
W0739.7.4.1.1	腊月三十蒲山祭舜	【汉族】
W0740	**太皞**①	
W0740.1	太皞的产生	
W0740.1.1	华胥生太皞	【汉族】
W0740.2	太皞的身份	[W0380.3] 太皞为司春之神
W0740.2.1	太皞是天帝	
W0740.2.1.1	太皞是东方天帝	【汉族】
W0740.2.2	太皞是东方神	【汉族】 * [W0251.8.1] 东方神句芒
W0740.2.2.1	太皞管东方	【汉族】
W0740.2.3	太皞是首领	
W0740.2.3.1	太皞东夷部族的祖先和首领	【汉族】
W0740.2.4	太皞是人祖	【汉族】
W0740.3	太皞的关系	[W0251.8.1.2a] 句芒是太皞伏羲氏的佐神
W0740.3.1	太皞的父母	
W0740.3.2	太皞的妻子	
W0740.3.2.1	人祖太皞与女皇合为夫妇	【汉族】
W0740.4	与太皞有关的其他母题	
W0740.4.1	太皞的名称	
W0740.4.1.1	太皞风姓	【汉族】
W0740.4.1.2	太皞伏羲氏风姓	【汉族】
W0740.4.1.3	太皞即太昊	【汉族】
W0741	**太昊**	
W0741.1	太昊的产生	

① 太皞，在不同的叙事中又作“太皓”、“太昊”，有研究者认为“太皞”即“伏羲”。

W 编码	母题描述	关联项
W0741.2	太昊的特征（太昊的身份）	
W0741.2.1	太昊是祖先	
W0741.2.1.1	太昊与女皇婚生后人	【汉族】 * ［W0741.4.2.1］太昊的妻子是女皇
W0741.2.2	太昊是造人者	
W0741.2.2.1	最早造人的兄妹称太昊	【汉族】
W0741.2.3	太昊是女娲兄妹	【汉族】
W0741.2.4	太昊是帝王	
W0741.2.4.1	太皞伏羲氏是东方木德之帝	【汉族】
W0741.3	太昊的能力（太昊的事迹）	
W0741.3.1	太昊是发明者	
W0741.3.1.1	太昊发明母织网	
W0741.3.1.1.1	太昊做渔网	【汉族】
W0741.4	太昊的关系	
W0741.4.1	太昊的父母	
W0741.4.2	太昊的妻子	
W0741.4.2.1	太昊的妻子是女皇	【汉族】
W0741.4.3	太昊的子女	
W0741.4.4	太昊的朋友	
W0741.5	与太昊有关的其他母题	
W0741.5.1	太昊的名字（太昊的名号）	［W0740.4.1.3］太皞即太昊
W0741.5.1.1	太昊伏羲氏（太昊即伏羲）	【汉族】 * ［W0740.4.1.2］太皞伏羲氏风姓
W0741.5.1.2	太昊庖牺氏	【汉族】
W0741.5.1.3	太昊又称大昊	【汉族】
***W0742**	**炎帝**①	
W0743	**炎帝的产生**	
W0743.1	炎帝天降	
W0743.1.1	炎帝神农氏从天而降	【汉族】

① 炎帝，又号称连山氏、烈山氏等，有人认为是被神化的历史人物，也有人认为是神话人物。

W 编码	母题描述	关联项
W0743.2	炎帝是生育产生的	
W0743.2.1	炎帝是女娲之女	【汉族】 * ［W0710］女娲
W0743.3	炎帝是感生的（感生炎帝）	
W0743.3.1	炎帝为感龙所生	【汉族】
W0743.3.1.1	少典感神龙生炎帝	【汉族】
W0743.3.1.2	少典妃女登感神龙生炎帝	【汉族】
W0743.3.1.3	神龙附少女之身生炎帝	【汉族】
W0743.4	炎帝是婚生的	
W0743.5	与炎帝的产生有关的其他母题	
W0743.5.0	炎帝的生日	
W0743.5.0.1	炎帝的生日四月初八	【汉族】 * ［W0746.5.1］每年四月初八祭祀炎帝
W0743.5.1	炎帝生于上古时代	【汉族】
W0743.5.2	炎帝出生三天能说话	【汉族】
W0744	**炎帝的特征**	
W0744.1	炎帝有奇特的体征	
W0744.1.1	炎帝身体透明	【汉族】 * ［W0733.1］神农身体通透（神农身体透明）
W0744.1.1.1	炎帝的肚子像透明水晶能看到五脏六腑	【汉族】 * ［W0485.2.5.1］医病之神纳丹威虎里从外面能看到五脏六腑
W0744.1.1.2	炎帝天庭饱满，头生两角，相貌奇特	【汉族】
W0744.2	炎帝人身牛首	【汉族】 * ［W0733.3.2］神农人身牛首
W0744.2.1	炎帝神农氏人身牛首	【汉族】
W0744.3	炎帝是女性	【汉族】 * ［W0745b.1.1］炎帝是女娲之女
W0744a	**炎帝的身份**	
W0744a.1	炎帝是神	【汉族】 * ［W0493.6.1b］灶神炎帝神农

W 编码	母题描述	关联项
W0744a. 1. 1	炎帝是火神（火神炎帝）	【汉族】
W0744a. 1. 2	炎帝神农氏是灶神	【民族，关联】①
W0744a. 1. 2. 1	炎帝于火，死而为灶	【汉族】
W0744a. 1. 2. 2	炎帝作火，死而为灶	【汉族】
W0744a. 1. 3	炎帝是大神	【汉族】
W0744a. 1. 4	炎帝是太阳神	【汉族】
W0744a. 1. 5	炎帝是时令神	【汉族】
W0744a. 1. 6	炎帝是村寨神	【白族】 * ［W0782. 2. 1. 2］ 炎帝是本主
W0744a. 1. 7	炎帝是南方神	
W0744a. 1. 7. 1	炎帝战败后逃到南方成为南方神	【汉族】
W0744a. 2	炎帝是太阳	【汉族】
W0744a. 3	炎帝是天帝	
W0744a. 3. 1	天帝炎帝管南方	【汉族】
W0744a. 4	炎帝是地皇	
W0744a. 4. 1	地皇氏炎帝神农氏	【汉族】
W0744a. 5	炎帝是神仙	
W0744a. 5. 1	炎帝神农氏是神仙	【汉族】
W0744a. 6	炎帝是首领	
W0744a. 6. 1	炎帝带部族离开有熊氏部落到南方游牧	【汉族】
W0744a. 6. 2	炎帝是上古姜姓部落的首领	【汉族】
W0744a. 7	炎帝是人	
W0744a. 7. 1	炎帝是天生的奇人	【汉族】
W0745	**炎帝的能力（炎帝的职能，炎帝的事迹）**	【关联】②
W0745. 1	炎帝尝百草	［W0735. 2］ 神农尝百草
W0745. 1. 1	炎帝在太行山尝百草	【汉族】

① 【汉族】 * ［W0734. 1. 3］ 神农是灶神；［W0767. 3. 1. 4］ 祝融是灶神

② ［W0253. 3］ 炎帝主南方；［W8806. 2］ 炎黄战蚩尤

W 编码	母题描述	关联项
W0745.1a	炎帝最早发明使用针灸	【汉族】
W0745.2	炎帝发明祭祀	【汉族】
W0745.3	炎帝主南方	【汉族】
W0745.3.1	赤帝司南方之极万二千里	【汉族】
W0745.4	炎帝能拯救太阳	【白族】
W0745.4.1	炎帝能使太阳发光	【汉族】
W0745.5	炎帝能使万物生长	【汉族】
W0745.6	炎帝发现作物	
W0745.6.1	炎帝神农氏羊头山得到嘉禾	【汉族】
W0745.6.2	炎帝神农氏羊头山谷关得到嘉谷	【汉族】
W0745.6.3	神农炎帝赐人珍珠小米	【汉族】
W0745.7	炎帝建国	
W0745.7.1	炎帝在上党黎岭村一带建耆国	【汉族】
W0745.8	炎帝建都	
W0745.8.1	炎帝建都山东曲阜	【汉族】
W0745a	**炎帝的生活（炎帝的经历）**	
W0745a.1	炎帝的服饰	
W0745a.2	炎帝的食物	
W0745a.2.1	炎帝出生后饭量特大	
W0745a.2.1.1	炎帝出生后比平常的婴儿要多吃3倍的奶	【汉族】
W0745a.3	炎帝的居所	
W0745a.3.1	炎帝居黄河一带	【汉族】
W0745a.3.2	炎帝居山东	【汉族】
W0745a.3.3	炎帝居淮阳	【汉族】
W0745a.3.4	炎帝居南方	【汉族】 *［W0746.1.5.1 赤帝即南方火德之帝
W0745a.3.5	炎帝居东方	【汉族】
W0745a.3.5.1	炎帝住东方山上	【白族】

W 编码	母题描述	关联项
W0745a. 3. 6	炎帝最早居住在姜水	【汉族】
W0745a. 4	炎帝的出行	
W0745a. 4. 1	炎帝乘五色鸟	【汉族】
W0745a. 5	炎帝的工具	
W0745a. 5. 1	炎帝的石斧	【汉族】
W0745a. 5. 2	炎帝手持弓箭	【白族】
W0745a. 6	炎帝的成长	
W0745a. 6. 1	炎帝神农氏长于姜水	【汉族】
W0745a. 6. 2	炎帝年幼时神鹰为他遮日，神鹿为他哺乳	【汉族】
W0745b	**炎帝的关系**	
W0745b. 1	炎帝的父母	
W0745b. 1. 0	炎帝与黄帝的父母是伏羲女娲兄妹	【民族，关联】①
W0745b. 1. 1	炎帝的父亲	
W0745b. 1. 1. 1	炎帝的父亲少典	【汉族】
W0745b. 1. 2	炎帝的母亲	
W0745b. 1. 2. 1	炎帝是女娲之女	【汉族】
W0745b. 1. 2. 2	炎帝的母亲女登	【汉族】
W0745b. 1. 2. 3	炎帝的母亲任姒	【汉族】
W0745b. 1. 2. 3. 1	炎帝的母亲任姒，有蟜氏女登之女，名女登	【汉族】
W0745b. 2	炎帝的兄弟	
W0745b. 2. 1	炎黄是兄弟	
W0745b. 2. 1. 1	少典先娶有蟜氏生炎帝，后娶附宝生黄帝	【汉族】
W0745b. 2. 1. 2	炎帝与黄帝是异父同母兄弟	【汉族】
W0745b. 2. 1. 2a	炎帝与黄帝是同父异母兄弟	【汉族】
W0745b. 2. 1. 3	炎帝与黄帝是亲兄弟	【汉族】

① 【汉族】 ＊［W0680. 2. 2］伏羲女娲是兄妹（伏羲女娲兄妹）；［W0680. 4a. 1］伏羲的妻子女娲（伏羲女娲是夫妻）

W 编码	母题描述	关联项
W0745b.3	炎帝的妻子	
W0745b.3.1	炎帝的妻子听訞	【汉族】
W0745b.4	炎帝的子女	
W0745b.4.1	炎帝的儿子	
W0745b.4.1.1	炎帝的儿子炎居	【汉族】
W0745b.4.2	炎帝的女儿	【汉族】
W0745b.4.2.1	炎帝的小女儿精卫	【汉族】
W0745b.4.2.1.1	精卫化鸟	【民族，关联】①
W0745b.4.2.2	炎帝的少女女娃	【汉族】 ＊［W0700.1.2.1］炎帝的少女女娃溺于东海化为精卫
W0745b.4.2.2.1	炎帝的女儿女娃死后成为漳水之神	【汉族】
W0745b.4.2.2a	皇帝的女儿女娃	【汉族】
W0745b.4.2.3	炎帝的女儿瑶姬	【汉族】
W0745b.4.2.4	炎帝少女成仙	【汉族】
W0745b.4.2.4.1	南方赤帝女学道得仙	【汉族】 ＊［W0598.1.3］文化英雄学艺结果
W0745b.4.2.4.1.1	南方赤帝女学道得仙后居南阳愕山桑树上	【汉族】
W0745b.4.3	炎帝的子孙	
W0745b.4.4	炎帝有 81 个孩子	【汉族】
W0745b.4.5	炎帝的孙子	【汉族】
W0745b.4.5.1	炎帝之孙灵恝	
W0745b.4.5.1.1	灵恝生互人，能上下于天	【汉族】
W0745b.4.5.2	炎帝之孙伯陵	
W0745b.4.5.2.1	伯陵同吴权之妻阿女缘妇，缘妇孕生鼓、延、殳	【汉族】
W0745b.4.5.2.2	炎帝的孙子伯陵被吴刚杀死	【汉族】

① 【汉族】 ＊［W0700.1.2］炎帝之女化为精卫；［W0916.4.2］冤魂化为鸟

W 编码	母题描述	关联项
W0745b. 5	炎帝的朋友	
W0745b. 5. 1	炎帝与黄帝	
W0745b. 6	炎帝的对手	
W0745b. 6. 1	炎帝与黄帝是对手	［W8806. 1］炎黄之争
W0745b. 7	炎帝的臣属	
W0745b. 7. 1	炎帝的部将祝融、刑天	【汉族】
W0745b. 7. 2	炎帝有良将数十人	【汉族】
W0745b. 7. 3	朱明佐炎帝	【汉族】
W0745c	**炎帝的寿命与死亡**	
W0745c. 1	炎帝的寿命	
W0745c. 2	炎帝的死亡	
W0745c. 2. 1	炎帝被虫咬而死	【汉族】 * ［W0736. 1. 2］神农被虫咬而死
W0745c. 2. 1. 1	炎帝食百足虫死亡	【汉族】
W0745c. 2. 2	炎帝死于羊头山	【汉族】
W0745c. 3	炎帝的丧葬	
W0745c. 3. 1	炎帝安葬卧龙湾	【汉族】
W0746	**与炎帝有关的其他母题**	［W0695. 2. 1］黄帝炎帝是亲兄弟
W0746. 1	炎帝的名字（炎帝的姓氏、炎帝的名号）	
W0746. 1. 1	炎帝姓姜	【汉族】
W0746. 1. 1. 1	炎帝神农氏姜姓	【汉族】
W0746. 1. 1. 2	炎帝姓姜，名炎帝	【汉族】
W0746. 1. 1. 3	炎帝长于姜水，因以为姓	【汉族】 * ［W0745a. 6. 1］炎帝神农氏长于姜水
W0746. 1. 2	炎帝又称神农	【汉族】 * ［W0731］神农
W0746. 1. 2. 1	炎帝号神农	【汉族】
W0746. 1. 3	炎帝神农氏	【汉族】

W 编码	母题描述	关联项
W0746.1.3.1	炎帝因种五谷被称为神农氏	【汉族】
W0746.1.4	炎帝又称烈山氏	【汉族】
W0746.1.4.1	炎帝神农氏起烈山，故称烈山氏	【汉族】
W0746.1.5	炎帝又称赤帝	［W0767.3.6.1］祝融是赤帝
W0746.1.5.1	赤帝即南方火德之帝	【汉族】
W0746.1.6	炎帝别号朱襄氏	
W0746.1.6.1	朱襄氏，吉天子	【汉族】
W0746.1.7	炎帝又称先医	
W0746.1.7.1	炎帝因尝百草开创医疗的先河故称先医	【汉族】
W0746.1.8	炎帝又称农皇	
W0746.1.8.1	炎帝因发明耕播农业被称为农皇	【汉族】
W0746.1.9	炎帝又称火师	
W0746.1.9.1	炎帝因把火用于生产和生活被称为火师	【汉族】
W0746.2	炎帝的代表动物是朱鸟	【汉族】
W0746.3	炎帝属夏季	【汉族】
W0746.4	炎帝的遗迹	
W0746.4.1	炎帝庙	
W0746.4.1.1	炎帝三庙	【汉族】
W0746.4.1.1.1	炎帝上庙	【汉族】
W0746.4.1.1.2	炎帝中庙	【汉族】
W0746.4.1.1.3	炎帝下庙	【汉族】
W0746.4.1.2	炎帝庙称“五谷庙”	
W0746.4.1.3	色头村炎庙	【汉族】
W0746.4.2	炎帝陵	【汉族】
W0746.4.2.1	炎帝陵在山西高平县庄里村	【汉族】
W0746.4.2.2	炎帝陵在高平县换马镇	【汉族】
W0746.4.2.3	炎帝陵在羊台山上	【汉族】
W0746.4.2.4	炎帝陵称“皇坟”	【汉族】
W0746.4.3	炎帝故里	

W 编码	母题描述	关联项
W0746. 4. 3. 1	炎帝故里在山西长治县黎都	【汉族】
W0746. 4. 4	炎帝的行宫	
W0746. 4. 4. 1	炎帝的行宫在山西长治高平县故关村	【汉族】
W0746. 5	祭祀炎帝（祭炎帝）	
W0746. 5. 1	每年四月初八祭祀炎帝	【汉族】 * ［W0743. 5. 0. 1］炎帝的生日四月初八
W0746. 5. 2	腊月二十三祭炎帝	［W0466. 10. 3. 1］敬火神时间腊月二十三日
W0746. 5. 2. 1	腊月二十三过小年祭灶神即祭祀先帝炎帝	【汉族】
W0746. 6	炎帝米	
W0746. 6. 1	屯留炎帝米	【汉族】
W0747	**尧**[①]	
W0747. 1	尧的产生	
W0747. 1. 1	尧是生育产生的	
W0747. 1. 1. 1	女子与龙交生尧	【汉族】
W0747. 1. 1. 2	女子与赤龙交生尧	
W0747. 1. 1. 2. 1	庆都与赤龙交合生尧	【汉族】
W0747. 1. 1. 3	帝喾与庆都婚生尧	【汉族】
W0747. 1. 1. 4	天阳精生尧	【汉族】
W0747. 1. 2	尧是感生的	
W0747. 1. 2. 1	女子感生尧	
W0747. 1. 2. 2	女子感龙生尧	【汉族】
W0747. 1. 2. 2. 1	庆都感赤龙的阴风孕生尧	【汉族】
W0747. 1. 3	与尧的产生有关的其他母题	
W0747. 1. 3. 1	尧出现在大禹 3600 年后	【汉族】
W0747. 2	尧的特征	
W0747. 2. 1	尧的体征	

① 尧，名放勋，是陶唐氏的邦君，故又称唐尧，一般认为是被神化的历史人物。

W 编码	母题描述	关联项
W0747.2.1.1	尧是半人半凤	【汉族】 * ［W0747.3.4.1.1］尧王白天是人主管天下，夜里是凤到天上会神仙
W0747.2.1.2	尧王白发白须白眉	【汉族】
W0747.2.1.3	尧八彩眉	【汉族】
W0747.2.2	尧的性情	
W0747.3	尧的身份	
W0747.3.1	尧是神	
W0747.3.2	尧是首领	
W0747.3.2.1	尧是酋长	【汉族】
W0747.3.2.1.1	唐尧是平阳一带的部落酋长	【汉族】
W0747.3.3	尧是君主	
W0747.3.3.1	尧是明君	【汉族】 * ［W5896.2］明君
W0747.3.3.2	尧是万民之主	【汉族】
W0747.3.3.3	尧是圣主	【汉族】
W0747.3.4	尧是双面人	
W0747.3.4.1	尧白天与晚上有白天身份	【汉族】
W0747.3.4.1.1	尧王白天是人主管天下，夜里是凤到天上会神仙	【汉族】
W0747.3.5	与尧的身份有关的其他母题	
W0747.4	尧的能力（尧的事迹、尧的行为）	
W0747.4.1	尧王上知天文下知地理	【汉族】
W0747.4.2	尧招贤（尧访贤）	【汉族】 * ［W0739.3.6］舜访贤
W0747.4.2.1	尧王因儿子不屑访贤	【汉族】
W0747.4.2.2	尧改扮成普通人访贤	【汉族】
W0747.4.3	尧王英明	【汉族】
W0747.4.4	尧王亲民	【汉族】
W0747.4.4.1	尧亲自看羿练兵	【汉族】
W0747.4.4.2	尧视察民情	【汉族】

W 编码	母题描述	关联项
W0747. 4. 5	尧善治国理政	【汉族】
W0747. 4. 6	尧王嫁女	
W0747. 4. 6. 1	尧王嫁女前考察人品	【汉族】 *［W0739. 4. 4. 2］尧嫁女娥皇和女英与舜
W0747. 4. 6. 2	尧把 2 个女儿嫁给舜	【汉族】
W0747. 4. 7	尧王让位（尧的禅让）	【汉族】 *［W5952. 2］禅让
W0747. 4. 7. 1	尧王让位舜	【汉族】
W0747. 4. 7. 2	尧王想让许由	【汉族】
W0747. 4. 8	尧大义灭亲	
W0747. 4. 8. 1	尧除掉为害百姓的儿子	【汉族】
W0747. 4. 9	尧射日	
W0747. 4. 9. 1	尧上射十日	【汉族】
W0747. 5	尧的关系	
W0747. 5. 1	尧的父母	
W0747. 5. 1. 1	尧的父亲	
W0747. 5. 1. 1. 1	尧的父亲帝喾	【汉族】
W0747. 5. 1. 1. 1. 1	尧是高辛王最小的儿子	【汉族】
W0747. 5. 1. 1. 1. 2	帝喾产放勋帝尧	【汉族】
W0747. 5. 1. 2	尧的母亲	
W0747. 5. 1. 2. 1	尧的母亲庆都	【汉族】
W0747. 5. 1. 2. 2	尧的母亲会染布	【汉族】
W0747. 5. 1. 2. 3	尧的母亲成仙	【汉族】
W0747. 5. 2	尧的妻子	
W0747. 5. 2. 1	尧的妻子尧娘	【汉族】
W0747. 5. 2. 2	尧有四妃	
W0747. 5. 2. 2. 1	尧之四妃中山夫人	【汉族】
W0747. 5. 2. 3	尧的妻子女皇	
W0747. 5. 2. 3. 1	尧取散宜氏之子，谓之女皇	【汉族】
W0747. 5. 3	尧的儿子	
W0747. 5. 3. 0	尧没有儿子	【汉族】
W0747. 5. 3. 1	尧有 9 子	【汉族】

W 编码	母题描述	关联项
W0747.5.3.1.1	尧王有9个儿子全是废物	【汉族】 * ［W0747.4.7.1］尧王让位舜
W0747.5.3.2	尧的独眼儿子	【汉族】
W0747.5.3.3	尧王的儿子麻	【汉族】
W0747.5.3.3.0	尧王只有一个儿子麻	【汉族】
W0747.5.3.3.1	尧王的儿子单珠（丹珠、丹朱）	【汉族】
W0747.5.3.3.1.0	尧与女皇生丹朱	【汉族】
W0747.5.3.3.1.1	尧王的儿子麻因独眼，又称“单珠”	【汉族】
W0747.5.3.3.1.2	单珠性情暴躁，心狠手毒	【汉族】
W0747.5.3.3.1.2a	丹朱是“二半调子”	【汉族】
W0747.5.3.3.1.2b	丹朱游手好闲	【汉族】
W0747.5.3.3.1.2c	丹珠横行霸道	【汉族】
W0747.5.3.3.1.2d	丹朱是个坏孩子（丹朱是不屑子）	【汉族】
W0747.5.3.3.1.2e	丹朱开明	【汉族】
W0747.5.3.3.1.3	尧让丹珠做诸侯	【汉族】
W0747.5.3.3.1.4	单珠是尧王的独生子	【汉族】
W0747.5.3.3.1.5	丹珠是尧王的大儿子	【汉族】
W0747.5.3.3.1.5.1	尧的大儿子被认为是掌上明珠取名丹珠	【汉族】
W0747.5.3.3.1.6	尧把不学无术的大儿子丹珠废为百姓	【汉族】
W0747.5.3.3.1.6.1	丹朱被流放	【汉族】
W0747.5.3.3.1.7	丹珠斗黑蟒精	【汉族】
W0747.5.3.3.1.8	丹珠墓	【汉族】
W0747.5.3.3.1.8.1	丹珠墓旁的象山	【汉族】
W0747.5.3.3.1.9	尧子名麻讹为丹珠	【汉族】
W0747.5.3.3.1.10	丹朱善棋	【汉族】
W0747.5.3.3.1.11	与丹朱有关的其他母题	［W0443b.2.1］齿神名丹朱
W0747.5.3a	尧有十子	【汉族】

W 编码	母题描述	关联项
W0747. 5. 4	尧的女儿	
W0747. 5. 4. 1	尧王有娥皇、女英 2 个女儿（唐尧有娥皇、女英 2 个女儿）	【汉族】
W0747. 5. 4. 1. 1	尧长女娥皇，次女英	【汉族】
W0747. 5. 4. 1. 2	娥皇	
W0747. 5. 4. 1. 3	女英	
W0747. 5. 4. 1. 3. 1	女英又称湘夫人	【汉族】
W0747. 5. 4. 1. 4	娥皇女英即湘君	【汉族】
W0747. 5. 4. 1. 5	娥英庙	
W0747. 5. 4. 1. 5. 1	舜妃娥英庙在泺源	【汉族】
W0747. 5. 4. 1. 6	娥皇女英祠	
W0747. 5. 4. 1. 6. 1	娥皇女英祠在趵突泉	【汉族】
W0747. 5. 4. 1. 6. 2	娥皇女英祠在蒲津	【汉族】
W0747. 5. 5	尧的子女	
W0747. 5. 5. 1	尧帝有 9 个儿子 2 个女儿	【汉族】
W0747. 5. 6	尧的上司	
W0747. 5. 7	尧的从属	
W0747. 5. 7. 1	尧的臣属皋陶	【汉族】
W0747. 5. 7. 2	稷为尧使	【汉族】
W0747. 6	尧的生活	
W0747. 6. 1	尧生活简朴	【汉族】
W0747. 6. 2	尧的居所	
W0747. 6. 2. 1	尧居黄河沿岸	【汉族】
W0747. 6. 3	尧的坐骑	
W0747. 6. 3. 1	尧骑白龙马	【汉族】
W0747. 7	与尧有关的其他母题	
W0747. 7. 1	尧的名字	
W0747. 7. 1. 1	帝尧放勋	【汉族】 ＊［W0747. 5. 1. 1. 1. 2］帝喾产放勋帝尧
W0747. 7. 1. 2	唐尧	【汉族】
W0747. 7. 1. 2. 1	尧称陶唐氏	【汉族】

W 编码	母题描述	关联项
W0747.7.1.3	尧王	【汉族】
W0747.7.1.4	尧帝	【汉族】
W0747.7.2	尧的寿命	
W0747.7.3	尧的死亡	
W0747.7.3.1	尧葬于陨	【汉族】
W0747.7.3.2	尧葬于岳山	【汉族】
W0747.7.3.3	尧葬于狄山	【汉族】
W0747.7.3.3.1	尧葬于狄山之阳	【汉族】
W0747.7.4	尧的遗迹（与尧有关的风物）	【关联】①
W0747.7.4.1	尧王池	【汉族】
W0747.7.4.1.1	尧王池是尧河发源地	【汉族】
W0747.7.4.2	尧庙	【汉族】
W0747.7.4.3	尧山	
W0747.7.4.3.1	尧山在广固城西七里	【汉族】
W0747.7.4.4	帝尧台	
W0747.7.4.4.1	帝尧台在昆仑东北	【汉族】
W0748	**瑶姬**	
W0748.1	瑶姬的产生	
W0748.2	瑶姬的特征（瑶姬的身份）	
W0748.2.1	瑶姬是仙子	【汉族】
W0748.2.2	瑶姬是神	
W0748.2.2.1	瑶姬佐禹治水有功被立庙敬为正神	【汉族】
W0748.2.3	瑶姬是神女	【汉族】
W0748.2.4	瑶姬是禹的助手	
W0748.2.4.1	瑶姬助禹驱鬼神	【汉族】
W0748.2.5	瑶姬是天女	【汉族】
W0748.3	瑶姬的能力（瑶姬的事迹）	
W0748.3.1	瑶姬有仙术	【汉族】 * [W0828.2a.1.1] 神女瑶姬在瑶池仙宫学会仙术
W0748.3.1.1	瑶姬向文武两个天师学会仙术	【汉族】

① [W1852.6.160] 尧山；[W1978.5.1.12] 尧井

W 编码	母题描述	关联项
W0748. 3. 2	瑶姬会变化（瑶姬会变化之术）	【汉族】
W0748. 3. 2. 1	瑶姬化龙	
W0748. 3. 2. 1. 1	瑶姬化游龙舞于巫山顶峰	【汉族】
W0748. 3. 2. 2	瑶姬化云	
W0748. 3. 3	瑶姬为民除害	【汉族】
W0748. 3. 3. 1	瑶姬为民除蛟龙	【汉族】
W0748. 3. 3. 2	瑶姬除孽龙	【汉族】
W0748. 4	瑶姬的经历	
W0748. 4. 1	瑶姬学艺	
W0748. 4. 4. 1	瑶姬到紫青阙习仙术	【汉族】
W0748. 5	瑶姬的生活（瑶姬的经历）	
W0748. 5. 1	瑶姬的居所	
W0748. 5. 1. 1	瑶姬仙子居巫山最高的望霞峰	【汉族】
W0748. 5. 2	瑶姬未行而亡	【汉族】
W07485. 6	瑶姬的关系	
W0748. 6. 1	瑶姬的父母	
W0748. 6. 1. 1	瑶姬是西王母之女	【汉族】 ＊［W0755］西王母
W0748. 6. 1. 1. 1	瑶姬是西王母的第 23 个女儿	【汉族】
W0748. 6. 1. 1. 2	瑶姬是西王母的小女儿	【汉族】
W0748. 6. 1. 2	瑶姬是天帝之女	【汉族】
W0748. 6. 1. 2. 1	瑶姬是天帝之季女	【汉族】
W0748. 6. 1. 3	瑶姬赤帝女（瑶姬炎帝女）	【汉族】
W0748. 6. 1. 4	瑶姬是女娲的女儿	【汉族】
W0748. 6. 2	瑶姬的姐妹	
W0748. 6. 3	瑶姬的师傅	
W0748. 6. 3. 1	瑶姬的师傅三元仙君	【汉族】
W0748. 7	与瑶姬有关的其他母题	
W0748. 7. 1	瑶姬的名称（瑶姬的名号）	
W0748. 7. 1. 1	瑶姬称云华夫人	【汉族】
W0748. 7. 1. 2	瑶姬又称巫山之女	【汉族】

W 编码	母题描述	关联项
W0749	**羿（后羿）**	
W0749.1	后羿的产生	
W0749.1.1	后羿源于特定的地方	
W0749.1.1.1	后羿从天上下凡	【回族】
W0749.1.1.2	后羿得罪众仙被玉帝贬下凡	【汉族】
W0749.1.1.3	后羿是天将下凡	【汉族】
W0749.1.2	婚生后羿	
W0749.1.2.1	天尊造的一对兄妹婚生后羿	【汉族】
W0749.2	后羿的特征（后羿的身份，羿的身份）	
W0749.2.1	后羿是神	【汉族】
W0749.2.1.0	羿是天神	【汉族】
W0749.2.1.1	后羿是天神（羿本为天神）	【回族】
W0749.2.1.2	后羿是天上的大将	【汉族】
W0749.2.1.3	后羿是山神	【汉族】
W0749.2.1.4	羿是统辖天下万鬼的宗布神	
W0749.2.2	后羿是仙人	【汉族】 * ［W0804.6.4.1］后羿射因射日成仙
W0749.2.3	后羿是首领	【汉族】
W0749.2.3.1	后羿是有穷氏部落首领	【汉族】
W0749.2.3.2	后羿是汤山一带的部落首领	【汉族】
W0749.2.3.3	后羿是南方大理的部落首领	【汉族】
W0749.2.4	后羿是皇帝（后羿是国君）	【汉族】
W0749.2.4.1	玉帝封后羿为有穷国皇帝	【汉族】
W0749.2.4.2	后羿是有穷国国王	【汉族】
W0749.2.4.3.1	后羿是夏代有穷国国王	【汉族】
W0749.2.5	后羿是魔王	
W0749.2.5.1	后羿变成吃人魔王	【汉族】
W0749.2.6	羿是箭王	【民族，关联】①
W0749.2.6.1	后羿是神箭手	【汉族】

① 【汉族】 * ［W0749.3.0］羿善射；［W0749.3.1］后羿射特定物

W 编码	母题描述	关联项
W0749. 2. 6. 1a	羿是神箭手	【汉族】
W0749. 2. 6. 2	后羿百发百中	【汉族】
W0749. 2. 6. 2. 1	后羿是百发百中的年轻人	【汉族】
W0749. 2. 6. 3	羿多发多中	【汉族】
W0749. 2. 7	后羿是人（后羿是英雄）	【回族】
W0749. 2. 7. 1	后羿是夷族勇士	【汉族】
W0749. 2. 7. 2	后羿是武士	【汉族】
W0749. 2. 7a	后羿是守护者	
W0749. 2. 7a. 1	后羿是天宫守护者	【汉族】
W0749. 2. 8	后羿倔强	
W0749. 2. 8. 1	后羿是个强脖子	【汉族】
W0749. 2. 9	后羿腰圆胳膊粗，力大无比	【汉族】
W0749. 2. 10	羿很正直	【汉族】
W0749. 2. 11	后羿忠厚善良	【汉族】
W0749. 2. 12	后羿凶残	【汉族】
W0749. 2. 13	与羿的特征（身份）有关的其他母题	
W0749. 2. 13. 1	羿不是后羿	【汉族】
W0749. 3	后羿的能力（羿的职能，后羿的事迹）	
W0749. 3. 0	羿善射	【汉族】
W0749. 3. 1	后羿射特定物	
W0749. 3. 1. 1	后羿射日	【汉族】 *［W9715］射日者（射月者）
W0749. 3. 1. 1. 1	后羿为拯救生灵射日	【汉族】
W0749. 3. 1. 2	后羿射天狼	【汉族】
W0749. 3. 1. 3	羿斩九婴射河伯	【汉族】
W0749. 3. 1. 3. 1	后羿射死河伯	【汉族】
W0749. 3. 1. 4	后羿射巨兽	

W 编码	母题描述	关联项
W0749.3.1.4.1	后羿按照伏羲的指点追射吃人的巨兽	【汉族】
W0749.3.2	后羿守护天宫	【汉族】
W0749.3.3	羿担当特定官职	
W0749.3.3.1	羿是帝喾的司射	【汉族】
W0749.3.4	羿管理太阳	【汉族】
W0749.4	后羿的关系	
W0749.4.0	后羿的父母	
W0749.4.0.1	后羿是东王父的小儿子	【汉族】
W0749.4.1	后羿的妻子	［W0715.8.4.1］女娲与后羿是夫妻
W0749.4.1.1	后羿的妻子嫦娥	【民族，关联】①
W0749.4.1.1.1	后羿与妻子嫦娥很恩爱	【汉族】
W0749.4.1.1.2	后羿被贬人间后与嫦娥结为夫妻	【汉族】
W0749.4.1.1.3	王母娘娘劝老天爷让嫦娥下凡配了后羿	【汉族】
W0749.4.1.2	羿的妻子嫦娥	【汉族】
W0749.4.1.3	后羿的妻子宓妃	【汉族】
W0749.4.1a	后羿的梦中情人	
W0749.4.1a.1	羿梦与雒水神宓妃交接	【汉族】
W0749.4.2	羿的徒弟	
W0749.4.2.1	羿的徒弟逄蒙	【汉族】
W0749.4.2.1.1	逄蒙原来是甘绳的徒弟	【汉族】
W0749.4.2a	羿的老师	
W0749.4.2a.1	羿的老师吉甫	【汉族】
W0749.4.3	后羿的伙伴	
W0749.4.3.1	后羿的猎狗黑耳	【汉族】
W0749.4.4	羿的上司	
W0749.4.4.1	羿是尧的部下（后羿是尧的手下）	【汉族】

① 【汉族】 *［W0603.2.3.1］后羿关键时刻救了嫦娥；［W0671］嫦娥

W 编码	母题描述	关联项
W0749. 4. 4. 2	羿受命于帝俊	【汉族】 ＊［W0768. 1. 7. 1. 5. 1］帝俊
W0749. 5	后羿的生活	
W0749. 5. 1	后羿的居所	
W0749. 5. 1. 1	后羿住天上	
W0749. 5. 1. 1. 1	后羿射日后回到天宫	【汉族】
W0749. 5. 2	后羿的工具（后羿的物品）	
W0749. 5. 2. 1	羿的神弓	【汉族】
W0749. 5. 2. 1a	羿的万斤宝弓	【汉族】
W0749. 5. 2. 1b	帝俊赐羿彤弓素矰	【汉族】
W0749. 5. 2. 2	后羿左手拿提山锤，右手戴按日掌	【汉族】
W0749. 5. 2. 3	后羿的长生不老药	【汉族】
W0749. 5. 2. 3a	后羿的不死药（羿的仙药）	【汉族】
W0749. 5. 2. 3a. 1	老道士给羿成仙的不死药	【汉族】
W0749. 5. 2. 4	羿的坐骑	
W0749. 5. 2. 4. 1	羿骑神马	【汉族】
W0749. 5. 3	羿生活在尧时	【汉族】
W0749. 5. 4	羿经历虞、夏两朝	【汉族】
W0749. 5. 5	后羿迁徙	
W0749. 5. 5. 1	后羿从有夏迁到穷石	【汉族】
W0749. 6	与后羿有关的其他母题	
W0749. 6. 1	后羿的名称	
W0749. 6. 1. 0	羿又称后羿	【汉族】
W0749. 6. 1. 1	有穷氏后羿	【汉族】
W0749. 6. 1. 1. 1	帝羿有穷氏	【汉族】
W0749. 6. 1. 2	“羿”字的来历	
W0749. 6. 1. 2. 1	称射死妖怪与恶龙的英雄为“羿”	【汉族】
W0749. 6. 1. 3	“前羿”与“后羿”	

W 编码	母题描述	关联项
W0749.6.1.3.1	射怪的英雄叫“前羿”，射太阳的英雄为“后羿”	【汉族】
W0749.6.1.4	羿又称夷羿	【汉族】
W0749.6.1.4.1	夷羿有穷氏	【汉族】
W0749.6.1.5	仁羿	【汉族】
W0749.6.2	后羿下凡	【汉族】
W0749.6.2.1	羿被贬下人间	
W0749.6.2.1.1	因射日羿和妻子嫦娥被贬下人间	【汉族】
W0749.6.2.1.2	后羿杀死太阳公子被玉帝贬下凡	【汉族】
W0749.6.2.1.3	后羿因为射杀天帝的9个太阳儿子被贬下凡	【汉族】
W0749.6.2.1.4	后羿射日后累得无力回天	【汉族】
W0749.6.3	后羿上天	
W0749.6.3.1	后羿被嫦娥带到天上	【汉族】
W0749.6.3.1.1	嫦娥把射日的后羿带上月宫	【汉族】
W0749.6.3.2	后羿被召回天	【汉族】
W0749.6.3.2.1	后羿被老天爷召回天	【汉族】
W0749.6.4	羿的变形	
W0749.6.4.1	羿被二郎神变成癞蛤蟆	【汉族】
W0749.6.4.2	羿变蜍吐虹	【汉族】
W0750	**有巢氏**	
W0750.1	有巢氏的产生	
W0750.1.1	圣人教上古穴居者巢居号大巢氏	【汉族】
W0750.2	有巢氏的特征（有巢氏的能力，有巢氏的身份）	
W0750.2.0	有巢氏大力大脑瓜灵	【汉族】
W0750.2.1	有巢氏会建房	
W0750.2.1.1	有巢氏教人巢居	【汉族】 * ［W6205.3］有巢氏发明造屋
W0750.2.2	有巢氏构木为巢	【汉族】
W0750.2.2.1	大巢氏作楼木而巢	【汉族】

W 编码	母题描述	关联项
W0750. 2. 3	有巢氏是圣人	【汉族】
W0750. 3	有巢氏的生活	
W0750. 3. 1	有巢氏居太乙山	
W0750. 3. 1. 1	有巢氏居太乙山山洞中	【汉族】
W0750. 3. 2	有巢氏居嵩高山下	【汉族】
W0750. 3. 3	巢氏治琅邪石楼山山南	【汉族】
W0750. 4	有巢氏的关系	
W0750. 4. 1	有巢氏与许由是朋友	【汉族】
W0750. 4. 2	有巢氏与后稷是朋友	【汉族】
W0750. 4a	有巢氏的寿命与死亡	
W0750. 4a. 1	有巢氏因专国主断灭亡	【汉族】
W0750. 5	与有巢氏有关的其他母题	［W0723c. 1. 3］盘古发现有巢氏
W0750. 5. 1	有巢氏的名称	
W0750. 5. 1. 1	有巢氏又称巢父	【汉族】
W0750. 5. 1. 1. 1	巢父姓樊名仲甫	【汉族】
W0750. 5. 1. 2	大巢氏	【汉族】
W0751	**禹（大禹）**	
W0751. 1	大禹的产生	
W0751. 1. 0	神生禹	
W0751. 1. 0. 1	鲧亭圣母生禹	【汉族】
W0751. 1. 1	鲧生禹	【汉族】
W0751. 1. 1. 1	鲧复生禹	【汉族】
W0751. 1. 1. 2	鲧死后 3 年剖腹生禹	【汉族】 ＊［W0751. 3. 3. 1］禹是鲧死后剖腹而生的黄龙
W0751. 1. 1. 3	用吴刀剖开鲧的肚子生禹	【汉族】
W0751. 1. 1. 3. 1	天将用吴刀剖开鲧的肚子生禹	【汉族】
W0751. 1. 1. 3a	用柴刀剖开鲧的肚子生禹	【汉族】
W0751. 1. 1. 3a. 1	牧童天将用柴刀剖开鲧的肚子生禹	【汉族】
W0751. 1. 1. 4	鲧死后尸首 3 年不化，自己开膛生出大禹	【汉族】

W 编码	母题描述	关联项
W0751.1.1.5	鲧显形的大黄龙肚里飞出一条小龙，就是禹王	【汉族】
W0751.1.2	感生禹	
W0751.1.2.1	感月精生禹	
W0751.1.2.1.1	女狄含水中月精生夏禹	【汉族】
W0751.1.2.1.1.1	女狄食石纽山下像鸡蛋的月精生禹	【汉族】
W0751.1.2.1.2	禹母获月精石如薏苡吞之生禹	【汉族】
W0751.1.2.2	感石生禹	
W0751.1.2.2.1	修己感石生禹	【汉族】
W0751.1.2.3	感珠生禹	
W0751.1.2.3.1	修己吞神珠如薏苡，胸拆生禹	【汉族】
W0751.1.2.4	感卵生禹	
W0751.1.2.4.1	女狄感卵生禹	【汉族】
W0751.1.2.4.2	女狄感水生禹	
W0751.1.2.4.2.1	女狄感大禹乃化生于石纽山泉生大禹	【汉族】
W0751.1.2.5	感薏仁生禹	
W0751.1.2.5.1	莘氏之女女嬉在砥山吃薏苡生高密	【汉族】
W0751.1.3	化生禹	
W0751.1.3.1	鲧生的龙变成大禹	【汉族】 ＊［W0751.1］鲧生禹
W0751.1.3.2	鲧尸体中飞出的一条虬龙变化为大禹	【汉族】
W0751.1.3.3	鲧的妻子生的鱼变化成禹	【汉族】
W0751.1.4	婚生禹	
W0751.1.4.1	鲧与妻子鲧亭婚生禹	【汉族】
W0751.1.4.2	鲧与妻子有莘氏女婚生禹	【汉族】
W0751.1.4.3	鲧与猪婆龙婚生禹	【汉族】
W0751.1.5	与禹的产生有关的其他母题	
W0751.1.5.1	禹的出生地	

W 编码	母题描述	关联项
W0751. 1. 5. 1. 1	禹生于石纽	【汉族】
W0751. 1. 5. 1. 1. 1	禹生于汶山广柔县石纽	【汉族】
W0751. 1. 5. 1. 2	禹生于县涂山	【汉族】
W0751. 1. 5. 2	原神下雨王借尸转世为夏禹王	【汉族】
W0751. 1. 5. 3	禹的母亲剖胁生禹	【汉族】
W0751. 1. 5. 4	禹生于石	【汉族】
W0751. 1. 5. 5	夏禹在母腹中怀孕 14 个月	【汉族】
W0751. 1. 5. 6	禹骑虬龙出生	【汉族】
W0751. 1. 5. 7	大禹出生有异兆	
W0751. 1. 5. 7. 1	大禹出生时万道金光	【汉族】
W0751. 1. 5. 7. 2	大禹出生时天上出现 7 条彩虹	【汉族】
W0751. 2	大禹的特征	
W0751. 2. 1	大禹的体征	
W0751. 2. 1. 1	禹身材高大	【汉族】
W0751. 2. 1. 1. 1	大禹身高八九尺，虎鼻，熊腰，并齿，鸟嘴，耳有三洞	【汉族】
W0751. 2. 1. 2	大禹的脚有毛病（大禹跛足）	［W0751. 9. 3］禹步
W0751. 2. 1. 2. 1	大禹治水脚落下毛病	【汉族】
W0751. 2. 1. 3	大禹横眉圆眼，紫红脸膛，赤着钢铁一般的臂膀	【汉族】
W0751. 2. 1. 4	禹耳三漏	【汉族】
W0751. 2. 2	大禹执法严明	【汉族】
W0751. 2. 3	大禹无私	【汉族】
W0751. 2. 4	大禹敬业	
W0751. 2. 4. 1	大禹三过家门而不入	【汉族】
W0751. 2. 4. 2	大禹治水 7 年过家门而不入	【汉族】
W0751. 2. 5	大禹大义灭亲	
W0751. 2. 5. 1	大禹惩罚懒惰的外甥	【汉族】
W0751. 3	大禹的身份	
W0751. 3. 1	大禹是神（大禹神）	【汉族】
W0751. 3. 1. 1	大禹是龙神	【羌族】

W 编码	母题描述	关联项
W0751.3.1.2	大禹死后成神	【羌族】
W0751.3.1.2.1	禹死后成为社神	【汉族】 *［W0474］社神
W0751.3.1.3	禹是水神	【汉族等】
W0751.3.2	禹是星宿	
W0751.3.2.1	禹王是猪婆龙星	【汉族】
W0751.3.3	禹是龙	
W0751.3.3.1	禹是黄龙	【汉族】
W0751.3.3.1.1	禹是鲧死后剖腹而生的黄龙	【汉族】
W0751.3.3.2	禹是虬龙	【汉族】
W0751.3.4	禹是皇帝	【毛南族】
W0751.3.4.1	禹是昏君	【汉族】
W0751.3.5	大禹原是天上管下雨的王	【汉族】
W0751.3.6	大禹是部落首领	【汉族】
W0751.3.7	大禹是王	
W0751.3.7.1	禹治水成功被百姓推为王	【汉族】
W0751.3.7.2	夏禹王原是天上管行云布雨的下雨王	【汉族】
W0751.3.8	大禹是治水能手	【汉族】
W0751.3.9	禹是祖先	【汉族】 *［W0658a.8.13.1］景泰蓝制造业祖师神大禹
W0751.3.10	禹是巫师	【汉族】
W0751.3.11	大禹是仙	
W0751.3.11.1	大禹九嶷山成仙	【汉族】
W0751.3.12	大禹是一般人	
W0751.3.12.1	大禹是渔民	【汉族】
W0751.4	大禹的职能（大禹的能力，大禹的事迹）	【关联】①

① ［W0058.1.3.4］大禹封神；［W0497.7.9.2.1］大禹王尊封开河放水的大汉为“巨灵皇帝”即“巨灵神”；［W1839.13.2.1］大禹凿出三门峡；［W1852.4.0.1］禹王爷担石造9节长白山；［W1852.6.35.1］大禹造砥柱山；［W1915.3.3］大禹造河；［W4976.1.5］大禹治水

W 编码	母题描述	关联项
W0751. 4. 1	禹会化身（禹会变形，禹的变形）	
W0751. 4. 1. 1	禹化为熊	【汉族】
W0751. 4. 1. 1. 1	大禹化为黑熊	【汉族】
W0751. 4. 1. 1. 1. 1	大禹为开山治水化为黑熊	【汉族】
W0751. 4. 1. 1. 1. 2	大禹为打通轩辕关化为黑熊	【汉族】
W0751. 4. 1. 2	禹化为怪兽	【汉族】
W0751. 4. 1. 3	禹化为猪	【汉族】
W0751. 4. 1. 3. 1	禹化为黑猪	【汉族】
W0751. 4. 1. 4	大禹变成慈眉善目的白胡子老汉	【汉族】
W0751. 4. 1. 5	禹变穿山甲	【汉族】
W0751. 4. 2	大禹生而不凡	
W0751. 4. 2. 1	大禹生下 3 天会说话	【羌族】 ＊［W0589. 2. 2］文化英雄生下 3 天说话
W0751. 4. 2. 2	大禹有神力	【汉族】
W0751. 4. 2. 3	大禹有法力	【汉族】
W0751. 4. 3	大禹开山造河	【羌族】 ＊［W1919. 4. 2］大禹开山成河
W0751. 4. 3. 1	禹平水土	【汉族】
W0751. 4. 3. 2	禹王开山	【汉族】
W0751. 4. 3. 3	禹王开三门（禹王开三门峡）	【汉族】
W0751. 4. 3. 4	禹疏三江五湖	【汉族】
W0751. 4. 3. 5	禹治洪水 13 年	【汉族】 ＊［W4976. 1. 5］大禹治水
W0751. 4. 3. 6	禹造山河	【汉族】
W0751. 4. 3. 7	大禹造黄河	【汉族】
W0751. 4. 3. 8	大禹开理河（澧河）	【汉族】
W0751. 4. 3. 9	大禹开淮河	【汉族】
W0751. 4. 3. 9. 1	大禹赶蛟开淮河	【汉族】
W0751. 4. 3. 9. 2	大禹驾云走过的地方，变成淮河	【汉族】

W 编码	母题描述	关联项
W0751.4.3.10	大禹治水开白河和唐河	【汉族】
W0751.4.3.11	大禹治水时流汗形成汗沟	【汉族】
W0751.4.4	禹命名山川	【汉族】
W0751.4.5	禹降妖除魔	
W0751.4.5.1	大禹锁蛟（大禹斗蛟，大禹降蛟）	【汉族】
W0751.4.5.1.1	禹王用法术锁蛟	【汉族】
W0751.4.5.1.2	大禹把蛟锁在八角琉璃井	【汉族】 *［W0751.9.4.2］禹王锁蛟井
W0751.4.5.1.3	大禹把蛟锁在东海龙宫	【汉族】
W0751.4.5.1.4	大禹把颍河蛟龙锁在枯井	【汉族】
W0751.4.5.1.5	大禹把蛟锁在深不见底的井里	【汉族】
W0751.4.5.1.6	大禹火烧蛟龙	【汉族】
W0751.4.5.2	大禹制服水灵兽	【汉族】
W0751.4.5.3	禹王锁水妖	【汉族】
W0751.4.5.4	大禹擒水精	【汉族】
W0751.4.5.4a	大禹除湖妖	【汉族】
W0751.4.5.5	大禹斗龙	【汉族】 *［W8880］斗龙
W0751.4.5.5.1	禹王锁恶龙	【汉族】
W0751.4.5.6	大禹慧眼识妖	【汉族】
W0751.4.5a	禹除猛兽	
W0751.4.5a.1	禹杀死伺机出没侵食人畜的猛兽	【汉族】
W0751.4.5b	禹诛防风	【汉族】
W0751.4.6	禹定九州	［W5914］划分九州
W0751.4.6.1	禹布土以定九州	【汉族】
W0751.4.7	禹铸九鼎	【汉族】
W0751.4.8	大禹造物	
W0751.4.8.1	大禹造桥	【汉族】
W0751.4.8.2	大禹造船	
W0751.4.8.2.1	大禹造石船	【汉族】
W0751.4.9	大禹显圣	

W 编码	母题描述	关联项
W0751. 4. 9. 1	大禹显圣身高 30 丈	【汉族】
W0751. 4. 10	大禹能上天	
W0751. 4. 10. 1	大禹上天关雨门	【汉族】
W0751. 4. 11	大禹召开会议	
W0751. 4. 11. 1	禹会稽山会群神	【汉族】
W0751. 4. 11. 2	禹召集众神开奖惩会	【汉族】
W0751. 4. 12	大禹与酒有缘	
W0751. 4. 12. 1	大禹是第一个喝酒喝醉的人	【汉族】
W0751. 4. 12. 2	大禹是第一个批准造酒的人	【汉族】 * [W6155. 2] 酒的制造
W0751. 5	大禹的生活	
W0751. 5. 1	禹的服饰	
W0751. 5. 1. 1	渠搜之人献夏禹五色珍裘	【汉族】
W0751. 5. 1. 2	渠搜之人献夏禹白裘	【汉族】
W0751. 5. 2	禹的饮食	
W0751. 5. 2. 1	仙女给大禹送饭	【汉族】
W0751. 5. 2. 2	妻子涂山氏给大禹送饭	【汉族】
W0751. 5. 3	禹的居所	[W0751. 1. 5. 1. 1] 禹生于石纽
W0751. 5. 3. 1	大禹是禹州人	【汉族】
W0751. 5. 3. 2	大禹居石纽	【汉族】
W0751. 5. 3. 3	禹家在西羌	【汉族】
W0751. 5. 3. 4	大禹入阳明洞天	【汉族】
W0751. 5. 3. 5	禹都安邑	【汉族】
W0751. 5. 4	禹的出行（禹的坐骑）	
W0751. 5. 4. 1	大禹坐着麒麟舟	【汉族】
W0751. 5. 4. 1a	大禹乘赶龙轻舟	【汉族】
W0751. 5. 4. 2	大禹驾着神龙	【汉族】
W0751. 5. 4. 3	大禹骑马	【汉族】
W0751. 5. 4. 3. 1	大禹骑神马	【关联】①

① [W0724. 6. 1. 1] 盘古骑神马；[W0749. 5. 2. 4. 1] 羿骑神马

W 编码	母题描述	关联项
W0751.5.4.3.1.1	大禹骑神马飞菟	【汉族】
W0751.5.4.3.1.2	大禹骑神马跌蹄	【汉族】
W0751.5.4.3.1.3	大禹的神马帮大禹渡难关	【汉族】
W0751.5.4.3a	禹的坐骑是玄龟	【汉族】
W0751.5.4.4	大禹南巡	【汉族】
W0751.5.4.5	大禹陪玉皇爷游桐柏山	【汉族】
W0751.5.4.6	大禹驾祥云	【汉族】
W0751.5.4.6a	禹乘云驾雾	【汉族】
W0751.5.4.7	大禹见伏羲	【汉族】
W0751.5.5	禹的工具（禹的武器）	
W0751.5.5.1	禹的铲	
W0751.5.5.1.1	禹的神铲	【汉族】
W0751.5.5.2	大禹的神牛	【汉族】
W0751.5.5.2.1	大禹的神牛会腾云驾雾	【汉族】
W0751.5.5.3	大禹的玉简	
W0751.5.5.3.1	蛇身人面神授大禹的玉简	【汉族】
W0751.5.5.4	大禹的定海神针	【汉族】 * ［W4975.2.4］定海神针
W0751.5.5.5	大禹的铜锤和金针	【汉族】
W0751.5.5.6	大禹的斧子	
W0751.5.5.6.1	大禹的神斧	
W0751.5.5.6.1.1	大禹的神斧能劈山开水路	【汉族】
W0751.5.5.6.2	大禹的平妖斧	【汉族】
W0751.5.5.6.3	大禹的开山斧	【汉族】 * ［W0724.2.3］盘古的开山斧
W0751.5.5.6.4	大禹的砍柴斧	【汉族】
W0751.5.5.6.4.1	大禹从神人那里得到砍柴斧	【汉族】
W0751.5.5.6.5	大禹的斧子会变大	【汉族】
W0751.5.5.7	大禹的剑	
W0751.5.5.7.1	大禹的金剑	【汉族】

W 编码	母题描述	关联项
W0751. 5. 5. 7. 2	大禹的降龙宝剑	【汉族】
W0751. 5. 5. 7. 3	大禹的宝剑是条虬龙	【汉族】
W0751. 5. 5. 7. 4	大禹的宝剑会变形	【汉族】
W0751. 5. 5. 7. 5	大禹的划水剑	【汉族】
W0751. 5. 5. 8	大禹的石砭	
W0751. 5. 5. 8. 1	大禹的石砭是降妖杵	【汉族】
W0751. 5. 5. 9	大禹的法宝（大禹的宝物）	
W0751. 5. 5. 9. 1	大禹的法宝绿茶叶	
W0751. 5. 5. 9. 1. 1	大禹的绿茶叶变成金链子	【汉族】
W0751. 5. 5. 9. 2	大禹右手举太极图，左手托紫微正照方印	【汉族】
W0751. 5. 5. 9. 3	大禹有划水剑与开山斧 2 个宝物	【汉族】
W0751. 5. 5. 9. 2	大禹的宝物骨链	
W0751. 5. 5. 9. 2. 1	大禹的骨链能带来无穷力量	【汉族】
W0751. 5. 5. 9. 3	大禹的宝物元硅	
W0751. 5. 5. 9. 3. 1	舜奖励大禹黑色宝贝玉石“元硅”	【汉族】
W0751. 5. 5. 10	大禹的鞭	
W0751. 5. 5. 10. 1	大禹的鞭能开水道	【汉族】
W0751. 6	大禹的关系	
W0751. 6. 0	禹的祖辈	
W0751. 6. 0. 1	禹是黄帝的后代	【汉族】
W0751. 6. 0. 2	禹是颛顼之后	【汉族】
W0751. 6. 0. 3	禹是伏羲女娲的后代	【汉族】
W0751. 6. 0. 4	大禹是女娲 19 代孙	【汉族】
W0751. 6. 1	禹的父母	
W0751. 6. 1. 1	禹的父亲鲧	【汉族】
W0751. 6. 1. 1. 1	禹的父亲叫石滚	【汉族】
W0751. 6. 1. 1. 2	夏禹王的父亲崇伯鲧	【汉族】
W0751. 6. 1. 1. 3	禹父化仆累、蒲卢	【汉族】
W0751. 6. 1. 1a	禹的父亲化为墠渚	【汉族】

W 编码	母题描述	关联项
W0751.6.1.2	禹的母亲	【汉族】
W0751.6.1.2.1	禹的母亲鲧亭圣母	【汉族】
W0751.6.1.2.2	禹的母亲修已	【汉族】
W0751.6.1.2.3	禹的母亲有莘氏女	【民族，关联】①
W0751.6.1.2.4	禹的母亲女志	【汉族】
W0751.6.1.2.5	禹的母亲女嬉	【汉族】
W0751.6.1.2.6	禹的母亲女嫱	【汉族】
W0751.6.1.2.7	禹的母亲女狄	【汉族】
W0751.6.1.2.8	大禹的母亲原型是猪婆龙	【民族，关联】②
W0751.6.2	禹的妻子	
W0751.6.2.1	禹的妻子涂山氏（禹娶涂山）	【汉族】 ＊［W1852.6.137］涂山
W0751.6.2.1.1	禹的妻子涂山氏化为石	【汉族】
W0751.6.2.1.2	禹的妻子涂山氏还阳	【汉族】
W0751.6.2.1.3	大禹和涂山氏在台桑结婚	【汉族】
W0751.6.2.1a	禹的妻子涂山氏女	【汉族】
W0751.6.2.2	大禹的妻子女娇	【汉族】
W0751.6.2.2.1	大禹与女娇在山洞简单结婚	【汉族】
W0751.6.2.2.2	禹娶涂山谓之女娇	【汉族】
W0751.6.2.2.3	禹娶涂山氏之子谓之女憍氏	【汉族】
W0751.6.2.3	大禹的妻子涂山娇	【汉族】
W0751.6.2.3.1	涂山人把涂山娇嫁给治水的大禹	【汉族】
W0751.6.2.3.2	大禹的妻子涂山娇经常埋怨大禹不回家	【汉族】
W0751.6.2.3a	大禹的妻子涂山姚	【汉族】
W0751.6.2.3a.1	涂山娇死后，妹妹涂山姚嫁给姐夫大禹	【汉族】
W0751.6.2.4	大禹的妻子是涂山的一位姑娘	【汉族】
W0751.6.2.5	舜赐给大禹妻子	【汉族】

① 【汉族】 ＊［W0686.6.1.3］鲧的妻子有莘氏之女女嬉；［W0751.1.4.2］鲧与妻子有莘氏女婚生禹
② 【汉族】 ＊［W0751.1.4.3］鲧与猪婆龙婚生禹；［W0751.3.2.1］禹王是猪婆龙星

W 编码	母题描述	关联项
W0751. 6. 2. 5. 1	舜为安慰禹失去涂山氏女娇，赏赐给他一个叫“圣姑”的神女	【汉族】
W0751. 6. 2. 6	大禹的妻子自私自利	【汉族】
W0751. 6. 2a	禹的恋人	
W0751. 6. 2a. 1	大禹的恋人涂山氏之女	【汉族】
W0751. 6. 3	禹的儿子启（夏启）	
W0751. 6. 3. 1	启的产生	
W0751. 6. 3. 1. 1	禹的妻子涂山氏生启	【汉族】
W0751. 6. 3. 1. 2	石生启	【汉族】
W0751. 6. 3. 1. 2. 1	禹的妻子化石后石开生启	【汉族】
W0751. 6. 3. 1. 2. 1. 1	禹的妻子涂山氏化石后石开生启	【汉族】
W0751. 6. 3. 2	启的特征（启的能力）	
W0751. 6. 3. 2. 1	启自小聪明懂事	【汉族】
W0751. 6. 3. 2. 2	启作歌舞	【汉族】
W0751. 6. 3. 3	启的生活	
W0751. 6. 3. 3. 1	启乘两龙（夏后启乘两龙）	【汉族】
W0751. 6. 3. 3. 1. 1	启乘两龙，郭支为驭	【汉族】
W0751. 6. 3. 3. 1a	启乘飞龙	【汉族】
W0751. 6. 3. 3. 1b	启乘蹻车	【汉族】
W0751. 6. 3. 3. 2	启由姨母涂山姚养大	【汉族】
W0751. 6. 3. 4	启的关系	
W0751. 6. 3. 4. 1	启的父母	
W0751. 6. 3. 4. 1. 1	启母化为石	【汉族】
W0751. 6. 3. 4. 1. 1. 1	启母石	【汉族】
W0751. 6. 3. 4. 1. 1. 1. 1	启母石在登封市嵩山脚下	【汉族】
W0751. 6. 3. 4. 1. 1. 1. 2	启母在嵩高山下化为石	【汉族】
W0751. 6. 3. 4. 1. 1. 1. 3	大禹的妻子变成的顽石即启母石	【汉族】
W0751. 6. 3. 4. 1. 2	启母庙	【汉族】
W0751. 6. 3. 4. 1. 2. 1	启母庙又称开母祠	【汉族】
W0751. 6. 3. 4. 1. 2a	启母殿	【汉族】

W 编码	母题描述	关联项
W0751.6.3.4.2	启的姨娘涂山姚	【汉族】
W0751.6.3.4.2.1	少室姨神庙（少姨庙）	【汉族】
W0751.6.3.5	与启有关的其他母题	
W0751.6.3.5.1	启的名字	
W0751.6.3.5.1.1	启因开石而生，父亲禹为他取名“启”	【汉族】
W0751.6.3.5.1.2	夏后启	
W0751.6.3.5.1.2.1	夏后启舞《九代》	【汉族】
W0751.6.4	禹的其他亲属	
W0751.6.4.1	大禹的外甥庾辰	【汉族】 *［W0405.4b.1］淮渎神庚辰
W0751.6.4.1.1	大禹的外甥庾辰是太阳神的后代	【汉族】
W0751.6.4.1.2	大禹的外甥庾辰私心大	【汉族】
W0751.6.4.1.3	大禹的外甥庾辰随禹王降妖治水	【汉族】
W0751.6.4.1.3.1	大禹的外甥庾辰战水怪	【汉族】
W0751.6.5	禹的上司	
W0751.6.5.1	大禹是玉皇大帝的属臣	【汉族】
W0751.6.5.2	大禹是上帝的属臣	【汉族】
W0751.6.5.3	大禹是尧的属臣	【汉族】
W0751.6.5.3.1	大禹是尧的司空	【汉族】
W0751.6.5.4	大禹是舜的属臣	【汉族】
W0751.6.6	禹的从属	
W0751.6.6.1	大禹手下的大力士童律	【汉族】
W0751.6.6.1a	大禹的大将童律	【汉族】
W0751.6.6.2	大禹手下大将乌木久	【汉族】
W0751.6.6.3	夏禹王带着众神治水	【汉族】
W0751.6.6.3.1	大禹指挥群众、鬼神治水	【汉族】
W0751.6.6.4	夏禹王带着伯益治水	【汉族】
W0751.6.6.4.1	伯益是助禹治水的功臣	【汉族】
W0751.6.7	禹的助手	
W0751.6.7.1	神牛是禹的助手	【汉族】

W 编码	母题描述	关联项
W0751. 6. 7. 2	青龙是大禹的助手	【汉族】
W0751. 6. 7. 3	应龙是大禹的助手	【汉族】
W0751. 6. 7. 4	七仙女是大禹的助手	【汉族】
W0751. 6. 7a	禹的帮助者	
W0751. 6. 7a. 1	鸿雁是大禹的帮助者	【汉族】
W0751. 6. 7a. 2	四大金刚是大禹治水的帮助者	【汉族】 * ［W0794. 1. 1］四大金刚
W0751. 6. 8	禹的朋友	
W0751. 6. 8. 1	大禹的朋友伯益	【汉族】
W0751. 6. 8. 1. 1	伯益是颛顼帝的曾孙	【汉族】
W0751. 6. 8. 1. 2	伯益懂鸟兽的性情和语言	【汉族】
W0751. 6. 9	禹的师傅（禹的老师）	
W0751. 6. 9. 1	大禹的老师玉溪老人	【汉族】
W0751. 6. 9. 2	大禹的师傅巫山神女	【汉族】
W0751. 7	大禹的寿命	
W0751. 7. 1	大禹寿 360 岁	【汉族】
W0751. 8	大禹的死亡	［W0751. 3. 1. 2］大禹死后成神
W0751. 8. 1	禹葬茅山	
W0751. 8. 1. 1	茅山禹墓又称千人坛	【汉族】
W0751. 8. 2	禹葬会稽山	【汉族】 * ［W0751. 9. 4. 8. 1］会稽山禹陵
W0751. 9	与大禹有关的其他母题	
W0751. 9. 1	大禹的名称（禹的名字，禹的名号）	
W0751. 9. 1. 1	禹称崇禹	【汉族】
W0751. 9. 1. 2	禹王	【汉族】
W0751. 9. 1. 2. 1	禹王爷	【汉族】
W0751. 9. 1. 3	文命	
W0751. 9. 1. 3. 1	治水英雄文命被尊称“大禹”	【汉族】
W0751. 9. 1. 3. 2	文命治水有功，尧尊称他为“大禹”	【汉族】

W 编码	母题描述	关联项
W0751.9.1.3.3	夏禹名曰文命（禹名文命）	【汉族】
W0751.9.1.4	夏禹	【汉族】
W0751.9.1.4a	夏禹王	
W0751.9.1.4a.1	下雨王成为夏朝的开国帝后谐音改意为“夏禹王”	【汉族】 * [W0751.1.5.2] 原神下雨王借尸转世为夏禹王
W0751.9.1.4a.2	禹自称“夏禹王”	【汉族】
W0751.9.1.5	夏伯禹	【汉族】
W0751.9.1.5.1	舜做了天帝封禹为“夏伯”	【汉族】
W0751.9.1.5.2	舜王封崇伯鲧的儿子文命为夏伯禹	【汉族】
W0751.9.1.6	圣禹	【汉族】
W0751.9.1.7	雨神名字叫“雨”，是地上的一条虫，于是写成“禹”	【汉族】
W0751.9.1.8	“石禹”被人称为“大禹”	【汉族】
W0751.9.1.9	禹称“高密”	【汉族】
W0751.9.1.9.1	高密是禹的封国	【汉族】
W0751.9.1.9.2	禹封地高密	【汉族】
W0751.9.1.10	禹又称戎禹	【汉族等】
W0751.9.1.11	禹又称下禹	【汉族等】
W0751.9.1.12	禹又称紫庭真人	【汉族】
W0751.9.1.13	尧赐感禹而生的男子号“禹”	【汉族】
W0751.9.2	禹的生日	
W0751.9.2.1	禹的生日是六月初六	【汉族】 * [W0726.2.5] 盘古六月初六死去
W0751.9.3	禹步	【汉族】
W0751.9.3.1	前腿拖着后腿一步步地走称为“禹步”	【汉族】
W0751.9.3.2	禹步是夏禹所为术	【汉族】

W 编码	母题描述	关联项
W0751.9.4	大禹的遗迹（与禹有关的风物）	【关联】①
W0751.9.4.1	禹王庙	【汉族】
W0751.9.4.1.1	禹王庙可保行船平安	【汉族】
W0751.9.4.1.2	禹王庙东有太室祠，西有少室庙，中间是启母宫	【汉族】
W0751.9.4.1.3	禹王庙每年二月十九起庙会	【汉族】
W0751.9.4.1a	禹祠	
W0751.9.4.1a.1	涂山台禹祠	【汉族】
W0751.9.4.2	禹王锁蛟井	【汉族】
W0751.9.4.3	禹王锁蛟处	【汉族】
W0751.9.4.3.1	禹王锁蛟处在禹州	【汉族】
W0751.9.4.4	大禹镇妖处	【汉族】
W0751.9.4.5	大禹系舟处	【汉族】
W0751.9.4.6	大禹之城	【汉族】
W0751.9.4.6.1	邛山船城	【汉族】
W0751.9.4.7	禹都阳城	【汉族】
W0751.9.4.8	禹陵（禹王陵，禹冢）	［W0751.8.1.1］茅山禹墓又称千人坛
W0751.9.4.8.1	会稽山禹陵	【汉族】
W0751.9.4.8.2	会稽郡山阴县南有禹冢	【汉族】
W0751.9.4.8.3	鸟为大禹打理坟墓	【汉族】
W0751.9.4.9	砥柱峰	
W0751.9.4.9.1	镇慑黄水淫威的砥柱峰是大禹留下的神物	【汉族】
W0751.9.4.10	神脚掌	
W0751.9.4.10.1	三门峡南岸的神脚掌是大禹留下的	【汉族】
W0751.9.4.11	马蹄窝（马蹄印）	【汉族】

① ［W1246.4.13］禹洞（禹穴）；［W1979.3.9.2］禹迹溪

W 编码	母题描述	关联项
W0751.9.4.11.1	鬼门岛南面的马蹄窝是大禹骑马留下的	【汉族】
W0751.9.4.12	山上料礓石	【汉族】
W0751.9.4.12.1	山上料礓石是大禹洒的面汤疙瘩形成的	【汉族】
W0751.9.4.12a	仙人石	【汉族】
W0751.9.4.13	禹王台	
W0751.9.4.13.1	开封南郊有禹王台	【汉族】
W0752	**羲和**	[W0752.4.3] 羲和为太阳驾车
W0752.1	羲和的产生	
W0752.2	羲和的特征（羲和的身份，羲和的职能）	
W0752.2.1	羲和是神	
W0752.2.1.1	羲和是太阳神	【汉族】 * [W0278.1.1] 太阳神羲和
W0752.2.1.2	太阳女神羲居东南海外	【汉族】
W0752.2.2	羲和是车夫	
W0752.2.2.1	羲和为太阳驾车	[W0276.2.1] 太阳车
W0752.2.2.2	羲和为日御	【汉族】
W0752.2.3	羲和主日月	【汉族】
W0752.2.4	羲和是特定的官员	
W0752.2.4.1	羲和是掌管天文历法之官	【汉族】
W0752.2.5	羲和授人时	【汉族】
W0752.3	羲和的关系	
W0752.3.1	羲和是太阳的母亲（羲和的儿子是太阳）	【汉族】 * [W1561] 神或神性人物生太阳
W0752.3.2	羲和是帝俊的妻子	【汉族】 * [W1588.4.1] 帝俊之妻生月亮
W0752.4	与羲和有关的其他母题	[W1561.3.1] 女神羲和生太阳
W0752.4.1	羲和制定时历	【汉族】 * [W4635] 时间的产生

W 编码	母题描述	关联项
W0752. 4. 1. 1	羲和占日	【汉族】
W0752. 4. 2	羲和居羲和国	【汉族】
W0752. 4. 2. 1	羲和之国有女子叫羲和	【汉族】
*W0755	西王母[①]	【汉族】
W0756	西王母的产生	
W0756. 1	西王母为天帝之女	【汉族】
W0756. 2	天地之精与太元玉女通气结精生西王母	【汉族】
W0756. 3	元始祖尊和太元圣母生西王母	【汉族】 *［W0728. 3. 6. 1a］盘古称“元始君”
W0756. 3. 1	元始天王与太元玉女通气结精生天皇西王母	【汉族】 *［W0204. 13. 2. 1］元始天王与太元圣母婚生扶桑大帝东王公
W0756. 4	西王母是盘古真人与太元圣母所生	【汉族】 *［W0147. 7. 2］盘古真人与太元圣母通气结精生东王公与西王母
W0756. 5	特定的女子成为王母娘娘	
W0756. 5. 1	玉皇大帝娶度成神的秃妮儿成为王母娘娘	【汉族】
W0756. 5. 2	凡人张玉皇当上了天帝后，他的妻子王氏到天宫成为王母娘娘	【汉族】
W0756. 6	与西王母的产生有关的其他母题	
W0756. 6. 1	西王母的生日（王母娘娘的生日）	
W0756. 6. 1. 1	西王母生日三月三日	【汉族】
W0756. 6. 1. 2	王母娘娘生日三月初三	【汉族】
W0756. 6. 2	西王母的出生地	

① 西王母，在不同的神话中有不同的称谓，如王母、王母娘娘、金母、西姥、瑶池金母、瑶池圣母，等等。参见（a）《女仙领袖西王母》，见王德恒等《造神史话》，百花文艺出版社2002年版，第92页；（b）金麦田《中国古代神话故事全集》，京华出版社2004年版，第376页。西王母名称的所指有时非常复杂灵活，在此仅选取一般说法作为母题编目，极个别例证式母题使用其他名称。具体差异需根据《中国神话人物母题实例与索引》核对原文加以甄别。

W 编码	母题描述	关联项
W0756.6.2.1	西王母生于西方	【汉族】
W0756.6.2.2	西王母生于神洲伊川	【汉族】
W0757	**西王母的特征**	
W0757.1	西王母外表像人	【汉族】
W0757.2	西王母像动物	
W0757.2.1	西王母虎齿豹尾	【汉族】 *［W0630］半神半人
W0757.3	西王母蓬发戴胜	【汉族】
W0757.4	西王母善啸	【汉族】
W0757.5	王母娘娘爱旅游	【汉族】
W0757.5.1	王母娘娘天庭待腻了到人间游玩	【汉族】
W0757.5.2	王母娘娘率仙女五百及雷公电母游王屋山	【汉族】
W0757.6	王母娘娘是个秃妮	【汉族】
W0757.7	与西王母的特征有关的其他母题	
W0757.7.1	西王母的真形	
W0757.7.1.1	逢发戴胜虎齿善啸非王母真形	【汉族】
W0758	**西王母的居所**	
W0758.1	西王母穴居	【汉族】 *［W1246.4.9.1］西王母石室
W0758.1.1	西王母穴居昆仑之丘	【汉族】
W0758.1.2	西王母穴居石城金台	【汉族】
W0758.2	西王母居天上	
W0758.2.1	王母娘娘住天庭	【汉族】
W0758.2.2	西王母住西天	【汉族】
W0758.2.3	西天王母娘娘	【汉族】
W0758.3	西王母居瑶池	【汉族】
W0758.3.1	王母瑶池宴	【汉族】 *［W0982］神的宴会
W0758.3a	王母娘娘居王母池	【汉族】

W 编码	母题描述	关联项
W0758.4	西王母居昆仑山	【民族，关联】①
W0758.4.1	西王母居昆仑山顶	【汉族】
W0758.5	西王母居玉山	【汉族】
W0758.5.1	西王母居群玉之山	【汉族】
W0758.5a	西王母居龟山	
W0758.5a.1	金母元君西王母所居宫阙，在龟山之春山	【汉族】
W0758.5a.1.1	金母元君号西王母	【汉族】
W0758.5a.1.2	金母	
W0758.5a.1.2.1	土公生金母	【汉族】
W0758.5a.1.2.2	妙气化生金母	【汉族】
W0758.6	西王母住玉京	【汉族】
W0758.7	西王母居龙月城	【汉族】
W0758.8	西王母居玉阙天	
W0758.8.1	西王母的玉阙天，绿台承霄，青琳之宇，朱紫之房，连琳彩帐	【汉族】
W0758.9	王母娘娘的宫殿	
W0758.9.1	王母娘娘有万劫不变的宝石宫殿	【蒙古族】
W0758.10	西王母的其他居所	
W0759	**西王母的生活（西王母的工具，西王母的用品，王母娘娘的财物）**	
W0759.1	西王母的服饰	
W0759.1.1	西王母戴胜	【汉族】
W0759.2	西王母的食物	
W0759.2.1	西王母吃水果	
W0759.2.1.1	大鹫供西王母吃的果品	【汉族】
W0759.2.2	西王母的餐饮精妙绝伦	

① 【汉族】 ＊［W0678.3.1］伏羲居住昆仑山；［W0693.3.1］黄帝居昆仑山，［W0717.2.2］女娲居住昆仑山；［W0758.1.1］西王母穴居昆仑之丘；［W0812.5］群仙居住昆仑山

W 编码	母题描述	关联项
W0759.2.2.1	王母自设天厨，真妙非常，帝不能名	【汉族】
W0759.3	西王母的出行	
W0759.3.1	西王母的坐骑	
W0759.3.1.1	西王母乘凤辇	【汉族】
W0759.3.1.2	王母娘娘坐龙辇	【汉族】
W0759.3.2	王母娘娘游蟠桃园	【汉族】
W0759.3.3	王母娘娘驾祥云	【汉族】
W0759.4	西王母的用品	
W0759.4.1	西王母的神簪	
W0759.4.1.1	西王母的神簪化为天池北岸的榆树	【维吾尔族】
W0759.5	西王母的宝贝物件	
W0759.5.0	西王母有药	【汉族】
W0759.5.1	西王母的不死药	【汉族】
W0759.5.2	王母娘娘的灵芝草	【汉族】
W0759.5.3	西王母有兵符	【汉族】
W0759.5.4	西王母的九色鸟	【汉族】 * ［W3328.5.3］七色鸟
W0759.5.5	西王母的白玉琯	
W0759.5.5.1	西王母献白玉琯给舜	【汉族】
W0759.6	王母娘娘的桃园	【汉族】
W0760	**西王母的身份（西王母的职能）**	［W0762.3.4］西王母是地名
W0760.1	西王母是神	［W0475.3.3］寿神西王母
W0760.1.1	西王母是善神	【汉族】
W0760.1.2	西王母是掌管刑罚的女神	【汉族】 * ［W0488］刑罚神
W0760.1.3	西王母是掌管灾疫的女神	【汉族】
W0760.1a	西王母是神人	【汉族】

W 编码	母题描述	关联项
W0760. 2	西王母是天皇	【汉族】 ＊［W0204］天帝（天王、天皇、天君）
W0760. 3	西王母是仙	
W0760. 3. 1	西王母是女仙之首	【汉族】
W0760. 4	西王母是祖先	【汉族】
W0760. 5	西王母是一方之主	
W0760. 5. 1	西王母治昆仑西北隅	【汉族】
W0760. 5. 2	西王母主西方	【汉族】 ＊［W0252］西方神
W0760. 6	西王母是人	
W0760. 7	西王母是首领	
W0760. 7. 1	西王母是氏族首领	【汉族】
W0760. 7. 2	西王母是万天统治者	
W0760. 7. 2. 1	元始天王授西王母以万天之统	【汉族】
W0760. 7. 3	西王母是女仙是首	
W0760. 7. 3. 1	西王母统领天上天下三界十方女子之登仙得道者	【汉族】
W0760. 8	西王母是管理者	［W0760a. 1］王母掌管雨
W0760. 8. 1	西王母管天空	【蒙古族】
W0760. 8. 2	西王母主长寿	【汉族】
W0760. 9	西王母是太阴之精（西王母是月精）	【汉族】
W0760. 10	与西王母的身份有关的其他母题	［W0695. 5. 4］西王母是黄帝的导师
W0760. 10. 1	王母娘娘司送子	【汉族】
W0760. 10. 2	王母娘娘是玉帝的助手	【汉族】
W0760a	**西王母的能力（西王母的事迹，王母娘娘的行为）**	
W0760a. 1	王母掌管雨	【汉族】 ＊［W4365］雨的管理
W0760a. 1. 1	天宫里的王母掌管雨权	【汉族】
W0760a. 1. 2	西王母降雨灭火挽救百姓	【汉族】

W 编码	母题描述	关联项
W0760a.2	西王母掌管刑罚	【汉族】
W0760a.3	西王母掌管灾疫	【汉族】
W0760a.4	西王母会巫术（西王母会法术）	【汉族】 ＊［W9150～W9174］巫术
W0760a.4.1	王母娘娘把头发变成绳索	【汉族】
W0760a.4.2	王母娘娘吹仙气	【汉族】
W0760a.4.3	王母娘娘画地为牢	【汉族】
W0760a.5	王母善祷	
W0760a.5.1	王母善祷，祸不成灾	【汉族】
W0760a.6	王母私访	
W0760a.6.1	王母娘娘私访人间良心	【汉族】
W0760a.6.2	王母化身讨饭婆到人间观察凡人的善恶	【汉族】
W0760a.6.2a	王母娘娘化身讨饭婆到人间观察凡人是否浪费粮食	【汉族】
W0760a.6.3	老天爷派王母娘娘到凡间巡察	【汉族】
W0760a.6.4	王母娘娘奉玉皇大帝的命令下凡视察民情	【汉族】
W0760a.7	西王母助黄帝战蚩尤	【汉族】
W0760a.8	王母娘娘下凡（王母下凡）	
W0760a.8.1	王母娘娘下凡访后羿	【汉族】
W0760a.8.2	王母下凡试凡人的善恶	【汉族】
W0760a.8.3	王母娘娘下凡看天下的事	【汉族】
W0760a.9	王母娘娘拆散牛郎织女	【汉族】
W0760a.10	王母娘娘点化人	
W0760a.10.1	王母娘娘点化祖师修正果	【汉族】
W0760a.10.2	王母娘娘点化轩辕帝的大太子真武	【汉族】
W0760a.11	西王母谈恋爱	
W0760a.11.1	西王母与东王公幽会	【汉族】
W0760a.12	西王母见汉武帝	

W 编码	母题描述	关联项
W0760a. 12. 1	西王母七月七日见汉武帝	【汉族】 ＊ ［W6619］七夕节（七月七）
W0760a. 13	王母娘娘会治病	
W0760a. 13. 1	王母娘娘治好了吓昏的老天爷	【汉族】
W0760a. 14	王母庇护一方水土	
W0760a. 14. 1	王母庇护第二十九重天到三十二重天	【汉族】
W0761	**西王母的关系**	
W0761. 0	西王母的父母	
W0761. 0. 1	西王母的父母是盘古真人和太元圣母	【汉族】 ＊ ［W0147. 7. 2］盘古真人与太元圣母通气结精生东王公与西王母
W0761. 0. 2	西王母是元始天尊与太元圣母的女儿	【汉族】
W0761. 0. 3	西王母是元始天王与太元圣母的女儿	【汉族】
W0761. 0. 4	西王母是天帝之女	【汉族】
W0761. 1	王母夫妻	
W0761. 1. 1	西王母和东王公是夫妻	【汉族】 ＊ ［W0141］对偶神（夫妻神）
W0761. 1. 2	王母娘娘是玉皇大帝的妻子	【汉族】
W0761. 1. 3	西王母是玉皇大帝的妻子	【汉族】
W0761. 1. 4	王母娘娘是天神之王的妻子	
W0761. 1. 4. 1	王母娘娘是汗·腾格里的妻子	【蒙古族】
W0761. 2	王母的兄弟姐妹	
W0761. 2. 1	王母娘娘是伏羲的妹妹	【汉族】 ＊ ［W0768. 6. 1］骊山老母是伏羲的妹妹
W0761. 2. 2	骊山老母和王母娘娘是姐妹俩	【汉族】 ＊ ［W0768. 6. 2］骊山老母是王母娘娘的妹妹
W0761. 3	西王母的子女	［W0748. 1］瑶姬是西王母之女
W0761. 3. 1	西王母是天帝的母亲	【蒙古族】

W 编码	母题描述	关联项
W0761.3.2	西王母有1子7女	【蒙古族】
W0761.3.2.1	王母娘娘生了7个女儿	【汉族】 *［W0826.5.3］七仙女（7个仙女）
W0761.3.3	王母娘娘儿子玉帝	【汉族】
W0761.3.4	王母娘娘的2个女儿	
W0761.3.4.1	王母娘娘有太阳和月亮2个女儿	【汉族】
W0761.3.4a	西王母有很多女儿	【汉族】
W0761.3.5	西王母的女儿南极王夫人	
W0761.3.5.1	南极王夫人是王母第4女	【汉族】
W0761.3.6	西王母的女儿右英王夫人	
W0761.3.6.1	右英王夫人名右英王夫人是王母第13女	【汉族】
W0761.3.7	西王母的女儿紫微王夫人	
W0761.3.7.1	紫微王夫人名清娥是王母第20女	
W0761.3.8	西王母的女儿太真王夫人	
W0761.3.8.1	太真王夫人是王母的小女	【汉族】
W0761.3.8.2	太真夫人名婉，字罗敷	【汉族】
W0761.3.8.3	罗敷因嫁于玄都太真王，称为太真夫人	【汉族】
W0761.3.9	王母娘娘有2个儿子	
W0761.3.9.1	王母娘娘的大儿子亲生，二儿子是拾来的	【汉族】
W0761.4	西王母的后代	
W0761.4.1	王母娘娘的外孙	
W0761.4.1.1	王母娘娘的第五外孙女韩俭	【汉族】
W0761.5	西王母的侍从	
W0761.5.1	鸷鸟是西王母的侍从	【汉族】
W0761.5.2	三青鸟为西王母取食	【汉族】 *［W0759.2］西王母的食物
W0761.5.2.1	三青鸟居三危山	【汉族】
W0761.5.3	青鸟是西王母的守门者	【汉族】

W 编码	母题描述	关联项
W0761. 5. 4	虎为西王母使者	【汉族】
W0761. 5. 4. 1	白虎神是西王母使者	【汉族】 ＊［W0502. 4. 1］白虎神
W0761. 5. 5	王母娘娘有仙女陪伴	【汉族】
W0761. 5. 6	西王母手下有 3 千仙女	【普米族】
W0761. 5. 6. 1	王母娘娘有个侍女叫昙花	【汉族】 ＊［W0702. 3. 2. 2］素女是王母娘娘的一个宫女
W0761. 5. 7	西王母的侍女周董双成	【汉族】
W0761. 5. 8	西王母的使者是鸟	【汉族】
W0761. 5. 8. 1	西王母的使者三足乌	【汉族】 ＊［W1796. 3］三足乌
W0761. 6	西王母的上司	
W0761. 6. 1	王母娘娘听命于玉皇大帝	【汉族】 ＊［W0760. 10. 2］王母娘娘是玉帝的助手
W0761. 6. 2	西王母上属九天君	【汉族】
W0761. 7	西王母的弟子	
W0761. 7. 1	西王母的弟子云霄、琼霄、碧霄三姊妹娘娘神	【民族，关联】①
W0762	**与西王母有关的其他母题**	【关联】②
W0762. 1	王母娘娘	
W0762. 1. 1	王母娘娘就是西王母	【汉族】
W0762. 2	西王母的寿命与死亡	
W0762. 3	西王母的名字（西王母的名号）	
W0762. 3. 1	王母娘娘姓杨名婉玲	【汉族】
W0762. 3. 2	王母娘娘叫王凤仙	
W0762. 3. 2. 1	王母娘娘王凤仙是玉皇大帝的妻子	【汉族】
W0762. 3. 3	西王母姓杨讳回	【汉族】
W0762. 3. 4	西王母是地名	【汉族】

① 【达斡尔族】【锡伯族】 ＊［W0068a. 1. 3］西王母的弟子成为娘娘神

② ［W0951. 2. 2］西王母有不死药；［W1544. 1. 6］王母娘娘生日月

W 编码	母题描述	关联项
W0762.3.4.1	西王母是荒野之名	【汉族】
W0762.3.4.1.1	觚竹、北户、日下、西王母谓四荒	【汉族】
W0762.3.5	九光元女号太真西王母	【汉族】
W0762.3.6	西王母又称金母	【汉族】
W0762.3.6.1	西王母又称瑶池金母	【汉族】
W0762.3.6.2	金母元君即九灵太妙龟山金母。又号太灵九光龟台金母或西王母	【汉族】
W0762.3.7	西王母又称西姥	【汉族】
W0762.3.8	西王母又称王母娘娘	【汉族】
W0762.3.9	西王母德金巴乌	【蒙古族】
W0762.3.10	西王母纳可玛	【普米族】
W0762.4	西王母的宴会（王母娘娘的宴会）	
W0762.4.1	王母娘娘宴会200年举办一次	【汉族】
W0762.4.2	王母娘娘蟠桃会	【汉族】 * [W1792.2] 天上的蟠桃园
W0762.4.2.1	王母娘娘每年都召集九天大仙相聚蟠桃会	【汉族】
W0762.4.2.2	王母娘娘蟠桃会每年三月三举行	【汉族】
W0762.5	西王母的遗迹	
W0762.5.1	王母洞	
W0762.5.1.1	王母洞在王屋山五斗峰	【汉族】
W0762.5.1.2	王母娘娘洞	【汉族】
W0762.5.2	王母娘娘庙	【汉族】
W0762.5.2.1	风后在岭东建王母娘娘庙	【汉族】
W0762.5.3	“王母泉”村	【汉族】
W0762.6	巧遇西王母	【汉族】
W0763	**颛项**	
W0763.1	颛项的产生	
W0763.1.1	感生颛项	[W2230] 感生人

W 编码	母题描述	关联项
W0763. 1. 1. 1	女子感光生颛顼	【汉族】
W0763. 1. 1. 1. 1	女枢感瑶光生颛顼	【汉族】
W0763. 1. 1. 2	女枢于若水感生颛顼	【汉族】
W0763. 1. 2	婚生颛顼	
W0763. 1. 2. 1	昌意与嫘仆婚生颛顼	【汉族】
W0763. 1. 2. 2	昌意娶蜀山女生颛顼	
W0763. 1. 2. 2. 1	黄帝长子昌意娶蜀山女生颛顼	【汉族】
W0763. 1. 3	与颛顼的产生有关的其他母题	
W0763. 1. 3. 1	颛顼的生日	
W0763. 1. 3. 1. 1	颛顼生日农历三月十八	【汉族】
W0763. 1. 3. 2	颛顼的出生地	
W0763. 1. 3. 2. 1	颛顼生于若水	【汉族】 ＊［W0763. 4. 2. 2. 1. 1. 1］昌意降居若水
W0763. 1. 3. 3	颛顼与少昊同代	【汉族】
W0763. 2	颛顼的特征	
W0763. 2. 1	颛顼仁慈	【汉族】
W0763. 2. 2	颛顼有谋略	【汉族】
W0763. 2. 3	颛顼凶残	【汉族】
W0763. 2a	颛顼的身份（颛顼的职能）	
W0763. 2a. 1	颛顼是帝王（颛顼是统治者）	
W0763. 2a. 1. 1	颛顼是古代的帝王	【汉族】
W0763. 2a. 1. 2	颛顼是五帝之一	【汉族】 ＊［W0730a. 3］五帝
W0763. 2a. 1. 3	颛顼是北方之帝	【汉族】
W0763. 2a. 1. 4	颛顼是北方大帝	【汉族】
W0763. 2a. 1. 4. 1	颛顼主北方	【汉族】
W0763. 2a. 1. 5	颛顼是疫神帝	【汉族】
W0763. 2a. 2	颛顼是天帝	
W0763. 2a. 2. 1	颛顼是北方天帝	【汉族】
W0763. 2a. 2. 2	颛顼任高阳天帝	【汉族】

W 编码	母题描述	关联项
W0763.2a.2.2.1	颛顼20岁在高阳称天帝	【汉族】 ＊［W0204.5.5.1］黄帝让侄孙少昊做西方的天帝，命曾孙颛顼做北方的天帝
W0763.2a.3	颛顼是神	
W0763.2a.3.1	颛顼是北方神	【汉族】 ＊［W0254.8.1］北方神颛顼
W0763.2a.3.2	颛顼是五岳之神	【汉族】 ＊［W0767.3.1.6］祝融是五岳之神
W0763.2a.3.3	颛顼是太阳神	
W0763.2a.3.4	颛顼是水神	
W0763.2a.4	颛顼是统治者	
W0763.2a.4.1	颛顼是宇宙统治者	【汉族】
W0763.2a.4.2	颛顼统治疆域广大	【汉族】
W0763.2a.4.3	颛顼是北方统治者	
W0763.2a.4.3.1	颛顼司北方万二千里	【汉族】
W0763.2a.5	颛顼是首领	
W0763.2a.5.1	颛顼是部落首领	【汉族】
W0763.2a.6	颛顼是福星	
W0763.2a.6.1	颛顼能免灾消难被称为福星	【汉族】
W0763.2a.7	颛顼是祖先	
W0763.2a.7.1	颛顼是华族祖先	
W0763.2a.7.1.1	黄帝、颛顼、帝喾三人为华族祖先	【汉族】
W0763.2a.8	与颛顼的身份或职能有关的其他母题	
W0763.2a.8.1	颛顼继位	
W0763.2a.8.1.1	颛顼继位太昊	【汉族】
W0763.2a.8.1.2	颛顼20岁继位	【汉族】
W0763.2a.8.2	颛顼在位78年	【汉族】
W0763.2a.8.3	颛顼让位	

W 编码	母题描述	关联项
W0763. 2a. 8. 3. 1	颛顼让位给高辛氏	【汉族】 * ［W0763. 2. 1. 5］颛顼继位少昊
W0763. 2b	颛顼的能力	
W0763. 2b. 1	颛顼会变形	
W0763. 2b. 1. 1	颛顼能化作青烟	【汉族】
W0763. 2b. 1. 2	颛顼摇身变成一个鹤发童颜的老头	【汉族】
W0763. 2b. 2	颛顼万能	
W0763. 2b. 2. 1	颛顼耳听千里洞察天地	【汉族】
W0763. 2c	颛顼的事迹	
W0763. 2c. 1	颛顼斗妖	
W0763. 2c.	颛顼口吐溶金珠斗妖	【汉族】
W0763. 2c.	颛顼斗黄水怪	【汉族】
W0763. 2c. 2	颛顼为民造福	
W0763. 2c.	颛顼氏治太恒山	【汉族】
W0763. 2c. 3	颛顼建国（颛顼建都）	
W0763. 2c. 3. 1	颛顼都穷桑	【汉族】
W0763. 2c. 3. 2	颛顼都商丘	
W0763. 2c. 3. 2. 1	颛顼始都穷桑，后徙商丘	【汉族】 * ［W0763. 3. 3. 2. 1］颛顼自穷桑徙邑商丘
W0763. 2c. 3. 3	颛顼建都帝丘	
W0763. 2c. 3. 3. 1	北方天帝颛顼建都帝丘	【汉族】
W0763. 2c. 3. 3. 1. 1	颛顼之墟卫为帝丘	【汉族】
W0763. 2c. 4	颛顼造城	
W0763. 2c. 4. 1	颛顼造鄚城	【汉族】
W0763. 2c. 5	颛顼创造文化	
W0763. 2c. 5. 1	颛顼制作音乐	【汉族】 * ［W6901］音乐的产生
W0763. 2c. 5. 1. 1	颛顼令作《承云》	【汉族】
W0763. 2c. 5. 2	颛顼制历法	【汉族】
W0763. 2c. 5. 3	颛顼制义	【汉族】

W 编码	母题描述	关联项
W0763.2c.5.4	颛顼治气教民	【汉族】
W0763.2c.5.5	颛顼制祭祀	【汉族】
W0763.2c.5.5.1	颛顼令绝地天通	【汉族】 ＊［W1415］绝地天通
W0763.2c.6	颛顼划分九州	【汉族】
W0763.3	颛顼的生活	
W0763.3.0	颛顼的成长	
W0763.3.0.1	少昊抚养颛顼	【关联】①
W0763.3.0.1.1	少昊抚育颛顼于东海	【汉族】
W0763.3.1	颛顼的服饰	
W0763.3.2	颛顼的饮食	
W0763.3.3	颛顼的居所	
W0763.3.3.1	颛顼居帝丘	【汉族】
W0763.3.3.1.1	颛顼居帝丘卫	【汉族】
W0763.3.3.2	颛顼邑商丘	
W0763.3.3.2.1	颛顼自穷桑徙邑商丘	【汉族】
W0763.3.3.3	颛顼的封地	
W0763.3.3.3.1	颛顼封高阳城	【汉族】
W0763.3.3.4	颛顼居空桑	【汉族】
W0763.3.4	颛顼的出行	
W0763.3.4.1	颛顼乘龙至四海	【汉族】
W0763.3.5	颛顼的用品	
W0763.3.5.1	颛顼的玉珠	【汉族】
W0763.3.5.2	颛顼的天王剑	【汉族】
W0763.4	颛顼的关系	【关联】②
W0763.4.1	颛顼的祖先	
W0763.4.1.0	颛顼是黄帝后代	【汉族】

① ［W0730］少昊（少皞）；［W0763.4.2a.1］颛顼的叔父少昊

② ［W0483.4.1］颛顼的儿子死后变瘟神；［W0493.3.1］灶神是颛顼的儿子；［W0767.1.1］祝融是颛项之孙

W 编码	母题描述	关联项
W0763. 4. 1. 1	颛顼是黄帝之孙（颛顼的祖父黄帝）	【汉族】 ＊［W0690］黄帝
W0763. 4. 1. 1a	颛顼是黄帝的曾孙	【民族，关联】①
W0763. 4. 1. 2	颛顼的祖父昌意	【汉族】
W0763. 4. 1. 2. 1	昌意生韩流，韩流取淖子曰阿女生帝颛顼	【汉族】
W0763. 4. 2	颛顼的父母	
W0763. 4. 2. 1	颛顼的父母是昌意和女枢	【汉族】
W0763. 4. 2. 2	颛顼的父亲	
W0763. 4. 2. 2. 1	颛顼的父亲昌意	【汉族】 ＊［W0763. 4. 1. 2］颛项的祖父昌意
W0763. 4. 2. 2. 1. 1	黄帝与妃嫘祖生昌意	【汉族】
W0763. 4. 2. 2. 1. 1. 1	昌意降居若水	【汉族】
W0763. 4. 2. 2. 1. 2	颛顼的父亲韩流	【汉族】
W0763. 4. 2. 3	颛顼的母亲	
W0763. 4. 2. 3. 1	颛顼的母亲景仆	【汉族】
W0763. 4. 2. 3. 2	颛顼的母亲昌仆（昌濮）	［W0763. 4. 3. 5］颛顼的正妃昌仆
W0763. 4. 2. 3. 2. 1	颛项的母亲昌仆位蜀山氏之女（濁山氏之子名昌仆）	【汉族】
W0763. 4. 2. 3. 3	颛顼的母亲女枢	【汉族】 ＊［W0763. 4. 3. 6］颛项的正妃女枢
W0763. 4. 2. 3. 3. 1	帝颛顼之母蜀山氏之女枢	【汉族】
W0763. 4. 2a	颛顼的叔父	
W0763. 4. 2a. 1	颛顼的叔父少昊	【汉族】
W0763. 4. 2a. 1. 1	颛顼帮叔父少昊治理国政	【汉族】
W0763. 4. 3	颛顼的妻子	
W0763. 4. 3. 1	颛顼妻子女禄（娽）	【汉族】
W0763. 4. 3. 1. 1	娽	
W0763. 4. 3. 1. 1. 1	滕奔氏之子曰娽	【汉族】

① 【汉族】 ＊［W0686. 6. 0. 4］鲧是黄帝的曾孙；［W0768. 1. 6. 0. 1］喾是黄帝的曾孙（帝喾高辛是黄帝的曾孙）

W 编码	母题描述	关联项
W0763.4.3.2	颛项娶於滕氏	【汉族】
W0763.4.3.3	颛项的妻子滕奔氏	【汉族】
W0763.4.3.3.1	滕奔氏	
W0763.4.3.3.1.1	滕奔即胜濆	【汉族】
W0763.4.3.3.1.1.1	颛项的妃子胜濆氏（胜奔）	【汉族】
W0763.4.3.4	颛项的妻子邹屠氏	【汉族】
W0763.4.3.4a	颛项的妃子邹屠氏	
W0763.4.3.5	颛项的正妃昌仆	【汉族】
W0763.4.3.6	颛项的正妃女枢	【汉族】
W0763.4.4	颛项的儿子	［W0451a.1.2.1］颛项的儿子成为穷神
W0763.4.4.1	颛项有3个儿子	
W0763.4.4.1.1	颛项的3个儿子死后分别变成疟鬼、魍魉鬼和小儿鬼	【汉族】
W0763.4.4.1.2	颛项的3个儿子死后变成瘟神	【汉族】
W0763.4.4.1a	颛项有6个儿子	【汉族】
W0763.4.4.1b	颛项有8个儿子	
W0763.4.4.1b.1	高阳氏有苍舒、隤敳、梼戭、大临、龙降、庭坚、仲容、叔达才子8人	【汉族】
W0763.4.4.1c	颛项有24个儿子	［W0695.3.2.4］黄帝有25个儿子
W0763.4.4.1c.1	颛项有老童、伯服、中骗、驩头、淑士、三面、季禺、魑魅（东夷）、虐鬼、小儿鬼、穷鬼、梼杌、穷蝉、苗民、苍舒、敳颓、梼戭、大临、龙降、庭坚、仲容、叔达、鲧、（称）等儿子	【汉族】
W0763.4.4.2	颛项的儿子老童	【汉族】
W0763.4.4.3	颛项氏的儿子梼杌	
W0763.4.4.3.1	颛项氏的不才子梼杌	【汉族】
W0763.4.4.3.1.1	梼杌形如老虎，浑身长毛	【汉族】

W 编码	母题描述	关联项
W0763. 4. 4. 3. 1. 2	梼杌人脸，虎足，猪嘴巴	【汉族】
W0763. 4. 4. 3. 1. 3	梼杌从牙齿到尾巴长一丈八尺	【汉族】
W0763. 4. 4. 4	颛顼的儿子瘦约	【汉族】 * ［W0899. 7. 1. 1］ 颛顼的儿子瘦约死后变成穷鬼
W0763. 4. 4. 5	颛顼的儿子穷蝉	【汉族】 * ［W0493. 6. 1d. 1］ 灶神穷蝉是颛顼的儿子
W0763. 4. 4. 5. 1	穷蝉是颛顼庶子	【汉族】
W0763. 4. 4. 6	颛顼的儿子鲧	【汉族】 * ［W0686］ 鲧
W0763. 4. 4. 7	颛顼氏的儿子黎（犁）	【关联】①
W0763. 4. 4. 7. 1	颛顼氏的黎是灶神祝融祝融	【汉族】 * ［W0493. 5. 1］ 灶神祝融
W0763. 4. 4. 7. 2	颛顼氏的儿子犁即祝融	【汉族】
W0763. 4. 4. 8	颛顼的儿子服	
W0763. 4. 4. 8. 1	服在东海外自立颛顼国	【汉族】
W0763. 4. 4. 9	颛顼的儿子称	【汉族】
W0763. 4. 4. 10	颛顼的儿子大业	【汉族】
W0763. 4. 4a	颛顼的女儿（颛顼的裔女）	
W0763. 4. 4a. 1	颛顼的女儿九头鸟	【汉族】
W0763. 4. 4a. 2	颛顼之裔女女修	【汉族】
W0763. 4. 4a. 3	颛顼的苗裔孙女修	【汉族】
W0763. 4. 4b	颛顼的孙子	
W0763. 4. 4b. 1	颛顼的孙子祝融	【汉族】
W0763. 4. 4b. 1. 1	颛顼生老童，老童生祝融	【汉族】
W0763. 4. 4b. 2	颛顼的孙子重、黎	【民族，关联】②
W0763. 4. 4b. 2. 1	颛顼生老童，老童生重、黎	【汉族】
W0763. 4. 4b. 2. 1. 1	黎	【关联】③
W0763. 4. 4b. 2. 1. 1. 1	黎生儿子噎	

① ［W0763. 4. 4b. 2. 1. 1］ 黎；［W0767. 7. 1. 2b］ 祝融原名黎

② 【汉族】 * ［W0763. 4. 4c. 1］ 颛顼的曾孙重、黎；［W1416. 7. 1］ 重、黎二神绝地天通

③ ［W0659. 2. 35. 2. 3］ 姜央的二姐夫“黎”；［W0767. 7. 1. 2b］ 祝融原名黎

W 编码	母题描述	关联项
W0763.4.4b.2.1.1.1.1	噎人脸无臂，两只脚反转架在头顶	【汉族】
W0763.4.4b.3	颛顼的孙子吴回	【汉族】
W0763.4.4b.4	颛顼的孙子大禹	【汉族】
W0763.4.4b.4.1	禹之父曰鲧，鲧之父曰颛顼	【汉族】
W0763.4.4c	颛顼的数世孙	
W0763.4.4c.1	颛顼的曾孙重、黎	
W0763.4.4c.1.1	高阳生称，称生卷章，卷章生重、黎	【汉族】
W0763.4.4c.2	颛顼的曾孙句芒	【汉族】
W0763.4.4c.3	颛顼的曾孙陆终	
W0763.4.4c.3.1	颛顼的孙子吴回氏产陆终	【汉族】
W0763.4.4c.4	颛顼的曾孙皋陶（咎陶、咎繇、嬴繇）	
W0763.4.4c.4.1	高阳氏产大业，大业生女华，女华生皋陶	【汉族】
W0763.4.4c.4.1.1	皋陶作刑	【汉族】
W0763.4.4c.4.1.2	皋陶号庭坚	【汉族】
W0763.4.4c.4.1.3	皋陶墓在六安城东	【汉族】
W0763.4.4c.5	颛顼的6世孙虞舜	【汉族】 * ［W0739.4.0］舜的父母（舜的祖先）
W0763.4.5	颛顼的其他后代	［W0751.6.0.2］禹是颛顼之后
W0763.4.5.1	颛顼的后裔是特定的国	
W0763.4.5.1.1	颛顼后裔叔歜国	【汉族】
W0763.4.5.1.2	颛顼后裔季禺国	【汉族】
W0763.4.5.1.3	颛顼的后裔夏国、楚国	【汉族】
W0763.4.5.2	颛顼的后代苗裔	
W0763.4.5.3	帝高阳之苗裔	【民族无考】
W0763.4.6	颛顼的从属	
W0763.4.6.1	颛顼的辅佐玄冥	【汉族】
W0763.4.6.1.1	颛顼的辅佐玄冥是水神	【汉族】

W 编码	母题描述	关联项
W0763. 4. 6. 2	帝喾佐颛顼	【汉族】
W0763. 4. 7	颛顼的上司	
W0763. 4. 7. 1	颛顼到西天辅佐少昊	【汉族】 ＊［W0763. 4. 2a. 1］颛顼的叔父少昊
W0763. 4. 7. 1. 1	颛顼 10 岁时辅佐少昊	【汉族】
W0763. 4. 8	颛顼的朋友	
W0763. 4. 8. 1	颛顼求助于女娲	【汉族】
W0763. 4. 9	颛顼的敌人	
W0763. 4. 9. 1	共工氏与颛顼为敌	【汉族】
W0763. 4. 10	颛顼的老师	
W0763. 4. 10. 1	颛顼的老师伯夷父	【汉族】
W0763. 4. 10. 2	颛顼师老彭	【汉族】
W0763. 4. 10. 3	颛顼师渌图	【汉族】
W0763. 4a	颛顼的寿命	
W0763. 4a. 1	颛顼寿命 98 岁	【汉族】
W0763. 4b	颛顼的死亡	
W0763. 4b. 1	颛顼的葬地	
W0763. 4b. 1. 1	颛顼葬务隅山	【汉族】
W0763. 4b. 1. 2	颛顼葬附禺之山（鲋鱼之山）	
W0763. 4b. 1. 2. 1	帝颛顼与九嫔葬附禺之山	【汉族】
W0763. 4b. 1. 2. 1. 1	颛项葬于务隅之山阳，九嫔葬于阴	【汉族】
W0763. 4b. 2	颛顼死而复生	
W0763. 4b. 2. 1	颛顼死后化鱼妇	
W0763. 5	与颛顼有关的其他母题	［W0254. 2］颛顼主北方
W0763. 5. 1	颛顼的名字	
W0763. 5. 1. 1	颛顼是国名	【汉族】
W0763. 5. 1. 2	帝颛高阳氏（颛顼高阳氏）	【汉族】
W0763. 5. 1. 2a	颛顼号高阳氏	【汉族】
W0763. 5. 1. 2b	颛顼身号高阳	【汉族】
W0763. 5. 1. 3	颛顼又称黑帝	【汉族】

W 编码	母题描述	关联项
W0763.5.1.4	颛顼姓姬	【汉族】
W0763.5.1.5	颛顼号共工	【汉族】 *［W0685］共工
W0763.5.1.6	颛顼又称高王爷	【汉族】
W0763.5.1.7	颛顼又名乾荒	【汉族】
W0763.5.2	颛顼的属性	
W0763.5.2.1	颛顼属冬季	【汉族】
W0763.5.3	颛顼部落	
W0763.5.3.1	颛顼部落共传 20 世	【汉族】
W0763.5.3.2	颛顼部落存世 350 年	【汉族】
W0763.5.3.3	颛顼部落存世 500 年	【汉族】
W0763.5.4	颛顼的标志	
W0763.5.4.1	黑帝颛顼以水纪	【汉族】
W0763.5.4.2	颛顼的星座	
W0763.5.4.2.1	颛顼天帝的星座是虔宿星	【汉族】
W0763.5.5	颛顼的遗迹	
W0763.5.5.1	颛顼墓（颛顼陵）	【汉族】
W0763.5.5.1.1	高阳氏陵在开州（濮阳）	【汉族】
W0763.5.5.1.2	颛顼、帝喾二帝陵	
W0763.5.5.1.2.1	颛顼、帝喾二帝陵在滑县	【汉族】
W0763.5.5.1.2.2	二帝陵又称高王庙	【汉族】
W0763.5.5.1.3	颛顼、帝喾二帝陵在河南内黄县	【汉族】
W0763.5.5.2	颛顼庙	【汉族】
W0763.5.5.2.1	颛顼庙又称聊古庙	【汉族】
W0764	**金童玉女**	【汉族】
W0764.1	金童玉女的产生	
W0764.1.1	金童玉女从天上来	
W0764.1.1.1	金童玉女因相爱被玉帝贬下凡	【汉族】
W0764.2	金童玉女的特征	
W0764.3	金童玉女的身份	
W0764.3.1	金童、玉女是小神	【汉族】

W 编码	母题描述	关联项
W0764.3.1.1	金童、玉女是真武大帝的侍童小神	【汉族】
W0764.3.2	金童玉女是天帝的侍者	【汉族】
W0764.4	金童玉女的生活	
W0764.4.1	金童玉女的居所	
W0764.4.1.1	金童玉女居天上	【汉族】
W0764.5	与金童玉女有关的其他母题	［W1386.9.2.2］金童玉女帮助补天
W0764.5.1	金童	
W0764.5.1.1	金童恩纳摩	
W0764.5.1.1.1	金童恩纳摩与土地神下棋	【仡佬族】 ＊［W0809.1.2］仙人下棋
W0764.5.2	玉女	［W1972.9.19］玉女泉
W0764.5.2.1	玉女居金堂	【汉族】
W0764.5.2.2	玉女与天帝玩投壶	【汉族】
W0764.5.2.3	玉女载太华	【汉族】
W0764.5.2.4	玉女在天上绣龙袍	【汉族】
W0764.5.3	金童与玉女斗法	【汉族】
W0764.5.3.1	金童挑逗玉女	【汉族】
W0764.5.4	金童玉女砍柴炼丹	【汉族】
W0764.5.5	金童玉女变形	
W0764.5.5.1	金童玉女化为石龟	【汉族】
W0764.5.6	特定名称的金童玉女（金童玉女的名字）	
W0764.5.6.1	银男和金女	【彝族】
W0764.5.6.2	桃花玉女和献桃金童	【汉族】
W0764.5.6.3	金童叫祖先，玉女叫姑娘	【汉族】
W0764.5.7	玉童玉女	
W0764.5.7.1	九府玉童玉女	
W0764.5.7.1.1	九府玉童玉女男女名曰玉人	【汉族】
W0764.5.7.2	玉女	

W 编码	母题描述	关联项
W0764.5.7.2.0	混沌生玉女	【汉族】 *［W0711.3.7］混沌生女娲
W0764.5.7.2.1	玉女是王母娘娘身边专织天上五彩云锦的仙女	【白族】
W0764.5.7.2.2	玉女仙姑	【白族】
W0764.5.7.2.3	玉女下凡	【汉族】
W0764.5.7.2.4	玉女驾彩云	【白族】
W0764.5.7.2.5	玉女乘石马	【汉族】
W0764.5.7.2.6	明星玉女	
W0764.5.7.2.6.1	明星玉女居华山	【汉族】
W0764.5.7.2.7	太元玉女	
W0764.5.7.2.7.1	太元玉女号曰太元圣母	【汉族】
W0764.5.8	仙童玉女	
W0764.5.8.1	瑶姬管教仙童玉女	【汉族】
W0765	**刑天**	
W0765.1	刑天的产生	
W0765.2	刑天的特征	
W0765.2.1	刑天身高一丈，赤发红颜	【汉族】
W0765.2.2	刑天以乳为目	【汉族】
W0765.2.3	刑天肥短无头	【汉族】
W0765.2.4	刑天以脐作口	【汉族】
W0765.3	刑天的身份	［W0494.6.1］战神刑天
W0765.3.1	刑天是炎帝旧臣	【汉族】 *［W0745b.7.1］炎帝的部将祝融、刑天
W0765.3.2	刑天是乐工	【汉族】
W0765.4	刑天的能力（刑天的事迹）	
W0765.4.1	刑天争帝	【汉族】
W0765.4.1.1	刑天与帝争神	【汉族】
W0765.4.2	刑天造反	【汉族】
W0765.4.3	刑天舞干戚	
W0765.4.3.1	刑天操干戚与帝争神	【汉族】

W 编码	母题描述	关联项
W0765. 4. 4	刑天生命不息战斗不止	【汉族】
W0765. 5	刑天的生活	
W0765. 5. 1	刑天的居所	
W0765. 5. 1. 1	刑天氏居特定的岛上	【汉族】
W0765. 5. 2	刑天的工具	
W0765. 5. 2. 1	刑天的板斧	【汉族】
W0765. 6	刑天的死亡	
W0765. 6. 1	刑天葬常羊山	【汉族】
W0765. 7	与刑天有关的其他母题	
W0765. 7. 1	刑天氏	【汉族】
W0766	**织女**	【汉族】
W0766. 1	织女的产生	
W0766. 2	织女的特征	
W0766. 2. 1	织女很美	
W0766. 2. 1. 1	织女脸像桃花瓣，眉月如墨染，手指像笋尖	【布依族】
W0766. 3	织女的身份	［W0658a. 8. 44. 1］纺织业祖师神织女
W0766. 3. 1	织女是仙女	
W0766. 3. 1. 1	织女是七仙女	【汉族】
W0766. 3. 1. 2	织女星是天上年轻漂亮的仙女	【汉族】
W0766. 3. 2	织女是仙姑	
W0766. 3. 2. 1	织女是天上的仙姑	【汉族】
W0766. 3. 3	织女是仙子	
W0766. 3. 3. 1	织女是七仙子	【汉族】
W0766. 3. 4	织女是侍女	
W0766. 3. 4. 1	织女是王母娘娘的仆女	【汉族】
W0766. 4	织女的职能（织女的能力，织女的事迹）	
W0766. 4. 1	织女会织布	
W0766. 4. 1. 1	织女织绫罗	【布依族】

W 编码	母题描述	关联项
W0766.4.1.2	织女一夜间织成3百匹绢	【汉族】
W0766.4.2	织女会变形	
W0766.4.2.1	织女变成神鹰	
W0766.4.2.1.1	织女接玉皇旨令变成一只神鹰	【仡佬族】
W0766.4.3	织女心灵手巧	【汉族】
W0766.4.4	织女献天衣	［W1798.3］天衣
W0766.4.4.1	织女织的天衣金彩绚烂	【汉族】
W0766.4.5	织女专给老天爷绣衣裳	【汉族】
W0766.4.6	织女管纺纱织布	
W0766.4.6.1	织女星在天上管纺纱织布	【汉族】
W0766.4a	织女的生活	
W0766.4a.1	织女的服饰	
W0766.4a.1.1	织女穿玄霄之衣	【汉族】
W0766.4a.2	织女的饮食	
W0766.4a.3	织女的居所	
W0766.4a.3.1	织女住第七层天	【布依族】
W0766.4a.3.2	织女居天河	【汉族】
W0766.4a.3.3	织女住天河之东	【汉族】
W0766.4a.4	织女的出行	
W0766.4a.4.1	织女下凡	
W0766.4a.4.1.1	织女穿羽衣下凡	【汉族】
W0766.4a.4.1.2	织女下凡救助人类	【仡佬族】
W0766.4a.4.1.3	织女化为神鹰下凡	【仡佬族】
W0766.4a.4.2	织女回天	［W7096］妻子的离去
W0766.4a.4.2.1	织女被捉回天上	【汉族】
W0766.4a.4.2.2	织女找到被藏的衣服回天	【汉族】
W0766.4a.5	织女洗浴	
W0766.4a.5.1	织女下凡洗浴	
W0766.4a.5.1.1	织女下凡裸体洗浴	【汉族】
W0766.5	织女的关系	
W0766.5.0	织女的祖辈	

W 编码	母题描述	关联项
W0766. 5. 0. 1	织女是王母娘娘的外孙女	【汉族】
W0766. 5. 1	织女的父母	
W0766. 5. 1. 1	织女是王母娘娘的女儿	【汉族】
W0766. 5. 1. 2	织女是天帝的女儿（织女是天帝之子）	【汉族】
W0766. 5. 1. 2. 1	织女是天帝的九姑娘	【汉族】
W0766. 5. 1. 2. 2	织女是天帝最小的女儿	【汉族】
W0766. 5. 1. 3	织女是玉皇大帝和王母娘娘的小女儿	【汉族】
W0766. 5. 1. 4	织女是玉皇大帝的孙女	【汉族】
W0766. 5. 1. 5	织女是天帝孙女	
W0766. 5. 1. 5. 1	织女是天帝孙女，王母娘娘外孙女	【汉族】
W0766. 5. 2	牛郎织女（牛女）	【民族，关联】①
W0766. 5. 2. 1	牛郎织女的身份	
W0766. 5. 2. 1. 1	农神（牛郎）与衣神（织女）是夫妻	【汉族】
W0766. 5. 2. 1. 2	织女星与牵牛星	【汉族】
W0766. 5. 2. 1. 2. 1	牵牛、织女在夕日相会	【汉族】
W0766. 5. 2. 1. 2. 2	牛郎织女一年相会一次	【汉族】
W0766. 5. 2. 1. 3	牛郎织女是牵牛星与河汉女	【汉族】
W0766. 5. 2. 1. 4	牛郎与织女星婚	【汉族】
W0766. 5. 2. 1. 5	织女嫁河西牵牛郎	【汉族】
W0766. 5. 2. 2	牛郎织女婚姻的产生	
W0766. 5. 2. 2. 1	牛郎织女的媒人是老牛	【汉族】
W0766. 5. 2. 2. 2	牛郎因偷织女的衣裳成婚	【汉族】
W0766. 5. 2. 2. 2. 1	牛郎因偷最小的织女的衣裳成婚	【汉族】
W0766. 5. 2. 2. 3	织女下凡主动与牛郎成婚	【汉族】
W0766. 5. 2. 3	牛郎织女婚姻的情形	

① 【汉族】 * ［W1719. 6. 8］牛郎织女的 2 个孩子在天上变成星星；［W1752. 11. 1］牛郎织女变成牛郎星和织女星

W 编码	母题描述	关联项
W0766.5.2.3.1	牛郎织女经考验成婚	
W0766.5.2.3.2	牛郎织女闪婚	
W0766.5.2.3.3	牛郎头天回家，织女第二天就赶来成婚	【汉族】
W0766.5.2.3.4	牛郎织女婚姻美满	【汉族】
W0766.5.2.3.4.1	牛郎织女婚后男耕女织很和谐	【汉族】
W0766.5.2.3.4.2	牛郎织女婚后相亲相爱若干年	【汉族】
W0766.5.2.3.5	织女婚后想着逃走	【汉族】
W0766.5.2.4	牛郎织女的子女	
W0766.5.2.4.1	牛郎织女有1对儿女	【汉族】
W0766.5.2.4.1.0	牛郎织女有1对双胞胎儿女	【汉族】
W0766.5.2.4.1.1	牛郎织女婚生金哥玉妹	【汉族】
W0766.5.2.4.1.1.1	牛郎织女婚后3年生双胞胎金哥和玉妹	【汉族】
W0766.5.2.4.1.2	牛郎织女婚生牛小郎和牛织女	【汉族】
W0766.5.2.4.2	牛郎织女有2个儿子	【汉族】
W0766.5.2.5	牛郎织女的结局	
W0766.5.2.5.1	牛郎织女被棒打鸳鸯（牛郎织女婚姻被拆散）	【汉族】 * ［W0760a.9］王母娘娘拆散牛郎织女
W0766.5.2.5.1.1	天兵天将将织女捉回天上	【汉族】
W0766.5.2.5.1.2	牛郎织女隔天河相望	【汉族】
W0766.5.2.5.1.2.1	牛郎织女隔着王母娘娘划出的天河相望	【汉族】
W0766.5.2.5.1.2.2	牛郎织女夫妻之间隔了一条万里天河	【汉族】
W0766.5.2.5.1.3	电母拆散牛郎织女婚姻	【汉族】
W0766.5.2.5.2	牛郎织女七夕相会	【汉族】 * ［W0766.5.2.1.2.1］牵牛、织女在夕日相会
W0766.5.2.5.2.1	玉皇大帝规定牛郎织女七夕相会	【汉族】
W0766.5.2.5.2.2	天帝规定牛郎织女七夕相会	【汉族】
W0766.5.2.5.2.3	王母娘娘规定牛郎织女七夕相会	【汉族】

W 编码	母题描述	关联项
W0766. 5. 2. 5. 2. 4	牛郎织女七夕通过鹊桥相会	【汉族】
W0766. 5. 2. 5. 2. 5	牛郎带着 2 个孩子与织女七夕相会	【汉族】
W0766. 5. 2. 5. 2. 5. 1	牛郎披牛皮带着 2 个孩子上天与织女七夕相会	【汉族】
W0766. 5. 2. 6	与牛郎织女有关的其他母题	
W0766. 5. 2. 6. 1	因偷吃蟠桃玉皇把牛郎织女贬到凡间	【汉族】
W0766. 5. 2. 6. 2	牛郎织女的遗迹	
W0766. 5. 2. 6. 2. 1	牛郎会织女相会处	
W0766. 5. 2. 6. 2. 1. 1	九女潭是牛郎会织女相会处	【汉族】
W0766. 5. 3	织女的丈夫	
W0766. 5. 3. 1	织女的丈夫牛郎	【汉族等】
W0766. 5. 3. 2	织女的丈夫憨二	
W0766. 5. 3. 2. 1	织女娘娘与憨二成婚	【汉族】
W0766. 5. 3. 3	织女的丈夫河鼓	【汉族】
W0766. 5. 4	织女的兄弟姐妹	
W0766. 5. 4. 1	织女七姊妹	【布依族】
W0766. 5. 4. 2	织女的妹妹小二姐	【汉族】
W0766. 5. 5	织女的上司	
W0766. 5. 5. 1	玉皇的大女儿张大姐管织女	【汉族】
W0766. 5. 5. 2	织女是王母娘娘的仆女	【汉族】
W0766. 6	与织女有关的其他母题	［W0459. 5. 3. 1］ 衣神织女
W0766. 6. 0	织女的名称	
W0766. 6. 0. 1	织女星	
W0766. 6. 0. 1. 1	织女三星在河北天纪东	【汉族】
W0766. 6. 0. 2	毛衣女	【汉族】
W0766. 6. 0. 2. 1	毛衣女下凡与新俞男子成婚	【汉族】
W0766. 6. 0. 2. 2	毛衣女与人间男子婚生 3 女后带女回天	【汉族】

W 编码	母题描述	关联项
W0766.6.1	牛郎	【民族，关联】①
W0766.6.1.0	牛郎的产生	
W0766.6.1.0.1	牵牛星变成牛郎	【汉族】
W0766.6.1.1	牛郎的特征（牛郎的身份）	
W0766.6.1.1.1	牛郎憨厚	【汉族】
W0766.6.1.1.1.1	牛郎是傻小子	【汉族】
W0766.6.1.1.2	牛郎勤劳善良	【汉族】
W0766.6.1.1.2.1	牛郎宁可自己饿，也要喂饱牛	【汉族】
W0766.6.1.1.3	牛郎是医生	【汉族】
W0766.6.1.1.4	牛郎是神	［W0462.4.1.1］农神牛郎
W0766.6.1.1.4.1	牛郎神	【汉族】
W0766.6.1.1.5	牛郎是放牛娃	【汉族】
W0766.6.1.2	牛郎的妻子	［W0462.4.1.1.2］农神牛郎的妻子是织女
W0766.6.1.2.1	牛郎的妻子是天女	
W0766.6.1.2.1.1	牛郎的妻子是天上树林神塔比甲蒲的三女儿	【羌族】
W0766.6.1.2.1.2	牛郎与天帝的九女儿婚	【汉族】
W0766.6.1.2.2	牛郎的妻子是仙女	
W0766.6.1.2.2.1	牛郎与七仙女成婚	【汉族】
W0766.6.1.2.2.1.1	牛郎因偷最小的七仙女的衣裳成婚	【汉族】
W0766.6.1.2.3	牛郎的妻子是特定的女子	
W0766.6.1.2.3.1	牛郎的妻子张七姐	【汉族】
W0766.6.1.3	牛郎的亲属	
W0766.6.1.3.1	牛郎是孤儿	【汉族】
W0766.6.1.3.1.1	牛郎七岁时父母双亡	【汉族】
W0766.6.1.3.2	牛郎的哥嫂	【汉族】
W0766.6.1.3.2.1	牛郎有个哥哥	【汉族】

① 【汉族】 *［W1725.20.5］牛郎掷掉的饭碗变成星星；［W1784.5b］牛郎用金簪划出天河

W 编码	母题描述	关联项
W0766. 6. 1. 3. 2. 1. 1	牛郎与哥哥兄弟俩相依为命	【汉族】
W0766. 6. 1. 3. 2. 2	牛郎的哥嫂良心不好	【汉族】
W0766. 6. 1. 3. 2. 2. 1	哥嫂虐待牛郎	【汉族】
W0766. 6. 1. 3. 2. 3	牛郎的哥哥老实嫂嫂贤惠	【汉族】
W0766. 6. 1. 3. 2. 4	牛郎与哥嫂分家	【汉族】
W0766. 6. 1. 3. 2. 4. 1	嫂子为独占财产让牛郎分家	【汉族】
W0766. 6. 1. 4	牛郎的名字	
W0766. 6. 1. 4. 1	牛郎无形无名	【汉族】
W0766. 6. 1. 4. 2	牛郎姓孙，叫小意	【汉族】
W0766. 6. 1. 4. 3	牛郎名叫孙如意	【汉族】
W0766. 6. 1. 4. 3. 1	牛郎名叫如意	【汉族】
W0766. 6. 1. 4. 4	男孩因放牛被称为牛郎	【汉族】
W0766. 6. 1. 4. 5	牛郎名叫牛二	【汉族】
W0766. 6. 1. 4. 6	牛郎名叫印	【汉族】
W0766. 6. 1. 4. 7	牛郎姓王	【汉族】
W0766. 6. 1. 5	牛郎的朋友	
W0766. 6. 1. 5. 1	牛郎与修剪力士仙人是朋友	【汉族】
W0766. 6. 1. 6	牛郎的伙伴	
W0766. 6. 1. 6. 1	牛郎的大黄牛	【汉族】
W0766. 6. 1. 6. 2	牛郎的老牛	
W0766. 6. 1. 6. 2. 1	世上只有老牛对牛郎好	【汉族】
W0766. 6. 1. 7	与牛郎有关的其他母题	
W0766. 6. 1. 7. 1	牛郎被贬下凡	
W0766. 6. 1. 7. 1. 1	牛郎勾引仙女被贬下凡	【汉族】
W0766. 6. 2	与织女有关的风物	
W0766. 6. 2. 1	织女洞	【汉族】
W0767	**祝融**	
W0767. 1	祝融的产生	
W0767. 1. 1	祝融是生育产生的	
W0767. 1. 1. 1	老童生祝融	【汉族】

W 编码	母题描述	关联项
W0767.1.1.2	戏器生祝融	【汉族】
W0767.1.1.3	盘古兄妹生祝融氏	【汉族】
W0767.1.2	祝融是婚生的	
W0767.1.2.1	华胥与狗婚生祝融	【汉族】 * ［W7422］人与犬婚（人犬婚）
W0767.2	祝融的特征	
W0767.2.1	祝融人面兽身（祝融兽身人面）	【民族，关联】①
W0767.2.2	祝融性情暴烈有野心	
W0767.2.2.1	祝融想独霸天下	【汉族】
W0767.3	祝融的身份（祝融的能力、祝融的事迹）	
W0767.3.1	祝融是神	
W0767.3.1.1	祝融是火神	【民族，关联】②
W0767.3.1.1.1	祝融死为火官之神	【汉族】
W0767.3.1.1.2	祝融是管火的火神	【汉族】
W0767.3.1.1.3	祝融因会喷火焰称为火神	【汉族】
W0767.3.1.2	祝融是夏神	【民族，关联】③
W0767.3.1.3	祝融是主管南方之神	【民族，关联】④
W0767.3.1.3.1	祝融管理南方之极1万2千里	【汉族】
W0767.3.1.4	祝融是灶神	【汉族】 * ［W0734.1.3］神农是灶神
W0767.3.1.4.1	颛顼的“黎”担任祝融被当做灶神	【汉族】
W0767.3.1.5	祝融是个既无知又高傲的神	【汉族】
W0767.3.1.6	祝融是五岳之神	【汉族】
W0767.3.1.7	祝融是天神	【汉族】
W0767.3.2	祝融是管火的官（祝融管火）	
W0767.3.2.1	祝融是火正（官名）	【汉族】

① 【汉族】 * ［W0070.4.2］神人面兽身；［W0253.8.1.1］南方神祝融兽身人面
② 【汉族】 * ［W0443.9.1.5.1］与火相关的行业的保护神祝融；［W0466］火神
③ 【汉族】 * ［W0381］夏神；［W0381.1.1］火神祝融是夏神
④ 【汉族】 * ［W0253］南方神；［W0253.8.1］南方神祝融

W 编码	母题描述	关联项
W0767.3.2.1.1	高辛帝的火正祝融	【汉族】
W0767.3.2.1.1.1	高辛帝的火正夫黎叫祝融	【汉族】
W0767.3.2.1.2	黄帝时的火正官名叫祝融	【汉族】
W0767.3.2.1.2.1	黄帝封发明火的祝融为火正	【汉族】
W0767.3.2.2	祝融是火官的称谓	【汉族】
W0767.3.2.3	祝融管理火种	【汉族】
W0767.3.2.4	天命融隆火于夏城	【汉族】
W0767.3.3	祝融发明火	【民族，关联】①
W0767.3.3.1	祝融发明击石取火	【汉族】
W0767.3.4	祝融主宰南方	［W0767.3.1.3］祝融是主管南方之神
W0767.3.4.1	祝融治南方	【汉族】
W0767.3.4.2	祝融是南方一个部落的首领	【汉族】
W0767.3.5	祝融管太阳	
W0767.3.5.1	南火（祝融）让12个太阳轮流升天	【苗族】
W0767.3.6	祝融是帝王	
W0767.3.6.1	祝融是赤帝	【汉族】
W0767.3.7	与祝融的职能等有关的其他母题	【关联】②
W0767.3.7.1	祝融会喷火	【汉族】
W0767.4	祝融的生活	
W0767.4.1	祝融的服饰	
W0767.4.2	祝融的饮食	
W0767.4.3	祝融的居所	
W0767.4.3.1	祝融居南方	【汉族】
W0767.4.3.1.1	祝融居南方之极	【汉族】
W0767.4.3.2	祝融住南岳衡山	【汉族】

① 【汉族】 *［W0767.7.1.2.2］祝融称为赤帝是因为他发明了火；［W4585］火的产生；［W6910～W6969］火的获取

② ［W0658a.8.1.3.1］鞭炮业的祖师祝融；［W1175.19.8］祝融辟地

W 编码	母题描述	关联项
W0767.4.3.2.1	祝融曾住南岳衡山的最高峰（祝融峰）	【汉族】
W0767.4.3.3	祝融住在天柱山下	【汉族】
W0767.4.3.4	祝融住昆仑山	【汉族】
W0767.4.3.4.1	祝融住昆仑山上的光明宫	【汉族】
W0767.4.4	祝融的出行	
W0767.4.4.1	祝融的坐骑	
W0767.4.4.1.1	祝融骑火龙	【汉族】
W0767.4.4.1.1.1	火神祝融驾一条火龙迎战水神共工	【汉族】
W0767.4.4.1.2	祝融乘两龙	【汉族】
W0767.4.4.1.3	祝融乘驾两条火龙	【汉族】
W0767.4.5	祝融的用具	
W0767.5	祝融的关系	
W0767.5.1	祝融是特定人物的后代	
W0767.5.1.1	祝融是盘古的后代	［W0725.5.2.1］盘古的后裔神农、祝融
W0767.5.1.2	祝融是颛顼之孙	【民族，关联】①
W0767.5.1.2.1	颛顼生老童，老童生祝融	【汉族】
W0767.5.1.3	祝融是炎帝之后	
W0767.5.1.3.1	炎帝之妻，生炎居，炎居生节并，节并生戏器，戏器生祝融	【汉族】
W0767.5.2	祝融的父母	
W0767.5.2.1	祝融氏的父母盘古兄妹	【汉族】
W0767.5.2.2	祝融的父亲老童	【汉族】
W0767.5.2.3	祝融的父亲颛顼	【汉族】 *［W0767.5.1.2］祝融是颛顼之孙
W0767.5.2.4	祝融的父亲是氏族酋长	【汉族】
W0767.5.2.5	祝融的父亲是中天镇镇首	【汉族】

① 【汉族】 *［W0763］颛顼；［W0767.5.2.3］祝融是颛顼的儿子

W 编码	母题描述	关联项
W0767. 5. 3	祝融的兄弟姐妹	
W0767. 5. 3. 1	祝融的兄弟	
W0767. 5. 3. 2	祝融的姐妹	
W0767. 5. 3. 2. 1	祝融的妹妹	【汉族】 * ［W1386. 6. 2］祝融的妹妹补天
W0767. 5. 4	祝融的妻子	
W0767. 5. 4. 1	祝融氏姬孙女	【汉族】
W0767. 5. 5	祝融的子女（祝融的后代）	
W0767. 5. 5. 1	祝融的儿子太子长琴	【汉族】
W0767. 5. 5. 2	祝融的儿子共工	【汉族】
W0767. 5. 5. 3	祝融的孙子后土	
W0767. 5. 5. 3. 1	祝融生共工，共工生后土	【汉族】
W0767. 5. 6	祝融的上司	
W0767. 5. 6. 1	祝融是尧的臣属	【汉族】
W0767. 5. 7	祝融的从属	
W0767. 5. 7. 1	祝融的辅佐者仆程	【汉族】
W0767. 6	祝融的寿命与死亡	
W0767. 7	与祝融有关的其他母题	【关联】①
W0767. 7. 1	祝融的名字	
W0767. 7. 1. 1	祝融是官职名	【汉族】 * ［W0767. 3. 1］祝融是火正（官名）
W0767. 7. 1. 2	祝融称为赤帝	【汉族】
W0767. 7. 1. 2. 1	祝融氏以火施化，号赤帝	【汉族】
W0767. 7. 1. 2. 2	祝融称为赤帝是因为他发明了火	【汉族】
W0767. 7. 1. 2. 2. 1	黎击石取火，人们给他取名叫祝融	【汉族】
W0767. 7. 1. 2a	祝融即吴回	【汉族】 * ［W0466. 10. 1. 1g］火神吴回
W0767. 7. 1. 2a. 1	吴回即回禄	【汉族】 * ［W0466. 10. 1. 1h］火神回禄

① ［W0685. 1］共工是祝融之子；［W0493. 5. 1］灶神祝融

W 编码	母题描述	关联项
W0767.7.1.2a.2	吴回是祝融的弟弟	【汉族】
W0767.7.1.2b	祝融原名黎	【汉族】
W0767.7.1.2b.1	祝融称为黎祖	【汉族】
W0767.7.1.2b.2	祝融是重黎的名号	【汉族】
W0767.7.1.3	祝融叫南火	【苗族】
W0767.7.1.4	黄帝为火正官取名祝融	【汉族】
W0767.7.2	与祝融有关的风物	[W1844.4.6] 祝融峰
W0767.7.2.1	祝融庙在新密市火神寨	【汉族】
W0768	**其他神性人物**	
W0768.1	高辛（帝喾、高辛帝、高辛氏）	
W0768.1.1	高辛的产生（帝喾的产生）	
W0768.1.1.1	帝喾出生神异	【汉族】
W0768.1.1.2	高辛生于凤凰山	【畲族】
W0768.1.2	高辛的特征（帝喾的特征）	
W0768.1.2.1	高辛是巨人	【畲族】
W0768.1.2.2	高辛氏十分聪明	【汉族】
W0768.1.3	高辛的身份（帝喾的身份）	
W0768.1.3.1	高辛是神	
W0768.1.3.1.1	高辛是日月神	【汉族】
W0768.1.3.2	帝喾是帝王	
W0768.1.3.2.1	高辛王是昏君	【瑶族】
W0768.1.3.3	帝喾被封诸侯	
W0768.1.3.3.1	帝喾年十五岁佐颛顼有功封为诸侯	【汉族】
W0768.1.4	高辛的能力（帝喾的事迹）	[W1583.6.5] 高辛造月亮
W0768.1.4.1	高辛氏与玉皇大帝辩理	【汉族】
W0768.1.4.2	高辛迅速成长	
W0768.1.4.2.1	高辛见风就长一天长成人	【畲族】
W0768.1.5	高辛的生活（帝喾的生活）	

W 编码	母题描述	关联项
W0768. 1. 5. 1	帝喾邑于高辛	【汉族】
W0768. 1. 5. 1a	高辛氏住在天河边	【汉族】
W0768. 1. 5. 1b	高辛氏住天宫	【汉族】
W0768. 1. 5. 2	颛顼把辛地封给姬俊	【汉族】 ＊［W0768. 1. 7. 1］高辛氏姬俊
W0768. 1. 5. 3	帝喾乘龙马	
W0768. 1. 5. 3. 1	帝喾春夏乘龙，秋冬乘马	【汉族】
W0768. 1. 6	高辛的关系（帝喾的关系）	【关联】①
W0768. 1. 6. 0	喾的祖辈	
W0768. 1. 6. 0. 1	喾是黄帝的曾孙（帝喾高辛是黄帝的曾孙）	【汉族】
W0768. 1. 6. 0. 2	帝喾的祖父玄嚣（元嚣）	【汉族】
W0768. 1. 6. 1	高辛的父母	
W0768. 1. 6. 1. 1	帝喾的父亲蟜极	【汉族】
W0768. 1. 6. 2	高辛的妻子	
W0768. 1. 6. 2. 1	帝喾的一个妻子是月亮女神常羲	［W0284. 1. 1a. 1］月亮女神常羲是帝喾的妻子
W0768. 1. 6. 2a	帝喾有四妃	
W0768. 1. 6. 2a. 1	帝喾有元妃姜嫄、次妃简狄、庆都和常仪	【汉族】
W0768. 1. 6. 2a. 1. 1	姜嫄	
W0768. 1. 6. 2a. 1. 1. 1	姜嫄是有邰氏之女	【汉族】
W0768. 1. 6. 2a. 1. 1. 2	龙盘山有姜嫄所履迹	【汉族】
W0768. 1. 6. 2a. 1. 2	庆都	
W0768. 1. 6. 2a. 1. 2. 1	庆都是陈酆氏之女	【汉族】
W0768. 1. 6. 2a. 1. 2. 2	庆都生帝尧	【汉族】 ＊［W0747. 1. 1. 2. 1］庆都与赤龙交合生尧
W0768. 1. 6. 2a. 1. 3	常仪	
W0768. 1. 6. 2a. 1. 3. 1	常仪是陬訾氏之女	【汉族】
W0768. 1. 6. 2a. 1. 3. 1a	帝喾高辛氏娶陬氏女	【汉族】

① ［W1719. 6. 4］高辛王的两个儿子变成参商二星；［W1752. 7a. 1. 1］高辛的小儿子变成商星

W 编码	母题描述	关联项
W0768.1.6.2a.1.3.2	帝喾的妻子常仪	【汉族】 ＊［W0671.8.1.4］嫦娥又称常仪
W0768.1.6.2a.1.3.3	帝喾妃常仪	【汉族】
W0768.1.6.2a.2	帝喾四妃是姜原、简狄、陈隆氏、陬訾氏	【汉族】
W0768.1.6.2b	帝喾之妃邹屠氏之女	【汉族】
W0768.1.6.2c	帝喾有4妻4子	【汉族】
W0768.1.6.3	高辛的子女	
W0768.1.6.3.1	高辛的儿子	
W0768.1.6.3.1.1	高辛氏有2个儿子	
W0768.1.6.3.1.1.1	高辛氏有阏伯、实沈2个儿子	【汉族】 ＊［W0466.10.1.1b.1］阏伯
W0768.1.6.3.1.2	高辛氏有4个儿子	
W0768.1.6.3.1.2.1	帝喾有后稷、契、帝尧、帝挚4个儿子	【汉族】
W0768.1.6.3.1.3	帝喾有8个神子	【汉族】
W0768.1.6.3.2	高辛的女儿（帝喾的女儿）	［W0452a.1.1.1］帝喾与常仪生厕神紫姑（厕神紫姑是帝喾的女儿）
W0768.1.6.3.2.1	高辛王的3个女儿	【瑶族】
W0768.1.6.3.2.2	辛女	【苗族】
W0768.1.6.3.2.2.1	辛女庙	【苗族】
W0768.1.6.3.2.2.2	辛女祠	【苗族】
W0768.1.6.3.2.2.3	辛女宫	【苗族】
W0768.1.6.3.2.2.4	辛女岩	【苗族】
W0768.1.6.3.2.2.4.1	高辛氏女化为辛女岩	【汉族】【苗族】【土家族】
W0768.1.6.3.2.2.5	辛女箱子岩	【苗族】
W0768.1.6.3.2.2.6	辛女溪	【苗族】
W0768.1.6.3.2.2.7	辛女村	【苗族】
W0768.1.6.3.2.2.8	外邦吴将军霸占高辛的小女儿辛女为妻	【苗族】
W0768.1.6.4	高辛的后代	

W 编码	母题描述	关联项
W0768. 1. 6. 4. 1	帝喾高辛氏的曾孙相土	【汉族】
W0768. 1. 6. 4. 2	高辛帝的外甥	
W0768. 1. 6. 4. 2. 1	高辛帝的外甥盘龙、篮虎、雷豹和钟熊	【畲族】
W0768. 1. 6. 5	高辛的从属	
W0768. 1. 6. 6	高辛的敌手	
W0768. 1. 6. 6. 1	高辛氏敌人是犬戎	【古民族·南蛮西南夷】
W0768. 1. 6. 7	帝喾的老师赤松子	【汉族】 * ［W0735b. 12. 1］雨师赤松子服水玉以教神农
W0768. 1. 7	高辛的名称（高辛的名号）	
W0768. 1. 7. 1	高辛氏姬俊	【汉族】
W0768. 1. 7. 1. 1	高辛氏姬俊所主政的地方叫“辛”，被称为“高辛”	【汉族】
W0768. 1. 7. 1. 1. 1	高辛是帝喾的封地	【汉族】
W0768. 1. 7. 1. 2	高辛氏姓姬名俊	【汉族】
W0768. 1. 7. 1. 3	帝喾自言名曰夋	【汉族】
W0768. 1. 7. 1. 4	帝喾即帝俊	【汉族】 * ［W0739. 6. 6］舜即帝俊
W0768. 1. 7. 1. 5	帝俊演变为帝喾	【汉族】
W0768. 1. 7. 1. 5. 1	帝俊	［W0251. 9. 1. 3］东方天帝帝俊
W0768. 1. 7. 1. 5. 1. 1	帝俊一头三身	【汉族】 * ［W5936. 1］三身国
W0768. 1. 7. 1. 5. 1. 2	帝俊妻娥皇	【汉族】
W0768. 1. 7. 1. 5. 1. 3	帝俊的儿子	
W0768. 1. 7. 1. 5. 1. 3. 1	帝俊生三身	【汉族】
W0768. 1. 7. 1. 5. 1. 3. 2	帝俊生晏龙	【汉族】
W0768. 1. 7. 1. 5. 1. 3. 3	帝俊有 8 子	【汉族】
W0768. 1. 7. 1. 5. 1. 4	帝俊的孙子	
W0768. 1. 7. 1. 5. 1. 4. 1	帝俊的孙子义均	【汉族】
W0768. 1. 7. 1. 5. 1. 4. 2	帝俊的孙子司幽	【汉族】
W0768. 1. 7. 1. 5. 1. 5	帝俊的后裔	
W0768. 1. 7. 1. 5. 1. 5. 1	帝俊的后裔季釐国	【汉族】

W 编码	母题描述	关联项
W0768.1.7.2	高辛氏号称帝喾	
W0768.1.7.2.1	高辛氏代替颛顼做天子后号称帝喾王	【汉族】
W0768.1.7.2.2	帝喾号高辛氏	【汉族】
W0768.1.8	与高辛有关的其他母题	
W0768.1.8.1	高辛遗迹	
W0768.1.8.1.1	帝喾王高辛氏墓	【汉族】
W0768.1.8.1.1.1	帝喾王高辛氏墓在河南商丘高辛集	【汉族】
W0768.1.8.1.1a	帝喾葬于岳山	【汉族】
W0768.1.8.1.1b	帝喾葬狄山之阴	【汉族】
W0768.1.8.1.1.2	二帝陵	
W0768.1.8.1.1.2.1	二帝陵即帝喾与颛顼的陵墓	【汉族】
W0768.1.8.1.2	高辛集	【汉族】
W0768.1.8.1.3	帝喾台	【汉族】
W0768.2	天师	
W0768.2.1	天师的产生	
W0768.2.1.1	神造出天师	【满族】
W0768.2.2	天师的特征	
W0768.2.2.1	天师会变形	【瑶族】
W0768.2.3	天师的身份	
W0768.2.3.1	天师是特定的神	
W0768.2.3.1.1	天师是掌管天上智慧的大神	【满族】
W0768.2.4	特定名称的天师	
W0768.2.4.1	张天师	【民族，关联】①
W0768.2.4.1.1	张天师变七星鱼	【瑶族】
W0768.2.4.1.2	张天师是伏羲兄妹的父亲	【瑶族】
W0768.2.4.1.3	张天师爱贤求才	【汉族】
W0768.2.4.1.4	张天师的龟蛇二将	【汉族】
W0768.2.4.1.5	张天师黑脸	

① 【汉族】 ＊［W0556.2.1.3］大小板凳老神是张天师的徒弟；［W0673.1.2］杨二郎是张天师的外甥

W 编码	母题描述	关联项
W0768. 2. 4. 1. 5. 1	张天师的脸黑是盘古用锅底染的	【汉族】
W0768. 2. 4. 1. 5a	张天师擅长用符水治病	【汉族】
W0768. 2. 4. 1. 5b	张天师本名张陵，字辅汉，号天师，道教尊称其为张道陵	【汉族】
W0768. 2. 4. 1. 5b. 1	女子梦北斗魁星授与蘅薇香草生张道陵	【汉族】
W0768. 2. 4. 1. 5c	张天师生日五月初五	【汉族】
W0768. 2. 4. 1. 5d	张天师其他名号	
W0768. 2. 4. 1. 5d. 1	张天师名号三天扶教辅元大法师	【汉族】
W0768. 2. 4. 1. 5d. 2	张天师名号三天扶教辅元大法师正一静应显佑真君	【汉族】
W0768. 2. 4. 1. 5d. 3	张天师名号正一冲元神化静应显佑真君	【汉族】
W0768. 2. 4. 1. 5d. 4	张天师名号降魔护道天尊	【汉族】
W0768. 2. 4. 1. 5d. 5	张天师名号高明大帝	【汉族】
W0768. 2. 4. 1. 5d. 6	张天师名号正一真人	【汉族】
W0768. 2. 4. 1. 5d. 7	张天师名号祖天师	【汉族】
W0768. 2. 4. 1. 6	张天始	
W0768. 2. 4. 1. 6. 1	张天始是老天爷的义子	【汉族】
W0768. 2. 4. 1. 7	张天时	
W0768. 2. 4. 1. 7. 1	张天时造起天兵天将后改名张天师	【汉族】
W0768. 2. 4. 2	大隗天师	【汉族】
W0768. 2. 4. 3	许天师	
W0768. 2. 4. 3. 1	许天师即晋代道士许逊	【汉族】
W0768. 2. 4. 3. 2	许天师又称许真君	【汉族】
W0768. 2. 4. 3. 3	许天师又称神功妙济真君	【汉族】
W0768. 2. 5	四大天师	
W0768. 2. 5. 1	四大天师许逊、张道陵、萨守坚、葛玄	【汉族】 * ［W0768. 2. 4. 1. 5b］张天师本名张陵，字辅汉，号天师，道教尊称其为张道陵

W 编码	母题描述	关联项
W0768.2.5.2	许逊天师	
W0768.2.5.2.1	许逊得道于吴猛	【汉族】
W0768.2.5.2.2	许逊得道于兰公	【汉族】
W0768.2.5.2.3	许逊得道于谌母	【汉族】
W0768.2.5.3	葛玄天师（葛天师）	
W0768.2.5.3.1	葛天师能把口中吐出的饭粒变成蜜蜂	【汉族】
W0768.2.5.3.2	葛天师能画符箓为民祈雨	【汉族】
W0768.2.5.3.3	葛天师的名称	
W0768.2.5.3.3.1	葛天师又称葛仙公	【汉族】
W0768.2.5.3.3.2	葛天师又称冲应真人	【汉族】
W0768.2.5.3.3.3	葛天师又称冲应孚真君	【汉族】
W0768.2.5.3.3.4	葛天师又称太极左仙公字孝先	【汉族】
W0768.2.5.4	萨守坚天师（萨天师）	
W0768.2.5.4.1	萨守坚学法	【汉族】
W0768.2.5.4.2	萨天师的门徒王灵官（王善）	【汉族】
W0768.2.5.4.2.1	王善	
W0768.2.5.4.2.1.1	王善又称雷霆都天豁落三五火车纠罚灵官铁面雷公王元帅	【汉族】
W0768.2.5.4.2.1.2	王善又称都天豁落猛吏赤心忠良制鬼缚神火雷霹雳灵官王元帅	【汉族】
W0768.2.5.4.2.1.3	王善又称都天豁落猛吏赤心忠良制鬼缚神火雷霹雳灵官王元帅	【汉族】
W0768.2.5.4.2.2	王灵官	
W0768.2.5.4.2.2.1	王灵官为道教的护法神将	【汉族】
W0768.2.5.4.2.2.2	王灵官又名隆恩真君	【汉族】
W0768.2.5.4.2.2.3	王灵官又名玉枢火府天将	【汉族】
W0768.2.5.4.2.2.4	王灵官又名豁落灵官	【汉族】
W0768.2.5.4.3	萨天师的名称	
W0768.2.5.4.3.1	萨守坚号全阳子	【汉族】
W0768.2.4.1.5.1	萨天师又称萨真人	【汉族】

W 编码	母题描述	关联项
W0768. 2. 5. 4. 3. 3	萨天师又称崇恩真君	【汉族】
W0768. 2. 5. 4. 3. 4	萨天师又称天枢领位真人	【汉族】
W0768. 2. 5. 4. 3. 5	萨天师又称祖师西河上宰汾阳救苦萨真人	【汉族】
W0768. 2. 5. 4. 3. 6	萨天师又称祖师神霄通灵西河上宰萨真人	【汉族】
W0768. 2. 5. 4. 3. 7	萨天师又称祖师汾阳散吏救苦真人	【汉族】
W0768. 2. 6	与天师有关的其他母题	
W0768. 3	善财童子（送财童子）	［W0451］财神（财神爷、财富神，司财富之神）
W0768. 3. 1	菩萨让善财童子到人间体察民情	【汉族】
W0768. 3. 2	善财童子又称“金童”	【民族无考】
W0768. 4	社婆婆和庙公公	【苗族】 ＊［W0474. 8. 3］社婆婆
W0768. 5	神人	【民族，关联】①
W0768. 5. 1	神人的产生	
W0768. 5. 1. 0	自然出现神人	
W0768. 5. 1. 0. 1	世界混沌时出现 4 个神人	【彝族】
W0768. 5. 1. 1	地生神人	
W0768. 5. 1. 1. 1	3 位神人从地下到地上	【朝鲜族】
W0768. 5. 1. 1. 2	地孕生神人	
W0768. 5. 1. 1. 2. 1	地怀孕 9999 年生一对神人	【哈尼族】
W0768. 5. 1. 2	石窟生神人	【朝鲜族】
W0768. 5. 1. 2a	石与竹生神人	【高山族】
W0768. 5. 1. 3	女子感生神人	【苗族】
W0768. 5. 1. 3. 1	昊天圣母吞龙卵生神人	【汉族】
W0768. 5. 1. 4	人大病后变成神人	【苗族】 ＊［W9146. 1］萨满的产生
W0768. 5. 1. 5	卵生神人	

① 【白族】【彝族】 ＊［W1103. 10. 6］神人造天地

W 编码	母题描述	关联项
W0768.5.1.5.1	33 个宝石蛋孵出 8 个神人	【傣族】
W0768.5.1.5a	化生神人	
W0768.5.1.5a.1	女娲的一条肠子化生出 10 个神人	【汉族】
W0768.5.1.6	与神人的产生有关的其他母题	
W0768.5.1.6.1	神人生而能言	【哈尼族】
W0768.5.1.6.2	人修炼成神人	
W0768.5.1.6.2.1	则福老求师漫游多年成为神人	【苗族】
W0768.5.2	神人的特征	
W0768.5.2.1	神人人身狼首	【西北地区古代民族】
W0768.5.2.2	神人不露相	【汉族】
W0768.5.2.3	神人有多个生命	
W0768.5.2.3.1	神人有 9 次生命	【哈尼族】
W0768.5.2.4	神人善良（和善的神人）	【土家族】
W0768.5.3	神人的能力	
W0768.5.3.1	神人法力无边	【苗族】
W0768.5.3.1.1	神人能驱石下海	【汉族】
W0768.5.3.2	神人能治病降妖	【苗族】
W0768.5.3.3	神人会飞	【汉族】
W0768.5.3a	神人的生活	
W0768.5.3a.1	神人的饮食	
W0768.5.3a.1.1	神人吸风饮露	【汉族】
W0768.5.3a.1.2	神人食人肉	【蒙古族】
W0768.5.3a.2	神人的居所	
W0768.5.3a.2.1	神人居特定的山上	
W0768.5.3a.2.1.1	神人居藐姑射之山	【汉族】
W0768.5.3a.3	神人的坐骑	
W0768.5.3a.3.1	神人骑恶狼	【蒙古族】
W0768.5.3a.3.2	神人乘龟	【汉族】
W0768.5.3a.4	神人的用品	
W0768.5.3a.4.1	神人赤蛇当鞭	【蒙古族】

W 编码	母题描述	关联项
W0768.5.3b	神人的关系	
W0768.5.3b.1	神人父子	【哈尼族】
W0768.5.4	特定名称的神人	
W0768.5.4.1	神人亡洗太（女）和公达公（男）	【苗族】
W0768.5.4.1a	神人则福老	【苗族】
W0768.5.4.1b	神人立栋哈	
W0768.5.4.1b.1	神人立栋哈力能劈山	【苗族】
W0768.5.4.2	神人张古老和李古老	【土家族】
W0768.5.4.3	神人武定	
W0768.5.4.3.1	神人武定善识水性	【汉族】
W0768.5.4.3a	神人天吴	【汉族】
W0768.5.4.3b	三神人	
W0768.5.4.3b.1	三神人一主天，一主地，一主冥府	【汉族】
W0768.5.4.3c	大行伯	
W0768.5.4.3c.1	大行伯拿戈	【汉族】
W0768.5.4.3d	神人二八	
W0768.5.4.3d.1	神人二八连臂	【汉族】
W0768.5.4.3e	金甲神人	
W0768.5.4.3e.1	金甲神人助黄帝战蚩尤	【汉族】
W0768.5.4.4	德摩诗琵	
W0768.5.4.4.1	德摩诗琵是最早担任贝玛职务的神人	【哈尼族】
W0768.5.4.4.2	神人德摩诗琵管理阴阳	【哈尼族】
W0768.5.5	与神人有关的其他母题	
W0768.5.5.1	神童	
W0768.5.5.1.1	看守蟠桃园的神童	【汉族】
W0768.5.5.2	神武士	
W0768.5.5.2.1	神武士神穿盔戴甲手持矛	【藏族】
W0768.6	骊山老母	【汉族】 * ［W1852.6.2］骊山

W 编码	母题描述	关联项
W0768.6.1	骊山老母是伏羲的妹妹	【汉族】
W0768.6.2	骊山老母是王母娘娘的妹妹	【汉族】 * ［W0761］西王母的关系
W0768.6.3	骊山老母名称的来历	
W0768.6.3.1	有个女神的女儿补天时化为骊山，她被称为骊山老母	【汉族】 * ［W1388.4.1.1］骊山老母补天的地方是骊山
W0768.6a	黎母	
W0768.6a.1	黎母的产生	
W0768.6a.1.1	蛇卵生黎母	【黎族】
W0768.6a.1.1.1	雷公用蛇卵孵出女神黎母	【黎族】
W0768.6a.2	黎母的特征	
W0768.6a.3	与黎母有关的其他母题	［W1852.6.76］黎母山
W0768.7	廪君	［W0680.5.1］廪君是伏羲的后代
W0768.7.1	廪君的产生	
W0768.7.1.1	廪君出生在巫师之家	【土家族】 * ［W0645.7.3.1.1］始祖廪君出生在长阳武落钟离山的一个巫师之家
W0768.7.2	廪君的特征	
W0768.7.3	廪君的身份	
W0768.7.3.1	廪君是白虎神	【土家族】 * ［W0502.4.1］白虎神
W0768.7.3.1.1	向王廪君是白虎神	【土家族】
W0768.7.3.1.1.1.1	廪君死后化身白虎	【土家族】
W0768.7.3.2	廪君是王（廪君是君）	
W0768.7.3.2.1	务相通过比赛为王称为廪君	【汉族】
W0768.7.4	廪君的关系	
W0768.7.4.0	廪君的祖先	
W0768.7.4.0.1	廪君的祖先出于巫蜒	【汉族】
W0768.7.4.1	廪君的妻子	
W0768.7.4.1.1	德济娘娘（盐水女神）是廪君的妻子	【土家族】

W 编码	母题描述	关联项
W0768. 7. 4. 2	廪君是伏羲的后代	【土家族】 * ［W0680. 5. 1］伏羲的后代廪君
W0768. 7. 5	廪君的生活	
W0768. 7. 5. 1	巴氏以虎饮人血	【古民族南蛮】
W0768. 7. 6	与廪君有关的其他母题	
W0768. 7. 6. 1	廪君的名称（廪君的名号）	
W0768. 7. 6. 1. 1	廪君名曰务相，姓巴氏	【汉族】 * ［W0680. 5. 1. 1］伏羲氏的后裔“务相”被尊称为“廪君”
W0768. 8	花仙婆	
W0768. 8. 1	生育神花仙婆	【布依族】
W0768. 8. 2	花仙婆劝婚	
W0768. 8. 2. 1	花仙婆变龟劝婚	【壮族】
W0768. 9	彭祖	
W0768. 9. 1	彭祖的产生	
W0768. 9. 1. 1	比彭祖还老的人	
W0768. 9. 1. 1. 1	老寿星雷姆比彭祖还老	【壮族】
W0768. 9. 1. 2	陆终娶于鬼方氏之妹生彭祖	【汉族】
W0768. 9. 2	彭祖的特征（彭祖的身份）	
W0768. 9. 2. 1	彭祖长寿	［W0475. 3. 4］寿神彭祖
W0768. 9. 2. 1. 1	彭祖活了 800 岁	【汉族】
W0768. 9. 2. 1. 2	彭祖活了 777 岁	【汉族】
W0768. 9. 2. 1. 3	彭祖 800 多岁青春不老	【汉族】
W0768. 9. 2. 2	彭祖是长寿仙人	【汉族】
W0768. 9. 2. 3	彭祖是殷大夫	【汉族】
W0768. 9. 3	彭祖的关系	
W0768. 9. 3. 0	彭祖的父亲陆终氏	【汉族】
W0768. 9. 3. 0a	彭祖是颛顼的后代	【汉族】
W0768. 9. 3. 1	彭祖是阎王的舅父	【汉族】
W0768. 9. 3. 2	彭祖是颛顼后代	【汉族】
W0768. 9. 3. 2. 1	彭祖是颛顼之孙	【汉族】

W 编码	母题描述	关联项
W0768.9.3.2.2	彭祖是颛顼玄孙	【汉族】
W0768.9.3.3	彭祖的兄长昆吾、参胡	【汉族】
W0768.9.4	彭祖的名称	
W0768.9.4.1	彭祖名鑃铿	【汉族】
W0768.9.4.2	彭祖姓篯名铿	【汉族】
W0768.9.5	与彭祖有关的其他母题	
W0768.9.5.1	彭祖善导引行气	【汉族】
W0768.10	布伯	【壮族】 * ［W1741.2.1.1］布伯的心飞到天上变成启明星
W0768.10.1	布伯的产生	
W0768.10.2	布伯的特征	
W0768.10.3	布伯的身份	
W0768.10.3.1	布伯是神	【壮族】 * ［W0494.6.5］战神布伯
W0768.10.3.2	布伯是英雄	【壮族】
W0768.10.3.3	布伯是首领	【壮族】
W0768.10.4	布伯的关系	
W0768.10.4.1	伏依兄妹是布伯的儿女	【壮族】 * ［W0659.2.56.1a］伏依兄妹是始祖神
W0768.10.5	与布伯有关的其他母题	
W0768.11	檀君（坛君）	
W0768.11.1	檀君的产生	
W0768.11.1.1	天帝庶子桓雄与熊女结婚生檀君	【朝鲜族】
W0768.11.2	檀君的特征（檀君的身份）	
W0768.11.2.1	檀君是神人	【朝鲜族】
W0768.11.2.2	檀君是朝鲜族的祖上神	【朝鲜族】
W0768.11.3	与檀君有关的其他母题	
W0768.11.3.1	檀君王俭	【朝鲜族】
W0768.11.3.2	檀君化为山神（坛君化为山神）	【朝鲜族】
W0768.11.3.3	檀君成为阿斯达的山神	【朝鲜族】
W0768.12	萨满神	

W 编码	母题描述	关联项
W0768. 12. 1	萨满神的产生	
W0768. 12. 1. 1	青蛙生萨满的鬼神	【鄂温克族】
W0768. 12. 2	萨满神的特征	
W0768. 12. 2. 1	萨满神是白发苍苍的老人	【鄂温克族】
W0768. 12. 2. 2	萨满神是恶神	【达斡尔族】
W0768. 12. 3	与萨满神有关的其他母题	【关联】①
W0768. 12. 3. 1	萨满神有狐仙相助	【满族】
W0768. 12. 3. 2	萨满神灵居树上	【达斡尔族】
W0768. 12. 3. 3	萨满神即黑教的神	【达斡尔族】
W0768. 12. 3. 4	萨满的神灵有自然神、动植物神和祖先神三类	【锡伯族】
W0768. 13	阴间判官	【汉族】【纳西族】
W0768. 14	契	【汉族】
W0768. 14. 1	契的产生	
W0768. 14. 1. 1	帝喾与其次妃简狄生契	【汉族】 ＊［W0768. 1. 6. 3. 1. 2. 1］帝喾有后稷、契、帝尧、帝挚 4 个儿子
W0768. 14. 1. 1. 1	简狄吞卵而生契	【汉族】
W0768. 14. 2	契的特征（契的身份，契的职能）	【汉族】 ＊［W0739. 4. 6. 4］契是舜的辅佐
W0768. 14. 3	与契有关的其他母题	
W0768. 14. 3. 1	契少昊的曾孙是	【汉族】
W0768. 15	东王公	【民族，关联】②
W0768. 15. 1	东王公的产生	
W0768. 15. 1. 1	元始天尊和太元圣母生东王公	【汉族】
W0768. 15. 1. 2	东华至真之气化生木公	【汉族】
W0768. 15. 1. 3	东王公生日二月初六	【汉族】

① ［W0124. 5. 2］萨满教神统诸神按职位、等级自上而下可分为腾格里、哈特、死去的萨满的魂灵等；［W0443. 1. 5. 2］本族萨满的神灵被视作阖族守护神；［W0497. 8. 11. 2］苏木妈妈是萨满神、护宅神、药神、烹饪神；［W0541. 7. 1. 1］树萨满毛都耶德根；［W9146］萨满

② 【汉族】 ＊［W0143. 2］东王公和西王母；［W0204. 13. 2］天皇号“扶桑大帝东王公”

W 编码	母题描述	关联项
W0768.15.2	东王公的特征（东王公的身份，东王公的职能）	
W0768.15.2.1	东王公是青阳之元气	【汉族】
W0768.15.2.2	东王公是福神	【汉族】 *［W0457］福神
W0768.15.2.3	东王公人形鸟面而虎尾	【汉族】
W0768.15.2.4	东王父主管日月星斗	【汉族】
W0768.15.2.5	东王公是鬼神世界的总管	【汉族】
W0768.15.3	东王公名号（东王公名称）	
W0768.15.3.1	东王公的父母盘古真人和太元圣母	【汉族】
W0768.15.3.2	东王公又称东王父	【汉族】
W0768.15.3.3	东王公又称木公	【汉族】
W0768.15.3.3.1	木公又称东王父	【汉族】
W0768.15.3.4	东王公又称东华帝君	【汉族】
W0768.15.3.5	东王公又称青童君	【汉族】
W0768.15.3.6	东王公又称东方诸	【汉族】
W0768.15.3.7	东王公又称青提帝君	【汉族】
W0768.15.3.8	东王公又称东华紫府少阳帝君	【汉族】
W0768.15.3.9	东王公又称扶桑大帝	【汉族】
W0768.15.3.10	东王公又称东皇公	【汉族】
W0768.15.4	东王公的关系	
W0768.15.4.1	东王公的父母	
W0768.15.4.2	东王公的妻子	［W0761.1.1］西王母和东王公是夫妻
W0768.15.4.3	东王公的子女	
W0768.15.5	东王公的生活	
W0768.15.5.1	东王公居东荒山	【汉族】
W0768.15.5.2	东王公居蓬莱仙岛	【汉族】
W0768.15.5.3	东王公居扶桑	【汉族】
W0768.15.5.4	太真东王父居东海太帝宫	【汉族】
W0768.15.5.5	东王公有巨鸟荫护	【汉族】

W 编码	母题描述	关联项
W0768. 15. 6	与东王公有关的其他母题	
W0768. 15. 6. 1	祭东皇公于东郊	【汉族】
W0768. 16	后土①	【关联】②
W0768. 16. 1	后土的产生	
W0768. 16. 1. 1	后土是炎帝后代	【汉族】
W0768. 16. 1. 2	共工生后土	【汉族】
W0768. 16. 1. 3	后土生日农历三月十八	【汉族】
W0768. 16. 2	后土的特征	
W0768. 16. 3	后土的身份（后土的职能，后土的能力）	
W0768. 16. 3. 1	后土娘娘是土地神	【汉族】 * ［W0433. 2. 1］后土主宰大地
W0768. 16. 3. 1. 1	后土是中央的土地神	【汉族】
W0768. 16. 3. 1. 2	后土管土地	【汉族】
W0768. 16. 3. 2	后土娘娘是司鬼魂之神	【汉族】
W0768. 16. 3. 3	后土娘娘是土地神，又是司鬼魂之神	［W0497. 8］身兼多职的神
W0768. 16. 3. 4	后土是社神	【汉族】
W0768. 16. 3. 5	后土是黄帝的辅佐	【汉族】
W0768. 16. 3. 5. 1	后土为黄帝记事	【汉族】
W0768. 16. 3. 6	后土是神鬼国国王	【汉族】
W0768. 16. 3. 7	后土主阴间（后土主幽州）	【汉族】
W0768. 16. 3. 8	后土主墓地	【汉族】
W0768. 16. 3. 9	后土执绳而制四方	【汉族】
W0768. 16. 3. 10	黄帝后土共管一方	【汉族】
W0768. 16. 4	后土的关系	［W0147. 10. 3］皇天后土
W0768. 16. 4. 1	后土是共工之子	【汉族】

① 后土，关于“后土”的说法不尽一致，常常称之为“后土娘娘”，有大地之母、主管土地的职能。有的说社神即“后土”，是共工的女儿；有的说盘古之后第三位诞生的大神叫做后土，有的说禹死后托祀于后土之神。

② ［W0206. 1］天公是玉皇大帝和妻子后土；［W0238. 1］地母是玉皇大帝的妻子后土；［W0695. 3. 2］后土辅佐黄帝

W 编码	母题描述	关联项
W0768.16.4.2	后土的侯伯土伯	【汉族】
W0768.16.5	后土的名字	
W0768.16.5.1	后土是句龙	【汉族】 *［W0685.5.4.1.3］共工的儿子句龙
W0768.16.5.2	后土是官名	
W0768.16.5.2.1	后土是五行之官中的土正	【汉族】
W0768.16.5.3	后土娘娘	
W0768.16.5.3.1	后土娘娘又称地母娘娘	【汉族】
W0768.16.6	与后土有关的其他母题	
W0768.16.6.1	后土之兽趺踦	【汉族】
W0768.17	玄武	【关联】①
W0768.17.1	玄武大帝	
W0768.17.1.1	玄武大帝是元始的化身	【汉族】 *［W0728.3.6.1］盘古号“元始天王”
W0768.17.1.2	玄武大帝又称荡魔天尊	【汉族】
W0768.17.1.3	玄武大帝又称真武大帝	【汉族】
W0768.17.1.3.1	真武大帝	
W0768.17.1.3.1.1	真武大帝是太上老君的化身	【汉族】
W0768.17.1.3.1a	真武祖师	
W0768.17.1.3.1a.1	真武祖师大将军虎头人身	【壮族】
W0768.17.1.3.1b	真武大将军	
W0768.17.1.3.1b.1	真武大将军是祖师神	【壮族】
W0768.17.2	72 个玄武	【汉族】
W0768.18	斗姆	
W0768.18.1	斗姆是北斗七星的母亲	【汉族】 *［W1733.1］斗姆生北斗星
W0768.18.2	斗姆四面	【汉族】 *［W0692.1］黄帝四面
W0768.18.3	斗姆三只眼	
W0768.18.3.1	斗姆额生 3 目	【汉族】

① ［W0254.3］玄武是北方神；［W0686.3.2］鲧是玄武大帝

W 编码	母题描述	关联项
W0768. 18. 4	斗姆的名称（斗姆的名号）	
W0768. 18. 4. 1	斗姆又作斗姥	【汉族】
W0768. 18. 4. 2	斗姆即紫光夫人	【汉族】
W0768. 18. 4. 3	斗姆又称先天斗姆大圣元君	【汉族】
W0768. 18. 5	拜斗姆消灾免难健康长寿	【汉族】
W0768. 19	烛龙	【汉族】
W0768. 19. 1	烛龙的产生	
W0768. 19. 2	烛龙的特征（烛龙的身份）	
W0768. 19. 2. 1	烛龙人面蛇身	【汉族】
W0768. 19. 2. 2	烛龙人面龙身	【汉族】
W0768. 19. 2. 3	烛龙是钟山山神	【汉族】
W0768. 19. 2. 4	烛龙是神龙	［W0926. 1］神龙
W0768. 19. 2. 4. 1	神龙烛龙一千多里长	【汉族】
W0768. 19. 3	烛龙的关系	
W0768. 19. 3. 1	烛龙的儿子鼓	
W0768. 19. 3. 1. 1	烛龙的儿子鼓人脸龙身	【汉族】
W0768. 19. 4	烛龙的名称	
W0768. 19. 4. 1	烛龙又称烛阴	【汉族】
W0768. 19. 4. 1. 1	烛阴	
W0768. 19. 4. 1. 1. 1	烛阴身长千里	【汉族】
W0768. 19. 4. 1. 1. 2	烛阴人面蛇身	【汉族】
W0768. 19. 4. 1. 1. 3	烛阴红色	【汉族】
W0768. 19. 4. 1. 1. 4	烛阴不饮，不食，不息	【汉族】
W0768. 19. 4. 1. 1. 5	烛阴居钟山下	【汉族】 *［W0398. 1. 7. 5. 1］钟山之神烛阴
W0768. 19. 4. 1. 1. 6	烛阴视为昼，瞑为夜	【汉族】 *［W4012］昼夜的产生
W0768. 19. 5	与烛龙有关的其他母题	

W 编码	母题描述	关联项
W0768.20	鲁班（鲁般）	【民族，关联】①
W0768.20.1	鲁班的产生	
W0768.20.1.1	生育鲁班	
W0768.20.1.1.1	鲁班生日农历六月十三日	【汉族】
W0768.20.2	鲁班的特征（鲁班的身份）	
W0768.20.2.1	鲁班是匠神	【瑶族】
W0768.20.2.2	鲁班是木工（鲁班是木匠）	【仡佬族】
W0768.20.2.2.1	鲁班是尧时的木工	【汉族】
W0768.20.2.3	鲁班是木匠始祖	【壮族】
W0768.20.3	鲁班的能力（鲁班的事迹，鲁班的经历）	
W0768.20.3.1	鲁般会巫术	【汉族】
W0768.20.3.2	鲁般善造化	【汉族】
W0768.20.3.2.1	鲁班巧做车马	【汉族】
W0768.20.3.2.2	鲁班造会飞的木鸢	【汉族】
W0768.20.3.2.3	鲁班造会飞的木鹤	【汉族】
W0768.20.3.3	鲁班遇神	【汉族】
W0768.20.4	鲁班的工具	
W0768.20.4.1	鲁班有一把青钢神斧	【汉族】
W0768.20.5	与鲁班有关的其他母题	［W0658a.8.41.1］工匠行业祖师神鲁班
W0768.20.5.1	玉皇大帝让鲁班下凡	【汉族】
W0768.20.5.2	鲁班的妻子云氏	【汉族】 *［W0443.9.1.2.1］制伞业祖师鲁班妻云氏
W0768.20.5.3	鲁班屋	【汉族】
W0768.20.5.4	鲁班住鲁家湾	【汉族】
W0768.21	姜子牙	
W0768.21.1	姜子牙的产生	
W0768.21.2	姜子牙的特征（姜子牙的身份，姜子牙的行为，姜子牙的事迹）	

① 【汉族】【毛南族】 *［W6206.3］鲁班造房子

W 编码	母题描述	关联项
W0768.21.2.1	姜子牙钓鱼	【汉族】
W0768.21.2.2	姜太公是仙人	【汉族】
W0768.21.2.2.1	姜子牙吃支撑大地的鳌鱼成了神仙	【汉族】
W0768.21.2.3	姜太公骑瑞兽	【汉族】
W0768.21.2.4	姜太公封神	【汉族】
W0768.21.2.5	姜太公封官	
W0768.21.2.5.1	姜太公封一位英雄为七里英王	【仫佬族】
W0768.21.2.6	姜子牙下凡	【汉族】
W0768.21.3	姜子牙的关系	
W0768.21.3.1	姜子牙的妹妹姜子岚	【汉族】
W0768.21.3.2	姜子牙是元始天尊的徒弟	【汉族】
W0768.21.4	姜子牙的名字	
W0768.21.4.1	姜太公	【汉族】
W0768.21.5	与姜子牙有关的其他母题	
W0768.21.5.1	还天愿敬姜子牙	【羌族】
W0768.22	鬼谷子	
W0768.22.1	鬼谷子的产生	
W0768.22.1.1	女子吃谷叶孕生鬼谷子	【汉族】
W0768.22.2	鬼谷子的特征（鬼谷子的行为，鬼谷子的事迹）	
W0768.22.3	鬼谷子的名字	
W0768.22.3.1	女子吃谷叶生的男孩取名鬼谷子	【汉族】
W0768.22.4	与鬼谷子有关的其他母题	
W0768.23	九隆	
W0768.23.1	九隆的产生	
W0768.23.1.1	女子感龙生九隆	【白族】
W0768.23.1.2	九隆为青龙所变	【傣族】
W0768.23.2	九隆的特征	
W0768.23.3	与九隆有关的其他母题	
W0768.23.3.1	九隆有 9 个儿子	【白族】

0.7 与民间信仰有关的神[①]或神性人物【W0770 ~ W0829】

0.7.1 民间信仰中常见的神或神性人物[②]【W0770 ~ W0784】

W 编码	母题描述	关联项
✿ **W0770**	宗教人物	【汤普森】V200； ＊［W6455］宗教神职人员
✻ **W0771**	宗教神	【汤普森】V201
W0772	宗教神（人物）的产生	
W0772.1	宗教神（人物）天降	【纳西族】
W0772.1.1	宗教人物是天界战神	【纳西族】 ＊［W0494］战神
W0772.2	神或神性人物婚生宗教神（人物）	【纳西族】
W0772.3	感生宗教神（人物）	
W0772.3.1	感龙生宗教人物	【汉族】

① 与民间信仰有关的神：神话中的神或神性人物常出现在民间口头传统或宗教经典中，如大家常说的《圣经》神话。但真正的民间信仰或宗教信仰者往往不认为关于这些神的叙事是神话，而是事实存在的事件，把这些神作为神圣的形象。本编目只是为了便于研究者深入比较研究，把民间信仰或宗教中的神列出，由于这些神或神性人物的来源复杂和相互交叉，只依据其外在表象上进行梳理，不再做进一步探究。民间信仰或宗教性质的神在排列上不分先后。

② 民间信仰中常见的神或神性人物，因涉及这一对象的神话文本和相关资料众多，内容复杂，因其多元杂糅，即使是一个比较封闭的地区的地方性宗教信仰，也很难对其条分缕析得完全合理或清楚。因此，为了表述上的方便，本编码只选取较为原始且民间色彩较浓的常见的神或神性人物，如萨满、东巴等。

W 编码	母题描述	关联项
W0772. 4	与宗教神（人物）产生有关的其他母题	
W0773	**碧霞元君**	
W0773. 1	碧霞元君的产生	
W0773. 1. 1	神生碧霞元君	［W0773. 4. 1］碧霞元君是东岳大帝之女
W0773. 1. 2	人生碧霞元君	［W0773. 4. 2］碧霞元君是泰山石敢当之女
W0773. 1. 3	碧霞元君的生日	
W0773. 1. 3. 1	碧霞元君生日三月十五日	【汉族】
W0773. 1. 3. 2	碧霞元君生日四月十八	【汉族】
W0773. 2	碧霞元君的特征	
W0773. 2. 1	碧霞元君本事大	【汉族】
W0773. 3	碧霞元君的身份（碧霞元君的职能）	
W0773. 3. 1	碧霞元君是天仙玉女	【汉族】 * ［W0826］仙女
W0773. 3. 2	碧霞元君是泰山君主	【汉族】 * ［W1851. 1］泰山（东岳）
W0773. 3. 2. 1	碧霞元君是泰山神	【汉族】
W0773. 3. 3	碧霞元君是泰山奶奶	【汉族】 * ［W0398. 1. 2］泰山神
W0773. 3. 3. 1	泰山奶奶是万能女神	［W0497. 3］万能神
W0773. 3. 4	碧霞元君是泰山神	
W0773. 3. 4. 1	观音菩萨点化石敢当的三女儿做了泰山神碧霞元君	【汉族】
W0773. 3. 5	碧霞元君是华山玉女	【汉族】
W0773. 3. 6	碧霞元君是得道的女子	【汉族】
W0773. 3. 6. 1	碧霞元君是成仙的凡女	【汉族】
W0773. 3. 7	碧霞元君是送子观音	【汉族】
W0773. 3. 8	碧霞元君统岳府之神兵	【汉族】
W0773. 3. 9	碧霞元君是黄帝七女之一	【汉族】

W 编码	母题描述	关联项
W0773.4	碧霞元君的关系	
W0773.4.1	碧霞元君是东岳大帝之女	【汉族】
W0773.4.2	碧霞元君是泰山石敢当之女	【汉族】
W0773.4.2.1	碧霞元君是泰山石敢当的三女儿	【汉族】
W0773.4.3	碧霞元君是泰山之女	【汉族】
W0773.5	与碧霞元君有关的其他母题	
W0773.5.1	碧霞元君的居所	
W0773.5.1.1	碧霞元君老家徂徕山	【汉族】
W0773.5.1.2	碧霞之宫	
W0773.5.1.2.1	碧霞之宫在岱岳之上	【汉族】
W0773.5.2	碧霞元君受封	
W0773.5.2.1	玉皇大帝把泰山封给碧霞元君	【汉族】
W0773.5.3	元君	[W0758.5a.1] 金母元君西王母所居宫阙，在龟山之春山
W0773.5.3.1	李母元君	【汉族】
W0774	**东巴神（东巴教主，丁巴什罗）**	
W0774.1	东巴神的产生	
W0774.1.1	东巴神原来是天神	【纳西族】
W0774.1.1.1	东巴神从天而降	【纳西族】
W0774.1.1.2	天界战神丁巴什罗	【纳西族】 * [W0494] 战神
W0774.1.2	婚生东巴教主（婚生丁巴什罗）	
W0774.1.2.1	天女与人祖婚生东巴教主	
W0774.1.2.1.1	天女第七代沙饶里字今姆与阿普第九代今补拖格匹配生东巴教教主丁巴什罗	【纳西族】
W0774.1.3	卵化生东巴神	【纳西族】
W0774.1.4	东巴神的特殊出生	【纳西族】 * [W2594] 特殊的出生
W0774.1.4.1	丁巴什罗从母亲的腋窝出生	【纳西族】

W 编码	母题描述	关联项
W0774. 1. 4. 1. 1	东巴祖神丁巴什罗从母亲左腋窝生出	【纳西族】
W0774. 1. 4. 1. 2	东巴教主丁巴什罗认为人道不干净从母亲左腋窝生出	【纳西族】
W0774. 1. 5	与东巴神产生有关的其他母题	
W0774. 1. 5. 1	东巴神与龙同时产生	【纳西族】
W0774. 1. 5. 2	东巴神出生有异兆	
W0774. 1. 5. 2. 1	丁巴什罗的生出威震魔鬼	【纳西族】
W0774. 2	东巴神的特征	
W0774. 2. 1	丁巴什罗不会死	
W0774. 2. 1. 1	丁巴什罗煮不死	【纳西族】
W0774. 3	东巴神的身份（东巴神的职能、东巴神的能力）	
W0774. 3. 0	丁巴什罗原是一位天界战神	【纳西族】
W0774. 3. 1	东巴祖神丁巴什罗	【纳西族】
W0774. 3. 2	丁巴什罗拯救人类	【纳西族】
W0774. 3. 2. 1	丁巴什罗率众降魔后被奉为东巴教教主	【纳西族】
W0774. 3. 2. 2	丁巴什罗下凡降妖	【纳西族】
W0774. 3. 2. 2. 1	到天国请丁巴什罗来下凡降妖除魔	【纳西族】
W0774. 3. 3	东巴神有非凡的本领	【纳西族】
W0774. 3. 3. 1	丁巴什罗煮不死	【纳西族】
W0774. 3. 3. 2	丁巴什罗乘烟气飞升	【纳西族】
W0774. 4	东巴神的生活	
W0774. 4. 1	东巴神的服饰	
W0774. 4. 1. 1	东巴的花衣和裤子	
W0774. 4. 1. 1. 1	喇嘛送给丁巴什罗花衣和裤子	【纳西族】
W0774. 4. 2	东巴神的居所	
W0774. 4. 2. 1	东巴教始祖丁巴什罗住 18 层天	【纳西族】
W0774. 4. 2. 2	丁巴什罗住天宫	【纳西族】

W 编码	母题描述	关联项
W0774.4.3	东巴神的坐骑	
W0774.4.3.1	丁巴什罗骑乳白色神马	【纳西族】
W0774.4.3.2	丁巴什罗骑海螺白神鹏鸟	【纳西族】
W0774.4.4	东巴神的武器	
W0774.4.4.1	丁巴什罗用黄象白象驮法器	【纳西族】
W0774.4.4.2	丁巴什罗右手摇着黄金板铃，左手敲着法鼓	【纳西族】
W0774.5	东巴神的关系	【纳西族】
W0774.5.1	东巴神的亲属	
W0774.5.1.1	丁巴什罗的父母	
W0774.5.1.2	丁巴什罗的舅舅	
W0774.5.1.2.1	丁巴什罗的舅舅是神族	【纳西族】
W0774.5.1.3	丁巴什罗的妻子	
W0774.5.1.3.1	丁巴什罗的妻子女魔固松麻	【纳西族】
W0774.5.1.3.2	丁巴什罗有99个美貌的妻子	【纳西族】
W0774.5.2	东巴神的师傅	
W0774.5.2.1		
W0774.5.3	东巴神的徒弟	
W0774.5.3.1	丁巴什罗有徒弟360个	【纳西族】
W0774.5.4	东巴神的部下	
W0774.5.4.1	丁巴什罗的护法神	【纳西族】 ＊［W0441.1.3.1］东巴教主丁巴什罗有生翅的护法神360个
W0774.5.4.2	丁巴什罗有千万天兵天将	【纳西族】
W0774.5.4.3	丁巴什罗率领神鹏、金狮、银牦及弟子360人	【纳西族】
W0774.6	与东巴神有关的其他母题	
W0775	**妈祖**[①]	【汉族】
W0775.1	妈祖的产生	

① 妈祖，在中国沿海及一些周边国家广泛流传。其中，福建方言为“奶奶”、“娘娘”之意。“妈祖”又称“天妃娘娘”、“天妃”，一般认为有历史人物原型，后被神化成为女神。

W 编码	母题描述	关联项
W0775. 1. 1	女子梦吞圣物生妈祖	【汉族】
W0775. 1. 2	凡女死后成为妈祖	【汉族】
W0775. 1. 3	女子林默升化为女神妈祖	【汉族】
W0775. 1. 4	妈祖来于特定地方	
W0775. 1. 4. 1	妈祖神从福建省渡海而来	【汉族】
W0775. 1. 5	与妈祖的产生有关的其他母题	
W0775. 1. 5. 1	妈祖生日农历三月二十三日	【汉族等】
W0775. 2	妈祖的特征	
W0775. 3	妈祖的身份	
W0775. 3. 1	妈祖是女海神	【汉族】
W0775. 3. 2	妈祖是航海神	
W0775. 3. 3	妈祖是天妃和女海神	【汉族】 ＊［W0497. 8］身兼多职的神
W0775. 3. 3. 1	妈祖加封天妃	
W0775. 3. 3. 1. 1	南海女神灵惠夫人妈祖护海有功加封天妃神号	【汉族】
W0775. 3. 4	妈祖是水神	
W0775. 3. 4. 1	天妃妈祖是水神	
W0775. 3. 5	妈祖是保护神	
W0775. 3. 5. 1	妈祖是水上保护神	【汉族等】
W0775. 3. 5. 2	妈祖由是生产生活保护神	【汉族等】
W0775. 3. 5. 3	妈祖是保赤之神	【汉族等】
W0775. 3. 5. 3. 1	妈祖是保佑孩子平安之神	【汉族等】
W0775. 4	妈祖的职能（妈祖的能力，妈祖的事迹）	
W0775. 4. 1	妈祖海上救难行善	【汉族】
W0775. 4. 2	妈祖管渔业	【汉族等】
W0775. 4. 3	妈祖能言人休咎	【汉族等】
W0775. 5	妈祖的关系	
W0775. 5. 1	妈祖的父亲林愿	

W 编码	母题描述	关联项
W0775.5.1.1	妈祖的父亲林愿是宋代福建莆田县都巡检	【汉族等】
W0775.5.1.2	妈祖是五代时闽王统军兵马使林愿第六女	【汉族】
W0775.6	妈祖的生活	
W0775.6.1	妈祖常穿朱衣	【汉族】
W0775.6.2	妈祖出现在海上	【汉族】
W0775.7	与妈祖有关的其他母题	
W0775.7.1	妈祖的名称	
W0775.7.1.1	土人呼神为妈祖	【台湾土人】
W0775.7.1.2	妈祖又称天后（天后妈祖）	【汉族等】
W0775.7.1.3	妈祖又称海神娘娘	【汉族等】
W0775.7.1.4	妈祖又称天妃娘娘	【汉族等】
W0775.7.1.5	妈祖又称圣二妈	【汉族等】
W0775.7.1.6	妈祖又称天上	【汉族等】
W0775.7.1.7	妈祖又称湄州圣母	【汉族等】
W0775.7.1.8	妈祖又称护海女神	【汉族等】
W0775.7.1.9	妈祖本名林默	【汉族等】 * ［W0775.1.3］女子林默升化为女神妈祖
W0775.7.1.10	妈祖又称龙女	【汉族】
W0775.7.1.11	妈祖封灵惠夫人	【汉族】
W0775.7.2	妈祖是女性崇拜的神灵	【汉族等】
W0775.7.3	妈祖遗迹	
W0775.7.3.1	妈祖庙	
W0775.7.3.1.1	妈祖庙号顺济	【汉族】
W0776	**太白金星**[①]	
W0776.1	太白金星的产生	
W0776.1.1	太白金星是白帝之子	【汉族】
W0776.2	太白金星的特征	

① 太白金星：又称“太白星”、“太白”、“启明星”等，后来被人神话以后常出现在神话中，称“白帝子”或“太白金星”。在道教神话中经常出现。

W 编码	母题描述	关联项
W0776. 2. 1	太白金星形如女人	【汉族】
W0776. 2. 2	太白金星是白胡子老头	【土家族】
W0776. 2. 3	太白星是慈善的老人	【布依族】
W0776. 2. 4	太白金星有恻隐之心	【畲族】
W0776. 3	太白金星的身份（太白金星的职能）	［W0790a. 3. 1. 2. 1］观音佛和太白金星是两位佛祖
W0776. 3. 1	太白金星主杀伐	【汉族】
W0776. 3. 2	太白金星是媒人	
W0776. 3. 2. 1	太白金星做玉帝婚姻的媒人	【汉族】
W0776. 3. 3	太白金星是玉皇大帝的侍从	
W0776. 3. 3. 1	太白金星向玉皇大帝禀报事情	【汉族】
W0776. 3. 4	太白金星是玉帝的密探	【汉族】
W0776. 3. 5	太白是西方金之精	【汉族】
W0776. 4	太白金星的能力（太白金星的行为）	
W0776. 4. 1	太白金星君驾彩云	
W0776. 4. 1. 1	太白星君出行杵着打杵驾着一朵彩云	【布依族】
W0776. 4. 2	太白金星下凡（太白金星查访人间）	【布依族】【苗族】
W0776. 4. 2. 1	玉皇大帝派太白金星到人间察访	【汉族】
W0776. 4. 2. 2	灾难前太白金星下凡寻人种	【汉族】
W0776. 4. 3	太白金星的变形	
W0776. 4. 3. 1	太白神下凡助人时变成一只大黑蜂	【彝族】
W0776. 5	太白金星关系	
W0776. 5. 1	太白金星的父母	
W0776. 5. 1. 1	太白是白帝之子	【汉族】
W0776. 6	与太白金星有关的其他母题	【关联】①

① ［W1419. 2］太白金星毁掉通天塔；［W1745. 1］人变太白金星；［W7586. 2］太白金星劝婚

W 编码	母题描述	关联项
W0776.6.1	太白金星的名称	
W0776.6.1.1	太白	
W0776.6.1.1.1	太白是头人	【壮族】
W0776.6.1.2	太白老腾格里	
W0776.6.1.2.1	太白老腾格里周游普天	【蒙古族】
* **W0777**	**玉皇大帝**[①]	【彝族】
W0778	**玉皇大帝的产生**	
W0778.0	没有玉皇大帝	
W0778.0.1	很早以前天上没有老天爷	【汉族】
W0778.1	玉皇大帝自然存在	【仫佬族】
W0778.2	玉皇大帝源于特定地方	
W0778.3	玉皇大帝的造出来的	
W0778.3.1	人造玉皇大帝	
W0778.3.1.1	1对兄妹造玉皇大帝	
W0778.3.1.1.1	灾后幸存的玉人、玉姐兄妹造的1个男孩就是玉皇大帝	【汉族】
W0778.4	玉皇大帝是生育产生的	
W0778.4.1	花生玉皇大帝	
W0778.4.1.1	王后感生的莲花中生玉皇大帝	【汉族】
W0778.5	玉皇大帝是变化产生的	
W0778.5.1	人变成玉帝	【汉族】
W0778.5.1.1	好人上天后成为玉皇大帝	【汉族】
W0778.5.1.2	地上的皇帝升天成为玉皇大帝	【锡伯族】
W0778.5.1.3	人修炼成为玉皇大帝	
W0778.5.1.3.1	光严妙乐国的太子经过亿劫苦修成为玉帝	【汉族】
W0778.5.1.3.2	人间王子修炼成仙后上天成为玉皇大帝	【汉族】

① 玉皇大帝，又称“玉皇上帝”、“玉皇”、“玉帝”等，有的地方也称之为“老天爷”、“天爷爷”等。道教、佛教等神话中也会出现这个母题，因其在民间带有更多的不确定性，故列入民间信仰神之中。

W 编码	母题描述	关联项
W0778. 5. 1. 4	地上叫张玉皇的人升天成为老天爷	【汉族】
W0778. 5. 2	气化为玉皇大帝	【汉族】
W0778. 5. 2. 1	三清祖气化生玉皇大帝	【汉族】
W0778. 5. 3	动物变成玉皇大帝	
W0778. 5. 3. 1	老龙变成老天爷	【汉族】
W0778. 6	玉皇大帝是婚生的	
W0778. 7	玉皇大帝是感生的（感生玉皇大帝）	【汉族】
W0778. 7. 1	女子感梦生玉皇大帝	
W0778. 7. 1. 1	国王的妻子梦太上道君送婴儿生玉皇	【汉族】
W0778. 7. 2	女子洗浴时感生玉皇大帝	
W0778. 7. 2. 1	国王王后洗浴时感生的莲花生 9 子，大儿子是玉皇大帝	【汉族】
W0778. 8	与玉皇大帝产生有关的其他母题	
W0778. 8. 1	玉皇与盘古同时产生	【瑶族】 ＊［W0721. 5］与盘古产生有关的其他母题
W0778. 8. 2	玉皇大帝是挑选出来的	
W0778. 8. 2. 1	太上老君选人间修炼的王子上天做了玉皇大帝	【汉族】
W0778. 8. 3	寻找老天爷	［W9930］寻找
W0778. 8. 3. 1	太白金星下凡寻找“老天爷”人选	【汉族】
W0779	**玉皇大帝的特征**	
W0779. 1	玉皇大帝的体征	
W0779. 1. 1	玉皇大帝金身玉影	【汉族】
W0779. 2	玉皇大帝的性格	
W0779. 2. 1	玉皇大帝开明	
W0779. 2. 1. 1	玉皇大帝知错就改	

W 编码	母题描述	关联项
W0779.2.2	玉皇大帝昏庸	[W0779a.1.2] 玉帝是恶神
W0779.2.2.1	玉皇大帝陷害贤良	【汉族】
W0779.2.2.2	玉皇大帝和稀泥（玉皇大帝推诿责任）	【汉族】
W0779.2.2.3	玉皇大帝仇视人类	【汉族】
W0779.2.3	玉皇大帝小肚鸡肠	
W0779.2.3.1	玉皇大帝嫉妒人间的事物	【纳西族】
W0779.2.3.2	玉皇大帝不能容忍人间胜过天宫	【白族】
W0779.2.4	玉皇大帝有善心	
W0779.2.4.1	玉皇大帝可怜人间派出日月	【汉族】
W0779.2.4.2	老天爷慈祥	【汉族】
W0779.2.4.3	老天爷慈悲	【汉族】
W0779.2.5	玉皇大帝只收礼不办事	【汉族】
W0779.2.6	玉皇大帝威严端庄	【汉族】
W0779a	**玉皇大帝的身份**	
W0779a.1	玉皇大帝是神	
W0779a.1.1	玉皇大帝是最高神	【羌族】 * [W0122.6.1.1] 最高神玉皇大帝
W0779a.1.1.1	玉皇大帝是众神之王	【汉族】
W0779a.1.1.2	玉皇大帝是主管天庭的无上至尊	【白族】
W0779a.1.2	玉帝是恶神	【汉族】
W0779a.1.2.1	玉帝仇视人间的好生活	【汉族】
W0779a.1.3	玉皇大帝是天地全神	【汉族】
W0779a.2	玉皇大帝是世界的管理者	【汉族】 * [W0779b] 玉皇大帝的职能
W0779a.2.1	玉皇大帝管三界	
W0779a.2.1.1	玉皇大帝总管三界的一切祸福	【汉族】
W0779a.2.2	玉皇大帝管天上和人间	
W0779a.2.2.1	玉皇大帝是天地的最高统治者	【汉族】
W0779a.3	玉帝是创世者	
W0779a.3.1	玉帝使世界有了万物	【彝族】

W 编码	母题描述	关联项
W0779a. 4	玉皇大帝是仙	
W0779a. 5	玉皇大帝是人	
W0779a. 5. 1	老龙变成的人后来成为老天爷	【汉族】
W0779a. 6	玉皇大帝是龙	
W0779a. 6. 1	老天爷是龙	【汉族】
W0779a. 7	玉皇大帝是神王	
W0779a. 7. 1	玉皇大帝是万神之主	【汉族等】
W0779a. 8	与玉皇大帝的身份有关的其他母题	
W0779b	**玉皇大帝的职能**	
W0779b. 1	玉皇大帝是政权建立者	
W0779b. 1. 1	玉皇大帝建立三界最高政权	【汉族】
W0779b. 2	玉皇大帝管神	
W0779b. 2. 1	玉皇大帝管理天、地、人三界神灵	【汉族】
W0779b. 2. 1. 1	玉皇大帝管日月星辰和地球	【汉族】
W0779b. 2. 2	玉帝管天神	【瑶族】 * ［W0123. 4. 1］神（仙）的管理者
W0779b. 2. 2. 1	玉帝管众天神	【瑶族】
W0779b. 2. 2. 2	玉皇大帝管雷公电母	【纳西族】
W0779b. 2. 3	玉皇大帝管地神	
W0779b. 2. 4	玉皇大帝向阎王传指令	【蒙古族】 * ［W0242. 7. 5］阎王的从属
W0779b. 3	玉皇大帝管物	
W0779b. 3. 1	老天爷管日月	【汉族】
W0779b. 4	玉皇大帝管天上	【毛南族】
W0779b. 4. 1	玉皇管仙天	【彝族】
W0779b. 4. 2	玉帝管九霄	【汉族】
W0779b. 5	玉皇大帝管人	
W0779b. 6	玉皇大帝管事	
W0779b. 6. 1	玉帝管天上的事	【汉族】

W 编码	母题描述	关联项
W0779b.6.1.1	玉帝司管九霄	【汉族】
W0779b.6.2	玉皇大帝管雨	
W0779b.6.2.1	老天爷下雨满足各类人的需要	【汉族】
W0779b.6.3	玉皇大帝管一切事情	
W0779b.6.3.1	玉皇大帝总管天上、地下、空间三界，四方、四维、上下十方、胎生、卵生、湿生、化生四生、天、人、魔、地狱、畜生、饿鬼六道，以及一切阴阳祸福	【汉族等】
W0779b.7	玉皇大帝的其他职能	
W0779b.7.1	老天爷惩恶	【汉族】
W0779b.7.2	玉皇大帝主宰万物，保护人畜	【羌族】
W0779b.8	与玉皇大帝的职能有关的其他母题	
W0779b.8.1	玉皇大帝没有权威（玉皇大帝职位不高）	
W0779b.8.1.1	玉皇大帝言不服众	【土家族】
W0779b.8.1.2	玉皇大帝位列三清之下	【汉族】
W0779b.8.2	玉皇大帝金口玉言	【汉族】 * [W0242.2.1] 阎罗王说话金口玉言
W0779b.8.3	玉皇大帝传谕旨	【汉族】
W0779b.8.4	老天爷不如老天奶奶地位高	【汉族】
W0779b.8.5	玉帝是万神之尊	【汉族】
W0779c	**玉皇大帝的能力（玉帝的事迹，玉皇大帝的行为）**	
W0779c.0	玉皇大帝能创世	[W0779a.3] 玉帝是创世者
W0779c.1	玉皇大帝绝地天通	[W1479.2] 玉皇大帝收回天梯
W0779c.2	玉皇大帝巡察凡间事情（玉帝私访）	
W0779c.2.1	玉皇大帝巡视民情	
W0779c.2.1.1	老天爷变成老乞婆到人间体察民情	【汉族】

W 编码	母题描述	关联项
W0779c. 2. 1. 2	玉皇大帝扮成讨饭的老头考察人间	【汉族】
W0779c. 2. 1. 3	玉皇大帝派天神视察人间	【汉族】
W0779c. 2. 1. 4	玉皇大帝派动物视察人间	
W0779c. 2. 1. 4. 1	玉皇大帝派狗视察人间	【汉族】
W0779c. 2. 2	玉皇大帝查人间户籍	【仡佬族】
W0779c. 3	玉皇大帝能决定天气	
W0779c. 3. 1	玉皇大帝可以请雷公、电母和龙王给人间下雨	【纳西族】
W0779c. 4	玉皇大帝能决定万物命运	
W0779c. 5	玉皇大帝能预知事情	
W0779c. 5. 1	玉皇大帝能掐会算	
W0779c. 5. 1. 1	玉皇大帝能感知人间妖魔作怪	【汉族】
W0779c. 5. 2	老天爷能掐会算	
W0779c. 5. 2. 1	老天爷算出织女偷偷下凡三天	【汉族】
W0779c. 6	与玉皇大帝能力有关的其他母题	
W0779c. 6. 1	玉皇大帝能力有限	
W0779c. 6. 1. 1	玉皇大帝没有能力制服太阳和月亮	【纳西族】
W0779c. 6. 2	玉皇大帝乘风驾云	【汉族】
W0779c. 6. 3	玉皇大帝会变形	
W0779c. 6. 3. 1	玉皇大帝化为凡人察访人间	［W0779c. 2］玉皇大帝巡察凡间事情（玉帝私访）
W0779c. 6. 3. 2	玉皇大帝化作乞丐	【汉族】
W0779c. 6. 3. 3	玉皇大帝化龙	【汉族】 * ［W0779d. 4. 2. 2］玉帝化龙下凡
W0779c. 6. 4	玉皇大帝与妻子换角色	
W0779c. 6. 4. 1	老天奶和老天爷换角色比能耐	【汉族】
W0779c. 6. 5	老天爷会仙术	
W0779c. 6. 5. 1	老天爷用仙术惩罚懒汉	【汉族】
W0779d	**玉皇大帝的生活**	

W 编码	母题描述	关联项
W0779d.1	玉皇大帝的服饰	
W0779d.2	玉皇大帝的饮食	
W0779d.2.1	玉皇大帝的专用食物	
W0779d.2.1.1	玉皇大帝的特供蟠桃	【汉族】
W0779d.2.2	玉米是玉皇大帝的粮食	【毛南族】
W0779d.3	玉皇大帝的居所	
W0779d.3.0	玉皇大帝居天宫（玉皇大帝居天上）	【白族】【汉族】
W0779d.3.0.1	玉帝住天宫	【汉族】
W0779d.3.1	玉皇大帝住玉清宫	【汉族】
W0779d.3.1.1	玉皇大帝居于太微玉清宫	【汉族等】
W0779d.3.2	玉皇大帝住玉皇殿	【土家族】
W0779d.3.2.1	玉皇殿是禁地	【汉族】
W0779d.3.2.2	玉皇大帝的凌霄殿	【汉族】
W0779d.3.2.3	玉帝居灵霄宝殿	【汉族】 *［W0787.6.4.1］释迦牟尼居灵霄宝殿
W0779d.3.2.3.1	玉皇大帝登上灵霄宝殿早朝	【汉族】
W0779d.3.3	玉皇大帝的行宫	
W0779d.3.3.1	玉皇大帝在人间的行宫天爷洞	【汉族】
W0779d.3.4	玉皇大帝坐龙廷	【汉族】
W0779d.3.5	玉皇大帝位居三清之下众天神之上	【汉族】
W0779d.4	玉皇大帝的出行	［W0779c.6.2］玉皇大帝乘风驾云
W0779d.4.1	玉皇大帝出游	
W0779d.4.1.1	玉皇大帝携王母娘娘出游	【汉族】
W0779d.4.1.2	老天爷带天宫星将到昆仑山游玩	【汉族】
W0779d.4.2	玉皇大帝下凡	［W0779c.2］玉皇大帝巡察凡间事情（玉帝私访）
W0779d.4.2.1	玉皇大帝下凡察访民意	【汉族】
W0779d.4.2.2	玉帝化龙下凡	【汉族】
W0779d.4.2.3	玉皇大帝腊月二十五下凡	【汉族】

W 编码	母题描述	关联项
W0779d. 4. 3	玉皇大帝拜佛	
W0779d. 4. 3. 1	老天爷去西天拜访如来佛	【汉族】 ＊［W0780. 5a. 1］玉皇大帝是如来的随从
W0779d. 4. 4	玉皇大帝出行有雷公电母开道	【汉族】
W0779d. 4. 5	玉皇大帝回天	
W0779d. 4. 5. 1	玉皇大帝在诞生日回天	【汉族等】 ＊［W0781. 1. 1］玉皇大帝生日是农历正月初九
W0779d. 5	玉皇大帝的用品	
W0779d. 5. 1	玉皇大帝的车	
W0779d. 5. 1. 1	玉皇大帝的龙辇	【汉族】
W0779d. 5. 2	玉皇大帝的马	
W0779d. 5. 2. 1	玉皇大帝的天马	【汉族】
W0779d. 5. 3	玉帝的元宝	【布依族】
W0779d. 6	与玉皇大帝的生活有关的其他母题	
W0779d. 6. 1	玉皇大帝早朝	
W0779d. 6. 1. 1	玉皇大帝在灵霄宝殿早朝	【汉族】 ＊［W0779d. 3. 2. 2］玉皇大帝的凌霄殿
W0779d. 6. 1. 2	玉皇大帝在灵霄宝殿议事	【汉族】
W0779d. 6. 2	玉皇大帝过生日	［W0781. 1］玉皇大帝的生日（玉帝的生日）
W0779d. 6. 2. 1	玉皇大帝过生日时万物祝寿	【汉族】
W0779d. 6. 3	玉皇大帝会见宾客	
W0779d. 6. 3. 1	玉皇大帝在天门接见众神	【汉族】
W0779d. 6. 4	玉皇大帝的财产	
W0779d. 6. 4. 1	玉帝的田地（御田）	【汉族】
W0779d. 6. 5	玉皇大帝的酒宴	【汉族】
W0779d. 6. 6	玉帝寻欢作乐	【布依族】
W0780	**玉皇大帝的关系**	［W1561. 6］太阳是玉帝的孩子
W0780. 0	玉皇大帝的父母	

W 编码	母题描述	关联项
W0780.0.1	玉帝是盘古的大儿子	【汉族】
W0780.0.2	玉皇大帝父母是玉人和玉姐兄妹	【汉族】
W0780.1	玉皇大帝的妻子	【民族，关联】①
W0780.1.1	玉皇大帝有72个妻子	【汉族】 *［W7960］一夫多妻
W0780.1.2	玉皇大帝的妻子王母娘娘	【汉族】
W0780.1.2.1	玉皇大帝的妻子王母娘娘叫王凤仙	【汉族】 *［W0762.3.2.1］王母娘娘王凤仙是玉皇大帝的妻子
W0780.1.2.2	玉帝的伴侣王母娘娘	【汉族】
W0780.1.2.3	玉皇大帝和王母娘娘端坐在天宫龙椅上	【汉族】
W0780.1.3	玉皇大帝的妻子风婆	
W0780.1.3.1	老风婆缠着老天爷做了他的第二个妻子	【汉族】
W0780.2	玉皇大帝的儿女（玉皇大帝的子女）	
W0780.2.1	玉皇大帝子女的身份	
W0780.2.1.1	玉皇大帝的儿女是神	
W0780.2.1.2	玉皇大帝的儿女是特定物	
W0780.2.1.2.1	玉皇大帝的儿女是日月	【关联】②
W0780.2.2	玉皇大帝子女众多	
W0780.2.2.1	老天爷有10儿10女	
W0780.2.2.1.1	老天爷有10个太阳儿和10个月亮女儿	【汉族】
W0780.2.3	玉皇大帝的儿子	【汉族】
W0780.2.3.0	玉皇大帝有2个儿子	
W0780.2.3.0.1	老天爷有日神和月神2个儿子	【汉族】
W0780.2.3.0a	玉皇大帝有4个儿子	

① 【汉族】 *［W0238.1］地母是玉皇大帝的妻子后土；［W0761.2］王母娘娘是玉皇大帝的妻子

② ［W1544.1.6.1］日月是玉帝的儿女；［W1680.1.1］太阳是玉皇大帝和王母娘娘的儿子

W 编码	母题描述	关联项
W0780. 2. 3. 0a. 1	老天爷有青天、白天、昏天和黄天 4 个儿子	【汉族】
W0780. 2. 3. 0b	玉皇大帝有 5 个儿子	【汉族】
W0780. 2. 3. 0b. 1	老天爷第 5 个儿子叫苍天	【汉族】
W0780. 2. 3. 1	玉皇大帝有 7 个儿子	
W0780. 2. 3. 2	玉皇大帝有 9 个儿子	
W0780. 2. 3. 2. 1	玉皇大帝有 9 个太阳儿子	【汉族】
W0780. 2. 3. 2a	老天爷有 9 个儿子	【汉族】
W0780. 2. 3. 3	玉皇大帝有 10 个儿子	
W0780. 2. 3. 3. 1	玉皇大帝有 10 个太阳儿子	【汉族】
W0780. 2. 3. 4	玉皇大帝有 12 个儿子	
W0780. 2. 3. 4. 1	玉皇大帝有 12 个太阳儿子	【汉族】
W0780. 2. 3. 4. 1. 1	老天爷的 12 个太阳儿子是太阳神的弟子	【汉族】
W0780. 2. 3. 5	玉皇大帝有 500 个儿子	【汉族】
W0780. 2. 4	玉皇大帝的女儿	
W0780. 2. 4. 0	玉皇大帝有 2 个女儿	
W0780. 2. 4. 0. 1	老天爷有太阳和月亮 2 个女儿	【汉族】 * ［W1600. 4］太阳和月亮都为女
W0780. 2. 4. 1	玉皇大帝有 7 个女儿	【汉族】
W0780. 2. 4. 1. 1	玉皇大帝与王母娘娘生养 7 个姑娘	【汉族】
W0780. 2. 4. 2	玉皇大帝有 9 个女儿	【汉族】
W0780. 2. 4. 2. 1	玉皇大帝与王母娘娘生 9 个女儿	【汉族】
W0780. 2. 4. 3	玉皇大帝的三女儿	【汉族】 * ［W0725. 2. 4. 1. 1. 2］玉皇大帝的三闺女奉命与盘古结拜兄妹
W0780. 2. 4. 3. 1	玉皇大帝的三女儿“三仙圣女”	【汉族】
W0780. 2. 4. 3. 2	玉皇大帝的三女儿锦衣公主	【汉族】
W0780. 2. 4. 4	玉皇大帝的 10 个闺女	【汉族】

W 编码	母题描述	关联项
W0780.2.4.4.1	玉皇大帝的 10 个太阳女儿	【汉族】
W0780.2.4.5	玉皇大帝的女儿太阳姑娘	【汉族】
W0780.2.4.6	玉皇的大女儿雷姐	【汉族】
W0780.2.4.6.1	玉皇的大女儿雷姐踏云下凡	【汉族】
W0780.2.4.7	玉皇大帝的小女儿	
W0780.2.4.7.1	玉皇大帝的小女儿小翠儿很俊	【满族】
W0780.2.4.8	玉皇大帝的女儿貌丑	【白族】
W0780.2.4a	玉皇大帝的女婿（玉皇大帝的驸马）	
W0780.2.4a.1	玉皇大帝的驸马牛王	【民族，关联】①
W0780.2.5	玉皇大帝的众多子女	
W0780.2.5.1	玉皇大帝的 72 个妻子生 500 个儿子和 7 个女儿	【汉族】
W0780.2.6	玉皇大帝的干儿干女	
W0780.2.6.1	玉皇大帝认皎阳和洁月为干儿子和干女儿	【汉族】
W0780.2a	玉皇大帝的侄子（玉皇大帝的外甥）	［W1679.1］太阳是玉帝的侄子
W0780.2a.1	玉皇大帝的外甥杨二郎	【汉族】 *［W0673.7.2.1］杨二郎是老天爷的外甥
W0780.2a.2	玉皇大帝的外甥老阳儿	【汉族】
W0780.2b	玉皇大帝的孙辈	
W0780.2b.1	玉皇大帝的孙女七仙女	【汉族】 *［W0826.5.3.1］七仙女是玉皇大帝的孙女
W0780.3	玉皇大帝的兄弟	
W0780.3.1	玉皇玉帝是兄弟	
W0780.3.1.1	玉皇、玉帝兄弟分别掌管天地人间	【苗族】
W0780.3.2	玉皇大帝和紫薇北极大帝是兄弟	【汉族】

① 【汉族】 *［W0509］牛神；［W0790d.5］牛王菩萨

W 编码	母题描述	关联项
W0780. 3. 3	玉皇与阎王是兄弟	【关联】①
W0780. 3. 3. 1	玉皇与阎王是亲哥儿俩	【汉族】
W0780. 3. 4	玉皇张大帝与张果老结拜兄弟	【汉族】
W0780. 3a	玉皇大帝的姐妹	
W0780. 3a. 1	玉帝的花神妹妹	【汉族】
W0780. 4	玉皇大帝的侍者	【白族】
W0780. 4. 1	老天爷的两个佣人金童、玉女	【汉族】
W0780. 5	玉皇大帝的从属	【纳西族】
W0780. 5. 1	玉皇大帝的属臣雷公	【关联】②
W0780. 5. 1. 1	玉皇大帝派雷公下凡巡察	【瑶族】
W0780. 5. 2	玉皇大帝的四大镇殿将军	【汉族】
W0780. 5. 2a	玉皇大帝的苍龙大将	
W0780. 5. 2a. 1	玉皇大帝派苍龙大将下凡体察民情	【汉族】
W0780. 5. 2b	玉皇大帝的天兵天将	
W0780. 5. 2b. 1	老天爷派天兵天将惩罚人类浪费粮食	【汉族】
W0780. 5. 2b. 1. 1	玉皇大帝的天兵	【汉族】
W0780. 5. 3	玉皇大帝的部下裴曾老祖	
W0780. 5. 3. 1	裴曾老祖掌管万物造化记事簿	【汉族】
W0780. 5. 4	玉帝的属臣夸娥氏	【汉族】
W0780. 5. 5	玉帝的传令官	
W0780. 5. 5. 1	玉帝的传令官是一头老牛	【汉族】 * ［W3219. 9. 2］牛错传话被惩罚为人耕地
W0780. 5. 5. 2	玉帝的传令官金牛大仙	【汉族】
W0780. 5a	玉皇大帝的上司	
W0780. 5a. 1	玉皇大帝是如来的随从	【汉族】

① ［W0242］阎王；［W0242. 7. 2. 1］阎王有九兄弟

② ［W0303d. 4. 1］雨神是玉皇大帝的属臣；［W0353a. 1］雷神是玉皇大帝的手下；［W0779b. 2. 2. 2］玉皇大帝管雷公电母

W 编码	母题描述	关联项
W0780.6	玉皇大帝的辅佐	［W0237.3.4.1.1］地皇是替玉皇大帝掌管人间各种灵性生辰寿日、生老病死轮回的星官
W0780.6.1	玉皇大帝有众神辅佐	
W0780.6.1.1	玉皇大帝有日月星等众神辅佐	【汉族】
W0780.6.1.2	三光神、雷王、风伯、雨师、闪电小娘辅佐玉皇大帝	【毛南族】
W0780.7	玉皇大帝的师傅	
W0780.7.1	玉帝的恩师如来佛	［W0787.6.5.2］如来佛是玉帝的老师
W0780.8	玉皇大帝的使者	
W0780.8.1	龙是玉皇大帝的使者	【彝族】 * ［W0171.1］动物是神的使者
W0780.8.2	玉皇大帝的信使	
W0780.8.2.1	乌鸦是玉皇大帝的信使	【蒙古族】
W0781	**与玉皇大帝有关的其他母题**	［W1542.6］玉帝派来日月
W0781.1	玉皇大帝的生日（玉帝的生日）	
W0781.1.1	玉皇大帝生日是农历正月初九	【汉族】
W0781.1.2	老天爷生日是每年的正月初九	
W0781.1.2.1	每年的正月初九天爷生日举行暑伏庙会	【汉族】
W0781.2	玉皇大帝的寿命	
W0781.2.1	玉皇大帝不死	
W0781.3	玉皇大帝的名字（玉皇大帝的名号）	
W0781.3.1	特定名称的玉皇大帝	【蒙古族】
W0781.3.1.1	玉帝姓张	【汉族】
W0781.3.1.1.1	天老爷叫张玉皇	【汉族】
W0781.3.1.1.1.1	凡人张玉皇当上天帝	【汉族】

W 编码	母题描述	关联项
W0781.3.1.1.1.1.1	凡人张玉皇当上天帝后称玉皇大帝	【汉族】
W0781.3.1.1.1a	老天爷张玉帝	【汉族】
W0781.3.1.1.1b	玉皇张大帝	【汉族】
W0781.3.1.1.2	玉皇大帝张天社	【汉族】
W0781.3.1.2	玉皇大帝汗霍尔木斯塔	【蒙古族】
W0781.3.2	玉皇大帝又称玉皇帝	【蒙古族】
W0781.3.3	玉皇大帝又称玉皇	【汉族】【蒙古族】
W0781.3.3.1	玉皇称天神“老天爷”	【汉族】
W0781.3.4	玉皇大帝又称上帝	【蒙古族】
W0781.3.5	玉皇大帝又称玉皇上帝	【汉族】
W0781.3.6	玉皇大帝俗称老天爷	【汉族】
W0781.3.6a	玉皇大帝又称天王	【羌族】
W0781.3.7	玉皇大帝的道教全称是“昊天金阙无上至尊自然妙有弥罗至真玉皇上帝”	【汉族等】
W0781.3.8	玉皇大帝的道教全称是“弦穹高上玉皇大帝”	【汉族等】
W0781.3.9	玉帝称“万界”	【黎族】
W0781.4	玉皇大帝的遗迹（与玉皇大帝有关的风物）	
W0781.4.1	玉皇顶	【汉族】
W0781.4.2	天爷庙	【汉族】
W0781.4.3	天爷洞	
W0781.4.3.1	黄帝在天爷洞拜天祭地	【汉族】
W0782	**其他特定的地方神或民间宗教神**	
W0782.1	水母娘娘（水母）	【汉族】
W0782.1.1	水母娘娘的产生	
W0782.1.1.1	凡人成为水母娘娘	
W0782.1.1.1.1	民间女子春英成为水母娘娘	【汉族】

W 编码	母题描述	关联项
W0782.1.2	水母娘娘的特征（水母娘娘的身份，水母娘娘的职能）	［W0464.4.1］船业、船运业保护神水母娘娘
W0782.1.2.1	水母娘娘是淮水神	【汉族】 ＊［W0405.4］淮水神
W0782.1.2.2	水母娘娘是一柳姓女子	【汉族】
W0782.1.2.3	水母娘娘能控制水	【汉族】
W0782.1.2.3.1	水母娘娘挑水欲将神州东南悉化泽国	【汉族】
W0782.1.3	与水母娘娘有关的其他母题	【关联】①
W0782.1.3.1	大圣锁水母	【汉族】
W0782.1.3.2	大禹锁水母	【汉族】
W0782.2	本主神（本主，本主的产生）	
W0782.2.0	神或神性人物作为本主	
W0782.2.0.1	地母作为本主	【白族】
W0782.2.0.2	玉帝的侍者奉为本主	【白族】
W0782.2.0.3	药神本主	
W0782.2.0.3.1	药神本主孟优	【白族】
W0782.2.0.4	大黑天神本主	【白族】
W0782.2.0.5	始祖作为本主（祖先立为本主）	
W0782.2.0.5.1	鹤庆县西山 10 个村各将两位人类始祖或 10 双儿女中的 1 对立为本主	【白族】
W0782.2.0.6	动物神本主	
W0782.2.0.6.1	凤凰神女本主	【白族】
W0782.2.0.7	日神作为本主	
W0782.2.0.7.1	日神本主能驱除云雾保丰收	【白族】
W0782.2.1	帝王本主神	
W0782.2.1.1	本主细奴逻	【白族】
W0782.2.1.2	炎帝是本主	【白族】
W0782.2.1.3	沙漠景帝本主	【白族】
W0782.2.2	清平官本主神（好官立为本主）	

① ［W0068a.5.16.2.2］晋祠圣母又称水母娘娘；［W0658a.8.1.26.1］水业祖师神水母娘娘

W 编码	母题描述	关联项
W0782. 2. 2. 1	本主杜光庭	【白族】
W0782. 2. 3	古代将领本主神	
W0782. 2. 3. 1	本主李父子	【白族】
W0782. 2. 4	古代英雄志士本主神（英雄立为本主）	
W0782. 2. 4. 1	本主段赤诚	【白族】
W0782. 2. 4. 2	尊其他民族英雄为本主	
W0782. 2. 4. 2. 1	彝族英雄奉为本主	【白族】
W0782. 2. 4. 3	战胜妖魔的段宗堂死后立为本主	【白族】
W0782. 2. 5	古代烈妇本主神	
W0782. 2. 5. 1	本主白洁圣妃	【白族】
W0782. 2. 6	自然物本主神	
W0782. 2. 6. 1	石头作为本主	【白族】
W0782. 2. 6. 1. 1	大黑岩奉为本主	【白族】
W0782. 2. 6. 1. 1. 1	老人梦黑石把黑石奉为本主	【白族】
W0782. 2. 6. 1. 2	白石缝为本主	【白族】
W0782. 2. 6. 1. 3	奇特的石头作为本主	
W0782. 2. 6. 1. 3. 1	会长的方形红沙石奉为本主	【白族】
W0782. 2. 7	其他特定本主神	
W0782. 2. 7. 1	能人死后奉为本主	【白族】
W0782. 2. 7. 2	寻找太阳的人奉为本主	【白族】
W0782. 2. 7. 3	好人奉为本主	【白族】
W0782. 2. 7. 4	有功的人奉为本主	【白族】
W0782. 2. 7. 4. 1	治水有功者奉为本主	【白族】
W0782. 2. 7. 4. 1a	为村寨引水者奉为本主	【白族】
W0782. 2. 7. 4. 2	降妖除魔者奉为本主	【白族】
W0782. 2. 7. 4. 3	解除旱灾、蝗灾的赤子三爷被甸中村尊为本主	【白族】
W0782. 2. 7. 4. 4	赶跑猴子有功的三兄弟分别被 3 个小岛的本主	【白族】

W 编码	母题描述	关联项
W0782.2.7.4.5	为民除害的阿杰尔被山羊村立为本主	【白族】
W0782.2.7.5	牧羊人奉为本主	
W0782.2.7.5.1	牧羊人奉为灵山老爷本主	【白族】
W0782.2.7.6	本主的儿子被封为本主	【白族】
W0782.2.7.6.1	本主的儿子到一定年龄被封为本主	【白族】
W0782.2.7.7	寻找太阳的阿光死后奉为本主	【白族】
W0782.2.7.8	感生的男孩成为本主	【白族】
W0782.2.8	本主的身份（本主的职能）	
W0782.2.8.1	本主是村寨和人的保护神	【白族】
W0782.2.8.1.1	本主神是村落保护神	【白族】
W0782.2.8.2	本主神是人神之间的中间人	【白族】
W0782.2.8.3	本主神是人到阴间的代理者	【白族】
W0782.2.8.4	本主是黄龙的儿子	【白族】
W0782.2.8.5	本主是祖先	【白族】
W0782.2.8.5.1	村内某一姓的老祖宗供为本主	【白族】
W0782.2.8.6	本主是玉皇大帝的侍者	【白族】 * ［W0782.2.0.2］玉帝的侍者奉为本主
W0782.2.8.7	本主分大小	
W0782.2.8.7.1	村内小本主陪在大本主旁边	【白族】
W0782.2.8.8	兼职本主	
W0782.2.8.8.1	大黑天神在寺为伽兰，在庙为本主	【白族】
W0782.2.8a	本主的能力（本主的事迹）	
W0782.2.8a.1	本主助人	
W0782.2.8a.1.1	凤凰本主教人植树栽花、挖沟引水	【白族】
W0782.2.8a.2	本主能降雨	【白族】
W0782.2.8a.3	本主带来好年景	【白族】
W0782.2.8a.4	本主能制服冰雹神	【白族】

W 编码	母题描述	关联项
W0782.2.8b	本主的生活	
W0782.2.8b.1	本主过生日	
W0782.2.8b.1.1	牛街本主正月二十三生日	【白族】
W0782.2.8b.2	本主到外村小居	【白族】
W0782.2.9	本主的名称	
W0782.2.9.1	本主又称武增（本主又称武增尼，本主又称增尼）	【白族】
W0782.2.9.2	本主又称本任尼	【白族】
W0782.2.9.3	本主又称老谷	【白族】
W0782.2.9.4	本主又称老太	【白族】
W0782.2.9.5	本主又称东坡	【白族】
W0782.2.9.6	本主又称吾白害	【白族】
W0782.2.10	与本主有关的其他母题	［W0982.0d.2］本主赴宴
W0782.2.10.1	白族的共同本主	
W0782.2.10.1.1	只想祖先劳泰、劳谷（男始祖）及10双儿女尊奉为本境之主	【白族】
W0782.2.10.2	本主当成鬼祭祀	【白族】
W0782.2.10.3	从外村偷来本主	
W0782.2.10.3.1	从外村偷回红沙石作为本主	【白族】
W0782.2.10.4	本主的迁徙	
W0782.2.10.4.1	凤凰本主嫌村子乌烟瘴气迁到其他村子	【白族】
W0782.3	萨满教神	【民族，关联】①
W0782.3.1	专门为萨满服务的神	【鄂伦春族】
W0782.3.1.1	爱米神是为初级萨满服务的神	【赫哲族】
W0782.3.1.2	布克春、萨日卡和额其和是专职辅助萨满抵抗鬼怪的神	【赫哲族】
W0782.4	关公（关帝，关羽，关云长）	
W0782.4.1	关公的产生	
W0782.4.1.1	关公生于民间	

① 【蒙古族】 * ［W0768.12］萨满神；［W9146］萨满

W 编码	母题描述	关联项
W0782.4.1.1.1	关帝生于山西运城县解州西关	【汉族】
W0782.4.2	关公的特征	［W0451.6.2.1.2］关公讲信重义
W0782.4.3	关公的身份	【关联】①
W0782.4.3.1	关羽是武神	【达斡尔族】 *［W0494.7.2.1］武神关羽
W0782.4.3.2	关羽是伏魔大帝	【满族】
W0782.4.3.2.1	关公是三界伏魔大帝	【汉族】
W0782.4.3.3	关羽因护佑帝王被封为神	【满族】
W0782.4.3.4	关羽是伽蓝菩萨	【汉族】
W0782.4.3.5	关帝驸马神	【满族】
W0782.4.4	关公的能力（关公的事迹）	
W0782.4.4.1	关公显圣（关公显灵）	【汉族】【藏族】
W0782.4.4.1.1	关神显圣	【满族】
W0782.4.4.2	关帝主治病祛灾，驱邪避恶	【汉族】
W0782.4.5	关公的称号（关公的名称）	
W0782.4.5.1	忠义神武灵佑仁勇威显护国保民精诚绥靖翊赞宣德关圣大帝	【汉族】
W0782.4.6	与关公有关的其他母题	
W0782.4.6.1	关帝传到其他民族	【壮族】
W0782.4.6.2	屋顶的白石代表关老爷	【羌族】
W0782.5	空行母	【门巴族】
W0782.5.1	空行母的产生	
W0782.5.2	空行母的职能（空行母的能力）	
W0782.5.2.1	空行母拐杖开河	【门巴族】
W0782.5.3	空行母的类型	
W0782.5.4	特定名称的空行母	
W0782.5.4.1	空行母吉巴萨布	【门巴族】
W0782.6	地藏王	【汉族】
W0782.6.1	地藏王住在地府	【汉族】

① ［W0443.9.2.1.1］商贾保护神关公；［W0451.6.2.1］武财神关公（武财神关羽）；［W0451.6.4.3］西路武财神关公

W 编码	母题描述	关联项
W0782.7	绿鸭道人	【汉族】 ＊ ［W1179.4.4.1］绿鸭道士淘沙造大地
W0782.7.1	绿鸭道人在天上飞行	【汉族】
W0783	**与民间宗教神有关的其他母题**	［W9146］萨满
W0783.1	民间宗教神（人物）的事迹	
W0783.1.1	苯教祖师	【珞巴族】【门巴族】【普米族】【藏族】
W0783.1.1.1	苯教祖师辛饶弥倭	【藏族】
W0783.2	民间宗教神的灵验	

0.7.2 民间信仰中其他神或神性人物[①]
【W0785 ~ W0799】

W 编码	母题描述	关联项
W0785	**道教神**[②]	
W0785.1	道教神的产生	
W0785.1.1	天帝的子女为道教神	［W0204］天帝（天王、天皇、天君）
W0785.1.2	气化生道教神	【汉族】
W0785.1.3		
W0785.1.4	与道教神产生有关的其他母题	
W0785.1.4.1	三位大祖通天教祖、原始天祖、太乙真人	【汉族】

① 民间信仰中其他神或神性人物，目前道教 、佛教、基督教等宗教教义中都保留了相当数量的神话叙事元素，因为一些神在不同的神话中多有交叉糅合，此处不再标出具体的宗教属性。

② 道教神系的形成与发展非常复杂，南朝时陶弘景作《真灵位业图》，首次编排了道教神仙体系，但由于道家的许多神被不同教派和民众所信奉，故其中的名称、关系与位次相当混乱。特别是中国少数民族神话中出现的道教神灵也大多地方化，在此只能择其较为典型的母题列叙其中。

W 编码	母题描述	关联项
W0785.2	道教神的特征	
W0785.3	与道教神有关的其他母题	
W0786	**儒家信奉的神**	
W0786.1	孔子（孔子神）	【彝族】
W0786.1.1	孔子的产生	
W0786.1.1.1	孔子生于空桑	【汉族】
W0786.1.2	孔子的特征	
W0786.1.2.1	孔子身材高大	
W0786.1.2.1.1	孔子长9尺6寸	【汉族】
W0786.1.2.2	孔子七漏	【汉族】
W0786.1.2.3	孔子圩顶	【汉族】
W0786.1.2.4	孔子牛唇，虎掌，龟背，海口	【汉族】
W0786.1.3	孔子的能力（孔子的事迹）	
W0786.1.3.1	孔子会看风水	【汉族】
W0786.1.4	孔子的关系	
W0786.1.4.1	孔子师项橐	【汉族】
W0786.1.5	与孔子有关的其他母题	［W0497.7.33a.1］碑帖拓表业神孔子
W0786.2	孟子神	
W0786.2.1	孟子神是人神	【彝族】
W0787	**佛（佛祖）**①	
W0787.1	佛的产生	
W0787.1.1	佛源于特定地方	
W0787.1.1.1	佛从天降	【汉族】
W0787.1.2	生育产生佛	
W0787.1.2.1	天地相合生佛祖	【土家族】
W0787.1.2.2	山生佛	
W0787.1.2.2.1	山生石佛	【汉族】
W0787.1.2.3	牛生佛祖	【傣族】

① 佛祖，宗教神话中关于“佛祖”一般认为是佛教的创始人佛祖释迦牟尼，有的又称之为“如来佛”、“法身佛”。

W 编码	母题描述	关联项
W0787.1.3	卵生佛（卵生佛祖）	【傣族】【纳西族】【藏族】
W0787.1.3.1	神蛋生佛祖	
W0787.1.3.1.1	树生的神蛋两千五百年孵出佛祖	【傣族】
W0787.1.3.1.2	神鸦的神蛋生佛祖	【傣族】
W0787.1.3.2	白鸡的白蛋孵出佛	【纳西族】
W0787.1.3.3	不同的卵生不同的佛祖	【傣族】
W0787.1.3.4	乌鸦生的金蛋生佛祖	【傣族】
W0787.1.3.5	与卵生佛有关的其他母题	
W0787.1.3.5.1	龙孵出佛祖	【傣族】
W0787.1.4	人成为佛	【民族，关联】①
W0787.1.4.1	人修行成为佛	【傣族】
W0787.1.4.1.1	人修行到一定时间立地成佛	【傣族】
W0787.1.4.2	佛祖是王子出身	【傣族】
W0787.1.5	与佛的产生有关的其他母题	【关联】②
W0787.1.5.1	佛的特殊出生	【汉族】
W0787.1.5.2	神、佛同源	【纳西族】
W0787.1.5.3	神蛋生的古德玛修行五百五十代成为佛祖	【傣族】
W0787.1.5.4	佛祖修炼成佛	
W0787.1.5.4.1	佛祖到人间修行 550 代才成佛	【傣族】
W0787.2	佛的特征（佛的身份）	
W0787.2.1	佛三身一体	
W0787.2.1.1	三身佛	【民族无考】
W0787.2.1.2	佛法身、报身、应身三身合一	【民族无考】
W0787.2.2	佛端庄慈祥	
W0787.2.3	佛不杀生	【蒙古族】
W0787.2.4	佛有慧眼	【傣族】
W0787.2.5	佛祖的地位低于谷魂奶奶	【傣族】

① 【汉族】【锡伯族】 * [W0787.7.3.1] 皇帝的小女儿三皇姑成为千手千眼佛；[W0789.3.3] 老子成佛

② [W0721.2.1] 如来造盘古；[W1620.3a] 太阳是佛

W 编码	母题描述	关联项
W0787.2.6	佛祖的排序	
W0787.2.6.1	第四代佛祖果达玛	【傣族】
W0787.3	佛的生活	
W0787.3.1	佛的服饰	
W0787.3.2	佛的饮食	
W0787.3.2.1	人成佛后长期不食	【傣族】
W0787.3.3	佛的居所	
W0787.3.3.1	佛祖选净土而居	【藏族】
W0787.3.3.2	如来住在西天（佛祖住西天）	【满族】
W0787.3.4	佛的出行（佛的坐骑）	
W0787.3.4.1	佛祖骑龙驹	【蒙古族】
W0787.3.5	佛的用品	
W0787.3.6	佛经历多世	【傣族】
W0787.4	佛的职能（佛的能力，佛的行为，佛的事迹）	
W0787.4.1	佛祖为众天神之长	【傣族】 * ［W0974.4.1］天神听命于佛祖
W0787.4.2	佛保佑风调雨顺	
W0787.4.2.1	佛祖保佑一方水土风调雨顺	【傣族】
W0787.4.2a	佛祖能救苦救难	【满族】 * ［W0787.6.3.4］释迦牟尼救众生（如来佛救众生）
W0787.4.3	佛会变形（佛的化身）	
W0787.4.3.1	佛变动物	
W0787.4.3.1.1	佛祖阿銮变金铃羊	【傣族】
W0787.4.4	成佛升天	【门巴族】
W0787.4.4a	佛会飞	【傣族】
W0787.4.5	佛祖下凡	【白族】
W0787.4.6	佛舍身救生灵	
W0787.4.6.1	佛祖割肉食鹰	【汉族】

W 编码	母题描述	关联项
W0787. 4. 7	佛祖给动物分配肢体特征	【佤族】
W0787. 4. 8	佛会念咒语	
W0787. 4. 8. 1	佛通过念咒语变形	【傣族】 * ［W9175］咒语
W0787. 4. 8a	佛祖传经	【傣族】
W0787. 4. 9	与佛的职能有关的其他母题	
W0787. 4. 9. 1	佛祖并非万能	
W0787. 4. 9. 1. 1	佛祖不能生粮	【傣族】
W0787. 5	佛的关系	［W0780. 5a. 1］玉皇大帝是如来的随从
W0787. 5. 1	佛祖的长幼	
W0787. 5. 1. 1	第一个佛祖（第一代佛祖）	【傣族】
W0787. 5. 1. 2	第二个佛祖（第二代佛祖）	
W0787. 5. 1. 2. 1	第二个佛祖戛沙八窝相	【傣族】
W0787. 5. 1. 3	第三个佛祖（第三代佛祖）	
W0787. 5. 1. 3. 1	第三个佛祖戛撒把	【傣族】
W0787. 5. 1. 3. 1. 1	第三个佛祖戛撒把生在龙国	【傣族】
W0787. 5. 1. 4	第四个佛祖（第四代佛祖）	【傣族】 * ［W0787. 6. 3. 5］释迦牟尼是第四代佛祖
W0787. 5. 1. 5	第五个佛祖（第五代佛祖）	
W0787. 5. 1. 5. 1	第五代佛祖召可力未地亚	【傣族】
W0787. 5. 1. 5. 2	第五代佛祖是极乐世界佛祖	【傣族】
W0787. 5. 2	佛与神的关系	
W0787. 5. 2. 1	不拜佛的神	【傣族】
W0787. 5. 3	佛的上司	
W0787. 5. 3. 1	佛听从天神	【蒙古族】
W0787. 5. 4	佛的朋友	
W0787. 5. 5	佛的敌人	
W0787. 5. 5. 1	第六代天神帝娃达是佛祖的死对头	【傣族】
W0787. 5. 6	佛祖师爷	
W0787. 5. 6. 1	佛祖师爷召苏楠	【傣族】

W 编码	母题描述	关联项
W0787.6	释迦牟尼①	【门巴族】
W0787.6.1	释迦牟尼的产生	
W0787.6.1.1	生育释迦牟尼	
W0787.6.1.1.1	释迦牟尼从摩耶夫人右肋入胎，右肋出生	【汉族】
W0787.6.1.2	释迦牟尼通过小动作比弥勒佛早降人间	【门巴族】
W0787.6.1.3	释迦牟尼生日农历四月初八	【民族无考】
W0787.6.2	释迦牟尼的特征	
W0787.6.2.1	释迦牟尼头上的海螺	
W0787.6.2.1.1	释迦牟尼头上的海螺是他水底斗魔王寻找点雨棒时留下的	【畲族】
W0787.6.3	释迦牟尼的身份（释迦牟尼的职能，释迦牟尼的能力）	
W0787.6.3.1	释迦牟尼是宇宙之主	【蒙古族】
W0787.6.3.2	如来佛是最高佛爷	【汉族】
W0787.6.3.3	释迦牟尼是世界的主人	【蒙古族】
W0787.6.3.4	释迦牟尼救众生（如来佛救众生）	【满族】【畲族】
W0787.6.3.5	释迦牟尼是第四代佛祖	【傣族】
W0787.6.4	释迦牟尼的生活（释迦牟尼的经历）	
W0787.6.4.1	释迦牟尼居灵霄宝殿	【汉族】
W0787.6.4.2	释迦摩尼生于西方的村子	【畲族】
W0787.6.4.3	释迦牟尼学法术	
W0787.6.4.3.1	释迦牟尼向仙公学法术	【畲族】
W0787.6.5	释迦牟尼的关系	
W0787.6.5.0	释迦牟尼的父母	
W0787.6.5.0.1	释迦牟尼的父亲净饭王，母亲摩耶夫人	

① 释迦牟尼，又称释迦摩尼、释迦牟尼佛、如来佛、释尊等。

W 编码	母题描述	关联项
W0787.6.5.1	如来佛的兄弟	
W0787.6.5.1.1	如来佛是老仙翁的兄弟	【汉族】
W0787.6.5.2	如来佛的弟子（释迦牟尼的徒弟）	
W0787.6.5.2.1	如来佛是玉帝的老师	【汉族】 *［W0780.7.1］玉帝的恩师如来佛
W0787.6.5.2.2	释迦牟尼的门徒盘古	【侗族】 *［W0725.6.5.1］盘古拜师释迦牟尼
W0787.6.5.2.3	如来佛祖招日月为弟子	【汉族】
W0787.6.5.3	释迦牟尼的使者	【汉族】
W0787.6.5.4	释迦牟尼的老师	
W0787.6.5.4.1	燃灯佛是释迦牟尼的老师	【民族无考】
W0787.6.6	释迦牟尼的名称	
W0787.6.6.0	释迦牟尼姓乔答摩，名悉达多	【民族无考】
W0787.6.6.1	佛祖牟伽陀	
W0787.6.6.1.1	牟伽陀是佛祖下凡	【白族】
W0787.6.6.2	释迦牟尼又称如来佛	【汉族】
W0787.6.6.3	释迦牟尼又称释尊	【汉族】
W0787.6.6.4	释迦牟尼的族姓是乔达摩	【汉族等】
W0787.6.6.5	释迦牟尼又称佛陀	【民族无考】
W0787.6.	与释迦牟尼有关的其他母题	
W0787.7	其他特定名称的佛	
W0787.7.1	佛的命名	
W0787.7.1.1	天神为佛祖取名	【傣族】
W0787.7.2	弥勒佛（弥勒）	［W1435.2.2］弥勒佛乘坐太阳光飞升
W0787.7.2.1	弥勒佛是管理来世的神（弥勒佛是未来佛）	【藏族】
W0787.7.2.2	弥勒能左右个人生活	【朝鲜族】
W0787.7.2.3	弥勒送子	【汉族】
W0787.7.2.4	弥勒佛受教于释迦牟尼	【民族无考】

W 编码	母题描述	关联项
W0787.7.3	千手千眼佛	
W0787.7.3.1	皇帝的小女儿三皇姑成为千手千眼佛	【锡伯族】
W0787.7.4	神佛	
W0787.7.4.1	神佛总称为沙热·巴尔肯	【达斡尔族】
W0787.7.5	未来佛	
W0787.7.6	三世佛（纵三世佛）	
W0787.7.6.0	地母生三世诸佛	【彝族】
W0787.7.6.1	释迦佛、燃灯佛和弥托佛	【锡伯族】
W0787.7.6.2	纵三世佛指过去佛燃灯古佛、现在佛释迦牟尼佛、未来佛弥勒佛	【民族无考】
W0787.7.6a	横三世佛	
W0787.7.6a.1	横三世佛指药师佛、释迦牟尼佛、阿弥陀佛	【民族无考】
W0787.7.7	佛师	
W0787.7.7.1	佛师保鲁根巴格西	【鄂温克族】
W0787.7.8	佛祖启德玛	【傣族】
W0787.7.9	药师佛	【民族无考】
W0787.7.10	燃灯佛	［W0787.6.5.4.1］燃灯佛是释迦牟尼的老师
W0787.7.10.1	燃灯佛又称锭光佛	【民族无考】
W0787.7.10.2	燃灯佛又称定光如来	【民族无考】
W0787.7.10.3	燃灯佛又称燃灯古佛	【民族无考】
W0787.7.10.4	过去世庄严劫一千佛称燃灯诸佛	【民族无考】
W0787.7.11	阿弥陀佛（接引佛）	
W0787.7.11.1	阿弥陀佛是西方极乐世界教主	【民族无考】
W0787.7.11.2	接引佛阿弥陀佛接引众生往生极乐净土	【民族无考】
W0787.7.11.3	阿弥陀佛是密乘五智如来之一的西方佛	【民族无考】

W 编码	母题描述	关联项
W0787. 7. 11. 4	阿弥陀佛以观世音和大势至菩萨为辅弼	【民族无考】
W0787. 7. 11. 5	阿弥陀佛意为“无量寿佛”或“无量光佛”	【民族无考】
W0787. 7. 12	欢喜佛	
W0787. 7. 12. 1	欢喜佛又欢喜天、欢喜金刚	【民族无考】
W0787. 7. 13	阿閦佛	
W0787. 7. 13. 1	阿閦佛主持东方净土	【民族无考】
W0787. 7. 13. 2	阿閦佛密号不动金刚	【民族无考】
W0787. 7. 14	斗战胜佛	
W0787. 7. 14. 1	孙悟空	【汉族】
W0787. 7. 14. 2	石头感生孙悟空	【汉族】
W0787. 7. 14. 3	陨石变成孙悟空	【汉族（客家）】
W0787. 7. 14. 4	孙悟空完成任务后死亡	【羌族】
W0787. 7. 15	西天佛祖	【汉族】
W0787. 7. 15. 1	西天佛祖的大鹏金翅鸟	【汉族】
W0787. 8	与佛有关的其他母题	【关联】①
W0787. 8. 1	佛的合体	［W0209. 2］天神与佛祖合一
W0787. 8. 1. 1	龙与佛合二为一	【傣族】
W0787. 8. 2	成佛升天	
W0787. 8. 2. 1	高僧成佛升天	【门巴族】
W0787. 8. 3	佛像	【赫哲族】
W0787. 8. 3a	石佛	
W0787. 8. 3a. 1	飞来石佛（飞来佛）	【汉族】
W0787. 8. 4	佛祖阿銮	【傣族】
W0787. 8. 5	佛子	
W0787. 8. 5. 1	壮胞所谓的佛子与佛教没有关系	【壮族】
W0787. 8. 5. 2	牧牛郎佛子化为石头后立庙供奉为佛子	【壮族】
W0787. 8. 6	5 个佛祖	

① ［W0209. 2］天神与佛祖合一；［W1104. 3］佛祖造天地

W 编码	母题描述	关联项
W0787.8.6.1	乌鸦生的5个金蛋生5个佛祖	【傣族】
W0787.8.7	五大明王（五大尊，五忿怒，五部忿怒）	
W0787.8.7.1	五大明王即不动明王、降三世明王、军荼利明王、大威德明王与金刚夜叉明王	【民族无考】
W0787.8.8	西方三圣（弥陀三尊）	
W0787.8.8.1	阿弥陀佛与其胁侍观世音、大势至菩萨合称“西方三圣”或“弥陀三尊”	【多民族】
W0787.8.9	弘法者	
W0787.8.9.1	目连	
W0787.8.9.1.1	目连是佛陀重要的助手	【民族无考】
W0787.8.9.1.2	目连救母	【民族无考】
W0787.8.9.1.2.1	目连劈山救母	【汉族】
W0787.8.9.1.2.2	目连救母出地狱	【民族无考】
W0787.8.10	尊者	
W0787.8.10.1	罗睺罗尊者	
W0787.8.10.1.1	罗睺罗尊者佛陀的亲生儿子	【民族无考】
W0787.8.11	金刚力士（坚固力士，哼哈二将）	
W0787.8.11.1	金刚力士长30丈	【汉族】
W0787.8.11.2	金刚力士腊日逐疫	【汉族】
W0787.8.12	金刚亥母（光明天女）	
W0787.8.12.1	金刚亥母是胜乐金刚的明妃	【民族无考】
W0787.8.13	护法（护法天神）	
W0787.8.13.1	大黑天	【民族无考】
W0787.8.14	度母	
W0787.8.14.1	度母为观音化身	【藏族】
W0787.8.14.2	度母有二十一相	【藏族】
W0787.8.14.3	度母五本尊	

W 编码	母题描述	关联项
W0787. 8. 14. 3. 1	五本尊即圣救度佛母、白度母、黄度母、红度母、黑度母	【藏族】
W0787. 8. 14. 4	度母救苦救难、济度众生	【藏族】
W0787. 8. 14. 5	度母的名称	
W0787. 8. 14. 5. 1	度母全称圣救度佛母	【藏族】
W0787. 8. 14. 5. 2	度母又称至尊救度母	【藏族】
W0787. 8. 14. 5. 3	度母简称救度母	【藏族】
W0787. 8. 14. 5. 4	度母梵文名多罗	【藏族】
W0787. 8. 15	大梵天	
W0787. 8. 15. 1	大梵天既是创造神也是毁灭之神	【民族无考】
W0787. 8. 16	佛的代表	
W0787. 8. 16. 1	特定的神是佛的代表	
W0787. 8. 16. 1. 1	最高天神英叭的后代叭英是佛教的代表	【傣族（水傣）】
W0788	**九天玄女（玄女）**[①]	【汉族】
W0788. 1	九天玄女的产生	
W0788. 1. 1	玄女是山民的女儿	
W0788. 1. 1. 1	玄女是玄梦山山民玄成的女儿	【汉族】
W0788. 1. 2	玄女是玄鸟国一个老妇人的女儿	【汉族】
W0788. 2	玄女的特征（九天玄女的特征）	
W0788. 2. 1	九天玄女人首鸟形	【汉族】
W0788. 2. 1. 1	九天玄女人头鸟身	【汉族】
W0788. 2. 2	玄女是美女	
W0788. 2. 2. 1	玄女身段苗条，头发乌黑，面似桃花	【汉族】
W0788. 2. 3	玄女善弹	【汉族】
W0788. 3	九天玄女的身份	
W0788. 3. 1	九天玄女是黄帝之师	【汉族】 * ［W0695. 5. 5］黄帝之师九天玄女

① 九天玄女（玄女），又叫“九天女”、“九天娘娘”、“元女”等，原本是中国古代神话中的女神，后为道教所信奉。

W 编码	母题描述	关联项
W0788.3.1a	玄女是黄帝的部下	【汉族】
W0788.3.2	九天玄女是圣母元君的弟子	【汉族】
W0788.3.3	九天玄女是西天王母大徒弟	【汉族】
W0788.3.4	九天玄女司送子	【汉族】 *［W0068a.5.13］子孙娘娘（送子娘娘）
W0788.3.5	玄女是女仙	
W0788.3.5.1	玄女是天上得道的女仙	【汉族】
W0788.4	九天玄女的行为（九天玄女的事迹）	［W0695.5b.1］黄帝被九天玄女所救
W0788.4.1	玄女授兵书	【汉族】
W0788.4.2	玄女向仙姑学艺	【汉族】
W0788.4.3	玄女飞刀刺蚩尤	【汉族】
W0788.4.4	玄女拨琴助战	【汉族】
W0788.4.5	玄女报恩助黄帝	【汉族】
W0788.4.5.1	玄女帮助黄帝战蚩尤	【汉族】
W0788.5	玄女的生活	
W0788.5.1	玄女的出行	
W0788.5.1.1	玄女乘丹凤	【汉族】
W0788.5.2	玄女的工具	
W0788.5.2.1	玄女的玉兔马	【汉族】
W0788.5.2.2	玄女的飞刀	【汉族】
W0788.6	玄女的关系	
W0788.6.1	玄女的父母	
W0788.6.1.1	玄女的父亲玄武	【汉族】
W0788.6.2	玄女的丈夫	
W0788.6.2.1	玄女是黄帝的大将常伯的妻子	【汉族】
W0788.6.3	玄女的合作者	
W0788.6.3.1	黄帝求助于玄女	【汉族】
W0788.7	与玄女有关的其他母题	
W0788.7.1	玄女的名字（玄女的名号）	
W0788.7.1.1	玄女又称元女	【汉族】

W 编码	母题描述	关联项
W0788. 7. 1. 2	玄女又称九天玄女	【汉族】
W0788. 7. 2	玄女的遗迹	
W0788. 7. 2. 1	玄女庙	【汉族】
W0789	**老子**①	【汉族】
W0789. 1	老子的产生	
W0789. 1. 1	感生老子	
W0789. 1. 1. 1	女子感大流星生老子	【汉族】
W0789. 1. 1. 2	元妙玉女吞入太阳之精生老子	【汉族】
W0789. 1. 2	老子在母腹中多年	
W0789. 1. 2. 1	老子在母腹中 72 年	【汉族】
W0789. 1. 2. 2	老子在母腹中 81 年	【汉族】
W0789. 1. 3	老子生日农历二月十五日	【汉族】
W0789. 1. 4	老子从母亲左腋出生	
W0789. 1. 4. 1	老子的母亲在陈国涡水李树下剖左腋生老子	【汉族】
W0789. 1. 5	老子产生早于天地	【汉族】
W0789. 1. 6	老子生于无形之先	【汉族】
W0789. 2	老子的特征	
W0789. 2. 1	老子生而不凡	
W0789. 2. 1. 1	老子生而能言	【汉族】
W0789. 2. 2	老子有 72 相	【汉族】
W0789. 2. 3	老子相貌奇特	
W0789. 2. 3. 1	老子头圆如天，面光象日伏晨起，皓发如鹤，长七尺余，眉如北斗，其色翠绿。虎髭龙髯	【汉族】
W0789. 2. 3. 2	老君耳长七尺	【汉族】 * ［W0078. 1. 1］神的两耳垂肩
W0789. 2. 4	老子全身刻有八卦	【汉族】
W0789. 3	老子的身份	［W0792. 3. 3］真人老聃

① 老子，神话人物，是历史人物的神话化，如河南省周口市鹿邑县有诸多关于老子的遗迹。有些作品中的老子又是作为神话形象出现的神性人物，可以认为是非真正意义上的历史人物。

W 编码	母题描述	关联项
W0789.3.1	老子为万仙之宗	【汉族】
W0789.3.2	老子为神王之宗	【汉族】
W0789.3.3	老子成佛	
W0789.3.3.1	老子化胡	【汉族】
W0789.3.4	老子化摩尼	【汉族】
W0789.3.4.1	老子是天地之父母	【汉族】
W0789.3.5	老子是帝王之师	【汉族】
W0789.3.6	老子是神仙	
W0789.3.6.1	老子是天上太清官的神仙	【彝族（撒尼）】
W0789.4	老子的职能（老子的能力，老子的事迹）	
W0789.4.1	老子传授八卦	【汉族】
W0789.5	老子的生活	【关联】①
W0789.5.1	老子经历3个混沌	【汉族】
W0789.5.2	老子有紫气围绕	【汉族】
W0789.5.3	老子的坐骑	
W0789.5.3.1	老子乘日精驾九龙	【汉族】
W0789.5.3.2	老子乘青牛（太上老君骑着青牛）	【民族，关联】②
W0789.5.3.3	老子乘青羊	【汉族】
W0789.5.3.4	老子乘白鹿	【汉族】
W0789.5.3.5	老子的居所	
W0789.5.3.5.1	老子上处玉京	【汉族】
W0789.5.3.5.2	老子下在紫微	【汉族】
W0789.6	老子的关系	
W0789.6.1	老子的父母	[W0789.1.1.2] 元妙玉女吞入太阳之精生老子
W0789.6.1.1	老子的母亲无上元君	【汉族】

① [W0735b.11.1] 神农与老子同乡；[W1134.5] 老子造天

② 【汉族】【彝族（撒尼）】 * [W0109.7] 神的坐骑是牛

W 编码	母题描述	关联项
W0789. 6. 1. 1. 1	无上元君	
W0789. 6. 1. 1. 1. 1	玄妙玉女即无上元君	【汉族】
W0789. 6. 2	老子的师傅	
W0789. 6. 2. 1	老子的师傅太一元君	【汉族】
W0789. 6. 2. 2	老子的老师容成公	【汉族】
W0789. 6. 3	老子的徒弟	
W0789. 6. 3. 1	老子在撒尼人的老爷山收神童阿呗为徒	【彝族（撒尼）】
W0789. 6. 3. 2	老子从不同的地方招了 5 个弟子	【彝族（撒尼）】
W0789. 7	老子的名称	
W0789. 7. 1	老子名称的来历	
W0789. 7. 1. 1	老子生而皓首故号为老，古人称师为子	【汉族】
W0789. 7. 2	老子的封号	
W0789. 7. 2. 1	老子受封太上弦元皇帝	【汉族】
W0789. 7. 2. 2	老子受封大圣祖玄元皇帝	【汉族】
W0789. 7. 2. 3	老子受封圣祖大道玄元皇帝	【汉族】
W0789. 7. 2. 4	老子受封大圣祖高上大道金阙玄元天皇大帝	【汉族】
W0789. 7. 2. 5	老子受封太上老君混元上德皇帝	【汉族】
W0789. 8	与老子有关的其他母题	【关联】①
W0789. 8. 1	老子的弟子得道升天	【彝族】
W0790	**菩萨**	
W0790. 1	菩萨的产生	
W0790. 1. 1	神造菩萨	
W0790. 1. 1. 1	开天辟地的大神造菩萨	【苗族】
W0790. 1. 2	巨人造菩萨	
W0790. 1. 2. 1	巨人用泥造菩萨	【苗族】
W0790. 1. 3	人上天后变成菩萨	【汉族】

① ［W0735b. 11. 1］神农与老子同乡；［W1134. 5］老子造天

W 编码	母题描述	关联项
W0790.1.3a	人被封为菩萨	
W0790.1.3a.1	孝子黄长云死后被封为菩萨	【汉族】
W0790.1.4	盘古女娲成为菩萨	
W0790.1.5	菩萨是盘古女娲的后代	【汉族】 * [W0725.4.1] 盘古的妻子女娲（盘古女娲是夫妻）
W0790.1.6	天生菩萨	
W0790.1.6.1	山石大开现天生菩萨像数千	【汉族】
W0790.1.7	与菩萨的产生有关的其他母题	
W0790.1.7.1	菩萨是外来神	【壮族】
W0790.2	菩萨的特征（菩萨的身份）	
W0790.2.1	菩萨善良	
W0790.2.2	菩萨有智慧	【汉族】
W0790.2.3	菩萨是天神	【羌族】
W0790.3	菩萨的生活（菩萨的行为）	
W0790.3.1	菩萨不娶不嫁	【苗族】
W0790.3.2	菩萨偷米	【门巴族】
W0790.3.3	菩萨的服饰	
W0790.3.3.1	菩萨戴龙头花	【彝族】
W0790.3.4	菩萨的饮食	
W0790.3.5	菩萨的居所	
W0790.3.6	菩萨的出行	
W0790.3.6.1	菩萨的现身	【汉族】
W0790.4	与菩萨有关的其他母题	
W0790.4.1	泥菩萨	【汉族】
W0790.4.2	菩萨的死亡	
W0790.4.2.1	菩萨每年换一次衣裳表示死亡一次	【彝族】
W0790a	**观音（观音菩萨，观世音，观音老母，观音神）**	
W0790a.1	观音的产生	

W 编码	母题描述	关联项
W0790a. 1. 1	观音源于特定地方	
W0790a. 1. 1. 1	观音神是外来神	【壮族】
W0790a. 1. 2	生育观音	
W0790a. 1. 3	特定人物成为观音	
W0790a. 1. 3. 1	人修炼成为观音菩萨	【汉族】
W0790a. 1. 4	与观音的产生有关的其他母题	
W0790a. 1. 4. 1	观音的生日	
W0790a. 1. 4. 1. 1	观音菩萨的生日是农历二月十九	【汉族】
W0790a. 1. 4. 1. 2	观音菩萨的生日是农历二月二十九	【汉族】
W0790a. 2	观音的特征	
W0790a. 2. 1	观音是性别	
W0790a. 2. 1. 1	观音时男时女	【汉族】
W0790a. 2. 1. 2	观音是男的	
W0790a. 2. 1. 3	观音是女的	【汉族】
W0790a. 2. 2	观音的体征	
W0790a. 2. 3	观音的性格	
W0790a. 2. 3. 1	观音菩萨大慈大悲	【汉族】
W0790a. 3	观音的身份	【关联】①
W0790a. 3. 1	观音是佛	
W0790a. 3. 1. 1	观音是送子之佛	【汉族】
W0790a. 3. 1. 2	观音是佛祖	
W0790a. 3. 1. 2. 1	观音佛和太白金星是两位佛祖	【汉族】
W0790a. 3. 2	观音是神	
W0790a. 3. 2. 1	观音是天上的一位正神	【汉族】
W0790a. 4	观音的居所	
W0790a. 4. 1	观音居南海普陀山	【汉族】
W0790a. 5	观音的职能	
W0790a. 5. 1	观音点化俗人	【汉族】

① ［W0658a. 8. 21. 2］京西影戏业尊观音为祖师；［W0658a. 8. 38. 2］玉器行工匠及商人祖师白衣观音

W 编码	母题描述	关联项
W0790a. 5. 2	观音普度众生	【汉族】
W0790a. 5. 3	观音送子	【关联】①
W0790a. 5. 3. 1	观音菩萨司送子	【汉族】
W0790a. 5. 3. 2	观音娘娘送子	【羌族】
W0790a. 5. 4	观音管各种植物	【汉族】
W0790a. 6	观音的能力	
W0790a. 6. 1	观音收服妖魔	【白族】
W0790a. 6. 2	观音的变形	【白族】 ［W9526］神性人物的变形
W0790a. 6. 2. 1	观音变天神	【侗族】
W0790a. 6. 2. 2	观音变老人	【白族】
W0790a. 6. 2. 2. 1	观音化身老太婆	【白族】
W0790a. 6. 2. 2. 2	观音化身老人探访人间	【白族】
W0790a. 6. 2. 3	观音幻化为和尚	【白族】
W0790a. 6. 2. 3a	观音化身僧人	【白族】
W0790a. 6. 2. 4	观音的化身怙主	【藏族】
W0790a. 6. 3	观音会魔法	
W0790a. 6. 3. 1	观音负石阻兵	【白族】
W0790a. 6. 4	菩萨盗物	【门巴族】
W0790a. 6. 5	观音使大海变平坝	【白族】
W0790a. 6. 6	观音显圣	
W0790a. 6. 6. 1	观音显金身	【白族】
W0790a. 7	观音的事迹	［W1138. 2a. 1］观音用牛皮造天
W0790a. 7. 1	观音暗中救人	
W0790a. 7. 2	观音私访	
W0790a. 7. 2. 1	天帝派观音老母下界私访	【汉族】
W0790a. 7. 3	观音有求必应	【汉族】
W0790a. 7. 4	观音老母为百姓消灾免难	【白族】
W0790a. 8	观音的生活	

① ［W0398. 1. 2. 5］泰山娘娘被称为“送子娘娘”；［W0790a. 3. 1. 1］观音是送子之佛

W 编码	母题描述	关联项
W0790a. 8. 1	观音的服饰	
W0790a. 8. 2	观音的饮食	
W0790a. 8. 3	观音的出行	
W0790a. 8. 4	观音的坐骑	
W0790a. 8. 4. 1	观音骑花鹿	【汉族】
W0790a. 8. 4. 2	观音腾云驾雾	【汉族】
W0790a. 8. 4. 3	观音乘五色祥云	【白族】
W0790a. 8. 4. 4	观音坐莲花	【汉族】
W0790a. 8. 5	观音的工具	
W0790a. 8. 5. 1	观音的净水瓶	【汉族】
W0790a. 8. 5. 2	观音手拿一个宝瓶	【汉族】
W0790a. 8. 5. 3	观音执鞭	【汉族】
W0790a. 8. 5. 4	观音的杨柳枝	【白族】
W0790a. 9	观音的关系	
W0790a. 9. 1	观音的父母	
W0790a. 9. 1. 1	观音的父亲是庙中王	【白族】
W0790a. 9. 1. 2	观音的父亲是妙中王	【白族】
W0790a. 9. 1. 3	观音的父亲是妙庄王	【白族】
W0790a. 9. 1. 4	观音的父亲是算命先生	【白族】
W0790a. 9. 2	观音的子女	
W0790a. 9. 2. 1	观音多子	【哈尼族】
W0790a. 10	观音的从属	
W0790a. 10. 1	仙女是观音菩萨的侍女	【白族】
W0790a. 11	不同类型的观音	
W0790a. 11. 1	千手观音	【汉族】 * [W0787. 7. 3. 1] 皇帝的小女儿三皇姑成为千手千眼佛

W 编码	母题描述	关联项
W0790a. 11. 2	南海观音	【汉族】
W0790a. 11. 2. 1	玉帝派南海观音菩萨下凡私访人是否敬神	【汉族】
W0790a. 11. 2. 2	南海观音乘云梯下凡	【汉族】
W0790a. 11. 2. 2a	南海观音脚踏浮莲	【汉族】
W0790a. 11. 2. 3	南海观音的杨柳枝	【汉族】
W0790a. 11. 2. 4	南海观音本领高强	【汉族】
W0790a. 11. 3	观音大士	【汉族】
W0790a. 11. 4	多子观音	
W0790a. 11. 4. 1	多子观音唐盘	
W0790a. 11. 4. 1. 1	多子观音唐盘是人鬼妈妈	【哈尼族】
W0790a. 11. 5	自在观音	
W0790a. 11. 5. 1	自在观音是歪脖老母	【汉族】
W0790a. 12	与观音有关的其他母题	
W0790a. 12. 0	观音的称谓（观音名称）	
W0790a. 12. 0. 1	观音菩萨	
W0790a. 12. 0. 2	观世音	
W0790a. 12. 0. 3	观音老母	【白族】
W0790a. 12. 0. 3. 1	观音老母踏五色祥云，左边金童，右边玉女	【白族】
W0790a. 12. 1	观音菩萨的转世（观音转世）	
W0790a. 12. 1. 1	观音菩萨转世为猕猴	【藏族】 * ［W9350］转世（托生、转生）
W0790a. 12. 2	观世音菩萨得道（观音成道）	【汉族】
W0790a. 12. 2. 1	观世音菩萨的得道日是六月十九	【汉族】
W0790a. 12. 3	观世音菩萨出家	
W0790a. 12. 3. 1	观世音菩萨的出家日是九月十九	【汉族】
W0790a. 12. 4	观音涅槃	
W0790a. 12. 4. 1	观音九月十九日涅槃	【民族无考】
W0790b	**文殊菩萨**	【汉族】
W0790b. 1	文殊菩萨的产生	

W 编码	母题描述	关联项
W0790b. 1. 1	文殊菩萨是如来“法王”之子	【民族无考】
W0790b. 1. 2	文殊菩萨生人六月十四	【民族无考】
W0790b. 2	文殊菩萨的特征（文殊菩萨的身份，文殊菩萨的职能，文殊菩萨的事迹）	
W0790b. 2. 1	文殊菩萨是众菩萨之首	【民族无考】
W0790b. 2. 2	文殊菩萨专司智慧	【民族无考】
W0790b. 2. 3	佑护读书升学	【民族无考】
W0790b. 3	文殊菩萨的关系	
W0790b. 3. 1	文殊菩萨的父母	
W0790b. 3. 2	文殊菩萨的兄弟	
W0790b. 3. 2. 1	文殊和普贤是结拜的异姓兄弟	【汉族】
W0790b. 4	文殊菩萨的名称	
W0790b. 4. 1	文殊全称文殊师利	【民族无考】
W0790b. 4. 2	文殊全称满殊尸利	【民族无考】
W0790b. 4. 3	文殊全称曼殊室利	【民族无考】
W0790b. 4	与文殊菩萨有关的其他母题	
W0790c	**普贤菩萨**	【汉族】
W0790c. 1	普贤菩萨的产生	
W0790c. 2	普贤菩萨的特征（普贤菩萨的身份，普贤菩萨的职能，普贤菩萨的事迹）	
W0790c. 2. 1	普贤主司一切三昧	【民族无考】
W0790c. 3	普贤菩萨的关系	
W0790c. 4	与普贤菩萨有关的其他母题	
W0790d	**其他特定名称的菩萨（其他类型的菩萨）**	
W0790d. 1	天上的菩萨	【汉族】
W0790d. 2	土地菩萨	【土家族】 * ［W0236］土地神

W 编码	母题描述	关联项
W0790d. 3	地藏菩萨（地藏王菩萨，地藏王）	【关联】①
W0790d. 3. 1	念诵地藏菩萨名号能得到无量功德的救济	【民族无考】
W0790d. 4	马王菩萨	
W0790d. 4. 1	马王菩萨究扎士	【羌族】
W0790d. 5	牛王菩萨	
W0790d. 5. 1	牛王菩萨八扎士	【羌族】
W0791	**太上老君②**	【壮族】 * ［W0789］老子
W0791. 1	太上老君的产生	
W0791. 1. 1	女娲生太上老君	【汉族】
W0791. 1. 1. 1	女娲怀孕1千年生太上老君	【汉族】
W0791. 1. 2	太上老君是特定人物的化身	
W0791. 1. 2. 1	太上老君是老子的化身	【汉族】 * ［W0789］老子
W0791. 1. 3	婚生太白金星	【汉族】
W0791. 1. 4	与太上老君产生有关的其他母题	
W0791. 1. 4. 1	太上老君在娘胎中怀80年	【汉族】
W0791. 1. 4. 2	太上老君在娘胎中会说话	【汉族】
W0791. 1. 4. 3	太上老君从娘的三根肋骨中出生	【汉族】
W0791. 1. 4. 3. 1	太上老君咬断娘的三根肋巴骨出世	【汉族】
W0791. 1. 4. 4	太上老君生不逢时	【汉族】
W0791. 2	太上老君的特征（太上老君的身份）	
W0791. 2. 1	太上老君是大道之主宰	【汉族】
W0791. 2. 2	太上老君是个老好人	【汉族】
W0791. 3	太上老君居所	

① ［W0658a. 8. 8. 2］阴阳占卜业者祖师地藏王菩萨；［W0658a. 8. 30a. 1］风水业者祖师藏王菩萨

② 太上老君，又称元始天尊，唐朝又称之为“玄元皇帝”。有不少作品认为“太上老君”是历史人物，即老子，姓李名耳，春秋末年人，道家创始人，后进入神话之中。

W 编码	母题描述	关联项
W0791. 3. 1	太上老君居紫微宫	【汉族】 ＊［W0204. 11a. 3. 3. 2］太一居紫微宫
W0791. 3. 1. 1	太上老君常居紫微宫	【汉族】
W0791. 3. 2	太上老君定居险山奇峰	【汉族】
W0791. 4	太上老君的身份	［W0768. 17. 1. 3. 1. 1］真武大帝是太上老君的化身
W0791. 4. 0	太上老君是元始天尊	
W0791. 4. 0. 1	元始天尊①	［W0761. 0. 2］西王母是元始天尊与太元圣母的女儿
W0791. 4. 0. 1. 0	太元生元始天尊	【汉族】
W0791. 4. 0. 1. 0. 1	元始天尊生于太元之先	【汉族】
W0791. 4. 0. 1. 1	元始天尊是道教的最高神	【汉族】
W0791. 4. 0. 1. 2	元始天尊生日正月初一	【汉族】
W0791. 4. 0. 1. 3	元始天尊居三十五天之上	【汉族】
W0791. 4. 0. 2	元始太上天尊	【汉族】
W0791. 4. 0. 3	元始天尊居玉清天	【汉族】
W0791. 4. 0. 4	元始天尊是三清天尊之一	【汉族】
W0791. 4. 0. 4. 1	三清天尊	
W0791. 4. 0. 4. 1. 1	三清天尊指元始天尊、灵宝天尊、道德天尊	【汉族】
W0791. 4. 0. 5	元始天尊的助手星天道主	【彝族（撒尼）】
W0791. 4. 1	太上老君是道教祖师爷	【汉族】 ＊［W0175. 1. 5. 1. 1. 1］寿星昆仑学道为元始天尊为师
W0791. 4. 2	太上老君是神	
W0791. 4. 2. 1	太上老君是体谅民间疾苦的神老头	【汉族】
W0791. 4. 2. 2	炉神太上老君	【汉族】

① 元始天尊，是道教最高神三清之一，全称“青玄祖炁玉清元始天尊妙无上帝”，又名“玉清紫虚高妙太上元皇大道君”。在一些记载中又有“中玉清元始天尊”、“上清灵宝天尊”、“太清道德天尊”的说法，一般认为是“三号虽殊，本同为一”。另外还有“三清元始天尊，灵宝天尊，道德天尊”之说。有观点认为，“道”是太上老君的称号，太上老君（道）的化身是“三清天尊”。

W 编码	母题描述	关联项
W0791.4.2.3	太上老君是天神	
W0791.4.2.4	太上老君是西波教最高神	【彝族（撒尼）】
W0791.4.3	太上老君是谋士	
W0791.4.3.1	太白金星是玉帝的谋士	【汉族】
W0791.4.3.1.1	太白金星专门解决玉帝的难题	【汉族】
W0791.4.4	太上老君是军师	
W0791.4.4.1	太白金星是玉帝的军师	【汉族】
W0791.4.5	太上老君是师傅	
W0791.4.5.1	太白金星是火星天神的先师	【汉族】
W0791.5	太上老君的职能（太上老君的能力，太上老君的事迹）	［W1986.4.2］煤是老君埋下的
W0791.5.1	太上老君炼丹	【民族，关联】①
W0791.5.2	太上老君送子	【汉族】
W0791.5.3	太上老君补天	【汉族】 ＊［W1386］补天者
W0791.5.3.1	太上老君用冰补西北天	【汉族】
W0791.5.4	太上老君下凡	【汉族】
W0791.5.4.1	玉皇大帝派太白金星下凡私访	【汉族】
W0791.5.4.2	玉皇大帝派太白金星下凡贴皇榜	【汉族】
W0791.5.4.3	玉皇大帝派太白金星下凡制裁浪费者	【汉族】
W0791.5.4.4	太白金星踏着云朵下凡	【汉族】
W0791.5.4.5	太白金星化作乞丐下凡	【汉族】
W0791.5.4a	太上老君云游西南地区	【彝族（撒尼）】
W0791.5.5	太上老君发明火	【汉族】 ＊［W4585］火的产生
W0791.5.6	太上老君造锄	【汉族】 ＊［W6085.2］特定的人造锄
W0791.6	太上老君的工具	
W0791.6.1	太上老君的坐骑	

① 【汉族】 ＊［W0953.1.1.2］太上老君有起死回生药；［W1852.1.3.1］因黄帝炼丹的黟山改名黄山；［W6238.3］炼丹治病

W 编码	母题描述	关联项
W0791. 6. 1. 1	太上老君的坐骑是一匹青牛	【汉族】
W0791. 6. 1. 2	太上老君骑金牛	【汉族】
W0791. 6. 2	太上老君驾祥云	【汉族】
W0791. 7	太上老君的关系	
W0791. 7. 1	太上老君的父母	
W0791. 7. 1. 1	太上老君的父亲盘古	【汉族】 * [W0725. 5. 1. 6] 盘古的儿子太上老君
W0791. 7. 1. 2	太上老君是女娲的儿子	[W0791. 1. 1] 女娲生太上老君
W0791. 7. 2	太上老君的子女	
W0791. 7. 3	太上老君的上司	
W0791. 7. 4	太上老君的从属（太上老君的侍从）	
W0791. 7. 4. 1	太上老君的众多侍从	【汉族】
W0791. 7. 4. 2	太上老君左有 12 青龙，右有 36 白虎，前有二 24 朱雀，后有 72 玄武	【汉族】
W0791. 7. 4. 3	太上老君的手下通天教主	
W0791. 7. 4. 3. 1	通天教主主管天上一切日常事务	【彝族（撒尼）】
W0791. 8	与太上老君有关的其他母题	【关联】①
W0791. 8. 1	太上老君的名称	
W0791. 8. 1. 1	太上老君又称太一	【汉族】
W0791. 8. 1. 2	太上老君号天皇大帝	【汉族】
W0791. 8. 1. 3	太上老君号太乙天尊	【汉族】
W0791. 8. 1. 4	太上老君号金阙圣君	【汉族】
W0791. 8. 1. 5	太上老君号无穷	【汉族】
W0791. 8. 1. 6	太上老君又称太清道德天尊	【汉族】
W0791. 8. 2	太白李金星	【汉族】
W0791. 8. 2. 1	太白金星李长庚	【汉族】

① [W0953. 1. 1. 2] 太上老君有起死回生药；[W1387. 7. 5] 太上老君用冰块补天；[W1543. 2. 3] 太上老君造日月

W 编码	母题描述	关联项
W0791.8.3	太上老君的生日	
W0791.8.3.1	立秋是老君生日	【汉族】
W0791.8.4	老君	
W0791.8.4.1	老君托生榑桑太常玉帝天宫	【汉族】
W0791.8.4.2	老君号曰无极太上大道君	【汉族】
W0791.8.4.3	老君号曰无极太上大道君	【汉族】
W0791.8.4.4	老君号曰无上虚皇元始天尊	【汉族】
W0791a	**太元圣母**	［W0068a.5.16］圣母娘娘（圣母）
W0791a.1	太元圣母的产生	
W0791a.2	太元圣母的特征	
W0791a.3	与太元圣母有关的其他母题	
W0791a.3.1	太元圣母的关系	
W0791a.3.1.1	太元圣母的丈夫盘古真人	【汉族】 *［W0237.1.3.1］盘古真人与太元圣母生地皇
W0791a.3.1.2	太元圣母的儿女东王公和与西王母	【汉族】
W0791a.3.2	太元圣母称谓（太元圣母名称）	
W0791a.3.2.1	太元圣母号太元圣母	【汉族】
W0791a.3.3	圣母感龙生子	【汉族】
W0792	**真人**①	
W0792.1	真人的产生	
W0792.1.1	真人在混沌中产生	
W0792.1.1.1	真人未始分于太一	【汉族】

① 真人，从意思上讲主要指古代道家所说的洞悉宇宙和人生本原，真真正正觉醒，觉悟的人，亦泛称成仙之人。《庄子·大宗师》中曾解释为“古之真人，其寝不梦，其觉无忧，其食不甘，其息深深。古之真人，不知说生，不知恶死，其出不欣，其入不距；翛然而往，翛然而来而已矣。”在不同记载中，“真人”常用作称号，如关尹子、文子、列子、庄子在唐代皆封为真人，鬼谷子、张三丰、王重阳、安期生等称作是得道的真人。本编目只选取一些代表性的关涉真人的神话或传说人物，不再一一列举。

W 编码	母题描述	关联项
W0792. 1. 2	混沌之气化生真人	【汉族】
W0792. 2	真人的特征（真人的能力）	
W0792. 2. 1	真人游于灭亡之野	【汉族】
W0792. 3	特定名称的真人	［W0827. 1］仙人（仙子，仙童）
W0792. 3. 1	太乙真人	【汉族】
W0792. 3. 2	真人关尹	【汉族】
W0792. 3. 3	真人老聃	【汉族】 ＊［W0789］老子
W0792. 3. 4	妙应真人	
W0792. 3. 4. 1	李八百号妙应真人	【汉族】
W0792. 3. 4. 2	李八百号紫阳真君	【汉族】
W0792. 3. 4. 3	李八百寿命八百岁	【汉族】
W0792. 3. 4. 4	李八百日行八百里	【汉族】
W0792. 3. 5	广宁真人	
W0792. 3. 5. 1	广宁真人郝大通	【汉族】
W0792. 3. 5. 2	郝大通本名郝升	【汉族】
W0792. 3. 5. 3	郝大通又名广宁通玄太古真人太古真君”	【汉族】
W0792. 3. 5. 4	郝大通又名广宁全道太古真人	【汉族】
W0792. 3. 5. 5	郝大通又名广宁通玄妙极太古真君	【汉族】
W0792. 4	与真人有关的其他母题	
W0793	**真主**	【塔吉克族】
W0793. 1	真主的产生	
W0793. 1. 1	真主自然存在	
W0793. 1. 1. 1	开天辟地时世上只有真主安拉	【回族】
W0793. 2	真主的特征	
W0793. 2. 1	真主没有具体形象	【回族】
W0793. 2. 1. 1	安拉没有形象，没有影子，没有妻子，没有儿女，不吃饭，也不喝水	【回族】
W0793. 3	真主的职能（真主的能力）	

W 编码	母题描述	关联项
W0793.3.1	真主是创世主	【撒拉族】
W0793.3.2	真主是统治者	
W0793.3.2.1	真主统治宇宙	【维吾尔族】
W0793.3.3	真主掌握报应日	【保安族】
W0793.3.4	真主惩罚罪恶	
W0793.3.4.1	真主把不恭的天仙变成魔鬼	【撒拉族】
W0793.3.5	真主先觉先知	【回族】
W0793.3.5.1	真主知道大地何时洪水漫天	【回族】
W0793.3.6	真主带来和平	【维吾尔族】
W0793.4	真主的关系	
W0793.4.1	真主的使者	
W0793.4.1.1	真主的使者白日乙里	【回族】
W0793.4.2	真主的助手	
W0793.4.2.1	天使是真主的助手	【回族】
W0793.4.2.1.1	真主有很多天使	【回族】
W0793.4.2.2	天神是真主的助手	
W0793.4.2.2.1	女天神是真主的助手和参谋	【维吾尔族】
W0793.4.3	真主的差役	
W0793.4.3.1	四天仙是真主的差役	【回族】
W0793.4.3.2	白蟒是真主的差役	【回族】
W0793.5	与真主有关的其他母题	【关联】①
W0793.5.1	真主的名称	
W0793.5.2	真主的居所	
W0793.5.2.1	真主长驻地上	【塔吉克族】
W0794	**其他一些常见的宗教神（人物）**	【汤普森】V290
W0794.1	金刚	
W0794.1.1	四大金刚	【汉族】 ＊［W0204.12.0.1］四大天王俗称四大金刚

① ［W0644.2.1］真主造人的祖先；［W0872.2］真主给人灵魂；［W1021.3］真主是创世者；［W1104.4］真主造天地；［W1501.2］真主降万物

W 编码	母题描述	关联项
W0794. 1. 1. 1	四大金刚居第一重天	【汉族】
W0794. 1. 1. 2	四大金刚神像通常分列在净土宗禅宗佛寺的第一重殿（天王殿）两侧	【汉族】
W0794. 1. 1. 3	东方持国天王	【汉族】
W0794. 1. 1. 3. 1	东方持国天王多罗吒，住须弥山黄金埵，守护东胜神州	【民族无考】
W0794. 1. 1. 4	西方广目天王	【汉族】
W0794. 1. 1. 4. 1	西方广目天王留博叉，住须弥山白云埵，守护西牛贺洲	【民族无考】
W0794. 1. 1. 5	南方增长天王	【汉族】
W0794. 1. 1. 5. 1	南方增长天王毗琉璃，住须弥山琉璃埵，守护南赡部洲	【民族无考】
W0794. 1. 1. 6	北方多闻天王（毗沙门）	【汉族】
W0794. 1. 1. 6. 1	北方多闻天王毗沙门，住须弥山水晶埵，守护北俱卢洲	【民族无考】
W0794. 1. 1. 7	四大天王辅弼西方教典，立地水火风之相，护国安民，掌风调雨顺之权	【汉族】 * ［W0204. 12. 0. 3］四大天王又称“风调雨顺”
W0794. 1. 1. 8	寺门四大金刚各执一物，执剑者风也，执琵琶者调也，执伞者雨也，执蛇者顺也	【汉族】
W0794. 1. 2	金刚女	
W0794. 1. 2. 1	金刚女的圣体是特定的山	【门巴族】
W0794. 1. 3	八大金刚（八大金刚明王）	
W0794. 1. 3. 1	八大金刚能驱使飞禽走兽	【羌族】
W0794. 1. 3. 2	八大金刚明王即不动明王、降三世明王、军荼利明王、大威德明王、金刚夜叉明王、秽迹金刚明王、无能胜金刚明王和马头明王	【民族无考】
W0794. 1. 4	胜乐金刚	
W0794. 1. 4. 1	胜乐金刚四头、三眼	【民族无考】

W 编码	母题描述	关联项
W0794.1.5	密集金刚（集密金刚，密聚金刚）	
W0794.1.5.1	密集金刚是宗喀巴大师的守护神	【民族无考】
W0794.2	罗汉	
W0794.2.1	罗汉的产生	
W0794.2.1.1	玉皇大帝封改恶从善的人为罗汉	【土族】
W0794.2.2	罗汉的特征	
W0794.2.3	罗汉的数量	
W0794.2.3.1	十八罗汉	【汉族】 * ［W0658a.8.43.1］十八罗汉为土匪行祖师。
W0794.2.3.2	108 罗汉	【汉族】
W0794.2.3.3	五百罗汉	
W0794.2.3.3.1	五百罗汉最初显现于天台山	【汉族】
W0794.2.3.3.2	如来将五百罗汉常以月十五日于中戒	【汉族】
W0794.2.4	与罗汉有关的其他母题	
W0794.3	耶稣	
W0794.4	圣母马利亚	【汤普森】V250； * 【拉祜族】
W0794.5	宗教苯波教的祖师	【藏族】
W0794.6	无极老祖	
W0794.6.1	无极老祖是从天上降下一个神仙	【汉族】 * ［W0058.3.5］无极老祖出现最早
W0794.7	太岁（太岁神）	【壮族】
W0794.7.1	太岁生日七月十九日	【汉族】
W0794.7.2	岁神为值年之神（太岁是值岁神）	【汉族】
W0794.7.3	太岁是凶神	【汉族】
W0794.7.3.1	太岁所在之辰不可犯	【汉族】
W0794.7.3a	太岁是一肉物	【汉族】
W0794.7.3b	太岁是人君之象	【汉族】
W0794.7.4	太岁的部下日游神	【汉族】
W0794.7.5	六甲太岁神与六乙太岁神	【汉族】

W 编码	母题描述	关联项
W0794.8	六丁六甲	
W0794.8.0	六丁六甲名称取自干支纪年法	【汉族】
W0794.8.1	六丁六甲隶属于玄武	【汉族】
W0794.8.2	六丁六甲的身份（六丁六甲的职能）	
W0794.8.2.1	六丁六甲为道教护法	【汉族】
W0794.8.2.2	六丁六甲行风雷、治妖魔	【汉族】
W0794.8.2.3	六丁六甲听命道士驱禳鬼怪	【汉族】
W0794.8.3	六丁	
W0794.8.3.1	6 位丁神是丁卯、丁巳、丁未、丁酉、丁亥、丁丑	【汉族】
W0794.8.3.2	六丁神为丁丑神赵子玉、丁亥神张文通、丁酉神臧文公、丁未神石叔通、丁卯神司马卿、丁巳神崔玉卿	【汉族】
W0794.8.3.2a	丁卯神名文伯字仁高，丁丑神名文公字仁贤（贵），丁亥神名仁（文）通字仁和，丁酉神名文卿字仁修，丁未神名升通字仁恭，丁巳神名庭卿字仁敬	【汉族】
W0794.8.3.3	六丁属阴，是女性	【汉族】
W0794.8.3.4	六丁能长能短，能有能无	【汉族】
W0794.8.3.5	六丁与人关系密切	【汉族】
W0794.8.3.6	六丁辟邪	【汉族】
W0794.8.4	六甲	
W0794.8.4.1	6 位甲神是甲子、甲戌、甲申、甲午、甲辰、甲寅	【汉族】
W0794.8.4.2	六甲神为甲子神王文卿、甲戌神展子江、甲申神扈文长、甲午神伟玉卿、甲辰神孟非卿、甲寅神明文章	【汉族】
W0794.8.4.3	六甲属阳，是男性	【汉族】
W0794.9	晏公神	

W 编码	母题描述	关联项
W0794.9.1	晏公神的产生	
W0794.9.1.1	晏公神十月初三日生辰	【汉族】
W0794.9.2	晏公神的特征	
W0794.9.2.1	晏公神浓眉虬髯，面如黑漆	【汉族】
W0794.9.2.2	晏公神嫉恶如仇	【汉族】
W0794.9.3	与晏公神有关的其他母题	
W0794.9.3.1	晏公庙	【汉族】
W0794.10	济公	
W0794.10.1	济公的产生	
W0794.10.1.1	济公是降龙罗汉转世	【汉族】
W0794.10.2	济公的特征	
W0794.10.2.1	济公举止癫狂	【汉族】
W0794.10.3	济公的名称	
W0794.10.3.1	济公是南宋僧人，原名李心远	【汉族】
W0794.10.3.2	济公法名道济	【汉族】
W0794.10.3.3	济公又称济颠僧	【汉族】
W0794.10.4	与济公有关的其他母题	
W0794.10.4.1	济公实有其人	【汉族】
W0794.11	罗刹	【汉族】
W0794.11.1	罗刹的产生	
W0794.11.2	罗刹的特征	
W0794.11.2.1	罗刹鬼一人多高，浑身黑毛，似牛非马，獠牙很长	【珞巴族】
W0794.11.2.1a	罗刹头似雕、身如龙，长着一对大翅膀	【白族】
W0794.11.2.2	罗刹鬼害人	【珞巴族】
W0794.11.2.3	罗刹是恶鬼	【汉族】
W0794.11.3	罗刹的名称	
W0794.11.3.1	罗刹女	【藏族】
W0794.11.3.2	罗刹王	
W0794.11.3.2.1	罗刹王是九头龙	【珞巴族】

W 编码	母题描述	关联项
W0794. 11. 3. 2. 2	罗刹王全身是眼	【珞巴族】
W0794. 11. 3. 2. 3	罗刹王住最大的岩洞	【珞巴族】
W0794. 11. 3. 3	罗刹鬼	
W0794. 11. 3. 3. 1	罗刹鬼最怕火和荆棘	【珞巴族】
W0794. 11. 4	罗刹的生活	
W0794. 11. 4. 1	罗刹鬼居山沟	【珞巴族】
W0794. 11. 4. 2	罗刹食人血肉	【汉族】 * [W0794. 12. 3. 1] 夜叉吃人（夜叉吸吮人的血肉）
W0794. 11. 4. 3	罗刹鬼吃人	【珞巴族】
W0794. 11. 4. 4	怪物罗刹爱吃人眼	【白族】
W0794. 11. 5	罗刹的死亡	
W0794. 11. 5. 1	猴子杀死罗刹鬼	【珞巴族】
W0794. 11. 5. 2	罗刹鬼绝种	【珞巴族】
W0794. 11. 6	与罗刹有关的其他母题	[W0087. 2. 2. 1. 1] 红面罗刹与“穆”主拉巴婚生的卵孵出赞神七兄弟
W0794. 12	夜叉	【汉族】
W0794. 12. 1	夜叉的产生	
W0794. 12. 2	夜叉的特征	
W0794. 12. 2. 1	夜叉赤发蝟奋，金牙锋铄，臂曲瘿木，甲挐兽瓜	【汉族】
W0794. 12. 2. 2	夜叉吐火噀血	【汉族】
W0794. 12. 2. 3	夜叉身材硕大	【汉族】
W0794. 12. 2. 4	夜叉喜黑暗	【汉族】
W0794. 12. 2. 5	夜叉的头发冒绿色的火焰	【汉族】
W0794. 12. 3	夜叉的生活	
W0794. 12. 3. 1	夜叉吃人（夜叉吸吮人的血肉）	【汉族】
W0794. 12. 3. 2	夜叉居天上空中地下	【民族无考】
W0794. 12. 4	夜叉的名称	
W0794. 12. 4. 1	飞天夜叉（空行夜叉）	【汉族】
W0794. 12. 4. 1. 1	空行夜叉长两个翅膀	【民族无考】
W0794. 12. 4. 2	地夜叉（地行夜叉）	【民族无考】

W 编码	母题描述	关联项
W0794.12.4.3	母夜叉	【汉族】
W0794.12.4.4	海夜叉	【汉族】
W0794.12.4.5	夜叉鬼	【民族无考】
W0794.12.4.6	牛头夜叉	【汉族】
W0794.12.4.6.1	牛头夜叉是玉皇大帝的手下	【汉族】
W0794.12.5	与夜叉有关的其他母题	
W0794.12.5.1	夜叉的上司	【汉族】

0.7.3 仙人[①]（神仙）
【W0800 ~ W0829】

W 编码	母题描述	关联项
✿ **W0800**	**仙人（神仙）**	【汤普森】F200
✻ **W0801**	**仙的产生（神仙的产生）**	【汤普森】F251
W0801a	**仙源于特定的地方**	
W0801a.1	神仙天降	
W0801a.1.1	天地混沌时，东南西北四方降下4个神仙孩儿	【彝族】
W0801b	**仙是造出来的（造神仙）**	
W0802	**仙是生育产生的**	
W0802.1	神生仙	
W0802.1.1	天神生仙	【水族】 ＊［W0826.6.5.1］仙婆牙线是天神的女儿
W0802.2	人生仙	
W0802.3	动物生仙	

① 仙人，仙作为一种母题类型常常有不同的名称，诸如“神仙”、“仙子”、“小精灵”等，在中国神话中的“仙”与道教联系密切。为表述的统一，此类母题全部用“仙”代称。具体情形参见《中国神话人物母题实例与索引》。

W 编码	母题描述	关联项
W0802. 4	植物生仙	
W0802. 4. 1	树生仙	
W0802. 4. 1. 1	树感神生仙	【彝族】
W0803	**特定人物成为仙（特定物成仙）**	
W0803. 0	神变成仙	
W0803. 0. 1	五圣原为民间妖邪之神，后来成为道教驱邪的神仙	【汉族】
W0803. 1	祖先的肢体变仙	【彝族】
W0803. 2	有道之人成仙（有德之人成仙）	【汉族】 ＊［W0804. 12. 3. 1］修道成仙
W0803. 3	有才之人成仙	
W0803. 4	好人成仙	【布依族】
W0803. 5	六官变仙	【毛南族】
W0803. 6	凡女成仙	【汉族】
W0803. 7	动物成仙（动物仙）	
W0803. 7. 1	动物食特定物成仙	
W0803. 7. 1. 1	鸡犬喝仙水成仙	【汉族】
W0803. 7. 2	动物修炼成仙	
W0803. 7. 2. 1	蛇修炼成仙	【汉族】
W0803. 7. 3	鸟仙（仙鸟）	【汉族】
W0803. 8	植物成仙	［W0827. 1. 3］百花仙子（花仙）
W0803. 8. 1	植物修炼成仙	
W0803. 8. 1. 1	千年松根变茯苓后修行成仙童	【汉族】
W0803. 8. 2	仙树	
W0803. 8. 2. 1	连山有仙树	【汉族】
W0803. 8. 2. 2	仙树玉桂	【毛南族】
W0803. 9	无生命物成仙	
W0803. 9. 1	仙水	【汉族】 ＊［W1897. 1］神奇的水（奇特的水）
W0803. 9. 1. 1	雨后土坑中的积水成为仙水	【彝族】

W 编码	母题描述	关联项
W0803.10	灵魂变成仙	
W0803.10.1	升天的亡灵变成仙	【藏族】 * ［W0875.5.3］游魂变成鬼（人间游荡的人的亡灵变成鬼）
W0803.10.2	英雄的灵魂变成仙	
W0803.10.2.1	南海观音变把除恶七兄弟的灵魂变成仙	【汉族】
W0804	**成仙的方法**	［W046.2］人不食而死变神（仙）
W0804.0	自然成仙	
W0804.0.1	有功者自然成仙	
W0804.0.1.1	盘古盘生兄弟造天地后化为仙	【白族】
W0804.0.1.2	一个后生斗败残暴好色的国王后升天成仙	【布依族】
W0804.1	人食灵芝成仙	【汉族】
W0804.1.1	人食仙芝成仙	【汉族】
W0804.1.2	青年人吃灵芝草成仙	【汉族】
W0804.1.3	人食肉芝成仙	
W0804.1.3.1	肉芝是小人	【汉族】
W0804.1.3.2	肉芝为七八寸小人，乘车马，食之成仙	【汉族】
W0804.1.4	人食五芝成仙	
W0804.1.4.1	句曲山五芝	【汉族】
W0804.1.4.2	五芝第一芝名龙仙，食之为太极仙	【汉族】
W0804.2	人食精物成仙（吃特定物精华成仙）	
W0804.2.1	人吃月华成仙	【汉族】 * ［W1698.5］月华
W0804.2.1.1	八月十五吃月华成仙	【汉族】
W0804.2.2	人食黄精成仙	
W0804.2.2.1	徐仙吃成精的黄狗成仙	【汉族】
W0804.3	人食人参成仙	【赫哲族】
W0804.3.1	人吃人参精成为神仙	【锡伯族】

W 编码	母题描述	关联项
W0804. 4	吃特定动物的肉成仙	
W0804. 4. 1	吃牛肉成仙	
W0804. 4. 1. 1	牛郎吃老牛的肉脱凡成仙	【汉族】
W0804. 5	吃其他特定物成仙	
W0804. 5. 1	食特定植物成仙	
W0804. 5. 1. 1	人食蓍树叶成仙	【汉族】
W0804. 5. 1. 2	人食甘柤成仙	【汉族】
W0804. 5. 1. 3	人吃桃成仙	
W0804. 5. 1. 3. 1	人吃特定地方的桃李成仙	【汉族】
W0804. 5. 1. 3. 2	人吃仙桃成仙	【汉族】
W0804. 5. 1. 3. 3	何仙姑吃桃成仙	【汉族】
W0804. 5. 1. 4	热吃特定的枣、梨成仙	【汉族】
W0804. 5. 1. 4. 1	吃安期生的大枣成仙	【汉族】
W0804. 5. 2	人吃长生果成仙	［W0952. 7. 1］长生果
W0804. 5. 2. 1	长生果是天上神仙的圣果	【汉族】
W0804. 5. 3	吃药成仙	【关联】①
W0804. 5. 3. 1	吃王母娘娘的灵药能成仙	【汉族】
W0804. 5. 3. 1a	吃王母娘娘特定数量的药成仙	【汉族】
W0804. 5. 3. 1a. 1	吃王母娘娘的长生不老药，一包长生不老，两包成仙	【汉族】
W0804. 5. 3. 2	吃仙丹成仙	【汉族】
W0804. 5. 3. 2. 1	黄帝吃仙丹成仙	【汉族】
W0804. 5. 3. 3	吃仙药成仙	
W0804. 5. 3. 3. 1	吃 1 粒仙药长生不老，吃 2 粒可成仙人	【汉族】
W0804. 5. 4	饮酒成仙	［W0815. 3. 1. 1. 1］鸡犬得酒升天
W0804. 5. 4. 1	道士坐酒瓮中，三日方出，须发皆黑，颜如童子，遂成仙	【汉族】

① ［W0805. 1. 3］服药后特定时间成仙；［W0815. 3. 1. 1. 2］鸡犬得仙药升天；［W0827. 2. 1. 1］人服半剂药成为地仙；［W0827. 15. 1］服金液者身色紫金，立生羽翼，升天为仙官；［W0970. 8. 4. 5. 1］神仙之药（仙药，能成仙之药）

W 编码	母题描述	关联项
W0804.5.5	饮升仙水成仙	
W0804.5.5.1	升仙水	
W0804.5.5.1.1	得饮升仙水可身体香净而升仙	【汉族】
W0804.5.5.1.2	升仙水不能以金铁及手承取	【汉族】
W0804.5.5.1.3	升仙水只能用瓠芦盛	【汉族】
W0804.5.6	食玉成仙	
W0804.5.6.1	食玉膏成仙	【汉族】
W0804.5.6.1.1	食白玉膏成仙	【汉族】
W0804.5.6.2	食玉浆成仙	
W0804.5.6.2.1	食明星玉女的玉浆成仙	【汉族】
W0804.5a	吃多种物成仙	
W0804.5a.1	食灵药和人参成仙	
W0804.5a.1.1	王母娘娘告诉后羿，服用人参汤煮的灵药可以成仙	【汉族】
W0804.6	积功德成仙（因功成仙，人做善事成仙）	［W1444.2.5.5］因有功升天
W0804.6.1	功德圆满就能化为神仙飞上天	【佤族】
W0804.6.2	降妖除害者被奉为仙	
W0804.6.2.1	柯阿汗除妖魔被称为恩都力柯阿汗仙	【鄂伦春族】
W0804.6.3	救助一定的动物成仙	
W0804.6.3.1	牛郎救牛成仙	【汉族】
W0804.6.4	因拯救百姓成仙	
W0804.6.4.1	后羿射因射日成仙	【汉族】
W0804.7	借助特定物成仙	
W0804.7.1	骑虎升天成仙	【毛南族】
W0804.7.2	乘龙成仙	
W0804.7.2.1	尧时有老母得九转丹砂法，乘九色龙而仙	【汉族】

W 编码	母题描述	关联项
W0804. 7. 3	乘凤飞升	
W0804. 7. 3. 1	蔡女仙乘凤飞升	【汉族】
W0804. 8	人被封为仙	
W0804. 8. 1	仙人封仙	
W0804. 8. 1. 1	放牛郎“三界”被仙人封仙	【毛南族】
W0804. 8. 2	天神封仙	［W0058. 1. 3. 0］天神封神
W0804. 8. 2. 1	天神更资把4个女的封为四仙	【彝族】
W0804. 8. 3	玉皇大帝封仙	
W0804. 8. 3. 1	玉皇大帝封人间小伙达伙到天上为仙	【仫佬族】
W0804. 9	到特定地方成仙	
W0804. 9. 1	人死后到十二层天成仙	【布依族】
W0804. 9. 2	特定地方洗浴成仙	
W0804. 9. 2. 1	乐道好事者在仙谷中洗沐，以求飞仙	【汉族】
W0804. 10	点化成仙（度人成仙）	
W0804. 10. 1	祖师经点化成仙	【汉族】
W0804. 10. 2	成仙者度人成仙	
W0804. 10. 2. 1	铁拐得道，度钟离权成仙，权度吕洞宾成仙	【汉族】
W0804. 11	做特定事情成仙	
W0804. 11. 1	钻石得仙升天	
W0804. 11. 1. 1	傅氏积四十七年，钻尽石穿遂得仙升天	【汉族】
W0804. 11. 2	诵经成仙	
W0804. 11. 2. 1	在特定地方诵经成仙	【白族】
W0804. 12	人修炼成仙（修仙）	【民族，关联】①
W0804. 12. 1	通过特定时间的修炼成仙	

① 【汉族】 ＊［W0778. 5. 1. 3. 2］人间王子修炼成仙后上天成为玉皇大帝；［W0778. 8. 2. 1］太上老君选人间修炼的王子上天做了玉皇大帝；［W0790a. 1. 3. 1］人修炼成为观音菩萨；［W0803. 7. 2. 1］蛇修炼成仙；［W0803. 8. 1. 1］千年松根变茯苓后修行成仙童；［W0827. 4. 1. 1］狐狸修炼成仙；［W0827e. 1］百仙在仙人洞内修炼；［W0954. 1. 1. 1. 1. 1］太上老君修炼仙丹

W 编码	母题描述	关联项
W0804.12.1.1	修仙要经历几十年	【汉族】 *［W0805.1.2.1］葛仙翁学道数十年，白日登仙
W0804.12.2	通过特定地点的修炼成仙	
W0804.12.3	通过修特定内容成仙	
W0804.12.3.1	修道成仙	【汉族】
W0804.12.4	通过特定人物指导的修炼成仙	
W0804.12.5	修仙不成功	
W0804.12.5.1	凡念未消修炼不成功	【毛南族】
W0804.13	与修仙方法有关的其他母题	
W0804.13.1	隐居成仙	
W0804.13.1.1	庄子隐于抱犊山中得道成仙。	【汉族】
W0805	**与仙的产生有关的其他母题**	
W0805.1	仙产生的时间	
W0805.1.1	天地未分前生仙子	【彝族】
W0805.1.2	人白日成仙	
W0805.1.2.1	葛仙翁学道数十年，白日登仙	【汉族】
W0805.1.3	服药后特定时间成仙	
W0805.1.3.1	服九丹之人，或三年，或二年，或一年或半年，或百日六十日、三十日、三日，成仙	【汉族】
W0805.2	成仙的时机	【布依族】
W0805.2.1	成仙的特定时辰	
W0805.2.1.1	鸡叫时成仙	
W0805.2.1.1.1	张古和盘古正满一万八千岁时，鸡一叫他俩成仙	【侗族】
W0805.3	成仙的条件	
W0805.3.1	只有仙胎才能成仙	【汉族】
W0805.3.2	雨中成仙	
W0805.3.2.1	大雨时，子英乘鱼升腾而去	【汉族】

W 编码	母题描述	关联项
W0805.4	成仙的方式	
W0805.4.1	成仙时，凡体留在人间，仙体升上天宫	【汉族】
W0805.5	成仙的地点	
W0805.5.1	到山中成仙	
W0805.5.1.1	麻姑逃入山中得仙	【汉族】 * ［W0806.0.2.3］女仙麻姑
W0805.5.1.2	茅盈的曾祖父在华山得道成仙	【汉族】
W0805.6	选仙场	
W0805.6.1	南山选仙场在峭崖之下	【汉族】
W0806	**仙的体征**	【汤普森】F232
W0806.0	仙的性别	
W0806.0.1	男仙	
W0806.0.1.1	和尚即男仙（和尚修仙为神仙）	【苗族】
W0806.0.2	女仙	［W0826］仙女
W0806.0.2.1	放荡不羁的女仙	【土家族】
W0806.0.2.2	女仙河北王母	【汉族】
W0806.0.2.3	女仙麻姑（麻姑）	【汉族】 * ［W0805.5.1.1］麻姑逃入山中竟得仙
W0806.0.2.3.1	麻姑是王方平之妹	【汉族】
W0806.0.2.3.2	仓老麻姑	【汉族】
W0806.0.2.3.3	麻姑是麻秋之女	【汉族】
W0806.0.2.3.4	神仙麻姑降东阳蔡径家，手爪长4寸	【汉族】
W0806.0.2.3.5	麻姑献寿	［W0475.3.2］寿神麻姑
W0806.0.2.3.5.1	麻姑为王母娘娘祝寿礼献美酒	【汉族】
W0806.0.2.3.6	麻姑青春永驻	【汉族】
W0806.0.2.4	女仙王子登	
W0806.0.2.4.1	玉女王子登是王母身边的女仙	【汉族】
W0806.0.2.5	女仙上元夫人	
W0806.0.2.5.1	上元夫人是三天上元之官	【汉族】

W 编码	母题描述	关联项
W0806.0.2.5.2	上元夫人统领十万玉女	【汉族】
W0806.0.2.5.3	上元夫人嵯峨三角髻，余发散垂腰	【汉族】
W0806.1	仙的外貌	【汤普森】F230
W0806.1.1	仙有动物的外形	【汤普森】F234.1
W0806.1.2	仙子是年轻女子的模样	【汤普森】F234.2.5；＊【土家族】
W0806.1.3	仙子鸟形	【汤普森】F234.1.15
W0806.1.4	仙的外貌丑陋（貌丑的仙）	
W0806.1.4.1	仙人马自然貌丑，齇鼻、秃鬓、大口，饮酒石余，醉眠，即以拳入口	【汉族】
W0806a	**仙的性情**	
W0806a.1	仙癫狂	
W0806a.2	仙嗜睡	【汉族】
W0806a.2.1	睡仙	
W0806a.2.1.1	睡仙陈抟	【汉族】
W0806a.2.2	仙人一觉千百年	
W0806a.2.2.1	张果老小睡8百年，大睡1千年	【汉族】
W0806a.2.2.1.1	张果老在娑罗树下小睡8百年，大睡1千年	【汉族】
W0806a.2.2.2	灰牛大仙每三万六千年要休息1千年	【汉族】
W0806a.3	仙悠闲	
W0806a.3.1	仙人整日无事可做	【汉族】
W0806a.4	仙爱娱乐	
W0806a.4.1	仙人下棋	【汉族】
W0806a.5	仙爱饮酒	
W0806a.5.1	仙人在月亮上饮酒	【汉族】
W0807	**与仙的特征有关的其他母题（仙的其他特征）**	【汤普森】①F250；②F259

W 编码	母题描述	关联项
W0807.1	仙有凡人特征	【汤普森】F254
W0807.2	仙的缺陷	【汤普森】F255
*W0808	**仙的生活（仙人的生活）**	
W0809	**仙的行为（仙人的行为）**	【汤普森】F260
W0809.1	仙能让人变形	
W0809.1.1	仙用特定手段让人变形	
W0809.1.1.1	仙用仙火把人变成岩石	【布依族】
W0809.1.2	仙人下棋	【毛南族】
W0809.1.3	神仙故作邋遢相	【汉族】
W0809.1.4	仙人炼药	【汉族】
W0809.1.5	仙人耕作	
W0809.1.5.1	仙人种灵芝	【汉族】 *［W3820］灵芝
W0810	**仙的服饰（仙人的服饰）**	【汤普森】F236；*［W0970.8.4.1］神仙的服饰
W0810.1	不同的仙人衣服不同	
W0810.1.1	仙人衣服颜色各异	【汉族】
W0810.2	仙人服饰超俗	
W0810.2.1	仙人衣裳华丽	
W0810.2.1.1	女仙杜兰香黄麟羽被	【汉族】
W0810.3	特定仙人的服饰	
W0810.3.1	仙人斯阿尼比惹耳坠大黄珊瑚珠子，身穿绣满花纹的短褂，下穿天蓝色大脚裤	【彝族】
W0810.3.2	特定仙人衣着随意	
W0810.3.2.1	扶桑大仙上身光着，下身围着一块破兽皮	【汉族】
W0810.4	仙衣	
W0810.4.1	仙衣无缝线痕	【汉族】
W0811	**仙的饮食（仙的食物，仙人的食物）**	【汤普森】F243
W0811.1	仙人食玉	【汉族】

W 编码	母题描述	关联项
W0811.1.1	仙食蓬莱山上的细石	【汉族】
W0811.2	仙以土为食	
W0811.2.1	神仙洞的土是天仙王生产的食物	【门巴族】
W0811.3	仙不食烟火	【回族】【彝族】
W0811.4	仙人吃仙桃	【毛南族】
W0811.5	仙人食扶桑	【汉族】
W0811.6	仙人吃特定动物的肉	
W0811.6.1	希有喙赤，仙人甘之	【汉族】
W0811.7	仙食云母	
W0811.7.1	何仙姑食云母	【汉族】
W0812	**仙的居所（仙人的居所）**	【汤普森】F220
W0812.1	仙人住在天堂	【回族】
W0812.2	仙人住在天上	【鄂温克族】【柯尔克孜族】【毛南族】
W0812.2.1	盘古王把仙人送到天上居住	【布依族】
W0812.2.2	仙人住在月亮上	【汉族】
W0812.3	仙的房屋	【汤普森】F221
W0812.4	仙的城堡	【汤普森】F222
W0812.4.1	仙宫	
W0812.4.1.1	百花仙宫	【汉族】
W0812.4.1.2	玄洲有太玄仙官宫室	【汉族】
W0812.5	仙人居山上	
W0812.5.1	仙住昆仑山	
W0812.5.1.1	群仙居昆仑山第九层	【汉族】
W0812.5.2	仙住在小山上	【汤普森】F214
W0812.5.3	仙人居神山	【汉族】
W0812.5.4	仙人居龙山	【汉族】
W0812.5.5	仙人居高山	
W0812.5.5.1	仙人居百丈山仙洞	【汉族】
W0812.6	仙人居岛上	
W0812.6.1	仙人居沧海岛	

W 编码	母题描述	关联项
W0812. 6. 1. 1	仙人所居沧海岛在北海中，地方三千里，去岸二十一万里	【汉族】
W0812. 7	仙住在空中（天上）	【汤普森】F215. 1；＊【民族，关联】①
W0812. 8	仙住在森林	【汤普森】F216
W0812. 9	仙住洞中	【汉族】
W0812. 9. 1	仙住特定的岩洞	
W0812. 9. 1. 1	天仙王住多雄拉山的大洞穴中	【门巴族】
W0812. 10	仙住水中	【哈萨克族】
W0812. 11	与仙的居住所有关的其他母题	【关联】②
W0812. 11. 1	三清是最高仙界	
W0812. 11. 1. 1	三清	
W0812. 11. 1. 1. 1	三清即玉清、上清、太清	【汉族】
W0812. 11. 1. 1. 1. 1	第 33 重天太清天，第 34 重天上清天，第 35 重天玉清天	【汉族】
W0812. 11. 1. 1. 2	三清即太清、乙清、上清	【彝族（撒尼）】
W0812. 11. 2	三清天	
W0812. 11. 2. 1	大罗生玄元始三燕化为三清天	【汉族】
W0812. 11. 2. 2	三清天一日清微天玉清境，二日禹余天上清境，三日大赤天太清境	【汉族】
W0813	**仙的出行（仙人的出行）**	
W0813. 1	仙人行天	【汤普森】F282
W0813. 2	仙人造访人间	【汤普森】F393；＊【汉族】
W0813. 3	仙的出行工具	【汤普森】F242；＊【京族】
W0813. 3. 1	仙驾云出行	【汉族】
W0813. 3. 2	仙骑动物出行	
W0813. 3. 2. 1	仙人骑羊	【汉族】
W0813. 3. 3	仙人乘龙	

① 【鄂温克族】【柯尔克孜族】 ＊［W0098］神住天上

② ［W0970. 8. 4. 3］神仙的居所；［W1074. 9］仙界；［W1265. 6. 7］仙岛；［W1852. 6. 107. 2］蓬莱山是仙人居所

W 编码	母题描述	关联项
W0813.3.3.1	仙人乘龙升天	【汉族】
W0813.3.3.1.1	仙人萧史乘龙升天	【汉族】
W0813.4	仙人下凡	
W0813.4.1	仙人下凡在光中从天而降	【京族】
W0813.5	与仙的出行有关的其他母题	［W1074.9.5］仙带人去仙界
W0814	**仙的所有物**	【汤普森】F240
W0814.1	仙的珠宝	【汤普森】F244； ＊［W9686］宝珠
＊**W0815**	**仙的身份（仙人的身份，仙的职能）**	［W0970.8.2］神仙的特征（神仙的职能、神仙的能力）
W0815.0	仙是神	【汤普森】F251.1.2
W0815.1	仙人是先知	【藏族】 ＊［W0970.8.2.3］神仙预知一切事情
W0815.1.1	仙能洞察人的思想	【汤普森】F256
W0815.2	仙人是指点迷津者	【汉族】
W0815.2.1	仙人为人排忧解难	【汉族】
W0815.3	仙人为身边事物带来恩泽	
W0815.3.1	仙人能使鸡犬升天	【汉族】
W0815.3.1.1	鸡犬升天（鸡犬升仙）	
W0815.3.1.1.1	鸡犬得酒升天	【汉族】
W0815.3.1.1.2	鸡犬得仙药升天	【汉族】
W0815.4	仙人身份的变化	
W0815.4.1	仙人被贬	
W0815.4.1.1	仙人被贬为凡人	【汉族】
W0815.5	仙分九品（仙分九等）	
W0815.5.1	升天之仙有九品，第一上仙，号九天真王；第二次仙，号三天真皇；第三号太上真人；第四号飞天真人；第五号灵仙；第六号真人；第七号灵人；第八号飞仙；第九号仙人	【汉族】 ＊［W0827.12.1］飞仙即羽人

W 编码	母题描述	关联项
W0816	**仙有非凡的能力（仙人的能力）**	【汤普森】F253
W0816.1	仙会法术（仙能得道）	
W0816.1.1	仙会飞行术	
W0816.1.1.1	仙人宁封擅长龙虫乔飞行之术	【汉族】
W0816.2	仙人耳朵灵	
W0816.2.1	仙人是顺风耳	【汉族】
W0816.2.1.1	仙人张道陵能飞行遥听	【汉族】
W0816.3	仙有感必应	【汉族】
W0817	**仙能长生**	【汉族】
W0817.1	仙人长生不老	
W0817.2	仙人返老还童	【汉族】
W0817a	**仙的死亡（仙人的寿命与死亡）**	
W0817a.0	仙不会死亡	
W0817a.0.1	仙人不吃不老不死	【怒族】
W0817a.1	仙人羽化	【汉族】
W0817a.2	仙老而不死	【汉族】
W0817a.3	仙的尸解（尸解仙）	
W0817a.3.1	下士先死后蜕，谓尸解仙	【汉族】
W0817a.4	仙被外力致死	
W0817a.4.1	仙人被晒死	
W0817a.4.1.1	杨二郎的仙体母亲被太阳晒化	【汉族】
W0818	**仙能上天（仙人升天，仙人飞升）**	[W0813.3.3.1] 仙人乘龙升天
W0818.1	仙人得道升天	【汉族】 * [W0789.8.1] 老子的弟子得道升天
W0818.2	仙人能白日上天	【汉族】
W0819	**仙人会飞**	
W0819.1	仙人靠翅膀飞翔	
W0819.1.1	仙人体生毛，臂变为翼，行于云	【汉族】

W 编码	母题描述	关联项
W0819.2	仙人快乐飞翔	
W0819.2.1	蔡邕成仙后飞去飞来甚快乐	【汉族】
W0820	**仙能变形（仙人变形，仙会变化）**	［W9526.7.1］仙的变形
W0820.1	仙能变成动物	
W0820.1.1	仙人化鹤	
W0820.1.1.1	仙人丁令威化鹤	【汉族】
W0820.2	仙会化为金光	
W0820.2.1	仙人化道金光飘去	【水族】
W0821	**仙能预言**	［W9251］预言者
W0821.1	仙预言婴儿的出生	【汤普森】F315
W0822	**仙帮助人**	［W9987］帮助者
W0822.1	仙人治病	【汤普森】F344；＊【门巴族】＊［W8657］瘟疫（疾病）的消除
W0822.2	仙救人脱危	【鄂伦春族】
W0822.3	仙人点化人	【汤普森】F345；＊【汉族】
W0822.3.1	仙让人梦想成真	【汤普森】F341
W0823	**与仙的能力或事迹有关的其他母题**	【关联】①
W0823.1	仙管着婴儿的出生	【汤普森】F312
W0823.2	破坏性的仙（恶仙）	【汤普森】F360
W0823.3	仙人行窃	【汤普森】F365；＊［W9950］偷盗
W0823.4	仙有十通	【汉族】
W0823.4.1	仙善知他心智神通	【汉族】
W0823.4.2	仙无碍清净天眼智神通	【汉族】
W0823.4.3	仙宿住随念智神通	【汉族】
W0823.4.4	仙知尽未来际劫智神通	【汉族】

① ［W0827a.6.3.2］仙人八公能炼金化丹，出入无间；［W1168.21.1.2.7］仙人把守南天门；［W2691.2］仙收养人的后代；［W6901.3］神仙造音乐；［W8648.4］仙制造疾病；［W9427.1］神仙报恩；［W9466.1］神仙复仇

W 编码	母题描述	关联项
W0823. 4. 5	仙无碍清净天耳智神通	【汉族】
W0823. 4. 6	仙无碍清净天耳智神通	【汉族】
W0823. 4. 7	仙善分离一切众生言音智神通	【汉族】
W0823. 4. 8	仙诞生无量色身智神通	【汉族】
W0823. 4. 9	仙一切法智神通	【汉族】
W0823. 4. 10	仙入所有法灭尽智神通	【汉族】
W0823. 5	仙百无一用（无能的仙人）	【汉族】
W0823. 5. 1	仙面对事情无能为力	【汉族】
W0824	**仙的关系**	
W0824. 1	仙的亲属	
W0824. 2	仙的上司	
W0824. 2. 1	仙臣服于神	
W0824. 2. 1. 1	仙臣服于天神	
W0824. 2. 1. 1. 1	仙臣服于天神是因为天神是仙的长辈	【彝族】
W0824. 3	仙的从属	
◎	**〖常见的仙〗**	
W0825	**天仙**	【门巴族】
W0825. 1	天仙的产生	
W0825. 1. 1	真主造天仙	
W0825. 1. 1. 1	天地混沌时真主造天仙	【回族】
W0825. 1. 1. 2	真主用火造天仙	【回族】
W0825. 2	天仙的特征（天仙的身份，天仙的职能，天仙的能力）	
W0825. 2. 1	天仙不能饮食	【回族】
W0825. 2. 2	上士举形昇虚谓之天仙	【汉族】
W0825. 2. 3	天仙会飞	
W0825. 2. 3. 1	天仙飞行云中	【汉族】
W0825. 2. 4	天仙不能久居人间	【高山族】
W0825. 3	天仙的数量	

W 编码	母题描述	关联项
W0825.3.1	四大天仙	【回族】
W0825.3.2	八大天仙	
W0825.3.2.1	八大天仙是哲布勒伊来、米卡伊来、伊斯拉菲来，阿兹拉伊来、盟克尔、乃克尔，雷祖瓦尼和马力克	【回族】
W0825.4	天仙的关系	
W0825.4.1	天仙地仙像兄弟	【门巴族】 ＊［W0827.2.3.3］地仙王与天仙王亲如兄弟
W0825.5	与天仙有关的其他母题	［W7267］人与天女婚
W0825.5.1	天仙独自留在九重天	【哈萨克族】
W0825.5.2	天仙王	【门巴族】 ＊［W0812.9.1.1］天仙王住多雄拉山的大洞穴中
W0825.5.3	天仙即飞仙	【汉族】 ＊［W0827.12.1］飞仙即羽人（羽人即飞仙）
W0825.5.4	特定名称的天仙（天仙的名字）	
W0825.5.4.1	天仙罗阿麻	【彝族】
W0825.5.4.2	天仙依勒克	【高山族】
W0826	**仙女**	【汤普森】 ≈F302
W0826.1	仙女的产生	
W0826.1.1	仙女源于特定的地方	
W0826.1.2	神生仙女（神性人物生仙女）	
W0826.1.2.1	仙女是神的女儿	【彝族】
W0826.1.2.2	仙女是妖的女儿	【汉族】
W0826.1.3	动物生仙女	
W0826.1.3.1	仙女是鸟王的女儿	【景颇族】
W0826.1.4	神造仙女	
W0826.1.4.1	天神用泥造仙女	【珞巴族】
W0826.1.5	卵化生仙女	
W0826.1.5.1	天神阿布卡恩都里额头上的红瘤化生仙女	【满族】
W0826.2	仙女的特征	

W 编码	母题描述	关联项
W0826. 2. 1	仙女长着翅膀	【瑶族】【壮族】
W0826. 2. 1. 1	七仙女是黑蓝色的翅膀	【蒙古族】
W0826. 2. 1. 2	仙女长着一对金翅膀	【汉族】
W0826. 2. 1. 3	仙女的翅膀受伤	【哈萨克族】
W0826. 2. 1. 4	仙女金翅金鳞	【朝鲜族】
W0826. 2. 2	仙女貌美	
W0826. 2. 2. 1	仙女的脸庞像红牡丹，苗条的身腰像白桦树	【鄂伦春族】
W0826. 2. 2. 2	仙女美如画	【汉族】
W0826. 2. 3	仙女是黄种人	【汉族】
W0826. 2. 4	仙女心地善良	【塔吉克族】
W0826. 2. 4. 1	仙女同情凡间穷苦人	【满族】【水族】
W0826. 2. 5	仙女浑身通透	
W0826. 2. 5. 1	仙女昌容，隔肉见骨	【汉族】
W0826. 2a	仙女的身份	
W0826. 2a. 1	仙女是守护者	
W0826. 2a. 1. 1	守卫着特定的山的仙女	【塔吉克族】
W0826. 2a. 2	仙女是神	
W0826. 2a. 2. 1	仙女死后灵魂变成娘娘神（女神）	【鄂伦春族】
W0826. 2a. 3	仙女是织女	【白族】 * ［W0764. 5. 7. 2. 1］玉女是王母娘娘身边专织天上五彩云锦的仙女
W0826. 2a. 4	仙女是天女	【汉族】
W0826. 3	仙女的本领（仙女的职能）	【关联】①
W0826. 3. 1	仙女会变化	【民族】②
W0826. 3. 1. 1	仙女变白鸽	【普米族】
W0826. 3. 1. 2	仙女变成小白雀	【鄂伦春族】

① ［W1175. 10］仙女造地；［W1469. 3. 1］仙女撒种子长出天梯；［W1804. 9. 1］仙女造山；［W1978. 1. 2. 1］仙女造水井

② 【鄂伦春族】【满族】【普米族】【塔吉克族】

W 编码	母题描述	关联项
W0826.3.1.3	仙女会千万种变化	
W0826.3.1.3.1	仙女会变化为鬼怪、飞禽、猛兽	【塔吉克族】
W0826.3.2	仙女上天（仙女回天）	［W0826.4a.1］仙女下凡
W0826.3.2.1	仙女失去羽衣无法回天	【达斡尔族】【羌族】
W0826.3.2.2	仙女怀孕不能升天	【满族】
W0826.3.2.3	仙女穿衣回天	【畲族】
W0826.3.2.4	仙女被抓回天上	【彝族】
W0826.3.3	仙女的化身	
W0826.3.3.1	白鸽是天上的仙女	【普米族】
W0826.3.3.2	仙女化成的山	【普米族】
W0826.3.3.3	仙女化成天鹅	【彝族】
W0826.3.4	善射的仙女	【满族】
W0826.3.5	仙女有手艺	【满族】
W0826.3.6	仙女司火种	
W0826.3.6.1	司火种的仙女阿晅	【水族】
W0826.4	仙女的生活	
W0826.4.1	仙女的服饰	
W0826.4.1.1	仙女的羽衣	【达斡尔族】
W0826.4.2	仙女的食物	
W0826.4.3	仙女的居所	
W0826.4.3.1	仙女住天上	【水族】
W0826.4.3.1.1	天上住着3个美貌仙女	【满族】
W0826.4.3.2	仙女居月宫	【汉族】
W0826.4.3.3	仙女住天宫	【汉族】
W0826.4.3.3.1	仙女住天宫瑶池	【汉族】
W0826.4.4	仙女的出行（仙女的坐骑）	
W0826.4.4.1	仙女穿凤凰衣后飞翔	【水族】
W0826.4.4.1a	仙女靠裙子飞行	【汉族】
W0826.4.4.2	仙女失羽衣后不能回天	【达斡尔族】
W0826.4.4.3	仙女凭青纱飞翔	【鄂伦春族】

W 编码	母题描述	关联项
W0826. 4. 4. 4	仙女乘宝车	【乌孜别克族】
W0826. 4. 4. 5	仙女脚踩白云	【水族】
W0826. 4a	仙女的行为	
W0826. 4a. 1	仙女下凡	［W0224］天女下凡
W0826. 4a. 1. 1	仙女为送火种下凡	【水族】
W0826. 4a. 1. 2	仙女因寂寞下凡	【蒙古族】
W0826. 4a. 1. 3	仙姑为解闷下凡	【汉族】
W0826. 4a. 1. 4	仙女犯天规被贬下凡	【汉族】
W0826. 4a. 1. 5	仙女下凡游玩	【高山族】
W0826. 4a. 1. 5. 1	仙女为游天池下凡	【满族】
W0826. 4a. 1. 5a	仙女为了爱情下凡	【彝族】 * ［W0826. 4a. 5］仙女嫁人间
W0826. 4a. 1. 5b	仙女为助人下凡	【乌孜别克族】
W0826. 4a. 1. 5c	仙女为寻找自由下凡	【汉族】 * ［W0826. 6. 1. 7. 1］云姑仙女羡慕人间的自由逃到人间
W0826. 4a. 1. 6	仙女下凡后变形	【彝族】
W0826. 4a. 1. 7	仙女变天鹅下凡	【彝族】
W0826. 4a. 1. 8	仙女通过天洞下凡	【汉族】
W0826. 4a. 1. 9	仙女踏彩虹下凡	【朝鲜族】
W0826. 4a. 1. 10	仙女七月七下凡	【汉族】
W0826. 4a. 2	仙女洗浴	【民族，关联】①
W0826. 4a. 2. 1	七仙女下凡洗澡	【民族，关联】②
W0826. 4a. 2. 1. 1	每月初八、十五、三十三天七仙女下凡洗澡	【蒙古族】
W0826. 4a. 2. 1. 2	仙女在六月十五日洗浴	【汉族】
W0826. 4a. 2. 1. 3	仙女七月十五日洗浴	【汉族】
W0826. 4a. 2. 1. 4	仙女每逢金日（星期五）下凡洗浴	【朝鲜族】

① 【汉族】【满族】 * ［W0224a. 2］天女沐浴（天女洗浴）；［W1976. 5. 3. 2］浴仙池
② 【鄂伦春族】 * ［W0826. 5. 3］七仙女；［W0826. 5. 3. 6a］七仙女下凡游乐

W 编码	母题描述	关联项
W0826.4a.2.1.5	三个仙女除夕时辰到大河源头洗浴	【纳西族】
W0826.4a.2.2	三仙女下凡洗浴	【满族】
W0826.4a.2.2.1	仙女下凡到坑塘里洗澡	【汉族】
W0826.4a.2.3	仙姑在天池洗浴	【鄂伦春族】
W0826.4a.2.4	三个仙女分别在三星池洗浴	【鄂伦春族】
W0826.4a.2.5	仙女在玉池里洗澡	【汉族】
W0826.4a.2.6	仙女在天上的大坑中洗浴	【汉族】
W0826.4a.2.6.1	七仙女在天上的大坑中洗浴	【汉族】
W0826.4a.2.6.2	9个仙女在天上的大坑中洗浴	【汉族】
W0826.4a.2.7	仙女在温泉洗澡	
W0826.4a.2.7.1	七个仙女在温泉洗澡	【汉族】
W0826.4a.2.8	仙女下凡到潭中洗澡	
W0826.4a.2.8.1	七个仙女下凡到后潭洗澡	【汉族】
W0826.4a.2.9	仙女在小河里洗澡	
W0826.4a.2.9.1	七个仙女在小河里洗澡	【汉族】
W0826.4a.2a	仙女游乐	
W0826.4a.2a.1	仙女到天池游玩	【朝鲜族】
W0826.4a.3	仙女助人	
W0826.4a.3.1	仙女救放牛郎	【白族】
W0826.4a.3.2	仙女为猎人收拾房子做饭	【达斡尔族】
W0826.4a.3.2a	仙女为猎人三兄弟偷偷做饭	【土族】
W0826.4a.3.3	仙女给人做鞋袜及裹肚等	【汉族】
W0826.4a.3.4	仙女借给人物品	【汉族】
W0826.4a.4	仙女播种星星	【汉族】
W0826.4a.5	仙女嫁人间	
W0826.4a.5.1	仙女下凡与人间男子成婚	【汉族】
W0826.4a.6	仙女离开人间	
W0826.4a.6.1	仙女得到衣裳后离开人间	【汉族】
W0826.4a.6.2	仙女被捉回天上	【汉族】

W 编码	母题描述	关联项
W0826. 4a. 6. 3	仙女离开人间带走孩子	
W0826. 4a. 6. 3. 1	仙女离开人间带走 3 个女儿	【汉族】
W0826. 4a. 6. 3. 2	仙女离开人间带走 1 双儿女	【汉族】
W0826. 5	仙女的数量	
W0826. 5. 1	三仙女（3 个仙女）	
W0826. 5. 1. 1	天上的三仙女	【鄂伦春族】 * ［W0826. 4. 3. 1. 1］天上住着 3 个美貌仙女
W0826. 5. 1. 2	三仙女佛库伦	【满族】
W0826. 5. 1. 3	三仙女掌管人间疾病	【鄂伦春族】
W0826. 5. 1. 4	三个仙女是三姊妹	【仫佬族（疑为“仡佬族”）】
W0826. 5. 1. 5	三仙女是同胞姐妹	【满族】
W0826. 5. 2	五仙女（5 个仙女）	【达斡尔族】
W0826. 5. 2a	六仙女（6 个仙女）	【蒙古族】
W0826. 5. 2a. 1	天上有 6 个仙女	【彝族】
W0826. 5. 3	七仙女（7 个仙女）	【民族，关联】①
W0826. 5. 3. 1	七仙女是玉皇大帝的孙女	【汉族】 * ［W0780. 2b. 1］玉皇大帝的孙女七仙女
W0826. 5. 3. 1a	七仙女是天帝的女儿	【蒙古族】
W0826. 5. 3. 1b	人间女子成为七仙女	【满族】
W0826. 5. 3. 1b. 1	女子飞到天上成为七仙女	【汉族】
W0826. 5. 3. 2	七仙女是杍神	【汉族】
W0826. 5. 3. 3	七仙女住天上	【俄罗斯族】
W0826. 5. 3. 4	上界仙女家的七姐妹	【蒙古族】
W0826. 5. 3. 5	七仙女有五百侍女	【蒙古族】
W0826. 5. 3. 6	七仙女变成天鹅下凡	【蒙古族】
W0826. 5. 3. 6a	七仙女下凡游乐	【汉族】 * ［W0826. 4a. 2. 1］七仙女下凡洗澡

① 【俄罗斯族】【汉族】【黎族】【满族】 * ［W0766. 3. 1. 1］织女是七仙女；［W0826. 4a. 2. 1］七仙女下凡洗澡；［W1734. 8. 2］七仙女变成北斗七星

W 编码	母题描述	关联项
W0826.5.3.7	七仙女归玉皇的大女儿张大姐管理	【汉族】
W0826.5.3.8	七仙女玛尼	
W0826.5.3.8.1	七仙女玛尼比六个姐姐更美丽	【蒙古族】
W0826.5.3.9	七仙女的婚姻	
W0826.5.3.9.1	七仙女中的老三与人婚	【汉族】
W0826.5.3.9.2	七仙女中的老小与人婚	【汉族】
W0826.5.3.10	七仙女的特征	
W0826.5.3.10.1	七个仙女中七仙女最贤惠漂亮	【朝鲜族】
W0826.5.3.11	七仙女的生活	
W0826.5.3.11.1	七个仙女姐妹形影不离	【汉族】
W0826.5.4	九仙女	【蒙古族】
W0826.5.4.1	天上的九仙女	【水族】
W0826.5.5	其他数量的仙女	
W0826.5.5.1	十仙女	【汉族】
W0826.5.5.2	百名仙女	
W0826.5.5.2.1	玉帝送花神妹妹百名仙女	【汉族】
W0826.5a	仙女的关系	
W0826.5a.1	仙女的姐妹	
W0826.5a.1.1	仙女与女神是姐妹	
W0826.5a.1.1.1	赤衣仙女、白衣仙女与女神喜利妈妈是亲姐妹	【锡伯族】
W0826.6	与仙女有关的其他母题	［W7273］人与仙女婚
W0826.6.1	特定名称的仙女	
W0826.6.1.1	红云黄云天仙女底诗底妮吾司木	【彝族】
W0826.6.1.2	仙女代尼乌音	【达斡尔族】
W0826.6.1.3	太阳仙女	【汉族】
W0826.6.1.4	蟠桃仙女	【汉族】
W0826.6.1.5	天真仙女	【汉族】
W0826.6.1.6	仙女阿晅	
W0826.6.1.6.1	天上的仙女阿晅管火种	【水族】

W 编码	母题描述	关联项
W0826. 6. 1. 7	云姑仙女	
W0826. 6. 1. 7. 1	云姑仙女羡慕人间的自由逃到人间	【汉族】
W0826. 6. 2	仙女多情	【汉族】
W0826. 6. 3	玉仙	
W0826. 6. 3. 0	食月中赛树叶者为玉仙	【汉族】
W0826. 6. 3. 1	玉仙告诉嫘祖纺织方法	【汉族】
W0826. 6. 3. 2	玉仙三姐妹	【汉族】 * ［W0045. 6. 1. 2］玉仙三姐妹协助嫘祖织布做衣被奉为神
W0826. 6. 3. 3	玉仙之身洞彻如水精琉璃	【汉族】
W0826. 6. 4	金仙	【汉族】 * ［W0827. 1. 23. 2］广成子是“十二金仙”之一
W0826. 6. 5	仙婆	
W0826. 6. 5. 1	仙婆牙线是天神的女儿	【水族】
W0826. 6. 5. 2	仙婆牙线被贬下凡	【水族】
W0826. 6. 6	仙姑娘（仙姑）	【汉族】
W0826. 6. 6. 1	仙姑变成白雀救猎人	【鄂伦春族】
W0826. 6. 6. 2	白衣仙姑	
W0826. 6. 6. 2. 1	白衣仙姑救死扶伤	【鄂伦春族】
W0826. 6. 6. 3	三仙姑	【汉族】
W0826. 6. 6. 4	稻谷仙姑	
W0826. 6. 6. 4. 1	稻谷仙姑是天神的小女儿	【哈尼族】
W0826. 6. 6. 4. 2	稻谷仙姑嗜酒	【哈尼族】
W0826. 6. 6. 5	百谷仙姑	
W0826. 6. 6. 5. 1	百谷仙姑巡视人间	【满族】
W0826. 6. 7	天仙女	
W0826. 6. 7. 1	天仙女盗药	【壮族】
W0826. 6. 7a	彩女	
W0826. 6. 7a. 1	天上的彩女偷偷下凡	【汉族】
W0826. 6. 8	仙女湖	

W 编码	母题描述	关联项
W0826.6.8.1	新余仙女湖	【汉族】
W0826.6.9	仙女洞	
W0827	**其他特定的仙（特定名称的仙）**	
W0827.1	仙人（仙子，仙童）	【汤普森】F482； *【关联】①
W0827.1.0	仙子的产生	
W0827.1.0.1	宇宙四方产生4位仙子	【彝族】
W0827.1.0a	仙子的特征	
W0827.1.0b	仙子的身份	
W0827.1.0b.1	地下的地人是“仙子”	【彝族】
W0827.1.0c	仙子的生活	
W0827.1.1	蟠桃仙子	
W0827.1.1.1	特定的人是西王母的蟠桃仙子的化身	【汉族】
W0827.1.2	云仙子	
W0827.1.2.1	云仙子是风神、雨神的女儿	【畲族】
W0827.1.2.2	云仙子斗魔王	【畲族】
W0827.1.3	百花仙子（花仙）	【民族，关联】②
W0827.1.3.1	百花仙子貌美	【汉族】
W0827.1.3.2	百花仙子能解人间苦中苦	【汉族】
W0827.1.3.3	百花仙子受命于花神	【汉族】
W0827.1.3.4	百花仙子驾彩云	【汉族】
W0827.1.3a	牡丹仙子	
W0827.1.3a.0	鲜花化为牡丹仙子	
W0827.1.3a.0.1	百花仙子的鲜花化为牡丹仙子	【汉族】
W0827.1.3a.1	采牡丹的仙子是牡丹仙子	【汉族】
W0827.1.3a.2	牡丹仙子看守广寒宫的白牡丹	【汉族】
W0827.1.3b	荷花仙子	
W0827.1.3b.1	采荷花的仙子是荷花仙子	【汉族】

① ［W0671.8.2.5］吴刚列入仙班（仙人吴刚）；［W0768.3］善财童子

② 【汉族】 *［W0542.1］花神；［W1978.1.2.2］百花仙子造井

W 编码	母题描述	关联项
W0827. 1. 3c	菊花仙	【汉族】
W0827. 1. 3d	梅花仙	【汉族】
W0827. 1. 3e	四大花仙	
W0827. 1. 3e. 1	牡丹、荷花、菊花和梅花四位花仙	【汉族】
W0827. 1. 4	磨坊仙子	［W1307. 6. 3］磨坊仙子把天升高
W0827. 1. 4. 1	磨坊仙子叫达伙	【仫佬族】
W0827. 1. 4. 2	磨坊仙子把天升高	【仫佬族】
W0827. 1. 5	四仙子	
W0827. 1. 5. 1	天地未分前生四仙子	【彝族】
W0827. 1. 6	桂月仙子	【汉族】
W0827. 1. 7	仙人赤松子	［W0304. 3. 3. 1］雨师赤松子
W0827. 1. 7. 1	仙人赤松子死后封宁封子	【汉族】
W0827. 1. 7. 1. 1	仙人宁封隐居青城山	【汉族】
W0827. 1. 7. 2	赤诵子是上谷人	【汉族】
W0827. 1. 7. 2. 1	赤诵子吐故内新，上通云天	【汉族】
W0827. 1. 7. 3	赤松子与火共舞	【汉族】
W0827. 1. 7. 4	赤松子的名号	
W0827. 1. 7. 4. 1	赤松子又名赤诵子	【汉族】
W0827. 1. 7. 4. 2	赤松子号左圣南极南岳真人	【汉族】
W0827. 1. 7. 4. 3	赤松子号左仙太虚真人	【汉族】
W0827. 1. 8	鹿鸭仙人	
W0827. 1. 8. 1	鹿鸭仙人平地走路像鹿，在水里像鸭子	【汉族】
W0827. 1. 8. 2	鹿鸭仙人住九天	【汉族】
W0827. 1. 9	皎阳大仙	
W0827. 1. 9. 1	黄狼精被玉皇大帝封为皎阳大仙	【汉族】
W0827. 1. 10	洁月大仙	
W0827. 1. 10. 1	白兔精被玉皇大帝封为洁月大仙	【汉族】
W0827. 1. 11	护山大仙	

W 编码	母题描述	关联项
W0827.1.11.1	护山大仙是山神爷的助手	【汉族】
W0827.1.12	仙童	
W0827.1.12.1	华盖童子	【汉族】
W0827.1.12.2	童男童女	【汉族】
W0827.1.13	婴姆（谌母）	
W0827.1.13.1	谌母修仙成道鹤发童颜	【汉族】
W0827.1.14	耕娘仙子	
W0827.1.14.1	耕娘仙子种出满天彩霞	【彝族】 *［W4470］霞的产生
W0827.1.15	仙人刘海蟾	
W0827.1.15.0	刘海蟾得正阳子真传成仙	【汉族】
W0827.1.15.1	海蟾姓刘名嚞	【汉族】
W0827.1.15.2	海蟾子姓刘名昭远	【汉族】
W0827.1.15.3	刘玄英，号海蟾子	【汉族】
W0827.1.15.4	刘海戏蟾	【汉族】
W0827.1.16	仙人赤将子舆	
W0827.1.16.1	赤将子舆是黄帝时人	【汉族】
W0827.1.17	仙人安期生	
W0827.1.17.1	安期先生是千岁翁	【汉族】
W0827.1.17.2	安期生有长生不死之药	【汉族】 *［W0804.5.1.4.1］吃安期生的大枣成仙
W0827.1.17.3	安期生是琅琊阜乡人	【汉族】
W0827.1.17.4	安期生又称千岁翁	【汉族】
W0827.1.17.5	安期生封号北极真人	【汉族】
W0827.1.18	仙人丁令威	［W0820.1.1.1］仙人丁令威化鹤
W0827.1.18.1	丁令威学道于灵虚山	【汉族】
W0827.1.19	仙人宋无忌（宋毋忌）	［W0493.6.1g］灶神宋无忌
W0827.1.19.1	月中仙人宋无忌	【汉族】
W0827.1.19.2	始皇时，燕人宋毋忌为方仙道，形解销化	【汉族】
W0827.1.20	仙人冯三界	
W0827.1.20.1	冯三界遇八仙对弈	【汉族】

W 编码	母题描述	关联项
W0827. 1. 21	仙人华佗	
W0827. 1. 21. 1	华佗游学徐土，兼通数经，晓养性之术，时人以为仙	【汉族】
W0827. 1. 22	仙人卫叔卿	
W0827. 1. 22. 1	卫叔卿乘云车，驾白鹿	【汉族】
W0827. 1. 23	仙人广成子	
W0827. 1. 23. 0	广成子是太上老君在黄帝时期的化身	【汉族】
W0827. 1. 23. 1	广成子是黄帝的师傅	【汉族】 * ［W0695. 5. 1. 2. 1］黄帝在具茨山神仙洞跟广成子修道3年
W0827. 1. 23. 1. 1	广成子教黄帝佩雄黄	【汉族】
W0827. 1. 23. 1. 2	古之仙人广成子居崆峒之山的石室	【汉族】
W0827. 1. 23. 2	广成子是“十二金仙”之一	【汉族】
W0827. 1. 24	仙人张良	［W0849. 4. 1. 1］太白金星赐颜氏女八豆生张良等八妖精
W0827. 1. 24. 1	张良又名太玄童子	【汉族】
W0827. 1. 24. 2	张良又名凌虚真人	【汉族】
W0827. 1. 24. 3	黄石公授张良《太公兵法》	【汉族】
W0827. 1. 25	仙人王乔（仙人王子乔）	
W0827. 1. 25. 1	王子乔原为周灵王的太子	【汉族】
W0827. 1. 25. 2	王子乔号右弼真人	【汉族】
W0827. 1. 25. 3	王子乔号元弼真君	【汉族】
W0827. 1. 25. 4	王子乔号元应真人	【汉族】
W0827. 1. 25. 5	王子乔号善利广济真人	【汉族】
W0827. 1. 26	仙人王重阳	
W0827. 1. 26. 1	王重阳号重阳子	【汉族】
W0827. 1. 26. 2	王重阳又称重阳全真开化真君	【汉族】
W0827. 1. 27	三茅真君	
W0827. 1. 27. 1	三茅真君是道教茅山派的祖师	【汉族】

W 编码	母题描述	关联项
W0827.1.27.2	三茅真君是茅盈、茅固、茅衷三兄弟	
W0827.1.28	仙人丁令威	
W0827.1.28.1	丁令威学道于灵墟山	【汉族】
W0827.1.28.2	丁令威仙化为仙鹤	【汉族】
W0827.1.29	仙人白玉蟾	
W0827.1.29.1	白玉蟾原名葛长庚	【汉族】
W0827.1.29.2	葛长庚又称琼琯紫虚真人	【汉族】
W0827.1.29.3	葛长庚又称紫清真人	【汉族】
W0827.1.29.4	葛长庚又称紫清先生	【汉族】
W0827.1.30	仙人麻衣子	
W0827.1.30.1	麻衣子修道坐化成仙	【汉族】
W0827.1.30.2	麻衣子 101 岁时成仙	【汉族】
W0827.1.31	大仙费长房	
W0827.1.31.1	大仙费长房居东南山中	【汉族】
W0827.1.32	九仙子	
W0827.1.32.1	九仙子开创山河	【彝族】
W0827.2	地仙	【民族，关联】①
W0827.2.1	地仙的产生	
W0827.2.1.1	人服半剂药成为地仙	【汉族】
W0827.2.2	地仙的特征	
W0827.2.2.1	地仙会飞翔	【水族】
W0827.2.2.2	地仙身高万丈	【水族】
W0827.2.2.3	中士避于名山，谓之地仙	【汉族】
W0827.2.2.3a	地仙身高百丈，腰粗十围，臂如巨杉，指赛楠竹	【水族】
W0827.2.3	与地仙有关的其他母题	
W0827.2.3.1	地仙旺虽	【水族】
W0827.2.3.2	地仙居森林中	【门巴族】

① 【汉族】【门巴族】【水族】 ＊［W0713.5.1］女娲是地上的神仙；［W0825.4.1］天仙地仙像兄弟；［W0828.6.3］地仙王

W 编码	母题描述	关联项
W0827. 2. 3. 3	地仙王与天仙王亲如兄弟	【门巴族】
W0827. 2. 3. 4	土王有个公主叫地仙	【土家族】
W0827. 2. 3. 5	地仙射日	【水族】
W0827. 3	歌仙	【汤普森】F262. 3； ＊［W6904］歌
W0827. 3. 1	感特定物生歌仙	
W0827. 3. 1. 1	女子感黄莺生歌仙刘三姐	【壮族】
W0827. 3. 2	歌仙刘三姐	
W0827. 3. 2. 1	歌仙刘三姐经连山去各地传歌	【壮族】
W0827. 4	狐仙	【达斡尔族】【满族】 ＊［W0844. 9］狐狸精
W0827. 4. 1	狐仙的产生	
W0827. 4. 1. 1	狐狸修炼成仙	【汉族】
W0827. 4. 2	狐仙的特征	
W0827. 4. 3	与狐仙有关的其他母题	
W0827. 4. 3. 0	狐仙的名称	
W0827. 4. 3. 0. 1	狐仙又称大仙家（狐大仙）	【达斡尔族】
W0827. 4. 3. 1	狐仙助人	
W0827. 4. 3. 2	狐仙帮助萨满神	【满族】
W0827. 4. 3. 3	狐仙保护人类	【满族】
W0827. 5	牛仙	【汉族】
W0827. 5a	羊仙	
W0827. 5a. 1	石羊大仙	
W0827. 5a. 1. 1	石羊为黄帝救驾为尊为石羊大仙	【汉族】
W0827. 6	陆鸭道人	
W0827. 6. 1	陆鸭道人是神仙	【汉族】
W0827. 7	仙鹤	【汉族】
W0827. 7. 1	仙鹤是灵魂的坐骑	【鄂温克族】
W0827. 7. 2	白鹤仙翁	
W0827. 7. 2. 1	白鹤仙翁有宝葫芦	【汉族】
W0827. 8	鹰仙	
W0827. 8. 1	鹰鸽大仙	【汉族】

W 编码	母题描述	关联项
W0827.9	鹿仙（仙鹿）	
W0827.9.1	珍珠鹿仙子	
W0827.9.1.1	鹿圣母抚育珍珠鹿仙子	【裕固族】
W0827.9.2	仙鹿寿千岁	【汉族】
W0827.10	四灵大仙	【汉族】
W0827.11	大罗仙	
W0827.11.1	哪吒	
W0827.11.1.0	哪吒是佛教之神	【汉族】
W0827.11.1.1	那吒是玉皇驾下大罗仙	【汉族】
W0827.11.1.2	那吒长六丈，首带金轮，三头九眼八臂，口吐青云，足踏盘石，手持法律	【汉族】
W0827.11.1.3	毗沙门天王之子那吒太子	【汉族】
W0827.11.1.3a	哪吒是毗沙门天王的三太子	【汉族】
W0827.11.1.3b	哪吒是托塔李天王李靖之子	【汉族】
W0827.11.1.4	哪吒闹海	【汉族】
W0827.11.1.5	哪吒剔骨还肉给父母	【汉族】
W0827.11.1.6	哪吒被绦带行业祖师	【汉族】
W0827.11.1.7	哪吒又作那吒	【汉族】
W0827.12	飞仙	【汉族】
W0827.12.1	飞仙即羽人（羽人即飞仙）	【汉族】 *［W0825.5.3］天仙即飞仙
W0827.12.2	飞仙飞行云中，神化轻举	【汉族】
W0827.13	水仙	【汉族】
W0827.13.1	水仙的产生	
W0827.13.1.1	得黄帝玄珠之要者成为水仙	【汉族】
W0827.13.2	水仙的特征	
W0827.13.3	特定名称的水仙（水仙的名称）	
W0827.13.3.1	北海水仙	【汉族】
W0827.13.3.2	水仙洛川宓妃	【民族，关联】①
W0827.13.3.3	水仙屈原	【汉族】

① 【汉族】 *［W0405.5a.1］洛水神宓妃；［W0406.1.1f］水神宓妃

W 编码	母题描述	关联项
W0827. 13. 3. 4	水仙伍子胥	【汉族】
W0827. 13. 4	与水仙有关的其他母题	
W0827. 14	太极仙	
W0827. 14. 1	太极仙诚实忠义	【汉族】
W0827. 14. 2	太极仙下凡	【汉族】
W0827. 14a	无极仙	
W0827. 14a. 1	无极仙口是心非	【汉族】
W0827. 15	仙官	
W0827. 15. 1	服金液者身色紫金，立生羽翼，升天为仙官	【汉族】
W0827. 16	五圣	［W0805. 0. 1］五圣原为民间妖邪之神，后来成为道教驱邪的神仙
W0827. 16. 1	五圣是东岳泰山神的五个儿子	【汉族】
W0827. 16. 2	五圣的名称	
W0827. 16. 2. 1	五圣又称五显	【汉族】
W0827. 16. 2. 2	五圣又称五通	【汉族】
W0827. 16. 2. 3	五圣又称独脚五通	【汉族】
W0827. 16. 2. 4	五圣又称五郎神	【汉族】
W0827. 16. 2. 5	五圣又称花果五郎	【汉族】
W0827. 16. 2. 6	五圣又称护界五郎	【汉族】
W0827. 16. 2. 7	五圣又称木客	【汉族】
W0827. 16. 2. 8	五圣又称木下三郎	【汉族】
W0827. 16. 2. 9	五圣又称安乐神	【汉族】
W0827. 17	野仙	
W0827. 17. 1	野仙类似妖怪、精灵	【羌族】
W0827. 17. 2	妇女触犯野仙会生畸形儿	【羌族】
W0827a	**八仙**	
W0827a. 1	八仙的来历	
W0827a. 2	八仙人物	

W 编码	母题描述	关联项
W0827a. 2. 0	八仙即李铁拐、钟离权、张果老、何仙姑、蓝采和、吕洞宾、韩湘子和曹国舅	【汉族】
W0827a. 2. 0. 1	八仙是张果老、汉钟离、曹国舅、蓝采和、铁拐李、韩湘子、徐神翁、吕洞宾	【汉族】
W0827a. 2. 0. 2	八仙是容成公、李耳、董仲舒、张道陵、庄君平、李八百、范长生、尔朱先生	【汉族】
W0827a. 2. 0. 3	八仙是汉钟离、吕洞宾、李铁拐、风僧寿、蓝采和、元壶子、曹国舅、韩湘子	【汉族】
W0827a. 2. 1	铁拐李（李铁拐）	
W0827a. 2. 1. 1	铁拐李名李玄	【汉族】
W0827a. 2. 1. 1a	李铁拐名李凝阳	【汉族】
W0827a. 2. 1. 1b	拐仙姓李	【汉族】
W0827a. 2. 1. 1c	李铁拐名洪水，小字拐儿，又名铁拐	【汉族】
W0827a. 2. 1. 2	铁拐李下凡	
W0827a. 2. 1. 2. 1	天皇让铁拐李下凡	【畲族】
W0827a. 2. 1. 2a	铁拐李住天上	【苗族】
W0827a. 2. 1. 3	李铁拐是东华教主	【汉族】
W0827a. 2. 1. 4	李铁拐是吕洞宾的徒弟	【汉族】
W0827a. 2. 1. 5	李铁拐是老子的徒弟	【汉族】
W0827a. 2. 1. 6	西王母点化铁拐李升仙	【汉族】
W0827a. 2. 1. 7	铁拐李有足疾	【汉族】
W0827a. 2. 1. 8	铁拐李的拐杖	
W0827a. 2. 1. 8. 1	王母娘娘赐铁拐李拐杖	【汉族】
W0827a. 2. 1. 8. 2	铁拐李的铁杖能掷空化龙	【汉族】
W0827a. 2. 1. 9	铁拐李能魂魄离体	【汉族】
W0827a. 2. 2	汉钟离	

W 编码	母题描述	关联项
W0827a. 2. 2. 1	钟离权是上古黄神氏转世托生	【汉族】
W0827a. 2. 2. 2	汉钟离即钟离权	【汉族】
W0827a. 2. 2. 3	钟离权又名正阳开悟传道真君	【汉族】
W0827a. 2. 2. 4	钟离权又名正阳开悟传道垂教帝君	【汉族】
W0827a. 2. 2. 5	钟离权字云房，号正阳子	【汉族】
W0827a. 2. 2. 6	钟离权是陕西咸阳人氏	【汉族】
W0827a. 2. 3	张果老	
W0827a. 2. 3. 1	张果老张果	
W0827a. 2. 3. 2	张果老是玉皇张大帝的结拜兄弟	【汉族】
W0827a. 2. 3. 3	张果老无所不知	【汉族】
W0827a. 2. 3. 4	张果老倒骑驴	【汉族】
W0827a. 2. 3. 4. 1	张果老的神驴	【汉族】
W0827a. 2. 3. 5	张果老的法术	
W0827a. 2. 3. 5. 1	张果老炼骨同蝉蜕	【汉族】
W0827a. 2. 3. 6	张果隐居在恒州中条山	【汉族】
W0827a. 2. 3. 7	与张果老有关的其他母题	［W0806a. 2. 2. 1］张果老小睡 8 百年，大睡 1 千年
W0827a. 2. 4	吕洞宾	【关联】①
W0827a. 2. 4. 1	吕洞宾吕岩	
W0827a. 2. 4. 1. 1	吕岩字洞宾	【汉族】
W0827a. 2. 4. 2	吕洞宾贪图酒、色、财、气	【汉族】
W0827a. 2. 4. 3	狗咬吕洞宾	【汉族】
W0827a. 2. 4. 4	吕洞宾斩蛟	【汉族】
W0827a. 2. 4. 5	吕洞宾饮水处	【汉族】
W0827a. 2. 4. 6	钟离权在庐山度吕洞宾成道	【汉族】
W0827a. 2. 4. 7	吕洞宾的名号	
W0827a. 2. 4. 7. 1	吕洞宾号妙通真人	【汉族】

① ［W0658a. 8. 1. 6. 1］制墨业和烟铺祖师吕洞宾；［W0804. 10. 2. 1］铁拐得道，度钟离权成仙，权度吕洞宾成仙

W 编码	母题描述	关联项
W0827a.2.4.7.2	吕洞宾又称纯阳演政警化孚佑帝君	【汉族】
W0827a.2.4.7.3	吕洞宾又称吕祖	【汉族】
W0827a.2.4.7.4	吕洞宾又称纯阳祖师	【汉族】
W0827a.2.4.7.5	吕洞宾又称吕纯阳	【汉族】
W0827a.2.4.8	吕洞宾生日四月十四	【汉族】
W0827a.2.5	何仙姑	【关联】①
W0827a.2.5.0	何仙姑广州增城县何泰之女	【汉族】
W0827a.2.5.1	何仙姑何琼	
W0827a.2.5.2	何仙姑又称麻姑	【汉族】
W0827a.2.5.3	五色云起于麻姑坛	【汉族】
W0827a.2.5.4	何仙姑能知人祸福	【汉族】
W0827a.2.5.4.1	麻姑相	【汉族】
W0827a.2.5.5	何仙姑住云母溪	【汉族】
W0827a.2.5.6	何仙姑食云母粉成不死之仙	【汉族】
W0827a.2.5.7	何仙姑生日三月初七	【汉族】
W0827a.2.5.8	何仙姑头上长有6根钢发	【汉族】
W0827a.2.6	蓝采和	
W0827a.2.6.1	蓝采和许坚	
W0827a.2.6.2	蓝采和是赤脚大仙转世	【汉族】
W0827a.2.6.3	蓝采和衣着邋遢	【汉族】
W0827a.2.6.4	蓝采和手持3尺大拍板	【汉族】
W0827a.2.7	韩湘子	
W0827a.2.7.1	韩湘子为汉丞相安抚的女儿灵灵转世	【汉族】
W0827a.2.7.2	韩湘子施法除鳄	【汉族】
W0827a.2.8	曹国舅	
W0827a.2.8.1	曹国舅曹景休	【汉族】
W0827a.2.8.2	曹国舅是宋曹太后之弟	【汉族】
W0827a.2.8.3	钟离、纯阳引曹国舅入仙班	【汉族】

① ［W0804.5.1.3.3］何仙姑吃桃成仙；［W0811.7.1］何仙姑食云母

W 编码	母题描述	关联项
W0827a.2.8.4	两位神仙将秘术传授给曹国舅	【汉族】
W0827a.3	八仙的能力（八仙的行为，八仙的事迹）	
W0827a.3.1	八仙闹海（八仙过海）	
W0827a.3.1.1	八仙过海各显神通	【汉族】
W0827a.3.1.2	八仙火烧东洋	【汉族】
W0827a.3.2	八仙闹龙宫	
W0827a.3.2.1	八仙闹东海龙宫得胜而归	【汉族】
W0827a.3.2.2	八仙闹海龙宫取宝	【汉族】
W0827a.3.3	八仙在泰山修仙	【汉族】
W0827a.4	八仙的生活	
W0827a.4.1	八仙的饮食	
W0827a.4.2	八仙的出行	
W0827a.4.2.1	八仙除夕到元宵节降临人间	【汉族】
W0827a.5	八仙的类型	
W0827a.5.1	上八仙、中八仙和下八仙	【汉族】
W0827a.5.1.1	上八洞仙是天官赐福星、禄黑、寿星、张仙、东方朔、陈搏、彭祖、骊山母	【汉族】
W0827a.5.1.2	中洞八仙汉钟离、吕洞宾、张果老、铁拐李、韩湘子、曹国舅、兰采和、何仙姑	【汉族】
W0827a.5.1.3	下洞八仙广成仙祖、鬼谷子、孙膑、刘海、和合二仙、李八百、麻姑女	【汉族】
W0827a.5.2	八仙有上八仙、下八仙、饮中八仙以及蜀中八仙等	【汉族】
W0827a.5.3	明八仙、暗八仙	
W0827a.5.3.1	暗八仙分别指葫芦、掌扇、花篮、道情筒、莲花拂尘（或宝剑）、笛子和尺板等八物	【汉族】

W 编码	母题描述	关联项
W0827a.6	与八仙有关的其他母题	
W0827a.6.1	八仙桌	
W0827a.6.1.1	家中供奉八仙的长桌称“八仙桌	【锡伯族】
W0827a.6.2	8个仙人	
W0827a.6.2.1	8个仙人在通天峒生活	【毛南族】
W0827a.6.3	仙人八公	
W0827a.6.3.1	仙人八公指苏飞、李尚、左吴、田由、雷被、毛被、伍被、晋昌八人	【汉族】
W0827a.6.3.2	仙人八公能炼金化丹，出入无间	【汉族】
W0827a.6.4	八洞神仙	【汉族】
W0827b	**两个特定名称的仙**	【柯尔克孜族】
W0827b.1	和合二仙	【汉族】
W0827b.1.1	和合二仙是寒山、拾得	【汉族】
W0827b.1.2	和合二仙又称和合二圣	【汉族】
W0827b.1.3	和合二仙是民间喜神	【民族，关联】①
W0827b.1.4	雍正十一年封天台寒山大士为和圣，拾得大士为合圣	【汉族】
W0827b.1.5	万回哥哥像蓬头笑面，身著绿衣，左手擎鼓，右手执棒，云是和合之神	【汉族】 * ［W0486.3.5.1］团圆与喜庆之神万回哥哥
W0827c	**三仙（三位大仙）**	
W0827c.1	三位大仙分别住在宇宙的玉清、上清和太清	【汉族】
W0827d	**九仙**	
W0827d.1	汉河氏兄弟九人炼丹成仙	【汉族】
W0827d.2	九仙乘鲤鱼升天	【汉族】
W0827e	**百仙**	
W0827e.1	百仙在仙人洞内修炼	【汉族】
W0827e.2	百仙以胡三太爷、胡三太奶为尊	【汉族】

① 【汉族】 * ［W0457.3.0.3］福神和合二仙；［W0486.3］特定名称的喜神

W 编码	母题描述	关联项
W0827f	**其他数量的仙**	
W0827f. 1	五仙	【汉族】 ＊［W0546. 8. 1. 1］五仙城（广州）的五仙是五谷之神
W0828	**与仙有关的其他母题**	【关联】①
W0828. 1	半仙（半个神仙，半人半仙）	
W0828. 1. 1	守人祖坟者成半仙	【汉族】
W0828. 1. 2	吃特定物成为半仙	
W0828. 1. 2. 1	人吃红果成了半个神仙	【壮族】
W0828. 1. 3	特定人物是半人半仙	
W0828. 1. 3. 1	造秤的祖师爷“千人平”半人半仙	【汉族】
W0828. 1. 4	半仙上知天文日月星，下通地理雷雨风	【汉族】
W0828. 2	仙气	
W0828. 2. 1	念经拜佛得仙气	【汉族】
W0828. 2. 2	特定人物会吹仙气	［W0760a. 4. 2］王母娘娘吹仙气
W0828. 2. 2. 1	人参姑娘吹仙气	【汉族】
W0828. 2. 2. 1. 1	人参姑娘	【满族】 ＊［W0542. 3］人参神
W0828. 2. 3	通过到特定地方增长仙气	
W0828. 2. 3. 1	通过到月宫增长仙气	【汉族】
W0828. 2a	仙术	［W0779c. 6. 5］老天爷会仙术
W0828. 2a. 1	学习仙术	［W0748. 3. 1. 1］瑶姬向文武两个天师学会仙术
W0828. 2a. 1. 1	神女瑶姬在瑶池仙宫学会仙术	【汉族】
W0829. 3	仙送礼物	【汤普森】F340
W0828. 3. 1	仙人赏钱	【汤普森】F342
W0828. 3. 2	仙人赠马	【汤普森】F343. 9. 1
W0828. 3. 3	仙人送子	【汤普森】F343. 13
W0828. 3. 4	凡人不识仙人礼	【汤普森】F348. 5

① ［W6908. 4］仙舞的来历；［W7240］仙与仙之间的婚姻

W 编码	母题描述	关联项
W0828.4	仙力的失去	【汤普森】F383； *［W9118］魔力的丧失
W0828.4.1	仙家被神收走仙力	【汉族】
W0828.5	仙人的离去	【汤普森】F388
W0828.6	仙界之王（仙王）	【汤普森】F252.1
W0828.6.1	仙大王	
W0828.6.1.1	仙大王掌管雨水	【水族】
W0828.6.2	天仙王	【门巴族】
W0828.6.3	地仙王	【门巴族】 *［W0827.2］地仙
W0828.6.4	仙王旺羡	
W0828.6.4.1	仙王旺羡住天上	【水族】
W0828.7	造访仙境	【汤普森】F370； *【关联】①
W0828.7.1	凡人脱俗去仙界	【汤普森】F373
W0828.7.2	仙境	
W0828.7.2.1	白马岗是莲花盛开的仙境	【珞巴族】
W0828.8	仙的宴会	【汤普森】F263； *【汉族】 *［W0983］神的聚会（仙的聚会）
W0828.8a	仙聚会地点	【汤普森】F217
W0828.9	仙的遗迹（仙迹，与仙有关的风物）	
W0828.9.1	赵州渡石桥有张果老的驴迹	【汉族】

① ［W0813.2］仙人造访人间；［W1792.4b］人间天宫

0.8 妖魔与怪物[①]

【W0830 ~ W0919】

0.8.1 妖魔

【W0830 ~ W0854】

W 编码	母题描述	关联项
✿ **W0830**	**妖魔（妖精，魔鬼，魔怪）**	【汤普森】①G300；②G303
✻ **W0831**	**妖魔的产生（魔鬼的产生）**	【汤普森】① A51；② A2831；③≈G303.1
W0831.1	以前没有妖魔	【维吾尔族】
W0831.2	妖魔产生的原因	
W0831.2.1	天神为惩罚人类制造妖魔	
W0831.2.2	违背禁忌产生妖魔	
W0831.2.2.1	抛弃的不到天数的神造物变成妖魔	【纳西族】
W0832	**妖魔来于某个地方或自然存在**	［W8672.14.1］世界末日时妖魔四起
W0832.1	天生妖魔	【傈僳族】

① 妖魔与怪物，"妖魔"与"怪物"是两个具有交叉性质的概念，"妖魔"有时又可称谓"妖怪"、"魔鬼"。在有些神话文本中"妖魔"与"怪物"的区别并不明显，甚至许多接受者对此也认为没有严格区分的必要，但在汉语表述语境中，二者又的确具有差异性，如有人认为"妖魔"是叙述中那些形状奇怪可怕、有妖术、能害人的精灵；"怪物"既可以指奇形怪状的妖魔，也可以泛指奇异的东西等。在此编码中列出的有关"妖魔"与"怪物"的条目，仅从研究与表述的需要出发。具体情况参见《中国神话人物母题实例与索引》。

W 编码	母题描述	关联项
W0832.2	黑暗处生妖魔	【藏族】
W0832.2.1	日月星照不到的阴黑旮旯角落生出了妖魔鬼怪	【壮族】
W0832.3	妖魔来源于特定动物的尸体	【哈尼族】
W0832.4	特定的人物带来魔鬼	
W0832.4.1	黑光里生出一个黑人门瓦那保带来邪恶和魔鬼	【藏族】
W0832.5	妖魔源于山中	
W0832.5.1	蟒猊从白嘎拉山来	【鄂伦春族】
W0832.5.2	蟒猊从外兴安岭来	【鄂伦春族】
W0832.6	老天爷放出怪妖怪兽	【汉族】
W0833	**妖魔是造出来的**	【汤普森】F402.5
W0833.1	神造妖魔	
W0833.1.1	天神的弟子造妖魔	【满族】
W0833.2	神性人物造妖魔	【满族】
W0833.3	妖魔造其他妖魔	【汤普森】G303.1.4
W0833.4	人造妖魔	
W0833.5	与造妖魔有关的其他母题	
W0833.5.1	妖怪是用火和光做成的	【哈萨克族】
W0834	**妖魔是生育产生的**	【汤普森】T550
W0834.0	神或神性人物生妖魔	
W0834.0.1	妖与怪婚生妖	【彝族】
W0834.0.2	妖怪生妖怪	【彝族】
W0834.1	人生妖魔	【汤普森】T556；＊［W2600］人生怪胎
W0834.1.1	特定的女子生妖	【苗族】＊［W0849.4.1.1］太白金星赐颜氏女八豆生张良等八妖精
W0834.1.2	人感生妖	【苗族】＊［W0572.4］人感生文化英雄
W0834.2	动物生妖魔	

W 编码	母题描述	关联项
W0834. 2. 1	特定动物生妖魔	
W0834. 2. 1. 1	鱼生妖魔	【哈尼族】
W0834. 2. 2	动物婚生怪物	【汤普森】 B634
W0834. 3	植物生妖魔	
W0834. 3. 1	瓜中生魔鬼	【傈僳族】
W0834. 4	无生命物生妖魔	
W0834. 5	卵生妖魔	【纳西族】
W0834. 6	特定地点生妖魔	
W0834. 6. 1	阴暗处生妖魔	【壮族】
W0834. 7	与生育妖魔有关的其他母题	
W0835	**妖魔是变化产生的**	
W0835. 1	神变成魔鬼	【汤普森】 ≈G303. 1. 1; * 【民族，关联】①
W0835. 2	恶神的肢体化成魔鬼	【蒙古族】
W0835. 2. 1	恶天神被善天神打败后粉碎的肢体化成很多魔鬼	【蒙古族（布里亚特）】
W0835. 3	仙变成魔鬼	
W0835. 3. 1	真主把不恭的天仙变魔鬼	【撒拉族】
W0835. 4	人变成魔鬼	【汤普森】 G303. 1. 3. 1
W0835. 4. 1	人死后变成妖魔	
W0835. 4. 1. 1	人死得冤枉变成了妖精	【鄂温克族】
W0835. 4. 1. 2	恶人死后变成妖魔	【羌族】
W0835. 4. 1. 3	凶死者变成妖	【羌族】
W0835. 4. 2	女人国的女人是妖魔	【撒拉族】
W0835. 4. 3	人死后穿带毛的衣服变成魔鬼	【鄂伦春族】
W0835. 4. 4	男女人祖黑夜生育的孩子是魔鬼	【哈尼族】
W0835. 4. 5	首领被打败后变成妖怪	【壮族】
W0835. 4. 6	特定的人被视为妖魔	
W0835. 4. 6. 1	戈基人被视为邪魔鬼怪	【羌族】
W0835. 4a	祖先变成妖	【彝族】

① 【满族】【蒙古族】 * ［W0067. 1. 2. 1］女神有了男性生殖器后变成恶魔

W 编码	母题描述	关联项
W0835.5	动物变成妖魔	【满族】
W0835.5.1	年老的动物变成妖怪	
W0835.5.1.1	年老龟蛙变成妖怪	【鄂温克族】
W0835.5.2	公鸡变成妖精	【鄂温克族】 ＊［W0515.1.2.1］一只 3 岁的公鸡变成刻安其神
W0835.5.3	昆虫变成妖魔	
W0835.5.3.1	女天神吐出的昆虫变成妖魔	【维吾尔族】
W0835.6	动物的特殊器官变成妖魔	
W0835.6.1	动物的心变成妖魔	
W0835.7	植物变成妖魔	
W0835.7.1	草变成魔鬼	【达斡尔族】
W0835.8	无生命物变成妖魔（自然物变成妖魔）	
W0835.8.1	烟变成妖魔	
W0835.8.1.1	鱼肚中冒出的黄烟变成人间的妖怪	【哈尼族】
W0835.8.2	乌云变成妖魔	
W0835.8.2.1	魔洞里飘出的一朵乌云变成妖魔	【彝族】
W0835.8.3	风变成魔鬼	【羌族】
W0835.9	与变化产生妖魔有关的其他母题	
W0835.9.1	冤魂变成妖魔	
W0835.9.1.1	人的冤魂变成妖精	【鄂温克族】
W0835.9.2	精灵变成妖魔	【满族】
W0836	**与妖魔的产生有关的其他母题**	
W0836.1	妖魔产生的时间	
W0836.1.1	魔鬼产生比人早	【鄂温克族】
W0836.1.2	魔鬼和神最早产生	【鄂温克族（使鹿部）】
W0836.1.3	魔鬼与造物主同时产生	【景颇族】
W0836.1.4	魔鬼产生比人早	【傣族】
W0836.2	妖魔出生的征兆	［W9236］坏的征兆

W 编码	母题描述	关联项
＊**W0837**	**妖魔的特征（魔鬼的特征，妖怪的特征）**	【汤普森】①A1074；②G630
W0838	**妖魔的体征（魔鬼的体征）**	【汤普森】①A107；②≈G302. 3；③G303. 4；④G366
W0838. 0	男女合体的魔鬼（雌雄合同的妖魔，男女双体的鬼灵）	【珞巴族】
W0838. 0. 1	魔鬼“巴那—玛萘”是“男女双体连胎”	【珞巴族】
W0838. 0a	妖魔分男女（妖魔分公母）	
W0838. 0a. 1	天地之间有妖精须分公母	
W0838. 0a. 1. 1	妖精精公名叫质陆比，精母名叫质陆米亚	【羌族】
W0838. 1	男妖（男魔）	
W0838. 1. 1	妖怪大部分是男的	【满族】
W0838. 2	女妖（女魔、母魔）	［W0847. 3. 1］吸血女魔
W0838. 2. 1	女妖的产生	
W0838. 2. 1. 1	骷髅变成女魔	【门巴族】
W0838. 2. 2	女妖的特征	
W0838. 2. 2. 1	女妖的头	
W0838. 2. 2. 1. 1	多头女妖	
W0838. 2. 2. 1. 1. 1	3 头女妖魔（三头女妖，3 头妖婆）	【裕固族】
W0838. 2. 2. 2	女妖的脸	
W0838. 2. 2. 3	女妖的相貌	
W0838. 2. 2. 3. 1	女妖面貌奇特	
W0838. 2. 2. 3. 1. 1	母魔艾母·哈日·蟒嘎特害身躯庞大奇形怪状	【蒙古族】
W0838. 2. 2. 3. 1. 2	女妖魔红头发像钢丝，獠牙交错，浑身长毛，乳房甩肩	【藏族】
W0838. 2. 2. 3. 1. 3	老女妖头发如乱麻，胸前吊巨乳	【纳西族】
W0838. 2. 2. 3. 2	丑陋的女妖	

W 编码	母题描述	关联项
W0838.2.2.3.2.1	女妖长着一张乌鸦嘴，头上两只角，脚板乌黑	【哈萨克族】
W0838.2.2.3.3	独眼女妖	【柯尔克孜族】
W0838.2.2.3.4	女妖的其他体征	
W0838.2.2.3.5	女妖的性格	
W0838.2.2.3.5.1	女妖贪婪	【门巴族】
W0838.2.3	女妖的生活（）	
W0838.2.3.1	女妖吃人（吃人女妖）	【门巴族】
W0838.2.3.2	女妖骑母狗	【裕固族】
W0838.2.3.3	妖婆骑白狗	【裕固族】
W0838.2.3.4	妖婆骑羊	【塔吉克族】
W0838.2.4	与女妖有关的其他母题	［W0835.4.2］女人国的女人是妖魔
W0838.2.4.1	妖婆	［W0863.2.1］变婆
W0838.2.4.1.1	会念毒咒的妖婆	【彝族】
W0838.2.4.1.2	吃人的妖婆	
W0838.2.4.1.2.1	妖婆吃光全寨人	【苗族】
W0838.2.4.1.2.2	吃人的妖婆巴唐独眼、独腿、独臂	【珞巴族】
W0838.2.4.1.3	烧火的女妖精	【白族（勒墨）】
W0838.2.4.1.4	妖婆扮两姐妹之母	【普米族】
W0838.2.4.1.5	妖婆变形	
W0838.2.4.1.5.1	妖婆变美女	【哈萨克族】
W0838.2.4.1.6	女妖的关系	
W0838.2.4.1.6.1	女妖的丈夫	【汉族】
W0838.2.4.1.6.2	女妖的儿子	
W0838.2.4.1.6.2.1	女妖的儿子都是摔跤能手	【柯尔克孜族】
W0838.2a	与妖魔性别有关的其他母题	
W0838.2a.1	妖魔多为男性	
W0838.2a.1.1	妖怪大部分是不善良的男性	【满族】
W0838.3	妖魔的奇特外形	【汤普森】G360

W 编码	母题描述	关联项
W0838.3.1	体型巨大的妖魔（巨魔）	【汤普森】G100； ＊【哈萨克族】
W0838.3.1.1	妖魔有大山般的身躯	【鄂伦春族】
W0838.3.2	妖魔面目可怕	［W0838.4.1］妖魔青面獠牙（魔鬼青面獠牙）
W0838.3.3	人形妖魔（怪物）	【汤普森】①A1072.1； ②G303.3.1
W0838.3.3.1	妖魔是老妇人模样	【汤普森】G302.3.3
W0838.3.4	妖魔有动物的外表	
W0838.3.4.1	猴面妖	【锡伯族】
W0838.3.5	妖怪像合体的动物	【汤普森】①≈G126； ②G302.3.2；③G303.3.3
W0838.3.5.1	老蟒猊脑袋长得像罕达犴的头，手像老雕的爪子	【鄂伦春族】
W0838.3.5.2	妖魔牛头狗身	【汉族】
W0838.3.5.3	妖怪头似龙，身似马	【汉族】
W0838.3.5.3a	妖怪龙头马身	【汉族】
W0838.3.6	蛇形妖魔（怪物）	【汤普森】A1072.3
W0838.3.7	妖魔像虹	【汤普森】G306
W0838.3.8	恶魔披鳞长角，有脚有翅，獠牙三尺，眼若铜铃，口似血盆，头如人面，身尾似蛇，脚如鹰爪	【蒙古族】
W0838.3.9	魔怪像老虎，头上两只角，两眼像手电，口像血盆，獠牙三尺长	【汉族】
W0838.3.10	妖魔七头八臂	
W0838.3.10.1	湖魔七头八臂，铁手铜甲	【东乡族】
W0838.3.11	妖精人面虎身长双翅	【白族】
W0838.3.12	只有一半肢体的妖魔	【珞巴族】
W0838.4	妖魔的头部特征	【汤普森】G361
W0838.4.1	妖魔青面獠牙（魔鬼青面獠牙）	【白族】【鄂温克族】【景颇族】
W0838.4.1.1	吃人的妖魔青面獠牙	【汤普森】≈G88

W 编码	母题描述	关联项
W0838.4.1.2	妖精龇牙咧嘴	【裕固族】
W0838.4.2	3 头妖魔（三个头的魔鬼，三头妖）	【民族，关联】①
W0838.4.2.1	三头妖精专门吸食人血	【裕固族】
W0838.4.2.2	三头妖骑着白狗	【裕固族】
W0838.4.3	7 头妖魔（七头妖魔）	［W0847.3.4］吸血的七头妖魔
W0838.4.3.1	妖怪 7 个头	【东乡族】
W0838.4.3.2	七头妖魔的化身是一个老婆婆	【维吾尔族】
W0838.4.3.3	七头巨魔	【哈萨克族】
W0838.4.4	9 头妖魔（九头妖魔）	【民族，关联】②
W0838.4.4.1	9 头妖魔莽古斯	【土族】
W0838.4.4.2	9 头妖怪	【鄂伦春族】【土族】
W0838.4.4.3	9 头魔王	
W0838.4.4.4	9 头妖魔的头砍掉后复生	
W0838.4.4.4.1	9 头妖魔的头砍掉装在宝袋里不能复生	【鄂伦春族】
W0838.4.4.5	9 头恶魔	
W0838.4.4.5.1	9 头恶魔名叫果打古工	【纳西族】
W0838.4.4.5.2	九头恶魔神耶鲁里	【满族】
W0838.4.5	很多头妖魔（魔王）	［W0843］魔王
W0838.4.5.1	10 头魔王	【傣族】
W0838.4.5.2	12 头魔王	【蒙古族】
W0838.4.5.3	75 个头的恶魔	【蒙古族】
W0838.4.5.4	妖魔的每个头各不相同	【蒙古族】
W0838.4.6	妖魔有多张脸	
W0838.4.6.1	妖魔有 10 张脸	【瑶族】
W0838.4.7	妖魔的眼睛	

① 【鄂温克族】【裕固族】 * ［W0838.2.2.1.1.1］3 头女妖魔（三头女妖，3 头妖婆）

② 【满族】【撒拉族】【藏族】 * ［W0684.4.2.1］格萨尔降服九头妖魔；［W0847.3.3］九头妖魔婆蟒斯罕尔专门吸人的血

W 编码	母题描述	关联项
W0838. 4. 7. 1	独眼的妖魔	【汤普森】G121. 1. 1； ＊【关联】①
W0838. 4. 7. 2	多只眼睛的妖魔	【鄂伦春族】
W0838. 4. 7. 2. 1	满盖头上长着百眼	【达斡尔族】
W0838. 4. 7. 2. 2	四眼妖怪	【白族】
W0838. 4. 7. 3	绿眼妖魔	
W0838. 4. 7. 4	妖魔的眼珠子像铃铛	【鄂伦春族】
W0838. 4. 7. 5	妖魔火眼金睛	【哈尼族（豪尼）】
W0838. 4. 8	妖魔的头发	
W0838. 4. 9	妖魔的鼻子	【汤普森】G362
W0838. 4. 9. 1	妖魔嗅觉灵敏	
W0838. 4. 9. 1. 1	妖怪能闻出人味	【锡伯族】 ＊［W0889. 6. 1］鬼能闻出人味
W0838. 4. 10	妖魔的嘴	【汤普森】G363
W0838. 4. 11	妖魔头上长角	【朝鲜族】
W0838. 4. 12	与妖魔头部特征有关的其他母题	
W0838. 4. 12. 1	魔鬼黄头发、红鼻子、蓝眼睛	【鄂伦春族】
W0838. 4. 12. 1a	妖魔红眼绿发	【汉族】
W0838. 4. 12. 2	妖魔巨大的耳朵	
W0838. 4. 12. 2. 1	妖魔耳能容山	【满族】
W0838. 5	妖魔的其他外部特征	【汤普森】G369
W0838. 5. 1	妖魔的四肢	
W0838. 5. 1. 1	独脚妖魔	【普米族】
W0838. 5. 1. 2	妖魔长着铁爪	【东乡族】
W0838. 5. 2	妖魔无形	
W0838. 5. 2. 1	人看不到妖魔	【壮族】
W0838. 5. 3	魔鬼的形体只飘浮在浓雾间	【汉族】
W0838. 6	与妖魔体征有关的其他母题	
W0838. 6. 1	妖魔的心脏	【珞巴族】

① ［W0838. 2. 2. 3. 3］独眼女妖；［W0838. 2. 4. 1. 2. 2］吃人的妖婆巴唐独眼、独腿、独臂

W 编码	母题描述	关联项
W0838.6.1.1	妖魔有特殊的心脏	
W0838.6.1.1.1	乌鸦是妖魔的心脏	【鄂伦春族】
W0838.6.1.2	妖魔的心存放在某个地方	【鄂伦春族】
W0838.6.1.2.1	恶魔的心藏在毒水池里	【汉族】
W0838.6.1.3	妖魔的心脏不死	【鄂伦春族】
W0838.6.1.3.1	妖魔有3个不死的心脏	
W0838.6.1.3.1.1	满盖的3个不死的心脏放在3棵树上	【达斡尔族】
W0838.6.2	妖魔的血	
W0838.6.2.1	魔鬼的血是黑的	【达斡尔族】
W0838.6.3	妖魔的呼吸（妖魔的肺活量）	
W0838.6.3.1	妖魔吹气能飞沙走石	【彝族】
W0838.6.4	妖魔的排泄物	
W0838.6.4.1	妖魔靠放屁害人	【汉族】
W0838.6.5	妖魔有特定的标记（妖魔的印记）	
W0838.6.5.1	妖魔头上有一撮白毛是不能隐藏的标记	【维吾尔族】
W0838.6.5.2	魔王胸前有个黑点	【普米族】
W0838.6.6	妖魔的声音	
W0838.6.6.1	妖魔喘气无声	【哈尼族】
W0838.6.6.2	妖魔的声音威力很大	
W0838.6.6.2.1	妖魔的叫声造成飞沙走石	【彝族】
W0838.6.7	妖魔没有脚印	【哈尼族】
W0838.6.8	人可以看到魔鬼	【维吾尔族】
W0838.6.8.1	诚实的人可以看见女魔的真面目	【门巴族】
W0838.6.9	妖魔作息有特殊规律	
W0838.6.9.1	妖精三日一小睡，七日一大睡	【京族】

W 编码	母题描述	关联项
W0838a	**妖魔的性格特征（魔鬼的性格特征，妖魔的性情）**	
W0838a. 1	魔鬼的嫉妒	
W0838a. 1. 1	魔鬼嫉妒别人的幸福生活	【哈萨克族】
W0838a. 2	妖魔诡计多端（妖魔很狡猾）	
W0838a. 2. 1	满盖长着 9 颗脑袋诡计多端	【鄂伦春族】
W0838a. 2. 2	妖魔通过计谋骗取宝物	
W0838a. 2. 2. 1	妖魔变少女从敌手中骗得宝物	【彝族】
W0838a. 3	妖魔贪生怕死	
W0838a. 3. 1	妖魔将死哀号如羊	【蒙古族】
W0838a. 4	妖魔无恶不作	
W0838a. 4. 1	妖魔强奸妇女，掠夺牛羊	【蒙古族】
W0838a. 4. 2	妖魔侵扰村寨，为非作歹	【白族】
W0838a. 4. 3	魔鬼专门做坏事	
W0838a. 4. 3. 1	魔鬼专门干放水、放火和害人的勾当	【畲族】
W0838a. 4. 4	妖魔为什么害人	【满族】
W0838a. 5	妖魔生性难改	
W0838a. 5. 1	妖怪改不了凶恶的性格	【汉族】
W0838a. 6	妖魔贪色	
W0838a. 6. 1	怪魔黑沙看到美貌的白龙姑娘后垂涎三尺	【哈尼族】
W0838a. 7	魔鬼好吃懒做还偷吃	【哈尼族】
W0838a. 8	妖魔有特殊嗜好（妖魔的爱好）	
W0838a. 8. 1	妖精爱花	
W0838a. 8. 1. 1	介乎鬼神之间一个妖精里依最爱花	【羌族】
W0838a. 8. 2	妖魔冷酷无情	
W0838a. 8. 2. 1	人进贡雪妖无济于事	【裕固族】
W0838a. 8. 3	魔鬼喜欢玩耍	

W 编码	母题描述	关联项
W0838a. 8. 3. 1	魔鬼跳绳索	【珞巴族】
W0838a. 8. 4	魔鬼喜欢黑夜	【畲族】
W0838b	**与妖魔的特征有关的其他母题**	
W0838ba. 1	妖魔的身份（妖魔的性质）	
W0838ba. 1. 1	妖魔是恶神	【锡伯族】
W0839	**妖魔的生活（魔鬼的生活）**	
W0839. 1	妖魔的服饰	
W0839. 2	妖魔的食物（魔鬼的饮食）	【关联】①
W0839. 2. 1	妖魔吃人畜	【蒙古族】【土族】
W0839. 2. 1. 1	魔鬼专吃特定动物	
W0839. 2. 1. 1. 1	魔鬼只吃满周岁的猪羊	【羌族】
W0839. 2. 2	妖魔吃人	【民族，关联】②
W0839. 2. 2. 1	魔鬼吃人的灵魂	【鄂伦春族】
W0839. 2. 2. 2	妖精每天吃一对童男童女	【白族】
W0839. 2. 2. 3	妖魔蟒斯哈尔以人肉为食	【撒拉族】
W0839. 2. 2. 4	蟒猊不吃野兽光吃人	【鄂伦春族】
W0839. 2. 2. 5	妖魔吃人不吐骨头	【鄂伦春族】
W0839. 2. 2. 6	妖魔吃人的规矩	
W0839. 2. 2. 6. 1	妖魔吃人论资排辈	【羌族】
W0839. 2. 2. 7	妖魔死人活人通吃	【白族（勒墨）】
W0839. 2. 2. 8	一对吃人的魔鬼夫妻	【傣族】
W0839. 2. 3	妖魔同类相食	【汤普森】G312； ＊［W8917.2］人食人
W0839. 2. 4	妖魔食量巨大	
W0839. 2. 4. 1	妖魔能喝去半条江的水	【布依族】
W0839. 2. 4. 2	妖魔吸干海水	【蒙古族】

① ［W0663.3.1］巨人是吃人恶魔；［W0847.3］吸血妖魔

② 【白族】【京族】【满族】【撒拉族】 ＊［W0839.5.1］吃人的妖魔

W 编码	母题描述	关联项
W0839. 2. 5	妖魔吃火	【满族】 ＊ ［W0846. 5. 1. 1］火魔吃火
W0839. 3	妖魔的居所（魔鬼的居所，妖怪的居所）	【汤普森】F402. 6； ＊【关联】①
W0839. 3. 1	妖魔住天上	【鄂伦春族】【蒙古族】
W0839. 3. 2	魔王住在天边	【畲族】
W0839. 3. 3	魔鬼进入天堂	【回族】
	蛇把魔鬼带进天堂	【撒拉族】
W0839. 3. 4	妖魔被逐出天堂（魔鬼被逐出天堂）	【汤普森】G303. 8；＊【哈萨克族】
W0839. 3. 5	妖魔的宫殿（魔鬼的宫殿、魔宫）	【畲族】
W0839. 3. 5. 1	魔宫的产生	
W0839. 3. 5. 1. 1	魔鬼用尸骨造魔宫	【鄂伦春族】
W0839. 3. 5. 2	魔宫的特征	
W0839. 3. 5. 3	魔宫的位置	
W0839. 3. 5. 3. 1	魔王的王宫在井底	【维吾尔族】
W0839. 3. 5. 4	妖魔宫殿的守护者	
W0839. 3. 5. 4. 1	魔王的王宫有两条长蛇守门	【维吾尔族】
W0839. 3. 5. 4. 2	魔宫有飞龙飞虎守门	【畲族】
W0839. 3. 5. 5	与魔宫有关的其他母题	
W0839. 3. 6	妖魔的城堡（魔城）	【汤普森】F402. 3
W0839. 3. 6. 1	青色耀眼的魔城	【鄂伦春族】
W0839. 3. 6. 2	魔城的居民	
W0839. 3. 6. 2. 1	魔城里住着满盖血统的人和抓去服苦役的人	【鄂伦春族】
W0839. 3. 7	妖魔居树上	［W0854. 2. 2. 2］鹰爪树是树精的居所
W0839. 3. 8	妖魔住山中（妖魔住石中，妖魔居山上）	【蒙古族】

① ［W0843. 4. 3］魔王的居所；［W1096. 5］魔鬼的世界（魔界）

W 编码	母题描述	关联项
W0839.3.8.1	妖魔住火石上	【布依族】
W0839.3.8.2	妖精居耸入云霄的高山	【羌族】
W0839.3.9	妖魔居水中	【汤普森】G639； ＊［W0846.2］水妖（水魔、水怪、水精）
W0839.3.10	魔鬼住洞中	
W0839.3.10.1	魔鬼怕雷击住山洞	【鄂温克族】
W0839.3.10.2	魔鬼怕雷击住石洞	【鄂温克族】
W0839.3.10.3	恶魔住天生洞	【彝族】
W0839.3.10.4	妖怪住峭壁岩洞	【彝族】
W0839.3.10.4.1	妖怪住雪山半腰的一个山洞里	【维吾尔族】
W0839.3.11	魔鬼住地狱（魔鬼住阴间）	【民族，关联】①
W0839.3.11.1	魔鬼住世界的下层的阴间	【达斡尔族】
W0839.3.11.2	恶魔住三界下界的地狱	【赫哲族】
W0839.3.12	妖魔的领地	【鄂伦春族】
W0839.3.13	魔鬼住宇宙的下三层	
W0839.3.13.1	神与魔鬼住在宇宙的下三层	【满族】
W0839.3.14	魔鬼的其他居所	【珞巴族】
W0839.3.14.1	魔鬼住烂泥塘	【哈尼族】
W0839.3.15	与妖魔居所有关的其他母题	
W0839.3.15.1	妖魔有各自的领地	【鄂伦春族】
	魔鬼藏身特定的容器中	
W0839.4	妖魔的出行	【汤普森】G303.7
W0839.4.1	妖魔骑着奇怪的动物	［W0838.2.3.2］女妖骑母狗
W0839.4.1.1	妖魔骑奇特的马	
W0839.4.1.1.1	妖魔骑着黄膘马	【蒙古族】
W0839.4.1.2	妖魔变成的老奶奶骑大白狗	【裕固族】 ＊［W0838.4.2.2］三头妖骑着白狗
W0839.4.2	妖魔在雷雨中出现	【朝鲜族】
W0839.4.3	魔鬼潜入特定地点	
W0839.4.3.1	魔鬼偷偷进入天堂	【回族】

① 【赫哲族】【珞巴族】 ＊［W1079］下界（地狱、阴间的产生）

W 编码	母题描述	关联项
W0839. 4. 3. 2	魔鬼在蛇的帮助下进入天堂	【撒拉族】
W0839. 4. 4	妖魔出现时的情形（妖魔出现的征兆）	
W0839. 4. 4. 1	妖魔出现时飞沙走石	【蒙古族】
W0839. 4. 4. 2	妖魔出现时伴随着雷雨	【蒙古族】
W0839. 4. 4. 3	风是妖魔出现的征兆	【塔吉克族】【裕固族】
W0839. 4. 4. 4	白雾是雪妖出现的征兆	【裕固族】
W0839. 4. 4. 5	妖魔出现时先有雾	【塔吉克族】
W0839. 4. 4. 6	妖魔出现时先有巨响	【塔吉克族】
W0839. 4. 5	妖魔特定时间出行	
W0839. 4. 5. 1	妖魔天黑以后出来作恶	【布依族】
W0839. 4. 5. 2	妖魔夜间害人	【壮族】
W0839. 4. 5. 3	妖魔昼伏夜出	【汉族】【维吾尔族】
W0839. 4. 5. 3. 1	妖魔白天睡觉，晚上猖狂	【壮族】
W0839. 5	与妖魔的生活有关的其他母题	
W0839. 5. 1	妖魔的工具（妖魔的用品，妖魔的武器，鬼的用具）	
W0839. 5. 1. 1	妖魔的宝物	【黎族】
W0839. 5. 1. 2	妖魔的武器有限	
W0839. 5. 1. 2. 1	妖魔只有 3 把斧子	【鄂温克族】
W0839. 5. 1. 3	妖魔的麻绳	【纳西族】
W0839. 5. 1. 4	鬼怪的号角	【汉族】
W0839. 5. 2	魔鬼的娱乐	
W0839. 5. 2. 1	魔鬼在吊索上玩耍	【珞巴族】
W0840	**妖魔的能力（魔鬼的能力，妖魔的本领，妖魔的行为）**	［W1694. 2. 3］妖魔放出假太阳
W0840. 1	妖魔会魔法（妖魔会变形，妖怪变形，魔鬼善变）	【汤普森】G303. 3. 5； * 【白族（勒墨）】【怒族】【彝族】
W0840. 1. 0	妖魔会妖术	【汉族】
W0840. 1. 0. 1	魔怪施法使取火者变为石人	【哈尼族】

W 编码	母题描述	关联项
W0840.1.0.2	妖魔把鸡变成牛	【壮族】
W0840.1.0.3	妖魔会呼风唤雨	【民族，关联】①
W0840.1.1	魔鬼变人形	
W0840.1.1.1	魔鬼变白胡子老头行骗	【回族】
W0840.1.1.1a	妖怪变成白胡子老人	【维吾尔族】
W0840.1.1.2	妖魔化身为少女	【鄂温克族】
W0840.1.1.2.1	7个小蟒猊变成7个姑娘	【鄂伦春族】
W0840.1.1.3	妖魔变美男子	【东乡族】
W0840.1.1.4	妖魔变形为受害者的母亲	【普米族】
W0840.1.2	魔鬼变蛇	【回族】 *［W9526.4.4］恶魔变动物
W0840.1.2.1	魔鬼艾比利斯进天堂后变成一条蛇	【回族】
W0840.1.3	魔鬼变风	
W0840.1.3.1	妖魔变黑旋风	【撒拉族】
W0840.1.4	妖魔变其他诸物	
W0840.1.4.1	魔怪变巨树	【哈尼族】
W0840.1.4.2	犊疫变花牛	【羌族】
W0840.1.4.3	妖怪变成鹰、蜂、虎等动物	【彝族】
W0840.1.4.4	魔鬼寿碑熬厄化身怪鱼	【哈尼族（豪尼）】
W0840.1.5	妖魔变形为异性	
W0840.1.5.1	女妖怪见到女人，就变成男人	【满族】
W0840.1.6	妖魔多次变形	【怒族】
W0840.1.7	妖魔的化身	
W0840.1.7.1	妖魔化身为特定动物	【藏族】
W0840.2	妖魔吐纳特定的物	
W0840.2.1	妖魔会吐火（魔鬼喷火）	【汤普森】G125； *【撒拉族】 *［W0134.2］神能喷火
W0840.2.1.1	魔鬼寿碑熬厄从嘴里喷出一股大火	【哈尼族（豪尼）】
W0840.2.2	妖魔呼出无色的云	【哈尼族】

① 【维吾尔族】 *［W0844.4.2.1］蛇妖呼风唤雨；［W0906.3.1.4］山鬼呼风唤雨；［W0906.4.2.4］水鬼能呼风唤雨

W 编码	母题描述	关联项
W0840. 3	妖魔能兴风作浪	【纳西族】
W0840. 3. 1	妖魔兴风作浪	【东乡族】 * ［W0844. 0. 1］妖龙兴风作浪
W0840. 3. 2	魔鬼吐出旋风	
W0840. 3. 2. 1	魔鬼勒钦思普口吐一股白旋风和黑旋风	【纳西族】
W0840. 3. 3	妖魔喷吐黑风恶水	【满族】
W0840. 3. 4	魔鬼喷云吐雾	【汉族】
W0840. 4	妖魔魔力的失去（魔鬼魔力的失去）	【汤普森】G303. 16
W0840. 4. 1	妖魔在鸡叫时魔力消失	【汤普森】G636； * ［W0199. 3. 3. 1］天神必须鸡叫前返回天上
W0840. 4. 2	妖魔涉水魔力消失	【汤普森】G638
W0840. 4. 3	捉住妖魔的灵魂就会失去力量	【维吾尔族】
W0840. 5	妖魔的劣迹	【汤普森】G346
W0840. 5. 1	吃人的妖魔	【汤普森】G10； *【民族，关联】①
W0840. 5. 1. 1	吃小孩的妖魔	【京族】【彝族】
W0840. 5. 1. 1. 1	吃死孩的妖魔	
W0840. 5. 1. 1. 1. 1	妖魔玛虎贝色专吃死孩子	【满族】
W0840. 5. 1. 2	吃人的恶魔甲家、甲你	【苗族】
W0840. 5. 1. 3	专吃男孩的妖魔	【羌族】
W0840. 5. 1. 4	妖怪用舌头吸食人	【彝族】
W0840. 5. 2	吃人的动物妖魔	【汤普森】G350； *【蒙古族】
W0840. 5. 3	魔鬼骗人	
W0840. 5. 3. 1	魔鬼骗人祖吃禁果	【回族】
W0840. 5. 4	妖魔的生产	
W0840. 5. 4. 1	魔鬼生出会产生坏事的蛋	【回族】

① 【撒拉族】【土家族】 * ［W0838. 2. 3. 1］女妖吃人（吃人女妖）；［W0838. 4. 1. 1］吃人的妖魔青面獠牙

W 编码	母题描述	关联项
W0840.5.4.2	鬼的种植物	
W0840.5.4.2.1	鬼种出有毒的树	【怒族】
W0840.5.5	妖魔掠人	【汤普森】G440; ＊【京族】＊［W0838a.4.1］妖魔强奸妇女，掠夺牛羊
W0840.5.6	妖怪糟蹋妇女	【民族，关联】①
W0840.5.7	妖魔善于伪装	
W0840.5.8	妖魔杀人的方法（魔鬼杀人的方法）	【汤普森】G303.20
W0840.5.9	妖魔的其他劣迹	
W0840.5.9.1	妖魔制造灾难	【鄂伦春族】＊［W8278］妖魔制造洪水
W0840.5.9.2	妖怪吓唬小孩	【傣族】
W0840.6	与妖魔的本领或行为有关的其他母题	
W0840.6.1	上帝给予魔鬼特定的本领	【哈萨克族】
W0840.6.2	妖魔能再生（妖魔死而复活）	【鄂伦春族】
W0840.6.2.1	魔王的头砍后能再生	【柯尔克孜族】【蒙古族】
W0840.6.3	魔鬼的分身术	
W0840.6.3.1	魔鬼手一摇变出成百上千个魔鬼	【哈尼族（豪尼）】
W0840.6.4	妖魔会说人话	【鄂伦春族】
W0840.6.4.1	花言巧语的妖魔	【京族】
W0840.6.5	妖怪找魔王求救兵	【侗族】
W0840.6.6	妖魔能抵抗特定的招数	
W0840.6.6.1	妖魔能完成数次见招拆招	【满族】
W0840.6.6.2	妖魔刀枪不入	【东乡族】
W0840.6.7	妖魔没有特定的能力	
W0840.6.7.1	妖魔不会爬树（魔鬼不会爬树）	【珞巴族】
W0840.6.8	妖怪有特定的行动规则	【彝族】

① 【东乡族】【鄂伦春族】＊［W0854.4.2.1］精怪糟蹋妇女

W 编码	母题描述	关联项
W0840. 6. 9	群妖乱舞	
W0840. 6. 9. 1	地府中群妖乱舞	【柯尔克孜族】
W0840. 6. 10	魔鬼善跑	
W0840. 6. 10. 1	魔鬼一步一百里	【藏族】
◎	〖妖魔的常见类型〗	
* **W0841**	**多种妖魔**	【民族，关联】①
W0842	**恶魔**	【汤普森】 G302
W0842. 1	恶魔的产生	【汤普森】 ≈G302. 1
W0842. 1. 1	神变成恶魔	
W0842. 1. 1. 1	女神变成恶魔	【满族】
W0842. 1. 1. 1. 1	女神有了男性生殖器后变成恶魔	【满族】
W0842. 1. 2	人变成恶魔	
W0842. 1. 3	特定物变成恶魔	
W0842. 1. 3. 1	头发变成恶魔	【满族】
W0842. 1. 4	特定人物造恶魔	
W0842. 1. 4. 1	天神阿布卡恩都里的二弟子耶路里造恶魔	【满族】
W0842. 2	恶魔的特征（恶魔的能力）	
W0842. 2. 0	恶魔的外貌	
W0842. 2. 0. 1	恶魔像个大皮囊	【柯尔克孜族】
W0842. 2. 1	恶魔仇视光明	【哈萨克族】
W0842. 2. 2	巨型恶魔	【哈萨克族】
W0842. 2. 3	恶魔变形	
W0842. 2. 3. 1	恶魔变成土画眉逃走	【彝族】
W0842. 2. 3. 2	恶魔化成一股风	【撒拉族】
W0842. 2. 4	恶魔专门与正义作对	【彝族】
W0842. 2. 5	恶魔怯懦	
W0842. 2. 5. 1	恶魔怕见英雄	【柯尔克孜族】
W0842. 2. 6	恶魔有一技之长	

① 【汉族】【满族】 * ［W0849］ 妖魔的数量

W 编码	母题描述	关联项
W0842.2.6.1	恶魔有好眼力	
W0842.2.6.1.1	恶魔能在黑夜中找到白冰	【满族】
W0842.2.6.1.2	恶魔耶鲁里有九双眼睛的视力	【满族】
W0842.2.7	恶魔能上天入地	【满族】
W0842.2.8	恶魔禀性难移	【满族】
W0842.3	与恶魔有关的其他母题	【关联】①
W0842.3.1	恶魔的类型	
W0842.3.1.1	吃人恶魔	【苗族】
W0842.3.1.1.1	恶魔商朱喝人血、吃人肉	【侗族】
W0842.3.2	特定名称的恶魔	
W0842.3.2.1	恶魔耶鲁里	【满族】
W0842.3.2.2	恶魔高佐洛雷	【景颇族】
W0842.3.2.3	恶魔商朱	
W0842.3.2.3.1	恶魔商朱喝人血，吃人肉	【侗族】
W0842.3.3	恶魔的生活	
W0842.3.3.1	恶魔的服饰	
W0842.3.3.2	恶魔的食物	
W0842.3.3.2.1	恶魔吃人	【柯尔克孜族】 ＊［W0839.5.1.2］吃人的恶魔甲家、甲你
W0842.3.3.3	W0842.3.3	恶魔的居所
W0842.3.3.3.1	恶魔居下界	【满族】
W0842.3.4	恶魔的死亡	
W0843	**魔王**	【汤普森】F402.2.1； ＊［W0830］妖魔
W0843.1	魔王的产生	
W0843.1.1	神或神性人物变魔王	【门巴族】
W0843.1.1.1	天神下凡变魔王	

① ［W0851.2.1］恶魔的致命弱点；［W8672.14］世界末日时恶魔挣脱牢笼

W 编码	母题描述	关联项
W0843. 1. 1. 1. 1	天神阿泰·乌兰被打下界变成凶恶的魔王	【蒙古族】
W0843. 1. 2	生育出魔王	
W0843. 1. 3	与魔王产生有关的其他母题	
W0843. 1. 3. 1	魔王产生时天地不宁	【蒙古族】
W0843. 1. 3. 2	不知哪里钻出来一个残暴丑恶的老魔王	【鄂伦春族】
W0843. 2	魔王的特征	
W0843. 2. 1	魔王青面獠牙	【蒙古族】 * ［W0838. 4. 1］妖魔青面獠牙（魔鬼青面獠牙）
W0843. 2. 2	魔王凶恶	
W0843. 2. 2. 1	凶恶的魔王	【珞巴族】
W0843. 2. 2. 2	吃人饮血的魔王	【景颇族】
W0843. 2. 3	魔王的多个头	
W0843. 2. 3. 1	9 头魔王	
W0843. 2. 3. 1. 1	九头魔王的九个脑袋干着不同的坏事	【蒙古族】
W0843. 2. 3. 1. 2	九头魔王嘎拉珠	【蒙古族】
W0843. 2. 3. 2	10 头魔王	
W0843. 2. 3. 2. 1	十头魔王的母亲古皮提拉	【傣族】
W0843. 2. 4	魔王有 3 个灵魂	【蒙古族】
W0843. 2. 5	魔王有特定动物的体征	
W0843. 2. 5. 1	魔王是九头龙	【珞巴族】
W0843. 2. 5. 2	魔王长着尖角	【鄂伦春族】
W0843. 2. 6	魔王嗜血	
W0843. 2. 6. 1	吸血魔王	【维吾尔族】 * ［W0853. 7. 2. 1］专吃人血的妖精
W0843. 2. 7	魔王害红眼病	
W0843. 2. 7. 1	魔王见不得人间过好日子	【保安族】

W 编码	母题描述	关联项
W0843.3	魔王的能力（魔王的本领，魔王的行为）	
W0843.3.1	魔王喷云吐雾	【土家族】
W0843.3.2	魔王掀起狂风	【蒙古族】
W0843.3.3	魔王力气巨大	
W0843.3.3.1	魔王能背起一座山	
W0843.3.4	魔王变形	
W0843.3.4.1	恶魔多变	
W0843.3.4.2	魔王有个不会变化的标记	
W0843.3.4.2.1	魔王变形时头上有撮白毛不会变	【维吾尔族】
W0843.3.5	魔王的头砍后能再生	【朝鲜族】
W0843.3.5.1	魔王的头砍掉后会马上生出一个更大的头	【柯尔克孜族】
W0843.3.6	魔王掠美女	【傣族】
W0843.3.7	魔王不怕水火	【傣族】
W0843.3.8	魔王破坏世界（乱世魔王）	【畲族】
W0843.3.8.1	降灾降难的魔王尼瓦帝	【傈僳族】
W0843.3.9	魔王刀枪不入	【柯尔克孜族】
W0843.4	与魔王有关的其他母题	【关联】①
W0843.4.1	特定名称的魔王	
W0843.4.1.1	魔王毒苴巴漏	【纳西族】
W0843.4.1.2	魔王拉麦	【门巴族】
W0843.4.1.3	魔王嘎拉珠	【蒙古族】
W0843.4.1.4	女魔王（女魔头）	
W0843.4.1.4.1	女魔头司命麻左固松麻	【纳西族】
W0843.4.1.4.2	黑骨魔王	【纳西族】
W0843.4.1.4.3	地狱中的女魔王	【纳西族】
W0843.4.1.5	魔王古考鳌	
W0843.4.1.5.1	精怪头领古考鳌一万八千多岁	【汉族】
W0843.4.2	魔王的服饰与饮食	

① ［W0466.3.3］火神是魔王；［W0839.3.2］魔王住在天边

W 编码	母题描述	关联项
W0843. 4. 2. 1	魔王饭量巨大	【柯尔克孜族】
W0843. 4. 3	魔王的居所	［W0839. 3］妖魔的居所（魔鬼的居所，妖怪的居所）
W0843. 4. 3. 1	魔王的灵魂藏在特定的盒子里	【维吾尔族】
W0843. 4. 3. 2	魔王住天上	
W0843. 4. 3. 2. 1	魔王住北方的天角	【畲族】
W0843. 4. 3. 2. 2	天上的魔王嘎拉珠	【蒙古族】
W0843. 4. 3. 3	魔王居水中	
W0843. 4. 3. 3. 1	魔王住水底王宫	【畲族】
W0843. 4. 3. 3. 2	居住东海底下的魔王	【汉族】
W0843. 4. 3a	魔王的工具（魔王的武器）	
W0843. 4. 3a. 1	魔王手中托山	【纳西族】
W0843. 4. 4	魔王的命根（魔王的命门，魔王的致命弱点）	［W0088. 4. 2］神的命根（神的命门）
W0843. 4. 4. 1	魔王胸前护心镜中的黄蜂是命根	【普米族】
W0843. 4. 4. 2	魔王的命根是一棵特定的树	【普米族】
W0843. 4. 4. 3	魔王的命根是装着他的灵魂的碗	【藏族】
W0843. 4. 4. 4	魔王的命根是一块红宝石	【哈萨克族】
W0843. 4. 5	魔王的惧怕物	
W0843. 4. 5. 1	魔王怕火	【民族，关联】①
W0843. 4. 6	魔王的关系	
W0843. 4. 6. 1	魔王的随从	
W0843. 4. 6. 1. 1	女魔头率领 360 个鬼卒	【纳西族】
W0843. 4. 6. 1. 2	女魔王率领 360 个黑鬼	【纳西族】
W0843. 4. 6. 2	魔王的帮凶	【纳西族】
W0843. 4. 6. 2. 1	妖怪听命于魔王	【侗族】
W0843. 4. 6. 2. 2	鹰、犬是魔王的帮凶	【柯尔克孜族】
W0843. 4. 7	魔王的死亡	
W0843. 4. 7. 1	特定的武器才能杀死魔王	

① 【畲族】 *［W0843. 3. 7］魔王不怕水火；［W0851. 1. 2］妖魔怕火（魔鬼怕火，鬼怕火，灵魂怕火，怪物怕火）

W 编码	母题描述	关联项
W0843.4.7.1.1	魔王只有身上的纯金的匕首才能杀死	【柯尔克孜族】
W0843.4.7.2	魔王被饿死	【傈僳族】
W0843.4.7.3	魔王死有余孽	
W0843.4.7.3.1	魔王死后的肢体仍然为害	【满族】
W0843.4.7.3.1.1	魔王死后肠子能缠死树木	【柯尔克孜族】
W0844	**动物类妖魔（动物类精怪）**	
W0844.0	龙妖（妖龙，龙精）	
W0844.0.1	龙妖兴风作浪	【汉族】 * ［W0840.3.1］妖魔兴风作浪
W0844.0.2	妖龙嘴吐黑水	【蒙古族】
W0844.0.3	九头妖龙	【藏族】
W0844.0.4	天宫生龙精	【彝族】
W0844.0.5	龙精居深谷	【彝族】
W0844.1	狼妖（狼精）	【汤普森】G352.1
W0844.1.1	狼精占山为王	【满族】
W0844.1.2	老狼精变身老太婆	【汉族】
W0844.2	牛魔（牛妖、牛怪、牛精）	【汤普森】F401.3.2
W0844.2.1	牛魔王	【民族，关联】①
W0844.2.1.1	神农识破牛魔王	【汉族】
W0844.2.2	黑牛精	
W0844.2.2.1	嫦娥养的大黑牛成了黑牛精	【汉族】
W0844.3	鸟妖	【汤普森】G353； *【满族】 * ［W0850.2.4.1.1.1］鸟妖射不死
W0844.3.1	妖鹏	
W0844.3.1.1	妖鹏生吃活人和野兽	【满族】
W0844.3.1.2	妖鹏飞沙走石	【满族】
W0844.3a	蚯蚓精	［W0723.2.7.2］盘古是蚯蚓精

① 【汉族】【壮族】 * ［W0476.5.1.1］牛魔王是六畜神

W 编码	母题描述	关联项
W0844.4	蛇妖（蛇精，蛇精灵）	【汤普森】G354； ＊【民族，关联】①
W0844.4.1	蛇妖的产生	
W0844.4.1.1	竹生灵蛇	【高山族（排湾）】
W0844.4.2	蛇妖的特征	
W0844.4.2.1	蛇妖呼风唤雨	【蒙古族】
W0844.4.3	与蛇妖有关的其他母题	
W0844.4.3.1	蛇妖作怪	【汉族】
W0844.4.3.2	白米和药材“古朝卢”为供品投泉水中可治愈蛇精灵的病	【纳西族（摩梭）】
W0844.5	蟒精（蟒妖）	【侗族】 ＊［W0529］蟒神（神蟒）
W0844.5.0	蟒精的产生	
W0844.5.0.1	天宫生蟒精	【彝族】
W0844.5.0.2	长绳变化成蟒精	【彝族】
W0844.5.1	蟒精的特征（蟒精的行为）	
W0844.5.1.1	蟒精伤人	【东乡族】
W0844.5.1.2	蟒精抢占民女	【东乡族】
W0844.5.2	蟒精的工具	
W0844.5.3	蟒精的宝物	
W0844.5.3.1	蟒魔王头上的宝帽	【蒙古族】
W0844.5.4	蟒精的居所	
W0844.5.4.1	蟒精在太乙池内兴妖作怪	【汉族】
W0844.5.4.2	蟒精居山林	【彝族】
W0844.5.5	特定名称的蟒精	
W0844.5.5.1	黑蟒精	
W0844.5.5.1.1	黑蟒精每年六月六兴风作浪	【汉族】
W0844.5.5.2	蟒精尼举举	【彝族】
W0844.5.6	与蟒精有关的其他母题	
W0844.6	螃蟹精	

① 【蒙古族】 ＊［W0838.3.6］蛇形妖魔（怪物）；［W0530］蛇神；［W1652.1.4］12 个太阳中的软太阳是蛇妖

W 编码	母题描述	关联项
W0844.6.1	螃蟹精的产生	
W0844.6.1.1	骷髅山生蟹精	【黎族】
W0844.6.2	螃蟹精的特征	
W0844.6.2.1	螃蟹精兴风作浪	【黎族】
W0844.6.2.2	螃蟹精喜食人肉	【黎族】
W0844.6.3	与螃蟹精有关的其他母题	［W0299.2.4.1］风神制服螃蟹精
W0844.7	蚂蚁精	【布朗族】
W0844.8	蜘蛛精	【达斡尔族】
W0844.8.1	蜘蛛精的产生	
W0844.8.2	蜘蛛精的特征（蜘蛛精的能力，蜘蛛精的身份）	
W0844.8.2.1	蜘蛛精会织网	
W0844.8.2.1.1	蜘蛛精织出粘人大网	【蒙古族】
W0844.8.2.2	蜘蛛精是天上守库房者	【傣族】
W0844.8.3	与蜘蛛精有关的其他母题	
W0844.8.3.1	蜘蛛精不怕雷击	【鄂伦春族】
W0844.9	狐狸精	［W0827.4］狐仙
W0844.9.1	狐狸精的产生	
W0844.9.1.1	狐狸精生于特定的山	【鄂温克族】
W0844.9.1.1.1	狐狸精生于昆仑山	【鄂温克族】
W0844.9.1.2	长生的狐狸成为狐狸精	【达斡尔族】
W0844.9.2	狐狸精的特征	
W0844.9.2.1	千年黑万年白的狐狸精	
W0844.9.2.1.1	千年黑万年白的狐狸精敖雷巴日肯	【鄂温克族】
W0844.9.2.2	花尾臭狐精	【土家族】
W0844.9.2.3	九尾狐狸精	【彝族（撒尼）】
W0844.9.3	狐狸精的能力	
W0844.9.3.1	狐狸精变形为女人	【土家族】
W0844.9.3.2	狐狸精附体	【达斡尔族】

W 编码	母题描述	关联项
W0844. 9. 3. 3	九尾狐狸精制造瘟疫	【彝族（撒尼）】
W0844. 9. 4	狐狸精的生活（狐狸精的行为）	
W0844. 9. 4. 1	狐狸精兴妖作怪	【锡伯族】
W0844. 9. 4. 2	狐精想吃龙女	【土家族】
W0844. 9. 5	特定名称的狐狸精	
W0844. 9. 5. 1	狐狸精敖雷·巴尔肯	【达斡尔族】
W0844. 9. 6	与狐狸精有关的其他母题	
W0844. 10	其他动物类妖魔（其他动物精怪）	
W0844. 10. 1	猿精（猴精）	
W0844. 10. 1. 1	白猿成精	【汉族】
W0844. 10. 2	蛤蟆精	【汉族】【回族】
W0844. 9. 10. 1	蛤蟆精的产生	
W0844. 9. 10. 1. 1	蛤蟆精不知来于何处	【汉族】
W0844. 9. 10. 1. 2	女娲造人扔掉的一块泥巴变成蛤蟆精	【汉族】
W0844. 9. 10. 2	蛤蟆精的特征	
W0844. 9. 10. 3	蛤蟆精的行为	
W0844. 9. 10. 3. 1	蛤蟆精糟蹋庄稼	【汉族】
W0844. 9. 10. 3. 2	蛤蟆精制造冰雹	【白族】
W0844. 9. 10. 4	与蛤蟆精有关的其他母题	
W0844. 9. 10. 4. 1	蛤蟆精嘎波	【苗族】
W0844. 10. 2a	蛤蚧精	
W0844. 10. 2a. 1	蛤蚧精劫持女子	【京族】
W0844. 10. 2a. 2	蛤蚧精有特定的生活习惯	【京族】
W0844. 10. 2a. 3	蛤蚧精身体壮硕	【京族】
W0844. 10. 2a. 3. 1	蛤蚧精重三四百斤	【京族】
W0844. 10. 2a. 4	蛤蚧精住石洞中	【京族】
W0844. 10. 2a. 5	蛤蚧精脱皮	【京族】
W0844. 10. 2a. 6	蛤蚧精有独特的生活习惯	【京族】

W 编码	母题描述	关联项
W0844.10.2a.6.1	蛤蚧精三天睡一小觉，叫三声；七天睡一大觉，叫七声	【京族】
W0844.10.3	老鼠精	【达斡尔族】
W0844.10.3.1	老鼠精怕狸猫	【汉族】
W0844.10.4	猪精	【汉族】
W0844.10.4.1	母猪精	
W0844.10.4.1.1	母猪精听到鸡叫声就会现出原形逃回阴间	【纳西族】
W0844.10.4.1.2	母猪精不会看天，只会看地	【纳西族】
W0844.10.4.1.3	母猪精鬼布美尸出	【纳西族】
W0844.10.5	黄鼠狼精	【土家族】
W0844.10.6	龟精（王八精，乌龟精）	【壮族】 ＊［W0963.1.1］神弓用王八精爪子做扳机
W0844.10.6.1	乌龟经久成精	【汉族】
W0844.10.6.2	乌龟精是龙族使者	【汉族】
W0844.10.7	猴妖（妖猴）	
W0844.10.7.1	大妖猴性情凶恶，神通广大	【白族】
W0844.10.8	蝙蝠精	
W0844.10.8.1	蝙蝠精吸食婴儿的精血	【彝族（撒尼）】
W0844.10.9	鸡精	【关联】①
W0844.10.9.1	野鸡精	
W0844.10.9.1.1	野鸡精常变成猛虎	【苗族】
W0844.10.10	鹰精	
W0844.10.10.0	老鹰五百年成精	【达斡尔族】
W0844.10.10.1	老鹰精	
W0844.10.10.1.1	老鹰精会法术	【黎族】
W0844.10.11	虎妖（虎精，虎鬼，老虎鬼）	
W0844.10.11.1	磨石变成虎精	【瑶族（布努）】
W0844.10.11.1a	造人剩下的泥块变虎精	【瑶族（布努）】

① ［W0515］鸡神；［W0854.6.1.1］鸡精夜盲

W 编码	母题描述	关联项
W0844. 10. 11. 2	白虎精	【傈僳族】 ＊［W0907. 1. 4. 6. 1. 2］亡魂变成野鬼或白虎精回家作祟
W0844. 10. 11. 3	黑虎精	
W0844. 10. 11. 3. 1	黑虎精居黑虎林	【裕固族】
W0844. 10. 11. 4	老虎鬼又称酿鬼	
W0844. 10. 11. 4. 1	大象的脐带变成酿鬼	【苗族】
W0845	**植物类妖魔（植物类精怪）**	
W0846	**与自然物有关的妖魔（与自然物有关的精怪）**	
W0846. 1	风魔	【民族，关联】①
W0846. 1. 1	风魔的芭蕉扇	【布依族】
W0846. 1. 1. 1	风魔用芭蕉扇扇风	【布依族】
W0846. 1. 2	风魔欺负人类的祖先	【布依族】
W0846. 1. 3	风魔涅龙也崩	
W0846. 1. 3. 1	风魔涅龙也崩吹气能刮倒大树	【珞巴族】
W0846. 2	水妖（水魔，水怪，水精）	【汤普森】①≈B68；②G308. 2； ＊【汉族】
W0846. 2. 1	水妖的产生	
W0846. 2. 1. 0	水怪自然产生	【白族】
W0846. 2. 1. 1	乌龙是水妖	【毛南族】
W0846. 2. 1. 2	蛟龙变成水妖	【汉族】
W0846. 2. 1. 3	丢的特定物变成水怪	
W0846. 2. 1. 3. 1	阳神老公公砍掉的木人和木马变成水怪	【纳西族】
W0846. 2. 1. 4	溺亡者变成水精	
W0846. 2. 1. 4. 1	水精乌肯·爱钦是溺死者之幽灵	【蒙古族（布里亚特）】
W0846. 2. 2	水妖的特征	

① 【仡佬族】 ＊［W0292］风神；［W0867. 1］风怪

W 编码	母题描述	关联项
W0846.2.2.1	水妖铁手铜指	【东乡族】
W0846.2.2.2	水怪5丈多长	【蒙古族】
W0846.2.2.3	水怪人不人，猴不猴	【汉族】
W0846.2.2.3.1	水怪形状像猿猴，猿猴，缩鼻高额，青躯白首，金目雪牙	【汉族】
W0846.2.2.4	水怪像水象、水猪、水牛、鲸鱼	【汉族】
W0846.2.2.5	水怪体形巨大	【汉族】
W0846.2.2.6	水精活动有规律	【汉族】 *［W0846.2.3.2.1］水精每逢天气暖和或炎热时就出来作恶
W0846.2.2.7	水妖形如长蛇	【彝族】 *［W0402.3.1.2］水神蛇身
W0846.2.3	水妖的行为	
W0846.2.3.1	水妖兴风作浪（水怪兴风作浪）	【汉族】【土族】
W0846.2.3.2	水精害人	【蒙古族】
W0846.2.3.2.1	水精每逢天气暖和或炎热时就出来作恶	【汉族】
W0846.2.3.3	水妖阻挠大禹治水	【汉族】
W0846.2.4	水妖的居所	［W0868.3.2.2］怪物生活在水中
W0846.2.4.1	水魔住河中	
W0846.2.4.1.1	水魔住黄河中	【撒拉族】
W0846.2.4.2	水怪住湖中	【蒙古族】
W0846.2.4.2.1	太湖中的水怪	【汉族】
W0846.2.5	特定名称的水妖	
W0846.2.5.1	水精（水王）乌肯·爱钦	【蒙古族（布里亚特）】
W0846.2.5.2	水魔勒瓦扎	【土族】
W0846.2.5.3	黄水怪	【汉族】
W0846.2.5.3.1	黄水怪口吐黄水造成洪灾	【汉族】
W0846.2.5.3.2	黄水怪夏天出现	【汉族】
W0846.2.5.4	水灵兽	［W0751.4.5.2］大禹制服水灵兽

W 编码	母题描述	关联项
W0846. 2. 5. 4. 1	水灵兽作恶多端	【汉族】
W0846. 2. 5. 4. 2	黄河里的水灵兽	【汉族】
W0846. 2. 5. 5	水妖叫无支祁（水怪叫无支祁）	【汉族】
W0846. 2. 5. 5. 1	水怪无支祁眼冒蓝光	【汉族】
W0846. 2. 5. 5. 2	水怪无支祁长舌带刺	【汉族】
W0846. 2. 5. 5. 3	水兽无支祁被大禹锁在军山之下	【汉族】
W0846. 2. 5. 6	水精蚩尾	
W0846. 2. 5. 6. 1	蚩尾置之堂殿能避火灾	【汉族】
W0846. 2. 5. 7	水怪龙罔象	【汉族】
W0846. 2. 5. 8	水怪毛速木	【东乡族】
W0846. 2. 6	与水妖有关的其他母题	［W0400］水神
W0846. 2. 6. 1	水怪分享祭献	
W0846. 2. 6. 2	水妖的数量	
W0846. 2. 6. 2. 1	水妖有 18 条	【毛南族】
W0846. 2. 6. 2. 2	水妖数量众多	【汉族】
W0846. 2. 6. 3	水妖叫水精	【汉族】
W0846. 2. 6. 4	涸泽中的精怪	
W0846. 2. 6. 4. 1	涸泽中的精怪庆忌	【汉族】
W0846. 3	河妖	
W0846. 3. 1	宝塔镇河妖	【汉族】
W0846. 3a	湖妖	
W0846. 3a. 1	特定湖中的湖妖	
W0846. 3a. 1. 1	淖尔湖湖妖毛速木恶魑	【东乡族】
W0846. 3b	蛟怪	
W0846. 3b. 1	蛟怪制造洪水	【汉族】
W0846. 3b. 2	蛟怪被制服	【民族，关联】①
W0846. 4	雪妖	
W0846. 4. 1	雪妖的产生	
W0846. 4. 2	雪妖的特征	
W0846. 4. 2. 1	雪妖害人	【裕固族】

① 【汉族】 * ［W0751. 4. 5. 1］大禹锁蛟（大禹斗蛟，大禹降蛟）；［W8951. 1］斗蛟

W 编码	母题描述	关联项
W0846.4.3	雪妖的生活	
W0846.4.3.1	雪妖住冰洞中	
W0846.4.3.1.1	雪妖住祁连山山下冰洞中	【裕固族】
W0846.4.3.2	雪妖住水洞中	【裕固族】
W0846.4.4	与雪妖有关的其他母题	［W0839.4.4.4］白雾是雪妖出现的征兆
W0846.5	与自然物有关的其他妖魔	【关联】
W0846.5.1	火魔	【满族】 ＊［W0851.2.9.2］降服火魔必须冻住他的心
W0846.5.1.1	火魔吃火	【汉族】 ＊［W0839.2.5］妖魔吃火
W0846.5.1.2	火魔怕冰冷的东西	【汉族】
W0846.5.1.3	火魔怕冰	【满族】
W0846.5.2	旱精	
W0846.5.2.1	旱精能喝干一条河	【布依族】
W0846.5.2.2	旱精能吸干水塘的水	【布依族】
W0846.5.2.3	旱精住西方	【布依族】
W0846.5.2.4	旱精住火焰山	【布依族】
W0846.5.2.5	旱精与黄龙是结拜兄弟	【布依族】
W0846.5.3	旱魔	【关联】①
W0846.5.3.1	旱魔吞噬整个草原	【蒙古族】
W0847	**其他特定的妖魔**	
W0847.1	老妖	【彝族】
W0847.1.1	千年老妖	【汤普森】G631.1
W0847.1.1.1	老妖需用木棍撑起眼皮	【蒙古族】
W0847.1.2	杀不死的老妖	
W0847.1.2.1	老妖能用唾液自疗	【彝族】
W0847.2	专门吓唬小孩的女妖	【傣族】 ＊［W0838.2］女妖（女魔）

① ［W0463］旱神；［W1554.9.1］旱魔造太阳

W 编码	母题描述	关联项
W0847.3	吸血妖魔	【撒拉族】 *［W0907.5］吸血鬼
W0847.3.1	吸血女魔	【门巴族】 *［W0838.2］女妖（女魔）
W0847.3.1.1	吸血妖魔化身老奶奶	【裕固族】
W0847.3.2	嗜血女妖	【裕固族】
W0847.3.2.1	嗜血七头女妖	【维吾尔族】
W0847.3.3	九头吸血妖怪	【土族】
W0847.3.3.1	九头妖魔婆蟒斯罕尔专门吸人的血	【撒拉族】
W0847.3.4	吸血的七头妖魔	
W0847.3.4.1	七头妖魔用铁钳扎透人的脚心吸血	【维吾尔族】
W0847.3.5	专门吃人肉、喝人血的妖精	【裕固族】
W0847.4	梦中恶魔	【汤普森】 F471
W0847.5	帮助人的妖魔	【汤普森】 G303.22
W0847.6	愚蠢的妖魔	【汤普森】 ①G303.13；②G501
W0847.7	嫉妒的妖魔	
W0847.7.1	魔鬼嫉妒人类的美好生活	【哈萨克族】
W0847.8	特定名称的妖魔（妖魔名称，魔鬼名称）	
W0847.8.1	莽古斯	
W0847.8.1.1	22 个头的蟒古斯	【蒙古族】
W0847.8.1.2	莽古斯掠夺财物	【蒙古族】
W0847.8.2	满盖	【达斡尔族】 *［W0838.6.3.1.1］满盖的 3 个不死的心脏放在 3 棵树上
W0847.8.3	蟒猊	【鄂伦春族】
W0847.8.4	犊疫	【羌族】
W0847.8.5	恶魔奋儿奋·煞拉	【蒙古族】
W0847.8.5a	恶魔沙尔腾巴	【蒙古族】

W 编码	母题描述	关联项
W0847.8.6	恶魔商朱	【侗族】
W0847.9	与特定的妖魔有关的其他母题	
W0847.9.1	病魔	
W0847.9.1.1	天降病魔	【藏族】
W0847.9.2	四妖	
W0847.9.2.1	四妖即毒龙、恶虎、刁马、臭鼋	【汉族】
W0848	**妖魔的关系（魔鬼的关系，魔鬼的亲属）**	
W0848.0	妖魔的亲属（魔鬼的亲属）	【汤普森】G303.11
W0848.1	妖魔的父母（魔鬼的父母）	
W0848.1.1	妖魔的父亲（魔鬼的父亲）	
W0848.1.2	妖魔的母亲（魔鬼的母亲）	【汤普森】G303.11.3
W0848.2	妖魔的妻子（魔鬼的妻子）	【汤普森】G303.11.1
W0848.2.1	一对专门残害生灵的魔鬼夫妻	【傣族】
W0848.3	妖魔的孩子（魔鬼的孩子）	
W0848.3.1	妖魔的儿子（魔鬼的儿子）	【汤普森】G303.11.2
W0848.3.2	妖魔的女儿（魔鬼的女儿）	【汤普森】G303.11.5
W0848.3.2.1	蟒古斯之女儿玛拉斯姑娘腾格里骑七只豕	【蒙古族】
W0848.4	妖魔的上司（魔鬼的上司）	
W0848.4.1	神管辖妖魔	
W0848.4.1.1	山神统辖妖魔	【藏族】
W0848.5	妖魔的从属（魔鬼的从属）	
W0848.5.1	动物作为魔鬼的从属	
W0848.5.1.1	魔鬼耶鲁哩手下有99条火龙	【满族】
W0848.6	妖魔的朋友（魔鬼的朋友）	
W0848.7	妖魔的帮凶（魔鬼的帮凶）	【满族】【纳西族】
W0848.8	妖魔的敌人	
W0848.8.1	魔鬼与人为敌	【汉族】
W0848.9	与妖魔的关系有关的其他母题	

W 编码	母题描述	关联项
W0849	**妖魔的数量（魔鬼的数量，妖魔的类型）**	
W0849. 1	72 个妖魔	【壮族】
W0849. 2	72 地煞（七十二地煞）	【汉族】 * ［W0126］恶神（凶神）
W0849. 2. 1	72 地煞的产生	
W0849. 2. 1. 1	观音给的净水瓶点出七十二地煞	【白族】
W0849. 2. 2	72 地煞的特征	
W0849. 2. 2. 1	七十二地煞头戴金盔，身披错甲，左手擎旗，右手执剑	【白族】
W0849. 2. 3	与地煞有关的其他母题	
W0849. 3	360 个妖魔	【壮族】
W0849. 3. 1	毒鬼有 360 个	【纳西族】
W0849. 4	与魔鬼数量有关的其他母题	
W0849. 4. 1	8 个妖精	
W0849. 4. 1. 1	太白金星赐颜氏女八豆生张良等八妖精	【汉族】
W0849. 4. 2	五妖	
W0849. 4. 2. 1	五妖指山妖、水妖、火妖、土妖、树妖	【满族】
W0849. 4. 3	不同颜色的妖魔	
W0849. 4. 3. 1	红色妖魔	【塔吉克族】 * ［W0914. 3. 5. 1］大红鬼（红鬼）
W0849. 4. 3. 2	黑色妖魔	【塔吉克族】
W0849. 4. 3. 3	白色妖魔	【塔吉克族】
W0850	**妖魔的寿命与死亡（魔鬼的寿命与死亡）**	
W0850. 1	妖魔的寿命（魔鬼的寿命）	
W0850. 2	妖魔的死亡（魔鬼的死亡）	
W0850. 2. 1	妖魔死亡原因	
W0850. 2. 1. 1	英雄除妖	【蒙古族】

W 编码	母题描述	关联项
W0850.2.1.2	妖魔被洪水毁灭	【哈尼族】
W0850.2.2	妖魔死亡情形	
W0850.2.2.1	多头妖魔被砍去所有的头后死亡	【土族】
W0850.2.3	妖魔死后的化身	
W0850.2.3.1	妖魔死后身体化为害虫	【满族】 * ［W3490］蚊子
W0850.2.3.2	妖魔死后体内飞出特定动物	
W0850.2.3.2.1	妖魔死后体内飞出鸟	【鄂伦春族】
W0850.2.4	与妖魔死亡有关的其他母题	
W0850.2.4.1	妖魔不死	
W0850.2.4.1.1	杀不死的妖魔	
W0850.2.4.1.1.1	鸟妖射不死	【满族】
W0850.3	与妖魔的生死有关的其他母题	
W0851	**妖魔的克星（魔鬼的克星）**	【哈尼族】 * ［W0916.7］鬼魂的惧怕物
W0851.1	妖魔畏惧的东西（魔鬼的惧怕物，妖魔的惧怕物）	
W0851.1.0	魔鬼怕神	
W0851.1.0.1	制造黑暗的恶魔怕创世主迦萨甘	【哈萨克族】
W0851.1.0.2	所有鬼和魔怕优玛天将	【纳西族】
W0851.1.0a	魔鬼怕人类祖先	
W0851.1.0a.1	妖魔都害怕人祖阿巴达尼脑后的两只眼	【珞巴族】
W0851.1.1	妖魔害怕光明	【苗族】 * ［W0851.2.1.1］恶魔的致命弱点怕光
W0851.1.1.1	妖魔怕太阳	【侗族】【汉族】
W0851.1.1.2	妖魔怕月亮	【维吾尔族】
W0851.1.2	妖魔怕火（魔鬼怕火，鬼怕火，灵魂怕火，怪物怕火）	【民族，关联】①
W0851.1.2.1	怪物怕火烧	【傈僳族】
W0851.1.2.2	母猪用火斗胜专布鬼	【珞巴族】

① 【白族】【珞巴族】【纳西族】【羌族】 * ［W0843.2.2］魔王怕火

W 编码	母题描述	关联项
W0851. 1. 2. 3	灵魂怕火	【鄂伦春族】
W0851. 1. 2. 4	鬼怕火灰	【壮族】
W0851. 1. 2. 5	妖魔见火就流泪	【畲族】
W0851. 1. 3	妖魔怕烟（魔鬼怕烟）	
W0851. 1. 3. 1	熏烟可以防止鬼	【珞巴族】
W0851. 1. 4	妖魔怕烫（魔鬼怕烫）	
W0851. 1. 4. 1	鬼被烧红的石头烫死	【珞巴族】
W0851. 1. 5	妖魔怕水	【壮族】
W0851. 1. 6	妖魔怕狗	【哈尼族】【普米族】
W0851. 1. 6. 1	妖精害怕猎狗	【普米族】
W0851. 1. 7	妖魔怕宝物	
W0851. 1. 8	妖魔怕宗教人物	【纳西族】
W0851. 1. 8a	妖魔怕人类	
W0851. 1. 8a. 1	独眼妖魔怕人类的智慧	【柯尔克孜族】
W0851. 1. 9	妖魔怕酒	【彝族】
W0851. 1. 10	妖魔怕神	【满族】
W0851. 1. 10. 1	妖魔怕雷神	【鄂伦春族】
W0851. 1. 10. 1. 1	魔鬼怕雷（魔鬼怕雷电）	【鄂温克族】
W0851. 1. 10. 2	魔鬼与妖怪最怕熊神	【藏族（白马）】
W0851. 1. 11	妖魔怕特定的武器	
W0851. 1. 11. 1	妖婆怕毒箭	【珞巴族】
W0851. 1. 12	妖魔怕云雾	【满族】
W0851. 1. 13	妖魔怕镜子	【民族，关联】①
W0851. 1. 14	魔鬼怕白石	［W6428. 6］白石崇拜
W0851. 1. 14. 1	在房顶、门窗放置白石，晚上魔鬼就不敢进屋	【藏族（嘉绒）】
W0851. 1. 15	妖魔怕特定植物	

① 【汉族】 *［W6279. 1. 1］照妖镜；［W8860. 1］用照妖镜降妖

W 编码	母题描述	关联项
W0851.1.15.1	魔鬼害怕黄泡刺	【哈尼族】
W0851.1.15.2	瘟魔怕茱萸叶	【汉族】
W0851.1.16	鬼怕特定的声音	
W0851.1.16.1	鬼怕龙的声音	【藏族（白马）】
W0851.1.17	妖魔怕特定旗帜	
W0851.1.17.1	妖魔怕无色旗	【羌族】
W0851.1.18	魔鬼怕铁器	
W0851.1.18.1	魔鬼特怕铁器怕烧红的铧头	【羌族】
W0851.1.18.2	魔鬼怕烧红的铁链	【羌族】
W0851.2	妖魔的命门（魔鬼的命门、妖魔的命根，魔鬼的软肋）	【民族，关联】①
W0851.2.1	恶魔的致命弱点	【侗族】 ＊［W0842］恶魔
W0851.2.1.1	恶魔的致命弱点怕光	【侗族】
W0851.2.2	妖魔的软肋是喉咙（鬼的软肋是喉咙）	【独龙族】
W0851.2.2.1	射鬼的喉咙将鬼杀死	【独龙族】
W0851.2.2a	魔鬼的命根是心	【汉族】
W0851.2.3	魔鬼的命门是特定的树	【普米族】
W0851.2.4	魔鬼的命门是特定的动物	【普米族】
W0851.2.4.1	恶魔切巴拉让的命根子是一头野牦牛	【藏族】
W0851.2.5	妖魔的命门是头上的印记	【彝族】
W0851.2.6	妖魔的命门是特定的痣	
W0851.2.6.1	铜爪妖的命根是胸膛上一颗黑痣	【哈萨克族】
W0851.2.6.2	妖魔有颗头的舌头上的痣是命根	【塔吉克族】
W0851.2.7	妖魔的命门是特定的装饰物	
W0851.2.7.1	魔怪拔下头上的一根金鸡毛就死亡	【哈尼族】

① 【哈萨克族】［W0843.4.4］魔王的命根（魔王的命门，魔王的致命弱点）；［W1997.4］生命的根本（命根）

W 编码	母题描述	关联项
W0851. 2. 8	妖魔的命根子是灵魂	
W0851. 2. 8. 1	老蟒猊的灵魂不被抓住就不会死	【鄂伦春族】
W0851. 2. 8. 2	魔怪头顶上的那根金鸡毛是它的魂，拿走后会使它动弹不得	【哈尼族】
W0851. 2. 9	妖魔的命根是心	
W0851. 2. 9. 1	妖魔放在特定地方的心脏是命根	【鄂伦春族】
W0851. 2. 9. 2	降服火魔必须冻住他的心	【满族】
W0851. 2. 10	胸前白毛是精怪的死穴	【水族】
W0851. 2. 11	妖魔存在视力缺陷	
W0851. 2. 11. 1	妖魔只能看到特定的地方	【纳西族】
W0852	**妖魔的下场（魔鬼的下场）**	【关联】①
W0852. 1	魔鬼最后下地狱	【汤普森】 A317
W0852. 2	妖魔被关在地下	【汤普森】 A1071； ＊［W8974］关押
W0852. 2. 1	妖魔被骗到地下关起来	【汤普森】 A1071. 1
W0852. 3	妖魔被收到天上	
W0852. 3. 1	玉皇大帝把一些妖魔鬼怪收到天宫	【汉族】
W0853	**与妖魔有关的其他母题**	【关联】②
W0853. 1	魔鬼名称的来历（特定名称的魔鬼）	
W0853. 1. 1	上帝取了“魔鬼”的名字	【哈萨克族】
W0853. 1. 2	三角魔鬼	【汉族】
W0853. 1. 3	魔鬼尼拍木尼	【傈僳族】
W0853. 2	妖魔的世界	【汤普森】 ①A696；②≈G302. 2. 1
W0853. 3	妖魔特定的工具	【纳西族】
W0853. 4	妖气	

① ［W8868］妖魔被捉后的逃脱；［W9635. 2. 1］魔鬼被骗

② ［W7247］妖魔（魔鬼）的婚姻；［W8842］妖魔相互残杀

W 编码	母题描述	关联项
W0853.4.1	妖气腥臭难闻，沾身就烂	【满族】
W0853.5	妖风	
W0853.5.1	妖风是黑旋风	【汉族】
W0853.6	妖魔的笑声	
W0853.6.1	妖魔的笑声害人	
W0853.6.1.1	妖魔笑声传到哪里，哪里就有哭声	【侗族】
W0853.7	妖精	
W0853.7.1	介于鬼神之间的妖精	
W0853.7.1.1	妖精里依	
W0853.7.1.1.1	里依非鬼非神	【羌族】
W0853.7.2	特定嗜好的妖精	
W0853.7.2.1	专吃人血的妖精	【民族，关联】①
W0854	**精怪**	［W0870］灵魂（鬼）
W0854.0	精怪的产生	
W0854.0a	人成为精怪	
W0854.0a.1	人吃小儿心后成精	【赫哲族】
W0854.1	动物成精	
W0854.1.1	动物成精的方法	
W0854.1.1.1	野物老后变成精	【哈尼族】
W0854.1.1.1.2	动物得仙气成精	
W0854.1.1.1.2.1	猪得仙气成精	【汉族】
W0854.1.1.1.3	动物修炼成精	【汉族】
W0854.1.2	成精动物的条件	
W0854.1.3	特定名称的动物精怪	
W0854.1.3.1	夜猫精	
W0854.1.3.1.1	夜猫精变成高大的鹰嘴铁人	【彝族】
W0854.1.3.1.2	夜猫精怕火	【彝族】
W0854.1.4	与动物成精有关的其他母题	

① 【白族（那马）】 * ［W0839.5.1］吃人的妖魔；［W0843.2.6.1］吸血魔王；［W0847.3.4］吸血的七头妖魔；［W0847.3.5］专门吃人肉、喝人血的妖精；［W0907.5］吸血鬼

W 编码	母题描述	关联项
W0854. 1. 4. 1	成精动物“四大门”	
W0854. 1. 4. 1. 1	“四大门”即狐狸（胡门）、黄鼠狼（黄门）、刺猬（白门）和蛇（柳门）	【汉族】
W0854. 2	植物成精	
W0854. 2. 1	植物老后变成精	
W0854. 2. 2	树精（木精）	【关联】①
W0854. 2. 2. 1	树大成精	【布依族】【黎族】
W0854. 2. 2. 1a	树老成精	
W0854. 2. 2. 1a. 1	几棵几百年的大树变成妖精	【白族】
W0854. 2. 2. 1b	树修炼成精	
W0854. 2. 2. 1b. 1	大杉树修炼成一位女子骚扰男人	【白族】
W0854. 2. 2. 2	鹰爪树是树精的居所	【京族】
W0854. 2. 2. 3	古木精	
W0854. 2. 2. 3. 1	古木精白鹤老松	【汉族】
W0854. 2. 2. 4	树精毕方	
W0854. 2. 2. 4. 1	毕方状如鸟，青色，赤脚，一足，不食五谷	【汉族】
W0854. 2. 2. 5	木精名游光	【汉族】
W0854. 2. 2. 6	木精名彭侯	【汉族】
W0854. 2. 2. 7	千岁树精为青羊	【汉族】
W0854. 2. 2. 7a	千年木精为青牛	【汉族】
W0854. 2. 2. 8	万岁树精为青牛（万年木精是青牛）	【汉族】
W0854. 2. 2. 9	树精怕唾液	【壮族】
W0854. 2. 2. 10	树精怕狗血	【白族】 *［W0912. 2. 3. 3］用狗血鸡血驱妖
W0854. 3	与精怪的产生有关的其他母题	
W0854. 3. 1	光变成怪	【关联】②
W0854. 3. 1. 1	赤白光变成怪	【汉族】

① ［W0058. 3. 2. 2］世界最早只有树精夫妻（树精灵）；［W0541］树神（森林神）

② ［W0055. 4］光变成神；［W0861. 2. 2］光变成怪物

W 编码	母题描述	关联项
W0854.3.2	卵生精怪	
W0854.3.2.1	精窝生的精蛋生精血，精血变成精怪	【羌族】
W0854.4	精怪的特征	
W0854.4.1	精怪青面獠牙	
W0854.4.2	精怪生性凶残	
W0854.4.2.1	精怪糟蹋妇女	【东乡族】
W0854.5	精怪的能力	
W0854.5.1	精怪会变形	［W1725.7］山川之精变成星星
W0854.5.1.1	精怪变成小伙勾引人间姑娘	【哈尼族】
W0854.5.1.2	精怪抖身变成人	【汉族】
W0854.6	精怪的缺点	
W0854.6.1	特定时辰是精怪的缺点	
W0854.6.1.1	鸡精夜盲	【汉族】
W0854.7	与精怪有关的其他母题	
W0854.7.1	精怪会附人体	
W0854.7.1.1	成精的狐狸、野雉、兔子、貉子及獾子附于人体	【达斡尔族】
W0854.7.2	精怪的数量	
W0854.7.2.1	360 怪	【壮族】
W0854.7.3	鬼怪	
W0854.7.3.1	恶神派鬼怪到人间	【纳西族】
W0854.7.3.2	神变成鬼怪	
W0854.7.3.2.1	神吃血会变成怪	【赫哲族】 * ［W6520］饮食禁忌
W0854.7.3.3	人死后有的变成鬼怪	【藏族（尔苏）】
W0854.7.3.4	鬼怪欺骗人类走上邪路	【柯尔克孜族】
W0854.7.4	特定名称的精怪	
W0854.7.4.1	赤蝦子	
W0854.7.4.1.1	赤蝦子是蓬莱仙女遗类	【汉族】
W0854.7.4.2	玉精	

W 编码	母题描述	关联项
W0854. 7. 4. 2. 1	玉之精委然	【汉族】
W0854. 7. 4. 3	羊精	【汉族】 ＊［W0512. 2］羊神
W0854. 7. 4. 4	蜈蚣精	［W0533］蜈蚣神（蜈蚣精）
W0854. 7. 4. 4. 1	吃人的蜈蚣精	【京族】
W0854. 7. 4. 5	木石之怪	
W0854. 7. 4. 5. 1	木石之怪曰夔	【汉族】
W0854. 7. 4. 6	水木之精	
W0854. 7. 4. 6. 1	水木之精藻兼	【汉族】
W0854. 7. 5	精怪的辨识（鬼怪的辨别）	
W0854. 7. 5. 1	通过特定物辨识精怪	
W0854. 7. 5. 1. 1	能辨析鬼怪的陶罐	【珞巴族】

0. 8. 2 怪人、怪物
【W0855 ~ W0869】

W 编码	母题描述	关联项
＊**W0855**	**怪人**	
W0856	**怪人的产生**	
W0856. 1	生育怪人	［W2600］人生怪胎
W0856. 1. 1	天地形成之后生怪人	【侗族】
W0856. 2	人变成怪人	
W0856. 2. 1	兄弟打猎时哥哥变成一半黑脸一半绿脸的怪人	【独龙族】
W0857	**怪人的特征**	［W2827］长着特殊眼睛的人
W0857. 1	形体怪异的人	【关联】①
W0857. 1. 1	红眼睛绿眉毛的人	【仡佬族】
W0857. 2	头与身体能分开的人	【汉族】

① ［W2607］生动物特征的人；［W2801］人早期的体征

W 编码	母题描述	关联项
W0857.3	怪人有动物习性	
W0857.3.1	鲛人水居如鱼	【汉族】
W0857.4	怪人兼具人和动物的体征	［W0862.2］怪物是半人半兽
W0857.4.1	人熊合体的怪人	【达斡尔族】 *［W0865.2.1］人熊
W0858	**与怪人有关的其他母题**	
W0858.1	会变化的怪人	［W9526］神性人物的变形
W0858.2	天神认为地上的人是怪人	【哈尼族】
W0858.3	特定名称的怪人	
W0858.3.1	怪人星郎	【侗族】
***W0860**	**怪物**	【汤普森】G301； *【关联】①
W0861	**怪物的产生**	
W0861.0	怪物来源于特定地方	
W0861.0.1	天降怪物	
W0861.0.1.1	下雨时天降一个大怪物	【满族】
W0861.0.2	鸟带来怪物	【羌族】
W0861.1	怪物是生育产生的（生怪物）	［W2600］人生怪胎
W0861.1.0	神生怪物	
W0861.1.0.1	神生不知名的怪物	【哈尼族】
W0861.1.0a	妖魔生怪物	
W0861.1.0a.1	黑色母魔生许多怪物	【蒙古族】
W0861.1.1	地生怪物	
W0861.1.1.1	地生怪物大狄	【汉族】
W0861.1.2	婚生怪物	
W0861.1.2.1	东海龙王的二公主与雄蛇交配生怪物“蛇龙”	【满族】
W0861.1.2.2	龙女与天马婚生怪物	【汉族】
W0861.1.2.2.1	天马和西海三公主交配生怪物	【汉族】
W0861.1.3	动物生怪物	

① ［W0830］妖魔；［W0855］怪人

W 编码	母题描述	关联项
W0861. 1. 3. 1	鱼生怪物	【哈尼族】
W0861. 1. 3. 2	狗生七崽是怪物	【羌族】
W0861. 1. 4	植物生怪物	
W0861. 1. 4. 1	葫芦生怪物	
W0861. 1. 4. 1. 1	卵生的葫芦生怪物	
W0861. 1. 4. 1. 1. 1	动物婚生的卵孵出的葫芦生怪物	【傣族】
W0861. 1. 5	与生怪物有关的其他母题	
W0861. 1. 5. 1	射死的白鹿心窝中生出怪物	【纳西族】
W0861. 2	怪物是变化产生的（变怪物）	
W0861. 2. 1	特定人物变为怪物	
W0861. 2. 1. 1	神变成怪物	【汉族】
W0861. 2. 2	光变成怪物	【汉族】 * ［W0854. 3. 1. 1］赤白光变成怪
W0861. 2. 3	气体变成怪物	
W0861. 2. 3. 1	鱼肚中第一层气体变成怪物	【哈尼族】
W0861. 3	与怪物的产生有关的其他母题	【关联】①
W0861. 3. 1	怪物突然出现	【哈尼族】
W0861. 3. 2	怪物从特定地方出现	
W0861. 3. 2. 1	西王母瑶池旁出来一个怪物	【汉族】
W0861. 3. 2. 2	山中的岩洞、怪石、山崖、大树、老树、老藤，村前村后的水泉、深潭、田头地角等地方生怪物	【壮族】
W0862	**怪物的特征**	
W0862. 0	怪物的性别	
W0862. 0. 1	怪物分公母	【羌族】
W0862. 0. 1. 1	女怪	【朝鲜族】
W0862. 1	巨大的怪物	【苗族】
W0862. 1. 1	怪物两人多高，头像狮子	【珞巴族】
W0862. 2	怪物是半人半兽	【关联】②

① ［W1996. 5. 2］世界最早是怪物；［W9371. 1］神转世为怪物

② ［W070. 3. 1］半人半兽的神；［W0662. 6. 1］巨人半人半兽；［W0857. 4］怪人兼具人和动物的体征

W 编码	母题描述	关联项
W0862. 2. 1	半人半兽的怪物“奢比”	【汉族】
W0862. 2. 2	怪物人身龙头	
W0862. 2. 2. 1	人身龙头的怪物制造风雨	【汉族】
W0862. 2. 3	怪物人形兽躯	
W0862. 2. 3. 1	人形兽躯的怪物“凿齿”	【汉族】
W0862. 3	怪物有多个头	
W0862. 3. 1	3 头怪物	
W0862. 3. 2	6 头怪物	
W0862. 3. 3	9 头怪物	［W0865. 4. 1］ 9 头怪鸟
W0862. 3. 3. 1	九婴	
W0862. 3. 3. 1. 1	九婴是水火之怪	【汉族】
W0862. 3. 3. 1. 1. 1	九婴是 9 个头的水火之怪	【汉族】
W0862. 3. 3. 1. 2	九婴的叫声像婴儿哭啼	【汉族】
W0862. 3. 3. 1. 3	九婴的叫声像麻醉剂	【汉族】
W0862. 3. 4	怪物有四五个头	
W0862. 3. 4. 1	怪物“千古龙”有四五个头，呈白、绿、红和粉红诸色	【傈僳族】
W0862. 3. 5	40 个头的怪物	【塔吉克族】
W0862. 3a	怪物长着动物的头	
W0862. 3a. 1	鸡头怪	
W0862. 3a. 1. 1	女鸡头怪（女米雅）	【羌族】
W0862. 4	怪物奇怪的四肢	
W0862. 5	与怪物特征有关的其他母题	
W0862. 5. 1	怪物的嗜好	
W0862. 5. 1. 1	怪物喜欢吃人的眼睛	【白族】
W0862. 5. 2	怪物的形体罕见	【汉族】
W0862. 5. 3	怪物龙头人身	
W0862. 5. 3. 1	洛河里有个龙头人身的怪物	【汉族】
W0862. 5. 4	怪物长着大眼	【壮族（沙人）】

W 编码	母题描述	关联项
W0862. 5. 5	怪物浑身长毛	【壮族（沙人）】
W0862. 5. 6	怪物为多种动物复合体	
W0862. 5. 6. 1	怪物形状为马嘴牛蹄长角叉	【羌族】
W0863	**怪物的能力（怪物的本领）**	［W1545. 2. 5］怪物的眼睛变成日月
W0863. 1	怪物作怪	
W0863. 1. 1	怪物作怪的手段	
W0863. 1. 1. 1	怪物专吃人的眼睛	【白族】 ＊［W0839. 5. 1］吃人的妖魔
W0863. 1. 1. 2	妖物作怪时刮风打雷	【汉族】
W0863. 2	怪物会变形	【汉族】
W0863. 2. 1	变婆	【壮族】 ＊［W0838. 2. 2］妖婆
W0863. 2. 1. 1	老变婆吃人肉	【彝族】
W0863. 2. 1. 2	变婆是一个叫阿公拙的老妖怪	【纳西族】
W0863. 2. 2	怪物变狗豕虫蛇	【汉族】
W0863. 3	怪物会自己复原	
W0863. 3. 1	怪物被咬掉的肉复原	【壮族】
W0863. 4	怪物能上天下水	【白族】
W0864	**怪物的关系**	
W0864. 1	怪物的亲属	
W0864. 2	怪物的朋友	
W0864. 3	怪物的敌人（怪物的对手）	
W0864. 3. 1	怪物与人为敌	【哈尼族】
W0864. 4	怪物的上司	
W0864. 4. 1	怪物是魔鬼的手下	【汉族】
◎	**〖常见的怪物〗**	
W0865	**动物怪物**	
W0865. 1	怪兽	
W0865. 1. 1	怪兽的产生	
W0865. 1. 1. 1	老天爷放出怪兽	【汉族】
W0865. 1. 2	怪兽的特征	

W 编码	母题描述	关联项
W0865.1.2.1	独角怪兽	
W0865.1.2.1.1	食人的独角怪兽有9层皮	【普米族】
W0865.1.2.2	能辨药味药性的琉璃兽似犬非犬、似虎非虎	【白族】
W0865.1.2.3	怪兽全身是眼	【珞巴族】
W0865.1.2.4	怪兽的魂不死	【佤族】
W0865.1.2.5	怪兽怪头怪脑	【汉族】
W0865.1.3	与怪兽有关的其他母题	[W0701a.2.4] 夔是怪兽
W0865.1.3.1	中州大海中的怪兽	【汉族】
W0865.1.3.2	怪兽蠪蛭	
W0865.1.3.2.1	蠪蛭如彘有角	【汉族】
W0865.1.3.2.2	蠪蛭九头九尾	【汉族】
W0865.1.3.3	混沌兽	[W1057.1] 混沌（混沌卵）
W0865.1.3.3.1	昆仑西有混沌兽	【汉族】
W0865.1.3.3.2	混沌兽如犬，长毛，四足，似罴而无爪，有目而不见	【汉族】
W0865.1.3.4	怪兽克兰克来	
W0865.1.3.4.1	克兰克来状如恐龙	【佤族】
W0865.2	熊怪（熊妖，熊精）	[W0511] 熊神
W0865.2.0	熊精的产生	
W0865.2.0.1	石头泥块变成熊精	【瑶族（布努）】
W0865.2.0a	熊精的特征（熊精的职能）	
W0865.2.0a.1	熊精为黄帝驮着指南人	【汉族】
W0865.2.0b	熊精的生活	
W0865.2.0b.1	熊精骑公鸡	【瑶族（布努）】
W0865.2.1	人熊	【壮族】 * [W0862.2] 怪物是半人半兽
W0865.2.1.1	人熊婆婆	【瑶族】
W0865.2.2	九头妖熊	
W0865.2.2.1	九头妖熊是浑身冰冷的九个冰精	【毛南族】

W 编码	母题描述	关联项
W0865. 2. 3	吃小孩的熊精	【瑶族（布努）】 * ［W0839. 5. 1. 1］吃小孩的妖魔
W0865. 3	狼外婆	【民族，关联】①
W0865. 3. 1	狼外婆尼变	【水族】
W0865. 4	怪鸟	【鄂伦春族】 * ［W1694. 2. 2］怪鸟的金蛋变成假太阳
W0865. 4. 1	9 头怪鸟	【鄂伦春族】 * ［W0862. 3. 3］9 头怪物
W0866	**植物怪物**	
W0867	**自然物怪物（器物怪物）**	
W0867. 1	风怪	【佤佬族】 * ［W0846. 1］风魔
W0867. 1. 1	风怪阿万	
W0867. 1. 1. 1	风怪阿万有 9 兄弟	【佤佬族】
W0867. 1. 1. 2	风怪阿万无故乱刮风	【佤佬族】
W0867. 1. 2	风怪兴风	【佤佬族】
W0867. 1. 3	狗咬风怪	【佤佬族】
W0867. 2	海怪	【汤普森】①B877. 1；②G308
W0867. 3	石怪（怪石）	
W0867. 3. 1	怪石袭人	【彝族】
W0867. 4	木怪	【汉族】
W0867. 5	火怪	
W0867. 5. 1	火之怪宋毋忌	【民族，关联】②
W0868	**与怪物有关的其他母题**	
W0868. 0	特定名称的怪物（怪物的名字）	
W0868. 0. 1	雷泽神兽	
W0868. 0. 1. 1	雷泽神兽是水中的怪物	【汉族】
W0868. 0. 2	怪物屠龙	
W0868. 0. 2. 1	怪物屠龙看守天宫	【汉族】

① 【汉族】 * ［W0838. 2. 2］妖婆；［W0844. 1. 2］老狼精变身老太婆

② 【汉族】 * ［W0493. 6. 1g］灶神宋无忌；［W0827. 1. 19］仙人宋无忌（宋毋忌）

W 编码	母题描述	关联项
W0868.0.3	怪物罗刹生	【白族】
W0868.0.4	怪物称“都义”	【壮族】
W0868.0.5	怪物称“都召”	【壮族】
W0868.0.6	怪物肯库	【珞巴族】
W0868.0.7	怪物名叫魑魅、魍魉	【汉族】 * ［W0907.14.4］魍魉鬼（罔两、蝄蜽）
W0868.1	怪物的成长	
W0868.1.1	怪物被抛弃后得到父亲魂灵的抚育	【满族】
W0868.2	怪物的种类（怪物的类型）	
W0868.2.1	怪物有 11520 种	【汉族】
W0868.2.2	土中怪物	［W0846.2］水妖（水魔、水怪、水精）
W0868.2.2.1	土中怪物羵羊	【汉族】
W0868.3	怪物的生活	
W0868.3.1	怪物的饮食	
W0868.3.1.1	怪物吃人	【塔吉克族】
W0868.3.1.1.1	怪物吃人需晚上	【壮族（沙人）】
W0868.3.1.1.2	怪物吃人的心肝	【傈僳族】
W0868.3.2	怪物的居所	
W0868.3.2.1	怪物住坛罐中	【羌族】
W0868.3.2.2	怪物生活在水中	【汉族】 * ［W0846.2］水妖（水魔、水怪、水精）
W0868.3.3	怪物的出行	
W0868.3.3.1	怪物出没的时间	
W0868.4	怪物的弱点（怪物的命门）	【关联】①
W0868.5	怪物的惧怕物	【汉族】
W0868.5.1	怪物怕酒	【壮族】

① ［W0088.4.2］神的命根（神的命门）；［W0843.4.4］魔王的命根（魔王的命门，魔王的致命弱点）；［W0851.2］妖魔的命门（魔鬼的命门、妖魔的命根，魔鬼的软肋）；［W1997.4］生命的根本（命根）

W 编码	母题描述	关联项
W0868.5.2	怪物怕粪便	
W0868.5.2.1	武器上抹上狗屎或鸡屎，就能杀死怪物	【壮族（沙人）】
W0868.6	怪物被制服	
W0868.7	怪物的死亡	
W0868.7.1	火烧死怪物	【傈僳族】

0.8.3 灵魂（鬼）①
【W0870 ~ W0919】

W 编码	母题描述	关联项
✿ **W0870**	**灵魂（鬼，鬼魂，魂灵）**	【汤普森】 ① E700； ② F400； ③V202
※**W0871**	**灵魂的产生（鬼的产生，鬼怪的产生）**	【汤普森】 F413
W0871.1	以前没有鬼	【彝族】
W0871.2	人最早没有灵魂	【维吾尔族】

① 灵魂（鬼），"灵魂"或"鬼"是神话叙事中极不稳定的一个词语，在不同的民族或不同神话文本中对"灵魂"的应用很不一致，有的神话把"灵魂"称作"鬼"、"鬼魂"，有的神话"灵魂"、"鬼"、"神"可以相互替代，其中此处的"鬼"与"神与神性人物"母题中所列举的"妖魔"中的"魔鬼"具有本质的区别。如独龙族称"鬼"、"精灵"为"布兰"，认为"鬼"无所不在，随处皆有，但这些"鬼"又并非指灵魂，而是某种自然力的化身，相当于"神"；景颇语中，"精灵"、"鬼"、"神"都统称为"纳"等。有时，在神话叙事中的"灵魂"，又有许多细微差别，如蒙古族的"翁衮"和"苏尼斯"皆指灵魂，但"苏尼斯"与"翁衮"的具体含意不同，"苏尼斯"是无形的、纯精神的，"翁衮"是有形体的物质实体。只有人或动物才有"苏尼斯"，但任何人、动物、植物和部分自然物都有"翁衮"［参见《蒙古族卷·绪论》，见吕大吉、何耀华总主编《中国各民族原始宗教资料集成》（鄂伦春族卷、鄂温克族卷、赫哲族卷、达斡尔族卷、锡伯族卷、满族卷、蒙古族卷、藏族卷），中国社会科学出版社 1999 年版，第 584 页］。总的来看，大多数神话中所使用的"灵魂（鬼）"与宗教具有复杂的关联。因此，此类"灵魂"母题考虑到上述问题的难于规范性，除个别母题之外，一律用"灵魂"作为描述母题。在该类母题的选择范围上也只选取其中一种有分析价值的成分，列为母题。具体情况参见《中国神话人物母题实例与索引》。

W 编码	母题描述	关联项
W0872	**灵魂是给予的（赋予灵魂）**	
W0872.1	天神赐予人类灵魂	【哈萨克族】
W0872.2	灵魂是真主给的（真主给人灵魂）	【回族】【维吾尔族】
W0872.3	阎王爷赠送灵魂	【鄂伦春族】
W0872.3.1	灵魂的传送者	
W0872.3.1.1	神仙色翁帮助往地狱送灵魂	【赫哲族】
W0872.4	祖先赐人灵魂	
W0872.4.1	女祖先造人时赐人灵魂	【侗族】
W0872.5	其他特定人物给予灵魂	【赫哲族】
W0872.5.1	萨满赋予婴儿灵魂	【鄂温克族】
W0872.5.2	北斗星给人灵魂	【鄂温克族】
W0872.5.3	造人者赐灵魂	【基诺族】
W0872.5.4	创世主赐灵魂	【哈萨克族】
W0873	**灵魂是创造产生的（造灵魂，造鬼）**	【汤普森】E703
W0873.1	神造灵魂	
W0873.1.1	神首先造化的是灵魂	【哈萨克族】
W0873.2	神性人物造灵魂	
W0873.2.1	天神的弟子造鬼怪	【满族】
W0873.2.2	鬼总头目之一木佩朋定灵魂	【独龙族】
W0873.2.3	始祖姜央造鬼	【苗族】
W0874	**灵魂是生育产生的（生育灵魂）**	
W0874.1	灵魂从动物中生出（鬼从动物中生出）	
W0874.2	灵魂从植物中生出（鬼从植物中生出）	
W0874.2.1	树生灵魂	
W0874.2.1.1	生命树生灵魂	【哈萨克族】 * ［W3798.1］生命树
W0874.2.1.1.1	创世者种的生命树能培植出灵魂	【哈萨克族】

W 编码	母题描述	关联项
W0874. 2. 2	瓜生鬼	【傈僳族】
W0874. 2. 2. 1	南瓜生鬼	【傈僳族】
W0874. 3	灵魂从无生命物中生出（鬼从无生命物中生出）	
W0874. 3. 1	光中生灵魂	
W0874. 3. 2	白光生魂	【哈尼族】 * ［W0125. 1. 2］白光中产生善神
W0874. 4	神或神性人物生鬼	
W0874. 4. 1	神生鬼	【汉族】
W0874. 4. 2	祖先生鬼	【哈尼族】
W0874. 4. 3	怪物生鬼	
W0874. 4. 3. 1	怪物肯库生下一个像泥球的鬼	【珞巴族】
W0874. 5	与生育产生灵魂有关的其他母题	
W0874. 5. 1	卵生鬼	
W0874. 5. 1. 1	黑鸡的黑蛋生鬼	【纳西族】
W0874. 5. 1. 2	恶神生的蛋生鬼怪	【纳西族】
W0874. 5. 2	鬼婚生鬼	
W0874. 5. 2. 1	一对天鬼生下了主宰各种事物的天鬼和地鬼、水鬼	【景颇族】
W0875	**灵魂是变形产生的（变灵魂）**	［W0906. 4. 1］人成为水鬼
W0875. 0	神变成鬼	［W0854. 7. 3. 2］神变成鬼怪
W0875. 0. 1	特定的神变成鬼	
W0875. 0. 1. 1	苏皋的神变鬼后害人	【彝族】
W0875. 1	人变成鬼	
W0875. 1. 1	人死后变成鬼	【民族】①
W0875. 1. 1. 1	人去世 10 天之内会变成厉鬼	【佤族】
W0875. 1. 1. 2	恶人死后变成鬼	【鄂温克族】
W0875. 1. 1. 3	难产而死的妇女变成鬼	【鄂温克族】
W0875. 1. 1. 4	被打死的人变成鬼	【鄂温克族】

① 【哈尼族】【汉族】【傈僳族】【彝族】

W 编码	母题描述	关联项
W0875.1.1.4a	凶死者变成鬼	【羌族】
W0875.1.1.4b	非正常死亡的人变成鬼	【民族，关联】①
W0875.1.1.5	人死若不送魂归祖源处就变成鬼	【彝族】
W0875.1.1.6	百岁以上老人会变鬼	【彝族】 * ［W0044.11］老人变成神
W0875.1.1.7	外来人死后变成鬼	【白族】
W0875.1.1.8	士兵战死后变成鬼（阴兵）	【白族】
W0875.1.1a	人死不会变成鬼	【独龙族】
W0875.1.2	特定出生的人变成鬼	
W0875.1.3	人吃特定的东西变鬼	
W0875.1.3.1	人吃鬼后变成鬼	
W0875.1.3.1.1	人吃女子变成的山羊后变成鬼	【彝族】
W0875.1.4	人受惩罚变成鬼	
W0875.1.5	人死后不绑住双腿会变成鬼	【鄂伦春族】
W0875.1.6	与人变成鬼有关的其他母题	［W0906.4.1.1］人淹死后变成水鬼
W0875.1.6.1	特定时辰死的人变成鬼	【彝族】
W0875.1.6.2	变鬼者妇女居多	【白族】
W0875.1.6.3	人变成多个鬼	【基诺族】
W0875.2	动物变成鬼	
W0875.2.1	动物老后成精	【哈尼族】
W0875.2.2	动物死后变成鬼	【壮族】
W0875.3	植物变成鬼	
W0875.3.1	树变成鬼	【鄂伦春族】 * ［W0905.2.1.1］枯死的树变成鬼
W0875.3.2	植物死后的灵魂变成鬼	【壮族】
W0875.4	气变成灵魂	【汉族】 * ［W2114］造人经吹气后成活
W0875.4.1	天气为魂	【汉族】

① 【傈僳族】 * ［W0046.0a］非正常死亡的人变成神；［W0899.3.10.2］非正常死亡的人的亡魂不能归家转世，变成到处游荡的鬼

W 编码	母题描述	关联项
W0875. 4. 2	地气为魄	【汉族】
W0875. 5	灵魂变成鬼	【民族，关联】①
W0875. 5. 1	人死后 3 个灵魂中被送到阴间的变成鬼	【赫哲族】
W0875. 5. 2	人死后灵魂变成鬼或神	【民族，关联】②
W0875. 5. 2. 1	魂到阴间后可变神变鬼，其中不好的亡魂变成鬼	【彝族】
W0875. 5. 2. 2	人死后 3 个灵魂变成鬼	【彝族】
W0875. 5. 3	游魂变成鬼（人间游荡的人的亡灵变成鬼）	【藏族】 ＊［W0916. 2. 1］游魂
W0875. 5. 4	万物的灵魂化为鬼	【壮族】 ＊［W0916. 1］万物有灵（万物有魂）
W0875. 6	脐带变成鬼怪	
W0875. 6. 1	老虎出生时的脐带变成鬼怪	【苗族】
W0876	**与灵魂的产生有关的其他母题（与鬼的产生有关的其他母题）**	［W0658a. 2. 2］鬼的祖先
W0876. 1	灵魂产生的条件	
W0876. 1. 1	人到 12 岁以后才有魂魄	【白族】
W0876. 2	灵魂产生的时间（鬼产生的时间）	
W0876. 2. 1	天地形成时最早出现几个鬼	【景颇族】
W0876. 3	灵魂产生的地点	
W0876. 3. 1	灵魂先在天上产生	【独龙族】
W0876. 4	地下的人是鬼	
W0876. 4. 1	因地下的人又小又坏被称为鬼	【鄂温克族】
W0876. 5	鬼源于特定的人	
W0876. 5. 1	鬼源于一个叫之子宜乍的美女	【彝族】
W0876. 5. 2	特定的人的灵魂是鬼	【傈僳族】

① 【彝族】 ＊［W0057. 2］灵魂变成神；［W0889. 10］鬼是游离在人的身体之外的灵魂

② 【彝族】【壮族】 ＊［W0888. 2. 1］人死灵魂不死

W 编码	母题描述	关联项
W0876.6	神能分化出许多灵魂	
W0876.6.1	四只神鹰把自己的灵魂分成36份	【满族】
W0876.7	因错误产生鬼	
W0876.7.1	人行为失误产生崩鬼	【纳西族】
※W0877	**灵魂的特征（鬼魂的特征，鬼的特征）**	
W0878	**男灵（男鬼）**	
W0879	**女灵（女鬼）**	
W0879.1	女鬼的产生	
W0879.1.1	神的女儿变成女鬼	
W0879.1.1.1	山神的女儿山姑娘变成女鬼	【苗族】
W0879.2	女鬼的特征	
W0879.2.1	女鬼披头散发	【汉族】
W0879.3	特定名称的女鬼	
W0879.3.1	绝房鬼	
W0879.3.1.1	孕妇死后变成绝房鬼	【壮族】
W0879.3.2	长舌妇鬼（口舌鬼）	［W0085.10］神爱搬弄是非（神长着长舌头）
W0879.3.2.1	口舌鬼“祟”	【白族】
W0879.3.3	妇人鬼	
W0879.3.3.1	妇人鬼尼柏木尼	【傈僳族】
W0879.4	与女鬼有关的其他母题	
W0879.4.1	鬼女	
W0879.4.1.1	祭司鬼女	【基诺族】
W0879a	**雌性鬼**	
W0879a.1	豹鬼虎鬼都是雌性鬼	【纳西族】
※W0880	**灵魂的体征（鬼的体征，鬼魂的外形）**	【汤普森】F401
W0881	**灵魂无形（鬼魂无形，鬼无形）**	【蒙古族（布里亚特）】
W0881.1	灵魂为什么看不到（鬼魂为什么看不到）	【汤普森】A2862

W 编码	母题描述	关联项
W0881. 1. 1	人为什么看不见鬼	【珞巴族】 ＊［W0838. 5. 2. 1］人看不到妖魔
W0881. 1. 1. 1	人看不到鬼是因为鬼生活在暗处	【壮族】
W0881. 1a	鬼能看到人，人却看不到鬼	【壮族】
W0881. 1a. 1	山石树泉之灵是看不见，但觉得着	【傈僳族】
W0881. 2	魂是气	
W0881. 2. 1	魂是黄褐色雾气或灰黑色雾气	【满族】
W0881. 3	灵魂有声无形	【赫哲族】
W0881. 4	灵魂肉眼看不见	【锡伯族】
W0881. 5	灵魂像风	
W0881. 5. 1	人的灵魂像风四处游荡飘动	【藏族】
W0881. 6	无身鬼	【白族】
W0881a	**灵魂有时无形有时有形**	【赫哲族】
W0881a. 1	灵魂有时无形能出墙钻洞，有时则有身体	【蒙古族（布里亚特）】
W0881b	**灵魂有形无重量无声**	【蒙古族（布里亚特）】
W0882	**灵魂有人的形体（鬼魂有人的形体，鬼有人的形体，灵魂人形）**	【汤普森】E425；＊［W0070. 3］神是人形
W0882. 1	魂状如小人	【满族】
W0882. 1. 1	人的灵魂比人体小	【锡伯族】
W0882. 2	灵魂形状似人形	【赫哲族】
W0882. 3	人的身影是灵魂	
W0882. 3. 1	7 至 15 岁的人有 3 个身影，即是三个灵魂	【鄂伦春族】
W0882. 4	鬼有人形而无实体	【壮族】
W0882. 5	鬼与人的面貌相同	【独龙族】 ＊［W0899. 8］灵魂的生活与人相同（鬼的生活与人相似）
W0882. 6	特定的鬼是人形	

W 编码	母题描述	关联项
W0882.6.1	木雄出木鬼名是女人相貌，头发像汉人姑娘的长辫子盘在头上	【独龙族】
W0883	**灵魂有动物形体（鬼魂有动物形体，鬼有动物形体）**	【汤普森】①E423；②E730；③F401.3
W0883.1	灵魂像狗（鬼魂像狗）	【汤普森】E731.1
W0883.2	灵魂像猫（鬼魂像猫）	【汤普森】E731.2
W0883.3	灵魂像鸟（鬼魂像鸟）	【汤普森】①E732；②F401.3.7；＊【达斡尔族】＊［W0885.9］灵魂长有翅膀
W0883.3.1	小孩的灵魂像小雀	【鄂温克族】＊［W0887.2.1.1］小儿死后魂变为雀
W0883.3.2	魂鸟	
W0883.3.2.1	魂鸟有大魂鸟和小魂鸟之分	【满族】
W0883.3.3	灵魂像鸟能飞	【哈萨克族】
W0883.4	灵魂像昆虫（鬼魂像昆虫）	【汤普森】E734；＊【纳西族】＊［W0903.2.3.1］祖先的灵魂是蜜蜂
W0883.4.1	灵魂像蝴蝶（鬼魂像蝴蝶）	【西北地区古代民族】
W0883.4.2	灵魂是蜜蜂的样子	【蒙古族（布里亚特）】
W0883.5	灵魂像神话动物	
W0883.6	与灵魂有动物形体有关的其他母题（与鬼魂有动物形体有关的其他母题）	
W0883.6.1	鬼像猴子	【独龙族】
W0883.6.1.1	鬼的原形是一个白猴子	【珞巴族】
W0883.6.2	鬼像人牛（像人牛的鬼）	【珞巴族】
W0883.6.3	痢疾病的鬼长得像猪	【独龙族】
W0883.6.4	鬼长着动物的头	
W0883.6.4.0	东方鬼的面偶做成生鸡头，南方鬼生狼头，西方鬼生鹿头，北方鬼生猪头。	【纳西族】

W 编码	母题描述	关联项
W0883. 6. 4. 1	长着狗头的鬼	【纳西族】
W0883. 6. 4. 2	长着绵羊头的鬼	【纳西族】
W0883. 6. 4. 3	长着蛇头的鬼	【纳西族】
W0883. 6. 4. 4	长着牛头的鬼	【纳西族】
W0884	**灵魂像其他物体（鬼魂像其他物体，鬼像其他物体）**	【汤普森】≈E426
W0884. 1	灵魂像星星（鬼魂像星星）	【汤普森】E741. 1
W0884. 2	灵魂像光（鬼魂像光，鬼像光）	【汤普森】E742
W0884. 3	灵魂像影子（鬼魂像影子，鬼像影子）	【汤普森】E743
W0884. 3. 1	人的灵魂与影子有关	【怒族】
W0884. 3. 2	灵魂是人的影子（人的影子即鬼）	【民族，关联】①
W0884. 4	灵魂像云（鬼魂像云）	【汤普森】E744. 2
W0884. 5	灵魂像旋风（鬼魂像旋风）	【汤普森】E744. 3
W0884. 6	灵魂像蛋（鬼魂像蛋）	
W0884. 6. 1	妖魔的灵魂是鸡蛋	【鄂伦春族】
W0884. 7	灵魂像毛发（鬼魂像毛发）	
W0884. 7. 1	灵魂是一根马尾	【达斡尔族】
W0884. 8	魂的形状像生前所穿的衣服	【彝族】
W0884. 9	灵魂像珍珠	【满族】
W0884. 10	灵魂是梦见的样子	【怒族】
W0885	**与灵魂体征有关的其他母题（与鬼的外形有关的其他母题）**	［W3697. 1］植物是人的灵魂
W0885. 1	灵魂呈现出不同形状（鬼魂呈现出不同形状）	【汤普森】E721. 5
W0885. 2	灵魂很丑（鬼魂很丑，丑鬼，鬼面目恐怖）	【汤普森】E424
W0885. 2. 1	鬼披头散发、指甲长、眼睛发红	【白族】

① 【白族】【怒族】 *［W0898. 11. 1］月夜看见灯下的影子就是碰到鬼；［W0914. 1. 8］人有几个影子就有几个灵魂

W 编码	母题描述	关联项
W0885.3	鬼有独特的面目	
W0885.3.1	鬼浑身长着嘴和眼睛	【彝族】
W0885.3.2	鬼长着锋利的牙齿	【独龙族】
W0885.3.3	鬼脑后长有眼睛	【独龙族】
W0885.3.4	“糟”鬼4张嘴、8只眼和8只耳朵	【纳西族（摩梭）】
W0885.4	巨灵	【鄂伦春族】
W0885.4.1	巨灵赑屃	【汉族】
W0885.5	灵魂像心	
W0885.5.1	人被魔鬼偷去的灵魂像人心在地上一张一合	【鄂伦春族】
W0885.6	鬼全身长毛	【白族】
W0885.6.1	鬼长着锋利的阴毛	【珞巴族】
W0885.7	灵魂发光	
W0885.7.1	舜的二女之灵能照方圆百里	【汉族】
W0885.8	鬼的体征不断变化	
W0885.8.1	鬼第一年漂亮，第二年变丑，第三年变成一副活骷髅	【彝族】
W0885.9	灵魂长有翅膀	【满族】
W0886	**灵魂可以自由出入身体（灵魂的游走）**	【汤普森】E720
W0886.1	灵魂漫游	【汤普森】E721
W0886.1.0	人的灵魂可以离开身体	
W0886.1.0.1	人的灵魂可以暂时离开身体	【藏族】
W0886.1.0.2	灵魂可以与肉体分离	【怒族（若柔人）】【藏族】
W0886.1.0.3	人的灵魂可以离开身体后比在人身上更有力量	【藏族】
W0886.1.1	特定人物的灵魂可以离开身体	［W0887.2.3.1］祖先达尼的灵魂离开肉体变成猴子
W0886.1.1.1	萨满的灵魂可以到处游荡	【赫哲族】

W 编码	母题描述	关联项
W0886.1.2	小孩得重病时灵魂离开身体	【鄂温克族】
W0886.2	人睡后灵魂漫游	【汤普森】E721.1
W0886.2.1	人睡眠时灵魂离开身体会见其他灵魂	【赫哲族】
W0886.3	人死魂出窍	【汤普森】E722；＊［W2970］人的死亡
W0886.3.1	人死后灵魂离开身体	【民族，关联】①
W0886.3.2	人死后几天灵魂才知已离开身体	【蒙古族】
W0886.4	灵魂从鼻孔出入人体	【哈萨克族】＊［W9338.2］魂进入身体使人复活
W0887	**灵魂有变化能力（鬼有变化能力，灵魂的变形，灵魂会变化）**	【关联】②
W0887.1	灵魂变形为人（鬼魂变形为人，鬼变形为人）	
W0887.1.1	特定的灵变成人	
W0887.1.1.1	动物的灵变成人	
W0887.1.1.2	植物的灵变成人	
W0887.1.1.2.1	树灵、草灵会变成人	【佤族】
W0887.1.2	阴魂变回人形	【仫佬族】＊［W9380］复原
W0887.2	灵魂变形为动物（鬼变形为动物）	【汤普森】E453；＊【珞巴族】【仫佬族】
W0887.2.1	灵魂变鸟	【民族，关联】③
W0887.2.1.1	小儿死后魂变为雀	【赫哲族】
W0887.2.1.2	男子的灵魂变成一只粟雀	【达斡尔族】
W0887.2.1.3	自杀女子的灵魂变成红嘴白脸的美女雀	【彝族】
W0887.2.1.4	魂有时变为小黑团如小鸟，故称“童子魂”	【满族】

① 【赫哲族】＊［W0888.2.1］人死灵魂不死；［W0913d.3］灵魂转移到别处
② ［W0057.2］灵魂变成神；［W1545.3.13］人的灵魂变成日月；［W2398.7］灵魂变人
③ 【彝族】＊［W0910.7］鬼死后变鸟；［W3495.1.1］灵魂变萤火虫

W 编码	母题描述	关联项
W0887.2.1.5	人被杀死后灵魂变成一只小鸟	【藏族】
W0887.2.2	灵魂变天鹅	【哈萨克族】
W0887.2.3	灵魂变猴子	
W0887.2.3.1	祖先达尼的灵魂离开肉体变成猴子	【珞巴族（博嘎尔部落）】
W0887.2.4	灵魂化身蜘蛛	【怒族】
W0887.3	灵魂变形为其他物（鬼变形为其他物）	［W1734.10］灵魂变成北斗星
W0887.3.1	灵魂变形为动物	
W0887.3.2	灵魂变形为植物	
W0887.3.2.1	猛妖的灵魂变成一片有刺的荨麻	【纳西族】
W0887.3.3	灵魂变形为无生命物物	
W0887.3.3.1	灵魂化作白光	【藏族】
W0887.3.4	灵魂变形为多种物	
W0887.3.4.1	灵魂能化作凶猛的动物和岩石	【蒙古族】
W0887.3.4.2	灵魂变成天地动物	【珞巴族】
W0887.4	灵魂多次变形（鬼多次变形）	
W0887.4.1	灵魂先化为动物，后变成人	【仫佬族】
W0887.5	灵魂身份的变化（灵魂性质的改变）	
W0887.5.1	人死后魂变成鬼	
W0887.5.1.1	人死后的2个魂变成鬼	
W0887.5.1.1.1	被气死的母亲一个魂上了天成了天鬼；一个入地变成地鬼	【景颇族】
W0887.5.2	灵魂可以变成鬼，也可以变成神	
W0887.5.2.1	人死后的灵魂便化为鬼或变成神	【壮族】
W0887.6	人的灵魂能变化大小	【壮族】
W0887.7	灵魂会分身	［W0910.10］灵魂被分解
W0887.7.1	灵魂有固定的外形，也可以解体	【藏族】

W 编码	母题描述	关联项
W0887.8	与灵魂变形有关的其他母题	［W0888.4.1.2］灵魂死后变成特定的物
W0887.8.1	鬼会变成人、动物或其他物件	
W0887.8.1.1	鬼会变成小姑娘、雀鸟或桌子等	【独龙族】
W0888	**灵魂不死（灵魂不灭）**	【民族，关联】①
W0888.1	灵魂不死的原因	
W0888.1.1	灵魂不死是迦萨甘的安排	【哈萨克族】
W0888.1.2	含冤者灵魂不散	
W0888.1.2.1	鲧含冤而死后魂灵不散	【汉族】
W0888.2	灵魂可以游离活人的身体	【汤普森】E723
W0888.2.1	人死灵魂不死	【民族，关联】②
W0888.2.1.1	父母、祖辈死后其阴魂仍像活着一样	【壮族】
W0888.3	灵魂从一个人的身体到另一个人的身体	【汤普森】E725
W0888.4	与灵魂不死有关的其他母题	
W0888.4.1	灵魂的死亡（死魂灵，灵魂的消失，鬼的死亡）	【关联】③
W0888.4.1.0	灵魂会消亡（鬼会死亡）	【独龙族】
W0888.4.1.1	特定的人灵魂会死亡	
W0888.4.1.1.1	作恶者死后灵魂会死亡	【鄂温克族】
W0888.4.1.2	灵魂死后变成特定的物	
W0888.4.1.2.1	灵魂死后变成盆状的骨头（髋骨）	【蒙古族（布里亚特）】
W0888.4.1.2.2	灵魂死后变成脏毡子	【蒙古族（布里亚特）】
W0888.4.1.3	鬼每月要死一次	【珞巴族】 *［W0283.2.1.1］月亮神每月喝一次鬼的血

① 【达斡尔族】【汉族】【傈僳族】【羌族】【佤族】【彝族】 *［W0903.2.4］祖灵不死；［W0910.3］人死灵魂去另一个世界

② 【鄂伦春族】【傈僳族】【满族】【锡伯族】 *［W0886.3］人死魂出窍；［W0910.1.5］人死灵魂归天；［W0910.3］人死灵魂去另一个世界

③ ［W0910.10］灵魂被分解；［W0911.7.1.4］灵魂被摄死亡

W 编码	母题描述	关联项
W0888.4.1.4	鬼被杀死	【珞巴族】 * ［W0794.11.5.1］猴子杀死罗刹鬼
W0888.4.1.4.1	牛头马面杀死厉鬼	【汉族】
W0888.4.1.4a	鬼被烧死	
W0888.4.1.4a.1	大火塘焚烧大鬼	【彝族（撒尼）】
W0888.4.1.4b	将鬼毒死	
W0888.4.1.4b.1	鬼食鸡血必死无疑	【傈僳族】
W0888.4.1.5	与鬼的死亡有关的其他母题	
W0888.4.1.5.1	鬼经历特定事情后不再死亡	
W0888.4.1.5.1.1	鬼生子后不再死亡	【彝族】
W0888.4.1.5.2	特定的鬼的灭绝	【珞巴族】
W0888.4.1.5.3	人的亡魂变成的蝴蝶死亡意味着灵魂死亡	【独龙族】 * ［W0907.1.5a］亡灵的寿命
W0888.4.2	灵魂重生（灵魂再生，灵魂转世）	【民族，关联】①
W0888.4.2.1	人死后有个可以转生的灵魂	［W9350］转世（托生、转生）
W0888.4.2.1.1	人死后，灵魂附体于人或动物后可重生	【鄂伦春族】
W0888.4.2.2	灵魂不会转世	【独龙族】
W0888.4.3	鬼能复活	
W0888.4.3.1	鬼能散后复原	【壮族】 * ［W9380］复原
W0888.4.3.2	鬼寻找替身投胎	【民族，关联】②
W0888.4.4	勾销灵魂	
W0888.4.4.1	到神都祭本主勾销家中死者亡灵	【白族】
W0889	**与灵魂的特征有关的其他母题（与鬼的特征有关的其他母题）**	［W1598.12］灵魂变成月亮
W0889.1	鬼魂同一	【傣族】
IWW0889.2	鬼与灵魂不同	【独龙族】
W0889.2.1	魂与肉体不分离，鬼要离开肉体	【壮族】

① 【鄂伦春族】 * ［W0907.1.3.3］亡灵超生；［W3747.1.4］能还魂的树

② 【壮族】 * ［W0907.1.3.3.1.1］亡灵找到替身后超生；［］投胎

W 编码	母题描述	关联项
W0889.3	鬼很勤劳	
W0889.3.1	以前鬼很勤劳	【景颇族】
W0889.3a	鬼很懒（懒鬼）	
W0889.3a.1	懒鬼走路也让人背着	【独龙族】
W0889.4	鬼很聪明（鬼很狡猾）	
W0889.4a	鬼喜欢害人	【傈僳族】 * ［W0902.2.7］恶鬼作祟害人（恶鬼害人）
W0889.4a.1	鬼欺软怕硬	【白族】
W0889.4a.2	鬼怪作恶	【珞巴族】
W0889.4a.3	鬼爱搬弄是非	
W0889.4a.3.1	口舌是非鬼	【纳西族】 * ［W0879.3.2］长舌妇鬼（口舌鬼）
W0889.4a.4	鬼爱恐吓人	【怒族】
W0889.4a.5	鬼很坏很残忍	
W0889.4a.5.1	鬼杀人不眨眼	【独龙族】
W0889.5	鬼很傻	【独龙族】 * ［W0907.14.3］傻鬼（呆鬼）
W0889.5a	鬼贪婪	
W0889.5a.1	豹鬼虎鬼贪恋金银	【纳西族】
W0889.5a.2	鬼残忍贪婪	
W0889.5a.2.1	鬼通过祟害人畜不断索取人们的酒肉祭祀	【独龙族】
W0889.5b	鬼贪酒（贪杯鬼）	【独龙族】
W0889.6	鬼的嗅觉独特	
W0889.6.1	鬼能闻出人味	【赫哲族】
W0889.7	灵魂重量很轻	
W0889.7.1	草秆羽毛能负载灵魂	【赫哲族】
W0889.7a	灵魂有时有重量有时没有	【蒙古族（布里亚特）】
W0889.8	灵魂独立存在	
W0889.8.1	人的灵魂独立存在，随时可以离开他的附托物	【壮族】

W 编码	母题描述	关联项
W0889.9	灵魂能通神	
W0889.9.1	灵魂能见到祖公、鬼神	【壮族】
W0889.10	鬼是游离在人的身体之外的灵魂	【彝族】
W0889.11	灵魂的特征与本人相同	
W0889.11.1	灵魂与本人的身材、貌相、性情、品德和智愚等完全相同	【独龙族】
W0889.12	灵魂有弱点	
W0889.12.1	灵魂容易被鬼骗	【独龙族】
W0889.13	不同的鬼性情各异	【独龙族】
※W0890	**灵魂的居所与灵魂显形（鬼的居所与显形）**	【汤普森】①E380；②F408
W0891	**灵魂无居所（鬼魂无居所，鬼无居所）**	
W0891.1	灵魂无处不在	【藏族】 *［W0096.1］神无处不在
W0891.2	鬼无处不在	【民族，关联】①
W0891.2.1	人死后要变成鬼造成世间的鬼很多	【白族】
※W0892	**灵魂有特定居所（鬼的特定居所）**	
W0892.1	灵魂住空中（鬼魂住空中，鬼住空中，鬼住天上）	【汤普森】≈E481.8
W0892.1.1	鬼灵精怪住天地之间一个叫“拉门”的地方	【珞巴族】
W0892.1.2	妈妈死后有魂在天上	【佤族】
W0892.2	灵魂住月亮上（鬼魂住月亮上，鬼住月亮上，鬼住月中）	【汤普森】≈E481.8.2
W0892.3	灵魂住云中（鬼魂住云中，鬼住云中）	【汤普森】≈E481.8.4
W0892.4	灵魂住山洞（鬼住洞中）	

① 【白族】【壮族】 *［W0096.1］神无处不在；［W0902.4.2.2］恶鬼无处不在

W 编码	母题描述	关联项
W0892. 4. 1	鬼魂居山洞	
W0892. 4. 2	鬼居山洞	【珞巴族】
W0892. 4. 3	鬼穴	【汉族】
W0892. 5	灵魂住地下	
W0892. 5. 1	鬼魂住地下	
W0892. 5. 2	鬼住地下	【毛南族】
W0892. 5. 2. 1	宁崩鬼住核桃树根的下面	【珞巴族】
W0892. 5. 3	鬼住阴间（鬼居住地狱）	【民族，关联】①
W0892. 5. 4	鬼魂住阴间	【鄂伦春族】 ＊［W0912. 5. 5. 1］鬼魂送入阴间
W0892. 6	灵魂住天和地之间（鬼魂住天和地之间，鬼住天和地之间）	【汤普森】≈E481. 5； ＊【珞巴族】
W0892. 7	灵魂居旷野中	
W0892. 7. 1	灵魂居无人烟的地方	【蒙古族（布里亚特）】
W0892. 8	鬼窝	
W0892. 8. 1	鬼的老窝	【哈尼族】
W0892. 9	人死后的灵魂居祖源地	【彝族】
W0892. 9. 1	人死后灵魂到祖先鬼寨定居	【基诺族】
W0892. 9. 2	人死后灵回祖先居住地的路	
W0892. 9. 2. 1	人死后灵回祖先居住地的路线图	【怒族】
W0892. 9. 2. 2	灵魂返回祖先那里要经历特定地点	【白族】
W0892. 9. 2. 3	死者灵魂回归祖源地路上会受到鬼的干扰	【纳西族】
W0892. 9. 2. 4	人死后魂归祖先居所只有一条路	【傈僳族】
W0892. 9. 2. 5	人死后魂归故土的路很漫长	【傈僳族】
W0892. 10	人死后的灵魂居神域	
W0892. 10. 1	人死后的灵魂居本主庙	【白族】
W0892. 10. 2	人死后的灵魂居山神所在地	【白族】

① 【汉族】【傈僳族】【珞巴族】【壮族】 ＊［W0839. 3. 11］魔鬼住地狱（魔鬼住阴间）

W 编码	母题描述	关联项
W0892.11	灵魂居墓地	【基诺族】
W0892.12	鬼各有居所	【纳西族】
W0892.13	鬼居黑暗之地	【纳西族】
W0892.13.1	以前鬼住地方是白的	【纳西族】
W0893	**灵魂住在特定的方位（鬼魂住在特定的方位，鬼住在特定的方位）**	【景颇族】
W0894	**灵魂居住在人体**	
W0894.1	灵魂居于人心	【汤普森】F408.2
W0894.2	鬼魂进入人体	【汉族】 ＊［W0910.8］灵魂附体（阴魂附体，亡灵附体，鬼魂附体，鬼附体）
W0894.3	灵魂居人的骨头中	【满族】
W0894.3.1	灵魂在头的天灵盖	【藏族】
W0894.4	鬼神的灵魂寄在人身上	【藏族】
W0894.5	不同颜色的鬼住不同方位	
W0894.5.1	白脸拖洛鬼住东方，绿脸拖洛鬼住南方，黑脸拖洛鬼住西方，黄脸拖洛鬼住北方，花脸拖洛鬼住中央	【纳西族】 ＊［W0913.1.4.1.5.5.1］东方鬼王单饶久补，南方鬼王施知久补，西方鬼王斯普久补，北方鬼王奴姐久补，中央鬼王米麻塞登
W0895	**灵魂居住在特定动物身上**	［W0913d.1.1］灵魂寄托在动物中
W0895.1	魂灵附着在鸡身上	【布朗族】
W0895.2	灵魂居动物角中	
W0895.2.1	鹿的灵魂在鹿角	【鄂温克族】
W0895.3	灵魂居动物耳朵中	
W0895.3.1	祖魂藏动物牺牲耳中	【满族】
W0895.4	人的灵魂可藏在马鬃中	【蒙古族（布里亚特）】

W 编码	母题描述	关联项
W0896	**灵魂居住在植物上（鬼魂住在植物上，鬼住在植物上）**	【汤普森】E711. 2； ＊［W0913d. 1. 2］灵魂寄托在植物中
W0896. 1	灵魂出没于树上（灵魂住树上，鬼魂出没于树上，鬼出没于树上）【汤普森】E276	
W0896. 1. 1	小儿灵魂住在树上的鸟巢	【赫哲族】
W0896. 1. 2	人的灵魂住树上	【蒙古族（布里亚特）】
W0896. 2	灵魂隐藏在树上（鬼魂藏在树上，鬼藏身树上）	【汤普森】E712. 1； ＊［W0913d. 1. 2. 1］寄魂树
W0896. 2. 1	鬼魅隐藏在山洞朽木中	【彝族（撒尼）】
W0896. 3	灵魂居住在生命树上	
W0896. 4	灵魂居住在树根下（鬼住在树根下）	
W0896. 4. 1	宁崩鬼住核桃树根下	【珞巴族】
W0897	**灵魂居住或出没在其他特定物上（鬼魂活动于其他特定物上，鬼活动于其他特定物上）**	
W0897. 1	灵魂居住在石头里（鬼魂住在石头里，鬼住在石头里）	【汤普森】E711. 7
W0897. 2	灵魂出没于建筑物（鬼魂出没于建筑物，鬼出没于建筑物，古堡幽灵）	【汤普森】E280
W0897. 3	灵魂出没于房屋（鬼魂出没于房屋，老屋闹鬼）	【汤普森】E281
W0897. 3. 1	善鬼居屋中	【汤普森】E338； ＊［W0901］善灵（善鬼）
W0897. 4	灵魂出没于庙中（鬼魂出没于庙中，鬼出没于庙中）	【汉族】
W0897. 4a	灵魂出没于坟茔（鬼魂出没于坟茔，鬼出没于坟茔）	【汉族】

W 编码	母题描述	关联项
W0897.4a.1	墓地鬼火	【汉族】
W0897.5	灵魂出没于夜间的人影中（鬼魂出没于夜间的人影中）	【汤普森】E279.1； ＊［W0884.3］灵魂（鬼魂）像影子
W0897.6	灵魂在筛盘中	
W0897.6.1	人将死时魂到筛盘里	【土家族】
W0897.7	灵魂住在家中	
W0897.7.1	人死灵魂在，头三年死者因恋亲人不愿离家	【壮族】
W0897.7.2	人的魂附在火塘里	【彝族（撒尼）】 ＊［W0995.5.4.4.3］室内火塘铁三脚分别代表火神、男祖宗神和女祖宗神
W0897.7.2a	灵魂居住灶中	【纳西族（摩梭）】
W0897.7.3	灵魂居住在家里的火塘边	【纳西族】
W0897.8	人的灵魂居住鬼神身上	
W0897.8.1	人的神魂可以附在鬼神身上	【藏族】＊［W0894.4］鬼神的灵魂寄在人身上
W0897a	**与灵魂的居所有关的其他母题（与鬼的居所有关的其他母题）**	【关联】①
W0897a.1	灵魂的地盘（鬼魂的领地，鬼的领地）	【汤普森】≈E481
W0897a.1.1	鬼寨（鬼域）	［W0892.9.1］人死后灵魂到祖先鬼寨定居
W0897a.1.1.1	鬼寨位于与神坛相对的庭院边上	【纳西族】
W0897a.2	鬼和人同住	【独龙族】
W0897a.3	灵魂居毛发中	
W0897a.3.1	灵魂居死者的头发中	【满族】＊［W0913d.1.5.1］灵魂寄附在头发中
W0897a.4	鬼群居	
W0897a.4.1	早期的鬼群居	

① ［W0910.3.1］人死后灵魂要到阴间；［W0913d.1］灵魂的寄托物

W 编码	母题描述	关联项
W0897a. 4. 1. 1	第三代先祖生的鬼一窝一窝地挤在一处	【哈尼族】
W0897a. 5	特定名称的灵魂的居所（鬼的居所名称）	
W0897a. 5. 1	鬼藏山	【汉族】
W0898	**灵魂现形（鬼魂显形，鬼现身，灵魂被看见，见鬼的方法）**	【汤普森】E420； ＊［W0881. 1］灵魂为什么看不到（鬼魂为什么看不到）
W0898. 0	魂可以被看到	
W0898. 0. 1	魂的幻影（鬼影）	【满族】
W0898. 0. 1. 1	人刚死时浮魂可以被看到	【满族】
W0898. 0. 2	特定的人能看到鬼	【汉族】
W0898. 0. 2. 1	眼睛特别尖利的儿童可以看见灵魂	【锡伯族】
W0898. 0. 2. 2	特定的动物能看到鬼（特定的动物能看到不干净的东西）	
W0898. 0. 2. 3	只有萨满能看见灵魂（只有萨满才能看见幽灵）	【蒙古族（布里亚特）】
W0898. 1	亡灵现形	
W0898. 2	死者显灵	［W0782. 4. 5. 1］关公显圣（关公显灵）
W0898. 2. 1	世间死者大多显示神灵	【汉族】
W0898. 3	灵魂在特定时间出现（鬼灵魂在特定时间出现）	【汤普森】E587
W0898. 4	哭泣使灵魂显现（哭泣使鬼魂显现）	【汤普森】E381
W0898. 5	音乐使灵魂显现（音乐使鬼魂显现）	【汤普森】E384
W0898. 6	咒语使灵魂显现（咒语使鬼魂显现）	【汤普森】E386. 2

W 编码	母题描述	关联项
W0898.7	法术使灵魂出现（法术使鬼魂出现）	
W0898.8	特定时间灵魂出现（特定时间鬼魂出现）	【白族】
W0898.8.1	白日见鬼	【汉族】
W0898.9	饮食特定物可以看见鬼魂	
W0898.9.1	饮血可以使鬼魂出现	
W0898.9.1.1	饮狒狒血可以见鬼	【汉族】
W0898.9.2	喝特定的水能看到鬼	
W0898.9.2.1	取露及竹木上水以和药，服之 30 日可见鬼物	【汉族】
W0898.10	做梦见鬼	
W0898.10.1	梦见死人就是碰到鬼	【白族】
W0898.11	观影见鬼	
W0898.11.1	月夜看见灯下的影子就是碰到鬼	【白族】
W0899	**与灵魂的生活有关的其他母题（鬼的生活）**	
W0899.0	灵魂的成长（鬼的成长）	
W0899.0.1	以前鬼的孩子由人抚养	【民族，关联】①
W0899.0.2	鬼和人相互照料	【独龙族】
W0899.0.3	养鬼	
W0899.0.3.1	养鬼婆会养鬼	【白族】
W0899.0.4	鬼的抚养	
W0899.0.4.1	人抚养鬼	【傈僳族】
W0899.1	灵魂的食物（鬼的食物）	［W0907.12］吃人的鬼魂（吃人鬼，食人鬼）
W0899.1.0	鬼的食物与人相同	
W0899.1.0.1	鬼食粮谷	【独龙族】
W0899.1.1	鬼吃人献的粮食	【景颇族】
W0899.1.2	鬼以灵魂为食	【独龙族】

① 【独龙族】 * ［W2901］最早时人鬼神不分；［W6182］人神杂居（人鬼杂居）

W 编码	母题描述	关联项
W0899. 1. 2. 1	鬼吃动物的灵魂	【景颇族】
W0899. 1. 3	鬼吸人血	【独龙族】 * ［W0907. 5］吸血鬼
W0899. 1. 4	鬼吃人	【关联】①
W0899. 1. 4. 1	鬼用锅煮人后食用	【赫哲族】
W0899. 1. 4. 2	鬼偷吃人的小孩	【独龙族】
W0899. 1. 4. 3	鬼吃活人肉	【珞巴族】
W0899. 1. 5	鬼神食玉	
W0899. 1. 5. 1	天地鬼神食瑾瑜之玉	【汉族】
W0899. 1. 6	鬼吃日月	［W4210］日食月食
W0899. 1. 6. 1	专吃日月的鬼	【珞巴族】
W0899. 2	灵魂的服饰（鬼的服饰）	
W0899. 2. 1	特定的鬼有特定的服饰	
W0899. 2. 1. 1	木雄出木鬼名穿着拖到脚背白色衣裙	【独龙族】
W0899. 3	灵魂的出行（灵魂的去处，鬼的出行）	
W0899. 3. 1	鬼没有踪影	【鄂温克族】
W0899. 3. 2	鬼的坐骑	
W0899. 3. 2. 1	鬼的坐骑是龙	【纳西族】
W0899. 3. 3	灵魂的通道	
W0899. 3. 3. 1	棺材上凿孔作为灵魂通道	【锡伯族】
W0899. 3. 3. 2	不同的灵魂各行其道	【藏族】
W0899. 3. 3. 2. 1	地鬼天鬼各行其道	【独龙族】
W0899. 3. 3. 3	鬼走阴间的黑路	【彝族】
W0899. 3. 3. 4	人的灵魂通过头顶的旋出入	【怒族】
W0899. 3. 3. 5	鬼树是死者灵魂出入游荡的地方	【白族】
W0899. 3. 4	闹鬼	
W0899. 3. 4. 1	新房闹鬼	【汉族】
W0899. 3. 4. 2	旧屋闹鬼	

① ［W0794. 11. 4. 3］罗刹鬼吃人；［W0839. 5. 1］吃人的妖魔；［W0907. 14. 15. 1］达目鬼吃人

W 编码	母题描述	关联项
W0899.3.5	灵魂游特定地方（鬼的游历）	
W0899.3.5.1	灵魂游天界（灵魂上天）	【民族，关联】①
W0899.3.5.2	鬼往来于阴阳世界	【彝族】
W0899.3.6	人的不同灵魂有不同的去处	
W0899.3.6.1	人死后的3个魂魄，一魂上天寻仙，一魂到外面做野鬼，一魂归到祖宗行列进入香火堂	【壮族】 ＊［W0914.1.3.1］人死后的3个魂：1个到阴间，1个守坟，1个脱胎再生
W0899.3.7	显灵（灵魂的出现，灵魂的显现，显灵迹）	［W0981.6.0］神显灵
W0899.3.7.1	特定的鸟出现是显灵	
W0899.3.7.1.1	猫头鹰或花钱鸟叫是祖宗显灵	【壮族】
W0899.3.7.2	灵魂可以无所不在地出现	【藏族】
W0899.3.8	灵魂在地下行走（鬼魂在地下行走）	【汤普森】E591； ＊［W0892.5］灵魂住地下
W0899.3.9	灵魂出行的引领者	【关联】②
W0899.3.9.1	尼尔丸腾格里是给人与兽的灵魂指明去处或指定转世的引领者	【蒙古族】
W0899.3.9.2	灵杆（灵幡）	【傈僳族】
W0899.3.10	游荡的鬼	［W0875.5.3］游魂变成鬼（人间游荡的人的亡灵变成鬼）
W0899.3.10.1	祖先鬼飘荡不定	【哈尼族】
W0899.3.10.2	非正常死亡的人的亡魂不能归家转世，变成到处游荡的鬼	【白族】
W0899.3.11	鬼有特定的出行时间	
W0899.3.11.1	鬼夜间出现	【汉族】
W0899.3.12	灵魂回家	【白族】
W0899.3.12.1	人死后七日内灵魂回煞	【白族】
W0899.3.12.2	灵魂在每年中元节回家	【白族】

① 【独龙族】【壮族】 ＊［W0916.2.1.3］人的灵魂平时在天空中游动

② ［W0910.1.1.4］特定人物是灵魂升天的引领者；［W0913d.3］灵魂转移到别处

W 编码	母题描述	关联项
W0899. 3. 13	灵魂离开身体	【赫哲族】 * ［W0886. 3. 1］人死后灵魂离开身体
W0899. 3. 13. 1	人睡着时灵魂会离开肉体	【白族】
W0899. 4	灵魂的声音（鬼的声音）	［W0881. 3］灵魂有声无形
W0899. 4. 1	鬼的叫喊	
W0899. 4. 1. 1	鬼夜间哭叫（鬼哭狼嚎）	【鄂温克族】
W0899. 5	灵魂的磨难	
W0899. 5. 1	人死后，灵魂要经历多劫	【藏族（尔苏）】
W0899. 6	富鬼	
W0899. 7	穷鬼	【汉族】
W0899. 7. 1	特定人物变成穷鬼	
W0899. 7. 1. 1	颛顼的儿子瘦约死后变成穷鬼	【汉族】 * ［W0763. 4. 4. 4］颛顼的儿子瘦约
W0899. 7. 2	穷鬼又称穷子	【汉族】
W0899. 8	灵魂的生活与人相同（鬼的生活与人相似）	【羌族】 * ［W0889. 11］灵魂的特征与本人相同
W0899. 8. 1	灵魂的衣食住行与人相同	【壮族】
W0899. 8. 2	灵魂像人一样有七情六欲	【壮族】
W0899. 9	灵魂始终是同活人共存亡	【独龙族】
◎	〖常见的灵魂（鬼魂）〗	
W0900	**神灵**①	
W0900. 1	神灵的产生	
W0900. 1. 1	人死被尊为神灵	【白族】
W0900. 1. 2	瓜生神灵	
W0900. 1. 2. 1	天神带来的瓜生二灵	【傈僳族】
W0900. 2	神灵的特征	
W0900. 3	神灵的职能（神灵的能力）	
W0900. 3. 1	神灵化为特定的人	【白族】 * ［W0068. 10. 1］魂灵女神苏鲁玛玛

① 神灵，神话叙事中一个常使用的概念。在神话、传说、民间信仰或宗教活动中可以指天地万物的创造者和主宰者，也可以指那些有超凡能力或长生不老的人物，有时也指人死后的灵魂。

W 编码	母题描述	关联项
W0900.4	神灵的生活（神灵的行为）	
W0900.4.1	神灵的居所	
W0900.4.1.1	神灵居住在遥远的天边地头	【壮族】
W0900.4.2	神灵的迁移	
W0900.4.2.1	通过咒语使神灵迁移	【蒙古族】 ＊［W9175］咒语
W0900.4.3	神灵的传承（神的传承）	
W0900.4.3.1	外祖父的保护神大蟒神传给外孙	【彝族】
W0900.5	神灵的关系	
W0900.6	与神灵有关的其他母题	
W0900.6.1	鬼神的灵魂	【藏族】 ＊［W0894.4］鬼神的灵魂寄在人身上
W0900.6.1.1	战神的战魂	
W0900.6.1.1.1	畏尔玛战神的战魂附在人身后会帮助战胜敌人	【藏族】
W0900.6.1.2	特定动物是特定的神的灵魂	【纳西族】
W0900.6.1.2.1	布术神的精灵是蛇和蛙	【纳西族】
W0900.6.1.3	鬼的魂	【白族（勒墨）】
W0901	**善灵（善魂，善鬼，好鬼，善心鬼）**	【汤普森】F403；＊［W0897.4］善鬼居屋中
W0901.0	善灵的产生	
W0901.0.1	人自然死亡后的灵魂对人无害	【蒙古族（布里亚特）】
W0901.1	善鬼助人（灵魂助人）	【汤普森】F403.2
W0901.1.1	洪水中善鬼救逃生的姐弟	【景颇族】
W0901.1.2	善鬼能保佑人	【壮族】
W0901.1.2.1	善鬼保佑人五谷丰登，人财两旺，四季平安	【壮族】
W0901.1.3	善心鬼为人向天神求粮	【德昂族】
W0901.2	先人的灵魂保护自己的子孙	【哈萨克族】
W0901.2.1	已故父母的灵魂是保佑子孙的善鬼	【彝族】
W0901.3	英雄的灵魂保护部落	【哈萨克族】

W 编码	母题描述	关联项
W0901.4	善心鬼指点人谋生	
W0901.4.1	善心鬼告诉人向天神求粮	【汉族】
W0901.5	善鬼的居所	［W0897.3.1］善鬼居屋中
W0901.5.1	好鬼住在阴间的平地上	【彝族】
W0901.6	与善灵有关的其他母题	［W0903.4.1］祖灵可以除灾灭祸
W0901.6.1	善鬼与恶鬼并存	【独龙族】
W0901.6.2	善鬼格孟	【独龙族】
W0902	**恶灵（恶魂，恶鬼，厉鬼，毒鬼，坏鬼，邪恶的灵魂，刹鬼）**	【汤普森】F402； ＊【汉族】 ＊［W0842］恶魔
W0902.1	恶灵的产生（恶鬼的产生）	
W0902.1.0	生育恶鬼	
W0902.1.0.1	恶神生恶鬼	【纳西族】
W0902.1.0.2	卵生恶鬼（卵生毒鬼）	
W0902.1.0.2.1	神生的蛋生毒鬼	【纳西族】
W0902.1.1	人吃了特定的东西变成恶鬼	【彝族】
W0902.1.2	不正常死亡者的灵魂成为恶灵（凶死者的魂变成厉鬼）	【汉族】【基诺族】【藏族】
W0902.1.2.0	暴死、凶死者变成凶鬼	【彝族】
W0902.1.2.1	凶死的人的灵魂对人有害	
W0902.1.2.1.1	年轻而死的人的魂灵或横死的人的魂灵，能给自己的直近亲属带来痛苦和疾病	【蒙古族（布里亚特）】
W0902.1.2.2	凶死者灵魂变成恶鬼	【壮族】
W0902.1.2.2.1	溺死的亡灵会变成恶鬼	【壮族】
W0902.1.2.3	年轻女子死后的亡灵成为恶灵	【蒙古族（布里亚特）】
W0902.1.2a	未婚的人死后变成恶鬼	
W0902.1.2a.1	未婚青年男女的魂魄变成恶灵	【蒙古族（布里亚特）】
W0902.1.2a.2	未婚的两个姑娘死后变成邪神恶鬼	【傈僳族】
W0902.1.2b	祖先死后变成恶鬼	【瑶族（布努）】
W0902.1.2c	造的人变成恶鬼	【瑶族】

W 编码	母题描述	关联项
W0902.1.2c.1	女始祖造的不合格的人变成恶鬼	
W0902.1.2d	人死后在特定的时间段成为厉鬼	【佤族】 ＊［W0875.1.1.1］人去世10天之内会变成厉鬼
W0902.1.2e	人死后的魂魄变成刹鬼	【白族】
W0902.1.3	意外死亡之灵成为恶灵	【蒙古族（布里亚特）】
W0902.1.4	恶人死后变成恶鬼	
W0902.1.4.1	恶人死后灵魂变成恶鬼	【壮族】
W0902.1.4.2	阳间恶人死后造阴间变成恶鬼	【汉族】
W0902.1.5	精灵变成恶鬼	【纳西族】
W0902.1.6	祖灵变成恶鬼	【傈僳族】
W0902.1.7	造恶鬼	
W0902.1.7.1	天神祇拉阿普造恶鬼	【纳西族】
W0902.1.8	放恶鬼	
W0902.1.8.1	术神向人间放下了仄鬼和毒鬼	【纳西族】
W0902.2	恶灵作祟（恶鬼作祟，鬼魂作祟）	【汤普森】E750；＊［W0916.9.1］灵魂作祟
W0902.2.1	吃幼儿的恶灵	【汤普森】E225
W0902.2.2	恶灵掠夺庄稼	【汤普森】E255
W0902.2.3	遇恶灵得病	【汤普森】E265.1；＊【蒙古族】
W0902.2.4	游魂使人得病	【汤普森】E721.3
W0902.2.5	遇恶灵发疯	【汤普森】E265.2
W0902.2.6	遇恶灵死亡	【汤普森】E265.3
W0902.2.7	恶鬼作祟害人（恶鬼害人）	【壮族】
W0902.2.7.1	不正常死亡者的灵魂会害人	【汉族】
W0902.2.7.2	人死变成的鬼会危害其家庭和后代	【藏族】
W0902.2.7.3	恶鬼作祟使人生病或发生瘟疫、灾难	【壮族】
W0902.2.7a	山水石树的灵魂会随时作祟于人	【怒族】
W0902.2.8	恶灵作祟的其他形式	【蒙古族】 ＊［W4320.4］鬼魂造成风暴

W 编码	母题描述	关联项
W0902. 2. 8. 1	鬼魂吓唬人	【汤普森】E293
W0902. 2. 8. 2	游魂袭人	【汤普森】E261
W0902. 2. 8. 3	幼儿死后灵魂会寻母	【赫哲族】
W0902. 2. 8. 4	鬼与人嬉闹	【汉族】
W0902. 2. 8. 5	恶鬼作祟讨食	【壮族】
W0902. 2. 9	鬼作祟是鬼想表示与人的亲热	【壮族】
W0902. 2. 10	鬼魂作祟是留恋故情所致	【壮族】
W0902. 2. 11	凶死者灵魂作祟是为了让人不忘自己	【蒙古族（布里亚特）】
W0902. 2. 12	鬼缠身	【独龙族】
W0902. 2. 13	鬼通过人通过食物钻入人体作祟	【独龙族】
W0902. 3	恶灵的特征（恶鬼的特征，恶灵的能力，恶鬼的行为）	
W0902. 3. 1	恶灵面目丑陋（恶鬼面目可怖）	
W0902. 3. 1. 1	恶灵阿尔巴斯特成身材矮小、肤色发黄、毛发蓬乱、乳房低垂	【柯尔克孜族】
W0902. 3. 1. 2	厉鬼形状凶恶，青面獠牙，独脚立地，头顶竖着三撮毛	【彝族（黑彝）】
W0902. 3. 2	恶灵形如小儿	【蒙古族（布里亚特）】
W0902. 3. 3	恶灵有特殊气味	
W0902. 3. 3. 1	恶灵有蒜臭味	【蒙古族（布里亚特）】
W0902. 3. 4	恶灵能变成小动物	【蒙古族（布里亚特）】
W0902. 3. 5	恶鬼使人死亡	
W0902. 3. 5. 1	被毒蛇咬死、刀箭误伤致死等都恶鬼德格拉卜郎所为	【独龙族】
W0902. 4	与恶灵有关的其他母题（与恶鬼有关的其他母题）	【关联】①
W0902. 4. 1	特定名称的恶灵（特定的恶鬼，恶鬼的名称，恶灵的种类）	
W0902. 4. 1. 1	恶灵阿大	【蒙古族（布里亚特）】

① ［W0903. 4］祖先鬼是恶鬼；［W0911. 7. 1. 6］恶灵爱捉小孩魂

W 编码	母题描述	关联项
W0902.4.1.2	雷公是恶鬼	【黎族】 *［W0320］恶的雷神
W0902.4.1.3	灶鬼是恶鬼	【黎族】 *［W0493］灶神
W0902.4.1.4	专吃小孩的恶灵	【蒙古族（布里亚特）】
W0902.4.1.5	专吃人的心脏的恶灵	【蒙古族（布里亚特）】
W0902.4.1.6	厉鬼叫做“赞”	【藏族】
W0902.4.1.7	伤死鬼	
W0902.4.1.7.1	被打伤、枪杀、刀砍而死的人变成伤死鬼	【壮族】
W0902.4.1.8	恶鬼倍抹	【壮族】
W0902.4.1.9	使人断气的鬼（催命鬼）	【彝族】
W0902.4.1.10	恶鬼跟人鬼	【傈僳族】
W0902.4.1.11	恶死鬼	
W0902.4.1.11.1	恶死鬼长着鹿头	【纳西族】
W0902.4.1.11a	霉鬼	【纳西族】
W0902.4.1.11b	毒鬼的父亲占敦务务知	【纳西族】
W0902.4.1.11c	毒鬼之母班敦许徐	【纳西族】
W0902.4.1.12	恶鬼昂德格拉	【独龙族】
W0902.4.1.13	毒药鬼	
W0902.4.1.13.1	毒药鬼母米壳底苦	
W0902.4.1.13.1.1	母米壳底苦能用指甲或眼传毒	【羌族】
W0902.4.1.14	恶鬼“都”	【满族】
W0902.4.1a	不同方位的恶鬼	
W0902.4.1a.1	东方恶鬼是被木撞死的卡萨老巴	【纳西族】
W0902.4.1a.2	南方恶鬼是被火烧死的阿久鲁瓦	【纳西族】
W0902.4.1a.3	西方恶鬼是被铁杀死的荷吐普补	【纳西族】
W0902.4.1a.4	北方恶鬼是被水冲死的牛生克汶	【纳西族】
W0902.4.1a.5	中央恶鬼是用土埋死的聪美古付	【纳西族】
W0902.4.2	恶灵的居所	
W0902.4.2.1	恶灵住八层地下国	【满族】
W0902.4.2.2	恶鬼无处不在	【壮族】

W 编码	母题描述	关联项
W0902. 4. 2. 3	坏鬼住在阴间的沟壑中	【彝族】
W0902. 4. 3	恶灵的消除（驱恶灵）	【蒙古族】 * ［W0912］驱鬼（驱邪，捉鬼，捉灵魂）
W0902. 4. 3. 1	用酒消除恶灵	【蒙古族（布里亚特）】
W0902. 4. 3. 2	猫头鹰能驱恶灵	【蒙古族（布里亚特）】
W0902. 4. 4	恶灵化为特定的物	【纳西族】
W0902. 4. 5	最凶的鬼	
W0902. 4. 5. 1	最凶的鬼是黑彝土司家的鬼	【傈僳族】
W0903	**祖灵（祖先的灵魂）**	
W0903. 1	祖灵的产生	
W0903. 1. 1	祖灵从天而降	【彝族】
W0903. 2	祖灵的特征	
W0903. 2. 1	祖灵是善神	
W0903. 2. 2	祖先鬼是恶鬼	【黎族】
W0903. 2. 2. 1	祖灵恐怖	【傈僳族】
W0903. 2. 3	祖先的灵魂是特定的动物	
W0903. 2. 3. 1	祖先的灵魂是蜜蜂	【纳西族】
W0903. 2. 3. 2	祖先美利东阿普的灵魂是白马鹿	【纳西族】
W0903. 2. 4	祖灵不死	
W0903. 2. 4. 1	祖先逝后，祖魂常留	【彝族】
W0903. 2. 4. 2	祖先之灵永在	【羌族】
W0903. 3	祖灵的生活	
W0903. 3. 1	祖灵的居所	
W0903. 3. 1. 1	祖灵在天上	【彝族】
W0903. 3. 1. 2	祖灵附着在动物上	
W0903. 3. 1. 3	祖灵附着在植物上	
W0903. 3. 1. 4	祖灵附着在器物上	
W0903. 3. 1. 5	祖灵供于住房上方神位	【彝族】
W0903. 3. 2	祖灵的洗漱	
W0903. 3. 2. 1	祖先灵龛前置一碗水供祖先之魂洗脸洗手	【傈僳族】

W 编码	母题描述	关联项
W0903.4	祖灵的能力（祖灵的功能）	[W0889.2.3] 祖灵能除灾灭祸
W0903.4.1	祖灵可以除灾灭祸	【哈萨克族】
W0903.4.2	祖灵有法官的职能	【蒙古族（布里亚特）】
W0903.4.3	祖灵监视后代	【壮族】
W0903.4.4	祖灵能帮助后代	【哈萨克族】
W0903.4.4.1	祖灵给后代精神力量	【彝族】
W0903.4.4a	祖灵不安会危害子孙	【彝族】 * [W0910] 灵魂的归宿（灵魂回归，灵魂的结局）
W0903.4.5	祖灵的作用不及自然界的鬼灵强大	【怒族】
W0903.4.6	祖灵现身	
W0903.4.6.1	农历七月一日祖灵现身	【白族】
W0903.4.6.2	用蚯蚓和香可使祖灵现身	【白族】
W0903.5	特定名称的祖灵	
W0903.5.1	氏族或部落首领的祖灵诺颜	【蒙古族（布里亚特）】
W0903.6	与祖灵有关的其他母题	【关联】①
W0903.6.1	祖先的灵魂成为特定的神	【傣族（水傣）】
W0903.6.2	祖灵返乡（祖灵回家）	
W0903.6.2.1	腊月二十五日祖灵返家	【白族（那马）】
W0903.6.2.2	祖灵过节时回家	【怒族】
W0903.6.2.3	祖灵回故土	【傈僳族】
W0903.6.3	祖灵象征物	
W0903.6.3.1	坟墓上的石头代表祖灵	【怒族】
W0904	**动物灵（动物鬼，动物魂）**	【汤普森】E520; * [W0500] 动物神
W0904.1	马灵（马鬼）	【汤普森】E521.1; * [W0507] 马神
W0904.1.1	马鬼住在海里或河里	【黎族】

① [W0443.1.1.3] 祖先的灵魂是家族保护神；[W0640] 祖先；[W0641] 祖先神；[W0655.9.3] 祖先的灵魂回家；[W0657.5.2.1] 日月管理着祖神神灵；[W0916.7.1.1] 魂是毕摩的父母；[W8657.2.1] 祖灵治病

W 编码	母题描述	关联项
W0904.2	狗灵（狗鬼，狗精）	【汤普森】E521.2； ＊［W0510］犬神（狗神）
W0904.2.1	野狗精	
W0904.2.1.1	野狗精专干坏事	【汉族】
W0904.2.1.2	野狗精居月亮附近	【汉族】
W0904.3	猫灵（猫鬼）	【汤普森】E521.3； ＊［W0508］猫神
W0904.4	熊灵（熊鬼）	【汤普森】E522.2；＊【关联】①
W0904.5	鱼灵（鱼鬼）	【汤普森】E523； ＊［W0521］鱼神
W0904.6	鸟灵（鸟鬼）	【汤普森】E524； ＊［W0514］鸟神
W0904.7	鸡灵（鸡鬼，鸡魂）	【汤普森】E524.2；＊【关联】②
W0904.7.1	鸡有鸡魂	【壮族】
W0904.8	其他动物灵（其他动物鬼）	
W0904.8.1	蚂蚁鬼	【布朗族】［W0844.7］蚂蚁精
W0904.8.2	牛魂（牛鬼）	
W0904.8.2.1	牛有牛魂	【壮族】
W0904.8.2.2	像牛的鬼	【珞巴族】
W0904.8.2.3	老水牛魂称迫嘎拉	【佤族】
W0904.8.3	猴鬼（猴子鬼）	
W0904.8.3.1	猕猴鬼	【汉族】
W0904.8.3.2	猴子鬼专吃人的五脏	
W0904.8.3.2.1	猴子鬼专吃人的五脏是因为它是患肝、肺、胃、脾、心脏等人死后所变	【彝族】
W0904.8.4	鹿鬼	［W0926.10］神鹿
W0904.8.4.1	白鹿鬼	【纳西族】
W0905	**植物灵（植物鬼，植物魂）**	

① ［W0511］熊神；［W0865.2］熊怪（熊妖，熊精）

② ［W0515］鸡神；［W0844.10.9］鸡精

W 编码	母题描述	关联项
W0905.0	花草树木都有灵魂	【壮族】
W0905.1	森林灵（森林鬼）	【汤普森】F441
W0905.1.1	山林鬼	
W0905.1.1.1	山林鬼墨里能制造狂风	【独龙族】
W0905.2	树灵（树的灵魂，树鬼）	【汤普森】E701.3
W0905.2.1	树灵的产生	
W0905.2.1.1	枯死的树变成鬼	【鄂伦春族】
W0905.2.1.2	所有树木都有灵魂	【壮族】 *［W0916.1］万物有灵（万物有魂）
W0905.2.2	树灵的特征（树鬼的职能）	
W0905.2.2.1	树灵神圣	
W0905.2.2.1.1	山中有神灵的千年树，刀斧不能近	【壮族】
W0905.2.2.2	树鬼主不祥	【怒族】
W0905.2.3	与树灵有关的其他母题	【关联】①
W0905.2.3.1	树灵称作团托	【佤族】
W0905.2.3.2	树鬼末西思讨阿生	
W0905.2.3.2.1	树鬼末西思讨阿生可以使树起死回生	【基诺族】
W0905.2.3.3	特定名称的树鬼	
W0905.2.3.3.1	麻树鬼	【傈僳族】
W0905.2.3.3.2	大青树鬼	【基诺族】
W0905.2.3.3.3	空心树鬼	【基诺族】
W0905.2.3.3.4	树鬼穷那底布	【怒族】
W0905.2a	草木鬼（草鬼）	
W0905.2a.1	苦九龙草鬼	【珞巴族】
W0905.3	庄稼魂（庄稼鬼）	【汤普森】F445.1
W0905.3.1	庄稼魂的产生	
W0905.3.2	庄稼魂的特征	

① ［W0541］树神（森林神，林神）；［W0854.2.2］树精（木精）

W 编码	母题描述	关联项
W0905. 3. 3	与庄稼魂有关的其他母题	
W0905. 4	谷魂（谷鬼）	【汤普森】E701. 5； ＊【民族，关联】①
W0905. 4. 1	谷魂的产生	
W0905. 4. 1. 1	谷魂奶奶从天上来	【傣族】
W0905. 4. 1. 2	每粒粮谷都有自己的灵魂卜拉	【独龙族】
W0905. 4. 2	谷魂的特征（谷魂的职能）	
W0905. 4. 2. 1	谷魂是一位老妇人模样	【傣族】 ＊［W0547. 2. 1］谷神外形是老妇人
W0905. 4. 2. 2	谷魂掌管人间和神的粮食	【傣族】
W0905. 4. 3	与谷魂有关的其他母题	
W0905. 4. 3. 1	谷魂奶奶	［W3879. 2］谷魂掌管粮食
W0905. 4. 3. 1. 1	谷魂奶奶叫雅欢毫	【傣族】
W0905. 4. 3. 1. 2	谷魂奶奶是人最离不开的神	【傣族】
W0905. 4. 3. 2	谷魂的修补	
W0905. 4. 3. 2. 1	3 千龙女修补稻谷魂	【苗族】
W0905. 4. 3. 3	谷魂的地位比佛祖高	【傣族】
W0905. 4. 3. 4	祭谷魂（叫谷魂）	【基诺族】
W0905. 4. 3. 4. 1	腊月二十九祭谷魂	【怒族】
W0905. 4. 3. 4. 2	稻谷收割完后把谷魂从田间叫到打谷场	【傈僳族】
W0905. 4. 3. 4. 3	秋收后，请谷魂“乌苏波”住在家中谷堆里	【彝族（白彝）】
W0905. 4. 3. 5	谷魂被佛祖放逐	【傣族】 ＊［W0112. 2. 1］神被放逐
W0905. 4. 3. 6	接谷魂	
W0905. 4. 3. 6. 1	秋收后要接禾谷魂	【壮族】
W0905. 5	其他植物灵（其他植物鬼）	
W0905. 5. 1	芭蕉魂	【壮族】
W0905. 5. 2	稻禾灵	【壮族】

① 【壮族】 ＊［W0546］五谷神；［W0547］谷神

W 编码	母题描述	关联项
W0906	**无生命物灵（无生命物鬼，自然物的魂）**	
W0906.1	天上的鬼（天鬼）	【民族，关联】①
W0906.1.1	天鬼的产生	［W0874.5.2.1］一对天鬼生下了主宰各种事物的天鬼和地鬼、水鬼
W0906.1.1.1	上天后不能返回的人变成天鬼	【独龙族】
W0906.1.1.2	天鬼生天鬼	【景颇族】
W0906.1.1.3	人的灵魂变成天鬼	【景颇族】
W0906.1.1a	天鬼的特征（天鬼的身份，天鬼的职能）	
W0906.1.1a.0	天鬼的性别	
W0906.1.1a.0.1	天鬼是男的	【怒族】
W0906.1.1a.1	天鬼是各种鬼中最大的最厉害的鬼	【白族（勒墨）】
W0906.1.1a.1.1	天鬼比地上的鬼强大	【独龙族】
W0906.1.1a.2	天鬼是主宰万物和人类命运的灵魂	【白族（勒墨）】
W0906.1.1a.3	天鬼多数有人的漂亮貌相	【独龙族】
W0906.1.1a.4	天鬼是圆壳形的	【怒族】 ＊［W0906.2.1.2］地鬼是圆壳形的
W0906.1.1a.5	天鬼能使人头痛、耳聋、咳嗽等	【傈僳族】
W0906.1.2	天鬼的生活	
W0906.1.2.1	天鬼住天上	【怒族】
W0906.1.3	一对代表阴阳的天鬼	
W0906.1.3.1	男天鬼汪拉，女天鬼能班木占	【景颇族】
W0906.1.4	特定名称的天鬼	
W0906.1.4.1	天上有达格蒙（木彭九）和盘格蒙（木尼斤）两个鬼神	【独龙族】

① 【独龙族】【景颇族】 ＊［W0916.7.3.1］天上的鬼夫妻；［W1535.2.2］天鬼为万物命名

W 编码	母题描述	关联项
W0906. 1. 4. 1a	天鬼南木	
W0906. 1. 4. 1a. 1	天鬼南木貌似菩萨	【独龙族】
W0906. 1. 4. 1a. 2	天鬼南木生性凶恶	【独龙族】
W0906. 1. 4. 2	天鬼称“害之特”（高处鬼）	【白族（那马）】
W0906. 1. 4. 3	天鬼称“狠纳乌”（天王）	【白族（那马）】
W0906. 1. 4. 4	天鬼称“狠纳翁”（天阎王）	【白族（那马）】
W0906. 1. 4. 5	天鬼“门多”	【怒族】
W0906. 1. 4. 6	天鬼“白加尼”（奥沙尼）	【傈僳族】
W0906. 1. 5	天鬼的种类	
W0906. 1. 5. 1	天鬼种类繁多	【独龙族】
W0906. 1. 5. 2	天上的七煞鬼	【黎族】
W0906. 1. 6	天鬼患病	【白族】
W0906. 2	地灵（地鬼，地上的鬼）	【汤普森】① E701. 1；② F494；＊【民族，关联】①
W0906. 2. 0	地鬼的产生	
W0906. 2. 0. 1	人的灵魂变成地鬼	
W0906. 2. 0. 1. 1	女子死后其中一个灵魂变成地鬼	【景颇族】
W0906. 2. 1	地鬼的特征	
W0906. 2. 1. 1	地鬼是女的	【怒族】
W0906. 2. 1. 2	地鬼是圆壳形的	【怒族】
W0906. 2. 1. 3	地鬼是恶鬼	【黎族】
W0906. 2. 2	地鬼的生活	
W0906. 2. 2. 1	地鬼住地下	【怒族】
W0906. 2. 3	地灵的名称（地鬼的名称）	
W0906. 2. 3. 1	地灵称为革岱	【佤族】
W0906. 2. 3. 2	地鬼卜郎	【独龙族】
W0906. 2. 3. 2a	地鬼经日不朗	【独龙族】

① 【黎族】【景颇族】 ＊［W0230］地神

W 编码	母题描述	关联项
W0906.2.3.3	地鬼米欧阿生	【基诺族】
W0906.2.4	地鬼的类型（地鬼的数量）	
W0906.2.4.1	山林地鬼	
W0906.2.4.1.1	山林地鬼包括善鬼、崖鬼、小崖洞鬼、山鬼、猎鬼、树鬼、路鬼、箐沟鬼、石头鬼等	【独龙族】
W0906.2.4.1.2	地上的鬼有五刀匠、冷灶匠、岐山鬼、西主鬼	【黎族】
W0906.2.5	与地鬼有关的其他母题	
W0906.2.5.1	田魂	
W0906.2.5.1.1	禾苗不好时要接田魂	【壮族】
W0906.2a	太阳鬼	
W0906.2a.1	鬼生太阳鬼	【景颇族】
W0906.2b	月亮鬼	
W0906.3	山灵（山鬼，山妖，山精，石灵）	【汤普森】F460；＊【民族，关联】①
W0906.3.0	山灵的产生（山鬼的产生）	
W0906.3.0.1	从山上跌落丧身的人变成山鬼	【壮族】
W0906.3.0.2	任何一座山峰都有神灵	【藏族】
W0906.3.0.2a	每一座山都有一个神灵	【白族（那马）】
W0906.3.0.3	丢的特定物变成山妖	
W0906.3.0.3.1	阳神老公公抛弃到林中的木人木马变成山妖	【纳西族】
W0906.3.1	山灵的特征（山鬼的特征，山鬼的能力，山鬼的行为）	
W0906.3.1.1	山鬼的体征	
W0906.3.1.1.1	山鬼的牙齿像刀	【哈尼族】
W0906.3.1.1.2	山鬼身上长着硬毛	【哈尼族】
W0906.3.1.1.3	山鬼一足	【民族，关联】②

① 【白族】【汉族】 ＊［W0391］山神

② 【汉族】 ＊［W0906.3.5.3］山精一足；［W0907.14.7］一足鬼（独脚鬼）

W 编码	母题描述	关联项
W0906. 3. 1. 1. 4	山鬼黑毛毵毵	【汉族】
W0906. 3. 1. 2	山鬼是恶鬼	【黎族】 * ［W0393. 6. 2］恶的山神
W0906. 3. 1. 3	山妖制造瘟疫	【布依族】
W0906. 3. 1. 4	山鬼呼风唤雨	【藏族】
W0906. 3. 1. 5	山灵主宰山林，农产及路径	【傈僳族】
W0906. 3. 2	特定名称的山鬼	
W0906. 3. 2. 1	山臊	【汉族】
W0906. 3. 2. 2	岭上的鬼有岭王、岭主、岭公、岭匠和放狗匠	【黎族】
W0906. 3. 2. 3	山鬼珍布	【珞巴族】
W0906. 3. 2. 4	山鬼米司尼（密尸泥）	【傈僳族】 * ［W0122. 4. 2. 1］山神米司尼在众神中最大最有权威
W0906. 3. 2. 4. 1	山鬼密尸泥能使人得病	【傈僳族】
W0906. 3. 2. 5	山鬼米枯于	【怒族】
W0906. 3. 2. 5. 1	山鬼米枯于主宰农耕	【怒族】 * ［W0396. 11. 2b］山神是农神
W0906. 3. 2. 6	山妖鲁美姆恒	
W0906. 3. 2. 6. 1	山骡变的美女是山妖鲁美姆恒的精灵	【纳西族】
W0906. 3. 3	山魈	
W0906. 3. 3. 1	山魈怕鞭炮	【汉族】
W0906. 3. 3. 2	山魈独足反踵，手足三歧	【汉族】
W0906. 3. 3. 2. 1	独足鬼名山魈	【汉族】
W0906. 3. 3. 3	山魈半人半鬼	【汉族】
W0906. 3. 3. 4	山魈山魈人形善笑	【汉族】
W0906. 3. 3. 5	山魈居岭南	【汉族】
W0906. 3. 3. 6	山魈又称山大人	【汉族】
W0906. 3. 3. 7	山魈最畏人骂	【汉族】
W0906. 3. 4	水石精	
W0906. 3. 4. 1	水石精怪庆忌	【汉族】

W 编码	母题描述	关联项
W0906.3.4.2	庆忌状如人，乘车盖，日驰千里	【汉族】
W0906.3.5	山精	［W0907.14.4.8］蝄蜽是山精
W0906.3.5.1	山精爱捉弄人	【汉族】
W0906.3.5.2	山精化身美女	【汉族】
W0906.3.5.3	山精一足	【汉族】
W0906.3.5.4	山精如人	【汉族】
W0906.3.5.5	山精夜出昼藏	【汉族】
W0906.3.6	石灵（石头灵，石头鬼）	
W0906.3.6.1	石头灵称作革斯么	【佤族】
W0906.3.6.2	石头鬼德格拉卜郎	【独龙族】
W0906.3.7	与山灵（山鬼、山妖，山精，石灵）有关的其他母题	［W0398.3.5.5］山神的下属山鬼
W0906.3.7.1	崖鬼	［W0912.2.5.6.1］崖鬼最害怕白龙
W0906.3.7.1.1	猎人变成崖鬼	【独龙族】
W0906.3.7.1.1.1	迷路的猎人变成崖鬼	【独龙族】
W0906.3.7.1.2	崖鬼几卜郎	【独龙族】
W0906.4	水灵（水鬼）	【汤普森】①E701.2；②F402；＊【民族，关联】①
W0906.4.1	水鬼的产生	
W0906.4.1.1	人成为水鬼	【汤普森】E653.1；＊［W0906.4］水灵（水鬼）
W0906.4.1.1.1	人淹死后变成水鬼	【汉族】【壮族】
W0906.4.1.2	恶神生的蛋生水鬼	【纳西族】
W0906.4.1.3	水鬼源于天上	【白族】
W0906.4.2	水鬼的特征（水鬼的身份，水鬼的职能）	【汤普森】F420.4
W0906.4.2.0	水鬼有男有女	【独龙族】
W0906.4.2.1	水鬼是动物外形	【汤普森】F420.1.3

① 【黎族】＊［W0400］水神；［W0846.2］水妖（水魔、水怪、水精）

W 编码	母题描述	关联项
W0906. 4. 2. 1. 1	水鬼全身鳞甲	【壮族】
W0906. 4. 2. 2	水鬼是针头人身	【白族】
W0906. 4. 2. 3	水鬼是三百层天上的王爷	【白族】
W0906. 4. 2. 4	水鬼能呼风唤雨	【白族】
W0906. 4. 2. 5	水灵主宰饮食及康健与疾病	【傈僳族】
W0906. 4. 4	水鬼的行为	【汤普森】F420. 5； *【壮族】
W0906. 4. 4. 1	水鬼结婚	【汤普森】F420. 6
W0906. 4. 4. 2	水鬼兴风作浪	【壮族】
W0906. 4. 5	特定名称的水鬼（水鬼的类型）	
W0906. 4. 5. 1	红水河里的水鬼图额	【壮族】
W0906. 4. 5. 2	水浮鬼	【黎族】
W0906. 4. 5. 3	水串鬼	【黎族】
W0906. 4. 5. 4	水谷鬼	【黎族】
W0906. 4. 5. 5	溺死鬼	［W0907. 14. 23. 2］替死鬼恰他儿不郎（淹死鬼恰他儿不郎）
W0906. 4. 5. 5. 1	落水淹死的人变成溺死鬼意乌谢	【彝族】
W0906. 4. 5. 6	水鬼独药干	【怒族】
W0906. 4. 5. 7	水鬼爱杜斯尼	【傈僳族】
W0906. 4. 5. 8	水鬼包括水崖鬼“瓦羌卜郎”，河边鬼“勃木郎”，河中鬼“沙沙卜郎”，水鬼“司多卜郎”，溺死鬼或替死鬼“恰尔他卜郎”	【独龙族】
W0906. 4. 5. 9	水鬼达格拉	【独龙族】
W0906. 5	海灵（海鬼）	【汤普森】①E271；②F423
W0906. 6	河灵（河鬼）	【汤普森】F424； *［W0410. 1］河伯
W0906. 6. 1	河灵的产生	
W0906. 6. 2	河灵的特征	
W0906. 6. 3	与河灵有关的其他母题	

W 编码	母题描述	关联项
W0906.6.3.1	河灵称作革格降	【佤族】
W0906.6a	江鬼	
W0906.6a.1	落江死的人变成江鬼	【白族（那马）】
W0906.7	泉灵（泉鬼）	【汤普森】F425； ＊［W0416］泉神
W0906.8	路灵（路鬼）	【汤普森】E272； ＊［W0448.2.1］路神
W0906.8.1	路灵的产生	
W0906.8.2	路灵的特征（路鬼的职能）	
W0906.8.2.1	善的路鬼	【汤普森】E332
W0906.8.2.2	路鬼主不祥	【怒族】
W0906.8.2.2.1	路鬼引人误入歧途	【怒族】
W0906.8.3	与路灵有关的其他母题	［W0910.8.1.5.1］大路鬼附体到妇女身上
W0906.8.3.1	路鬼木胡希拉	【怒族】
W0906.9	其他无生命物灵（鬼）	
W0906.9.1	器物的灵魂	
W0906.9.1.1	器物都有灵	
W0906.9.1.1.1	铜锅、铜钗、铜铃、铁斧都有灵魂	【珞巴族】
W0906.10.1	屋灵	【汤普森】F480； ＊［W0454.1.2］蛇是房屋神
W0906.10.1.1	屋灵是动物	【汤普森】B593；＊［W0047］动物变成神
W0907	**其他灵（其他鬼魂，特定名称的鬼，鬼的名字）**	
W0907.1	亡灵（亡魂）	
W0907.1.1	亡灵的产生	
W0907.1.1.1	各种人都能产生亡魂	【白族】
W0907.1.1.2	人死产生亡魂	【独龙族】
W0907.1.2	亡灵的特征（亡灵的身份）	

W 编码	母题描述	关联项
W0907. 1. 2. 1	亡灵会返回祖先身边	【布依族】
W0907. 1. 2. 2	冤死者的亡灵会害人	【达斡尔族】
W0907. 1. 2. 3	亡魂特征同死者生前一样	【独龙族】
W0907. 1. 2. 4	亡魂不再结婚和生育	【独龙族】
W0907. 1. 2. 5	亡灵有善恶两面性	【怒族】
W0907. 1. 2. 6	亡灵不是鬼	【独龙族】
W0907. 1. 3	亡灵的能力（亡灵的职能）	
W0907. 1. 3. 0	亡灵能力的获得	
W0907. 1. 3. 0. 1	亡灵借外力获得能力	
W0907. 1. 3. 0. 1. 1	女性亡灵与其他祖先亡灵结合获得超能力	【独龙族】
W0907. 1. 3. 1	亡灵作祟	【鄂伦春族】
W0907. 1. 3. 2	亡灵作用于后代	【达斡尔族】
W0907. 1. 3. 3	亡灵超生	［W9350］转世（托生、转生）
W0907. 1. 3. 3. 1	亡灵找替身	【蒙古族（布里亚特）】
W0907. 1. 3. 3. 1. 1	亡灵找到替身后超生	【壮族】 ＊［W0888. 4. 3. 2］鬼寻找替身投胎
W0907. 1. 3. 3. 2	亡灵通过超度超生	【壮族】
W0907. 1. 3. 4	亡灵不庇佑活人	【独龙族】
W0907. 1. 4	亡灵的生活（亡灵的行为）	
W0907. 1. 4. 1	亡灵的服饰	
W0907. 1. 4. 1. 1	人死后要把生前穿戴做为亡灵的服饰	【白族（勒墨）】
W0907. 1. 4. 2	亡灵的食物	
W0907. 1. 4. 3	亡灵的居所	
W0907. 1. 4. 3. 1	亡灵锁在阎王的柜子中	【鄂温克族】
W0907. 1. 4. 3. 2	亡魂居住在阿细默里（亡魂居住在地的另一面）	【独龙族】
W0907. 1. 4. 3. 3	亡魂的居所与人间相同	【独龙族】
W0907. 1. 4. 3. 4	亡魂守坟墓	【傈僳族】
W0907. 1. 4. 4	亡灵的出行	

W编码	母题描述	关联项
W0907.1.4.4.1	亡魂重走生前路	【独龙族】
W0907.1.4.4.2	亡魂上天堂	【傈僳族】
W0907.1.4.4.3	亡魂回家	【关联】①
W0907.1.4.4.3.1	死者埋葬当晚亡魂会回家	【傈僳族】
W0907.1.4.5	亡灵寻找特定物	［W0907.1.3.3.1］亡灵找替身
W0907.1.4.6	与亡魂的生活有关的其他母题	
W0907.1.4.6.1	亡魂作祟	
W0907.1.4.6.1.1	非正常死亡的人的亡灵会经常骚扰亲属	【蒙古族（布里亚特）】
W0907.1.4.6.1.2	亡魂变成野鬼或白虎精回家作祟	【傈僳族】
W0907.1.4.6.2	亡魂的生活与生前相同	【独龙族】
W0907.1.4.7	人有3个亡魂	［W0914.1.3.6］人死后的3个灵魂中一魂守坟，一魂招入灵筒，一魂送归祖源处
W0907.1.4.7.1	人的3个亡魂，一个赴阴间或天堂，一个守坟山，一个供在家堂	【傈僳族】
W0907.1.5	亡灵的安息（亡灵的归宿）	【关联】②
W0907.1.5.1	亡灵因有罪而不得安息	【汤普森】E411
W0907.1.5.2	亡灵完成任务后才能安息	【汤普森】E415
W0907.1.5.3	特定人物的亡灵归附于神	
W0907.1.5.3.1	老巫师死后灵魂归附阿塔噶腾格里天神	【蒙古族】
W0907.1.5.4	亡灵回祖先故地	【傈僳族】
W0907.1.5.4a	畜禽亡魂要回归到生前饲养者家中	【独龙族】
W0907.1.5.5	人死后阴魂要回到家中（回煞气）	【羌族】

① ［W0899.3.12］灵魂回家；［W0903.6.2］祖灵返乡（祖灵回家）；［W0911.7.7.1］接父魂
② ［W0907.1.4.3.1］亡灵锁在阎王的柜子中；［W0913d.3.2］人死灵魂不灭，头三年，五年后转入家中地下，满九年离家转入土地庙内

W 编码	母题描述	关联项
W0907. 1. 5. 5. 1	死者下葬三天后，亡魂必回家一趟	【独龙族】
W0907. 1. 5. 6	祖在祖先堂为新亡的老人安灵归位	【白族】
W0907. 1. 5. 7	亡灵归西天	
W0907. 1. 5. 7. 1	死者亡灵骑马到西天	【羌族】
W0907. 1. 5. 8	亡灵回归的引路者	
W0907. 1. 5. 8. 1	特定动物是亡灵的引路者	
W0907. 1. 5. 8. 1. 1	亡灵引路羊	【羌族】
W0907. 1. 5. 9	亡灵回归要清除障碍	
W0907. 1. 5. 9. 1	亡灵回祖先故地要清除各种障碍	【傈僳族】
W0907. 1. 5. 10	人死后灵魂到孟婆庄报到	【汉族】 * ［W0243. 1］冥神孟婆
W0907. 1. 5a	亡灵的寿命	
W0907. 1. 5a. 1	亡魂的寿命与生时相同	【独龙族】
W0907. 1. 6	与亡灵有关的其他母题	【关联】①
W0907. 1. 6. 1	亡灵的化身	
W0907. 1. 6. 1. 1	伞是亡灵的化身	【侗族】
W0907. 1. 6. 2	巫师收伏亡灵	【蒙古族】 * ［W9139］巫师的能力
W0907. 1. 6. 3	亡灵的名称	
W0907. 1. 6. 3. 1	亡魂阿细	【独龙族】
W0907. 2	精灵	
W0907. 2. 1	精灵的产生	
W0907. 2. 1. 1	神生精灵	
W0907. 2. 1. 2	天地生精灵	
W0907. 2. 1. 2. 1	天地婚生精灵（鬼）	【珞巴族】
W0907. 2. 1. 2. 2	地死后生精灵	【珞巴族】
W0907. 2. 1. 3	大地化生精灵	【珞巴族】

① ［W0898. 1］亡灵现形；［W9943. 1］巧遇祖先亡灵

W 编码	母题描述	关联项
W0907.2.1.4	特定的人物死后变成精灵	【怒族】
W0907.2.1.4.1	祖先死后化为精灵	【土族】
W0907.2.1.4.2	凶死夭亡的人变成精灵妖怪	【羌族】
W0907.2.1.4.3	动物死后生的蛆卵生精灵	【纳西族】
W0907.2.1.5	与精灵的产生有关的其他母题	
W0907.2.1.5.1	世上神明与精灵先降生	【高山族】
W0907.2.1.5.2	世界没形成时就有精灵	【珞巴族】
W0907.2.2	精灵的特征（精灵的身份）	
W0907.2.2.0	精灵的性别	
W0907.2.2.0.1	精灵亦雌亦雄	【纳西族】
W0907.2.2.0.2	女精灵	
W0907.2.2.0.2.1	女性精灵仁美	【纳西族】
W0907.2.2.1	精灵有很多头	
W0907.2.2.1.1	精灵有很多头四条腿	【珞巴族】
W0907.2.2.2	精灵像熊	【珞巴族】
W0907.2.2.3	巨大的精灵（巨灵）	【汉族】
W0907.2.2.4	有精灵属下坛	【羌族】
W0907.2.3	精灵的居所	
W0907.2.3.1	精灵住树上	
W0907.2.3.1.1	精灵住古树中	【鄂伦春族】
W0907.2.3.2	精灵住瓶中	
W0907.2.3.3	精灵住天堂	【哈萨克族】
W0907.2.3.4	精灵住水中	【珞巴族】
W0907.2.3.4.1	精灵住小河及溪流中	【蒙古族】
W0907.2.3.5	精灵住在为他做的傀儡中	【蒙古族】
W0907.2.3.6	弱小精灵居宇宙中层	【满族】
W0907.2.3.7	精灵附着在多种物体中	
W0907.2.3.7.1	精灵能附着石头、银子、衣服、首饰等物	【彝族】

W 编码	母题描述	关联项
W0907. 2. 4	精灵的职能（精灵的能力）	
W0907. 2. 4. 1	精灵会隐身	【汉族】
W0907. 2. 4. 2	精灵可以为害或降福人畜	【纳西族】
W0907. 2. 4. 3	专司富裕的精灵	
W0907. 2. 4. 3. 1	专司富裕的精灵"仁"	【纳西族】
W0907. 2. 5	精灵的行为（精灵的事迹）	
W0907. 2. 5. 1	精灵帮助人	【布依族】【壮族】
W0907. 2. 6	精灵的关系	
W0907. 2. 6. 1	精灵的师傅	
W0907. 2. 6. 1. 1	魔鬼是精灵的老师	【哈萨克族】
W0907. 2. 6. 2	精灵的朋友	
W0907. 2. 6. 2. 1	精灵与人是朋友	【汉族】
W0907. 2. 6. 3	精灵家族	
W0907. 2. 6. 3. 1	天上的精灵家族	【蒙古族（布里亚特）】
W0907. 2. 7	精灵的死亡	
W0907. 2. 7. 1	精灵每月会有一次死亡	【珞巴族】
W0907. 2. 7. 2	精灵的攘除	
W0907. 2. 7. 2. 1	用火焚化精灵	【藏族】
W0907. 2. 7. 2. 1. 1	用金火银火烧死精灵	【纳西族】
W0907. 2. 8	精灵的类型	
W0907. 2. 8. 1	做善事的精灵	
W0907. 2. 8. 2	恶作剧的精灵	
W0907. 2. 8. 3	蓝精灵（蓝色的精灵）	
W0907. 2. 8. 3a	黑精灵（黑色的精灵）	【珞巴族】
W0907. 2. 8. 4	小精灵	
W0907. 2. 8. 5	大力精灵	【土族】
W0907. 2. 8. 6	专门害小孩的精灵	【珞巴族】
W0907. 2. 8. 7	动物精灵	
W0907. 2. 8. 7. 1	鳖灵	【汉族】
W0907. 2. 8. 7. 1. 1	老鳖精居槐树洞	【汉族】
W0907. 2. 8. 7. 1. 2	鳖灵即位号曰开明帝	【汉族】

W 编码	母题描述	关联项
W0907.2.8.7.2	兽精	
W0907.2.8.7.2.1	千年黑、万年白的成精野兽	【达斡尔族】
W0907.2.8.8	植物精灵	
W0907.2.8.9	无生命物精灵	
W0907.2.8.10	吸血精灵	【纳西族】
W0907.2.8.11	司掌男人之精的精灵	
W0907.2.8.11.1	司掌男人之精的精灵“伙”	【纳西族】
W0907.2.8.12	12 种精灵	【怒族】
W0907.2.9	与精灵有关的其他母题	
W0907.2.9.1	精灵之王	【珞巴族】
W0907.2.9.2	精灵的用具	【纳西族】
W0907.2.9.3	活人精灵	【怒族】
W0907.3	灵物	
W0907.3.1	灵物的产生	
W0907.3.1.1	特定物成为灵物	
W0907.3.1.1.1	雷击石是灵物	【鄂温克族】
W0907.3.1.1.2	白石作为灵物	
W0907.3.1.1.2.1	受崇拜的白石作为灵物置于屋顶和墓葬内外	【藏族】 * ［W6428.6］白石崇拜
W0907.3.2	灵物的特征	
W0907.3.2.1	灵物的具有灵性	
W0907.3.2.1.1	灵物灵性的丧失	
W0907.3.2.1.1.1	用女人用品包裹灵物会灵性丧	【达斡尔族】
W0907.3.2.1.2	灵物具有时间禁忌	
W0907.3.2.1.2.1	鸡叫时灵物停止工作	【东乡族】
W0907.3.3	灵物的职能（灵物的能力）	
W0907.3.3.1	作为预言的灵物	
W0907.3.3.1.1	特定的草木是祖宗预告灾难的灵物	【壮族】
W0907.3.3.2	避邪灵物	【满族】
W0907.3.4	灵物的居所	

W 编码	母题描述	关联项
W0907. 3. 4. 1	灵物居石堆中	【哈尼族】
W0907. 3. 5	特定名称的灵物	
W0907. 3. 5. 1	通灵宝玉	【汉族】
W0907. 3. 5. 2	灵石	【汉族】
W0907. 3. 5. 3	兜娄	
W0907. 3. 5. 3. 1	灵物兜娄能解决一切难题	【苗族】
W0907. 3. 6	与灵物有关的其他母题	
W0907. 4	阴间鬼（地狱鬼）	【汤普森】 F450
W0907. 4. 1	地狱中的灵魂	【汤普森】 E755. 2；＊［W1079］下界（地狱、阴间的产生）
W0907. 5	吸血鬼	【汤普森】 A139. 4； ＊【民族，关联】①
W0907. 5. 1	怪魔黑沙是吮血鬼	【哈尼族】
W0907. 5. 2	嗜血的鬼魂	【汤普森】 E250
W0907. 5. 3	吸血鬼住坟墓中	
W0907. 5. 3. 1	坟中出来的“族祖爱”遇人就吸血	【白族】
W0907. 5. 4	吸血鬼从虫叮咬的伤口上吸	【独龙族】
W0907. 5a	血鬼	
W0907. 5a. 1	血鬼欠阿加	【傈僳族】
W0907. 6	吊死鬼	【汤普森】 A310. 3； ＊【汉族】【怒族】
W0907. 6. 1	吊颈死的人变成吊死鬼	【彝族】
W0907. 6. 2	吊死鬼勒齐谢	【彝族】
W0907. 6a	凶死鬼	
W0907. 6a. 1	凶死鬼数量很多	
W0907. 6a. 1. 1	凶死鬼一家中鬼父阿勿比，鬼母阿夸米雅，鬼子毕基木，鬼女毕吉若	【羌族】
W0907. 6a. 2	凶死鬼专门制造家中凶事	【羌族】

① 【独龙族】【怒族】 ＊［W0847. 3］吸血妖魔；［W0899. 1. 3］鬼吸人血

W 编码	母题描述	关联项
W0907.6a.3	特定名称的凶死鬼	
W0907.6a.3.1	凶死鬼密江（米托）	【怒族】
W0907.7	火灵（火鬼）	【汤普森】①E701.4；②F497
W0907.7.1	火灵的产生	
W0907.7.2	火灵的特征	
W0907.7.2.1	火鬼性善	【基诺族】
W0907.7.3	与火灵有关的其他母题	
W0907.7.3.1	火鬼女首领米欺斯沛命	【纳西族】
W0907.7.3.2	火神也叫火鬼	【白族】
W0907.7.3.3	祭火鬼	
W0907.7.3.3.1	烧地时用酒和水祭火鬼	【基诺族】
W0907.8	瘟疫鬼（疫鬼）	【汤普森】F493； ＊【关联】①
W0907.8.1	使人得病的蒙鬼	【黎族】
W0907.8.2	颛顼的儿子成为疫鬼	［W0483.1.3.1］颛顼的儿子死后变瘟神
W0907.8.2.1	颛顼氏有三子，其一死而为疫鬼	【汉族】
W0907.8.3	疟鬼	
W0907.8.3.1	疟鬼居江水	【汉族】
W0907.8.3.2	疟鬼让人害寒热，打摆子	【汉族】
W0907.8.4	麻风鬼	【景颇族】 ＊［W0912.3.1.4.1］大蟒神捉麻风鬼
W0907.8.5	痨病鬼	
W0907.8.5.1	痨病鬼亨北于	
W0907.8.5.1.1	痨病鬼亨北于专司无法治愈的慢性病	【怒族】
W0907.8a	瘟魔	
W0907.8a.1	汝河中的一个瘟魔	【汉族】
W0907.9	风鬼	【关联】②
W0907.9.0	风鬼的产生	

① ［W0483.6.7］病鬼；［W8647.2］瘟神制造瘟疫

② ［W0292］风神；［W0846.1.2］风魔；［W0867.1］风怪

W 编码	母题描述	关联项
W0907. 9. 0. 1	美女达拉阿撒命出嫁时被大风卷走变成风鬼	【纳西族】
W0907. 9. 1	风鬼使人患疟疾病	【黎族】 * ［W8656. 8］疟疾的产生
W0907. 9. 2	风鬼是恶鬼	【基诺族】【黎族】
W0907. 9. 3	风鬼的气味	
W0907. 9. 3. 1	风鬼的气味会伤及第一次抱出门的婴儿	【基诺族】
W0907. 9. 4	风鬼能把火吹过山	【基诺族】
W0907. 9. 5	祭风鬼	
W0907. 9. 5. 1	用猪、羊或鸡祭风鬼	【傈僳族】
W0907. 9a	勾魂鬼	【赫哲族】
W0907. 9a. 1	勾魂鬼即无常鬼	【汉族等】
W0907. 9a. 1. 0	骗子无常被称为无常鬼	【汉族】
W0907. 9a. 1. 1	无常鬼有黑无常和白无常两种	【汉族等】
W0907. 9a. 1. 2	黑无常和白无常并称无常二爷	【汉族等】
W0907. 9a. 1. 3	无常鬼面目恐怖	【汉族】
W0907. 9a. 1. 3. 1	无常鬼身高丈余，地牌眼，勾鼻子	【汉族】
W0907. 9a. 1. 4	黑无常穿黑长衫，戴黑高帽，手执黑扇	【汉族】
W0907. 9a. 1. 5	白无常身穿白长衫，戴白高帽，手拿白扇	【汉族】
W0907. 9a. 2	勾魂鬼是阎王的手下	【彝族】
W0907. 10	无头鬼（无头灵）	【汤普森】E422. 1. 1
W0907. 10. 1	恶神生的蛋生无头鬼	【纳西族】
W0907. 10. 2	无头鬼猖狂	【汉族】
W0907. 10. 3	以牛禳无头灵	【傈僳族】
W0907. 10a	多头鬼	
W0907. 10a. 1	三头鬼	【彝族】 * ［W0838. 4. 2］3 头妖魔（三个头的魔鬼，三头妖）

W 编码	母题描述	关联项
W0907.11	饿死鬼（饿鬼，饿灵）	【汤普森】A689.3
W0907.11.1	女乌佑（鬼、神灵）总是吃不饱	【珞巴族】
W0907.11.2	饿灵能祟人馋致死	【傈僳族】
W0907.12	吃人的鬼魂（吃人鬼，食人鬼）	【汤普森】G11.10；＊【独龙族】＊［W0839.5.1］吃人的妖魔
W0907.12.1	精灵吃掉死者的尸体	【珞巴族】
W0907.12.2	鬼吃掉总人数的一半的人	【珞巴族】
W0907.13	食尸鬼	【汤普森】G20
W0907.14	其他特定的鬼	
W0907.14.1	丧葬鬼	
W0907.14.1.1	最瘦的丧葬鬼伞八掌	【独龙族】
W0907.14.2	恶作剧的鬼	【汤普森】F473
W0907.14.3	傻鬼（呆鬼）	【独龙族】
W0907.14.3.1	呆鬼即无头的鬼	【纳西族】＊［W0907.10］无头鬼（无头灵）
W0907.14.4	魍魉鬼（罔两、蜩蛃）①	【关联】②
W0907.14.4.1	颛顼的儿子死后成为魍魉鬼	【汉族】
W0907.14.4.2	颛顼的儿子死后成为小儿鬼	【汉族】
W0907.14.4.3	魍魉是蜘蛛所化	【汉族】
W0907.14.4.4	魍魉吹哀乐	【汉族】
W0907.14.4.5	魑魅、魍魉会施放毒气	【汉族】
W0907.14.4.5a	罔两兴云雾	【汉族】
W0907.14.4.6	魑魅、魍魉最怕龙吟	【汉族】
W0907.14.4.7	蜩蛃像小孩	
W0907.14.4.7.1	蜩蛃状如三岁小儿，赤黑色，赤目长耳，美发	【汉族】
W0907.14.4.7.2	魍魉形状如三岁小孩，红眼睛，长耳朵，身体黑中透红	【汉族】

① 魍魉鬼（罔两、蜩蛃），有多种写法，如罔两、魍魉、蜩蛃、罔阆、方良等。

② ［W0406.1.1j］水神罔两（水神魍魉）；［W0868.0.7］怪物名叫魑魅、魍魉

W 编码	母题描述	关联项
W0907. 14. 4. 8	蝄蜽是山精	【汉族】
W0907. 14. 4a	魑魅	
W0907. 14. 4a. 1	魑魅原是屎壳郎所化	【汉族】
W0907. 14. 4a. 2	魑魅放黑屁	【汉族】
W0907. 14. 4a. 3	魑魅、魍魉居深谷洞穴	【汉族】
W0907. 14. 4a. 4	魑魅善惑人	【汉族】
W0907. 14. 4a. 5	魑魅怕龙吟	【汉族】
W0907. 14. 4a. 6	魍魉个子矮小，红眼睛，散头发，红皮肤	【汉族】
W0907. 14. 5	情死鬼	
W0907. 14. 5. 1	女情死鬼	【纳西族】
W0907. 14. 5. 2	男情死鬼	【纳西族】
W0907. 14. 5. 3	情死鬼到处游荡	【纳西族】
W0907. 14. 6	阴鬼	
W0907. 14. 6. 1	瓜生阴鬼	【傈僳族】
W0907. 14. 7	一足鬼（独脚鬼，独足鬼）	【关联】①
W0907. 14. 7. 1	一足鬼长 3 尺	【汉族】
W0907. 14. 7. 2	独足鬼又称独足仙	【汉族】
W0907. 14. 7. 3	富阳桐庐山有独足鬼	【汉族】
W0907. 14. 7. 4	独足鬼能魇人至死	【汉族】
W0907. 14. 7. 5	独足鬼能窃人财物饮食	【汉族】
W0907. 14. 7. 6	独足鬼夜与人共宿，亲而奉之所求必得	【汉族】
W0907. 14. 7. 7	与一足鬼有关的其他母题	
W0907. 14. 7. 7. 1	独脚鬼鬼王	
W0907. 14. 7. 7. 1. 1	独脚鬼之王泰乌让	【藏族】
W0907. 14. 8	学样鬼	
W0907. 14. 8. 1	学样鬼喜效人	【汉族】

① ［W0906. 3. 1. 1. 3］山鬼一足；［W0906. 3. 3. 2. 1］独足鬼名山魈

W 编码	母题描述	关联项
W0907.14.9	小儿鬼	【汉族】 *［W0907.14.4.2］颛顼的儿子死后成为小儿鬼
W0907.14.9.1	小儿鬼教人生疮害病和惊吓小孩	【汉族】
W0907.14.9.2	小儿鬼住在家中屋角	【汉族】
W0907.14.10	虚耗鬼	
W0907.14.10.1	除夕照虚耗	【汉族】
W0907.14.11	有穷鬼	
W0907.14.11.1	有穷鬼居槐江之山	【汉族】
W0907.14.12	木客	
W0907.14.12.1	木客形似人	【汉族】
W0907.14.12.2	木客手脚如钩	【汉族】
W0907.14.12.3	木客采木	【汉族】
W0907.14.13	胎鬼	
W0907.14.13.1	娘胎里死或难产而死的孩子变成胎鬼	【壮族】
W0907.14.13a	脱胎鬼	
W0907.14.13a.1	脱胎鬼有时成人，有时成牲畜或成屎	【白族】
W0907.14.13b	难产鬼	［W0477.10.1］难产神
W0907.14.13b.1	因难产而死的人变成血腥鬼（难产鬼）	【白族】
W0907.14.14	琵琶鬼	
W0907.14.14.1	实勐巴拉纳西国王狂变的长子成为琵琶鬼	【傣族】
W0907.14.15	达目鬼	
W0907.14.15.1	达目鬼吃人	【景颇族】
W0907.14.16	伥鬼	
W0907.14.16.1	伥鬼与虎为伴	【汉族】
W0907.14.16.2	伥鬼是虎的先导	【汉族】
W0907.14.17	客家鬼	

W 编码	母题描述	关联项
W0907. 14. 17. 1	客家鬼最厉害	【彝族】
W0907. 14. 18	神仙鬼	【傈僳族】
W0907. 14. 19	活人鬼	
W0907. 14. 19. 1	活人鬼附着在妇女身上	【白族】
W0907. 14. 20	巫师鬼	
W0907. 14. 20. 1	巫师魂鬼莫崩西（那木西都可）	【独龙族】
W0907. 14. 21	节节高鬼	
W0907. 14. 21. 1	节节高鬼越长越大	【傈僳族】
W0907. 14. 22	邋遢鬼	
W0907. 14. 22. 1	养鬼婆养着邋遢鬼	【白族】
W0907. 14. 23	替死鬼	
W0907. 14. 23. 1	替死鬼会让人替他死	【傈僳族】
W0907. 14. 23. 2	替死鬼恰他儿不郎（淹死鬼恰他儿不郎）	【独龙族】
W0907. 14. 24	梦鬼	
W0907. 14. 24. 1	梦鬼密加尼	【傈僳族】
W0907. 14. 25	洁癖鬼	
W0907. 14. 25. 1	洁癖鬼“拉”	【独龙族】
W0907. 14. 25a	秽鬼（秽气鬼）	［W0912. 2. 8. 1. 3. 1］东巴用一根打鬼竹杖“曼开才”驱除婴儿秽鬼
W0907. 14. 25a. 1	东方白脸的木秽鬼	【纳西族】
W0907. 14. 25a. 2	南方青脸的火秽鬼	【纳西族】
W0907. 14. 25a. 3	西方黑脸的铁秽鬼	【纳西族】
W0907. 14. 25a. 4	北方黄脸的水秽鬼	【纳西族】
W0907. 14. 25a. 5	天与地中间花脸的土秽鬼	【纳西族】
W0907. 14. 25a. 6	秽鬼之父阿索洛多卡刺若	【纳西族】
W0907. 14. 25a. 7	秽鬼之母鲁多东衬命	【纳西族】
W0907. 14. 26	风流鬼	
W0907. 14. 26. 1	十七八岁的未婚青年死后会变成风流鬼	【白族】

W 编码	母题描述	关联项
W0907.14.27	绝后鬼（绝嗣鬼，绝户鬼）	［W0912.2.7.1.3］东神之石镇压绝后鬼
W0907.14.27.1	没儿没女的人死后变成绝后鬼	【纳西族】
W0910	**灵魂的归宿（灵魂回归，灵魂的结局）**	
W0910.1	灵魂回到天堂（灵魂回归天上）	【汤普森】≈E754.2； ＊【回族】
W0910.1.1	灵魂升天	［W1785.1］天河是天上的灵魂的路（银河是天上的灵魂的路）
W0910.1.1.1	幼儿死后灵魂升天	【鄂温克族】
W0910.1.1.2	太阳神规定人死后变为灵魂才能升天	【景颇族】
W0910.1.1.3	萨满沉睡后灵魂就上天	【鄂伦春族】
W0910.1.1.4	特定人物是灵魂升天的引领者	
W0910.1.1.4.1	神是灵魂升天的引领者	【壮族】
W0910.1.1.4.2	巫师是灵魂升天的引领者	【壮族】
W0910.1.2	人的灵魂升天的原因	景颇族】
W0910.1.2.1	真主答应大地，土做成的人死后灵魂到天堂	【回族】
W0910.1.3	灵魂最终被召回天上	【哈萨克族】
W0910.1.4	念经可以使灵魂上天堂	【民族，关联】①
W0910.1.5	人死灵魂归天	【汉族】
W0910.1.5.1	人死后灵魂回归月亮	【独龙族】
W0910.1.6	特定的灵魂不能升天	
W0910.1.6.1	凶死者的灵魂不能升天堂	【蒙古族（布里亚特）】
W0910.2	人死后魂归祖神居所（灵魂还乡）	【怒族】 ＊［W0875.1.1.5］人死若不送魂归祖源处就变成鬼
W0910.2.1	果洛人死魂要归依祖神年保叶什则山神	【藏族】
W0910.3	人死灵魂去另一个世界	【鄂温克族】【哈萨克族】

① 【门巴族】【藏族（白马）】 ＊［W6468.10］诵经

W 编码	母题描述	关联项
W0910. 3. 1	人死后灵魂到阴间	【民族，关联】①
W0910. 3. 2	人死做过“百日祭”后灵魂到达阴间	【白族】
W0910. 4	灵魂到其他特定的地方	
W0910. 4. 1	灵魂到太阳上	
W0910. 4. 1. 1	乌鸦死后灵魂到太阳上	【布依族】
W0910. 4. 2	灵魂到特定的神那里	【藏族】
W0910. 4. 3	人死后灵魂到村子的某个地方	【侗族】
W0910. 4. 4	鬼回故里	
W0910. 4. 4. 1	农历七月十三、十四两天鬼可以回家	【壮族】
W0910. 4. 5	坟墓是人死后灵魂的归宿	【白族】
W0910. 5	游魂安息	【汤普森】E440；＊［W9187. 4］咒语使灵魂安息
W0910. 5. 1	灵魂破晓时安息	【汤普森】E452
W0910. 5. 2	水鬼难安	【汤普森】E414；＊［W0906. 4］水灵（水鬼）
W0910. 5. 3	特定的植物使灵魂安息	
W0910. 5. 3. 1	尖刀草可以使灵魂安息	【彝族】
W0910. 6	灵魂的关押	［W0913］灵魂的控制
W0910. 6. 1	恶灵被关押在石头中	【汤普森】D2177. 3
W0910. 6. 2	病人的魂为崖神所拘押	【怒族】
W0910. 6. 3	关押灵魂的工具	
W0910. 6. 3. 1	关押灵魂的牢笼	【纳西族】
W0910. 7	鬼死后变鸟	【珞巴族】＊［W0887. 2. 1］灵魂变鸟
W0910. 8	灵魂附体（阴魂附体，亡灵附体，鬼魂附体，鬼附体）	【民族，关联】②
W0910. 8. 1	灵魂归附到特定物上	

① 【达斡尔族】【赫哲族】＊［W0892. 5. 4］鬼魂住阴间

② 【黎族】＊［W0894. 2］鬼魂进入人体；［W0913. 4. 1. 1］真主用音乐使灵魂附体

W 编码	母题描述	关联项
W0910.8.1.1	灵魂附着在头发上	【鄂温克族】
W0910.8.1.2	灵魂附着在笊篱上	【鄂温克族】
W0910.8.1.3	灵魂附着在树枝上	【民族，关联】①
W0910.8.1.4	灵魂附于肉体上	【民族，关联】②
W0910.8.1.5	特定的鬼附体	
W0910.8.1.5.1	大路鬼附体到妇女身上	【白族（那马）】
W0910.8.2	灵魂返回原肉体	
W0910.8.2.1	萨满为病人招魂治后送还给病人	【赫哲族】
W0910.8.3	魂不附体	［W0916.2.1.2］灵魂不能附体变成游魂
W0910.8.4	灵魂附体的结果（灵魂附体的表现）	
W0910.8.4.1	阴魂附体导致精神忧郁症	【锡伯族】
W0910.8.4.2	人被亡灵附体后会颤抖	【蒙古族】 ＊［W6908.5］跳神的来历
W0910.9	把亡灵送给特定的主宰者	
W0910.9.1	麽公将夭折者的灵魂送回始母姆洛甲	【壮族】
W0910.10	灵魂被分解	［W0888.4.1］灵魂的死亡（死魂灵，灵魂的消失）
W0910.10.1	灵魂在地狱被分解	【蒙古族（布里亚特）】 ＊［W1080.4］下界是地狱
W0910.11	灵魂失去归宿	
W0910.11.1	死者被精灵仁美破相后灵魂就不能回到祖源地	【纳西族】

① 【傈僳族】 ＊［W0911.6.2.3.1］招回的失散灵魂附在树枝上回家；［W0912.2.8.4.2］用五色线在树枝上编成络网捉鬼；［W0916.11.4.1］魂被挂在树枝上

② 【傈僳族】 ＊［W0886.1.0.2］灵魂可以与肉体分离；［W0889.2.1］魂与肉体不分离，鬼要离开肉体

W 编码	母题描述	关联项
W0911	**招魂（叫魂，追魂，招鬼，安魂）**	【民族，关联】①
W0911.1	招魂的原因	
W0911.1.1	招魂强身	
W0911.1.1.1	招回人畜的魂可以使人畜强壮	【彝族】
W0911.1.2	失魂落魄后需要招魂	【彝族】
W0911.1.3	因受惊吓或久病不愈叫魂	【彝族（黑彝）】
W0911.1.4	为特定病人招魂	【怒族】
W0911.1.5	特定行为会招鬼	
W0911.1.5.1	室内和场院吹日哨会招鬼	【白族】
W0911.1.6	为凶死者招魂	【羌族】
W0911.2	招魂的方法	
W0911.2.0	招魂前的准备	
W0911.2.0.1	招魂前为灵魂铺路	【达斡尔族】
W0911.2.1	用巫术招魂	
W0911.2.1.1	招魂词（招魂歌）	【藏族（白马）】
W0911.2.1.2	有道者会巫术招鬼神	【汉族】 *［W0913.1.5.2］巫师通过巫术控制鬼
W0911.2.2	用动物招魂（用动物的衍生物招魂）	
W0911.2.2.1	用蜘蛛招魂	【民族，关联】②
W0911.2.2.2	用鸡蛋招魂	【怒族】
W0911.2.2.2.1	祭司用鸡蛋在新娘的头上转把新娘的魂引到新郎家中	【基诺族】
W0911.2.2.3	用公鸡招魂	【白族】
W0911.2.2.3.1	用红公鸡叫谷魂	【基诺族】
W0911.2.3	用植物招魂	
W0911.2.3.1	用树枝招魂	
W0911.2.3.1.1	祭司用麻栗树枝来招魂	【傈僳族】

① 【汉族】 *［W0984a］神的召回（召神）；［W9172］招魂术

② 【怒族】 *［W0907.14.4.3］魍魉是蜘蛛所化；［W0913.1.6.1］蜘蛛是魂之君主

W 编码	母题描述	关联项
W0911.2.4	用自然物招魂（用人造物招魂）	
W0911.2.4.1	把自然物放在特定的地方招魂	
W0911.2.4.1.1	在坟墓上埋三块石头灵魂就回来	【珞巴族】
W0911.2.4.2	用饰品招魂	
W0911.2.4.2.1	用料珠、玛瑙、蚌壳、海贝、银币等妇女装饰品招魂	【傈僳族】
W0911.2.5	通过祈祷招魂	
W0911.2.5.1	萨满为病人祈祷招魂	【锡伯族】
W0911.2.6	通过到阴间招魂（过阴）	【鄂温克族】
W0911.2.6.1	尼玛（巫师）为病人到阴司招魂	【怒族】
W0911.2.7	通过烧香招魂	【汉族】 *［W6508.5］烧香的来历
W0911.2.8	通过特定仪式招魂	
W0911.2.8.1	剪毛招魂	
W0911.2.8.1.1	小孩的魂附在狗身上时要通过剪狗毛招魂	【壮族】
W0911.2.8.2	大毕摩拿着每家每户捐钱缝织的一件绸衣和三炷香火到自村属领土内最高山上召唤其村魂	【彝族】
W0911.2.8.3	通过祭祀招魂	【傈僳族】
W0911.2.8.3.1	祭灶君招魂	【白族（那马）】
W0911.2.8.4	招魂仪式分“大做”与“小做”	【纳西族】
W0911.2.8.5	招魂仪式分“大喊魂”与“小喊魂”	【纳西族】
W0911.2.8.6	祭祖安魂	【基诺族】
W0911.2.9	通过借物招魂	
W0911.2.9.1	借唾液招魂	
W0911.2.9.1.1	小孩的魂魄附在某人身上时要借这个人的唾液招魂	【壮族】
W0911.2.10	通过音乐招魂	

W 编码	母题描述	关联项
W0911. 2. 10. 1	吹笛子可招鬼	【珞巴族】
W0911. 2. 11	招魂要说特定的语言	
W0911. 2. 11. 1	招魂时要呼叫被招魂者的乳名	【傈僳族】
W0911. 2. 11. 2	封棺盖时，封棺者要喊一声“魂回来”避免活者的灵魂被亡魂带走	【纳西族】
W0911. 2. 12	通过特定道具招魂	
W0911. 2. 12. 1	用鸡毛与红线搓绳招魂	【基诺族】
W0911. 3	招魂的时间	
W0911. 3. 1	晚上招魂	
W0911. 3. 1. 1	鸡叫前招魂	【汉族】
W0911. 3. 1a	黄昏时招魂	
W0911. 3. 1a. 1	黄昏时为生病的小孩招魂	【纳西族】
W0911. 3. 1b	在一早一晚时招魂	
W0911. 3. 1b. 1	因白天魂容易受到惊吓，所以在一早一晚叫魂	【傈僳族】
W0911. 3. 1c	鸡叫时招魂	【怒族】
W0911. 3. 2	人病后特定时辰招魂	
W0911. 3. 2. 1	病愈后招魂	【彝族】
W0911. 3. 3	人死后特定日子招魂	
W0911. 3. 4	招魂需要特定的时间	
W0911. 3. 4. 1	招魂需要 3 天	【民族】①
W0911. 3. 5	出远门回到家后要招魂	【彝族】
W0911. 3. 6	每年正月举行家庭性的招魂	【彝族】
W0911. 3. 7	特定事件时招魂	
W0911. 3. 7. 1	建新房时招魂	
W0911. 3. 7. 1. 1	建新房时请父灵上新房	【基诺族】
W0911. 3. 7. 2	播种时招魂	
W0911. 3. 7. 2. 1	种谷时妇女叫谷魂	【基诺族】
W0911. 3. 7. 3	迎娶时招魂	

① 【达斡尔族】【鄂伦春族】【鄂温克族】【满族】

W 编码	母题描述	关联项
W0911.3.7.3.1	娶亲时要把新娘的婚招到新郎家中	【基诺族】 * ［W0911.2.2.2.1］祭司用鸡蛋在新娘的头上转把新娘的魂引到新郎家中
W0911.3.7.4	丧葬时招魂	【纳西族】
W0911.4	招魂的地点	
W0911.4.1	在家中招魂	
W0911.4.1.1	萨满为求子者在屋中招魂	【赫哲族】
W0911.4.2	在野外招魂	
W0911.4.3	在神台招魂	
W0911.4.3.1	设神台招魂	【壮族】
W0911.4.3a	到特定的神那里招魂	【傈僳族】
W0911.4.3a.1	到神都祭本主叫魂	【白族】
W0911.4.4	到丢魂处招魂	【佤族】
W0911.4.4.1	为丢魂的小孩到丢魂处招魂	【藏族】
W0911.4.4.2	为失魂者在受到惊吓的地方叫魂	【傈僳族】
W0911.4.5	到庙中招魂	
W0911.4.5.1	巫师招到山神庙跪伏祷告招魂	【彝族】
W0911.4.6	到水中招魂	
W0911.4.6.1	巫师为螃蟹大王到水中招魂	【苗族】
W0911.5	招魂者	
W0911.5.1	招魂的神	【鄂伦春族】
W0911.5.2	巫师招魂	
W0911.5.2.1	巫师“阿什”的职能之一是黑尼库（喊魂）	【藏族】
W0911.5.2a	祭司招魂	【傈僳族】
W0911.5.3	萨满招魂	
W0911.5.3.1	女萨满招魂	【民族，关联】①
W0911.5.3.1.1	第一个女萨满招魂	【满族】
W0911.5.3.2	萨满招魂治病	【鄂温克族】
W0911.5.3.3	萨满举行“奥蔑”（招魂）保命	【鄂温克族】

① 【鄂伦春族】【满族】 * ［W9146.8］萨满的本领

W 编码	母题描述	关联项
W0911.5.4	特定的人招魂	
W0911.5.4.1	母亲是招魂者	【纳西族】
W0911.5.5	其他招魂者	
W0911.5.6	招魂的帮助者	
W0911.5.6.1	神帮助招魂	
W0911.5.6.1.1	火塘神帮助招魂	【白族】
W0911.6	招魂的结果	
W0911.6.1	招魂结果的验证（招魂结果的断定）	
W0911.6.1.1	观察特定事象判断魂是否召回	【藏族】
W0911.6.1.2	招魂结果需要由东巴占卜认定	【纳西族】
W0911.6.1.3	出现特定物表示招魂成功	
W0911.6.1.3.1	出现小昆虫表示招魂成功	【白族（那马）】
W0911.6.2	招魂成功（灵魂的回归，还魂，返魂）	
W0911.6.2.1	通过特定气味还魂成功	【汉族】
W0911.6.2.2	招回的魂与生者一起回家	【纳西族】
W0911.6.2.3	招回的魂附在特定物上回家	
W0911.6.2.3.1	招回的失散灵魂附在树枝上回家	【纳西族】
W0911.6.2.4	把亡魂从九重天或七层地中带到祖源地	【怒族】
W0911.6.3	招魂失败	
W0911.6.3.1	魔鬼不放灵魂导致招魂失败	【满族】
W0911.6.4	魂被召回的时间	
W0911.6.4.1	动物招魂后，三天巳时回来	【壮族】
W0911.6.5	魂被召回后的处理	
W0911.6.5.1	埋掉召回的灵魂	

W 编码	母题描述	关联项
W0911.6.5.1.1	盘古把儿子的魂收回来后埋在八子山	【汉族】
W0911.7	与招魂有关的其他母题	【关联】①
W0911.7.1	摄魂（捉魂，抓魂）	［W0340.14］雷公捉魂
W0911.7.1.1	黑熊取走人的灵魂	【鄂伦春族】
W0911.7.1.2	刺猬能摄魂	【满族】
W0911.7.1.2a	鹰能摄魂	【赫哲族】
W0911.7.1.3	通过窃取灵魂寄托物摄魂	［W0913d.1］灵魂的寄托物
W0911.7.1.3.1	通过窃取灵魂寄身的毛发摄魂	【壮族】
W0911.7.1.3a	通过摄取影子摄魂	【怒族】
W0911.7.1.4	灵魂被摄死亡	【普米族】
W0911.7.1.5	抓魂要先经土地神同意	【壮族】
W0911.7.1.6	恶灵爱捉小孩魂	【蒙古族（布里亚特）】
W0911.7.1.7	拴魂	
W0911.7.1.7.1	用正房的顶天柱做拴魂的桩子	【纳西族】
W0911.7.1.8	摄特定物的魂	
W0911.7.1.8.1	地母巴那姆赫赫摄取各种动物的魂魄	【满族】
W0911.7.1.8.2	寡妇摄取男子魂魄	【怒族】
W0911.7.2	赎魂（赎回灵魂）	
W0911.7.2.1	用赎金赎回病人的灵魂	【蒙古族（布里亚特）】
W0911.7.2.2	拿鸡鸭赎魂	【壮族】
W0911.7.2.3	举行祭祀赎魂	【白族】
W0911.7.2.4	到扣押灵魂处赎魂	【纳西族】
W0911.7.3	追魂	
W0911.7.3.1	萨满追回病人去阴间的灵魂（苏木苏勒其贝）	【达斡尔族】
W0911.7.4	招魂的神	
W0911.7.4.1	招魂的神召日姑姑罕	【鄂伦春族】

① ［W0497.7.14］招魂之神（招魂神）；［W0905.4.3.4］叫谷魂；［W0916.11］灵魂的丢失（灵魂的离去，鬼的消失，丢魂）

W 编码	母题描述	关联项
W0911.7.5	勾魂	
W0911.7.5.1	勾魂者	［W0907.9a］勾魂鬼
W0911.7.5.1.1	特定的神是勾魂者	
W0911.7.5.1.1.1	五海神勾牛魂	【壮族】
W0911.7.5.2	勾魂方法	
W0911.7.5.2.1	通过特定的物勾魂	
W0911.7.5.2.1.1	女神用戒指勾魂	【藏族】
W0911.7.6	招老人魂	
W0911.7.6.1	到野外招老人魂	【彝族】
W0911.7.7	接魂	
W0911.7.7.1	接父魂	
W0911.7.7.1.1	在地上跺3下脚接父魂回家	【基诺族】
W0911a	**送魂（驱魂）**	
W0911a.1	送魂的原因	
W0911a.2	送魂者	
W0911a.2.1	萨满送魂	【赫哲族】
W0911a.2.1.1	主管送魂的萨满送魂	【赫哲族】
W0911a.2.2	母亲送魂	
W0911a.2.2.1	母亲为夭折的孩子送魂	【壮族】
W0911a.2.3	用马送魂	【纳西族】
W0911a.3	送魂的时间	
W0911a.3.1	死者埋葬百日或三周年时送魂	【赫哲族】
W0911a.4	送魂地点	
W0911a.5	送魂的方法	
W0911a.5.1	送魂时要诉说死者身世	
W0911a.5.1.1	萨满送魂时要诉说死者身世	【达斡尔族】
W0911a.5.2	用纸花、饭食、蛋类送魂	
W0911a.5.2.1	母亲站在房门前的条凳上用纸花、饭食、蛋类为夭折的孩子送魂	【壮族】
W0911a.6	送魂结果	

W 编码	母题描述	关联项
W0911a.6.1	亡灵送回祖先居住地	【纳西族】
W0911a.7	与送魂有关的其他母题	
W0911a.7.1	驱亡魂	【独龙族】
W0911b	**迷魂**	
W0911b.1	迷魂的原因	
W0911b.2	迷魂的方式	
W0911b.3	迷魂者	
W0911b.3.1	特定的神能让人迷魂	
W0911b.3.1.1	萨兰吉·腾格里能迷惑人的灵魂	【蒙古族（布里亚特）】
W0911b.4	与迷魂有关的其他母题	
W0912	**驱鬼（打鬼，驱邪，捉鬼，捉灵魂）**	【关联】①
W0912.1	驱鬼的原因（人为什么打鬼）	
W0912.1.1	人打鬼是因为鬼吸人血	【独龙族】
W0912.1.2	祭鬼无效时驱鬼（驱鬼先礼后兵）	
W0912.1.2.1	祭祀和供奉驱鬼不奏效时就请巫师驱除	【藏族】
W0912.1.3	驱鬼护尸	【纳西族】
W0912.1.4	驱鬼祛病	
W0912.1.4.1	巫师驱赶缠在病人身上的恶鬼	【傈僳族】
W0912.1.5	发生灾难时驱鬼	
W0912.1.5.1	山寨发生火灾时驱鬼	【基诺族】
W0912.1.5.2	发生火灾时撵火鬼	【白族（那马）】
W0912.2	驱鬼的方法（捉鬼的方法，防御鬼魂，鬼的惧怕物，鬼魂的惧怕物，鬼的克星）	【汤普森】E430； *【关联】②
W0912.2.1	用特定仪式驱鬼	

① ［W0902.4.3］恶灵的消除（驱恶灵）；［W0995.8］神被驱赶（驱神）

② ［W0851］妖魔的克星（魔鬼的克星）；［W9011.1］魔法驱怪；［W9187.3］咒语驱魔（鬼）

W 编码	母题描述	关联项
W0912. 2. 1. 1	葬礼防御鬼魂	【汤普森】E431； ＊［W6660］葬俗
W0912. 2. 1. 2	祭献安放鬼魂	【汤普森】E433
W0912. 2. 1. 3	供神驱鬼（祭特定的神驱鬼）	
W0912. 2. 1. 3. 1	供祖先神可以驱鬼	【鄂温克族】
W0912. 2. 1. 3. 2	祭枫神为病人驱除鬼疫	【苗族】
W0912. 2. 1. 4	通过除秽驱魔	【赫哲族】
W0912. 2. 1. 5	焚香驱邪	【藏族】
W0912. 2. 1. 5. 1	为死去的鬼烧香还愿驱鬼	【白族】 ＊［W0911. 2. 7］通过烧香招魂
W0912. 2. 1. 6	诵经驱魔（念经驱鬼）	【汉族】【纳西族】
W0912. 2. 1. 7	诵神驱鬼	［W0912. 2. 10. 1］鬼怕神
W0912. 2. 1. 7. 1	通过诵念山神驱鬼	【藏族】
W0912. 2. 1. 8	跳神驱鬼	【彝族】
W0912. 2. 1. 9	巫师敲羊皮鼓，手持长刀舞蹈驱鬼	【傈僳族】 ＊［W0912. 2. 5. 5. 1］鬼怕羊皮
W0912. 2. 1. 10	巫师爬刀杆赶鬼	【白族】
W0912. 2. 2	用巫术驱鬼（用法术驱鬼）	【羌族】
W0912. 2. 2. 1	魔法防鬼魂	【汤普森】E434； ＊［W9000］魔法
W0912. 2. 2. 2	用咒语驱鬼	【彝族】
W0912. 2. 2. 2. 1	鬼怕诅咒	【汉族】 ＊［W0906. 3. 3. 7］山魈最畏人骂
W0912. 2. 2. 3	萨满跳鹿神驱魔	【赫哲族】
W0912. 2. 2. 4	禳解驱鬼（禳解收鬼）	【藏族】
W0912. 2. 2. 5	贴符驱邪（鬼怕符）	
W0912. 2. 2. 5. 1	用蛇神庙求来的神符贴在门窗上避各种毒害	【汉族】
W0912. 2. 2. 5. 2	鬼怕桃符	【汉族】

W 编码	母题描述	关联项
W0912.2.2.6	东巴在鬼寨前用刀斩断鬼门，划破鬼牌，念诵经文镇鬼	【纳西族】
W0912.2.2.7	与巫术驱鬼有关的其他母题	【关联】①
W0912.2.2.6.1	驱鬼词	【藏族】
W0912.2.2.6.2	巫师口舔烧红的铁犁铧驱恶鬼	【傈僳族】
W0912.2.2.6.3	通过处置面偶驱鬼	【羌族】
W0912.2.3	用血驱鬼	
W0912.2.3.1	用狗血驱鬼（鬼怕狗血）	【白族】【汉族】
W0912.2.3.2	用鸡血驱鬼	
W0912.2.3.2.1	杀鸡粘血毛驱鬼	【藏族（白马）】
W0912.2.3.2.2	抹鸡血消除秽气鬼	【纳西族】
W0912.2.3.3	用狗血鸡血驱妖	【土家族】
W0912.2.4	用火驱鬼（用火驱邪）	【民族，关联】②
W0912.2.4.1	用火烧鬼	【独龙族】
W0912.2.4.2	神火祛妖邪	【满族】
W0912.2.4.3	用火净化亡魂晦气	【蒙古族】
W0912.2.4.4	用火涤除一切罪孽	【蒙古族】
W0912.2.4.5	用火灰打鬼	【彝族】
W0912.2.5	用动物驱鬼	
W0912.2.5.1	用鱼驱魔	
W0912.2.5.1.1	萨满用一条天上的鱼驱魔	【赫哲族】
W0912.2.5.2	动物的叫声驱鬼	
W0912.2.5.2.1	龙的声音可以驱鬼	【藏族（白马）】 *［W0851.1.16.］鬼怕龙的声音
W0912.2.5.2.2	鬼怕狗叫（鬼怕狗）	【哈尼族】
W0912.2.5.2.3	鸡的叫声驱鬼	【纳西族】
W0912.2.5.3	鬼怕特定的鸟	

① ［W0912.2.11.4］撒灰驱鬼；［W0912.2.11.5.1］贝马在十字路口给鬼魂送水饭驱鬼

② 【白族】【怒族】 *［W0851.1.2］妖魔怕火（魔鬼怕火，鬼怕火，灵魂怕火，怪物怕火）；［W0851.1.2.3］灵魂怕火；［W0851.1.2.4］鬼怕火灰

W 编码	母题描述	关联项
W0912. 2. 5. 3. 1	鬼怕重明鸟	【汉族】
W0912. 2. 5. 3. 2	鬼怕鸡	
W0912. 2. 5. 3. 2. 1	正月一日贴鸡画于门上镇百鬼	【汉族】
W0912. 2. 5. 4	鬼惧怕熊	
W0912. 2. 5. 4. 1	各种鬼都怕熊，所以巫师以熊头为面具	【藏族（白马）】
W0912. 2. 5. 5	鬼怕特定动物的皮	
W0912. 2. 5. 5. 1	鬼怕羊皮	【基诺族】
W0912. 2. 5. 6	特定的鬼怕特定的动物	
W0912. 2. 5. 6. 1	崖鬼最害怕白龙	【独龙族】 ＊［W0851. 1. 16. 1］鬼怕龙的声音
W0912. 2. 6	用植物驱鬼	
W0912. 2. 6. 1	用特定的草驱鬼	
W0912. 2. 6. 1. 1	用毒草药杀鬼	【独龙族】 ＊［W3813. 2. 1］毒草
W0912. 2. 6. 1. 2	用茅草阻鬼跟随	【壮族】
W0912. 2. 6. 1. 2. 1	小孩身插茅草可防野鬼	【壮族】
W0912. 2. 6. 1. 2. 2	行路时身插草标可防野鬼作祟	【壮族】
W0912. 2. 6. 1. 3	鬼害怕特定的草	【拉祜族】
W0912. 2. 6. 1. 3. 1	护门草驱鬼	【汉族】
W0912. 2. 6. 1. 3. 2	神护草驱鬼	【汉族】
W0912. 2. 6. 1. 3. 3	百灵草驱鬼	【汉族】
W0912. 2. 6. 1. 3. 4	鬼怕茅草（茅郎）	【壮族】
W0912. 2. 6. 2	剑麻能治鬼	【拉祜族】
W0912. 2. 6. 3	鬼怕姜（鬼怕生姜，魔鬼怕姜）	【民族，关联】①
W0912. 2. 6. 3. 1	生姜遇到鬼时会变成火焰	【珞巴族】
W0912. 2. 6. 4	鬼害怕特定的树（鬼怕特定树木的制品）	【关联】②
W0912. 2. 6. 4. 1	寨边栽梨树和棕树可御鬼	【哈尼族】

① 【基诺族】【珞巴族】 ＊［W3893. 2. 1］姜原来有毒；［W6242］姜治病
② ［W0088. 4. 1. 1］神怕特定的树；［W0933. 7. 8. 1］祖母树可以驱邪

W 编码	母题描述	关联项
W0912.2.6.4.2	鬼怕桃木	【汉族】 ＊［W0912.2.2.5.2］鬼怕桃符
W0912.2.6.4.3	鬼怕栌木	【汉族】
W0912.2.6.4.4	鬼怕柳树	
W0912.2.6.4.4.1	鬼怕柳树源于特定人物的许诺	【哈尼族（豪尼）】
W0912.2.6.4.4.2	毕摩用形似皮鞭的柳枝驱鬼	【彝族】
W0912.2.6.4.4.3	柳枝驱鬼	【哈尼族（豪尼）】
W0912.2.6.4.5	用树枝驱鬼	【独龙族】 ＊［W0911.2.3.1］用树枝招魂
W0912.2.6.5	巫师撒荞子驱鬼	【藏族】
W0912.2.6.6	鬼怕辣椒	【壮族】
W0912.2.7	用自然物驱鬼	
W0912.2.7.1	石板压鬼	【独龙族】
W0912.2.7.1.1	镇鬼的石头（镇鬼石）	【珞巴族】
W0912.2.7.1.1.1	虎爪萨英威登大神建神石镇压鬼魔王米麻色邓	【纳西族】
W0912.2.7.1.2	用圣洞里的岩石可以驱除邪魔	【纳西族】
W0912.2.7.1.3	东神之石镇压绝后鬼	【纳西族】
W0912.2.7.1.4	用石敢当驱鬼	【汉族】
W0912.2.7.2	阳光能驱鬼	【哈尼族】
W0912.2.7.3	月光能驱鬼	【哈尼族】
W0912.2.7.4	用水压鬼	【纳西族】
W0912.2.8	用人造物驱鬼	
W0912.2.8.1	用杖驱鬼（用杵驱鬼）	【汉族】
W0912.2.8.1.1	用龙杖驱鬼	【赫哲族】
W0912.2.8.1.2	杵能驱鬼因为它代表阳刚之气	【壮族】
W0912.2.8.1.3	用打鬼竹杖驱鬼	
W0912.2.8.1.3.1	东巴用一根打鬼竹杖“曼开才”驱除婴儿秽鬼	【纳西族】
W0912.2.8.2	除魔棒	【彝族】

W 编码	母题描述	关联项
W0912. 2. 8. 3	用牌符驱鬼	【傈僳族】
W0912. 2. 8. 3. 1	镇妖牌	【彝族】
W0912. 2. 8. 4	用网驱鬼（用网捉鬼）	
W0912. 2. 8. 4. 1	用渔网驱鬼	【壮族】
W0912. 2. 8. 4. 2	用五色线在树枝上编成络网捉鬼	【藏族】
W0912. 2. 8. 5	用筛子驱鬼	【壮族】
W0912. 2. 8. 6	用犁头驱鬼	【壮族】
W0912. 2. 8. 6. 1	悬挂犁铧驱鬼	【傈僳族】
W0912. 2. 8. 7	用斧子驱鬼	【壮族】
W0912. 2. 8. 8	石狮镇妖	【汉族】
W0912. 2. 8. 9	用冥器驱鬼	【藏族】
W0912. 2. 8. 10	鬼怕刀斧	
W0912. 2. 8. 10. 1	鬼怕锯镰刀	【哈尼族】
W0912. 2. 8. 10. 2	用刀驱鬼	【羌族】
W0912. 2. 8. 11	用五倍木削成的剑驱魔	【瑶族（布努）】
W0912. 2. 8. 12	用扫帚驱鬼	【苗族】
W0912. 2. 8. 13	悬挂特定人造物驱鬼	
W0912. 2. 8. 13. 1	悬挂箭和刀驱鬼	【景颇族】
W0912. 2. 8. 13. 2	悬挂毒箭驱鬼	【傈僳族】
W0912. 2. 8a	用人造物捉鬼	
W0912. 2. 8a. 1	用绳索捉鬼	
W0912. 2. 8a. 1. 1	女神用绳索捉鬼	【藏族】
W0912. 2. 9	用象征物驱鬼	
W0912. 2. 9. 1	雷神的标志物能驱魔	【鄂温克族】
W0912. 2. 9. 2	门上钉马掌驱邪	【蒙古族（布里亚特）】
W0912. 2. 10	鬼怕特定人物	
W0912. 2. 10. 1	鬼怕神（鬼怕特定神性人物）	【彝族】
W0912. 2. 10. 1. 1	祈山神驱魔	【藏族】
W0912. 2. 10. 1. 2	人扮神驱鬼	【壮族】
W0912. 2. 10. 1. 3	鬼惧怕人的祖先	【珞巴族】 * ［W0912. 2. 1. 3. 1］供祖先神可以驱鬼

W 编码	母题描述	关联项
W0912.2.10.2	鬼怕人	
W0912.2.10.2.1	鬼魂害怕活着的人	≈E462
W0912.2.10.2.2	因人曾射死鬼，鬼不敢轻易伤人	【独龙族】
W0912.2.10.3	鬼怕神鼓	【鄂伦春族】 * ［W0912.2.11.2］击鼓驱魔
W0912.2.11	通过特定行为驱鬼	
W0912.2.11.1	斗智驱鬼	【彝族】
W0912.2.11.2	通过制造声响驱鬼	【纳西族】
W0912.2.11.2.1	击鼓驱魔	【赫哲族】
W0912.2.11.3	通过恐吓驱鬼（通过恐吓驱妖）	【独龙族】【锡伯族】【藏族】
W0912.2.11.4	撒灰驱鬼	【壮族】
W0912.2.11.5	用请鬼吃饭的方法捉鬼	【彝族】
W0912.2.11.5.1	贝马在十字路口给鬼魂送水饭驱鬼	【彝族】
W0912.2.11.6	通过抛物驱鬼	
W0912.2.11.6.1	丢沾秽物的石头驱鬼	【怒族】
W0912.2.11.7	射箭驱鬼	【纳西族】
W0912.2.11.8	鸣枪驱鬼	【傈僳族】
W0912.2.11.9	手抓沸油赶鬼	【纳西族】
W0912.2.11.10	鬼王最怕有人烧了平底锅，劈断了针	【纳西族】
W0912.2.12	特定的鬼需要特定的方法驱除	
W0912.2.12.1	厉鬼需要强力驱除	【壮族】
W0912.2a	驱鬼前的准备	
W0912.2a.1	驱鬼前先占卜	【藏族】 * ［W9192］占卜的方法
W0912.2b	驱鬼的时间	
W0912.2b.1	夜间驱鬼	【羌族】
W0912.2b.1.1	驱病鬼要晚间举行	【藏族】
W0912.2b.1.2	巫师射鬼一般选在晚上9点钟左右	【傈僳族】

W 编码	母题描述	关联项
W0912. 2b. 1. 1a	夜间捉鬼	【彝族】
W0912. 2b. 2	丧葬时驱鬼	
W0912. 2b. 2. 1	死者净身后将其鬼魂赶出屋外	【白族】
W0912. 2b. 2. 2	送葬时砍猪撵魂	【白族】
W0912. 2b. 2. 3	安葬当天晚上撵鬼	【白族（那马）】
W0912. 2b. 3	婴儿出生后驱鬼	
W0912. 2b. 3. 1	婴儿出生后五日、七日、九日驱鬼	【彝族】
W0912. 2b. 4	特定时间驱特定的鬼	
W0912. 2b. 4. 1	农历六月二十四日驱赶危害人畜庄稼的鬼	【彝族】
W0912. 2c	驱鬼的地点	
W0912. 2c. 1	在新建的房屋中驱鬼	【纳西族】
W0912. 2d	驱鬼的结果	
W0912. 2d. 1	将鬼驱赶到路口	【羌族】
W0912. 3	驱鬼者（捉鬼者，捉魂者）	［W0916. 8. 7］鬼会捉魂
W0912. 3. 1	神驱鬼（神捉鬼）	
W0912. 3. 1. 1	门神驱鬼	
W0912. 3. 1. 1. 1	钟馗捉鬼	【汉族】 ＊［W0554. 6. 2. 1. 1］钟馗是鬼王
W0912. 3. 1. 1. 2	神荼和郁垒捉鬼	【汉族】
W0912. 3. 1. 1. 3	左门神陆加士驱鬼	【羌族】
W0912. 3. 1. 2	山神驱鬼	
W0912. 3. 1. 2. 1	山神赶鬼为百姓守谷子	【哈尼族】
W0912. 3. 1. 3	神助人驱鬼	【彝族】
W0912. 3. 1. 4	特定的神捉特定的鬼	
W0912. 3. 1. 4. 1	大蟒神捉麻风鬼	【彝族】
W0912. 3. 1. 5	雷电神驱魔	【满族】
W0912. 3. 1. 6	九头神能消除恶鬼	【纳西族】
W0912. 3. 2	宗教人物驱鬼	
W0912. 3. 2. 1	毕摩驱鬼	【彝族】 ＊［W9147］毕摩

W 编码	母题描述	关联项
W0912.3.2.2	喇嘛赶鬼	【门巴族】
W0912.3.2.3	萨满驱鬼	
W0912.3.2.3.1	鬼怕萨满施巫术	【鄂温克族】
W0912.3.2.4	巫师驱鬼	【纳西族（摩梭）】【藏族】
W0912.3.3	其他特定人物驱鬼	
W0912.3.3.1	面目丑陋者驱鬼	【汉族】
W0912.3.3.2	牛头、马面是两名捉鬼的差役	【汉族】 * [W0888.4.1.4.1] 牛头马面杀死厉鬼
W0912.3a	驱鬼者的帮助（捉鬼的帮助者）	
W0912.3a.1	龟蛇帮助驱鬼	
W0912.3a.1.1	龟蛇帮助玄天上帝驱鬼	【汉族】
W0912.4	驱特定的鬼（捉特定的鬼）	
W0912.4.1	捉雹鬼	
W0912.4.1.1	在地面上插几个十字网纹灵器来捕捉雹鬼	【藏族】
W0912.4.2	驱凶死鬼	
W0912.4.2.1	凶死鬼只驱不祭	【怒族】
W0912.5	与驱鬼有关的其他母题	【关联】①
W0912.5.1	魔眼视灵魂	【汤普森】D1825.3.3
W0912.5.2	把鬼赶回原住处	【独龙族】
W0912.5.3	人与鬼斗智	【民族，关联】②
W0912.5.4	鬼捉人	
W0912.5.4.1	女子拔苦九龙草时被苦九龙鬼抓去	【珞巴族】
W0912.5.5	送鬼	
W0912.5.5.1	鬼魂送入阴间	【壮族】
W0912.5.6	避鬼（辟邪，避怪物）	【关联】③
W0912.5.6.1	用红辣椒避鬼	【壮族】 * [W0912.2.6.6] 鬼怕辣椒

① [W0126.3.5.3] 禳解邪神；[W9150 ~W9174] 巫术

② 【彝族】【壮族】 * [W0912.2.11.1] 斗智驱鬼

③ [W0907.3.3.2] 避邪灵物；[W0938.1] 辟邪草

W 编码	母题描述	关联项
W0912.5.6.2	挂铜镜辟邪	【羌族】
W0912.5.6.3	用恶神神像辟邪	【羌族】
W0912.5.6.4	铁可以辟邪	【羌族】
W0912.5.6.5	特定植物避怪物	
W0912.5.6.5.1	草乌能避怪物	【傈僳族】
W0912.5.7	捉妖	
W0912.5.8	捉怪	
W0912.5.8.1	英雄捉风怪	【仡佬族】
W0912.5.9	咒鬼	［W0912.2.2.2］用咒语驱鬼
W0912.5.9.1	咒鬼即驱逐鬼出于户外	【彝族】
W0912.5.10	驱鬼时注意事项	
W0912.5.10.1	驱鬼时不能驱特定的神	
W0912.5.10.1.1	驱鬼时六畜神不驱，庄家神不赶，儿女神不追	【彝族】
W0912.5.11	不同的鬼驱法不同	
W0912.5.11.1	驱鬼时对家鬼要好言相劝送走，对外鬼要用强力捉打不客气	【彝族】
W0912.5.12	诱鬼	
W0912.5.12.1	用音乐诱鬼	【傈僳族】
W0913	**灵魂的控制**	
W0913.1	灵魂的管理者（灵魂的控制者，鬼的管理者）	
W0913.1.0	神管理灵魂（神管鬼）	
W0913.1.0.1	神可以控制鬼	【壮族】
W0913.1.0.2	统管各种鬼灵的神强布拉	【怒族】
W0913.1.0.3	死神掌管人的灵魂	【傣族】
W0913.1.0.4	管死人阴魂之神玉莫	【羌族】
W0913.1.0.5	管活人灵魂之神斯卓吉	【羌族】

W 编码	母题描述	关联项
W0913.1.1	阎王管灵魂	【民族，关联】①
W0913.1.2	盘古是鬼魂管理者	［W0720］盘古
W0913.1.3	各种鬼的总管	
W0913.1.3.1	各种鬼的总管是木朋九	【独龙族】
W0913.1.3.2	万灵总神北布（白莫）	【藏族（白马）】
W0913.1.4	鬼的首领	
W0913.1.4.1	鬼王	【汉族】
W0913.1.4.1.1	鬼王数量众多	【古民族·塞种人】
W0913.1.4.1.2	恶毒鬼王	【古民族·塞种人】
W0913.1.4.1.3	多目鬼王	【古民族·塞种人】
W0913.1.4.1.4	慈心鬼王	【古民族·塞种人】
W0913.1.4.1.5	特定名称的鬼王	［W0554.6.2.1.1］钟馗是鬼王
W0913.1.4.1.5.1	阿波雷山鬼王	【哈尼族】
W0913.1.4.1.5.2	鬼王英古丁那	【纳西族】
W0913.1.4.1.5.3	鬼王恰巴拉里	【纳西族】
W0913.1.4.1.5.4	众鬼的总头目格孟	【独龙族】
W0913.1.4.1.5.4a	众鬼的总头目“木佩朋”和“格孟”	【独龙族】
W0913.1.4.1.5.4b	鬼王猛厄	【纳西族】
W0913.1.4.1.5.4b.1	鬼王猛厄被砍杀死后尸首变成 9 个小鬼	【纳西族】
W0913.1.4.1.5.5	五鬼王	
W0913.1.4.1.5.5.1	东方鬼王单饶久补，南方鬼王施知久补，西方鬼王斯普久补，北方鬼王奴姐久补，中央鬼王米麻塞登	【纳西族】

① 【鄂伦春族】 * ［W0242.4］阎王的职能；［W0870］灵魂（鬼）；［W0907.1.4.3.1］亡灵锁在阎王的柜子中

W 编码	母题描述	关联项
W0913. 1. 4. 1. 5. 5. 2	东方鬼吊饶金布，南方鬼时之金布，西方鬼勒钦司普，北方鬼奴主金布，中央鬼米麻生登和其妻根饶纳母	【纳西族】
W0913. 1. 4. 1. 5. 6	九头鬼王	
W0913. 1. 4. 1. 5. 6. 1	九头鬼王梭纳固古中间为驴头、马头、鬼头，左为乌鸦头、猪头、熊头，右为乌鸦头、鹿头、狗头	【纳西族】
W0913. 1. 5	巫师能控制灵魂	
W0913. 1. 5. 1	巫婆控制灵魂	【壮族】
W0913. 1. 5. 2	巫师通过巫术控制鬼	【藏族】
W0913. 1. 6	特定动物管理灵魂	
W0913. 1. 6. 1	蜘蛛是魂之君主	【彝族】 ＊ ［W0911. 2. 2. 1］ 用蜘蛛招魂
W0913. 2	魔力控制着灵魂	【汤普森】 D2198
W0913. 2a	通过祭祀可以使灵魂听命于人	【彝族】
W0913. 3	鬼魂埋在九层土下方能不得翻身	【纳西族】 ＊ ［W0890］ 灵魂（鬼魂）的居所与显形
W0913. 4	音乐使灵魂安静	【维吾尔族】
W0913. 4. 1	音乐可以控制灵魂	［W0898. 5］ 音乐使灵魂显现（音乐使鬼魂显现）
W0913. 4. 1. 1	真主用音乐使灵魂附体	【维吾尔族】
W0913. 5	灵魂的关押（鬼的关押）	
W0913. 5. 1	捉住灵魂后扣在铁锅中	【赫哲族】
W0913. 5. 2	收魂袋	【赫哲族】
W0913. 5. 3	灵魂被关入小盒	【鄂伦春族】
W0913. 5. 4	鬼关在泥罐里	
W0913. 5. 4. 1	鬼关在泥罐后要埋在人不去鸡不挠的地方	【彝族】
W0913. 5. 5	关鬼时能看到鬼的影子	【彝族】 ＊ ［W0898. 0. 1］ 魂的幻影（鬼影）

W 编码	母题描述	关联项
W0913a	**灵魂的拯救**	【汤普森】E754
W0913a.1	灵魂的救赎	【汤普森】V520；＊【壮族】＊［W0911.7.2］赎魂（赎回灵魂）
W0913a.2	用特定物拯救灵魂	
W0913a.2.1	用白铁法叉和锦鸡尾拯救灵魂	【纳西族】
W0913b	**灵魂的保护**	
W0913b.1	灵魂得到特定人保护	
W0913b.1.1	小儿灵魂可得到萨满的保护	【赫哲族】
W0913b.2	通过仪式保护灵魂	【独龙族】
W0913c	**灵魂的保管（灵魂的保存）**	
W0913c.1	灵魂锁在柜中	［W0907.1.4.3.1］亡灵锁在阎王的柜子中
W0913c.1.1	溺死者灵魂找回后锁于箱柜中	【壮族】
W0913c.2	灵魂存放在葫芦中	
W0913c.2.1	猴子的灵魂装在葫芦里	【珞巴族】
W0913d	**灵魂的托管（灵魂的转移）**	
W0913d.1	寄魂（灵魂的寄托物，灵魂的附着物）	【藏族】
W0913d.1.1	灵魂寄托在动物中	
W0913d.1.1.1	寄魂牛	【藏族】
W0913d.1.1.1.1	霍尔国首领的寄魂处为白、黄、黑三条野牦牛	【藏族】
W0913d.1.1.2	寄魂蜂	【藏族】
W0913d.1.1.3	寄魂鸟	【藏族】
W0913d.1.1.3.1	寄魂鸟保护主人不死	【藏族】
W0913d.1.1.4	不同姓氏的灵魂寄托的动物不同	

W 编码	母题描述	关联项
W0913d. 1. 1. 4. 1	五大神姓中的“董”氏属土，灵魂托于鹿；“竹”氏属水，灵魂托于牦牛；“扎”氏属金，灵魂托于野驴；“廓”氏属火，灵魂托于山羊；“噶”氏属木，灵魂托于绵羊	【藏族】
W0913d. 1. 1. 5	昆虫作为亡灵的附着物	【彝族（姆基）】
W0913d. 1. 2	灵魂寄托在植物中	
W0913d. 1. 2. 1	寄魂树	【藏族】
W0913d. 1. 2. 2	灵魂附着在花上	
W0913d. 1. 2. 2. 1	灵魂附着在生育神的花上	【壮族】
W0913d. 1. 2. 2. 2	人死投胎前的阴魂会先飞到阴间花婆的花园里的一种花朵上	【壮族】
W0913d. 1. 2. 3	寄魂草	
W0913d. 1. 2. 3. 1	灵魂依附在灵草上	【彝族】
W0913d. 1. 3	灵魂寄托在无生命物中	
W0913d. 1. 3. 1	寄魂箭	【藏族】
W0913d. 1. 4	灵魂寄托在自然物中	
W0913d. 1. 4. 1	寄魂山	
W0913d. 1. 4. 1. 1	格萨尔的寄魂物是格卓山	【藏族】
W0913d. 1. 5	灵魂寄托在其他特定物中	
W0913d. 1. 5. 1	灵魂寄附在头发中	【壮族】
W0913d. 1. 5. 2	灵魂寄附在指甲中	【壮族】
W0913d. 1. 5. 3	灵魂寄附在衣物中	【壮族】
W0913d. 1. 5. 4	灵魂寄附在接触物上	
W0913d. 1. 5. 4. 1	人的灵魂可以寄托在人脚上沾着的碎泥上	【壮族】
W0913d. 1. 5. 5	蛋壳作为寄魂物	
W0913d. 1. 5. 5. 1	鸡魂居鸡蛋壳中	【壮族】
W0913d. 1. 5. 6	笼子作为寄魂物	
W0913d. 1. 5. 6. 1	鸡魂居鸡笼中	【壮族】

W 编码	母题描述	关联项
W0913d. 1. 5. 7	布袋作为寄魂物	【彝族】
W0913d. 1. 5. 8	盒子作为寄魂物	
W0913d. 1. 5. 8. 1	人的灵魂挂在一棵大樟松的桦皮盒子里	【鄂伦春族】
W0913d. 1. 5. 8. 2	魔王的灵魂藏在金鱼肚子里的小盒中	【维吾尔族】
W0913d. 1. 5. 9	特定动物是灵魂寄居处	［W0895］灵魂居住在特定动物身上
W0913d. 1. 5. 9. 1	灵魂寄身蜘蛛	【民族，关联】①
W0913d. 1. 5. 9. 1. 1	病人的魂寄居在蜘蛛身上	【白族】
W0913d. 1. 5. 10	特定无生命物作为寄魂物	
W0913d. 1. 5. 10. 1	石头作为寄魂物	【纳西族】
W0913d. 1. 6	寄魂物与寄魂之人同庚	
W0913d. 1. 6. 1	不同人的马魂、牛魂和鸟魂，都与相对的人同庚	【藏族】
W0913d. 1. 7	与寄魂有关的其他母题	［W0889. 8. 1］人的灵魂独立存在，随时可以离开他的附托物
W0913d. 2	灵魂迁移他物	
W0913d. 2. 1	灵魂受惊吓后附着到吓人者身上	【壮族】
W0913d. 3	灵魂转移到别处	【关联】②
W0913d. 3. 1	人死后灵魂会转入彼岸世界	【壮族】 * ［W0886. 3. 1］人死后灵魂离开身体
W0913d. 3. 2	人死灵魂不灭，头三年，五年后转入家中地下，满九年离家转入土地庙内	【壮族】
W0913d. 3. 3	女儿出嫁后要分转灵魂到夫家	【纳西族】
W0914	**灵魂的数量（灵魂的类型，鬼的类型）**	

① 【怒族】 * ［W0887. 2. 4］灵魂化身蜘蛛；［W0911. 2. 2. 1］用蜘蛛招魂；［W0913. 1. 6. 1］蜘蛛是魂之君主；［W0915. 1. 1］蜘蛛象征灵魂

② ［W0899. 3. 9］灵魂出行的引领者；［W0910］灵魂的归宿（灵魂回归，灵魂的结局）

W 编码	母题描述	关联项
W0914. 1	人有多个灵魂（人有多个魂魄）	【汤普森】E707； ＊［W2750］人的特征
W0914. 1. 1	人有 2 个灵魂	【景颇族】
W0914. 1. 2	人死后一个灵魂上天，一个灵魂入地	【景颇族】
W0914. 1. 3	人有 3 个灵魂	【民族，关联】①
W0914. 1. 3. 1	人死后的 3 个魂：1 个到阴间，1 个守坟，1 个脱胎再生	【白族】
W0914. 1. 3. 1a	人有 3 魂，一个在自身，一个在阴间地府，一个在坟地	【白族】
W0914. 1. 3. 1b	人死后的 3 个魂:，1 个进入阴间，1 个栖于坟墓，1 个附于灵牌	【彝族】
W0914. 1. 3. 2	人活着时只有一个灵魂，死后就变成 3 个灵魂	【壮族】
W0914. 1. 3. 3	人的 3 个灵魂寄于不同地方	
W0914. 1. 3. 3. 0	人的灵魂一个在阿玛胡妈妈那里，两个附身上	【鄂伦春族】
W0914. 1. 3. 3. 1	北方路赞王有 3 个寄魂物，一棵寄魂树，一头寄魂牛，一个寄魂海	【藏族】 ＊［W0913d. 1］寄魂（灵魂的寄托物，灵魂的附着物）
W0914. 1. 3. 4	人有 3 个灵魂，第一个灵魂叫“奥任”，第二个灵魂叫“哈尼”，第三个灵魂叫“法扬库”	【赫哲族】
W0914. 1. 3. 5	人有游魂、守天魂、生魂 3 个魂	【羌族】
W0914. 1. 3. 6	人死后的 3 个灵魂中一魂守坟，一魂招入灵筒，一魂送归祖源处	【彝族】
W0914. 1. 4	人死后的 1 魂 3 魄	【白族】
W0914. 1. 5	人有 3 魂 7 魄	【白族】
W0914. 1. 5. 1	人的三魂七魄活着时集于一身	【白族】
W0914. 1. 5. 2	人活着时三魂七魄在心脏	【白族】
W0914. 1. 5. 3	人的三魂在心脏	【白族】

① 【鄂伦春族】【蒙古族】【彝族】【藏族】 ＊［W0843. 2. 4］魔王有 3 个灵魂

W 编码	母题描述	关联项
W0914.1.5.4	人死后三魂上天，七魄落地	【白族】
W0914.1.5.5	人七魄是指眼耳口鼻脑手足。	【白族】
W0914.1.5a	活人都有7个魂魄	【白族（那马）】
W0914.1.6	人有9魂	【独龙族】
W0914.1.7	人有12个灵魂	
W0914.1.7.1	人的12个灵魂分附身魂、守家魂、护身魂3种	【彝族】
W0914.1.8	人有几个影子就有几个灵魂	【怒族（若柔人）】 ＊［W0911.7.1.3a］通过摄取影子摄魂
W0914.2	人有1个灵魂	
W0914.2.1	人活着时只有1个灵魂	【壮族】
W0914.2a	男人女人灵魂数量不同	
W0914.2a.1	男人有9个灵魂，女人有7个灵魂	【基诺族】【纳西族（鲁鲁）】
W0914.2a.2	人的灵魂男9女7（男子有9个魂、女子有7个魂）	【傈僳族】【怒族】
W0914.3	鬼有不同种类（灵魂的类型）	
W0914.3.1	社会的鬼和自然界的鬼	
W0914.3.1.1	社会的鬼	
W0914.3.1.1.1	社会的鬼是人死后灵魂现形	【壮族】
W0914.3.1.1.2	特定氏族的鬼	
W0914.3.1.1.2.1	虎氏族鬼（屋豆尼）	【傈僳族】
W0914.3.1.2	自然界的鬼	
W0914.3.1.2.1	自然界的鬼是日月、山川、星辰、峡谷、岩石、河流、树林、风雷、虫鱼、鸟兽、牲畜以及门坎、木凳、桥梁等的鬼	【壮族】
W0914.3.2	善鬼和恶鬼	【关联】①

① ［W0901］善灵（善魂，善鬼，善心鬼）；［W0902］恶灵（恶魂，恶鬼，邪恶的灵魂）

W 编码	母题描述	关联项
W0914.3.2.1	亡灵有的变善鬼，有的变恶鬼	【壮族】
W0914.3.2.2	善鬼比恶鬼高强	【壮族】
W0914.3.2.3	善鬼在阴间勤劳动	【彝族】
W0914.3.2.4	善鬼中最善者是父母的灵魂	【彝族】
W0914.3.2a	善恶相兼的鬼	
W0914.3.2a.1	善恶相兼鬼由不好不坏的人死后所变	【彝族】
W0914.3.3	大鬼与小鬼	【壮族】
W0914.3.3.1	大鬼	
W0914.3.3.1.1	大鬼对人的生产、生活危害性很大	【壮族】
W0914.3.3.2	小鬼	
W0914.3.3.2.1	小鬼对人的生命财产威胁较轻	【壮族】
W0914.3.3.3	大小鬼没有从属关系	【壮族】
W0914.3.3.4	最小的鬼	
W0914.3.3.4.1	在秦中周之右将军杜主是最小鬼之神	【汉族】
W0914.3.4	家鬼与野鬼	【关联】①
W0914.3.4.1	家堂鬼	【傈僳族】
W0914.3.4.2	家鬼是最大的鬼	【怒族】
W0914.3.4.3	家鬼海夸尼	【傈僳族】
W0914.3.4.3.1	家鬼海夸尼作祟使人得病	【傈僳族】
W0914.3.4a	死人鬼和活人鬼	［W0907.14.19］活人鬼
W0914.3.4a.1	人最怕死人鬼和活人鬼	【白族】
W0914.3.5	不同颜色的鬼（鬼的颜色）	
W0914.3.5.1	大红鬼（红鬼）	
W0914.3.5.1.1	断命的大红鬼	【藏族】
W0914.3.5.2	黑鬼	【汉族】
W0914.3.5.3	绿鬼	

① ［W0443.1］家神（家鬼，家庭保护神，家族保护神）；［W0916.2.2］野鬼

W 编码	母题描述	关联项
W0914.3.5.3.1	绿鬼害人	【彝族】
W0914.3.5a	不同骨色的鬼	
W0914.3.5a.1	白骨鬼	【纳西族】
W0914.3.5a.2	绿骨鬼	【纳西族】
W0914.3.5a.3	黑骨鬼	【纳西族】
W0914.3.5a.4	黄骨鬼	【纳西族】
W0914.3.5a.5	花骨鬼	【纳西族】
W0914.3.5b	不同脸色的鬼	
W0914.3.5b.1	白脸鬼	【纳西族】
W0914.3.5b.2	绿脸鬼	【纳西族】
W0914.3.5b.3	黑脸鬼	【纳西族】
W0914.3.5b.4	黄脸鬼	【纳西族】
W0914.3.5b.5	花脸鬼	【纳西族】
W0914.3.6	新鬼与旧鬼	
W0914.3.6.1	新鬼大而旧鬼小	【苗族】
W0914.3.7	不同性质的鬼	
W0914.3.7.1	世仇鬼	
W0914.3.7.1.1	美令术主世仇鬼	【纳西族】
W0914.3.8	日鬼与夜鬼	
W0914.3.8.1	日鬼	
W0914.3.8.2	夜鬼	［W0477.9.12］司生育之神夜鬼
W0914.3.8.2.1	夜鬼专管 10 岁以下小孩生活	【白族（勒墨）】
W0914.3.8.2.2	夜鬼密欠于	
W0914.3.8.2.2.1	夜鬼密欠于司生育	【怒族】
W0914.3.8.2.3	夜鬼窝别尼	
W0914.3.8.2.3.1	夜鬼窝别尼作祟导致身上生疮痒疼	【傈僳族】

W 编码	母题描述	关联项
W0914.3.9	鬼分3类	［W0914.1.7.1］人的12个灵魂分附身魂、守家魂、护身魂3种
W0914.3.9.1	人死后变成的鬼有三类：非正常死亡变成的鬼，二是夭折变成的鬼，三是正常死亡因失误变成的鬼	【白族】
W0914.3.9.2	鬼分为善鬼、恶鬼和善恶相兼鬼3类	【彝族】
W0914.3.10	灵魂分善恶	【关联】①
W0914.3.11	灵魂有多种（鬼有多种）	【纳西族】
W0914.3.11.1	人的3个灵魂中一是生存的灵魂，一个是临时性灵魂，一个是投胎转生灵魂	【蒙古族】
W0914.3.11.2	鬼约有四五十种	【独龙族】
W0914.4	与灵魂的数量或类型有关的其他母题	
W0914.4.1	村魂	【彝族】
W0914.4.2	不同地点的鬼	
W0914.4.2.1	蚂蚁堆的鬼	【基诺族】
W0915	**灵魂的象征物（灵魂的替代物，鬼的象征物）**	［W9240］象征物
W0915.1	动物作为灵魂的象征物	
W0915.1.1	蜘蛛象征灵魂	【羌族】
W0915.2	植物作为灵魂的象征物	
W0915.2.1	生命树的叶子代表人的灵魂	【哈萨克族】
W0915.2.1.1	生命树叶子枯萎掉落预示人之将死	【哈萨克族】
W0915.2.2	竹根代表先人的灵魂	【彝族】
W0915.3	无生命物作为灵魂的象征物	
W0915.3.1	石头代表灵魂	【纳西族】

① ［W0901］善灵（善魂，善鬼，好鬼，善心鬼）；［W0902］恶灵（恶魂，恶鬼，厉鬼，毒鬼，坏鬼，邪恶的灵魂）；［W0907.1.2.5］亡灵有善恶两面性；［W0914.3.2a］善恶相兼的鬼

W 编码	母题描述	关联项
W0915.4	灵魂的替代物	【珞巴族】
W0915.5	其他特定物作为灵魂的象征物	
W0916	**与灵魂有关的其他母题（与鬼有关的其他母题）**	［W0907.1.3.1］亡灵作祟
W0916.0	特定名称的灵魂（特定名称的鬼，灵魂的名称）	
W0916.0.1	三灵	
W0916.0.1.1	特定的人死后立为三灵	【白族】
W0916.0.1.2	灵魂法扬库	【赫哲族】
W0916.0.1.3	一般人与祖先灵魂的名称不同	
W0916.0.1.3.1	平辈人的魂魄叫“说马”；祖先的魂魄称“神灵”，名“拉色”	【藏族（白马）】
W0916.0.1.4	鬼的命名	
W0916.0.1.4.1	以人的死因命名的鬼	【藏族】
W0916.0.1.4.2	鬼又称为“方”	【壮族】
W0916.0.1.5	人魂称作迫普衣	【佤族】
W0916.0.1.6	丰魂	
W0916.0.1.6.1	丰魂下凡	【彝族】
W0916.0.1.7	灵魂卜拉	【独龙族】
W0916.1	万物有灵（万物有魂，万物有鬼）	【民族，关联】①
W0916.1.1	有生命与无生命的东西都有灵魂	【壮族】
W0916.1.1.1	人类、动物，植物、日月星辰、山川河流、石头、土地、金银财宝等都有魂	【壮族】
W0916.1.1.2	山川大地、日月星辰、风雨雷电、鸟兽虫鱼乃至宇宙的一切都有灵	【藏族】

① 【阿昌族】【白族】【傣族】【侗族】【独龙族】【傈僳族】【珞巴族】【怒族】【佤族】 ＊［W0875.5.4］万物的灵魂化为鬼；［W0905.2.1.2］所有树木都有灵魂；［W1997.6.1］生命力存在于生命物的各个器官

W 编码	母题描述	关联项
W0916. 1. 1. 3	天、地、风、闪电、森林和石头等都各有精灵	【傈僳族】
W0916. 1. 2	天、地、山、水、道路、五谷、家畜等都有鬼	【白族（那马）】
W0916. 1. 3	人有灵魂	【鄂温克族】 ＊［W0914. 1］人有多个灵魂
W0916. 2	游魂野鬼（野鬼游魂，孤魂野鬼）	
W0916. 2. 0	游魂野鬼的产生	
W0916. 2. 0. 1	凶死者亡魂无处可归变成野鬼游魂	【基诺族】
W0916. 2. 1	游魂	【关联】①
W0916. 2. 1. 1	游魂的产生	
W0916. 2. 1. 1. 1	雷劈死的人的灵魂成为游魂	【鄂温克族】
W0916. 2. 1. 1. 2	恶人的灵魂会成为游魂	【蒙古族】
W0916. 2. 1. 1. 3	光中生游魂	【哈尼族】
W0916. 2. 1. 1. 4	阴魂因找到不到附着物成为游魂	【仫佬族】 ＊［W0913d. 1］寄魂（灵魂的寄托物，灵魂的附着物）
W0916. 2. 1. 2	灵魂不能附体变成游魂	【鄂伦春族】 ＊［W0910. 8. 2］魂不附体
W0916. 2. 1. 3	人的灵魂平时在天空中游动	【锡伯族】 ＊［W0899. 3. 5. 1］灵魂游天界
W0916. 2. 1. 4	人死后灵魂漫游各地	【达斡尔族】
W0916. 2. 1. 5	游魂万一千五百二十种	【汉族】
W0916. 2. 1. 6	游荡的阴魂	
W0916. 2. 1. 6. 1	孟姜女夫妇的阴魂东飘西荡	【汉族】
W0916. 2. 1. 7	人死后一魄游荡于死者生前到过的地方，一魄游荡于村寨附近	【白族】

① ［W0886］灵魂可以自由出入身体（灵魂的游走）；［W0902. 2. 4］游魂使人得病；［W0902. 2. 8. 2］游魂袭人；［W0910. 5］游魂安息

W 编码	母题描述	关联项
W0916.2.1.8	游荡鬼	【纳西族】
W0916.2.2	野鬼	［W0899.3.10］游荡的鬼
W0916.2.2.1	白昼神和黑夜神孕生各种野鬼	【景颇族】
W0916.2.2.2	亡灵变成野鬼	【傈僳族】
W0916.2.2.2.1	凶死者埋葬后成为野鬼	【壮族】
W0916.2.2.2.2	游荡的亡魂变成野鬼	【傈僳族】
W0916.2.2.3	鬼在没有找到替身前不能到阴间只能到处游荡	【白族（那马）】
W0916.2.2.4	野鬼孤独游荡在荒郊野谷	【纳西族】
W0916.2.2.5	野鬼会使人生病、失魂、遭灾	【羌族】
W0916.2.3	孤魂	
W0916.2.3.1	迷路的灵魂变成到处游荡的孤魂	【白族】
W0916.2.3.2	孤魂死无所依结为阴灵	【白族】
W0916.3	鬼火	
W0916.3.1	鬼火的产生	【汤普森】A2817
W0916.3.2	蓝色鬼火	【珞巴族】
W0916.4	冤魂（冤鬼）	【汉族】
W0916.4.1	冤魂作祟	【达斡尔族】
W0916.4.2	冤魂化为鸟	【汉族】 ＊［W0745b.4.2.1.1］精卫化鸟
W0916.4a	活魂	
W0916.4a.1	活魂不能在阴间生存	【彝族】
W0916.5	鬼的宴会	【关联】①
W0916.5.1	鬼办人肉宴	【珞巴族】
W0916.6	鬼的离散	
W0916.7	灵魂的关系（鬼的关系）	
W0916.7.0	鬼的祖先	
W0916.7.0.1	鬼的祖先兹兹连渣	【彝族】
W0916.7.1	灵魂是特定人物的父母	
W0916.7.1.1	魂是毕摩的父母	【彝族】

① ［W0828.8］仙的宴会；［W0982］神的宴会

W 编码	母题描述	关联项
W0916. 7. 1. 2	鬼母	
W0916. 7. 1. 2. 1	南海小虞山中有鬼母	【汉族】
W0916. 7. 1. 2. 2	鬼母即鬼姑神	【汉族】
W0916. 7. 1. 2. 2. 1	鬼姑神虎头龙足，蟒目蛟眉	【汉族】
W0916. 7. 2	灵魂是特定人物的奴仆	
W0916. 7. 2. 1	鬼魂为人工作	【汤普森】 ≈E596. 1
W0916. 7. 3	鬼夫妻（夫妻鬼）	［W0848. 2. 1］一对专门残害生灵的魔鬼夫妻
W0916. 7. 3. 1	天上的鬼夫妻	【珞巴族】 *［W0906. 1］天上的鬼（天鬼）
W0916. 7. 3. 2	最早的鬼夫妻男的叫重刚义如木，女的叫青刚义如木	【珞巴族】
W0916. 7. 4	鬼的子女	
W0916. 7. 4. 1	鬼的子女是蛇	【珞巴族】
W0916. 7. 4. 2	巫师鬼女	
W0916. 7. 4. 2. 1	基诺族的巫师鬼女像汉族姑娘	【基诺族】
W0916. 8	灵魂的职能（鬼的职能，鬼的身份，灵魂的能力，鬼的能力）	
W0916. 8. 1	魂是神水，是先天的清气精	【彝族】
W0916. 8. 2	灵魂是人的命根	【壮族】
W0916. 8. 3	灵魂是生命之源	【民族，关联】①
W0916. 8. 4	灵魂是万物之源	【壮族】 *［W1500］万物的产生
W0916. 8. 4. 1	魂是人的命根	【独龙族】
W0916. 8. 5	鬼主宰地下	【汉族】
W0916. 8. 6	灵魂能保护自己的子孙	【哈萨克族】
W0916. 8. 6. 1	英雄的灵魂能保护整个部落	【哈萨克族】
W0916. 8. 6. 2	祖灵能除灾灭祸	【哈萨克族】
W0916. 8. 6. 3	人死后灵魂会福佑后代	【哈萨克族】

① 【藏族】 *［W0913d. 1. 1. 3. 1］寄魂鸟保护主人不死；［W2120］泥人得到灵魂后成活

W 编码	母题描述	关联项
W0916.8.7	鬼会捉魂（鬼会摄魂）	［W0911.7.1］摄魂（捉魂，抓魂）
W0916.8.7.1	鬼通过喊人的名字捉走人的魂	【壮族】
W0916.8.7.2	鬼通过模仿人声摄魂	【怒族】
W0916.8.7a	主宰魂魄的鬼	
W0916.8.7a.1	主宰并约束人的魂魄的鬼衣于	【怒族】
W0916.8.8	不同的鬼能力不同	【壮族】 * ［W0914.3.2.1］善鬼比恶鬼高强
W0916.8.9	灵魂知道人间事	【怒族】
W0916.8.10	灵魂管人的行为	【纳西族】
W0916.8.11	鬼是神的兵马	【白族】
W0916.8.12	专司管理的鬼	
W0916.8.12.1	管理动物的鬼	
W0916.8.12.1.1	管理动物鬼仁木大	【独龙族】
W0916.8.13	鬼会人语	【怒族】
W0916.9	灵魂的行为	
W0916.9.1	灵魂作祟	【蒙古族】
W0916.9.1.1	灵魂作祟的产生	
W0916.9.1.1.1	人死后灵魂作祟	【独龙族】
W0916.9.1.2	消除灵魂作祟的方法	
W0916.9.1.2.1	通过供祭消除灵魂作祟	【独龙族】
W0916.9.2	鬼魂护宝	【汤普森】E291
W0916.9.3	鬼魂讨食	
W0916.9.3.1	鬼魂在特定时间讨食	
W0916.9.3.1.1	鬼魂从腊月二十五日到正月初八向主人讨食	【白族】
W0916.10	灵魂遭劫	【汉族】
W0916.11	灵魂的丢失（灵魂的离去，鬼的消失，丢魂，失魂）	【汤普森】①E752；②F407；* ［W0851.1］妖魔畏惧的东西（魔鬼的惧怕物，妖魔的惧怕物）
W0916.11.1	灵魂被特定人物取走	

W 编码	母题描述	关联项
W0916. 11. 1. 1	黑熊取走人的灵魂	【鄂伦春族】
W0916. 11. 2	灵魂被偷走	［W0911. 6. 1］摄魂
W0916. 11. 2. 1	人的灵魂被魔鬼偷走	【鄂伦春族】
W0916. 11. 3	魂被吓丢（因惊吓丢魂）	【民族，关联】①
W0916. 11. 3. 1	细思极恐后吓丢魂	【汉族】
W0916. 11. 3. 2	儿童容易惊吓丢魂	【蒙古族（布里亚特）】
W0916. 11. 3a	魂因贪玩被丢	【纳西族】
W0916. 11. 4	丢魂的地点	
W0916. 11. 4. 1	魂被挂在树枝上	【傈僳族】
W0916. 11. 4. 2	魂被挂在岩壁上	【傈僳族】
W0916. 11. 5	丢魂的表现	
W0916. 11. 5. 1	人丢魂会面黄肌瘦	【壮族】 ＊［W8645. 3］疾病是失魂落魄造成的
W0916. 11. 5. 2	小孩摔倒惊哭是丢魂表现	【壮族】
W0916. 11. 5. 2a	小孩受惊、厌食和贪玩是丢魂表现	【白族（那马）】
W0916. 11. 5. 3	丢魂后会死亡	
W0916. 11. 5. 3. 1	人被天神打掉灵魂后死亡	【彝族】
W0916. 11. 6	与丢魂有关的其他母题	［W0911. 4. 4］到丢魂处招魂
W0916. 11. 6. 1	人跌倒会丢魂	【苗族】
W0916. 12	交换灵魂（换灵魂）	
W0916. 12. 1	投到人身上的灵魂可以更换	【鄂温克族】
W0916. 13	灵魂玉	
W0916. 13. 1	人的灵魂玉摔破后死亡	灵魂玉摔破，国王便死
W0916. 14		
W0916. 15	“精灵”、“鬼”、“神”相同	【景颇族】 ＊［W0889. 1］鬼魂同一
W0916. 16	灵简	
W0916. 16. 1	灵简是象征宗支的神物	【彝族】
W0916. 17	动物的灵魂	

① 【纳西族】【壮族】 ＊［W0913d. 2. 1］灵魂受惊吓后附着到吓人者身上

W 编码	母题描述	关联项
W0916.17.1	牲畜的灵魂不能祟人	【傈僳族】
W0916.17.2	尾巴代表禽畜的灵魂	【傈僳族】
W0916.18	真魂	
W0916.18.1	人的真魂	
W0916.18.1.1	人的真魂可以复活	【赫哲族】
W0916.19	鬼的转化	
W0916.19.1	恶鬼转化成善鬼	
W0916.19.1.1	通过道场使恶鬼变成善鬼	【壮族】
W0916.20	祭鬼	
W0916.20.1	春节期间剽牛祭鬼（卡雀哇）	【独龙族】
W0916.20.2	祭恶鬼	
W0916.20.2.1	吊狗祭恶鬼	【纳西族】
W0916.20.3	鬼只能祭祀不能驱赶	【怒族】 *［W0912.1.2］祭鬼无效时驱鬼（驱鬼先礼后兵）
W0916.20.4	鬼向人索要祭品	【独龙族】

0.9 神或神性人物的其他母题【W0920 ~ W0999】

0.9.1 神物[①]【W0920 ~ W0969】

W 编码	母题描述	关联项
✿ **W0920**	**神物**	
W0920a	**神物的产生**	
W0920a. 1	特定物被视为神物	
W0920a. 1. 1	作为牺牲的动物视为神物	
W0920a. 1. 1. 1	献神的活马成为神马	【鄂温克族】
W0920a. 2	放置在特定地点的物成为神物	
W0920a. 2. 1	插进敖包的箭成为神物	【藏族】
W0920a. 3	外族传来的神物	
W0920a. 3. 1	神物源于外族首领	【羌族（纳木依人、柏木依人）】
W0920b	**神物的特征（神物的功能，神物的能力）**	
W0920b. 1	神物保健康	
W0920b. 1. 1	神物雷击石保产妇健康	【鄂温克族】
W0920b. 2	神物保平安	

① 神物，神物母题与“物神”有一定的联系和区别，从神话叙事本质看“神物”并不一定是“物神”，就像“神马”、“神山”并不是“马神”、“神山”一样。但“神物”作为一类母题在神话叙事中情况非常复杂，既难以明确辨析也难以穷尽，在此列出的“神物”母题编目只选取其中一些典型元素，作为该类母题的参照。

W 编码	母题描述	关联项
W0920b.2.1	神物雷击石保幼儿平安	【鄂温克族】
W0920b.3	神物能带来好运气	
W0920b.3.1	神物助人打猎走运	【鄂伦春族】
W0920b.4	神物带来好运	
W0920b.4.1	神物帮助打胜仗	【羌族（纳木依人、柏木依人）】
W0920c	**神物的生活**	
W0920c.1		
W0920d	**神物的保管**	
W0920d.1	神物放人迹罕至处	
W0920d.1.1	祭神的神箭放人迹罕到的岩洞	【藏族】 *［W6511］神的禁忌
W0920e	**神物的寿命与死亡**	
W0920e.1	神物杀不死	
W0920e.1.1	蛟龙是天上的神物，所以杀不死	【汉族】
W0920e.1.2	神物用一般工具杀不死	【哈尼族】
***W0921**	**神性动物**	
W0921a	**神兽**	
W0921a.1	神兽的产生	
W0921a.2	神兽的特征（神兽的身份，神兽的职能）	［W0501.2.1］怪异的兽神
W0921a.2.1	神兽守门	
W0921a.2.1.1	凶猛的神兽把守昆仑山宫门	【汉族】
W0921a.3	特定的神兽	
W0921a.3.1	白泽兽	
W0921a.3.1.1	白泽兽人面蛙身	【汉族】
W0921a.3.1.2	白泽兽预知未来	【汉族】
W0921a.4	与神兽有关的其他母题	
W0921a.4.1	神兽的死亡	
W0921a.4.1.1	恶魔造成天上的神禽和地上的神兽的死亡	【满族】
W0922	**神马**	
W0922.1	神马的产生	

W 编码	母题描述	关联项
W0922. 1. 1	神马天降	
W0922. 1. 1. 1	神驹天降	【藏族】
W0922. 1. 2	泉生神马	
W0922. 1. 2. 1	神泉生神马	【保安族】
W0922. 1. 3	卵生神马	
W0922. 1. 3. 1	一枚鹏蛋中孵化出神马	【藏族】
W0922. 1. 4	馈赠神马	
W0922. 1. 4. 1	龙王送猎人神马	【鄂伦春族】
W0922. 1. 5	特定的马成为神马	
W0922. 1. 5. 1	作为牺牲的马是神马	【鄂温克族】 ＊［W0920a. 1. 1. 1］献神的活马成为神马
W0922. 1. 5. 2	三脚马是神马	【仫佬族】
W0922. 2	神马的特征（神马的能力）	
W0922. 2. 1	长翅膀的神马	【彝族】
W0922. 2. 1. 1	人为神马制作神翅和神尾	【瑶族】
W0922. 2. 2	神马腾云驾雾	【瑶族】
W0922. 2. 3	神马带来好的运气	【鄂伦春族】
W0922. 2. 4	神马的颜色（神马特定部位的颜色）	
W0922. 2. 4. 1	白色神马	【保安族】
W0922. 2. 4. 2	鹅黄神马	【藏族】
W0922. 2. 4. 3	白脚神马	【纳西族】
W0922. 2. 5	神马善跑	
W0922. 2. 5. 1	神马日行千里，夜行八百	【汉族】
W0922. 2. 5. 2	神马一天一夜能跑一万八千里	【汉族】
W0922. 2. 5. 3	神马驰骋大水之上	【蒙古族】
W0922. 2. 5. 4	神马一天能走完一个月的路程	【柯尔克孜族】
W0922. 2. 6	神马懂人的语言	
W0922. 2. 6. 1	江郭排布神马能懂人语说人话	【藏族】
W0922. 3	神马的居所	

W 编码	母题描述	关联项
W0922.3.1	神马住天上	
W0922.3.1.1	神马住九重天间隙处	【藏族】
W0922.4	与神马有关的其他母题	
W0922.4.1	特定名称的神马（神马的名称）	
W0922.4.1.1	神龙马	【彝族】
W0922.4.1.2	飞菟	
W0922.4.1.2.1	飞菟日行三万里	【汉族】
W0922.4.1.3	神马克尔库拉马	【哈萨克族】
W0922.4.1a	神驹	
W0922.4.1a.1	白额乌锥神驹	【柯尔克孜族】
W0922.4.2	神马是吉祥物	
W0922.4.2.1	梦神马得祥兆	【藏族】 * ［W9235］好的征兆
W0922a	**神驴**	
W0922a.1	神驴的产生	
W0922a.2	神驴的特征	
W0922a.2.1	神驴善饮	
W0922a.2.1.1	神驴喝干河水	【汉族】
W0922a.3	与神驴有关的其他母题	［W0827a.2.3.4.1］张果老的神驴
W0923	**神狗（神犬）**	
W0923.1	神狗的产生	
W0923.1.1	化生神狗	【苗族】
W0923.1.2	童帽上绣的狗视为神狗	【羌族】
W0923.2	神狗的特征（神狗的职能，神狗的能力）	
W0923.2.1	神狗毛色亮丽	【畲族】
W0923.2.2	神狗会变形	
W0923.2.2.1	神狗变成人	【瑶族】
W0923.3	特定名称的神狗	
W0923.3.1	神狗盘瓠	【苗族】
W0923.4	与神狗有关的其他母题	【民族，关联】①

① 【瑶族】 * ［W3074.3］天狗；［W3133.6.3］龙犬立功

W 编码	母题描述	关联项
W0924	**神鸟**	
W0924. 1	神鸟的产生	
W0924. 1. 1	神鸟源于特定地方	
W0924. 1. 1. 1	神鸟源于天边	【满族】 ＊［W0924. 4. 4. 1］神鸟天鹅从远方飞来
W0924. 1. 1. 2	神鸟源于山顶	【蒙古族】
W0924. 1. 2	特定物化为神鸟	
W0924. 1. 2. 1	人化为神鸟	
W0924. 1. 2. 1. 1	女萨满死后死后化为白羽神鸟	【满族】
W0924. 2	神鸟的特征	
W0924. 2. 1	神鸟人头鸟身	
W0924. 2. 1. 1	人头鸟身的神鸟姑娘	【傣族】
W0924. 2. 2	神鸟的翅膀	
W0924. 2. 2. 1	神鸟多足多翼	
W0924. 2. 2. 1. 1	神鸟六足四翼	【汉族】
W0924. 2. 2. 2	神鸟有坚硬的翅膀	【纳西族】
W0924. 2. 3	神鸟的颜色	［W0924. 4. 2］九彩神鸟
W0924. 2. 3. 1	神鸟的颜色代表不同职能	【藏族】
W0924. 2. 4	巨大的神鸟	【蒙古族】
W0924. 2. 5	神鸟有特定的肢体	
W0924. 2. 5. 1	三足神鸟	【汉族】
W0924. 3	神鸟的能力（神鸟的职能）	
W0924. 3. 1	神鸟会发光	
W0924. 3. 1. 1	发金光的金雀	【回族】
W0924. 3. 2	神鸟变形	【哈萨克族】
W0924. 3. 3	神鸟是领路者	
W0924. 3. 3. 1	神鸟是萨满跳鹿神时的领路者	【赫哲族】
W0924. 3. 4	神鸟下蛋	【哈尼族】
W0924. 3a	神鸟的生活	
W0924. 3a. 1	神鸟的食物	
W0924. 3a. 2	神鸟的居所	

W 编码	母题描述	关联项
W0924. 3a. 2. 1	神鸟居神树	【满族】
W0924. 4	特定的神鸟	
W0924. 4. 1	太阳神鸟	【汉族】
W0924. 4. 2	九彩神鸟	
W0924. 4. 2. 1	九彩神鸟能为女神疗伤	【满族】
W0924. 4. 2. 2	九彩神鸟昆哲勒住太阳河边的神树上	【满族】
W0924. 4. 3	神鹰	【纳西族（摩梭）】 ＊［W1792. 6. 1］神鹰是天宫守护者
W0924. 4. 3. 1	神鹰的产生	
W0924. 4. 3. 1. 1	神造神鹰	【景颇族】
W0924. 4. 3. 1. 2	织女变成神鹰	【仡佬族】
W0924. 4. 3. 1. 3	天神放出神鹰	【汉族】
W0924. 4. 3. 1. 4	雪生的鹰类的长子成为神鹰	【彝族】
W0924. 4. 3. 1. 5	英雄化身为神鹰（阔力）	【赫哲族】
W0924. 4. 3. 2	神鹰的特征（神鹰的身份）	
W0924. 4. 3. 2. 1	神鹰是鸟王（神鹰是鸟类的皇帝）	【彝族】
W0924. 4. 3. 2. 2	神鹰是星神	【满族】
W0924. 4. 3. 2. 3	神鹰目光敏锐	
W0924. 4. 3. 2. 3. 1	神鹰能看清离它六个月行程以内地上爬着的蚂蚁	【哈萨克族】
W0924. 4. 3. 3	与神鹰有关的其他母题	
W0924. 4. 3. 3. 1	神鹰向女儿传授神术	【蒙古族】
W0924. 4. 3. 3. 2	神鹰在神树上筑巢	【纳西族】
W0924. 4. 4	神鸟天鹅	
W0924. 4. 4. 1	神鸟天鹅从远方飞来	【藏族】
W0924. 4. 5	神鸡	【汉族】
W0924. 4. 5. 1	金色神鸡	【汉族】
W0924. 4. 5. 2	白神鸡是天神的公主	【珞巴族】
W0924. 4. 5. 3	神鸡额玉额玛	

W 编码	母题描述	关联项
W0924. 4. 5. 3. 1	善神依古阿格变化出额玉额玛	【纳西族】
W0924. 4. 5. 4	天神饲养神鸡	
W0924. 4. 5. 4. 1	天神排神养只公鸡神鸡，禅神养的是一只母鸡神鸡	【纳西族】
W0924. 4. 5a	神鸭	
W0924. 4. 5b	神鹅	
W0924. 4. 5b. 1	一对白鹅是掌管甘泉的神鹅	【壮族】
W0924. 4. 5b. 2	神鹅住神洞	【白族】
W0924. 4. 6	神鹫	［W0924. 4. 3］ 神鹰
W0924. 4. 6. 1	神鹫生萨满	
W0924. 4. 7	神雁	【彝族】
W0924. 5	与神鸟有关的其他母题	【关联】①
W0924. 5. 1	特定名称的神鸟	
W0924. 5. 1. 1	神鸟月其嘎儿	【纳西族】
W0924. 5. 1. 2	五方神鸟幽昌	【满族】
W0924. 5. 1. 3	神鸟帝江	【汉族】
W0924. 5. 1. 3a	神鸟毕方	［W0854. 2. 2. 4］ 树精毕方
W0924. 5. 1. 3a. 1	毕方衔火	【汉族】
W0924. 5. 1. 3a. 2	毕方即火老鸦	【汉族】
W0924. 5. 1. 4	神鸟勒嘎宾嘎	【蒙古族】
W0924. 5. 1. 5	神鸟左西丽	【彝族（聂苏）】
W0924. 5. 1. 6	神鸟耶眉（初无）	【藏族】
W0924. 5. 2	神鸟禁忌	
W0924. 5. 2. 1	遇神鸟叫忌惊慌喊叫	【壮族】
W0925	**神牛**	【哈尼族】【哈萨克族】
W0925. 1	神牛的产生	
W0925. 1. 0	神牛源于特定地方	
W0925. 1. 0. 1	天神俄烟赐查牛的牛种	【哈尼族】
W0925. 1. 0. 2	天神赐查牛（神牛）	【哈尼族】
W0925. 1. 0. 3	神牛天降	【彝族（撒尼）】

① ［W0514］ 鸟神；［W3329. 5］ 奇特的鸟

W 编码	母题描述	关联项
W0925.1.1	天神造神牛	【哈尼族】
W0925.1.2	地生神牛	
W0925.1.2.1	大地生3头神牛	【珞巴族】
W0925.1.2.2	天地结婚，地母生神牛	【珞巴族】
W0925.1.3	神蛋生神牛	【门巴族】
W0925.2	神牛的特征	
W0925.2.1	神牛善耕种	
W0925.2.1.1	神牛日耕三千亩	【瑶族】
W0925.2.1.2	神牛在天上犁云耙雾	【纳西族（摩梭）】
W0925.2.2	神牛为天地神专养	【哈尼族】
W0925.2.3	神牛通人性，懂人语	【汉族】
W0925.2.4	神牛的颜色	
W0925.2.4.1	洁白的神牛	【哈尼族】
W0925.3	与神牛有关的其他母题	【珞巴族】 * [W1382.5.1] 用神牛补天地
W0925.3.1	神牛下凡	
W0925.3.2	放牧神牛	
W0925.3.2.1	人放牧神牛	【羌族】
W0925.3.3	特定名称的神牛（神牛的名称）	
W0925.3.3.1	玉帝天宫里的一位牛大臣称作“神牛”	【汉族】
W0925.3.3.2	九真神牛	【汉族】
W0925.3.3.3	火神牛	
W0925.3.3.3.1	火神牛普苏索布	【珞巴族】
W0925.3.3.4	铁神牛	
W0925.3.3.4.1	铁神牛拉玛索布	【珞巴族】
W0925.3.3.4.2	老铁牛神牛镇守天桥岭	【满族】
W0925.3.3.4.3	铁神牛力大无穷，两只角能戳透天和地	【满族】

W 编码	母题描述	关联项
W0925. 3. 3. 5	土神牛	
W0925. 3. 3. 5. 1	土神牛铁神索布	【珞巴族】
W0925. 3. 4	神牛的居所	
W0925. 3. 4. 1	神牛住潭底	【壮族】
W0925. 3. 4. 2	神牛居神山	【傣族】
W0925. 3. 4. 3	神牛居大地的下面	【塔吉克族】
W0925. 3. 5	神牛的饮食	
W0925. 3. 5. 1	神牛要吃特定的草	
W0925. 3. 5. 1. 1	神牛要吃天神烟罗神殿后的七蓬青草	【哈尼族】
W0925. 3. 6	神牛的处置	
W0925. 3. 6. 1	神牛需要特定的人物杀死	【哈尼族】
W0925a	**神羊**	
W0925a. 1	天上的神羊	【汉族】
W0925a. 2	神羊獬豸	【汉族】
W0926	**与神性动物有关的其他母题**	
W0926. 1	神龙	［W0768. 19. 2. 4］烛龙是神龙
W0926. 1. 1	蛇化为神龙	【壮族】
W0926. 2	神蛙	
W0926. 2. 1	人生神蛙	
W0926. 2. 1. 1	一位壮族妇女生一只神蛙	【壮族】
W0926. 3	神龟（灵龟）	
W0926. 3. 1	神龟的产生	
W0926. 3. 1. 1	龟千年生毛，寿五千年谓之神龟	【汉族】
W0926. 3. 2	神龟的特征	
W0926. 3. 3	神龟的职能（神龟的能力）	
W0926. 3. 3. 1	神龟帮助创世	【关联】①
W0926. 3. 3. 2	龟是护佑文明发达的神灵	【藏族】
W0926. 3. 3. 3	神龟有法力	【鄂温克族】

① ［W1321. 2］神龟支天；［W1344. 2. 7］神龟用背顶着大地

W 编码	母题描述	关联项
W0926.3.4	特定名称的神龟	
W0926.3.4.1	大神龟阿尔腾雨雅尔	【鄂温克族】
W0926.3.5	与神龟有关的其他母题	
W0926.3.5.1	万年灵龟	【汉族】
W0926.3.5.2	千年灵龟	【汉族】
W0926.4	神象	【傣族】
W0926.4.1	神象的来历	
W0926.4.2	神象的特征	
W0926.4.2.1	白色神象	【傣族】
W0926.4.3	神象的职能（神象的能力）	
W0926.4.3.1	神象拯救世界	［W1321.4］神象用鼻子支天
W0926.4.3.2	神象所到之处风调雨顺	【傣族】
W0926.4.4	与神象有关的其他母题	
W0926.5	神蛋	
W0926.5.1	神蛋的来历	
W0926.5.1.1	野鸡生神蛋	【傣族】
W0926.5.1.2	乌鸦生神蛋	【傣族】
W0926.5.2	神蛋的特征	
W0926.5.2.1	神蛋生特定物	［W0787.4.1］神蛋生佛祖
W0926.5.2.2	神蛋变化为特定物	［W1149.1.1］神蛋的蛋壳变成天
W0926.5.2.3	红色的神蛋	【哈尼族】
W0926.5.2.4	绿色异彩神蛋	【傣族】
W0926.5.3	与神蛋有关的其他母题	
W0926.5.3.1	孵神蛋	
W0926.5.3.1.1	鸡不敢孵神蛋	【哈尼族】
W0926.6	神鱼	
W0926.6.1	神鱼的产生	
W0926.6.1.1	神鱼与水气一齐诞生	【傣族】
W0926.6.1.2	五六尺以上的大鱼都是神物	【白族】

W 编码	母题描述	关联项
W0926. 6. 2	神鱼的特征（神鱼的职能）	
W0926. 6. 2. 1	神鱼身子很大，力量无法估量（巨大的神鱼）	【傣族】
W0926. 6. 2. 2	神鱼寿命很长	
W0926. 6. 2. 2. 1	神鱼寿命几亿年	【傣族】
W0926. 6. 2. 3	神鱼主宰大海	【傣族】
W0926. 6. 3	神鱼的生活	
W0926. 6. 3. 1	神鱼吃海水和气泡	【傣族】
W0926. 6. 3. 2	神鱼居海的四方	【傣族】
W0926. 6. 4	与神鱼有关的其他母题	
W0926. 6. 4. 1	黑神鱼	
W0926. 6. 4. 1. 1	黑神鱼的命门是眼睛	【柯尔克孜族】
W0926. 7	神猴	
W0926. 7. 1	神山四周住着9群神猴	【傣族】
W0926. 7. 2	神猴江求深巴传	【珞巴族】
W0926. 8	神獭	【彝族】
W0926. 9	神骆驼	
W0926. 9. 1	白色快脚神驼	【柯尔克孜族】
W0926. 10	神鹿	
W0926. 10. 1	神鹿能遁形	【赫哲族】
✿ W0929	**神性植物**	
※W0930	**神树（神木）**	【汉族】
W0931	**神树的产生**	
W0931. 0	神树自然产生	
W0931. 0. 1	神木自生，长二十丈	【汉族】
W0931. 1	海生神树	
W0931. 1. 1	米丽达吉海里生一棵神树	【纳西族】
W0931. 1a	水生神树	
W0931. 1a. 1	世界最早出现的是水中生神树	【满族】
W0931. 2	人变神树	【汉族】
W0931. 3	特定的树成为神树	

W 编码	母题描述	关联项
W0931.3.1	白胡子老头显灵变的树成为神树	【汉族】
W0931.3.2	榕树是神树	【壮族】
W0931.3.3	木棉树是神树	【壮族】
W0931.3.4	树下埋祖先的树是神树	【壮族】
W0931.3.5	社王四周的树木被视为神木	【壮族】
W0931.3.6	迁徙时作为标志的树被视为神树	【壮族】
W0931.3.7	挑选高大粗壮、枝叶繁茂的树作为神树	【白族】【彝族】
W0931.3.8	村寨旁或耕地附近的一棵古树成为神树	【彝族】
W0931.3.9	特定的古树为神树	【羌族】
W0931.3.10	特定年代的大树是神树	
W0931.3.10.1	古老高大的万年青树是神的化身	【怒族】
W0931.4	神种神树	
W0931.4.1	聪明的阿颠大神种神树	【彝族】
W0931.5	神的毛发变成神树	
W0931.5.1	神毛念咒后变成神树	【傣族】
W0932	**神树的特征（神树的功能，神树的能力）**	
W0932.1	神树长生不老	
W0932.1.1	长生不老的神树能使老人返老还童	【傣族】
W0932.2	很高的神树	
W0932.2.1	神树连接天地	【汉族】
W0932.3	巨大的神树	
W0932.3.1	神树遮天	【拉祜族（苦聪）】
W0932.3.2	神树的阴影把地球遮住了一大半	【傣族】
W0932.4	发光的神树	
W0932.5	神树有特殊颜色	
W0932.6	神树发出香味	
W0932.7	神树的枝干	

W 编码	母题描述	关联项
W0932. 7. 1	气是神树的枝干	【彝族】
W0932. 8	神树的花果（神树神奇的开花结果）	【纳西族】
W0932. 8. 1	神树开金花和银花	【彝族】
W0932. 8. 2	神树开金花和银花，结出珍珠	【纳西族】
W0932. 8. 3	神树开不同的花	【彝族】
W0932. 8. 4	神树的果实使人力气倍增	【壮族】 * ［W6159. 1. 1］ 给力的食物
W0932. 9	神树的枝叶	
W0932. 9. 1	神树的老叶是浊云，嫩叶是清云	【彝族】
W0932. 9. 2	神树的枝叶茂盛	
W0932. 9. 2. 1	神树比其他树古老而茂盛	【藏族（尔苏）】
W0932. 10	神树的根脉	
W0932. 10. 1	神树的根直插地心	【傣族】 * ［W1236］ 地的中心（地心）
W0932. 11	神木可以做法器	
W0932. 11. 1	巫师“阿什”有法器木达达（神木）	【藏族】
W0932a	**神树的职能**	
W0932a. 1	神木使人长生	【汉族】
W0932a. 2	神树使人健康	
W0932a. 2. 1	神树使人病愈	【傣族】
W0932a. 2. 2	神树使人不死不病	【汉族】
W0932a. 3	神树保村寨平安	【壮族】 * ［W0440］ 村寨保护神（寨神，村神）
W0932b	**神树的能力（神树的行为）**	
W0932b. 1	神树会行走	【满族】
W0932b. 2	神树生长迅速	【彝族】
W0932b. 3	神树知天地	
W0932b. 3. 1	神树树梢通天理，树根知地意	【苗族】

W 编码	母题描述	关联项
W0932c	**神树的关系**	
W0932c.1	神树是山神的下属	【藏族（尔苏）】
W0933	**与神树有关的其他母题**	［W1197.4.4］神树变成地
W0933.0	神林	
W0933.0.1	特定的神有特定的神林	
W0933.0.1.1	寨神勐神神林林地	【傣族】
W0933.0.2	神林又称龙山、神树或鬼林	【彝族（撒尼）】
W0933.0.3	神林里建有代表不同神的神龛	【羌族】
W0933.1	长生树（不死树）	【民族，关联】①
W0933.1.1	不死树在特定地方	
W0933.1.1.1	昆仑山有不死树	【汉族】
W0933.1.1.2	员丘山有不死树	【汉族】
W0933.1.2	不死树甘木	
W0933.1.2.1	食甘木不老	【汉族】
W0933.2	摇钱树	［W9090.3］摇钱树
W0933.2.1	榆树是摇钱树	【回族】
W0933.3	智慧树	［W6777］智慧的获得
W0933.3.1	智慧树叫做灵丹树	【满族】
W0933.3.2	智慧树枝	【满族】
W0933.4	神树的伴随者（神树上居住者）	
W0933.4.1	神树上有神鸟	【满族】
W0933.5	神树的守护者	
W0933.5.1	特定的神守护神树	
W0933.5.1.1	善神守护着神树	【纳西族】
W0933.5.2	神树有死者的亡魂守护	【白族】
W0933.6	特定地点的神树	
W0933.6.1	太阳河旁的神树	【满族】
W0933.6.2	天母心中有神树	【彝族】
W0933.6.3	神树长在神山上	【纳西族】
W0933.7	特定名称的神树	

① 【汉族】 ＊［W0952］长生不老药；［W3747.1］神奇的树；［W9692.3.1］长生不老的灵芝

W 编码	母题描述	关联项
W0933. 7. 1	桫罗树是神树	【布依族】
W0933. 7. 2	神柳	【鄂伦春族】【满族】
W0933. 7. 3	神杨	【鄂伦春族】
W0933. 7. 4	神树玛支玛珂	【彝族】
W0933. 7. 4a	神树白花木树	【彝族（腊鲁）】
W0933. 7. 4b	神树黄栗树	【彝族（摩察）】
W0933. 7. 5	神树托若树	【达斡尔族】
W0933. 7. 6	神树含英宝达树	【纳西族】
W0933. 7. 7	祖宗神树	【壮族】 *［W0641］祖先神（祖神、始祖神）
W0933. 7. 8	祖母树	
W0933. 7. 8. 1	祖母树可以驱邪	【彝族】
W0933. 7. 8a	神树马桑树	【彝族】
W0933. 7. 8b	神树勺拉则树	【彝族】
W0933. 7. 8c	神树火丝达低树	【彝族】
W0933. 7. 9	太阳神树	【壮族（侬人）】
W0933. 7. 10	神树丹木	【汉族】
W0933. 7. 10a	月亮中的桂花树是神树	【汉族】
W0933. 7. 11	神木大桧树	【高山族】
W0933. 8	神树的象征物（神树的标志物）	
W0933. 8. 1	树枝象征神树	【白族】
W0933. 8. 2	神树上挂经幡和牛头、羊头	【裕固族】
W0933. 9	神树作为特定的象征	
W0933. 9. 1	神树是生命的象征	【满族】
W0933. 10	神树的选择	
W0933. 10. 1	神树必须选榆柳树种	【满族】
W0933. 10. 2	祭天时选择一棵大树作为送祭品牛上天的神树	【白族（那马）】

W 编码	母题描述	关联项
W0933.10.3	用栗、杉、松、柏等做祭天、祭地、祭祖的神木	【纳西族】
W0933.11	祭神树	
W0933.11.1	祭神树保风调雨顺	【纳西族】
W0933.12	神树不得砍伐	【白族】
※W0934	神草的产生（仙草的产生）	［W3814.2］奇特的草
W0934.1	仙草产在特定地方	
W0934.1.1	长洲有仙草	【汉族】
W0934a	神草的特征（仙草的特征）	
W0934a.1	神草色彩鲜艳	
W0934a.1.1	仙草五色	
W0934a.1.1.1	王母花园的仙草是五色香草	【汉族】
W0934a.1.2	七彩神草	【满族】
W0934b	神草的功能（仙草的功能）	
W0934c	神草的获得（仙草的获得）	
W0934c.1	盗仙草	
W0934c.1.1	白蛇盗仙草	【汉族】
W0934d	神草的失去（仙草的失去）	
W0935	不死草	【哈尼族】【汉族】
W0935.1	不死草的产生（不死草源于特定地方）	
W0935.1.1	南方有不死之草	【汉族】
W0935.1.2	不死草在东方	【哈尼族】
W0935.2	不死草的特征	
W0935.2.1	不死草形如菰苗，长三四尺	【汉族】
W0935.3	不死草的功能	

W 编码	母题描述	关联项
W0935. 3. 1	不死草使人复生	【哈尼族】
W0935. 3. 2	不死草能使人长生	【汉族】
W0935. 4	特定名称的不死草	
W0935. 4. 1	不死草昆仑之蘋	【汉族】
W0935. 4. 2	不死草灵芝	【汉族】
W0935. 5	与不死草有关的其他母题	
W0935. 5. 1	使人长生的草	【汉族】
W0936	**还魂草**	【汉族】 * ［W0870］灵魂
W0936. 1	不死草的产生	
W0936. 2	不死草的特征	
W0936. 3	与不死草有关的其他母题	
W0937	**延寿草**	
W0937. 1	到西天寻找延寿草	【纳西族】
W0937. 2	延寿草的果使人长生不老	【纳西族】
W0938	**与神草有关的其他母题（与仙草有关的其他母题）**	【关联】①
W0938. 1	辟邪草	【高山族】
W0938. 2	治病仙草	【白族】
W0938. 3	使人长生的灵芝	【关联】②
W0939	**神花**	
※W0940	**神果（仙果）**	
W0940. 1	神果的产生	
W0940. 1. 1	特定的树结神果	
W0940. 1. 1. 1	南山红果树结神果	【满族】
W0940. 2	神果的特征（神果的功能）	
W0940. 2. 1	神果使人长寿	【满族】
W0940. 2. 2	神果使人遇难呈祥	【满族】
W0940. 3	与神果有关的其他母题	

① ［W1545. 5. 4. 1］神草揉碎变成日月；［W1721. 4. 1］神草揉碎变成星星

② ［W3820. 3. 3］灵芝草能起死回生；［W9692. 3. 1］长生不老的灵芝

W 编码	母题描述	关联项
W0941	**神奇的苹果**	
W0941.1	让人保持青春的苹果	【柯尔克孜族】
W0942	**长寿果**	【汉族】
W0943	**仙桃（神桃）**	
W0943.1	仙桃的产生	
W0943.1.1	野桃林里结仙桃	【汉族】
W0943.1.2	天降仙桃	【汉族】
W0943.2	仙桃的特征	
W0943.2.1	仙桃3千年开一次花	【汉族】
W0943.2.2	仙桃3千年一生实	【汉族】
W0943.3	仙桃的功能	
W0943.3.1	仙桃使人长生不老	【瑶族】 * ［W0952.1.5.3］仙桃是长生不老药
W0943.3.2	食神桃使人不老	【汉族】
W0943.3.3	神桃使人长生	【汉族】
W0943.4	特定地方的仙桃	
W0943.4.1	天上的仙桃	
W0943.4.2	瑶池的仙桃	
W0943.4.3	王母娘娘的仙桃	【汉族】
W0943.4.4	华林园中仙人桃	【汉族】
W0943.4.5	天宫花园中的仙桃	【汉族】
W0943.5	特定名称的仙桃（仙桃的名称）	
W0943.5.1	仙桃王母桃	【汉族】
W0943.5.2	仙桃碧桃	【汉族】
W0943.5.3	仙桃蟠桃	【汉族】
W0943.5.4	仙玉桃	
W0943.5.4.1	仙玉桃使人长生不死	【汉族】
W0943.6	与仙桃有关的其他母题	【关联】①
※W0944	**神性作物**	

① ［W1852.6.152］仙桃山；［W3785～W3787］桃树

W 编码	母题描述	关联项
W0945	**九穗禾**	
W0945. 1	九穗禾为不死药	【汉族】
W0945. 2	鸟送九穗禾	
W0945. 2. 1	丹雀衔给炎帝的九穗禾是不死药	【汉族】
W0946	**神稻**	
W0946. 1	使人复生的稻子	【汉族】 * ［W3854 ~ W3856］稻子
W0947	**神谷**	
W0947. 1	天狗送神谷	【苗族】
◎	〖**神药**〗	
W0950	**神药**	［W6235］药的产生（药的获得）
W0950. 1	神药的产生（神药的来历）	
W0950. 1. 1	神药源于特定的地方	
W0950. 1. 1. 1	天降神药	
W0950. 1. 1. 2	神药在海中	
W0950. 1. 1. 2. 1	人到海中取神药	【畲族】
W0950. 1. 2	神药是造出来的（造神药）	
W0950. 1. 3	神药是生出来的（生神药）	
W0950. 1. 4	神药是变化产生的	
W0950. 1. 4. 1	神药是特定物的化身	
W0950. 1. 4. 1. 1	神药九龙藤是九龙的化身	【布依族】
W0950. 1. 4. 1. 2	特定的鼻毛是神药	【纳西族】
W0950. 1. 5	与神药产生有关的其他母题	
W0950. 1. 5. 1	求神药	
W0950. 1. 5. 1. 1	向神求神药	【白族】
W0950. 2	神药的特征	
W0950. 2. 1	神药很神	
W0950. 2. 1. 1	神药能使人飞升	【汉族】
W0950. 3	特定名称的神药	
W0950. 3. 1	五芝	

W 编码	母题描述	关联项
W0950.3.1.1	芝英、紫芝、黑芝、五芝草生皆神仙上药	【汉族】
W0950.4	与神药有关的其他母题	
W0950.4.1	神药有规定吃法	
W0950.4.1.1	神药需要特定时间服用	
W0950.4.1.1.1	六月六这天的正午吃神药方有效	【汉族】
W0950.4.1.2	灵芝草和怪兽需要一起炖着吃	【汉族】
W0951	**不死药**	【汉族】
W0951.0	世上没有不死药	【彝族】
W0951.1	不死药的产生（不死药在特定地方）	
W0951.1.0	造不死药（炼制不死药）	
W0951.1.0.1	造不死药的材料	
W0951.1.0.1.1	造不死药需要辣蚂蚁的眼泪、石头的苦胆、月亮的肠子	【哈尼族】
W0951.1.0.1.2	不死树的不死果炼制成不死药	【汉族】
W0951.1.1	不死药在天上	【哈尼族】【苗族】
W0951.1.1.1	不死药在西天	【纳西族】
W0951.1.2	西王母有不死药（王母娘娘有长生药）	【汉族】
W0951.1.2.1	羿向西王母求不死药	【汉族】
W0951.1.3	植物神有不死药	【哈尼族】
W0951.1.3.1	特定的树的果实为不死药	
W0951.1.3.1.1	神山上的树的果实为不死药	【汉族】
W0951.1.4	祖先有不死药	【景颇族】
W0951.1.5	神仙有不死药	【汉族】
W0951.1.6	巫师有不死药（神巫有不死药）	【汉族】
W0951.1.7	不死药在神山上	【汉族】
W0951.1.8	不死药在海中	【哈尼族】
W0951.1.9	不死药在西方	

W 编码	母题描述	关联项
W0951. 1. 9. 1	西方酉头勒钦思普那里有长生不老药	【纳西族】
W0951. 1. 10	与不死药的产生有关的其他母题	
W0951. 1. 10. 1	不死树上长不死药	【汉族】
W0951. 2	不死药的特征	
W0951. 2. 1	不死药有特定禁忌	
W0951. 2. 2	不死药有特定的盛器	
W0951. 2. 2. 1	玉横盛不死药	【汉族】
W0951. 3	不死药的功能	
W0951. 3. 1	不死药能使天地变化	【纳西族】 * ［1313. 9. 1］不死药洒在天上使天升高
W0951. 3. 2	不死药能使人成仙（不死药使人升天成神）	【汉族】
W0951. 3. 2. 1	嫦娥吃不死药升仙	【汉族】 * ［W0671. 4. 1. 1］嫦娥偷吃不死药成仙
W0951. 3. 3	不死药的副作用	
W0951. 3. 3. 1	不死药把美女变成蟾蜍	【汉族】
W0951. 4	不死药的获取	［W9930］寻找
W0951. 4. 1	寻找不死药的原因	
W0951. 4. 2	寻找不死药者	【纳西族】
W0951. 4. 2. 1	后羿寻找不死药	【汉族】
W0951. 4. 2. 2	三弟兄寻找长生不老药	【纳西族】
W0951. 4. 3	寻找不死药的准备	［W1457. 1. 1］为到天上要回不死药造天梯
W0951. 4. 4	寻找不死药的地点	
W0951. 4. 4. 1	到西天寻找不死药	【纳西族】
W0951. 4. 5	寻找不死药的结果	
W0951. 5	不死药的食用	
W0951. 5. 1	吃不死药的时辰	
W0951. 5. 1. 1	十五夜晚吃不死药	

W 编码	母题描述	关联项
W0951.5.1.1.1	王母娘娘告诉后羿十五夜晚吃不死药	【汉族】
W0951.5.2	吃不死药的禁忌	
W0951.5.3	吃不死药的结果	
W0951.5.3.1	吃不死药后升天	【汉族】
W0951.6	不死药的丢失	
W0951.6.1	日月偷走人类的不死药	【彝族】
W0951.7	不死药的名称	
W0951.7.1	不死药寿木果实	【汉族】
W0951.7.1.1	寿木	
W0951.7.1.1.1	昆仑之蘋是寿木之华	【汉族】 * ［W0935.4.1］不死草昆仑之蘋
W0951.7.1.1.2	寿木高千寻	【汉族】
W0951.7.2	不死药又叫子孙药	
W0951.7.2.1	到天上寻的子孙药	【苗族】 * ［W0951.1.1］不死药在天上
W0951.7.3	不死药玉英	［W1866.4.7.10］玉英
W0951.7.3.1	食昆仑山玉英能与天地兮同寿	【汉族】
W0951.7.4	不死药甘木	【汉族】
W0951.7.5	不死药地脂	【汉族】
W0951.8	与不死药有关的其他母题	
W0951.8.1	不死药的解药	
W0951.8.1.1	三瓣草药是不死药的解药	【汉族】
W0952	**长生不老药（长生不死药）**①	
W0952.1	长生不老药的产生	
W0952.1.1	长生不老药在特定地方	
W0952.1.1.1	长生不老药在天上	【傈僳族】
W0952.1.1.2	西王母有长生不老药	［W0951.1.2］西王母有不死药

① 长生不老药（长生不死药），在有些神话中表述为“不死药”、“能使人长生的食物”等，往往具有等同的含义。

W 编码	母题描述	关联项
W0952. 1. 1. 2. 1	西王母的仙药吃了能长生不老	【回族】
W0952. 1. 1. 2. 2	后羿向西王母讨仙药	【汉族】
W0952. 1. 1. 3	神的宝葫芦中有长生不老药	【彝族】
W0952. 1. 1. 4	长生不老药在仙山上	【汉族】
W0952. 1. 2	特定的物生长出不老药	
W0952. 1. 2. 1	脐带生出长生药	【景颇族】
W0952. 1. 3	特定神性人物是长生不老药（特定神性人物的肢体等是长生不老药）	
W0952. 1. 3. 1	雷公肉是长生不老药	【仫佬族】
W0952. 1. 3. 2	特定的人是长生不老药	
W0952. 1. 3. 2. 1	唐僧是长生不老药	【汉族】
W0952. 1. 3. 2. 2	婴儿的心肝是长生不老药	
W0952. 1. 4	特定动物是长生不老药	
W0952. 1. 5	特定植物是长生不老药	【汉族】
W0952. 1. 5. 1	八月十五的桂花拌新谷是不老药	【高山族】
W0952. 1. 5. 2	甘木是不老药	［W0933. 1. 2. 1］食甘木不老
W0952. 1. 5. 3	仙桃是长生不老药	【汉族】
W0952. 1. 5. 4	王母娘娘的仙桃是长生不老药	【汉族】 ＊ ［W0943. 4. 3］王母娘娘的仙桃
W0952. 1. 5. 5	婆娑树使人能长生不老	【汉族】
W0952. 1. 7	特定无生命物是长生不老药	
W0952. 1. 7. 1	玉膏是长生不死药	【汉族】［W1866. 4. 7. 8］玉膏
W0952. 1. 8	人造物是长生不老药	
W0952. 1. 8. 1	黄帝炼的仙丹是长生不老药	【汉族】
W0952. 1. 8. 2	特定的酒是长生不老药	【汉族】［W6155］酒
W0952. 1. 9	作为长生的其他物质	［W0943. 3. 1］仙桃使人长生不老
W0952. 1. 9. 1	能使人长生的食物	［W0944］神性作物
W0952. 2	长生不老药的特征	
W0952. 3	长生不老药的功能	

W 编码	母题描述	关联项
W0952.3.1	长生不老药能增寿特定岁数	
W0952.3.1.1	神木能增人寿 12000 岁	【汉族】
W0952.4	长生不老药的获取	
W0952.4.1	寻找长生不老药	
W0952.4.2	炼制长生不老药	[W0952.1.8.1] 黄帝炼的仙丹是长生不老药
W0952.4.2.1	用松脂炼制长生不老药	【汉族】
W0952.5	长生不老药的食用	
W0952.5.1	长生不老药需要特定物送服	
W0952.5.1.1	长生不老药要用黑龙涎送服	【汉族】
W0952.6	长生不老药的丢失	
W0952.7	长生不老药的名称	
W0952.7.1	长生果	【汉族】
W0952.8	与长生不老药有关的其他母题	[W1393.2.3.1] 撒不老药使地变大
W0952.8.1	万年青药	
W0952.8.1.1	猎人有万年青药	【拉祜族（苦聪）】
W0953	**起死回生药**	[W9318] 通过药物复活
W0953.1	起死回生药的产生（起死回生药在特定地方）	
W0953.1.1	起死回生药在特定的地方	
W0953.1.1.1	人类祖先有起死回生药	【独龙族】
W0953.1.1.1a	天神莫朋有起死回生药	【独龙族】
W0953.1.1.2	太上老君有起死回生药	【苗族】
W0953.1.1.3	下界的人有起死回生药	
W0953.1.1.3.1	地下棒头国的棒头人有起死回生药	【苗族】
W0953.1.1.4	龙母娘娘有起死回生药	【哈尼族】
W0953.1.2	特定的物是起死回生药	
W0953.1.2.1	特定的草是起死回生药	【哈尼族】 * [W0936] 还魂草
W0953.1.2.2	山神的草药是起死回生药	【壮族】

W 编码	母题描述	关联项
W0953. 1. 2. 3	冰柱是起死回生药	【鄂温克族】
W0953. 1. 2. 4	蛟龙的唾液是回生药	【哈尼族】
W0953. 1. 2. 5	蛤蟆灵丹是回生药	【东乡族】
W0953. 2	起死回生药的特征	
W0953. 3	起死回生药的功能	
W0953. 4	起死回生药的获取	
W0953. 5	起死回生药的食用	
W0953. 5. 1	起死回生药使用有讲究	
W0953. 5. 1. 1	起死回生药只有当天送到才能救人	【独龙族】
W0953. 6	起死回生药的丢失	
W0953. 7	起死回生药的名称	
W0953. 7. 1	起死回生药纠底那迟	【哈尼族】
W0953. 8	与起死回生药有关的其他母题	［W1972. 1. 6］起死回生泉
W0953. 8. 1	神奇的红苹果能返老还童	【柯尔克孜族】
W0954	**与神药有关的其他母题**	［W0803. 9. 1］仙水
W0954. 1	仙丹	
W0954. 1. 1	仙丹的来历	
W0954. 1. 1. 1	炼仙丹	
W0954. 1. 1. 1. 1	炼仙丹者	
W0954. 1. 1. 1. 1. 1	太上老君修炼仙丹	【汉族】
W0954. 1. 1. 1. 1. 2	黄帝炼仙丹	【汉族】
W0954. 1. 1. 1. 1. 2. 1	黄帝炼的仙丹叫玉膏	【汉族】
W0954. 1. 1. 1. 1. 3	仙人炼仙丹	【汉族】
W0954. 1. 1. 1. 1. 4	道士炼仙丹	【汉族】
W0954. 1. 1. 1. 1. 5	其他特定人物炼仙丹	【汉族】
W0954. 1. 1. 1. 1. 5. 1	狐狸炼仙丹	【汉族】
W0954. 1. 1. 1. 2	炼仙丹材料	
W0954. 1. 1. 2	赐仙丹	
W0954. 1. 1. 2. 1	龙王赐仙丹	【汉族】
W0954. 1. 1. 2. 2	神仙老爷爷赐仙丹	【汉族】

W 编码	母题描述	关联项
W0954.1.1.2.3	王母娘娘赐仙丹	【汉族】
W0954.1.1.2.4	黄鲤鱼送仙丹	【汉族】
W0954.1.2	仙丹的特征	
W0954.1.2.1	仙丹能治百病	【汉族】
W0954.1.2.2	仙丹能使人长生不老	【汉族】
W0954.1.3	与仙丹有关的其他母题	
W0954.2	神药催生药	
W0954.2.1	催生药的来历	
W0954.2.1.1	催生药生于特定的东方	
W0954.2.1.1.1	埋鬼的脐带的地方生出催生药	【景颇族】
W0954.2.2	催生药的特征	
W0954.2.2.1	催生药使人变年轻	【景颇族】
W0954.2.3	与催生药有关的其他母题	[W6247.3] 特定的药物
＊**W0955**	**神性自然物**	
W0956	**神山**	【汉族】 ＊ [W1413.3] 神山是升天之路
W0956.1	神山的来历	
W0956.1.1	造神山	
W0956.1.1.1	神为人建造神山	【纳西族】
W0956.1.1.2	众神造四方什罗山神山	【纳西族】
W0956.1.2	变化产生神山	
W0956.1.2.1	人化身神山	
W0956.1.2.1.1	一对父子化身成为开天辟地大神山	【藏族】
W0956.1.2.2	白马老爷变成神山（白马神山）	【藏族（白马）】
W0956.1.3	特定的山成为神山	
W0956.2	神山的特征（神山的职能）	[W1413.3] 神山是升天之路
W0956.2.0	神山有男女之分	
W0956.2.0.1	格姆山是女神山	【纳西族】
W0956.2.0.2	泸沽湖的西北的狮子山是女神山	【纳西族】
W0956.2.1	神山虚无缥缈	【汉族】

W 编码	母题描述	关联项
W0956. 2. 1a	神山云雾缭绕	【傣族】
W0956. 2. 2	神山的构造	
W0956. 2. 2. 1	神山有多个通道	【藏族】
W0956. 2. 3	仁慈的神山	【藏族】
W0956. 2. 4	凶恶的神山	【藏族】
W0956. 2. 5	善恶兼具的神山	【藏族】
W0956. 2. 6	神山职能分 3 类	
W0956. 2. 6. 1	三类神山中第一类是爱护人的仁慈的神山，第二类是专事惩罚人的神山，第三类神山是既能爱护人又可以惩罚人的神山	【藏族】
W0956. 3	特定名称的神山	
W0956. 3. 1	神山凉风之山	【汉族】
W0956. 3. 2	神山曼君乌延哈达	【满族】
W0956. 3. 3	神山瀛洲	
W0956. 3. 3. 1	神山瀛洲在渤海中	【汉族】
W0956. 3. 4	广麻宛达神山	【傣族】
W0956. 4	与神山有关的其他母题	
W0956. 4. 1	神山的功能	
W0956. 4. 1. 1	神山能使人不死	【汉族】
W0956. 4. 2	神山的数量	
W0956. 4. 2. 1	五座神山	
W0956. 4. 2. 1. 1	归墟有岱舆、员娇、方壶、瀛洲、蓬莱五座神山	【汉族】
W0956. 4. 2. 2	三神山	
W0956. 4. 2. 2. 1	三神山蓬莱、方丈、瀛洲	【汉族】
W0956. 4. 2. 3	四大神山	
W0956. 4. 2. 3. 1	四大神山是卫藏神山雅拉香波，北方羌塘神山念青唐拉，南方神山库拉日杰，东方神山沃德巩甲	【藏族】
W0956. 4. 3	神山分 3 类	【藏族】

W 编码	母题描述	关联项
W0956.4.4	神山的支撑	
W0956.4.4.1	三座高岩撑什罗神山	【纳西族】
W0956.4.5	神山的看守（神山的保护者）	
W0956.4.5.1	动物轮流看守什罗神山	【纳西族】
W0956.4.5.2	众多动物是神山的保护者	【纳西族】
W0956.4.5.3	人神动植物轮流看守神山	【纳西族】
W0956a	**仙山**	
W0956a.1	仙山的来历	
W0956a.2	仙山的特征	
W0956a.3	与仙山有关的其他母题	［W1852.6.5.2］峨眉山是仙山
W0956b	**神峰**	
W0956b.1	神峰的来历	
W0956b.1.1	仙女化为神峰	
W0956b.1.1.1	仙女为拯救人类变成神峰	【满族】
W0956b.2	神峰的特征	
W0956b.2.1	神峰高不可攀	【汉族】
W0956b.3	与神峰有关的其他母题	
W0957	**神石**	【满族】
W0957.1	神石的来历	
W0957.1.1	与英雄有关的石头被奉为神石	【珞巴族】
W0957.1.2	炼造神石	
W0957.1.2.1	女娲娘娘为补天炼神石	【汉族】
W0957.1.3	祖先的磨刀石成为神石	【基诺族】
W0957.1.4	岩和水化生神石	【纳西族】
W0957.1.4.1	岩和水演化出 360 个神石	【纳西族】
W0957.2	神石的特征（神石的功能）	
W0957.2.1	神石可以打出火	【白族】
W0957.2.2	神石有奇特的颜色	
W0957.2.2.1	五色神石	【满族】
W0957.2.3	神石主宰疾病	【白族】
W0957.3	特定名称的神石	

W 编码	母题描述	关联项
W0957. 3. 1	碧玉动神石	【纳西族】
W0957. 3. 2	黄金动神石	【纳西族】
W0957. 3. 3	白螺动神石	【纳西族】
W0957. 3. 4	黑珍动神石	【纳西族】
W0957. 3. 5	花斑动神石	【纳西族】
W0957. 3. 6	白银神石	【纳西族】
W0957. 3. 7	石公公和石婆婆	
W0957. 3. 7. 1	石公公和石婆婆是主管生儿育女的神石	【白族】
W0957. 4	与神石有关的其他母题	
W0957. 4. 1	神石能容物	【满族】
W0958	**神泉**	【保安族】
W0958. 1	神泉的来历	
W0958. 1. 1	神泉源于天帝	【汉族】
W0958. 2	神泉的特征	
W0958. 2. 1	神泉使人焕发青春	
W0958. 2. 2	饮赤泉不老	【汉族】
W0958. 2. 3	神泉的水能治病	【蒙古族】
W0958. 2. 4	神泉能疗伤	【鄂温克族】
W0958. 3	特定名称的神泉	
W0958. 3. 1	神泉河水	【汉族】
W0958. 3. 2	神泉赤水	【汉族】
W0958. 3. 3	神泉弱水	【汉族】
W0958. 3. 4	神泉洋水	【汉族】
W0958. 4	与神泉有关的其他母题	【关联】①
W0958. 4. 1	特定地方有神泉	
W0958. 4. 1. 1	崔家峡有神泉	【保安族】
W0958. 4. 1. 2	神泉在酒泉县	【汉族】
W0958. 4. 2	天帝的神泉	【汉族】 * ［W0958. 1. 1］神泉源于天帝

① ［W0922. 1. 2. 1］神泉生神马；［W1972. 1］奇特之泉

W 编码	母题描述	关联项
W0958.4.2.1	帝之神泉为河水、赤水、弱水、洋水四水	【汉族】
W0959	**其他神性自然物**	【关联】①
W0959.1	神水	［W0803.9.1］仙水
W0959.1.1	神水的产生	
W0959.1.1.1	西方有神水	【彝族】
W0959.1.1.2	制造神水	
W0959.1.1.2.1	每年正月初萨满造“阿尔山”（神水）	【达斡尔族】
W0959.1.1.3	祭河神得神水	【壮族】
W0959.1.1.4	特定地方流出神水	【珞巴族】
W0959.1.2	神水的特征	
W0959.1.2.1	神水是气	【彝族】
W0959.1.3	与神水有关的其他母题	
W0959.2	神水不死水	
W0959.2.1	不死水丹水	
W0959.2.1.1	饮丹水后不死	【汉族】
W0959.2.1.1.1	丹水在疏圃	【汉族】
W0959.2.2	与不死水有关的其他母题	【民族，关联】②
W0959.2.2.1	昆仑之山白水是不死水	【汉族】
W0959.3	神水不老水	【关联】③
W0959.3a	长生不老水	【关联】④
W0959.3a.1	喇嘛造长生不老的圣水	【蒙古族】
W0959.4	神水回生水	
W0959.4.1	回生水在特定的地方	

① ［W1695.16］日精；［W1698.5］月华

② 【蒙古族】 * ［W0950］神药；［W1852.6.6］不死山；［W1897.8］生命之水；［W1897.9.1］死亡之水

③ ［W1789.0.1.2］天河水是长生不老水；［W1972.9.3］不老泉

④ ［W0959.2］不死水；［W1972.6.3］酒泉的酒使人长生不老；［W1972.9.18.1］玉醴泉使人长生不老

W 编码	母题描述	关联项
W0959. 4. 1. 1	回生水在西天	【纳西族】
W0959. 5	与神水有关的其他母题	【关联】①
W0959. 5. 1	神河	
W0959. 5. 2	神海	
W0959. 5. 3	神湖（神池）	
W0959. 5. 3. 1	神湖的产生	
W0959. 5. 3. 1. 1	萨满魂灵化为神湖	【蒙古族（布里亚特）】
W0959. 5. 3. 1. 2	空行母造神湖	【珞巴族】
W0959. 5. 3. 2	神湖的特征	
W0959. 5. 3. 2. 1	神湖中的水是神赐甘露	【藏族】
W0959. 5. 3. 3	特定名称的神湖	
W0959. 5. 3. 3. 1	天池是神湖	【蒙古族】
W0959. 5. 3. 3. 2	那木错神湖	【藏族】
W0959. 5. 3. 4	与神湖有关的其他母题	
W0959. 5. 4	神井	
W0959. 6	神土	
W0959. 6. 1	神土能堵挡洪水	【汉族】
W0959. 7	仙谷	【汉族】 *［W0804. 9. 2. 1］乐道好事者在仙谷中洗沐，以求飞仙
W0959. 8	神洞	
W0959. 8. 1	灵洞	【纳西族】
✻ **W0960**	**神性器物（神物）**	
W0961	**神刀**	［W9672］宝刀
W0961. 1	神刀的来历	
W0961. 1. 1	从石岩后得到神刀	【基诺族】
W0961. 2	神刀的特征	
W0961. 3	与神刀有关的其他母题	
W0961. 3. 1	会变化的神刀	【彝族】

① ［W0916. 8. 1］魂是神水，是先天的清气精；［W1897. 1. 2］回生水；［W1897. 1. 3］长生水；［W1897. 1. 6］圣水

W 编码	母题描述	关联项
W0962	**神斧**	【汉族】【壮族】
W0962.1	神斧的来历	
W0962.2	神斧的特征	
W0962.2.1	神斧开物	［W1839.0.2.1］神斧劈出横断山
W0962.2.2	神斧能劈山	【藏族】 ＊ ［W1839.0.2.1］神斧劈出横断山
W0962.3	与神斧有关的其他母题	【关联】①
W0962.3.1	特定名称的神斧	
W0962.3.2	雷公斧是神斧	［W6089.2.2］雷公斧
W0962.3.2.1	雷公斧可以敲山震虎	【水族】
W0963	**神弓神箭**	
W0963.1	神弓	
W0963.1.1	神弓用王八精爪子做扳机	【壮族】
W0963.2	神箭	
W0963.2.1	神箭的产生	
W0963.2.1.1	神人赠神箭	【瑶族】
W0963.2.1.2	特定的人物造神箭	【汉族】 ＊ ［W0714.4.4.1］女娲炼出一支神箭
W0963.2.1.3	特定物变成神箭	
W0963.2.1.3.1	鹅毛变成一支神箭	【彝族】
W0963.2.1.3.2	祭祀中用的箭成为神箭	【羌族（纳木依人、柏木依人）】
W0963.2.2	神箭的特征	
W0963.2.2.1	英雄用神箭制敌	【彝族】
W0963.2.2.2	神箭能射开特定物	［W1168.21.4.6］神箭射开天门
W0963.2.2.3	神箭可以占卜	【藏族】
W0963.2.2.4	神箭有神力	【藏族】
W0963.2.2.5	神箭使射手百发百中	【裕固族】
W0963.2.3	与神弓神箭有关的其他母题	［W6976.3.1］奇特的箭

① ［W0606.2.2］文化英雄的神斧；［W0670.4.2.1］布洛陀的神斧；［W0724.2.1］盘古的神斧；［W0751.5.5.6.1］大禹的神斧

W 编码	母题描述	关联项
W0964	**神镜**	【维吾尔族】【瑶族】
W0964. 1	神镜的来历	
W0964. 1. 1	天女帮天神炼出神镜	【满族】
W0964. 1. 2	黄帝铸神镜	【汉族】
W0964. 2	神镜的特征	
W0964. 2. 1	神镜是个多棱镜	
W0964. 2. 1. 1	神镜有 15 面	【汉族】
W0964. 3	与神镜有关的其他母题	
W0965	**神鼓（鼓神）**	
W0965. 1	神鼓的来历	
W0965. 1. 1	铜鼓从天上来	【苗族】
W0965. 1. 2	龙女化身为铜鼓	【苗族】
W0965. 1. 3	特定人物生铜鼓	【瑶族】 * ［W0704. 1. 3］ 密洛陀是铜鼓的女儿
W0965. 1. 4	铜鼓被尊为神	【彝族】
W0965. 1. 4. 1	彝人以铜鼓为不祥之物，移至石崖尊之为神	【彝族】
W0965. 2	神鼓的特征（神鼓的功能，神鼓的能力）	
W0965. 2. 0	神鼓分公母	【基诺族】
W0965. 2. 1	神鼓能腾云驾雾	
W0965. 2. 1. 1	萨满乘神鼓腾云驾雾	【鄂温克族】
W0965. 2. 2	神鼓能威慑特定物	
W0965. 2. 2. 1	萨满靠神鼓震慑喇嘛	【鄂温克族】
W0965. 2. 3	神鼓是法器（神鼓是祭祀时重要的神具，神鼓是神器）	【赫哲族】
W0965. 2. 3. 1	神鼓是呼唤神灵的法具	【鄂温克族】
W0965. 2. 3. 2	神器牛皮木鼓	【基诺族】
W0965. 2. 4	神鼓能变形	
W0965. 2. 4. 1	神鼓能变船	【赫哲族】

W 编码	母题描述	关联项
W0965.2.5	神鼓是象征物	
W0965.2.5.1	神鼓象征着宇宙	【鄂伦春族】
W0965.3	与神鼓有关的其他母题	
W0965.3.1	铜鼓是神鼓	【布依族】
W0965.3.1.1	铜鼓有生命	【壮族】
W0965.3.1.1.1	铜鼓中孕育女始祖	【瑶族】
W0965.3.1.2	铜鼓降妖	
W0965.3.1.2.1	铜鼓化为小伙斩杀毒虫	【壮族】
W0965.3.1.2.2	铜鼓战胜水鬼“图额”	【壮族】
W0965.3.1.2a	铜鼓吃掉害人的老虎	【水族】
W0965.3.1.3	铜鼓震龙蛇	
W0965.3.1.3.1	铜鼓落地的声音威震蟒蛇	【瑶族】
W0965.3.1.3.2	铜鼓打败黄龙	【布依族】
W0965.3.1.4	铜鼓分公母	
W0965.3.1.4.1	一公一母两个铜鼓	【布依族】
W0965.3.1.5	铜鼓变形	
W0965.3.1.5.1	铜鼓被水鬼打败变成石鼓	【壮族】
W0965.3.1.6	铜鼓神	
W0965.3.1.6.1	铜鼓神保佑人安居乐业	【壮族】
W0965.3.1.6.2	铜鼓神斗水怪	【壮族】
W0965.3.2	特定名称的神鼓	
W0965.3.2.1	雷鼓	【汉族】
W0965.3.3	神鼓的保管（神鼓的存放）	
W0965.3.3.1	以稻草扎绳栓鼓耳绑在房中	【壮族】
W0965.3.3.2	神鼓放寨父家中	【基诺族】
W0966	**其他神性器物**	
W0966.1	神盘	【回族】
W0966.2	神扇	［W4295.3］用神扇扇出风
W0966.2.1	神扇能降妖的	【苗族】
W0966.2.2	神扇能扇出火山中的路	【布依族】
W0966.2.3	神扇能扇出狂风	【哈尼族】

W 编码	母题描述	关联项
W0966. 3	神毯	
W0966. 3. 1	神毯的来历	
W0966. 3. 2	神毯的特征	
W0966. 3. 3	与神毯有关的其他母题	［W9688. 4］飞毯
W0966. 3. 3. 1	神毯能变出人间美景	【蒙古族】
W0966. 4	神珠	【关联】①
W0966. 4. 1	神珠能避水（避水珠）	【壮族】［W9686］宝珠
W0966. 5	神笔	【瑶族】
W0966. 6	神奇的绳	【哈尼族】
W0966. 7	神缸	
W0966. 7. 1	神缸盛雨	
W0966. 7. 1. 1	天上雨公有一口盛雨的神缸	【保安族】
W0966. 8	神衣	【鄂伦春族】
W0966. 8. 1	会变大的神衣	【满族】
W0966. 9	神帽	
W0966. 9. 1	神帽御妖	【锡伯族】
W0966. 10	神灯	
W0966. 10. 1	为病人点神灯	【达斡尔族】
W0966. 10. 2	造地马王的神灯	【侗族】
W0966. 11	神针	
W0966. 11. 1	神针的产生	
W0966. 11. 2	神针的特征	
W0966. 11. 3	与神针有关的其他母题	［W4975. 2. 4］海神针
W0966. 11. 3. 1	能治水的神针	【土家族】
W0966. 12	神线	
W0966. 13	神门	【汉族】
W0966. 13a	鬼门	
W0966. 13a. 1	神仙难过鬼门关	【汉族】
W0966. 13a. 2	鬼门昼日不开	【汉族】
W0966. 13a. 3	鬼门险峻	【汉族】

① ［W0406. 4］水神的定海神珠；［W1545. 6. 2］神珠变成日月

W 编码	母题描述	关联项
W0966.13a.4	鬼门隐藏在度朔山桃树中	【汉族】
W0966.14	神剑	
W0966.14.1	神剑斩蛇	【珞巴族】
W0966.14.2	神剑自己飞行斩物	【哈尼族】
W0966.15	神鞭	
W0966.15.1	能让动物听话的神鞭	【仫佬族】
W0966.15.2	神鞭若木	【汉族】
W0966.16	神罐	【彝族】
W0966.17	神锤	【瑶族（布努）】
W0966.18	神网	
W0966.18.1	天丝织成的神网	
W0966.18.1.1	天丝织成的神网可以缚住魔鬼	【满族】
W0966.19	神筐	
W0966.19.1	神竹筐大山都能装	【汉族】
W0966a	**与神性器物有关的其他母题**	［W9650］宝物
W0967	**与神物有关的其他母题**	
W0967.1	神坛	【藏族】 ＊［W0981.6.2］神的圣坛
W0967.2	金牙齿	【汤普森】F544.3.1
W0967.3	神路	【汉族】【纳西族】
W0967.4	神桥	
W0967.4.1	神坛前铺的白麻布象征神桥	【纳西族】

0. 9. 2 与神或神性人物有关的其他母题【W0970 ~ W0999】

W 编码	母题描述	关联项
W0970	**神或神性人物的名称**	［W6512. 2］不能犯讳神的名字
W0970. 1	神的名称的来历	［W6850］名字的产生
W0970. 1. 0	神为神取名	
W0970. 1. 0. 1	天神为神取名	【傣族】
W0970. 1. 0. 2	造神者为所造的神取名	【傣族】
W0970. 1. 1	造神者给造的神取名	
W0970. 1. 1. 1	天神英叭为造的 1 对男女神取名“布桑戛西”和“雅桑戛赛”	【傣族】
W0970. 1. 2	根据神产生时的情况取名	【傣族】
W0970. 1. 3	神的名字源于自身（神自己取名字）	【纳西族】＊［W6871］神给自己取名
W0970. 1. 3. 1	创造神潘宁桑自己给自己命名	【景颇族】
W0970. 1. 3. 2	恩余恩麻只好给自己取名叫“神”	【纳西族】
W0970. 1. 4	圣旨定神名	
W0970. 1. 4. 1	天狗传圣旨命名姐弟为罗神娘和罗神公	【汉族】
W0970. 1. 5	称神为“父”	
W0970. 1. 5. 1	萨满称牲畜保护神吉雅为众人之父	【蒙古族】
W0970. 2	神性人物名称的来历	
W0970. 3	神或神性人物名称的混用	
W0970. 3. 1	鬼、神、精灵名称不分（鬼神名称不分）	【哈尼族】
W0970. 3. 1. 1	鬼、神、精灵统称为“纳”	【景颇族】

W 编码	母题描述	关联项
W0970.3.1.2	鬼神不分	【白族（那马）】 ＊［W0165.2］鬼神并存
W0970.3.1.3	鬼与神无明显区别	【怒族】
W0970.3.1.4	鬼和神统称为“尼”（精灵）	【傈僳族】
W0970.3.2	混称的神	
W0970.3.2.1	有时山神和土地神分不开，笼统叫山神土地	【白族】
W0970.4	神的名称的变化	【关联】①
W0970.4.1	多年以后人们把阿布卡赫赫称为阿布卡恩都力大神	【满族】
W0970.5	神的名称的整合	
W0970.5.1	众神统称为特定名称（多神合称）	
W0970.5.1.1	麻罗由耶孙·曼该九个（长方形卵石）、格库（布谷鸟）、卡毕勒（龟）等多神组成	【达斡尔族】
W0970.5.1.2	“尼”可以包括山神、猎神、家神	【怒族】
W0970.5.2	神的联名	
W0970.5.3	神的名字的转让	
W0970.5.3.1	母亲把名字赠给女儿	
W0970.5.3.1.1	女山神巴丹麦拉姆用的是她阿妈的名字	【藏族】
W0970.5.4	神的名字的代称	
W0970.5.4.1	创世主迦萨甘住天的最上层，所以迦萨甘就是天，天也就是迦萨甘	【哈萨克族】
W0970.5.5	群体神神名	
W0970.5.5.1	群体神德立克	【满族】

① ［W0132.4.6］神的职能的变化；［W0132.4.6.1］男祖先神变成畜神；［W0132.4.6.2］农神变成家神；［W0132.4.6.3］生育神变为家族保护神；［W0132.4.6.4］海神变成风神

W 编码	母题描述	关联项
W0970. 5. 6	个体神神名	
W0970. 5. 6. 1	神的儿子各有其名	【彝族】 ＊［W0202. 2. 4. 3. 13. 3］天神的女儿各有其名
W0970. 6	神的名称的差异	
W0970. 6. 1	神的名称在不同地区叫法不同	
W0970. 6. 1. 1	海拉尔地区达斡尔人的“达·巴尔肯”，在布特哈地区叫“霍列力·巴尔肯”	【达斡尔族】
W0970. 6. 2	一个民族同一个神有不同称谓	
W0970. 6. 2. 1	羌人的不同的地方最高神的名称并不一样	【羌族】
W0970. 7	与神的名称有关的其他母题（与神性人物的名称有关的其他母题）	
W0970. 7. 0	一神多名	
W0970. 7. 0. 1	敖雷·巴尔肯又称山神、狐仙、三太爷、獾子精、黄鼠狼精	【达斡尔族】
W0970. 7. 1	不知名字的神（无名神）	
W0970. 7. 1. 1	最早的神是无名神	
W0970. 7. 1. 1. 1	大神英叭造的第一个神来不及取名就逃走了，成了无名神	【傣族】
W0970. 7. 2	男神冠以女称	
W0970. 7. 2. 1	不管神是男是女，都叫女称“阿玛”	【哈尼族】
W0970. 7. 3	神的名字的消失	
W0970. 7. 3. 1	神的名字被忘记	
W0970. 7. 3. 1. 1	达斡尔人送给鄂伦春人及蒙古人的巴尔肯被忘记	【达斡尔族】
W0970. 7. 4	神的尊号（神的尊称）	

W 编码	母题描述	关联项
W0970.7.4.1	第一位大神萨英威登的尊号“美苟巨从老之”（天之最早虎爪）	【纳西族】
W0970.7.4.2	以祖先称呼“神”	
W0970.7.4.2.1	民族保护神三朵神称为“恩溥（爷爷）三朵”	【纳西族】
W0970.7.4.3	尊称神为父亲	【羌族】 * ［W0208.57.2］天神统称为父亲
W0970.8	神仙①	
W0970.8.1	神仙的产生	
W0970.8.1.1	神仙源于特定地方	
W0970.8.1.1.1	神仙天降	【藏族】
W0970.8.1.2	神仙是造出来的（造神仙）	
W0970.8.1.2.1	神造神仙	
W0970.8.1.2.1.1	神为造人造神仙	【傣族】
W0970.8.1.3	神仙是生育产生的（生神仙）	
W0970.8.1.3.1	神生神仙	
W0970.8.1.3.1.1	神王英叭是神仙的始祖	【傣族】
W0970.8.1.3.2	树生神仙	【彝族】
W0970.8.1.4	神仙是变化产生的（变神仙）	
W0970.8.1.4.1	太师六官变为神仙	【毛南族】
W0970.8.1.4.2	祖先死后耳朵变成神仙	【彝族】
W0970.8.1.4.3	人变成神仙	［W0768.21.2.2.1］姜子牙吃支撑大地的鳌鱼成了神仙
W0970.8.1.4.3.1	人吃人参宝变成神仙	【赫哲族】
W0970.8.1.4.3.2	人上天成为神仙	【满族】
W0970.8.1.4.3.3	人被当做神仙	【汉族】
W0970.8.1.4.4	谁躲过大劫谁就会成为神仙	
W0970.8.1.4.4.1	世界十万八千年就出现一次大劫中谁躲过大劫谁就会成为神仙	【汉族】

① 神仙，在神话中是一个非常具有个性化的概念，由于神话讲述者与采录者的差异，往往对神仙的说法格局特色。有时指的是“神”，有时说的是“仙”，有时可能是一个具有不凡能力的神性人物。这个概念受道教影响较大，又充满地域色彩。如古代中国神话中多指那些无所不能、超脱轮回、能跳出三界或者长生不老的人物。有的神话中也可以把那些能达到至高神界的人物称为“神仙”。

W 编码	母题描述	关联项
W0970. 8. 1. 4. 5	龙变成神仙	
W0970. 8. 1. 4. 5. 1	海龙变成神仙师傅	【瑶族（布努）】
W0970. 8. 2	神仙的特征（神仙的职能、神仙的能力）	
W0970. 8. 2. 1	神仙能通炁、通神、通灵	【汉族】
W0970. 8. 2. 2	神仙能五通	【汉族】
W0970. 8. 2. 3	神仙预知一切事情	【蒙古族】
W0970. 8. 2. 4	神仙能火中飞升	【汉族】
W0970. 8. 2. 5	神仙会治病	【汉族】
W0970. 8. 2. 6	神仙有特定标志	
W0970. 8. 2. 6. 1	神仙拇指无骨	【汉族】
W0970. 8. 2. 7	神仙会变形	【汉族】
W0970. 8. 2. 7. 1	神仙化身乞丐	【京族】
W0970. 8. 2. 7. 2	神仙化身白胡子老人	【汉族】
W0970. 8. 2. 8	神仙爱打扮	【汉族】
W0970. 8. 2. 9	神仙是菩萨心肠	【京族】
W0970. 8. 2. 10	神仙会法术	
W0970. 8. 2. 10. 1	天边神仙会治火的法术	【畲族】
W0970. 8. 2. 11	好的神仙	
W0970. 8. 2. 11. 1	好心的神仙	【高山族】
W0970. 8. 2. 12	坏的神仙	
W0970. 8. 2. 12. 1	坏神仙要灭绝人	【哈尼族】
W0970. 8. 2. 13	神仙悠闲自得	［W0806a. 3］仙悠闲
W0970. 8. 2. 13. 1	天上的神仙无忧无虑整日逛荡	【高山族】
W0970. 8. 2a	神仙的身份	
W0970. 8. 2a. 1	神仙是神	【苗族】
W0970. 8. 2a. 2	神仙介于人与神之间	【汉族】
W0970. 8. 3	神仙的行为（神仙的事迹）	
W0970. 8. 3. 1	神仙点化人	【汉族】
W0970. 8. 3. 1. 1	仙人指点迷津	【汉族】
W0970. 8. 3. 1. 2	仙人为人排忧解难	【塔塔尔族】

W 编码	母题描述	关联项
W0970.8.3.1.3	神仙各自为政	【普米族】
W0970.8.4	神仙的生活	
W0970.8.4.1	神仙的服饰	
W0970.8.4.1.1	神仙不修边幅	【汉族】
W0970.8.4.2	神仙的饮食	
W0970.8.4.2.1	神仙喝光两湖水	【汉族】
W0970.8.4.3	神仙的居所	
W0970.8.4.3.1	神仙住在上天	【鄂温克族】
W0970.8.4.3.1.1	女娲把天顶开后神仙就住在天上	【汉族】
W0970.8.4.3.1.2	神仙菩萨居九重天	【白族】
W0970.8.4.3.1a	神仙居住天堂	【汉族】
W0970.8.4.3.1b	神仙住在天宫	【普米族】
W0970.8.4.3.2	神仙住峨眉山	【彝族（俚颇）】
W0970.8.4.3.3	神仙住石中	
W0970.8.4.3.3.1	上部神仙居白色岩石	【藏族】
W0970.8.4.3.4	神仙堂	【汉族】
W0970.8.4.3.5	神仙住在遥远的地方	【畲族】
W0970.8.4.3.6	神仙居住仙世	【汉族】
W0970.8.4.4	神仙的出行	
W0970.8.4.4.1	神仙下凡	
W0970.8.4.4.1.1	神仙通过通天树下凡	【汉族】
W0970.8.4.4.1.2	玉皇大帝派神仙到凡间去生活	【畲族】
W0970.8.4.4.1.3	天上神仙私离天宫下凡	【白族】
W0970.8.4.4.1.4	仙下凡路程艰难	
W0970.8.4.4.1.4.1	灰牛大仙飞了3万3千年才到人间	【汉族】＊［W0106.7.4.1］喇神走了7777天才到地上
W0970.8.4.4.2	神仙到下界	
W0970.8.4.4.2.1	神仙到下界点化人	【汉族】
W0970.8.4.4.3	神仙云游	
W0970.8.4.4.3.1	神仙云游名山胜地	【汉族】

W 编码	母题描述	关联项
W0970. 8. 4. 5	神仙的工具（神仙的用品，神仙的物品）	
W0970. 8. 4. 5. 1	神仙之药（仙药，能成仙之药）	
W0970. 8. 4. 5. 1. 1	太上灵药、上帝奇物、地下阴生、重云妙草是仙药	【汉族】
W0970. 8. 4. 5. 1. 2	仙药九丹金液、紫华虹英、太清九转、五云之浆、玄霜绛雪、腾跃三黄、东瀛白香、玄洲飞生、八石千芝、威喜九光、西流石胆、东沧青钱、高丘余粮、积石琼田、太虚还丹、盛以金兰、长光绛草、云童飞干	【汉族】
W0970. 8. 5	神仙的关系	
W0970. 8. 5. 1	天地间一切神仙的始祖是蒸气人英叭召	【傣族】
W0970. 8. 6	特定名称的神仙	
W0970. 8. 6. 1	神仙嘎纳那支森翁丁	【蒙古族】
W0970. 8. 6. 2	神仙花山爷	【汉族】
W0970. 8. 6. 3	神仙依勒克	【高山族】
W0970. 8. 6a	神仙四象	
W0970. 8. 6a. 1	东方为苍龙象，北方为玄武象，西方为白虎象，南方为朱雀象	【汉族】
W0970. 8. 6a. 1. 1	白虎号监兵神君	【汉族】
W0970. 8. 6a. 1. 2	青龙号孟章神君	【汉族】
W0970. 8. 6a. 1. 3	玄武号执明神君	【汉族】
W0970. 8. 6a. 1. 4	朱雀号陵光神君	【汉族】
W0970. 8. 6b	动物神仙	
W0970. 8. 6b. 1	公鸡神仙	
W0970. 8. 6b. 1. 1	公鸡是天上的神仙	【汉族】
W0970. 8. 7	与神仙与关的其他母题	
W0970. 8. 7. 1	神仙之王	

W 编码	母题描述	关联项
W0970.8.7.1.1	神仙之王涅依倮佐颇	【彝族】
W0970.8.7.2	老神仙（神仙老头）	【汉族】
W0971	**神的身份**	［W0497.8］身兼多职的神
W0971.1	神的身份的来历	
W0971.2	神的身份的变化	【藏族】 * ［W3471.5］蚂蚁上天为神，在地上是禽兽
W0971.2.1	白天是人晚上变神	
W0971.3	假的神	【汤普森】K1969.4
W0972	**神的分类（神的类型，神的层级）**	［W0087.3］神的种类
W0972.1	神分天神、地祇、人鬼三类	【汉族】
W0972.2	神分天神、地神和人神	【汉族】 * ［W0123.4.2］三皇
W0972.3	神分善恶两类	【壮族】
W0972.3.1	神分正神与邪神	【民族，关联】①
W0972.3.2	神分善神与恶魔	【羌族】
W0972.4	神分黑白两类	
W0972.4.1	本教把神分成白的天神和黑的妖魔两类	【藏族】
W0972.4.1.1	好神、白神要留住，坏神、黑神要送走	【羌族】
W0972.4.2	白神	
W0972.4.2.1	敖杰措扎山神是穿盔甲骑白马的白神	【藏族】
W0972.4.2.2	白神是善神	【羌族】
W0972.4.3	黑神	
W0972.4.3.1	黑神是恶神	【羌族】
W0972.5	神有公众神与地方神之分	【蒙古族】
W0972.6	神分富神与穷神	【关联】②
W0972.6.1	富人供富神，穷人供穷神	【纳西族】

① 【羌族】 * ［W0121.2］主神（正神，大神）；［W0126.3.5］邪神
② ［W0451］财神（财神爷、财富神，司财富之神）；［W0451a］穷神（败家神）

W 编码	母题描述	关联项
W0973	**神的分工**	【哈尼族】
W0973. 1	不同的神分管不同的地域	
W0973. 1. 1	土地管地，雷公管天	【毛南族】 * ［W4860］天地的管理
W0973. 1. 2	“重”管天，“黎”管地	
W0973. 1. 2. 1	“黎”留在世间管地上的事，“重”留在天上任天职	【汉族】
W0973. 1. 3	江神分段管理	
W0973. 1. 3. 1	长江分上、中、下三段，上水府宁江王马当、中水府定江王采石、下水府镇江王金山	【汉族】
W0973. 2	不同的神有不同的职能	【鄂温克族】
W0973a	**神的分化（神的演变）**	［W0970. 4］神的名称的变化
W0973a. 1	神因权利纷争分成东西两个阵营	【蒙古族】
W0973a. 1. 1	神分化成善神与恶神	【蒙古族（布里亚特）】
W0973a. 2	社会组织的分化造成神的分化	
W0973a. 3	婚姻造成神的分化	
W0973a. 3. 1	女子的娘家原来与夫家供奉一神，后来娘家有了新的祖神	【达斡尔族】
W0973a. 4	神死后分化	
W0973a. 4. 1	神死后分化为其他神	
W0973a. 4. 1. 1	猎神王沙罗反死后一分为二，变成猎神盘巴和水神盘滴	【傣族（水傣）】
W0973a. 5	一个神变成另外一个神	
W0973a. 5. 1	猞猁神演变成白温泉女神	【满族】
W0974	**神的等级**	［W5009］人的等级的产生
W0974. 1	神的尊卑的形成	【汉族】
W0974. 1. 1	天帝制定神的尊卑	
W0974. 1. 2	神确定职能后形成尊卑	
W0974. 1. 2. 1	众多神灵各司其职后有了大小之分	【佤族】

W 编码	母题描述	关联项
W0974.2	神的辈次	【关联】①
W0974.2.1	天神的辈次	【满族】
W0974.2.2	壮族前四代神分别是姆六甲、布洛陀、布伯和伏羲兄妹	【壮族】
W0974.3	与神的等级有关的其他母题	
W0974.3.1	天神听命于佛祖	【民族，关联】②
W0974.3.2	山神听命于玉帝	【汉族】
W0974.3.3	神的地位的提升	【藏族】
※**W0975**	**神的财物**	【汤普森】A156
W0976	**神有丰富的财物**	
W0976.1	神的金箱银箱放神殿中	【哈尼族】 * ［W0097.3］神的宫殿（神殿）
W0977	**与神的财物有关的其他母题**	
W0977.1	神的宝物	［W0397.1］雷电是山神的法宝
W0977.2	神的宝库（神的仓库）	
W0977.2.1	天仙王山洞中的金银库	【门巴族】
W0977.3	穷神	【民族，关联】③
W0977.3.1	穷人变成的神成为穷神	
W0977.3.1.1	哈因神是1对很穷的夫妇变的	【鄂温克族】
W0977.4	富神	
◎	**〚神或神性人物的典型事件〛**	
W0980	**神或神性人物的化身**④	
W0981	**神的圣迹（神迹，神的显形，神显灵）**	【汤普森】A182； * ［W0899.3.7］显灵（灵魂的出现，灵魂的显现，显灵迹）

① ［W0140］神的谱系；［W0659.4］特定时期的祖先（祖先的辈次，祖先的谱系）
② 【傣族】 * ［W0202］天神的关系；［W0787］佛祖
③ 【鄂温克族】 * ［W0236.3.1］土地神是穷神；［W0459a.2］歌神是穷神
④ 神或神性人物的化身，具体的神或神性人物的化身情况参见《中国神话人物母题实例与索引》。

W 编码	母题描述	关联项
W0981.1	神显圣迹的目的	[W0134.4.7.2] 神显灵惩罚不敬神者
W0981.2	神显圣迹的时间	
W0981.2.1	特定时辰神显形	
W0981.2.1.1	大年初一早晨顺着公鸡打鸣的方向走会碰到喜神	【汉族】
W0981.3	神显圣迹的地点	[W0466.4.4.1] 火神在火中显形
W0981.3.1	神的形体显现在水中	
W0981.3.1.1	女神阿布卡赫赫显现在所有的水中	【满族】
W0981.4	神显圣迹的方式	
W0981.4.1	神通过天降食物显圣迹	
W0981.4.2	神通过移挪某物显灵	
W0981.4.2.1	人祖爷显灵时石门会自动打开	【汉族】
W0981.4.3	人的祈祷使神显形	
W0981.4.3.1	孤儿祈祷后天神降临	【傣族】
W0981.4.4	神随青烟出现	【满族】
W0981.4.5	神出现时动静很大	
W0981.4.5.1	神出现时电闪雷鸣	【高山族】
W0981.5	神显圣迹的结果	
W0981.6	与显神迹有关的其他母题	
W0981.6.0	神显灵	[W0134.4.7.2] 神显灵惩罚不敬神者
W0981.6.0.1	神显灵降妖	【鄂伦春族】
W0981.6.1	人见神的方法（人神相见）	
W0981.6.1.1	人通过动物的帮助见到神	
W0981.6.1.1.1	主人在马的帮助下见到生育神	【鄂温克族】
W0981.6.1.2	人通过做梦见神	【汉族】
W0981.6.1.3	人通过祭祀见神	【纳西族】
W0981.6.2	神的圣坛	

W 编码	母题描述	关联项
W0981.6.2.1	青蛙的骨骼变成神山圣坛	【藏族】
W0981.6.3	人与鬼神的交流	
W0981.6.3.1	人与鬼神通过巫术的交流	【傈僳族】
W0981.6.3.2	通过念经人神通话	【羌族】
W0981.6.4	神的发现	
W0981.6.4.1	通过应验发现神	【怒族】
W0982	**神的宴会**	【汤普森】A153.3； ＊［W0813.4］仙的宴会
W0982.0	神的宴会原因	
W0982.0.1	神通过宴会议事	
W0982.0.1.1	众神举办宴会讨论开天辟地之事	【彝族】
W0982.0a	神的宴会时间	
W0982.0b	神的宴会地点	
W0982.0c	神的宴会的举办者	
W0982.0d	神的宴会的参加者	
IFW0982.0d.1	雷王赴宴	【毛南族】
W0982.0d.2	本主赴宴	
W0982.0d.2.1	本主节时牛街本主邀请南大坪本主赴宴	【白族】
W0982.1	神的宴会类型	
W0982.1.1	神的庆生宴会	
W0982.1.2	神的喜宴	
W0982.1.3	神的庆功会	
W0982.1.4	神的特定名目的宴会	
W0982.1.4.1	蟠桃会	【汉族】＊［W0762.4.2］王母娘娘蟠桃会
W0982.2	神的饭量（神的酒量）	
W0982.2.0	神饭量巨大	［W0083.3a.1］神肚大能容
W0982.2.0.1	动物神达能一顿要吃几百斤红米饭	【佤族】＊［W0537.1.4］动物神达能
W0982.2.1	神酒量巨大	

W 编码	母题描述	关联项
W0982. 2. 1. 1	天女稻谷仙姑能喝 9 罐最醇的米酒	【哈尼族】
W0982. 2. 2	神醉酒	【汉族】
W0982. 2. 2. 1	天神醉酒做错事	【汉族】 ＊［W9953］失误
W0982. 2. 2. 1. 1	天神醉酒误发命令	【京族】
W0982. 3	神的宴会情形（神的宴会结果）	
W0982. 3. 1	神在宴会中歌舞	【朝鲜族】
W0982. 4	与神的宴会有关的其他母题	
W0982. 4. 1	神的宴会上送礼物	【汉族】
W0982. 4. 1. 1	参加神的宴会者为讨主人欢心送礼	【汉族】
W0982. 4. 2	人款待神	
W0982. 4. 2. 1	人用特定食物款待神	【怒族】
W0983	**神的聚会（仙的聚会）**	【汤普森】A167
W0983. 1	神定期聚会	
W0983. 2	神有特定的聚会地点	
W0983. 2. 1	百神聚昆仑之墟	【汉族】
W0983. 2. 1. 1	昆仑山的蓬莱是天神聚会之地	【汉族】
W0983. 2. 2	神瑶池聚会	
W0983. 2. 2. 1	王母娘娘在瑶池大会群神	【汉族】
W0983. 2. 3	神在山上聚会	
W0983. 2. 3. 1	天下 9 万 9 千 9 百 99 座神山的山神到喜马拉雅山山神处开会	【藏族（嘉绒）】
W0983. 3	神聚会的方式	
W0983. 3. 1	鸣天鼓以召众神	【汉族】
W0983. 4	与神的聚会有关的其他母题	【关联】①
W0983. 4. 1	万仙大会	
W0983. 4. 1. 1	天帝召开万仙大会	【汉族】
W0983. 4. 2	神的会议	【汉族】
W0983. 4. 2. 1	神与人、动物共同开会议事	【彝族】

① ［W0916. 5］鬼的宴会；［W0988］神拜访人（人拜访神）；［W1110. 0. 1］众人商议开天辟地

W 编码	母题描述	关联项
W0983.4.2.2	天神为救灾开会	【珞巴族】
W0983.4.2.3	第一代神王阿匹梅烟召集众神商议造天地	【哈尼族】
W0983.4.3	神的酒宴	
W0983.4.3.1	诸神酒宴议事	【彝族】
W0983.4.4	神灵聚会	
W0983.4.4.1	首领和贵族的灵魂与神开会	【蒙古族（布里亚特）】
W0983.4.4.2	祖灵聚会	
W0983.4.4.2.1	祖灵在人迹罕至的高山崖洞聚会	【彝族】
W0983.4.5	神之间的交往	
W0983.4.5.1	不同地方的神一起玩耍	【汉族】
W0984	**神的离去**	
W0984.1	神离去的原因	
W0984.1.1	人对神不尊造成神的离去	【土家族】
W0984.1.1.1	人对火神不敬造成火神的离去	【鄂温克族】
W0984.1.2	神被驱逐	【傣族】
W0984.1.3	神天亮时必须离开人	
W0984.1.3.1	山神米斯鸡啼后就得离开人间	【怒族】
W0984.2	神定期离开某个地方	【汉族】
W0984.3	特定神的离去	
W0984.3.1	谷神离去	【阿昌族】
W0984.4	神离去的结果	
W0984.4.1	神离去后发生灾难	
W0984.4.1.1	谷神离去后谷物不生	【汉族】
W0984.5	与神的离去有关的其他母题	
W0984.5.1	神的隐退	
W0984.5.1.1	神功成身退	【傣族（水傣）】
W0984a	**神的召回（召神）**	
W0984a.1	召神的方法	
W0984a.1.1	烧特定物召神	
W0984a.1.1.1	烧猪骨召龙神	【傣族】

W 编码	母题描述	关联项
W0984a. 1. 1. 2	在田间点燃香树、香草召唤管农业的神灵和大地的神祇	【藏族】 ＊［W0204. 9. 7. 1］地上的人点燃檀香树天帝就知道地上有事
W0985	**神受到奖惩**	［W9900 ~ W9929］奖励与惩罚
W0985. 1	神得到奖励	
W0985. 2	神受到惩罚	
W0985. 2. 1	神被降职	【汤普森】A175
W0985. 2. 2	神被监禁	【汤普森】A173. 2；＊［W8875. 1］雷公被关笼中
W0985. 2. 3	神或神性人物被放逐	
W0985. 2. 3. 1	神被放逐	【傣族】
W0985. 2. 4	神被处死	
W0985. 2. 4. 1	神因玩忽职守受惩罚	［W0176. 2. 2］神犯错被处死
W0985. 2. 4. 1. 1	雨神玩忽职守被处死	【哈尼族】
W0986	**神的纠纷（神的角逐）**	
W0986. 1	峨眉山的神骗黑水的山神	
W0986. 1. 1	峨眉山的神假装年长骗走黑水山山神的香火	【羌族】
W0987	**神的诉讼**	
W0987. 1	神找玉帝告状	
W0987. 1. 1	山神找玉帝状告野人糟蹋粮食	【汉族】
W0988	**神拜访人（人拜访神，人神的联系）**	［W0983］神的聚会
W0988. 1	神到人间做客	
W0988. 1. 1	雷公到人间结拜兄弟的家中做客	【苗族】
W0988. 2	通神	
W0988. 2. 1	特定的声音通神	【壮族】
W0988. 2. 2	通过耍龙娱神通神	【白族】
W0989	**神或神性人物相反的行为（性格）**	
W0989. 1	父子神性情相反	

W 编码	母题描述	关联项
W0989.2	夫妻神一善一恶	【汉族】
W0989.3	两个巨人兄弟一善一恶	【布依族】
W0990	**神或神性人物的抗争**	［W0765.2］刑天舞干戚
W0990.1	神不平则鸣	【汉族】
W0991	**神或神性人物的犯错**	
W0991.1	神因喝酒犯错	【京族】
W0991.2	神受到诱惑犯错	
W0991.3	神的行窃	【汤普森】A177； ＊【关联】①
W0992	**神或神性人物的荒诞行为**	
W0992.1	神反着做事	【汉族】
W0993	**神或神性人物神力的消失**	
W0993.1	神或神性人物接触特定的物后神力消失	
W0993.2	神或神性人物遭咒语后神力消失	
W0993.3	神或神性人物在特定的时辰神力消失	
W0994	**与神或神性人物的事件有关的其他母题**	【关联】②
W0994.1	人帮助神	【普米族】
W0994.1.1	人救助神	
W0994.1.1.1	人的祖先救山神的儿子	【藏族】
W0994.1.2	人为神治病	
W0994.1.2.1	男子为天神的女儿消灭邪恶	【普米族】
W0994.2	神向人收粮（神向人收租）	【汉族】
W0994.2.1	雷神收租	【彝族】 ＊［W0331］雷神的职能（雷神的能力，雷神的事迹，雷神的行为）
W0994.2.2	玉皇大帝收人间粮米	

① ［W3951］神盗粮种（神取粮种）；［W6953］盗火

② ［W5966］神的管理；［W9301］神的复活；［W9957.3］人神相见

W 编码	母题描述	关联项
W0994. 2. 2. 1	玉皇下令大力神把老百姓家的米粮收到天仓	【汉族】
W0994. 3	神的巡视	
W0994. 3. 1	众神巡视天地	【侗族】
W0995	**与神有关的其他母题**	【汤普森】≈A190； ＊［W4692. 3］神的 1 天是 1 千年
W0995. 0	神的名称	
W0995. 0. 1	神的名称的来历（神的名字）	
W0995. 0. 1. 1	同名字的神	
W0995. 0. 2	神灵	
W0995. 0. 2. 1	特定物变成神灵	
W0995. 0. 2. 1. 1	萨满的服饰变成神灵	【鄂伦春族】
W0995. 0. 2. 2	神灵能附体	【达斡尔族】 ＊［W0844. 9. 3. 2］狐狸精附体
W0995. 0. 2. 3	上界神灵居天上	【侗族】
W0995. 1	神的缺点	【汤普森】A102. 18
W0995. 2	神与人同乐（人神同乐）	
W0995. 2. 1	逢年过节时神和人同乐	【汉族】
W0995. 2a	人神各不相通	
W0995. 2a. 1	人有人道，鬼有鬼路，人和鬼神是不能相通的	【壮族】
W0995. 3	共同的神（公奉的神，公神，集体的神）	【达斡尔族】
W0995. 3. 0	原来没有统一认同的神	
W0995. 3. 0. 1	最初并无统一的江神	【汉族】
W0995. 3. 1	不同血缘家族供奉的神	
W0995. 3. 1. 1	不同血缘家族共奉吉雅其·克依登	【达斡尔族】
W0995. 3. 2	一个特定群体共同的神	［W0443. 5］族神（民族神）
W0995. 3. 2. 1	游猎的鄂温克人供祭“玛鲁”神	【鄂温克族】

W 编码	母题描述	关联项
W0995.3.3	特定名称的集体神（共奉神的名称）	
W0995.3.3.1	众神统称瓦兰·巴尔肯	【达斡尔族】 *［W0970.6］众神统称为特定名称
W0995.3.4	多民族共同的神	【白族】
W0995.4	神的传播	【达斡尔族】
W0995.4.1	地方接受皇帝确立的神	
W0995.4.1.1	达斡尔、鄂温克人先后供奉皇室确定的敖雷巴日肯（狐狸精）	【鄂温克族】
W0995.4.2	神由萨满到普通家庭	
W0995.4.2.1	萨满把氏族保护神舍卧刻传到每个家庭	【鄂温克族】
W0995.4.3	神在不同民族间传播	【鄂温克族】 *［W0058.1b.1］从其他民族引进的神（传来外族神）
W0995.4.3.1	外出者带来外族的神	【达斡尔族】
W0995.4.4	用钱买神	【达斡尔族】
W0995.4.5	与其他民族交换神	【达斡尔族】
W0995.5	神的代表（神的象征物，神的代言人，神偶）	【关联】①
W0995.5.1	巫师是神的代表人	
W0995.5.1.1	斡托西（巫师）是娘娘神灵的显示者	【达斡尔族】
W0995.5.2	男性做神的代言人	【达斡尔族】
W0995.5.3	神偶是神的象征物	
W0995.5.3.1	用特定物制作神偶	【鄂温克族】 *［W0476.2.2.1］牲畜神吉雅奇是用偷来的不同姓氏人家的种马的鬃尾绣成的2个人形
W0995.5.3.2	木偶作为神的替代物	【纳西族】

①［W0916.16.1］灵筒是象征宗支的神物；［W6467.4］神像

W 编码	母题描述	关联项
W0995. 5. 4	特定物作为神象征（特定物是神的代表）	
W0995. 5. 4. 1	特定动物象征神	
W0995. 5. 4. 1. 1	蝴蝶是祖神的化身	【苗族】
W0995. 5. 4. 2	特定植物象征神	
W0995. 5. 4. 2. 1	柳象征始母神（佛朵玛玛）	【满族】
W0995. 5. 4. 3	特定自然物或无生命物象征神	
W0995. 5. 4. 3. 1	石头象征神	【纳西族】
W0995. 5. 4. 3. 1. 1	三块支锅的石头分别象征石头神、卓录玛法、卓录玛玛	【满族】
W0995. 5. 4. 3. 1. 2	特定的神死后以石头为代表物	
W0995. 5. 4. 3. 1. 2. 1	动神死后以石代表	【纳西族】
W0995. 5. 4. 3. 1. 3	白石代表的天、地、树林与火神	【羌族】
W0995. 5. 4. 3. 2	神是天	【鄂温克族】
W0995. 5. 4. 3. 3	火就是神，神就是火	【彝族（撒尼）】
W0995. 5. 4. 4	人造物作为神的象征物	
W0995. 5. 4. 4. 1	纸旗象征神	【羌族】
W0995. 5. 4. 4. 2	炉灶的足象征神	【羌族】
W0995. 5. 4. 4. 3	室内火塘铁三脚分别代表火神、男祖宗神和女祖宗神	【羌族】
W0995. 5. 5	神有特定的标志（神的标志物）	
W0995. 5. 5. 1	神以一颗宝石为标志	【藏族】
W0995. 5. 5. 2	地方神以山、巨石、参天巨树作标志	【怒族】
W0995. 5. 6	结草为神	
W0995. 5. 6. 1	猎人打只草疙瘩在神像前扬一下放进衣袋，象征神随同打猎	【壮族】
W0995. 5. 7	神的幻象	
W0995. 5. 7. 1	神的幻象是乌鸦	
W0995. 5. 7. 1. 1	神利用乌鸦的嘴吃东西	【藏族（白马）】
W0995. 5. 8	神的象征物的确定	

W 编码	母题描述	关联项
W0995.5.8.1	神的象征物必须通过巫师选择	
W0995.5.8.1.1	白石作为神的象征物必须通过巫师选择	【羌族】
W0995.5.9	神的象征物的使用（神的象征物的处理）	
W0995.5.9.1	神的象征物每年春节时更新	【羌族（木雅人）】
W0995.5.9.2	神的象征物在特定地方有意义	
W0995.5.9.2.1	白石只有放在房背上才代表神	【羌族】
W0995.6	神的供奉（神的祭祀）	
W0995.6.1	供神的原因	［W0912.2.1.3］供神驱鬼（祭特定的神驱鬼）
W0995.6.2	供神的方式	
W0995.6.2.1	特定性别供奉的神	
W0995.6.2.1.1	各种神只有火神由妇女供奉	【鄂伦春族】 *［W6511］神的禁忌
W0995.6.3	供神的结果	
W0995.6a	迎神	［W0659.9.2］迎祖先（接祖先，接祖神）
W0995.6b	送神	［W0659.9.3］送祖先
W0995.6b.1	送火神	
W0995.6b.1.1	失火后要举行送火神仪式	【纳西族】
W0995.7	神的户籍（神籍）	
W0995.7.1	注册神籍	
W0995.7.2	注销神籍	
W0995.7.2.1	天帝革除了后羿的神籍	【汉族】
W0995.8	神被驱赶（驱神）	［W0912］驱鬼（驱邪，捉鬼，捉灵魂）
W0995.8.1	驱赶作祟的猎神	【纳西族】
W0995.8.2	驱瘟神	［W0483.6.4.1］送瘟神
W0995.8.2.1	八月十五以后任何一日，每家请端公驱逐瘟神	【羌族】

W 编码	母题描述	关联项
W0995. 8. 3	通过特定仪式驱神	
W0995. 8. 3. 1	用要水龙的方式驱逐火神	【白族】
W0996	**与神性人物有关的其他母题**	【汤普森】≈A190

附录 1

《中国神话母题 W 编目》10 大类型简目[①]

0 神话人物（神与神性人物）（W0000～W0999）

0.1 神的概述（W0000～W0179）

0.1.1 神的产生（W000～W0059）

0.1.2 神的特征（W0060～W0089）

0.1.3 神的生活（W0090～W0119）

0.1.4 神的地位、性质与职能（W0120～W0129）

0.1.5 神的能力（W0130～W0134）

0.1.6 神的工具与武器（W0135～W0139）

0.1.7 神的关系（W0140～W0174）

0.1.8 神的寿命与死亡（W0175～W0179）

0.2 与方位相关的神（W0180～W0269）

0.2.1 天神（W0180～W0229）

0.2.2 地神（W0230～W0239）

0.2.3 阴间神（冥神）（W0240～W0249）

0.2.4 其他方位神（W0250～W0269）

0.3 与自然现象（自然物）有关的神（W0270～W0419）

0.3.1 日月星辰神（W0270～W0289）

0.3.2 与天气有关的神（W0290～W0389）

0.3.3 与自然物有关的神（W0390～W0419）

0.4 与职能、行业相关的神（W0420～W0499）

0.4.1 创造神与破坏神（W0420～W0429）

0.4.2 与管理或保护有关的神（W0430～W0449）

0.4.3 与功能或行业有关的神（行业神）（W0450～W0499）

0.5 与具体的物相关的神（W0500～W0559）

0.5.1 动物神（W0500～W0539）

0.5.2 植物神（W0540～W0549）

---

① 本简目中只列举了《中国神话母题 W 编目》10 大类型中主要的母题类型。使用者借此可以了解本书神话人物母题（代码 W0000～W0999）之外其他 9 个神话母题类型及编目范围，以便于关联母题及母题实例的查找和对叙事结构的总体了解。

0.5.3 无生命物神（W0550 ~ W0599）

0.6 神性人物（W0560 ~ W0769）

0.6.1 文化英雄（W0560 ~ W0629）

0.6.2 半神半人、合体神与分体神（W0630 ~ W0639）

0.6.3 祖先（祖先神、始祖神）（W0640 ~ W0659）

0.6.4 巨人（W0660 ~ W0669）

0.6.5 常见的典型神性人物（W0670 ~ W0769）

0.7 与民间信仰有关的神或神性人物（W0770 ~ W0829）

0.7.1 民间信仰中常见的神或神性人物（W0770 ~ W0784）

0.7.2 民间信仰中其他神或神性人物（W0785 ~ W0799）

0.7.3 仙人（神仙）（W0800 ~ W0829）

0.8 妖魔与怪物（W0830 ~ W0919）

0.8.1 妖魔（W0830 ~ W0854）

0.8.2 怪人、怪物（W0855 ~ W0869）

0.8.3 灵魂（鬼）（W0870 ~ W0919）

0.9 神或神性人物的其他母题（W0920 ~ W0999）

0.9.1 神物（W0920 ~ W0969）

0.9.2 与神或神性人物有关的其他母题（W0970 ~ W0999）

1 世界与自然物（W1000 ~ W1999）

1.1 世界（宇宙）起源概说（W1000 ~ W1099）

1.1.1 世界的产生（W1000 ~ W1009）

1.1.2 世界的创造与创世者（W1010 ~ W1034）

1.1.3 世界最早的情形（W1035 ~ W1059）

1.1.4 世界的特征（W1060 ~ W1069）

1.1.5 三界及相关母题（W1070 ~ W1089）

1.1.6 与世界有关的其他母题（W1090 ~ W1099）

1.2 天地（W1100 ~ W1499）

1.2.1 天地的产生与特征（W1100 ~ W1129）

1.2.2 天的产生与特征（W1130 ~ W1169）

1.2.3 地的产生与特征（W1170 ~ W1269）

1.2.4 天地的合离与支撑（W1270 ~ W1359）

1.2.5 天地的修整（W1360 ~ W1399）

1.2.6 天地通（W1400 ~ W1424）

1.2.7 天梯与其他上天工具（W1425 ~ W1489）

1.2.8 与天地有关的其他母题（W1490 ~ W1499）

1.3 万物（W1500 ~ W1539）

1.3.1 万物的产生（W1500 ~ W1529）

1.3.2 万物的特征（W1530 ~ W1534）

1.3.3 与万物有关的母题（W1535 ~ W1539）

1.4 日月（W1540 ~ W1699）

1.4.1 日月的产生（W1540 ~ W1599）

1.4.2 日月的特征（W1600 ~ W1629）

1.4.3 日月的数量（W1630 ~ W1669）

1.4.4 日月的关系（W1670 ~ W1689）

1.4.5 与日月有关的其他母题（W1690 ~ W1699）

1.5 星辰（W1700 ~ W1779）

1.5.1 星星的产生（W1700 ~ W1729）

1.5.2 特定星星的产生（W1730 ~ W1754）

1.5.3 星星的特征（W1755 ~ W1769）

2.5.6 怪胎、怪物或肢体变化生人（W2380～W2389）

2.5.7 与变化产生人有关的其他母题（W2390～W2399）

2.6 婚配产生人（W2400～W2499）

2.6.1 神或神性人物婚生人（W2400～W2414）

2.6.2 人与神或神性人物婚生人（W2415～W2419）

2.6.3 人的婚生人（W2420～W2449）

2.6.4 人与动物婚生人（W2450～W2474）

2.6.5 人与植物的婚生人（W2475～W2479）

2.6.6 人与无生命物的婚生人（W2480～W2484）

2.6.7 其他特殊的婚生人（W2485～W2489）

2.6.8 与婚生人有关的其他母题（W2490～W2499）

2.7 人类再生（W2500～W2579）

2.7.1 人类再生概说（W2500～W2529）

2.7.2 洪水后人类再生（W2530～W2559）

2.7.3 其他灾难后人类再生（W2560～W2569）

2.7.4 与人类再生相关的其他母题（W2570～W2579）

2.8 怀孕与生育（W2580～W2699）

2.8.1 怀孕（W2580～W2589）

2.8.2 生育与特殊的出生（W2590～W2599）

2.8.3 人生怪胎（W2600～W2669）

2.8.4 弃婴（弃儿）（W2670～W2689）

2.8.5 人的抚养（W2690～W2699）

2.9 与人的产生相关的母题（W2700～W2749）

2.9.1 人产生的数量（W2700～W2729）

2.9.2 人与异类的同源（W2730～W2739）

2.9.3 与人的产生有关的其他母题（W2740～W2749）

2.10 人类的特征及相关母题（W2750～W2929）

2.10.1 人的性别特征（W2750～W2799）

2.10.2 人的体征（W2800～W2899）

2.10.3 人的其他特征（W2900～W2914）

2.10.4 特定特征的人（W2915～W2929）

2.11 与人相关的其他母题（W2930～2999）

2.11.1 人的关系（W2930～W2939）

2.11.2 人的寿命与死亡（W2940～W2989）

2.11.3 与人相关的其他母题（W2990～2999）

3 动物与植物（W3000～W3999）

3.1 动物概说（W3000～W3099）

3.1.1 动物的产生（W3000～W3034）

3.1.2 动物的特征（W3035～W3064）

3.1.3 动物的生活与习性（W3065～W3069）

3.1.4 其他特定性质的动物（W3070～W3079）

3.1.5 与动物有关的其他母题（W3080～W3099）

3.2 哺乳动物（W3100～W3299）

3.2.1 哺乳动物概说（W3100～W3104）

3.2.2 常见哺乳动物（W3105～W3274）

3.2.3 一般哺乳动物（W3275 ~ W3299）

3.3 鸟类动物（W3300 ~ W3399）

3.3.1 鸟类概说（W3300 ~ W3329）

3.3.2 常见的鸟（W3330 ~ W3384）

3.3.3 一般鸟类（W3385 ~ W3399）

3.4 水中动物（W3400 ~ W3449）

3.4.1 水中动物概说（W3400 ~ W3409）

3.4.2 鱼、虾、蟹（W3410 ~ W3439）

3.4.3 其他水中动物（W3440 ~ W3449）

3.5 昆虫（W3450 ~ W3499）

3.5.1 昆虫概说（W3450 ~ W3459）

3.5.2 常见的昆虫（W3460 ~ W3479）

3.5.3 一般昆虫（W3480 ~ W3499）

3.6 两栖、爬行与其他动物（W3500 ~ W3599）

3.6.1 两栖与爬行类动物概说（W3500 ~ W3504）

3.6.2 常见的两栖与爬行类动物（W3505 ~ W3549）

3.6.3 龙、凤类动物（W3550 ~ W3594）

3.6.4 其他一些难以分类的动物（W3595 ~ W3599）

3.7 植物概说（W3600 ~ W3699）

3.7.1 植物的产生（W3600 ~ W3639）

3.7.2 植物的特征及成因（W3640 ~ W3684）

3.7.3 与植物相关的其他母题（W3685 ~ W3699）

3.8 各类植物（W3700 ~ W3899）

3.8.1 树木概说及常见的树木（W3700 ~ W3799）

3.8.2 花草概说及常见的花草（W3800 ~ W3839）

3.8.3 作物概说及常见的作物（W3840 ~ W3879）

3.8.4 果蔬概说及常见的果蔬（W3880 ~ W3899）

3.9 与植物相关的其他母题（W3900 ~ 3999）

3.9.1 种子（粮种）概说（W3900 ~ W3949）

3.9.2 种子的获取（盗取）（W3950 ~ W3999）

4 自然现象与自然秩序（W4000 ~ W4999）

4.1 自然现象概说（W4000 ~ W4099）

4.1.1 一般自然现象（W4000 ~ W4079）

4.1.2 神奇的自然现象（W4080 ~ W4099）

4.2 与日月有关的自然现象（W4100 ~ W4249）

4.2.1 与太阳相关的现象（W4100 ~ W4124）

4.2.2 与月亮相关的现象（W4125 ~ W4199）

4.2.3 与星星有关的现象（W4200 ~ W4209）

4.2.4. 日食月食与其他母题（W4210 ~ W4249）

4.3 天气与其他自然现象（W4250 ~ W4619）

4.3.1 天气现象概说（W4250 ~ W4259）

4.3.2 风雨（W4260 ~ W4374）

4.3.3 雷电（W4375 ~ W4439）

4.3.4 云霞霓虹（W4440 ~ W4509）

5.5 国家（W5830 ~ W5959）

5.5.1 国家的产生（W5830 ~ W5859）
5.5.2 国王与臣民（W5860 ~ W5899）
5.5.3 与国家有关的其他母题（W5900 ~ W5959）

5.6 与社会秩序相关的其他母题（W5960 ~ W5999）

5.6.1 神界与动物界秩序（W5960 ~ W5974）
5.6.2 契约与誓约（W5975 ~ W5984）
5.6.3 律法与规则（W5985 ~ W5999）

6 有形文化与无形文化（W6000 ~ W6999）

6.1 与生产有关的文化（W6000 ~ W6109）

6.1.1 文化概说（W6000 ~ W6009）
6.1.2 采集与渔猎（W6010 ~ W6039）
6.1.3 耕种与饲养（W6040 ~ W6074）
6.1.4 生产者与生产工具（W6075 ~ W6099）
6.1.5 与生产相关的其他母题（W6100 ~ W6109）

6.2 与生活有关的文化（W6110 ~ W6279）

6.2.1 服饰（W6110 ~ W6139）
6.2.2 饮食（W6140 ~ W6159）
6.2.3 人的居所（W6160 ~ W6209）
6.2.4 人的行走（出行）（W6210 ~ W6229）
6.2.5 医药（医术）（W6230 ~ W6249）
6.2.6 特定生活用品（器物）（W6250 ~ W6279）

6.3 图腾与崇拜（W6280 ~ W6449）

6.3.1 图腾概说（W6280 ~ W6289）
6.3.2 常见的图腾类型（W6290 ~ W6349）
6.3.3 与图腾有关的其他母题（W6250 ~ W6359）
6.3.4 崇拜的产生（W6360 ~ W6369）
6.3.5 常见的崇拜物（W6370 ~ W6439）
6.3.6 与崇拜有关的其他母题（W6440 ~ W6449）

6.4 宗教信仰与禁忌（W6450 ~ W6549）

6.4.1 宗教信仰概说（W6450 ~ W6469）
6.4.2 祭祀（W6470 ~ W6509）
6.4.3 禁忌（W6510 ~ W6549）

6.5 习俗（W6550 ~ W6699）

6.5.1 习俗的产生（W6550 ~ W6559）
6.5.2 生产习俗（W6560 ~ W6579）
6.5.3 生活习俗（W6580 ~ W6599）
6.5.4 节日习俗（W6600 ~ W6629）
6.5.5 婚葬习俗（W6630 ~ W6679）
6.5.6 生育习俗（W6680 ~ W6689）
6.5.7 与习俗相关的其他母题（W6690 ~ W6699）

6.6 常见的其他文化现象（W6700 ~ W6899）

6.6.1 语言、文字与文学（W6700 ~ W6769）
6.6.2 知识、智慧（W6770 ~ W6799）
6.6.3 道德（W6800 ~ W6819）
6.6.4 姓氏与姓名（W6820 ~ W6899）

6.7 与文化、文明有关的其他母题（W6900 ~ W6999）

6.7.1 音乐、体育等其他艺术（W6900 ~ W6909）
6.7.2 火的获取（W6910 ~ W6969）

6.7.3 其他发明或与文化相关的母题（W6970 ~ W6999）

7 婚姻与性爱 (W7000 ~ W7999)

7.1 婚姻概说（W7000 ~ W7129）

7.1.1 婚姻的产生（W7000 ~ W7019）

7.1.2 婚姻中的人物（W7020 ~ W7049）

7.1.3 婚姻中的事件（W7050 ~ W7099）

7.1.4 与婚姻有关的其他母题（W7100 ~ W7129）

7.2 性爱（W7130 ~ W7199）

7.2.1 性爱的产生（W7130 ~ W7169）

7.2.2 性爱的特征与类型（W7170 ~ W7184）

7.2.3 与性爱有关的其他母题（W7185 ~ W7199）

7.3 神或神性人物之间的婚姻 (W7200 ~ W7259)

7.3.1 神的婚姻（W7200 ~ W7239）

7.3.2 神性人物的婚姻（W7240 ~ W7254）

7.3.3 与神或神性人物婚姻有关的其他母题（W7255 ~ W7259）

7.4 人的婚姻（W7260 ~ W7399）

7.4.1 人与神或神性人物的婚姻（W7260 ~ W7284）

7.4.2 血缘婚、人的异辈血缘婚（W7285 ~ W7299）

7.4.3 人的同辈血缘婚（W7300 ~ W7359）

7.4.4 正常男女婚（W7360 ~ W7379）

7.4.5 群体间的婚姻（W7380 ~ W7389）

7.4.6 与人的婚姻相关的其他母题（W7390 ~ W7399）

7.5 其他特殊的婚母题 (W7400 ~ W7539)

7.5.1 人与动物的婚配（W7400 ~ W7489）

7.5.2 人与植物的婚配（W7490 ~ W7499）

7.5.3 人与自然物、无生命物的婚配（W7500 ~ W7509）

7.5.4 动物之间的婚配（W7510 ~ W7529）

7.5.5 与婚配有关的其他母题（W7530 ~ W7539）

7.6 婚配的条件与实现 (W7540 ~ W7699)

7.6.1 与指令、裁决有关的婚姻（W7540 ~ W7559）

7.6.2 与媒人、劝说有关的婚姻（W7560 ~ W7599）

7.6.3 与求婚（求爱）、巧遇有关的婚姻（W7600 ~ W7659）

7.6.4 与命运、机缘有关的婚姻（W7660 ~ W7669）

7.6.5 与婚姻的条件与形成有关的其他母题（W7670 ~ W7699）

7.7 婚姻难题考验或验证天意 (W7700 ~ W7899)

7.7.1 婚姻难题考验（W7700 ~ W7739）

7.7.2 婚前出难题者（W7740 ~ W7759）

7.7.3 婚前难题的形式（W7760 ~ W7819）

7.7.4 婚前难题的解决（W7820 ~ W7859）

7.7.5 婚前占卜或询问（W7860 ~ W7889）

7.7.6 与婚姻难题有关的其他母题（W7890 ~ W7899）

7.8　与婚姻、性爱有关的其他母题（W7900～W7999）

7.8.1　婚中的变形（W7900～W7909）

7.8.2　婚后的情形（W7910～W7939）

7.8.3　婚姻、性爱的其他母题（W7940～W7999）

8　灾难与争战（W8000～W8999）

8.1　灾难概说（W8000～W8099）

8.1.1　灾难的时间（W8000～W8004）

8.1.2　灾难的地点（W8005～W8009）

8.1.3　灾难的原因（W8010～W8029）

8.1.4　灾难的预言与征兆（W8030～W8059）

8.1.5　灾难制造者（W8060～W8064）

8.1.6　躲避灾难（W8065～W8079）

8.1.7　灾难幸存与丧生（W8080～W8094）

8.1.8　灾难的消除与结果（W8095～W8099）

8.2　洪水（W8100～W8549）

8.2.1　洪水时间、地点（W8100～W8114）

8.2.2　洪水原因（W8115～W8199）

8.2.3　洪水预言（W8200～W8269）

8.2.4　洪水制造者（W8270～W8289）

8.2.5　洪水的情形（W8290～W8299）

8.2.6　避水方式与工具（W8300～W8399）

8.2.7　洪水幸存者与丧生者（W8400～W8499）

8.2.8　洪水的消除（W8500～W8539）

8.2.9　与洪水相关的其他母题（W8540～W8549）

8.3　常见的灾难（W8550～W8699）

8.3.1　地震（W8550～W8569）

8.3.2　天塌地陷（W8570～W8589）

8.3.3　城陷为湖（陆地陷海、陆沉）（W8590～W8599）

8.3.4　旱灾（W8600～W8619）

8.3.5　火灾（W8620～W8639）

8.3.6　瘟疫、疾病（W8640～W8659）

8.3.7　黑暗、寒冷（W8660～W8669）

8.3.8　世界末日（W8670～W8674）

8.3.9　与灾难有关的其他母题（W8675～W8699）

8.4　争战概说（W8700～W8789）

8.4.1　争战的时间与原因（W8700～W8719）

8.4.2　争战预言与准备（W8720～W8729）

8.4.3　军队与战士（W8730～W8739）

8.4.4　武器（W8740～W8754）

8.4.5　争战的手段（W8755～W8769）

8.4.6　争战中的帮助者（W8770～W8779）

8.4.7　争战的结果（W8780～W8789）

8.5　与神或神性人物有关的争战（W8790～W8899）

8.5.1　神的战争（W8790～W8799）

8.5.2　神性人物间的争斗（W8800～W8819）

8.5.3　人与神、神性人物之争（W8820～W8829）

8.5.4　斗妖魔（W8830～W8869）

8.5.5　斗雷公（W8870～W8879）

8.5.6　斗龙（W8880～W8894）

8.5.7　与神或神性人物之争有关的其他母题（W8895～W8899）

8.6　人之间的争战（矛盾）（W8900～W8949）

8.6.1　人的群体间的争战（W8900～W8919）

8.6.2 家庭内部之争（残杀）（W8920 ~ W8939）

8.6.3 与人的矛盾有关的其他母题（W8940 ~ W8949）

8.7 与争战有关的其他母题（W8950 ~ W8999）

8.7.1 与动植物、无生命物有关的争战（矛盾）（W8950 ~ W8959）

8.7.2 争吵与纠纷（W8960 ~ W8969）

8.7.3 抓捕与关押（W8970 ~ W8979）

8.7.4 营救与逃脱（W8980 ~ W8989）

8.7.5 与争战有关的其他母题（W8990 ~ W8999）

9 其他母题（W9000 ~ W9999）

9.1 魔法与巫术（W9000 ~ W9199）

9.1.1 魔法（W9000 ~ W9014）

9.1.2 魔物（W9015 ~ W9099）

9.1.3 魔力（W9100 ~ W9119）

9.1.4 巫师（W9120 ~ W9149）

9.1.5 巫术、咒语（W9150 ~ W9189）

9.1.6 占卜（W9190 ~ W9199）

9.2 征兆与预言（W9200 ~ W9299）

9.2.1 征兆（W9200 ~ W9239）

9.2.2 象征（W9240 ~ W9249）

9.2.3 预言（W9250 ~ W9289）

9.2.4 梦（W9290 ~ W9299）

9.3 复活与转世（W9300 ~ W9399）

9.3.1 复活（再生）（W9300 ~ W9349）

9.3.2 转世、投胎（W9350 ~ W9379）

9.3.3 复原（W9380 ~ W9399）

9.4 因果与命运（W9400 ~ W9499）

9.4.1 因果报应（W9400 ~ W9424）

9.4.2 报恩与报复（W9425 ~ W9479）

9.4.3 命运（W9480 ~ W9499）

9.5 变形与化生（W9500 ~ W9599）

9.5.1 变形概说（W9500 ~ W9524）

9.5.2 神与神性人物的变形（W9525 ~ W9529）

9.5.3 人的变形（W9530 ~ W9559）

9.5.4 动植物的变形（W9560 ~ W9574）

9.5.5 自然物、无生命物的变形（W9575 ~ W9579）

9.5.6 与变形有关的其他母题（W9580 ~ W9589）

9.5.7 与化生有关母题（W9590 ~ W9599）

9.6 考验与欺骗（W9600 ~ W9649）

9.6.1 考验（W9600 ~ W9619）

9.6.2 竞赛（比赛）（W9620 ~ W9634）

9.6.3 欺骗（W9635 ~ W9649）

9.7 宝物（W9650 ~ W9699）

9.7.1 宝物概说（W9650 ~ W9669）

9.7.2 器物工具类宝物（W9670 ~ W9689）

9.7.3 动植物类宝物（W9690 ~ W9694）

9.7.4 其他宝物（W9695 ~ W9699）

9.8 射日月与救日月（W9700 ~ W9899）

9.8.1 射日（月）的原因与时间（W9700 ~ W9714）

9.8.2 射日者（W9715 ~ W9764）

9.8.3 射日（月）的过程（W9765 ~ W9789）

9.9 其他典型事件母题（W9900～W9999）

附录 2

汤普森母题类型表①

序号②	代码	编号范围	名称	基本类型示例③
1	A	A0 – A2899	神话	造物主、三界神、半神、文化英雄、世界起源、世界灾难、自然秩序、人类起源、动植物起源，等。
2	B	B0 – B899	动物	神话中的动物、特异的动物、有人的特征的动物、友好的动物、人与动物婚、想象的动物，等。
3	C	C0 – C999	禁忌	与超自然有关的禁忌、性的禁忌、饮食禁忌、视听禁忌、接触禁忌、等级禁忌、奇特的禁律、犯禁受罚，等。
4	D	D0 – D2199	魔法	变形、魔力的消除、法宝、魔力及表现，等。
5	E	E0 – E799	死亡	复活、鬼与幽灵、再生、灵魂，等。
6	F	F0 – F1099	奇异	到另一个世界、奇异的灵怪、奇异的人、奇异的地点、奇异的物质、奇异的事情，等。
7	G	G0 – G699	妖魔	妖魔的种类、吃人和吃同类的妖魔、陷身魔网、战胜妖魔，等。
8	H	H0 – H1599	考验	识别身份、检验真假、考验婚姻、考验智勇、考验能力，等。
9	J	J0 – J2799	聪明与愚蠢	智慧的获得、聪明与愚蠢的表现、智者与傻瓜，等。

① 汤普森母题类型表，此表译自 Stith Thompson, *Motif-index of Folk-literature: A Classification of Narrative Elements in Folk-tales, Ballads, Myths, Fables, Mediaeval Romances, Exempla, Fabliaux, Jestbooks, and Local Legends* (V1 – 6), Bloomington, Indiana Universty Press, 1989。

② 序号，原书中并无序号，此处是本书根据表述的需要增加的，以便读者观察汤氏母题类型的次序。

③ 因汤普森母题分类设计的每一个大类之下的基本类型较为庞杂，此处只采取示例的方法，选取一些具有代表性的类目加以说明。

续表

序号	代码	编号范围	名称	基本类型示例
10	K	K0 – K2399	欺骗	靠欺骗获胜、靠欺骗逃生、骗取财物、骗婚、骗子自食其果，等。
11	L	L0 – L499	命运颠倒	幼者胜出、败势逆转、谦卑得赏、弱者获胜、倨傲遭贬，等。
12	M	M0 – M499	注定未来	命运天定、誓言、协议、承诺、预言、咒语，等。
13	N	N0 – N899	机遇与命运	运气博弈、走运与倒运、幸运的事情、意外遭遇、帮助者，等。
14	P	P0 – P799	社会	皇室贵族、社会各界、家庭亲缘、行业工艺、政府、习俗，等。
15	Q	Q0 – Q599	奖励与惩罚	受奖的行为、奖赏的性质、受罚的行为、惩罚的类型，等。
16	R	R0 – R399	被俘与逃脱	身陷囹圄、营救、逃脱与追捕、避难、第二次被捉，等。
17	S	S0 – S499	残虐	残忍的亲属、谋杀与残害、残酷的祭献、抛弃与残害童孩、虐待，等。
18	T	T0 – T699	性（婚爱）	爱情、婚姻、贞洁与禁欲、不正当的性关系、怀孕与生育、照管童孩，等。
19	U	U0 – U299	生命的本性	人的不同本性的来历、动物的不同本性的来历、贫贱及罪恶等本性，等。
20	V	V0 – V599	宗教	神职人员、宗教仪式、宗教场所、宗教信仰、施舍与戒律，等。
21	W	W0 – W299	品格	优秀的品格、恶劣的品格、其他。
22	X	X0 – X1899	笑话	关于困窘的笑话、身体残障的笑话、社会各界笑话、性笑话、醉酒笑话、骗子笑话。
23	Z	Z0 – Z599	其他母题	规则母题、象征母题、英雄母题、特例母题、历史地理生物类母题、恐怖故事母题。